Georg Forster
Gemälde von J. H. W. Tischbein, um 1785

DIE ANDERE BIBLIOTHEK

Begründet von Hans Magnus Enzensberger
Herausgegeben von
Klaus Harpprecht und Michael Naumann

GEORG FORSTER

Reise um die Welt

Illustriert von eigener Hand

Mit einem biographischen Essay von
Klaus Harpprecht
und einem Nachwort von
Frank Vorpahl

Eichborn Verlag
Frankfurt am Main 2007

INHALT

ZWEITER TEIL

GEORG FORSTER

Das Abenteuer der Freiheit und die Liebe zur Welt

Ein biographischer Essay von Klaus Harpprecht

Es gibt kein Grab. Es gibt kein Geburtshaus: 1844 wurde es abgerissen. Es gibt keine Kirche, in der ihn sein Vater, der Pastor, am Sonntag nach der Geburt – am 5. Dezember 1754 – getauft haben könnte. Nassenhuben hieß der Fleck, damals Preußisch-Polen zugehörig, Morkry Dwor nannte es 1945 (in fast wörtlicher Übersetzung) die polnische Administration. Kaum ein Dorf, eher ein armseliger Weiler inmitten von Rüben- und Kartoffeläckern, einige Meter unter dem Meeresspiegel gelegen, moorige Wiesen, auf denen schwarz-weiß gefleckte Kühe grasen. Nur fünfzehn Kilometer ist es nach Danzig, doch die alte Hansestadt mit ihrer so getreu, so gemütlich und ein wenig steril rekonstruierten alten Mitte, mit ihren Werften, ihren Fabriken, ihren grau-sozialistischen Betonsiedlungen gehört zu einer anderen Welt.

Kaum denkbar, daß in jenem bescheidenen, ja armseligen Milieu ein Weltgeist gedeihen sollte: ein Forscher und Schriftsteller, der radikaler als jeder andere seiner Landsleute unter dem Gebot der Aufklärung lebte und starb, eine der attraktivsten Gestalten der Epoche, deren Glanz und deren Tragik in seinem Geschick aufs engste ineinander verwoben sind. Der geheime, der verdrängte, der unterschlagene Klassiker der deutschen Literatur. Goethe hat den blutjungen Autor des großen Berichts von der zweiten Weltreise des Captain Cook (1772–1775) bewundert, und er beobachtete sein Geschick bis zum einsamen Tod in einer Pariser Dachkammer mit gedämpfter Sympathie, obwohl er die Ideen des Mitgründers der Rheinischen Republik in Mainz nicht gutheißen konnte. Aber wie sollte Goethe den Kollegen nicht lieben, der von seiner Ankunft am schönsten Gestade der Südsee mit solch poetischem Elan zu berichten verstand? »Ein Morgen war's, schöner hat ihn schwerlich je ein Dichter beschrieben, an welchem wir die Insel O-Tahiti 2 Meilen vor uns sahen. Der Ostwind, unser bisheriger Begleiter, hatte sich gelegt; ein vom Lande wehendes Lüftchen führte uns die erfrischendsten und herrlichsten Wohlgerüche entgegen …«

Der Autor dieser poetischen Reportage war kein geringer Stern in der Galaxie seiner Epoche, in deren Zentren der Ruhm von Goethe und Voltaire, Kant und Samuel Johnson, Diderot und Schiller strahlten. Sein Ansehen glänzte noch hinüber in die ersten Jahrzehnte des neunzehnten Jahrhunderts, obschon von seinen konservativen Landsleuten als Revolutionär geschmäht, ja als Landesverräter verachtet. Dann wurde er aus dem Gedächtnis der Deutschen gelöscht. Die Franzosen konnten sich nicht entschließen, ihn zu den Ihren zu zählen, obwohl er als Deputierter der Mainzer Republik Sitz und Stimme in ihrer Nationalversammlung besaß. Die Polen, deren Territorium er entstammte und an deren Universität in Wilna (damals zum Königreich Polen gehörig) er lange Jahre lehrte: sie machen keine Anstalten, ihm einen Platz in ihrem Erbe zuzuweisen – vielleicht weil er sich dort droben im Nordosten als Fremder, ja als Verbannter gefühlt hat und nicht nur Schmeichelhaftes über seine Umgebung bemerkte. Die Briten werfen nur selten einen Blick auf den Außenseiter im Schatten des großen Captain Cook, der sein Buch von der Weltumsegelung zuerst in englischer Sprache schrieb. Freilich war Georg, trotz der Herkunft und seiner engen Beziehung zu London, eher eine Art Emigrant. Er war vor allem ein Bürger Europas, ehe die Idee der Nation den Kontinent tiefer zerriß und in blutigere Konflikte stürzte, als es ihm jemals zuvor in seiner Geschichte widerfahren war, selbst nicht in den Religionskriegen, in denen die Leidenschaft der Reformation und die militante Verteidigung der römischen Konfession von den Völkern die bittersten Opfer verlangten.

In der Neige des achtzehnten Jahrhunderts erst gewannen der Begriff »Nation« und das Wort »Vaterland« ihre quasi-religiöse Magie. Für Georg Forster, diesen Sohn Europas, der in Polen und Deutschland, in Rußland, in England und Frankreich gelebt und gearbeitet hat, verbanden sich die Formeln mit einer Idee, die ihm heilig war: der Freiheit. »Nur freie Menschen haben ein Vaterland« – was für ein stolzes Wort, das der Vizepräsident des Rheinisch-Deutschen Nationalkonvents am 17. März des Jahres 1772 im Mainzer Deutschherrenhaus der Versammlung zurief: eines, für das zu leben sich lohnt. Wir hatten ein anderes, das nicht das Leben, sondern den Tod gefordert hat. Was wäre unserem Volk, was wäre unseren Nachbarn, was wäre Europa und der Welt erspart geblieben, hätten unsere Deutschen Forsters Mahnung gehört und sich geweigert, dem sogenannten »Vaterland« Millionen von Menschenleben, das Hab und Gut ganzer Generationen, ihr Gewissen und ihr Glück zu opfern: dem Vaterland, das keines war, sondern der Moloch, der seinen Kindern die Freiheit versagte, ja gegen die Freiheit Kriege führte – gegen die des eigenen Volkes, gegen die der anderen, die unsere Führer und Feldherrn zu unterwerfen, zu versklaven, ja auszurotten versuchten.

Was Wunder, daß wir so lange gehemmt waren, mit patriotischen Gefühlen zu prunken. Vielleicht, vielleicht haben wir endlich verstanden, daß sich die Begriffe Freiheit und Vaterland gegenseitig bedingen. Das hieße mit anderen Worten, daß wir Georg Forsters Erbe endlich anzunehmen bereit sind, daß wir beginnen, auf diesen großen Deutschen, der zugleich ein natürlicher Europäer und Weltbürger war, ein wenig stolz zu sein. Lange war die Erinnerung an ihn von Ressentiments verstellt. Vermutlich begann seine Verbannung mit der Gründung des Zweiten, des großpreußisch-kleindeutschen Reiches. Die deutsch-nationalen Schnauzbärte betrachteten ihn als doppelten Verräter: als Revolutionär, der obendrein seinen Zwergstaat der französischen Republik angliedern wollte. Auch die Zeitgenossen und die meisten seiner Freunde wandten sich von ihm ab, fortgerissen von der Welle patriotischer Empörung – der ersten Regung eines deutschen Nationalgefühls. Schiller, durch ein Mißverständnis Ehrenbürger der französischen Republik geworden, rief ihm in den *Zahmen Xenien* höhnisch nach: »O, ich Tor, ich rasender Tor! Und rasend ein jeder, / der auf des Weibes Rat horchend, den Freiheitsbaum pflanzt.« Und: »Ach, wie sie Freiheit schrien und Gleichheit, geschwind wollt' ich folgen, / Und weil die Trepp' mir zu lang deuchte, so sprang ich vom Dach.«

Goethe, der anders als der schwäbische Feuergeist niemals dem Verdacht ausgesetzt war, er spiele mit Sympathien für die Revolution, urteilte ruhiger und menschlicher: »So hat der arme Forster denn doch seine Irrtümer mit dem Leben büßen müssen, wenn er schon einem gewaltsamen Tod entging. Ich habe ihn herzlich bedauert.« Anders als Schiller kannte er Forster. Er hatte dem jungen Professor in Kassel seine Aufwartung gemacht – zusammen mit dem angeblichen Oberforstmeister von Wedel, in dem Forster erst am Ende eines vergnügten Abends, an dem er sich auch zu Goethes Amüsement »recht freimütig zu diesen und jenen Zeitfragen äußerte«, den Herzog Karl August erkannte. Gottlob, berichtete er, habe er sich nicht zu Sottisen hinreißen lassen. Melancholisch fügte er hinzu, er wisse nun, was für ein Gefühl es sei, Goethe »kaum einige Stunden lang zu sehen … und als einen Meteor wieder zu verlieren.« Auch der Herzog habe ihm gefallen – »für einen deutschen Fürsten vorzüglich«.

Eine zweite Begegnung in Kassel war flüchtiger. Der Dichter, vernarrt in seine naturwissenschaftlichen Studien und hartnäckig nach dem berühmten »Zwischenkieferknochen« forschend, war vor allem gekommen, um mit dem berühmten Anatom Soemmerring, Forsters Kollege und Freund, ein Fachgespräch zu führen. Die letzte Begegnung in Mainz, als Goethe auf dem Weg zur »Campagne in Frankreich« war. Forsters Hausgenosse, der Schillerfreund Huber, schrieb auf: »Den ersten Abend wurden wir alle durch guten Wein gestimmt, (Goethe) hatte Einfälle mit Raisonement vermischt und war würklich lebhaft … Den zweiten Abend tranken wir Bier, wobey denn für die allgemeine Conversation viel verloren gieng, aber er erzählte sehr niedlich und launig manches von Italien und war durchaus leicht und gutmüthig …« Der kleine Sachse erkannte in dem Gesicht des Geheimrats denn auch »eine gewisse weise Sinnlichkeit«, deren Ideal wohl aus Italien stamme. Dem entspreche die Physiognomie, die »sinnlich und ein wenig erschlafft« zu sein schien.

Was für eine seltsame, bewegende Vorstellung: Im Schatten der welthistorischen Wandlungen jener Tage fand sich in dem Professorenhaus in der Mainzer Universitätsgasse ein Kreis deutscher Bildungsbürger *par excellence* in harmonischer Geselligkeit zusammen – als sei es undenkbar, daß in wenigen Wochen das Schicksal mit hartem Knöchel an die Tür pochen würde.

Der prominente Gast war nur fünf Jahre vor Georg Forster zur Welt gekommen: mehr als tausend Kilometer von Nassenhuben entfernt, das so weit hinter der Welt lag, Sohn der großbürgerlichen Gesellschaft von Frankfurt, einer Metropole der deutschen Zivilisation. Im Geburtsjahr Forsters (1754) feierte Frankreich die Ankunft eines Kronprinzen, der als Ludwig XVI. 39 Jahre später unter dem Fallbeil des Henkers enden sollte. Auch Charles-Maurice Talleyrand, wegen seiner Verkrüppelung zu einer geistlichen Karriere bestimmt und als junger Mensch Bischof von Autun geworden, hernach der bedeutendste und geistreichste Diplomat Europas: auch er war ein Kind jenes Jahres, in dem Jean-Jacques Rousseau seinen Essay *Über die Ungleichheit* schrieb. In Berlin fanden Gotthold Ephraim Lessing, neben Kant der klarste Kopf der deutschen Aufklärung, und der gelehrte Buchhalter Moses Mendelssohn, den man den intellektuellen Gründervater des liberalen Reformjudentums nennen darf, zu einer produktiven Freundschaft zusammen: einem Bündnis der Toleranz und des Respektes. In London erschien das *Dictionary* von Samuel Johnson, dem universal gebildeten Journalisten, und in Paris kam der vierte Band von Diderots *Encyclopédie* auf den Markt. In Sankt Petersburg begann der Bau des »Winterpalais«, und in New York wurde die Columbia University gegründet.

Drangen die Nachrichten aus der Welt bis ins Pfarrhaus von Nassenhuben vor? Man darf annehmen, daß der reformierte Pastor Johann Reinhold Forster von Zeit zu Zeit nach Danzig hinüberritt, um in den Lesegesellschaften der Hansestadt die Zeitungen zu studieren: ein unruhiger, umtriebiger, neugieriger Mensch, der Herr Pastor, dessen Großvater – ein nordenglischer oder schottischer Dissident – einst Zuflucht in Preußen gesucht hatte. Immerhin durfte er, Sohn des Bürgermeisters von Dirschau in Westpreußen, das Joachimsthaler Gymnasium in Berlin besuchen, das als eine Eliteschule galt, und er studierte in Halle, noch flüchtig vom pietistischen Geist August Hermann Franckes berührt, tiefer geprägt von den Kollegs des großen Aufklärers Christian Wolff. Er versäumte freilich keine der naturwissenschaftlichen Lehrveranstaltungen an der Hochschule, und er lernte die seltsamsten Sprachen, siebzehn insgesamt, wie er behauptete, doch keine allzu gründlich. Auch nach Jahrzehnten des Aufenthaltes im Lande seiner Vorfahren sprach er keineswegs ein perfektes Englisch. Reinhold sollte Jura studieren, aber es zog ihn eher zur Philosophie, zur Menschen- und Weltkunde. Die Theologie war ein seltsamer Kompromiß; das Pfarramt bot wenigstens eine leidliche Versorgung.

Den Pastorenberuf liebte Reinhold nicht. Um seine Schäfchen kümmerte er sich wenig. Lieber korrespondierte er mit den Gelehrten aller möglichen Länder, und er kaufte trotz seines schmalen Salärs (zweihundert Taler pro Jahr, Goethe verdiente als Minister an die zweitausend) die prächtigsten Folianten, die ein Vermögen kosteten. Er träumte, eines Tages werde ihn der Ruf der »großen Welt« erreichen (und ihn von seinen drückenden Schulden befreien). Der Traum wurde wahr. Über den russischen Vertreter in Danzig gewann er Verbindungen zum Hof der Zarin Katharina, die notabene eine Patronin Diderots war und sich durchaus als eine Tochter der Aufklärung fühlte, obwohl sich das einstige deutsche Prinzeßchen der eher barbarischen Herrschaftsmethoden russischer Tradition ohne zu große Skrupel bediente.

Eine günstige Konstellation fügte es, daß der Pastor Forster beauftragt wurde, die Bedingungen für die Ansiedlung deutscher Bauern an der Wolga zu prüfen. Bisher hatten sich nur wenige seiner Landsleute in das ferne und so fremde Land im Osten gewagt, obschon die Regierung der Zarin – nun, keine goldenen Berge, doch das Recht auf Selbstverwaltung, freie Religionsausübung, eigene Schulen, eine unabhängige Gerichtsbarkeit, Befreiung vom Militärdienst und Steuerfreiheit für dreißig Jahre versprach. Nichts, fast nichts bestätigte sich nach der Ankunft der Kolonisten. Um so wichtiger, daß man einen seriösen Gelehrten, der überdies ein geistlicher Herr war, für ein Studium der Verhältnisse und der Chancen zu ihrer Verbesserung gewann. Reinhold wiederum lockte das großzügige Gehalt, mit dem man ihm winkte. Die Kirchenbehörden zeigten sich bereit, ihm ein Jahr unbezahlten Urlaub zu gewähren. Die Frau und sechs nachgeborene Kinder ließ er, eher dürftig versorgt, im Pfarrhaus zurück. Fragte er sich, wie sie ihr karges Leben ohne ihn bestreiten könnten? Nicht zu oft. Doch er hatte darauf bestanden, daß ihn Georg, der Älteste, auf der Reise begleite: Obschon der Knabe erst zehn Jahre zähle, schrieb er den russischen Behörden, sei ihm der kleine Georg ein unentbehrlicher Helfer bei seiner wissenschaftlichen Arbeit geworden.

Am 5. März 1765 reisten Vater und Sohn davon: für Georg der Aufbruch in das Abenteuer seines Lebens, aus dem er nie mehr zurückfand in eine Existenz der sogenannten bürgerlichen Ordnung und des seßhaften Behagens. Mit staunenden Augen, die außer Danzig nichts von der Welt gesehen hatten, betrachtete der Knabe die städtische Gesellschaft von Königsberg, Memel, Riga. Furchtsam und fasziniert erlebte er das große graue Meer, auf dem vor allem dem Vater in den Winterstürmen sterbensschlecht wurde. Nach gut einem Monat langten die beiden in Petersburg an, das sich unter der Regie italienischer Architekten in ein nordisches Venedig zu verwandeln schien, freilich von den Boten der bunten Völker des europäischen Ostens und Asiens exotisch belebt.

Die Kaiserin fertigte den Auftrag für die Erkundungsreise ohne die landesübliche Verzögerung aus. Natürlich erwarteten die Herren ihrer Regierung von Reinhold Forster den Nachweis, daß die deutschen Siedler an der südöstlichen Schwelle zu Sibirien eine Art Paradies gefunden hatten, attraktiv genug, um die Söhne und Töchter der armen Bauernschaft, zu Haus zu einem Dasein als Knechte verurteilt, in Scharen herbeizulocken: Das menschenleere Reich der Zarin sollte durch die Zuwanderung aus dem Westen belebt, urbar gemacht, dem Fortschritt erschlossen werden. Die russische Akademie der Wissenschaften rüstete Reinhold Forster mit Instrumenten zur Wetter- und Klimabeobachtung aus und versah ihn mit der einschlägigen Literatur.

Schwer bepackt reisten Vater und Sohn, von einem Offizier geleitet, weiter nach Moskau, das sie nach einer holprigen Fahrt von fünf Tagen und Nächten erreichten. Ohne langen Aufenthalt in der großen Stadt, in der die Fremde ein wahrhaft fremdes Gesicht zeigte, eilten sie nach Südosten, über Saransk und Petrowsk zur Wolgastadt Saratow, der alten Festung, die Rußland und die Ukraine vor den Einfällen der Tataren schützen sollte, von Moskau gut tausend Kilometer entfernt.

Die Inspektion der Kolonien im Süden offenbarte ein Bild des Jammers. Es mangelte an allem: Holz für die Häuser, Bauwerkzeug, Saatgut, Zuchtvieh. Die Bauern hungerten. Die Kinder starben, kaum waren sie auf der Welt. Reinhold notierte die Mißstände – vom Provinzgouverneur, dem Woiwoden, mißtrauisch beobachtet. Dann machte er sich auf, Georg an seiner Seite, um neue Siedlungsgebiete zu erkunden. Die beiden stießen bis nach Zaryzin vor, das heute Wolgograd heißt (doch in der Geschichte als Stalingrad seinen Platz behält). Sie durchstreiften die Kalmückensteppe in Richtung des Kaspischen Meeres. Unterwegs sammelten sie alles, was ihr Interesse erregte. In dem Bericht über seine russische Ausbeute, den Vater Reinhold später der Königlichen Gesellschaft für die Wissenschaften in London vorlegte, vermerkte er 207 Pflanzenarten, 23 Säugetiere, 64 Vogel-, 14 Reptilien- und 16 Fischarten, viele seiner Schilderungen mit Zeichnungen des kleinen Georg versehen, der damals schon eine geschickte Hand bewies.

Nach einem halben Jahr und einer Wegstrecke von viertausend Kilometern kehrten sie nach Petersburg zurück. Ihre Erfahrungen legte Reinhold in einer Denkschrift nieder, die das Elend der Kolonien drastisch genug schilderte. Er verschwieg nicht, daß der Woiwode an der Wolga die Siedler wie Leibeigene schikanierte und ihnen Materialien nur gegen Kredite liefern ließ, mit denen sie sich auf unabsehbare Zeit verschuldeten – und sie damit in eine demütigende Abhängigkeit zwang. Der zuständige Minister Orlow schwieg sich zu Reinholds Memorandum aus. Er dachte auch nicht daran, dem Pastor das geforderte Honorar von zweitausend Rubel auszuzahlen.

Georg indes besuchte zum ersten (und letzten) Mal eine reguläre Schule, lernte Russisch, Französisch, Latein, sogar ein besseres Deutsch, er wurde in Geschichte, Geographie und Staatslehre unterrichtet. Reinhold aber, nachdem er ein dreiviertel Jahr vergeblich auf sein Geld gewartet hatte, entschloß sich zur Weiterreise. Orlow bot ihm schließlich tausend Rubel. Angeblich wies der hartköpfige Pastor den Kompromiß zurück und bestieg mit dem Sohn – ohne Entlohnung – ein Frachtschiff, das von Kronstadt nach London segelte. Den Umweg über Danzig sparte er sich, obschon er wußte, daß seine Familie in Nassenhuben Not litt. Er dachte nicht daran, ins Pfarramt zurückzukehren. Vielmehr war er überzeugt, daß er im Lande seiner Vorfahren das Glück machen werde, das ihm Rußland verweigert hatte. Georg hielt er an, im Gespräch mit den Matrosen Englisch zu lernen. Es mag nicht das feinste Idiom gewesen sein, das die feixenden Seefahrer dem Jungen beigebracht haben.

Bei der Ankunft in London hatte der Vater dreieinhalb Guineen in der Tasche. Wo schliefen die beiden? Wovon nährten sie sich? Wir wissen es nicht, doch vermutlich wurden sie, wenigstens vorübergehend, von Reinholds reformierten Amtsbrüdern aufgenommen. Georg, noch keine zwölf Jahre alt, sah sich mit einer neuen Sprache, einer fremden Kultur, der Metropole eines Weltreiches konfrontiert, die ihm zur dritten Heimat werden sollten, wenn denn von Heimat die Rede sein konnte. In London wehte, anders als im zaristischen Rußland, zwar nicht die Luft der Freiheit, so doch der Atem einer Weltstadt. Im Jahr ihrer Ankunft suchte auch Jean-Jacques Rousseau Zuflucht im Machtzentrum des britischen Imperiums, aus seiner puritanischen Heimatstadt Genf ausgewiesen, der ländlichen Verstecke im Jura müde, in Frankreich seiner Sicherheit nicht gewiß. Der Ruhm gewährte dem Vorboten der Revolution ein passables Auskommen. Reinhold Forster, den keine Seele kannte, war auf die Unterstützung seiner geistlichen Kollegen angewiesen, denen er gelegentlich zur Last wurde. Angebote, als Pastor nach Florida oder Maryland zu übersiedeln, lehnte er ab. Indes hielt der egomanische Gottesmann Klein-Georg an, das tägliche Brot herbeizuschaffen. Zum Beispiel übersetzte der Knabe die *Kurze Geschichte Rußlands* von Michail Wassiljewitsch Lomonossow, die der Vater bis in die Gegenwart ergänzte. Die Arbeit fand das Lob der Experten, doch Geld brachte sie kaum ins Haus. Kurzerhand steckte der Papa den Wunderknaben als Lehrling in die Firma Lewin und Nail, die vor allem Handel mit Rußland betrieb. Kaufmännische Kenntnisse erwarb Georg kaum, da er vor allem damit beschäftigt wurde, Waren zu verpacken. Die körperliche Anstrengung und die stupide Tätigkeit machten ihn krank.

So war es auch für ihn eine Erlösung, daß Reinhold endlich eine Aufgabe fand: die Dissidenten-Akademie des Städtchens Warrington in Lancashire, die zehn Jahre zuvor gegründet worden war, berief den Pastor zum Nachfolger von Dr. Joseph Priestley, einem bedeutenden Kopf der britischen Aufklärung, der den Söhnen der protestantischen Minderheiten, der Reformierten, der Methodisten und einiger Sekten, mit seiner Schule zur höheren Bildung verhelfen wollte, denn der Zugang zu den klassischen Universitäten Oxford und Cambridge war ihnen verwehrt, da jene würdigen Anstalten damals nur Studenten aus der Gesellschaft der »High Church« akzeptierten. Priestley, erst dreiunddreißig Jahre alt (übrigens einer der Mitentdecker des Sauerstoffs), zog es rasch nach der Gründung seiner Schule vor, nach Amerika auszuwandern, wo er die Freundschaft solch prägender Persönlichkeiten wie Thomas Jefferson und John Adams gewann.

Reinhold Forster trat in Warrington ein bescheidenes, aber wichtiges Erbe an. Endlich verfügte er über ein festes Einkommen, das es ihm erlaubte, Frau und Kinder aus Nassenhuben herüberkommen zu lassen. Georg durfte die Mutter und die Geschwister am Hafen empfangen. Über das Wiedersehen, nach dreieinhalb langen Jahren, liegt kein Zeugnis vor. Es müssen Tränen geflossen sein, deren man sich in der Epoche der Empfindsamkeit nicht schämte. Georg kehrte seiner Lehre den Rücken und ließ sich in Warrington als Student registrieren.

Das Glück währte nicht lange. Das Aufsichtskomitee der Schule bescheinigte dem Professor Forster zwar sein pädagogisches Engagement und auch seine Erfolge. Aber zugleich wurde ihm die Dienstwohnung gekündigt, bald danach das Amt. Die Begründung kennen wir nicht. Ein Bericht verweist auf die (robusten) »preußischen Manieren« des Direktors, ein anderer auf den »Mangel an wirtschaftlicher Sorgsamkeit«. Es steht dahin, ob die schludrige Verwaltung der Finanzmittel seiner Schule oder die persönliche Schuldenmacherei gemeint war – eine Schwäche, die er mit so vielen seiner Zeitgenossen in dieser ersten Generation moderner Intellektueller teilte: Zu einem vernünftigen Umgang mit Geld waren die meisten dieser Geschöpfe der Aufklärung nicht fähig. Ihre Einnahmen blieben in der Regel kärglich. Ob aus Not oder Leichtfertigkeit oder Hochmut: viele neigten dazu, über ihre Verhältnisse zu leben, unter ihnen ganz gewiß der Professor Reinhold Forster wie hernach auch Georg, der geniale Sohn.

Reinhold schlug sich nach der Kündigung mit Sprachunterricht an der konkurrierenden Schule der High Church mühselig durch. Auch Georg, in allen Idiomen sicherer als der Papa, sollte pubertierenden Knaben gleichen Alters Französisch und Deutsch beibringen, was ihm eine Qual war. Erlösung aus der provinziellen und finanziellen Beengung kündigte endlich ein Brief von Mr. Alexander Dalrymple an, einem Kapitän der East India Company, der einen wissenschaftlichen Berater für die Expedition nach Indonesien suchte, die er im Auftrag der Admiralität und der Royal Society unternehmen sollte. Forster senior war ihm dank des Berichts über die russische Reise empfohlen worden. Unverzüglich zog der Professor samt Familie nach London.

Das Projekt zerschlug sich. Ein anderes Mal boten Übersetzungen die einzige Einnahmequelle. Das heißt: Die Forsters lebten von Georgs Fleiß. Mit einigem Entzücken übertrug der Knabe den Bericht des Seefahrers Louis-Antoine de Bougainville über seine Reise nach Tahiti ins Englische, das der Franzose mit seiner galanten Phantasie als »La nouvelle Cythère« vorstellte: das neue Eiland der Venus. Seine Schilderungen von der erotischen Freizügigkeit südpazifischer Mädchen und Frauen weckten nicht nur bei seinen Landsleuten sehnsüchtige Neugier. Sie dürfte auch die Träume des sechzehnjährigen Georg beflügelt haben.

Um so erregender das Mirakel: Dem Vater wurde ohne Vorankündigung ein Brief der Admiralität übergeben, der in dürren Worten fragte, ob der Professor Forster bereit sei, Captain James Cook auf einer zweiten Weltreise zu begleiten. Jubelnd sagte Reinhold zu. Ihn störte es nicht, daß er als Ersatzmann für Joseph Banks berufen wurde, der als Chef eines Forschungsteams die erste Weltumsegelung an Cooks Seite absolviert hatte: ein wohlhabender Gelehrter, der darauf bestand, daß ihm auf dem Schiff komfortable Arbeits- und Schlafräume zur Verfügung stünden. Indes, der Platz auf dem gedrungenen und stabilen Allzweck-Segler, der auf den robusten Namen *Resolution* getauft wurde, war knapp. Die Wünsche Joseph Banks', der von einem Assistenten, drei Astronomen (darunter ein Arzt), einem Maler, drei Zeichnern, Sekretären, Dienern und zwei Hornisten eskortiert werden wollte, ließen sich nur durch Umbauten erfüllen, die nach Cooks sicherem Urteil die Seetüchtigkeit des Schiffes beeinträchtigt hätten. Das konnte der erfahrene Kapitän nicht zulassen.

Reinhold Forster, mit dem Vorschuß von viertausend Pfund hochzufrieden, bestand nur darauf, den Sohn Georg als Gehilfen mitnehmen zu dürfen. Der junge Mensch wurde als Zeichner angeheuert. Am 22. Juni 1772 brachen die beiden von London auf. In Plymouth bestiegen sie, nach einigen Tagen des Wartens, die *Resolution,* auf der sich Vater und Sohn ein Quartier von zweimal zwei Metern zu teilen hatten (was von Georg, in solch enger und konstanter Nachbarschaft mit seinem jähmütigen Erzeuger, oft genug eine übermenschliche Geduld verlangt haben mag).

Am 13. Juli segelte die *Resolution* endlich ab, gefolgt vom Begleitschiff *Adventure* unter dem Kommando des Kapitäns Furneaux. Georg beschrieb den Aufbruch zu einem Abenteuer, dessen sicherer Ausgang keineswegs gewiß war, und den Schmerz über die zweite Trennung von der Mutter und den Geschwistern in seinem Buch hernach mit einem Satz, in dem sich Sensibilität und Selbstbeherrschung vereinten: »Ich kehrte einen Abschieds-Blick gegen Englands fruchtbare Hügel zurück, und liess dem natürlichen Gefühl der Verbindungen, woran mich diese Aussicht erinnerte, freyen Lauf …« Mit anderen Worten: Er weinte. Es war nicht das letzte Mal auf der Reise, die erst nach drei Jahren ein glückliches Ende fand.

Der Auftakt vermittelte eine Vorahnung der Strapazen, die sie erwarteten: Dem Vater war vom ersten Tag der Seefahrt an schlecht. Er konnte keinen Bissen bei sich behalten, vor allem in der Biskaya, die ihrem üblen Ruf gerecht wurde. In der Not zog er es vor, sich von Portwein zu nähren. In Madeira nahmen sie

Proviant auf. In Cap Verde, der nächsten Station, lockten die Matrosen zu ihrem Vergnügen zwanzig »grüne Affen« an Bord, die sie unterwegs einfach verhungern ließen – nur drei zähe Burschen überlebten. Die Härte der Seeleute ging Georg ans Gemüt, und er bekam ein anderes Mal nasse Augen, als sie ein Schwälbchen, das dem Schiff unverdrossen Tag und Nacht gefolgt war, der Schiffskatze auslieferten, als der arme Vogel, vom langen Fluge geschwächt, endlich an Bord Schutz gesucht hatte: »Dies veranlaßte mich«, schrieb er, »dem Andenken meines kleinen Freundes den Tribut einer Träne zu zahlen.«

Der blutjunge und ein wenig scheue Illustrator wurde von Captain Cook, der stets eine gewisse Distanz bewahrte, gegenüber den Offizieren wie gegenüber der Mannschaft, entschieden mehr geschätzt als der redselige und prahlsüchtige Vater, der von seinen englischen Ahnen gewiß nicht die Neigung zum *understatement* geerbt hatte. Immer wieder hatte der Kommandant Anlaß, sich an der Disziplinlosigkeit seines Reisechronisten aufzuhalten. Der kluge Cook, der sich selber kaum Privilegien zugestand (außer einer komfortableren Kabine) und die Mahlzeiten der Mannschaft teilte, wies den aufsässigen Professor, wann immer es notwendig war, kühl in seine Schranken. Die Autorität des Kapitäns war absolut: so wollte es das Gesetz. Er hatte das letzte Wort. Er traf die fälligen Entscheidungen. Er durfte Gehorsam fordern. Er verfügte, wenn es denn sein mußte, Strafen, gegen die es kein Aufbegehren gab. Cooks natürliche Würde, sein ausgeprägter Sinn für Gerechtigkeit, seine berechenbare Vernunft – die Georg später in einem brillanten Portrait beschrieb – erlaubten keine Zweifel an seiner Berufung zum Chef einer so gefährlichen Unternehmung wie dieser Expedition, deren geheimer Auftrag es war, nach einem Kontinent zu forschen, den die Mitglieder der Admiralität irgendwo südlich von Australien vermuteten.

Nach einer Erholungspause in der Tafelbay am Kap der Guten Hoffnung – zum ersten Mal und voller Grimm beobachtete Georg den Handel mit Sklaven afrikanischer, bengalischer oder malaysischer Herkunft – nahmen die *Resolution* und die *Adventure* unverzüglich Kurs nach Süden. Die Temperaturen sanken rapide. Der Kapitän ließ warme Kleidung ausgeben. Sie bot wenig Schutz gegen die Regenstürme, die alles durchnäßten, auch die Betten in den Kajüten. Obwohl Cook dem Proviant viele Fässer voll Sauerkraut zugefügt hatte, weil es, dank der haltbaren Vitamine, die Abwehrkräfte gegen den Skorbut stärkte, wurden nach den Weihnachtstagen, die inmitten von Eisbergen »unter wildem Lärm und Trunkenheit« gefeiert wurden, die ersten Fälle der gefürchteten Krankheit registriert: faulendes Zahnfleisch, lockere Zähne, Ekzeme. Gekochtes Malz bot eine halbwegs wirksame Therapie, die bessere war ein Kompott von Zitronen und Orangen, von dem es freilich nur einen kleinen Vorrat gab. Dennoch sorgte Cooks Sauerkrautdiät dafür, daß die *Resolution* kein Mitglied ihrer Besatzung an diese Pest der Meere verlor. Nur vier Matrosen überlebten die dreijährige Reise nicht: Drei ertranken, ein vierter starb an der Schwindsucht.

Nach vier Monaten an der Grenze zur Antarktis, die von der *Resolution* wohl zum ersten Mal in der Geschichte der Menschheit passiert werden konnte, zeigte auch Georgs zarter Körper Symptome des Skorbut: entzündetes Zahlfleisch, schweren Atem, Ausschlag, Verfärbungen des Urins. Kein Wunder: sechzehn Wochen unter einem dunklen Himmel, täglich von Stürmen, von bitterer Kälte heimgesucht, die Hände vom Eis aufgerissen, das Schiff in permanenter Gefahr, mit einem der tausend Eisberge zusammenzuprallen, kein Lebewesen außer Sturmvögeln, Walfischen, Pinguinen sichtbar – er bewunderte bis zum Ende seiner Tage, mit welcher Zähigkeit und Tapferkeit die Mannschaft alle Strapazen ertrug, ihre gefahrvollen Pflichten ohne Murren und Zögern erfüllte, auch wenn es galt, in peitschenden Orkanwinden auf die Masten zu klettern, die sich unter dem Anprall der Böen bis zum Wasser senkten, um die hartgefrorenen Segel zu bergen.

Endlich brach Captain Cook die Suche nach dem Südkontinent ab: die Barrieren der Eisflächen, an denen die *Resolution* wieder und wieder zu zerschellen drohte, boten keinen Durchlaß. Er befahl Kurs nach Norden. In einer Bucht an der Südwestecke der Südinsel von Neuseeland fand sich ein Landeplatz. Gemütlich war es auch dort nicht, der Himmel blieb trübe und verhangen. Aber das schwellende Grün der Urwälder wogte bis ans Ufer herab: die schönste Wohltat, die das Auge erfahren konnte. Vögel sangen zu Georgs Entzücken. Bei den mühsamen Ausflügen an Land war er von Kolibris umschwirrt. Die Matrosen angelten in der »Dusky Bay« die köstlichsten Fische. Kräuter und Tannennadeln wurden zu Tee verkocht, als Heilmittel gegen den Skorbut, doch als die wirksamste Therapie erwies sich der Genuß von einer Art Bier, das Captain Cook aus harzigem Tannensud brauen ließ: offensichtlich war der Trank reicher an Vitamin C als alle Pflanzen.

Erst nach Tagen entdeckten sie, daß das unwirtliche Land nicht unbewohnt war. Doch die Maori – die sie, wie in jener Zeit üblich, als Indianer bezeichneten, ein Gattungsbegriff, von dem nur die Chinesen, die Afrikaner und Araber ausgenommen waren – hielten sich scheu in der Ferne. Am sechsten Tag gelang schließlich ein erster Kontakt mit einer Familie, die sich – durch Musik und Geschenke – sogar an Bord locken ließ, wo sie vor allem das mitgeführte Getier bestaunte: Schafe, Ziegen, Schweine, Hunde und Katzen. Sechs Wochen brauchte es, die wichtigsten Reparaturarbeiten am lädierten Schiff zu erledigen, die beschädigten Masten und Streben zu ersetzen, auch eiserne Klammern zu erneuern, die in einer kleinen improvisierten Schmiede am Ufer gefertigt wurden.

Am nächsten Ziel, dem Charlottensund zwischen der Süd- und Nordinsel Neuseelands, fanden sie das Schwesterschiff *Adventure* wieder, das sie in den antarktischen Nebeln verloren hatten. Der Kapitän Furneaux war früher nach Norden abgedreht und hatte die Zeit dazu genutzt, Tasmanien zu erkunden, von dem die Matrosen nicht allzu enthusiastisch berichteten. Die Maori an den Gestaden der heutigen Cook-Straße waren seit der ersten Expedition den Anblick von Weißen gewohnt. Ohne Zögern nahmen sie die fragwürdigen Handelsbräuche von damals wieder auf und boten die Reize ihrer Mädchen gegen die begehrten Nägel aus Eisen an, aus denen sich bessere Angelhaken fertigen ließen als aus Knöchlein oder Holznadeln, auf die sie zuvor angewiesen waren. Die Forsters beobachteten den Sittenverderb voller Bedenken, doch Georgs Zorn richtete sich nicht gegen die »Eingeborenen«: Er erregte sich sehr viel mehr über die barbarische, ja viehische Brutalität, mit der die Matrosen über ihre Opfer herfielen. Gottlob kam es zu keinen Konflikten, die Menschenleben gefordert hätten, wie es bei den Expeditionen zu fernen Kontinenten fast die Regel war. Georg, seiner Zeit in dieser Einsicht voraus, schrieb voller Melancholie: »Es ist Unglücks genug, daß alle unsre Entdeckungen so viel unschuldigen Menschen haben das Leben kosten müssen …« Schlimmer aber sei der unersetzliche Schaden, der den Völkerschaften »durch den Umsturz ihrer sittlichen Grundsätze« zugefügt worden sei. Captain Cook aber unternahm ein zivilisatorisches Experiment, das Neuseeland fortan prägen sollte: er setzte Ziegen und Schafe aus, von denen die letzteren – wie man weiß – auf den Inseln gar prächtig gediehen. Die Ziegen wurden aufgefressen.

Kein Bedauern Georgs, als sich die *Resolution* endlich auf den Weg zu den Gesellschaftsinseln machte, zumal die Matrosen nun an der Hinterlassenschaft ihrer Vorgänger zu leiden begannen: venerischen Krankheiten, die sich durch eine Sauerkrautdiät gewiß nicht heilen ließen. Tahiti aber sollte sich Georg, wie er inständig hoffte, in einem Zustand paradiesischer Unberührtheit darbieten. Die Lektüre von Bougainvilles Bericht von der pazifischen Heimat der Venus nährte seine Vorfreude auf die Schönheit, die sich ihm offenbaren würde – nicht nur die von dem sensuellen Franzosen gerühmten Reize der Mädchen, sondern die tropische Fülle des Landes, das vom Schöpfer mit den köstlichsten Früchten und den reizendsten Landschaften gesegnet worden war.

Der erste Anblick der Insel erfüllte ihn mit einem Glück, das er vielleicht niemals zuvor in seinem jungen Leben in solcher Intensität erfahren hatte. Seine Sprache verrät bei der Niederschrift des Buches drei Jahre später, daß dieser ernste junge Mensch in Tahiti manchmal gelacht und oft gelächelt hat. Er durchstreifte, stets mit der Botanisiertrommel ausgerüstet, die Landschaften hinter der Küste, lief durch die Wälder, die von den Düften exotischer Pflanzen durchströmt waren, kletterte auf die Hügel, stieg auf die Berge: ganz ohne Furcht, ob allein oder mit dem Vater, dem einen oder anderen der Offiziere. Die wohlgestalten Menschen der Insel begegneten ihm ohne Scheu, die Alten voller Würde, die Jungen mit spielerischer Neugier. Er lernte einige Grundbegriffe ihrer Sprache, beobachtete die Regeln, nach denen sich die Gesellschaft ordnete, lernte die Mitglieder der Kasten zu unterscheiden, fing an, die Hierarchien zu begreifen. Vater Reinhold erwarb sich die Gunst eines der machtvollsten Häuptlinge, als er ihm kurzerhand den Pudel schenkte, den er aus Südafrika mitgebracht hatte.

Es steht dahin, ob sich der Sohn von der Begehrlichkeit eines der schönen Mädchen verführen ließ und (wohl zum ersten Mal) die Liebe erlebte. Allerdings stahlen die Hübschen wie die Raben, was Captain Cook – sonst eher generös, was die fremden Sitten anging – fuchsteufelswild werden ließ. Hier durchbrachen die Instinkte seiner kleinbürgerlichen Herkunft die Fassade des Gentleman. Er konnte sich nicht damit abfinden, daß in exotischen Kulturen das Eigentum nicht als heilig und unberührbar galt. Der junge Forster verstand dies besser. Von der grundsätzlichen Überlegenheit der westlichen Zivilisation war er nicht überzeugt. Es sei eine traurige Wahrheit, sagte er, daß Menschenliebe und die politischen Systeme Europas nicht miteinander harmonierten. Während seine Zeitgenossen noch mit rokokohaft-sentimentaler Begeisterung vom »edlen Wilden« schwärmten, war sein Blick auf die fremden Kulturen differenzierter: Er betrachtete die »Eingeborenen« nicht als schiere Naturkinder, sondern als Gesellschaftswesen. Oft genug regten sich in seiner Seele Zweifel an dem Recht der Europäer, in jeden Winkel der Welt vorzudringen. Er fürchtete, das, was er als das Glück der Südseevölker empfand, könnte korrumpiert und zerstört werden. Geradezu prophetisch rief er: »Wahrlich! wenn die Wissenschaft und Gelehrsamkeit einzelner Menschen auf Kosten der Glückseligkeit ganzer Nationen erkauft werden muß; so wär' es, für die Entdecker und Entdeckten besser, daß die Südsee den unruhigen Europäern ewig unbekannt geblieben wäre!«

Seine Vorahnungen für die Gesellschaft des Westens übertrug er etwas zu hastig auf die pazifische Welt: noch betrachte das gemeine Volk, stellte er fest, die Nation wie eine einzige Familie und die Häuptlinge wie ältere Brüder, die nicht zögerten, in einem Kanu selber Hand ans Ruder zu legen. Aber wie lange werde diese »glückliche Gleichheit noch dauern«? Er sah voraus, daß eine Schicht von Müßiggängern über die einfachen Leute herrschen werde und das gemeine Volk zunehmend bedrücke, bis »das Gefühl der gekränkten Rechte der Menschheit« in ihm erwache und »eine Revolution veranlasse«. Dies sei »der gewöhnliche Zirkel aller Staaten«.

Forsters Skepsis hielt hernach seine jungen Leser in Deutschland und anderswo nicht davon ab, »O-Tahiti« als eine Insel der vollkommenen und paradiesischen Glückseligkeit zu verklären. In manchen Jugendbünden der Revolutionsjahre, vor allem aber in der Epoche der seelenvollen Romantik, die ihnen folgte, wurde das Eiland ein Ziel utopischer Träume, die den resignierten Abschied von dem Aufbruch der Völker zur Freiheit und Gleichheit tarnten. Lang nach den Napoleonischen Kriegen, als die Erinnerung an den revolutionären Enthusiasmus der Stubengenossen Hölderlin, Hegel und Schelling längst erloschen war, wurde im Tübinger Stift eine angebliche Verschwörung aufgedeckt, die in Wirklichkeit nichts anderes als ein geheimer Tahiti-Kult war, in dem sich Fernweh – in der beengten Schwabenwelt ein üppig wucherndes Phänomen – und pseudo-revolutionäre Utopien einer Idealgesellschaft auf kuriose Weise mischten. Trotzdem witterten die restaurativen Behörden eine Gefahr, die sich auf undeutliche Weise mit dem Namen Georg Forster verband.

Der Abschied von der Insel wurde dem jungen Forscher schmerzlich. Sein Blick auf Tonga, die wichtigste der Freundschaftsinseln, war nüchterner. Er verstand ohne langen Anlauf, daß dort die kleine Feudalschicht der Landbesitzer ein Heer von Sklaven für sich arbeiten ließ. Die Früchte der Felder gediehen üppig – dank des Klimas, das allem Wachstum günstig war. Captain Cook konnte seine Vorräte durch eine Ladung der nahrhaften Yamwurzeln mehren, denen das Tonga-Volk die mächtige Statur seiner Menschen verdankt – bis auf den heutigen Tag, nur an den jüngst verstorbenen König Tupou IV. zu denken, dessen Arme so dick wie kleine Baumstämme waren und der ganz gewiß nicht weniger als einhundertundfünfzig Kilogramm wog, was ihm eine natürliche Autorität verschaffte, wie es in jenem Weltwinkel nach wie vor üblich ist. Überdies kaufte Cook einen reichlichen Vorrat an Cocosnüssen und an die achtzig Schweine.

Nächster Aufenthalt: der schon vertraute Charlottensund zwischen den beiden großen Inseln Neuseelands, wo die *Resolution* vor allem frisches Wasser aufnahm, denn Cook bereitete einen zweiten Vorstoß in die Antarktis vor. Das Begleitschiff *Adventure* hatten sie ein anderes Mal aus den Augen verloren. Sie fanden es auch nicht wieder. Später erfuhren sie, daß Kapitän Furneaux bei einem blutigen Konflikt mit den Maori zehn seiner Männer verloren hatte: Sie wurden, wie die Spuren zeigten, von den zornigen Kriegern verspeist. Die Briten rächten sich mit einer ent-

Cascade Cove, Dusky Bay, 1775
William Hodges (1744–1797), Öl auf Leinwand (1775)

setzlichen Schlächterei. Ihr Kapitän hielt sie nicht zurück, da ein junger Verwandter zu den Opfern zählte. Er beschloß die sofortige Rückkehr. Nach vier Tagen segelte die *Adventure* davon und erreichte drei Monate später via Kap Hoorn und das Kap der Guten Hoffnung den Heimathafen – lange vor der Wiederkehr der *Resolution,* die nach Cooks Planung den Südpol umsegeln und dann nach Großbritannien zurückstreben sollte. Auf acht Monate wurde die restliche Reisezeit berechnet. Das war eine freundliche Täuschung.

Die Gemüter und die Mienen verdüsterten sich, als sich das Schiff zum zweiten Mal den Eismassen näherte. An Weihnachten war die *Resolution* wie im Jahr zuvor von Eisbergen und Eisinseln umringt, und Ende Januar segelte sie am neunzehnten Breitengrade vor dem Südpol. Wieder bedrohte der Skorbut die Besatzung. Auch Georg zeigte gefährliche Symptome. Endlich, Ende Februar, nahm die Expedition Kurs nach Norden und erreichte schließlich die Osterinseln weit vor der Küste Ekuadors. Die archaischen Skulpturen beeindruckten Georg wenig. Er schrieb von der »ersten Kindheit der Bildhauerei«. Wohl fragte er sich, mit welchem Werkzeug die gigantischen Köpfe gefertigt worden seien, doch er war zu erschöpft, um mit seinen geschwollenen Beinen über die kahlen Inseln zu wandern; so sah er weder die Steinbrüche noch die Werkzeuge oder die Reste der Transportwalzen. Für die Versorgung der Mannschaft boten die kargen Felsmassen nicht viel.

Dem Äquator folgend steuerte Cook die Marquesas-Inseln an (hernach die letzte Lebensstation von Gauguin, dem großen Porträtisten der Südsee). Hier konnten sie wenigstens Brotfrüchte einhandeln, doch der Kapitän meinte zu Recht, die Besatzung werde sich am ehesten im geliebten Tahiti erholen. Georg dachte bei der Einfahrt in die fast schon heimatliche Bucht an Calypsos verzauberte Insel, und vielleicht fühlte er sich selber als leidgeprüfter Odysseus. Lange Zeit war er zu schwach, um einen Ausflug an Land zu unternehmen, doch dank der frischen Früchte und Gemüse, des Fleisches und der Fische erholte er sich.

Mitte Juni segelten sie weiter, an den kleineren Inseln der Tonga-Gruppe vorbei zu den Neu-Hebriden – so hatte Cook aus rätselhaften Gründen die tropischen Eilande getauft –, die schon zu Anfang des siebzehnten Jahrhunderts von Portugiesen entdeckt worden waren und danach wieder in Vergessenheit gerieten. Die *Resolution* und ihre Mannschaft wurden von den Bewohnern nicht freundlich, sondern mit einem Hagel von Pfeilen, Speeren und Steinen empfangen. Selbst Georg, der Friedfertige, griff zur Schrotflinte, um die Angreifer abzuwehren. Es gab Tote und Verletzte, freilich nur unter den Melanesen, die nicht über die körperlichen Vorzüge der Polynesier verfügten, sondern eher die Züge der Australneger trugen, zu deren ferner Verwandtschaft sie vermutlich gehören. Georg aber notierte seufzend, es scheine »ein unvermeidliches Übel zu seyn, daß wir Europäer bey unsern Entdeckungs-Reisen den armen Wilden allemal hart anfallen müssen«.

Auf Tanna, der südlichsten der Inseln, die noch kein Weißer betreten hatte, war der Empfang ein wenig freundlicher. Die üppig bewachsenen Hügel überragte ein höchst aktiver Vulkan, der zu bestimmten Stunden Tag für Tag unter schrecklichem Grollen glühende Lava ausstieß. Georg hätte den Berg gern erkundet, doch die Inselmänner verwehrten ihm und seinen Begleitern mit drohenden Gebärden den Aufstieg, ja sie führten mimisch vor, wie die Fremden geschlachtet und aufgefressen würden, wenn sie nicht haltmachten. Forster zog den Rückzug vor. Doch unten in den Dörfern wurden die Menschen zutraulicher, zumal wenn die Weißen kleine Liedchen anstimmten. Auch die Melanesen sangen: einfache Melodien, doch den Ohren der Europäer vertrauter als die Gesänge der Polynesier. Überdies wurden sie von einer Art Panflöte aus acht Rohren begleitet, die auf die Tonfolge einer Oktave abgestimmt zu sein schien. Georg glaubte, er sehe in den »rohen Seelen … den Trieb zur Geselligkeit aufkeimen«, und er hoffte, daß sich die Herzen der Freundschaft öffneten: »Welch ein schätzbares Bewußtseyn«, rief er, »auf solche Art das Glück eines Volkes befördert und vermehrt zu haben!« Das Idyll hielt nicht an. Einer der Matrosen, der Wache hielt, um das Schiff vor Diebereien zu schützen, fühlte sich von einem der Tanna-Männer bedroht und schoß ihn unverzüglich über den Haufen (wie es ihm ein Offizier, entgegen den Weisungen Cooks, eingeschärft hatte). Der Schütze wurde – anders als Forster berichtet – bestraft, wenn auch milde. Georg seufzte: Die »angenehmen Hoffnungen, womit ich mir, noch wenig Augenblicke zuvor, geschmeichelt hatte« waren nun »auf einmal vereitelt! … Waren wir jetzt noch besser, als andere Fremdlinge? oder verdienten wir nicht weit mehr Abscheu, weil wir uns, unter dem Schein der Freundschaft eingeschlichen hatten, um sie hernach als Meuchelmörder zu tödten?«

Nein, eine harte Kolonialisten-Gesinnung konnte Georg gewiß nicht nachgesagt werden – vielleicht eher dem Papa, der sich nach dem Bericht eines kritischen Zeugen auf einer seiner Botanisierwanderungen mit einer Gruppe von Einheimischen angelegt hatte und die Pistole gegen einen Offizier zog, der dem Streit Einhalt gebieten wollte. Cook verurteilte den jähzornigen Reinhold zu einigen Tagen Kabinenarrest, wie wohl schon manchmal zuvor. Die Landschaftsbeschreibungen gerieten dem Sohn in seinem Buch übrigens so exakt, daß sie heute noch, wie der Autor dieser Zeilen versichern kann, als Wegweisung zu nutzen sind. In der Bucht, in der die *Resolution* lag, ist es nach wie vor so still, als sei die Zeit stehengeblieben. Einige Fischerkaten, mit Bananenblättern gedeckt, schwarze Ferkel, die durch die Gärten grunzen, droben der rauchende Vulkan – nichts scheint sich geändert zu haben, trotz der amerikanischen Besetzung im Zweiten Weltkrieg, die eine merkwürdige Religion zurückgelassen hat: den Cargo-Kult, der sich aus dem Staunen über die Güter der Nachschub-Station erklärt, die ein Sergeant namens Frum verwaltet hat. Er wurde, ohne etwas davon zu ahnen, als er längst in seine amerikanische Heimat zurückgekehrt war, in Tanna als ein zweiter Heiland verehrt, freilich eher für die irdisch-materielle, weniger für die himmlisch-geistige Seligkeit seines gläubigen Anhangs zuständig.

Cook strebte ein drittes Mal Neuseeland zu. Eher zufällig stieß die *Resolution* auf eine schiffsartig langgezogene Insel, die der Captain unverzüglich Neu-

Kaledonien nannte: die zweite Entdeckung der Reise. Die Bewohner, offensichtlich friedlicher Natur, nannten sich Kanaken (und so heißen sie noch heute). Georg und Vater Reinhold fanden zunächst nur wenige Pflanzen, die sie noch nicht kannten; dafür sammelten sie Steine – vor allem Quarz und Glimmer –, voll rötlicher Eisenpartikel. Sie kamen zu dem Schluß, daß »in diesem Lande manche schätzbaren Mineralien vorhanden sein müßten«, und in der Tat stießen die Franzosen später auf riesige Lager von Nickel, deren Abbau bis heute nicht abgeschlossen ist. Nach frischer Nahrung suchte die Besatzung vergeblich. Es gab weder Hunde noch Schweine. So drängte Cook zu rascher Weiterfahrt nach Neuseeland. Im Charlotten-Sund keine Nachricht von der *Adventure*. Andeutungen der Maori ließen ein Unglück vermuten. Die mühsame Verständigung, bei der in Wahrheit keiner den anderen wirklich verstand, erlaubte keine genauen Schlüsse. Immerhin ergab sich, daß das Schwesterschiff längst davongesegelt sei.

Von der Schlächterei, der zehn ihrer Kameraden und weiß der Himmel wie viele Maori zum Opfer wurden, ahnten die Forsters, Captain Cook, die Offiziere und die Matrosen nichts, als sie die Wälder hinter der Bucht durchstreiften. Als Georg – durch Berichte, die von den Überlebenden der *Adventure* in Südafrika hinterlassen wurden – endlich die schreckliche Wahrheit erfuhr, glaubte er gewiß zu sein, daß der Konflikt durch das herrisch-grobe Verhalten der Europäer provoziert worden war. Warum zeigten die Maori gegenüber der Besatzung der *Resolution* nicht die geringste Bereitschaft zur Aggression? Er geriet nicht auf den Gedanken, die Neuseeländer könnten durch die Überlegenheit der europäischen Waffen eingeschüchtert sein. Mit seinem Vater botanisierte er ein letztes Mal. Das Schiff füllte sich mit Vorräten für die Heimreise. Am zehnten November 1774 segelten sie davon, Kurs Süd-Ost, folgten hernach dem 55. Breitengrad, von einem starken Rückenwind getrieben, der mit solcher Heftigkeit wehte, daß die sonst so behäbige *Resolution* binnen 24 Stunden mehr als 180 Meilen hinter sich brachte. Nach nur 38 Tagen lief sie in die Magellanstraße ein, die Feuerland vom südamerikanischen Kontinent trennt. Die öde Küste von Tierra del Fuego bot wenig Nahrung. Die Indianer, alles in allem elende, halbverhungerte Gestalten, waren dem wohlmeinenden Georg so widerwärtig, daß er ihren Charakter als »die seltsamste Mischung von Dummheit, Gleichgültigkeit und Unthätigkeit« beschrieb. Immerhin versuchten die Einheimischen, wo immer sie sich aufhielten, selbst in ihren Booten, sich vor der klammen Kälte durch Feuer zu schützen: So erklärt sich der Name des unwirtlichen Landes. Das dritte Weihnachtsfest der Reise wurde mit einem gigantischen Besäufnis gefeiert. Einer der Volltrunkenen fiel beim Versuch, über die Reling zu pinkeln, ins Wasser und ertrank: der letzte Unglücksfall.

Die Mannschaft war erschöpft. Meuterei drohte. So verzichtete Cook auf den Plan, den Südatlantik genauer zu erforschen. Am 17. März blinkten die Lichter Afrikas auf. Am 22. März ging die *Resolution* in der Tafelbay vor Anker. Der Kapitän ließ der Besatzung fast einen Monat Zeit, sich zu erholen; er wollte seine Mannschaft zu Haus in guter Verfassung vorzeigen. Am 30. Juli 1775 machte das Schiff in Spithead vor Portsmouth fest: nach drei Jahren und achtzehn Tagen, in denen die *Resolution* mehr als 300000 Kilometer bewältigt hatte – die längste Reise der Menschengeschichte. Georg zählte bei der Heimkehr zwanzig Jahre.

Captain Cook hatte noch in der Tafelbay sämtlichen Mitgliedern der Besatzung, Mannschaften wie Offizieren, strikt befohlen, ihm alle Aufzeichnungen auszuhändigen, die sie während der Reise gemacht hatten, auch ihre Tagebücher, ausgenommen die zivilen Mitglieder der Equipe, unter ihnen die Forsters. Der Chef folgte einer Anweisung der Admiralität, die verhindern wollte, daß Berichte in die Öffentlichkeit gelangten, die nicht zuvor ihre Zensur passiert hatten. Cook war die Maßnahme nicht unlieb, denn er fand einigen Gefallen an der Möglichkeit, seinen Ruhm durch ein Buch zu mehren und über die Zeiten zu retten. Vater Forster indes war der Meinung, daß die Beschreibung der Reise sein Privileg sei. Den drohenden Streit schlichtete Lord Sandwich, Chef der Admiralität, durch einen Kompromiß: Cook sollte unter seinem eigenen Namen einen Band mit allen seemännischen Daten und Beobachtungen publizieren, Reinhold Forster einen zweiten, der die »philosophischen Erkenntnisse« festhalte. Die Einkünfte sollten geteilt werden: zwei Fünftel für den Kapitän, zwei Fünftel für Vater Forster und ein letztes für William Hodges, den zeichnenden Reisereporter.

Die ›Resolution‹ und ›Adventure‹ in Matavai Bay, Tahiti, 1776
William Hodges (1744–1797), Öl auf Leinwand (1776)

Nach einer Woche schon übte der hohe Herr heftige Kritik an einem Probekapitel Reinholds, der ganz gewiß nicht das eleganteste Englisch schrieb: Er hätte sich besser die Zeit genommen, seinen Entwurf von einem geübteren Stilisten redigieren zu lassen. Ein zweiter Versuch nach dem offiziellen Abschluß des Vertrages fand ebensowenig Gnade in den Augen des Lords, der verfügte, daß die Illustrationen von William Hodges nur in dem Buch Captain Cooks Verwendung finden dürften – eine Benachteiligung, gegen die Reinhold Forster protestierte, wie immer mit unkontrolliertem Temperament. Der Earl of Sandwich verweigerte Reinhold nun rundum das Recht, überhaupt eine zusammenhängende Erzählung zu veröffentlichen, sondern reduzierte seinen Anspruch auf eine Sammlung einzelner Aufsätze, die überdies von der Admiralität freigegeben werden müßten, ehe sie gedruckt werden könnten.

Reinhold Forster wies dieses Ansinnen, das er – zu Recht – als Vertragsbruch betrachtete, brüsk zurück, und er beklagte sich über den Lord in einem offenen Brief, was gewiß nicht klug war. Er brauchte Geld. Ein Amt wurde ihm, entgegen seiner kühnen Hoffnungen, nicht angeboten. Der König lehnte den Ankauf der Sammlung exotischer Gegenstände, die er nach Hause gebracht hatte, entgegen aller Üblichkeit ab. Der Vater überließ schließlich einige Stücke und vor allem Georgs Zeichnungen – gegen tausend Pfund – dem Konkurrenten Joseph Banks, der bald danach das Amt des Präsidenten der Royal Academy übernahm.

Die Forsters fanden einen Ausweg: Georg war, anders als der Vater, durch keinen Vertrag und keine Verabredung gebunden: ein Glücksfall für ihn und für die Nachwelt, denn er schrieb ein besseres Buch, als es der störrische und hochmütige Papa jemals zustande gebracht hätte. Georg war auch keiner Zensur unterworfen. Für ihn gab es keinen Anlaß, die freie Bürgergesinnung zu verbergen, deren offene Demonstration Lord Sandwich dem Vater wohl kaum erlaubt hätte. Freilich war Eile geboten: die Forsters hatten es sich, aus leicht durchschaubaren Gründen, in den Kopf gesetzt, der Publikation von Captain Cooks Bericht zuvorzukommen. Das gelang. Dennoch fand Cooks eher trockenes Buch, dank der Popularität des Autors, der ein wahrer Held des Volkes war (unterdessen auf seiner dritten und letzten Reise unterwegs), auch dank der attraktiven Kupferstiche, weitaus mehr Käufer als das Werk des unbekannten jungen Mannes aus Deutschland, der allerdings – die britische Fairneß bewährte sich am Ende doch – nicht lange nach dem Erscheinen zum Mitglied der Royal Academy gewählt wurde.

Kaum war die englische Fassung abgeschlossen, setzte sich Georg an die deutsche Übersetzung. Als Helfer gewann er den Literaten Rudolf Erich Raspe, dem vorgeworfen wurde, er habe als Professor in Kassel Kostbarkeiten aus der Antiken-Sammlung seines Fürsten auf eigene Rechnung verkauft, immerhin im Wert von einigen tausend Talern, und sich den Nachstellungen durch die Flucht nach London entzogen. (Er gewann hernach einigen Ruhm durch die Bearbeitung und Übersetzung der Geschichten des Lügenbarons von Münchhausen, die Gottfried August Bürger als Vorlage für seine Version der heiter-absurden Phantasien nutzte.) Leider erwies sich der Mitarbeiter als ein Faulpelz. Man darf vermuten, daß dreiviertel der deutschen Fassung aus der Feder Georgs stammen, dessen Meisterung der Muttersprache (noch) nicht auf der Höhe seines englischen Stiles war.

Der Berliner Verleger Spener, zu dem durch die Korrespondenz eine freundschaftliche Bindung gewachsen war (er hatte die Forsters auch einmal in London besucht), zögerte freilich mit dem Druck des Buches, vielleicht weil es ihm an Geld mangelte, die Druckkosten zu bezahlen. Dafür bestellte er bei Georg eine Sensationsgeschichte über das Luxusleben und tragische Ende des mondänen Geistlichen Dr. William Dodd, eines Kanzelredners von hohen Talenten, der allerdings – wie auch die heitere Pastorenfrau – ein sinnenfrohes Doppeldasein führte, das mehr Geld kostete, als der gerissene Theologe, der von der Zuhörerschaft seiner Predigten Eintritt verlangte, mit all seinen Tricks aufzubringen vermochte. Dies verführte ihn schließlich dazu, Wechsel auf den Namen seines Gönners Lord Chesterfield zu fälschen: im kapitalistischen England ein todeswürdiges Verbrechen, das auch in den Augen des Königs keine Gnade erlaubte. Die öffentliche Hinrichtung – man hängte den Pfarrer am Halse – wurde als ein rauschendes Volksfest gefeiert.

Das Honorar für die dramatische Reportage wurde dringend gebraucht, denn Reinhold hatte sich längst wieder hoch verschuldet. Also machte sich Georg an die Arbeit. Von den Strapazen und Krankheiten der Reise kaum erholt, brach er nach der doppelten Anstrengung zusammen. Er las Goethes *Werther*. Die Lektüre tat das Ihre, ihn mit Weinkrämpfen heimzusuchen, die eine befreiende Wirkung haben mochten. Er spürte, daß es an der Zeit war, sich von dem tyrannischen Vater zu lösen (was ihm niemals völlig gelang). So nutzte er die Gelegenheit, mit dem jungen Inspektor des Naturalien-Kabinetts am Königlichen Hof in Dresden nach Paris zu reisen, um einen Verleger für die »Weltreise« und Käufer für die Reste der Sammlung zu finden. Überrascht notierte er schon auf dem Weg nach Paris die Lebensfreude der Franzosen, die sich von der grauen Gemessenheit Londons so angenehm unterschied (obschon die britische Metropole damals noch eine fröhliche Stadt war, anders als hernach unter der bedrückenden Herrschaft des bürgerlichen Puritanismus im neunzehnten Jahrhundert). In Paris machte er, das versteht sich, dem Capitaine de Bougainville seine Aufwartung, er suchte den Grafen Buffon auf, den bedeutendsten Kopf unter den französischen Naturwissenschaftlern jener Epoche, und er speiste draußen in dem Vorort Passy mit Benjamin Franklin, dessen physikalisches Kabinett und reiche Bibliothek er besichtigen durfte, während der Hausherr sein Mittagsschläfchen machte. Georg blieb zum Abendessen. Vielleicht führte ihn Franklin in die Freimaurer-Loge »Les neuf Sœurs« ein, die ihren Namen von den neun Musen herleitete – eine Hochburg der intellektuellen Elite: Der geheimen Bruderschaft anzugehören, die zugleich – die Paradoxie jener Gesellschaft – im strahlenden Licht der Öffentlichkeit stand, war in der Neige des achtzehnten Jahrhunderts geradezu eine Pflicht für den Mann von Welt, der Einfluß und Anerkennung suchte. Einen Verleger für sein Buch fand er freilich nicht, auch keinen Käufer für die Sammlung.

Zu Haus in London hatte sich nichts verändert: Der Schuldenberg wuchs, und es fand sich kein Amt für den Vater. Endlich gelangte in Deutschland die »Weltreise« auf den Markt, und sie fand eine enthusiastische Aufnahme. Der große Wieland druckte, mit einer schmeichlerischen Vorrede für den jungen Autor, breite Auszüge aus dem ersten Band in seinem *Teutschen Merkur.* Mit geradezu jauchzender Begeisterung schrieb er: »Das Unternehmen, im Bauch des künstlichen hölzernen Sturmvogels, den wir ein Schiff nennen, durch unbekannte, nie befahrne Meere auf Entdeckung einer neuen Erde, neuer Menschen, einer vielleicht in allen ihren Produkten neuen Natur, auszureisen, hat in der bloßen Idee etwas so ... Großes und Anziehendes: daß man sich nicht enthalten kann, die Glücklichen, denen ein solcher Vorzug ... zutheil wird, mit beneidenden Augen anzusehen«. Von Christian Gottlob Heyne, dem Altphilologen und heimlichen Herrscher der jungen Universität von Göttingen, wurde Georg in seine Akademie der Wissenschaften berufen. Georg bedankte sich mit einem artigen Brief bei dem Herrn Hofrat, von dem er nicht ahnen konnte, daß er einst sein Schwiegervater sein würde. Doch all diese Ehrungen brachten kein Geld und kein Brot. Die teure Wohnung, die Reinhold im Überschwang der Heimkehr in der Percy Street gemietet hatte, wurde gegen eine bescheidenere eingetauscht.

Georg aber faßte den Entschluß, sich auf den Weg nach Deutschland zu machen. Er bat in heimlicher Korrespondenz seinen Verleger um 15 Guineen, um die eigenen Schulden zu bezahlen, und 150 Reichstaler für die Reise, hundert Taler für dringende Anschaffungen. Spener schickte immerhin 25 Pfund Sterling. Er brach auf, freilich mit bedrücktem Gewissen, weil er die Mutter und die Geschwister, die noch nicht aus dem Haus waren, der Not und den unleidlichen Launen des Alten überlassen mußte. Es half nichts. In Düsseldorf empfing ihn der (begüterte) Schriftsteller Friedrich Heinrich Jacobi, Autor des damals berühmten Romans *Woldemar,* ein Freund Goethes, Herders, Wielands und des *Wandsbecker Boten* Mathias Claudius'. Zum ersten Mal erfuhr Georg den Überschwang der Freundschaft, die im Nachklang der »Sturm und Drang«-Epoche und in einer Art Vorklang der Romantik als das Ideal menschlicher Bindung Höhenflüge erlebte wie wohl niemals zuvor und niemals danach in der Geschichte der Gefühle.

Weiter nach Kassel. Der General von Schlieffen, dem er in London begegnet war, bot dem jungen Mann eine Professur an (die Georg für den Vater erhofft hatte, doch der schien dem Hofe des Landgrafen zu teuer zu sein). Er handelte ein Jahresgehalt von 570 Talern aus. Über die Provinzialität der Residenzstadt tröstete er sich mit der Nähe Göttingens, die Gespräche mit Lichtenberg, den er in London kennen- und schätzengelernt hatte, wo der geniale Zwerg in hohem Ansehen stand und alle Welt, wie zu Haus die Studenten, durch seinen unvergleichlichen Witz faszinierte. Georg durfte nun als wohlbestallter Professor nach Göttingen hinüberreisen, und er wurde von den Leuchten der Universität – dem grundklugen Heyne (Vater der kapriziösen Therese), von dem Orientalisten Michaelis (Vater der Musentochter Caroline, die später die Namen Schlegel und Schelling tragen sollte), von dem Historiker Schlözer (dessen Tochter Dorothea als erste Frau in Deutschland zum Doctor phil. promovierte) – mit hohen Ehren, ja mit Enthusiasmus empfangen. Von den »Universitäts-Mamsellen«, wie die gescheiten und recht emanzipierten jungen Damen genannt wurden, schien ihn Caroline Michaelis am tiefsten zu beeindrucken. Er schenkte ihr ein großes Stück feinen tahitianischen Stoffes, aus dem sie sich ein Schäferinnenkleid nähte, um dessen Originalität sie von allen Freundinnen beneidet wurde. Georg aber schrieb mit einem kleinen Seufzer an den Freund Jacobi, wenn man in Göttingen einen Professor besuche, der eine »mannbare Tochter« habe, müsse man auch gleich »ein Auge auf die Tochter haben wollen«.

Er reiste nach Braunschweig. Der Herzog, Feldmarschall Friedrichs des Großen, fand sich bereit, eine Sammlung unter den Brüdern von der Freimaurerei zu veranlassen, um Reinhold Forster von den Schulden zu befreien. Die eigentliche Mission von Georgs Deutschlandreise war es, den Vater und die Familie zu retten. Der aufgeklärte Fürst von Dessau nahm ihn als Gast der Familie auf, spazierte mit ihm durch seinen idyllischen Wörlitzer Naturpark, führte ihm das »Philanthropin« vor, eine progressive Schule, in der religiöse Toleranz herrschte und neben den klassischen Fächern auch handwerkliche Künste gelehrt wurden, ja Sport auf dem Programm stand, was für jene Epoche höchst ungewöhnlich war. Der Fürst, ein wahrer Menschenfreund, drückte ihm diskret hundert Louisdor für den Papa in die Hand. In Berlin erklärte sich der preußische Justiz- und Erziehungsminister von Zedlitz bereit, dem Vater eine Professur in Halle zu verschaffen. Indes, wohl fühlte sich Georg in der preußischen Metropole dennoch nicht. Der Fridericus-Kult stieß ihn ab, und die Mentalität der Gesellschaft fand er fragwürdig: »Gastfreiheit und geschmackvoller Genus des Lebens – ausgeartet in Ueppigkeit, Praßerei, ich möchte fast sagen Gefräßigkeit. Freie aufgeklärte Denkungsart – in freche Ausgelassenheit, und zügellose Freigeisterei …« – «Was Wunder«, fügte er hinzu, »daß Göthe dort so sehr, so allgemein misfallen hat, und seiner Seits auch mit der verdorbenen Brut so unzufrieden gewesen ist!«

Endlich, mit einigen Wochen Verspätung, trat er sein Lehramt in Kassel an, vom Landgrafen wohlwollend beobachtet, der auf seine handverlesene Professorenschaft stolz zu sein schien: ein (halbwegs) aufgeklärter Despot, kurz, dickbeinig, egozentrisch, der sich kein Gewissen daraus machte, die Söhne seines Landes tausendweise an die Briten zu verkaufen, um seine Bauwut zu finanzieren. An die fünftausend seiner jungen Untertanen, sagte man, hätten im amerikanischen Unabhängigkeitskrieg ihr Leben verloren. Georg vertraute er die Aufsicht über sein Naturalien-Kabinett an, was die Einkünfte des jungen Professors beträchtlich vermehrte, doch die Verpflichtungen des tyrannischen und zugleich so schwachen Vaters fraßen einen guten Teil des Geldes auf, das er verdiente – und er selber erwies sich, was die Schuldenmacherei anging, unter dem Bann des psychologisch nur zu leicht durchschaubaren Wiederholungszwanges als ein ziemlich willenloser Adept des Alten.

Seinen Lehrberuf versah er nicht mit zu großem Eifer. Die enge Freundschaft mit dem Anatom Soemmerring bot willkommene Anregung, doch illustre Stunden, wie sie ihm die Besuche Goethes und seines Herzogs schenkten, unterbrachen allzu selten die Langweile des Alltags in der kleinen Stadt Kassel. Sooft es ging, ritt er nach Göttingen hinüber, stets der Gastfreundschaft Lichtenbergs gewiß, dessen Tisch- und Bettgenossenschaft mit dem blutjungen Blumenmädchen Maria Dorothea Stechard ihn nicht zu stören schien. Der wunderliche Physikprofessor und Georg gaben das *Göttinger Magazin der Wissenschaft und Literattur* heraus, für das sich der jüngere Kollege freilich nicht allzu heftig ins Zeug warf. Er ging bei dem Professor Heyne aus und ein, lernte das altkluge Töchterchen Therese genauer kennen, auch bei dem Professor Michaelis, für dessen Caroline er sich lebhafter interessierte. Endlich besuchte er auch den Vater, der sich unterdessen in Halle installiert hatte. Der Bruder Carl war als Kaufmann in England geblieben, der junge Wilhelm im Begriff, Chirurgie zu studieren. Zwei seiner Schwestern waren unter der Haube, die eine mit einem Göttinger Historiker, die andere mit dem deutschen Hofprediger in London verheiratet; die Älteste, zunächst in Wien tätig, war unterdessen als Gesellschafterin der Frau des Gouverneurs der holländischen Kolonie nach Surinam gereist (später ging sie in Kopenhagen, in Hannover, in Kurland ihrem mühseligen und zugleich recht anregenden Beruf der Hausdame nach) – eine blitzgescheite Frau, die dem Verleger Spener in einem Brief schrieb, ihre Abhängigkeit beklagend: »… das Wort Freyheit in dem Munde eines Mädchens! Sie werden lachen. Es ist wahr, alles verdammt uns zur Unterwürfigkeit: Väter, Brüder, Männer, alles herrscht über uns; ich aber unterscheide die Gesetze der Natur und ihre Bande, von denen die wir uns selbst geschmiedet haben.« Antonia schien ganz die Schwester Georgs zu sein.

Inzwischen war der Bruder, wohl durch Soemmerring gelenkt, in die merkwürdigste Gesellschaft geraten. Unter dem Geheimnamen Amadeus Sragorisonus Segenitor wurde Forster Mitglied in der Kasseler Bruderschaft der Rosenkreuzer: jener spiritistisch-alchimistischen, vor allem lodernd frommen Gemeinschaft, die der Tübinger Theologe Johann Valentin Andreä – angeregt von Campanellas *Sonnenstaat* und Joachim von Fiores chiliastischen Geschichtskalkulationen – durch seinen Roman *Die Chymische Hochzeit* und die geistlich-weltliche Utopie *Christianopolis* zu Anfang des siebzehnten Jahrhunderts gestiftet hatte. Die Brüder schworen Gottesfurcht und Nächstenliebe, höchste Verschwiegenheit, unverbrüchliche Treue und Gehorsam, ja sie beteuerten, daß sie sich nicht nur als Eigentum des Schöpfers, sondern auch

Johann Reinhold Forster mit seinem Sohn Georg Forster auf Tahiti
Kolorierter Holzstich nach einem Gemälde von John Francis Rigaud (1780)

des Ordens betrachteten. Als Gegenleistung bot die Gemeinschaft das Versprechen magischer Verwandlungen der Materie und die Heilung menschlicher Gebrechen – Gaben, die freilich nur den Frömmsten zuteil würden, die nicht nur zum Studium der Alchemie und zu geduldigem Laborieren, sondern mehr noch zu den leidenschaftlichsten Erhebungen der Seele im Gebet fähig und bereit seien.

In der Tat war Forster viele Nächte in der Hexenküche der Gesellschaft am Werk, um alle möglichen Kräuter, Säfte und Stoffe nach geheimen Rezepten zu vermischen und zu verkochen, er experimentierte selbst mit Exkrementen, um die Materie zu produzieren, nach der sie allesamt so gierig forschten: Gold. Viele Stunden, ja Tage opferte er der brütenden oder emphatisch jubelnden Gebetsgemeinschaft. Ausgerechnet er? Der Weltkundige? Der Mann der Aufklärung, die sich für viele Bewunderer in seiner Person zu verklären schien? Therese, seine Frau, meinte hernach, es sei die Goldmacherei gewesen, die Georg zu den Rosenkreuzern geführt habe: die Hoffnung, sich seiner Schulden und chronischen Geldsorgen ein für allemal entledigen zu können. Das war zu eilig geurteilt. Die Koexistenz von sprödem Rationalismus und einer eher formellen Bindung an den Protestantismus konnte seine durstige Seele auf die Dauer nicht nähren. (Übrigens hatte ihn sein Vater nie konfirmiert, und er nahm zeit seiner Tage niemals am Abendmahl teil.) Längst netzte die Gesellschaft der orthodox erstarrten Reformation die ausgetrockneten Gemüter mit den Gefühlswellen des Pietismus, der zu einer Art Gegenkirche wurde. Und die Logen, die geheimen Bruderschaften, die das aufstrebende Bürgertum mit der Aristokratie verbanden, formierten eine Art Gegengesellschaft, die jenseits der offiziellen Hierarchien – die keiner preisgeben wollte – einen Raum der Gleichheit schuf.

Das Zeitalter der Vernunft, die alle Rätsel des Lebens ins helle Taglicht zu rücken versuchte, hatte seine Nachtseite, auf der sich religiöse Mystik mit finsterem Aberglauben mischte. Überdies regte sich in der schwärmerischen Brüderlichkeit jener Gemeinschaften wohl auch eine – mehr oder weniger – sublimierte Homoerotik, von der Georg Forster gewiß nicht völlig frei war. Es ließ ihn zum anderen nicht unbeeindruckt, daß die Geheimgesellschaften ein Netz der Beziehungen spannen, das bis in die höchsten Kreise reichte – nur an die preußischen Minister Wöllner und Bischoffwerder zu denken, die lange Jahre die Politik Friedrich Wilhelms II. bestimmten.

Die spukhafte Nachtexistenz der Rosenkreuzerei heilte Georg nicht von seiner Lebensangst, sondern steigerte sie – von einer unerträglichen Frömmelei kaum getarnt – bis zur völligen Lähmung seiner Produktivität. Er litt unter seiner Einsamkeit. Von der Ehe versprach er sich Erlösung. Der Selbstmord eines Goldmachers, der als Rosenkreuzer galt, schien ihm endlich die Augen für die eigene Verirrung zu öffnen. Er begann wieder zu schreiben.

Und wieder einmal das ersehnte Mirakel, das die Forsters stets aus der höchsten Not zu befreien schien: der Fürstbischof Poniatowski, Präsident der Erziehungskommission des Königreichs Polen, ließ bei ihm anklopfen, ob er bereit sei, eine Professur der Universität Wilna zu übernehmen. Georg verlangte einen Vorschuß, der es ihm erlaubte, seine Kasseler Schulden zu tilgen, ein Gehalt von 1200 Reichstalern, freie Wohnung, einen Fond für die Einrichtung einer Bibliothek und einer Naturaliensammlung. Außerdem bat er darum, seine Kenntnisse über modernes Wirtschaften und neue Industrien durch eine Bildungsreise, die ihn bis nach Wien führen sollte, mehren zu können.

Ehe er aufbrach, ritt er nach Göttingen hinüber und hielt, vielleicht für sich selber überraschend, bei Professor Heyne um die Hand der – damals neunzehnjährigen – Therese an, die sich dem Betrachter auf einem Bild, das drei oder vier Jahre zuvor entstanden sein mag, in Rokoko-Manier mit hochgesteckten Haaren und einem tiefen Decolleté (das sogar eine Brustknospe zeigt) als ein etwas altkluges, reizvoll-kokettes, wenn auch nicht allzu hübsches Geschöpf präsentierte. Sie sagte von sich selber, sie sei damals eine kleine Hexe gewesen. Forsters Antrag wies sie nicht zurück. Sein Ruhm und das Abenteuer der Fremde zogen sie an. Der Hofrat Heyne und seine (zweite) Frau meinten behutsam, Forster wäre gut beraten, wenn er zunächst die Verhältnisse in Wilna erkunde.

Aufbruch. Erste Station Zellerfeld im Harz, wo er – seinem polnischen Auftrag getreu – die Bergwerkwirtschaft kennenlernen sollte, von dem Arzt Böhmer freundschaftlich aufgenommen, der wenig später der erste der drei Ehemänner der Caroline Michaelis wurde. Seine Verliebtheit beschäftigte Georg tiefer als das Minenwesen, obschon er in einen der Schächte hinabstieg (was ihm schwer wurde). Die lange Arbeitszeit von zwölf Stunden pro Tag und die miserablen Wohnverhältnisse der Bergleute nahm er aufmerksam genug zur Kenntnis, und gewiß verschwieg man ihm nicht, wie jung Minenarbeiter in der Regel starben. In Nordhausen informierte er sich über die Schnapsbrennerei (von der die Polen genug verstanden), in Leipzig sah er während der Messe seinen Verleger Spener, den Weimarer Goethe-Freund Bertuch, den Berliner Aufklärer Nicolai, der ihn über den wahren Charakter der Rosenkreuzerei schonungslos ins Bild setzte. Er hörte ein Konzert der berühmten Sopranistin Aloisa Antonia Lange geborene Weber, der Mozarts tiefste Passion gegolten hatte (doch er mußte sich mit der Schwester Constanze begnügen). Der Vater schaute vorbei und preßte ihm hundert Taler ab.

Zehn Tage Kur in Teplitz, die seiner lädierten Gesundheit ein wenig aufhalf. In Freiberg traf er den Fürsten Stanislaw Poniatowksi, einen Neffen des Königs und des Fürstbischofs, Großschatzmeister von Litauen und damit sein künftiger Vorgesetzter. Die Unterhaltung war freimütig und ermutigend. In Prag nur drei Tage, in denen ein Maskenfest die Liberalität der Stadt demonstrierte. Er besuchte eine als vorbildlich gerühmte Schule für jüdische Knaben, denen er vortreffliche Kenntnisse in Mathematik und Deutsch bescheinigte – die Ordnung allerdings lasse zu wünschen übrig.

Endlich Wien. Oper. Theater. Eine Kette von Einladungen. Rasch fand er Einlaß in die Loge »Zur wahren Eintracht«, in der ein freieres Lüftchen wehte als in Kassel. Er hätte dort Mozart treffen können, doch der Name fiel in seinen Briefen nicht. Dafür scheint er an der Tafel des alten Kanzlers Fürst Kaunitz Casanova begegnet zu sein: auch der kein Jüngling mehr. Im übrigen schwirrten die Comtessen und Baronessen, die Töchter des bescheidenen Beamtenadels und des wohlhabenden Bürgertums, ausnahmslos flirt-begabte und reizvolle Damen, durch seine Briefe. Soemmerring rief er zu: »Wien ist ein Paradies«. Es bot ihm die glücklichsten Wochen seines Lebens. Die Koexistenz von Aristokratie und Bürgertum fand er in Österreich und zumal in der Hauptstadt entspannter als in Deutschland. Kaiser Joseph II., der Aufklärer nach friderizianischem Vorbild, empfing ihn zu einer Audienz. Mit kühler Freundlichkeit fragte er nach den Erfahrungen der Weltreise, und er warnte ihn mehr als einmal, von Polen nicht zuviel zu erwarten. Ein Angebot freilich machte er ihm nicht.

Tränenreicher Abschied von Wien, Abreise in einer neuen Kutsche (für deren Anschaffung er sich Geld borgen mußte). Selbst das schöne Krakau fand er nach den Tagen der Glorie in Wien eher traurig und schäbig. Er fiel in seine lauernden Melancholien zurück und begann, Wilna schon im voraus als eine Strafe für das Privileg der Weltreise zu betrachten. In Warschau aber wurde er herzlich von einem Arzt aufgenommen, den er in London kennengelernt hatte. Ohne Umstand gewährte man ihm einen weiteren Vorschuß, mit dem er die Wiener Schulden begleichen konnte. Er bestaunte den Glanz der Paläste und übersah nicht die Armut, die zwischen den Residenzen des Adels hauste. In Grodno waren die Magnaten des Königsreiches und die Deputierten des Sejm versammelt, deren Beschlüsse nur einstimmig gefaßt werden durften, was jedes Gesetzgebungsverfahren zu einer endlosen Tortur werden ließ. Georg fand nur eine schäbige Unterkunft, aber er wurde unverzüglich dem Herrscher und seinem Bruder, dem Fürstprimas, vorgestellt. Der König versprach leutselig, ihn in Wilna zu besuchen, und der Bischof ließ ihm hundert Taler zukommen. Dennoch war seine Stimmung bedrückt, als er die letzte Etappe der langen Reise hinter sich brachte. Er fühlte sich physisch elend, und seine schlechte Laune drückte sich in eher robusten Ressentiments gegen die Juden aus, denen er begegnete: Er war, leider, nicht der einzige unter den Aufklärern, denen es nicht gelang, sich selber von den tief eingewurzelten Vorurteilen der christlichen Gesellschaft zu emanzipieren.

Wilna hatte bitter unter den Nordischen Kriegen gelitten. Vermutlich übertrieb Georg, als er schätzte, die Bevölkerung sei von hunderttausend auf zwanzigtausend Seelen gesunken. Die Wohnung, die für ihn in einem der alten Barockbauten reserviert war, erwies sich als renovierungsbedürftig, und sie war nur ärmlich möbliert. Das Naturalienkabinett, das er vorfand, verdiente den Namen kaum, und der versprochene botanische Garten existierte nicht. Die Kollegen begegneten ihm freundlich, doch der verwöhnte Forster fand die wenigsten interessant. Seine Kollegs mußte er auf Latein halten, was ihm nicht leicht wurde. Er hatte es niemals systematisch gelernt. So nahm er sich den Cicero noch einmal vor. Das Polnische prägte sich ihm nur mühsam ein, und er gab sich wohl auch nicht zu große Mühe damit.

Nein, er konnte sich nicht denken, daß Therese, die aus Göttingen bürgerliches Behagen und eine bunte, angeregte Gesellschaft gewohnt war, sich in diesem Winkel der Welt wohl fühlen werde. So sann er, fast von Beginn an, auf Fluchtwege – wie es ihm Kaiser Joseph vorausgesagt hatte. Die vielen Pfaffen und ihr Einfluß mißfielen ihm. In Wahrheit amüsierte er sich gar nicht so schlecht mit den ansässigen Damen, deren deftige Sensualität er in seinen Briefen an die Freunde ohne umständliche Tarnung beschrieb. Dennoch, wenn er bleiben mußte, dann wollte er Therese so rasch wie möglich zu sich holen. Also faßte er sich ein Herz und schrieb dem Professor Heyne einen herzbewegend werbenden Brief, in dem er sein Kommen ankündigte. Er war gut beraten, sich zu beeilen, denn Therese schien im Begriff, sich in einen Studenten zu verlieben. Um der Versuchung zu entgehen, fuhr sie nach Gotha, um dort eine kranke Freundin zu pflegen. Georg schrieb, im Juli werde er in Göttingen sein. Doch auf die kleine temperamentvolle junge Frau, der man die Mentalität einer *demivierge* nachsagen durfte, wartete bei der Rückkunft ein anderer glühender Verehrer: Friedrich Ludwig Meyer, der die Göttinger mit seinen schauspielerischen Gaben zu beeindrucken wußte. Sie widerstand seiner schmeichlerischen Verführung (mit einiger Mühe), doch Georg kam nicht zur angegebenen Zeit, und er ließ auch nichts von sich hören. Der Anlaß seines Säumens war erschreckend: Flecktyphus,

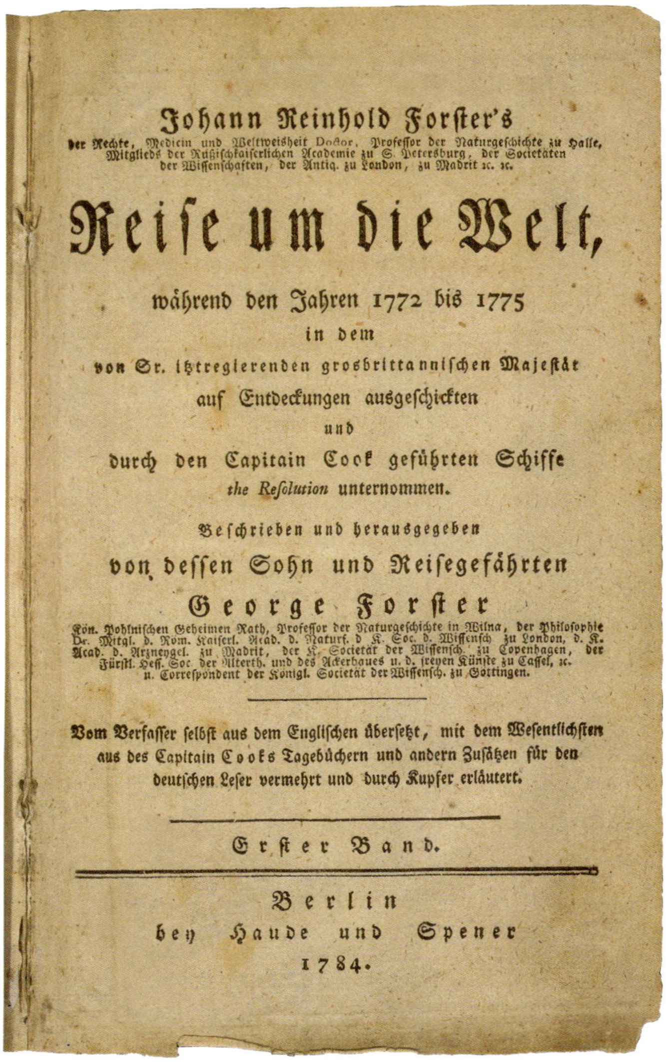

Johann Reinhold Forster's
der Rechte, Medicin und Weltweisheit Doctor, Professor der Naturgeschichte zu Halle, Mitglieds der Rußischkaiserlichen Academie zu S. Petersburg, der Societäten der Wissenschaften, der Antiq. zu London, zu Madrit ꝛc. ꝛc.

Reise um die Welt,

während den Jahren 1772 bis 1775
in dem
von Sr. itztregierenden grosbrittannischen Majestät
auf Entdeckungen ausgeschickten
und
durch den Capitain Cook geführten Schiffe
the Resolution unternommen.

Beschrieben und herausgegeben
von dessen Sohn und Reisegefährten
George Forster
Kön. Pohlnischen Geheimen Rath, Professor der Naturgeschichte in Wilna, der Philosophie Dr. Mitgl. d. Röm. Kaiserl. Acad. d. Naturf. d. K. Soc. d. Wissensch. zu London, d. K. Acad. d. Arzneygel. zu Madrit, der K. Societät der Wissensch. zu Copenhagen, der Fürstl. Hess. Soc. der Alterth. und des Ackerbaues u. d. freyen Künste zu Cassel, ꝛc. u. Correspondent der Königl. Societät der Wissensch. zu Göttingen.

Vom Verfasser selbst aus dem Englischen übersetzt, mit dem Wesentlichsten aus des Capitain Cooks Tagebüchern und andern Zusätzen für den deutschen Leser vermehrt und durch Kupfer erläutert.

Erster Band.

Berlin
bey Haude und Spener
1784.

Georg Forster: ›Reise um die Welt‹
Titelfaksimile der zweiten Auflage, 1784

den er nur mit der Hilfe von Chinin überstand. Halbwegs gesund reiste er unverzüglich ab. Während seines Aufenthaltes in Warschau speiste er immerhin beim König. Im schlesischen Gnadenberg nahm er sich die Zeit, die Einrichtungen der Herrnhuther Brüdergemeinde zu besichtigen.

Am 21. August traf er, um einen Monat verspätet, in Göttingen ein. Hochzeit am 3. September. Mitgift dreihundert Taler, zinsbringend angelegt. Am 4. September schon machten sich Therese und Georg auf den Weg nach Polen. Trotz Georgs kleinem Zögern entschlossen sie sich zu einem Aufenthalt in Weimar. Therese wollte sich den Großen der Stadt gern an der Seite des berühmten Forster zeigen – und Goethe empfing sie aufs freundlichste. Für den zweiten Abend lud er die beiden zu seinem »griechischen Abendmahl« mit den Herders und den Wielands: eine denkbar illustre Versammlung im olympischen Krähwinkel. Therese, der es an Selbstbewußtsein nicht mangelte, empfand sich als »die Seele der Gesellschaft«, und in der Tat beobachtete Goethe das muntere Kind mit einigem Wohlgefallen.

In Halle ließ sich Georg ohne weitere Umstände zum Dr. med. promovieren (die Dissertation reichte er nach), was ihm in »Sarmatien«, wie er das nördliche Polen nannte, nützlich sein mochte. Über Dessau weiter nach Potsdam, Besichtigung der Gemäldegalerie und des Schlößchens Sanssouci. Der Alte Fritz war krank und empfing nicht. In Berlin mit Spener die Übersetzung des Buches von Captain Cook verabredet. Einkäufe für den Haushalt. Bei Posen warf der Kutscher das überladene Gefährt um. »Die großen Geister saßen in der Pfütze«, schrieb Therese an den Freund Soemmerring.

Die Stimmung der jungen Eheleute schien vergnügt zu sein, doch später deutete Therese an, daß Georg vier Wochen gebraucht habe, sie zur Frau zu machen. Immerhin meldete sie wenig später, daß sie schwanger sei. Mit Energie richtete sie – das zahlreiche Personal dirigierend – einen komfortablen Hausstand ein. Wagen und Pferde wurden gekauft, um standesgemäß vorfahren zu können, doch die junge Dame meinte, mit der aufwendigen Garderobe der polnischen Comtessen und Baronessen könne sie nicht konkurrieren. In seinen Briefen an Lichtenberg klagte Georg bald wieder, daß er mit »einer ungeheuren Menge erfrorener Köpfe« umgeben sei, und er verbarg nicht, daß er den korrupten Feudalismus für die Ursache der polnischen Krankheit hielt. Von den katholischen Priestern, die Wilna beherrschten, hielt er Distanz, aber er ließ sich auch in der reformierten Kirche kaum blicken, wo immerhin sein Töchterchen die Taufe empfing (auf den Namen Therese, es versteht sich). Von der jüdischen Theologie, die in der Stadt eine Blüte erlebte, hatte er keinen Schimmer. Es lag an seiner selbstgewählten Isolation (und an seinem Hochmut), daß er Wilna als einen Ort der babylonischen Gefangenschaft empfand und im Grunde seines Herzens nur auf die Chance wartete, nach Westen zurückzukehren.

Mit einer stilistisch eleganten Polemik gegen Immanuel Kants Versuch über die »Bestimmung des Begriffs einer Menschenrasse« (in dem sich der Philosoph mit Herder auseinandersetzte), die im *Teutschen Merkur* erschien, kehrte er in die intellektuelle Debatte zurück. Endlich machte er sich an die Übersetzung und schrieb die glanzvolle Vorrede »Cook, der Entdecker«, die seinen Ruhm festigte. Doch er wollte fort, nur fort, und er klammerte sich an jeden Strohhalm der Hoffnung, da oder dort könne eine Stelle frei werden. Indes, die Ungeduld hielt ihn nicht davon ab, über seine Verhältnisse zu wirtschaften, und er sah sich gezwungen, den Schwiegervater anzupumpen, der ihm seufzend die dreihundert Taler schickte, die am Jahresende fehlten.

Dann, wie so oft in der Biographie der Forsters, die wunderbare Wendung: Bei Georg klopfte der junge russische Kapitän Grigory Ivanowitsch Mulowsky an, vom Botschafter in Warschau empfohlen. Der adrette Bote berichtete, daß die Zarin eine Expedition von fünf Schiffen in den Pazifik vorbereite. Die Admiralität trage Forster die wissenschaftliche Leitung an. Ziele: Brasilien, Südafrika, Australien, die südpazifischen Inseln, die er so gut kannte, aber auch die Kurilen, Kamtschatka, Japan und China. Dauer: vier Jahre. Die Bedingungen wurden auf der Stelle ausgehandelt: 4000 Rubel für die Grundausstattung und die Anreise, ein Jahresgehalt von 2000 Rubel (die mehr wert waren als der entsprechende Betrag in Reichstalern), 1000 Rubel im Jahr für Mme. Forster, die eine Pension von 1500 Rubel beziehen würde, wenn er unterwegs stürbe. Er werde die gleiche Summe nach der Heimkehr als Pension empfangen. Forster bat darum, daß der russische Botschafter in Warschau die Lösung aus dem polnischen Vertrag aushandeln und die Schuldsumme übernehmen möge.

Nach einer Woche reiste der freundliche junge Mensch zum Hofe der Zarin zurück. Schon sechs Wochen später wurden die ausgehandelten Bedingungen schriftlich bestätigt. Sie waren generös, weiß der Himmel. Der Kanzler des russischen Reiches bezog ein Jahreseinkommen von 7000 Rubel. Georgs babylonische Gefangenschaft fand ein Ende.

Die Polen entließen ihn ohne Groll. Der König lud ihn sogar zweimal zum Essen. Noch einmal Station in Weimar. Goethe weilte in Italien, doch Herder hieß die Forsters aufs herzlichste willkommen. Ankunft in Göttingen auf den Tag genau zum fünfzigsten Jubiläum der Universität, bei dem Dorothea Schlözer, eine andere der gescheiten Professorentöchter, nach regulären Examina der philosophische Doktor verliehen wurde – die erste Frau in Deutschland, vielleicht in Europa, der diese Ehre zuteil wurde; allerdings konnte sie das Diplom nicht persönlich entgegennehmen, weil Frauen der Zugang zur Hohen Schule als »unschicklich« untersagt war. Georg wurde durch die Ehrenmitgliedschaft in der Königlichen Gesellschaft ausgezeichnet.

Er hatte gehofft, in Göttingen Nachrichten von Kapitän Mulowsky vorzufinden. Nur zwei Wochen bis Anfang Oktober wollte er bleiben, länger nicht, dann nach England weiterreisen, dem Ausgangspunkt der Expedition. Aus Sankt Petersburg nichts. Schweigen. Nichts im Oktober. Unterdessen wurde der Himmel über Europa dunkler. Feindseligkeiten zwischen Rußland und der Türkei. England, raunten die Journale, werde nicht zulassen, daß die Zarin die osmanische Herrschaft ganz aus Europa verjage. Im November: nichts. Dezember: nichts. An Weihnachten fuhr er nach Hannover, um den königlichen Leibarzt Johann Georg Zimmermann aufzusuchen, der die Zarin behandelt hatte und enge Verbindungen zum russischen Hof unterhielt. Nach Neujahr – das er bei Charlotte Kestner verbrachte, dem Urbild der Lotte in Goethes *Werther* – ein Brief Mulowskys aus Kronstadt (datiert vom 7. Dezember): Aus der Expedition werde nichts. Die Admiralität aber ließ Forster – zum Trost – noch einmal mehr als 500 Dukaten zukommen. Er hatte an dem Unternehmen, das keines wurde, immerhin 8000 Reichstaler verdient: zum ersten Mal in seinem Leben war er ohne Schulden.

Seine Enttäuschung minderte das kaum. Schlimmer: Die Beziehung zu Therese war in eine tiefe Krise geraten. Der elegante Friedrich Ludwig Meyer, mit dem Therese auch in Wilna eine intensive Korrespondenz unterhielt (Georg wußte davon), bedrängte von neuem das Herz der jungen Frau. Forster, der eine aufrichtige (womöglich homoerotisch berührte) Zuneigung zu dem ebenso hübschen wie geistreichen Konkurrenten zeigte, einem Literaten von leichteren Gaben, ließ sich auf eine Art *menage à trois* ein. Freilich verbarg Therese nicht, daß er in ihrem Bett nichts mehr zu suchen habe. Sie behauptete, die sogenannten ehelichen Pflichten seien für sie stets eine Qual gewesen, nach der Geburt der Tochter erst recht. Vermutlich war ihr Georgs »sultansmäßige«

Direktheit – die sich aus seiner Schüchternheit erklärte – zu plump, zu rasch, zu primitiv. Sie begehrte erotisch sensiblere Partner, die ihrem (unbewußten) Willen zur Dominanz eher entsprachen.

Wie auch immer: Forster wurde kraft Familienbeschluß dazu überredet, sich für eine Weile von Göttingen zu entfernen – nur so sei die Ehe zu retten. Er fuhr nach Berlin, um dort für eine bessere Position des Vaters zu werben, dessen cholerisches Wesen ihm auch in Preußen Feinde genug machte. Der König gestand ihm schließlich das Ehrenamt des Canonicus von Halberstadt zu, das einige Nebeneinnahmen garantierte. Aus Göttingen schließlich die Meldung, daß Meyer die Stadt verlassen habe. Therese schwor, sie werde nun eine brave Frau sein (und bestand darauf, daß sie Georg – in letzter Konsequenz – niemals betrogen habe). Aber wohin mit der kleinen Familie? Aus Petersburg das Angebot, das Kadettencorps zu unterrichten – 3000 Rubel pro Jahr garantiert. Georg aber hatte genug vom kalten Osten. Mit umständlicher Höflichkeit sagte er ab. Die Gunst der Zarin wollte er sich nicht verscherzen, denn vielleicht ergab sich eine andere Chance für die große Expedition …

Aus Mainz, wo Freund Soemmerring, der Anatom, amtierte, der Hinweis, die Stelle des Universitätsbibliothekars sei frei. Georg hatte Bedenken, sich in die Dienste eines katholischen Bischofs zu begeben, doch man versicherte ihm, der Kurfürst sei tolerant. An der Universität habe sogar ein Jude zum Doctor med. promovieren können (dem man die christliche Eidesformel ersparte). Forster entschied, daß er sich am besten an Ort und Stelle umsehe. Nach einer Woche in Mainz ließ er sich zum Oberbibliothekar bestellen, mit einem Jahresgehalt von mehr als 1100 Talern. Es sollte ihm auch gestattet sein, ein naturwissenschaftliches Kolleg zu halten (für das die Studenten einen Obolus zu entrichten hatten). Kein glorreicher, doch ein guter Abschluß.

Therese schien das Haus in der Universitätsgasse und die gemütlich barocke Stadt von nicht ganz 30000 Seelen zu gefallen. Fast als erster Besucher stellte sich der junge Wilhelm von Humboldt ein, der bei seiner zweiten Aufwartung Therese allein antraf – und sich ihr sofort als Seelenvertrauter empfahl: »Es ist ein herrliches Weib«, notierte er. »So unendlich viel Geist, so ausgebreitete Kenntnisse!« Schön sei sie nicht, manchmal sogar häßlich, sie schiele auch mit einem Auge wie der Vater, doch ihre Züge könnten von hinreißender Grazie sein. Sie warnte ihn, er möge sich nicht in sie verlieben. Ein Signal. Er blieb ihr zeit seiner Tage gewogen – auf seine Weise ein ausgeprägter Erotiker, der jungen Frau in seinen Neigungen zur Dominanz verwandt. Die Göttinger Krise war nicht überwunden. Die Wunde schien nicht verheilen zu können. Dennoch zeugten Georg und Therese eine zweite Tochter: Clara.

Die Bibliothek in einem heillosen Zustand. Forster versuchte, mit den kargen Mitteln, die zur Verfügung standen, Ordnung zu schaffen, doch mehr als drei oder vier Stunden pro Tag opferte er dem Amte nicht. Als er 35 Jahre alt wurde, seufzte er, er würde gern drei Jahre ganz für sich haben, um endlich ein Werk zu schaffen, das vor der Nachwelt bestehen könne (als sei die »Weltreise« nicht eine Leistung, die Jahrhunderte überdauern werde). Um seine Gesundheit stand es nicht gut. Oft wurde er von Koliken heimgesucht: die Strapazen der Jugend in der Antarktis und in den Tropen forderten ihren Tribut.

Bald stellte sich ein Hausgenosse ein: der sächsische Legationsrat Ludwig Ferdinand Huber, 25 Jahre alt, ein Freund Schillers, wie er oft genug zu verstehen gab, der sich selber zum Dramatiker berufen fühlte, doch eher richtungslos durchs Leben hampelte und als faul und prätentiös galt. Kaum jemand, der verstand, welchen Narren Georg und Therese an diesem eher peinlichen jungen Menschen gefunden hatten. Huber aber suchte bei Forster die Energie der Begeisterung, die er zuvor bei Schiller gefunden hatte, der Georg zu einem Aufsatz für seine Zeitschrift *Thalia* das Kompliment zukommen ließ, daß »auch seine unhaltbarsten Meinungen« – zum Beispiel in Sachen Kunst – »mit einer Eleganz und einer Lebendigkeit vorgetragen« seien, die ihm »einen außerordentlichen Genuß beym Lesen gegeben« hätten. Eindrucksvoller der Aufsatz für ein Magazin des einstigen preußischen Offiziers Johann Wilhelm von Archenholtz zur englischen Literatur, bei der er den hohen Anteil der Frauen an der Schar der Autoren, die korrigierende Funktion der Satire, vor allem aber die »Berührungspunkte zwischen der Politik und Literatur« akzentuierte. Er schrieb einen Essay »Über die Proselytenmacherei«, von Wilhelm von Humboldt klug beraten, in dem er den Fanatikern beider Konfessionen den Weg zu verstellen und mit Behutsamkeit für die Trennung von Kirche und Staat zu werben versuchte: eine kühne Idee im bunten Reich der Deutschen, in dem noch immer (wenn auch eingeschränkt) das Prinzip des Augsburger Religionsfriedens von 1555 galt: *Cuius regio, eius religio*. Er war freilich Protestant genug, um deutlich zu machen, daß er die Freiheit des Gewissens als die einzige wirksame Sicherung der Freiheit des Glaubens betrachte. »Zum Selbstgefühl erwachen«, rief er den Lesern zu, »heißt schon frei sein«. Dann ein Hinweis, der aufhorchen ließ: »Schüttelt Frankreich jetzt den Todesschlummer ab, in welchem es versunken lag, und wird frei?«

Man schrieb das Jahr 1789. Den Sommer hatten Forster und die Seinen in dem (damals) idyllischen Rheinstädtchen Eltville genossen, von der Schönheit der rheinischen Landschaft innig berührt. Die Nachrichten aus Paris schien Georg nur am Rande zur Kenntnis genommen zu haben. Der Vater rief aus Halle herüber, daß »unsere deutschen Fürsten ... von den Anstrengungen der französischen Nation, die Freiheit zu gewinnen, nichts hören« wollten und »fürchteten, daß sich diese Denkungsart auch in Deutschland ausbreiten könnte«. Der Schwiegervater Heyne aus Göttingen: »Stehende Heere helfen also auch nicht, wenn Freyheitssinn erwacht und die Umstände günstig sind«. Der junge Wilhelm von Humboldt war mit dem Verleger Johann Heinrich Campe nach Paris geeilt, um – wie es sein Mentor ausdrückte – »der Leichenfeier des französischen Despotismus« beizuwohnen. Wieland schrieb, vielleicht sei in keinem anderen Land Europas die Teilnahme am Ausbruch der Französischen Revolution »so lebhaft, so warm und so allgemein« wie in Deutschland. »Frankreich schuf sich frei«, sang Klopstock, der verehrte Altmeister unter den deutschen Poeten. Georg resümierte: »Schön ist es aber zu sehen, was die Philosophie in den Köpfen und dann im Staate zu Stande gebracht hat, ohne daß man ein Bespiel hätte, daß je eine so gänzliche Veränderung so wenig Blut und Verwüstung gekostet hätte«. Das freilich sollte sich ändern.

Campe und Wilhelm von Humboldt machten auf dem Rückweg in Mainz Station und erzählten, was sie Großes gesehen und erlebt hatten, der junge Baron aus Berlin mit kleinen ironischen Brechungen, wie es seine Art war. Die ersten goldbeschlagenen Kutschen, von livrierten Dienern bewacht und turmhoch bepackt, trafen ein: Frankreichs Aristokraten auf der Flucht. Die Teuerung – eine Folge der revolutionären Unruhen – zwang Forster, seine Nebeneinkünfte zu mehren: 1800 Taler betrug sein Gehalt, 3000 seine Ausgaben – also mußten 1200 Taler erschrieben werden. Bei den Übersetzungen war er nicht mehr ganz auf die Assistenz des umständlichen Huber angewiesen, dem Georg dank seiner Beziehungen zur Uraufführung eines Ritterdramas am Nationaltheater in Mannheim verholfen hatte: ein verdientes Fiasko, was den seltsamen jungen Mann nicht allzu tief zu verstören schien. Thereses Göttinger Freundin Meta Forkel, blitzgescheit, kokett und auf zigeunerhafte Weise attraktiv, war ihrem Mann, dem Musikdirektor (und einstigen Liebhaber von Thereses leiblicher Mutter) davongelaufen und hatte bei ihrem Bruder, dem Leibmedicus des Kurbischofs in Mainz, Unterschlupf gesucht: Sie erwies sich als eine begabte Schreiberin, der es nicht schwer wurde, englische Bücher dem Deutschen anzuverwandeln. Die Forsters in Mainz und in Halle durfte man in jenen Jahren geradezu als eine Übersetzungsfabrik betrachten.

Dennoch, es drängte Forster zu eigener Produktion. Eine Art journalistischer Instinkt sagte ihm, daß eine Reise zum Niederrhein, nach Holland und weiter nach London und am Ende vielleicht nach Paris lohnenden Stoff böte. Außerdem wollte er in den britischen Kabinetten Material für eine Naturgeschichte der Arten zusammentragen. In Wahrheit wollte er fort. Therese hatte ihn längst wieder des Schlafzimmers verwiesen. Als Begleiter wählte er den Göttinger Studenten Alexander von Humboldt, der im Herbst 89 eine Woche lang Gast bei den Forsters war, zwei Jahre jünger als Wilhelm, mit der gleichen funkelnden Intelligenz begabt.

Des jungen Goethes Entdeckung der gotischen Baukunst war halb vergessen. Forster aber wurde von der mächtigen Schönheit des (unvollendeten) Domes in Köln, der ersten wichtigen Station, so heftig berührt wie einst der ferne Mentor in Weimar vom Straßburger Münster: »Läßt sich auch schon das Unermeßliche des Weltalls nicht im beschränkten Raume versinnlichen, so liegt gleichwohl in diesem kühnen Emporstreben der Pfeiler und Mauern das Unaufhaltsame, welches die Einbildungskraft so leicht in das Gränzenlose verlängert …« Das Pathos dieser Sätze hat die Aufmerksamkeit der Deutschen von neuem auf die Architektur des Mittelalters gelenkt. Nicht folgenlos. Der Buchhändler Sulpiz Boisserée nahm die Anregung auf, und seiner Begeisterung war es zu verdanken, daß der Bau des Domes 1842 wiederaufgenommen wurde.

Im übrigen warf Georg kritische Blicke auf das heilige Köln, das 42000 Einwohner zähle, »unter ihnen zweitausend Soutanen- und Kuttenträger, doch wenigstens ebenso viele Huren und Bettler«. Der Reliquien-Kult widerte ihn an, zumal die Knochen der elftausend Jungfrauen in der Ursula-Kirche. Die Stadt war verarmt – nicht nur durch die miserable geistliche Herrschaft, sondern auch durch das Regime der überalterten Zünfte, deren starre Ordnungen die Ansiedlung neuer Industrien verhinderte. In Düsseldorf, in Lüttich, in Brüssel, Amsterdam und im Haag sah er sich gründlich in den Galerien um, von der barocken Fülle der Damen des Meisters Rubens eher abgeschreckt als beeindruckt. Madame Rubens sagte er nach, daß sie – auf den kolossalen Bildern des Mannes – »nichts in Erstaunen oder Entzücken« versetzen könne: »Was sieht man auch bei einer Himmelfahrt, wenn man eine Niederländerin ist? Nichts als das blaue Firmament und Wolken und eine Menge kleiner Podexe, die sie in ihrer Kinderstube wohl eh natürlicher sah, nur daß sie nicht fliegen konnten.«

Bei Jacobi in Düsseldorf rezitierte Iffland, der große Schauspieler, Goethes *Tasso,* der eben erschienen war, auch Kotzebues erstes Stück *Menschenhaß und Reue,* das sämtliche Bühnen eroberte, des Intendanten Goethes Hoftheater in Weimar nicht ausgenommen. Forsters aufmerksamer Blick suchte den Alltag und die Verhältnisse der Wirtschaft mit gleicher Aufmerksamkeit wahrzunehmen wie die Kunst. Ihm fiel auf, daß niemand mehr mit Holz heize, sondern nur noch mit Steinkohle. Was aber, wenn sich die Vorräte erschöpften? Er beantwortete die eigene Frage mit einer erstaunlichen Vorausahnung: »Was unserer mit Physik verbundenen Chemie noch möglich sei oder nicht, wage ich zwar keineswegs zu bestimmen: sie erfindet vielleicht ein Netz, in welchem sich das zarte Element des Feuers fangen und verdichten läßt, so daß es uns wieder Wärme geben kann, indem wir es befreien …« Ein früher Hinweis auf atomare Energien?

In Aachen weckte der Thron Karls des Großen rebellische Gedanken: In einem Brief an Therese klagte er, daß der »Kaisername zum Gespött der Kinder« geworden sei: »die Possen die man zu Regensburg, zu Wetzlar und sonst, mit dem Namen des Deutschen Reiches treibt«, seien »dem Ausland nicht allein verächtlich, sondern auch der Würde denkender Menschen nicht angemessen«. Eines Tages, wage er zu hoffen, werde Deutschland »eine Konstitution erhalten, die nicht nur in Worten, sondern in Kraft und That« bestehe. In der gedruckten Fassung seiner *Ansichten vom Niederrhein, Flandern, Holland, England und Frankreich im April, Mai und Junius 1790,* wie er sein Buch hernach umständlich-bescheiden nannte, drückte er sich, mit Rücksicht auf die kurbischöfliche Herrschaft, ein wenig vorsichtiger, doch alles in allem mit erstaunlicher Klarheit aus. Er vermerkte die schwelende Unruhe in Lüttich, wo jedermann die Kokarde der Revolution am Hut trug (Georg und der junge Humboldt nicht ausgenommen). Goethe, der Georgs Nähe zur Revolution sehr wohl wahrnahm, lobte dennoch seine Darstellung der belgischen Wirren, die ihm »fürtrefflich geschrieben« zu sein schien, »und für einen Mann von entschiedener Denkungsart noch immer unparteiisch genug«.

Nach zwölf Jahren Wiedersehen mit dem Meer. Der Anblick flößte ihm Furcht ein, gestand er Therese, doch seinen Lesern trat er gefaßter gegenüber: »Dem Eindrucke ganz überlassen … sank ich gleichsam unwillkürlich in mich selbst zurück, und das Bild jener drei Jahre, die ich auf dem Ozean zubrachte und die mein ganzes Schicksal bestimmten, stand vor meiner Seele. Die Unermeßlichkeit des Meeres ergreift den Schauenden finsterer und tiefer, als die des gestirnten Himmels.« Im kleinen Hafen Maassluis schifften sich Georg und Alexander ein – und hier endete der zweite Band der *Ansichten;* den dritten über England und Frankreich blieb Georg seinen Lesern im Sturm der Ereignisse schuldig.

Auf der Überfahrt wurde ihm, wie einst, sterbensschlecht. London schien sich Alexander in seinem ganzen Reichtum erschließen zu wollen. Forster feierte das Wiedersehen mit der Stadt gedämpfter. In Westminster Abbey hörten sie Händels *Messias* in Anwesenheit des Königs. Damen mit Hüten war der Zutritt verwehrt; sie trugen darum turmhohe Frisuren. Der Anblick war nicht geeignet, Georg von seiner schlechten Laune zu befreien. Die Verleger interessierten sich für seine Vorschläge nicht. Sir Joseph Banks empfing ihn kühl, vermutlich des Vaters wegen, der seine Schulden bei dem Präsidenten der Akademie nie bezahlt hat. Verzweifelte Liebesbriefe an Therese, deren Antworten kühl blieben. Alexander von Humboldt wollte mehr von England sehen. Sie fuhren nach Bath. Mit Erstaunen nahmen sie zur Kenntnis, daß sich Wirtshäuser mit den Namen der Dichter schmückten: Shakespeare, Pope, Dryden, Ben Johnson ... Georg fragte, wann man es sich wohl »in Deutschland einfallen lassen werde, einen Gasthof anzulegen, mit Lessings, Göthens, Schillers, Wielands Kopf zum Schilde?« Birmingham. Besichtigung der Höhlen am Rande des schottischen Berglandes: Wunder der unterirdischen Welt, stark genug, wie Forster schrieb, »die Eindrücke von Neuseeland und Feuerland, von den Eisfeldern des Südpols, den Ebenen von Tahiti und den Lustgärten der Freundschaftsinseln« zurückzudrängen. In jenem Reich der Schatten, »in Charons Nachen ausgestreckt«, notierte er den merkwürdigen Satz: »Ich sehne mich nach mir selbst.« Bei der Abreise nach Calais sah er, in der Vollmondnacht, über Shakespeare Cliff »einen Stern im weißesten Glanze ... O Natur! Die Größe, womit du die Seele füllst, ist heilig und erhaben über allen Ausdruck«. Noch einmal überwältigte ihn die Liebe zur Welt.

Indes, sie wurde blasser, trotz der schönen Stimmung, die Georg und Alexander in Frankreich empfing. Das Land schien im Frühsommer 1790 für einen Augenblick zur Ruhe zu kommen. Die Einigkeit des Volkes sollte, nach dem Willen der Nationalversammlung, durch ein grandioses Fest gefeiert werden. Als Forster und Humboldt von Metz nach Paris unterwegs waren, begannen die Deputierten herbeizuströmen, ausgewählt von der Nationalarmee, die unter dem Befehl des Grafen Lafayette stand, der im Krieg um die amerikanische Unabhängigkeit an der Seite von George Washington gekämpft hatte.

Fieberhafte Vorbereitungen auf dem Marsfeld. Ganz Paris war am Werk, um die Wälle für die Arena aufzuschichten: das größte Amphitheater der Welt sollte entstehen. Man sah auch einen jungen preußischen Baron an der Schubkarre: Alexander von Humboldt. In den *Erinnerungen an das Jahr 1790* schrieb Georg: »Herzöge und Taglöhner, Generalpächter und Schuhputzer, Bischöfe und Schauspieler, Hofdamen und Poissarden« – die berüchtigten Fischweiber –, »Betschwestern und Venuspriesterinnen, Schornsteinfeger und Stutzer, Invaliden und Schulknaben, Mönche und Gelehrte, Künstler und Handwerker kamen Arm in Arm in buntscheckigem Zuge, und griffen rüstig und muthig zur Arbeit ... Um des Schauspiels Täuschung zu vollenden erschien auch Ludwig XVI., ohne Leibwache, ohne Gefolge, allein in der Mitte von 200000 Menschen, seinen Mitbürgern, nicht mehr seinen Unterthanen. Er nahm die Schaufel, und füllte einen Schiebkarren mit Erde, unter lautem Jauchzen und Beifallklatschen der Menge. Alles drängte sich um ihn hin, nannte ihn Freund und Vater ...« Es war, alles in allem, die glücklichste Stunde der Revolution.

Bitter für Georg, daß sie vor dem Föderationsfest davonreisen mußten, doch er hatte seinen Urlaub schon um zwei Wochen überschritten. Am 12. Juli meldete er sich in Aschaffenburg, dem Sommersitz des Kurbischofs, zurück. Zu Haus in Mainz aber war der Himmel verdüstert. Huber, der mit einem trägen Charme begabt gewesen sein mag, hatte Thereses Herz gewonnen. Forster duldete ihn dennoch im Hause. Der junge Mann zeigte sich seltsam gelassen. Er schien Thereses Dominanz glücklich zu dulden. Schwäche war seine wahre Stärke, Widerstandslosigkeit seine Waffe. Im Juni 1791 kam ein Töchterchen zur Welt, Luise hieß es, doch es starb wenige Monate nach seiner Geburt, im Jahr darauf der Sohn Georg, der ebenso nur einige Monate lebte. Forster, der seine beiden älteren Töchter leidenschaftlich liebte, schien über den Tod der Spätkömmlinge nicht allzu tief bestürzt. Vielleicht nahm auch er an, was alle Welt ohnedies vermutete: daß sie von Huber stammten. Die Nähe der lebhaft-gescheiten Meta Forkel tat ihm zweifellos gut, aber man darf daran zweifeln, daß sie ihm die Wohltaten zuteil werden ließ, die ihm Therese vorenthielt, obschon sie kein Kind von Traurigkeit war. Die beiden reisten zusammen nach Karlsruhe; er gab sich dabei als ihr Stiefvater aus. Übrigens erwarb sich Meta das große Verdienst, Thomas Paines Entgegnung auf Edmund Burkes *Betrachtungen über die Französische Revolution* (die wiederum Friedrich Gentz ins Deutsche übertrug, sich selber zum Konservativen bekehrend) in ein angemessenes Deutsch zu übersetzen: die wichtigste Schrift des englisch-amerikanischen Autors, der mit seinem Manifest *Common Sense* Weltruhm errungen hatte. Der Verleger war von Metas Künsten nicht ganz so tief beeindruckt und besorgte eine Revision. Um so sorgsamer korrigierte Forster ihre Übertragung von David Ramsays *Geschichte der Amerikanischen Revolution.* Er selber übersetzte Captain William Blighs Bericht von der *Reise in das Südmeer mit der Bounty:* ein Klassiker der Abenteuerliteratur. Mit den eigenen Texten kam Georg nur langsam voran. Der erste Band der *Ansichten* erschien erst 1792.

Die Ereignisse in Frankreich, die sich dramatisch zuspitzten, verfolgte er im Pariser *Moniteur,* der regelmäßig nach Mainz geliefert wurde. Österreich zog in den Krieg gegen das revolutionäre Frankreich, durch den gescheiterten Fluchtversuch des Königs und Marie Antoinettes gereizt, durch die Unruhen in seinen belgischen Territorien alarmiert. Auch Preußen, das lange Zeit mäßigend zu wirken versuchte, erklärte den Krieg, mit und nach ihm viele der kleinen Staaten, darunter das Herzogtum Sachsen-Weimar. Auf dem Weg zur Armee fand sich Goethe bei Forster ein. Es entging ihm nicht, daß am Abendbrottisch drei der reizvollsten, gescheitesten und kapriziösesten Frauen des späten Jahrhunderts saßen – Therese, Meta Forkel, nun auch Caroline geborene Michaelis, die nach dem Tod ihres ersten Mannes in Mainz Zuflucht gesucht hatte. Jahrzehnte später teilte er seine Eindrücke in der *Campagne in Frankreich* mit: »zwei muntere Abende: hier fühlt' ich mich … in vaterländischer Luft« (so nahe dem heimatlichen Frankfurt). »Was gab es da nicht für Anlässe, Anklänge in einem natürlichen und angewöhnten Vertrauen! Die Freiheit eines wohlwollenden Scherzes auf dem Boden der Wissenschaft und Einsicht verlieh die heiterste Stimmung«. Doch er fügte hinzu: »Von politischen Dingen war die Rede nicht, man fühlte, daß man sich wechselseitig zu schonen habe: denn wenn sie republikanische Gesinnungen nicht ganz verleugneten, so eilte ich offenbar, mit einer Armee zu ziehen, die eben diesen Gesinnungen und ihrer Wirkung ein entschiedenes Ende machen sollte.«

Einige Monate später, als die alliierten Heere nach der Kanonade von Valmy zum Rückzug gezwungen wurden, stieß der französische General Custine in einem kühnen Handstreich zum Rhein vor. Der Kurbischof floh (wie man sagte: samt der Witwen- und Waisenkasse). Die Forsters entschieden sich zu bleiben. Ein Schwager Carolines rief, kurz nach der Besetzung der Stadt, zur Gründung eines republikanischen Clubs, dem sich immerhin an die fünfhundert Bürger anschlossen. Erst einen Monat später gab Forster, den die hohen Kontributionen der Befreier ärgerten, dem Drängen der Freunde nach und trat dem Club der Jakobiner bei, der im Akademiesaal des kurfürstlichen Schlosses zusammentrat (in dem heute der Ministerpräsident von Rheinland-Pfalz residiert). Zehn Tage danach seine erste große Rede: »Über das Verhältnis der Mainzer gegen die Franken« (womit er die Franzosen meinte).

Das war der Schritt, der sein künftiges Schicksal entschied. Der hohe moralische Ton seines Vortrags entsprach dem Vorbild der Künder republikanischer Tugend in Paris. Doch nicht ohne Witz beklagte er die Frankreich-Feindlichkeit und Deutschtümelei der »rechten Teutschen« – in seltsam dialektischem Kontrast zur Frankreich-Hörigkeit der Aristokraten, die ihre Muttersprache verleugneten, um »schlechtes Französisch noch schlechter auszusprechen«. Sie müßten künftig Russisch lernen, wenn sie »die Rede freier Männer nicht hören und nicht sprechen« wollten, rief er, und am Ende müßten sie »zum Bellen Zuflucht« nehmen.

Drei Tage nach der Club-Rede ernannte ihn General Custine zum stellvertretenden Präsidenten der vorläufigen Administration; Anton Joseph Dorsch wurde der erste Mann der zivilen Autorität: ein ehemaliger Philosophie-Professor und Priester, der sich selber aus dem geistlichen Stand entlassen hatte. Beiden fehlte jede Verwaltungserfahrung, und überdies lernten sie, wie schwer es ist, ein demokratisches Staatswesen unter der Aufsicht, ja auf Geheiß einer militärischen Besatzung aufzubauen, auch wenn die Soldaten als »Befreier« einmarschierten: eine paradoxe Aufgabe.

Indessen bemühte sich Graf Hertzberg, einer seiner Bewunderer in Berlin (der die Außenpolitik Friedrichs des Großen mitgeformt hatte und noch immer einen preußisch-französischen Ausgleich suchte), um Forsters Aufnahme in die Preußische Akademie der Wissenschaften, die ihm eine sichere Lebensstellung geboten hätte. Zu spät. Die Nachrichten von Forsters republikanischem Engagement reisten rasch nach Berlin. Er galt fortan als Verräter. Dennoch überwies sein Verleger Voß den erbetenen Kredit von 1600 Reichstalern nach Frankfurt, wo sich Huber aufhielt, von der sächsischen Regierung in die Reichsstadt beordert.

Der französische Kommandeur, das wurde rasch deutlich, setzte auf Georg, der das Zeug hatte, sich als der führende Kopf der republikanischen Bewegung zu etablieren: Er sprach ein gutes Französisch, wußte interessant von seinen Welterfahrungen zu erzählen und konnte immerhin eine geistreiche und reizvolle Frau bei den Mahlzeiten im Schloß präsentieren. Doch die Stimmung unter den Bürgern und Bauern war mürrisch, wenn nicht feindselig: die Franzosen requirierten Futter für ihre Pferde und Getreidevorräte, wenngleich gegen Bezahlung. Forster hätte schon jetzt beobachten können, daß die Vermengung der demokratischen Mission des revolutionären Frankreich mit der Demonstration militärischer Macht einen rabiaten Gegen-Nationalismus schürte, der sich aus Minderwertigkeitskomplexen, Ressentiments und gekränktem Idealismus nährte. In der Abwehr des Fremden wachten – das hätte Georg nicht verborgen bleiben dürfen – die Erinnerungen an die Eroberungskriege Ludwigs XIV. wieder auf.

Forster rackerte sich, so gut er konnte, für das Wohl seiner Mitbürger ab. Um fünf Uhr war er aus den Federn, selten fand er vor Mitternacht Schlaf. Für ihn erfüllte sich der heimliche Traum so vieler Intellektueller: Er konnte sich als Mann der Tat bewähren. Überdies gab er eine Gazette heraus (deren Inhalt er im wesentlichen selber bestritt): *Die neue Mainzer Zeitung,* die im Untertitel »Der Volksfreund« hieß, in bewußter Anlehnung an das radikale Blatt von Marat in Paris.

Therese übertraf ihn, was die rasche Zunge anging, an republikanischer Passion. In Wahrheit bereitete sie ihre Flucht aus der Ehe vor. Huber war nach Mainz zurückgekommen. Seine Verlobung mit der sächsischen Malerin Dora Stock, die geduldig auf ihn wartete, hatte er gelöst, den Zorn seines Freundes Schiller provozierend, der schrieb, er habe »sich benommen, wie zu erwarten war, ohne Charakter, ohne alle Männlichkeit …« – ein Urteil, das dem blassen Menschen über seinen Tod hinaus nachhing. Nach der Rückeroberung von Frankfurt durch die Preußen, am 9. Dezember 1792, bestieg Therese mit den beiden Töchtern und einer treuen Dienstmagd Forsters Kutsche, um zunächst nach Straßburg zu reisen, das Schutz zu bieten schien. Sie hatte sich zuvor über jeden Flüchtling aus dem bedrohten Mainz aufs heftigste erregt: Nun machte sie sich selber auf, die Familie zu retten – wie sie vorgab. Forster selber, behauptete sie später, habe sie zur Abreise gedrängt. Sein Wohl vertraute sie ihren Freundinnen Caroline und Meta an, denen sie hernach vorwarf, sie hätten Georg die erotischen Vergnügen gewährt, die sie ihm nicht bieten konnte und wollte. Das Kind, das Caroline nach einer rauschenden Ballnacht von einem jungen französischen Offizier empfing, schrieb auch sie – wie alle Welt – Forster zu. Leider traf nichts davon zu. Therese aber flüchtete rasch weiter nach Neuchâtel, der Einladung von Georges de Rougemont, einem Freund aus Göttinger Tagen, folgend. Das kleine Fürstentum war damals zwar preußischer Besitz, doch zugleich Mitglied der Eidgenossenschaft und darum neutral. Huber fand sich später ein.

Unterdessen war in Paris der Kopf des Königs gefallen. Europa erschrak. Zum ersten Mal hatten Repräsentanten des Volkes einen Monarchen gerichtet. Damit war ein Mythos gebrochen. Die Sympathien für die Revolution, die im deutschen Bürgertum und partiell auch beim progressiven Adel zunächst nicht gering waren, fielen jäh in sich zusammen. Alle Freunde wandten sich von Georg ab, selbst der eigene Vater (der wußte, wessen Brot er in Preußen aß). Keine ermutigende Atmosphäre für die Wahlen, die Paris für die besetzten Gebiete angeordnet hatte. Die Beteiligung setzte eine Eidesleistung voraus, mit der die Treue zur jungen »Rheinisch-Deutschen Republik« beschworen werden sollte. Die Zurückhaltung war groß: In Mainz stimmten nur acht Prozent der Stimmberechtigten ab (hernach steigerte sich die Zahl auf fast dreißig Prozent und entsprach damit den französischen Verhältnissen), auf dem Land zeigten sich die Bauern williger. Unter den 110 Abgeordneten des Konvents zählte man etwa 55 Prozent Bauern; den Beamten fielen 17 Prozent zu, den Professoren elf Prozent, den Pfarrern sieben, den Handwerkern ebenso viele (oder wenige), da sie durch die Zünfte unter Druck gesetzt wurden, sich dem demokratischen Prozeß fernzuhalten, die Kaufleute, furchtsam wie immer, waren nur mit drei Prozent vertreten. Forster gewann – mit einigem Druck – das Mandat des ländlich-kleinen Grünstadt in der Pfalz. Wieder wurde er zum Vizepräsidenten der Versammlung gewählt. Zugleich wurde der Antrag auf die Eingliederung in die Mutterrepublik Frankreich gestellt und angenommen. Drei Delegierte sollten den Wunsch der Nationalversammlung in Paris unterbreiten: Forster, der Lothringer Kaufmann André Potocki und der hochgebildete Landwirt Adam Lux, vielleicht die liebenswürdigste Gestalt unter den deutschen Republikanern, ein weltferner Träumer, der – angesichts der deprimierenden Realitäten in Paris – durch ein provoziertes Urteil seinen Opfertod für die Reinheit der Revolution erzwungen hat.

Forster hütete sich, solche Konsequenzen zu wagen, doch auch ihm verschmolzen Ideal und Vernunft zu einer quasi-religiösen Überhöhung der Revolution, die er als das bedeutendste Ereignis in der Geschichte der Menschheit seit Christus bezeichnete. Am Tag nach der Ankunft in Paris kam er, nach langem Warten, im Konvent zu Wort, der damals noch immer in der Manege versammelt war, und er hatte Mühe, seiner nicht zu kräftigen Stimme Gehör zu verschaffen. Unter dem Lärm der preußischen Kanonen, rief er, habe das deutsche Volk am linken Ufer des Rheins die Entscheidung getroffen, frei zu leben oder zu sterben … Große, zu große Worte.

Drei Wochen später sollte die Delegation nach Mainz zurückeilen. Doch unterdessen war die Stadt von einer preußisch-österreichischen Belagerungsarmee umzingelt. Auch die Lage in Paris war nicht gut. Sämtliche Lebensmittel – außer dem subventionierten Brot – waren knapp und teuer geworden, das Volk war gereizt, viele der Provinzen standen in Aufruhr. Um die Unruhe zu unterdrücken, wurde ein Überwachungskomitee geschaffen, das vor allem den Ausländern auf die Finger schauen sollte, seit dem 10. März tagten die Revolutionstribunale, am 6. April wurde der (später allmächtige) Wohlfahrtsausschuß geschaffen, mit einem Wort: Die Herrschaft der *terreur* nahm ihren Anfang. Forsters Illusionen sanken in sich zusammen. An Therese schrieb er: »Oh, seitdem ich weiß, daß keine Tugend in der Revolution ist, ekelt mich's an«. Der Kontakt zu anderen Emigranten, zumal der Briten um Mary Wollstonecraft – Autorin der Erklärung über die Menschenrechte der Frauen (und Mutter der Mary Shelley, der Erfinderin des *Frankenstein*) –, zu ihrem Freund, dem kauzigen Grafen Schlabrendorf, der als Sympathisant von London herübergekommen war und den Fortgang der Ereignisse von seiner Wohnung in der rue Richelieu mit klugen Augen beobachtete, zu dem brillanten Journalisten Konrad Engelbert Oelsner, zu dem Arzt Georg Kerner, der ein jüngerer Bruder des schwäbischen Poeten und Spiritisten Justinus Kerner war – der Umgang mit diesen anregenden Geistern sorgte für Unterhaltung, aber sie ersetzte keine Aufgabe. In der Nationalbibliothek war keine Stelle frei. Der Plan, eine deutschsprachige Zeitung zu gründen, ging unter, weil die Regionen, in denen Deutsch gesprochen wurde, in die Hände der Preußen und Österreicher zurückgefallen oder akut bedroht waren. Schließlich wurde Georg von Danton beauftragt, an der Nordfront mit den Briten über den Austausch von Gefangenen zu verhandeln. Vermutlich sollte er gleichzeitig erkunden, ob die Engländer an einem Waffenstillstand oder gar einem Friedensschluß interessiert seien. Erst am 24. Juli, dem Tag der Verhaftung von Adam Lux, konnte er abreisen.

Mainz indes hatte am 22. Juni kapituliert. Goethe ritt, als die Waffen schwiegen, in die Stadt. Er rettete einen Republikaner davor, von den tobenden Bürgern gelyncht zu werden, und er sprach aus diesem Anlaß das seltsame Wort, daß er lieber eine Ungerechtigkeit begehe als eine Unordnung ertrage, was wohl heißen sollte, daß ihm die Zivilität wichtiger war als die abstrakten Gebote des Rechtes. Aufmerksam betrachtete er den Auszug der französischen Armee, und er horchte auf, als die Jäger zu Pferde nahten: »Sie waren ganz still bis gegen uns herangezogen, als ihre Musik den Marseiller Marsch anstimmte. Dieses revolutionäre Te Deum hat ohnehin etwas Trauriges, Ahndungsvolles, wenn es auch noch so muthig vorgetragen wird; dieß Mal aber nahmen sie das Tempo ganz langsam, dem schleichenden Schritt gemäß, den sie ritten. Es war ergreifend und furchtbar …; einzeln hätte man sie dem Don Quixote vergleichen können, in Masse erschienen sie höchst ehrwürdig.«

Ein Versuch von Caroline Böhmer (geborene Michaelis) und Meta Forkel, im letzten Augenblick zu entkommen, war gescheitert. Die beiden wurden – wie so viele – auf der Festung Königstein interniert. Caroline mußte vor allem ihre Schwangerschaft verbergen. Sie wurde nach nicht allzu langem Leiden durch eine Intervention von Wilhelm von Humboldt, der nun Diplomat in preußischen Diensten war, mit Meta freigelassen. Friedrich Schlegel nahm sie unter seine Fittiche und brachte sie in ein sächsisches Dorf, wo sie ihr Kind in Ruhe und Frieden zur Welt bringen konnte. Später heiratete sie, wie man weiß, seinen Bruder August Wilhelm und gewann damit den Stand bürgerlichen Ansehens zurück – wie übrigens auch Meta durch ihre Ehe mit dem bayrischen Juristen Liebeskind.

Forster war bei seinen Kontaktversuchen zu den Briten kein Glück beschieden. In der Langweile des Wartens schrieb er weiter an seiner *Darstellung der Revolution in Mainz*, mit der er schon in Paris begonnen hatte (die Arbeit blieb ein Fragment). In einem parallelen Anlauf formulierte er die Betrachtung *Über die Beziehung der Staatskunst auf das Glück der Völker:* ein Paradebeispiel für Glanz und Elend der deutschen Gelehrtensprache, ein Stück von logischer Präzision, reich an Einsichten, zugleich voll von abstrakten Verstiegenheiten. In seinen Briefen an Therese aber nahm er kein Blatt vor den Mund. Jeder einzelne hätte, von der Zensur abgefangen, wohl genügt, ihn einen Kopf kürzer zu machen. Dennoch, seine Hingabe an die Revolution widerrief er nicht. Er meinte freilich, die »Verderbtheit unter den Politikern« dulde auf die Dauer »keinen echt demokratischen Staat«: »Die Leidenschaften müssen entweder Zügel bekommen, oder die Anarchie verewigt sich.« Die Franzosen seien, im Vergleich mit den Amerikanern, wahre Tollköpfe …

Danton, sein Mentor, war gestürzt und endete unter dem Fallbeil. Was sollte aus ihm werden? Therese drängte auf die Scheidung. Georg träumte, den Kopf in den Wolken, wieder einmal von einer *menage à trois*. Unter einem Vorwand erlangte er die Genehmigung, an die Schweizer Grenze zu reisen: er solle, hieß es in seinem offiziellen Papier, die politischen Absichten der Schweiz erkunden. In dem entlegenen Dörfchen Mótiers, in dem Rousseau zwischen 1762 und 1765 Zuflucht gefunden hatte, traf Georg Therese, die geliebten beiden Töchter, freilich auch Huber. Georg wollte die beiden zu einer Übersiedlung nach Paris überreden, vergebens. Sie schrieb später, in einer Mischung von Sentimentalität und Heuchelei, man könne sich »den Verein von Heimatlosen in dem schneebedeckten Gebirge des Jura« nur »mit Wehmuth vorstellen«. Sie wollte die Scheidung, nichts anderes. Forster versprach, das Verfahren bei den Behörden in Pontarlier in Gang zu bringen. Vermutlich schenkte er ihr den Rest des Berliner Kredites, den er mit sich trug. Huber übergab ihm ein Dokument aus den adligen Emigrantenkreisen, das den Befehlshaber der französischen Nordarmee, den Baron Nicolas von Luckner, im Zusammenhang mit dem Fluchtversuch des Königs schwer belastete. Forster kopierte das Schriftstück sorgsam. Er wußte, daß Luckner schon im Kerker saß. Die Arbeit lenkte ihn ab.

Die Zusammenkunft, schwärmte Therese hernach, sei Forsters »Verklärung« gewesen. Abschied, für ihn schmerzlicher, als es seine Seele ertragen konnte. Er schrieb ihr: »Meine einzige Therese, -- Alles habe ich aufgeboten, um mich zu halten; aber jetzt bricht's los. O meine Kinder! Wie blutet mein Herz bei diesem Abschied …« Tapfer fügte er hinzu: »Ich will und werde mich aufraffen, seid unbesorgt …« Er begann, um sich zu betäuben, mit der Aufzeichnung der *Pariser Umrisse*. Mit dem Blick nach Deutschland schrieb er, die Reihe sei (noch) nicht an ihm, »durch eine Revolution erschüttert zu werden; es hat die Unkosten der lutherischen Reformation getragen …« – eine vorausgenommene Umkehrung der These des britischen Historikers Thomas Carlyle, der die Französische Revolution als die Rache der Geschichte für die unterdrückte Reformation definierte. Georg schrieb freilich auch (dem Sinne nach), die Revolution samt ihrem Terror werde einst als die Vorbereitung »zum Bessern« gesehen werden. Rechtfertigte er damit die Denunziation des Marschalls Luckner, die ihm zu Recht vorgeworfen wird? Die Kopie des kompromittierenden Berichtes, den ihm Huber übergeben hatte, schickte er aus Pontarlier ans Ministerium – vielleicht um die verdächtige Reise in die Schweiz vorbeugend zu rechtfertigen. Eine gütige Ironie fügte es, daß sich die Verdächtigung als überflüssig erwies. Der Marschall war bereits enthauptet, als Forsters Schreiben zur Kenntnis genommen wurde.

Therese harrte fast bis zum Ende des Jahrhunderts mit Huber, den sie heiratete, in Neuchâtel aus. Dann übersiedelten die beiden nach Tübingen:

Huber wurde von Cotta mit der Redaktion der *Morgenpost* beauftragt. Im elften Jahr ihrer Ehe starb der seltsame Mann. Therese übernahm – anonym – die Redaktion der Zeitung, die erste Frau, die mit einer journalistischen Verantwortung von dieser Dimension betraut wurde.

Am 22. November 1793 brach Georg von Pontarlier nach Paris auf: der einsamste Mensch der Welt. In seiner kleinen Wohnung in der rue des Moulins – ein paar Schritte hinter der Nationalbibliothek – legte er sich krank zu Bett. Drei Tage nach Weihnachten schrieb er Therese: »Die Revolution ist ein Orkan ... wer kann ihn hemmen? Ein Mensch, durch sie in Thätigkeit gesetzt, kann Dinge tun, die man in der Nachwelt nicht vor Entsetzlichkeit begreift.« Dachte er an Luckner? Von seinem einstigen Enthusiasmus sagte er, daß er *»sa belle mort«* gestorben sei. Mit kleinen Dosen Morphium verschafften ihm die Ärzte, unter ihnen Georg Kerner, eine Linderung der Schmerzen in der Brust und auf dem Rücken. Lungenentzündung? Oder ein generelles Versagen der Organe, womöglich durch die Malaria zermürbt, die ihn auf der großen Reise befallen hatte?

Vor seinem Fenster plätscherte ein Brunnen, der aus einem unerfindlichen Grund »Fontaine d'amour« hieß. Seine Gasse mündete in die rue Thérèse. Am 29. Dezember: »Heute kann ich die Feder nicht halten ...« Doch er wollte sich nicht fallenlassen. Hatte er nicht Therese versichert, er werde widerstehen? Am 4. Januar 1794: »Nicht wahr, Kinder, ein paar Worte sind besser als nichts? Ich habe nun keine Kräfte mehr zum Schreiben. Lebt wohl! Hütet Euch vor Krankheiten! Küßt meine Herzblättchen«. Es waren die letzten Sätze. Am 10. Januar starb er, noch keine vierzig Jahre alt. Georg Kerner drückte ihm die Augen zu.

Von sich selber hatte er geschrieben, er sei Weltbürger, Europäer, Deutscher und Franzose gewesen. Goethe rief ihm in dem »bürgerlichen Gedicht« *Hermann und Dorothea* nach: »Alles sah er voraus, als rasch die Liebe der Freiheit, / Als ihn die Lust, im neuen veränderten Wesen zu wirken, / Trieb, nach Paris zu gehen, dahin, wo er Kerker und Tod fand ... / Nur ein Fremdling, sagt man mit Recht, ist der Mensch hier auf Erden; / Mehr ein Fremdling als jemals ist nun ein jeder geworden.« Georg Forster, der verkannte, verschwiegene Klassiker, der ein schwacher und dennoch ein großer Mann war. Die Deutschen, deren Sprache er in seinen besten Momenten zu meistern verstand wie nach ihm nur Heinrich Heine, der andere Pariser Emigrant, wissen es bis heute nicht.

GEORG FORSTER

Reise um die Welt

Illustriert von eigener Hand

VORREDE.

DIE GESCHICHTE DER VORWELT zeigt uns kein Beyspiel solcher gemeinnützigen Bemühungen zur Erweiterung menschlicher Kenntnisse, als die Britten während der Regierung ihres jetzigen Königs unternommen haben. Lange wäre Amerika mit allen seinen Schätzen unentdeckt geblieben, wenn sich nicht ein *Columbus* durch seine Standhaftigkeit und edle Schwärmerey, trotz aller Hindernisse, die ihm Neid und Unwissenheit in den Weg legten, zu *Ferdinand* und *Isabellen* gleichsam hingedrängt hätte. Doch dieser unsterbliche Seemann ward endlich nur darum in Schutz genommen, weil er eine neue, ohnfehlbare Quelle von Reichthümern entdeckte. Umsonst hoft man, daß *Plutus* und die *Musen* ein dauerhaftes Bündniß schließen können; nur so lange währt die Freundschaft, als die holden Göttinnen, wie *Danaïden,* die Schatzkammer des Unersättlichen mit Golde füllen.

Es war spätern Zeiten vorbehalten, die Wissenschaft als Siegerinn zu sehn! Drey verschiedne Seereisen hatte man schon gethan, aus der edlen Absicht Entdeckungen zu machen, als die vierte, auf Befehl eines erleuchteten Monarchen, nach einem vollkommnern Plan unternommen ward. Der erfahrenste Seemann dieser Zeiten, zween geschickte Sternkundige, ein Gelehrter, der die Natur in ihrem Heiligthum studiren, und ein Mahler, der die schönsten Formen derselben nachahmen sollte, wurden auf Kosten der Nation auserlesen. Sie vollbrachten ihre Reise, und sind jetzt im Begrif Rechenschaft von ihren verschiednen Entdeckungen zu geben, die wenigstens für ihre Beschützer rühmlich seyn muß.

Die Brittische Regierung schickte und unterhielt meinen Vater auf dieser Reise als einen *Naturkundiger,* aber nicht etwa blos dazu, daß er Unkraut trocknen und Schmetterlinge fangen; sondern, daß er *alle* seine Talente in diesem Fache anwenden und *keinen* erheblichen Gegenstand unbemerkt lassen sollte. Mit einem Wort, man erwartete von ihm eine *philosophische Geschichte der Reise,* von Vorurtheil und gemeinen Trugschlüssen frey, worinn er seine Entdeckungen in der Geschichte des Menschen, und in der Naturkunde überhaupt, ohne Rücksicht auf willkührliche Systeme, blos nach allgemeinen menschenfreundlichen Grundsätzen darstellen sollte; das heißt, eine Reisebeschreibung, dergleichen der gelehrten Welt bisher noch keine war vorgelegt worden. Ein solcher viel umfassender Auftrag entsprach der Geistes-Größe vollkommen, durch welche sich alle Rathschläge der brittischen Nation auszuzeichnen pflegen, und in der festen Überzeugung, daß mein Vater, vermöge seiner eignen Liebe zur Wissenschaft, von selbst darauf bedacht seyn würde, der Gelehrsamkeit alle mögliche Vortheile durch diese Reise zu verschaffen, enthielt man sich auf die edelmüthigste Weise, ihm deshalb besondere Maaßregeln vorzuschreiben.

Er unternahm also die Reise, und sammelte seine Bemerkungen, zufolge der Meynung, die man sich von ihm gemacht hatte. Fest entschlossen, den Endzweck seiner Sendung auszuführen und seine Entdeckungen dem Publiko mitzutheilen, nahm er sich nicht Zeit von den Mühseligkeiten der Reise zu ruhen; es waren nach seiner Rückkunft kaum vier Monat verstrichen, als er dem Könige schon die Erstlinge seiner Arbeit widmete und überreichte.[1] Die Reisegeschichte, das Hauptwerk, welches man von ihm verlangte, ließ er darauf sein angelegentlichstes Geschäft seyn. Anfänglich wollte man, daß er aus seiner eignen und des Capitain *Cooks* Tagebüchern, nur *Eine* Erzählung machen sollte, worinn die wichti-

---

1 *Characteres Generum Plantarum quas in Insulis Maris Australis collegg. &c. Ioannes Reinoldus Forster & Georgius Forster, cum 78. tabb. aen. 4. Lond. & Berol. apud Haude & Spener 1776. 8 Thlr.*

gen Bemerkungen eines jeden an ihrer Stelle, und zum Unterschied verschiedentlich bezeichnet, erscheinen sollten. Mein Vater empfieng einen Theil des *Cookschen* Tagebuchs, und setzte einige Bogen zur Probe auf; allein, da man bald darauf wieder andres Sinnes ward, und jedes Tagebuch für sich wollte abdrucken lassen, so ward dieser Plan nicht weiter ausgeführt. Die Lords des Admiralitäts-Collegii beschlossen, die neue Reisegeschichte mit einer Menge Kupfer zu zieren, welche nach den Zeichnungen des Mahlers, der mit am Bord gewesen, gestochen werden sollten; und schenkten die ganzen Unkosten des Stichs zu gleichen Theilen dem Capitain *Cook* und meinem Vater.[2] Am 13ten April 1776. ward ein Vergleich zwischen beyden getroffen, und von dem Grafen *Sandwich* (Präses des Collegii) unterzeichnet, darinn einem jeden sein Theil der Beschreibung angewiesen, und beyden das Geschenk der Platten, von Seiten des Admiralitäts-Collegii, versichert ward. Dem zufolge überreichte mein Vater dem Grafen *Sandwich* eine zwote Probe seiner Reisebeschreibung, mußte aber auch diesen Versuch zu seiner nicht geringen Verwunderung von ihm gemißbilligt sehen. Endlich ward er inne, daß, weil man in gedachtem Vergleich das Wort »Erzählung« geflissentlich vermieden hatte, er nicht berechtigt seyn sollte, eine zusammenhangende Geschichte der Reise zu schreiben, und man kündigte ihm nun auch förmlich an, daß er sich bey Verlust seines Antheils an den Kupfern strenge nach dem Buchstaben des Vergleichs richten müsse. Zwar hatte er immer geglaubt, er sey hauptsächlich ausgeschickt worden, die Reise zu *beschreiben;* indessen bequemte er sich jetzt zu obiger Vorschrift, und schränkte seine Arbeit blos auf einzelne philosophische Bemerkungen ein, um nur seine Familie nicht von jenem glänzenden Vortheil auszuschließen: allein, so viel Verläugnung ihm dieser Schritt auch gekostet hatte, so fruchtlos blieb er doch. Man verwarf nemlich seine Arbeit von neuem und entzog ihm endlich das versprochne Anrecht auf die Kupferplatten ganz und gar. Vielleicht wollte man ihm durch diese Begegnung fühlen lassen, daß er ein Ausländer sey; vielleicht fand man, selbst in den wenigen Reflexionen, die er vermöge des Vergleichs noch gewagt hatte, seine Denkart zu philosophisch-frey, vielleicht ist es auch das Interesse eines dritten gewesen, ihm das Geschenk des Admiralitäts-Collegii völlig zu entziehn.

Ich gestehe, es gieng mir zu Herzen, den Hauptendzweck von meines Vaters Reise vereitelt, und das Publikum in seinen Erwartungen getäuscht zu sehen. Allein, da ich während der Reise sein Gehülfe gewesen, so hielt ich es für meine Schuldigkeit, wenigstens einen Versuch zu wagen, *an seiner Stelle* eine philosophische Reisebeschreibung zu verfertigen. Alles bestärkte mich in diesem Unternehmen, welches nun nicht mehr in Seiner Willkühr stand; ja ich sahe es als eine Pflicht an, die wir dem Publiko schuldig waren. Ich hatte hinreichende Materialien während der Reise gesammelt, und fieng mit eben so gutem Muthe an, als je ein Reisender, der selbst geschrieben, oder ein Stoppler, der je bestochen worden, die Nachrichten andrer zu verstümmeln. Kein Vergleich band mir die Hände, und selbst derjenige, den mein Vater eingegangen, erwähnte *Meiner* nicht mit einem Worte und entzog mir nicht im mindesten seinen Beystand. Bey jedem wichtigen Vorfall habe ich also seine Tagebücher zu Rathe gezogen, und solchergestalt eine Erzählung, der genauesten historischen Wahrheit gemäß, bewerkstelligt.

Zween Ungenannte haben schon *etwas* von unsrer Reise geschrieben; allein in diesem erleuchteten Jahrhundert glaubt man keine Mährchen mehr, die nach der romantischen Einbildungskraft unsrer Vorfahren schmecken. Die Begebenheiten unsrer Reise sind so mannigfaltig und wichtig, daß sie keines erdichteten Zusatzes bedürfen. Unsre Seefahrt war wechselsweise reich und arm an Vorfällen; doch wie der fleißige Landmann selbst das unfruchtbarste Feld zu nutzen weiß, so kann auch die ödeste Wildniß einem forschenden Geiste Veranlassung zum Unterricht geben.

Eine andre Beschreibung eben dieser Reise um die Welt, ist aus den Papieren des Capitain *Jacob Cook* zusammengetragen, unter dessen Führung sie vollbracht ist. Die Admiralität hat diese Beschreibung mit einer großen Anzahl Kupferstiche versehen lassen, welche theils Aussichten der Ländereyen, theils Abbildungen der Eingebohrnen, ihrer Böte, Waffen und Werkzeuge vorstellen, theils auch aus Special-

2 Diese Unkosten belaufen sich auf mehr als 2000 Pfund Sterling, weil die Kupfer von den besten Künstlern gestochen worden.

Charten der verschiedenen Länder bestehen; und eben diese Platten sind es, welche gedachtes Collegium meinem Vater und dem Capitain *Cook* ehemals gemeinschaftlich versprochen hatte.

Beym ersten Anblick können vielleicht zwo Nachrichten von einer und derselben Reise überflüßig scheinen; allein man muß in Erwägung ziehen, daß sie aus einer Reihe wichtiger Vorfälle bestehen, welche immer durch die verschiedne Erzählung zwoer Personen in stärkeres Licht gesetzt werden. Auch waren unsre Beschäftigungen im Haven sehr verschieden; Capitain *Cook* hatte alle Hände voll zu thun, um das Schiff mit Lebensmitteln zu versehen und wieder in Stand zu setzen; dagegen ich den mannigfaltigen Gegenständen nachgieng, welche die Natur auf dem Lande ausgestreuet hatte. Hieraus ergiebt sich von selbst, daß unsre Vorfälle und Gegenstände sehr oft verschieden gewesen seyn müssen, und daß folglich auch unsre Beobachtungen oft nicht das mindeste mit einander gemein haben. Vor allen Dingen aber ist zu bemerken, daß man einerley Dinge oft aus verschiedenen Gesichtspunkten ansiehet, und daß dieselben Vorfälle oft ganz verschiedne Ideen hervorbringen. Dem Seefahrer, der von Kindesbeinen an mit dem rauhen Elemente bekannt geworden, muß manches alltäglich und unbemerkenswerth dünken, was dem Landmann, der auf dem vesten Lande lebt, neu und unterhaltend scheinen wird. Jener sieht am Lande manches mit beständiger Rücksicht aufs Seewesen; dieser hingegen beobachtet es nur, in so weit es einen ökonomischen Nutzen haben kann. Mit einem Wort, die Verschiedenheit unsrer Wissenschaften, unsrer Köpfe und unsrer Herzen haben nothwendigerweise eine Verschiedenheit in unsern Empfindungen, Betrachtungen und Ausdrücken hervorbringen müssen. Unsre Beschreibungen sind noch in einem andern Umstande sehr wesentlich von einander verschieden; weil ich über alles, was die innere Haushaltung des Schiffs und der Matrosen betrift, kurz weggegangen bin. Auch habe ich mich, mit gutem Bedacht, aller Erzählung der Schiff-Manövres enthalten, und nicht zu bestimmen gewagt, wie oft wir bey stürmischem Wetter die Seegel einreften oder gar einbüßten, wie viel Wendungen wir machten, um eine Landspitze zu umfahren, und wie oft das Schiff unserm Palinurus zum Trotz ungehorsam ward, oder nicht folgen wollte. Die Winkel, Lage und Entfernung der Vorgebirge, Bergspitzen, Hügel, Höhen, Bayen, Haven und Buchten, nebst ihren Beobachtungen in verschiednen Stunden des Tages, sind gleichfalls weggelassen; denn solche lehrreiche Kleinigkeiten gehören eigentlich blos für Seefahrer. Die Geschichte von Capitain *Cooks* erster Reise um die Welt,[3] ward mit großer Begierde gelesen, sie ward aber, hier in England, mit allgemeinem Tadel, ich mögte fast sagen, mit Verachtung aufgenommen. Sie war von einem Manne aufgesetzt, der die Reise nicht mitgemacht hatte; und ihre üble Aufnahme wurde seinen geringhaltigen Beobachtungen, seinen unnöthigen Ausschweifungen und seinen sophistischen Grundsätzen zugeschrieben; ob gleich wenig Leser zu bestimmen im Stande seyn möchten, mit wie vielem Recht oder Unrecht solches geschehen sey. Die Geschäftigkeit des Capitain *Cook* und sein unermüdeter Entdeckungsgeist haben ihn abermals gehindert, den Abdruck seines Tagebuchs selbst zu besorgen; er hat also auch jetzt wieder einen Dollmetscher annehmen müssen, der an seiner Statt mit dem Publikum reden könnte. Außer dieser Unannehmlichkeit hat seine Beschreibung gegenwärtiger Reise noch einen anderen Fehler mit der vorigen gemein, diesen nemlich, daß aus derselben, *auf gut französisch,* manche Umstände und Bemerkungen weggelassen worden, die man auf eine oder die andre Art für nachtheilig ansahe. Ein höherer Befehl blies den Herrn von *Bougainville* von der Insel *Juan Fernandez* weg und brachte die englischen Kanonen zun Stillschweigen, als die *Endeavour* die portugiesische Festung auf *Madera* beschoß.[4] Ohne mich weiter in diese Vergleichung einzulassen, will ich nur bemerken, daß aus dem bishergesagten genugsam abzunehmen, wie die

3 In der Endeavour in den Jahren 1768–1771. vollführt und beschrieben von Dr. *Hawkesworth, drey Bände in gr. 4.* mit 62 Kupf. und Charten. *Berlin bey Haude u. Spener.*

4 Die hier berührten Umstände sind notorische Facta, aber in den bekanntgemachten Reisen unterdrückt. Herr *von Bougainville* hielt sich einige Zeit auf *Juan Fernandez* auf und nahm daselbst Erfrischungen ein, ob er gleich zu verstehen giebt, daß ihn widrige Winde gehindert, diese Insel zu berühren. Capitain *Cook* in der Endeavour, und eine englische Fregatte beschossen das Loo-Fort auf Madera, um die Ehre der brittischen Flagge aufrecht zu erhalten, ohne daß dieser Umstand in *Hawkesworths* Sammlung auch nur mit einem Worte berührt worden wäre.

Authenticität einer Reisebeschreibung beschaffen seyn kann, die vor dem Abdruck *Censur* und *Verstümmlung* über sich ergehen lassen muß!

Die Philosophen dieses Jahrhunderts, denen die anscheinenden Widersprüche verschiedner Reisenden sehr misfielen, wählten sich gewisse Schriftsteller, welche sie den übrigen vorzogen, ihnen allen Glauben beymaßen, hingegen alle andre für fabelhaft ansahen. Ohn hinreichende Kenntniß warfen sie sich zu Richtern auf, nahmen gewisse Sätze für wahr an, (die sie noch dazu nach eignem Gutdünken verstellten) und bauten sich auf diese Art Systeme, die von fern ins Auge fallen, aber, bey näherer Untersuchung, uns wie ein Traum mit falschen Erscheinungen betrügen. Endlich wurden es die Gelehrten müde, durch Declamation und sophistische Gründe hingerissen zu werden, und verlangten überlaut, daß man doch nur Thatsachen sammlen sollte. Ihr Wunsch ward erfüllt; in allen Welttheilen trieb man Thatsachen auf, und bey dem Allem stand es um ihre Wissenschaft nichts besser. Sie bekamen einen vermischten Haufen loser einzelner Glieder, woraus sich durch keine Kunst ein Ganzes hervorbringen ließ; und indem sie bis zum Unsinn nach *Factis* jagten, verlohren sie jedes andre Augenmerk, und wurden unfähig, auch nur einen einzigen Satz zu bestimmen und zu abstrahiren; so wie jene Mikrologen, die ihr ganzes Leben auf die Anatomie einer Mücke verwenden, aus der sich doch für Menschen und Vieh nicht die geringste Folge ziehen läßt. Außerdem haben selten zween Reisende einerley Gegenstand auf gleiche Weise gesehen, sondern jeder gab, nach Maßgabe seiner Empfindung und Denkungsart, eine besondere Nachricht davon. Man mußte also erst mit dem Beobachter bekannt seyn, ehe man von seinen Bemerkungen Gebrauch machen konnte. Ein Reisender, der nach meinem Begriff alle Erwartungen erfüllen wollte, müßte Rechtschaffenheit genug haben, einzelne Gegenstände richtig und in ihrem wahren Lichte zu beobachten, aber auch Scharfsinn genug, dieselben zu verbinden, allgemeine Folgerungen daraus zu ziehen, um dadurch sich und seinen Lesern den Weg zu neuen Entdeckungen und künftigen Untersuchungen zu bahnen.

Mit solchen Begriffen gieng ich zur letzten Reise um die Welt zu Schiffe, und sammlete, so viel es Zeit, Umstände und Kräfte gestatten wollten, den Stoff zu gegenwärtigem Werke. Ich habe mich immer bemüht, die Ideen zu verbinden, welche durch verschiedne Vorfälle veranlaßt wurden. Meine Absicht dabey war, die Natur des Menschen so viel möglich in mehreres Licht zu setzen und den Geist auf den Standpunkt zu erheben, aus welchem er einer ausgebreitetern Aussicht genießt, und die Wege der Vorsehung zu bewundern im Stande ist. Nun kommt es freylich darauf an, wie fern mir dieser Versuch so gelungen sey oder nicht; doch habe ich das Zutrauen, man werde meine gute Absicht nicht verkennen. Zuweilen folgte ich dem Herzen und ließ meine Empfindungen reden; denn da ich von menschlichen Schwachheiten nicht frey bin, so mußten meine Leser doch wissen, wie das Glas gefärbt ist, durch welches ich gesehen habe. Wenigstens bin ich mir bewußt, daß es nicht finster und trübe vor meinen Augen gewesen ist. Alle Völker der Erde haben gleiche Ansprüche auf meinen guten Willen. So zu denken war ich immer gewohnt. Zugleich war ich mir bewußt, daß ich verschiedne Rechte mit jedem einzelnen Menschen gemein habe; und also sind meine Bemerkungen mit beständiger Rücksicht aufs allgemeine Beste gemacht worden, und mein Lob und mein Tadel sind unabhängig von National-Vorurtheilen, wie sie auch Namen haben mögen. Nicht nur die Mannigfaltigkeit der Gegenstände, sondern auch die Reinigkeit und Anmuth des Styls bestimmen unser Urtheil und unser Vergnügen über Werke der Litteratur; und wahrlich, man müßte allem Anspruch auf Geschmack und Empfindung entsagen, wenn man nicht eine fließende Erzählung einer lahmen und langweiligen vorziehen wollte. Allein seit einiger Zeit ist die Achtung für einen zierlichen Styl so übertrieben und so sehr gemißbraucht worden, daß sich einige Schriftsteller lediglich auf die Leichtigkeit und Flüßigkeit ihrer Sprache verlassen, und um die Sache, welche sie vortragen wollten, gar nicht bekümmert haben, wobey denn am Ende das Publikum mit trocknen seichten Werklein ohne Salbung, Geist und Unterricht betrogen wurde. Solche Herrn mögen sich vielleicht den Beyfall einiger Virtuosen erwerben

Who haunt Parnassus but to please their ear.

Ich bin aber überzeugt, daß die mehresten und bessern Leser, in Rücksicht auf neue oder nützliche Gegenstände, die Unvollkommenheiten des Styls gewissermaßen zu übersehen geneigt seyn werden. Ich habe nicht elegant seyn wollen. Mein Zweck war, deutlich und verständlich zu seyn. Nur darauf habe ich meine Aufmerksamkeit eingeschränkt. Ich hoffe also Nachsicht zu finden, falls mir minder wichtige Fehler entwischt seyn sollten. Die Karte, worauf unsre Entdeckungen und die Umseeglungs-Linie gezeichnet worden, habe ich mit dem größten Fleiß nach den richtigsten Materialien, die am Rande angezeigt sind, entworfen. Damit auch das deutsche Publikum, neben meiner Beschreibung gegenwärtiger Reise, zugleich des Capitain *Cooks* Nachrichten von derselben, ohne ausdrückliche Kosten, mit benutzen möchte; so habe ich aus letzteren das Wichtigste hier in der deutschen Ausgabe eingeschaltet. Diese Zusätze betreffen jedoch, einen Theil der Einleitung ausgenommen, nur etliche wenige Vorfälle, von denen ich entweder nicht selbst Zeuge gewesen war, oder die ich aus einem andern Gesichtspunkt angesehen hatte. Zum Unterschied sind alle diese Stellen mit folgendem Zeichen –« bemerkt. Durch diese Verfügung habe ich meinen Landsleuten einen Dienst zu leisten gesucht, dessen das überreiche englische Publikum nicht bedurfte. Nunmehro könnte ich diese Vorrede füglich schließen, wenn es mir nicht der Mühe werth dünkte, dem Leser noch einige Nachricht von der Erziehung und Ausstattung mitzutheilen, welche man dem Tahitier *O-Maï* in England hat widerfahren lassen.[5] In dem engen Bezirk einer Vorrede kann ich aber nur mit wenigen Worten andeuten, was allenfalls zu einem ganzen Bande Stoff gäbe, wenn es mir jemals einkommen sollte, das gute Korn der Philosophie von seiner Spreu zu schwingen! *O-Maï* ward in England für sehr dumm oder auch für besonders gescheut angesehen, je nachdem die Leute selbst beschaffen waren, die von ihm urtheilten. Seine Sprache, die keine rauhen Mitlauter hat, und in welcher sich alle Worte mit einem Vocal endigen, hatte seine Organe so wenig geläufig gemacht, daß er ganz unfähig war, die mehr zusammengesetzten englischen Töne hervorzubringen: dieser physische oder vielmehr Gewohnheits-Fehler ward aber oft unrecht ausgelegt. Kaum war er in England angekommen, so ward er in große Gesellschaften geführt, mit den schimmernden Lustbarkeiten der wollüstigen Hauptstadt bekannt gemacht, und im glänzenden Kreise des höchsten Adels bey Hofe vorgestellt. Natürlicherweise ahmte er jene ungezwungene Höflichkeit nach, die an allen diesen Orten üblich und eine der größten Zierden des geselligen Lebens ist; die Manieren, Beschäfftigungen und Ergötzlichkeiten seiner neuen Gesellschafter wurden auch die seinigen, und gaben ihm häufige Gelegenheit seinen schnellen Verstand und lebhafte Einbildungskraft sehen zu lassen. Um von seinen Fähigkeiten eine Probe anzuführen, darf ich nur erwähnen, daß er es im Schachspiel sehr weit gebracht. Er konnte aber seine Aufmerksamkeit nicht besonders auf Sachen richten, die ihm und seinen Landsleuten bey seiner Rückkehr hätten nützlich werden können: die Mannigfaltigkeit der Gegenstände verhinderte ihn daran. Keine allgemeine Vorstellung unseres civilisirten Systems wollte ihm in den Kopf; und folglich wußte er auch die Vorzüge desselben nicht zum Nutzen und zur Verbesserung seines Vaterlandes anzuwenden. Schönheit, Symmetrie, Wohlklang und Pracht bezauberten wechselsweise seine Sinne; diese wollten befriedigt seyn, und er war gewohnt, ihrem Ruf zu gehorchen. Der beständige Schwindel des Genusses ließ ihm keinen Augenblick Zeit, auf das Künftige zu denken; und da er nicht von wahrem Genie belebt war, wie *Tupaia,* der an seiner Stelle gewiß nach einem festgesetzten Plan gehandelt hätte, so blieb sein Verstand immer unbebauet. Zwar mag er wohl öfters gewünscht haben, von unserm Ackerbau, unsern Künsten und Manufacturen einige Kenntniß zu bekommen; allein es fand sich kein freundschaftlicher Mentor, der diesen Wunsch zu befriedigen, ja was noch mehr, der seinen moralischen Character zu verbessern, ihm unsre erhabnen Begriffe von Tugend, und die göttlichen Grundsätze der geoffenbarten Religion beyzubringen gesucht hätte. Nachdem er fast zwey Jahre in England zugebracht, die Blattern-Impfung glücklich überstanden hatte, kehrte er unter Führung des Capitain *Cook,* der im Julius 1776 auf dem Schiffe *Resolution* von neuem aus *Plymouth* abseegelte, wieder nach *Tahiti* zurück. Bey dieser Gelegenheit zeigte sichs, daß, aller der sittenlosen Vergnügungen ohnerachtet, denen er in unserm geselligen Welttheil nicht hatte

5 Man hat seinen Namen bisher unrichtig *Omiah* genannt. Capitain *Fourneaux* brachte ihn in der Adventure nach England, ein mehreres von ihm sehe man *pag. 234.* etc.

ausweichen können, die guten Eigenschaften seines Herzens doch noch unverderbt geblieben waren. Beym Abschiede von seinen Freunden entflossen ihm Thränen; und sein ganzes äußeres Betragen verrieth eine große Gemüthsbewegung. Man überhäufte ihn bey seiner Abreise mit einer unsäglichen Menge Kleider, Zierrath und andern Kleinigkeiten, dergleichen täglich zu Befriedigung unsrer erkünstelten Bedürfnisse erfunden werden. Seine Beurtheilungskraft war noch kindisch; daher verlangte er auch, wie ein Kind, nach allem, was er sahe, und vorzüglich nach Dingen, die ihn durch irgend eine unerwartete Wirkung vergnügt hatten. Diese kindischen Triebe zu befriedigen, (denn aus bessern Absichten konnte es wohl nicht geschehen) gab man ihm eine Dreh-Orgel, eine Elektrisir-Maschine, ein Panzer-Hemd und eine Ritter-Rüstung. Vielleicht erwarten hier meine Leser, daß er nebst diesen auch einige Dinge von wahrem Nutzen für seine Insel mitgenommen. – Ich erwartete eben dasselbe, allein meine Hoffnung ward getäuscht! *Sein* Vaterland wird von den Engländern keinen Bürger zurücknehmen, dessen erweiterte Kenntniß, oder mitgebrachte brauchbare Geschenke, ihn zum Wohlthäter, vielleicht zum Gesetzgeber seines Volks machen könnten. In Ermangelung dessen können wir uns jedoch einigermaßen *damit* trösten, daß das Schiff, auf welchem er zurück geschickt worden, den harmlosen *Tahitiern* ein Geschenk von Hornvieh bringen soll. Diese guten Leute müssen ohnfehlbar durch die Einführung von Ochsen und Schaafen auf ihrer fruchtbaren Insel, glücklicher werden; ja durch viele auf einander folgende Umstände, kann dies Geschenk dereinst den Grund zu moralischen Verbesserungen geben. Aus diesem Gesichtspunkte ist unsre vorige Reise wichtig, und würde unsern Beschützern Ehre bringen, wenn sie auch kein anderes Verdienst hätte, denn daß wir Ziegen auf *Tahiti,* Hunde auf den *freundschaftlichen Inseln* und *Neuen Hebriden,* und Schweine auf *Neu-Seeland* und *Neu-Caledonien* zurückgelassen haben. Es wäre gewiß sehr zu wünschen, daß dergleichen Entdeckungs-Reisen, mit so wohlthätigen und wahrhaft nützlichen Absichten noch ferner fortgesetzt würden;[6] zumal da noch selbst in der Südsee viel zu thun ist: Allein wer weiß, ob Neid und Eigennutz nicht durchdringen, und die großmüthigen Unternehmungen eines Monarchen, der die Musen schützt, vereiteln werden. – Eine einzige Bemerkung, die von großem Nutzen für die Nachwelt ist; nur *Ein* Vorfall, der unsre Mitmenschen in jenem entfernten Welttheil glücklich macht, vergilt warlich alle Mühseligkeiten der Seefahrt, und schenkt den großen Lohn, das Bewußtseyn guter und edler Handlungen!

London,
den 24sten März 1777. Georg Forster.

6 Auch von Seiten der Unkosten stehen einem solchen Wunsche keine besondere Schwierigkeiten im Wege; denn die ganze Ausrüstung unsrer letzten Reise um die Welt, den Ankauf beyder Schiffe, und alle Nebenausgaben mitgerechnet, betrug nicht mehr als 25000 Pfund Sterling, welches für die englische Nation eine Kleinigkeit ist.

EINLEITUNG.

Der antheil, den die gelehrte Welt an den neuesten Entdeckungen im Süd-Meer genommen, hat auch die älteren, zum Theil schon vergeßnen Reisen, wiederum ins Andenken gebracht. Vermuthlich werden also meine Leser keiner weitläuftigen Wiederholung derselben bedürfen. Doch könnte es, für einige wenigstens, von Nutzen seyn, daß ich der bisherigen Entdeckungs-Reisen erwähne, eh' ich zur Beschreibung unsrer eignen schreite. Hiernächst ist es auch der Mühe werth, daß ich von der Ausrüstung unsrer Schiffe einige Nachricht voranschicke, weil solche, theils wegen der Originalität unsers Reise-Plans, theils wegen der Erfahrungen und der Rathschläge unserer Vorgänger, ungleich vollkommner und in aller Absicht merkwürdiger war, als sie bey dergleichen Expeditionen bisher je zu seyn pflegte. In Ansehung des erstern will ich mich so kurz als möglich fassen, um die Leser mit dieser trocknen Materie nicht zu ermüden; zu dem Ende werde ich auch nur allein die wirklichen Entdeckungs-Reisen anführen, und keinesweges ein vollständiges Verzeichniß von allen nichtsbedeutenden Süd-Seefahrten liefern.

Vorläufig muß ich mich jedoch über die Benennungen der Meere erklären, so wie ich sie in folgendem Werke gebraucht habe. Das Meer zwischen *Afrika* und *Amerika* behält den Namen des südlichen *atlantischen Oceans,* von der Linie bis zum antarktischen Polar-Zirkel. – Das Meer zwischen *Afrika* und *Neu-Holland* haben wir, nach dem nördlich darüber liegenden Meere, den *südlichen indianischen Ocean* genannt; und diese Benennung könnte vom Wende-Zirkel des Steinbocks bis zum Polar-Zirkel gelten. Das *große* oder eigentliche *Süd-Meer* erstreckt sich von Neu-Holland bis Süd-Amerika. Man pflegte ihm zwar in seinem ganzen Umfange den Namen des *pazifischen Oceans* oder stillen Meers beyzulegen. Allein diese Benennung kann nur innerhalb der Wende-Zirkel gelten, indem die See jenseit dieser Gränzen wohl so stürmisch als jede andre ist. Der Äquator theilt das stille Meer in zwey fast gleiche Theile, in das *Nördliche* und *Südliche*. Was vom Krebs-Zirkel nördlich liegt, hat bisher noch keinen eignen Namen. Was aber südlich vom Steinbocks-Zirkel liegt, ist eigentlich das große *Süd-Meer,* bis zum antarktischen Zirkel. Innerhalb des gefrornen Erdgürtels wird das Meer nicht unrecht das *südliche Eismeer* genannt.

Nachdem der Spanier *Vasco Nunnez* im Jahr 1513. das Süd-Meer von den Gebirgen in Panama entdeckt, und sich darinn gebadet hatte, um es in Besitz zu nehmen, war *Hernando Magalhaens* (oder Ferdinand Magellan), ein portugiesischer Edelmann, der erste, der es beschiffte. Er verließ *Sevilla* in Spanien im August 1519, und kam, durch die nach seinem Namen benannte Meerenge, am 27sten November 1520 ins große Süd-Meer. Von da seegelte er nordwärts, um bald aus dem kalten Clima zu kommen, und richtete seinen Lauf nicht eher nach Westen, als bis er innerhalb des Wende-Zirkels, und nahe an die Linie gekommen war. Er entdeckte nur zwey ganz kleine unbewohnte Inseln, deren Lage noch jetzt unbestimmt ist. Nachdem er die Linie paßirt, entdeckte er die *Ladrones-* oder *Diebs-Inseln* und die *Philippinischen* Inseln, wo er ums Leben kam.[1]

Cortez, der Eroberer von Mexico, schickte im Jahr 1536. zween seiner besten Capitains, *Pedro Alvarado* und *Hernando Grijalva* nach den *Molukkischen* Inseln.

1 Weitläuftigere und vollständigere Nachrichten trift man in der vortreflichen Sammlung der Reisen, die Herr *Alexander Dalrymple* herausgegeben hat; sie, heißt: *An historical Collection of the several Voyages & Discoveries in the South Pacifik Ocean. London Vol. II 1771, Quarto* mit Charten und Kupfern.

Sie beseegelten das stille Meer unweit der Linie, und entdeckten einige Inseln gegen Westen in der Nachbarschaft von *Neu-Guinea*.

Im Jahr 1567 ward *Don Alvaro Mendanna de Neyra* von *Peru* auf Entdeckungen ausgeschickt. Die *Salomons-Inseln,* welche Herr *Dalrymple* mit Recht für die nachher sogenannten Inseln *Neu-Britannien* und *Neu-Irrland* hält, wurden auf dieser Reise entdeckt. Im Jahr 1575 machte *Mendanna* eine zwote Reise, von der aber nichts bekannt ist. Die dritte gieng 1595[2] vor sich. *Mendanna* durchkreutzte diesmal das stille Meer, ohngefähr im 10ten Grade der S. Breite. Zuerst fand er eine Gruppe von 4 Inseln, beynahe in der Mitte des Oceans, die er *Marquesas* nannte; weiter hin etliche niedrige kleine Eilande, und endlich ganz gegen Westen die große Insel *Santa Cruz,* die Capitain *Carteret* hernach wieder gefunden und *Egmont* genannt hat.[3]

Die *Falklands-Inseln,* die *Amerigo Vespucci* wahrscheinlicherweise schon im Jahr 1502 den 7ten April entdeckt hatte,[4] wurden 1594 von Sir *Richard Hawkins,* einem Engelländer, wieder gefunden, und zu Ehren der Jungfräulichen Königinn *Elisabeth, Hawkins's Maiden-Land* genannt. Capitain *Strong,* ein andrer Engelländer, entdeckte 1689 die Durchfahrt zwischen beyden Inseln, und legte derselben Lord *Falklands* Namen bey; und auf diese Art bekamen die Inseln selbst ihre jetzige Benennung.

Pedro Fernandez de Quiros hatte *Mendanna's* letzter Reise beygewohnt, und nach dessen Tode seine Witwe nach Manilla zurückgeführt. Er ward 1605 von *Peru* ausgeschickt, ein südliches, festes, oder großes Land zu entdecken, dessen Existenz er vermuthlich zuerst behauptet hatte. Vor ihm hatte man sich immer nahe an der Linie gehalten; Er aber richtete seinen Lauf nach Süden, und entdeckte etliche Inseln im 25sten und 28sten Grad der Breite. Eine davon, *la Encarnacion* fand Capitain *Carteret* neulich wieder, und nannte sie *Pitcairns* Eyland. Der Mangel frischen Wassers nöthigte *Quiros,* nördlich zu steuern. Die neunte Insel, die er entdeckte, und *Sagittaria* nannte, ist unstreitig die von *Wallis* wiedergefundne Insel *Tahiti (Otahiti)*. Hernach lief er westwärts, sahe einige kleine Inseln, und zuletzt das große *Tierra del Espiritu Santo* (Land des heil. Geistes), welches wir, nebst Herrn von *Bougainville,* wieder gesehn haben. Von da gieng er über die Linie nach *Mexico* zurück. Sein Reisegefährte aber, *Luis Vaez de Torres* entdeckte die Durchfahrt zwischen *Neu-Guinea* und *Neu-Holland,* die Capitain Cook hernachmals *Endeavours*-Straße nannte.

Cornelys Schouten und *Jacob le Maire* verließen Holland 1615, und waren die ersten, die durch *le Maire's* Meerenge und ums Cap *Horn* schifften. Im stillen Ocean machten sie nicht beträchtliche Entdeckungen; gegen Osten von Tahiti waren es etliche kleine niedrige Eylande und gegen Westen einige hohe Inseln. Sie blieben innerhalb dem 10ten und 20sten Grad der S. Breite, bis sie längst der nördlichen Küste von *Neu-Irrland* und *Neu-Guinea* nach den *Molukkischen* Inseln zurückkehrten.[5]

Von *Batavia* ward 1642 *Abel Jansen Tasman* ausgeschickt. Er gieng zuerst nach der Insel *Mauritius,* und von da gen Süden bis zum 49sten Grad. – Er seegelte queer über den südlichen indianischen Ocean, zwischen 40 und 50 Gr. S. Breite, entdeckte *Van Diemens* Land, oder die südliche Spitze von *Neu-Holland;* einen beträchtlichen Theil der westlichen Küste von *Neu-Seeland,* und einige Eylande nordwärts von N. Seeland im stillen Meere.

Anthon Roché, ein Engländer, kam 1675 von *Peru,* wo er Handlung getrieben hatte, um Cap *Horn* zurück, und entdeckte im südlichen atlantischen Ocean eine Insel, im 54sten Grade südlicher Breite, die wir auf unsrer Reise wieder gesehn haben, und im 45sten

2 Die Reisen der Engländer, Sir *Franz Drake* 1577–1580. und Sir *Thomas Candish* 1586–1588 gehören nicht hieher. Sie machten keine Entdeckung. Ihr Object war Raub und Beute. *Drake* kam jedoch schon damals an der N. W. Küste von Amerika, weiter als die Spanier sich seither (bis auf die letztverfloßnen zehn Jahre) gewagt haben, und nannte das Land nordwärts von Californien *Neu-Albion*.

3 Die holländischen Reisen eines *Simon de Cordes, Olivier von Noorts* und *Georg Spiegelbergens,* kommen wieder nicht in meinen Plan. Sie plünderten nur die Spanischen Colonien in Peru, und nahmen alsdenn den bekannten Curs nach den Ladronischen Inseln in der nördlichen Halbkugel.

4 *Ramusio Vol. I. p. 126. 4.*

5 Die holländische Reise von *Jacob l'Hermite* und *Hugho Schapenham* 1623–1626 war keine Entdeckungs-Reise. Blos die Lage des Cap Horn und der umliegenden Eylande von Tierra del Fuego ward dadurch besser, als zuvor, bestimmt.

Grade eine zwote, die man seit der Zeit nicht wieder aufgesucht hat.

Wilhelm Dampier, der erfahrenste und unglücklichste Seemann seiner Zeit, machte 1699 verschiedne Entdeckungen an den Küsten von *Neu-Guinea,* und nannte die *Salomons*-Inseln des *Mendanna Neu-Britannien.*

Der berühmte Sternkundige, *Edmund Halley,* ward in eben dem Jahr zum Capitain des englischen Schiffs *Paramour* ernannt, womit er im südlichen atlantischen Ocean auf Entdeckungen ausgieng, und bis über den 51sten Grad Süder-Breite kam, ohne irgend ein neues Land zu finden.

Einige *Holländer* schickten 1721, *Jacob Roggewein* ins Südmeer; dieser steuerte vom Cap Horn aus gerade nach Norden hinauf, bis er im 27sten Grad der Süder-Breite *Oster*-Eiland entdeckte. Von da gieng er innerhalb dem Wende-Zirkel, verlohr eines seiner Schiffe auf einer niedrigen Insel unweit *Tahiti,* und entdeckte noch verschiedne andre unbeträchtliche Eilande zwischen dem 13ten und 15ten Grad der S. Breite.

Herr von *Loziers Bouvet* ward im Jahr 1738 von der französischen ostindischen Compagnie ausgesandt, den südlichen atlantischen Ocean zu untersuchen. Am 1. Januar 1739 glaubte er Land im 54sten Grad Süder-Breite und 11ten Grad östlicher Länge von *Greenwich*[6] gesehn zu haben, und kehrte hierauf gleich wieder nach Europa zurück.

Herr *Duclos Guyot,* in einem spanischen Schiffe, der Löwe genannt, erblickte auf seiner Rückreise von *Peru* eben das Land im südlichen atlantischen Ocean, welches *Anthon Roché* schon 1675 entdeckt hatte. Er nannte es *Isle de St. Pierre.* Eben diese Insel ward auf unsrer Reise *Süd-Georgien* genannt.

Commodore *Iohann Byron,* der auf der *Ansonschen* Escadre als *Midshipman* gedient hatte, gieng 1764 mit zwey Schiffen aus, nahm die *Falklands*-Inseln in Augenschein, lief durch die *Magellanische* Meerenge, und entdeckte, zwischen dem 15ten Grad der Süder-Breite und der Linie, etliche kleine Inseln im stillen Meer.

Ihm folgten Capitain *Wallis* und Capitain *Carteret,* die sich aber in der *Magellanischen* Meerenge von einander trennten. *Wallis* sahe einige niedrige Eylande, und fand die Insel *Tahiti,* die *Quiros* schon 1606 entdeckt, und *Sagittaria* genannt hatte; ferner die *Boscawen-* und *Keppels*-Eylande, denen *Le Maire* und *Schouten* 1616 die Namen *Cocos-* und *Verräthers-*Eylande gegeben; endlich einige noch ganz neue Eylande. – *Carteret* richtete seinen Lauf mehr gen Süden, und fand des *Quiros* erste Insel *Encarnacion,* und hernach des *Mendanna Santa-Cruz,* denen er neue Namen gab.

Herr von *Bougainville* ward vom französischen Hofe im Jahr 1766 auf Entdeckungen ausgeschickt. Er fand, so wie viele vorige Seefahrer, einige niedrige aus Corallen-Klippen entstandene Eylande ostwärts von *Tahiti,* und traf auch diese letztere Insel neun Monathe nach Capitain *Wallis* an. Nachdem seine Leute sich einige Tage lang erfrischt hatten, segelte er weiter und entdeckte noch einige kleine Eylande gegen Westen, sahe des *Quiros Tierra del Espiritu Santo,* und fand neue Länder um *Neu-Guinea.*

Im Jahr 1768 hielt die Königl. Societät der Wissenschaften zu London, bey Sr. Grosbrittannischen Majestät, um die Ausrüstung eines Schiffes an, damit der bevorstehende Durchgang der Venus gehörig beobachtet werden mögte. Capitain *Iacob* (James) *Cook* ward also zum Befehlshaber, der zu dem Ende erwählten Barke *Endeavour* ernannt, und ihm, nebst Herrn *Carl Green,* von der Königl. Societät die Beobachtung des Durchgangs aufgetragen. Herr *Ioseph Banks,* ein wohlhabender junger Mann, gieng aus Liebe zur Naturgeschichte mit auf diese Reise, und unterhielt auf eigne Kosten einen Lehrling des berühmten Ritters von *Linné,* Namens *Solander,* als seinen Gefährten. Der Durchgang der Venus ward zu *Tahiti* beobachtet. Hernach gieng Capitain *Cook* auf Entdeckungen aus. Er fand die sogenannten *Societäts-Inseln,* und lief von da, bis zum 40sten Grad Süder-Breite, wohin vor ihm noch kein Seefahrer im Süd-Meer gekommen war. Die völlige Entdeckung des von *Tasman* gesehenen *Neu-Seelands,* die gefährliche Fahrt an der noch ganz unbekannten östlichen Küste von *Neu-Holland,* und die wiedergefundne Durchfahrt des *Torres* zwischen *Neu-Holland* und *Neu-Guinea,* waren die sehr merkwürdigen Begebenheiten dieser Reise. Herr *Banks* fand zwischen zwölf und funfzehnhundert verschiedene noch unbekannte Pflanzen-

6 *Greenwich* ist die Königl. Grosbrittannische Sternwarte 4'. östlich von *London.*

Gattungen, nebst einer sehr beträchtlichen Anzahl Vögel, Fische, Amphibien, Insecten und Gewürme.

Im Jahr 1769 segelte Herr von *Surville,* in Diensten der französischen ostindischen Compagnie, von *Pondichery* über die *Philippinischen* Inseln nach *Neu-Seeland.* Er lag daselbst in *Doubtleß-Bay,* und sahe am 9ten December den Capitain *Cook* in der Endeavour vorbeysegeln. Hernach stach er zwischen 30°. und 40°. Süder-Breite queer über das Süd-Meer, und kam zu *Calao* in *Peru* bey der Landung ums Leben.

Im Jahr 1772 fand Herr von *Kerguelen,* nebst Herrn von St. *Allouarn,* eine Insel im südlichen indianischen Ocean, die fast unter einerley Meridian mit der *Mauritius-Insel,* und unter dem 48°. Süder-Breite lag. Noch in demselben Jahr ward er zum zweytenmal von Frankreich ausgeschickt; allein er kam unverrichteter Sachen zurück.

Während *Kerguelen's* ersten Reise, segelte Herr *Dufresne Marion,* nebst Herrn *Crozet,* zwischen 40°. und 50°. Süder-Breite vom Cap der guten Hoffnung über den südlichen indianischen Ocean, nach *Van Diemens* Land und *Neu-Seeland,* und entdeckte, südwärts von Madagascar, einige kleine öde Inseln. Die Neu-Seeländer, in der Bay der Eylande, brachten Herrn *Marion* ums Leben, worauf Herr *Crozet* die Reise fortsetzte, und Anfangs *Tasmans* Lauf folgte, hernach aber nach Manilla gieng.

Bey unsrer Abreise kamen uns nur die Entdeckungen bis auf *Cooks* erste Reise *(inclusive)* zu statten, weil wir damals von den letzteren französischen Expeditionen noch keine, oder doch nur höchst unzuverläßige Nachricht hatten.

Vor Capitain *Cooks* Rückkunft in der *Endeavour* hatte man noch behauptet, daß sich das feste Land im Süd-Meer bis zum 30sten Grad der Breite erstrecke, mithin unter einem günstigen Himmelsstrich belegen, und um deswillen ein wichtiger Gegenstand der europäischen Politik seyn müsse. Zwar hatte diese Meynung einen gefährlichen Stoß dadurch erhalten, daß er auf seiner ersten Reise bis zum 40sten Grad gekommen, und gleichwohl kein solches Land gefunden hatte. Man ließ sich aber dadurch noch immer nicht irre machen. Das feste Land, hieß es, erstrecke sich vielleicht nur nicht *in dem Punkte* so weit gegen Norden; Capitain *Cook* sey in einen großen Meerbusen gerathen; oder wenn man ja etwas zugeben müsse, so dürfe das feste Land nur um 10 Grade weiter zurückgelegt werden. Überdem wäre ja auch das Meer um den Südpol nach allen Himmels-Gegenden bis zum 50sten, und an einigen Orten bis zum 40sten Grad der Breite, zur Zeit noch immer ganz unberührt geblieben, und noch von keinem Schiffe befahren! Um nun diesem Streit wegen eines solchen festen Landes ein Ende zu machen, gieng unsre Reise auf Befehl Sr. Königl. Grosbrittannischen Majestät vor sich. Capitain *Cook* erhielt Befehl, die Sommer-Monathe[7] zu Entdeckungen, gegen den Südpol hin, anzuwenden; sobald aber die Jahreszeit kalt, stürmisch, neblicht und unsicher würde, nach den Wende-Zirkeln zurückzukehren, und die Lage der ehemals entdeckten Inseln, vermittelst unsrer jetzigen astronomischen Instrumente und neuen Berechnungen, genauer zu bestimmen. Fände er kein großes festes Land, so sollte er, so nahe am Südpol als immer möglich, ostwärts laufen, bis er die Erdkugel umsegelt hätte. Unter allen Reisen um die Welt ist die unsrige auch würklich die erste, die von Westen nach Osten gerichtet worden.

Man hatte auf Capitain *Byrons, Wallis* und *Carterets* Reisen erfahren, daß die dazu gebrauchten Kriegs-Schiffe, der Delphin und die (Swallow) Schwalbe, übel gewählt wären, vornemlich weil sie keinen hinlänglichen Vorrath von Lebensmitteln und Geräthschaften einnehmen konnten. Capitain *Cook* suchte sich also, schon bey seiner ersten Reise, ein Fahrzeug von ganz anderer Bauart, nemlich eins von denen Schiffen aus, die in England zum Transport der Steinkohlen gebraucht werden. Ein Schiff, das zu Entdeckungs-Reisen recht tauglich seyn soll, muß, sagte er, nach Verhältniß seiner Bemannung, Lebensmittel und andere Vorräthe, wenigstens für drey Jahr lang, füglich in sich fassen können, aber bey alle dem weder sehr groß seyn, noch sehr tief im Wasser gehen, damit es zur Noth in den engsten und seichtesten Haven einlaufen könne. Auch muß es nicht leicht auf dem Grunde sitzen bleiben, am Boden allenfalls einen Stoß aushalten, und wenn ja eine Ausbesserung nöthig seyn sollte, mit leichter Mühe ans Ufer gelegt werden können. In einem solchen Schiffe kann ein tüchtiger Seemann sich überall hinwagen, unverzagt

7 Es versteht sich, daß hier vom Sommer der südlichen Halbkugel die Rede ist, der unserm Winter entspricht.

an jede unbekannte Küste laufen, und seinen Verhaltungsbefehlen volles Genüge leisten. Von dieser Art waren nun auch die beyden Schiffe, mit welchen *wir* die Reise um die Welt unternahmen, und ich bin überzeugt, daß sie, bey allen ihren Fehlern und Unbequemlichkeiten, zu einer so gefährlichen Reise immer noch die tauglichsten und besten waren.

Das größere von 462 Tonnen und 16 vierpfündigen Kanonen, ward die Resolution genannt, und von Capitain *Cook* commandirt; das kleinere hingegen von 336 Tonnen, oder die Adventure, von Capitain *Tobias Fourneaux*. Ersteres führte 112 Mann, letzteres nur 81; die Sternkundigen, Naturforscher, Mahler und ihre Bedienten abgerechnet.[8] Verschiedne Officiere und Unter-Officiere, nebst einigen Matrosen, hatten schon eine oder die andere Reise um die Welt mitgemacht, und waren um so mehr geschickt, abermals dazu gebraucht zu werden.

In jedem Schiffe befand sich ein Sternkundiger, den die Commißion der Meeres-Länge[9] besoldete. Im größern Schiffe war es Herr *Wilhelm Wales,* der neulich die während der Reise gemachten Bemerkungen in einem Band herausgegeben hat; in der Adventure Herr *Wilhelm Bailey,* der jetzo wieder auf einer neuen Reise mit Capitain *Cook* begriffen ist.[10] Sie hatten alle nöthige astronomische und nautische Instrumente, besonders vier Längen-Uhren, drey von *Arnold,* und eine nach dem Modell der *Harrisonschen* von *Kendal* verfertigt.

In der Resolution ward auch Herr *Wilhelm Hodges,* ein Landschafts-Mahler, vom Admiralitäts-Collegio ausgeschickt, der nicht nur Aussichten von den verschiednen Gegenden, sondern auch, so weit seine Kenntniß von der menschlichen Figur reichen wollte, die Einwohner gezeichnet hat.

Die Herren *Banks* und *Solander,* Capitain *Cooks* Gefährten auf seiner ersten Reise, hatten sich vorgenommen, zum zweytenmal mit ihm zu gehen. Herr *Banks* hatte sich zu dem Ende in große Kosten gesetzt, und mit allen Nothwendigkeiten versehen. Zween junge Leute sollten ihm (noch ausser *Solandern)* in botanischen und zoologischen Beschreibungen Hilfe leisten, und drey andre die neu entdeckten Thiere und Pflanzen zeichnen. Sogar *Zoffani,* ein geschickter deutscher Mahler, hatte versprochen, ihn zu begleiten, und die verschiednen Landschaften, nebst ihren Einwohnern, zu schildern. Herr *Banks* verlangte nur noch einige Änderungen im Schiffe, um etwas mehr Bequemlichkeit auf der Reise zu haben. Allein der Minister vom Seewesen hatte keine Achtung für diese Foderungen, die er doch einem so uneigennützigen Eiferer für die Wissenschaften wohl hätte zugestehn sollen. Nachdem Herr *Banks* lange genug vergebens auf günstigern Bescheid gewartet hatte; so erklärte er sich endlich, zehen Tage vor dem zur Abreise angesetzten Termin, daß er mit seiner ganzen Gesellschaft die Reise nicht antreten wolle. Darüber ward der Minister aufgebracht; er wollte sich rächen, und Herrn *Banks* fühlen lassen, daß die Wissenschaft auch ohne ihn erweitert werden könne. Von der Summe, die das Parlement zum Besten dieser Reise ausgesetzt hatte, waren gerade noch 4000 Pf. Sterling übrig. Nichts konnte für die Leidenschaft des Ministers erwünschter seyn. Man forderte meinen Vater auf, als Naturforscher mit Capitain *Cook* zu gehn, hütete sich aber sorgfältig, ihm etwas von der Schikane merken zu lassen, die diesen Ruf veranlaßt hatte. Das Parlement gestund ihm und mir obgedachte Summe zu; man that noch obenein glatte Versprechungen, und wir traten die Reise an, in Hoffnung, den Verlust wenigstens einigermaßen zu ersetzen, der durch Herrn *Banks* Weigerung für die Wissenschaft zu befürchten stand. Die Rachsucht eines einzigen Mannes konnte also in diesem Fall ihren Nutzen haben. Bey Gelegenheit Capitain *Cooks* dritter Reise hatte sie sich aber schon

---

8 Bey unsrer Abreise vom Cap waren wir 118 Mann, (Doct. Sparrmann mitgerechnet.)

9 *The Board of Longitude.*

10 Auf diese Reise sind zwey Schiffe ausgeschickt. Das größte, die Resolution, commandirt Capitain *Cook;* das kleinere, die *Discovery* (Entdeckung), Capitain *Clerke.* – Am 13. Jul. verließ Capitain *Cook* den Haven *Plymouth;* Capitain *Clerke* segelte einige Wochen später. Sie vereinigten sich am Cap der guten Hoffnung, und segelten von dannen am 29sten November. Die Absicht ist, *O-Mai* nach seinem Vaterlande zurückzuführen, und von *Tahiti* nach der nordwestlichen Küste von Amerika, oder *Sir Franz Drakens Neu-Albion,* auf Entdeckung zu gehen. Das Parlament hat eine Belohnung von 20000 £ Sterl. auf die Entdeckung einer Nord-West- oder auch nordöstlichen Durchfahrt gesetzt, und 5000 £, wenn ein englischer Seefahrer bis auf *einen* Grad vom Pol dringen sollte. Dies sind wichtige Bewegungsgründe.

abgekühlt. Es ward zu wiederholtenmalen vorgeschlagen, auch diesmal wieder Naturforscher auszuschicken, allein die Wissenschaft war nie des Ministers Object gewesen. Sie war ihm nach wie vor verächtlich, und folglich ward auf der neuen Reise kein Gelehrter geduldet.

In jedem Schiffe wurden die Bestandtheile eines kleinen Fahrzeugs von 20 Tonnen mitgenommen, die bey Gelegenheit zusammengesetzt werden konnten, im Fall die Schiffe verloren giengen, oder wir etwas zu verschicken hätten. Sie wurden aber nicht gebraucht, bis gegen das Ende der Reise, da wir Mangel an Brennholz litten.

Mit Netzen, Angeln und dergleichen Geräthen zur Fischerey, waren wir ebenfalls versehen, und um Lebensmittel von den Wilden zu erhandeln, hatte man dem Capitain allerley grobe Tücher, Eisengeräth und andre Waaren mitgegeben. Auch wurden, auf Befehl des Admiralitäts-Collegii, etliche Hundert verguldete Schaumünzen, mit dem Brustbilde des Königs, ausgeprägt, um zum Denkmal der Reise unter die Wilden vertheilt zu werden.

Die Gesundheit des Schiffsvolks ist ein so wichtiger Gegenstand bey langen beschwerlichen See-Reisen, daß man zu Beförderung und Erhaltung derselben diesmal auf außerordentliche Mittel bedacht war. Zu dem Ende hatte man verschiedne Lebensmittel an die Stelle andrer ausfindig gemacht, und vor allen Dingen unser deutsches Sauerkraut, nebst gallertartig eingekochter Fleischbrühe (mehreres hievon siehe *pag. 105*) in großer Menge an Bord geschickt.

Wir hatten in der Resolution sechzig große Fässer Sauerkraut, die vor unsrer Rückkehr ans Vorgebirge der guten Hoffnung ganz ausgeleert wurden. Die vielen Veränderungen des Clima, denen wir unterworfen gewesen, hatten ihm nichts geschadet. Ohngefähr vierzehn Tage vor unserer Ankunft in Engelland, fanden wir die letzte Tonne, die man bis dahin durch einen Zufall im Schiffsraum übersehen hatte; und auch diese enthielt so frisches und schmackhaftes Sauerkraut, daß verschiedene portugiesische Herren, die auf der Rheede von Fayal mit uns speiseten, nicht nur mit außerordentlichem Appetit davon aßen, sondern sich den im Fasse gebliebnen Rest ausbaten, um ihre Freunde am Lande damit zu bewirthen. Es ward mehrentheils zweymal die Woche, zur See aber, und besonders in den südlichsten Gegenden, auch öfter gereichet. Die Portion auf jeden Kopf war ein Pfund. Dem deutschen Leser die guten Eigenschaften dieses Gerichts anzurühmen, wäre überflüßig. Doch kann ich nicht umhin zu sagen, daß es vielleicht das allerbeste Präservativ gegen den Scharbock ist, weil es in Menge mitgenommen, und nicht als Medicin, sondern in großen Portionen als nahrhafte Speise gebraucht werden kann.

Die Täfelchen oder Kuchen von gallertartig eingekochter Fleischbrühe verdienen den nächsten Platz, als bewährte gesunde Nahrungsmittel. Wir hatten ihrer an 5000 Pfund. Wöchentlich kochte man dreymal Erbsen[11] zu Mittage, und jedesmal ward ohngefähr zwey Loth solcher Fleischbrühe auf den Mann, darinn zerlassen. Auch ward es bisweilen zum Frühstück mit Weizen-Graupen oder Habermehl verdickt zugerichtet.

Ein und dreyßig Fässer mit eingekochter *Würze* (Maische) oder *Bier,* das bis zu einer Syrup ähnlichen Consistenz eingekocht war, wurden ebenfalls auf dieser Reise mitgenommen, um gelegentlich durch den Zusatz von Wasser und neuer Gährung zu gesundem Getränke bereitet zu werden. Allein, aus Mangel von Vorsichtigkeit, verloren wir diesen Vorrath, der im heißen Clima in Gährung gerieth und die Fässer sprengte.

Für die Kranken hatte man bey Ausrüstung unsrer Schiffe ebenfalls besonders gesorgt.

Salup, ein Gallert, der aus der Wurzel eines Zweyblatts *(Orchis)* bereitet, sehr nahrhaft und leicht verdaulich ist, ward dem Wundarzte zur Abwechselung mit dem gewöhnlichen Sayo, für die scorbutischen Kranken anvertraut.

Robb oder dick eingekochter Saft von Zitronen und Orangen, ward zur Arzney gegen den Scharbock mitgegeben; allein, weil man wegen der Kostbarkeit des Mittels die Dosin viel zu geringe vorgeschrieben hatte, so ließ sich keine vollständige Cur davon erwarten. Überdem hielt sich unser rechtschaffener

11 Unglücklicherweise waren unsre Erbsen sehr schlecht, und blieben, ohnerachtet alles Kochens, hart und unverdaulich. Die oben angeführten Sachen, hielten uns aber zum Theil schadlos und verhinderten die üble Würkung, die diese harte Speise, nebst dem Pöckelfleisch hätte verursachen können.

Wundarzt, Herr *Patton,* auch nicht für berechtigt, mit seinen Kranken Experimente zu machen, so lange er noch würklich bewährte Genesungs-Mittel in Händen hatte. Doch versichert er, daß der *Robb* von großem Nutzen sey.

Eine Marmelade von gelben Möhren oder Carotten, *(Daucus Carota)* die dem gewöhnlichen schwarzen Zucker-Syrup an Farbe und Geschmack sehr ähnlich ist, hat der Herr Baron von *Muzel Stosch* in Berlin zur Probe gegen den Scharbock vorgeschlagen. Sie laxirt gelinde, und kann als ein Hülfsmittel angesehn werden; eine Cur aber wird sie schwerlich zuwege bringen.

Das schätzbarste Mittel gegen den Scharbock, welches nach vielen wiederholten Erfahrungen selbst den gefährlichsten Grad dieser Krankheit curirt, ist die frische Infusion von Malz. Wir hatten dreyßig Tonnen mit Malz an Bord, und so bald sich der Scharbock merken ließ, ja in kalten Gegenden noch eher, ward täglich eine frische Infusion gemacht, und denen die zum Scharbock geneigt waren, als ein Präservativ gereicht. Die würklichen Kranken, deren wir sehr wenige hatten, mußten jeden Tag drey Quart trinken. Bey geschwollnen Gliedern oder Beulen, wurden die Trebern, als warme Umschläge, mit dem besten Erfolg gebraucht. Doctor *Macbride* in Irrland, war der erste, der das Malz als ein antiscorbutisches Mittel angab; und nunmehro ist es auf der englischen Flotte als unentbehrlich eingeführt, so daß ein jedes Schiff einen gewissen Vorrath davon an Bord führt. Zu Bestätigung des obigen, kann ich hier aus unsers Wundarztes Tagebuch, noch folgende Stelle anführen. »Ich habe, sagt er, die Malz-Infusion (*wort,* Würze, Maische) auf der ganzen Reise, in allen scorbutischen Fällen, äusserst nützlich befunden. Zwar habe ich sie nur selten recht auf die Probe stellen können, weil viele sie tranken, um die Krankheit zu verhüten; allein schon die wenigen Fälle, in welchen sie mir gute Dienste geleistet hat, sind meines Erachtens, hinlänglich, jedem Unpartheyischen zu beweisen, daß dies das beste bisher erfundne Mittel gegen den See-Scharbock ist. Auch bin ich, nach allem, was ich von den Heilkräften der Malz-Infusion und von ihrer Art zu würken erfahren habe, ganz überzeugt, daß mit Hülfe der Suppen-Täfelchen, des Sauerkrauts, Zuckers, Sayo's, und der Corinthen, jene Pest des Meeres, der Scharbock, selten oder gar nicht unter dem Schiffsvolke selbst auf den längsten Reisen erscheinen wird.«

Hiernächst ward die Gesundheit unsers Schiffsvolks noch durch verschiedne andere Veranstaltungen befördert. Die wichtigste und nützlichste war, daß man die Leute bey ihrer gesalznen Speise, so viel Wasser trinken ließ als sie nur immer mogten. Nur selten fanden wir uns genöthigt, sie auf gewisse bestimmte und noch seltener auf knappe Portionen von Trinkwasser einzuschränken. Zu dem Ende ward auch keine Gelegenheit versäumt, frisches Wasser zu füllen, wenn wir gleich noch Vorrath davon hatten; weil es unstreitig besser frisch vom Lande kömmt als es in den Fässern wird, nachdem es eine Zeitlang aufbewahrt worden.

Reinlichkeit ist eine andre nothwendige Vorsicht. Es ward bey uns nicht nur scharf darauf gesehen, daß die Matrosen sich selbst, ihre Kleider, Hemden u. s. w. rein hielten, sondern auch die Küchengeräthe wurden fleißig untersucht, damit von der Nachläßigkeit der Köche nichts zu befürchten wäre. Ihre Betten mußten bey trocknem Wetter des Tages aufs Verdeck gebracht werden. Am wichtigsten aber war das Räuchern mit einer Mischung von Schießpulver und Eßig, oder auch Wasser, und die fast wöchentlichen Feuer, die im Schlafraum des Volks, in den Cajütten der Officiere, und selbst im untersten Raum, wohin die Pumpen reichen, angezündet wurden. Ungesunde, faule Ausdünstungen und Feuchtigkeiten wurden auf diese Art zertheilt und unschädlich gemacht, und die Luft durchaus gereinigt. Dazu kam noch die Eintheilung der Mannschaft in drey, nicht wie sonst auf Kriegsschiffen gebräuchlich ist, in zwo Wachen. Dadurch wurden die Leute den Veränderungen des Wetters minder ausgesetzt und hatten Zeit, ihre Kleider, wenn sie naß wurden, zu trocknen. Es wurden auch auf öffentliche Kosten, während unserm Aufenthalt in kalten Gegenden, warme Kleidungsstücke ausgetheilt, die der Mannschaft treflich zu statten kamen.

Erfahrne Ärzte, Seeleute und Menschenfreunde, hatten diese Hülfsmittel vorgeschlagen; der Wundarzt, mein Vater und einige andere Personen im Schiff, hatten den fleißigen Gebrauch derselben unaufhörlich angerathen; auch zeigten sich die vortreflichen Wirkungen davon bald so deutlich, daß man sie in der Folge für ganz unentbehrlich ansahe. Alle diese Ursachen und eigne Erfahrung, bewogen Capitain *Cook* sie bey jeder Gelegenheit anzuwenden. Unter göttlicher Führung blieben wir auf diese Art, ohnerachtet aller Beschwerlichkeiten, einer harten, ungewohnten Lebensart, und öfterer Abwechselung des Clima's bey guter Gesundheit. Der Präsident der königlichen Gesellschaft der Wissenschaften in London, *Sir John Pringle,* spricht davon ausführlich als ein erfahrner Arzt in seiner am 30sten November 1776 vor der Societät gehaltnen Rede, bey Verschenkung der *Copleyschen* Denkmünze an Capitain *Cook*. Die Lobsprüche, die er unserm geschickten und berühmten Seemann giebt, und die Verschenkung der Denkmünze selbst, welche nur durch eine Abweichung von den Statuten der Königl. Gesellschaft bewerkstelligt werden konnte, sind mehr als hinreichend die Wichtigkeit der von *Cook* befolgten Gesundheitsregeln darzuthun.

Dr. Johann Reinhold Forster's

Reise um die Welt,

auf Kosten der Grosbrittanischen Regierung,

zu

Erweiterung der Naturkenntniß unternommen

und während den Jahren 1772 bis 1775.

in dem

von Capitain J. Cook commandirten Schiffe

the Resolution, ausgeführt.

Beschrieben und herausgegeben

von dessen Sohn und Reisegefährten

George Forster

Vom Verfasser selbst aus dem Englischen

übersetzt.

ERSTER TEIL

Weißkopfliest, ***F: Alcedo cancrophaga,***
Halcyon leucocephala acteon (Sao Thiago/Kapverden, 13. August 1772)

ERSTES HAUPTSTÜCK.

Abreise – Farth von Plymouth nach Madera – Beschreibung dieser Insel.

Ubi animus ex multis miseriis atque periculis requievit, – statui res gestas – perscribere; tamen (hoc) imprimis arduum videtur, – quia plerique, quae delicta reprehenderis, malivolentia et invidia putant, ubi de magna virtute et gloria bonorum memores, quae sibi quisque facilia factu putat, aequo animo accipit; supra ea, veluti ficta, pro falsis ducit.

SALLUST.

KAUM WAR DAS SCHIFF *Endeavour* im Jahre 1771. wieder nach England zurückgekommen, als man schon den Entwurf zu einer neuen Reise machte, auf welcher die *südlichen* Gegenden unsrer Erdkugel weiter erforscht und untersucht werden sollten.

Zwey tüchtige, starke Schiffe, die *Resolution* und die *Adventure,* wurden zu dem Ende als Königliche Schiffe vom sechsten Range *(Sloops)* ausgerüstet, und die Capitäne *Jacob Cook* und *Tobias Furneaux* zu Befehlshabern ernannt. Am eilften Junius erhielten mein Vater und ich Befehle, diese Reise gleichfalls zu unternehmen, um Gegenstände der Naturgeschichte, zu sammlen, zu beschreiben und zu zeichnen. In möglichster Geschwindigkeit rüsteten wir uns zu diesem wichtigen Vorhaben, und schickten innerhalb neun Tagen alle unsere Reise-Geräthschaft an Bord der *Resolution,* welche damals noch bey *Sheerneß* lag, am 22ten aber schon nach *Plymouth* abgieng.

Am 26ten verließen auch wir *London,* und kamen, weil wir zu Lande reisten, schon in zween Tagen nach *Plymouth,* woselbst aber unser Schif noch nicht eingetroffen war. Den ersten Julius verfügten wir uns am Bord der Jagd *Augusta,* und machten dem damaligen Präsidenten des Admiralitäts-Collegii dem Grafen *Sandwich* unsre Aufwartung. Se. Herrlichkeit (Mylord) glaubten, die *Resolution* würde noch denselben Tag auf der Rheede ankommen, und verlangten, daß wir uns Abends zwischen fünf und sechs Uhr an Bord derselben begeben möchten. Allein, zu unsrem großen Misvergnügen erschien das Schif nicht, und der Graf verlies *Plymouth* am folgenden Morgen.[1]

Frühe am dritten Julius sahen wir die *Resolution* auf der Rheede vor Anker, wo sie in voriger Nacht angelangt war. Kapitain *Cook* gedachte, etwa acht bis zehen Tage hier zuzubringen, und befahl, mitlerweile in unsern Kajütten noch einige *schlechterdings* nothwendige Einrichtungen zu treffen. Da wir inzwischen keine Gelegenheit zu Erweiterung der Wissenschaft, oder zu unsrer Belehrung versäumen wollten, so bedienten wir uns dieser Zeit, um die Zinn-Bergwerke in Cornwall zu besuchen, und nachdem wir in den großen und reichhaltigen Gruben zu *Poldyce* und *Kenwyn* Vergnügen und Unterricht gefunden hatten, so kehrten wir am achten Julius nach *Plymouth* wieder zurück.

---

1 Dieser Umstand scheint beym ersten Anblick ziemlich unbedeutend und die Erwähnung desselben überflüßig zu seyn: Allein für die Reisenden war er wichtig. Wäre das Schif noch vor der Abreise des Grafen *Sandwich* in Plymouth eingetroffen so hätte es dieser Herr, billiger weise, *selbst* in Augenschein nehmen müssen, und dann würden zur Bequemlichkeit und zum Nutzen der Herren Forster in den Cajütten und andern Dingen gewisse Einrichtungen getroffen worden seyn, die jetzt, weil Mylord *Sandwich* die Sachen nicht mit eigenen Augen gesehen hatte, entweder ganz unterblieben, oder doch nur unvollkommen vorgenommen wurden, und über deren Mangel unsre Reisenden, in der Folge, sich mit Recht zu beklagen hatten. *A. d. V.*

– »Capitain Cook bekam in *Plymouth* Verhaltungsbefehle, vom 25sten Junius datirt.[2] Diesen zufolge sollte er die *Adventure* unter sein Commando nehmen, nach *Madera* seegeln, sich dort mit Wein versehen, und sodann zu Erfrischung seiner Leute und um beyde Schiffe mit Lebensmitteln zu versorgen, am Vorgebürge der guten Hofnung anlegen. Von da aus sollte er südlich laufen, und wo möglich das *Cap de la Circoncision* entdecken, welches Herr *Bouvet* unter dem 54 Grad Süder-Breite und ohngefähr 11° 20' östlicher Länge, von *Greenwich,* angiebt. Entdeckte er dieses, so sollte er untersuchen, ob es zum festen Lande gehöre, welches aller Geographen und voriger Seefahrer Aufmerksamkeit erregt hatte, oder ob es nur ein Theil einer Insel sey? Im ersten Fall sollte so viel als möglich von der Küste befahren und untersucht, zugleich auch Bemerkungen zum Vortheil der Handlung, der Seefahrt und der Naturgeschichte gemacht werden. Träfe man Einwohner an, so sollte Capitain *Cook* ihren Character, Temperament, Genie und Anzahl bemerken, und wo möglich freundschaftlichen Umgang mit ihnen zu haben suchen. So lange die Schiffe in gutem Stande, die Leute gesund, und die Lebensmittel brauchbar blieben, sollte er diese Entdeckungen fortsetzen, und, je nachdem es die Umstände erforderten, nach Osten oder Westen laufen, dabey aber so weit gegen den Südpol als nur immer möglich zu dringen suchen. Wäre aber das Vorgebürge *de la Circoncision* nur ein Theil einer Insel, oder könnte er es gar nicht antreffen, so blieb ihm übrig so lange als er noch Hofnung hätte ein großes oder festes Land zu finden, südwärts zu steuern, alsdenn aber seinen Lauf nach Osten zu richten, und in hohen südlichen Breiten, so nah an den Pol als thunlich seyn würde, rund um die Welt zu seegeln, zuletzt am Vorgebürge der guten Hofnung wieder zu ankern und von dort nach *Spithead* bey *Portsmouth* zurückzukehren. So oft die Jahrszeit den ferneren Aufenthalt in hohen Breiten gefährlich machen würde, sollte er sich nach irgend einem bekannten Orte weiter gegen Norden, unter mildern Himmelsstrichen, zurück ziehen, um seine Leute zu erfrischen, und die Schiffe wieder in Stand zu setzen. In allen Fällen, welche man nicht vorhergesehn, konnte er übrigens nach eignem Gutdünken verfahren, und gienge unglücklicher Weise die *Resolution* verlohren, so sollte er dennoch die Fahrt im kleinern Schiffe fort setzen. Eine Abschrift dieser Befehle theilte er dem Capitain *Furneaux* mit, und zeigte ihm zugleich die Sammelplätze, im Fall der Trennung an.«

»Die Sternkundige, aus beyden Schiffen, Herren *Wales* und *Bayley,* machten, während daß *wir* nach *Cornwall* gereiset waren, ihre Beobachtungen auf einem kleinen Eyland *(Drake's Island)* im Haven von *Plymouth.* Die Länge dieses Orts mußte astronomisch bestimt werden, weil man hier die Längen-Uhren in Gang bringen sollte, welche diese Herren mit sich am Bord hatten. Herr *Arnold* hatte deren drey verfertigt, davon zwo in der *Adventure* bleiben sollten. Die dritte mit noch einer andern, die Herr *Kendal* nach der Harrisonschen Uhr genau nachgemacht hatte, kam auf das andre Schiff. Alle insgesammt wurden am 10ten Julius in Gang gesetzt, und in viereckigen hölzernen Kasten aufbewahrt. Den genausten Berechnungen zufolge ist die Königliche Sternwarte in *Greenwich,* welche wir hier beständig als die erste Mittagslinie annehmen werden, von dem kleinen Eyland in *Plymouth-Haven,* 4° 20' ostwärts entfernt« –.

Sonnabend den eilften begaben wir uns an Bord, um mit dem ersten günstigen Winde abzusegeln. Am folgenden Tage aber, da der Wind ziemlich heftig bließ und mein Vater zufälliger Weise auf dem Verdeck herumgieng, bemerkte derselbe nicht nur eine Änderung in der gewönlichen Lage unsers Schiffs gegen die *Adventure* und ein anderes Schiff, welche beide vor Anker lagen, sondern ihn dünkte auch, als wenn es auf die Klippen unter der Festung zutriebe. Er äußerte diese Vermuthung dem Lootsen *(Master)* Herrn *Gilbert,* der sich auch auf dem Verdeck befand und sogleich gewahr ward, daß die Kette eines der beständigen *Boys,* woran man das Schif befestigt hatte, gebrochen sey. Zur Fort-Arbeitung eines Schifs wozu diese *Boys* zu *Plymouth* gebraucht werden, möchte sie stark genug gewesen seyn; aber der beständigen und mannichfaltigen Bewegung eines *schwergeladnen* Schifs konnte sie nicht widerstehn; und also hätte man auch, meines Erachtens, kein solches Schif daran legen sollen. Gleich auf den ersten Lerm waren alle Matrosen in Bewegung; die Seegel wurden

2 Man sehe *Cooks* Reisebeschreibung im Englischen, 1ster Band: *pag.* 2. woraus ich die obenangeführte Instruction zu Ergänzung meines Werks dem deutschen Publikum vortrage.

aufgespannt, und die Kabel in Bereitschaft gesetzt: Nun liefen wir die *Adventure* und das andere Schif vorbey, und entgiengen auf solche Art der grösten Gefahr an den Felsen unter der Festung zu scheitern. Unsre Seeleute schlossen aus diesem bedenklichen und glücklichen Vorfall auf den günstigen Fortgang der ganzen Reise, und wir konnten nicht umhin die Leitung der göttlichen Vorsehung in diesem wichtigen Augenblick zu erkennen, der alle unsre Hofnungen beynahe auf einmal vereitelt hätte.[3] Und wie oft haben wir uns nicht im Verfolg dieser Reise in so gefährlichen Umständen befunden, wo alle menschliche Hülfe vergeblich gewesen seyn würde, wenn unser besseres Schicksal nicht unter einer höhern Aufsicht gestanden hätte, ohne welche kein Haar von unserm Haupte fällt? Zwar sind wir geneigt, der Vortreflichkeit und dem wachsamen Auge unsrer erfahrnen Weltumsegler die billigste und rühmlichste Gerechtigkeit wiederfahren zu lassen; allein im Grunde werden wir uns nie enthalten, alles auf seinen wahren Ursprung, fürnemlich aber solche Vorfälle auf eine höhere Macht zurückzuführen, wovon keine menschliche Kunst, wäre sie auch mit frecher Religions-Verachtung gewaffnet, die Ehre sich anmaßen darf.

Montags früh, am 13ten, seegelten wir in Begleitung der *Adventure* von *Plymouth* ab. Ich kehrte einen Abschieds-Blick gegen Englands fruchtbare Hügel zurück, und lies dem natürlichen Gefühl der Verbindungen, woran mich diese Aussicht erinnerte, freyen Lauf; bis endlich die Heiterkeit des schönen Morgens, und die Neuheit unsrer Fahrt, durch die noch glatte See, die Oberhand gewannen und jene trüben Gedanken zerstreuten. Bald blieb nun hinter uns der berühmte hohe Leucht-Thurm der mitten im Meer auf dem Felsen *Eddistone* zum Besten der Schiffahrt gebauet ist und den man unmöglich ansehen kan, ohne für die einsamen Wächter zu zittern, die oft drey Monathe lang, von aller Gemeinschaft mit dem festen Lande abgeschnitten, daselbst zubringen müssen. Denn das Schicksal eines gewissen *Winstanley,* der unter dem Schutt eines ähnlichen Gebäudes, das er selbst auf dieser Klippe angelegt hatte, vergraben wurde, und die schwankende Bewegung des jetzigen Thurms, wenn Wind und Wetter ihn bestürmen, müssen sie unaufhörlich mit einem schleunigen und schreckenvollen Untergange bedrohen.

In eben dem Maaße als wir uns vom Lande entfernten, ward der Wind heftiger; die Wellen wuchsen an, das Schif rollte von einer Seite zur andern und die der See nicht gewohnt waren, ja selbst einige der ältesten Seeleute, litten nunmehr, doch in verschiedenem Grade, von der Seekrankheit. Auch war diese Übelkeit nicht bey allen von gleicher Dauer, und nachdem sie drey Tage lang angehalten hatte, fanden wir uns gröstentheils durch gewärmten rothen Oporto-Wein mit Zucker und Gewürzen wieder hergestellt.

Am 20ten bekamen wir das Vorgebürge *Ortegal* an der Gallicischen Küste in Spanien zu Gesicht; welches die Einwohner *Ortiguera* nennen und vermuthlich das *Promontorium trileucum* der Alten ist. Das Land ist in dieser Gegend bergigt und, an denen Orten, wo man den nackten Felsen sahe, von weißlichter Farbe; die Gipfel der Berge aber waren mit Waldung bedeckt. Ich bemerkte auch einige beynahe reife Kornfelder, und etliche Stellen die mit Haide bedeckt zu seyn schienen. Jedermann am Bord schaute dies Land mit solcher Sehnsucht an, daß man deutlich abnehmen konnte, der Mensch sey kein Amphibium. Diesen Gedanken scheint Horaz gefühlt zu haben, wenn er sagt:

Necquicquam Deus abscidit
Prudens Oceano dissociabili
Terras: si tamen impiae
Non tangenda rates transiliunt vada.
HOR.

Am 22sten sahen wir den Leucht-Thurm bey *Corunna* oder, wie es unsre Seeleute nach ihrer Weise verstümmeln, *the Groyn*. Wir hatten eine völlige Windstille, die See war so eben als ein Spiegel, und Kornfelder, umzäunte Gründe, kleine Dörfer und adeliche Höfe verschönerten die bergigte Landschaft: Alles vereinigte sich, die Überbleibsel der Seekrankheit zu vertreiben und erfüllte uns mit gutem Muth, der freylich bey leerem Magen und stürmenden Wellen nicht hatte Stand halten können. Des Abends sahen wir nicht weit von uns eine kleine *Tartane,* die uns ein

3 Es ist nichts ungewöhnliches, daß Schiffe bey ähnlichen Gelegenheiten zu Schaden kommen. Das Kriegs-Schif Aldborough, ward am 16ten May 1776. von eben solchem Boy losgerissen, und trieb auf die Felsen von Drake-Eyland, wo es die Wellen zerschmetterten.

Fischer-Boot von der spanischen Küste zu seyn schien und in dieser Meinung setzten wir ein Boot aus, um frische Fische einzukaufen. Die ganze Oberfläche des Meeres war mit Tausenden von kleinen Krabben bedeckt, die nicht über einen Zoll im Durchschnitt hatten, und von der Art waren, welche *Linnäus Cancer depurator* nennt. Das kleine Fahrzeug selbst war eine französische *Tartane,* aus *Marseille,* von ohngefähr 100 Tonnen, mit Mehl für *Ferrol* und *Corunna* beladen. Die Leute am Bord baten uns um etwas frisches Wasser, weil sie durch widrige Winde seit zween Monathen verschlagen worden, ihren ganzen Vorrath schon seit vierzehn Tagen verbraucht und sich seitdem nur von Brod und einer kleinen Portion Wein genährt hätten. In diesem elenden Zustande, waren ihnen verschiedene Schiffe und besonders etliche spanische Kriegs-Schiffe begegnet, niemand aber war menschlich genug gewesen, ihrer Noth abzuhelfen. Der Officier, welcher unser Boot commandirte, schickte sogleich die ledigen Fässer an das Schiff um sie anfüllen zu lassen, und die armen Leute nahmen sie alsdenn mit solchen Minen wieder in Empfang, aus welchen die lebhafteste Freude stralte. Sie dankten dem Himmel und uns, und freuten sich, daß sie endlich wieder Feuer machen und nach langem Fasten etwas warmes genießen könnten. So wahr ists, daß ein gefühlvolles Herz oft Gelegenheit hat seine Wohlthätigkeit ohne Kosten zu üben.

Des folgenden Nachmittags seegelten drey spanische Kriegsschiffe nach dem Hafen *Ferrol* vorbey. Eines schien 74 Kanonen, die andern zwey aber nur 60 zu führen. Das letzte zog anfänglich Englische Flaggen auf, nachdem wir aber die unsrige gezeigt, lies es diese wieder herunter, feuerte eine Kanone unter dem Winde ab, und steckte die spanische Flagge auf. Bald darnach feuerte es eine Kugel nach der *Adventure;* weil *wir* aber fortseegelten ohne uns an sein Feuern zu kehren, so kam das Spanische Schiff zurück, und schoß noch eine Kugel, welche dicht vor dem Schiff vorbeygieng. Als Capitain *Cook* dies sahe lies er unser Schiff in den Wind legen, (d. i. wir hielten mit Seegeln inne) und die *Adventure* that nun ein gleiches, doch schien es als ob sie sich hierin nur nach unserm Beyspiel richtete. Der Spanier rief dies Schif auf Englisch an, und frug »was für eine Fregatte die *vor* ihnen wäre?« indem er auf *uns* zeigte. Sobald er hierauf Antwort bekommen hatte, wollte er eine ähnliche Frage, die man *ihm* vorlegte, nicht beantworten, sondern erwiderte beständig: »Ich wünsch' euch glückliche Reise.« Nach diesem Auftritte, der für die »Herren der See« eben nicht schmeichelhaft war, setzten wir unsre Reise fort und paßirten das Vorgebürge *Finisterre* in der Nacht.[4]

Verschiedene Meerschweine schwammen am 25sten, gegen den Wind, vorbey, der, seit dem wir das Cap *Finisterre* verlassen, nordöstlich geblieben war. Des Nachts leuchtete das Meerwasser, besonders schienen die Spitzen der Wellen, und ein Theil des Kielwassers hinter dem Schiff, aus einer Masse von lauter Licht zu bestehen; doch sahe man auch noch ohnedies eine Menge kleiner Funken, die heller als alles übrige waren.

Am 28sten um 6 Uhr des Morgens erblickten wir die Insel *Porto-Santo,* welche ohngefähr vier bis fünftehalb deutsche Meilen lang, unfruchtbar, und schlecht bewohnt ist. Sie hat nur eine *Villa* oder Flecken, die eben so heißt und am östlichen Ufer in einem Thal liegt, welches ganz angebaut, und dem Ansehn nach,

---

4 Zum Besten mancher Leser auf dem festen Lande, wird vielleicht die nachstehende Erläuterung obiger Stelle nicht ganz überflüßig seyn. Wenn ein Kriegesschiff, ein Kauffarthey- oder ein kleineres Kriegsschiff anhalten will, um dasselbe entweder auszufragen oder gar zu durchsuchen, so geschiehet das gewöhnliche Zeichen dazu, durch Abfeurung einer Kanonenkugel, welche jedoch so gerichtet wird, daß sie das Schiff nicht trifft, sondern nur bey demselben vorbey streicht. Wenn ein solchergestalt angehaltenes Schiff die Superiorität des andern und die Rechtmäßigkeit eines solchen Verfahrens *nicht* anerkennt, so setzt es entweder seinen Lauf fort, ohne sich an die Aufforderung des andern zu kehren, oder es erwidert die Unbescheidenheit des Fremden wohl gar durch eine ernstliche Antwort aus seinen eigenen Canonen. Hält es sich im Gegentheil für verbunden, dem andern zu gehorchen, so nimmt es zum Zeichen seiner Unterthänigkeit die Seegel ein, läßt auch wohl seine Flagge nieder, kurz, es hält still oder schickt gar Leute im Boote ab, um auf die vorgelegten Fragen des andern zu antworten. In dem Text wird daher gerüget, daß die Capitains Cook und Furneaux, und zwar ersterer durch sein Beyspiel, der Ehre der brittischen Nation, (die seit der Königin Elisabeth Zeiten her den stolzen Titel von *Herren der See* gegen alle Mächte behauptet), hier etwas vergeben hätten, indem sie den Spaniern eine bis hieher von keinem Engländer eingestandene Oberherrschaft, in diesen Gewässern einräumten. A. d. V.

voller Weinberge ist. Übrigens steht diese kleine Insel unter dem Gouverneur von *Madera* und die Zahl ihrer Einwohner beläuft sich ohngefähr auf 700 Köpfe.

Kurz nachher kamen wir auf die Höhe von *Madera* und der *Ilhas desertas,* welche unsre Seefahrer die *Deserteurs* zu nennen pflegen. Die Stadt *Santa Cruz* auf *Madera* lag Nachmittags um 6 Uhr gerade vor uns. Hier sahen wir die Berge von einer Menge tiefer Klüfte und Thäler durchschnitten und auf den Rücken derselben verschiedene Landhäuser, deren überaus anmuthige Lage zwischen Weinbergen und hohen Cypressen, der Gegend ein sehr romantisches Ansehen gab. Wir wurden mit Booten in die Rheede von *Funchal* boogsirt, weil es völlig Windstill war, und erst in dunkler Nacht kamen wir vor Anker.

Frühe am 29sten wurden wir durch den malerischen Anblick der Stadt *Funchal* sehr angenehm überrascht. Sie liegt rund um die Rheede, auf einem sanft anlaufenden Grunde der Vorberge, und hat die Gestalt eines Amphiteaters. Vermittelst dieser Lage fallen sämtliche Gebäude und Häuser um so viel vortheilhafter ins Gesicht; sie sind fast durchgehends weiß angestrichen; viele sind zwey Stock hoch, und haben flache Dächer, welches ihnen eine Ähnlichkeit mit der Simplicität der morgenländlischen Bauart giebt, die hier in England, unsern schmalen Häusern mit hohen, schrägzusammen laufenden und mit einer ganzen Reihe von Schornsteinen bepflanzten Dächern, gänzlich zu fehlen pflegt. Am Ufer sieht man verschiedene Batterien und Plattformen mit Kanonen, auch wird die Rheede von einem alten Kastell bestrichen, welches auf einem steilen schwarzen Felsen liegt, der bey hohem Wasser von der See umgeben ist, und von den Engländern the *Loo-Rock* genannt wird. Hinter der Stadt ist noch ein andres Kastell *St. Joanno do Pico* genannt. Die nahgelegnen Höhen, auf welchen man überall Weinberge, umzäunte Gründe, Plantagen und Buschwerk nebst Landhäusern und verschiedenen Kirchen erblickt, machen die Schönheit der Landschaft vollkommen. Alles erweckte den Begrif einer bezauberten Insul, und gab uns eine Idee von den hängenden Gärten der Semiramis.

Um 7 Uhr kam ein Boot zu uns, welches das Prattique-Boot genannt wird und einen *Capitain do Sal* am Boord hatte. Dieser Officier ist einer von den zween *Guarda-Mores* des Gesundheits-Collegii, welche die Quarantaine der Schiffe bestimmen, die aus der Barbarey oder Levante oder aus andern verdächtigen der Pest unterworfnen Gegenden ankommen. Er erkundigte sich nach unserm Gesundheitszustande und dem Lande woher wir kämen, und erfuhr was er zu wissen verlangte.

Kurz nachher landeten wir und giengen mit unsern Capitains zu Herrn *Loughnan,* einem englischen Kaufmann, der, vermöge Contracts, alle hier einlaufende Königliche Schiffe mit den erforderlichen Nothwendigkeiten versiehet. Der jüngst ernannte Consul, Herr *Murray* war noch nicht angekommen; Herr *Loughnan* aber empfing uns mit einer Gastfreyheit und einem Anstande, der ihm und der Nation Ehre macht.

Die Stadt entspricht bey weiten dem Begriffe nicht, den ihr äußeres Ansehen von der Rhede aus erregt; denn die Straßen sind eng und schlecht gepflastert und schmutzig; die Häuser sind zwar von gehauenen oder gebacknen Steinen, aber innerhalb dunkel. Nur diejenigen sind mit Glasfenstern versehen, welche den englischen Kaufleuten oder andern vornehmern Einwohnern gehören, die übrigen haben gemeiniglich Laden von Lattenwerk, welche oben an Hespen befestigt sind, und als Fenster geöfnet, auch erforderlichen Falls ausgehoben werden können. Die untern Zimmer sind mehrentheils zu Wohnungen für Bediente, oder zu Kramläden und Waarenlagern bestimmt.

Was die Kirchen und Klöster betrift, so sind es schlechte Gebäude, die keine sonderliche Kenntniß der Architectur verrathen. Ihr Inneres ist ohne Geschmack, denn das wenige Licht, welches von außen herein fällt, macht dem Auge nichts als eine Menge von Flitter-Zierrathen sichtbar, die in aller Absicht gothisch sind. Das Franciscaner-Kloster ist nett und räumlich; aber ihr Garten schien in keiner guten Ordnung zu seyn.

Die Nonnen von *St. Clara* empfiengen uns sehr höflich am Gitter ihres Sprachzimmers, sandten aber hernach einige alte Weiber ab, um ihre verfertigte Blumen auszubiethen.

Wir machten hierauf mit Herrn *Loughnan* einen Spatziergang, giengen nach seinem Landhause, welches eine englische Meile von der Stadt auf einer Anhöhe gelegen ist, und fanden daselbst eine angenehme

Gesellschaft, von den vornehmsten englischen Kaufleuten auf *Madera*. Unsre Capitains giengen Abends wieder an Boord; *wir* aber machten uns Herrn *Loughnans* höfliches Anerbieten, während unsers kurzen Aufenthalts zu *Madera* in seinem Hause Platz zu nehmen, mit Vergnügen zu Nutze.

Am folgenden Morgen fiengen wir an, die landeinwärts gelegenen Gegenden der Insel zu untersuchen, und setzten diese Beschäftigung den folgenden Tag fort. Um 5 Uhr Morgens giengen wir bergauf längst einem Bach, der uns in die innern bergigten Gegenden führte. Um 1 Uhr Nachmittags kamen wir zu einem Castanienwalde, der nicht weit unterhalb der höchsten Bergspitze dieser Insel, ohngefähr 6 englische Meilen weit von Herrn *Loughnans* Gute liegt. Hier war die Luft merklich kühler; und da wir gern den kürzesten Rückweg nehmen wollten, so mietheten wir einen Schwarzen, der uns nach anderthalb Stunden zu unserm gütigen Wirthe zurück brachte.

Am folgenden Tage wurden Anstalten zu unsrer Abreise gemacht und ich verließ nun mit gerührtem Herzen dies reizende Land und diese edelmüthigen Freunde, welche die Wonne, daß sie ihren Nebenmenschen froh sehen, zu schätzen, zu empfinden und zu genießen wissen. Noch immer wallet mein Herz von jenen Regungen der Dankbarkeit und Hochachtung, die mir damals den Abschied so schwer machten; und es bleibt mir ein wahrhaftes Vergnügen, brittische Gastfreyheit noch außerhalb Landes gefunden zu haben, von der *Smollet*[5] in England selbst keine Spuhr mehr zu entdecken wußte.

Ehe ich diese Insel ganz verlasse, will ich die Anmerkungen einrücken, welche ich daselbst zu machen und zu sammlen Gelegenheit hatte; und ich hoffe sie sollen meinen Lesern willkommen seyn, weil sie sich größtentheils von verständigen Engländern herschreiben, die lange dort gewohnt haben. Freylich kann ich mir vorstellen, daß Nachrichten von *Madera* einigen meiner Leser überflüßig scheinen werden; wenn sie sich aber in den zahlreichen Reisen so vieler Seefahrer, welche die Welt umschift haben, *nicht* finden sollten, wie dies vielleicht der Fall seyn mögte, so bedürfen sie wohl keiner weitern Schutzrede. Nur gar zu leicht übersieht man Dinge, die uns gleichsam vor der Thür sind, vornemlich wenn man »auf Entdeckungen ausgeht,« die gemeiniglich in eben dem Maaße für wichtiger gehalten werden als sie weit entferntere Länder betreffen.

Die Insel *Madera* ist ohngefähr 55 englische Meilen lang und 10 Meilen breit. Sie ward am 2ten Julius 1419. zuerst entdeckt von *Joao Gonzales Zarco,* denn die fabelhafte Erzählung, daß sie von einem gewissen Engländer *Machin* gefunden seyn soll, hat keinen historisch erweislichen Grund. Sie wird in zwey *Capitaneas* getheilt, welche nach den darinn gelegnen Städten *Funchal* und *Maxico* (Maschiko) heißen. Die erstere Capitanea enthält zween Gerichtshöfe *(Iudicaturas)* davon der eine zu *Funchal,* der andre zu *Calhetta* ist; dies letztere ist ein Städtchen, deren Gebiet den Titel einer Grafschaft hat, und der Familie *Castello Melhor* gehört. Auch in dieser befinden sich zwey Gerichte, eines zu *Maxico* und eins in *San Vincente.*

Funchal, welches die einzige Stadt, *(cidade)* in dieser Insel ist, liegt an der südlichen Küste derselben unter der nördlichen Breite von 32°. 33'. 34'' und in 17°. 12'. 7'' westlicher Länge von *Greenwich;* außer dieser Stadt giebt es noch sieben Städtgen darauf oder *Villas.* Viere derselben, als *Calhetta, Camara de Lobos, Ribeira braba,* und *Ponta de Sol,* sind in der Hauptmannschaft Funchal, welche in sechs und zwanzig Kirchspiele getheilt ist. Die übrigen drey, namentlich: *Maschicko, San Vincente* und *Santa Cruz,* liegen in der Hauptmannschaft *Maschiko,* die überhaupt siebenzehn Kirchspiele hat.

Der Gouverneur ist das Oberhaupt aller bürgerlichen und Militär-Departements auf dieser Insel, auf *Porto Santo,* auf den *Salvages* und auf den *Ilhas desertas. Don Joao Antonio de Saa Pereira* bekleidete diese Stelle als ich zu Madera war. Man hielt ihn für einen sehr verständigen und einsichtsvollen, dabey aber sehr zurückhaltenden und bis zur Bedenklichkeit vorsichtigen Herrn.

Das Justitz-Departement steht unter dem Corregidor, an welchen auch alle Appellationen von den niedrigen Gerichtshöfen gerichtet werden. Der König, welcher diese Stelle nach Gutbefinden vergeben und wiederum nehmen kann, pflegt gemeiniglich Personen aus Lissabon zu diesem Posten zu ernennen. Jeder Gerichtshof, *(Iudicatura)* besteht aus einen Senat, dessen Mitglieder sich einen *Juiz* oder Richter zu ihrem Vorsitzer wählen. Zu *Funchal* heißt er *Juiz*

5 in seinem *Humphrey Klinker* etc.

da Fora, und dieser wird, in Abwesenheit oder bey Absterben des Corregidors, als desselben Repräsentant angesehen. Die ausländischen Kaufleute wählen ihren eignen Richter, *Providor* genannt, welcher zugleich die Königlichen Zölle und Einkünfte einzunehmen hat. Diese belaufen sich in allem ohngefähr auf 120000 Pfund Sterling, und werden größtentheils auf Besoldung der Königlichen Bedienten und Truppen, wie auch zu Unterhaltung der öffentlichen Gebäude wiederum verwendet. Sie bestehen im Frucht-Zehnten, welcher dem Könige als Grosmeister des Christ-Ordens gehört; ferner in einer Auflage von zehn Procent auf alle einkommende Waaren, Lebensmittel allein ausgenommen, und endlich in einer Auflage von eilf Procent von allen ausgehenden Gütern. Es giebt nur *eine* Compagnie regulairer Truppen von hundert Mann auf der Insel; die Miliz hingegen ist an dreytausend Mann stark und in Compagnien eingetheilt, deren jede ihren Capitain, einen Lieutenant und einen Fähnrich hat. Weder Officier noch Gemeine dieser Miliz werden besoldet, weil man aber einen gewissen Rang durch sie bekommt, so bemüht sich ein jeder darinn aufgenommen zu werden. Sie stößt jährlich einmal zusammen, und wird einen Monath lang exercirt. Das ganze Militär steht unter dem *Serjante Mor,* und die beyden *Capitanos de Sal,* welche der Gouverneur um sich hat, thun Adjudanten-Dienste.

Die Anzahl der Welt-Geistlichen auf dieser Insel beläuft sich auf 1200, wovon viele als Haus-Informators gebraucht werden. Seit Vertreibung der Jesuiten giebts hier keine ordentliche öffentliche Schule, außer einem Seminario, darin auf Kosten des Königs zehen Studenten von einem dazu gesetzten Priester unterrichtet werden. Diese Studenten haben über die gewöhnliche schwarze Studenten-Tracht einen rothen Mantel. Wer die Priesterweihe haben will, muß aber auf der neueingerichteten Universität *Coimbra* in Portugal studiren. Auch ist zu *Madera* ein Capittel unter einem Bischof, dessen Einkünfte beträchtlicher sind als des Gouverneurs, denn sie bestehen aus einhundert und zehn Pipen Wein und aus vierzig *Muys* Weitzen, wovon jedes vier und zwanzig englische *Buschel* hält. Dies bringt ihm in gewöhnlichen Jahren, nach Gelde gerechnet, ohngefähr dreytausend Pfund Sterling ein. Es sind hier gleichfalls sechzig bis siebenzig Franciscaner in vier Klöstern, wovon eins zu *Funchal* ist. Ohngefähr dreyhundert Nonnen sind in vier Klöster vertheilt und gehören zu den Orden *Mercy, S. Clara, Incarnacao* und *Bom Jesus*. Die Nonnen des letztgenannten Ordens dürfen das Kloster verlassen und heyrathen.

Im Jahr 1768. bestanden die gesammten Einwohner der drey und vierzig Kirchspiele zu Madera aus 63913 Köpfen, oder 31341 Personen männlichen und 32572, weiblichen Geschlechts. Allein in gedachtem Jahre starben 5243 Personen, und nur 2198 Kinder wurden dagegen geboren; so daß 3045 Todesfälle mehr waren als Geburten. Es ist sehr wahrscheinlich, daß dies von einer epidemischen Krankheit hergerührt hat, denn sonst müßte die Insel längst entvölkert seyn, deren Clima doch vortreflich ist, indem das Wetter gemeiniglich gelinde und die Hitze selbst im Sommer in den höhern Gegenden sehr gemäßigt ist, wesfalls auch die Vornehmern dort ihren Sommeraufenthalt nehmen. Im Winter sind diese Berggegenden wohl mehrere Tage lang mit Schnee bedeckt, in den niedrigern Gegenden aber bleibt er niemals länger als einen oder zwey Tage hindurch liegen. Auf die Richtigkeit unsrer Angabe von den Gebohrnen und Gestorbnen kann man sich übrigens verlassen, weil wir Gelegenheit hatten durch einen Secretair des Gouverneurs einen Auszug aus den Kirchenbüchern zu erhalten.

Das gemeine Volk ist schwärzlich von Farbe und wohl gebildet, doch haben sie große Füße, welches vermuthlich von Ersteigung der steilen und steinigten Wege auf den Bergen, herkommen mag. Sie sind von länglicher Gesichtsbildung, haben schwarze Augen und schwarzes Haar, welches von Natur in Locken fällt, bey einigen aber anfängt sich wollartig zu kräuseln, eine Eigenschaft, die man vielleicht ihrer Vermischung mit Negern zuschreiben könnte. Im Ganzen sind sie plump doch nicht widerlich gebildet. Die Frauenspersonen sind häßlich; es fehlt ihnen die blühende Farbe, welche, nebst der gefälligen regelmäßigen Gestalt, dem weiblichen Geschlecht unserer nördlichen Gegenden den Vorzug über alles andre Frauenzimmer giebt. Hier in Madera sind sie klein und stark von Knochen, selbst im Gesicht, besonders aber am Fuswerk. Dabey ist nichts gefälliges in ihrer Art sich zu tragen und in ihrem Anstande; und der Farbe nach gehören sie zu den dunkelsten Brunetten. Allein, die richtigen Verhältnisse ihres Wuchses,

Schwalbenfisch, *F: Exocoetus volitans*
Exocoetus volitans (Atlantik, 1772)

die schöne Gestalt ihrer Hände, und ihre großen lebhaften Augen entschädigen sie einigermaßen für jene Mängel. Die Arbeitsleute tragen Sommers leinene Schifferhosen, ein grobes Hembd, einen großen Hut und Stiefeln. Einige hatten ein kurzes Camisol von Tuch und einen langen Mantel, den sie zuweilen über den Arm schlugen. Die Frauenspersonen tragen Röcke und kurze enge Leibchen, eine Tracht, die zwar sehr einfach ist, aber manche Personen gar nicht übel kleidet. Außerdem tragen sie auch wohl einen kurzen weiten Mantel, der Kopf aber bleibt völlig unbedeckt, und die Unverheyratheten binden die Haare oben auf dem Wirbel des Haupts zusammen.

Die Leute auf dem Lande sind ausnehmend mäßig, und leben schlecht. Sie nähren sich mehrentheils nur von Brod und Zwiebeln oder anderm Wurzelwerk und etwas Fleisch. So elend sie sich aber auch behelfen müssen, so essen sie doch nicht leicht Eingeweide oder sonst andern Abgang von Fleisch, weil die elendesten Bettler *Caldaunen-Schlucker* bey ihnen genannt werden. Ihr gewöhnlicher Trunk ist Wasser, (oder auch Lauer) ein dünnes Getränk, welches sie aus Weinträbern und Wasser zubereiten, und solches durch die Gährung etwas scharf und säuerlich werden lassen; es kann aber nicht lange aufbewahrt werden. Der Wein selbst, der diese Insel so berühmt gemacht hat, und der ihrer Hände Arbeit ist, kommt selten vor ihren Mund. Ihre Hauptbeschäftigung ist Weinbau; da solcher aber den größten Theil des Jahrs keiner Wartung bedarf, so können sie sich um so mehr ihrer Neigung zum Müßiggang überlassen, welche in warmen und fruchtbaren Ländern so natürlich ist. Die portugiesische Regierung scheint bis jetzo noch nicht die besten Mittel dagegen ergriffen zu haben: Zwar ist neuerlich Befehl ergangen, daß Ölbäume angepflanzt werden sollen, wo das Land für den Weinwachs zu trocken und unfruchtbar ist; aber noch ist man nicht bedacht gewesen, den Landmann fürs erste unter die Arme zu greifen, oder Belohnungen zu versprechen, die ihn geneigt zu Neuerungen und willig zur Arbeit machen könnten.

Die Weinberge werden Pacht-weise und immer nur auf ein Jahr lang ausgethan. Die Pächter bekommen vier Zehntheile vom Gewächs; vier andre Zehntheile müssen dem Grundherrn, ein Zehntheil an den König und einer an die Geistlichkeit entrichtet werden. Ein so geringer Gewinn und die Aussicht, daß sie bloß für andre arbeiten, muß natürlicherweise Muth und Hofnung niederschlagen. Dennoch sind sie bey aller Unterdrückung lustig und vergnügt, singen bey der Arbeit und versammlen sich des Abends, um nach dem Schall einer einschläfernden Guitarre zu tanzen und zu springen.

Die Einwohner der Städte sind noch häßlicher als die Landleute, und dabey oft blaß und mager. Die Männer gehen französisch und mehrentheils schwarz gekleidet; aber gemeiniglich passen die Kleider nicht, und scheinen wenigstens seit funfzig Jahren schon aus der Mode gewesen zu seyn. Die Damen sind feiner und angenehm gebildet; aber die Eifersucht, welche den Männern hier gleichsam angeboren ist, hält sie stets eingeschlossen und beraubt sie der Glückseligkeit, welche den ärmern Landweibern unbenommen bleibt. Die Vornehmern machen eine Art von Adel aus; aber ihr Ahnenstolz macht sie ungesellig und unwissend, und verleitet sie zu einem lächerlich affectirten vornehmen Wesen. Die Landgüther gehören einigen alten Familien, die zu *Funchal* und in den übrigen Städten der Insel wohnhaft sind.

Madera besteht aus einem einzigen großen Berge, der sich von allen Seiten von der See gegen die Mitte der Insel erhebt, und daselbst in eine Spitze zusammen läuft, auf der sich eine Vertiefung finden soll, welche von den Einwohnern *Val* genannt wird, und, ihrer Aussage nach, mit einem feinen, immer grünenden Grase bewachsen ist. Die Steine, welche wir zu untersuchen Gelegenheit hatten, schienen alle im Feuer gewesen zu seyn, waren löchericht und von schwarzer Farbe; kurz, der größte Theil derselben war Lava. Einige glichen jener Steinart, welche von den Bergleuten in *Derbyshire, Dunstone* genannt wird. Auf der ganzen Insel besteht das Erdreich aus einem Tras, welcher mit Thon und Sand gemischt und gewissen Erdarten ähnlich ist, die wir nachher auch auf der Insel *Ascension* antrafen. Aus allen diesen Umständen glaube ich mit Recht schließen zu können, daß ein Feuerspeyender Berg diese Laven und Ocher-Erden hervorgebracht und daß die oberwähnte Vertieffung auf der Berg-Spitze der Insel, der Crater, oder die Öfnung des Vulcans gewesen sey. Beym ersten Anblick von *Madera* war ich zwar andrer Meynung; allein der schwarze *Loo*-Felsen, imgleichen jener, auf welchem das Castel *S. John* steht, ferner die Beschaffenheit der Erd- und Steinarten und endlich die Lage vorgedachter Vertiefung überzeugten mich, daß hier alles eine gewaltsame Veränderung vom Feuer erlitten haben müsse.

Verschiedne Bäche, welche von den höchsten Gegenden in tieffen Schluchten herab ströhmen, machen große Abtheilungen auf der Insel; allein Ebenen, dergleichen andre Reisende vor uns bemerkt haben wollen,[6] konnten wir hier nirgends finden. In den Flußbeeten jener Bäche giebt es an manchen Stellen eine Menge größerer und kleinerer Steine, welche das Wasser aus den höheren Gegenden, hauptsächlich zur Winterszeit bey heftigem Regen oder bey aufgehendem Schnee herabführt. Zu Begünstigung des Weinbaues wird das Wasser durch Dämmungen und Canäle in die Weinberge geleitet, damit jeder Inhaber auf eine bestimte Zeit Gebrauch davon machen könne. Einige haben es fürs ganze Jahr; andre wöchentlich dreimal, andre zweymal, und noch andre gar nur einmal. Da des heißen Himmelsstrichs wegen kein Weinberg ohne Wässerung bestehen kann, so kann auch dergleichen nicht ohne große Kosten, und dazu nur in solchen Gegenden angelegt werden, wo Wasser von denen zu erhalten steht, die es fürs ganze Jahr und übrig haben.

---

6 *S. Hawkesworth's* Geschichte der engl. See-Reisen um die Welt.

Wo in den höhern Gegenden nur auf irgend eine Weise ein Stückchen ebenes Land anzutreffen ist oder durch Handarbeit dazu gemacht werden kann, da pflanzen sie *Zehr-Wurzeln (arum esculentum Linn.)* und umziehen es, der Wäßerung wegen, mit einem Aufwurf von Erde, weil diese Pflanze in feuchten Gründen am besten fortkommt. Die Blätter brauchen sie zum Futter für die Schweine; die Wurzel hingegen wird von den Leuten auf dem Lande selbst genossen. Süße Kartoffeln *(convolvulus batatas)* werden zu eben diesem Behuf gepflanzt und machen nebst den Castanien, die Hauptartikel ihrer Kost aus. Von leztern findet man große Wälder in den höhern Gegenden des Landes, wo der Weinstock nicht fortkommt; Weitzen und Gerste wird auch gesäet, vornemlich an solchen Stellen, wo die Reben vor Alter ausgehen wollen oder wo dergleichen erst neuerlich gepflanzt worden. Indessen reicht ihre ganze Getreide-Erndte doch kaum auf drei Monathe hin; weshalb die Einwohner sich andrer Nahrungsmittel, besonders des Nord-Amerikanischen Korns bedienen müssen; wovon auch jährlich große Ladungen eingeführet und gegen Wein eingetauscht werden. Hieran ist nun freylich theils der Mangel an Dünger und theils die Faulheit des Volks, schuld; allein, wenn auch gleich der Ackerbau allhier zur höchsten Vollkommenheit gebracht wäre, so würde dem Anscheine nach dennoch nicht Korn genug gewonnen werden. Ihre Dresch-Tennen machen sie zirkelrund, und legen solche in einer Ecke ihres Feldes an, zu welchem Ende der Boden dort gereinigt und festgestampft wird. Die Garben werden rund darauf herum geschichtet, und ein viereckigtes Brett, das unten mit scharfen Feuersteinen besezt ist, wird durch ein Paar Ochsen darüber hergezogen. Um das Brett schwerer zu machen stellet sich der Ochsen-Treiber oben drauf. Hiedurch wird das Stroh zu Häckerling gerissen und das Korn zugleich aus den Ähren gebracht.

Die größte und einträglichste Erndte zu *Madera* bestehet in Wein von welchem die Insel auch berühmt ist. Wo das Erdreich, die Lage und Wasser es erlauben wird Wein gebauet. Jeder Weinberg wird durch einen oder mehrere Gänge, von drey bis sechs Fuß breit, durchschnitten, und diese sind mit zwey Fuß hohen Mauren eingeschlossen. Längst den Gängen, welche mit sieben Fuß hohen Lattenwerk überwölbt oder bedeckt sind, werden in gleich weiter Entfernung von einander Pfähle aufgerichtet, auf welche man ein Gitterwerk von Bambus-Rohr befestiget, welches von beyden Seiten des bedeckten Ganges bis ohngefähr zween Fuß von der Erde herabgeht und in dieser Höhe den ganzen Grund des Weinbergs bedeckt. Auf diese Weise werden die Ranken in die Höhe gehalten und die Arbeiter haben Platz das Unkraut, welches zwischen den Stöcken hervorkommt, auszujäten. In der Weinlese kriechen sie unter das Lattenwerk, schneiden die Trauben ab und sammlen sie in Körbe. Ich sahe hier Trauben, die über sechs Pfund wogen. Diese Art den Grund von Unkraut rein und feucht zu erhalten, und die Trauben selbst im Schatten reiffen zu lassen, giebt dem Madera-Wein jenen vortreflichen Geschmack und die Eigenschaft den Mund recht zu füllen, *(corps)* welche ihm so eigenthümlich ist. Es entsteht aber aus dieser Behandlung des Rebenbaues die Nothwendigkeit, daß gewisse Plätze zu Bamboo-Pflanzungen angewandt werden müssen, weil das Lattenwerk nicht ohne Bambus-Rohr gemacht werden kann. Wenn es daher einem oder dem andern Weinberge, seiner Lage nach, an diesem unentbehrlichen Rohre fehlt, so kann er nicht gehörig gebauet werden und bleibt deshalb oft gänzlich braache liegen.

Der Wein ist von verschiedner Güte und Preise. Der beste wird von einer Art Trauben gemacht, davon die Reben auf Befehl des Infanten von Portugal *Don Henrich,* aus *Candia* hieher gebracht und angepflanzt worden sind. Er heißet *Madera-Malvasier (Madeira Malmsey).* Die Pipe kann auf der Stelle nicht unter vierzig bis zwey und vierzig Pfund Sterling eingekauft werden. Es ist ein köstlicher süßer Wein; fällt aber nur sparsam. Die nächste Sorte ist ein trocken Beeren-Wein, welche Art nach *London* verfahren wird; von diesem gilt die Pipe dreyßig bis ein und dreyßig Pfund. Geringere Sorten für Ost- und West-Indien und für Nord-Amerika kosten nach Beschaffenheit ihrer Güte von 28 zu 20 Pfund Sterling. Es werden, ein Jahr in das andre gerechnet, jährlich ohngefähr 30000 Pipen geerndtet, jede zu ein hundert und zehn Gallons. Dreyzehntausend Pipen von den besten Sorten werden ausgeführt; das übrige wird theils zur eignen Consumtion auf der Insel gebraucht, theils zu Brandtewein gebrannt, der nach *Brasilien* gehet, und theils wird Wein-Eßig daraus gemacht.

Die Weinberge sind entweder mit Mauerwerk oder mit Hecken von Granaten, Myrten, Brombeer und wilden Rosen umzogen. In den Gärten werden Pfirsichen, Apricosen, Quitten, Äpfel, Birnen, wälsche Nüße, Castanien und andre Europäische Früchte gezogen; zuweilen auch einige tropische Gewächse, als Pisangs, Goaven und Ananas.

Die zahmen Thiere welche wir in Europa haben, sind gleichfals auf *Madera* anzutreffen; und obgleich die dasigen Hammel und Ochsen nur klein sind, so ist ihr Fleisch doch wohlschmeckend. Die Pferde sind ebenfalls klein, aber sicher auf den Knochen. Sie klettern mit gröster Fertigkeit die steilsten Fußsteige hinauf, denn andre Wege giebts hier nicht. Von Räder-Fuhrwerk weiß man hier zu Lande gar nichts; in der Stadt aber giebt es eine Art Schleifen oder Schlitten die aus zween, durch Queer-Hölzer verbundnen Brettern bestehen, welche vorne einen spitzen Winkel machen; man spannt Ochsen davor und bedient sich derselben um Weinfässer oder andere schwere Waaren fortzubringen.

Von wildem Geflügel giebt es hier mehrere Arten als von anderm Wildpret, von dessen sonst zahlreichen Geschlecht, hier nur das Caninchen allein, der einzige Repräsentant ist. Wir sahen vornemlich den Sperber *(falco nisus)* verschiedne Krähen *(corvus corone)* Elstern *(corvus pica)* Wald- und Feld-Lerchen *(alauda arvensis & arborea)* Staare *(sturnus vulgaris)* Goldammers *(Emberiza citrinella)* gemeine und Berg-Sperlinge *(fringilla domestica & montana)* gelbe Bachstelzen und Rothkehlchen *(motacilla flava & rubecula)* und wilde Tauben, deren Gattung wir nicht bestimmen konten; es kam uns auch die Haus- und die Uferschwalbe, *(hirundo rustica & apus)* zu Gesicht und einige Herren von der Englischen Factorey versicherten uns, daß sie überdem noch die Rauchschwalbe *(hirundo urbica)* gesehen hätten. Die Schwalben bleiben den ganzen Winter über hier und verlieren sich bey kaltem Wetter nur auf ein Paar Tage, während welcher sie sich in die Felsen-Klüfte verkriechen und beym ersten warmen Tage wieder zum Vorschein kommen. Das rothbeinigte Rebhuhn *(Tetrao rufus)* ist in den innern Theilen der Insel gleichfals gemein, vermuthlich weil es dort weniger als in andern Gegenden derselben gestöhrt wird. In Herrn *Loughnans* Vogel-Hause sahe ich den rothschnäblichten Sperling *(Loxia astrild)* Buchfinken, Diestelfinken, Butterfinken und Canarienvögel *(Fringilla coelebs, carduelis, butyracea* und *canaria)* welche alle auf der Insel gefangen waren. Zahm Feder-Vieh, als Truthüner, Gänse, Endten und Hühner sind selten, vielleicht weil es an Korn fehlt.

Es giebt hier keine einzige Schlangen-Art; aber alle Häuser, Weinberge und Gärten wimmeln von Eidechsen. Die Mönche eines hiesigen Klosters klagten, daß ihnen solche viel Schaden im Garten thäten; um derselben los zu werden hatten sie einen großen meßingenen Kessel in die Erde gegraben, in welchem sich diese Thiere, die beständig nach Fraß herum laufen, bey Hunderten fiengen und umkommen mußten, weil sie wegen der Glätte des Metals nicht wieder herausklettern konnten.

Längst den Küsten von *Madera* und den benachbarten *Salvages* und *Ilhas desertas* fehlt es zwar der See nicht an Fischen, aber da sie zu Beobachtung der Fasttage dennoch nicht hinreichen, so führen ihnen die englischen Schiffe, von *Gothenburg,* Heeringe, desgleichen, von *Neu-York* und andern Orten in *Amerika,* gesalznen und trocknen Stockfisch zu.

Wir sahen wenig Insecten, mögten aber vielleicht mehr gefunden haben, wenn wir länger hier geblieben wären. Sie waren alle bekannt und eben nicht von viel verschiedenen Arten. Ich muß bey dieser Gelegenheit eine Anmerkung machen, die auf alle Inseln paßt, welche wir auf dieser Reise berührt haben. Vierfüßige Thiere, Amphibien und Insecten sind in solchen Inseln, die weit vom festen Lande liegen, nicht häufig; und erstere finden sich gar nicht darauf, wenn sie nicht durch Menschen hingebracht worden. Fische und Vögel hingegen, die ohne fremde Beyhülfe durch Luft und Wasser den Weg dazu finden können, sind häufiger und in mehr verschiedenen Gattungen anzutreffen. Große feste Länder hingegen sind reich an allen obbenannten Thier-Arten, so auch an Vögeln und Fischen, die, wie schon gesagt, überall gemeiner sind. *Africa,* lieferte uns auf dieser Reise in wenig Wochen eine Menge verschiedener Arten von vierfüßigen Thieren, Amphibien und Insecten, wovon wir doch in allen übrigen Ländern nicht eine einzige neue Entdeckung hatten machen können.

Purgiernuß, *F: Jatropha gynandra*
Jatropha curcas (Sao Thiago/Kapverden, 14. August 1772)

ZWEYTES HAUPTSTÜCK.

Reise von Madera nach den Inseln des grünen Vorgebürges und von da nach dem Vorgebürge der guten Hofnung.

Am ersten August giengen wir nebst der *Adventure* bey spätem Abend wieder unter Seegel. Ein Nordostwind begünstigte unsre Fahrt dermaßen, daß wir bereits am vierten früh Morgens, *Palma* zu Gesicht kriegten. Dies Eyland welches unsern astronomischen Berechnungen zufolge unter dem 28°. 38'. Nördlicher Breite und unter dem 17°. 58'. westlicher Länge liegt, gehört zu denjenigen, welche den Alten unter dem Namen der *glücklichen Inseln (Insulae fortunatae)* bekannt waren, und eine derselben hies damals schon *Canaria.*[1] Sie waren in ganz Europa vergessen bis gegen das Ende des vierzehnten Jahrhunderts, der Geist der Schiffahrt und der Entdeckungen wieder erwachte. Um diese Zeit fanden einige Abentheurer sie von neuem und Biscayische Seefahrer landeten, namentlich, auf der Insel *Lancerota,* aus welcher sie hundert und siebenzig Eingebohrne mit sich fortschleppten. *Louis de la Cerda,* ein spanischer Edelmann von der Königlichen Familie in Castilien, erhielt ein Eigenthumsrecht auf diese Inseln vermittelst einer päbstlichen Bulle und führte derselben zufolge, vom Jahr 1344 an, den Titel eines Prinzen der glücklichen Inseln ohne jedoch von diesen seinen Staaten würklich Besitz zu nehmen. Hierauf wurden sie im Jahr 1402 abermals von *Johann Baron von Bethencourt* aus der Normandie besucht. Dieser nahm einige derselben in Besitz und nannte sich König der Kanarischen Inseln. Sein Enkel aber trat alles Anrecht auf selbige dem *Don Henrich,* Infanten von Portugall ab; und endlich wurden sie den Spaniern überlassen, welche sie auch noch jetzt besitzen.

Am folgenden Tag um 5 Uhr des Morgens, paßirten wir die Insel *Ferro,* die deshalb merkwürdig ist, weil einige Geographen die erste Mittagslinie durchs westliche Ende derselben ziehen. Nach einer vom Capitain *Cook* angestellten astronomischen Beobachtung, liegt diese westliche Spitze der Insel im 27°. 42' nördlicher Breite und im 18°. 9' westlicher Länge. An eben dem Tage, da wir ohngefähr unterm 27sten Grad nördlicher Breite waren, sahen wir verschiedne fliegende Fische, die, von Bonniten und Doraden verfolgt, sich über die Oberfläche des Wassers erhoben. Sie flogen nach allen Richtungen bald hier bald dorthin und nicht etwa bloß *gegen den Wind* allein wie *Kalm* ausschließenderweise zu glauben scheint. Auch flogen sie nicht immer in geraden, sondern auch in krummen Linien. Wenn sie im Fluge über die Oberfläche der See die Spitze einer Welle antrafen, so

---

1 Es ist wahrscheinlich daß nicht nur die Kanarischen Inseln sondern auch Madera und Porto-Santo den Alten bekannt gewesen, und wenn mann dies annimmt, so lassen sich ihre verschiednen Nachrichten von der Anzahl dieser Inseln gar wohl erklären. *Plin. Hist. Nat. VI. 37.* Die Beschreibungen der Alten stimmen auch mit den neuern überein. *Vossius ad Melam cap. X. 20. »Ex iisdem quoque insulis &c.* d. i. Auch ward von diesen Inseln Cinnober nach Rom gebracht; und noch jetzo findet sich auf selbigen der Baum, welcher den Cinnober hervorbringt. Er wird *Drachenblut* genannt.« Auch haben wir von Plinius die Nachricht VI. 36. daß Juba König von Mauretanien auf diesen Inseln, gegenüber dem Lande der Autololier, Purpur färben lies.

giengen sie durch selbige gerade durch und flogen an der andern Seite weiter fort. Von dieser Zeit an bis wir den heißen Himmels-Strich *(Zona torrida)* verließen, hatten wir fast täglich das Schauspiel unabsehliche Züge und Heere dieser Fische um uns her zu sehen. Zuweilen wurden auch wohl einige auf dem Verdeck gefangen, wenn sie zu ihrem Unglück zu weit geflogen oder sich zu hoch erhoben und abgemattet hatten. Bey dem einförmigen Leben das wir zwischen den Wende-Zirkeln führten, wo Wetter, Wind und See stets angenehm und günstig waren, gab jeder kleine Umstand Gelegenheit zu Betrachtungen. Wenn wir zum Beyspiel jene schönen Fische der See, die Bonniten und Doraden, auf der Jagd der kleinern, fliegenden Fische antrafen, und bemerkten, wie diese ihr Element verließen um in der Luft Sicherheit zu suchen; so war die Anwendung auf den Menschen nur gar zu natürlich. Denn wo ist wohl ein Reich, das nicht dem brausenden Ocean gliche, und in welchem die Großen, in allem Pomp und Pracht ihrer Größe, nicht immer die Unterdrückung der Kleinern und Wehrlosen suchen sollten? Zuweilen ward das Gemählde noch weiter ausgeführt, wenn die armen Flüchtlinge auch in der Luft neue Feinde antrafen und ein Raub der Vögel[2] wurden.

Am 8 ten hatte das Seewasser eine weisliche Farbe: In so fern die veränderte Farbe des Meerwassers oft von einer Untiefe, einer Sandbank, oder einem Felsen herzurühren pflegt, warfen wir, Sicherheits halber, das Senkbley aus, fanden aber mit funfzig Faden keinen Grund. Abends paßirten wir den Wende-Zirkel des Krebses. Um diese Zeit beschlugen unsre Bücher und Geräthschaften mit Schimmel, und Eisen und Stahl fieng in freyer Luft an zu rosten. Wegen dieser Beschaffenheit der Luft ließ der Capitain das Schif fleißig mit Pulver und Wein-Eßig ausräuchern. Es ist sehr wahrscheinlich, daß die Luft Salz-Theilchen enthalten mußte, denn bloße Näße oder feuchte Dünste bringen keine solche Würkung hervor.[3] Wie aber die schwerern Salz-Theilchen, in Dünste aufgelöset, in die Luft empor gehoben werden können? das mögen die Philosophen ausmachen. Es dürfte indessen vornemlich zu untersuchen seyn, ob nicht die vielen animalischen Substanzen, welche täglich in der See verfaulen, eine, zu Erklärung der obigen Erscheinung, hinreichende Menge von flüchtigen Alcali hervorbringen? Die große Hitze zwischen den Wende-Zirkeln scheint die See-Salz-Säure, welche im Salzwasser so wie im Küchensalz enthalten ist, flüchtig zu machen; denn man hat angemerkt, daß z. E. an Tücher, welche, in aufgelößtes Alcali getunkt, über die gewöhnlichen Salz-Pfannen gehangen worden, sich in kurzer Zeit Cristallen eines Mittel-Salzes ansetzten, das aus Salz-Säure und jenem Alcali bestand mit welchem die Tücher zuvor waren getränkt worden. Hieraus scheint zu folgen, daß die See-Salz-Säure durch die Hitze dieser Gegenden flüchtig gemacht wird und alsdenn, in den Dünsten der Luft befindlich, die Oberfläche von Eisen und Stahl angreift; dem menschlichen Körper hingegen, der durch die Hitze des heißen Erdreichs sehr geschwächt wird, muß solche ungemein zuträglich seyn, in so fern sie beym Einathmen die Lunge stärkt und vermittelst ihrer gelind zusammenziehenden Würkung auf die Haut, der allzuheftigen Ausdünstung vorbeugt.

Zu den Vorbauungs- und Heilmitteln gegen den See-Scharbock, welche wir von England aus mit genommen hatten, gehörte auch eine verdickte Essenz von Bier[4] *(Weert* oder *Woort)*. Von dieser führten wir verschiedne Fässer am Bord; allein, noch ehe wir *Madera* verließen, war sie bereits in Gährung gerathen und jetzt sprengte sie gar die Fässer und lief aus. Der Capitain glaubte dem Übel abzuhelfen, wenn er sie aus ihrem unteren, heißen Lager aufs Verdeck bringen ließe wo es kühler war; allein die freye Luft vermehrte die Gährung dergestalt, daß sie manchem Fasse den Boden ausstieß: dies geschah allemahl mit einem Knall, als wenn eine Flinte abgeschossen wurde, und ein Dunst oder Dampf gieng gemeiniglich vor dem Knalle her. Auf Anrathen meines Vaters ward eine gährende Tonne dieser Essenz auf ein Faß umgefüllet, welches zuvor tüchtig war ausgeschwefelt worden. Dies stillte nun zwar die Gährung auf einige Tage lang; nach deren Verlauf aber

2 Dergleichen Raubvögel sind der *Tölpel, (Pelecanus piscator. Boobies)* die *Fregatten, (Pelecanus aquilus. Man of war bird.)* und *Tropic-Vögel (Phaeton aethereus.)*

3 Diese Meynung ist von Herrn *Ellis,* in seiner Reise nach der Hudsons-Bay, mit vielem Scharfsinn untersucht.

4 Bier-Würze oder Maisch war so lange eingekocht worden bis dies Getränke die Consistenz von Syrup bekommen hatte; dies nannte man *Bier-Essenz* oder *Würz-Essenz.*

kam sie dennoch wieder, vornemlich in den Fässern, welche der freyen Luft ausgesetzt waren. Einige Tonnen, die unten in den kleinen Ballast-Steinen vergraben lagen, hielten sich besser, wenigstens sprungen sie nicht. Vielleicht würde eine Beymischung von doppelt abgezognen Brantwein den Fortgang der Gährung gehindert haben. Übrigens war das Bier welches aus dieser Würze, blos durch Beygießung von warmen Wasser, gemacht ward, sehr gut und lies sich trinken; doch hatte es einen etwas empyrevmatischen Geschmack, der durchs Einkochen entstanden war.

Am 11. *August* entdeckten wir *Bonavista,* eine von den Inseln des grünen Vorgebürges; und als sich am folgenden Morgen das Wetter, nach einem Regenschauer, aufgeheitert hatte, erblickten wir auch die Insel *Mayo.* Gegen Mittag näherten wir uns endlich der Insel *San Jago* und ankerten um drey Uhr Nachmittags in der Bay von *Porto-Praya,* – »welche an der Südseite der Insel im 14°. 53'. 30''. nördlicher Breite, und unter 23°. 30'. westlicher Länge liegt.« –

Früh am folgenden Tage giengen wir ans Land und besuchten den Commandanten im Fort, *Don Joseph de Sylva,* einen gutherzigen Mann, der etwas französisch sprach und uns beym General-Gouverneur der Cap-Verdischen Inseln einführte. Dieser Herr hies *Don Joachim Salama Saldancha de Lobos.* Er residirt sonst gemeiniglich zu *S. Jago,* als der Hauptstadt dieser Insel; weil er aber kränklich war, wie seine blaße Gesichtsfarbe es bezeugte, so hatte er sich vor zween Monathen hieher begeben, als woselbst die Luft gesunder seyn soll. Er wohnte in den Zimmern des Commendanten, der sich unterdessen in einer elenden Hütte behelfen mußte und uns einige Nachricht von diesen Inseln gab.

Antonio Nolli, wahrscheinlicherweise eben der, welchen andre auch *Antoniotto* nennen, ein Genueser, der beym Infanten von Portugal *Don Henrich* in Diensten stand, entdeckte im Jahr 1449. einige dieser Inseln und landete am 1. May auf einer derselben, die auch ihrem Entdeckungstage zu Ehren, den Nahmen *Mayo* erhielt. *S. Jago* erblickte er zu gleicher Zeit. Im Jahr 1460. ward abermahls eine Reise dahin angestellt um Besitz davon zu nehmen, eine Colonie dort anzulegen, und sich förmlich darauf niederzulassen, bey welcher Gelegenheit denn auch die übrigen Inseln vollends entdeckt wurden. *S. Jago* ist die größte und ohngefähr siebenzehn Stunden *(leagues)* lang. Die Hauptstadt gleiches Nahmens liegt im Innern des Landes und ist der Sitz des Bischofes zu dessen Sprengel alle Inseln des grünen Vorgebürges gehören. Diese Insel ist in eilf Kirchspiele getheilt, wovon das volkreichste ohngefähr vier tausend Häuser enthält, so daß sie im Ganzen genommen nur schlecht bevölkert ist.

Porto-Praya liegt auf einem steilen Felsen den wir auf einen schlängelnden Fußsteig hinangiengen. An der See-Seite bestehen die Festungswerke aus alten verfallnen Mauren, und gegen die Land-Seite hin nur aus einem Aufwurff von losen Steinen, der kaum halb Manns hoch ist. Nahe beym Fort steht ein ziemlich ansehnliches Gebäude, welches einer Gesellschaft von Kaufleuten zu Lissabon gehört, die ein Handlungs-Monopolium für diese Inseln haben und zu dem Ende hier einen Agenten halten. Da wir einige frische Lebensmittel alhier einkaufen wollten, verwieß uns der Gouverneur desfalls an diesen Agenten; allein es war ein sehr bequemer Herr, der uns zwar alles versprach was wir nur verlangten, am Ende aber doch nichts weiter verschafte, als einen einzigen magern Ochsen. Die vorgedachte Handlungsgesellschaft tyrannisirt über die armen Einwohner und verkauft ihnen die elendesten Waaren zu ganz unerhörten Preisen.

S. Jago hat wenig Einwohner. Sie sind von mittlerer Größe, häßlich und fast ganz schwarz, haben wollicht krauses Haar und aufgeworfne Lippen, kurz sie sehen wie die häßlichsten Neger aus. Der Herr Canonicus *Pauw* zu *Xanten*[5] scheint es für ausgemacht zu halten, daß sie von den ersten Portugiesischen Colonisten abstammen, und nach und nach, durch neun Generationen, das ist, in ohngefähr dreyhundert Jahren, ihre jetzige schwarze Farbe bekommen haben, welche wir jedoch noch weit dunkler fanden als Er sie beschrieben hat. Ob diese aber, nach seiner und des Abts *de Manet*[6] Meynung, lediglich durch die Hitze des heißen Erdstrichs hervorgebracht worden, oder ob sie nicht vielmehr durch ihre Verheyrathung mit Schwarzen von der benachbarten africanischen Küste entstanden sey? darüber will ich

5 *Recherches philosophiques sur les Americains Vol. I. p. 186.*
6 *Nouvelle histoire de l'Afrique françoise. Paris 1767. 12mo. Vol. II. p. 224.*

nichts entscheiden, wenn gleich der Graf *Büffon*[7] geradezu behauptet »daß die Farbe der Menschen vornemlich vom Clima abhängt«. Dem sey wie ihm wolle, so sind doch jetzt höchst wenig Weiße unter ihnen, und ich glaube, daß wir deren, den Gouverneur, den Commendanten und den Handlungs-Agenten mitgerechnet, wohl nicht über 5 bis 6 gesehen haben. In einigen dieser Inseln sind selbst die Gouverneurs und die Priester, Schwartze. Die Vornehmern gehen in alten, abgetragenen, europäischen Kleidungen einher, welche sie noch *vor* Errichtung der monopolisirenden Handlungsgesellschaft eingetauscht haben. Die übrigen begnügen sich mit einzelnen Kleidungsstücken, als einem Hemde, einem Camisol, einer Hose oder einem Huth, und scheinen sich in ihrem Aufzuge, wie er auch ist, wohl zu gefallen. Die Weiber sind häßlich und tragen bloß ein Stück gestreiftes baumwollnes Zeug über die Schultern, das bis auf die Knie vorn und hinten herabhängt; die Kinder aber gehen, bis sie zu mannbaren Jahren kommen, gänzlich nackend. Durch den Despotismus der Gouverneurs, durch die Leitung der abergläubischen und blinden Pfaffen, und durch die Nachläßigkeit der portugiesischen Regierung, ist dies Volk würklich in fast noch elendern Umständen, als selbst die schwarzen Völkerschaften in Africa sind, und eben jene Hindernisse werden es auch in der Folge stets abhalten, sich auszubreiten und zu vermehren, worinn doch der wahre Reichthum eines Landes besteht. Es ist natürlich, daß die Bewohner des heißen Erdstreichs eine Neigung zur Faulheit haben; aber darinn werden sie bestärkt und müssen nothwendigerweise gegen jede, mit Mühe verknüpfte, Verbesserung ihres Zustandes gleichgültig werden, wenn sie zum voraus wissen, daß alle dahin gerichtete Versuche sie nur noch geplagter und unglücklicher machen würden. Mit einer düstern Fühllosigkeit überlassen sie sich daher der Betteley, als dem einzigen Stande, der sie gegen die gierigen Klauen ihrer tyrannischen Herren schützen kann. Und warum sollten sie auch wohl auf Kosten ihrer Ruhe und ihres Schlafs, dieser einzigen Erquickung in ihren Beschwerden, arbeiten? da sie wissen, daß der Lohn dafür nicht ihnen zu gute kommen, sondern bloß den Reichthum anderer vermehren würde.

Trübe Aussichten, die nicht einmal Hofnung zum Glück zeigen, sind wahrlich keine Anlockungen zum heyrathen, und die Schwürigkeiten, den nöthigen wenn gleich noch so geringen, Unterhalt zu finden, sind eben so viel hinreichende Gründe den Haus- und Familien-Sorgen aus dem Wege zu gehn. Hiezu kommt noch, daß die Fruchtbarkeit und der Ertrag des dürren Erdreichs, lediglich davon abhängt, daß zu gewissen Zeiten des Jahres das erforderliche Regenwetter richtig einfalle; bleibt nun dieses unglücklicherweise auch nur im geringsten aus, so muß auf Feld und Wiesen alles verdorren und verbrennen und die Hungersnoth ist unvermeidlich. Es läßt sich begreifen und annehmen, daß dergleichen Unglücksfälle die Einwohner ebenfalls abschrecken, dem Vergnügen der ehelichen Verbindung nachzuhängen, weil sie besorgen müssen, daß Elend und Sclaverey, das Loos ihrer unglücklichen Kinder seyn werde.[8]

Die Inseln des grünen Vorgebürges sind zwar gebürgigt, doch ist auf den niedrigern Bergen, die sich sanft gegen das Ufer verlaufen und geräumige Thäler zwischen sich inne haben, alles schön grün. Im Ganzen genommen, fehlt es diesen Inseln aber an Wasser, denn, *S. Jago* ausgenommen, welches einen ziemlichen Fluß hat, der sich bey *Ribeira grande,* einemdarnach benannten Flecken, ins Meer ergießt, giebt es auf einigen derselben nur allein Brunnenwasser. So ist z.B. zu *Porto-Praya* nicht mehr als ein einziger Brunnen, der bloß mit Feldsteinen, ohne Mauerwerk schlecht ausgelegt war und nicht nur trübes und salziges sondern auch so wenig Wasser gab,

7 *Hist. nat. 12mo. Vol. VI. p. 260.*

8 Als wir im Jahr 1775. auf unserer Rückkehr nach England wieder an das Vorgebürge der guten Hofnung kamen, erzählte man uns, daß diese Inseln in den beyden vorhergehenden Jahren von einer allgemeinen Hungersnoth betroffen worden wären. Hunderte der Einwohner waren damals Hungers gestorben, und der Capitain eines holländischen Schiffs, der um diese Zeit bey St. Jago vor Anker lag, hatte eine ganze Anzahl derselben mit Weib und Kindern an Bord genommen, die sich ihm zu Leibeigen übergeben hatten, nur um dem Hunger zu entgehen. Er machte sich ihrer Noth zu Nutze, brachte sie an das Vorgebürge der guten Hofnung und verkaufte sie daselbst. So bald indessen die holländische Regierung am Cap Nachricht von diesem schändlichen Handel bekam, erhielt er Befehl, diese Unglücklichen auf seine eigne Kosten wieder einzulösen, sie in ihr Vaterland zurückzuführen, und vom portugiesischen Gouvernement Bescheinigung beyzubringen, daß solches geschehen sey.

Eibischblättrige Winde, *F: Convolvulus arvensis*
Convolvulus althaeoides (Madeira, 1772)

daß wir ihn täglich zweymal trocken schöpften. Das Thal neben dem Fort scheint einen etwas feuchten Grund zu haben und ist hie und da mit Coconus-Palmen, Zuckerrohr, Bananen, Baumwolle, Goaven und Papao-Bäumen bepflanzet; der größte Theil desselben aber ist mit Buschwerk überwachsen oder besteht aus Hutungen.

Diese letztern Umstände würden vielleicht hoffen lassen, daß diese Inseln wichtig und einträglich gemacht werden könnten, wenn sie einem arbeitsamen, unternehmenden und Handlung-treibenden Volke zugehörten. Die Cochenill-Pflanze, Indigo, einige Gewürze und vielleicht auch Coffee, würden dem Anscheine nach, in diesem brennend heißen Clima wohl fortkommen, und gewiß völlig hinreichen, den Pflanzern und übrigen Einwohnern nicht nur die nothwendigsten Bedürfnisse, sondern auch alle Bequemlichkeiten des Lebens zu verschaffen, wenn diese nemlich einer so wohlthätigen und freyen Regierung genössen als die englische ist. Alsdann würde, statt des jetzigen kümmerlichen Unterhalts von Wurzelwerk, ihr Tisch mit Überfluß besetzt und ihre elenden Hütten in bequeme Häuser umgeschaffen werden.

Einige der niedrigen Hügel waren dürr und unfruchtbar, dergestalt, daß man kaum hie und da etwas grünes darauf erblickte; auf andern hingegen sahen wir noch einige Pflanzen, ob es gleich schon gegen das Ende der trocknen Jahrszeit gieng. In den Thälern ist der Boden fruchtbar genug und besteht aus ausgebrannten, verwitterten Schlacken und okerfarbner Asche; aber überall ist das Erdreich mit einer Menge von Steinen bedeckt, die verbrannt, und eine Lava-Art zu seyn scheinen; auch die Felsen an der Küste sind von schwarzer Farbe und sehen ebenfalls verbrannt aus. Aus dem allen ist wahrscheinlich, daß diese Insel große Verändrungen von volcanischen Ausbrüchen erlitten hat, und von den übrigen nah gelegnen Inseln läßt sich vielleicht ein gleiches sagen, zumal da eine derselben, nemlich *Fuogo,* noch bis auf diesen Tag aus einem würklich feuerspeyenden Berge besteht. Die im Innern des Landes gelegnen Berge sind hoch, auch einige derselben, dem Ansehen nach, sehr steil, und mögen wohl ältern Ursprungs seyn als die volcanischen Theile an der Küste, welche allein wir zu untersuchen Gelegenheit hatten.

Am Abend giengen wir an Bord zurück; da aber die Brandung am Ufer jetzt höher war als am Morgen, so mußten wir uns nackend ausziehen, um zu dem Boote zu waden, welches unsre besten Schwimmer unterdessen mit Wasserfässern und solchen Erfrischungen beladen hatten, als am Lande zu bekommen gewesen waren. Dies hatte indessen nicht ohne Furcht und Besorgniß für den Hay-Fischen *(Sharks)* geschehen können, deren es in diesem Haven eine große Menge giebt. Die Capitains, Sternseher und Lootsen hatten den Tag mit *Aufnehmung eines Plans vom Haven* zugebracht, und zu dem Ende, auf einer im Haven belegenen kleinen Insel, die wegen der häufigen Wachteln *Ilha dos Codornizes,* oder die *Wachtel-Insel* genannt wird, Beobachtungen angestellt. Der Commandant im Fort erzählte uns, daß vor einiger Zeit die Officiers einer französischen Fregatte an eben diesem Orte Beobachtungen angestellt und verschiedne Uhren von neuer Erfindung bey sich gehabt hätten.[9]

Am folgenden Tage bath Capitain *Cook* den General-Gouverneur und den Commandanten zum Mittag-Essen und *wir* blieben an Boord um Dolmetscher-Stelle zu vertreten. Der Capitain sandte sein eignes Boot um sie vom Lande abzuholen, allein, es kam ohne die erwarteten Gäste zurück, und der Gouverneur ließ sein Aussenbleiben damit entschuldigen, daß ihm an Boord eines Schiffes immer übel werde. Der Commendant versprach zu kommen; da er aber vergessen hatte den Gouverneur sogleich auf der Stelle um Urlaub zu bitten, so war letzterer unterdessen zu seiner *Siesta* oder Mittagsruhe gegangen, und niemand wagte sich, ihn darin zu stöhren.

Da nicht viel frische Lebensmittel in *Porto Praya* zu bekommen waren; so wollten wir uns auch nicht länger dort aufhalten. Etliche Tonnen halb salziges Wasser, ein einziger abgehungerter Ochse, einige langbeinige Ziegen, die, beyläufig gesagt, gerad emporstehende Hörner und niederhängende Ohren hatten, etliche magere Schweine, Truthühner, Hühner, nebst ein paar hundert unreifen Orangen und schlechten Pisangfrüchten war alles was wir erlangen konnten. Auf unsern botanischen Spatziergängen hatten wir am vorigen Tage einige tropische Pflanzen, aber mehrentheils von bekannten Arten gefunden, unter den Insecten, Fischen und Vögeln hingegen, gab es einige neue. Zu den letzteren gehörte vorzüglich eine Gattung Perlhühner *(Guinea hens)* die selten fliegen, aber desto schneller laufen, und wenn sie alt sind, ein sehr hartes, trocknes Fleisch haben. Wachteln und rothbeinigte Rebhühner sollen, nach dem Bericht der Einwohner, auch gemein seyn; der merkwürdigste Vogel aber, den wir hier fanden, war eine Art von Eisvogel.[10] Er nährt sich von großen blauen und rothen Landkrabben, die sich in Menge allhier aufhalten und in dem trocknen, ausgedorrten Erdreich, runde und tiefe Löcher zu ihren Wohnungen machen.

Da den Matrosen alles willkommen ist, was Zeitvertreib schaft, so kauften die unsrigen hier ohngefähr funfzehn bis zwanzig Affen, die S. Jago- oder

9 Dies war die Fregatte Isis unter Commando des Herrn *Fleurieu* an deren Boord sich Herr *Pingré* mit verschiednen Längen-Uhren *(Time-Keepers)* befand. Das Journal von der Reise dieses Schiffs, und die auf demselben angestellten Beobachtungen sind in zween Quartbänd. herausgegeben.

10 Eben diese Art findet sich im glücklichen Arabien. *S. Forskals Fauna Arabica.* So auch in Abyßinien. S. die vortreflichen und schätzbaren Zeichnungen des Herrn *James Bruce.*

grüne Affen genannt werden *(Simia Sabæa.)*. Sie waren etwas kleiner als Katzen, und von einer grünlichbraunen Farbe mit schwarzen Köpfen und Tatzen. An jeder Seite des Mauls hatten sie, gleich mancher andern Affenart, einen Sack, den sowohl die Engländer in den westindischen Colonien als auch die Spanier, *alforjes* nennen. Die Possen dieser Creaturen waren unterhaltend genug, so lange das Spielwerk noch neu war. Allein es dauerte nicht lange, so ward man ihrer überdrüßig; prügelte die armen Thiere oft auf eine grausame Weise aus einer Ecke des Schiffs in die andere, und ließ sie endlich aus Mangel frischen Futters gar verhungern, so daß nur drey davon noch lebendig nach dem Cap kamen. Diese unschädlichen Thiere, aus dem ruhigen Aufenthalt in ihren schattichten Wäldern wegzuschleppen, um sie in unabläßiger Angst und Quaal jämmerlich umkommen zu lassen, das ist eine muthwillige Grausamkeit und ein offenbarer Beweis der härtesten Fühllosigkeit, die ich mit theilnehmendem Mitleiden bemerkte und auch noch jetzt mich nicht enthalten kann ihrer zu erwähnen, ob ich gleich sonst, alles dieser Art gern mit dem Mantel der Liebe zudecken möchte.

Am Abend giengen wir unter Seegel und steuerten nach Süden. Das Wetter war die folgenden Tage über gelinde, mit Regenschauern untermengt, und der Wind ging Nordost, Nord und N. Nordost. Am 16ten um 8 Uhr Abends sahen wir ein helles, feuriges Meteor, von länglichter Gestalt und bläulichter Farbe. Es bewegte sich sehr schnell gegen den Horizont herab, lief Nordwestwärts und verschwand nach wenig Augenblicken unterhalb dem Gesichtskreise. Am Mittage waren wir wenigstens 55 gute englische Seemeilen *(leagues)* von S. Jago entfernt, und doch folgte eine Schwalbe dem Schiff noch immer nach. Gegen Abend setzte sie sich auf eines von den Schießlöchern; weil sie aber dort allemahl beunruhigt ward, so oft die Seegel gerichtet oder eingenommen wurden; so suchte sie in der Folge ihr Nachtquartier in dem am Hintertheil des Schiffs befindlichen Schnitzwerk, und folgte auch die beyden nächsten Tage über, dem Schiffe unabläßig. Während dieser ganzen Zeit sahen wir viele Bonniten um uns herum. Oft schossen sie mit der größten Geschwindigkeit neben uns vorbey vor dem Schiff her, aber alle Versuche sie mit Angeln oder Harpunen zu fangen, waren vergebens; dagegen glückte es unsern Matrosen einen Hayfisch *(Shark)* der fünf Fus lang war, an der Angel zu fangen. Seine gewöhnlichen Begleiter, den *Piloten (gasterosteus ductor)* und den *Saugefisch* oder *Remora (echeneis remora)* sahen wir zwar bey ihm, aber mit dem Unterschiede, daß ersterer sich sorgfältig hütete gefangen zu werden, letzterer hingegen am Cörper des Hayes so fest saß, daß mit ihm zugleich vier Stück aufs Verdeck gezogen wurden. Am folgenden Tage aßen wir etwas vom Hay, und fanden es, gebraten, von ganz erträglichen Geschmack, aber wegen des Fettes unverdaulich.

Zwey Tage nachher ward *Henry Smock,* einer von den Zimmerleuten vermißt. Er hatte an der Aussenseite des Schiffes etwas zu arbeiten gehabt, und war allem Anschein nach ins Wasser gefallen. Wegen seiner Gutherzigkeit und gesetzten Wesens ward er sogar von seinen Cameraden beklagt; eine sichere Gewährschaft, daß sein Verlust den Seinigen noch schmerzlicher gewesen seyn muß. Hie und da zeigte sich in den Augen der Empfindsamen eine verstohlne Trähne, als ein freywilliger, schätzbarer Tribut für einen vernünftigen Mitmenschen, der gut und liebreich gesinnt war.

Seitdem wir *S. Jago* verlassen, hatten wir oft Regen, vornemlich aber regnete es am 21sten ganz ausserordentlich stark. Der Capitain ließ über das ganze Schiff Zelt-Tücher und Decken ausspannen um das Regenwasser aufzufangen, und wir bekamen auf diese Weise eine solche Menge davon, daß sieben Fässer damit angefüllt werden konnten. Ob wir gleich keinen Mangel an Wasser hatten, so war uns doch dieser frische Vorrath sehr willkommen, weil es den Matrosen nun desto reichlicher gegeben werden konnte. Unser Capitain hatte aus vieljähriger Erfahrung angemerkt, daß auf langen See-Reisen eine reichliche Vertheilung und Genuß von frischen Wasser, zur Erhaltung der Gesundheit ungemein vieles beyträgt. Die Ursach hievon läßt sich auch leicht erklären, denn, wenn es reichlich getrunken und zum Teil auch zum Waschen des Cörpers und des leinenen Zeuges gebraucht wird, so verdünnet es nicht nur das Blut, sondern durch die Reinlichkeit und öftere Veränderung der Wäsche bleiben auch die Schweißlöcher der Haut stets offen, mithin wird die zur Gesundheit nöthige, unmerkliche Ausdünstung nicht unterbrochen. Solchergestalt wird der Gefahr fauler Krankheiten auf zwiefache Art vorgebeugt, einmahl weil die Ausdünstungen des Cörpers nicht wieder durch die Haut eingesaugt werden können, und weil andrer Seits die vom beständigen Schwitzen verlohren gegangene Feuchtigkeiten durch häufiges Trinken wieder ersetzt werden, in dessen Ermangelung die verdickten Säfte leicht salzig und caustisch werden, welches man eigentlich als die Ursachen der Entzündungsfieber anzugeben pflegt.

Der heutige Regen hatte unsre arme Schwalbe durchaus naß gemacht. Sie setzte sich also auf das Gelender des Verdecks am Hintertheil des Schiffes und ließ sich geduldig fangen. Ich trocknete sie und lies sie, sobald sie sich erholt, im Steuer-Raum fliegen, wo sie, unbekümmert über ihre Einsperrung, so gleich über die Fliegen herfiel, welche daselbst sehr häuffig waren. Beym Mittags-Essen öfneten wir die Fenster und sie setzte sich wieder in Freyheit; um sechs Uhr des Abends aber kam sie in den Steuer-Raum und in die Cajütte zurück, gleichsam überzeugt, daß wir ihr nichts Übles wolten. Nach einer abermaligen Fliegen-Collation, flog sie wieder fort und blieb die Nacht über auf der Aussenseite des Schiffes. Früh Morgens kam sie nochmals in die Cajüte und frühstückte Fliegen. Da sie gutes Obdach bey uns fand und wenig oder gar nicht gestöhrt wurde, so ward das arme Thierchen dreister und wagte sich endlich durch jedes Schießloch, Fenster oder andre Öfnung herein ins Schiff. Einen Theil des heutigen Vormittags brachte sie in der Cajütte des Herrn *Wales* sehr munter zu, aber nachher war sie fort. Es ist mehr als wahrscheinlich, daß sie einem Fühllosen in die Fäuste gefallen und so gefangen worden um ein Tractament für eine geliebtere Katze zu werden. In den einsamen Stunden einer einförmigen Seefahrt intereßirt den Reisenden jeder kleine Vorfall. Man muß sich also nicht wundern, daß ein so geringer Umstand als der Mord eines unschuldigen Vogels dem Herzen dererjenigen doppelt wehe that, die noch nicht unempfindlich geworden waren.

Die Geschichte dieses Vogels, welches eine gewöhnliche Hausschwalbe war, *(hirundo rustica Linn.)* zeigt zugleich sehr deutlich: *wie* einzelne Landvögel so weit hinaus in die See gebracht werden können. Es scheint sie folgen den Schiffen, wenn diese vom Lande abgehen, gerathen so unvermerkt auf die ofne See, und müssen alsdann nahe beym Schiffe, als der einzigen festen Maße bleiben, welche ihnen die unabsehliche Fläche des Meeres darbietet. Seegeln ein oder mehrere Schiffe mit einander, so läßt sich ebenfalls leicht begreifen woher es komme, *daß man weit vom Lande Land-Vögel angetroffen*. Vom Lande ab folgten sie vielleicht diesem Schiffe, und geriethen nachher auch an jenes worauf sich der Beobachter befand. Aber außer diesem Fall lehrt die Erfahrung, daß nicht nur einzelne Vögel sondern wohl ganze Schaaren und Züge derselben auch *durch heftige Stürme* weit vom Lande hinweg und bis auf die ofne See gejagt werden, da sie denn ebenfals auf Schiffen Ruhe suchen.[11]

Am 23. sahen wir einige Wallfische von funfzehn zu zwanzig Fuß lang nach Norden und Nordwest am Schif vorbey gehen. Man hielt sie für Nord-Caper *(Delphinus Orca)*. Zwey Tage darauf sahen wir Fische von eben der Art, nebst einigen kleineren von brauner Farbe, die von ihrem Springen aus dem Wasser, *Springer* (oder *Skip-Jacks)* genannt werden. Der Wind war seit einigen Tagen Nordwest und nöthigte uns nach Südost zu laufen, so daß wir nun südwärts von der Küste von *Guinea* waren. Einige unsrer Seeleute, die oft übers atlantische Meer gekommen waren, sahen dies als etwas besonders an; und würklich ist es besonders, daß obgleich zwischen den Wende-Zirkeln der Wind für sehr beständig ja fast unveränderlich gehalten wird, daß er dennoch zuweilen von der Regel abweicht. Auf diesem Striche bemerkten wir auch einige Fregattenvögel *(pelecanus aquilus)*. Die Matrosen halten sie für ein Merkmal nahen Landes, wir waren aber jetzt über 100 Seemeilen von der nächsten Küste, und folglich hat diese Meynung eben so wenig Grund, als viel andre alte Vorurtheile. Jede Wiederlegung eines Vorurtheils ist Gewinn für die Wissenschaft; und jeder Beweis, daß eine herrschende Meynung des gemeinen Mannes irrig sey, ist ein Schritt zur *Wahrheit,* die allein verdient zum Besten der Menschen aufgezeichnet und aufbehalten zu werden.

11 Capitain Cook bestätigte mir dies aus eigner Erfahrung. Er befand sich einst zwischen Norwegen und England in einem heftigen Sturme während dessen eine Flucht von viel hundert Vögeln sich ins Tau- und Tackelwerk des Schiffs setzte. Außer einer Menge kleiner Vögel waren auch einige Habichte darunter die über die kleinern herfielen und ein reichliches Mahl hielten.

Qualle, ***F: Medusa pelagica***
(Atlantik, 1772)

Am ersten September zeigten sich verschiedne Doraden, *(coryphæna hippurus)*. Auch sahen wir nicht weit vom Schiffe einen großen Fisch, den *Willoughby*, aus *J. Nieuhofs* Nachrichten entlehnt, in dem Anhange zu seiner Geschichte der Fische *p. 5.* auf der neunten Platte Fig. 3, hat abbilden lassen. Von den Holländern wird er *Zee-duyvel* oder *See-Teufel* genant und scheint, seiner äußern Gestalt nach, zu dem Geschlecht der *Rochen (raja)* zu gehören, aber von einer *neuen* Gattung zu seyn; ein Beweiß, daß selbst die bekanntesten Meere, dergleichen das Atlantische ist, zu neuen Entdeckungen Stoff liefern, wenn es für diejenigen, die das Bekannte vom Unbekannten zu unterscheiden wissen, nur Gelegenheit gäbe, die nöthigen Untersuchungen anzustellen.

Am 3ten sahen wir große Haufen von fliegenden Fischen und fiengen einen *Bonito (Scomber pelamys)* der gleich zugerichtet ward, aber ein trockneres und unschmackhafteres Fleisch hatte als man ihm gemeiniglich beyzulegen pflegt. Zween Tage nachher glückte es uns eine Dorade *(coryphæna hippurus)* zu erhaschen. Für die Tafel ist auch dieser Fisch, seines trocknen Fleisches wegen, von keinem sonderlichen Werth, desto mehr aber ergötzt er, wenn man ihn schlachten sieht, die Augen, durch das unbeschreiblich schöne Farben-Spiel seiner Haut. Diese verändert sich alsdenn unaufhörlich und eine herrliche Farben-Mischung wechselt immer mit der andern ab, so lange der Fisch nur noch eine Spur von Leben in sich hat. Meiner Empfindung nach, ist dies eins von den prächtigsten Schauspielen die ein Reisender in den Seen des heißen Erdstrichs antreffen kann

But here description clouds each shining ray;
What terms of art can Nature's powr's display?
FALCONER.

Unter andern ward heute auch ein Boot ausgesetzt um die Richtung der Ströhmung ausfündig zu machen und um die Wärme des See-Wassers in großer Tieffe zu bestimmen. Wir sondirten mit 250 Faden, fanden aber keinen Grund. Das Thermometer stand freyer Luft 75 ½ Grad; gleich unter der Oberfläche des Wassers fiel es auf 74; und in einer Tieffe von 85 Faden war es bis auf 66 gefallen. Wir ließen es 30 Minuten unter Wasser und es wurden zum Wiederheraufziehen 27 ½ Minute Zeit erfordert. Auf unsrer Fahrt im Boot ereignete sich Gelegenheit eine Art von *Blubbers* oder See-Nesseln zu untersuchen, die *Linnäus, Medusa Pelagica* genant hat. Auch fingen wir ein anders See-Thier *Doris lävis* genannt; und machten getreuere Zeichnungen von demselben, als die bisherigen gewesen sind. Mittags hatten wir 0°. 52 Minuten nördlicher Breite.

Am 9ten paßirten wir die Linie bey einer gelind wehenden Luft. Unsre Matrosen tauften ihre Cameraden, welche sie noch nie paßirt hatten und sich nicht durch Trankgelder loskaufen wollten. Wer die Saltz-Tauffe über sich ergehen ließ, zog, so bald die Operation vorbey war, frische Wäsche und Kleider an; und da das auf der See, besonders bey heißem Wetter, nicht zu oft geschehen kann, so war ihnen das Untertauchen, anstatt eine Art von Strafe zu seyn, vielmehr heilsam und gesund. Für die Trankgelder der übrigen wurden starke Getränke angeschaft und diese vermehrten die Lustigkeit und Laune, welche den herrschenden Character der Matrosen ausmacht. Der Wind drehte sich heute nach Süden, wandte sich nach und nach durch Süden nach Osten und Süd-Süd-Osten herum und setzte sich endlich in den gewöhnlichen *Paßat-Wind* fest.

Wir fiengen heute verschiedne Doraden, und ein fliegender Fisch, der völlig einen Fus lang war, fiel aufs Verdeck. Seit dem 8ten hatten sich beständig mehrere Arten von See-Vögeln als Fregatten *(pelecanus aquilus & sula)*, Sturmvögel, Mewen, und Tropic-Vögel *(phaëton æthereus)* sehen lassen. Auch war einigemal die See mit *Molluscis* bedeckt. Unter diesen letztern gab es eine Art die blau, ohngefähr als eine Acker-Schnecke gestaltet, und mit vier Ärmen versehen war, die sich in viele Äste theilten. Wir nannten sie *Glaucus atlanticus*. Eine andre Art war durchsichtig als Glas, und von dieser hiengen oft ihrer viele, wie an einer langen Schnur aufgereihet, aneinander. Wir rechneten sie zu dem Geschlecht *Dagysa*, dessen auch in Herrn *Cooks* Reise in der *Endeavour* Erwähnung geschieht.[12] Zwey andre Arten von *Molluscis*, welche von den Matrosen *Salee-* und Portugiesische *Men of war*, von den Holländern aber *besaantjes (medusa velella & holuthuria physalis)* genannt werden, waren auf allen Seiten des Schifs in großer Menge zu sehen.

12 Hawkesworths Sammlung.

Am 27. untersuchten wir abermals die Ströhmung und Wärme des Wassers, mit ohngefähr gleichem Erfolge als zuvor. Das Thermometer stand in freyer Luft auf 72 ½ gleich unter der Oberfläche des Wassers fiel es auf 70°. und in einer Tieffe von 80 Faden sank es auf 68°. Es blieb 15 Minuten unter Wasser, und 7 Minuten wurden zum Heraufziehen erfordert. Unter andern fiel uns heute auch eine neue Art von Blubbers *(Medusa)* in die Hände und eben so bekamen wir Gelegenheit, einen Vogel, der sich seit zween Tagen hatte sehen lassen, iezt näher zu betrachten, da sich denn zeigte, daß es der gewöhnliche große Sturmvogel *(procellaria puffinus)* war. Wir hatten nunmehro den fünf und zwanzigsten Grad südlicher Breite erreicht, und da wir fanden, daß in dieser Gegend der Wind nach und nach aus Ost zu Süden, über Ost zu Nord, in Nordost sich herum setzte, so machten wir uns diese Gelegenheit zu Nutze, Südwärts zu steuern. Während unsrer Fahrt innerhalb des heißen Himmelstrichs, den wir nunmehro verließen, waren wir dermaßen an die Wärme gewöhnt worden, daß wir jezt schon eine große Verändrung im Clima fanden, ob es gleich nach der Angabe des Thermometers, kaum um zehn Grade kälter war als zuvor. Ich ward diesen Unterschied der Luft am nachdrücklichsten inne, denn mir brachte derselbe einen heftigen Schnupfen, Zahnweh und geschwollne Backen zuwege.

Am vierten October sahen wir, bey kaltem Wetter und scharfer Luft, große Haufen der gewöhnlichen kleinen *Sturmvögel (procellaria pelagica)* die von rußbrauner Farbe sind und weiße Steiße haben. Am folgenden Tage zeigten sich auch die ersten Albatroße *(diomedea exulans)* und Pintaden *(procellaria capensis)*.

Am 11ten wars gelinde und fast Meerstill, hingegen war es einige Tage zuvor neblig und stürmisch gewesen; diese Witterung mußte die Seevögel, vornemlich die Pintaden, ganz heißhungrig gemacht haben, denn leztere schluckten so gierig nach unsren mit etwas Schweins- oder Hammelfleisch besteckten Angeln, daß wir ihrer mehr als acht Stück in kurzer Zeit fiengen. Am Abend beobachteten wir eine Mondfinsternis, deren Ende Nachmittags ohngefähr um 6 Uhr 58 Minuten 45 Secunden eintraf. Am Mittage war unsre Breite 34 Grad 45 Minuten südlich gewesen.

Des folgenden Tages untersuchten wir die Ströhmung und die Wärme des Wassers zum dritten mahl. Wir ließen das Thermometer zwanzig Minuten lang in einer Tieffe von einhundert Faden und nachdem es innerhalb 7 Minuten wieder heraufgezogen worden war, fanden wir, daß es auf 58 Grad stand. Dicht unter der Oberfläche des Wassers hatte es 59 und in freyer Luft 60 Grad angegeben. Da es Windstill war, so machten wir uns das Vergnügen vom Boot aus See-Vögel zu schießen, worunter eine kleine Meer-Schwalbe, ein großer Sturmvogel oder Puffin, eine neue Art von Albatroßen und ein neuer Sturmvogel war. Auch fielen uns einige *Molluscä,* nebst einer violetten Schnecke, *(helix janthina)* in die Hände, welche letztere wegen ihrer außerordentlich dünnen Schale merkwürdig ist. Aus dieser ihrer so zerbrechlichen Wohnung läßt sich schließen, daß sie für die ofne See geschaffen ist, wenigstens würde sie sich einer felsigten Küste nicht ohne Gefahr nähern können, wie schon in der Beschreibung von Capitain *Cooks* erster Reise um die Welt, richtig angemerkt ist.[13] Albatroße, Pintaden, und Sturmvögel aller Art, worunter auch der Malmuck *(procellaria glacialis)* war, ließen sich in diesen Gegenden täglich sehen.

Am 17. entstand plötzlich Lärm. Es hieß einer unsrer Leute sey über Bord gefallen. Wir wandten das Schiff sogleich, um ihm zu Hülfe zu kommen; da wir aber in der See nirgend etwas gewahr werden

13 *Hawkesworths* Samml. B. 2. S. 14. Wir finden am Ende dieser Stelle eine Anmerkung die weit geringhaltiger ist und zu beweisen scheint, daß man die Alten nicht nachgeschlagen. Wer nur je in den *Plinius* gekuckt hat, kann nicht die geringste Vermuthung hegen, daß obbenannte dünnschalichte Muschel, die *Purpur-Schnecke* der Alten seyn könne. Sie kannten verschiedne Schnecken, die Purpur gaben, aber dieses waren lauter Klippen-Schnecken *(rock-shells) Earum genera plura, pabulo & SOLO discreta IX. 61. Exquiruntur omnes scopuli gætuli muricibus ac purpuris. V. 1.* Eben so deutlich und unleugbar ists, daß die Gestalt und Härte ihrer Purpur-Schnecken von der kleinen *helix janthina* ganz verschieden waren. *PVRPVRA vocatur, cuniculatim procurrente rostro & cuniculi latere introrsus tabulato qua proferatur lingua. IX. 61. – Lingua purpuræ longitudine digitalis qua pascitur, perforando reliqua conchylia, tanta DVRITIA aculeo est. IX. 60. – Præterea clavatum est ad turbinem usque aculeis in orbem septenis fere. IX. 61. D. Ant. Ulloa's* Reisen nach Süd-Amerika verdienen hierüber nachgelesen zu werden.

konnten, so wurde die Namenliste abgerufen und zu unsrer großen Freude zeigte sich, daß keiner fehlte. Unsre Freunde an Boord der Adventure, welche wir einige Tage nachher besuchten, erzählten uns sie hätten aus unserm Manövre die Ursach unsrer Besorgniß errathen, aber zugleich ganz deutlich einen See-Löwen gesehen, der zu diesem falschen Lerm Veranlassung gegeben hatte.

Am 19ten gieng die See sehr hoch aus Süden, und ein großer Wallfisch, desgleichen ein Hay-Fisch der 18 bis 20 Fuß lang war, schwammen bey dem Schiffe vorüber; letzterer war von weislichter Farbe und hatte zwo Floßfedern auf dem Rücken. Da wir schon lange in See waren, so hatte der Capitain seit einigen Wochen, an den Fleischtagen, das ist, viermal die Woche, Sauer-Kraut unter die Leute austheilen lassen, wovon der Mann jedesmal eine halbes Quart *(pint)* bekam. Aus Vorsorge für die Gesundheit der See-Leute war, auf Befehl der Admiralität, ein großer Vorrath dieses gesunden und wohlschmeckenden Gemüses mit an Bord beyder Schiffe genommen worden; und der Erfolg hat gezeigt, daß es eins der besten Verwahrungsmittel wieder den Scorbut ist.

Am 24sten da die Adventure weit zurück war, lies der Capitain ein Boot aussetzen, in welchem verschiedne Officier und Reisende aufs Vogelschießen ausgiengen. Dies gab uns wiederum Gelegenheit die beyden Arten von Albatroßen imgleichen eine große schwarze Art von Sturmvögeln *(procellaria æquinoctialis)* zu untersuchen. Wir hatten nun seit neun Wochen kein Land gesehen und das Reisen zur See fieng an denenjenigen unter uns verdrießlich und widerlich zu werden, die eben so wenig an das einförmige eingeschloßne Leben am Bord eines Schifs, als an das ewige Einerley der Lebensmittel und übrigen Gegenstände gewöhnt waren. Auch uns würde dies zweifelsohne eben so unangenehm vorgekommen seyn, wenn wir nicht von Zeit zu Zeit Beschäftigung gefunden und uns mit der Hofnung ermuntert hätten, daß noch manche wichtige Entdeckung in der Natur-Geschichte auf uns warte.

Am 29sten früh Morgens entdeckten wir das äußerste Ende von Africa. Es war mit Wolken und Nebel bedeckt, und einige Solandgänse imgleichen kleine Sturm-Taucher *(diving petrels)* nebst verschiedenen wilden Enten kamen von da in See. Der zunehmende Nebel entzog uns den Anblick des Landes bald wieder, bis sich endlich um drey Uhr Nachmittags die Luft aushellte und uns die Küste von neuem, zwar nicht ganz wolkenfrey, jedoch ungleich deutlicher als zuvor, sehen ließ. Da der Wind sehr frisch und die Adventure weit zurück war; so durften wir es nicht wagen, noch diese Nacht in die Tafel-Bay einzulaufen. Wir nahmen daher bey einbrechendem Abend die Seegel ein, zumahl da das Wetter sehr finster wurde und harter Regen mit Stoßwinden beständig abwechselten.

Kaum wars Nacht worden als die See rund um uns her einen großen bewundrungswürdigen Anblick darboth. So weit wir sehen konnten schien der ganze Ocean in Feuer zu seyn. Jede brechende Welle war an der Spitze von einem hellen Glanz erleuchtet, der dem Lichte des Phosphorus glich, und längst den Seiten des Schifs verursachte das Anschlagen der Wellen eine feuerhelle Linie. Hiernächst konnten wir auch große leuchtende Cörper im Wasser unterscheiden, die sich bald geschwind, bald langsam, jetzt in einerley Richtung mit dem Schiff, dann wieder von uns weg, bewegten. Zuweilen sahen wir ganz deutlich daß diese Massen als Fische gestaltet waren, und daß die kleinern den größern aus dem Wege giengen. Um dies wunderbare Phänomen genauer zu untersuchen, ließen wir einen Eymer solchen leuchtenden See-Wassers aufs Verdeck holen; es fand sich, daß unzählbare leuchtende Cörperchen von rundlicher Gestalt, die mit großer Geschwindigkeit darin herumschwommen, jenen glänzenden Schein hervorbrachten. Nachdem das Wasser eine Weile gestanden hatte, so schien die Zahl der Funken sich zu vermindern; so bald wir aber von neuen rührten, so ward es wieder so leuchtend als zuvor. Auch bemerkten wir, wenn das Wasser nach und nach ruhig ward, daß die hellen Körper *wieder* die zitternde Bewegung oder den *Strohm* desselben schwammen; ob sie gleich bey stärkerem Rühren der Richtung nach welcher sich das Wasser alsdenn bewegte, nicht widerstehen konnten, sondern mit derselben fortgerissen wurden. Um noch näher zu bestimmen, ob diese Thierchen ein eigenthümliches Vermögen hätten sich zu bewegen, oder ob ihre Bewegung vielleicht blos vom Schwanken des Schiffes herrühre, durch welche das Wasser im Eymer unabläßig gerüttelt ward, ließen wir diesen freyschwebend aufhängen. Dieser Versuch setzte ihre selbstständige Bewegungskraft durch den Augenschein außer Zweifel, und bewieß zugleich, daß die äußere Bewegung des Wassers das Leuchten zwar nicht hervorbringe, aber doch befördere; denn wenn das Wasser ganz still war, so verminderte sich das Funkeln nach und nach, aber bey der geringsten Bewegung kam es wieder und nahm in eben dem Maaße zu als jene verstärkt wurde. Als ich das Wasser mit der Hand umrührte, blieb eins von den hellen Cörperchen daran hängen; und ich machte mir diesen Umstand zu Nutze um es mit dem gewöhnlichen Glase des verbesserten *Ramsdenschen* Microscops zu untersuchen. Hier zeigte es sich in einer kugelförmigen Gestalt, etwas bräunlich und durchsichtig als Gallert; mit dem stärksten Glase aber entdeckten wir an diesem Atom die Mündung einer kleinen Öfnung, und in selbigem vier bis fünf Darm-Säcke, die unter sich und mit jener Öfnung zusammenhiengen. Nachdem ich auf diese Art verschiedene betrachtet hatte, die alle von gleicher Bildung waren, so versuchte ichs einige in einem Tropfen Wasser zu fangen um sie vermittelst eines hohlen Glases, in ihrem Element unters Microscop zu bringen, da sich denn ihre Natur und Organe besser hätten bestimmen lassen: aber sie wurden durch die geringste Berührung gemeiniglich sehr beschädigt, und sobald sie todt waren, sahe man nichts mehr an ihnen als eine unzusammenhängende Maße von Fasern. Nach ohngefähr zwo Stunden hörte das Meer gänzlich auf zu leuchten, und ob wir gleich noch vor Verlauf dieser Zeit einen zweyten Eymer hatten schöpfen lassen, so waren doch alle wiederholte Versuche, eins dieser Atomen lebendig unters Glas zu bringen, stets vergebens. Wir säumten daher nicht länger, von dem erst untersuchten Kügelchen eine Zeichnung zu machen und unsre Beobachtung nieder zu schreiben, aus der sich mit Wahrscheinlichkeit vermuthen läßt, daß diese kleinen Thiere vielleicht die Bruth einer Medusen-Art sind; doch können sie auch wohl ein eignes Geschlecht ausmachen.[14]

Es war in diesem Phänomen so etwas Sonderbares und Großes, daß man sich nicht enthalten konnte, mit ehrfurchtsvoller Verwunderung an den Schöpfer zu denken, dessen Allmacht dieses Schauspiel bereitet hatte. Der Ocean weit und breit mit Tausend Millionen dieser kleinen Thierchen bedeckt! Alle organisirt zum Leben; Alle mit einem Vermögen begabt sich zu bewegen, zu glänzen nach Willkühr, andre Cörper durch bloße Berührung zu erleuchten, und ihre eigne leuchtende Eigenschaft abzulegen so bald sie wollen! – Diese Betrachtungen drängten sich aus dem innersten unsers Herzens empor und gebothen uns den Schöpfer in seinen kleinsten Werken zu ehren. Es soll ein natürlicher Fehler junger Leute seyn eine gar zu gute Meynung von ihrem Nebenmenschen zu haben: Dem ohngeachtet hoffe ich, mich gewis nicht zu irren, wenn ich bey dieser Veranlassung von meinen Lesern erwarte, daß sie mit meinen Empfindungen sympathisiren und weder zu unwissend noch zu verderbt seyn werden solche gering zu schätzen

> *Turrigeros elephantorum miramus humeros, taurorumque colla & truces in sublime jactus, tigrium rapinas, leonum jubas; Quum rerum natura nusquam magis quam in minimis tota sit. Quapropter quæso, ne nostra legentes, quoniam ex his spernent multa, etiam relata fastidio damnent, quum in contemplatione naturæ nihil possit videri supervacaneum.*
>
> PLIN. HIST. NAT. XI. c. 2.

Nach einer sehr regnigten Nacht liefen wir endlich mit Tages Anbruch in die *Tafel-Bay* ein. Die im Hinter-Grunde derselben liegenden Berge waren nun ohne Wolken und setzten uns durch ihren steilen, felsigten und dürren Anblick in Erstaunen. Als wir tiefer in die Bay kamen, entdeckten wir die Stadt, am Fuß des schwarzen *Tafelberges,* und gelangten bald darauf vor Anker. Nachdem wir das Fort begrüßt und von verschiednen hiesigen Bedienten der Holländisch-Ostindischen Companie, an Bord unsers Schiffes Zuspruch bekommen hatten, giengen wir in Begleitung unsrer beyden Capitains, *Cook* und *Furneaux,* mit der frohen Erwartung ans Land, daß wir in einem von dem unsrigen so weit entfernten und auf der andern Hälfte der Erdkugel gelegenen Welttheile, viel Neues für die Wissenschaften finden müßten.

---

14 Ein Freund hat im Julius und August ein ähnliches Schauspiel bey warmen südwestlichen Wind und Wetter in der Nord-See gesehen. Medusen, Blubbers und Molluscä hatten sich Tages zuvor sehr häuffig gezeigt; und alle Umstände waren mit obigen übereinstimmend. Die Gestalt dieser leuchtenden Thierchen scheint durchaus mit den Infusionsthierchen der May-Blumen übereinzukommen. Aber, leuchten leztere? *Quis scrutatus est?*

Weißschwanzgnu, ***F: Bos connochaetes***
Connochaetes gnou (Kap der Guten Hoffnung, 1772)

DRITTES HAUPTSTÜCK.

Aufenthalt am Cap.
Nachricht von der dortigen Colonie.

Kaum waren wir aus unsren Booten gestiegen, so machten wir dem Gouverneur, Baron *Joachim von Plettenberg,* unsre Aufwartung. Er ist ein Herr von Wissenschaft und großer Kenntniß, dessen Höflichkeit und Gesprächigkeit uns gleich einen guten Begrif von ihm beybrachte. Hiernächst verfügten wir uns auch zu den andern Rathspersonen und sodann giengen wir zu dem gegenwärtigen Befehlshaber in False-Bay, Herrn *Brand,* in dessen hier belegenen Hause die Capitains der englischen Schiffe gemeiniglich einzukehren pflegen, und wo auch wir unser Quartier zu nehmen gedachten. Fast alle hiesige Unterbedienten des Compagnie-Gouvernements, die Glieder des Raths allein ausgenommen, vermiethen Zimmer an die Officiers und Reisenden der Englischen, Französischen, Dänischen und Schwedischen Schiffe, die auf ihrer Fahrt, von oder nach Indien, hier anlegen.

Der merkliche Unterschied zwischen dieser Colonie und der Portugiesischen Insel S. *Jago* war uns auffallend und angenehm. Dort hatten wir ein Land gesehen, das zwischen den Wende-Zirkeln, unter dem glücklichsten Himmels-Strich gelegen ist, ein ziemlich gutes Ansehen hat und sehr verbessert werden könnte; aber es war durch seine träge, unterdrückte Bewohner ganz vernachläßigt. Hier im Gegentheil, fanden wir mitten in einer Wüste, die von gebrochnen Maßen schwarzer fürchterlicher Berge umgeben war, eine nette Stadt aufgebaut; mit einem Wort, wir sahen hier überall Fleiß und Arbeitsamkeit von Glück gekrönt. Das äußere Ansehen des Ortes nach der See-Seite ist nicht so mahlerisch als zu *Funchal.* Die Packhäuser der Compagnie stehen alle nahe am Wasser, die Wohnungen der Privatpersonen aber liegen hinter selbigen an einer sanften Anhöhe. Das Fort, welches die Rhede bestreicht, befindet sich an der Ost-Seite der Stadt, es scheint aber nicht stark zu seyn, doch sind noch außerdem an beyden Seiten einige Batterien angelegt. Die Straßen sind breit und regelmäßig, die vornehmsten derselben mit Eichen bepflanzt, und einige haben in der Mitte einen Canal; da es ihnen aber zu Wässerung derselben, an der erforderlichen Quantität fließenden Wassers fehlt, so können sie, ohngeachtet der vielfältig angebrachten Schleusen, dennoch nicht verhindern, daß nicht einzelne Theile des Canals oft ganz ohne Wasser seyn sollten, die denn eben keinen angenehmen Geruch ausduften. Der holländische National-Character offenbart sich hierin sehr deutlich. Ihre Städte sind durchgehends mit Canälen versehen, obgleich Vernunft und Erfahrung augenscheinlich zeigen, daß die Ausdünstungen derselben den Einwohnern, besonders zu Batavia, höchst nachtheilig werden müssen.

Quanto præstantius esset
– viridi si margine clauderet undas
Herba, nec ingenuum violarent marmora tophum!
JUVENAL.

Die Häuser sind von Backsteinen und an der Außenseite mehrentheils mit Kalk beworfen. Die Zimmer sind gemeiniglich hoch, räumlich und luftig, wie das heiße Clima solches erfordert. In der ganzen

Stadt ist nur *eine* Kirche, und auch diese nicht allein von schlechter Bauart, sondern dem Ansehen nach, für die Gemeine auch zu klein. Der Duldungs-Geist, welcher den Holländern in Europa so viel Nutzen verschaft hat, ist in ihren Colonien nicht zu finden. Nur erst seit ganz kurzer Zeit haben sie den Lutheranern erlaubt hier und zu Batavia Kirchen zu bauen; und selbst gegenwärtig haben diese noch keinen eignen Prediger am Cap, sondern müssen sich mit den Schif-Predigern der Dänischen oder Schwedischen Ost-Indienfahrer begnügen die, gegen gute Bezahlung, ein bis zweymahl des Jahrs alhier predigen und das Abendmahl austheilen. Die Sclaven sind in diesem Stück noch viel übler dran; denn weder die Regierung überhaupt, noch die einzelnen Eigenthumsherren insbesondre, bekümmern sich um einen so geringfügigen Umstand, als ihnen die Religion ihrer Leibeignen zu seyn dünkt, im allergeringsten; daher denn auch diese, im Ganzen genommen, gar keine zu haben scheinen. Einige wenige derselben sind dem Mohamedanischen Glauben zugethan, und versammlen sich wöchentlich einmal in dem Hause eines freyen Mohamedaners, um einige Gebethe und Capitel aus dem Coran zu lesen und abzusingen, als worauf sich ihr ganzer äußerlicher Gottesdienst alhier einschränkt, weil sie keine Priester haben.[1]

Die Anzahl der Sclaven, welche die Compagnie alhier zu ihrem Dienst hält, beläuft sich auf etliche hundert, die sämmtlich in einem geräumigen Hause wohnen, in welchem sie auch zur Arbeit angehalten werden. Ein anderes großes Gebäude ist zum Hospital für die Matrosen der Compagnie-Schiffe bestimt, die hier anzulegen pflegen und auf ihren Reisen von Europa nach Indien gemeiniglich eine ungeheure Menge von Kranken an Bord haben. Ein solcher Ost-Indienfahrer führt oft sechs bis achthundert Mann Recruten nach Batavia und da sie auf der langen Reise durch den heißen Himmelsstrich, sehr eng zusammengesteckt, auch an Wasser sehr knap gehalten werden, und nichts als Eingesalznes zu essen bekommen, so ist kein Wunder, daß ihrer so viele drauf gehen. Es ist was sehr gewöhnliches, daß ein Holländisches Schiff, von Europa bis hieher 80, oder gar 100. Mann Todte zählt und bey seiner Ankunft alhier noch überdies zwey bis drey hundert gefährlich Kranke ins Hospital schickt. Die geringen Kosten und große Leichtigkeit, womit die Holländischen *Ziel-verkoopers* ihren, die Menschheit entehrenden, Recruten-Handel für die Ostindische Compagnie zu treiben im Stande sind, macht sie gegen die Erhaltung der armen Menschen so gleichgültig. Nichts ist hier und in andern Holländischen Colonien gemeiner, als Soldaten in der Compagnie Diensten zu finden, die öffentlich gestehen, daß sie in Holland *»weggestohlen«* sind. In der zum Hospital gehörenden Apothecke werden die nöthigen Arzeneyen zubereitet; aber kein einziges etwas theures Medicament ist darin anzutreffen, und da zwo oder drey große Bouteillen ohne Unterschied *für alle* Patienten dienen müssen, so scheint wohl die gesunde Land-Luft nebst den frischen Lebensmitteln zur Genesung der Kranken mehr beyzutragen als die Geschicklichkeit der Ärzte. Kranke die gehen können, müssen des Morgens bey gutem Wetter in den Straßen auf und nieder spazieren; und der benachbarte Garten der Compagnie, liefert ihnen alle Arten von Gartengewächs und antiscorbutischen Kräutern. Verschiedne Reisende haben diesen Garten bald gelobt und bald verachtet, je nachdem der Gesichtspunkt verschieden war, aus dem sie solchen betrachteten. Ein Paar regelmäßige Alleen von gemeinen Eichen-Bäumen, mit Ulmen- und Myrten-Hecken eingeschlossen, ist das beste was er aufzuweisen hat. Daran wird nun freylich derjenige wenig Geschmack finden, der an die Vollkommenheit der englischen Gärtnerey gewöhnt ist, oder gelernt hat, in Holland und Frankreich Cypressen, Buchsbaum und Eyben zu bewundern, die in Gestalt von Vasen, Pyramiden und Statüen geschnitten sind, oder wo das grüne Heckenwerk, gar Häuser und Palläste vorstellt. Wenn man aber auf der andern Seite erwägt, daß diese Bäume im Anfang gegenwärtigen Jahrhunderts und mehr zum Nutzen als zum Staat gepflanzt sind; daß sie zugleich den Küchen-

1 Wir sind nicht gemeinet dies den Holländern allein schuld zu geben; denn es ist zu bekannt, daß alle Neger in Englischen und Französischen Colonien, in diesem Punkt eben so vernachläßigt sind. Wir wünschten nur unter den Colonisten aller Nationen ein mitleidiges Gefühl gegen diese Unglücklichen rege zu machen; und sie, die das unschätzbare Glück der Freyheit selbst genießen oder wenigstens darnach streben, – zu erinnern, daß sie menschlich und gütig gegen Elende seyn sollen, denen sie den Seegen der Freiheit, vielleicht ohne alles Mitleid vorenthalten.

Garten des Hospitals gegen die Stürme schützen, welche hier zu Lande sehr heftig sind, und endlich, daß sie die einzigen schattichten und kühlen Spatziergänge für Reisende und Kranke in dieser heißen Gegend ausmachen, so ist wohl nicht zu verwundern, daß ihn einige *einen reitzenden Lustort*[2] und andre mit stolzer Verachtung einen *Bettelmönchs-Garten*[3] nennen.

Den Tag nach unsrer Ankunft richteten die Astronomen beyder Schiffe, Herren *Wales* und *Baily,* ihre Instrumente am Ufer auf, und zwar wenig Fus weit von demselbigen Fleck, wo die Herren *Mason* und *Dixon* vorher ihre astronomische Beobachtungen gleichfalls gemacht hatten. An eben dem Tage fiengen auch wir unsre botanischen Spatziergänge in diesen Gegenden an. Der Boden erhebt sich von der Stadt nach und nach an allen Seiten gegen die drey Berge, die hinter der Bay liegen. An der See ist er niedrig und flach; zwischen *False-Bay* und der *Tafel-Bay* aber, wo ein kleiner Bach salzigen Wassers in letztere fällt, ist das Erdreich morastig. Dieser morastige Grund ist hin und wieder mit etwas Grün bewachsen, jedoch dem größtentheil nach mit Sand bedeckt. Die höheren Gegenden aber sind, so dürr und öde sie auch von der See her aussehen, dennoch mit einer Menge unendlich verschiedener Pflanzen überwachsen. Auch giebt es eine ungeheure Menge von Buschwerk allhier, doch verdienen kaum zwey oder drey Arten desselben den Namen von Bäumen. An den kleinen Bächen haben die Einwohner überall Landsitze angelegt, welches der Gegend ein sehr lebhaftes Ansehen giebt. Insecten von allen Arten, mehrere Sorten von Eidechsen, Land-Schildkröten und Schlangen finden sich unter dem trocknen Gebüsch, in welchem sich auch eine große Menge verschiedener kleinen Vögel aufhält. Wir brachten Tag für Tag reiche Erndten von Kräutern und Thieren zurück, und wunderten uns, daß, besonders von letztern, so viele den Naturkundigen ganz unbekannt waren, da sie sich doch hart an den Mauern einer Stadt finden, von woher die Cabinette und Sammlungen des ganzen Europa beständig versehen worden sind.

Einer unsrer Spatziergänge war nach dem *Tafelberge* gerichtet. Er ist steil und, wegen der vielen losen Steine die unter des Wanderers Füßen wegrollen, mühsam und schwer zu ersteigen. Gegen die mittlere Höhe des Berges kamen wir an eine tiefe Schlucht, deren Seiten aus senkrechtstehenden und oft überhängenden Felsen-Schichten bestanden, aus deren Rissen kleine Quellen aussprudelten oder von den Felsen herab träufelten, und in der Tiefe ganzen Hunderten von Pflanzen und Sträuchern Leben und Nahrung gaben. Andre Pflanzen, die an trockneren Stellen standen und aus denselben mehr verdickte Nahrungssäfte zu ihrem Wachsthum zogen, verbreiteten aromatische Gerüche, welche uns durch eine sanftwehende Luft von den Seiten dieses Erdrisses zugeführt wurden. Nach einem dreystündigen Marsch erreichten wir endlich den Gipfel des Berges, der fast ganz eben, sehr unfruchtbar und beynahe völlig von Erdreich entblößt ist. Hie und da gab es Vertiefungen auf demselben, die theils mit Regenwasser, theils mit guter fruchtbarer Erde angefüllt waren, in welcher allerhand wohlriechende Kräuter wuchsen. Von Thieren trift man manchmal Antelopen, heulende Bavians, einsame Geier und Kröten auf diesem Berge. Die Aussicht, welche man von der Höhe desselben genießt, ist groß und mahlerisch. Die Bay schien ein kleiner Fischteich und die darinn liegenden Schiffe kleine Boote zu seyn. Die Stadt unter unsern Füßen und die regelmäßigen Abtheilungen der dabey liegenden Gärten sahen wie Kinderspielwerke aus. Der *Löwenberg* ward zu einem unbeträchtlichen, niedrigen Bergrücken, gleichwie auch ein andrer Berg, der Löwenkopf genannt, der von unten aus hoch genug zu seyn scheint, weit unter uns blieb, und nur der einzige *Carlsberg* schien sich neben dem *Tafelberge* bis in eine etwas beträchtliche Höhe zu erheben. Gegen Norden ward die Aussicht durch *Robben-Eyland,* die *blauen Berge,* die *Tiegerberge* und, über diese hinaus, von einer noch höhern, majestätischen Kette von Bergen beschränkt. Eine Gruppe gebrochner Felsen-Maßen schloß *Hout-Bay* oder die Holz-Bay gegen Westen ein und lief von da gegen Süden fort, woselbst sie die eine Seite von *Tafelbay* ausmachte und zuletzt sich in dem berühmten stürmichten Cap endigte, welches König *Manuel* von Portugal das *Vorgebürge der guten Hofnung* genannt hat. Gegen Südost hatten wir eine Aussicht über die niedrige Erdzunge, welche

2 S. *Commodore* (Admiral) *Byrons* Reise in Hawkesworth Geschichte der engl. See-Reisen in 8. lster Band, *pag. 183.*
3 S. *Bougainville's* Reise um die Welt.

zwischen den beyden Bayen inne liegt; und jenseits derselben konnten wir die Colonie von *Hottentot-Holland* und die Berge bey *Stellenbosch* erkennen. Auch vergnügte uns an dieser Seite der Anblick einer Menge von angebauten Grundstücken, die auf der Haide einzeln zerstreut lagen, und durch ihr schönes Grün vom übrigen Lande sehr gut abstachen. Hierunter zeichnete sich, vor andern, das unter den neuern Epikurern so berühmte *Constantia* aus. Nachdem wir uns zwey Stunden lang an diesen Schönheiten ergötzt hatten, und die Luft sehr kalt und scharf zu werden anfieng, so dachten wir an unsre Rückkehr, sehr vergnügt mit dieser Ausflucht und durch die Vortreflichkeit und Größe der Aussicht reichlich für unsre Mühe belohnt.

Unter allen hier umher liegenden Gegenden zog keine unsre Aufmerksamkeit mehr auf sich, als die an der südöstlichen Seite des Tafelberges befindliche, denn diese zeichnete sich durch die Menge der Plantagen und durch die Mannigfaltigkeit von Pflanzen, welche sie hervorbrachte, vorzüglich aus. Nahe bey den Bergen, disseits der Erdzunge, ist der Anblick dieser Gegend am angenehmsten. An jedem kleinen Bache siehet man eine Plantage, die aus Weinbergen, Kornfeldern und Gärten besteht, welche gemeiniglich mit Eichen von zehen bis zwanzig Fus hoch, umgeben sind, deren dickbelaubte Zweige dem Lande ein schönes Ansehen geben und zugleich die Plantagen gegen die Stürme decken. Der letzte Gouverneur *Tulbagh,* den man als den Vater dieser Colonie ansieht, bauete hier, zu *Rondebosch* und *Niewlandt,* zum Besten seiner Nachfolger, einige Häuser und Gärten von neuem auf. Sie bestehen größtentheils nur aus schattigen Alleen, sind übrigens ohne alle künstliche Verzierungen angelegt, aber wohl mit Wasser versehen, und verdienen wegen der großen Ordnung, worinn sie gehalten werden, hier einer Erwähnung. In dieser Gegend befinden sich auch die Scheuern der Compagnie, und etwas weiter hin ist eine Brauerey, die einem Privatmann gehört, der ein ausschließendes Recht hat, Bier fürs Cap zu brauen; ferner liegt in einem schönen Thale, an der Seite des Berges, eine Plantage, das *Paradies* genannt, die wegen ihres schönes Gehölzes und auch deswegen merkwürdig ist, weil sie einige Früchte hervorbringt, die eigentlich nur zwischen den Wendezirkeln wachsen, aber auch hier außerordentlich gut gerathen. *Alphen,* die Wohnung des Herrn *Kersten,* damaligen Commandeurs in *Falsebay,* war der letzte Ort, den wir an dieser Seite zu sehen kriegten. Hier wurden wir mit wahrhafter Gastfreyheit aufgenommen, welche der würdige Besitzer dieser Plantage aus Deutschland, seinem Vaterlande, mit hieher gebracht und unverändert beybehalten hatte. Es war daher kein Wunder, daß wir die wenigen Tage über, welche wir in hiesiger Gegend verblieben, diesen Ort zum Mittelpunct unsrer botanischen Creutzzüge machten. Wir waren auf diesen letztern sehr glücklich und brachten immer so ansehnliche Ladungen mit nach Hause, daß wir im Ernste besorgt wurden, es möchte, alles unermüdeten Fleißes ohnerachtet, uns beyden allein, dennoch nicht möglich seyn, eine solche Menge von Pflanzen zu sammlen, zu beschreiben, zu zeichnen und aufzubewahren, als wir in jenen unbesuchten Ländern zu finden hoften, und die dem Anschein nach größtentheils noch neu und unbeschrieben seyn mußten. Wenn wir also keinen Theil der Naturhistorie vernachläßigen wollten, so war es sehr wichtig für uns, einen geschickten Gehülfen zu finden; und wir sahen es daher als einen sehr glücklichen Zufall an, einen Gelehrten, den *Dr. Sparrmann,* hier anzutreffen. Er hatte unter dem Vater der Kräuterkunde, dem großen Ritter *Carl von Linné* studirt, darauf eine Reise nach *China,* und eine zweyte nach dem Cap unternommen, um seine Erkänntniß zu erweitern. Der Gedanke, in völlig unbekannten Ländern neue Schätze der Natur einzusammlen, nahm ihn so ganz ein, daß er sich alsbald anheischig machte mit uns um die Welt zu gehn, und wir haben, ich bin stolz darauf es zu sagen, diese ganze Zeit über, einen warmen Freund der Naturgeschichte, einen erfahrnen Arzt und ein Herz an ihm gefunden, das der edelsten Gefühle fähig und eines Philosophen würdig ist. Aber, statt der beträchtlichen physicalischen Entdeckungen, die bey Herrn *Cooks* erster Reise in einem neuen und so großen Lande als Neuholland ist, gemacht wurden, mußten *wir* uns, in Absicht der Naturgeschichte, mit einer ungleich eingeschränktern Erndte auf einigen kleineren Inseln begnügen, deren Producte wir noch dazu, theils wegen unsres kurzen Aufenthalts, der oft nur wenige Stunden, Tage oder höchstens Wochen dauerte, theils wegen der unschicklichen Jahrszeit, in welche derselbe fiel, selten hinlänglich untersuchen konnten.

Gackeltrappe, ***F: Afrotis afra***
Afrotis afra (Kap der Guten Hoffnung, 1772)

Während unsers Hierseyns setzten unsre Leute neues Takelwerk auf, reinigten und besserten die Außenseiten des Schiffs aus, und nahmen Brannte-wein nebst andern Bedürfnissen für die Mannschaft, imgleichen etwas Schaafvieh für die Capitains und andre Officiers an Bord. Auch wurden etliche Widder und Mutter-Schaafe eingeschifft, die zu Geschenken für die Einwohner in der Süd-See bestimmt waren; allein die lange Dauer unsrer Reise und die Fahrt gegen den kalten Süd-Pol, brachten diese Thiere so herunter, daß unser gutes Vorhaben gänzlich vereitelt ward. Um unsre Untersuchungen in der natürlichen Geschichte zu erleichtern, und so viel möglich auf keinen Fall in Verlegenheit zu seyn, schafften wir uns hier auch einen Hünerhund an, damit, wenn auf der Jagd etwa ein Stück Feder- oder andres Wildprett geschossen würde, und ins Wasser oder Buschwerk fiele, dieser Hund es heraus holen sollte. Es kostete viel Mühe, ein solches Thier aufzutreiben, und wir mußten einen ungeheuren Preis dafür bezahlen, ob er uns gleich hernachmals wenig Dienste that. Dieser Umstand mögte an und für sich sehr überflüßig und geringfügig scheinen; aber er beweiset wenigstens auf wie viele Kleinigkeiten, die dem Leser kaum beyfallen, ein Reisender achten müsse, der seine Zeit vollkommen nützen und auf alles vorbereitet seyn will.

Am 22sten ward unser Gepäck an Bord gebracht, und auch noch desselben Tages verließen wir die *Tafel-Bay.* Ehe ich in der Geschichte unsrer Begebenheiten fortfahre, will ich versuchen, eine kurze Nachricht von dem dermaligen Zustande dieser holländischen Colonie zu geben; ich schmeichle mir, sie wird meinen Lesern Genüge thun, und gute Auskunft geben.

Die südlichste Spitze von Africa ward schon in den Zeiten des egyptischen Königs *Necho,* und auch später, unter der Regierung von *Ptolomäus Lathyrus*[4] umschifft. In der Folge aber vergaß man sogar ihre Lage, dergestalt, daß sie durch *Bartholomäus Diaz,* einen portugiesischen Seemann im Jahr 1487. erst von neuem wieder entdeckt werden mußte. *Vasco de Gama* umschiffte dieses Vorgebürge im Jahr 1497. zuerst und fand diesen Weg nach Indien, welches man damals beynahe für ein Wunder ansahe. Indessen blieb diese Entdeckung doch von den Europäern ungenutzt, bis im Jahr 1650, *van Riebeck,* ein holländischer Wundarzt, den Vortheil einsahe, welcher der holländischen Compagnie zuwachsen müßte, wenn an diesem zwischen Europa und Indien sowohl gelegenen Orte eine Colonie angelegt würde. Er stiftete daher diesen Pflanz-Ort, der seitdem immer in den Händen der Holländer und noch lange nach seinem Tode in beständigem Wachsthum und Flor geblieben ist.

Der Gouverneur hängt unmittelbar von der *Compagnie* ab, und hat den Rang eines *Edlen Heeren,* welcher Titel den Gliedern des obersten Raths zu *Batavia* gegeben wird. Er hat den Vorsitz in einem Rath, welcher aus dem Unter-Gouverneur, dem Fiscal, dem im Fort commandirenden Major, dem Secretair, dem Schatzmeister, dem Kellermeister und dem Buchhalter besteht. Jedes dieser Mitglieder hat, einen Zweig von der Compagnie-Handlungsgeschäften in besondrer Aufsicht. Von dem gesammten Rath hängen alle Civil- und Militär-Sachen ab; doch hat der Unter-Gouverneur noch ein Collegium, nehmlich den Justitz-Rath, unter sich, der aus Mitgliedern der andern Departements besteht, und die Criminal-Sachen untersucht. Um gar zu großen Einfluß oder Partheylichkeit so viel möglich zu vermeiden, dürfen, in keinem Rath zwey Verwandte zugleich Sitz haben.

Die Einkünfte des Gouverneurs sind sehr ansehnlich, denn außer einem Fixo an Gehalt, freyer Wohnung, Ammeublement und allem was zum Haushalt und zur Tafel gehört, hat er zehen Reichsthaler von jedem Faß *(Legger)* Wein, welches die Compagnie von den Landleuten kauft und nach *Batavia* führt. Für ein solches Faß zahlt die Compagnie vierzig Thaler, davon aber bekommt der Landmann nur vier und zwanzig, das übrige fällt den beyden Gouverneurs, und zwar zwey Drittheiler dem ersten zu, deren jährlicher Ertrag sich zuweilen auf 4000 Thaler belaufen soll. Der Unter-Gouverneur hat alles zu besorgen, was der Compagnie-Handlungsgeschäfte allhier angeht, auch muß er alle Befehle unterschreiben, welche an die unter ihm stehenden Departements ergehen. Er und der Fiscal haben den Rang von *Ober-Kaufmann.* Der Fiscal verwaltet die Policey und läßt die Straf-Gesetze in Execution bringen. Sein Einkommen besteht in Geldstrafen und in Auflagen auf gewisse Handlungs-Artikel; wenn er aber in Beytreibung derselben etwas zu scharf ist, so zieht er sich allgemeinen Haß zu. Die gesunde Politik der Holländer hat es gleichfalls für nöthig befunden, den Fiskal zum Oberaufseher der andern Compagnie-Bedienten zu machen, damit diese dem Nutzen ihrer Herren nicht entgegen handeln, noch die Gesetze des Vaterlands aus den Augen setzen. Zu dem Ende ist er in Rechtssachen gemeiniglich wohl erfahren und hängt lediglich von Holland ab. Der Major, (welche Stelle jetzt ein Herr *von Prehn* bekleidet, der uns überaus viel Höflichkeit erwieß) hat den Rang eines *Kaufmanns* – ein Umstand, der uns sonderbar scheint, weil wir in allen europäischen Staaten daran gewohnt sind, daß das Militär einen selbstständigen Rang giebt, und der denen noch befremdender vorkommen muß, die den besondern Contrast kennen, der in diesem Stück zwischen Holland und Rußland obwaltet, wo nemlich alle Staatsbedienten ohne Unterschied, sogar die Professoren auf den Universitäten, einen Militär-Rang haben. Die Zahl der hiesigen regulären Truppen besteht ohngefähr aus 700 Mann, wovon 400 in dem bey der Stadt befindlichen Fort zur Besatzung liegen. Die Einwohner, welche Waffen tragen können, machen eine Militz von 4000 Mann aus, die, vermittelst einiger Signale größtentheils in

4 Siehe *Schmidt Opusc. Diss. IV. de commerc. & navig. Aegyptiorum pag. 160.* vornemlich aber *Schlötzers* Handlungs Geschichte S. 300. *Herodotus* sagt ausdrücklich: Afrika sey mit Wasser umgeben, und das sey durch Phönicische Seeleute ausgefunden, welche *Pharao Necho,* von der rothen See abschickte und durchs mittelländische Meer zurück kamen. IV. 42. *Strabo* im zweyten Buche erwähnt einer Expedition des Eudoxus, um Africa, unter *Ptolomäus Lefhyros;* und nach dem Plinius haben auch die Carthaginenser die Küsten dieses großen Landes untersucht. Hist. *nat. II. 67. »Et Hanno Carthaginis potentia florente, circumvectus a Gadibus ad finem Arabiæ, navigationem eam prodidit scripto.«* Obgleich man glauben muß, daß *Hanno* nie Africa umseegelt, weil das Gegentheil aus seinem *Periplus* erhellet.

Serval, *F: Felis capensis*
Leptailurus serval (Kap der Guten Hoffnung)

Zeit von wenig Stunden, auf ihren respectiven Lärmplätzen zusammengebracht werden kann. Aus der vorgedachten Anzahl läßt sich ohngefähr die Volksmenge der weißen Einwohner auf dieser Colonie bestimmen, die sich gegenwärtig so weit ausgebreitet hat, daß die entferntesten Colonisten über vier Wochen reisen müssen, ehe sie das Cap erreichen können. Man darf aber von dem Umfang, bis auf welchen sich diese Plantagen ausgebreitet haben, keinesweges auf ihre Anzahl schließen, denn zumal die äußersten derselben, liegen bisweilen ganze Tagereisen weit von einander, und sind von verschiedenen hottentottischen Nationen umgeben, daher sie denn auch nur gar zu oft empfinden, daß ihre eigne Regierung sie in so weiter Entlegenheit nicht schützen kann. Gegen einen weißen Einwohner zählet man hier fünf und mehr Sclaven, und die vornehmsten Personen am Cap halten deren oft zwanzig bis dreyßig. Im Gantzen haben es diese Leibeignen gut genug, und wenn ihre Herren Gefallen an ihnen finden, so bekommen sie recht gute Kleider, doch müssen sie alle, ohne Ausnahme, barfuß einher gehen, indem ihre Herren sich Schuh und Strümpfe zu einem Unterscheidungs-Zeichen vorbehalten. Diese Sclaven werden hauptsächlich von *Madagascar* gebracht, wohin gemeiniglich alle Jahre ein kleines Schiff von hier aus auf diesen Handel ausgeschickt wird. Doch giebt es auch außer diesen eine Menge von Malayen, Bengalesen und einige Negers unter ihnen. Die Colonisten bestehen aus holländischen Familien, aus französischen Protestanten, größtentheils aber aus Deutschen. Der Character der Einwohner in der Stadt ist sehr gemischt. Sie sind fleißig, aber leben dabey gut; sind gesellig und gastfrey, aber lassen sich dies nicht abhalten, durch Vermiethung ihrer Zimmer eine Art von Wucher zu treiben,[5] und von den Officiers der Kauffarthey-Schiffe ansehnliche Geschenke von fremden Zeugen und andern Waaren zu erwarten. Es fehlt ihnen gewissermaßen an Gelegenheit, sich Kenntnisse zu erwerben, denn auf dem ganzen Cap ist keine einzige Schule von einiger Bedeutung. Die Söhne wer-

5 Die Bedingungen finden sich in *Cooks* voriger Reise, S. *Hawkesworths* Geschichte der engl. See-Reisen in 8. 4ter Band, *pag. 808*. Die Glieder des Raths machen hierinn eine Ausnahme.

den daher gemeiniglich nach Holland geschickt; die Erziehung der Töchter aber ist fast ganz vernachläßigt. Ihre Abneigung gegen das Lesen und der Mangel öffentlicher Veränderungen, macht, daß ihre Gespräche nichts weniger als unterhaltend sind und gemeiniglich auf Klatschereyen hinaus laufen, die hier so bitter sind als sie in allen kleinen Städten zu seyn pflegen. Französisch, Englisch, Portugiesisch und Malayisch wird hier häufig gesprochen und viele Frauenzimmer wissen alle diese Sprachen. Dies und ihre Geschicklichkeit im Singen, Lautenspielen und Tanzen, nebst einer angenehmen Bildung, die hier nicht selten ist, tritt einigermaßen an die Stelle feiner Sitten und Sentiments, die ihnen gemeiniglich fehlen. Doch giebts unter den Vornehmern, sowohl des einen als des andern Geschlechts, Personen, deren Betragen, weitläuftige Lectür und großer Verstand selbst in Europa nicht unbemerkt und unbewundert bleiben würde.[6]

Da alle Lebensmittel außerordentlich wohlfeil sind, so befinden sich die Leute fast durchgängig in guten Glücksumständen, doch giebt es hier keine so großen Reichthümer als in *Batavia* zu erwerben; denn wie man mir sagte, so hat am Cap der reichste Mann nicht über 200000 Thaler oder über 20000 Pfund Sterling im Vermögen.

Auf dem Lande sind die Leute schlecht und recht und gastfrey. In den entferntesten Gegenden, von daher sie selten zur Stadt kommen, sollen sie sehr unwissend seyn; welches sich leicht begreifen läßt, weil sie keine Gesellschaft als Hottentotten haben, und oft etliche Tagereisen weit auseinander wohnen. Weinbau wird nur in denjenigen Plantagen getrieben, die innerhalb einiger Tagereisen von der Stadt entfernt liegen. Hier wurden sie bereits von den ersten Colonisten angelegt, deren Familien sie auch erb- und eigenthümlich zugehören. Jetzt aber giebt die Compagnie nichts mehr auf Erbe, sondern verpachtet die Ländereyen nur jahrweise, und obgleich der Pachtzins sehr mäßig ist, indem für 60 Äcker oder Morgen Landes nur 25 Thaler entrichtet werden,[7] so hindert dies dennoch die Anlage neuer Weinberge. In den entfernteren Plantagen wird daher auch nur Korn und Vieh gezogen, und einige Colonisten geben sich bloß mit der Viehzucht allein ab. Wir hörten von zween Pächtern, deren jeder 15000 Schaafe und verhältnißmäßige Heerden von Hornvieh halten soll. Es giebt viele die 6 bis 8000 Schaafe haben und große Heerden davon zur Stadt treiben; aber *Löwen, Büffels* und die Beschwerlichkeiten einer so weiten Reise, vermindern diese Triften oft, ehe sie solche bis auf den Marktplatz bringen können. Sie nehmen bey dergleichen Gelegenheiten gemeiniglich ihre Familien mit sich, und bedienen sich hiezu großer Wagen, die mit Leinewand oder Leder, über Tonnenbänder ausgespannt, bedeckt sind und von 8. 10 oder gar 12 Paar Ochsen gezogen werden. Außer dem Schlachtvieh bringen sie auch Butter und Schaaftalg; imgleichen das Fleisch und die Haut vom Flußpferd oder *Hippopotamus,* nebst Löwen und Rhinoceros-Fellen zu Markte. Zu Bestellung ihrer Feld- und Viehwirthschaft, halten sie sich zum Theil Sclaven, miethen sich auch gemeiniglich noch einige ärmere Hottentotten dazu, und zwar, wie man uns sagte, von dem Stamm der sogenannten *Boschmans* oder Waldmenschen, die kein eignes Zuchtvieh haben, sondern sich von Jagd und Raub nähren. Reiche Pächter helfen Anfängern dadurch auf, daß sie ihnen eine Heerde von 4 bis 500 Schaafen anvertrauen, um solche auf entlegene, gute Weiden zu treiben; dafür lassen sie ihnen die Hälfte der Lämmer, und so werden sie in kurzem eben so reich als ihre Wohlthäter.

Ob gleich die Compagnie dadurch, daß sie sich das Grundrecht und Eigenthum der Ländereyen allein vorbehält, den neuen Colonisten offenbar keine Ermunterung giebt, so hat es der Fleiß dieser letztern

---

6 Ohne Ungerechtigkeit dürfen wir nicht vergessen, hier vorzüglich zu nennen, den Gouverneur Baron *Joachim von Plettenberg,* einen Herrn, der durch seine Gastfreyheit und Gesprächigkeit seiner Nation Ehre macht; Herrn *Hemmy,* den zweyten Gouverneur, und seine Familie; Herrn *von Prehn,* den Major; den Herrn Secretarius *Bergh,* einen Mann von Wissenschaft und edler philosophischer Denkungsart, dessen Familie durch Schönheit und Verstand sich von der ganzen Capischen Jugend auszeichnet; Herrn *Kerste;* Herrn *de Wit,* und unsern würdigen Hauswirth, Herrn *Christoph Brandt,* Commandeur von Falsebay – alle insgesammt mit ihren Familien. Es ist eine wahre Freude, so vieler schätzbaren Glieder der Gesellschaft und so vieler Menschenfreunde Andenken zu erhalten.

7 Der Acker oder Morgen Landes besteht hier aus 666 rheinischen Quadrat-Ruthen, und die Ruthe hält 12 Fus. Das Verhältniß des rheinischen zum englischen Fus ist wie 116. zu 120.

Glattnackenrappen, ***F: Tantalus capensis***
Geronticus calvus (Kap der Guten Hoffnung, 1772)

dennoch so weit gebracht, daß sie seit einiger Zeit *Isle de France* und *Bourbon* mit Korn versehen, ja sogar verschiedne Ladungen nach Holland geschickt haben. Diese Ausfuhr würde ohne Zweifel zu bessern Preisen geschehen können, wenn die Plantagen nicht so weit ins Land hinein lägen; denn alles Korn muß zur Axe und auf sehr bösen Wegen bis nach Tafelbay gebracht werden. Man darf sich indessen nicht wundern, daß die Plantagen so tief ins Land und so weit auseinander liegen, und daß es zwischen denselben große Bezirke giebt, die ganz wüste sind, da sie doch zum Theil angebauet werden könnten. Die Compagnie will es gerade so haben; denn sie hat ausdrücklich verordnet, daß kein Colonist sich innerhalb einer deutschen Meile von der nächsten Plantage anbauen solle. Stände diese Colonie unmittelbar unter den General-Staaten, so würde sie zweifelsohne ungleich volkreicher seyn und sich längst großen Reichthum und Ansehen erworben haben, wozu jetzt keine Aussicht ist; aber eine Handlungsgesellschaft von ostindischen Kaufleuten findet ihre Rechnung besser dabey, das Land-Eigenthum für sich zu behalten und dem Colonisten die Flügel zu beschneiden, damit er nicht zu groß und zu mächtig werden möge.

Der Wein, welcher auf dem Cap gebauet wird, ist von unendlich verschiedenen Sorten. Der beste fällt auf Herrn *Van der Spy's* Plantage zu Constantia, und den kennt man in Europa größtentheils wohl nur vom Hörensagen, denn es werden jährlich, höchstens nur 30 Faß *(Legger*[8]*)* davon eingeerndtet, und jedes wird auf der Stelle zu ohngefähr 50 Pfund Sterling, das ist, 300 Thaler verkauft. Die Stöcke von denen er kommt, sind ursprünglich von *Schiras,* in Persien, hiehergebracht. Was wir in Europa für ächten

8 Ein *Legger* ist ohngefähr 108 Gallons englisches Maßes, davon jedes 4 ordinaire Bouteillen giebt.

Constantia trinken, sind andere süße Weine, die in denen zunächst an der Constantia gelegenen Weinbergen wachsen. Man hat auch versucht, Reben vom Burgunder-Wein aus Frankreich, desgleichen Frontingac und Muscatellerstöcke von eben daher, hier anzupflanzen, und die sind alle so gut eingeschlagen, daß das Gewächs zuweilen das französische übertrifft. In den vornehmern Häusern ist der gewöhnliche Tischwein, ein herber starker Wein, der von Madera-Reben hier gezogen wird und eine angenehme Schärfe hat. Geringere, nicht unangenehme Sorten, fallen in großer Menge und sind sehr wohlfeil, so, daß die Matrosen der Ostindienfahrer sich gemeiniglich etwas rechtes damit zu gut thun.

Das Land versieht die Schiffe aller Nationen die hier anlegen, mit Lebensmitteln. Korn, Mehl, Schiffs-Zwieback, gepökelt Rindfleisch, Branntewein und Wein sind im Überfluß und zu billigen Preisen zu haben, und das frische Gartengewächs,[9] imgleichen das Obst, welches hier gezogen wird, sind, nebst dem guten Hammel- und Rindfleisch, vortrefliche Erfrischungsmittel für diejenigen, die von weiten Reisen kommen. Das Clima ist dabey so gesund, daß die Einwohner selten kranken, und daß Fremde, vom Scorbut und andern Krankheiten, sich sehr leicht erholen. Der Winter ist so gelinde, daß bey der Stadt fast niemals Eis zu sehen ist; auf den Bergen aber, vornemlich weit ins Land, giebts harten Frost mit Schnee- oder Hagelstürmen, und die scharfen Südostwinde bringen ihnen sogar im November, welches hier Frühling ist, manchmal noch Nachtfröste zuwege. Schnupfen und Verkältungen sind die einzigen gewöhnlichen Plagen und entstehen von der schnellen Veränderung der Luft bey starken Winden, denen das Cap zu allen Jahrszeiten unterworfen ist. Der Hitze ohnerachtet, welche zuweilen ausnehmend ist, haben die Einwohner holländischer Herkunft ihre angebohrne, eigenthümliche Gestalt und Bildung beybehalten. Sie sind durchgehends dick und fett, wozu ihr gutes Leben nicht wenig beytragen mag.

Die *Hottentotten* oder ursprünglichen Landes-Einwohner, haben sich in die innern Gegenden des Landes zurückgezogen, so daß ihr nächstes *Kraal* oder Dorf fast hundert englische Meilen von der Stadt am Cap entfernt ist. Dennoch kommen sie bisweilen hieher, theils um ihr eignes Vieh zum Verkauf zu bringen, theils um den holländischen Pächtern, ihre Heerden zu Markt treiben zu helfen. Wir hatten keine Gelegenheit, neue Beobachtungen über dies Volk zu machen; denn wir sahen nur einige wenige einzelne Personen von ihnen, an deren keiner wir etwas fanden, das *Peter Kolbe* nicht schon bemerkt haben sollte. Daß die ausführlichen Nachrichten dieses einsichtsvollen Mannes der Wahrheit gemäß wären, bestätigten nicht nur die vornehmsten hiesigen Einwohner durch ihr Zeugniß, sondern wir fanden auch Gelegenheit, uns zum Theil durch *eigne* Untersuchungen, von der Richtigkeit seiner Beobachtungen zu überzeugen. In mancher Absicht war auch schon auf *Cooks* erster Reise ein gleiches geschehen, worüber man *Hawkesworth's* Gesch. der engl. See-Reisen in 8. vierter Band p. 809 etc. nachlesen kann. Zwar ist *Kolbe* von einigen Sachen übel unterrichtet gewesen, und manches, was die Colonie betrifft, scheint jetzo ganz anders zu seyn als es zu seiner Zeit war; aber bey dem allen ist er noch immer der beste unter den Geschichtschreibern des Caps, und also verweisen wir unsere Leser auf ihn.

Der Abt *la Caille,* ein französischer Astronom, hätte daher auch in der Beschreibung seiner Reise (die kurz nach ihres Verfassers Tode bekannt gemacht worden) den Credit von *Kolbens* Nachrichten nicht zu schwächen suchen sollen, zumal da er uns an deren Stelle nichts besseres geliefert hat. Sein Werkchen ist übrigens so seicht abgefaßt, daß wir desselben hier gar nicht erwähnt haben würden, wenn Recht und Billigkeit nicht forderten, *Kolben* als einen treuen und genauen Beobachter zu rechtfertigen. Der Abt wohnte am Cap unter einer Familie, die nicht zu jenen gehörte, welche es ehemals mit *Kolben* gehalten und ihm wohlgewollt hatten. Er hörte ihn also herabsetzen, so oft sich die Gelegenheit dazu ereignete, und schrieb getreulich alles nieder, um sich auf seine Kosten wichtig zu machen.

Nul n'aura d'esprit,
Hors nous & nos amis.
BOILEAU.

Die südliche Spitze von *Africa,* bestehet aus einer Masse hoher Berge; davon die zunächst am Meere

9 Vornemlich sind die Weintrauben und Orangen hier ganz unvergleichlich.

Oben: **Klippfisch, *F: Blennius capensis***
Clinus superciliosus (Südatlantik, 1773)
Unten: **Goldmakrele, *F: Coryphaena hippurus***
Coryphaena hippurus (Südatlantik, 1773)

gelegenen, schwarze, steile und: unfruchtbare Granitfelsen sind, in denen man weder fremde Cörper, als versteinerte Muscheln und dergleichen, noch Laven-Arten oder andere Spuhren von ehemaligen Vulcanen findet. An den angebaueten Flecken bestand das Erdreich aus Thon mit etwas Sand und kleinen Steinen vermischt; aber gegen *False-Bay* hin, haben fast alle Plantagen sandigen Boden. In der Colonie *Stellenbusch* soll das Erdreich unter allen am fruchtbarsten seyn, und die Pflanzungen dort besser als andrer Orten gerathen. Besonders rühmte man, daß die europäischen Eichen dort gut fortkämen, und nebst einem stattlichen Ansehen auch eine beträchtliche Höhe erreicht hätten. Bey der Stadt hingegen wollen sie nicht recht fort; denn die größten, die wir daselbst sahen, waren nicht über dreyßig Fuß hoch. In den weiter Land-einwärts gelegenen Bergen giebt es ohne Zweifel Metall, besonders Eisen und Kupfer; von diesen beyden Erzarten zeigte uns Herr *Hemmy* etliche Stufen vor, und da verschiedene Stämme der Hottentotten sie zu schmelzen wissen, so müssen sie reichhaltig und leicht in Fluß zu bringen seyn. Man findet auch im Innern des Landes heiße Quellen, darunter vorzüglich eine ist, deren sich die Einwohner am Cap bedienen, weil sie nur drey Tagereisen weit von der Stadt liegt. Sie soll gegen Krankheiten der Haut und andre Zufälle gut seyn, und muß also wohl viel Schwefel enthalten.

In dem Pflanzenreiche herrscht hier eine verwundernswürdige Mannigfaltigkeit. Ohngeachtet wir uns gar nicht lange allhier aufhielten, fanden wir dennoch verschiedne neue Arten, und zwar nahe bey der Stadt, wo wir sie gerade am wenigsten vermuthet hätten. So beträchtlich daher auch die Sammlungen unsrer bisherigen Kräuterkenner in diesem Lande ausgefallen sind, so haben Dr. *Sparrmann* und der gelehrte Dr. *Thunberg*[10] doch noch mehr als Tausend ganz neue Arten hier angetroffen. Das Thierreich ist verhältnißmäßig eben so reich. Die größten vierfüßigen Thiere, der Elephant, das Rhinoceros und die Giraffe oder das Camelopardalis sind in dieser Spitze von *Africa* zu Haus. Die beyden ersten Arten fanden sich sonst innerhalb der nächsten funfzig Meilen von der Stadt; sie sind aber so häufig gejagt und verfolgt worden, daß sie jetzt, viele Tagereisen weit jenseits der Stadt, nur noch selten zum Vorschein kommen. Das Nashorn besonders ist so rar geworden, daß das Gouvernement sogar eine Verordnung hat ergehen lassen müssen, um desselben gänzliche Ausrottung zu verhindern. Das *Flußpferd* (Hippopotamus) wird hier *Seekuh* genannt und war ehedem ohnweit der Stadt, schon in *Saldanha-Bay* anzutreffen, jetzt aber ist es ebenfalls so selten geworden, daß, kraft obrigkeitlichen Verboths, innerhalb einer großen Entfernung vom Cap keines mehr geschossen werden darf. Ohnerachtet dies Thier, seinem Nahmen nach, im Wasser leben sollte, so nährt es sich doch blos von Kräutern, und soll nur auf kurze Zeit, auch nie auf größere Strecken als ohngefähr auf dreyßig Schritt weit, untertauchen können. Das Fleisch wird hier zu Lande gegessen und für einen Leckerbissen gehalten, gleichwohl schmeckte es mir nicht besser als festes Rindfleisch, das Fett aber hat mit Mark viel Ähnlichkeit. Zu den übrigen großen Thieren, die es allhier giebt, gehört auch der *wilde Büffel,* dessen Hörner jenen vom americanischen wilden Ochsen *(bison)* gleichen, worüber man die im neunten Theile von Büffons Naturgeschichte, befindliche Abbildung nachsehen kann. Sie halten sich jetzt ebenfalls nur in den entlegnern Gegenden auf und sollen von ausnehmender Stärke und Wildheit seyn. Die Bauern werden dies zu ihrem Schaden inne, denn sie fallen die Heerden öfters an, und bringen das Vieh um, indem sie es mit den Füßen zertreten. Dr. *Thunberg* verlohr durch einen Anfall dieser Thiere seine Pferde und sein Begleiter, der holländische Compagnie-Gärtner, hatte kaum noch Zeit, sich zwischen zwey Bäume zu retten. Ein junger dreyjähriger Ochs dieser Art, welcher dem Unter-Gouverneur zugehörte, ward mit sechs zahmen

10 Ein geschickter Schüler des Herrn von Linné, der zuerst *D. Burmans* Kräutersammlung zu Leyden in Ordnung brachte, darauf drey Jahre lang am Kap botanisirte, und, nach mancher daselbst gemachten neuen Entdeckung, auf Kosten der Ostindischen Compagnie nach Batavia geschickt ward, um von da im Jahr 1775 nach Japan zu gehen. Auf *D. Sparrmanns* Bitte nahm er Herrn *Franz Masson,* einen Unter-Gärtner des Königlichen Gartens zu *Kew,* mit auf seine botanischen Reisen am Cap. Dieser *Masson* war an Bord der *Resolution* nach dem Cap gesandt worden, um sowohl frische Pflanzen als auch Gesäme für den Königlichen botanischen Garthen, nach England zu bringen. *D. Thunberg* lehrte ihm was merkwürdig sey, und er ist mit einer reichen Erndte nach England zurückgekommen.

Ochsen vor einen Wagen gespannt, aber sie waren zusammen genommen nicht vermögend ihn aus der Stelle zu bringen. Außer diesem Büffel-Geschlecht giebt es noch eine andre Art wilder Ochsen, welche von den Eingebohrnen *Gnu* genannt werden. Sie haben dünne kleine Hörner, Mähnen, und Haarborsten an der Nase und den Wammen; und scheinen wegen ihres feinen Baues eher zum Pferde- und Antelopen- als zum Ochsen-Geschlecht zu gehören. Wir haben Zeichnungen und Beschreibungen von diesem Thiere gemacht, davon auch eins für die Menagerie des Prinzen von Oranien lebendig nach Europa verschickt worden ist. Nächst allen vorgedachten Thieren ist dieser Welttheil auch von jeher als das Vaterland des schönen *Gazellen-* oder *Antelopen-Geschlechts*[11] angesehn worden, von dessen vielfachen Arten, wir längst eine richtigere Kenntniß würden bekommen haben, wenn die verschiedenen, zum Theil unschicklichen Nahmen, die man ihnen hin und wieder beygelegt hat, solches nicht verhindert und erschweret hätten. An reissenden Raubthieren fehlt es dem Cap auch nicht, und die Colonisten können sich nicht Mühe genug geben sie auszurotten. Löwen, Leoparden, Tieger-Katzen, gestreifte und fleckichte Hyänen, *(S. Pennants Synopsis Quadr.)* Jackals und andre dergleichen Thiere, nähren sich hauptsächlich von Antelopen, Hasen, Jerbua's, Cavia's und kleinen vierfüßigen Thieren, wovon das Land überall voll ist. Die Anzahl der Vögel ist ebenfalls sehr groß und viele derselben sind mit den schönsten Farben gezeichnet.

Ich habe hier eine Veranlassung noch einmal auf *Kolben* zurückzukommen. Er sagt unter andern, daß es Schwalben allhier gebe, und das ist ohnläugbar, denn wir haben selbst zweyerley Arten davon gesehen. Der Abt *la Caille* hingegen findet für gut, *Kolben* in diesem Punkt zu widersprechen, wahrscheinlicherweise bloß darum, weil ihm selbst keine zu Gesicht gekommen sind. Eben so irrt sich der Abt auch in Ansehung des *Knorrhahns;* dieser gehört keinesweges zu den *gelinottes* oder *grous,* d. i. Birkhähnen, wie er behaupten will; sondern es ist eine africanische Trappe *(bustard.)* Überhaupt würde es sehr leicht seyn, fast jeden Urtheilsspruch des Abts *gegen Kolben,* zu entkräften, wenn sein unbedeutendes Werklein so viel Achtung verdiente.

Von kriechenden Thieren aller Art, Schlangen, worunter einige, deren Biß tödtlich ist, und von unterschiedlichen Insecten und anderm Gewürm, wimmelt es gleichsam am Cap; auch sind die Küsten reich an wohlschmeckenden Fischen, davon viele den Naturkündigern noch unbekannt sind. Mit einem Wort, so große Reichthümer des Pflanzen- und Thierreiches auch jetzt schon aus *Africa* gebracht sind, so giebt es in dessen inneren, fast noch ganz unbekannten Theilen doch noch große Schätze für die Natur-Wissenschaft, und für den Beobachtungsgeist eines zweyten *Thunbergs* oder zweyten *Bruces.*

---

11 Nur wenige Arten, die sich in Indien und andern Theilen von Asien finden, und eine einzige, die in Europa anzutreffen, sind hiervon auszunehmen. Die verschiedenen Arten desselben, welche es am Cap giebt, sind alle vorzüglich, entweder wegen der zierlichen Bildung, oder wegen der Farbe, oder wegen der Hörner oder auch wegen der Größe. Der *Cuhduh* oder *Kolbens Bock ohne Namen,* wovon dem Anschein nach *Büffons Condoma* entstanden, ist der *Strepsiceros* des *Linnäus* und *Pallas.* Er ist so groß als ein Pferd und soll ungemein hoch springen können. Das *Cap-Elendthier* des *Kolbe* oder *Pallaßens Antelope oreas* ist ohngefähr von der Größe eines Hirsches. Der *bonte bock* (oder der *bunte Bock)* ist die *Antelope scripta* beym Pallas. Die Antelope, welche am Cap sehr uneigentlich Hirsch genannt wird, ist *Pallaßens Antelope bubalis.* Die egyptische *Antelope* oder *Gazella* des *Linnäus* und *Pallas,* oder *Büffons pasan,* wird hier Gemsbock genannt, mit welchem sie doch nicht die mindeste Ähnlichkeit hat. Die *blaue Antelope (blauwe bock)* ist wirklich blauer Farbe, verliert aber den blauen, sammetartigen Schein der Haare so bald sie todt ist. Der *Springbock,* welches eine schöne Art ist und beym Pallas *pygargus* heißt, hält sich in den innern Theilen von Africa auf. Man findet sie in großen Heerden bey einander, die im Sommer, des Wassers und des Futters wegen, nach Süden ziehen, aber von ganzen Haufen Löwen, Panther, Hyänen und Jackals verfolgt werden. Ein Thier dieser Art hatten wir bey unserer Rückkunft nach England die Ehre Ihro Majestät der Königin lebendig zu überreichen. Zwey kleine Arten, ohngefähr so groß als Dannhirsche, nebst verschiedenen noch nicht genug beschriebnen Spiel-Arten geben für die hiesigen vornehmen Einwohner ein wohlschmeckendes Wildpret ab. Der *Duyker* oder die *Tauch-Antelope* wird so genannt, weil sie sich auf der Jagd im Buschwerk niederduckt und nur von Zeit zu Zeit wieder hervorkommt; auch diese ist noch nicht hinlänglich bekannt, und der hiesige *Rehbock* verdient ebenfalls noch genauer untersucht zu werden.

Blauer Sturmvogel, *F: Procellaria similis*
Halobaena caerulea (Südatlantik, 1772)

VIERTES HAUPTSTÜCK.

Reise vom Cap nach dem antarctischen Zirkel; erste Fahrt in höhere südliche Breiten; Ankunft auf der Küste von Neu-Seeland.

Am 22sten November Nachmittags um 4 Uhr, seegelten wir aus Tafelbay und begrüßten beym Abschiede das Fort. Das unruhige Element, dem wir uns nunmehro von neuem anvertrauten, bewillkommte uns auf keine angenehme Art, denn wir hatten die ganze Nacht über mit heftigen Stoßwinden zu kämpfen. Die See leuchtete jetzt auf eben die Art, als wir bey unsrer Ankunft gesehen hatten, aber nicht so stark als damals. Am folgenden Tage um 8 Uhr des Morgens verlohren wir das Cap aus dem Gesicht und liefen gegen Süden. Da wir jetzt auf einer Reise begriffen waren, die noch Niemand vor uns unternommen hatte, auch nicht wußten, wenn, oder wo wir einen Erfrischungs-Ort finden würden, so gab der Capitain die gemessensten Befehle, daß mit dem Trinkwasser gut hausgehalten werden sollte. Zu dem Ende ward eine Schildwache an das Wasserfaß gestellt und von dem Schiffsvolk bekam der Mann täglich ein gewisses Maas zugetheilt. Außerdem durfte ein jeder auch noch beym Faß trinken, aber nichts mit sich nehmen. Der Capitain selbst wusch sich mit Seewasser und unsre ganze Reisegesellschaft mußte sich ein gleiches gefallen lassen. Auch ward die von Herrn *Irving* verbesserte Destillir-Maschine beständig im Gange erhalten, um die tägliche Abnahme des süßen Wassers wenigstens in *etwas* wieder zu ersetzen.

Den 24sten Nachmittags fiengen wir bey schönem gemäßigtem Wetter, nach vorhergegangenen harten Sturm, neun Albatrosse an Schnur und Angeln, welche man mit einem Stückchen Schaafsfell besteckt hatte. Einige dieser Vögel maaßen, von einer Spitze des ausgebreiteten Flügels zum andern, über zehn Fuß. Das Gefieder der Jüngern war mit viel braunen Federn vermischt; die ausgewachsenen aber waren ganz weiß, bis auf die Flügel, die schwärzlich und an dem obern Gelenke mit schwarzen Strichen gestreift auch mit einzelnen Federn schwarz gesprenkelt waren. An eben diesem Tage ließ sich, eine kleine Weile über, ein großer brauner Fisch, der mit dem Sonnen-Fisch *(tetrodon mola)* viel Ähnlichkeit hatte, neben dem Schiffe sehen.

Am 29sten ward der Wind, welcher seit den drey vorhergehenden Tagen sehr stürmisch gewesen war, so heftig, daß wir vier und zwanzig Stunden lang nur allein das Fock-Seegel führen konnten. Zugleich gieng die See fürchterlich hoch und brach oft über dem Schiffe. Wer kein Seemann war, wußte sich in diese neue Lage gar nicht zu schicken, und da wir auf der Überfahrt von England bis zum Cap ganz besonders gutes Wetter gehabt hatten, so waren auch jetzt noch in keiner Cajütte Anstalten gegen solche Stürme vorgekehrt worden. Das heftige Hin- und Herschwanken des Schifs richtete daher täglich schreckliche Verwüstungen unter unsern Tassen, Gläsern, Bouteillen, Tischen, Schüsseln und andern Geschirr an; allein, die lustigen Auftritte, welche bey dieser allgemeinen Verwirrung vorfielen, und bey denen man sich des Lachens ohnmöglich enthalten konnte, machten uns, gegen diesen in unsrer Lage unersetzlichen Verlust, gelaßner als wir ohne dies wohl nicht geblieben seyn möchten. Das übelste dabey war, daß die Decken und Fußböden in allen Cajütten gar nicht trocken wurden, und das Heulen des Sturms im Tauwerk, das Brausen der Wellen, nebst dem gewaltigen Hin- und Herwerfen des Schifs, welches fast keine Beschäftigung verstattete, waren neue und fürchterliche Scenen, aber zugleich höchstwiedrig und höchst unangenehm. Hiezu kam noch, daß, ohnerachtet wir uns erst im 42 Grade südlicher Breite befanden, die Luft doch schon sehr kalt und scharf zu werden anfieng, gleichwie auch der häufige Regen dem Schiffsvolk den Dienst noch schwerer machte. Um nun die Leute einigermaßen gegen die rauhe Witterung zu schützen, lies der Capitain die Kleider unter sie austheilen, welche zu dem Ende, auf Kosten der Admiralität, ausdrücklich waren angeschaft worden. Ein jeder, der, im Dienst des Schiffs, dem Ungestüm des südlichen Clima ausgesetzt seyn mußte, vom Lieutenant an bis zum gemeinsten Matrosen, bekam ein Wamms und ein Paar lange Schifferhosen vom dicksten wollnen Zeuge oder starken Flannel, *fearnought* genannt, welche die Nässe lange abhielten, und, gleichwie alle übrige Artikel, welche die Admiralität von Lieferanten schaffen läßt, nur den einzigen Fehler hatten, daß sie fast durchgehends zu kurz oder zu knapp waren. Das Elend, welches das arme Schiffs-Volk des Herrn von *Bougainville,* aus Mangel gehöriger Kleidung ausstehen mußte, zeiget augenscheinlich, daß die englischen Seeleute auch in dieser Absicht ungleich besser dran sind. Von ihrer billig und menschenfreundlich-gesinnten Landesregierung, können sie sich überall, besonders bey gefährlichen Expeditionen darauf verlassen, mit allem versorgt zu werden, was sie gegen die Gefahren der See schützen und was in Widerwärtigkeiten ihren Muth aufrecht erhalten kann. Wenn hingegen in einem Staate diese Aufmerksamkeit fehlt und der Matrose gewahr wird, daß man sich nicht mit einer Art von Theilnehmung um ihn bekümmert; so wird er unwillig und muthlos im Dienst werden und sich der Verzweiflung mit allen ihren schrecklichen Folgen überlassen, so bald eine Prüfungsstunde einfällt, die auf diesem Elemente doch so selten ausbleiben, und aus denen der entschlossen Muth und der gute Wille des Schiffsvolks oft nur allein retten können. Einen solchen critischen Augenblick erlebten wir diese Nacht. Ein Unterofficier, der in dem Vordertheile des Schiffraums schlief, erwachte von ohngefähr und hörte Wasser durch seine Schlafstelle rauschen, das gegen seine und seiner Cameraden Kisten heftig anstieß; er sprang sogleich zum Bette heraus und fand sich bis an die Waden im Wasser. Augenblicklich gab er dem Officier auf der Hinterdecke Nachricht von diesem fürchterlichen Umstande und in wenig Minuten war im ganzen Schiffe alles wach und in Bewegung. Man fieng an zu pumpen und die Officiers redeten den Leuten mit einer ungewohnten und daher bedenklichen Gütlichkeit Muth ein, daß sie nicht nachlassen sollten, aus allen Kräften zu arbeiten. Dennoch schien das Wasser überhand zu nehmen. Jedermann war in Furcht und Schrecken und die Dunkelheit der Nacht vergrößerte nur die Abscheulichkeit unsrer Lage

Ponto nox incubat atra
Præsentemque viris intentant omnia mortem.
VIRGIL.

For what obscured light the heav'ns did grant
Did but convey unto their fearfull minds
A doubtfull warrant of immediate death.
SHAKESPEAR.

Die Schöpf- und Ketten-Pumpen wurden in Gang gebracht und die Leute arbeiteten mit dem lebhaftesten Eifer. Endlich entdeckte man zum großen Glück, daß das Wasser nicht durch ein verborgnes und unzugängliches Leck eindrang, wie jedermann besorgt hatte, sondern daß es in die Vorraths-Cammer des Bootsmanns, zu einem Fenster oder Luftloch hereinkam, welches gegen die stürmische See dieser Gegenden nicht fest genug zugemacht und durch die Gewalt der Wellen eingeschlagen worden war. Nunmehro war keine Gefahr weiter dabey, es ward augenblicklich wieder vermacht und so entkamen wir diesmal ohne andern Schaden, als daß die Kleider und das Gepäck der Matrosen und Officier von dem eingedrungnen Seewasser ganz durchnässet worden waren. Es würde uns indessen schwer wo nicht unmöglich gewesen seyn, das Schif über Wasser zu halten, wenn der Unterofficier nicht gleichsam durch eine besondre Schickung erwacht wäre, ehe das Übel überhand genommen hatte. Alle Gegenwart des Geistes unsrer Officiers würde alsdann, mit sammt dem Muth unsers Schiffvolks, vergebens gewesen seyn, und wir hätten zu Grund und Boden gehen müssen, ohne daß uns wegen der sehr finstern Nacht und stürmenden Wellen von dem andern Schiffe aus die geringste Hülfe hätte geleistet werden können.

Ohngefähr um diese Zeit wurden an alle Leute am Bord Fisch-Angeln und Leinen ausgetheilt, damit, so bald wir Land antreffen würden, ein jeder alsbald Gebrauch davon machen könnte.

Das stürmische Wetter dauerte inzwischen, abwechselnd mit Regen und Nebel vermischt, bis zum 5ten December[1] fort, an welchem Tage der Wind zum erstenmale, nachdem wir das Cap verlassen hatten, wieder so gemäßigt war, daß die höchsten Braam-Seegel aufgesetzt werden konnten. Um Mittag befanden wir uns unter dem 47°. 10 Minuten südlicher Breite. Die Freude über das gute Wetter war von kurzer Dauer, denn noch heute Nachmittag fiel schon wieder Regenwetter ein und die Wellen, welche sich sehr hoch aus Westen her wälzten, verkündigten uns, daß wir aus diesem Striche Wind zu gewarten hätten. Er stellte sich auch würklich noch in derselben Nacht und zwar aus Südwest ein, wodurch die Luft so kalt wurde, daß das Thermometer in eben dieser Nacht von 44 auf 38 Grad herab fiel und daß wir mit Tages Anbruch etwas Schnee bekamen. Der Wind nahm dabey zu und am 7ten stürmte er dermaaßen, daß wir Nachmittags nur noch *ein* Seegel führen konnten. Eine Menge von Petrels oder Sturmvögeln verschiedner Art und See-Schwalben *(terns)* waren uns, bald in kleinen bald großen Hauffen, vom Cap gefolgt ohne sich an das Stürmen des Windes und der See zu kehren, welches im Gegentheil sie nur in immer größerer Anzahl herbeyzuführen schien. Die vornehmsten Arten waren der Cap-Sturmvogel oder Pintada *(Cape petrel. Procellaria capensis)* und der blaue, der so genannt wird, weil er ein blaulichtgraues Gefieder hat und queer über die Flügel mit einem schwärzlichen Streif gezeichnet ist. Auch ließen sich von Zeit zu Zeit die beyden obbenannten Arten von Albatrossen[2] imgleichen, wiewohl selten, noch eine dritte Gattung sehen, welche wir die rußfarbigten *(sooty)* unsre Matrosen hingegen, wegen der graubraunen Farbe, den Quaker nannten. Am 8ten, da die See noch immer sehr unruhig und der Wind sehr heftig war, hatten wir auf allen Seiten um uns her eine Menge Vögel von den vorgedachten Arten, auch ließen sich heute zum erstenmal *Pinguins*[3] und Hauffen von See-Gras welches See-Bambu genannt wird *(fucus buccinalis Linn.)* ohnweit dem Schiffe sehen. Diese Umstände begünstigten unsre Hofnung Land zu finden, denn bishero wards für ausgemacht gehalten, daß See-Gras, besonders solch Felsenkraut als dieses, und *Pinguins,* niemals fern von der Küste angetroffen würden. Die Erfahrung aber hat gelehrt, daß man sich auf diese Zeichen nicht verlassen kann, sondern daß sie ihren Credit nur einzelnen, zufälligerweise günstig gewesenen Proben und dem Zeugniß eines oder des andern berühmten Seefahrers zu danken haben. Wenn man indessen auf die Erscheinung und Beschaffenheit des See-Grases und Treibholzes fernerhin *genau* Acht geben wollte, so könnte solches vielleicht dereinst zu bestimmtern Schlüssen leiten; denn da diese Kräuter nicht in der See erzeugt werden, sondern ursprünglich auf Felsen wachsen und von da durch die Wellen oder eine andere äußere Gewalt ausgewurzelt werden, so müssen sie in diesem widernatürlichen Zustande in Fäulnis übergehen, aus deren größeren oder geringern Grade sich die Zeit, wie lange sie in See herumgeschwommen, ja in einzelnen, seltnen Fällen vielleicht auch die Entfernung des Landes, von welchem sie herkommen, muthmaßlich würde errathen lassen; der Strich und die Stärke von Wind und Wellen nebst andern Umständen müßten aber in diesem Fall freylich mit in Anschlag gebracht werden.

Am 9ten Morgens konnten wir endlich unsre große Seegel wiederum aufsetzen, weil der Sturm etwas nachgelassen hatte. Das Thermometer hingegen war, des gelindern Wetters ohngeachtet, heute früh um 9 Uhr auf 35 Grad gesunken, und stieg Mittags nicht mehr als um einen Grad höher, ob wir uns da-

1 Wir hatten in dem bisherigen stürmischen Wetter sechs große Schweine und einige Schafe verlohren.

2 Siehe oben S. 79.

3 Diesen Vogel hat, seit Sir *John Narboroughs* Zeit, fast ein jeder Seefahrer erwähnt, der das südliche Ende von Amerika berührt hat; und sie sind den Lesern aus Ansons, Byrons, Bougainvilles, Pernetty's und andern Nachrichten so bekannt, daß es kaum nöthig seyn mögte, sie hier zu beschreiben. Man kann sie auf gewisse Weise als Amphibia ansehen, denn ihre Flügel sind nicht zum Fliegen, sondern bestehen nur aus starken fleischigten Membranen, welche sie zugleich als Flos-Federn gebrauchen. Den Naturkündigern sind jetzt schon zehn verschiedene Arten bekannt worden.

mals gleich erst unter 49 Grad 45 Minuten südlicher Breite befanden. Gegen die Nacht wards wieder kälter und um halb Zehn stand das Thermometer auf dem Verdeck nahe bey 32. Grad, auch fieng in unserm Trinkfaße das Wasser, am Rande des Gefässes, an zu frieren. Diese Kälte war gleichsam der Vorbothe des Treib-Eises, welches wir am folgenden Morgen in der See antrafen. Das erste was wir davon zu sehen bekamen war ein großer Klumpen, dem wir eilfertigst ausweichen mußten. Ein anderer von gleicher Größe war dichte vor uns und einen dritten erblickten wir ohngefähr zwey See-Meilen weit gegen den Wind hin, wo er, gleich einem weißen Vorgebürge oder einer Kreiden-Klippe, aus dem Meer empor ragte.

Nachmittags fuhren wir bey einer andern viereckigten, ungeheuren Eiß-Masse vorbey, die ohngefähr zweytausend Fuß lang, vierhundert breit, und wenigstens noch einmal so hoch als unser höchster mittelster Braam-Mast, das ist, ohngefähr zwey hundert Fuß hoch war. Da sich nach *Boylens* und *Mairans*[4] Versuchen die Masse des Eises zum Seewasser ohngefähr wie 10. zu 9. verhält; so muß, nach bekannten Hydrostatischen Gesetzen, die Masse des Eises über dem Wasser zu jener, die sich unterm Wasser befindet, wie 1 zu 9 seyn. Wenn nun das Stück Eis, welches wir vor uns sahen, von ganz regelmäßiger Gestalt gewesen ist, welches wir einmahl annehmen wollen, so muß es 1800 Fuß tief im Wasser gegangen und im Ganzen 2000 Fuß hoch gewesen seyn. Rechnen wir nun seine Breite auf obige 400 Fuß und für seine Länge 2000; so muß dieser einzige Klumpen ein tausend sechs hundert Millionen Cubic-Fuß Eiß enthalten haben.

Dergleichen ungeheure Eis-Massen treiben allem Anschein nach nur sehr langsam und unmerklich; denn da der größte Theil derselben unter Wasser ist, so kann die Gewalt des Windes und der Wellen wenig Eindruck auf sie machen. Ströhmungen in der See sind vielleicht die Haupt-Kräfte, wodurch sie in Bewegung gesetzt werden, doch mag die schnellste dieser Ströhmungen nie stark genug seyn, sie in vier und zwanzig Stunden zwey Englische Meilen weit fort zu führen. Was wir uns auf dieser *ersten Fahrt* gegen den Südpol, von dem Ursprung des Treibeises vorstellten, das lief damahls zwar nur auf bloße Muthmaßungen hinaus, die ohne weitere Erfahrung höchstens für *wahrscheinlich* hätten können ausgegeben werden, nachdem wir aber unsre Reise um die Welt ganz vollbracht haben, ohne das Südliche feste Land zu finden, an das man, in Europa durchgehends geglaubt hat: So sind wir in unseren ehemaligen Vermuthungen bestärkt worden, und halten es jetzt für mehr als wahrscheinlich, *daß dies Treib-Eis unmittelbar in freyer See hervorgebracht werde,* zumahl da, wiederholten und entscheidenden Versuchen zufolge, ausgemacht ist, *daß Seewasser gefrieren könne*.[5]

Dies Treib-Eis bewies uns gleichfals, daß zwischen dem Clima der nordlichen und südlichen Halbkugel ein großer Unterschied sey. Wir waren mitten im December-Monath, welcher auf dieser südlichen Halbkugel mit unserm Junius übereinkommt; Unsre beobachtete Breite war Mittags nur 51 Grad 5 Minuten südlich (welches mit der Polhöhe von London ohngefähr übereinstimmt) gleichwol hatten wir schon verschiedne Berge von Treib-Eis angetroffen und unser Thermometer stand auf 36 Grad. Der Mangel eines festen Landes auf der südlichen Halbkugel scheint die verhältnißwiedrige Kälte dieser Weltgegend zu veranlassen, in so fern nemlich hier nichts als See ist, die, als ein durchsichtiger flüßiger Cörper, die Strahlen der Sonne verschluckt und nicht zurück wirft, wie auf der nördlichen Halbkugel von dem Erdreich geschiehet.

Am 11. December um drey Uhr Nachmittags liefen wir an einer Eis-Insel vorbey die wenigstens eine halbe Englische Meile lang war, und uns zu derjenigen Seite lag, von welcher der Wind *her* kam. Das

4 *Mairan's Dissertation sur la Glace. Paris 1749. p. 261.*

5 Herr *Adanson* hatte auf seiner Zurückkunft vom Senegal einige Flaschen mit Seewasser unter verschiedenen Polhöhen angefüllt, und als er sie mitten im Winter von Brest nach Paris mit sich genommen, so waren sie unterwegens durchaus zu Eis gefroren, und die Flaschen gesprungen. Das Eis gab süßes Wasser; das wenige concentrirte Salzwasser, welches nicht zu Eis hatte verwandelt werden können, war ausgelaufen. Siehe dessen Reise nach Senegal. S. 190. Herr Edw. *Nairne,* Mitglied der Londner Academie, hat in dem harten Frost des Jahres 1776 Versuche mit Seewasser angestellt, davon im LXVI. Theile der englischen Transactionen Nachricht zu finden ist. Sie beweisen unleugbar, daß Seewasser zu dichtem Eise gefrieren kann, und hernach beym Aufthauen süßes Wasser giebt.

Thermometer auf dem Verdeck, welches um zwey Uhr ohngefähr auf 36 Grad gestanden hatte, war wegen des schönen Sonnenscheins auf 41 Grad gestiegen; als wir aber dem Eise gegenüber kamen, sunk es nach und nach auf 37 ½ herab, und sobald wir daran vorbey waren kam es wieder zu dem vorigen Standpunkt von 41 Graden. Dieser Unterschied von vier Graden lies sich auch am Cörper empfinden und wir sahen hieraus augenscheinlich, daß, nächst der bereits angeführten Ursach, diese große Eis-Massen ebenfalls das ihrige beytragen, die Luft dieser unfreundlichen Seen so kalt zu machen. Die Wellen brachen sich mit solchem Ungestüm gegen die nur gedachte Eis-Insel, als ob es ein unbeweglich feststehender Felsen gewesen wäre, und schlugen, ohnerachtet sie nicht viel niedriger war als die zuerst beschriebene Eis-Masse, dennoch so hoch hinan, daß der Schaum oft weit darüber hinaus sprützte, welches bey dem schönen heitern Wetter einen ganz vortreflichen Anblick gab. Das Seewasser, welches solchergestalt aufs Eis gejagt wird, frieret daselbst wahrscheinlicherweise fest, ein Umstand, der ungemein dienlich ist die Entstehungsart und die Anhäufung desselben zu erklären.

Der Kälte des Himmelsstrichs ohnerachtet waren unsre Schiffe doch immer mit Sturmvögeln, Albatrossen und Pinguins umgeben. Besonders bemerkten wir einen Sturmvogel von der Größe einer Taube, ganz weis, mit schwarzem Schnabel und bläulichen Füssen, der allemal um die Eis-Massen herschwärmte und deshalb als ein Vorbothe des Eises angesehen werden kann. Der Farbe wegen nannten wir ihn die Schnee-Petrell. Ein Nordcaper und verschiedne Walfische, welche sich zwischen dem Eise zeigten und die traurigen Seegegenden in diesem eiskalten Clima einigermaßen belebten, brachten uns auf den Gedanken, daß wir, wo nicht etwas besseres, doch vielleicht noch ein südliches Grönland zu gewarten hätten. Unterdessen nahm die Menge der Eis-Massen alle Tage zu, so daß wir am 13ten Nachmittags ohngefähr 20 derselben und zwar von beträchtlichem Umfang im Gesicht hatten. Eine war voller schwarzen Flecke, welche von einigen für Seehunde von andern für Wasser-Vögel angesehen wurden, ob sie gleich unbeweglich auf einer Stelle blieben. Da nun Seehunde bis jetzo noch für untrügliche Zeichen nahen Landes galten, so sondirten wir Abends mit einer Leine von hundert und funfzig Faden, fanden aber keinen Grund. Wir waren jezt gerade unter eben der Polhöhe, in welcher der Capitain *Lozier Bouvet* das Cap *Circoncision* gefunden haben will, und der Meeres-Länge nach, befanden wir uns nur um wenige Grade davon, weiter gegen Osten. Jedermann erwartete daher mit großer Ungeduld Land zu erblicken und der geringste Umstand, wenn es auch gleichsam nur ein schwarzer Fleck am Eise war, machte unsre ganze Aufmerksamkeit rege. Die vor uns liegenden Wolken wurden alle Augenblick sorgfältig betrachtet, ob nicht irgendwo eine Bergspitze zum Vorschein käme, denn jedweder wollte gern der erste seyn *Land!* auszurufen. Die trügliche Gestalt der Nebelbänke oder der in Schnee-Gestöber gehüllten Eis-Inseln hatte schon manchen falschen Lärm veranlaßt, und die *Adventure,* unser Reise-Gefährte, ward durch solche Täuschungen oft verleitet uns Signale zu geben, daß sie Land sähe. Unter andern hatte die Idee von *Bouvets* Entdeckung die Einbildungskraft eines unsrer Lieutnants, dergestalt erhitzt, daß er einmahl über das andre auf den Mastkorb kletterte und endlich am 14ten des Morgens um 6 Uhr, dem Capitain sehr ernsthaft entdeckte: Er sehe ganz deutlich *Land.* Diese Neuigkeit brachte uns alle aufs Verdeck. Wir sahen aber nichts weiter als ein ungeheures flaches Eisfeld vor uns, das am Rande in viele kleinere Stücken gebrochen war; und eine große Menge von Eis-Inseln aller Gestalt und Größe stiegen, so weit das Auge nur reichen konnte, hinter demselben empor. Einige der entferntern schienen, vermittelst der Strahlenbrechung in den Dünsten des Horizonts, weit höher als sie in der That waren, und sahen würklichen Bergen ähnlich. Dieser Anblick war so täuschend, daß viele unsrer Officiers dabey blieben, sie hätten hier Land gesehen, bis endlich Capitain *Cook* zwey Jahr und zwey Monath nachher (nemlich im Februar 1775) auf seiner Fahrt vom Cap *Horn* nach dem Vorgebürge der guten Hofnung gerade über denselbigen Fleck weg seegelte wo es hätte liegen müssen, wo aber damals weder Land noch Eis mehr zu sehen war. Ganze Haufen von Pinguins, Pintaden, Mallemucken, Schnee- und blauen Petrels[6] fanden sich bey diesem weit verbreiteten Eise und verschiedne Wall-

6 *Aptenodytes antarctica; Procellaria capensis; glacialis, nivea et vittata.*

fischarten bliesen rund um uns her Wasser in die Höhe. Zween derselben, die kürzer als der gewöhnliche Wallfisch waren, kamen uns ihrer besondern Dicke und ihrer weißen, oder vielmehr ihrer Fleischfarbe wegen, bemerkenswerth vor. Die große Kälte, welche wir in diesen eisigten Seen antrafen, machte, daß wir nicht nur die Hofnung sondern sogar alle Gedanken an den Sommer fahren lassen mußten, den wir, der Jahrszeit nach, bisher noch immer erwartet hatten. Unser Thermometer stand des Morgens auf 31 Grad und stieg Mittags nicht über 33 obgleich die heute beobachtete Polhöhe nur 54. Grad 55 Minuten südlicher Breite war. – »Die Kälte war überdem noch weit empfindlicher als der Grad des Thermometers angab, so daß die ganze Mannschaft sich sehr darüber beklagte. Ob dies daher rührte, daß wir aus einem warmen Himmelsstrich kamen, oder ob es irgend eine andre Bewandnis damit hat, will ich nicht entscheiden.« – Am Nachmittage kamen wir durch viel gebrochnes Eis, und sahen ein zweytes großes Eisfeld, jenseit dessen verschiedne unsrer Leute noch immer Land zu sehen behaupteten, ohngeachtet auch dies, so wie das vorige, im Grunde, aus nichts als Nebelbänken bestand. In der Nacht schneite es stark, und bey Anbruch des Tages ward es sehr neblicht aber zugleich fast Meerstill; den letztern Umstand nutzte man zu Untersuchung der Ströhmung, und Herr *Wales* nebst meinem Vater bedienten sich dieser Gelegenheit ebenfalls, um in einem kleinen Boote die Versuche über die Wärme der See in großer Tiefe, zu wiederhohlen. Indeß sie damit beschäftigt waren ward der Nebel so dick, daß sie beyde Schiffe aus den Augen verlohren. Wie Ihnen nunmehro zu Muthe seyn mochte läßt sich leicht erachten! In einem kleinen Boote in welchem sie zum Unglück weder Mast noch Segel, sondern nur zwey Ruder hatten, befanden sie sich auf dem unermeßlichen Ocean, fern von irgend einer bewohnten Küste, überall mit Eis umgeben und ohne Lebensmittel! mithin in einer Lage, die an sich erschrecklich war, und durch den Gedanken an die Zukunft noch fürchterlicher gemacht wurde. Unter beständigem Rufen ruderten sie eine Weile bald hier bald dorthin, aber umsonst; alles war todt still um sie her, und sie konnten keine Boots-Länge weit vor Nebel sehen. In dieser Ungewißheit hielten sie es für das beste, still zu liegen, und hofften, daß wenn sie auf einer Stelle blieben, die Schiffe wegen der Meeres-Stille nicht würden aus dem Gesicht getrieben werden. Endlich hörten sie in großer Entfernung eine Glocke läuten. Das war ihren Ohren himmlische Musik. Sie ruderten sogleich darnach zu, und erhielten endlich auf stetes Rufen von der *Adventure* aus Antwort. Nunmehro eilten sie an Bord derselben, höchsterfreut der augenscheinlichen Gefahr eines langsamen und fürchterlichen Todes so glücklich entkommen zu seyn. Nachdem sie eine Weile am Bord gewesen, ließen sie zum Signal eine Canone abfeuern, und als sich bey dem Antwort-Schusse fand, daß die *Resolution* so nahe war, daß sich beyde Schiffe abrufen konnten, so kehrten sie in dem Boote wieder nach ihren feuchten Betten und baufälligen Cajütten zurück, die ihnen nun noch einmal so viel werth waren, als zuvor. Man siehet bey dieser Gelegenheit einerseits wie unzählig vielen Unfällen der Seefahrer ausgesetzt ist, und wie oft selbst da Gefahren entstehen, wo man sie am wenigsten besorgt; andrerseits aber auch, wie die alles lenkende Vorsehung stets über unser Schicksal wacht. Sie ist nicht nur im Sturm sichtbar, wenn sie uns zwischen verborgene Klippen und Sandbänke glücklich hindurch führt, oder wenn sie uns von der Wuth der Wellen und des Feuers rettet, sondern auch bey jenen kleinen, weniger auffallenden Begebenheiten müssen wir sie erkennen und verehren, auf die Reisende und Leser gemeiniglich nicht zu achten oder wenigstens sie schnell zu vergessen pflegen, so bald sie übrigens nur glücklich abgelaufen sind.

Da wir nunmehro gegen Süden hin lauter feste, große Eisfelder vor uns fanden, so konnten wir auf diesem Striche nicht weiter vordringen, und nachdem wir zu verschiedenen mahlen, aber immer fruchtlos, versucht hatten, uns durch das dichte Eiß einen Weg zu bahnen; so änderten wir unsern Lauf und steuerten längst demselben, oftmals mitten durch große Strecken gebrochnen Eises, welches die Nordfahrer Pack-Eis nennen, hindurch, gegen Osten. Schwere Hagel- und Schnee-Schauer verdunkelten die Luft beständig und ließen uns den belebenden Blick der Sonne nur immer auf kurze Zeit genießen. Wir sahen stündlich große Eis-Inseln in allen Gegenden um uns her, so daß ihr Anblick uns nun schon eben so bekannt und gemein wurde als Wolken und See. Die Menge derselben veranlaßte noch immer neue Beobachtungen, die wir hernach, durch eine

Zügel- oder Kehlstreifpinguin, ***F: Aptenodytus antarctica***
Pygoscelis antarctica (Südatlantik bei Kerguelenland, 1772)

noch längere Bekanntschaft mit ihnen, bald zu bestätigen, bald zu berichtigen Gelegenheit fanden. So hatten wir zum Beyspiel itzt schon gelernt, daß in solchen Gegenden ohnfehlbar Eis anzutreffen sey, von woher man bereits in der Ferne einen starken weißen Wiederschein am Horizont hatte bemerken können. Gleichwohl ist das Eis nicht immer weißer Farbe, sondern oft, gemeiniglich aber gegen die Oberfläche der See, mit einem schönen Sapphyr- oder vielmehr Beryll-Blau gefärbt, welches jedoch zweifelsohne nichts anders als blos der Widerschein des Wassers ist. Zwar zeigte sich diese Farbe zuweilen wohl zwanzig bis dreyßig Fuß hoch über der See, allein dann rührte sie wahrscheinlicherweise von einigen Seewassertheilchen her, die bey stürmischen Wetter so hoch auf das Eis hinaufgeschleudert und in die Zwischenräumchen desselben durch neuen Frost eingeschlossen worden waren. Oftmals konnten wir auch an großen Eis-Inseln verschiedne Arten von Weiß unterscheiden, die in Schichten von sechs zu zwölf Zoll dick über einander lagen. Dieser Umstand beweiset meines Erachtens, daß dergleichen große Eis-Massen zum Theil auch *durch Schnee* nach und nach vergrößert werden; denn da dieser von verschiedner Art ist, bald klein- bald grobkörnicht, bald in leichten federichten Flocken herabfällt u. d. g. so müssen die verschiedenen Schichten desselben von verschiedner Dichtigkeit seyn, und folglich auch eine verschiedne Farbe annehmen.

Ob wir gleich, wie im vorhergehenden gemeldet worden, der großen Eisfelder wegen, unsern Lauf nach Osten hatten richten müssen, so verlohren wir unsre Bestimmung, den *kalten* Erdzirkel zu untersuchen, dennoch nie aus den Augen, und steuerten daher, so bald die See nur irgendwo etwas freyer und ofner war, gleich wieder mehr nach Süden. Anfänglich rückten wir des geringen Windes wegen, nur wenig fort, und da bey Anbruch des folgenden Tages fast gar keiner zu spühren war; so bedienten wir uns dieser Gelegenheit von neuem ein Boot auszusetzen und in unsern Untersuchungen über die Strömung und Wärme der See fortzufahren. Auch verabsäumten wir nicht die Sturmvögel, die häufig um uns her schwärmten, näher zu untersuchen, zu beschreiben und abzuzeichnen, welches heute desto besser geschehen konnte, weil wir mehrere derselben schossen, die mit einer Art von Neugierde über dem Boot herschwebten. Wir suchten uns zwar so viel möglich Südwärts zu halten, mußten aber, weil der Wind sich ganz in Süd-Süd-Ost herum setzte, heute eine gute Strecke gegen Westen zurückmachen.

Am folgenden Morgen führte uns ein ziemlich frischer Wind an verschiednen Eis-Inseln vorbey, und außer unserer gewöhnlichen Begleitung von Vögeln, ließen sich auch etliche Wallfische sehen. Wir Passagiers feyerten den heutigen ersten Christtag in Gesellschaft unsrer See-Officiere, dem alten Herkommen nach, recht vergnügt, und die Matrosen ließen sich durch die gefährliche Nachbarschaft der Eisberge, womit wir gleichsam umringt waren, im geringsten nicht abhalten, diesen Festtag unter wilden Lärm und Trunkenheit hinzubringen, wozu sie denselben besonders bestimmt zu haben scheinen.

Am folgenden Morgen seegelten wir durch viel gebrochenes oder sogenanntes Pack-Eis, darunter manches ganz schmutzig und thauend aussahe. Die untergehende Sonne verschaffte uns heute Abend einen über alle maaßen herrlichen Anblick, denn sie färbte die Spitzen einer in Westen liegenden Eis-Insel mit funkelndem Golde und theilte der ganzen Masse einen blendenden Purpurglanz mit. Eine völlige Windstille, welche am 27sten erfolgte, verstattete uns, in einem Boot auf die Pinguins- und Petrell-Jagd auszugehen; ob es uns nun gleich mit den ersteren nicht sonderlich glücken wollte, so belustigten sie uns doch wenigstens durch die Geschwindigkeit und Verschiedenheit ihrer Bewegungen. Sie tauchten zum Beyspiel, blieben eine ganze Weile lang unter Wasser, kamen wieder herauf, tauchten von neuem unglaublich oft und schnell hintereinander, und schossen zuletzt in gerader Linie fort, so, daß sie mit einemmahl außer Schuß waren, und wir die Jagd aufgeben mußten. Endlich kamen wir doch einem nahe genug, ihn anzuschießen; allein, ohnerachtet wir ihn scharf verfolgten, und mehr als zehenmal mit Hagel trafen, so mußten wir ihn doch noch zuletzt mit einer Kugel todt schießen. Als wir ihn aufnahmen, zeigte sich, daß das Schroot auf den harten, glatten Federn abgeprellt war; denn dieses Thier, welches gleichsam ein Mittelding zwischen Vogel und Amphibio ist, hat ein sehr dickes Gefieder, das aus langen schmalen Federn besteht, die Schuppen-artig, eine dicht über die andre liegen, und den Pinguin gegen die Nässe und Kälte des Wassers, worinn er sich größtentheils aufhält, hinlänglich schützt. Überdem hat ihm die Natur noch eine dicke Haut gegeben, welche ihm nebst dem vielen Fette, womit er gleichsam übergossen ist, den beständigen Winter dieses unfreundlichen Clima desto erträglicher macht. Der ganze übrige Bau seines Cörpers verräth eben so viel weise Absichten der Natur. Er hat einen breiten Bauch, mit weit hinterwärts liegenden Füßen und Floßfedern, welche ihm statt der Flügel dienen. Alles dieses ist vortreflich eingerichtet, seinen plumpen Cörper desto leichter im Wasser fort zu bewegen. Derjenige, den wir nun endlich erlegt hatten, wog eilf und ein halb Pfund. Auch die blauen Sturmvögel, welche sich auf diesem ganzen ungeheuren Ocean überall finden, und vornehmlich in dieser Gegend anfingen, sich in großen Schaaren von vielen Hunderten auf die glatte Oberfläche der See niederzulassen, waren um nichts schlechter gegen die Kälte ausgerüstet. Sie haben gleich den Pinguins ein sehr dichtes und dickes Gefieder. Aus jeder Wurzel wuchsen statt *einer* Feder ihrer zwo, nemlich eine gewöhnliche Feder und eine Duhne oder Pflaumfeder, davon eine in der andern lag, und solchergestalt eine sehr warme Decke ausmachten. Da diese Vögel fast immer in der Luft sind, so hat ihnen die Natur sehr starke und lange Flügel gegeben. Wir haben sie auf der See zwischen Neu-Seeland und America über 700 gute englische See-Meilen fern vom Lande angetroffen, eine Weite, die sie unmöglich hätten erreichen können, wenn ihnen nicht eine besondere Stärke der Knochen und Muskeln nebst der Länge ihrer Flügel dazu behülflich gewesen wäre. Da sie sich so weit vom Lande über das ganze Meer verbreiten, so müssen sie dem Anschein nach, wie viele andre Raubthiere, sowohl unter den Vögeln als unter den vierfüßigen Thieren auch thun lange Zeit, ohne frisches Futter leben können, obgleich das, was wir hierinn von ihnen bemerkt haben, diese Meynung fast eben so sehr zu entkräften scheint als es dieselbe auf der andern Seite wiederum bestätigt. So bald wir nemlich einen anschossen, so spieen sie eine Menge von zähem schleimichten Fras aus, der dem Ansehen nach erst frisch verdauet war, und den die übrigen gleichwohl mit einer Gierigkeit verschlungen, die langes Fasten und großen Hunger anzudeuten schien. Es muß daher wohl allerhand Blubber-Arten (Molluscä) in diesen Eis-Seen geben, die bey schönem Wetter an die Oberfläche herauf kommen und dann dem gefräßigen Vogel zum Futter dienen. Es war uns angenehm Gegenstände zu finden, die zu solchen kleinen Betrachtungen Anlaß gaben. Bey der traurigen Einförmigkeit, in welcher wir sehr lange unangenehme Stunden, Tage und Monathe in diesem öden Theil der Welt zubringen mußten, dienten sie uns wenigstens dann und wann zu einer kleinen Abwechselung. Fast immer in dicke Nebel eingehüllt; Regen, Hagel und Schnee, die um die Wette mit einander abwechselten; der Mitte des Sommers ohngeachtet eine bis zum Gefrier-Punct des Thermometers kalte Luft; rund um uns her unzählbare Eis-Inseln, gegen welche wir stets Gefahr liefen zu scheitern; unsre tägliche Kost nichts als Eingesalzenes, wodurch nebst Frost und Nässe unser ganzes Blut in Unordnung gerieth … Dies zusammengenommen, waren Unannehmlichkeiten, die uns allen den sehnlichen Wunsch abnöthigten, daß wir endlich in eine bessere Lage und mildere Himmelsgegend kommen mögten. Zum Glück waren unsre Matrosen, die bey der Abreise von England, aus lauter gesunden frischen Leuten bestanden, aller Mühseligkeiten ohnerachtet noch immer guten Muthes und vom Scorbute frey. Dies letztere hatten sie sonder Zweifel den Vorbauungs- oder sogenannten prophylactischen Mitteln, vornemlich den Bouillon-Kuchen oder Gallert-artig eingekochter Fleischbrühe[7] und dem Sauerkraute zu danken, die wir in großer Menge an Bord führten, und davon ein

7 Dergleichen Bouillon-Kuchen werden zu London und in andern See-Häven Englands, unter dem Namen *portable Soup* in erstaunender Menge aus frischem Fleisch, besonders Rindfleisch, Knochen und andern Abfall verfertigt, zur Dicke eines braunen Gallerts oder Leims eingekocht, und denn in kleine Kuchenformen gegossen. Sie hat die Farbe und Härte von Tischler-Leim, wozu sie auch gebraucht werden kann. Sie hält sich viele Jahre lang, wenn sie gegen Nässe und Schimmel verwahrt wird, und ist auf langen, besonders See-Reisen, wo es am frischen Fleisch fehlt, sehr bequem und von großen Nutzen. Ein oder zwey Loth davon, zerschnitten und in heißen Wasser zerlassen oder aufgekocht, geben für eine Person eine gute und kräftige Brühe oder Suppe. Sie wird Pfundweis und zu sehr billigen Preisen verkauft, weil Knochen und Abfall dazu gebraucht werden können. Die Kunst der Köche hat gewiß nie eine bessere Erfindung hervorgebracht. Wir hatten für unser Schiff allein 3000 Pfund in blechernen Büchsen, jede von 25 Pfund, mitgenommen.

Antarktischer oder Grauweißer Sturmvogel, *F: Procellaria antarctica*
Thalassoica antarctica (Südatlantik, 1772)

jeder seine gemessene Portion bekam. Nur zwey bis drey von unsern Leuten, die eine ungesunde Anlage hatten, konnten dem Scorbut nicht entgehen; insbesondere ward ein Zimmermann, Nahmens *Georg Jackson,* schon am zehenten Tage nach unsrer Abreise vom Cap damit befallen. Das Zahnfleisch gieng bey ihm in Fäulniß über und die Zähne waren so los, daß sie ganz seitwärts lagen. Man machte mit einer Marmelade von gelben Rüben oder Carotten, die uns gegen den Scorbut vorzüglich war empfohlen worden, und davon wir ebenfalls Vorrath hatten, einen Versuch bey ihm, allein sie half zu weiter nichts als daß sie den Leib offen hielt. Unser Wundarzt, Herr *Patton,* fieng hierauf die Cur mit frischem Maisch oder der gekochten Malz-Infusion an; und diese brachte den Kranken nach und nach, in wenig Wochen vollkommen wieder zurechte; seine Zähne wurden wieder fest, und er bekam gleichsam ganz neues Zahnfleisch. Da indessen die Ursach seines Übels, nemlich eine kränkliche Anlage, vor wie nach blieb, so mußte er mit dem Gebrauch der Bierwürze noch nach geendigter Cur fortfahren, und ward auf die Weise vor allen ferneren scorbutischen Zufällen bewahrt. Wir können die Würksamkeit des Malzes nicht genug rühmen; und von rechtswegen sollte ein so nützliches Mittel auf langen Reisen überall in Vorrath mitgenommen werden, allein man kann auch nicht sorgfältig genug seyn, es für dem Naßwerden und dem Schimmel zu bewahren, weil dieses die Heilkräfte desselben schwächt, wie wir am Ende unsrer Reise haben erfahren müssen.

Das neue Jahr (1773) fieng sich mit Schnee und frischen kalten Stürmen an, die uns gegen Westen zurück und bis nach dem Meridian hintrieben, unter welchen das von *Bouvet* angeblich entdeckte Cap *Circoncision* liegen sollte. Da sich in dieser Gegend abermahls Seehunde und Pinguins zeigten, so faßten verschiedene von unsrer Gesellschaft neue Hofnung, hier Land zu erblicken, und ließen es an fleißigen Umsehen danach nicht fehlen. Nachdem wir aber eine gute Strecke weit auf diesem Striche fortgeseegelt waren, fanden sie sich in ihren Erwartungen schmerzlich betrogen, und jene vermeinte Anzeigen verlohren bey dieser Gelegenheit aufs neue etwas von ihrem bisherigen Credit.

Da wir uns nunmehro schon jenseit des Meridians der Bouvetschen Entdeckung gen Westen hin befanden, und der Wind sich während der Nacht in Nordwesten umsetzte, so richteten auch wir unsern Lauf wieder nach Osten. Bey dieser Gelegenheit kamen wir von neuem an eben die Stelle, wo wir am 31sten December viel Eis gefunden hatten; es war aber jetzt weggetrieben, und wir setzten nun unsern Lauf nach Süd-Osten fort.

Am 9ten des Morgens war eine große Insel von Eis, mit vielen Bruchstücken umgeben, zu sehen, und da wir eben gelindes Wetter hatten, so ward beygelegt und ein Boot ausgesetzt, um von dem losen Eise so viel als möglich aufzufischen. Diese Eisschollen wurden hernach auf das Hinterdeck des Schiffs geworfen, daselbst in Stücken zerschlagen und alsdenn in Fässer gepackt. Nach Tische ließen wir etwas davon in Kesseln schmelzen, und auf das übrige in Fässer gepackte Eis ganz warm ausgießen, damit dieses desto eher zergehen möchte. Auf diese Art bekamen wir heute in ofner See, und unter einem unbewohnten Himmelsstrich, im 61. Grad 36 Minuten südlicher Breite, einen für dreyßig Tage hinreichenden Vorrath an frischen Wasser. Zwey Tage nachher hatten wir wiederum Gelegenheit uns mit Eis zu versehen; und unser Volk that diese saure Arbeit mit frohem Muth, ob ihnen gleich, durch Kälte und Schärfe des Seewassers, die Hände wund dabey wurden. In Capitains *Cooks* gedruckter Beschreibung dieser Reise findet man eine malerische Abbildung von solchen Eis-Inseln, in deren Nachbarschaft das Schiff und die Boote, mit Einsammlung des Eises beschäftiget, zu sehen sind. Wir erblickten in dieser Gegend einige große Wallfische, die dem Augenmaaß nach sechzig Fus lang seyn mochten, und viele Pinguins trieben auf kleinen Eisstücken neben uns vorbey. Das Wasser, welches wir aus dem geschmolznen Eise erhielten, war völlig süß und schmeckte reiner als das vom Cap aus annoch vorräthige. Der einzige Fehler den man ihm schuld geben konnte war dieser, daß es die fixirte Luft im Frieren verlohren hatte, daher auch ein jeder von uns, der es zum Getränk brauchte, mit geschwollnen Drüsen am Halse heimgesucht ward. Schnee oder Eiswasser hat immer diese Eigenschaft, und eben dies ist die Ursach, warum man unter denen auf Gebürgen wohnenden Völkerschaften, die gemeiniglich kein anderes Trinkwasser haben, als was aus Schnee oder Eis aufthauet, so viel Leute mit großen Kröpfen antrift, welche sie, wie man versichern will, für eine Schönheit halten sollen, die sie vor andern Nationen voraus hätten. Einige Leute am Bord, die keine Kenntniß von der Naturkunde haben mußten, besorgten in rechtem Ernste, daß das Eis, so bald es schmölze, die Fässer, worinn es gepackt war, sprengen würde. Sie bedachten nicht, daß da es auf dem Wasser schwimmt es folglich auch *mehr* Raum als das Wasser einnehmen müsse. Um ihnen die Augen zu öfnen, ließ der Capitain ein Gefäs voller kleinen Eisstücken in eine warme Cajütte stellen, wo es nach und nach schmolz und denn ungleich weniger Raum als zuvor einnahm. Augenschein geht über die deutlichsten Vernunftschlüsse und Räsonnement vermag über Niemand weniger als über das Seevolk.

Am 17ten Vormittags paßirten wir den Antarctischen Zirkel und traten nunmehro in den eigentlich *kalten Himmelsstrich* der südlichen Hemisphere, der bis dahin noch allen Seefahrern verschlossen geblieben war. Einige Tage zuvor hatten wir eine neue Art Sturmvögel *(petrels)* von brauner Farbe, mit weißem Bauch und Rumpf, und mit einem großen weißen Fleck auf den Flügeln gezeichnet, angetroffen. Da es schien als gehörten sie hier zu Hause, indem wir sie jetzt nicht mehr einzeln, sondern bey zwanzigen und dreyßigen sahen; so nannten wir sie die *antarctischen* Sturmvögel. Wir hätten sie gern näher untersucht, und schossen deshalb auch verschiedene; allein, zum Unglück fiel keiner dem Schiff so nahe, daß man ihn füglich hätte können habhaft werden. Um 5. Uhr Nachmittags sahen wir mehr als dreyßig große Eis-Inseln vor uns, und am Gesichtskreise einen starken weißen Schein in der Luft, der noch mehr Eis prophezeihte. Kurz nachher paßirten wir durch viel kleines Bruch-Eis welches löchericht, schwammigt und schmutzig aussahe, und sich endlich so sehr anhäufte, daß die wellenförmige Bewegung des Meeres dadurch gehindert ward, und die See nun ganz eben zu seyn schien, ohnerachtet der Wind noch eben so frisch blies als zuvor. Über dieses Bruch-Eis hinaus, erstreckte sich, so weit das Auge vom Mast reichen konnte, ein unabsehliches Feld von festem Eise gegen Süden. Da es solchergestalt unmöglich war auf diesem Striche weiter zu gehen, so ließ Capitain *Cook* itzt, da wir 67 Grad 15 Minuten südlicher Breite erreicht hatten, beyde Schiffe umwenden und gegen Nordost zu Nord steuern. Auf dieser ganzen südlichen Fahrt hatten wir nun bisher nirgends Land, aber aller Orten viel Wallfische, Schnee- graue- und antarctische-Sturmvögel angetroffen.

Am 19. und 20. erblickten wir einen Vogel, welchen einer von unsern Mitreisenden, der auf den Falklands-Inseln gewesen war, *Port Egmont's hen*[8] nannte. Eigentlich war es die große nordliche Mewe, *(larus catarractes)* welche man in höhern Breiten, sowohl gegen den Süd- als Nordpol zu, häufig antrifft. Auch dieser Vogel sollte für einen Vorbothen von Lande gelten; allein, wir waren durch dergleichen vermeinte Zeichen schon so oft in unsern Erwartungen getäuscht worden, daß wir anfiengen wenig mehr darauf zu bauen. Am 27. sahen wir, nächst einer Menge verschiedener Arten von Sturmvögeln und Albatrossen, wiederum eine solche Mewe; sie stieg gerade in die Höhe, schwebte hoch über dem Schiff, und drehte den Kopf bald auf diese bald auf jene Seite, als ob sie uns mit großer Aufmerksamkeit betrachtete. Dies war etwas neues für uns, denn alle andere Seevögel dieses Himmelsstriches, blieben nahe an der Oberfläche des Wassers. Am folgenden Abend den 29sten schwammen verschiedne Meerschweine, bald hier bald dorthin, neben uns vorbey, und zwar mit unglaublicher Geschwindigkeit, denn sie giengen wenigstens dreymal so schnell als das Schiff seegelte, ohnerachtet wir damals guten Wind hatten und in einer Stunde achtehalb englische See-Meilen zurück legten. Übrigens waren sie elsterbunt und hatten einen großen weißen Fleck an der Seite, der fast ganz bis auf den Rücken an die oberste Floßfeder reichte. Nachmittags sahen wir einen kleinen schwarz und weißen Vogel, der von einigen für eine Art von Eisvogel gehalten, von andern *Murre,*[9] *(Alca Alle. Linn.)* genannt ward, auch selten oder niemals weiter als man das Land erblicken kann, hinaus in See geht: Da wir ihm aber nicht nahe genug kamen, um ihn genauer zu betrachten, so kann es auch wohl nur ein Sturmvogel gewesen seyn. Indessen hatten wir doch noch ein andres weniger zweydeutiges Merkmal, daß es hier herum Land geben könne, die See war nemlich, des frischen Windes ohnerachtet ziemlich ruhig und eben. Weil wir nun überdem auch am Cap der guten Hofnung erfahren hatten, daß in dieser Gegend durch zwey französische Schiffs-Capitains, den Herren von *Kerguelen* und von St. *Allouarn* im Januar 1772. Land entdeckt worden sey; so legten wir sicherheitshalber diese und die folgende Nacht über, das Schiff bey. Da von dem Reise-Journal vorgedachter Herren in Frankreich geflissentlich nichts bekannt gemacht worden ist, so will ich hier einige Nachrichten mittheilen, welche ich am Cap von einigen französischen Officiers erfahren habe. Herr von *Kerguelen,* Lieutenant bey dem französischen Seewesen, commandirte das Schiff *Fortune* und hatte ein kleineres, *le gros ventre,* bey sich, welches unter dem Befehl des Herrn von St. *Allouarn* stand. Sie seegelten beyde am Ende 1771. von *Isle de France* oder *Mauritius* ab. Am 13ten Januar 1772. sahe letzterer zwey Inseln, und nannte solche die Inseln des Glücks *(Isles de fortune);* am nächsten Morgen erblickte er noch eine andre, die ihrer runden Gestalt wegen den Namen *Isle ronde* erhielt. Ohngefähr um dieselbige Zeit entdeckte auch Herr von *Kerguelen* Land, das sehr hoch war und von ziemlichen Umfang zu seyn schien; er schickte deshalb einen seiner Officier in dem sechsrudrigen Boote vor dem Schiff her und ließ sondiren. Des frischen Windes wegen aber kam der Herr von S. *Allouarn* dem Boot des Herrn von *Kerguelen* zuvor, und fand eine Bay, die er nach seinem Schiffe *gros Ventre-Bay* nannte. So bald er in dieselbe eingelaufen war, fertigte er in seiner Jölle einige Leute ab, um die französische Flagge am Lande aufpflanzen und solchergestalt förmlich Besitz von demselben nehmen zu lassen. Nachdem sie, der hohen Wellen wegen, das Ufer mit Mühe erreicht, und ihren Auftrag ausgerichtet hatten, kehrten sie an Bord des *gros Ventre* zurück, wohin ihnen auch die Mann-

8 Eben dieses Vogels wird auch in Herrn Cooks erster Reise in der Endeavour gedacht. Siehe Hawkesworths Geschichte der englischen See-Reisen, in 8. dritter Band, *pag. 48.*

9 Martens nennt in seiner Beschreibung von Spitzbergen, diese Art Vögel *Rotges.*

schaft des von dem Herrn von *Kerguelen* abgeschickten Bootes nachfolgte. Mittlerweile daß dieses vorgieng, war das andre Schiff, die *Fortune,* dessen schwache Maste dem Sturme nicht hinlänglichen Widerstand leisten konnten, wenigstens 60 englische See-Meilen weit vom Lande verschlagen worden, und der Befehlshaber desselben, Herr *von Kerguelen* hatte sich dieserhalb kurz und gut entschlossen, geradesweges wieder nach *Isle de France* zurückzugehen. Der Herr von *Allouarn,* der dies weder wußte noch auch vermuthen konnte, suchte seinen Gefährten drey Tage lang in der See auf, und fuhr hernach, da er ihn nicht fand, noch eine Zeit lang fort, die Lage dieses Landes aufzunehmen, bey welcher Gelegenheit er durch einen Sturm, das der *Fortune* zugehörige Boot einbüßte, welches die Mannschaft desselben an sein Schiff befestigt hatte. Als er um das nördliche Ende der Insel herum kam, fand sich, daß die Küste nach Süd-Osten herab lief und nachdem er auf dieser Seite ohngefähr 20 englische See-Meilen längst daran hingeseegelt, das Land aber überall bergig, unzugänglich und ganz von Holz entblößt war; so richtete er seinen Lauf nach Neuholland und kam endlich über *Timor* und *Batavia* ebenfalls nach *Isle de France* wieder zurück, starb aber daselbst bald nachher. So bald Herr von *Kerguelen* nach Europa zurück kam, ward er gleich von neuem mit einem Schiffe von 64 Canonen, der *Roland* genannt, und einer Fregatte *l'Oiseau,* Capitain *Rosnevet,* wieder ausgesandt. Er machte aber auf dieser zweyten Reise keine neuen Entdeckungen; denn kaum hatte er das auf der vorigen Fahrt entdeckte Land wiederum zu Gesicht bekommen, so mußte er, gewisser Umstände halber geraden Weges um, und wieder zurück kehren. Die nördliche Küste desselben liegt im 48sten Grade südlicher Breite und ohngefähr unterm 82sten Grade östlicher Länge von *Ferro,* welches 6 Grad östlich von *Isle de France* und ohngefähr 64 Grad 20 Minuten östlich von *Greenwich* ist.

Herr von *Marion,* den die französische Regierung als Chef der beyden Schiffe *le Mascarin* und *le Castrie,* jenes vom Capitain *Crozet,* dieses vom Capitain *Clesmure* geführt, im Jahr 1772. auf eine Entdeckungs-Reise ausschickte, fand im Monath Januar gedachten Jahres an drey verschiednen Stellen, nemlich unter 46 1/2. und 47 1/2. Grad südlicher Breite, und 37., 46 1/2. und 48 1/2 Grad östlich von *Greenwich,* einige kleine Inseln, die aber allesamt nur von unbeträchtlichem Umfange, hoch, felsig, ohne Bäume und fast ganz unfruchtbar waren. Beyde Schiffe gingen von hier nach dem südlichen Ende von *Neu-Holland,* oder van *Diemens* Land, welches *Tasmann* zuerst entdeckt hat, und von da nach der Insel-Bay in *Neu-Seeland,* wo Herr von *Marion* das Unglück hatte, nebst acht und zwanzig seiner Leute von den Einwohnern erschlagen zu werden, wie ich in der Folge mit mehrerem erzählen will. Nach diesem Verlust seegelte Herr von *Crozet,* auf den nunmehro das Commando gefallen war, durch den westlichen Theil der Süd-See nach den Philippinischen Inseln hinauf, und kehrte von dort aus nach *Isle de France* zurück. Aus und nach diesen Nachrichten sind die Entdeckungen der französischen Seefahrer in jene vortrefliche Charte von der südlichen Halbkugel eingetragen worden, welche der Herr von *Vaugondy* unter Aufsicht des Herzogs von *Croy* gezeichnet und zu Anfang des Jahres 1773. öffentlich herausgegeben hat.

Am 31sten, Abends, da wir ohngefähr im 50sten Grade südlicher Breite waren, paßirten wir bey einer großen Eis-Insel, die eben in demselbigen Augenblicke als wir an derselben vorbey kamen, mit einem schrecklichen Krachen in Stücken zerfiel.

Am folgenden Morgen trieb ein großer Haufen See-Gras bey dem Schiffe vorüber; und Nachmittags rief uns der Capitain *Furneaux* von der Adventure aus zu, er sey bey einem großen Beet von treibenden Seegrase vorbey gekommen, und habe eine Menge Taucher gesehen, die denen im englischen Meer ähnlich wären. In der Ungewißheit, ob dieser Anzeigen wegen nicht Land in der Nähe seyn möchte, legten wir die Nacht über bey, und seegelten erst mit Anbruch des Tages wiederum fort nach Osten, auf welchem Striche uns mancherley Arten, besonders schwarze Sturmvögel *(Shearwaters)* begleiteten. Auch zeigte sich etwas Seegras imgleichen eine einzelne Seeschwalbe *(sterna; tern)* die einen gabelförmigen Schwanz hatte und von den Matrosen gemeiniglich der Ey-Vogel *(egg-bird)* genannt wird. Mittags befanden wir uns unter dem 48sten Grad 36 Minuten südlicher Breite; da nun dies ohngefähr die Polhöhe ist, unter welcher die französischen Entdeckungen liegen sollten; so richteten wir, zu Aufsuchung derselben, am Nachmittag unsern Lauf gegen Süd-Süd-Westen, bekamen aber auf diesem Striche am folgenden Tage so heftigen Wind, daß wir die Bram-Seegel einnehmen mußten, und bis des andern Morgens den 4ten um 8 Uhr nur allein die großen, unteren Seegel führen konnten. Nachdem wir in vorgedachter Richtung bis zu Mittage fortgeseegelt waren, ohne irgend etwas vom Lande ansichtig zu werden; so wandten wir nunmehro das Schiff gen Nordwesten, um in *dieser* Gegend nach Land zu suchen. Auf diesem Striche gelangten wir am 6ten bis unter den 48sten Grad südlicher Breite und ohngefähr 60 Grad weit ostwärts von *Greenwich;* da nun auch hier nirgends Land zu finden war; so gaben wir alle fernere Nachsuchungen auf und giengen, der Hauptabsicht unsrer Reise gemäß, von neuem nach Südost. Der Wind kam uns ziemlich heftig aus Osten entgegen, weil aber gleichwohl die See ruhig blieb, so glaubten wir, daß gegen Osten hin Land seyn müsse,[10] in welcher Meynung wir jetzt, durch die vom Herrn *Vaugondy* herausgegebene Charte, noch mehr bestärkt worden sind, denn der Lage zufolge, welche man den französischen Entdeckungen in vorgedachter Charte angewiesen hat, können wir am 2ten Februar, an welchem Tage wir uns in der für diese Inseln angegebenen Breite, am weitesten gegen Osten befunden haben, höchstens nur noch zwey Längen-Grade westwärts davon gewesen seyn. Ob wir nun gleich das Land selbst nicht fanden, so haben wir dennoch der Geographie durch unser hin und her kreutzen in dieser Gegend einen Dienst gethan, indem daraus unläugbar erhellet, daß die französische Entdeckung nichts weiter als eine kleine Insel, keinesweges aber das nördliche Ende eines unter diesem Himmelsstrich belegenen *großen festen Landes* sey, wie man anfänglich geglaubt hat.

Am 8ten des Morgens bekamen wir einen außerordentlich dicken Nebel, in welchem wir unsre Begleiterinn, die *Adventure,* aus dem Gesicht verlohren. Dieses Vorfalls wegen ließ unser Capitain an dem ganzen heutigen und auch den folgenden Tag über, erst alle halbe Stunden, und hernach alle Stunden eine Canone abfeuern, allein es erfolgte keine Antwort, und auch die Leucht-Feuer, welche wir diese beyden Nächte unterhielten, halfen zu nichts.

10 in so fern nemlich hohe Berge den Wind abhalten, daß er nicht auf die Oberfläche der See würken, das ist, keine Wellen verursachen kann. A. d. V.

Da nun alle Versuche unsre Begleiterinn wieder zu finden umsonst waren, so sahen wir uns am 10ten früh Morgens in die traurige Nothwendigkeit versetzt, in dem unangenehmen Lauf nach Süden allein fortzufahren und uns in die Gefahren dieses eiskalten Himmelsstrichs von neuem, aber ohne die bisherige einzige Hofnung zu wagen, von unsern Gefährten Hülfe und Rettung zu erlangen, falls unser eignes Schiff unglücklicherweise verlohren gehen sollte. Jedermann fühlte dies so innig, daß ein Matrose selten in die weite See hinaus sahe, ohne zugleich seine Betrübniß über unsre Trennung von der Adventure zu äußern, und darüber zu klagen, daß wir nunmehro auf diesem ungemeßnen, unbefahrnen Ocean, allein seegeln müßten, wo der Anblick eines treuen Gefährten unsern Muth ehedem wechselseitig gestärkt, und die Mühseligkeiten der Reise erträglicher gemacht hatte. Die Pinguins, die kleinen Sturm-Taucher, *(diving petrels)* besonders aber so eine Art von rechten Tauchern, *(colymbi)* verleiteten uns zu dem nicht weniger kränkenden Gedanken, daß, indeß wir mit Eis und Sturm zu kämpfen hatten, die *Adventure* vielleicht hier in der Nachbarschaft Land getroffen haben könne, und würklich müssen wir, nach *Vaugondy's* Charte, damals nur um ein weniges südwärts davon entfernt gewesen seyn.

Am 17ten nahmen wir ohngefähr unter dem 58sten Grad südlicher Breite, viel Eisschollen ein und füllten unsre Wasserfässer damit an. Eine Menge verschiedener Arten von Sturmvögeln und Albatrossen, hatte uns beständig begleitet, gleichwie sich auch von Zeit zu Zeit die große nordliche *Mewe, (larus catarractes)* welche unsre Leute *port-Egmont-hens* nannten; ferner viel Pinguins, einige Seehunde und Wallfische sehen ließen. In vergangner Nacht hatten wir ein schönes Phänomenon bemerkt, welches sich auch heute und verschiedene folgende Nächte über von neuem zeigte. Es bestand in langen Säulen eines hellen weißen Lichts, die sich am östlichen Horizont fast bis zum Zenith herauf erhoben, und nach und nach über den ganzen südlichen Theil des Himmels verbreiteten. Zuweilen waren sie am obern Ende seitwärts gebogen und den Nordlichtern unsres Welttheils zwar in den mehresten Stücken ähnlich, aber doch darinn von selbigen verschieden, daß sie nie eine andre als weißlichte Farbe hatten, da unsre Nordlichter hingegen verschiedne, besonders die Feuer-

und Purpur-Farbe anzunehmen pflegen. Bisweilen konnte man vor dem Schein dieser *Süd-Lichter (aurora australis)* deren meines Wissens noch kein Reisender gedacht hat, die darunter verborgenen Sterne nicht entdecken, und zu andern Zeiten sahe man sie höchstens nur ganz blaß hindurch schimmern. Der Himmel war mehrentheils klar, wenn dies Phänomen sich zeigte, und die Luft so scharf und kalt, daß das Thermometer gemeiniglich auf dem Gefrierpunkt stand.

Am 24. da wir ohngefähr im 62. Grad südlicher Breite waren, und abermals auf ein festes Eisfeld trafen, beschloß der Capitain endlich, zur größten Zufriedenheit eines jeden unter uns, für diesmal nicht weiter nach Süden zu gehen. Wir waren nun auch lange genug ohne Erfrischung in See gewesen; die Jahrszeit in welcher es angieng, unter dieser kalten Himmelsgegend Entdeckungen zu machen, war beynahe verstrichen; das Wetter ward täglich rauher und lies uns gleichsam schon zum voraus empfinden, wie schrecklich in diesen Seen der Winter seyn müsse; auch wurden die Nächte bereits ungleich länger, und unsre Schiffarth dadurch immer gefährlicher. Es war also wohl sehr natürlich, daß unsre Matrosen, durch eine so mühselige Fahrt und aus Mangel gesunder Speisen ganz entkräftet anfiengen, sich nach einem Ruhe- und Erfrischungs-Orte zu sehnen; und herzlich froh seyn mußten, einen Welttheil zu verlassen, in welchem sie dergleichen zu finden sich keine Hoffnung machen konnten. Es währte indessen doch noch bis zum 17ten des folgenden Monats ehe wirkliche Anstalt gemacht wurde aus diesen kalten Gegenden Abschied zu nehmen, denn bis zu gedachtem Tage steuerten wir abwechselnd zwischen dem 61. und 58sten Grade südlicher Breite noch immer gegen Osten. Während dieser Zeit hatten wir viel Ostwind, der gemeiniglich Nebel und Regen brachte, und uns mehr als einmal in sichtbarliche Gefahr setzte, an den hohen Eis-Inseln zu scheitern. Die Gestalt derselben war mehrentheils sonderbar, und des zertrümmerten Ansehens wegen oft mahlerisch genug. Unter andern kamen wir an einer vorbey die von außerordentlicher Größe war, und in der Mitte ein Grottenähnliches Loch hatte, das durch und durch gieng, dergestalt, daß man das Tageslicht

Schneesturmvogel, *F: Procellaria nivea*
Pagodroma nivea (Südatlantik, 30.12.1772)

an der andern Seite sehen konnte. Einige waren wie Kirchthürme gestaltet; noch andre gaben unsrer Einbildungskraft freyes Spiel, daraus zu machen was sie wollte, und dienten uns die Langeweile zu vertreiben, die nunmehro sehr überhand zu nehmen anfieng, weil der tägliche Anblick von See-Vögeln, Meerschweinen, See-Hunden und Wallfischen, den Reitz der Neuheit längst verlohren hatte. Unsrer guten Präservative und namentlich des Sauerkrautes ohnerachtet, zeigten sich bey einigen unsrer Leute nunmehro starke Symptome vom Scorbut, das ist, manche hatten böses Zahnfleisch, schweres Othemhohlen, blaue Flecke, Ausschlag, Lähmung der Glieder, und grüne fettichte Filamente im Urin. Es ward ihnen also frische Bier-Würze verordnet, wodurch einige von dieser schrecklichen Krankheit ganz, andere wenigstens zum Theil befreyet wurden. Das rauhe Clima ward auch den Schafen, die wir vom Vorgebirge der guten Hoffnung mitgenommen hatten, sehr nachtheilig. Sie wurden krätzig, fielen zu Haut und Knochen zusammen, und wollten fast gar nicht mehr fressen. Unsre Ziegen und Schweine warfen, aber die Jungen kamen in dem stürmischen Wetter entweder todt zur Welt oder verklammten doch bald darauf vor Kälte. Kurz wir sahen aus so vielen zusammenstimmenden Umständen, daß es Zeit sey die höhern südlichen Breiten zu verlassen, und nach einem Hafen zu eilen, wo wir unsre Leute erfrischen und die noch wenigen übrigen Schafe retten könnten, welche den Einwohnern der Süd-See-Inseln zum Geschenk bestimmt waren.

Am 16ten da wir uns ohngefähr unterm 58. Grade südlicher Breite befanden, leuchtete die See des Nachts, welches uns, der angezeigten hohen Breite und der Kälte des Himmelsstrichs wegen, merkwürdig dünkte, obgleich das Leuchten hier nicht so stark als am Cap, sondern nur in einzelnen Funken zu sehen war. Das Thermometer stand am Mittag auf 33 ½ Grad, und in der Nacht vom 16ten und 19ten ließ sich das Südlicht wiederum sehen; am letzteren mahl machten die Licht-Säulen einen Bogen über den gantzen Himmel und waren leuchtender als wir sie zuvor je gesehen hatten. Nunmehro fingen wir auch, wie bereits gemeldet, endlich an nach Nordosten hinauf zu steuern, um das Süd-Ende von *Neu-Seeland* zu erreichen. Auf diesem gantzen Strich hatten wir starke Winde, und sahen oft Seegras, besonders Felskräut, imgleichen eine große Menge von Sturm- und andern Seevögeln. Von den letztern belustigten uns vornehmlich einige große graue Mewen die auf einen großen weißen Albatros Jagd machten. Der Länge seiner Flügel ohngeachtet konnte er ihnen doch nicht entgehen, und wenn sie ihn eingehohlt hatten suchten sie ihm vornehmlich von unten unterm Bauche beyzukommen, wo er, wie sie wißen mußten, am wehrlosesten seyn mag. Der Albatros hatte alsdenn kein andres Mittel ihrer los zu werden, als daß er sich aufs Waßer setzte, da sein fürchterlicher Schnabel sie denn in Respect zu halten schien. Diese Mewen sind stark und raubsüchtig. Auf den *Färroer-Inseln* reißen sie oftmahls Lämmer in Stücken und bringen solche in ihre Nester. Die Albatrosse sind dem Anschein nach weniger raubsüchtig und leben mehrentheils von kleinen Seethieren besonders von den *Mollusca-* und *Medusen* Arthen. Sobald wir über den funfzigsten Grad der südlichen Breite nach Norden hinauf kamen, hatten wir ihrer eine große Menge um uns, dagegen waren nur wenige einzelne so weit gen Süden vorgedrungen als wir, und folglich müßen sie eigentlich wohl nur unter dem gemäßigten Himmelsstrich wohnen.

Je weiter wir nun nach Norden hin gelangten, je mehr Seehunde kamen uns von der Küste von Neu-Seeland her entgegen, und am 25ten sahe man den Stamm eines Baumes und verschiedene Klumpen Gras vorüber schwimmen, deren Anblick unsre Matrosen mit neuem Muthe belebte. Kurz nachher erblickte man in Nord-Ost zu Ost, Land, und ohnerachtet solches damahls noch weit entfernt zu seyn schien; so befanden wir uns doch, mit Hülfe eines günstigen Windes, am Nachmittag um 5 Uhr nur noch wenig Meilen weit von einer gebrochenen, felsigen Küste, wo verschiedne Öfnungen uns eine geräumige Bay oder Sund erwarten ließen, und hinter welcher, im innern des Landes, hohe Berge empor ragten. Da wir der Küste nahe waren, wurde das Senkbley ausgeworfen, man fand aber mit 30 Faden keinen Grund; desto unvermutheter war es uns, als die Schildwache plötzlich vom Mastbaum herabrief, daß wir dicht an einigen Felsenklippen wären. Das Schiff ward dieserwegen in größter Eil umgewandt, und da das Wetter zu gleicher Zeit dunkel und regnicht ward, so entfernten wir uns sicherheitshalber vom Lande. Am folgenden Morgen fand sich, daß der vor uns liegende Theil von Neu-Seeland gerade die vom Cap West südwärts gelegene äußerste Spitze dieses Landes war, welche Capitain Cook auf seiner vorigen Reise, in der *Endeavour,* noch nicht untersucht hatte.

Hier endigte sich nun unsre erste Fahrt, in die hohen südlichen Breiten, auf welcher wir vier Monath und zween Tage ohne Land zu sehen zugebracht hatten, aber diese ganze Zeit über von der allwaltenden Vorsehung für besonderen Unglücksfällen bewahrt, durch mancherley Gefahren sicher hindurch geführt und, einige wenige ausgenommen, allerseits bey beständig guter Gesundheit erhalten worden waren. Dies war um so viel mehr zu verwundern, als wir auf der ganzen Reise vom Vorgebürge der guten Hofnung an, bis nach Neu-Seeland, unaufhörlich mit Mühseeligkeiten zu kämpfen gehabt hatten, und von denselben desto mehr befürchten konnten, je weniger sie irgend jemand, vor uns, versucht und erfahren hatte. Unsre Seegel waren zerrißen, unser Tauwerk in Stücken, das Schiff ward entweder durch die Wellen auf das heftigste hin und her geworfen, oder wenn das nicht geschahe, so legte es der Wind ganz schief auf die Seite, wodurch, nebst dem beständigen Handthieren der Matrosen im Takelwerk, die Cajütten und das oberste Verdeck überall wandelbar wurden; die schrecklichen Würkungen und Folgen fürchterlicher Stürme, die der trefliche Geschichtschreiber von *Anson's* Reise, mit so natürlichen, schwarzen Farben geschildert hat – das alles waren gewißermaßen nur die geringsten unsrer Plagen. – Noch außer diesen mußten wir mit der Strenge eines ungewöhnlich rauhen Clima's kämpfen; Matrosen und Officier waren beständig Regen, Hagel oder Schnee ausgesetzt; das Tau und Takelwerk war durchaus mit Eis überzogen und wehe den Händen, welche daran arbeiten mußten; unser Vorrath von frischen Waßer konnte nicht anders als mit Treibeis ersetzt werden, und das Aufnehmen desselben aus eiskaltem Seewaßer ging ohne erfrohrne und blutige Hände nicht ab; unaufhörlich mußten wir befürchten gegen die hohen Eismassen anzulaufen womit der unermeßliche südliche Ocean gleichsam angefüllet ist; und dergleichen Gefahr kam oft so schnell und so vielfältig, daß die Leute selten ihre gewöhnliche Ruhestunden genießen konnten, sondern denen Wachthabenden alle Augenblick zu Hülfe kommen und das Schif mit unabläßiger Vorsicht regieren, oder in der äußersten Geschwindigkeit wenden mußten. Auf solche Weise war denn die lange Zeit, welche wir in ofner See ohne Land zu sehen und ohne irgend eine Art von Erfrischungen zu genießen zubringen mußten, wohl in der That nicht anders als eine stete Reihe von Mühseeligkeit und Elend zu nennen. Auch die Angeln und Leinen, welche schon im November waren ausgetheilt worden, hatten bis jetzt noch zu nichts gedient, weil in diesen höhern Breiten das Meer überall grundlos war, und nirgends andre als Wallfische zum Vorschein kamen. Doch ließ sich auch, da wir nun einmal nicht so glücklich waren Land zu treffen, nichts besseres erwarten; denn es ist bekannt, daß man, nur im heißen Himmelsstriche allein, fern vom Ufer und Sandbänken in unergründlichen Gegenden der See, mit der Angel Fische zu fangen hoffen kann

Atrum
Defendens pisces hiemat mare.
HORATIUS.

Zu allen diesen Unannehmlichkeiten gesellte sich endlich noch die düstere Traurigkeit, welche unter dem antarctischen Himmel herrscht, wo wir oft ganze Wochen lang in undurchdringliche Nebel verhüllt zubringen mußten, und den erfreulichen Anblick der Sonne nur selten zu sehen bekamen, ein Umstand, der schon allein vermögend ist den Entschlossensten und Lebhaftesten niedergeschlagen zu machen. – Wenn man dies alles überdenkt, so ist es wahrlich zu verwundern und als ein deutliches Merkmahl der göttlichen Obhut anzusehen, daß wir von alle den Folgen nichts erlitten, welche von so mannigfaltigem und gehäuften Elend zu gewarten und zu befürchten waren.

Oben: **Kardinals-Drachenkopf, *F: Scorpaena cottoides***
Scorpaena cardinalis (Dusky Sound/Neuseeland, 1773)
Unten: **Linksaugenflunder, *F: Pleuronectes scapha***
Arnoglossus scapha (Queen Charlotte Sound/Neuseeland, 1773)

FÜNFTES HAUPTSTÜCK.

Aufenthalt in Dusky-Bay. Beschreibung derselben. Nachricht von unsern Verrichtungen.

NACH EINER FAHRT VON einhundert und zwei und zwanzig Tagen, auf welcher wir ohngefähr dreitausend fünfhundert Seemeilen in ofner See zurückgelegt hatten, kahmen wir endlich am 26sten März zu Mittage in *Dusky-Bay* an. Diese Bay, welche an der Nordseite des Cap West liegt, hatte Capitain *Cook* auf seiner vorigen Reise in der *Endeavour* bereits entdeckt, ihr auch damahls schon einen Nahmen gegeben, ohne sie jedoch selbst zu besuchen.[1] Aus großer Ungedult bald vor Anker zu kommen, wünschten wir, daß solches gleich an der Mündung der Bay thunlich seyn möchte: Allein da das Senkbley dort eine allzu große Tiefe, nemlich von vierzig Faden anzeigte, und etwas weiter hin gar mit sechzig Faden kein Grund mehr zu finden war, so mußten wirs uns gefallen laßen, noch ungleich weiter hinein zu seegeln. Das Wetter war indeßen schön und in Verhältniß zu demjenigen, das wir bisher hatten empfinden müßen recht erquickend warm. Sanft wehende Winde führten uns nach und nach bey vielen felsichten Inseln vorbei, die alle mit Bäumen und Buschwerk überwachsen waren, deren mannigfaltiges, dunkleres Immergrün, *(evergreen)* mit dem Grün des übrigen Laubes, welches die Herbstzeit verschiedentlich schattirt hatte, malerisch vermischt war und sehr angenehm von einander abstach. Ganze Schaaren von Waßervögeln belebten die felsigten Küsten und das Land ertönte überall vom wilden Gesang der gefiederten Waldbewohner. Je länger wir uns nach Land und frischen Gewächsen gesehnt hatten, desto mehr entzückte uns nun dieser Prospect, und die Regungen der innigsten Zufriedenheit, welche der Anblick dieser neuen Scene durchgängig veranlaßte, waren in eines jeglichen Augen deutlich zu lesen.

Um drei Uhr Nachmittags kamen wir endlich unter der Spitze einer Insel vor Anker, woselbst wir einigermaßen gegen die See gedeckt und der Küste so nahe waren, daß man sie mit einem kleinen Taue erreichen konnte. Kaum war das Schif in Sicherheit, als unsre Matrosen ihre Angeln auswarffen, und in wenig Augenblicken sahe man an allen Seiten des Schifs eine Menge vortreflicher Fische aus dem Wasser ziehen, deren viel versprechender Anblick die Freude über unsre glückliche Ankunft in der Bay ungemein vermehrte. Wir fanden sie von vortreflichen Geschmack und da wir zumahl so lange darauf gefastet hatten, so war es kein Wunder daß uns diese erste Neu-Seeländische Mahlzeit als die herrlichste in unserm ganzen Leben vorkam. Zum Nachtisch ergötzte sich das Auge an der vor uns liegenden, wildnißartigen Landschaft, die *Salvator Rosa* nicht schöner hätte mahlen können. Sie war ganz im Geschmack dieses Künstlers und bestand aus Felsen, mit Wäldern gekrönt, deren Alter in die Zeiten vor der Sündfluth hinauf zu reichen schien, und zwischen welche sich aller Orten Wasserbäche mit schäumenden Ungestüm herabstürzten. Zwar hätte es bey weiten nicht so vieler Schönheiten bedurft um uns zu

1 Siehe Hawkesworths Geschichte der engl. See-Reisen in 8. dritter Band, *pag.* 249.

entzücken, denn nach einer langen Entfernung vom Lande ist es warlich sehr leicht, selbst die ödeste Küste für das herrlichste Land in der Schöpfung anzusehen. Und aus diesem Gesichtspuncte muß man auch die feurigen Beschreibungen der wilden Klippen von *Juan Fernandez* und der undurchdringlichen Wälder von *Tinian* betrachten.

Gleich nach Tische wurden zwei Boote ausgesetzt um verschiedne Gegenden der Bay zu untersuchen, hauptsächlich aber um für unser Schif einen sichern Hafen ausfindig zu machen, indem unser jetziger Ankerplatz offen, unbequem und nur fürs erste gut genug gewesen war. Wir machten uns diese Gelegenheit zu Nutze Untersuchungen in der natürlichen Geschichte anzustellen, und trennten uns, um von beiden Booten und ihren verschiedenen Entdeckungen zu gleicher Zeit Gebrauch zu machen. Beide Partheien fanden bequeme und wohlgedeckte Hafen, nebst Überfluß von Holz und Waßer; auch trafen sie allenthalben so viel Fische und Waßer-Vögel an, daß man hoffen konnte, es würde uns nicht leicht an Lebensmitteln dieser Art fehlen, wenn wir gleich noch so lange hier verbleiben wollten. So günstige Aussichten bewogen den Capitain *Cook,* einige Zeit hier zuzubringen, zumahl da er auf seiner ersten Reise das südliche Ende von Neu-Seeland nur flüchtig untersucht hatte. Unsrer Seits fanden wir, so wohl in dem Thier- als Pflanzenreiche, neue Reichthümer, und es gab kaum eine einzige Gattung, die mit den bekannten völlig übereinstimmte, ja viele wolten sich gar nicht einmahl unter die bekannten Geschlechter bringen laßen. Hieran glaubten wir nun während unsers Aufenthalts hinlänglich Beschäftigungen zu finden, obgleich der Herbst dem Pflanzenreich schon den Untergang anzukündigen schien.

Am folgenden Morgen ward in aller Frühe, ein kleines Boot gegen die Küste geschickt und nach Verlauf dreier Stunden brachte es schon so viele Fische, die blos mit Angeln gefangen waren, zurück, daß das ganze Schifsvolk eine Mahlzeit davon halten konnte. Der beste und wohlschmeckendste darunter war eine Art von Cabeljau *(cod)* den die Matrosen, der Farbe wegen, den Kohlenfisch nannten. Außerdem bekamen wir auch verschiedne Arten von vortreflichen dünnen See-Rappen *(Sciænæ)* Meer-Scorpionen *(Scorpens)* Dick-Köpfe *(mugil. mullet)* Bastard-Mackrelen *(Scomber Trachurus)* und andre wohlschmeckende Fische mehr, die in Europa ganz unbekannt sind. Um 9 Uhr giengen wir von unserm bisherigen, unzulänglichen Anckerplatz unter Seegel, und liefen in den gestern ausfindig gemachten und *Pickersgill* genannten Hafen ein. Hier lagen wir in einer kleinen Bucht, und so nahe am Ufer, daß wirs mit einem Gerüste von wenigen Planken erreichen konnten. Die Natur kam uns dabey mit einem großen Baum zu Hülfe, der vom Lande aus in horizontaler Richtung schief über das Waßer hingewachsen war. Das äußerste Ende befestigten wir mitten aufs Schiff und machten längst dem Baume einen Steg von Brettern. Am Ufer selbst fanden wir für unsre Bedürfniße nicht weniger Bequemlichkeiten. Die Bäume standen so nahe am Schiffe, daß die Äste bis an unsre Masten hinreichten und ein schöner Strohm frischen Waßers floß nur einen Pistolenschuß weit hinter dem Schiffe: Da nun Holz und Waßer die Hauptartickel waren, welche wir vom Lande aus an Bord zu schaffen hatten, so gereichte uns die nahe Nachbarschaft derselben zu einer großen Erleichterung. Wir ließen es unsre erste Arbeit seyn einen nahgelegenen Hügel, vom Holz kahl zu machen, um die Sternwarthe und Schmiede daselbst aufzustellen, denn unser Eisenwerk hatte einer schleunigen Ausbesserung nöthig. Zu gleicher Zeit wurden für die Seegelmacher, Böttiger, Wasserträger und Holzhauer am Wasserplatze Zelte aufgeschlagen. Bey Gelegenheit dieser Arbeiten verringerte sich schon die hohe Meynung, welche unsre Leute von diesem Lande gefaßt hatten; denn die ungeheure Menge von Schling-Stauden *(climbers)* Dornen, Strauchwerk und Farrenkraut, womit die Wälder durchwachsen und überlaufen waren, machte es ungemein mühsam ein Stück Land zu reinigen, und ließ uns schon zum voraus sehen, daß es äusserst schwer, wo nicht unmöglich seyn würde, tief in das Innre des Landes einzudringen. Und in der That ist es nicht nur historisch wahrscheinlich, daß in diesem südlichen Theile von Neu-Seeland die Wälder noch unangetastet, in ihrem ursprünglich wilden, ersten Stande der Natur geblieben sind, sondern der Augenschein beweiset solches beynahe unleugbar. Wir fanden es z. E. nicht nur des obgedachten überhand genommenen Unkrauts wegen, fast unmöglich darin fortzukommen, sondern es lag auch überall eine Menge von verfaulten Bäumen im Wege, die entweder vom Winde umgeworfen oder vor Alter umgefallen, und durch die Länge der Zeit zu einer fetten Holzerde geworden waren, aus welcher bereits neue Generationen von jungen Bäumen, parasitischen Pflanzen, Farn-Kräutern und Moosen reichlich aufsproßten. Oft bedeckte eine täuschende Rinde, das innere verfaulte Holz eines solchen umgefallnen Stammes und wer es wagte darauf zu treten, fiel gemeiniglich bis mitten an den Leib hinein. Das Thierreich lieferte seiner Seits auch einen Beweis, daß dieser Theil des Landes, bis jetzt wohl noch keine Verändrung von Menschen erlitten haben könne, und ließ uns beym ersten Anblick vermuthen, daß *Dusky-Bay* gänzlich unbewohnt seyn müße; denn eine Menge kleiner Vögel schienen noch nie eine menschliche Gestalt gesehen zu haben, so unbesorgt blieben sie auf den nächsten Zweigen sitzen, oder hüpften wohl gar auf dem äußersten Ende unsrer Vogelflinten herum, und betrachteten uns als fremde Gegenstände mit einer Neugierde, die der unsrigen, einigermaßen gleich kam. Diese unschuldige Dreistigkeit schüzte sie anfänglich, denn wer hätte hartherzig genug seyn können sie zu schießen, wenn sie so nahe waren; aber in wenig Tagen ward sie ihnen sehr nachtheilig und verderblich, weil eine Katze aus unserm Schiff nicht so bald ausfindig gemacht hatte, daß hier eine so trefliche Gelegenheit zu einem herrlichen Fraße sey, als sie richtig alle Morgen einen Spatziergang ins Holz vornahm, und eine schreckliche Niederlage unter den kleinen Vögeln anrichtete, die sich vor einem so hinterlistigen Feinde nicht hüteten, weil sie nichts Arges von ihm vermutheten.

Bey dem Überfluß an Fischen und der Menge von Waßervögeln, die uns mehrere Arten von Fleischspeisen zu versprechen schien, fehlte es unsrer Tafel gleichsam nur noch allein an frischem Gemüse. Diesem Mangel suchten wir daher auf unsren ersten botanischen Spatziergängen abzuhelfen, und fanden auch gleich den Tag nach unsrer Ankunft, einen zum Myrthen-Geschlecht gehörigen, schönen Baum, der eben in Blüthe stand, und davon auf Capitain *Cook's* erster Reise eine Infusion, statt Thees, war getrunken worden. Ohngeachtet uns dies noch keine Schüssel gab; so war es uns doch, als ein frisches Kraut, willkommen, und ward daher auch gleich versucht. Die Blätter waren angenehm aromatisch, etwas zusammenziehend und gaben beym ersten Aufguß dem Waßer einen ganz besonders lieblichen Geschmack, allein, wenn zum zweytenmahl siedendes Waßer aufgegossen ward, so verschwand dieser angenehme Geschmack, und statt deßen bekam die Infusion eine ungemeine Bitterkeit, daher wir es auch nie zum zweitenmahle ziehen ließen. Der Gebrauch dieser Pflanze, ward unter unsern Leuten bald allgemein, und trug dem Ansehn nach viel dazu bey, das Blut zu reinigen und alle scorbutische Symptomen zu vertreiben. Da diese Pflanze künftigen Seefahrern sehr nützlich werden kann, so verdiente sie bekannter und folglich gezeichnet zu werden. Wir haben daher dem Capitain *Cook* sehr gern erlaubt, von unsrer Zeichnung Gebrauch zu machen; und sie ist auf Befehl der Admiralität gestochen und seiner Reisebeschreibung beygefügt. Auch in gegenwärtiger deutschen Ausgabe unsrer Reisegeschichte wird sie der naturkundige Leser, hoffentlich mit Vergnügen, antreffen. In gutem Boden und dicken Wäldern wächst sie bis zur Größe eines ansehnlichen Baums, der oft dreißig bis vierzig Fus hoch ist, und einen Fus im Durchschnitt hält. Auf bergichten trocknen Gründen hingegen, habe ich sie als eine kleine Staude ohngefähr nur sechs Zoll hoch gefunden, und daß sie, dieser geringen Größe ohnerachtet, gesund und vollkommen war, bezeugten Frucht und Blüthe. Gewöhnlicher Weise wird sie aber acht bis zehn Fus hoch, und ohngefähr drei Zoll im Durchschnitt stark. In diesem Fall ist der Stamm unregelmäßig und ungleich, treibt kurz über der Erde schon Zweige aus, die mit dem Stamm gemeiniglich scharfe Winkel ausmachen, und nur allein an den äußersten Enden Blätter und Blüthen haben. Die Bluhmen sind weis und geben der Pflanze eine große Zierde. Man versuchte es auch die Blätter eines andern Baumes, der in dieser Gegend sehr häufig wuchs,[2] zur Infusion zu gebrauchen; allein, seiner Ähnlichkeit mit dem Fichtengeschlecht und eines gewissen harzichten Geschmacks wegen, fanden wir bald, daß er sich zwar nicht zum Thee, hingegen zu jenem gesunden und angenehmen Getränk, das in Westindien unter dem Nahmen *Spruce-* oder Sprossen Bier bekannt ist, noch besser

2 Dieser nüzliche Baum verdient eben so wohl als der vorhergehende für die Seefahrer genauer beschrieben zu werden. Weil wir aber zur unrechten Jahrszeit in Neu-Seeland waren, so konnten wir weder Blüthen noch Früchte davon auftreiben.

als der americanische *Spruce*-Baum *(Spruce-tree)* schikken würde. Wir braueten auch würklich, mit einem Zusatz von etwas Bier-Würz-Eßenz und Syrup, eine sehr gute Arth von Bier daraus, und machten dieses in der Folge durch eine Beymischung von Blüthen und Blättern des neuen Theebaums noch angenehmer und beßer. Der Geschmack war lieblich aber etwas bitter; und der einzige Fehler den wir daran finden konnten bestand darin, daß es früh, bey nüchternem Magen getrunken, zuweilen eine Übelkeit verursachte. In jedem andern Betracht war es vortreflich und gesund. Der Neu-Seeländische Spruce-Baum ist von schönem Gewächs und Ansehn, denn er schießt bisweilen zu einer Höhe von hundert Fuß auf und hat alsdenn wohl zehn Fuß im Umfange. Wegen seiner niederhängenden Äste fällt er sehr in die Augen, und sein Laub besteht aus einer Menge langer, hellgrüner Blätter, die den Kiehn-Nadeln gleichen und wie Faden von den Zweigen herabhängen. Ohngeachtet sich in den hiesigen Wäldern nur allein der Spruce- und der Theebaum fand, von welchen man etwas genießen konnte, so waren doch die übrigen, in großer Menge und Verschiedenheit vorhandenen Bäume, theils zum Schiffbau, theils zu Tischler- und andrer Holzarbeit gut zu brauchen; und Capitain *Cook* mußte gestehen, daß er auf ganz Neu-Seeland keine bessere Waldung als hier in Dusky-Bay angetroffen habe, ausgenommen längst den Ufern des Flusses Thames (Themse) der die nördliche Insel dieses Landes durchströhmt und den er auf seiner vorigen Reise befahren hatte.[3]

Wir waren nicht über zween Tage in dieser Bay gewesen, so wurden wir bereits überzeugt, daß sie nicht unbewohnt seyn müsse. Als nehmlich am 28. Morgens einige unsrer Officier in einem kleinen Boote auf die Jagd gingen, und etwa zwei oder drey englische Meilen weit vom Schiffe in eine Bucht hineinruderten, wurden sie auf dem Strande einige Einwohner gewahr, die ein *Canot*[4] (Kahn) ins Wasser setzen wollten. Bey ihrer Annäherung fiengen die Neu-Seeländer an überlaut zu rufen; und da man sie ihrem Schreyen nach für zahlreicher hielt als sie würklich waren, so giengen die Officiers zurück und gaben dem Capitain Nachricht von dieser Entdeckung; eine Vorsicht, die ihnen desto nöthiger dünkte, weil das Wetter sehr regnicht war und ihr Schießgewehr leicht hätte hindern können Feuer zu geben. Kaum waren sie am Boord zurück, als sich neben einer hervorragenden Landecke, die ohngefähr eine englische Meile weit vom Schiff entfernt seyn mochte, ein Canot sehen ließ. Es war mit sieben oder acht Leuten besetzt, die uns eine Zeitlang anguckten, aber durch keine Zeichen der Freundschaft als Zurufen, Aushängen von weißen Tüchern, Vorzeigung von Glas-Corallen und, dergleichen, sich wollten bewegen lassen, näher zu kommen; sondern nach einer Weile den Weg zurück ruderten den sie gekommen waren. So viel sich in der Entfernung unterscheiden ließ, giengen sie in Matten gekleidet und hatten breite Ruder, mit welchen sie ihr Canot, eben so wie die Einwohner des *nördlichen* Theils von Neu-Seeland, fortarbeiteten. Capitain *Cook* nahm sich vor sie noch heute Nachmittag am Lande zu besuchen, um ihnen die Besorgniß zu benehmen, worinn sie unserntwegen zu seyn schienen. Er ließ zu dem Ende zween Boote aussetzen und fuhr nebst uns und verschiednen Officiers nach der Bucht hin, wo sich die Wilden zuerst hatten sehen lassen. Hier fanden wir ein doppeltes Canot, das neben etlichen alten niedrigen Hütten aufs Land gezogen war, und in der Nachbarschaft sahe man einige Stellen wo Feuer gebrannt hatte, auch lagen Fischnetze und Fische umher. Das Canot war alt und in schlechtem Stande. Es bestand aus zween Trögen oder Booten, die in der Mitte durch Queerhölzer verbunden und mit Stricken von der Neu-Seeländischen Flachs-Pflanze[5] zusammen gekoppelt waren. Ein Jedes einzelne dieser mit einander verbundenen Boote, war für sich aus Planken verfertigt, die mit Schnüren aneinander genähet und am Vordertheil durch ein grobgeschnitztes Menschengesicht verzieret waren, in welchem sie statt der Augen kleine Stücken von perlmutterartigen Seeohr-Muscheln eingesetzt hatten. In diesem Canot fanden wir zween Ruder, einen Korb voll Beeren von der *coriaria ruscifolia Linnæi,* und einige Fische. Von den

3 Siehe Hawkesworths Geschichte der englischen See-reisen in 8. dritter Band, *pag. 146. 151.* und *273.*

4 Wir werden uns allezeit dieses Worts bedienen, um ein *indianisches Fahrzeug* anzudeuten, es sey denn, daß bey einer oder der andern Gelegenheit dieser allgemeine Ausdruck für unsre Absicht nicht zureichend wäre.

5 Siehe Hawkesworths Geschichte der engl. See-Reisen in 8. dritter Band, *pag. 275.* u. f.

Südseemyrthe, *F: Leptospermum scoparium*
Leptospermum scoparium (Neuseeland)

Leuten aber bekamen wir nichts zu hören und zu sehen, weil sie, allem Anschein nach, in den Wald geflüchtet waren. Um uns ihr Vertrauen und Zuneigung zu erwerben, legten wir ihnen einige Schaumünzen, Spiegel, Glas-Corallen und andre Kleinigkeiten in das Canot und giengen, ohne weitern Aufenthalt, wieder zu unserm Boot, um tiefer in die Bucht hinein zu rudern und einen Plan von derselben aufzunehmen. Bey dieser Gelegenheit fanden wir einen schönen Bach, der sich über den flachen Strand ins Meer ergoß, welches hier eine ganze Strecke lang so seicht war, daß wir mit dem Boote einigemal auf den Grund stießen. Endten, See-Raben *(Shags)* schwarze Austerfänger *(Oystercatcher)* und Kybits-Arten *(plovers)* gab es hier in großer Menge. Auf dem Rückwege konnten wir uns nicht enthalten, noch einmal nach dem Canot hinzusehen; fanden aber noch alles wie wir es verlassen hatten. Den Werth, der bereits vorher zurückgelaßnen Geschenke zu erhöhen, fügten wir jetzt noch ein Beil hinzu, und um ihnen den Gebrauch desselben begreiflich zu machen, haueten wir einige Spähne von einem Baume ab, und ließen es alsdenn in dem Stamm stecken. Allein unsre Hauptabsicht erreichten wir bey diesem zweyten Besuch eben so wenig als bey dem vorhergehenden, denn wir bekamen abermals keinen von den Einwohnern zu sehen, ohnerachtet sie, unserm Bedünken nach, nicht weit weg seyn konnten, und wir so gar den Rauch von ihren Feuern zu riechen glaubten. Vermuthlich wären sie in dem nah gelegenen Walde leicht zu entdecken gewesen; da sie uns aber so geflissentlich aus dem Wege gegangen zu seyn schienen, so wollte sie der Capitain nicht aufsuchen lassen, sondern es lieber der Zeit und ihrem freyen Willen anheim stellen, ob sie näher mit uns bekannt werden wollten oder nicht. Unterdessen war die Zeit so weit verstrichen, daß wir erst am späten Abend wieder an das Schiff zurück kamen.

Den ganzen folgenden Morgen regnete es heftig; Nachmittags aber klärte sich das Wetter auf und verstattete uns in das auf dem jenseitigen Ufer der Bucht gelegene Holz zu gehen: Allein, wir fanden es jetzt doppelt mühsam darinn fortzukommen, denn außer den bereits angezeigten Schwürigkeiten sich durch die Schling-Stauden und durch die umgefallenen Bäume hindurch zu arbeiten, hatte der heutige Regen das Erdreich dermaßen durchgeweicht und schlüpfrig gemacht, daß man fast bey jedem Schritt ausgleitete. Indessen ward unsre Mühe wenigstens dadurch belohnt, daß wir noch einige Pflanzen in der Blüthe antrafen, ohnerachtet es hier zu Lande schon sehr spät im Jahre war. Außerdem erregte eine Menge von unbekanten Bäumen und Sträuchern unsre Verwunderung über den Reichthum dieses Landes an neuen Pflanzen, allein dabey mußten wir es auch bewenden lassen, denn es waren weder Blüthen noch Frucht mehr daran vorhanden, und folglich keine nähere botanische Untersuchung möglich.

Die beyden folgenden Tage über hielt uns das regnichte und stürmische Wetter am Bord eingeschlossen, und benahm uns fast den Muth, denn wenn diese Witterung so anhielt, welches der Jahreszeit nach allerdings zu befürchten stand, so ließ sich voraus sehen, wie unangenehm wir die Zeit unsers übrigen Aufenthalts allhier zubringen würden. In dieser Besorgniß wandten wir, am 1sten April Nachmittags, den ersten heitern Augenblick dazu an, die Bucht wieder zu besuchen, in welcher wir die Indianer gesehen hatten. Wir fanden daselbst noch alles, wie wir es gelassen, und es schien die ganze Zeit über Niemand bey dem Canot gewesen zu seyn. Da das Wetter sehr hell war, so konnte man diese Bucht heute nach allen Seiten hin übersehen. Sie ist so geräumig, daß eine ganze Flotte darinn vor Anker liegen kann, und hat an der Südwest-Seite einige hohe Berge, die beynahe von dem Gipfel an bis ganz an das Ufer herab mit Holz bewachsen sind. Die verschiednen Landspitzen, die in die See hinaus laufen, und die Inseln in der Bay, bieten von hier aus einen schönen, mahlerischen Anblick dar. Die Spiegelfläche des Wassers, welche beym Untergang der Sonne herrlich erleuchtet ward, die Mannigfaltigkeit des Grüns und der Gesang der Vögel, welche sich an diesem stillen Abende um die ganze Bay herum hören ließen, milderten die rauhen und wilden Umrisse dieser Landschaft auf eine sehr angenehm contrastirende Weise.

Das Vergnügen dieses Abends, lockte uns, bey dem schönen hellen Wetter des folgenden Tages, schon mit Sonnen-Aufgang wiederum nach dieser Bucht und hielt uns bis am späten Abend dort zurück, da wir mit einer ganzen Ladung von neuen Vögeln und Pflanzen wieder auf dem Schiffe anlangten. Wir hatten einen jungen Hund mit uns genommen, den sich einige Officier am Vorgebürge der guten Hofnung angeschaft hatten, und wollten versuchen, ob er sich nicht an das Schießen gewöhnen und zur Jagd abrichten ließe. Aber kaum ward die erste Flinte abgefeuert, als er davon und ins Holz lief, auch allem Rufen und Locken ohnerachtet nicht zu uns zurück kommen wollte. In unsrer Abwesenheit hatte Capitain *Cook* sich das schöne Wetter ebenfalls zu Nutze gemacht, um verschiedene Gegenden der Bay genauer zu untersuchen. Er kam bey dieser Gelegenheit an einem kleinen Felsen, ohnweit unserm ersten Ankerplatz vorbey, den wir damals schon *Seal rock* oder Seehund-Felsen genannt hatten, weil eine Menge von diesen Thieren ihr gewöhnliches Nachtlager dort zu nehmen pflegten. Auch heute fand er ihrer eine große Anzahl daselbst und erlegte drey Stück. Einer von diesen Seehunden, der zu wiederholtenmalen angeschossen war, ward zuletzt ganz wütend, und fiel das Boot an, welches ihm denn vollends das Leben kostete. Er war ohngefähr 6 Fus lang, und wog, ohnerachtet er nur sehr mager war, doch 220 Pfund. Von hier aus lief der Capitain an verschiedenen kleinen Inseln vorbey und gelangte zuletzt an das Nord-West-Ende der Bay, welches die *Point five finger* genannte Landspitze ausmacht. Allda fand er in einer schönen Bucht, eine Menge verschiedener Wasservögel, von denen er viele schoß und an Boord brachte.

Nach dieser kleinen Lustreise mußten wir, des von neuem einfallenden Regens halber, wiederum eine Pause machen und an Bord bleiben, wo eine Art kleiner Erd-Mücken *(tipula alis incumbentibus)*, die uns schon vom ersten Eintritt in *Dusky-Bay* an gepeinigt hatten, jetzt, bey dem nassen Wetter, ungemein beschwerlich fiel. Am Lande waren sie an dem Eingange in die Wälder besonders häufig anzutreffen, nicht halb so groß als Mücken oder Muskito's und unsre Matrosen nannten sie *Sandfliegen*. Ihr Stich war sehr schmerzhaft, und, sobald die gestochene Hand oder das Gesicht warm ward, erfolgte ein unerträgliches Jucken, welches beym geringsten Reiben oder Kratzen eine starke Geschwulst und große Schmerzen nach sich zog. Wir hatten jedoch nicht alle gleich viel von ihnen auszustehen: Ich für mein Theil empfand keine besondre Ungelegenheit davon; andre hingegen wurden abscheulich von ihnen gequält, insbesondre hatten sie meinen Vater so übel zugerichtet, daß er nicht im Stande war die Feder zu halten, um nur die täglichen Vorfälle in seinem Journal niederzuschreiben, und die Nacht fiel er sogar in ein heftiges Wundfieber. Man versuchte allerhand Mittel dagegen, aber ohne Nutzen. Das Beste war, die Hände und das Gesicht mit weicher Pomade einzureiben und beständig Handschuh zu tragen.

Früh am 6ten giengen einige Officier nach der Bucht, welche der Capitain am 2ten entdeckt hatte; der Capitain selbst aber nahm ein andres Boot und gieng nebst Herrn *Hodges, Dr. Sparrman,* meinem Vater und mir, nach der Nordseite, um für seine Person in Abzeichnung der Bay fortzufahren, Herr *Hodges,* um Aussichten nach der Natur aufzunehmen, und wir, um die natürlichen Merkwürdigkeiten des Landes zu untersuchen. In dieser Gegend trafen wir eine schöne geräumige Bucht an, die so tief und schräg ins Land hinein ragte, daß man von dort aus die See gar nicht sehen konnte. Das Ufer derselben war steil und von demselben stürzten sich verschiedene kleine Wasserfälle aus großen Höhen herab, welches eine überaus schöne Scene ausmachte. Sie ströhmten mitten aus dem Wald hervor und fielen alsdenn in durchsichtig hellen Wasser-Säulen so senkrecht herunter, daß ein Schiff ganz nahe bey denselben sich hätte ans Ufer legen, und vermittelst eines Schlauchs von Seegeltuche *(hose)* seine Wasserfässer allenfalls an Boord selbst, in aller Sicherheit anfüllen können. Im Hintergrunde gab es einen Fleck, wo das Wasser seicht und morastig war, das Ufer aber aus Muschel-Sand bestand, über welches hier, so wie in allen Buchten dieser Bay, ein kleiner Bach herabrieselte. An dieser Stelle fanden wir viel Federwildpret, besonders wilde Endten, davon wir vierzehn Stück erlegten, und daher den Ort auch *Duck-Cove,* das ist, Endten-Bucht nannten. Auf dem Rückwege kamen wir an einer Insel vorbey, die eine weit hervorragende Felsenspitze hatte, auf welcher wir einen Menschen sehr laut rufen hörten. Da dies niemand anders als einer von den Eingebohrnen seyn konnte, so nannten wir diese Insel *Indian-Island,* d.i. Indianer-Insel, und näherten uns dem Ufer derselben, um zu erfahren, von wem die Stimme herkäme. Als wir weiter heran kamen, entdeckte man, daß es ein Indianer war, der mit einer Keule oder Streit-Axt bewafnet, auf der Felsenspitze stand, und hinter ihm erblickte man in der Ferne, am Eingang des Waldes, zwo Frauenspersonen, deren jede einen Spieß in der Hand hielt. Sobald wir mit dem Boot bis an den Fus des Felsen hingekommen waren, rief man ihm in der Sprache von *Taheiti* zu: *Tayo Harre maï,* d.i. Freund komm hier! Allein das that er nicht, sondern blieb an seinem Posten, auf seine Keule gelehnt stehen und hielt in dieser Stellung eine lange Rede, die er bey verschiednen Stellen mit großem Nachdruck und Heftigkeit aussprach, und alsdenn zugleich die Keule um den Kopf schwenkte. Da er nicht zu bewegen war näher zu kommen, so gieng Capitain *Cook* vorn ins Boot, rief ihm freundlich zu und warf ihm sein und andrer Schnupftücher hin, die er jedoch nicht auffangen wollte. Der Capitain nahm also etliche Bogen weiß Papier in die Hand, stieg unbewaffnet auf dem Felsen aus und reichte dem Wilden das Papier zu. Der gute Kerl zitterte nunmehro sichtbarer Weise über und über, nahm aber endlich, wiewohl noch immer mit vielen deutlichen Merkmalen von Furcht, das Papier hin. Da er dem Capitain jetzt so nahe war, so ergrif ihn dieser bey der Hand und umarmete ihn, indem er des Wilden Nase mit der seinigen berührte, welches ihre Art ist sich unter einander zu begrüßen. Dieses Freundschaftszeichen benahm ihm mit einemmale alle Furcht, denn er rief die beyden Weiber zu sich, die auch ungesäumt herbey kamen, indeß daß von unsrer Seite ebenfalls verschiedne ans Land stiegen, um dem Capitain Gesellschaft zu leisten. Nunmehro erfolgte zwischen uns und den Indianern eine kleine Unterredung, wovon aber keiner etwas rechtes verstand, weil keiner in des andern Sprache hinreichend erfahren war. Herr *Hodges* zeichnete gleich auf der Stelle einen Umriß von ihrer Gesichtsbildung und aus ihren Minen ließ sich abnehmen, daß sie begriffen was er vor hatte. Sie nannten ihn desfalls *tóa-tóa,* welches Wort vermuthlich eine Beziehung auf die bildenden Künste haben mußte. Der Mann hatte ein ehrliches gefälliges Ansehen, und die eine von den beyden Frauenspersonen, die wir für seine Tochter hielten, sahe gar nicht so unangenehm aus als man in Neu-Seeland wohl hätte vermuthen sollen, die andre hingegen war ausnehmend häßlich und hatte an der Ober-Lippe ein ungeheures garstiges Gewächs. Sie waren alle dunkelbraun oder Olivenfarbicht, hatten schwarzes und lockichtes Haar, das mit Öhl und Rothstein eingeschmiert, bey dem Mann oben auf dem Wirbel in einen Schopf zusammen gebunden, bey den Weibern aber kurz abgeschnitten war. Den Obertheil des Cörpers fanden wir wohl gebildet; die Beine hingegen außerordentlich dünne, übel gestaltet und krumm. Ihre Kleidung bestand aus Matten von Neu-Seeländischen Flachs[6] und war mit Federn durchwebt. In den Ohren trugen sie kleine Stücke von Albatros-Haut, mit Röthel oder Ocher gefärbt. Wir boten ihnen einige Fische und Endten an, sie warfen solche aber zurück und gaben uns zu verstehen, daß sie keinen Mangel an Lebensmitteln hätten. Die einbrechende Nacht nöthigte uns von unsern neuen Freunden Abschied zu nehmen, wir versprachen ihnen aber, sie morgen wieder zu besuchen. Der Mann sahe uns bey der Abfahrt in ernsthafter Stille und mit einer Aufmerksamkeit nach, die tiefes Nachdenken anzuzeigen schien; die jüngste Frauensperson hingegen, die während unsrer Anwesenheit in einem fort und mit so geläufiger Zunge geplaudert hatte, als sich keiner von uns je gehört zu haben erinnern konnte, fieng nunmehro an zu tanzen, und fuhr fort eben so laut zu seyn als vorher. Unsre Seeleute erlaubten sich dieses Umstandes halber einige grobe Einfälle auf Kosten des weiblichen Geschlechts, wir aber fanden durch dieses Betragen die Bemerkung bestätigt, daß die Natur dem Manne nicht nur eine Gespielinn gegeben, seine Sorgen und Mühseligkeiten zu erleichtern, sondern daß sie dieser auch, durchgehends, die Begierde eingepflanzt habe, vermittelst eines höhern Grads von Lebhaftigkeit und Gesprächigkeit zu gefallen. In Capitain *Cooks* gedruckter Reise-Geschichte findet man diese kleine Familie nebst der Gegend, in welcher sich die vorgedachte Scene zutrug, überaus schön und richtig abgebildet.

Am folgenden Morgen kehrten wir zu den Indianern zurück und brachten ihnen allerhand Sachen, die wir zu Geschenken, vom Schiffe aus, für sie mit genommen hatten. Der Mann bewieß bey dieser Gelegenheit ungleich mehr Verstand und Beurtheilungskraft als man bisher unter seinen übrigen Landsleuten und unter den mehresten Einwohnern in den Süd-See-Inseln angetroffen hatte,[7] denn er begrif nicht nur, gleich beym ersten Anblick, den vorzüg-

6 Hawkesworths Gesch. der engl. See-Reisen in 8. B III. S. 275.

7 S. vielfältig in Hawkesworths Gesch. der engl. See-Reisen.

Waldschlüpfer (ausgestorben), *F: Motacilla longipes*
Xenicus longipes (Dusky Bay/Neuseeland)

lichen Werth und Gebrauch der Beile und großen Nägel, sondern er sahe auch überhaupt alles mit Gleichgültigkeit an, was ihm keinen wahren Nutzen zu haben schien. Bey diesem Besuch machte er uns mit seiner ganzen Familie bekannt. Sie bestand aus zwo Frauenspersonen, die wir für seine Weiber hielten; dem obgedachten jungen Mädchen, einem Knaben von ohngefähr funfzehen und drei kleinen Kindern, wovon das jüngste noch an der Brust war. Man konnte es sehr deutlich merken, daß der Mann die Frau mit dem Gewächs an der Oberlippe gar nicht achtete, welches vermuthlich wegen ihrer unangenehmen Gestalt geschahe. Sie führten uns bald darauf nach ihrer Wohnung, die nur wenige Schritt weit im Wald, auf einem kleinen Hügel lag und in zwo schlechten Hütten bestand, die aus etlichen zusammen gelehnten Stangen aufgebauet und mit trockenen Blättern der Flachspflanze gedeckt waren, über welche sie Baum-Rinden hergelegt hatten. Um uns Gegengeschenke zu machen, ließen sie es sich verschiedne Zierrathen und Waffen, vornemlich einige Streit-Äxte kosten, doch erstreckte sich ihre Freygebigkeit nicht bis auf die Speere, die ihnen folglich wohl das liebste und kostbarste seyn müssen. Als wir abfahren wollten, kam der Mann an den Strand herab und schenkte dem Capitain *Cook* eine Kleidung von Matten, aus Flachs gewebt, einen Gürtel, der von Gras geflochten war, einige aufgereihete corallenförmige Kügelchen, die aus kleinen Vogelknochen gemacht waren, und verschiedne Albatros-Häute. Wir glaubten anfänglich, daß dies alles noch Gegengeschenke seyn sollten, allein, er zog uns bald aus dem Irrthum, indem er ein großes Verlangen äußerte, einen von unsern Boot-Mänteln[8] zu haben. Indessen

8 Dergleichen sogenannte Boot-Mäntel sind so groß und weit, daß man sie einigemal um den Leib schlagen kann.

waren wir nicht gefällig genug, Kleidungsstücke weg zu geben, die wir nicht wieder anschaffen konnten, doch ließ der Capitain, so bald wir an Boord zurück kamen, gleich einen großen Mantel von rothen Boy *(baize)* in Arbeit nehmen, um dem Manne bey unserm nächsten Besuch ein Geschenk damit zu machen.

Am folgenden Morgen konnten wir des Regens wegen nicht zu ihm gehen; als sich aber Nachmittags das Wetter aufzuklären schien, fuhren wir nach der *Indianer-Insel* hin. Da sie wußten, daß wir sie besuchen wollten, so befremdete es uns, daß sich keiner von ihnen zur Bewillkommung am Strande sehen ließ, noch mehr aber, daß so gar auf unser Rufen nicht einmal Antwort erfolgte. Wir stiegen indessen ans Land, und wanderten unter allerhand Muthmaßungen nach ihrer Wohnung, woselbst wir die Ursach dieses unerwarteten Betragens bald gewahr wurden. Sie bereiteten sich nemlich, uns in allem ihrem Schmuck und Staat zu empfangen. Einige waren schon völlig geputzt; andre hingegen noch damit beschäftigt. Sie hatten sich gekämmt und die Haare, mit Öl oder Fett eingeschmiert, auf der Scheitel zusammen gebunden, auch weiße Federn oben in den Schopf gesteckt. Einige trugen dergleichen Federn, an eine Schnur aufgereihet, um die Stirn gebunden; und andre hatten Stücke von Albatros-Fell, auf welchen noch die weißen Dunen saßen, in den Ohren. In diesem Staate erhoben sie bey unsrer Ankunft ein Freudengeschrey und empfingen uns stehend mit mannigfaltigen Zeichen von Freundschaft und geselligem Wesen. Der Capitain, welcher den neuen Mantel von rothen Boy selbst umgenommen hatte, zog solchen aus und überreichte ihn dem Manne, der so höchlich darüber erfreut war, daß er sogleich ein *Pattu-Pattu* oder eine kurze, flache Streit-Axt, von einem großen Fischknochen verfertigt, aus seinem Gürtel zog, und dem Capitain ein Gegengeschenk damit machte. Wir versuchten es, uns in eine Unterredung mit ihnen einzulassen, und hatten zu dem Ende den Corporal *Gibson* von den See-Soldaten uns genommen, weil dieser von der Landes-Sprache[9] mehr als sonst Jemand an Boord verstehen sollte; allein, wir konnten demohngeachtet nicht zu Stande kommen, denn es schien diese Familie eine besonders harte, und daher unverständliche Aussprache zu haben. Wir nahmen also Abschied von ihnen und beschäftigten uns den Rest des Tages über, verschiedne Theile der Bay in einen Riß zu bringen, neben her ein wenig fischen oder Vögel zu schießen, und zwischen den Felsen, Muscheln nebst andern See-Cörpern aufzulesen. Das Wetter war die ganze Zeit über wolkicht, doch kam es, in den Gegenden wo *wir* waren, nicht zum Regen. Als wir aber nach der Bucht zurück gelangten, wo das Schiff vor Anker lag, sagte man, daß es in unsrer Abwesenheit beständig geregnet hätte, und in der That bemerkten wir auch in der Folge oft, daß es in Dusky-Bay manchmalen an einer Stelle regnete, indeß daß nicht weit davon kein Tropfen fiel. Dieses veranlassen wahrscheinlicherweise die längst der *südlichen* Küste der Bay, gegen die westliche Landspitze hinlaufenden Berge, in so fern sie, ihrer Höhe wegen, fast beständig mit Wolken bedeckt sind. Da nun unsre Bucht gerade unterhalb denselben lag, und so zu sagen, überall damit umgeben war, so ward sie gleichsam der Sammelplatz der Dünste, die beständig aus dem Wasser aufstiegen, und an den Seiten der Berge so sichtbarlich hinzogen, daß die Gipfel der Bäume stets in eine Art von weißen halbdurchsichtigen Nebel eingehüllt waren, der zuletzt wie ein starker Thau oder Regen herabfiel und uns bis auf die Haut naß machte. An der *nördlichen* Seite der Bay hingegen ist dies anders, denn dort liegen lauter flache Inseln, und über diese giengen die Ausdünstungen der See gerade weg nach denen im Hintergrunde der Bay gelegenen Alpen, die beständig mit Schnee bedeckt sind. Die beyden folgenden Tage über war der Regen so heftig, daß nichts vorgenommen werden konnte. Da die Luft in unsrer Bucht beständig feucht war, so ward es im Schiff aller Orten dunstig, welches nothwendigerweise ungesund seyn mußte, und unter andern auch die Sammlungen von Pflanzen, die wir bis jetzt gemacht hatten, in den Grund verdarb. Das Schiff lag so nahe an einem steilen und mit überhängendem Baum- und Buschwerk bewachsenen Ufer, daß es in den Cajütten, selbst bey hellem Wetter, vornemlich aber bey Nebel und Regen, beständig dunkel war, und daß wir sogar zu Mittage oft Licht anstecken mußten. Doch ließen wir uns diese unangenehmen Umstände

9 Er war in der Sprache von *O-Taheiti* besonders erfahren; und zwischen dieser und der Sprache von *Neu-Seeland,* ist nur ein solcher Unterschied als zwischen zwey Dialecten zu seyn pflegt.

wegen des beständigen Zuschubs von frischen Fischen, der in dieser Gegend zu haben war, noch gefallen, weil wir vermittelst einer so gesunden Nahrung, und bey Sprossen-Bier *(spruce-beer)* und Myrten-Thee, doch wenigstens immer frisch und munter blieben. Seit unserm Hierseyn waren wir würkliche Fischfresser *(Ichthyophagi)* geworden; denn viele von uns aßen schlechterdings nichts als Fisch. Aus Besorgniß, daß wir dieser treflichen Speise in der Folge überdrüßig werden könnten, suchten wir oft neue Zubereitungs-Arten hervor. Wir machten Fisch-Suppen und Fisch-Pasteten, wir kochten, wir brateten, wir rösteten, wir stobten sie: Aber es war besonders, daß alle Künsteleyen der Kochkunst, den Ekel, den wir damit verhüten wollten, nur desto geschwinder hervor brachten, denn diejenigen, die sich weißlich begnügten, ihre Fische schlechtweg aus See-Wasser gekocht zu essen, blieben nur allein bey recht exemplarischem Appetit

As if increase of appetite had grown
By what it fed on –
SHAKESPEAR.

Noch sonderbarer war es, daß um keinen Ekel gegen das Fischessen zu bekommen, wir uns bey der so großen Mannigfaltigkeit, gleichwohl nur auf eine einzige Art von Fischen einschränkten, die unsre Matrosen, der schwarzen Farbe wegen, Kohlfische nannten, und die im Geschmack und Art dem englischen Cabeljau ähnlich war. Sie haben ein festes saftiges und nahrhaftes, aber nicht so delicates Fleisch als wohl einige andre hiesige Fischarten, die wir jedoch nicht zu unserm beständigen Essen machen mogten, weil sie, ihres Fettes wegen, gemeiniglich eine sehr weichliche Speise waren. Eine schöne aber größere Art von Hummers *(cancer homarus Linnæi)* als der gewöhnliche Seekrebs, einige Schaalfische und zuweilen ein Seerabe *(Cormorant),* eine Endte, Taube oder Papagay, machten dann und wann eine angenehme Abwechselung in unsrer täglichen Kost, die in Vergleich dessen was sie zur See gewesen, nun üppig und verschwenderisch zu nennen war.

Unsre ganze Reisegesellschaft vom Capitain bis zum geringsten Matrosen empfand die guten Würkungen dieser veränderten und verbesserten Diät; sogar jedes Thier am Boord schien sich dabey zu erholen, nur unsre Schaafe nicht; doch konnten diese auch, vermöge der Natur des Landes, bey weitem nicht so gut dran seyn als wir, weil das ganze südliche Ende von *Tawai-poe-namu,* (wie die südliche Insel von Neu-Seeland, in der Landessprache heißt) und besonders das Land um *Dusky-Bay* herum, überall aus steilen, felsichten Bergen besteht, die durch tiefe Klüfte von einander abgesondert und unterhalb mit dicken Wäldern bewachsen, an den Gipfeln aber entweder unfruchtbar oder mit Schnee bedeckt sind, dergestalt, daß es nirgends, weder Wiesen, noch flache Gründe giebt. Die einzigen Stellen, wo ein Fleck flaches Land anzutreffen war, fanden sich im Hintergrunde der Buchten, da, wo irgend ein Bach ins Meer floß. Diese hatten allem Anscheine nach aus den Höhen Erde und Steine herabgeführt und solche an ihren Ufern abgesetzt, wodurch nach und nach ein niedriger, flacher Grund entstanden war; allein auch dort wuchsen mehrentheils Stauden und Dornengebüsch oder wenn es je nahe am Wasser etwas Riedgras gab, so war es doch zu wenig, auch so hart und grob, daß es nicht zur Weide dienen konnte. Was das ärgste war, so mußten wir sehen, daß selbst unsre Mühe, die jüngsten Grassprossen zum Futter aufzusuchen, zu nichts diente, denn auch dieses wollten die Schaafe zu jedermanns Verwundrung, nicht anrühren. Bey genauerer Untersuchung fand sich, daß ihre Zähne los waren, und daß sie alle Anzeigen eines recht bösartigen Scorbuts an sich hatten. Von vier Mutter-Schaafen und zweyen Böcken, die Capitain *Cook* vom Vorgebürge der guten Hofnung mitgenommen, um sie an der Küste von Neu-Seeland auszusetzen, hatten wir nur zwey Stück, nemlich ein Schaaf und einen Widder erhalten können, und auch diese waren in so elenden Umständen, daß es noch sehr dahin stand, ob sie am Leben bleiben oder gleich den andern nicht ebenfalls drauf gehen würden. Wenn daher in der Folge irgend ein Seefahrer, so schätzbare Geschenke als Vieh, unter die Einwohner der Süd-See auszutheilen willens ist, so wird er diese wohlthätige Absicht nicht anders erreichen und das Vieh gesund dahin bringen können, als wenn er die Überfahrt auf das geschwindeste zurückzulegen und der Kälte auszuweichen sucht, zu welchem Ende er in der besten Jahreszeit den kürzesten Weg vom Cap nach Neu-Seeland nehmen, und sich beständig in mittlern, temperirten Breiten halten muß.

Am 11ten schien uns die klar und helle Luft einen schönen Tag zu versprechen, der uns sehr erwünscht war, weil wir seit unsrer Ankunft in *Dusky-Bay,* des nassen Wetters halber, unsre Seegel und Leinen-Zeug noch nicht hatten trocknen können. Da die Boote heute zu missen waren, so ließen wir uns, um Naturalien aufzusuchen, nach der Bucht übersetzen, wo wir das erste indianische Boot angetroffen, und von weitem auch einen Wasserfall gesehen hatten, von welchem diese Bucht *Cascade Cove* oder Cascaden-Bucht war benannt worden. Dieser Wasserfall scheint in einer Entfernung von anderthalb englischen Meilen eben nicht beträchtlich zu seyn, dies rührt aber daher, daß er sehr hoch liegt. Denn nachdem wir angelangt waren, mußten wir den Berg, auf welchem er gelegen ist, wenigstens 600 Fus hoch hinan klettern, ehe wir ihn völlig zu Gesicht bekamen. Von dort her ist die Aussicht groß und prächtig. Der Gegenstand, der zuerst in die Augen fällt, ist eine klare Wassersäule, die gegen 24 bis 30 Fus im Umfange hält, und mit reißendem Ungestüm sich über einen senkrechtstehenden Felsen, aus einer Höhe von ohngefähr 300 Fuß, herabstürzt. Am vierten Theile der Höhe trift diese Wassersäule auf ein hervortretendes Stück desselbigen Felsens, der von da an etwas abhängig zu werden anfängt, und schießt alsdann, in Gestalt einer durchsichtigen, ohngefähr 75 Fus breiten Wasser-Wand, über den hindurchscheinenden flachen Felsen-Rücken weg. Während des schnellen Herabströmens fängt das Wasser an zu schäumen und bricht sich an jeder hervorragenden Ecke der Klippe, bis es unterhalb in ein schönes Becken stürzt, das ohngefähr 180 Fuß im Umfange halten mag und an drey Seiten durch eine ziemlich senkrechte Felsenwand eingefaßt, vorn aber von großen und unordentlich über einander gestürzten Steinmassen eingeschlossen ist. Zwischen diesen drängt es sich wieder heraus und fällt schäumend und schnell am Abhange des Berges in die See herab. Mehr als 300 Fus weit umher fanden wir die Luft mit Wasser-Dampf und Dunst angefüllt, der von dem heftig Falle entstehet, und so dicht war, daß er unsre Kleider in wenig Minuten dermaßen durchnäßte, als ob wir in dem heftigsten Regen gewesen wären. Wir ließen uns indessen durch diese kleine Unannehmlichkeit im geringsten nicht abhalten, dies schöne Schauspiel noch von mehrern Seiten her zu betrachten, und stiegen zu dem Ende auf die höchsten Steine vor dem Bassin. Wenn man von hier aus in dasselbe herab sahe, so zeigte sich ein vortreflicher Regenbogen, der bey hochstehender Mittags-Sonne in den Dünsten der Cascade völlig cirkelrund und sowohl vor, als unter uns, zu sehen war. Außer und neben diesem Licht- und Farben-Cirkel war der Wasserstaub mit prismatischen Farben, aber in verkehrter Ordnung, gefärbt. Zur Linken dieser herrlichen Scene stiegen schroffe braune Felsen empor, deren Gipfel mit überhängendem Buschwerk und Bäumen gekrönt waren. Zur Rechten lag ein Haufen großer Steine den, allem Anschein nach, die Gewalt des vom Berge herabkommenden Wassers zusammengethürmt hatte; über diesem hinaus erhob sich eine abhängige Felsen-Schicht zu einer Höhe von etwa 150 Fus, und auf diese war eine 75 Fuß hohe, senkrechte Felsenwand mit Grün- und Buschwerk überwachsen, aufgesetzt. Weiter zur Rechten sahe man Gruppen von gebrochenen Felsen, durch Moos, Farnkraut, Gras und allerhand Blumen verschiedentlich schattirt, und der dort herkommende Strohm ist zu beyden Seiten mit Bäumen eingefaßt, die vermöge ihrer Höhe von ohngefähr 40 Fus, das Wasser gegen die Strahlen der Sonne decken. Das Getöse des Wasserfalls ist so heftig, und schallt von den benachbarten, wiedertönenden Felsen so stark zurück, daß man keinen andern Laut dafür unterscheiden kann. Die Vögel schienen sich deshalb auch etwas davon entfernt zu halten, weiter hin aber ließ sich die durchdringend helle Kehle der Drosseln *(thrushes),* die tiefere Stimme des Barth-Vogels *(wattle-bird)* und der bezaubernde Gesang verschiedner Baumläufer oder Baumklettrer *(creepers)* an allen Seiten hören, und machte die Schönheit dieses wilden, romantischen Flecks vollkommen. Als wir uns um- und dem Wasserfall den Rücken zuwandten, sahen wir die weite Bay, mit kleinen hochbewachsnen waldichten Inseln besäet, unter uns, und über selbige hinaus, an der einen Seite das feste Land, dessen hohe, mit Schnee bedeckte Berge bis in die Wolken reichten; an der andern aber, begränzte der unabsehlich weite Ocean die Aussicht. Dieser Prospect ist so bewundernswürdig groß, daß es der Sprache an Ausdrücken fehlt, die Majestät und Schönheit desselben, der Natur gemäß zu beschreiben, und daß nur der künstliche Pinsel des auf dieser Reise mit ausgeschickten Mahlers, Herrn *Hodges,* allein im Stande war, dergleichen Scenen mit meisterhafter Täuschung nachzuahmen. Die Stücke dieses Künstlers machen seinen Talenten und Beurtheilungskraft, so wie dem Geschmack und der Wahl seiner Beförderer ungemein viel Ehre.

Nachdem wir uns an diesem prächtigen Schauspiel lange genug vergnügt hatten, wandten wir unsre Aufmerksamkeit auf die Blumen, welche in dieser Gegend den Boden belebten, und auf die Vögel, die so lustig um uns her sungen. Bis jetzt hatten wir noch an keinem Ort der Bay die Natur im Pflanzen- und Thierreiche so schön und reich gefunden, als hier. Vielleicht machte die stärkere Brechung der Sonnenstrahlen an den steilen Felsenwänden und die bedeckte Lage gegen die Stürme, das Clima hier milder als anderer Orten, denn der Boden an und für sich war um nichts besser als an andern Stellen der Bay. Er bestand hier, wie überall, aus guter fruchtbarer Erde, und die Felsen und Steine um die Cascade waren theils Granit-Massen *(Saxum)*, theils eine Art von gelblichen talkichten Thonstein in Schichten, der durch ganz Neu-Seeland sehr gemein ist.

Gegen Abend kehrten wir, mit unsern heutigen Entdeckungen überaus zufrieden, an Bord zurück. Bey der Ankunft daselbst erzählte man uns, daß die indianische Familie, welche wir des Morgens in ihrem größten Staat nach der Bucht hatten hineinrudern sehen, sich nach und nach, aber mit großer Behutsamkeit, dem Schiffe genähert habe. Capitain *Cook* war ihnen in einem Boot entgegen gegangen, hatte sie aber nicht bewegen können an Bord des Schiffs zu kommen, und mußte sie daher ihrem eignen Willen überlassen. Dieser führte sie, nicht lange nachher, in eine kleine Bucht nahe bey der unsrigen; allwo sie sich, dem Schiffe gegenüber, ans Ufer setzten, und so nahe waren, daß man sie hören und sprechen konnte. Der Capitain ließ die Queerpfeife und den Dudelsack spielen und dazu trommeln, allein auch dies konnte sie nicht näher locken, denn aus dem Pfeifen schienen sie sich gar nichts zu machen, und auf das Trommeln achteten sie eben so wenig. Da solchergestalt nichts vermögend war sie an das Schiff zu bringen, so ruderten verschiedne Officiere und Seeleute zu ihnen herüber. Die Wilden nahmen sie mit treuherzigem Wesen auf, aber alle Versuche durch Zeichen mit ihnen zu reden, waren vergebens, denn keiner von beyden Theilen konnte sie dem andern verständlich genug machen. Das Mädchen hatte anfänglich eine besondre Neigung und Zudringlichkeit zu einem jungen Matrosen gezeigt, den sie, ihrem Betragen nach, für eine Person ihres Geschlechts zu halten schien. Ob er sich aber in der Folge unschickliche Freyheiten genommen, oder ob sie eine andre Ursach zur Unzufriedenheit über ihn gehabt, wissen wir nicht; genug sie wollte ihm nachher nie erlauben ihr wieder nahe zu kommen. Da die Indianer bey unsrer Zurückkunft noch an dem angezeigten Ort ohnweit dem Schiffe waren, so giengen auch wir zu ihnen ans Land. Der Mann verlangte, daß wir uns neben ihn setzen sollten, und zeigte mehrmahlen auf unsre Boote, die zwischen dem Schiff und dem Lande ab- und zu giengen, als ob er Lust hätte, auch eins zu besitzen. Da ihm aber hierinn nicht gewillfahret werden konnte, so gaben wir uns eben keine besondre Mühe zu erfahren, ob sein Deuten diese oder eine andere Meynung gehabt habe. Nach einiger Zeit machten sie, ohngefähr 100 Schritte weit von unserm Wasserplatz, ein Feuer an, und bereiteten sich einige Fische zum Abendbrod, blieben auch die ganze Nacht über auf dieser Stelle, welches uns, als ein deutliches Merkmahl ihres gänzlich unbesorgten Vertrauens zu uns, nicht wenig gefiel. Eine Parthey Officiers die den morgenden Tag zur Jagd bestimmt hatten, giengen noch heut Abend in einem kleinen Boote nach der Nordseite der Bay ab, um die Nacht dort zuzubringen, und morgen gleich mit Tages Anbruch auf dem Platz zu seyn.

Am folgenden Morgen ließ Capitain *Cook* ein Boot bemannen, und fuhr in Begleitung meines Vaters nach der Mündung der Bay, um die dort gelegenen Klippen und Inseln aufzunehmen. An der Südost-Seite jener Insel, wo wir zuerst geankert, und solche desfalls die Anker-Insel genannt hatten, fanden sie eine kleine artige Bucht, und in derselben einen angenehmen Bach, an dessen Ufer sie sich niederließen, um von einigen mitgenommenen Krebsen, ein zweytes Frühstück zu halten, dem zu Ehren diese Bucht *Luncheon-cove* genannt wurde. Nach dieser kleinen Erfrischung setzten sie ihre Fahrt nach den entlegendsten Inseln fort, und trafen auf den dortigen Klippen eine Menge Seehunde, von denen sie vierzehn Stück mit Kugeln schossen, und solche mit an Boord brachten. Es wäre ihnen leicht gewesen, noch mehrere zu erlegen, wenn sie der Brandung wegen auf allen Klippen hätten landen können. Die See-Hunde in dieser Bay sind alle von der Art, welche man See-Bären[10] nennt, und die Professor *Steller* auf Berings-Eyland bey *Kamtschatka* zuerst ausfindig gemacht und beschrieben hat. Sie sind folglich eben so wohl auf der nördlichen als auf der südlichen Halbkugel der Erde anzutreffen. An den südlichen Spitzen von America und Africa, desgleichen bey *Neu-Seeland* und auf van *Diemens-Land* findet man sie häufig. Der einzige Unterschied zwischen denen, welche sich in *Dusky-Bay,* und jenen, die sich bey *Kamtschatka* aufhalten, besteht in der Größe, in Betracht welcher, die hiesigen kleiner waren. Bey Gelegenheit dieser Jagd zeigte sich, daß sie ein sehr hartes Leben haben: denn manche, die schwer verwundet waren, entwischten in die See, ob sie gleich so viel Blut verlohren hatten, daß Fels und Meer damit gefärbt war. Das Fleisch dieser Thiere ist fast ganz schwarz und nicht zu genießen. Herz und Leber hingegen lassen sich essen. Ersteres könnte man bey starken Appetit und etwas Einbildung vor Rindfleisch halten; und die Leber schmeckt so vollkommen wie Kälber-Geschlinge. Nur mußte alles Fett sorgfältig weggeschnitten werden ehe man es kochte, denn sonst hatte es einen unerträglich thranichten Geschmack. Der Capitain machte sich dies zu Nutze und ließ aus dem Fett einen Vorrath von Brenn-Öl kochen, auch die Felle sorgfältig aufbewahren, weil sie zum Ausflicken des Takelwerks gut zu brauchen waren.

Der glückliche Fang des vorigen Tages, bewog ihn eine abermalige Reise nach den Seehund-Inseln vorzunehmen, und mein Vater begleitete ihn wie gestern; allein heute war ihnen die See zuwider, denn sie gieng so hoch, daß es unmöglich war, sich den Klippen zu nähern, viel weniger darauf zu landen. Mit vieler Mühe arbeiteten sie sich um die südwestliche Spitze der Anker-Insel herum, fanden es aber dort noch ärger, denn die Wellen stürzten ihnen mit so viel Ungestüm entgegen, und thürmten sich so hoch, daß selbst die Matrosen Seekrank davon wurden. Gleichwohl ließ sich der Capitain dadurch nicht zurück halten, vollends bis an die nördliche Küste der Insel und längst derselben hinzurudern, um die Lage verschiedner Land-Ecken aufzunehmen. Es war ein Glück, daß sie diesen Weg genommen hatten, denn das kleine Boot, in welchen am elften des Abends etliche Officiers auf die Jagd ausgegangen waren, hatte sich bey dem ungestümen Wetter vom Ufer losgerissen und trieb eben auf eine Klippe hin, an welcher es zerschmettert worden wäre, wenn des Capitains Boot nicht glücklicherweise dazu gekommen und die Leute es noch zu rechter Zeit ergriffen hätten. Man brachte es sogleich in eine kleine Bucht in Sicherheit, und die Matrosen machten sich für ihre Mühe durch die Lebensmittel bezahlt, welche die Officiers noch darinn vorräthig hatten. Als sie eine kleine Mahlzeit davon gehalten, ließ der Capitain nach der Stelle hinsteuern, wo seiner Meynung nach, die Herren seyn mußten, denen das Boot weggeschwommen war. Zwischen 7 und 8 Uhr Abends, erreichten sie die Bucht, und fanden ihre Jäger auf einer kleinen Insel, an welche sie aber nicht heran kommen konnten, weil der Ebbe-Zeit wegen das Wasser nicht tief genug war. Sie mußten daher auf einer benachbarten Landspitze aussteigen und des bereits verstrichnen Tages wegen sich gefallen lassen, die Nacht dort zuzubringen. Mit vieler Mühe brachten sie endlich ein Feuer zuwege, brateten an demselben einige Fische und legten sich nach gehaltner Mahlzeit, unbequem genug, schlafen, denn der steinichte Strand war ihr Bette und der Himmel ihre Decke.

Um 3 Uhr Morgens, als die Fluth hinlänglich angewachsen, machten sie sich auf und brachten die Officiers von jener unwirthbaren Insel, auf welcher sie von ihrem Boote abgeschnitten, so lange hatten aushalten müssen, nach der Bucht hin, wo dieses gestern war zurück gelassen worden. Hier fanden sie bey dem regnigten und windigen Wetter eine unendliche Menge Sturmvögel von der bläulichten Arth, die auf dem ganzen südlichen Ocean so gemein ist.[11] Einige flogen herum, andere aber steckten im Walde zwischen den Baumwurzeln in Höhlen oder in Fels-Ritzen, wo man ihnen nicht gut beykommen konnte und wo sie dem Anschein nach ihre Nester und Jungen hatten. Diese ließen sich längst den Seiten des Berges in mannigfaltigem Geschrey hören, denn einige hatten eine durchdringend helle, andre eine quäkende Stimme, die wie das Coaxen von Fröschen klang. Ich erinnere mich bey dieser Gelegenheit, daß wir ein andermahl unzählig viel Höhlen auf der Spitze einer von den Seehund-Inseln fanden, und in

10 *Phoca ursina LINN. Vrsine Seal. Pennants Syn. Quadr. 271.*

11 S. oben, Seite 99 etc.

selbigen ebenfalls die jungen Sturmvögel hörten; da aber diese Hölen unter einander zusammen hiengen, und die Jungen sich aus einer in die andre verkriechen konnten, so wars nicht möglich ihnen beyzukommen. Den Tag über ließ sich von den Alten nicht ein einziger sehen, weil sie alsdenn in See waren um Futter zu holen, wenigstens hatte man sie des Morgens ausfliegen, und des Abends wieder kommen sehen, vermuthlich um die Jungen zu füttern. Da wir um diese Zeit von unsern Creuzzügen zurückzukehren pflegten, so sahen wir sie gemeiniglich um und neben uns her fliegen, man hatte sie aber, der Dämmerung wegen, eine ganze Zeitlang für Fledermäuse gehalten. Sie haben einen breiten Schnabel und einen schwärzlichen Strich über die Flügel und den Leib, sind aber nicht so groß als die gewöhnlichen Puffins oder *Mank petrels* unsrer Seen. Der Instinct dieser Thiere, sich für ihre Jungen, Löcher in die Erde zu graben, über den ganzen Ocean her zu schwärmen um Futter für sie zu suchen, und alsdenn viele hundert Meilen weit ihren Rückweg nach der Küste zu finden, ist in der That sehr bewundrungswürdig. Nachdem die Gesellschaft einige Augenblicke lang bey dieser Untersuchung verweilt hatte, so stiegen die Officiers in ihr wieder gefundnes Boot und kamen nebst dem Capitain, des Morgens um sieben Uhr, von der unruhig zugebrachten Nacht nicht wenig ermüdet, bey dem Schiffe an. Die Indianer mochten das heutige böse Wetter vorhergesehen haben; wenigstens waren sie von dem Platz auf welchen sie, die vorhergehende Nacht ohnweit dem Schiff campirt hatten, fort, und nach ihren auf der *Indianer-Insel* belegenen Wohnungen zurückgekehrt.

Am 15. des Morgens klährte sich das Wetter etwas auf. Der Capitain ging also von neuem aus um in Abzeichnung der nordwestlichen Seite der Bay fortzufahren, wir aber gesellten uns zu einigen Officiers, die in einer Bucht die folgende Nacht am Lande

Neuseeländischer Seebär, *F: Phoca ursina*
Arctocephalus forsteri (Queen Charlotte Sound/Neuseeland, 1773)

zuzubringen gedachten. Auf der Hinfahrt kamen wir an dem Fischerboot vorbey, welches alle Morgen ausgieng, um das ganze Schiff mit einer Mittagsmahlzeit zu versorgen. Wir wunderten uns nicht wenig in demselben den jungen schwarzen Hund wahrzunehmen, der uns am 2ten dieses entlaufen war. Die Leute erzählten, daß als sie nicht weit vom Ufer gewesen, sich bey Tages Anbruch ein jämmerliches Heulen auf der nächsten Landspitze habe hören lassen, und als sie sich darnach umgesehen, sey ihnen der Hund entgegen gekommen, auch bey ihrer Annäherung sogleich ins Boot gesprungen. Ob er gleich vierzehn Tage lang im Walde geblieben, so war er doch keinesweges ausgehungert, sondern im Gegentheil gut bey Leibe und schön glatt. Vermuthlich hatte er sich diese Zeit über von einer großen Arth von Wachtelkönigen die wir Wasserhühner nannten und in diesem Theile von Neu-Seeland sehr häufig antrafen, vielleicht auch von Seemuscheln oder todten Fischen genähret, dergleichen die See auszuwerfen pflegt. Wenn es daher in Neu-Seeland überhaupt fleischfressende Thiere gäbe, so müßten sie, der vorhandnen Menge des Futters nach zu urtheilen, und besonders wenn sie so schlau zum Raube wären als die Fuchs- und Katzen-Arthen, ohnfehlbar sehr zahlreich seyn. In diesem Fall würden sie aber, theils von unsern vielfältig und in verschiedene Gegenden ausgeschickten Partheyen nicht unbemerkt, theils auch den Landes-Einwohnern selbst nicht unbekannt geblieben seyn; und die letzteren würden in diesem feuchten und rauhen Clima, die Bälge von der gleichen Thieren gewiß zur Kleidung genutzt haben, anstatt sich, wie sie wirklich thun, blos mit Hund und Vogelfellen zu behelfen. Auch wir insonderheit, hatten seit dem ersten Augenblick unsrer Ankunft allhier alle mögliche Aufmerksamkeit angewendet um ausfindig zu machen, ob es wilde vierfüßige Thiere in Neu-Seeland gebe; allein wir fanden keine Spuhr. Zwar wollte einer unsrer Leute, der sich gar nicht einbilden konnte, daß es einem so großen Lande an neuen und unbekannten Thieren fehlen sollte, zu zweyen mahlen ein braunes Thier gesehen haben, das etwas kleiner als ein Jackal oder kleiner Fuchs gewesen; bey Anbruch des Tages ohnweit unsern Zelten auf einer Baumstubbe gesessen, bey seiner Annäherung aber davon gelaufen sey. Da es jedoch außer ihm allein niemand anders wahrgenommen hat, so scheint's wohl, daß er sich in der Dunkelheit geirrt, und entweder ein Wasserhuhn *(woodhen)* die brauner Farbe sind und oft unter den Büschen herumkriechen, oder eine unsrer Katzen, die gemeiniglich hinter den Vögeln her zu seyn pflegte, für ein neues vierfüssiges Thier angesehen habe.

Nachdem wir von den Fischern die Geschichte des Hundes vernommen hatten, seegelten wir weiter und in eine Bucht in welcher wir eine Menge Enten von vier verschiednen Arten antrafen und von jeglicher etliche schossen. Eine war so groß als die Eyder-Ente, und hatte ein vorzüglich schönes, schwarzbraunes, mit weis gesprenkeltes Gefieder; der Rumpf und Steis war eisenfarbigt, auf den Flügeln hatte sie einen weissen schildförmigen Fleck, die Schwing- und Schwanzfedern hingegen waren schwarz und die Mittelfedern grün. Eine andre Art war ohngefähr so groß als unsre Stock-Ente *(mallard)* aber ganz hellbraun. Jede Feder hatte eine gelblich weiße Einfassung, von welcher Farbe auch an den Seiten des Kopfs und um die Augbraunen ein Streif zu sehen war. Die Iris des Auges war schön gelb und auf den Flügeln ein glänzender, blau-grüner Fleck in schwarze Linien eingeschlossen. Die dritte Art war eine bläulicht-graue Pfeif-Ente *(whistling duck)* ohngefähr so groß als die Bles-Ente *(wigeon)*. Diese nährt sich von Seewürmern, die, vornemlich zur Ebbezeit, in dem zurückgebliebenen Schlamm des Meeres zu finden sind, und um solche desto leichter einzusaugen hatte der Schnabel an beyden Seiten eine besondere membranöse Substanz. Die Brust war mit eisenfarbichten Federn gesprengt und auf den Flügeln ein großer weisser Fleck. Die vierte und gemeinste Art ist eine kleine braune Endte, der englischen Knarr-Ente *(gadwall)* fast in allen Stücken ähnlich. Nachdem wir mit Untersuchung aller hier umher liegenden Haven fertig waren, auch genug Fische und Endten zum Abendessen für uns alle, theils gefangen theils erlegt hatten, eilte ein jeder nach dem verabredeten Sammelplatz, wo wir kurz vorm Dunkelwerden anlangten und von unsern Seegeln und Rudern eine Art von Zelt aufschlugen. Wir hatten so guten Appetit, daß wirs mit der Küche so genau nicht nahmen, und unsre Fische die ganz *à l'indienne* zugerichtet, das ist, an hölzerne Speiler gesteckt und bey einem großen Feuer gebraten wurden, schmeckten vortreflich. Nach dieser Mahlzeit und einem Trunk Sprossen-Bier *(spruce-beer)*, wovon wir ein kleines Tönnchen mitgenommen, legten wir uns zur Ruhe, freylich nicht so bequem als in unsern Betten, doch brachten wir die Nacht hin. Am folgenden Morgen ward ein Boot in die Bucht hinauf geschickt um das Wildpret aufzujagen; und das gelang auch vortreflich, nur ereignete sich der einzige kleine Nebenumstand, daß uns wegen des naßgewordenen Schießgewehrs fast alle Endten entwischten. Nach diesem mislungenen Manövre stieg der Capitain in der Bucht aus und gieng zu Fus über eine schmale Erdzunge, die diese Bucht von einer andern, an der Nordseite von *Five-Finger-Land* gelegnen, trennet. Hier fand er eine erstaunliche Menge von Wasserhühnern, an denen er sich für die fehlgeschlagne Endten-Jagd erholte und zehen Paar mit zurück brachte, doch war ihm diese Schadloshaltung sauer genug geworden, denn er hatte sich ihrentwegen durch verwachsenes Holz und Buschwerk, oftmals bis halb an den Leib im Wasser, durcharbeiten müssen. Um 9 Uhr waren alle unsre vereinzelte Partheyen wiederum beysammen und wir dachten nunmehro an den Rückweg nach dem Schiffe. Da man aber unterwegens überall anhielt, um jeden Winkel, Bucht und Haven durchzusuchen und Endten zu schießen, so ward es sieben Uhr Abends ehe wir an Bord zurück kamen. Von dieser zweytägigen Jagd brachten wir sieben Dutzend verschiedenes Geflügel mit, worunter ohngefähr dreyßig Endten waren, und die ganze Ausbeute ward, so weit sie zureichen wollte, unter die verschiedenen Tischgesellschaften der Officiers, Unterofficiers und Matrosen ausgetheilt. Wir haben hier eine schickliche Gelegenheit anzumerken, daß kein Theil von Neu-Seeland so reichlich mit Geflügel versehen ist als Dusky-Bay, denn außer verschiedenen Arten wilder Endten, gab es hier auch Seeraben *(Shags)* rechte Seeraben *(corvorants)* Austerfänger oder See-Elstern, Wasser- oder Waldhühner *(water- or wood-hens)* Albatrosse, Solandgänse *(gannets)* Mewen, Pinguins und andre Wasservögel mehr. Von Landvögeln fanden wir Habichte, Papagayen, Tauben, nebst viel kleinen neuen und unbekannten Arten. Die Papagayen waren von zwey Sorten, eine kleine grünliche, und eine sehr große graulicht-grüne mit röthlicher Brust. Da diese Vögel mehrentheils nur in wärmern Ländern wohnen, so wunderten wir uns nicht wenig, sie hier unter einer Polhöhe von 46 Graden und in einem so unfreundlichen und nassen Clima zu finden, als dieses, der hohen Berge wegen, in Dusky-Bay gemeiniglich zu seyn pflegt.

Am folgenden Tage wars so regnicht, daß Niemand vom Schiff kommen konnte; da es aber am Montage vortreflich Wetter wurde, so stieg mein Vater auf den an unserm Wasserplatz gelegenen Berg. Eine halbe Meile aufwärts kam er durch Farnkraut, verfaultes Holz und dicke Waldung zu einem schönen See süßen Wassers, der ohngefähr eine halbe englische Meile im Durchschnitt halten mogte. Das Wasser war klar und wohlschmeckend, hatte aber von den hineingefallnen Baumblättern eine braune Farbe angenommen. Von Fischen fand sich nur eine einzige, kleine Forellen-ähnliche Art *(esox)* darinn, die keine Schuppen hatten. Sie waren braun und mit gelblichen Flecken gesprengt, die wie alte orientalische Buchstaben aussahen. Der ganze See war mit einem dicken Walde umgeben, der aus den größten Bäumen bestand, und die Berge rund umher, ragten in mancherley Gestalten empor. Alles war öde und still. Nirgends vernahm man einen Laut; selbst die hier zu Lande gemeinen Vögel ließen sich nicht hören, denn es war auf dieser Höhe sehr kalt. Keine Pflanze blühete. Kurz, die ganze Gegend war für ernste Melancholie geschaffen und sehr geschickt Einsiedlers-Betrachtungen zu erregen.

Das gute Wetter veranlaßte unsre guten Freunde, die Wilden, uns einen abermaligen Besuch zu machen. Sie schlugen ihr Quartier auf demselbigen Platze auf, wo sie sich vor acht Tagen hingelagert hatten; und als man sie abermals bath an Boord zu kommen, so versprachen sie es auf folgenden Tag. Mittlerweile aber zankten sie sich untereinander. Der Mann schlug die beyden Frauenspersonen, die wir für seine Weiber hielten; das Mädchen hingegen schlug ihn und fieng darauf an zu heulen. Wir konnten die Ursach ihres Gezänks nicht ausmachen; wenn aber das Mädchen des Mannes Tochter war, welches wir eben so wenig ausfündig zu machen im Stande gewesen sind, so muß man in Neu-Seeland sehr verworrne Begriffe von den Pflichten der Kinder haben; oder vielmehr, welches vielleicht der Wahrheit am nächsten kommt, diese einsam lebende Familie handelte gar nicht nach Grundsätzen und überlegter Ordnung, die gemeiniglich nur das Werk gesitteter Gesellschaften sind; sondern sie folgte in allen Stücken gerade zu der Stimme der Natur, die sich gegen jede Art von Unterdrückung empört.

Des Morgens schickte der Mann die beyden Weiber mit den Kindern im Canot auf den Fischfang aus; für seine Person aber machte er Anstalt, mit dem Mädchen uns an Bord zu besuchen. In dieser Absicht kamen sie beyde von jener Seite der Bucht nach dem Gerüst oder Brücke hin, die zum Schiffe herauf führte. Von hieraus brachte man sie zuerst nach einem nahe gelegenen umzäunten Fleck auf dem Berge, um ihnen die Ziegen und Schaafe zu zeigen. Sie schienen bey dem Anblick dieser Thiere sehr erstaunt und wünschten solche zu besitzen; da wir aber wußten, daß es hier nirgends Futter für sie gab, so konnte man ihnen darinn nicht willfahren, ohne das Vieh geradezu hinzuopfern. Als sie von dort zurück kamen, gieng ihnen Capitain *Cook* und mein Vater auf der Brücke entgegen; und der Mann schenkte beyden, nachdem er sie, wie gewöhnlich, bey der Nase begrüßt hatte, eine neue Kleidung oder vielmehr ein Stück Zeug, das aus Fiber von der Flachs-Pflanze geflochten, auch mit Papageyen-Federn artig durchwebt war; dem Capitain aber gab er noch überdies ein Stück *Lapis nephriticus,* oder Neu-Seeländischen grünen Talkstein,[12] der wie die Klinge eines Beils geschliffen war. Ehe er einen Fus auf die Brücke setzte, trat er seitwärts, steckte ein Stück von einer Vogelhaut, an welcher noch weiße Federn saßen, statt eines Gehänges, in das eine Ohr und brach von einem Busche einen grünen Zweig ab. Mit diesem in der Hand gieng er nunmehro vorwärts; stand aber still, als er so weit gekommen war, daß er die Seitenwände des Schiffes eben erreichen konnte und schlug an diese, so wie an das daran befestigte Tauwerk des Hauptmastes, zu wiederholtenmalen mit dem grünen Zweige. Hierauf fieng er an, eine Art von Anrede- oder Gebeths- oder Beschwörungs-Formel, gleichsam im Tacte, als nach einem poetischen Sylbenmaaß, herzusagen, und hielt die Augen unverrückt auf die Stelle geheftet, welche er zuvor mit dem Zweige berührt hatte. Er redete lauter als gewöhnlich und sein ganzes Betragen war ernsthaft und feyerlich. Während dieser Ceremonie, welche ohngefähr 2 bis 3 Minuten dauerte, blieb das Mädchen, die sonst immer lachte und tanzte, ganz still und ernsthaft neben ihm stehen, ohne ein Wort dazwischen zu sprechen. Bey Endigung der Rede schlug er die Seiten des Schiffs nochmals, warf seinen Zweig zwischen die Wandketten und stieg sodann an Bord. Diese Art feyerliche Anreden zu halten, und wie wir's auslegten, Frieden zu stiften, ist bey allen Völkern der Südsee üblich. Beyde, der Mann und das Mädchen, hatten Speere in den Händen, als sie aufs Verdeck des Hintertheils *(Quarter deck)* gebracht wurden. Hier bewunderten sie alles was ihnen vorkam, besonders zogen etliche Gänse, die in einem Gegitter eingesperrt waren, ihre ganze Aufmerksamkeit an sich. Auch machten sie sich viel mit einer schönen Katze zu schaffen, streichelten sie aber immer verkehrt, daß die Haare in die Höhe zu stehen kamen, ob ihnen gleich gezeigt wurde, wie man sie eigentlich streichen müsse. Doch thaten sie es vermuthlich, um das schöne dickgewachsene Haar dieses Thieres zu bewundern. Der Mann sahe alles, was ihm neu war, mit Erstaunen an; allein seine Aufmerksamkeit verweilte nie länger als einen einzigen Augenblick bey einem und demselben Gegenstande, daher ihm auch viele unsrer Kunstwerke eben so unbegreiflich als die Werke der Natur vorgekommen seyn müssen. Die vielfach auf einander gebauten Verdecke (Stockwerke) unsres Schiffs und die feste Bauart dieser und andrer Theile desselben erregten seine Bewundrung mehr denn alles übrige. Als das Mädchen Herrn *Hodges* antraf, dessen Arbeit ihr bey der ersten Zusammenkunft (s. S. 122) so wohlgefallen, schenkte sie ihm ein Stück Zeug von eben der Art als der Capitain und mein Vater von dem Manne bekommen hatten. Die Gewohnheit, Geschenke zu machen, ist sonst, in andern Gegenden von Neu-Seeland, nicht so gemein als in den kleinern Inseln zwischen den Wende-Zirkeln; es schien aber diese Familie sich überhaupt weniger nach den allgemeinen Gebräuchen ihrer Nation zu richten, als vielmehr sich in jedem einzelnen Fall so zu betragen, wie ihre ehrliche Gemüthsart und die Klugheit es ihnen, ihrer Lage nach anriethen, in Betracht welcher sie sich in unsrer Gewalt befanden. Wir nöthigten sie in die Cajütte, und nach langer Berathschlagung ließen sie sichs endlich gefallen die Treppe herunter zu steigen. Hier bewunderten sie nun alles und jedes, vornemlich aber den Gebrauch der Stühle, und daß sie

12 S. Hawkesworths Gesch. der engl. See-Reis. in 8. III. *B. pag. 304.*

Strahlenaralie, *F: Schefflera digitata*
Schefflera digitata (Dusky Bay/Neuseeland, 1773)

von einer Stelle an die andre gebracht werden konnten. Der Capitain und mein Vater schenkten ihnen Beile und andre Dinge von geringerm Werth. Letztere legte der Mann auf einen Haufen beysammen und würde sie auch beym Abschiede dort haben liegen lassen, wenn man ihn nicht daran erinnert hätte; Beile und große Nägel hingegen ließ er nie aus den Händen, so bald man sie ihm einmal gegeben hatte. Als sie sahen, daß wir uns zum Frühstück nieder ließen, setzten sie sich neben uns, waren aber durch kein Bitten zu bewegen, das geringste von unserm Essen zu kosten. Sie erkundigten sich vornemlich wo wir schliefen; der Capitain führte sie deshalb nach seiner Hangmatte *(cot)* die noch ausgespannt da hing und ihnen viel Freude machte. Aus der Cajütte giengen sie nach dem zweyten Verdeck herab in des Constabels-Cammer; und als sie auch da einige Geschenke erhalten, kamen sie zum Capitain zurück. Nun zog der Mann ein kleines ledernes Beutelchen, vermuthlich von Seehund-Fell, hervor, und steckte unter vielen Ceremonien die Finger hinein, um dem Capitain mit Öhl oder Fett den Kopf zu salben; diese Ehre ward aber verbethen, weil die Salbe unsern Nasen sehr zuwider war, ob sie gleich von dem ehrlichen Mann für ungemein wohlriechend und als seine köstlichste Gabe angesehen werden mogte. Der schmutzige Beutel machte sie noch ekelhafter. Herr *Hodges* kam indessen nicht so gut weg; denn das Mädchen, welches einen in Öhl getauchten Federbusch an einer Schnur vom Halse herab hängen hatte, bestand darauf, ihn damit auszuputzen und aus Höflichkeit gegen ihr Geschlecht konnte er das wohlriechende Geschenk ohnmöglich von sich weisen. Wir überließen es ihnen nunmehro, sich in den übrigen Theile des Schiffes nach eignem Gefallen umzusehen, und giengen mit dem Capitain und einigen andern Officiers in zween Booten aus, um einen Arm von der See zu untersuchen, dessen Mündung von hier aus gegen Osten hin vor uns lag. Je tiefer wir in denselben hinein kamen, je höher, steiler und unfruchtbarer fanden wir die Berge. Die Bäume wurden nach und nach niedriger und dünner, so daß sie zuletzt nicht viel besser als Strauchwerk waren, welches in andern Ländern ganz umgekehrt ist, wo die besten Wälder und das stärkste Holz gemeiniglich am weitesten von der See und in den mehr landeinwärts gelegnen Gegenden anzutreffen sind. Die innere Kette von Bergen, welche wir die südlichen Alpen zu nennen pflegten, konnte man von hier aus, ihrer beträchtlichen Höhe und den Schnee bedeckten Gipfeln nach, sehr deutlich erkennen. Vermöge der vielen schattichten Inseln, bey denen wir vorüber kamen, und an welchen es allenthalben kleine Buchten und Wasserfälle gab, war die Fahrt auf diesem Arm der See ungemein angenehm und die Aussicht ward durch einen prächtigen Wasserfall noch verschönert, der sich der letzten Insel gegenüber von einem steilen, mit Büschen und Bäumen bewachsenen Felsen herabstürzte. Das Wasser war in diesem Canal ganz ruhig, glatt und klar, so daß der Wiederschein der Landschaft sich auf der Spiegelfläche desselben mahlte, und die Menge der romantisch gestalteten steilen Felsen-Gebürge machten, ihrer verschiedenen Form und Beleuchtung wegen, eine vortrefliche Würkung. Zu Mittage liefen wir in eine kleine Bucht ein, um Fische zu fangen und Vögel zu schießen, und ruderten von hier aus bis gegen die Abenddämmerung, da wir das Ende dieses langen Seearms, und an demselben eine schöne Bucht erreichten, in welcher das Wasser so seicht ward, daß wir nicht ganz hineinrudern konnten, sondern unser Quartier auf dem ersten Strande, wo sichs anlanden ließ, aufschlagen mußten. Es däuchtete uns, wir sähen hier Rauch; da sich aber nichts weiter zeigte, das uns in dieser Meynung bestärken konnte, auch als es dunkel wurde, nirgends Feuer zu sehen war, so beruhigten wir uns gar bald mit dem Gedanken, daß Nebel oder sonst etwas dergleichen uns in der Dämmerung leichtlich könne hintergangen haben und waren nun lustig darüber her, die Einrichtungen zu unserm Nachtlager zu machen, wobey Jeder sein Stück Arbeit bekam. Damit man sich von dergleichen streifenden Partheyen, als wir jetzt, und sonst oft, vorhatten, einen desto bessern Begriff machen könne, wird es nicht undienlich seyn, hier zu erzählen, wie es bey dergleichen Gelegenheiten hergieng. So bald wir eine Stelle am Ufer gefunden hatten, wo man bequem ans Land steigen konnte, und wo ein Bach nebst Holzung in der Nähe war, gieng unsre erste Sorge dahin, die Ruder, Seegel, Mäntel, Flinten, Beile u. s. w. ans Land zu schaffen. Ein Fäßchen mit Sprossen-Bier, vielleicht auch eine Flasche Branntewein wurden dabey nicht vergessen. Alsdenn legten die Matrosen die Boote vor einen kleinen Anker und machten sie vermittelst eines Stricks an den nächsten Baum auf dem Ufer fest. Während dieser Zeit suchten einige von uns trocknes Feuerholz, welches in einer so nassen Gegend, als Dusky-Bay ist, oft schwer genug zu finden war; andre richteten an einer Stelle, die trocken, und wo möglich, gegen Wind und Regen gedeckt war, ein Zelt oder Wetter-Schirm von Rudern, Seegeln und starken Baum-Ästen auf, und noch andre machten ein Feuer vor dem Zelt, welches mehrentheils durch Werk und Schieß-Pulver angezündet ward. Bey der Bereitung des Abendessens faßten wir uns gemeiniglich kurz. Einige Matrosen nahmen die Fische aus, zogen den Wasservögeln die Haut ab, reinigten und brateten beydes. Unterdessen ward der Tisch herbey geholt. Dies pflegte eine Queerbank aus dem Boot zu seyn, die rein gewaschen wurde, und alsdann statt Schüssel und Teller dienen mußte. Statt Messer und Gabeln ward oft mit Fingern und Zähnen vorgelegt. Der gute gesunde Appetit, den wir der starken Leibes-Übung und der frischen Luft zu danken hatten, lehrte uns bald die Begriffe von Ekel und Unreinlichkeit überwinden, die dem gesitteten Leser bey dieser Beschreibung unsrer Lebensart aufsteigen werden, und nie empfanden wir stärker denn bey dergleichen Gelegenheiten, mit wie wenigem die Natur zur Erhaltung des Menschen zufrieden ist. Nach dem Essen hörte man eine Weile der originalen comischen Laune der Matrosen zu, die ums Feuer herum lagen, ihr Abendbrod machten und manches lustige Geschichtgen mit Fluchen, Schwüren und schmutzigen Ausdrücken aufgestutzt, selten aber ohne würkliche Laune zum Besten gaben; denn ward das Zelt mit Farnkraut ausgestreuet; man wickelte sich in die Boot-Mäntel, mit Flinte und Schieß-Tasche unterm Kopfe statt des Küssens, und jeder legte sich zum Schlaf zurecht so gut er konnte.

Nachdem wir auch diese Nacht so hin gebracht hatten, gieng Capitain *Cook* und mein Vater, bey Tages Anbruch von zween Leuten begleitet, in einem kleinen Boote ab, um das äußerste Ende der Bucht zu untersuchen. Dort trafen sie einen ziemlichen Fleck flaches Land an, auf welchem sie ausstiegen und das Boot nach der andern Seite hinrudern ließen, um sich dort wieder einzusetzen. Indessen waren sie nicht weit gegangen, als ihnen einige wilde Endten aufstießen, denen sie durch das Gebüsch nachkrochen und eine davon schossen; allein kaum hatten sie losgefeuert, als sich von mehreren Seiten um sie her ein fürchterliches Geschrey erhob. Sie beantworteten solches auf gleiche Art, und eilten der Klugheit gemäß, ohne jedoch die Ente im Stich zu lassen, mit starken Schritten nach dem Boot hin, das jetzt wenigstens eine halbe englische Meile von ihnen entfernt war. Die Wilden, die das Geschrey erregt hatten, ließen sich noch immer hören, kamen aber nirgends zum Vorschein, denn wie wir nachher erfuhren, so befand sich zwischen beyden Partheyen ein tiefer Fluß, und die Eingebohrnen waren auch nicht zahlreich genug, um Feindseeligkeiten anzufangen. Unterdessen daß dieses vorfiel, waren wir übrigen, nicht weit von dem Ort an welchem wir die Nacht zugebracht hatten, ins Holz gegangen, um Pflanzen zu suchen. So bald wir dort das Geschrey der Wilden hörten, warfen wir uns in das andre zurückgebliebne Boot, und ruderten dem erstern nach, um den Capitain und meinen Vater zu unterstützen. Da wir sie aber bey unsrer Ankunft wohlbehalten und schon wieder in ihrem Boote antrafen, auch nirgends ein Feind zum Vorschein kam, so liefen wir mit einander den Fluß hinauf, und schossen ganz vergnügt Endten, deren es hier die Menge gab. Endlich ließ sich ein Mann, nebst seinem Weibe und einem Kinde auf dem linken Ufer sehen, und das Weib winkte uns mit einem weißen Vogel-Fell, wahrscheinlicherweise zum Zeichen des Friedens und der Freundschaft. Da das Boot, in welchem ich mich befand, den Wilden am nächsten war, so rief Capitain *Cook,* dem darinn commandirenden Officier zu, daß er ans Land steigen, und ihre dargebothne Freundschaft annehmen solle, indeß daß Er, seiner Seits, dem Lauf des Flusses so weit als möglich nachspühren wolle. Ob der Officier, Capitain *Cooks* Meynung nicht verstand, oder ob er aufs Endten-Schießen zu erpicht war, will ich dahin gestellt seyn lassen. Genug, wir landeten nicht, und die armen Leute, die sich allem Anschein nach, nichts Gutes von Unbekannten versprachen, die ihre Friedens-Anerbietungen gering schätzten, flohen eiligst in den Wald zurück. Es war mir bey dieser Gelegenheit besonders auffallend, daß auch diese Nation, gleich wie fast alle Völker der Erden, als hätten sie es abgeredet, die weiße Farbe oder grüne Zweige für Zeichen des Friedens ansieht, und daß sie, mit einem oder dem andern versehen, den Fremden getrost entgegen gehen. Eine so durchgängige

Übereinstimmung muß gleichsam noch *vor* der allgemeinen Zerstreuung des menschlichen Geschlechts getroffen worden seyn, wenigstens siehet es einer Verabredung sehr ähnlich, denn an und für sich haben weder die weiße Farbe, noch grüne Zweige, eine selbstständige unmittelbare Beziehung auf den Begrif von Freundschaft. Der Capitain, der unterdessen noch eine halbe Meile höher hinauf gerudert war, alsdenn aber, wegen der Heftigkeit des Strohms, und einiger großen Felsen, die im Flusse lagen, nicht weiter hatte kommen können, brachte uns von dort eine neue Art von Endten mit, welches unter denen, die wir in *Dusky-Bay* angetroffen hatten, nunmehro schon die fünfte Sorte und etwas kleiner als eine Kriek-Endte, *(teal)* auf dem Rücken glänzend und schwarzgrünlich; unterm Bauche hingegen von einem dunklen ruß-grau war. Am Kopfe glänzten die Federn pupurfarbig, Schnabel und Füße waren bleyfarben, die Augen goldgelb, und über die kleinern Schwungfedern hatte sie einen weißen Strich. Kaum war der Capitain in seinem Boote wiederum zu uns gestoßen, als auf der andern Seite des Flusses, der Stelle gegen über, wo sich die friedfertige Familie hatte sehen lassen, zwey Kerls aus dem Walde zum Vorschein kamen. Der Capitain, dem es darum zu thun war, Bekanntschaft mit ihnen zu machen, ruderte dem Ufer zu; allein, bey Annäherung des Boots wichen sie immer ins Gehölz zurück, und dies war hier so dick, daß man sie weder darinn sehen noch ohne offenbare Unvorsichtigkeit ihnen dahin folgen konnte. Da auch überdem die Fluthzeit eben verstrichen war, so kehrten wir mit Hülfe der Ebbe aus dem Flusse nach jenem Platz zurück, wo wir die Nacht über campirt hatten, frühstückten dort ein wenig, und setzten uns alsdenn in die Boote, um nach dem Schiffe wiederum zuzueilen: Kaum waren wir vom Lande, als die beyden Wilden die von jener Seite her durch den Wald gegangen seyn mußten, hier auf einem freyen Platze hervorkamen, und uns zuriefen. Der Capitain ließ sogleich beyde Boote zu ihnen hinrudern, und da das seinige an einer seichten Stelle auf den Grund sitzen blieb, so stieg er unbewaffnet, einen Bogen weiß Papier in der Hand haltend, aus, und wadete in Begleitung zweyer Leute bis ans Land. Die Wilden standen ohngefähr hundert Schritt weit vom Ufer, und waren beyde mit einem Speer bewaffnet. Als der Capitain mit seinen beyden Leuten auf sie zu kam, wichen sie zurück. Da dies vermuthlich der größern Anzahl wegen geschahe, so ließ er seine Begleitung Halte machen, und gieng allein vorwärts, konnte es aber dennoch nicht dahin bringen, daß die Wilden ihre Speere von sich legten. Endlich faßte der eine Herz, steckte seine Lanze in die Erde, und kam dem Capitain mit etwas Gras in der Hand entgegen: ein Ende davon ließ er den Capitain anfassen, das andre behielt er in den Händen, und hielt in dieser Stellung mit lauter Stimme eine feyerliche Anrede, die ohngefähr zwey Minuten dauren mochte, und in welcher er einige mahl inne hielt, wahrscheinlicher Weise um eine Antwort zu erwarten. Sobald diese Ceremonie vorbey war, begrüßten sie sich, und der Neu-Seeländer nahm einen neuen Mantel von seinen Schultern, womit er dem Capitain ein Geschenk machte, und ein Beil dagegen bekam. Als Friede und Freundschaft solchergestalt aufgerichtet waren, wagte sich auch der zweyte Wilde heran und begrüßte den Capitain, von welchem er, gleich seinem Cameraden mit einem Beil beschenket ward. Nunmehro stiegen aus unsern Booten mehrere ans Land, doch waren die Eingebohrnen über den Anwachs unserer Anzahl nicht im mindestens beunruhigt, sondern begrüßten Jeden, der herbey kam, mit vieler Treuherzigkeit. Zwar ließen sich itzt auch von ihrer Seite im Hintergrunde des Waldes noch mehrere sehen, dem Anschein nach waren es jedoch nur Weiber. Die beyden Männer bathen uns durch wiederholte Zeichen, daß wir mit zu ihren Wohnungen gehen mögten, und gaben uns zu verstehen, daß wir daselbst zu Essen haben sollten; allein die Ebbe und andre Umstände erlaubten uns nicht von ihrer Einladung Gebrauch zu machen. Wir schieden daher von einander, und sie begleiteten uns bis an die Boote; als sie aber, queer über dieselben, unsre Flinten liegen sahen, getraueten sie sich nicht näher, sondern bathen, daß wir das Gewehr weglegen sollten; so bald dieses geschehen, kamen sie heran, und halfen uns die Boote wieder ins Wasser schieben, welches der Ebbe wegen damals vom Ufer zurückgetreten war. Wir mußten indessen auf alle unsre Sachen genau Acht haben, denn es schien ihnen alles anzustehen was sie nur sahen und erreichen konnten; bloß an das Schießgewehr wollten sie sich nicht wagen, ohne Zweifel, weil sie die tödtliche Würkung desselben, vom Walde aus, bemerkt haben mußten als wir Endten damit erlegten. So viel wir sahen, haben sie keine Canots, sondern statt alles Fahrzeugs bloß etliche, in Form einer Flöße aneinandergebundene Stücken Holz, die freylich vollkommen hinreichend waren, damit über die Flüsse zu setzen, und zu etwas mehrerem brauchen sie solche schwerlich, denn Fische und Feder-Wildpret gab es in so großem Überfluß, daß sie darnach nicht weit zu gehen brauchten, zumal da ihre ganze Anzahl höchstens aus drey Familien bestehen mochte. Da nun außer einer einzigen andern Familie keine Einwohner weiter in *Dusky-Bay* sind, so haben sie auch keine Überlast von bösen Nachbarn zu befürchten, mithin auch aus diesem Grunde keine Fahrzeuge nöthig, um dem Feinde etwa schnell entfliehen oder ihren Wohnplatz oft verändern zu können. Die Gesichtsbildung dieser Leute dünkte uns etwas wild, jedoch nicht häßlich. Sie hatten dickes Haar und schwarze krause Bärte. Sonst aber waren sie, sowohl der Mahogany-braunen Gesichtsfarbe, als auch der Kleidung und übrigem Betragen nach, jener Familie, auf der *Indianer-Insel,* völlig ähnlich; von mittlerer Statur und stark, Schenkel und Beine aber sehr dünne, die Knie hingegen, verhältnißweise zu dick. Der Muth dieses Volks ist von sonderbarer Art. Ihrer Schwäche und geringen Anzahl ohnerachtet scheinen sie den Gedanken nicht ertragen zu können, »daß sie sich verkriechen müßten«; wenigstens verstecken sie sich nicht ohne versucht zu haben, ob sie mit den Fremden in Verbindung kommen und erfahren können, wie sie gesinnet sind. Bey der Menge von Inseln und Buchten, imgleichen der dicken Wälder wegen, die es hier herum überall giebt, würde es uns unmöglich gewesen seyn, die Familie ausfindig zu machen, welche wir auf *Indian-Eyland* sahen; wenn sie sich nicht selbst entdeckt und die ersten Schritte zur Bekanntschaft gethan hätte. Auch würden wir *diese* Bucht

Saumschnabelente, ***F: Anas malacorhyncha***
Hymenolaimus malacorhynchos (Dusky Bay/Neuseeland, 3. April 1773)

hier verlassen haben, ohne zu wissen daß sie bewohnt sey, wenn die Einwohner, bey Abfeurung unsers Gewehrs, uns nicht zugerufen hätten. In beyden Fällen ließen sie, meines Erachtens, eine offenherzige Dreistigkeit und Ehrlichkeit blicken, die ihrem Character zur Empfehlung gereicht; denn hätte selbiger die mindeste Beymischung von verrätherischen heimtückischen Wesen, so würden sie gesucht haben uns unversehens zu überfallen, wozu es ihnen auch keinesweges an Gelegenheit fehlte, denn sie hätten z. B. unsre kleinen Partheyen, die aller Orten einzeln in den Wäldern herumschwärmten, oft und leicht genug abschneiden können.

Über dieser Unterhandlung mit den Wilden war es Mittag geworden als wir sie verließen und nordwärts den langen See-Arm wieder herabgiengen, den Capitain *Cook* unterwegens aufnahm. Die Nacht übereilte uns ehe er damit fertig war; wir mußten daher einen andern ähnlichen Arm der See ununtersucht lassen und nur machen daß wir zum Schiffe zurück kamen, woselbst wir Abends um 8 Uhr erst anlangten. Man erzählte uns, daß der Wilde mit dem Mädchen bis Mittags an Bord geblieben sey; und als man ihm zu verstehen gegeben, daß in seinem doppelten Canot in *Cascade-Bucht* einige Geschenke für ihn wären hingelegt worden; habe er etliche seiner Leute abgeschickt, sie von dort zu holen, sey auch mit seiner ganzen Familie bis diesen Morgen in der Nachbarschaft des Schiffes verblieben. Seit der Zeit aber haben wir sie nicht wieder zu sehen bekommen, und das war um so außerordentlicher, da wir sie nie mit leerer Hand hatten von uns gehen lassen, sondern ihnen, nach und nach, ohngefähr neun oder zehen Beile und wenigstens viermal so viel große Nägel, nebst andern Dingen geschenkt hatten. In so fern diese Artikel als Reichthümer unter ihnen angesehen werden, in so fern ist dieser Mann der reichste in ganz Neu-Seeland; denn *vor* der zweyten Ankunft englischer Schiffe war auf der ganzen Insel zusammen genommen, nicht so viel Eisen-Geräthe anzutreffen. Da *Dusky-Bay* so wenig bewohnt ist, so führen die einzelnen Familien in derselben wahrscheinlicherweise ein unstätes herumwanderndes Leben und ziehen, vielleicht der Fischerey, vielleicht anderer Umstände wegen, in verschiednen Jahrszeiten aus einer Gegend nach der andern. Wir vermutheten daher auch, daß unsre Freunde bloß aus *diesem* Grunde weggezogen wären; allein es hieß: der Wilde habe vor seinem Abzuge durch Zeichen zu verstehen gegeben, er wolle aufs Todtschlagen ausgehen und dazu die Beile gebrauchen. Hat man ihn recht verstanden, so war damit unsre angenehme Hoffnung, den Ackerbau und andre nützliche Arbeiten, durch Austheilung von brauchbaren Werkzeugen gewissermaßen zu befördern und zu erleichtern, auf einmahl vernichtet. Gleichwohl wäre es sehr seltsam, ja beynahe unbegreiflich, daß eine einzelne Familie, die von der ganzen Welt getrennt, in einer geräumigen Bay wohnte, in welcher es ihr, theils ihrer geringen Anzahl, theils wegen ihrer wenigen Bedürfnisse, weder an Lebensmitteln noch an den übrigen Nothwendigkeiten jemals fehlen, und die folglich in ihrer Einsamkeit friedlich und glücklich leben konnte, – daß die dennoch auf Krieg mit ihren Nebenmenschen, auf Mord und Todtschlag bedacht seyn sollte. Indessen ist vielleicht die tiefe Barbarey, in welcher sich die Neu-Seeländer befinden, und die immer nur das Gesetz des Stärkern erkennt, schuld daran, daß sie mehr als jedes andre Volk der Erden geneigt sind, ihren Mitmenschen bey der ersten Gelegenheit umzubringen, so bald Rachsucht oder Beleidigung sie dazu auffordert, und ihr angebohrner wilder Muth macht, daß sie es an der würklichen Ausführung eines so grausamen Vorhabens wohl selten fehlen lassen. Ich darf hier nicht vergessen, ein ganz besondres Merkmahl von der Herzhaftigkeit des alten Mannes anzuführen, der jetzt von uns weggezogen war. Unsre Officiers hatten in seiner Gegenwart zu wiederholtenmalen Schießgewehre abgefeuert. Eines Tages verlangte er es selbst zu versuchen und man gab ihm ein Gewehr. Das Mädchen, welche wir für seine Tochter hielten, bath ihn fusfällig, mit den deutlichsten Zeichen von Furcht und Vorsorge, es nicht zu thun. Aber, er war von seinem Vorhaben nicht abzubringen, sondern feuerte das Gewehr drey oder viermal hintereinander los. Diese kriegrische Neigung und das jähzornige Temperament des ganzen Volks, das nicht die mindeste Beleidigung ertragen kann, scheint diese einzelne Familie und die wenigen übrigen, die wir an den Ufern jenes langen See-Arms antrafen, zur Trennung von ihren Landsleuten gezwungen zu haben. Wenn wilde Völker einander bekriegen, so ruhet die eine Parthey gemeiniglich nicht eher, als bis die andre gänzlich vertilgt ist, es sey denn, daß diese sich noch zu rechter Zeit mit der Flucht rettet. Auch dies kann der Fall bey den Einwohnern in *Dusky-Bay* seyn, und wenn er es würklich ist, so hat ihr Abmarsch und ihr Entschluß offenbar nichts anders als Rache an ihren Feinden und Unterdrückern zum Gegenstande.

Am 23sten frühe giengen verschiedne Officiers nebst Dr. *Sparrmann,* nach Cascade-Bucht, um dort einen der höchsten Berge in der ganzen Bay zu besteigen. Um 2 Uhr erreichten sie die Spitze, und gaben uns solches durch Anzündung eines großen Feuers zu erkennen. Wir hätten sie gern begleitet; aber Durchlauf und Colik hielten uns am Bord zurück. Beydes kam von der Sorglosigkeit des Kochs her, der unser kupfernes Küchen-Geschirr ganz von Grünspan hatte anlaufen lassen. Doch befanden wir uns gegen Abend wieder so weit besser, daß wir unsern Spatziergängern bis nach Cascaden-Bucht entgegen gehen konnten, und kamen hernach mit verschiednen Pflanzen und Vögeln beladen, in ihrer Gesellschaft an Bord zurück. Unterdessen hatte das zum Signal angezündete Feuer, auf der Spitze des Berges, das Gesträuch ergriffen, und sich rund um den Gipfel in einen Flammen-Cirkel verbreitet, der für das heutige Georgen-Fest eine schöne Illumination ausmachte. Die Gesellschaft, welche dort gewesen war, sagte, daß man von der Höhe die ganze Bay und die See jenseits der Berge, in Süden, Südwest und Nordwest, mehr als zwanzig See-Meilen in die Ründe, übersehen könne, wozu ihnen das heutige helle und schöne Wetter ausnehmend behülflich war; die Berge im Innern des Landes schienen sehr unfruchtbar zu seyn, indem sie aus großen wildgebrochnen Felsen-Massen beständen und an der Spitze mit Schnee bedeckt wären. Aber auf dem Gipfel desjenigen Berges den sie bestiegen, hatte es allerhand kleines Strauchwerk und Alpen-Kräuter gegeben, die sonst nirgends anzutreffen waren. Etwas niedriger stand höheres Buschwerk; noch weiter herab fanden sie einen Fleck, auf welchem die Bäume alle ausgegangen und abgestorben waren; und denn ging ein grüner Wald an, der in eben der Maaße höher und schöner ward als sie tiefer herab kamen. Das Hinaufsteigen war wegen der verwickelten Schling-Stauden und Dornen mühsam; das Heruntersteigen aber, wegen der Abgründe, gefährlich, denn sie mußten mehrentheils längst denselben herabrutschen und sich an Bäumen und Büschen festzuhalten suchen. Ziemlich weit auf dem Berg hinauf, fanden sie drey bis vier Bäume, die ihnen Palmen zu seyn dünkten, von diesen fällten sie einen und ließen sich den mittelsten Schößling zur Erfrischung dienen. Im Grunde gehörten aber diese Bäume nicht zu den rechten Kohl-Palmen, *(Cabbage palms)* ja überhaupt nicht zu den Palmen, denn die wachsen nur unter mildern Himmelsstrichen, sondern es war eigentlich eine neue Art von Drachen-Baum mit breiten Blättern, *(dracæna australis)* dergleichen wir nachher noch mehrere in dieser Bay antrafen, und deren Kernschuß, so lang er zart ist, ohngefähr als ein Mandelkern, jedoch etwas kohlartig schmeckt.

Am folgenden Morgen begleitete ich Capitain *Cook* zu einer an der nordwestlichen Seite der Bay gelegenen Bucht, die, unsrer dortigen Verrichtung wegen, die Gänse-Bucht genannt ward. Wir hatten nemlich noch fünf lebendige Gänse von denen am Vorgebürge der guten Hofnung mitgenommenen übrig, und waren willens sie auf Neu-Seeland zu lassen, um sich daselbst zu vermehren und wild zu werden. Hiezu dünkte uns diese Bucht am bequemsten, denn es gab dort keine Einwohner, dagegen aber reichliches Futter. Wir setzten sie also ans Ufer und sprachen zum Besten künftiger Seefahrer und Bewohner von Neu-Seeland, das: »Seyd fruchtbar und mehret euch und füllet die Erde!« über sie aus. So bald sie am Lande waren, liefen sie im Schlamm ihrem Fraße nach, und werden in diesem abgelegenen Winkel, ohne Zweifel gut fortkommen, ja mit der Zeit sich unsrer Absicht gemäß, hoffentlich über das ganze Land ausbreiten. Den Überrest des Tages brachten wir mit Vogelschießen hin, und erlegten unter andern auch einen weißen Reyher *(ardea alba)* der in Europa gemein ist.

Das schöne Wetter, welches sich nun volle acht Tage hintereinander gehalten hatte, war am 25sten ganz zu Ende. Es fieng Abends an zu regnen und regnete in eines fort bis folgenden Mittag. Wahrscheinlicherweise ist das gute Wetter in *Dusky-Bay,* vornemlich in dieser Jahrszeit, selten so anhaltend, wenigstens blieb es weder vor noch nachher, jemals zwey Tage hinter einander schön. Wir hatten uns daher auch vorgesehen und diese Zeit zu Ergänzung des Holz- und Wasser-Vorraths genutzt, imgleichen das Schiff wieder in seegelfertigen Stand gesetzt. Alle unsre Leute stellten sich an Bord ein; die Brücke ward abgeworfen und wir giengen aus unserm Winkel mitten in die Bucht heraus, um mit erstem guten Winde abzuseegeln. Die Vorzüge eines civilisirten über den rohen Zustand des Menschen, fielen durch nichts deutlicher in die Augen, als durch die Veränderungen und Verbesserungen die auf dieser Stelle vorgenommen worden waren. In wenig Tagen hatte eine geringe Anzahl von unsern Leuten, das Holz von mehr als einem Morgen Landes weggeschafft, welches funfzig Neu-Seeländer, mit ihren steinernen Werkzeugen, in drey Monathen nicht würden zu Stande gebracht haben. Den öden und wilden Fleck, auf dem sonst unzählbare Pflanzen, sich selbst überlassen, wuchsen und wieder vergiengen, den hatten wir, zu einer lebendigen Gegend umgeschaffen, in welcher hundert und zwanzig Mann unabläßig auf verschiedne Weise beschäftigt waren

Quales apes æstate nova florea rura
Exercet sub sole labor. VIRGIL.

Wir fällten Zimmer-Holz, das ohne uns durch Zeit und Alter umgefallen und verfault seyn würde. Unsre Brett-Schneider sägten Planken daraus oder es ward zu Brennholz gehauen. An einem rauschenden Bach, dem wir einen bequemeren Ausfluß in die See verschafften, stand die Arbeit unsrer Böttcher, ganze Reihen von neuen oder ausgebesserten Fässern, um mit Wasser gefüllt zu werden. Hier dampfte ein großer Kessel, in welchem für unsre Arbeiter aus einländischen, bisher nicht geachteten Pflanzen, ein gesundes, wohlschmeckendes Getränk gebrauet ward. Nahe bey, kochten unsre Leute vortrefliche Fische für ihre Cameraden, die zum Theil an den Außenseiten und Masten des Schiffes arbeiteten, um solches zu reinigen, zu kalfatern und das Tauwerk wieder in Stand zu setzen. So verschiedene Arbeiten belebten die Scene und waren in mannichfaltigem Geräusche zu hören, indeß der benachbarte Berg von den abgemeßnen Schlägen der Schmiedehämmer laut wiederschallte. Selbst die schönen Künste blühten in dieser neuen Colonie auf. Ein Anfänger in der Kunst,[13] zeichnete hier in seinem Noviciat die verschiednen Thiere und Pflanzen dieser unbesuchten Wälder; die romantischen Prospecte des wilden, rauhen Landes hingegen, standen mit den glühenden Farben der Schöpfung geschildert da, und die Natur wunderte sich gleichsam auf des Künstlers (Herrn *Hodges)* Staffeley, so richtig nachgeahmt zu erscheinen. Auch die höheren Wissenschaften hatten diese wilde Einöde mit ihrer Gegenwart beehrt. Mitten unter den mechanischen Arbeiten ragte eine Sternwarte empor, die mit den besten Instrumenten versehen war, durch welche des Sternkundigen wachender Fleis den Gang der Gestirne beobachtete. Die Pflanzen, die der Boden hervor brachte, und die Wunder des Thierreichs in Wäldern und Seen, beschäfftigten die Weltweisen, deren Stunden bestimmt waren, ihren Unterschied und Nutzen auszuspühren. Kurz überall, wo wir nur hin blickten, sahe man die Künste auf blühen, und die Wissenschaften tagten in einem Lande, das bis jetzt noch eine lange Nacht von Unwissenheit und Barbarey bedeckt hatte! Dies schöne Bild der erhöhten Menschheit und Natur war indeß von keiner Dauer. Gleich einem Meteor verschwand es fast so geschwind als es entstanden war. Wir brachten unsre Instrumente und Werkzeuge wieder zu Schiffe, und ließen kein Merkmahl unsers Hierseyns, als ein Stück Land, das von Holz entblößt war. Zwar hatten wir eine Menge von europäischem Garten-Gesäme der besten Art hier ausgestreuet, allein das Unkraut umher wird jede nützliche Pflanze bald genug wieder ersticken und in wenig Jahren wird der Ort unsers Aufenthalts nicht mehr zu erkennen, sondern zu dem ursprünglichen, chaosgleichen Zustande des Landes wiederum herabgesunken seyn. *Sic transit gloria mundi!* Augenblicke oder Jahrhunderte der Cultur machen in Betracht der vernichtenden Zukunft keinen merklichen Unterschied!

Ehe ich diesen Ort unsers bisherigen Aufenthalts ganz verlasse, will ich aus Capitain *Cook's* Tagebuch noch folgende astronomische Bemerkungen einrücken: –

»Die Sternwarte, welche wir in *Pickersgill*-Haven errichtet hatten, war unterm 45°47' 26½" südlicher Breite, und dem 166° 18' östlicher Länge von *Greenwich* gelegen. Hier fand sichs, daß *Kendals* Längen-Uhr 1° 48' *Arnolds* hingegen nur 39' 25" weniger als die wahre Länge angab. Am Vorgebürge der guten

13 Unter diesem bescheidenen Namen meynt sich der Verfasser dieser Reisebeschreibung, Herr *Georg Forster,* selbst. Mit vielen andern seltnen Talenten verbindet er nemlich eine große Fertigkeit im Zeichnen und übte solche, hier gleichsam zum erstenmal öffentlich aus. *(Anmerkung des Verlegers.)*

Südinsel-Eisenholz, *F: Melaleuca aestuosa*
Metrosideros umbellata (Neuseeland, 1773)

Hoffnung hatte *Kendals* Uhr zum Erstaunen die wahre Länge, bis auf eine Minute angezeigt, so wie die Herren *Mason* und *Dixon* solche dort astronomisch observirt und berechnet hatten. Es muß aber angemerkt werden, daß diese Uhren nicht immer gleichförmig giengen, und daher mußten an jedem Orte wo wir anlegten, Beobachtungen gemacht werden, um ihren wahren Gang zu bestimmen. Die große Abweichung die wir in Dusky Bay fanden, kam zum Theil daher, weil wir zum Grunde gelegt, *Kendals* Uhr habe beständig die mittlere Zeit *(mean time)* angezeigt, da wir doch am Cap gefunden daß dies nicht mehr der Fall sey. Jetzt hatte der Astronomus, Herr *Wales* bemerkt, daß *Kendals* Uhr täglich 6'' 461 über die mittlere Zeit gewönne, *Arnolds* hingegen, als welche immer größern Ausschweifungen unterworfen war, 99'', 361 verlöre. – «

Am 27sten war eine neue Ausfahrt in die See, gegen Norden, entdeckt worden; und da diese bequemer zu paßiren war; als jene, durch welche wir in die Bay eingelaufen waren; so gedachten wir uns derselben zu bedienen und hoben am 29sten Nachmittags den Anker um die Bay hinauf, darnach hinzuseegeln; allein es ward mit einemmale windstill, weshalb wir in einer Tiefe von 43 Faden, an der Nordseite einer Insel die wir *Long-Eyland* nannten, und ohngefähr zwey Meilen von der Bucht wo wir bisher gelegen hatten, wiederum vor Anker kommen mußten. Am folgenden Tage giengen wir früh um 9 Uhr mit einem gelinden Lüftchen aus Westen wieder vorwärts, allein es war so schwach, daß wir wenig gegen den Strohm ausrichten konnten, denn ohngeachtet uns noch außerdem alle unsre Boote boogsiren mußten, so hatten wir um 6 Uhr Abends doch mit der größten Mühe nicht mehr als fünf Meilen gewonnen, und mußten um diese Zeit an eben derselben Insel, ohngefähr hundert Schritte weit vom Ufer, die Anker aufs Neue fallen lassen.

Bey Tages Anbruch versuchten wir gegen den Wind zu laviren, denn es gieng ein sanftes Lüftchen die Bay hinab; da es aber bald gänzlich still ward, so trieb uns die Ströhmung des Wassers rückwärts, und wir geriethen mit dem Hintertheil des Schiffs an einem senkrechtstehenden Felsen, wo kein Grund zu finden war, so nahe ans Ufer, daß der Flaggen-Stock sich in die Baum-Zweige verwickelte. Indessen wurden wir mit Hülfe unsrer Boote ohne Schaden wieder davon wegboogsirt, und ließen unterhalb jener Stelle, auf welcher wir die vergangne Nacht über geankert hatten, in einer kleinen Bucht an der Nordseite von *Long-Eyland,* abermals den Anker fallen. Wir trafen hier zwey Hütten und Feuerstellen an, woraus sich abnehmen ließ, daß der Ort noch vor kurzem müsse bewohnt gewesen seyn. Wir fanden auch während unsers Aufenthalts in dieser Bucht verschiedene neue Vögel und Fische; desgleichen einige europäische Fischarten, als die Bastard-Mackrele, nebst dem gefleckten und schlichten Hayfisch. *(Scomber trachurus, Squalus canicula & Squalus mustelus Linnæi.)* Der Capitain ward von einem Fieber und heftigen Rücken-Schmerzen befallen, die sich mit einer rheumatischen Geschwulst des rechten Fußes endigten, und vermuthlich davon hergekommen waren, daß er so viel im Wasser gewadet, hernach aber, mit den nassen Kleidern auf dem Leibe, im Boote lange still gesessen hatte.

Nachdem uns Windstillen mit beständigem Regen begleitet, in dieser Bucht bis zum 4ten Nachmittags aufgehalten hatten, so erhob sich endlich ein leichter Wind aus Südwesten, mit dessen Hülfe wir jedoch kaum bis in den Durchgang zur See gelangt waren, als er sich schon wieder umsetzte und uns entgegen zu blasen anfieng, so daß wir an der Ostseite des Einganges vor einem sandichten Strande abermals die Anker auswerfen mußten. Dieser mehrmalige Aufschub gab uns Gelegenheit die Küsten zu untersuchen, und nie kamen wir ohne neue Reichthümer aus dem Thier- und Pflanzenreiche zurück. Des Nachts hatten wir schwere Windstöße mit Regen, Hagel, Schnee, auch einigen harten Donnerschlägen auszustehen, und fanden bey anbrechendem Tage, alle Spitzen der Berge um uns her mit Schnee bedeckt. Um 2 Uhr Nachmittags, erhob sich ein gelinder Wind aus Süd-Südwest, der uns mit Beyhülfe unsrer Boote durch den Paß bis vor die ofne See herunter brachte, woselbst wir um 8 Uhr Abends, an der äußersten Land-Ecke die Anker fallen ließen. In dem Durchgang waren die Küsten zu beyden Seiten steiler als wir jemals welche gesehen hatten, und formirten wilde Landschafts-Prospecte, die an manchen Stellen mit unzähligen Cascaden und viel Drachenbäumen *(dracæna)* geziert waren.

Da der Capitain wegen seines Rheumatismus nicht aus der Cajütte kommen durfte, so schickte er einen Officier ab, um den zunächst gen Süden liegenden See-Arm, der aus diesem neuen Durchgange, ostwärts, in das Innere des Landes hinein lief, untersuchen zu lassen, und mein Vater sowohl als ich, giengen mit auf diese Expedition aus. In unsrer Abwesenheit ward auf des Capitains Befehl, das ganze Schiff zwischen den Verdecken rein gemacht, und die Luft durch angezündete Feuer überall gereinigt und erneuert; eine Vorsicht, die man in einem feuchten und rauhen Clima nie unterlassen sollte. Mittlerweile ruderten wir diese neue Öfnung hinauf und vergnügten uns an den schönen Cascaden, die auf beyden Seiten zu sehen waren, wir fanden auch überall gute Ankerplätze, desgleichen Fische und wildes Geflügel die Menge. Der Wald hingegen, der mehrentheils aus Buschwerk bestand, fieng bereits an sehr öde auszusehen, denn das Laub war größtentheils abgefallen und was etwa noch an den Zweigen saß, sahe verwelkt und blaßgelb aus. Dergleichen Vorbothen des herannahenden Winters, waren in diesem Theile der Bay besonders in die Augen fallend; doch ist es wahrscheinlich, daß an einem so frühzeitigen wintermäßigen Ansehen, bloß die Nachbarschaft der hohen Berge, die schon mit Schnee bedeckt waren, schuld seyn mogte. Um 2 Uhr lenkten wir in eine Bucht ein, um von Fischen ein kleines Mittagbrod zu bereiten, und ruderten, nachdem wir solche verzehret, bis zu einbrechendem Abend weiter, um nicht fern von dem äußersten Ende dieses See-Armes, auf einem kleinen flachen Ufer das Nachtquartier zu nehmen. Es ward zwar ein Feuer angemacht, doch konnten wir wenig schlafen, weil die Nacht sehr kalt, und unsre Schlafstellen sehr hart waren. Am folgenden Morgen liefen wir nordwärts in eine kleine Bucht, allwo sich dieser See-Arm, nach einem Laufe von ohngefähr 8 Meilen endigte. Wir hielten uns daselbst eine Weile über mit Vogelschießen auf, und fiengen bereits an nach der *Resolution* zurückzukehren, als das schöne Wetter auf einmal umschlug, und statt desselben ein Sturm aus Nordwesten mit harten Windstößen und heftigem Regen einbrach. Wir ruderten dieserhalb in möglichster Eil den See-Arm herunter; und als wir bis an die Einfahrt in den Canal gelangt waren, in welchem das Schiff vor Anker lag, theilten wir den Überrest einer Flasche Rum mit unsern Bootsleuten, um ihnen Muth zu machen, denn von hier aus bis nach dem Schiffe hin war noch das schwerste Stück Arbeit übrig. Nach dieser Herzstärkung wagten wir uns nun getrost weiter; allein die Wellen, welche hier von der ofnen See her eindringen konnten, giengen erstaunlich schnell und hoch, und der Wind, gegen den wir jetzt gar keinen Schutz mehr vom Lande hatten, war so heftig, daß er uns, aller angewandten Mühe ohnerachtet, innerhalb wenig Minuten, eine halbe Meile weit vor sich her trieb. Bey so gefährlichen Umständen mußten wir alle Augenblick gewärtig seyn, daß das Boot umschlagen oder versinken würde, und es war daher unser sehnlichster Wunsch, wieder in den See-Arm zu gelangen, den wir kurz zuvor so dreist verlassen hatten. Mit unsäglicher Mühe gelang uns dies endlich und ohngefähr um 2 Uhr Nachmittags, liefen wir, an der Nordseite desselben, in eine kleine hübsche Bucht ein. Hier ward das Boot, so gut sichs thun ließ, in Sicherheit gebracht und Anstalt zum Mittagbrod gemacht. In dieser Absicht kletterten wir einen öden Felsen hinauf, und zündeten ein Feuer an, um einige Fische zu braten; allein, ob wir gleich bis auf die Knochen naß waren und wegen des schneidenden Windes jämmerlich froren, so war es uns doch unmöglich, nahe beym Feuer zu bleiben, denn der Sturm wirbelte die Flamme beständig umher und nöthigte uns alle Augenblick eine andre Stelle zu nehmen, um nicht verbrannt zu werden. Endlich ward er vollends so heftig, daß man auf diesem gänzlich freyen Platze kaum aufrecht stehen bleiben konnte; wir beschlossen also, zu unsrer und des Boots größerer Sicherheit, an der andern Seite der Bucht Schutz zu suchen und das Nachtquartier im Gehölze aufzuschlagen. Zu dem Ende ergrif ein jeder einen Feuer-Brand, und in diesem fürchterlichen Aufzuge eilten wir ins Boot, wo man uns, dem Ansehn nach, für eine Parthey verzweifelter Leute hätte nehmen sollen, die auf irgend eine heillose Unternehmung ausgiengen. Zu unsrer größten Verlegenheit fanden wir es aber im Gehölz fast noch ärger als auf dem Felsen, von welchem uns der Sturm vertrieben hatte, denn hier war es so naß, daß wir kaum das Feuer brennend erhalten konnten. Wir hatten kein Obdach gegen den heftigen Regen, der von den Bäumen doppelt auf uns herab goß, und da der Rauch, des Windes wegen, nicht in die Höhe steigen konnte, so hätten wir dabey ersticken mögen. Auf solche Weise war weder an Abendbrod noch an Erwärmen zu gedenken, sondern wir mußten uns hungrig und halb erfroren, in unsre nassen Mäntel gehüllt, auf den feuchten Boden niederlegen. So erbärmlich auch diese Lage, besonders für diejenigen unter uns war, die sich durch die Erkältung Reißen in den Gliedern zugezogen hatten, so war doch jedermann dermaaßen abgemattet, daß wir auf einige Augenblicke in Schlaf fielen. Es mochte ohngefähr zwey Uhr des Nachts seyn, als wir durch einen harten Donnerschlag wieder auf die Beine gebracht wurden. Um diese Zeit war der Sturm aufs höchste gestiegen und zu einem vollkommnen Orcan geworden. Er riß um uns her die größten Bäume aus, warf sie mit fürchterlichem Krachen zu Boden und sauste in den dickbelaubten Gipfeln des Waldes so laut, daß das schreckliche Getöse der Wellen manchmal kaum dafür zu hören war. Aus Besorgniß für unser Boot wagten wir uns in der dicksten Finsterniß der Nacht nach dem Strande hin, als ein flammender Blitz den ganzen See-Arm mit einmahl erhellete und uns die aufgethürmten Fluthen sehen ließ, die in blauen Bergen, schäumend über einander herstürzten. Mit einem Wort alle Elemente schienen der Natur den Untergang zu drohen

Non han piu gli elementi ordine o segno
S'odono orrendi tuoni, ognor più cresce
De' fieri venti il furibondo sdegno.
Increspa e inlividisce il mar la faccia
E s'alza contra il ciel che lo minaccia.
TASSONE.

Unmittelbar auf den Blitz folgte der heftigste Donnerschlag den wir jemals gehört, und dessen langes fürchterliches Rollen von den gebrochnen Felsen rund umher siebenfach wiederhallte. Wie betäubt standen wir da und das Herz erbebte uns bey dem Gedanken, daß dieser Sturm oder der Blitz das Schiff vernichtet haben könne und daß wir dann in diesem öden Theil der Welt würden zurückbleiben und umkommen müssen. Unter dergleichen ängstlichen Vermuthungen brachten wir den Rest der Nacht hin, die uns die längste unsers Lebens zu seyn dünkte. Endlich ließ der Sturm ohngefähr um 6 Uhr des Morgens nach, und so bald der Tag graute begaben wir uns wieder ins Boot und erreichten nicht lange nachher das Schiff, welches glücklicherweise noch unbeschädigt war, aber des Sturmes wegen die Segelstangen und die Stengen hatte herunter nehmen müssen. Der See-Arm, davon wir jetzt eine Zeichnung aufgenommen, ward wegen der abscheulichen Nacht, die wir darin ausgestanden, und wegen der nassen Jacken die wir uns da geholt hatten, *Wet-Jacket-arm* genannt. Nunmehro war nur noch ein einziger See-Arm, dem vorigen gegen Norden hin, zu untersuchen übrig; und da der Capitain sich jetzt wieder ziemlich erholt hatte, so gieng er gleich nach unsrer Zurückkunft ab, um diese lezte Arbeit in hiesigen Gegenden selbst zu übernehmen. Ohngefähr zehn Meilen weit von der Mündung konnte man beynahe das äußerste Ende dieses Arms sehen und es fanden sich hier, eben so wie in dem zuvorgenannten, viele gute Haven, frisches Wasser, Holz, Fische und Federwildpret. Auf der Rückkehr hatten die Leute bey heftigen Regen gegen den Wind zu arbeiten und kamen um 9 Uhr Abends allesammt naß an Bord zurück. Am folgenden Morgen war die Luft hell, der Wind blieb uns aber entgegen; Da wir solchergestalt nicht in See gehen konnten, so bekam der Capitain Lust nach dem neuen See-Arm zurück zu kehren um Vögel zu schießen, und wir begleiteten ihn dahin. Die Jagd währte den ganzen Tag und fiel ergiebig genug aus, dahingegen einige Officiers die in einer andern Gegend hatten jagen wollen, fast mit ganz leerer Hand zurück kamen.

Des Windes wegen, der am nächsten Tage noch immer aus Westen, und ziemlich hart blies, hielts der Capitain nicht für rathsam in See zu gehn. Dagegen ließ er sich am Nachmittage, als das Wetter etwas gelinder ward, nach einer Insel übersetzen die vor dem Eingange des Canals lag und auf welcher sich eine Menge Seehunde befanden. Von diesen schoß er mit Hülfe seiner Mannschaft zehn Stück, sie konnten aber, des Raums wegen, nicht mehr als fünfe mit an Bord bringen, und mußten die übrigen vor der Hand dorten liegen lassen.

In der Nacht bekamen wir so viel Schnee, daß am folgenden Morgen die Berge fast bis auf die Hälfte damit bedeckt waren, und folglich allem Ansehen nach, der Winter nunmehro völlig da zu seyn schien. Das Wetter war hell, die Luft aber scharf und kalt; da indessen der Wind günstig ward, so ließ der Capitain die Anker lichten und schickte mittlerweile ein Boot ab, um die gestern zurückgelaßnen Seehunde abzuholen. So bald diese an Bord waren, seegelten wir aus *Dusky-Bay* ab und befanden uns um Mittagszeit bereits ganz außerhalb Landes in ofner See.

Wir hatten nun sechs Wochen und vier Tage lang allhier zugebracht, stets Überfluß an frischen Lebensmitteln gehabt, dabey fleißig gearbeitet und es nicht an Bewegung fehlen lassen. Dies zusammen genommen hatte zur Wiederherstellung derjenigen, welche bey unsrer Ankunft scorbutisch gewesen waren, und zur Stärkung der übrigen ohnleugbar viel beygetragen. Doch möchten wir ohne das Sprossenbier wohl schwerlich so gesund und frisch geblieben seyn; denn das Clima ist, die Wahrheit zu gestehen, nicht das beste in *Dusky-Bay*. Für gesund kann man es wenigstens nicht ausgeben, in so fern wir nemlich während unsers Hierseyns nur eine einzige Woche lang anhaltend gutes Wetter hatten und es die ganze übrige Zeit regnicht war. Indessen mochte diese Witterung unsern Leuten freylich weniger schaden als irgend einer andern Nation, denn der Engländer ist von seinem Vaterlande her einer mehrentheils feuchten Luft gewohnt. Ein andrer Fehler von *Dusky-Bay* ist dieser, daß es weder wilden Sellery, noch Löffelkraut, noch andere antiscorbutische Kräuter daselbst giebt, die hingegen im *Charlotten-Sunde* und andern Gegenden von Neu-Seeland so häuffig anzutreffen sind. Nicht minder unangenehm ist es, daß die Erd-Mücken hier so schlimm sind, indem sie mit ihrem giftigen Biß wirklich blatternähnliche Geschwüre verursachen; ferner, daß hier herum nichts denn Waldung und diese überall verwachsen und undurchdringlich ist; endlich, daß die Berge entsetzlich steil sind und folglich nicht angebauet werden können. Indessen fallen diese Unannehmlichkeiten, wenigstens die letztern beyden, doch mehr den Einwohnern des Landes, als den Seefahrern zur Last, die blos auf eine kurze Zeit hier vor Anker gehen wollen um sich zu erfrischen; für *solche* Reisende wird *Dusky-Bay,* aller dieser Unannehmlichkeiten ohnerachtet, immer einer der besten Zufluchts-Örter seyn, zumal wenn sie, gleich uns, lange Zeit, ohne Land zu sehen, in ofner See und unter beständigen Mühseligkeiten zugebracht haben sollten. Die Einfahrt ist sicher und nirgends Gefahr dabey die man nicht überm Wasser sehen könnte, auch giebts aller Orten so viel Haven und Buchten, daß man ohnmöglich wegen eines Anker-Platzes in Verlegenheit seyn kann, wo sich nicht Holz, Wasser, Fische und Feder-Wildprett in hinreichender Menge finden sollte.

Kaka, ***F: Psittacus hypopolius***
Nestor meridionalis meridionalis (Dusky Bay/Neuseeland, 1773)

SECHSTES HAUPTSTÜCK.

Reise von Dusky-Bay nach Charlotten-Sund. Wiedervereinigung mit der Adventure. Verrichtungen daselbst.

Sobald das Boot mit den Seehunden wieder zurückgekommen war, steuerten wir, bey hohen aus Südwest gehenden Wellen und von ganzen Schaaren rußbrauner Albatroße und blauer Sturmvögel begleitet, gegen Norden. Je weiter wir an der Küste herauf kamen, je niedriger schienen die Berge zu werden, und in den ersten vier und zwanzig Stunden stieg das Thermometer schon 7 ½ Grad; denn als wir *Dusky-Bay* verließen, hatte es auf 46 Grad gestanden, und des andern Morgens um 8 Uhr wars 53 ½.

In der Gegend von Cap *Foul-Wind,* (böser Wind) neben welchem wir uns am 14ten befanden, hörte der gute Wind auf, und ward uns, gleichsam um die Benennung des Caps wahr zu machen, völlig zuwider. Den 16ten stürmte es den ganzen Tag und wir lavirten diese Zeit über bis dicht unter *Rocks point.*

Um 4 Uhr des folgenden Morgens giengen wir mit gutem Winde ostwärts, und waren um 8 Uhr dem Cap *Farewell* gerade gegenüber. Das Land sahe hier an der Küste flach und sandig aus; gegen das Innere des Landes aber ragten hohe Berge mit beschneiten Gipfeln empor. Ganze Schaaren von kleinen Sturm-Täuchern *(procellaria tridactyla, little diving petrels)* flatterten oder schwommen auf der See herum, und tauchten zum Theil mit bewunderungswürdiger Geschwindigkeit auf große Strecken weit unter. Sie schienen mit jenen von einerley Art zu seyn, die sich am 29sten Januar und am 8ten Februar hatten sehen lassen, als wir unterm 48 Grad südlicher Breite nach *Kerguelens* Inseln suchten. (s. weiter oben S. 110)

Nachmittags um vier Uhr, als wir uns ohngefähr neben dem Cap *Stephens* befanden, war wenig oder gar kein Wind zu spüren. Um diese Zeit sahen wir in Süd-Westen dicke Wolken und an der Süd-Seite des Caps regnete es. Es währte nicht lange, so erblickte man dort plötzlich einen weislichten Fleck auf der See von welchem eine Wasser-Säule empor stieg, die wie eine gläserne Röhre anzusehen war. Eine andre dergleichen Dunst-Säule senkte sich aus den Wolken herab und schien mit jener sich vereinigen zu wollen. Dies erfolgte auch wirklich, und so entstand das Meteor, welches *Wasserhose, Trombe,* oder *Waterspout* genannt wird. Kurz nachher sahen wir noch drey andre dergleichen Säulen, die eben wie die erste entstanden. Die nächste war ohngefähr drey englische Meilen von uns, und mochte unten am Fus, im Durchschnitt, ohngefähr 70 Klafter dick seyn. Das Thermometer stand auf 56 ½° als dies Phänomen sich zu formiren anfieng. Da die Natur und Ursach desselben bis jetzt noch so wenig bekannt ist, so waren wir auf alle, sogar auf die geringsten Umstände aufmerksam, die sich dabey ereigneten. Die Basis der Säulen, woselbst sich das Wasser heftig bewegte und in gewundener Richtung (nach einer Spiral-Linie) gleich einem Dunst empor stieg, nahm einen großen Fleck in der See ein, der, wenn die Sonne darauf schien, schön und gelblich in die Augen fiel. Die Säulen selbst hatten eine cylindrische Form, doch waren sie nach oben hin dicker als am untern Ende. Sie rückten ziemlich schnell auf der Oberfläche der See fort; da ihnen aber die Wolken nicht mit gleicher

Geschwindigkeit folgten, so bekamen sie eine gebogne und schiefe Richtung. Oft giengen sie neben einander vorbey, die eine hier die andre dorthin; da es nun windstill war, so schlossen wir aus dieser verschiedenen Bewegung der Wasserhosen, daß jede derselben einen eignen Wind hervorbringen oder davon fortgetrieben werden müsse. Endlich brachen sie eine nach der andern, vermuthlich, weil der Obertheil sich gemeiniglich ungleich langsamer bewegte als der Untertheil und die Säule solchergestalt allzukrumm und zu weit in die Länge gezogen ward. In eben dem Verhältniß als uns die schwarzen Wolken näher kamen, entstanden kurze krause Wellen auf der See und der Wind lief um den ganzen Compaß herum, ohne sich in einem Striche festzusetzen. Gleich nachher sahen wir, daß die See ohngefähr zweyhundert Klaftern weit von uns, an einer Stelle in heftige Bewegung gerieth. Das Wasser kräuselte sich daselbst, aus einem Umfang von funfzig bis sechzig Faden, gegen den Mittelpunct hin zusammen, und zerstäubte alsdenn in Dunst, der durch die Gewalt der wirblenden Bewegung, in Form einer gewundnen Säule gegen die Wolken empor getrieben wurde. Um diese Zeit fiel etwas Hagel aufs Schiff und die Wolken über uns hatten ein schrecklich schwarzes und schweres Ansehen. Gerade über jenem Wasserwirbel senkte sich eine Wolke langsam herab, und nahm nach und nach die Gestalt einer langen, dünnen Röhre an. Diese schien sich mit dem Dunst-Wirbel vereinigen zu wollen, der unterdessen hoch aus dem Wasser aufgestiegen war; es währete auch nicht lange, so hiengen sie würklich zusammen und machten eine gerade aufstehende, cylindrische Säule aus. Man konnte deutlich sehen, wie das Wasser innerhalb des Wirbels mit Gewalt aufwärts gerissen ward; und es schien als ließe es in der Mitte einen hohlen Zwischenraum. Es dünkte uns auch wahrscheinlich, daß das Wasser keine dichte, sondern nur eine hohle Säule ausmache; und in dieser Vermuthung wurden wir durch ihre Farbe bestärkt, die einer durchsichtigen gläsernen Röhre völlig ähnlich war. Kurz nachher beugte sich und brach auch diese letzte Wasserhose wie die andern, nur mit dem Unterschied, daß sich, als sie von einander riß, ein Blitzstrahl sehen ließ, auf den jedoch kein Donnerschlag folgte. Diese ganze Zeit über befanden wir uns in einer höchstgefährlichen und beunruhigenden Lage. Die schreckenvolle Majestät eines Meteors, welches See und Wolken vereinigte, machte unsre ältesten Seeleute verlegen. Sie wußten kaum was sie thun oder lassen sollten; denn ob gleich die mehresten solche Wassersäulen schon ehemals von ferne gesehen hatten, so waren sie doch noch nie so umsetzt damit gewesen als diesmal, und ein jeder wußte fürchterliche Geschichten zu erzählen, was für schreckliche Verwüstungen sie anrichteten, wenn sie über ein Schiff weggingen oder sich gegen dasselbe brächen. Wir machten uns auch würklich aufs Schlimmste gefaßt und nahmen unsre Stengen-Seegel ein. Doch war jedermann der Meynung, daß uns dies wenig schützen und daß Masten und Seegelstangen drauf gehen würden, wenn wir in den Wirbel gerathen sollten. Man wollte wissen, daß Canonen-Feuren, vermittelst der starken Bebung in der Luft dergleichen Wassersäulen gemeiniglich zertheilt habe. Es ward deswegen auch Befehl gegeben, daß ein Vierpfünder in Bereitschaft gehalten werden sollte; da aber die Leute, wie gewöhnlich, lange damit zubrachten, so war die Gefahr über, ehe der Versuch angestellt werden konnte. In wie fern die Electricität als eine Ursach dieses Phänomens angesehen werden darf, konnten wir nicht eigentlich bestimmen; daß sie aber überhaupt einigen Antheil daran haben müsse, läßt sich wohl aus dem Blitze abnehmen, der beym Zerplatzen der letzten Wasser-Säule deutlich zu sehen war. Von Entstehung der ersten bis zum Aufhören der letzten vergingen drey Viertelstunden. Als um 5 Uhr die letzte erschien, stand das Thermometer auf 54., mithin 2 ½ Grad niedriger als beym Anfang der ersten. Die See war an der Stelle, wo *wir* uns damals befanden, sechs und dreyßig Faden tief, und die Gegend von eben der Beschaffenheit als jene, in welchen andre Reisende solche Wasserhosen sonst angetroffen haben; es war nemlich eine Art von Meer-Enge oder eine sogenannte See-Straße. Dr. *Shaw* und *Thevenot,* sahen dergleichen in der mittelländischen und persischen See; auch bey den westindischen Inseln, in der Straße von Malacca und in der chinesischen See sind sie gewöhnlich. Wir hätten gewünscht, bey dieser Gelegenheit einige besondre Entdeckungen über dies Phänomenon zu machen; allein so glücklich waren wir nicht. Unsre Bemerkungen bestätigen nur was andre bereits beobachtet haben, und worüber sich Dr. *Benjamin Franklin* schon umständlich herausgelassen hat. Seine sinnreiche Hypothese, daß Wirbelwinde und Wasserhosen einerley Ursprung haben, ist durch unsre Bemerkungen im mindesten nicht geschwächt; und wir verweisen unsre philosophischen Leser auf seine Schriften,[1] in welchen die vollständigste und beste Nachricht von diesem Phänomen zu finden ist.

Am folgenden Morgen, früh um 5 Uhr erreichten wir die Mündung von *Charlotten-Sund,* und um sieben Uhr sahe man es von der Süd-Spitze von *Motu-Aro* her, woselbst laut Capitain Cooks voriger Reisebeschreibung ein *Hippah* oder festes Dorf liegt, dreymahl aufblitzen.[2] Es kam uns gleich so vor als ob dieses Signale von Europäern wären und wir vermutheten daß sie sich wohl von unsern Freunden in der *Adventure* herschreiben könnten. Der Capitain ließ deshalb etliche Vierpfünder abfeuern, die auch zu unserm Vergnügen aus *Schip-Cove,* der Insel gegenüber, alsbald beantwortet wurden. Gegen Mittag konnten wir unsern alten Reise-Gefährten schon vor Anker liegen sehen, und kurz nachher kamen uns verschiedne Officiers mit einem Geschenk von frischen Fischen entgegen, und erzählten wie es ihnen seit unsrer Trennung ergangen sey. Nachmittags ward es windstill, daher wir uns in die Bucht boogsieren lassen mußten, und nicht eher als gegen 7 Uhr Abends vor Anker gelangten. Mitlerweile kam auch Capt. *Furneaux* an Bord, und um seine Freude über unsre Wiedervereinigung zu bezeugen, ließ er uns, von seinem Schiffe aus, mit dreyzehn Canonenschüßen begrüßen, die unsere Leuthe mit Freuden erwiederten. Wer in ähnlichen Umständen gewesen ist, wird sich unsre gegenseitige Entzückung vorstellen können, zu welcher wir doppelte Ursach hatten, wenn wir die vielfältigen Gefahren überdachten, denen wir, auf unserer verschiednen Fahrt, beyderseits ausgesetzt gewesen, aber unter göttlichen Schutz, glücklich entgangen waren.

Die *Adventure* hatte, nachdem sie uns aus dem Gesicht verlohren, ihren Lauf zwischen 50. und 54. Grad südlicher Breite nach Norden hinauf genommen, und beständig heftige Stürme aus Westen gehabt. Am 28. Februar, da sie ohngefähr unterm 122. Grad westlicher Länge von *Greenwich* war, hielt es Captain *Furneaux* für rathsam, nach und nach bis gegen *Van Diemens* Land, als der von *Abel Jansen Tasman* im November 1642. entdeckten südlichen Spitze von Neu-Holland, heraufzugehn. Am 9. März gerieth er an den südwestlichen Theil der Küste und lief um das Süd-Ende nach der Ost-Seite des Landes herum, an welcher er am 11ten des Nachmittags in einer Bay vor Anker kam, die seinem Schiff zu Ehren *Adventure-Bay* genannt wurde, auch allem Anschein nach, eben dieselbige ist, in welcher sich *Tasman* einst auf hielt und solcher den Namen *Friedrich Henrichs-Bay* gab. Das südliche Ende dieses Landes bestand aus großen, gebrochnen, unfruchtbaren und schwarzen Felsen-Massen, und sahe in dieser Absicht den äußersten Spitzen von Africa und Amerika ähnlich. Um die *Adventure-Bay* herum war der Boden sandig und bergigt, und auf denen am weitesten von der See entlegenen Bergen gab es mancherley Bäume, doch standen sie nur dünne und hatten auch kein Unterholz. An der Westseite befand sich ein See von süßen Wasser, der mit wilden Endten und andren Wasser-Vögeln, haufenweise bedeckt war. Gegen Nord-Osten hin lagen ohnweit der Küste mehrere ziemlich hohe und gleichfalls mit Holz bewachsene Eylande, die *Tasman* nur für eine einzige große Insel angesehen zu haben scheint und sie in seinen Charten unter dem Namen *Marien-Insel* angezeigt hat. Die *Adventure* lag nur fünf Tage lang in dieser Bay, und Capitain *Furneaux* nahm daselbst etwas frisch Wasser ein, sammlete auch einige merkwürdige Thiere, worunter eine neue Marter- oder *Viverra-Art* und ein schöner weißer Habicht war. Sie sahen dort herum nirgends Einwohner, glaubten aber tief im Lande Rauch wahrgenommen zu haben.

Am 15ten Abends seegelten sie aus der *Adventure-Bay* wiederum ab und steuerten gegen Norden längst der Küste hin, die hier sandig und bergigt war. Aus den inneren Gegenden des Landes ragten ungleich höhere Berge empor, und an manchen Stellen lagen Inseln vor der Küste, unter denen sie besonders diejenigen anmerkten, welche *Tasman, Schoutens-* und *Van der Linds*-Eylande genannt hat. Ohngefähr im 41sten Grad 15 Minuten, südlicher Breite, gelangten sie an die Mündung einer kleinen Bay, die wegen verschiedner, ohne Zweifel von den Wilden angezün-

---

1 *Experiments on Electricity 4to. fifth Edition,* London 1774.

2 S. Hawkesworths Gesch. der engl. See-Reisen, in 8. B. III. S. 194. 206. 220.

deten Feuer, den Namen der *Feuer-Bay* bekam. Von hieraus fuhren sie bis zum 19ten März fort die Küste zu untersuchen, welches jedoch der Untiefen halber öfters mit Gefahr verknüpft war. Als sie endlich an gedachtem Tage zu Mittage 39 Grad 20 Minuten südlicher Breite erreicht hatten und das Land sich noch immer nach Nordwesten hin erstreckte, so schlossen sie hieraus, daß *Van Diemens* Land mit dem festen Lande von *Neu-Holland* zusammen hängen müsse. Da nun Capitain *Furneaux* bloß zu Entscheidung dieser bisher streitigen Frage hieher gegangen war, und seine vorgedachte wahrscheinliche Vermuthung ihm zu Auflösung derselben genug zu seyn dünkte; so ließ er das Schiff jetzt umwenden, und fing an, nach dem angewiesenen, auf Neu-Seeland belegenen Sammelplatz hinzusteuern. – Es bleibt indessen noch einigem Zweifel unterworfen, ob jene beyden Länder würklich zusammen hängen: Denn, einmal hatte sich Capitain *Furneaux,* der Untiefen wegen, oft *so* weit vom Lande entfernen müssen, daß er die Küste gänzlich aus dem Gesicht verlohr, und folglich könnte es an einer oder der andern dieser Stellen, vielleicht eine Durchfahrt geben, ohne daß er solche hätte bemerken können; zweytens ist von der letzten Land-Ecke, die er gegen Norden hin gesehen, bis zu *Point-Hicks,* als der südlichsten Stelle, bis an welche Capitain *Cook* auf seiner vorigen Reise im Jahr 1770. hingekommen war, noch eine unbefahrne Strecke von 20 starken See-Meilen, mithin Raum genug zu einer Straße oder Durchgang zwischen dem festen Lande von *Neu-Holland* und *van Diemens-Land,* übrig. Was hingegen diese mögliche Trennung beyder Länder wiederum unwahrscheinlich macht, ist dieses, daß man auf letzterem vierfüßige Thiere gefunden hat, dergleichen es doch sonst selten auf Inseln zu geben pflegt, wie bereits S. 67. angemerkt worden ist. Dem sey wie ihm wolle, so verdient doch dem Anschein nach kein Theil der Welt mehr untersucht zu werden, als das große feste Land von Neu-Holland, weil wir dessen bloße Außenlinie kaum ganz kennen, und die natürlichen Reichthümer desselben uns gewissermaßen noch gänzlich unbekannt sind. Von den Einwohnern wissen wir nicht viel mehr, als daß sie, dem einstimmigen Bericht aller Reisenden zufolge, ungleich roher denn irgend ein anderes, unter dem heißen Himmelsstrich wohnendes Volk sind und ganz nackend einhergehen; auch müssen sie nur in geringer Anzahl seyn, weil dem Anschein nach bloß die Küsten bewohnt sind. Solchergestalt ist dies Land nicht anders als eine noch völlig unbekannte Wildniß zu betrachten, die aber um nichts kleiner seyn kann als ganz Europa, und größtentheils unter den Wende-Creysen gelegen ist, mithin, sowohl ihrer Größe, als ihres vielversprechenden, vortreflichen Himmelsstrichs wegen, vorzügliche Aufmerksamkeit verdienet und hohe Erwartungen erregt. Die Menge von Merkwürdigkeiten aus dem Thier- und Pflanzenreich, welche auf Capitain *Cooks* voriger Reise, in der *Endeavour,* bloß an den See-Küsten allhier gefunden worden, berechtigt uns zu dergleichen Erwartungen und macht es fast ohnfehlbar gewiß, daß die inneren Gegenden unendliche Schätze der Natur enthalten, die dem ersten civilisirten Volk zu Theil und nützlich werden müssen, welches sich die Mühe geben wird, sie aufzusuchen. An der südwestlichen Ecke dieses so unbekannten festen Landes, mögte vielleicht ein Eingang zu den inneren Gegenden desselben vorhanden seyn; denn es ist nicht wahrscheinlich, daß ein so großes Land zwischen den Wende-Cirkeln, ohne einem schiffbaren großen Flusse seyn sollte und vorgedachter Theil der Küste scheint für den Ausfluß desselben in die See am besten gelegen zu seyn. – Doch ich kehre zu meiner Erzählung zurück.

Die *Adventure* brachte auf der Überfahrt von *van Diemens-Land* nach Neu-Seeland, widrigen Windes wegen, funfzehen Tage zu. Am 3ten April erreichte sie die südliche Küste dieses letzteren Landes in der Gegend von *Rocks-Point,* und kam hierauf am 7ten *im Charlotten-Sunde,* namentlich in Ship-Cove, glücklich vor Anker.

Die Mannschaft hatte während ihres Hierseyns eben solche Einrichtungen am Lande getroffen als wir in *Dusky-Bay;* doch war an keine Brauerey gedacht worden, weil sie davon gar nichts wußten. Sie fanden die auf der südlichen Spitze von *Motu-Aro* gelegene *Hippah* oder Festung der Einwohner verlassen, und ihr Astronom hatte sein Observatorium daselbst aufgeschlagen. Die Eingebohrnen, welche ohngefähr aus einigen hundert Köpfen bestehen mögen und verschiedne unabhängige Partheyen ausmachen, die untereinander oft Krieg führen, hatten mit ihnen zu handeln angefangen. Auch aus dem Innern des Landes waren einigemal Leute zu ihnen gekommen, und da sie allemal sehr wohl aufgenommen wurden, so hatten sie kein Bedenken getragen, an Bord zu gehen, sondern im Gegentheil bey den Matrosen ganz unbesorgt, und mit großem Appetit geschmaußt, vornemlich aber am See-Zwieback und an Erbs-Suppen großen Geschmack gefunden. Kleidungs-Stücke, Handwerks-Zeug und Waffen, dergleichen sie in Menge mit sich brachten, hatten sie gegen Nägel, Beile und Zeug sehr gern und eifrig vertauscht.

Am 11ten May als an demselben Tage, da wir aus *Dusky-Bay* seegelten, hatten verschiedne Leute von der *Adventure,* die sich theils ihrer Arbeit, theils der Jagd wegen am Lande befanden, sehr deutlich den Stos eines Erdbebens gefühlt; die andern hingegen, welche auf dem Schiffe geblieben waren, hatten nichts davon empfunden. Dieser Vorfall macht es fast mehr als wahrscheinlich, daß feuerspeyende Berge auf Neu-Seeland, entweder noch jetzt, oder doch ehemals gewesen sind, denn diese beyden großen Phänomena scheinen beständig mit einander verbunden zu seyn.

Wir kamen in *Charlotten-Sund* an, als die Leute der *Adventure* schon alle Hoffnung uns jemals wieder zu finden aufgegeben, und sich bereits darauf eingerichtet, daß sie den ganzen Winter in diesem Haven zuzubringen hatten. Ihr Capitain sagte uns, er habe bis zu Eintritt des Frühlings allhier verbleiben und alsdenn wiederum nach Osten auf die Untersuchung der höhern südlichen Breiten ausgehen wollen. Capitain *Cook* hingegen war keinesweges gewillet, hier so viele Monathe lang unthätig liegen zu bleiben. Er wußte, daß auf den *Societäts*-Inseln, welche er auf voriger Reise besucht, gute Erfrischungen zu haben wären. Er befahl also beyde Schiffe, so bald als möglich, in seegelfertigen Stand zu setzen; und da es dem unsrigen an nichts fehlte, so half die Mannschaft desselben den Leuten von der *Adventure* um das Werk zu fördern.

Wir unsrer Seits fingen gleich den Tag nach unsrer Ankunft an, das Land zu untersuchen und fanden in den Wäldern, an Bäumen und Kräutern, ohngefähr

Tüpfelscharbe, *F: Pelecanus punctatus*
Phalacrocorax punctatus (Queen Charlotte Sound/Neuseeland, 27. Mai 1773)

eben das was wir in *Dusky-Bay* angetroffen hatten; doch waren Witterung und Clima hier zum Botanisiren günstiger, dergestalt, daß verschiedene Pflanzen noch in der Blüthe standen, auch bekamen wir einige noch unbekannte Vögel. Allein der größte Vorzug, den dieser Haven für unserm vorigen Erfrischungs-Platze hatte, bestand vornemlich darinn, daß es hier überall antiscorbutische Kräuter gab, die uns in *Dusky-Bay* gefehlt hatten. Wir brachten bald einen großen Vorrath von wilden Sellery und wohlschmekkendem Löffelkraut *(lepidium)* zusammen, und beydes wurde hernach täglich in einer Suppe von Weitzen- oder Habermehl zum Frühstück gegeben, oder auch zum Mittags-Essen reichlich an die Erbssuppe gethan; das Volk von der *Adventure,* welches bisher nicht gewußt hatte, daß diese Kräuter zu genießen wären, fieng bald an, sich derselben, so wie wir, zu Nutze zu machen. Nächst diesen fanden wir noch eine Art von Sau-Diesteln *(Sonchus oleraceus)* und auch ein andres Kraut, welches unsre Leute *lambs quarters* nannten *(tetragonia cornuta);* beyde ließen wir uns oftmals anstatt Salats gut schmecken. Hatten wir nun gleich nicht so viel Feder-Wildpret und Fische als in *Dusky-Bay,* so konnte man sich dagegen an diesen treflichen Gemüsen reichlich schadlos halten. Die Spros-Tanne *(spruce)* und der Theebaum von Neu-Seeland wuchsen hier ebenfalls in großer Menge, und wir lehrten unsern Freunden, auf welche Art auch diese zur Erfrischung zu gebrauchen wären.

Am folgenden Tage giengen wir nach der *Hippah* oder Festung der Indianer, wo Herr *Bailey,* der Astronom der Adventure, seine Sternwarte aufgeschlagen hatte. Sie liegt auf einem steilen, freystehenden Felsen, und ist nur von einer Seite, vermittelst eines unbequemen Fussteiges zugänglich, in welchem kaum zwey Mann neben einander gehen können. Der Gipfel war ehedem mit Pallisaden umgeben gewesen; die Matrosen hatten sie aber schon mehrentheils ausgerissen und zu Brennholz verbraucht. Innerhalb dieser Schutzwehr standen die Wohnungen der Einwohner ohne Ordnung durch einander. Diese Hütten waren ohne Seitenwände aufgeführt, indem das ganze Haus nur aus einem Dache bestand, das oben in eine scharfe Spitze zusammen lief. Die inwendige Seite hatten sie mit Baumzweigen, wie ein Zaun- oder Hürden-Werk ausgeflochten, alsdenn Baumrinde darüber hergelegt, und von außen mit den stärksten Fibern der hiesigen Flachspflanze gedeckt. Die Leute erzählten uns, daß diese Hütten voll Ungeziefers, besonders aber voll Flöhe gewesen wären, und wunderten sich gleichsam, daß sie diesen Anzeigen nach zu urtheilen, so ganz kürzlich noch bewohnt gewesen seyn sollten. Ich glaube aber überhaupt, daß dergleichen feste Plätze den Einwohnern jedesmal nur auf kurze Zeit zur Wohnung dienen, auf so lange nemlich als sie etwa wegen Annäherung eines Feindes in Gefahr seyn mögen. Zu vorgedachtem Ungeziefer gehörten auch Ratten, die unsre Reisenden auf diesem *Hippah*-Felsen in so großer Anzahl fanden, daß sie, um derselben nur einigermaßen los zu werden, statt anderer Fallen etliche große Töpfe in den Boden eingruben, in welchen sich denn diese Thiere des Nachts häufig fingen. Ihrer Menge nach zu urtheilen, müssen sie entweder mit zu den ursprünglichen Bewohnern von Neu-Seeland gehören, oder wenigstens schon früher dahin gekommen seyn als dies Land von Europäern entdeckt worden ist. Capitain *Furneaux* zeigte uns einige Stücke Land auf dem Felsen, die er hatte umgraben und mit Garten-Gewächs besäen lassen. Es gerieth daselbst so wohl, daß oft Salat und andre Arten von europäischen Gemüse auf unsern Tisch kamen, ob es gleich hier zu Lande schon tief in den Winter hinein war. Diese Annehmlichkeit hatten wir aber dem Clima zu verdanken, welches hier ungleich besser als in *Dusky-Bay,* und so gelinde war, daß es, der nahgelegnen und mit Schnee bedeckten Berge ohnerachtet, in *Charlotten-Sund* nur selten hart frieren mag; wenigstens erlebten wir es nicht während unsers Hierseyns, welches gleichwohl bis zum 6ten Junius dauerte, der auf dieser Halbkugel, mit unserm December übereinkommt.

Am 22sten giengen wir nach einer im Sunde gelegenen Insel, die Capitain *Cook* auf seiner vorigen Reise *Long-Eyland* genannt hatte. Sie besteht aus einem langen Bergrücken, der an beyden Seiten zwar sehr steil, obenauf aber fast ganz eben, obschon an den mehresten Stellen nur schmal ist. Auf der Nordwestseite fanden wir einen schönen Strand, und überhalb demselben ein kleines Stück flaches Land, das größtentheils morastig und mit verschiednen Gras-Arten bewachsen war; das übrige Land brachte allerhand antiscorbutische Kräuter, imgleichen den Neu-Seeländischen Flachs *(phormium)* hervor, welcher letztere sich am häufigsten neben den alten verlaßnen

Hütten der Einwohner fand. Wir ließen hier etliche Stücken Land umgraben und zurecht machen und säeten europäisches Garten-Gesäme hinein das, allem Anschein nach, gut fortkommen wird. Hierauf erstiegen wir die Spitze dieser Insel, fanden aber nichts als trocknes, bereits verwelktes Gras und allerhand niedriges Strauchwerk darauf, unter welchem eine Menge Wachteln, die den Europäischen völlig ähnlich waren, ihre Wohnung aufgeschlagen hatten. Einige tiefe und schmale Erdrisse, die von der Höhe gegen die See herab liefen, waren mit Bäumen, Stauden und Schling-Pflanzen verwachsen und voll kleiner Vögel, darunter es auch Falken gab. Wo die Klippen ganz senkrecht aus dem Meer empor steigen, oder schief über das Wasser überhiengen, da hatten große Heerden einer schönen Seeraben-Art *(Shags)* genistet, entweder auf kleinen Felsenstücken, oder wo möglich, in kleinen Höhlungen, die ohngefähr einen Fus ins Gevierte haben mogten, und manchmal von den Vögeln selbst erweitert zu seyn schienen. Der thonartige Stein, aus welchem die mehresten Berge in *Charlotten-Sund* bestehen, ist dazu oft weich genug: Er liegt in schief hängenden Schichten, die sich gemeiniglich gegen Süden senken, ist theils grünlich grauer, theils blauer, theils gelbbräunlicher Farbe, und enthält zuweilen Quarzadern. Auch findet man in selbigem den grünen Talkstein, *lapis nephriticus* genant, der, wenn er die gehörige Härte hat, halb durchsichtig ist und eine feine Politur annimmt; doch giebt es ungleich mehr weichere, undurchsichtige und blaßgrüne, als Feuersteinharte und halbdurchsichtige. Die Einwohner machen Meißel, Beile, zuweilen auch *Pattu-Pattuhs* oder Streit-Äxte daraus, und es ist eben dieselbige Art, welche bey den englischen Jubelierern, *Jade* heißt. Nächst diesem fanden wir, an verschiednen Stellen, auch Schichten eines schwarzen Felssteins *(Saxum Linn.)*, der aus schwarzem dichten Glimmer *(mica)* und kleinen Quarz-Theilchen bestand. Von Hornsteinen und Thonschiefer findet man ebenfalls verschiedene Arten in mächtigen Schichten; besonders ist der Thonschiefer sehr häufig und gemeiniglich in gebrochenen Stücken am See-Ufer anzutreffen. Die Seeleute nennen ihn *Shingle* und unter diesem Namen ist desselben auch in der Beschreibung von Capitain *Cooks* voriger Reise gedacht worden. Er siehet oft rostfarben aus, welches offenbar von Eisentheilchen herkommt; und es läßt sich hieraus, gleichwie auch aus den vorbeschriebnen Mineralien, mit Grunde vermuthen, daß dieser Theil von *Neu-Seeland* Eisen, ja vielleicht noch andre Erzarten, enthalten müsse. Auf dem Strande sammleten wir verschiedne Feuerstein- und Kiesel-Arten; imgleichen einige Stücke schwarzen, dichten und schweren Basalts ein, daraus die Eingebohrnen ebenfalls Streit-Äxte oder *Pattu-Pattuhs* verfertigen. Endlich so fanden wir auch, kurz vor unsrer Abreise, noch einige Stücke von weißlichten Bimsstein am See-Ufer, und diese, nebst der obgenanten Basalt-Lava, dienen zu untrüglichen Beweisen, daß es in Neu-Seeland, entweder noch jetzt Volcane geben oder doch ehemals dergleichen gegeben haben müsse.

Am 23sten des Morgens kamen zwey kleine Canots und in denselben fünf Indianer auf uns zu, welches die ersten waren, die sich seit unsrer Ankunft sehen ließen. Sie waren, ohngefähr von eben der Art als die Leute in *Dusky-Bay,* jedoch mit dem Unterschied, daß diese gleich von Anfang weniger mißtrauisch und besorgt gegen uns thaten als jene. Wir kauften ihnen Fische ab und machten ihnen auch einige Geschenke. So wenig sie Bedenken trugen aufs Schiff zu kommen, eben so wenig Umstände machten sie auch uns in die Cajütte zu folgen, und da wir uns gerade zu Tisch setzten, so aßen sie ganz getrost mit von unsern Speisen; im Trinken hingegen wollten sie uns nicht Gesellschaft leisten, wenn es auf Wein oder Branntewein ankam, sondern für beydes bezeugten sie einen unüberwindlichen Abscheu und tranken nichts als Wasser. Sie waren so unstätt, daß sie von unserm Tische nach den Steuer-Raum hinab liefen und auch da, bey den Officieren, von neuem wieder tüchtig mit speißten, imgleichen eine Menge Wasser soffen, die ihnen mit Zucker süß gemacht wurde, weil man wußte, daß sie darnach ungemein lüstern waren. Was sie sahen oder erreichen konnten, stand ihnen an; so bald man ihnen aber nur im mindesten bedeutete, daß wir es nicht missen könnten oder wollten, so legten sie es willig wiederum hin. Glas-Bouteillen, welche sie *Tahah* nannten, mußten ihnen besonders schätzbar seyn, denn wo sie dergleichen nur ansichtig wurden, da zeigten sie auch darauf, und sagten *mokh,* indem sie die Hand auf die Brust legten, welches allemahl bedeutete, daß sie etwas zu haben wünschten. Aus Corallen, Bändern, weißen Papier und andern solchen Kleinigkeiten machten sie sich nichts; aber Eisen, Nägel und Beile waren ihnen sehr angenehm, ein Beweis, daß sie den inneren Werth dieser Waaren nunmehro durch die Erfahrung hatten kennen und schätzen lernen, und daß die Gleichgültigkeit, welche sie bey Capitain *Cooks* voriger Reise dagegen blicken ließen, blos daher rührte, daß sie von der Nutzbarkeit und Dauerhaftigkeit des Eisenwerks damals noch gar keinen Begriff hatten. Einige von unsern Leuten waren so frey gewesen, sich nach Tische ihrer Canots zu bedienen um damit ans Land zu fahren; allein die Indianer, denen mit einer solchen Vertraulichkeit eben nicht gedient seyn mochte, kamen gleich in die Cajütte, um sich beym Capitain darüber zu beschweren. Man sahe folglich, daß sie begriffen haben mußten, der Capitain habe den Leuten zu befehlen; und da er ihnen auch sogleich Gerechtigkeit wiederfahren, und die Canots wieder geben ließ; so kehrten sie alle höchst vergnügt ans Land zurück.

Am folgenden Morgen kamen sie schon bey Anbruch des Tages wieder und brachten noch vier andre Leute mit sich, worunter auch ein Weib nebst verschiednen Kindern war. Sie schienen des Handels wegen gekommen zu seyn, worinn wir sie auch nicht stöhren wollten, sondern gleich nach dem Frühstück mit den Capitains der beyden Schiffe nach einem sehr breiten See-Arm ausruderten, der an der Nord-Seite des Sundes gelegen und auf der vorigen Reise *West-Bay* genannt worden war. Unterwegens begegneten wir einem doppelten Canot, welches mit dreyzehen Mann besetzt, zu uns heran kam. Diese Leute schienen sich des Capitain *Cook's* zu erinnern, denn sie wandten sich an ihn und fragten nach *Tupaya,*[3] dem Indianer von *O-Taheitti,* welchen er auf seiner vorigen Reise bey sich gehabt, und der bey des Schiffes Anwesenheit in Neu-Seeland noch am Leben gewesen war. Als sie hörten, daß er todt sey, schienen sie ganz betrübt darüber und sagten einige Wörter in einem klagenden Tone her. Wir machten ihnen Zeichen, daß sie an Bord des Schiffs nach *Ship-Cove* gehen mögten; als sie aber sahen, daß wir nach einer andern Gegend hinruderten, kehrten auch sie nach der Bucht zurück, aus welcher sie gekommen waren.

Wir fanden die Berge in dieser Gegend des Landes nicht völlig so steil als sie an dem südlichen Ende von Neu-Seeland zu seyn pflegten, besonders waren sie an der Küste hier alle niedriger als dort, aber fast durchgängig mit Waldung bewachsen, und diese war eben so dick und undurchdringlich als in *Dusky-Bay*. Dagegen gab es hier ungleich mehr Tauben, Papagayen und kleine Vögel, die zum Theil jene kalte Gegenden im Winter verlassen haben und nach diesem wärmern Theile gezogen seyn mochten. Austerfänger oder See-Elstern und verschiedne Seeraben-Arten machten es an den Küsten lebhaft; aber Endten waren selten. Übrigens giebt es in *West-Bay* eine Menge schöner Buchten, die alle guten Ankergrund haben. Rund umher steigen die Berge in sanften Anhöhen empor und sind mit Buschwerk und Bäumen bewachsen, doch findet man auch einige die an der Spitze ohne Holz sind, und statt dessen nur eine Art von gemeinen Farnkraut *(acrostichum furcatum)* hervorbringen. Ohngefähr eben so siehet das Land auf verschiednen Inseln im Sunde und auf einem großen Theil der südöstlichen Küste desselben, vom Cap *Koamaru* gegen *Ost-Bay* hin, aus. Nachdem wir eine Menge neuer Pflanzen eingesammlet, worunter auch eine Pfeffer-Art war, die fast wie Ingwer schmeckte, imgleichen allerhand Vögel geschossen hatten, so kehrten wir des Abends spät an Bord zurück.

In unsrer Abwesenheit war, aus Norden her, ein großes Canot mit zwölf Indianern an Bord gekommen, die eine Menge von ihren Kleidungsstücken, einige steinerne Streit-Äxte, Keulen, Speere, ja so gar ihre Ruder verhandelt hatten. Das große Boot, welches am Morgen nach einer nahgelegnen Bucht hin geschickt worden war, um für unser Schiffsvolk Gemüse und für die Ziegen und Schaafe Gras zu holen, war bey unsrer Rückkunft an Bord noch nicht wieder eingetroffen; und da es auch den folgenden Tag ausblieb, so wurden wir wegen der zwölf Mann, wo-

3 Dieser Mann ist den Lesern von Hawkesworths *Geschichte der engl. See-Reisen,* unter dem Namen *Tupia* bekannt. Man kann aber versichert seyn, den Namen desselben, gleich vielen andern Wörtern aus den Südsee-Sprachen, hier *richtiger* als im vorhergehenden Werk ortographirt zu finden; denn der Verfasser des gegenwärtigen ist ein Deutscher, die gemeiniglich nicht nur mehr Disposition haben fremde Sprachen zu lernen, sondern auch in der Aussprache und Rechtschreibung derselben ungleich genauer zu seyn pflegen als die Engländer, Franzosen etc. Es sind auch zum Behuf der Deutschen, alle fremde Wörter hier so geschrieben, wie sie der deutschen Aussprache nach eigentlich lauten. A. d. V.

Götzenliest, ***F: Alcedo cyanea***

Todiramphus sanctus vagans (Dusky Bay/Neuseeland, 4. April 1773)

mit es besetzt war, sehr unruhig. Unter diesen befanden sich der dritte Schiffs-Lieutenant, der Lieutenant der See-Soldaten, Herr *Hodges,* der Zimmermann und der Constabel. Wir hatten um so viel mehr Ursach von ihrem Außenbleiben die schlimmsten Vermuthungen zu hegen, da Wind und Wetter nicht schuld daran haben konnten, indem beydes bis zum 25sten Morgens vollkommen gut gewesen war und alsdenn erst angefangen hatte, regnicht und stürmisch zu werden.

Am 26. Nachmittags, als sich das Wetter etwas aufklärte, kam das vermißte Boot endlich wieder, die Leute aber waren von Arbeit und Hunger äußerst erschöpft. Der ganze Vorrath von Lebensmitteln, den sie mitgenommen, hatte aus drey Zwiebacken und einer Flasche Brantewein bestanden, und des stürmischen Wetters wegen war auch nicht ein einziger Fisch zu fangen gewesen. Sie hatten aus allen Kräften gegen die Wellen gearbeitet, um wieder an das Schiff zu kommen, aber gegen das Ungestüm der See nichts auszurichten vermocht, und nachdem sie eine Zeitlang tüchtig herumgeschleudert worden waren, ihre Zuflucht nach einer Bucht genommen, wo ihnen einige von den Indianern verlaßne Hütten, zum Obdach dienen mußten. Indessen wären sie doch beynahe verhungert, denn ihr ganzer Unterhalt bestand nur aus einigen Muscheln, die hier und da an den Felsen klebten.

Am folgenden Morgen spazierten wir rund an dem Ufer der Bucht umher, um Pflanzen und Vögel aufzusuchen; und Nachmittags giengen wir nach der felsichten Küste von *Point Jackson,* um Meer-Raben *(Shags)* zu schießen, die wir nun statt wilder Enten zu essen gelernt hatten. In der Zwischenzeit bekamen wir einen zweyten Besuch von der indianischen Familie, welche am 23. schon bey uns gewesen war, doch schien es diesmal blos aufs Mitessen angesehen zu seyn, denn zum Vertauschen hatten sie nichts mitgebracht. Wir fragten nach ihren Namen; es währte aber eine lange Zeit ehe sie unsre Meynung verstehen konnten. Endlich erfuhren wir, daß der älteste unter ihnen *Towahangha,* die andern aber *Kotughä-a, Koghoää, Khoää, Kolläkh,* und *Taywaherua* hießen. Dieser letztbenannte war ein Knabe von ohngefähr vierzehn Jahren, der etwas sehr gefälliges an sich hatte, auch der lebhafteste und verständigste von allen zu seyn schien. Wir nahmen ihn mit uns in die Cajütte, und behielten ihn zu Tische, wo er sichs tapfer schmecken ließ: Unter andern verzehrte oder verschlang er vielmehr, mit recht gefräßigem Appetit, ein Stück von einer See-Raben-Pastete, *(Shag-pye)* und wider alle Erwartung war ihm der Teig davon lieber als das Fleisch. Der Capitain schenkte ihm Madera-Wein ein, wovon er etwas mehr als ein Glas trank, anfänglich aber viel saure und schiefe Gesichter dabey machte. Als hierauf eine Flasche von ganz süßem Cap-Wein auf den Tisch kam, so ward ihm auch davon ein Glas vorgesetzt; dieser schmeckte ihm so gut, daß er die Lippen ohne Aufhören darnach leckte, und bald noch ein zweytes Glas verlangte, welches ihm auch gegeben ward. Nunmehro fieng er an überaus lebhaft und gesprächig zu werden. Er tanzte in der Cajüte herum, und verfiel mit einemmal darauf des Capitains Boot-Mantel zu haben, der auf einem Stuhle lag. Als er eine abschlägige Antwort hierauf bekam, ward er sehr verdrüßlich. Es währte nicht lange so forderte er eine ledige Bouteille, und da ihm auch diese versagt ward; so lief er im größten Zorn zur Cajütte hinaus. Auf dem Verdeck fand er einige unsrer Bedienten, die Leinenzeug zusammen legten, welches sie getrocknet hatten. Von diesem hatte er in einem Augenblick ein Tischtuch weggehascht; man nahm es ihm aber gleich wieder ab. Nun wußte er sich gar nicht mehr zu bändigen, er stampfte mit den Füßen, drohte, brummte oder grunzte vielmehr etwas zwischen den Zähnen her, und ward zuletzt so tückisch, daß er kein Wort mehr sprechen wollte. Die empfindliche, leicht zu beleidigende Gemüthsart dieses Volks zeigte sich nirgends deutlicher als in dieses Knaben Betragen; und wir sahen bey dieser Gelegenheit, welch ein Glück es für sie ist, daß sie von berauschenden Getränken nichts wißen, denn dergleichen würde sie ohnfehlbar noch wilder und unbändiger machen.

Am folgenden Morgen hatten wir verschiedne Canots um uns her, in denen zusammen genommen etwa dreyßig Indianer seyn mochten. Sie brachten allerhand Werkzeuge und Waffen zu Markte, und bekamen eine Menge andrer Sachen dagegen, weil unsre Leute so eifrig aufs Eintauschen waren, daß einer den andern immer überboth. Es befanden sich auch einige Weiber unter ihnen; diese hatten sich die Backen mit Rothstein und Öhl geschminkt, die Lippen hingegen sahen, vom Puncktiren oder Tättowiren, welches hier zu Lande sehr Mode ist, ganz schwärzlich blau aus. Wir fanden, daß sie fast durchgängig, gleich den Leuten in *Dusky-Bay,* dünne krumme Beine, mit dicken Knieen hatten. Dies muß ohne Zweifel davon herrühren, daß sie solche wenig gebrauchen, indem sie eines theils am Lande die mehreste Zeit unthätig liegen mögen, andern theils aber in den Canots stets mit untergeschlagnen Füßen, zu sitzen pflegen. Übrigens waren sie von ziemlich heller Farbe, die ohngefähr zwischen Oliven- und Mahoganybraun das Mittel halten mochte; dabey hatten sie pechschwarzes Haar, runde Gesichter, und vielmehr dicke, als platte Nasen und Lippen. Auch hatten sie schwarze Augen, die oft lebhaft und nicht ohne Ausdruck, so wie der ganze Obertheil des Cörpers wohl gebildet und ihre Gestalt überhaupt gar nicht wiedrig war. Unsre Matrosen hatten seit der Abreise vom Cap mit keinen Frauenspersonen Umgang gehabt; sie waren also sehr eifrig hinter diesen her, und aus der Art wie ihre Anträge aufgenommen wurden, sahe man wohl, daß es hier zu Lande mit der Keuschheit so genau nicht genommen würde, und daß die Eroberungen eben nicht schwer seyn müßten. Doch hiengen die Gunstbezeigungen dieser Schönen nicht blos von ihrer Neigung ab, sondern die Männer mußten, als unumschränkte Herren, zuerst darum befragt werden. War deren Einwilligung durch einen großen Nagel, ein Hemd oder etwas dergleichen erkauft; so hatten die Frauenspersonen Freiheit mit ihren Liebhabern vorzunehmen was sie wollten, und konnten alsdenn zusehen noch ein Geschenk für sich selbst zu erbitten. Ich muß indessen gestehen, daß einige derselben sich nicht anders als mit dem äußersten Wiederwillen zu einem so schändlichen Gewerbe gebrauchen ließen, und die Männer mußten oft ihre ganze Autorität ja sogar Drohungen anwenden, ehe sie zu bewegen waren, sich den Begierden von Kerlen preis zu geben, die ohne Empfindung ihre Thränen sehen und ihr Wehklagen hören konnten. Ob unsre Leute, die zu einem gesitteten Volk gehören wollten und doch so viehisch seyn konnten, oder jene Barbaren, die ihre eignen Weibsleuthe zu solcher Schande zwangen, den größten Abscheu verdienen? ist eine Frage, die ich nicht beantworten mag. Da die Neu-Seeländer fanden, daß sie nicht wohlfeiler und leichter zu eisernem Geräthe kommen konnten, als vermittelst dieses niederträchtigen Gewerbes; so liefen sie bald genug im ganzen Schiffe herum und bothen ihre Töchter und Schwestern ohne Unterschied feil. Den *verheiratheten* Weibern aber, verstatteten sie, so viel wir sehen konnten, nie die Erlaubniß, sich auf ähnliche Weise mit unsern Matrosen abzugeben. Ihre Begriffe von weiblicher Keuschheit sind in diesem Betracht so sehr von den unsrigen verschieden, daß ein unverheirathetes Mädchen viele Liebhaber begünstigen kann, ohne dadurch im mindesten an ihrer Ehre zu leiden. So bald sie aber heirathen, wird die unverbrüchlichste Beobachtung der ehelichen Treue von ihnen verlangt. Da sie sich solchergestalt, aus der Enthaltsamkeit unverheyratheter Frauenspersonen nichts machen; so wird man vielleicht denken, daß die Bekanntschaft mit ausschweifenden Europäern den moralischen Character dieses Volks eben nicht verschlimmert haben könne: Allein wir haben alle Ursach zu vermuthen, daß sich die Neu-Seeländer zu einem dergleichen schändlichen Mädchen-Handel nur seitdem erst erniedrigt hatten, seitdem vermittelst des Eisengeräthes neue Bedürfnisse unter ihnen waren veranlaßt worden. Nun diese einmal statt fanden, nunmehro erst verfielen sie, zu Befriedigung derselben, auf Handlungen an die sie zuvor nie gedacht haben mochten und die nach unsern Begriffen auch nicht einmal mit einem Schatten von Ehre und Empfindsamkeit bestehen können.

Es ist Unglücks genug, daß alle unsre Entdeckungen so viel unschuldigen Menschen haben das Leben kosten müssen. So hart das für die kleinen, ungesitteten Völkerschaften seyn mag, welche von Europäern aufgesucht worden sind, so ists doch warlich nur eine Kleinigkeit in Vergleich mit dem unersetzlichen Schaden, den ihnen diese durch den Umsturz ihrer sittlichen Grundsätze zugefügt haben. Wäre dies Übel gewissermaßen dadurch wieder gut gemacht, daß man sie wahrhaft nützliche Dinge gelehret oder irgend eine unmoralische und verderbliche Gewohnheit unter ihnen ausgerottet hätte; so könnten wir uns wenigstens mit dem Gedanken trösten, daß sie auf einer Seite wieder gewonnen hätten, was sie auf der andern verlohren haben mögten. So aber besorge ich leyder, daß unsre Bekantschaft den Einwohnern der Süd-See *durchaus* nachtheilig gewesen ist; und ich bin der Meinung, daß gerade diejenigen Völkerschaften am besten weggekommen sind, die sich immer von uns entfernt gehalten und aus Besorgniß und Mistrauen unserm Seevolk nie erlaubt haben, zu bekannt und zu vertraut mit ihnen zu werden. Hätten sie doch durchgängig und zu jeder Zeit in den Minen und Gesichtszügen derselben den Leichtsinn lesen und sich vor der Liederlichkeit fürchten mögen, welche den See-Leuten überhaupt und mit Recht zur Last gelegt wird! –

Man führte einige von diesen Wilden in die Cajütte, wo sichs Herr *Hodges* angelegen seyn lies diejenigen zu zeichnen in deren Gesicht der mehreste Character war. Zu dem Ende gaben wir uns Mühe sie auf einige Augenblicke lang zum Stillsitzen zu bringen, indem wir ihnen allerhand Kleinigkeiten vorzeigten und zum Theil auch schenkten. Vornemlich befanden sich einige bejahrte Männer mit grauen Köpfen, desgleichen etliche junge Leute darunter, in deren Physionomien vorzüglich viel Ausdruck war. Die letzteren hatten ungemein straubicht und dickgewachsenes Haar, das ihnen über die Gesichter her hieng und ihr natürlich wildes Ansehen noch vermehrte. Sie waren fast alle von mittlerer Statur; und, sowohl der Gestalt, als der Farbe und Tracht nach, den Leuten in *Dusky-Bay* beynahe vollkommen ähnlich. Ihre Kleidungen waren aus den Fibern der Flachs-Pflanze zusammen geflochten, aber nie mit Federn durchwebt, sondern an deren statt war der Mantel auf den vier Ecken mit Stücken von Hundefell besetzt, eine Zierrath die man in *Dusky-Bay* nicht haben konnte, weil es daselbst keine Hunde giebt. Außerdem trugen auch die Leute, der späten Jahreszeit wegen, in welcher das Wetter schon kalt und regnicht zu werden anfieng, fast beständig ihren *Boghi-Boghi,* welches ein rauher Mantel ist, der als ein Bund zusammengewundnes Stroh vom Halse über die Schultern herabhängt.[4] Ihre übrigen Kleidungsstücke von Zeug waren gemeiniglich alt, schmutzig und nicht so fein gearbeitet als sie in der Geschichte von Capitain *Cooks* voriger Reise beschrieben sind.[5] Die Männer hatten das Haar nachläßig um den Kopf hängen; die Frauenspersonen hingegen trugen es kurz abgeschnitten und dieser Unterschied scheint durchgehends bey ihnen beobachtet zu werden. Sie hatten auch den Kopfputz oder die Mütze von braunen Federn, deren in Capt. *Cooks* voriger Reisebeschreibung erwähnt ist. Nachdem sie ein Paar Stunden an Bord gewesen, fiengen sie an zu stehlen und alles auf die Seite zu bringen was ihnen in die Hände fiel. Man ertappte einige die eben eine vierstündige Sand-Uhr, eine Lampe, etliche Schnupftücher und Messer fortschleppen wollten. Dieses Diebes-Streichs wegen ließ sie der Capitain zum Schiffe hinaus werfen und ihnen andeuten, daß sie nie wieder an Bord kommen sollten. Sie fühlten vollkommen, wie sehr ihnen eine solche Begegnung zur Schande gereiche, und ihr hitziges Temperament, das keine Kränkung ertragen kann, gerieth darüber in Feuer und Flammen, so daß der eine sich nicht enthalten konnte von seinem Canot aus zu drohen, als wolle er zu Gewaltthätigkeiten schreiten. Dazu kam es indessen nicht, sondern am Abend giengen sie alle geruhig ans Land und richteten, dem Schiffe gegenüber, aus Baumzweigen einige Hütten auf, um die Nacht darunter zuzubringen. Hierauf zogen sie die Canots aufs Land, zündeten ein Feuer an und bereiteten ihr Abendessen, das aus einigen Fischen bestand, die sie in ihren Fahrzeugen, nicht weit vom Ufer, mit besonderer Geschicklichkeit in einem Reifen-Netz gefangen hatten. Beydes, so wohl das Netz als die Art sich desselben zu bedienen, sind in *Cook's* voriger Reise beschrieben.[6]

Am folgenden Morgen fuhren wir, des schönen gelinden Wetters wegen, nach *Long-Eyland,* um nach dem Heu zu sehen, welches unsre Leute vor acht Tagen allda gemacht hatten. Auch wollten wir, in der Nachbarschaft eines daselbst befindlichen aber verlaßnen indianischen Wohnplatzes, Gemüse für das Schiffsvolk einsammlen. Wir fanden bey dieser Gelegenheit wiederum einige neue Pflanzen und schossen auch etliche kleine Vögel, die von den bisher bekannten verschieden waren. Nachmittags gab der Capitain mehreren Matrosen Erlaubniß ans Land zu gehen, woselbst sie von den Wilden allerhand Curiositäten einhandelten, und sich zu gleicher Zeit um die Gunst manches Mädchens bewarben, ohne sich an die ekelhafte Unreinlichkeit derselben im geringsten zu kehren. Hätten sie indessen nicht gleichsam aller Empfindung entsagt gehabt; so würde die wid-

4 S. Hawkesworths Geschichte der englischen See-Reisen in 8. dritter Band, *pag. 289.* u. f.

5 Eben daselbst.

6 S. Hawkesworths Gesch. der engl. See-Reisen in 8. dritter Band, *pag. 202.*

rige Mode dieser Frauenspersonen, sich mit Oker und Öl die Backen zu beschmieren, sie schon allein von dergleichen vertrauten Verbindungen abgehalten haben. Außerdem stanken die Neu-Seeländerinnen auch dermaßen, daß man sie gemeiniglich schon von weitem riechen konnte und saßen überdem so voll Ungeziefer, daß sie es oft von den Kleidern absuchten und nach Gelegenheit zwischen den Zähnen knackten. Es ist zum Erstaunen, daß sich Leute fanden, die auf eine viehische Art mit solchen ekelhaften Creaturen sich abzugeben im Stande waren, und daß weder ihr eignes Gefühl noch die Neigung zur Reinlichkeit, die dem Engländer doch von Jugend auf beygebracht wird, ihnen einen Abscheu vor diesen Menschern erregte!

Vnde
Hæc tetigit Gradive, tuos urtica nepotes?
JUVENAL.

Ehe sie an Bord zurück kamen, hatte eine von diesen Schönen, einem Matrosen die Jacke weggestohlen und solche einem jungen Kerl von ihren Landsleuten gegeben. Der Eigenthümer fand sie in den Händen dieses letztern und nahm sie ihm wieder ab. Dieser versetzte ihm dagegen einige Faustschläge, die der Engländer jedoch nur für Spas aufnahm; wie er sich aber umwandte und ins Boot steigen wollte, warf der Wilde mit großen Steinen nach ihm. Nun fieng der Matrose Feuer, gieng auf den Kerl los und fieng auf gut Englisch an, ihn tüchtig zusammen zu boxen. In einem Augenblick hatte der Neu-Seeländer ein blaues Auge und eine blutige Nase weg, und dem Ansehn nach genung; denn er gab in vollem Schrecken das Treffen auf und lief davon.

Capitain *Cook* hatte sich vorgenommen, alle mögliche Sorgfalt anzuwenden, daß die europäischen Garten-Gewächse in diesem Lande fortkommen möchten. Er ließ zu dem Ende das Erdreich bestellen, streute allerley Saamen aus und versetzte hernach die jungen Pflanzen auf vier oder fünf verschiedne Stellen des Sundes. Einen dergleichen Fleck legte er am Ufer von *Long-Eyland* an, einen andern auf dem Hippah-Felsen, zwey auf *Motu-Aro* und zum fünften hatte er einen ziemlich großen Platz im Hintergrunde von *Ship-Cove,* wo unsre Schiffe vor Anker lagen, ausgesucht. Er richtete hiebey sein vornehmstes Augenmerk auf nützliches, nahrhaftes Wurzelwerk, vornehmlich auf Cartoffeln, wovon wir das Glück gehabt, einige frisch zu erhalten. Auch hatte er verschiedne Arten von Korn, imgleichen große Bohnen, Fasel-Bohnen und Erbsen ausgesäet, und sich die letzte Zeit unsers Hierseyns über fast lediglich damit allein beschäftiget.

Am 1sten Junius kamen in der Frühe verschiedne Canots mit Wilden zu uns, die wir noch nicht gesehen hatten. Ihre Fahrzeuge waren von verschiedner Größe und drey derselben mit Seegeln versehen, die man sonst eben nicht häufig unter ihnen antrift. Das Seegel bestand aus einer großen dreyeckigten Matte, und war auf einer Seite an dem Maste, auf der andern an einer Stange befestigt, welche beyde unten in einem scharfen Winkel zusammen stießen und sehr leicht losgemacht und niedergelassen werden konnten. Der obere oder breitere Theil des Seegels war an dem Saum mit fünf braunen Federbüschen ausgeziert. Der Boden des Canots bestand aus einem ausgehöhlten Baumstamm, die Seiten aber aus Brettern oder Planken. Von diesen hatten sie immer eine auf die andre gesetzt, vermittelst kleiner Löcher, durch Schnüre von der Neu-Seeländischen Flachspflanze fest zusammen gebunden, und hernach die Fugen mit der Wolle von Schilf-Keulen *(typha latifolia)* dicht verstopft. Es gab etliche doppelte Canots darunter, das ist, zwey derselben waren alsdann mit Queerhölzern und Stricken neben und aneinander befestigt; die übrigen, einfachen hatten einen sogenannten Ausleger *(outrigger)* oder ein schmales Bret, das an einer Seite des Canots an Queerhölzer, parallel mit dem Fahrzeug befestigt war und dasselbe für dem sonst allzu leichten Umschlagen sichern sollte. Alle diese Canots waren alt und schienen beynahe ausgedient zu haben, auch keines derselben so reich mit Schnitzwerk und künstlicher Arbeit geziert, als jene, welche Capitain *Cook* bey seiner ersten Reise, an der *nördlichen* Insel dieses Landes, angetroffen und beschrieben hat; doch waren sie im Ganzen eben so gebauet und hatten z. B. durchgehends ein unförmlich geschnitztes Menschen-Gesicht am Vordertheil, hohe Hintertheile, imgleichen scharfgespitzte Ruder-Schaufeln. Die Eigenthümer derselben brachten verschiedne von ihren Zierrathen zum Verkauf, die mehrentheils aus Stücken von grünem *Lapis nephriticus* geschnitten, und uns der Form nach, zum Theil, neu waren. Einige waren flach und hatten eine scharfe

Schneide, als Beil- oder Axt-Klingen. Andre waren lang und dünn und dienten zu Ohrgehänken, wieder andre waren zu kleinen Meißeln geschliffen und in hölzerne Griffe gefaßt; und endlich noch andre waren mit vieler Mühe und Arbeit in die Form hockendsitzender Figuren geschnitzt, die zuweilen einer menschlichen Gestalt etwas ähnlich sahe, und mit eingesetzten, ungeheuer großen Augen von Perlmutter versehen zu seyn pflegte. Diesen Zierrath, *e-Tighi* genannt, trugen so wohl Männer als Weiber, ohne Unterschied des Geschlechts, an einer Halsschnur die auf die Brust herab hieng, und wir vermutheten, daß er eine oder die andre religiöse Bedeutung haben müsse. Unter andern verkauften sie uns eine Knie-Schürze, die aus dichtgeflochtnen Zeuge verfertigt, mit rothen Federn besetzt, an den Seiten mit weißen Hundefell verbrämt und mit Stücken von See-Ohr-Muscheln geziert war. Die Weiber sollen dergleichen bey ihren Tänzen tragen. Außerdem handelten wir auch eine Menge Fisch-Angeln ein; diese waren sehr unförmlich, aus Holz gemacht und an der Spitze mit einem Stück ausgezackten Knochen versehen, welches ihrer Aussage nach, Menschen-Knochen seyn sollten. Neben dem *Tighi* oder anstatt desselben, trug mancher etliche Schnuren von aufgereiheten Menschen-Zähnen. Sie hielten solche aber keinesweges für so unschätzbar als in Capitain *Cook's* voriger Reisebeschreibung angegeben wird; sondern verkauften sie ganz gern gegen Eisengeräthe oder andre Kleinigkeiten. Sie hatten eine Menge Hunde in ihren Canots und schienen viel auf diese Thiere zu halten, denn jeder hatte den seinigen mit einer Schnur mitten um den Leib angebunden. Es war eine langhaarichte Art mit zugespitzten Ohren, dem gemeinen Schäfer-Hunde oder des Grafen *Büffon's chien de Berger,* (Siehe dessen *Hist. naturelle etc.)* sehr ähnlich, und von allerhand Farben, nemlich einige gefleckt, einige schwarz; andre wiederum ganz weiß. Sie werden mit nichts als Fischen gefuttert, und leben folglich in dieser Absicht so gut als ihre Herren, dagegen muß ihr Fleisch diesen hinwiederum zur Speise, die Felle aber zu mancherley Zierrathen und Kleidungsstücken dienen. Wir kauften ihnen etliche ab, allein die Alten wollten nicht bey uns gedeyhen, denn sie grämten sich und wollten nicht fressen; die Jungen hingegen gewöhnten sich sehr bald an unsre Speisen. Von den Neu-Seeländern die mittlerweile ins Schiff gekommen waren wurden verschiedene in die Cajütte geführt, wo man ihnen einige Geschenke machte; doch ließ nicht ein einziger das Erstaunen, das Nachdenken und die Aufmerksamkeit blicken, welche man an unserm alten Freund in *Dusky-Bay* wahrgenommen hatte. Einige waren im Gesicht auf eine sonderbare Weise mit tief eingeritzten Schnecken-Linien gezeichnet; und insbesondre waren diese Merkmahle bey einem langen, starken Mann von mittleren Alter, nach einer ganz regulären Zeichnung an der Stirne, der Nase und dem Kinn so tief in die Haut eingeprägt, daß sein Bart, der sonst sehr dick und stark gewesen seyn müßte, nur aus einzelnen zerstreuten Haaren bestand. Er hieß *Tringho-Waya* und schien über die andern ein gewisses Ansehn zu haben; dergleichen wir unter den kleinen Haufen, die bisher zu uns gekommen waren, noch nicht bemerkt hatten. Von allen unsern Waaren tauschten sie am liebsten Hemden und Bouteillen ein; aus letztern machten sie sich besonders viel, wahrscheinlicherweise, weil sie zu Aufbewahrung flüßiger Dinge keine andre Gefäße haben als eine kleine Art von Calabassen oder Kürbissen *(gourds),* die nur in der nordlichen Insel wachsen aber schon hier, in *Charlotten-Sund,* nur in weniger Leuten Händen waren. Sie suchten es immer so einzurichten, daß sie bey keinem Tausch zu kurz kamen und forderten für jede Kleinigkeit, die sie ausbothen, sehr hohe Preise, ließen sich es aber nicht verdrießen, wenn man nicht so viel dafür geben wollte als sie verlangten. Da einige dieser Leute in besonders guter Laune waren, so gaben sie uns auf dem Verdeck des Hintertheils einen *Heiva* oder Tanz zum Besten. Zu dem Ende legten sie ihre dicken zotigen Oberkleider ab und stellten sich in eine Reihe; alsdenn fing der eine an ein Lied anzustimmen, streckte dabey wechselsweise die Arme aus und stampfte gewaltig, ja fast wie rasend mit den Füßen dazu. Die andern alle machten seine Bewegungen nach und wiederholten von Zeit zu Zeit die letzten Worte seines Gesanges, die man vielleicht als einen *refrain* oder Rundgesang ansehen muß. Wir konnten eine Art von Sylbenmaße darinn erkennen, waren aber nicht gewiß, ob es gereimte Verse wären. Die Stimme des Vorsängers war schlecht genug, und die Melodie seines Liedes höchst einfach, denn sie bestand nur in einer Abwechslung von etlichen wenigen Tönen. Gegen Abend giengen die Indianer alle nach dem obern

Ende des Sundes, als woher sie gekommen waren, wieder zurück.

Am folgenden Morgen begleiteten wir die Capitains *Cook* und *Furneaux* nach *Ost-Bay* und *Gras-Cove,* woselbst sie eine Boots-Ladung antiscorbutischer Kräuter einzusammeln, und zugleich zum Besten des Landes einen neuen Versuch zu machen gedachten. Wir hatten es uns, nemlich, wie im vorhergehenden gemeldet worden, bereits angelegen seyn lassen, allerhand nützliches europäisches Kräuter- und Wurzelwerk allhier anzupflanzen; nunmehro aber wollten wir auch die Wildnisse mit Thieren zu bereichern suchen, die in der Folge den Eingebohrnen und auch künftigen Seefahrern zum Nutzen gereichen könnten. In dieser Absicht hatte Capitain *Furneaux* bereits einen Eber und zwey Säue in *Canibal-Cove* ans Land und in Freyheit gesetzt, damit sie sich daselbst in den Wäldern vermehren sollten, und auch wir ließen es uns einen Bock und eine Ziege kosten, welche an einer öden Stelle in Ost-Bay jetzt an Land gesetzt wurden. Man hatte diese Gegenden vor andern hiezu ausgewählt, weil unsre neuen Colonisten, dem Anschein nach, hier für den Einwohnern am sichersten seyn konnten, als welches die einzigen Feinde sind, für denen sie sich zu fürchten haben. Es war nemlich nicht zu vermuthen, daß die unwissenden Neu-Seeländer Überlegung genug haben würden, um einzusehen, was für Nutzen ihnen aus der ungestöhrten Vermehrung dieser nützlichen Thiere zuwachsen könnte. – In der Gegend von *Gras-Cove* erblickten wir ein großes Thier im Wasser, welches der Größe nach zu urtheilen, ein See-Löwe seyn mogte; doch konnten wir ihm nicht nahe genug kommen, um es zu schießen und zu untersuchen. Ist es aber würklich ein See-Löwe gewesen, so war vermittelst dieses Thieres und einer kleinen Art von Fledermäusen, die wir in den Wäldern angetroffen hatten, desgleichen mit Innbegrif des hiesigen zahmen Hundes, die Liste der Neu-Seeländischen Säugthiere nunmehro schon bis auf fünf Geschlechter angewachsen; und viel höher dürfte sich die Zahl derselben wohl überhaupt schwerlich belaufen, ja bey allen künftigen Untersuchungen vielleicht nicht einmal ein einziges neues mehr zu entdecken übrig seyn. Nachdem wir weit und breit im Walde herumgestreift, und nicht nur einen ziemlichen Vorrath von wilden Sellery und Löffelkraut zusammengebracht, sondern auch abermals etliche neue Pflanzen und Vögel gefunden hatten, so kehrten wir spät an Bord zurück.

Am dritten Junius wurden einige Boote nach *Long-Eyland* geschickt, um von dort her das Heu an Bord zu holen; und da nunmehro die Schiffe in seegelfertigen Stand gesetzt, Holz und Wasser eingenommen, auch das Volk, vermittelst der hiesigen gesunden Kräuterkost ganz erfrischt war; so hinderte uns nichts mehr, bey erster Gelegenheit wiederum abzusegeln. Eins von unsern Booten sahe, als es auf dem Rückwege nach dem Schiffe begriffen war, ein großes doppeltes und noch ein andres einfaches Canot, in welchen ohngefähr funfzig Mann seyn mochten. Beyde Fahrzeuge machten sogleich Jagd auf das Boot, da aber unsre Leute nicht bewafnet waren, so spannten sie ein Seegel auf und befanden sich bald so weit von den Neu-Seeländern, daß diese das Nachsetzen aufgaben und nach Ost-Bay umkehrten, woher sie gekommen waren. Wir können zwar nicht behaupten, daß sie feindselige Absichten gehabt, allein es wäre doch der Klugheit nicht gemäß gewesen, wenn es die Unsrigen gleichsam hätten darauf ankommen lassen wollen, unter eine ungleich überlegne Anzahl von Leuten zu gerathen, die ohne Überlegung und Billigkeit, immer nur nach Instinkt und Eigensinn zu Werke gehen.

Am folgenden Morgen als den 4ten Junii ließen wir die St. Georgen-Flagge, Fahnen und Wimpel wehen, um den Geburts-Tag Sr. Majestät des Königs mit den zur See gewöhnlichen Feyerlichkeiten zu begehen. Die indianische Familie, deren Namen ich oben S. 156 angegeben und die nunmehro sehr bekannt mit uns geworden war, weil sie ihren Wohnplatz ohnweit dem Schiffe in einer Bucht aufgeschlagen hatte, kam heute sehr zeitig an Bord. Als wir uns mit ihnen im Steuer-Raum, eben zum Frühstück niedergesetzt hatten, meldete ein Officier dem Capitain, daß sich, von Norden her, ein großes doppeltes und stark bemanntes Canot nähere. Wir machten uns also aufs Verdeck, und fanden, daß es ohngefähr nur noch einen Büchsenschuß von uns seyn mochte und mit acht und zwanzig Mann besetzt war. Sie ruderten bey der *Adventure* vorbey und auf unser Schiff zu, vermuthlich, weil sie aus der Größe desselben schlossen, daß dies das Haupt-Schiff seyn müsse. Die Indianer, welche sich bey uns an Bord befanden, behaupteten, daß die Neu-Ankommenden feindselige Absich-

Neuseeland-Glattnase, *F: Vespertilio tuberculatus*
Chalinolobus tuberculatus (Queen Charlotte Sound/Neuseeland, 22. Mai 1773)

ten gegen uns hätten; und wollten deshalb, daß wir auf sie feuern sollten. Ja *Towahanga,* das Oberhaupt dieser Familie, sprang auf den Gewehr-Kasten, der auf dem Hintertheil des Verdeckes stand, ergrif einen Prügel, machte eine Menge kriegerischer und bedrohender Stellungen damit, und fieng alsdenn an mit vieler Heftigkeit jedoch in einem feyerlichen Tone gegen sie herabzureden; zu gleicher Zeit schwenkte er, gleichsam herausforderungweise, ein großes Beil von grünen Neu-Seeländischen Stein um den Kopf, das wir vorher noch nie bey ihm gesehen hatten. Mittlerweile kam das Canot dicht heran, achtete aber im geringsten nicht auf unsern Freund und Vorredner, daher wir ihn auch bathen, daß er es gut seyn lassen und still schweigen mögte. Zwey Leute, die von einer schönen Statur waren, standen aufrecht, der eine auf dem Vordertheil, der andre in der Mitte des Canots; die übrigen aber saßen alle. Der erstere hatte einen durchaus schwarzgefärbten Mantel an, der aus dickgewürktem Zeuge gemacht und felderweise mit viereckigen Stücken von Hundefell besetzt war. Er hielt eine grüne Neu-Seeländische Flachspflanze in der Hand und ließ von Zeit zu Zeit einzelne Worte von sich hören. Der andre aber hielt eine vernehmlich articulirte, laute und feyerliche Anrede, wußte auch seine Stimme auf eine sehr mannichfaltige Weise bald erheben, bald sinken zu lassen. Aus dem verschiednen Tone, in dem er sprach, und aus den Bewegungen, womit er seine Rede begleitete, schien er wechselsweise zu fragen, zu prahlen, zu drohen, herauszufordern und dann, uns wieder gütlich zuzureden. Zuweilen blieb er eine lange Weile in einem gemäßigten Tone, mit einem mahle aber ward er wieder ungewöhnlich laut und schrie so heftig, daß er hernach gemeiniglich eine kleine Pause machen mußte um wieder zu Athem zu kommen. So bald er mit seiner Rede fertig war, nöthigte ihn der Capitain an Bord zu kommen. Anfänglich schien er unschlüßig und besorgt zu seyn, doch währte es nicht lange, so gewann seine natürliche Dreistigkeit die Oberhand über alles Mißtrauen und er kam zum Schiff herauf. Alle seine Leute machten es bald eben so und ein jeder von ihnen begrüßte, so wie er an Bord kam, die bey uns befindliche indianische Familie, dem Landesgebrauch nach, durch gegenseitiges Aneinanderhalten der Nasen, oder, wie unsre Matrosen sich auszudrücken beliebten, sie *naseten sich untereinander;* eben diese Ehre ließen sie auch uns wiederfahren, so viel unserer auf dem Verdeck waren. Man nöthigte hierauf die beyden Sprecher, als die Hauptpersonen, in die Cajütte. Der zweyte, welches der eigentliche Redner war, hies *Teiratu,* und gehörte, seiner Aussage nach, auf der *nördlichen* Insel dieses Landes, *Thira-Whittie* genannt, zu Hause. Sie fragten sogleich nach *Tupaya,* und als man ihnen sagte, daß er nicht mehr am Leben sey, schienen sie, gleich den vorerwähnten Indianern, ganz betrübt darüber, sprachen auch gleich jenen einige Worte in einem traurigen und klagenden Ton her. So sehr hatte sich dieser Mann durch seine Naturgaben und durch seine Leutseligkeit der Achtung und Liebe dieses unwissenden und rohen Volks empfohlen. Vermuthlich würde es ihm auch viel eher als irgend einem von uns gelungen seyn, dieser Nation mehr Cultur zu geben, weil er, nebst einer gründlichen Kenntniß der Landessprache, zugleich mehr Analogie mit ihrem Genie und Begriffen besaß als wir Europäer. Uns hindert in diesem Geschäft der allzu große Abstand, der sich zwischen unsern weit ausgedehnten Kenntnissen und den gar zu eingeschränkten Begriffen dieses Volkes befindet, und wir wissen gleichsam nicht, wo wir die Glieder zu der Kette hernehmen sollen, die ihre Einsichten mit den unsrigen vereinigen könnte.

Teiratu und seine Begleiter waren eine größere Art von Leuten, als wir bisher in Neu-Seeland gesehen hatten. Keiner unter ihnen war von kleiner, und viele von mehr denn mittlerer Statur. Auch waren ihre Kleidungen, Schmuck und Waffen, reicher als sie bey den Einwohnern von *Charlotten-Sund* zu seyn pflegten, und schienen eine Art des Wohlstandes und Überflusses anzuzeigen, dergleichen wir hier zu Lande noch nirgends bemerkt hatten. Unter ihren Kleidungsstücken waren einige Mäntel durchaus mit Hundefell gefüttert. Auf diese schienen sie besonders viel zu halten, und in der That hatte ein solcher Pelz nicht nur ein stattliches Ansehen, sondern er mochte ihnen auch, bey dem kalten Wetter das sich jetzt empfinden ließ, gute Dienste leisten. Unter ihren übrigen, aus den Fasern des Neu-Seeländischen Flachses *(Phormium)* verfertigten Kleidern, gab es viele ganz neue mit bunten, eingewürkten Rändern verzierte. Diese Ränder waren roth, schwarz und weiß, aber allemal nach einem so regulären Muster gearbeitet, daß man sie füglich für das Werk eines weit cultivirteren Volks hätte halten können.[7] Die schwarze Farbe ihrer Zeuge ist so ächt und dauerhaft, daß sie die Aufmerksamkeit der englischen Manufacturisten verdient, denen es bis jetzt noch an einer dauerhaften Farbe dieser Art für Stoffe aus dem Pflanzenreiche fehlt. Blos unsre mangelhafte Kenntniß ihrer Sprache hinderte uns hierüber näheren Unterricht von ihnen zu erlangen. Ihre Kleidung ist eine Art von Mantel, der aus einem viereckigen Stück Zeug bestehet. Die beyden obersten Enden desselben binden sie vorn auf der Brust, entweder mit Bändern oder stecken solche mit einer Nadel von Knochen, Fischbein oder grünem Stein, zusammen. Ohngefähr in der Mitte des Mantels ist ein Gürtel, von dichtgeflochtnen Grase, innerhalb befestigt, der mitten um den Leib gebunden werden kann, so daß der Mantel alsdenn auf den Hüften fest anliegt und die unteren Enden bis gegen die Knie, manchmal auch wohl bis auf die Waden herabhängen.[8]

7 *Hawkesworths* Gesch. der engl. See-Reisen 8. B. III. S. 292.

8 Mit dieser Beschreibung vergleiche man die Figur, eines so gekleideten Neuseeländers, in Hawkesworths Geschichte der engl. See-Reisen, 8. dritter Band, *pag. 290.*

Ohnerachtet sie, dem Äußern nach, so viel vor den Einwohnern von *Charlotten-Sund* voraus hatten; so waren sie denselben doch in der Unreinlichkeit vollkommen ähnlich, dergestalt, daß das Ungeziefer haufenweise auf ihren Kleidern herum kroch. Das Haar trugen sie, dem Landesgebrauch nach, mitten auf dem Kopf zusammen gebunden, mit Fett eingeschmiert und mit weißen Federn besteckt; auch hatten einige große Kämme von Wallfischknochen hinter dem Haarschopfe eingesteckt, die gerade in die Höhe standen. Viele von ihnen waren im Gesicht mit schneckenförmigen Linien punctirt, und einige auch mit rothem Oker und Öl geschminkt, wie sie denn durchgehends einen großen Gefallen daran hatten, wenn wir ihnen etwas rothes auf die Backen schmierten. Sie führten einige kleine Calabassen bey sich, in welchen das Öl befindlich war, womit sie sich einzubalsamiren pflegen; ob dieses aber aus dem Pflanzen- oder Thierreiche seyn mochte, konnten wir nicht herausbringen. Alle Geräthschaften, die sie bey sich führten, waren ungemein zierlich geschnitzt und überhaupt mit großem Fleiße gearbeitet. Sie verkauften uns ein Beil, dessen Klinge aus dem feinsten grünen Talk-Steine bestand und einen mit durchbrochner Arbeit überaus künstlich verzierten Stiel hatte. Auch fanden wir einige musicalische Instrumente bey ihnen, nemlich eine Trompete oder vielmehr ein hölzernes Rohr, das vier Fus lang und ziemlich dünn war. Das Mundstück mochte höchstens zwey, und das äußerste Ende ohngefähr 5 Zoll im Durchschnitt halten. Sie bliesen damit immer in einerley Ton, der wie das rauhe Blöken eines Thieres klang, doch möchte ein Waldhornist vielleicht etwas mehr und besseres darauf haben herausbringen können. Eine andre Trompete war aus einem großen Tritons-Horn *(murex Tritonis)* gemacht, mit künstlich ausgeschnitzten Holz eingefaßt, und an demjenigen Ende, welches zum Mundstück dienen sollte, mit einer Öfnung versehen. Ein schrecklich bölkender Ton war alles was sich herausbringen ließ. Ein drittes Instrument, welches unsere Leute eine Flöte nannten, bestand aus einem hohlen Rohr, das in der Mitte am weitesten war und in dieser Gegend, desgleichen an beyden Enden eine Öffnung hatte. Dies und das erste Instrument waren beyde, der Länge nach, aus zwey hohlen Stücken von Holz zusammengesetzt, die eins für das andre so eben zurecht geschnitten waren, daß sie genau auf einander paßten und eine vollkommne Röhre ausmachten. Das doppelte Canot, in welchem sie zum Theil gekommen waren, schien noch neu und ohngefähr 50 Fuß lang zu seyn. So wohl das vordere Ende, als das hohe Hintertheil waren künstlich durchbrochen und mit schneckenförmigen, eingeschnittenen Zügen verziert, so wie sie in der Beschreibung von Capitain *Cooks* voriger Reise, abgebildet und beschrieben sind. Ein ungestaltes Ding, an welchem man mit vieler Mühe eine Ähnlichkeit mit einem Menschenkopfe entdecken konnte, war mit ein Paar Augen von Perlmutter und mit einer langen Zunge versehen, die aus dem Rachen heraus hieng; diese Zierrath machte das äußerste Ende des Vordertheils aus. Dergleichen Figuren bringen sie zur Verzierung überall an, vornemlich an solchen Geräthschaften, die sich auf Krieg und Waffenrüstung beziehen. Vermuthlich hat die hier zu Lande durchgehends übliche Gewohnheit, den Feind durch Ausstreckung der Zunge zu schimpfen und auszufordern, zu so häufiger Abbildung solcher Fratzengesichter Gelegenheit gegeben. Man siehet dergleichen nicht nur am Vordertheil ihrer Kriegs-Canots und an den Griffen ihrer Streit-Äxte, sondern sie tragen solche auch an einer Schnur um den Hals auf der Brust hängend; ja sie schnitzen sie sogar auf die Schöpf-Schaufeln und an die Ruder, womit sie ihre Canots fortarbeiten.

Sie verweilten nicht lange bey uns an Bord, denn da es anfieng sehr windig zu werden, so giengen sie insgesammt wieder in ihre Fahrzeuge und ruderten nach *Motu Aro* über. Um Mittagszeit ließ sich auch der Capitain in Begleitung einiger Officiers nach dieser Insel übersetzen, und fand daselbst sieben Canots auf den Strand gezogen, in welchen ohngefähr neunzig Indianer hier angekommen waren. Man sahe sie sämmtlich beschäftigt sich Hütten zu machen, und sie nahmen unsre Leute mit allen ersinnlichen Freundschaftsbezeugungen auf. Der Capitain erwiederte solche durch Austheilung von mancherley Geschenken, darunter sich auch vergoldete kupferne Medaillen befanden, die einen und drey Viertel-Zoll im Durchschnitt dick und zum Andenken dieser Reise waren geschlagen worden, damit sie unter die verschiedenen Völker ausgetheilt werden sollten, welche wir auf dieser Reise antreffen würden. Auf einer Seite sahe man das Brustbild des Königs mit der Inschrift: *GEORGE. III. KING. OF. GREAT. BRITAIN.*

FRANCE. AND. IRELAND. Auf der andern Seite zwey Krieges-Schiffe mit der Beyschrift ihres Namens *RESOLUTION.* und *ADVENTURE.* und unten im Abschnitt war zu lesen: *SAILED. FROM. ENGLAND. MARCH. MDCCLXXII.*[9] Von dergleichen Schaustücken waren auch unter die Einwohner von *Dusky-Bay,* desgleichen hier in *Charlotten-Sund* bereits etliche ausgetheilt worden. Die große Anzahl von Indianern welche unsre Leute hier beysammen fanden, verschaffte ihnen eine gute Gelegenheit gegen Eisen, Zeug und Glas-Corallen, eine große Menge von Waffen, Geräthschaften, Kleidern und Zierrathen einzutauschen, von welchen allen diese Neu-Seeländer ungleich mehr besaßen, als wir sonst bey ihren Landesleuten angetroffen hatten. Der Capitain und seine Gesellschaft bemerkten, daß *Teiratu* der Befehlshaber aller dieser Leute seyn müsse, denn sie bezeigten ihm durchgehends viel Ehrfurcht. Was es aber mit dieser Art von Oberherrschaft eigentlich für Bewandniß habe, konnte man nicht ausfündig machen. Leute von Jahren pflegen sie durchgehends in Ehren zu halten, wahrscheinlicher Weise ihrer langen Erfahrung wegen; allein dies konnte hier der Fall nicht seyn, denn solche Anführer dergleichen uns *Teiratu* einer zu seyn dünkte, sind starke, muntre Leute in der Blüthe der Jahre. Vielleicht wissen aber die Neu-Seeländer, so gut als die Nord-Amerikanischen Wilden, daß bey Entstehung eines Krieges ein großer Haufe von Menschen einen Anführer haben muß, auf dessen größere Geschicklichkeit und Talente die andern ihr Vertrauen und Hoffnung setzen können, und zu einem *solchen* Posten taugen dann freylich keine andre als dergleichen junge Leute die noch Feuer haben. Je mehr wir die kriegerische Neigung dieser Nation und die vielen kleinen Partheyen erwägen, worin sie getheilt sind, desto nothwendiger scheint uns diese Art von Regierungsform zu seyn. Sie müssen ohne Zweifel erfahren oder eingesehen haben, daß die Fähigkeiten eines Anführers nicht erblich sind, und folglich vom Vater nicht allemal auf den Sohn gebracht werden; vielleicht haben sie auch Beweise unter sich erlebt, daß erbliches Regiment natürlicher Weise zum Despotismus führt.

Capitain *Cook* fürchtete, daß die Indianer unsern auf dieser Insel angelegten Garten finden und aus Unwissenheit verwüsten mögten. Er führte also den Befehlshaber *Teiratu* selbst dahin, zeigte ihm alle die verschiedenen Pflanzen, besonders aber die Cartoffeln. Diese schien der Wilde sehr hoch zu schätzen, und er kannte sie ohne Zweifel schon, weil ein ähnliches Gewächs, nämlich die virginische süße Cartoffel *(convolvulus batatas) in* einigen Gegenden der nördlichen Insel, auf welcher er zu Hause gehörte, gebauet wird. Er versprach dem Capitain auch, daß er den Garten nicht vernichten, sondern alles unangerührt wolle stehen, wachsen und sich vermehren lassen; mit dieser Abrede schieden sie von einander. So bald der Capitain auf unser Schiff zurück gekommen war, gaben die See-Soldaten, zur Ehre des Königlichen Geburtsfestes, drey Salven, und unser Seevolk machte ein dreymaliges *Huzzah!*

Nachmittags ward der Wind sehr frisch und hielt die folgenden zwey Tage mit gleicher Heftigkeit an, so daß wir bis zum 7ten liegen bleiben mußten; alsdann aber hoben wir am Morgen den Anker und segelten nebst der *Adventure* aus *Ship-Cove* ab. Unser bisheriger Aufenthalt in Charlotten-Sund war unsern Leuten so wohl bekommen, daß sie ietzt wieder völlig so gesund waren, als bey der Abreise aus England. In unserm Schiffe hatten wir nur einen einzigen Kranken, einen See-Soldaten, der seit der Abreise von England immer schwindsüchtig und wassersüchtig gewesen war.

---

9 Die Admiralität wollte anfänglich, daß beyde Schiffe schon im März seegeln sollten, doch geschah es erst im Junius, weil man mit der Ausrüstung nicht ehe fertig werden konnte.

Priestervogel oder Tui, *F: Certhia cincinnata*
Prosthemadera novaeseelandiae (Queen Charlotte Sound/Neuseeland)

SIEBENTES HAUPTSTÜCK.

Reise von Neu-Seeland nach O-Tahiti.

Nachmittags gelangten wir in *Cooks-Straße*[1] liefen selbige nach Süden zu herab, und hatten nun den unermeßlichen Ocean vor uns, der unter dem Namen der Süd-See bekannt ist. Dieses große Meer war, demjenigen Theile nach der unter dem glücklichern warmen Himmels-Striche belegen ist, bereits vielfältig durchschifft worden; die kältern Gegenden oder die sogenannten mittlern Breiten hingegen, hatte vor Capitain *Cooks* erster Reise in der *Endeavour,* das ist, bis im Jahr 1770, noch kein europäischer Seefahrer zu untersuchen gewagt. Gleichwohl glaubte man durchgehends, daß in selbigen ein großes Land liegen müsse, und die Erdbeschreiber, die es in ihren Landcharten das *südliche feste Land (Terra australis)* nannten, hielten dafür, daß auf der West-Seite Neu-Seeland, auf der Ost-Seite aber ein Strich Landes, der dem Vorgeben nach gegen Amerika hin sollte entdeckt worden seyn, die Küsten desselben ausmachten. Da aber Capitain *Cook* auf seiner vorigen Reise gefunden hatte, daß Neu-Seeland nichts mehr als zwey große *Inseln* wären, und daß auch weder gegen Osten, nach Amerika hin, noch bis zum 40sten Grade gegen Süden herab, Land vorhanden sey; so war das Süd-Land seitdem schon in engere Schranken gebracht; doch waren auch diese immer noch ansehnlich und weitläuftig genug um die Aufmerksamkeit künftiger Seefahrer zu verdienen. Wir sollten nun den noch unerforschten Theil dieser See befahren, und standen jetzo, ohnerachtet es mitten im Winter war, im Begriff, zwischen dem 50 und 40sten Grade südlicher Breite, auf die Entdeckung neuer Länder, nach Osten hin, aus zu gehen. Viele unsrer Mitreisenden unternahmen diese gefährliche Reise mit der gewissen Zuversicht, daß wir die Küsten dieses Süd-Landes bald finden, und daß die Neuheit und Nutzbarkeit seiner Natur-Produkte uns für alle deshalb ausgestandene Mühe und Gefahren, reichlich belohnen würde. Capitain *Cook* aber und verschiedene andere, die nach dem Erfolge der vorigen Reise und nach dem was sie auf der jetzigen bereits erfahren und beobachtet hatten, urtheilten, machten sich wenig Hoffnung neue Länder zu entdecken, ja sie zweifelten sogar, daß es überhaupt ein solches Süd-Land gäbe.

Am folgenden Morgen um acht Uhr waren wir noch in der Mündung der Straße und hatten die hohen mit Schnee bedeckten Berge der südlichen Insel noch immer im Gesicht. Dieses wintermäßigen Ansehens ohnerachtet war in unsrer niedrigern Atmosphäre das Wetter hell und so gelinde, daß das Thermometer im Schatten auf 51 Grad stand. Große Züge von verschiednen Wallfisch-Arthen giengen beym Schiff vorbey; sie waren mehrentheils ganz schwarz und hatten einen weißen Fleck vor der hintersten Rücken-Finne. Wir feuerten auf sie, und trafen einen so nachdrücklich am Kopf, daß er nicht weiter tauchen konnte, sondern auf der blutgefärbten Ober-

1 Die Besitzer von Hawkesworth Geschichte der englischen See-Reisen werden bey dieser und ähnlichen Stellen die in mehrgedachtem Werk befindlichen Charten mit Nutzen zu Rathe ziehen können.

fläche des Wassers gewaltig um sich zu schlagen anfieng. Er schien ohngefähr neun Fuß lang zu seyn, war schlank von Körper hatte aber einen stumpf geformten Kopf, daher ihn unsre Matrosen *botle-nose* nannten. Diesen Nahmen führt aber beym *Dale* ein ganz anderer Fisch, nemlich der Butskopf oder Schnabel-Wallfisch *(beaked whale)*, dessen Nase einem Bouteillen-Halse ähnlich sieht.[2] Weil wir damahls eben so guten Wind hatten, daß wir in einer Stunde drey und eine halbe englische Meile seegelten, so hielt es der Capitain nicht der Mühe wert beylegen zu lassen um den todten Fisch einzunehmen. »– Als heute zu Mittage der Capitain und Astronomus die Längen-Uhren aufziehen wollten, war niemand vermögend die Spindel an Herrn Arnolds Uhr umzudrehen, und also mußte man sie ablaufen lassen«. –

So bald wir das Land aus dem Gesicht verlohren hatten schwärmte eine unendliche Menge Albatroßen, von drey verschiednen Arten, um uns her. Die gemeinste oder größte Arth war von unterschiedlichen Farben, die wir ihrem verschiednen Alter zuschrieben. Die Ältesten waren fast ganz weiß, die Jüngern etwas mehr braun gesprenkelt, die jüngsten aber ganz braun. Einige unserer Matrosen, die ehemals auf Ostindienfahrern gedient hatten, versicherten ihre Cameraden, daß eine Reise nach Ostindien, in Vergleich der Mühseeligkeiten welche wir auf *dieser hier* auszustehen hätten, für gar nichts zu rechnen wäre. Sie erzählten hierauf wie gut und bequem sichs unter andern die Capitains auf dergleichen Reisen zu machen pflegten, und nach mancher Anecdote und Spötterey darüber, geriethen sie endlich auf den närrischen Einfall, daß die abgeschiedenen Seelen aller dieser Capitains, zur Strafe für ihre ehemalige üppige Lebensart zur See, hier in diese Albatroße wandern müßten, und nun auf die Süd-See gebannt wären, für die sie sich bey ihren Lebzeiten wohl zu hüten gewußt hätten. Hier müßten sie sich nun, statt ihres vorigen Überflusses, kärglich genug behelfen, und wären nun endlich ein Spiel der Stürme und Wellen, die sie sich sonst in ihren Cajütten nicht viel hätten anfechten lassen. Dieser Einfall ist witzig und poetisch genug, um zu Bestätigung dessen zu dienen, was ich schon weiter oben, von der originellen Laune der Seeleute, gesagt habe.

Die Officiers, denen nach der Neu-Seeländischen frischen Kost das eingesalzne Fleisch noch nicht wieder schmecken wollte, ließen ihren schwarzen Hund, dessen ich oben Seite 120. u. 130. erwähnt habe, abschlachten, und schickten dem Capitain die Hälfte davon. Wir ließen die Keule braten und speisten solchergestalt heute zum erstenmale Hundefleisch. Es schmeckt vollkommen wie Hammelfleisch, so daß nicht der geringste Unterschied zu bemerken war. In unsern kalten Ländern, wo Fleisch-Speisen so üblich sind, und wo es vielleicht des Menschen Natur oder unumgänglich nöthig ist von Fleisch zu leben, ist es warlich sonderbar, daß man einen jüdischen Abscheu gegen Hundefleisch hat, da doch das Fleisch von dem unreinlichsten aller Thiere, nämlich vom Schweine, ohne Bedenken gegessen wird. In Betracht seiner schnellen und häufigen Vermehrung, scheint die Natur den Hund ausdrücklich dazu geschaffen zu haben, daß er uns zur Speise dienen solle. Man könnte vielleicht besorgen, daß es uns, wegen der natürlichen Fähigkeiten unsrer Hunde, schwer ankommen möchte sie umzubringen und zu essen. Allein in dem Fall bedenkt man nicht, daß ihre großen Fähigkeiten und ihre Anhänglichkeit an uns blos Folgen der Erziehung sind die wir an sie wenden! In Neu-Seeland und, wie ältere Seefahrer melden, auch in den Inseln der Süd-See, zwischen den Wende-Cirkeln, sind die Hunde das dummste und einfältigste Thier das man sich vorstellen kann. Sie scheinen daselbst um nichts klüger und gelehriger zu seyn als unsre Schaafe, die man für Sinnbilder der größten Einfalt und Dummheit gelten läßt. In Neu-Seeland werden sie mit Fischen gefuttert; in den andern Inseln mit Früchten und Kräutern. Vielleicht verändert beydes ihre natürliche Anlage; vielleicht bringt auch die Erziehung neue Instincte hervor. Die Neu-Seeländischen Hunde kriegen was von ihrer Herren Mahlzeiten übrig bleibt, mithin auch andre Hundeknochen abzunagen; und so werden die jungen Hunde, von Klein auf, Cannibalen. Wir hatten einen jungen Neu-Seeländischen Hund an Bord, der, wie wir ihn kauften, wohl noch nichts als Muttermilch geschmekt hatte, gleichwohl fras er von dem heutigen Hundebraten, das Fleisch so gut als die Knochen, mit großer Gierigkeit, dahingegen andre, von euro-

2 *Pennant's British Zoology. B. III, p. 53.* der neuen vermehrten Edition in Quarto, von 1776.

päischer Art, die wir vom Cap mitgenommen, beydes nicht anrühren, geschweige denn fressen mochten.

Bis zum 16ten steuerten wir immer südostwärts und waren stets von Sturmvögeln und Albatroßen, zuweilen auch wohl von einzelnen grauen Möven, *(larus catarractes)* umgeben, und große Haufen von See-Gras schwommen vielfältig in der See: Allein an alles dies waren wir schon zu sehr gewöhnt, als daß wirs hätten wagen sollen einige Folgerungen daraus herzuleiten. Das Thermometer, dessen Standpunkt allemahl des Morgens um 8 Uhr beobachtet wurde, und welches bey unsrer Abreise von Neu-Seeland 51. Grad angezeigt hatte, fiel, in eben dem Verhältniß als wir gen Süden herab giengen, auf 48. zuweilen auch auf 47. Doch muß ich sagen, daß Wärme und Wetter überhaupt sehr veränderlich waren. Daher kams, daß wir alle Tage, und gemeiniglich des Morgens, Regenbogen oder wenigstens Stücke davon auf dem Horizont zu sehn bekamen. Auch der Wind war bisher immer sehr abwechselnd und lief rund um den Compas von Westen über Norden nach Osten und so weiter, doch kam er die mehreste Zeit aus Osten, welches wir nicht nur keinesweges erwartet hatten, sondern auch übel damit zufrieden waren, weil er uns solchergestalt gerade entgegen blies und überdem gemeiniglich mit Nebel, Regen und hochlaufenden Wellen begleitet zu seyn pflegte. Nachdem wir 46 Grad 17 Minuten südlicher Breite erreicht hatten, steuerten wir, so weit der Wind es gestatten wollte, nach Nord-Ost.

Am 23sten waren Wind und Wetter gelinde. Capitain *Furneaux* machte sich dieses und die Nachbarschaft beyder Schiffe zu Nutz, um zu uns an Bord zu kommen und mit uns zu speisen. Er berichtete dem Capitain, daß seine Leute sich noch wohl befänden, einen oder zwey Mann ausgenommen, welche von ihrem Umgange mit ungesunden Frauenspersonen ekelhafte Nachwehen ausstehen müßten. Diese Nachricht war uns in so fern unangenehm, weil man daraus abnehmen konnte, daß jene häßliche Krankheit auch Neu-Seeland schon erreicht hatte, denn nirgends sonst konnten die Leute angesteckt worden seyn. In Betracht der schrecklichen Folgen, welche dies verderbliche Übel auf die Neu-Seeländer bringen mußte, hielten wir es der ernsthaftesten Untersuchung werth, ob, und bey welcher Gelegenheit sie es wohl von Europäern bekommen können? Der erste Entdecker des Landes, *Abel Janßen Tasman,* kam im Jahr 1642. dahin. Er hatte aber mit den Einwohnern nicht den mindesten freundschaftlichen Umgang, ja es ist wahrscheinlich, daß nicht ein einziger von seinen Leuten am Lande gewesen ist. Capitain *Cook* war der nächste Seefahrer, der nach dieser Zeit Neu-Seeland besuchte, ob er gleich länger als hundert Jahre hernach, nemlich erst in den Jahren 1769. und 1770. an den Küsten desselben anlangte. Er kam damals, in seinem Schiff *Endeavour,* von *O-Tahiti* und den Societäts-Inseln, wo verschiedne seiner Leute waren angesteckt worden. Da er aber auf der Überfahrt von diesen Inseln nach Neu-Seeland fast zwey Monath unterwegens blieb, so hatte der Chirurgus Zeit gehabt, die Leute gänzlich zu heilen und bey der Ankunft auf dieser Küste versicherte er den Capitain ausdrücklich, daß bey keinem dieser Kranken die geringste Spur des Übels mehr zu merken sey. Dem ohnerachtet gebrauchte Capitain *Cook* die Vorsicht, niemanden ans Land gehen zu lassen, der unter der Cur gewesen war, aus Besorgniß, daß er vielleicht noch verborgne Überreste dieses ansteckenden Übels im Cörper haben könnte; ja um alle Möglichkeit abzuschneiden, daß diese Seuche einem schuldlosen Volke mitgetheilt würde, durften auch schlechterdings keine Frauenspersonen an Bord kommen. Der dritte Europäer, welcher Neu-Seeland besuchte, war ein französischer Seefahrer, Herr von *Surville.* Dieser seegelte in dem Schiffe *St. Jean le Baptiste von Pondichery* aus, durch die Straße von *Malacca;* gieng an den *Bashee-Inseln* vor Anker, steuerte um *Manilla* herum; entdeckte Südostwärts von Neu-Brittannien, unter der Breite von 10 3/4 und unterm 158sten Grade östlicher Länge, Land, welchem er den Namen *Port Surville* gab und kam sodann nach *Neu-Seeland.* Von da gieng er, um Handlung zu treiben, nach *Callao* in Süd-Amerika, hatte aber, als er an diesem Orte ans Land gehen wollte, das Unglück im Wasser umzukommen, und da mit ihm zugleich alle seine Empfehlungs-Schreiben verloren gegangen waren, so ward das Schiff fast zwey Jahre lang aufgehalten, nach deren Verlauf aber, mit allen Waaren wieder nach Frankreich zurückgeschickt. Herr von *Surville* lag am 9ten December 1769. in *Doubtles-Bay* auf Neu-Seeland und sahe die *Endeavour* bey sich vorbey seegeln; Capitain *Cook* hingegen hatte das französische Schiff nicht wahrnehmen können, weil es gerade hinter einem Berge vor Anker lag. Was Herr von *Surville* daselbst ausgerichtet und wie er mit den Einwohnern gestanden haben mag, weis ich nicht: Allein *Doubtles-Bay* liegt so weit von *Charlotten-Sund,* daß die Einwohner dieser beyden Orte wohl schwerlich einigen Umgang mit einander haben, und folglich läßt sich nicht begreifen, wie die Krankheit von dorther schon so weit gegen Süden sollte um sich gegriffen haben, wenn man auch annehmen wollte, daß Herr von *Survillens* Schiff sie nach *Doubtles-Bay* gebracht hätte.

Ein gleiches läßt sich von Herrn von *Marion* und dem Capitain *Crozet,* jenen beyden französischen Seefahrern sagen, deren Reise vom Jahr 1772. ich oben S. 109. erwähnt habe; denn der Umgang den ihr Schiffs-Volk mit den Eingebohrnen hatte, schränkte sich blos auf die *Insel-Bay* ein, und diese liegt am nördlichsten Ende der nördlichen Insel, mithin ebenfalls äußerst weit von Charlotten-Sund. Unmittelbar nach diesen beyden Schiffen kamen wir nach Neu-Seeland; allein wir hatten nicht die mindeste Ursach zu vermuthen, daß unsere Leute etwas von dem venerischen Übel mit hieher brächten. Es war bereits sechs Monat her, daß wir das Vorgebirge der guten Hoffnung verlassen hatten, und das war der letzte Ort, wo die Matrosen es möglicher weise hätten bekommen können. Seitdem waren sie fünf Monate lang beständig in offner See gewesen, und innerhalb einer solchen Zeit hätte es von Grund aus geheilt werden müssen, es sey denn, daß die Krankheit äußerst bösartig und unheilbar gewesen wäre. Wir hatten aber, ganz im Gegentheil, nicht einen einzigen venerischen Patienten am Bord, und man wird doch wohl nimmermehr vermuthen, daß das Gift diese ganze Zeit über habe verborgen bleiben können, unter Leuten die nichts als eingesalzene Speisen zu essen und nichts als spirituöse Getränke zu trinken hatten, dabey auch Nässe und Kälte nebst allem übrigen Ungemach des südlichen Clima ausstehen mußten? Aus allen diesen Umständen machten wir den Schluß, daß die venerischen Krankheiten in Neu-Seeland zu Hause, und *nicht von Europäern* herein gebracht sind; wir haben auch im Verfolg unserer Reise, und bis itzt noch, keine Ursach gefunden, unsre Meynung hierüber zu ändern. Sollten jedoch, alles Anscheins ohnerachtet, unsre Vermuthungen irrig seyn, so kömmt alsdenn eine Schandthat mehr auf Rechnung der *gesittetern* Europäischen Nationen, und das unglückliche Volk, welches sie mit diesem Gifte angesteckt haben, wird und muß ihr Andenken dafür verfluchen. Der Schaden den sie diesem Theile des menschlichen Geschlechts dadurch zugefügt haben, kann nimmermehr und auf keine Weise, weder entschuldigt noch wieder gut gemacht werden. Sie haben zwar die Befriedigung ihrer Lüste *erkauft* und *bezahlet,* allein das kann um so weniger für eine Entschädigung des Unrechts gelten, weil selbst der Lohn den sie dafür ausgetheilt, (das Eisenwerk) neue strafbare Folgen veranlaßt, und die moralischen Grundsätze dieses Volks vernichtet hat, indeß die schändliche Krankheit doch nur den Körper schwächt und zu Grunde richtet. Ein Volk, das seiner rohen Wildheit, hitzigen Temperaments und grausamen Gewohnheiten ohnerachtet, tapfer edelmüthig, gastfrey und keiner Arglist fähig ist, verdient doppelt Mitleid, wenn unter ihnen selbst die Liebe, der süßesten und glücklichsten Empfindungen Quelle, zur Veranlassung der schrecklichsten Geissel des Lebens werden – und ohne ihr Verschulden werden muß. –

Bis zum Anfang des Julius blieb der Wind immer so veränderlich, als ich zuvor schon angezeigt habe. Er war wider den Lauf der Sonne mehr als viermal um den ganzen Compas herumgelaufen. Diese ganze Zeit über sahen wir häufig Albatrosse, Sturmvögel und Seekraut. Auch erblickten wir fast alle Morgen Regenbogen; ja einmal sahen wir sogar einen starken Regenbogen des Nachts bey Mondschein.

Am 9ten waren wir ohngefähr in derselbigen Länge, in welcher sich Capitain *Cook* auf seiner vorigen Reise unter dem 40 Grad 22 Minuten südlicher Breite befunden hatte.[3] Diesmal aber waren wir 2¼ Grad weiter gegen Süden. Hier fiel uns ein junger Ziegenbock über Bord, den man zwar wieder auffischte und alles mögliche an ihm versuchte, als Reiben, Tabaks-Clystiere u. d. gl. allein umsonst, er war nicht wieder zum Leben zu bringen.

Am 17. da wir über den 227. Grad östlicher Länge hinaus und ohngefähr im 40. Grade südlicher Breite waren, ließ der Capitain endlich gerade gen Norden hinauf steuern. Bishero hatten wir uns nemlich, zu Aufsuchung des *Süd-Landes,* mehrentheils gegen Osten und zwar in den Breiten gehalten, wo dieses

3 Siehe Hawkesworths Sammlung der engl. See-Reisen etc.

dem allgemeinen Vorgeben nach, schlechterdings liegen sollte. Auf dieser ganzen Fahrt war uns aber allen die Zeit herzlich lang geworden, denn die Jahreszeit war unangenehm und rauh, der Wind uns mehrentheils zuwider und an keine Art von Abwechslung zu denken, sondern statt derselben hatten wir ein ewiges Einerley von längst bekannten Gegenständen vor uns. Das einzige, was wir damit gewonnen hatten, war die Gewißheit, »daß in den mittlern Breiten der Süd-See kein großes Land zu finden ist.« In Zeit von fünf Tagen erreichten wir bereits den 31sten Grad südlicher Breite. Nunmehro verloren sich die Albatrosse und Sturmvögel, das Thermometer stieg auf 61 ½, und wir konnten jetzt, seit unsrer Abreise vom Cap zum erstenmal, die Winterkleider ablegen. Je näher wir den Wende-Cirkeln kommen, desto bessern Muths ward unser Seevolk. Die Matrosen fingen schon an, sich des Abends auf dem Verdeck mit mancherley Spielen zu belustigen. Die belebende Mildigkeit und Wärme der Luft war uns etwas ganz neues, und behagte uns sowohl, daß wir dem warmen Clima bald vor allen andern den Vorzug einräumten, und es der Natur des Menschen am zuträglichsten hielten. Am 25sten Nachmittags sahen wir einen tropischen Vogel, ein sicheres Zeichen, daß wir in das mildere Clima, über 30 Grad südlicher Breite, heraufgekommen waren. Die untergehende Sonne erleuchtete die Wolken mit den glänzendsten Goldfarben, und bestärkte uns in der Meynung, daß die Luft nirgends so schön, der Himmel nirgends so prächtig sey, als zwischen den Wende-Cirkeln.

Am 28sten war die *Adventure* so nahe bey uns, daß wir mit den Leuten derselben sprechen konnten. Sie erzählten uns, daß vor drey Tagen ihr Koch gestorben und daß zwanzig Mann am Scorbute krank wären. Diese Nachricht war uns desto unerwarteter, da in unserm Schiff kaum bey einem oder dem andern von unsern Leuten Anzeigen des Scorbuts vorhanden waren, und wir überhaupt auch nur einen einzigen gefährlich Kranken an Bord hatten. Um indessen jenen auszuhelfen, schickte Capitain *Cook* gleich am folgenden Tage einen seiner Seeleute, mit einer Bestallung als Koch, auf die *Adventure;* und verschiedne unsrer Herren Mitreisenden bedienten sich dieser Gelegenheit an Bord der Adventure zu gehen und daselbst zu speisen. Sie fanden Capitain *Furneaux,* nebst andern, mit Gliederreissen, viele seiner Leute aber mit Flüssen geplagt. Unter den scorbutischen Patienten war der Zimmermann am übelsten dran, denn er hatte schon große blaue Flecken auf den Beinen. Dieser Unterschied in den Gesundheits-Umständen unsers beyderseitigen Schiffsvolks rührte vermuthlich daher, daß es auf der *Adventure* an frischer Luft fehlte. Unser Schiff war höher über dem Wasser, und daher konnten wir, selbst bey ungestümen Wetter, mehr Luftlöcher offen halten, als jene. Überdem aßen unsere Leute häufiger Sauerkraut, brauchten auch mehr *Wohrt;* vornemlich aber bedienten sie sich der Malzkörner um Umschläge davon auf die scorbutischen Flecke und geschwollnen Glieder zu machen, welches man dagegen in der *Adventure* nie zu thun pflegte. Bey dieser Gelegenheit wird es nicht unschicklich seyn zu bemerken, daß der Scorbut in warmen Ländern am gefährlichsten und bösartigsten ist. So lange wir uns in höhern und kältern Breiten befanden, zeigte er sich nicht, oder höchstens doch nur bey einzelnen Personen, die von Natur ungesund und dazu geneigt waren. Allein, kaum hatten wir zehen Tage lang *warmes* Wetter gehabt, als schon am Bord der *Adventure* ein Patient daran starb und viel andre von den schlimmsten Symptomen desselben befallen wurden. Die Hitze scheint also die Entzündung und Fäulnis zu befördern; und selbst bey denen, die am Scorbute eben nicht gefährlich krank waren, brachte sie große Mattigkeit und Schwäche hervor.

»– Am 1sten August waren wir im 25°. 1'. südlicher Breite und folglich in der Gegend, wo Capitain *Carterets* Angabe nach, *Pitcairns* Insel liegen soll; wir sahen uns deshalb fleißig darnach um, konnten aber nicht das geringste davon entdecken. Zwar vermuthete Capitain Cook, daß sie, *Carterets* Tagebuch nach zu urtheilen, ohngefähr noch 15 englische See-Meilen weiter gegen Osten liegen müsse: Da sich aber die Mannschaft des andern Schiffs in so mißlichen Gesundheits-Umständen befand; so war es nicht rathsam, mit Aufsuchung dieser Insel Zeit zu verlieren –«

Am 4ten warf eine junge Dachs-Hündin vom Cap, welche von einem Pudel belegt war, zehen Junge, wovon eins todt zur Welt kam. Der junge Neu-Seeländische Hund, dessen ich oben erwähnt und der vom Hundebraten so begierig gefressen, fiel sogleich über diesen jungen Hund her und fras davon mit der größten Gierigkeit. Dies kann, dünkt mich, zu einem Beweise dienen, in wie fern die Erziehung, bey den Thieren, neue Instincte hervorzubringen und fortzupflanzen vermag. Europäische Hunde werden nie mit Hundefleisch gefüttert. Sie scheinen vielmehr einen Abscheu dafür zu haben. Die Neu-Seeländischen hingegen bekommen wahrscheinlicherweise von jung auf die Überbleibsel von ihrer Herren Mahlzeit ohne Unterschied zu fressen, mithin sind sie zu Fisch- Hunde- und Menschen-Fleisch gewöhnt; und was anfänglich, bey einzelnen Hunden, nur Gewohnheit war, ist vielleicht durch Länge der Zeit, allgemeiner Instinct *der ganzen Art* geworden. Wenigstens war dies augenscheinlich der Fall mit unserm cannibalischen Hunde, denn er kam so jung aufs Schiff, daß er wohl kaum etwas anders als Muttermilch gekostet haben mochte, folglich weder an Hunde- noch weniger aber an Menschen-Fleisch gewöhnt seyn konnte: Gleichwohl fras er, wie vorgesagt, Hundefleisch, gebraten und roh, und als ein Matrose sich in den Finger geschnitten und ihm solchen hin hielt, so war er nicht nur begierig darüber her, das Blut abzulecken, sondern versuchte es auch ohne Umstände ihm hinein zu beißen.

Nachdem wir vielfältig Windstillen gehabt hatten, so stellte sich endlich am 6ten Nachmittags, da wir eben 19 1/2 Grad südlicher Breite erreicht hatten, der östliche Passatwind ein, und fing, nach einigen heftigen Regenschauern, an ganz frisch zu wehen. Von rechtswegen hätten wir ihn ungleich früher, nemlich schon bey unserm Eintritt in die Wende-Cirkel bekommen sollen; denn diese Gegend wird eigentlich für die Gränze desselben angesehen: Vermuthlich aber war blos die Jahreszeit Schuld daran, daß wir ihn erst um so viel später bekamen; weil nemlich die Sonne sich dazumal noch auf der andern Halbkugel befand, oder vielmehr, weil wir auf der südlichen noch Winter hatten.[4] Am aller sonderbarsten aber war uns der Wind von unsrer Abreise aus *Charlotten-Sund* an bis zu der Zeit vorgekommen, da sich der ächte Passatwind einstellte. Wir hatten nemlich erwartet, daß wir den größten Theil dieser Zeit über, den wir in den mittleren Breiten zwischen dem 50. und 40sten Grade südlich zubrachten, stäte *Westwinde* haben würden, so wie wir solche im Winter auf der nordlichen Halbkugel zu haben pflegen. Statt dessen aber fanden wir, daß der Wind in zwey oder drey Tagen um den ganzen Compaß herum lief, nirgends als auf *östlichen* Strichen einigermaßen beständig war und von daher zuweilen sehr heftig blies. Der Name des *stillen Meeres* womit man sonst die *ganze* südliche See belegte, paßt also, meinem Bedünken nach, nur allein auf *denjenigen* Theil desselben, der zwischen den Wendezirkeln gelegen ist, denn da allein ist der Wind beständig, das Wetter gemeiniglich schön und gelinde, und die See weniger unruhig als in den höheren Breiten.

Albekoren, Boniten und *Doraden* jagten nach fliegenden Fischen, eben so als wir es im atlantischen Meere gesehen hatten; einige große schwarze Vögel aber, mit langen Flügeln und gabelförmigen Schwanze, welche Fregatten *(men of war, Pelecanus aquilus Linnæi)* genannt werden, und gemeiniglich hoch in der Luft schwebten, schossen zuweilen mit unglaublicher Geschwindigkeit, gleich einem Pfeil auf die Fische, die unter ihnen schwammen, herab, und verfehlten mit ihrem Schnabel der Beute nie. Die *Solandgänse* der englischen Seen, welche zu eben diesem Geschlecht gehören, wissen die Fische auf gleiche Weise zu erhaschen. Die Fischer sind daher auf den Einfall gerathen, diese Vögel vermittelst eines Pilchards oder Herings zu fangen, den sie auf ein spitziges Messer stecken, welches auf einem kleinen, frey herumschwimmenden Bretchen befestigt ist; wenn nun der Vogel darauf herabschießt, so ist es um ihn geschehen, denn er spießt sich ohnfehlbar.

Am 11ten Morgens erblickten wir, ohngefähr 6 Meilen von uns, gegen Süden, eine niedrige Insel, die 4 Meilen lang und eben so flach wie die See zu seyn schien. Nur hie und da sahe man einzelne, gleichsam aus der See aufgewachsene Gruppen von Bäumen, unter welchen die hohen Gipfel der Cocos-Palme weit über die andern empor ragten. Nach einer so verdrießlichen, langweiligen Fahrt als wir gehabt, war uns schon der bloße Anblick des Landes etwas sehr erfreuliches, ob wir gleich nicht das geringste davon zu gewarten hatten; und ohnerachtet an der ganzen Insel überhaupt nichts besonders Schönes zu sehen war, so gefiel sie dem Auge doch

4 Mit dieser Bemerkung stimmt überein, was wir im August 1772 zu *Madera* erfuhren, denn auch da schon hatten wir den Passat-Wind, ob diese Insel gleich unterm 33sten Grade nordlicher Breite belegen ist.

wegen ihres von Natur einfachen Ansehens. Das Thermometer hielt sich beständig zwischen 70 und 80 Graden, gleichwohl war die Hitze nicht übermäßig; denn wir hatten, bey schönem hellen Wetter, einen angenehm kühlenden, starken Passatwind, und unsre auf dem hintern Verdeck aufgeschlagne Zelt-Decken verschaften uns auch Schatten. Die Insel ward *Resolution*-Eyland genannt, und vermuthlich hat auch Herr von *Bougainville,* seinem Tagebuch nach zu urtheilen, dieselbe gesehen. Sie liegt unterm 17 Grade 24 Minuten südlicher Breite und unterm 141 Grade 39 Minuten westlicher Länge von *Greenwich.* Mittags befanden wir uns in 17 Grad 17 Minuten südlicher Breite und steuerten fast gerade nach Osten. Abends um halb 6 Uhr kam uns eine andre Insel von gleicher Art zu Gesicht, die etwa 4 See-Meilen weit entfernt seyn mochte und *Doubtful-Eyland* genannt wurde. Da die Sonne schon untergegangen war, so hielten wir uns so lange gegen Norden, bis wir ganz bey derselben vorüber waren und nicht mehr besorgen durften, in der Finsterniß auf die Küste zu stoßen. Am folgenden Morgen, vor Tages Anbruch, erschreckte uns das unerwartete Geräusch von Wellen die sich, kaum eine halbe Meile weit vor uns, schäumend in der See brachen. Wir änderten sogleich unsern Lauf, gaben der *Adventure* durch Signale Nachricht von der Gefahr und steuerten hierauf rechts, längst dem *Ryf*[5] hin. So bald es hell ward, entdeckten wir an der Stelle, wo sich die Wellen brachen, eine zirkelrunde Insel, und auf derselben ein großes Baßin oder einen großen Teich von Seewasser. An der Nordseite war die Küste mit Palmen und andern Bäumen besetzt, die in mehreren Grupen umher standen und ein ganz zierliches Ansehn hatten; den übrigen Theil der Insel machte aber nur eine schmale Reihe von niedrigen Felsen aus, über welche die See in einer gewaltigen Brandung wegschlug. Der Farbe des Wassers nach zu urtheilen, mußte der Salz-See, inwärts nach uns her, seicht, aber gegen die waldige nördliche Küste hin tiefer seyn, denn an jenem Ende sahe er weißlicht, an diesem hingegen blau aus. Capitain *Cook* nannte diese Insel *Furneaux-Eyland.* Sie liegt unterm 17 Grad und 5 Minuten südlicher Breite und unterm 143sten Grad 16 Minuten westlicher Länge. Als wir vor der Süd-Seite des Riefs vorüber waren, erblickte man am nördlichen Ende der Insel ein Canot unter Seegel, und mit Hülfe der Ferngläser ließ sich erkennen, daß es mit sechs bis sieben Leuten bemannt war, davon einer auf dem Vordertheil stand und mit einer Ruder-Schaufel steuerte. Sie schienen indessen nicht unserntwegen in See gegangen zu seyn; denn sie kamen nicht gegen das Schiff herab, sondern blieben oberhalb, dicht an der waldichten Küste der Insel. Wir setzten unsern Lauf, den ganzen Tag über, bey günstigem Winde und schönen Wetter bis gegen Untergang der Sonne fort. So bald es aber anfing dunkel zu werden, legten wir bey, weil die Schiffahrt, der vielen niedrigen Inseln und Klippen wegen, gefährlich ist, die hier überall umher liegen, und gemeiniglich nicht ehe zu sehen sind, bis man schon dicht bey ihnen ist. Früh am folgenden Morgen giengen wir wieder unter Seegel und kamen bey einer andern solchen Insel vorbey, die zur Rechten des Schiffs liegen blieb und *Adventure-Eyland* genannt wurde. Sie liegt im 17 Grad 4 Minuten südlicher Breite und im 144sten Grade 30 Minuten westlicher Länge. Um eben diese Zeit sprachen wir mit der *Adventure,* und hörten, daß sie dreyßig Mann auf der Kranken-Liste habe, fast lauter scorbutische Patienten. In unserm Schiff hingegen waren die Leute fast noch immer frey von dieser Krankheit; auch ward alles angewandt, um sie bey so guter Gesundheit zu erhalten. Sie aßen fleißig Sauerkraut, ihre Hangmatten wurden alle Tage gelüftet und das ganze Schiff ward oft mit Pulver und Weineßig ausgeräuchert.

Nachmittags sahen wir eine Insel gerade vor uns, die aus einer Reihe von niedrigen Felsen bestand, vermittelst welcher verschiedne Klumpen von Bäumen zusammen hiengen. Der Lage und dem Ansehen nach zu urtheilen, mußte es eben dieselbe seyn, welche Capitain *Cook* auf seiner vorigen Reise *Chain-Island* oder Ketten-Insel genannt hatte.[6] Damit wir diese Nacht nicht, gleich der vorigen, wiederum bey-

---

5 *Ryf* oder *Rief* heißet in vielen nördlichen, von der deutschen abstammenden Sprachen, eine Bank oder Strecke von Felsen, oder sonst eine seichte Stelle in der See, die entweder etwas unter Wasser stehet, so daß man noch, wenn gleich nicht mit großen Schiffen, darüber wegfahren kann, oder auch wohl so seicht ist, daß die See darüber wegbricht und Brandungen verursachet.

6 Hawkesworths Gesch. der engl. See-Reisen, in 8. B. II. S. 333.

legen und dadurch in unserm Laufe aufgehalten werden mögten, ließ der Capitain ein Boot mit einer Laterne vor dem Schiffe herseegeln, und befahl den Leuten, uns, sobald sie irgendwo eine gefährliche Stelle antreffen sollten, durch Signale Nachricht davon zu geben. Diese Vorsicht war der vielen niedrigen Inseln wegen nöthig, die man, wie ich schon gesagt habe, in der Südsee, zwischen den Wende-Cirkeln antrift und die mehrentheils von ganz sonderbarer Bauart sind. Sie bestehen nemlich aus Felsen, die vom Grunde des Meeres auf, senkrecht, wie die Mauern, empor steigen, aber an den mehresten Stellen kaum über dem Wasser hervorragen, und auch da, wo sie am höchsten sind, doch nicht mehr als etwa 6 Fuß über die Oberfläche der See hervorstehen. Oft sind sie von zirkelförmiger Gestalt und haben in der Mitte ein Baßin von Seewasser, und rings an den Ufern her ist das Meer überall unergründlich. Es muß ohne Zweifel nur wenig Gewächse auf denselben geben, und unter diesen mag der Coco-Nußbaum noch das beste und nutzbarste seyn. Einer so armseligen Beschaffenheit und ihres oft nur geringen Umfangs ohnerachtet, sind manche dennoch bewohnt. *Wie* sie aber mögen bevölkert worden seyn, ist eben so schwer zu bestimmen, als wie die höhern Inseln der Süd-See mit Einwohnern besetzt worden? Der Commodore, (jetzige Admiral) *Byron,* und nach ihm Capitain *Wallis* schickten, als sie auf ihren Reisen um die Welt, hier an diesen niedrigen Inseln vorüber kamen, einige ihrer Leute an die Küste, gegen welche sich die Einwohner scheu und eifersüchtig bewiesen. Scheu sind sie vielleicht ihrer geringen Anzahl wegen, um deren willen sie fürchten müssen, leicht überwältigt zu werden; eyfersüchtig aber, weil sie für sich selbst Mühe genug haben mögen auf ihren kleinen Felsen-Bezirken, den nöthigen Unterhalt zu finden, und folglich die Fremden nicht mit gleichgültigen Augen ansehen können, da diese ihnen denselben zu schmälern drohen. Bey so bewandten Umständen können wir von ihrer Abstammung gar nichts sagen, weil ihre Sprache und Gebräuche uns bis jetzt noch gänzlich unbekannt, und dieses gleichwohl die einzigen Merkmale sind, aus welchen sich das Herkommen solcher Völker errathen läßt, die keine Schriften und Urkunden besitzen.

Früh am 15ten August erblickten wir einen hohen Pik mit einer flachen Spitze. Capitain *Wallis* entdeckte solchen zuerst und nannte ihn *Osnabruck-Eyland*. Herr von *Bougainville* sahe ihn nachher, und in seiner Charte heißt er *Pic de la Boudeuse* oder *le Boudoir*. Der Berg schien ziemlich hoch und der Gipfel gleichsam abgebrochen oder wie die Mündung eines Vulcans, der daselbst vor Zeiten gebrannt haben mag, ausgehöhlt zu seyn. Die Insel war beynahe zirkelrund, und der Berg, der an allen Seiten steil empor stieg, hatte die Gestalt eines Kegels. An der Küste war wenig oder gar kein flaches Land zu sehen, wo es aber eine ebene Stelle am Ufer gab, da war das Erdreich, gleich wie überhaupt der ganze Berg, anmuthig grün bewachsen. Indem wir uns an dieser angenehmen Aussicht ergötzten, erzählte uns einer unserer Officiers, der vom Capitain *Wallis* vormals dicht an die Küste war geschickt worden, daß auf diesen Bäumen die Brodfrucht wüchse, die in *Ansons, Byrons, Wallis* und *Cooks* Reisen so sehr gerühmt worden. Er setzte hinzu, die Insel hieße in der Landessprache *Mäatea,*[7] und die Bewohner derselben wären eben eine solche Gattung von Leuten, als man auf den *Societäts-Inseln,* oder auf *O-Tahiti* anträfe; welches letztere nur eine halbe Tagereise von hier entfernt seyn sollte. Dies war alles was wir von dieser Insel erfahren konnten, denn wir blieben wenigstens 4 gute Seemeilen davon, und das mochte vermuthlich auch die Ursach seyn, warum von der Küste her kein Canot zu uns heran kam. Da wir wenig Wind hatten, so ward ein Boot nach der *Adventure* geschickt, welches den Capitain *Furneaux* zum Mittagessen zu uns herüber holte. Wir hatten das Vergnügen von ihm zu vernehmen, daß der Durchlauf, der ohnlängst unter seinen Leuten eingerissen war, bereits nachgelassen, und daß auch am Scorbut keiner sehr gefährlich krank sey; wir konnten also, der Nachbarschaft von *O-Tahiti* wegen hoffen, daß dem Übel durch frische Kräuterkost bald gänzlich würde abzuhelfen seyn. Bey Untergang der Sonne sahe man bereits die Berge dieser erwünschten Insel aus den vergoldeten Wolken über dem Horizont hervorragen. Jedermann an Bord, einen oder zwey ausgenommen, die sich nicht rühren konn-

7 In Hawkesworths Geschichte der engl. See-Reisen, in 8. B. II. S. 333, steht fälschlich *Maitea*.

ten, eilte begierigst aufs vordere Verdeck, um die Augen an dem Anblick dieses Landes zu weiden, von dem man die größten Erwartungen haben mußte, sowohl weil nach dem einstimmigen Zeugniß aller Seefahrer die da gewesen, nicht nur Überfluß an frischen Lebensmitteln vorhanden, sondern weil die Einwohner auch von besonders gutherzigem und gefälligem Character seyn sollten. Aller Wahrscheinlichkeit nach, ist diese Insel von einem Spanier, nemlich von *Pedro Fernandez de Quiros* zuerst entdeckt worden. Dieser war am 21sten December 1605. aus Lima in Peru abgeseegelt, und hatte am 10ten Februar 1606. eine Insel gefunden, die er *Sagittaria* nannte,[8] die aber, nach allen Nebenumständen zu urtheilen, vermuthlich das heutige *O-Tahiti* gewesen ist. An der Südseite derselben, wo er an die Küste kam, war kein Haven anzutreffen, er begnügte sich also einige seiner Leute, im Boote ans Land zu schicken, und diese wurden freundschaftlich und gütig aufgenommen. Nach ihm fand Capitain *Wallis* diese Insel am 18ten Junius 1767. und nannte sie *Georg des dritten Insel*. Eines unglücklichen Mißverständnisses wegen, das bey seiner Ankunft zwischen ihm und den Eingebohrnen entstand, ließ er Feuer auf sie geben, wodurch funfzehen erschossen und eine große Zahl verwundet wurden; die gutartigen Leute vergaßen aber den Verlust und die Wunden ihrer Brüder, machten gleich nachher Friede und versahen ihn mit einem Überflusse von Lebensmitteln, die größtentheils aus allerhand Wurzelwerk, verschiedenen Arten von treflichen Baumfrüchten, Hühnern und Schweinen bestanden. Herr von *Bougainville* kam am 2ten April 1768. oder ohngefähr zehentehalb Monate nach des Capitain *Wallis* Abreise auf der östlichen Küste an, und entdeckte den wahren Namen der Insel. Er blieb zehen Tage lang auf derselben, genoß in dieser Zeit von den Einwohnern viel Achtung und Freundschaft, die er treulich erwiederte, und dem liebenswürdigen Character dieses Volks überhaupt Gerechtigkeit wiederfahren ließ. Hierauf langte Capitain *Cook* mit dem Schiffe *Endeavour* im April 1769 allhier an, um den Durchgang der Venus zu beobachten. Er hielt sich hieselbst drey Monathe lang auf, nahm, vermittelst eines Bootes, die ganze Insel rund umher in Augenschein, und hatte täglich Gelegenheit, die vorigen Bemerkungen und Nachrichten von diesem Lande zu prüfen und zu bestätigen.

Wir steuerten nun die ganze Nacht über gegen die Küste hin und unterhielten uns, in Erwartung des Morgens, mit den angenehmen Schilderungen, welche unsre Vorgänger von diesem Lande gemacht hatten. Schon fingen wir an, die unter dem rauhen südlichen Himmelsstriche ausgestandne Mühseligkeiten zu vergessen; der trübe Kummer, der bisher unsre Stirne umwölkt hatte, verschwand; die fürchterlichen Vorstellungen von Krankheit und Schrecken des Todes wichen zurück, und alle unsre Sorgen entschliefen.

– Somno positi sub nocte silenti
Lenibant curas & corda oblita laborum.
VIRGIL.

---

8 *S. Historical collection of the several voyages and discoveries in the south pacific Ocean by Alex. Dalrymple Esq. Vol. I. pag. 109–119.*

Barringtonie oder Fischgiftbaum, *F: Barringtonia speciosa*
Barringtonia asiatica (Tahiti, 1773)

ACHTES HAUPTSTÜCK.

Aufenthalt im Haven O-Aitepieha auf der kleinen Halb-Insel O-Tahiti – Ankern in Matavai-Bay.

Devenere locos laetos & amoena vireta
Fortunatorum nemorum, sedesque beatas.
Largior hic campos aether & lumine vestit
Purpureo.
VIRGIL.

Ein morgen war's, schöner hat ihn schwerlich je ein Dichter beschrieben, an welchem wir die Insel *O-Tahiti,* 2 Meilen vor uns sahen. Der Ostwind, unser bisheriger Begleiter hatte sich gelegt; ein vom Lande wehendes Lüftchen führte uns die erfrischendsten und herrlichsten Wohlgerüche entgegen und kräuselte die Fläche der See. Waldgekrönte Berge erhoben ihre stolzen Gipfel in mancherley majestätischen Gestalten und glühten bereits im ersten Morgenstrahl der Sonne. Unterhalb derselben erblickte das Auge Reihen von niedrigern, sanft abhängenden Hügeln, die den Bergen gleich, mit Waldung bedeckt, und mit verschiednem anmuthigen Grün und herbstlichen Braun schattirt waren. Vor diesen her lag die Ebene, von tragbaren Brodfrucht-Bäumen und unzählbaren Palmen beschattet, deren königliche Wipfel weit über jene empor ragten. Noch erschien alles im tiefsten Schlaf; kaum tagte der Morgen und stille Schatten schwebten noch auf der Landschaft dahin. Allmählig aber konnte man unter den Bäumen eine Menge von Häusern und Canots unterscheiden, die auf den sandichten Strand heraufgezogen waren. Eine halbe Meile vom Ufer lief eine Reihe niedriger Klippen parallel mit dem Lande hin, und über diese brach sich die See in schäumender Brandung; hinter ihnen aber war das Wasser spiegelglatt und versprach den sichersten Ankerplatz. Nunmehro fing die Sonne an die Ebene zu beleuchten. Die Einwohner erwachten und die Aussicht begonn zu leben.

Kaum bemerkte man die großen Schiffe an der Küste, so eilten einige ohnverzüglich nach dem Strande herab, stießen ihre Canots ins Wasser und ruderten auf uns zu. Es dauerte nicht lange, so waren sie durch die Öffnung des Riefs, und eines kam uns so nahe, daß wir es abrufen konnten. Zwey fast ganz nackte Leute, mit einer Art von Turban auf dem Kopfe und mit einer Scherfe um die Hüften, saßen darinn. Sie schwenkten ein großes grünes Blatt in der Luft und kamen mit einem oft wiederholten lauten *Tayo!* heran,[1] ein Ausruf, den wir ohne Mühe und ohne Wörterbücher als einen Freundschafts-Gruß auslegen konnten. Das Canot ruderte dicht unter das Hintertheil des Schiffs, und wir ließen ihnen sogleich ein Geschenk von Glas-Corallen, Nägeln und Medaillen herab. Sie hinwiederum reichten uns einen grünen Pisang-Schoß zu, der bey ihnen ein Sinnbild des Friedens ist, und baten solchen dergestalt ans Schiff zu befestigen, daß er einem jeden in die Augen fiele. Dem zufolge ward er an die Wand (das Tauwerk) des Hauptmasts fest gemacht; worauf unsre Freunde sogleich nach dem Lande zurückkehrten. Es währete nicht lange, so sahe man das Ufer mit einer Menge Menschen bedeckt, die nach uns hinguckten, indessen daß andere, voll Zutrauens auf das geschloßne Friedens-Bündniß, ihre Canots ins Wasser stießen und sie mit Landes-Producten beladeten. In weniger als einer Stunde umgaben uns Hunderte von dergleichen Fahrzeugen in deren jedem sich ein, zwey, drey, zuweilen auch vier Mann befan-

1 Bougainvilles Reisen.

den. Ihr Vertrauen zu uns gieng so weit, daß sie sämmtlich unbewafnet kamen. Von allen Seiten erschallte das willkommne *Tayo!* und wir erwiederten es mit wahrhaftem und herzlichen Vergnügen über eine so günstige Veränderung unsrer Umstände. Sie brachten uns Coco-Nüsse und Pisangs in Überfluß, nebst Brodfrucht und andern Gewächsen, welche sie sehr eifrig gegen Glas-Corallen und kleine Nägel vertauschten. Stücken Zeug, Fisch-Angeln, steinerne Äxte, und allerhand Arten von Werkzeugen wurden gleichfalls zum Verkauf ausgebothen und leicht angebracht. Die Menge von Canots, welche zwischen uns und der Küste ab- und zu giengen, stellte ein schönes Schauspiel, gewissermaßen eine neue Art von Messe auf dem Wasser dar. Ich fing sogleich an durch die Cajütten-Fenster, um Naturalien zu handeln, und in einer halben Stunde hatte ich schon zwey bis drey Arten unbekannter Vögel und eine große Anzahl neuer Fische beysammen. Die Farben der letztern waren, so lange sie lebten, von ausnehmender Schönheit, daher ich gleich diesen Morgen dazu anwendete, sie zu zeichnen und die hellen Farben anzulegen, ehe sie mit dem Leben verschwanden.

Die Leute, welche uns umgaben, hatten so viel Sanftes in ihren Zügen, als Gefälliges in ihrem Betragen. Sie waren ohngefähr von unsrer Größe, blaß mahogany-braun, hatten schöne schwarze Augen und Haare, und trugen ein Stück Zeug von ihrer eignen Arbeit mitten um den Leib, ein andres aber in mancherley mahlerischen Formen, als einen Turban um den Kopf gewickelt. Die Frauenspersonen, welche sich unter ihnen befanden, waren hübsch genug, um Europäern in die Augen zu fallen, die seit Jahr und Tag nichts von ihren Landsmänninnen gesehen hatten. Die Kleidung derselben bestand in einem Stück Zeug, welches in der Mitte ein Loch hatte um den Kopf durchzustecken und hinten und vornen bis auf die Knie herabhieng. Hierüber trugen sie ein anderes Stück von Zeuge, das so fein als Nesseltuch und auf mannigfaltige, jedoch zierliche Weise, etwas unterhalb der Brust als eine *Tunica* um den Leib geschlagen war, so daß ein Theil davon, zuweilen mit vieler Grazie, über die Schulter hieng. War diese Tracht gleich nicht vollkommen so schön als jene an den griechischen Statüen bewunderten Draperien, so übertraf sie doch unsre Erwartungen gar sehr und dünkte uns der menschlichen Bildung ungleich vortheilhafter als jede andre, die wir bis jetzt gesehen. Beyde Geschlechter waren durch die von andern Reisenden bereits beschriebenen, sonderbaren, schwarzen Flecke geziert oder vielmehr verstellt, die aus dem Punctiren der Haut und durch nachheriges Einreiben einer schwarzen Farbe in die Stiche entstehen. Bey den gemeinen Leuten, die mehrentheils nackt giengen, waren dergleichen, vornemlich auf den Lenden zu sehen, ein augenscheinlicher Beweis, wie verschieden die Menschen, in Ansehung des äußerlichen Schmuckes denken und wie einmüthig sie gleichwohl alle darauf gefallen sind, ihre persönlichen Vollkommenheiten auf eine oder die andre Weise zu erhöhen. Es dauerte nicht lange, so kamen verschiedne dieser guten Leute an Bord. Das ungewöhnlich sanfte Wesen, welches ein Hauptzug ihres National-Characters ist, leuchtete sogleich aus allen ihren Gebehrden und Handlungen hervor, und gab einem jeden, der das menschliche Herz studierte, zu Betrachtungen Anlaß. Die äußern Merkmahle, durch welche sie uns ihre Zuneigung zu erkennen geben wollten, waren von verschiedener Art; einige ergriffen unsre Hände, andre lehnten sich auf unsre Schultern, noch andre umarmten uns. Zu gleicher Zeit bewunderten sie die weiße Farbe unsrer Haut und schoben uns zuweilen die Kleider von der Brust, als ob sie sich erst überzeugen wollten, daß wir eben so beschaffen wären als sie.

Da sie merkten, daß wir Lust hätten ihre Sprache zu lernen, weil wir uns nach den Benennungen der gewöhnlichsten Gegenstände erkundigten, oder sie aus den Wörterbüchern voriger Reisenden hersagten, so gaben sie sich viel Mühe uns zu unterrichten, und freuten sich, wenn wir die rechte Aussprache eines Wortes treffen konnten. Was mich anlangt, so schien mir keine Sprache leichter als diese. Alle harte und zischende Consonanten sind daraus verbannt, und fast jedes Wort endigt sich mit einem Selbstlauter. Was dazu erfordert ward, war blos ein scharfes Ohr, um die mannichfaltigen Modificationen der Selbstlauter zu unterscheiden, welche natürlicherweise in einer Sprache vorkommen müssen, die auf so wenig Mitlauter eingeschränkt ist, und die, wenn man sie einmal recht gefaßt hat, die Unterredung sehr angenehm und wohlklingend machen. Unter andern Eigenschaften der Sprache bemerkten wir sogleich, daß das O und E, womit sich die mehresten Nennwörter und Namen in Herrn *Cooks* erster Reise anfangen, nichts als Artickel sind, welche in vielen morgenländischen Sprachen, vor den Nennwörtern herzugehen pflegen, die ich aber im Verfolg dieser Erzählung entweder weglassen oder durch einen Strich von dem Nennwort trennen werde. Ich habe bereits im vorhergehenden angemerkt, daß Herr von *Bougainville* das Glück hatte, den wahren Namen der Insel, ohne Artikel, sogleich ausfündig zu machen, er hat ihn auch, so weit es die Beschaffenheit der französischen Sprache erlauben will, in der Beschreibung seiner Reise, vermittelst des Worts *Taïti,* ganz richtig ausgedruckt, doch sprechen es die Indianer mit einer leichten Aspiration, nemlich *Tahiti* aus.

In dem vor uns liegenden Rief befand sich eine Öfnung, und dies war der Eingang zu dem auf der kleinern Halb-Insel von *O-Tahiti* gelegenen Haven *Whaï-Urua*. Wir sandten deshalb ein Boot aus, um beydes, die Einfahrt und den Haven selbst sondiren zu lassen. Die Leute fanden guten Ankergrund und giengen nach dieser Verrichtung vollends bis ans Land, wo sich sogleich eine Menge Einwohner um sie her versammlete. Wir lagen der Küste so nahe, daß wir schon das Quiken junger Ferkel hören konnten, und dieser Ton klang uns damals lieblicher als die herrlichste Music des größten Virtuosen. Indessen waren unsre Leute nicht so glücklich, einige davon zu erhandeln, vielmehr weigerte man sich, sie ihnen zu verkaufen, unter dem Vorwande, daß sie insgesammt dem *Aerih* oder Könige zugehörten.

Mittlerweile, daß dies am Lande vorgieng, langte beym Schiff ein größeres Canot an, in welchem sich ein schöner wohlgebildeter Mann befand, der ohngefähr 6 Fus groß seyn mochte und drey Frauenspersonen bey sich hatte. Diese kamen allerseits an Bord, und der Mann meldete uns gleich beym Eintritt daß er *O-Taï* hieße. Er schien in dieser Gegend der Insel von einiger Bedeutung zu seyn und mochte wohl zu der Classe von Vasallen oder Freyen gehören, welche in Capitain *Cooks* erster Reise *Manahunä's* genannt werden. Er gesellete sich alsbald zu den Officieren, die auf dem Verdeck beysammen waren, vermuthlich, weil er denken mochte, daß sich diese Gesellschaft und dieser Platz am besten für ihn schickten. Er war um ein merkliches weißer als irgend einer von seinen Landsleuten, so viel wir deren noch gesehen, und gab in diesem Betracht den westindischen Mestizen wenig nach: Dabey hatte er würklich schöne und regelmäßige Züge; die Stirn war hoch, die Augenbrauen gewölbt, die großen schwarzen Augen voll Ausdrucks und die Nase wohl proportionirt. In der Bildung des Mundes lag etwas besonders angenehmes und gefälliges; die Lippen waren zwar etwas dick, aber nicht unangenehm oder aufgeworfen. Der Bart war schwarz und fein gekräuselt und sein pechschwarzes, von Natur lockigtes Haar hieng ihm, der Landesart nach, um den Hals. Da er aber sahe, daß wir unsre Haare im Nacken zusammen gebunden trugen, so war er gleich darüber her diese Mode nachzuahmen und bediente sich hiezu eines schwarzen seidnen Halstuches, welches ihm Herr *Clerke* geschenkt hatte. Im Ganzen war der Cörper wohlgebildet, jedoch etwas zu dick; und auch die Füße verhältnißweise zu groß. Mit Hülfe unsrer Wörter-Bücher legten wir ihm verschiedne Fragen vor. Eine der ersten war, ob *Tutahah*[2] noch wohl sey? Wir erhielten zur Antwort: er sey todt und von den Einwohnern auf *Teiarrabu* oder der kleinen Halbinsel erschlagen; auf welcher letzterer *Aheatua e-Ärih* oder König sey. Diese Nachricht bestätigte sich bald durch die einstimmige Aussage aller seiner Landesleute. Von den drey Weibern, die er bey sich hatte, war die eine seine Frau, und die beyden andern seine Schwestern. Letztere fanden ein besonderes Vergnügen daran uns zu lehren, wie wir sie bey ihren Namen nennen müßten, die wohlklingend genug waren; die eine hies nemlich *Maroya* und die andre *Maroraï*. Sie waren noch heller von Farbe als *O-Taï,* aber wenigstens um 9 bis 10 Zoll kleiner als er. Letzterwähnte *Maroraï* war eine graziöse Figur, und besonders am Obertheil des Cörpers, von ungemein schönem und zarten Bau. Sie hatte zwar bey weitem nicht so regelmäßige Züge als ihr Bruder; aber dagegen ein angenehmes rundliches Gesicht, über welches ein unaussprechlich holdes Lächeln verbreitet war. Es schien als wären sie noch nie auf einem Schiffe gewesen, so sehr bewunderten sie alles was ihnen darauf vorkam;

2 In Hawkesworths Gesch. der engl. See-Reisen in 8. zweyter Band, *pag. 342.* ist dieser Name, der engl. Schreibart nach, *Tootahah* ortographirt, welches *Tutahah* ausgesprochen wird. Dieser Mann war damals Regent, oder doch Administrator der Landes-Regierung. S. ebendas. Seite 371. 392.

auch ließen sie es nicht dabey bewenden, sich auf dem Verdeck umzusehen; sondern giengen in Begleitung eines unsrer Herren Mitreisenden nach den Officier-Cajütten hinab und besahen auch da alles mit der größten Aufmerksamkeit. *Maroraï* fand an ein Paar Bett-Tüchern, welche sie auf einem Bette erblickte, besonderen Wohlgefallen, und versuchte es auf allerhand Art und Weise, sie von ihrem Begleiter geschenkt zu bekommen, allein umsonst. Er war zwar nicht abgeneigt, ihr solche zu überlassen, verlangte aber eine besondre Gunstbezeugung dafür, zu welcher sich *Maroraï* anfänglich nicht verstehen wollte. Als sie indessen sahe, daß kein anders Mittel sey zu ihrem Zweck zu gelangen, so ergab sie sich endlich nach einigem Widerstreben. Schon bereitete sich der Sieger seinen Triumph zu feyern, als das Schiff, zur ungelegensten Zeit von der Welt, gegen einen Felsen stieß, und ihm unglücklicherweise die ganze Freude verdarb. Der erschrockne Liebhaber, der die Gefahr des Schiffs deutlicher einsahe als seine Geliebte, flog nemlich sogleich aufs Verdeck, wohin auch alle übrigen Seeleute, ein jeder an seinen Posten eilte, ohne sich weiter um die indianische Gesellschaft zu bekümmern. Wir fanden bald, daß uns die Fluth, während der gänzlichen Windstille, unvermerkt gegen die Felsen hin getrieben hatte, und daß wir auch würklich schon auf denselben fest saßen, ehe es noch möglich war, den Eingang des Havens zu erreichen, ohngeachtet wir kaum noch einen Steinwurf weit davon entfernt seyn mochten. Mittlerweile schlug das Schiff einmal über das andre auf den Felsen an, so daß es allerdings mißlich um uns aussahe: Zum Glück war die See eben nicht unruhig, mithin auch keine sonderliche Brandung an den Felsen; hätte sich indessen der sonst gewöhnliche Seewind eingestellt, so wäre das Schiff unmöglich zu retten gewesen, allein auch der blieb diesen ganzen Tag über aus. Officier und Passagier, ohne Unterschied, thaten bey dieser Gelegenheit ihr äußerstes. Es ward ungesäumt ein Boot ausgesetzt, auf selbigem nicht weit von uns ein Anker ausgeworfen, und vermittelst dessen das Schiff los gehoben und wiederum flott gemacht. Da die Indianer an Bord sahen, wie sauer wir es uns werden ließen, so legten sie mit Hand an; sie arbeiteten an der Winde, halfen uns die Taue einnehmen und verrichteten andre dergleichen Arbeit mehr. Wären sie im mindesten verrätherisch gesinnt gewesen, so hätten sie jetzt die beste Gelegenheit gehabt, uns in Verlegenheit zu setzen; aber sie bezeigten sich, bey diesem gleich wie bey allen andern Vorfällen, höchstfreundschaftlich und gutherzig. Während dieser mühsamen Arbeit hatten wir eine ausnehmende Hitze auszustehen. Das Thermometer stand im Schatten auf 90 Grad und die Sonne schien brennend heiß, denn am ganzen Horizont war nirgends ein Wölkchen zu sehen, auch nicht das geringste Lüftchen zu spühren. Als uns dieser Unfall begegnete, war die *Adventure* dicht bey uns, sie entgieng aber der Gefahr dadurch, daß sie eilends die Anker auswarf. Zu den glücklichen Umständen, denen wir unsre Rettung zu danken hatten, gehörte auch der, daß die Felsen, auf welche wir gerathen waren, Absätze hatten, und der Anker folglich irgendwo fassen konnte, welches sonst selten der Fall ist, da die Corallen-Felsen gemeiniglich ganz senkrecht zu seyn pflegen. Es war ohngefähr um 3 Uhr, als wir nach anderthalbstündigem Arbeiten wieder los kamen. Wir nahmen nun eiligst einige Erfrischungen zu uns, und da diese Gegend sehr gefährlich war, im Fall sich ein Ostwind aufgemacht hätte; so bemanneten wir die Boote beyder Schiffe und ließen uns durch dieselben wieder in See boogsiren. Ohngefähr um 5 Uhr kam uns eine leichtwehende Landluft zu Hülfe. Wir entließen daher die Boote sogleich ihres bisherigen Dienstes und schickten sie nach der *Adventure* hin, um dieser die Anker lichten zu helfen. Die Leute hatten aber dies nicht abgewartet, sondern das Cabel bereits laufen lassen, um den günstigen Wind, ohne allen Aufschub zu nutzen, und uns zu folgen. Wir lavirten hierauf mit beyden Schiffen die ganze Nacht ab und zu, und sahen die gefährlichen Felsen mit einer Menge von Feuern erleuchtet, bey deren Schein die Indianer fischten. Als einer der Officiers schlafen gehen wollte, fand er sein Bett ohne Bett-Tücher, welche vermuthlich von der schönen *Maroraï* waren mitgenommen worden, als sie sich von ihrem Liebhaber so schleunig verlassen sahe. Sie mußte indessen diese kleine Angelegenheit mit besonderer Geschicklichkeit und in aller Kürze ausgeführt haben, denn sonst würde sie auf dem Verdeck vermißt worden und ihr Außenbleiben gleich verdächtig gewesen seyn.

Am folgenden Morgen näherten wir uns der Küste von neuem und steuerten längst der Nordseite der kleinern Halbinsel hin. Es dauerte nicht lange, so waren wir, wie am vergangenen Tage, wieder mit Canots umgeben, in welchen uns die Eingebohrnen Erfrischungen die Menge, nur kein Fleisch, zubrachten und uns mit ihrem freundschaftlichen Zuruf zuweilen ganz betäubten. Die Fahrzeuge schlugen oft um, aber das war kein großer Unfall für die Leute die darinnen saßen, indem beydes Männer und Weiber vortrefliche Schwimmer sind und die Canots in großer Geschwindigkeit wieder umzukehren wissen. Da sie fanden, daß ich mich nach Pflanzen und andern natürlichen Merkwürdigkeiten erkundigte; so brachten sie mir dergleichen zu; aber oftmals nur die Blätter ohne Blüthen, und umgekehrt zuweilen Blumen ohne Blätter; doch erkannte ich unter denselben, dieser Verstümmelung ohnerachtet, die gemeine Art des schwarzen Nacht-Schattens *(black night Shade)* und eine schöne *Erythrina* oder Coral-Blume. Auch bekam ich auf diese Weise allerhand Muscheln, Corallengewächse, Vögel u. d. g.

Um 11 Uhr ankerten wir in einem kleinen Haven *O-Aitepieha* genannt, der am nördlichen Ende der südlichen oder kleinen Halbinsel von *O-Tahiti* liegt, die in der Landessprache *Teiarrabu* heißt. Nunmehro gieng der Zulauf des Volks erst recht an und die Canots kamen von allen Seiten herbey. Die Leute waren auf unsere Corallen, Nägel und Messer so erpicht, daß wir gegen diese Waaren eine unglaubliche Menge ihres Zeuges, ihrer Matten, Körbe und andre Geräthschaften, desgleichen Coco-Nüsse, Brodfrucht, Yams und Pisangfrüchte in großen Überfluß zusammen brachten. Die Verkäufer kamen zum Theil aufs Verdeck und nahmen der Gelegenheit wahr, allerhand Kleinigkeiten wegzustehlen; einige machten es gar so arg, daß sie unsre erhandelten Coco-Nüsse wieder über Bord und ihren Cameraden zu practicirten, und diese verkauften sie unsern Leuten alsdenn zum zweytenmal. Um nicht wieder so betrogen zu werden, wurden die Diebe vom Schiffe gejagt und mit einigen Peitschen-Hieben gezüchtigt, die sie geduldig ertrugen.

Die Hitze war heute eben so groß als gestern. Das Thermometer stand auf 90 im Schatten, wenn der Himmel mit Wolken bedeckt war; und um Mittag ward es wieder windstill. Ob wir gleich bey dieser Hitze heftig schwitzten, so war sie uns übrigens doch gar nicht so empfindlich, oder so zur Last, als man wohl denken möchte. Wir befanden uns im Gegentheil ungleich frischer und muntrer, als es, vornemlich der gestrigen abmattenden Arbeit nach, zu vermuthen war. Diesen Vortheil hatten wir aber ohne Zweifel blos der Nachbarschaft des Landes zu verdanken; die Brodfrucht und die Yams, welche man uns von dorther zubrachte, schmeckten und bekamen uns besser als unser wurmstichigter Zwieback; und die Pisangs, nebst einer Äpfel-Frucht, die von den Einwohnern *E-vie* genannt wird, gaben einen herrlichen Nachtisch ab. Das einzige, was wir uns an frischen Lebensmitteln noch wünschen konnten, waren Hühner und Schweine, damit wir anstatt des täglichen Pöckelfleisches eine Abwechslung haben mögten.

Nachmittags giengen die Capitains, nebst einigen anderen Herren zum erstenmal ans Land, um den *O-Aheatua* zu besuchen, den alle Einwohner hiesiger Gegenden für ihren *Ärih* oder König erkannten. Während dieser Zeit war das Schiff mit einer Menge von Canots umringt, die außer allerhand Kräuterwerk, auch große Quantitäten einländischen Zeugs verhandelten. So gar auf den Verdecken wimmelte es von Indianern, und unter selbigen gab es verschiedne Frauenspersonen, die sich ohne Schwierigkeiten den Wünschen unsrer Matrosen überließen. Einige von denen, die dieses Gewerbe trieben, mochten kaum neun oder zehen Jahr alt seyn und hatten noch nicht das geringste Zeichen der Mannbarkeit an sich. So frühzeitige Ausschweifungen scheinen einen sehr hohen Grad von Wollust anzudeuten und müssen im Ganzen allerdings Einfluß auf die Nation haben. Die natürlichste Folge davon, die mir auch sogleich in die Augen fiel, bestand darinn, daß das gemeine Volk, zu welchem alle diese liederlichen Weibsbilder gehören, durchgehends von *kleiner Statur* war. Nur wenige einzelne Leute aus demselben, waren von mehr als mittlerer Größe; die übrigen waren alle darunter – ein Beweis, daß die Meynung des Grafen *Büffon,* über die frühzeitige Vermischung beyder Geschlechter (S. dessen *Hist. naturelle)* sehr gegründet ist. Sie hatten unregelmäßige, gemeine Gesichtszüge, aber schöne, große Augen, die durchgehends sehr lebhaft waren; nächst diesen ersetzte auch ein ungezwungnes Lächeln und ein beständiges Bemühen zu gefallen, den Mangel der Schönheit so vollkommen, daß unsre Matrosen ganz von ihnen bezaubert waren und auf die leichtsinnigste Weise von der Welt, Hemder und Kleider weggaben, um sich diesen neuen Mätressen gefällig zu bezeigen. Die ungekünstelte Einfalt der Landes-Tracht, die den wohlgebildeten Busen und schöne Arme und Hände unbedeckt ließ, mogte freylich das ihrige beytragen, unsre Leute in Flammen zu setzen; und der Anblick verschiedner solcher Nymphen, davon die eine in dieser, jene in einer andern verführerischen Positur behend um das Schiff herschwammen, so nackt als die Natur sie gebildet hatte, war allerdings mehr denn hinreichend, das bischen Vernunft ganz zu blenden, das ein Matrose zu Beherrschung der Leidenschaften etwa noch übrig haben mag. Eine Kleinigkeit hatte Veranlassung dazu gegeben, daß ihrer so viel neben uns herum schwammen. Einer von den Officiers, welcher seine Freude an einem Knaben von ohngefähr 6 Jahren hatte, der dicht am Schiff in einem Canot war, wollte demselben vom hintern Verdeck herab, eine Schnur Corallen zuwerfen; der Wurf gieng aber fehl und ins Wasser; nun besann sich der Junge nicht lange, sondern plumpte hinter drein, tauchte und brachte die Corallen wieder herauf. Um diese Geschicklichkeit zu belohnen, warfen wir ihm mehrere zu, und das bewog eine Menge von Männern und Weibern, uns ihre Fertigkeit im Wasser ebenfalls zu zeigen. Sie holten nicht nur einzelne Corallen, davon wir mehrere auf einmal ins Wasser warfen, sondern auch große Nägel wieder herauf, ohngeachtet diese, ihrer Schwere wegen, sehr schnell in die Tiefe hinab sunken. Manchmal blieben sie lange unter Wasser; was uns aber am bewundrungswürdigsten dünkte, war die außerordentliche Geschwindigkeit, mit welcher sie gegen den Grund hinabschossen, und die sich bey dem klaren Wasser sehr deutlich bemerken ließ. Da man hier zu Lande gewohnt ist sich vielfältig zu baden, wie bereits Capitain *Cook* auf seiner vorigen Reise angemerkt hat, so lernen die Leute ohne Zweifel schon von der frühesten Kindheit an schwimmen, und besitzen daher auch eine solche Fertigkeit darinn, daß man sie ihrer Behendigkeit im Wasser und der Biegsamkeit ihrer Glieder nach, fast für Amphibia halten sollte. Nachdem sie diese Schwimmer-Übungen und andere Beschäfftigungen bis zu Untergang der Sonne fortgesetzt hatten, kehrten sie allmählig wieder nach dem Ufer zurück.

Um diese Zeit kamen auch die Capitains mit ihrer Gesellschaft wieder an Bord, ohne den König gesehn zu haben; der sie, wer weis aus was für mißtrauischer Besorgniß, nicht hatte wollen vor sich kommen, sondern ihnen nur versichern lassen, daß er sie am folgenden Tage selbst besuchen würde. Um indessen nicht ganz vergebens am Lande gewesen zu seyn, nahmen sie längst der Küste, nach Osten hin, einen Spatziergang vor. Eine Menge von Einwohnern folgte ihnen überall nach, und als sie unterwegens an einen Bach kamen, bothen sich die Leute um die Wette an, sie auf den Schultern herüber zu tragen. Jenseits desselben zerstreueten sich die Indianer nach und nach, so daß sie endlich nur einen einzigen Mann bey sich hatten. Diesen ließen sie als Wegweiser vorauf gehen, und folgten ihm nach einer unbebaueten Landspitze, welche sich ins Meer erstreckte. Der Ort war mit wild aufgeschoßnen Pflanzen und Stauden verwachsen; und als sie sich durch dieses Buschwerk hindurch gearbeitet hatten, stand ein pyramidenförmiges Gebäude von Steinen vor ihnen, dessen Basis, vorn, ohngefähr zwanzig Schritte (60 Fus) breit seyn mochte. Das ganze Gebäude war aus mehreren Terrassen oder Stufen übereinander aufgeführt, die aber, besonders gegen die Landseite hin, ziemlich verfallen und schon mit Gras und Buschwerk überwachsen waren. Ihr Begleiter sagte ihnen, es sey eine Grabstelle oder ein heiliger Versammlungsplatz, *Maraï,* und er nannte es, *Maraï no-Aheatua,* den Begräbnißplatz des *Aheatua,* der jetzt König auf *Teiarrabu* ist. Rund um das Gebäude standen funfzehen dünne, fast senkrecht in die Erde gesteckte, hölzerne Pfosten, die zum Theil 18 Fus lang seyn mochten, an deren jeder man sechs bis acht kleine, theils männliche, theils weibliche Menschen-Figuren, ziemlich krüpplicht eingeschnitten fand, die dem Geschlecht nach, ohne Unterschied eine über die andre standen, jedoch so, daß die oberste immer eine männliche war. Durchgehends aber hatten sie das Gesicht gegen die See hingekehrt und dieses sahe den geschnitzten Menschen-Gesichtern ähnlich, die an den Vordertheilen ihrer Canots befindlich zu seyn pflegen und *e-tie* oder *e-tihi* genannt werden. Etwas abwärts von dem *Maraï,* stand eine Art von Strohdach auf vier Pfosten, und vor selbigem war ein Spalierwerk oder Verzäunung von Latten errichtet, und mit Pisangfrüchten, desgleichen mit Cocosnüssen, *no t'Etua* für die Gottheit behangen. Hier setzten sie sich nieder, um im Schatten dieses Obdachs auszuruhen, und ihr Begleiter both ihnen zur Erfrischung einige von den Pisangfrüchten an, mit der Versicherung, sie wären *mâa maitai,* gut zu essen. Eine solche Einladung war nicht zu verschmähen, auch trugen sie kein Bedenken, es sich auf Kosten der Götter recht tapfer schmecken zu lassen, zumal da das Obst würklich so gut war als ihr Führer es ihnen angepriesen hatte. Bey einbrechendem Abend, kehrten sie, mit der von diesem gutherzigen Volke genoßnen guten Aufnahme ungemein zufrieden, nach dem Schiff zurück, und brachten uns einige Pflanzen mit, welche wir sogleich für Gewächse erkannten, die nur zwischen den Wende-Cirkeln zu Haus sind. Als wir am folgenden Tage früh aufs Verdeck kamen, um die kühle Morgenluft zu genießen, fanden wir die herrlichste Aussicht vor uns; und der Morgenglanz der Sonne breitete gleichsam doppelte Reitze über die natürlichen Schönheiten der Landschaft aus. Der Haven, in welchem wir lagen, war nur klein, dergestalt, daß unsre beyden Schiffe ihn fast gänzlich ausfüllten; das Wasser aber war in selbigem so klar als ein Crystall, und so glatt als ein Spiegel, indeß sich um uns her, die See an den äußern Felsen in schneeweißschäumenden Wellen brach. Auf der Landseite erblickte das Auge vor den Bergen her, eine schmale Ebene, deren fruchtbares Ansehen, all ihren Bewohnern Überfluß und Glückseligkeit zu gewähren schien. Dem Schiffe gerade gegen über öfnete sich, zwischen den Bergen, ein enges wohlbebauetes Thal, das voller Wohnungen und auf beyden Seiten mit Wald bedeckten Hügeln eingefaßt war, die längst der ganzen weiten Strecke desselben in mannigfaltig gebrochnen Linien hinauf liefen und sich in verschiednen Farben und Entfernungen zeigten. Über diese und das Thal hinaus, ragten aus dem Innern des Landes, mancherley romantisch-geformte, steile Berg-Gipfel hervor, davon besonders der eine auf eine mahlerisch-schöne, aber fürchterliche Weise überhieng und gleichsam den Einsturz drohte. Der Himmel war heiter und die Luft erquickend warm; kurz, alles flößte uns neues Leben und neuen Muth ein. Mittlerweile wurden die Boote beyder Schiffe nach *o-Whai-urua* geschickt um die Anker zu holen, welche wir daselbst im Grunde hatten sitzen lassen als wir auf den Felsen stießen. Zu gleicher Zeit ward eine Parthey See-Soldaten und Matrosen beordert ans Land zu gehen, um Lebensmittel einzuhandeln, und unsre ledigen Fässer mit frischem Wasser zu füllen. Zu Ausführung dieses Vorhabens faßten sie ohnweit dem Strande in einer verlassenen Wohnung Posto, die ihnen nicht nur Schatten gegen die Sonne, sondern auch, vermittelst der Umzäunung, Sicherheit gegen die Diebereyen des Volks verschaffte. Als wir eben im Begriff waren, mit dem Capitain ans Land zu gehen, bekam dieser einen Besuch von einem angesehenen Manne, der *o-Pue* hies und seine beyden Söhne bey sich hatte. Sie brachten dem Capitain etwas Zeug und einige andre Kleinigkeiten zum Geschenk, und erhielten dagegen Messer, Nägel, Corallen, und ein Hemde, welches letztere einer von ihnen anlegte, und in diesem Aufzuge begleiteten sie uns ans Land.

So bald wir ausgestiegen waren, eilten wir von dem sandichten Strande, wo in unsrer Wissenschaft keine Entdeckungen zu erwarten waren, weg, und nach den Plantagen hin, die uns vom Schiffe her so reizend ausgesehen hatten, ohnerachtet der späten Jahreszeit wegen Laub und Gras schon durchgehends mit herbstlichem Braun gefärbt war. Wir fanden bald, daß diese Gegenden in der Nähe nichts von ihren Reizen verlören, und daß Herr von *Bougainville* nicht zu weit gegangen sey, wenn er dies Land als ein Paradies beschrieben. Wir befanden uns in einem Wald von Brodfrucht-Bäumen, auf denen aber bey dieser Jahrszeit keine Früchte mehr waren, und beym Ausgang des Gehölzes sahen wir einen schmalen, von Gras entblößten Fuspfad vor uns, vermittelst dessen wir bald zu verschiednen Wohnungen gelangten, die unter mancherley Buschwerk halb versteckt lagen. Hohe Cocos-Palmen ragten weit über die andren Bäume empor und neigten ihre hängenden Wipfel auf allen Seiten gegen einander hin. Der Pisang prangte mit seinen schönen breiten Blättern und zum Theil auch noch mit einzelnen traubenförmigen Früchten. Eine schattenreiche Art von Bäumen, mit dunkelgrünem Laube, trug goldgelbe Äpfel, die den würzhaften Geschmack und Saft der Ananas hatten. Der Zwischenraum war bald mit jungen chinesischen Maulbeerbäumen *(morus papyrifera)* bepflanzt, deren Rinde von den Einwohnern zu Verfertigung der hiesigen Zeuge gebraucht wird; bald mit verschiednen Arten von *Arum-* oder Zehrwurzeln, *(Arum* oder *Eddoes)* mit Yams, Zuckerrohr und andern nutzbaren Pflanzen besetzt. Die Wohnungen der Indianer lagen einzeln, jedoch ziemlich dicht neben einander, im Schatten der Brodfrucht-Bäume auf der Ebene umher, und waren mit mancherley wohlriechenden Stauden, als *Gardenia, Guettarda* und *Calophyllum* umpflanzt. Die einfache Bauart und die Reinlichkeit derselben stimmte mit der kunstlosen Schönheit des darum her liegenden Waldes überaus gut zusammen. Sie bestanden nemlich mehrentheils nur aus einem Dach, das auf etlichen Pfosten ruhte und pflegten übrigens, an allen Seiten offen, ohne Wände zu seyn. Diese sind auch, bey dem vortreflichen Clima des Landes welches vielleicht eins der glücklichsten auf Erden ist, vollkommen gut zu entbehren; denn Tau und Regen, die einzigen Veränderungen der Witterung gegen welche die Einwohner Schutz nöthig haben, kann in den mehresten Fällen ein bloßes Dach genugsam abhalten. Zu diesen liefert ihnen der *Pandang* oder Palm-Nußbaum,[3] seine breiten Blätter statt der Ziegel und die Pfeiler werden aus dem Stamm des Brodfrucht-Baums gemacht, der ihnen solchergestalt auf mehr denn einerley Art nutzbar wird. Indessen gab es doch mitunter einige Wohnungen, die vermuthlich nur deswegen, damit man innerhalb verborgner seyn könne, mit einer Art von geflochtnen Rohr-Hürden eingeschlossen waren, welches sie denn einem großen Vogelbauer ziemlich ähnlich machte. In diesem Wandwerk war eine Öffnung zur Thür gelassen, die mit einem Brette zugemacht werden konnte. Vor jeder Hütte sahe man eine kleine Gruppe von Leuten, die sich ins weiche Gras gelagert hatten oder mit kreuzweis übereinandergeschlagnen Beinen beysammen saßen und ihre glücklichen Stunden entweder verplauderten oder ausruheten. Einige standen bey unsrer Annäherung auf und folgten dem Haufen der mit uns gieng; viele aber, besonders Leute von reiferem Alter, blieben unverrückt sitzen und begnügten sich uns im Vorübergehen, ein freundschaftliches *Tayo!* zuzurufen. Da unsre Begleiter gewahr wurden, daß wir Pflanzen sammleten, so waren sie sehr emsig, dieselbigen Sorten zu pflücken und herbey zu bringen, die sie von uns hatten abbrechen sehen. Es gab auch in der That eine Menge von allerhand wilden Arten in diesen Plantagen, die untereinander in jener schönen Unordnung der Natur aufsproßten, die über das steife Putzwerk künstlicher Gärten immer unendlich erhaben, aber alsdenn vollends bewundernswürdig ist, wenn die Kunst ihr am rechten Ort aufzuhelfen weiß. Vornemlich fanden wir verschiedene Grasarten, die ohnerachtet sie dünner als unsre nördliche standen, dennoch, weil sie im Schatten wuchsen, ein sehr frisches Ansehen hatten und einen weichen Rasen ausmachten. Sie dienten zugleich das Erdreich feucht zu erhalten, und solchergestalt den Bäumen Nahrung zu verschaffen, die auch ihrer Seits im vortreflichsten Stande waren. Mancherley kleine Vögel wohnten auf den schattigen Zweigen der Brodfrucht- und andrer Bäume und sungen sehr angenehm, ob man gleich, ich weis nicht warum, in Europa den Wahn hegt, daß es in heißen Ländern den Vögeln an harmonischen Stimmen fehle. In den Gipfeln der höchsten Cocosnuß-Bäume pflegte sich eine Art kleiner, schöner Saphir-blauer Papagayen aufzuhalten, und eine andre grünlichte Art mit rothen Flecken, sahe man unter den Pisang-Bäumen häufig, traf sie auch oft zahm in den Häusern an, wo die Einwohner sie der rothen Federn wegen, sehr gern zu haben schienen. Ein Eisvogel, der von dunkelgrünem Gefieder und rings um die weiße Kehle mit einem ringförmigen Streif von vorgedachter Farbe gezeichnet war; ein großer Kuckuck und verschiedne Arten von Tauben, hüpften fröhlich auf den Zweigen herum, indeß ein bläulichter Reyer gravitätisch am See-Ufer einher trat, um Muscheln, Schnecken und Würmer aufzulesen. Ein schöner Bach, der über ein Bette von Kieseln rollte, kam in schlängelndem Lauf das schmale Thal herab, und füllte beym Ausfluß in die See unsre leeren Fässer mit silberhellem Wasser. Wir giengen längst seinem krummen Ufer eine gute Strecke weit hinauf, bis uns ein großer Haufen Indianer begegnete, der hinter dreyen Leuten herzog, die in verschiedne Stücke ihres rothen und gelben Zeuges gekleidet waren und von eben dergleichen zierliche Turbans auf hatten. Sie trugen lange Stöcke oder Stäbe in der Hand, und einer hatte eine Frauensperson bey sich, welches seine Frau seyn sollte. Wir fragten, was dieser Aufzug zu bedeuten habe, und erhielten zur Antwort: es wären die *Te-apunie;* da die Indianer aber merkten, daß wir noch nicht genug von ihrer Sprache wüßten, um diesen Ausdruck zu verstehen, so setzten sie

3 *Athrodactylis. Char. Gen. nov. Forster. London. 1776. Bromelia sylvestris Linn. Flora Ceyl. Keura. Forskal Flor. Arab. Pandanus, Rumph. Amboin.*

hinzu, es wären *Tata-no-t' Eatua,* das ist: Männer, die der Gottheit und dem Maraï oder Begräbniß- und Versammlungsplatze angehörten. Man mögte sie also wohl Priester nennen dürfen. Wir blieben einige Zeit stehen, um abzuwarten, ob sie etwa eine Art von gottesdienstlicher Handlung oder andre besondre Ceremonie vornehmen würden, da aber nichts dergleichen erfolgte, so kehrten wir nach dem Strande zurück. Um Mittagszeit gieng Capitian *Cook* mit uns und den beyden Söhnen des oberwähnten *O-Pue* (S. 183) wieder an Bord, ohne den *Aheatua* gesehen zu haben, der aus Ursachen, die kein Mensch errathen konnte, uns noch immer nicht vor sich kommen lassen wollte.

Unsre beyden indianischen Gäste setzten sich mit zu Tische und aßen von unsern Zugemüsen; das Pöckelfleisch aber ließen sie unberührt. Nach Tische nahm einer der Gelegenheit wahr, ein Messer und einen zinnernen Löffel zu mausen, ob ihm gleich der Capitain, ohne alles Gegengeschenk, eine Menge von Sachen gegeben hatte, daran er sich allerdings hätte genügen lassen und die Gesetze der Gastfreyheit nicht auf eine so häßliche Weise übertreten sollen. So bald er sahe, daß die Dieberey entdeckt war, und daß man ihn deshalb vom Verdeck wegjagen wollte, besann er sich nicht lange, sondern sprang über Bord, schwamm nach dem nächsten Canot hin, und setzte sich ruhig in demselben nieder, unsrer Übermacht gleichsam zum Trotze. Capitain *Cook* konnte sich aus Unwillen über das schändliche Betragen dieses Kerls nicht enthalten, ihm eine Flintenkugel übern Kopf hinzufeuern, allein dies fruchtete nichts mehr, denn daß der Indianer von neuen ins Wasser sprang und das Canot umschlagen machte. Man feuerte zum zweytenmal nach ihm, allein, so bald er das Feuer von der Pfanne aufblitzen sahe, tauchte er unter, und eben so machte ers beym *dritten* Schuß. Nunmehro bemannte der Capitain sein Boot und ruderte nach dem Canot hin, unter welches sich der Taucher versteckt hatte. Dieser aber wartete so lange nicht, sondern verließ sein Fahrzeug und schwamm nach einem doppelten Canot, das nicht weit von ihm war. Auch dem ward nachgesetzt. Es entkam aber durch die Brandung auf den Strand, und die Indianer fiengen von daher an mit Steinen nach unsren Leuten zu werfen, so daß diese es für rathsam hielten, sich zurückzuziehen. Endlich ward ein Vierpfünder gegen das Land abgefeuert, und dieser machte dem Handel auf einmal ein Ende, denn er jagte jenen ein solches Schrecken ein, daß unsre Leute zwey doppelte Canots ohne Widerstand wegnehmen und mit sich ans Schiff bringen konnten.

Nachdem dieser Tumult über war, giengen wir ans Land, um ohnweit dem Orte, wo unsre Wasserfässer gefüllt wurden, nach Tische einen Spatziergang zu machen und das Zutrauen des Volks wieder zu gewinnen, welches uns, der eben erzählten Feindseligkeiten wegen, mit einemmal verlassen hatte. Wir wählten einen andern Weg als den wir am Morgen genommen hatten, und fanden auf demselben eine Menge Pisange, Yams, Zehrwurzeln u. d. gl. um die Häuser herumgepflanzt. Die Bewohner waren freundschaftliche, gutherzige Leute, jedoch des Vorgefallnen wegen, etwas scheuer und zurückhaltender als zuvor. Endlich gelangten wir an ein großes mit Rohrwänden versehenes Haus, welches ein artiges Ansehen hatte. Es sollte dem *Aheatua* angehören, und dieser sich jetzt in einer andern Gegend aufhalten. Wir fanden hier ein Schwein und etliche Hühner, die ersten, welche uns die Einwohner zu Gesicht kommen ließen, indem sie solche bisher sorgfältig versteckt und nie hatten verkaufen wollen, unter dem Vorwande, daß sie dem *Ärih* oder Könige zugehörten. Sie machten jetzt eben die Entschuldigung, ohnerachtet wir ihnen ein Beil dafür anbothen, welches, ihren Meynungen und Bedürfnissen nach, gleichwohl das höchste war was sie dagegen verlangen konnten. Nach einem kurzen Aufenthalte kehrten wir auf eben dem Wege wieder zurück und brachten eine kleine Parthey neuer Pflanzen mit an Bord. Gegen Untergang der Sonne ward ein Boot vor den Haven hinausgeschickt, um einen See-Soldaten, Namens *Isaac Taylor,* in der See zu begraben, der nach langem Kränkeln heute Morgen gestorben war. Seitdem wir England verlassen, war er beständig fieberhaft, schwindsüchtig und asthmatisch gewesen. Diese Zufälle hatten je länger je mehr überhand genommen, und sich zuletzt in eine Wassersucht verwandelt, die seinem Leben ein Ende machte. Alle unsre übrigen Leute an Bord waren nun wohl, einen einzigen Mann ausgenommen, der seiner zum Scorbut geneigten Leibesbeschaffenheit wegen, allemal von neuem bettlägerig wurde, so oft wir in See giengen, und mit genauer Noth beym Leben zu erhalten war, ohnerachtet man ihn beständig, die kräftigsten prophylactischen Mittel und Worth gebrauchen ließ. Jedoch auch dieser Mann, sowohl als die am Scorbut kranken Leute von der *Adventure,* erholten sich außerordentlich geschwind, durch bloßes Spatzierengehen am Ufer und durch den täglichen Genuß von frischer Kräuterkost.

Früh am folgenden Morgen kamen etliche Indianer in einem Canot zu uns und bathen um die Zurückgabe der beyden größern, die man ihnen Tages zuvor weggenommen hatte. Da Capitain *Cook* inne geworden war, daß der Handel des gestrigen Vorfalls wegen ins Stecken gerathen sey, weil seitdem niemand ans Schif, und auch an den Wasserplatz hin nur wenig Indianer gekommen waren; so ließ er ihnen die Canots alsbald zurück geben, um das gute Vernehmen mit den Eingebohrnen aufs eheste wieder herzustellen. So schleunig als wir es wohl gewünscht hätten, würkte zwar diese Probe von unsrer Billigkeit nicht; doch blieb der Erfolg davon wenigstens nicht aus, denn nach Verlauf zweyer oder dreyer Tage war der Handel wiederum völlig auf den vorigen Fus hergestellt.

Nach diesen Friedens-Vorkehrungen giengen wir aufs Botanisiren ans Land. Ein tüchtiger Regenschauer, der vorige Nacht gefallen, hatte die Luft merklich abgekühlt, und machte unsern Spatziergang sehr angenehm, indem die Sonnenhitze heute nicht so früh als sonst überhand nehmen konnte. Das ganze Land war durch den Regen verschönert. Bäume und Pflanzen waren wie von neuem belebt und in den Wäldern duftete das erfrischte Erdreich einen angenehmen Wohlgeruch aus. Eine Menge von kleinen Vögeln begrüßten uns mit ihrem lieblichen Morgengesang, den wir sonst noch nie so in ganzen Chören gehört hatten, vielleicht, weil wir bisher noch nie so früh ausgegangen, vielleicht auch, weil der Morgen so besonders schön war. Wir mochten kaum etliche hundert Schritte weit gegangen seyn, so entstand im Walde ein lautes Klopfen, als ob Zimmerleute daselbst arbeiteten. Da dieser Schall unsre Neugier erregte, so spürten wir ihm nach und gelangten endlich an einen kleinen Schoppen, unter welchen fünf oder sechs Weibsleute zu beyden Seiten eines langen viereckigten Balkens saßen, auf welchem sie die faserichte Rinde vom Maulbeerbaume klopften, um Zeug daraus zu machen. Das Instrument, dessen sie sich hiezu bedienten, war ein schmales vierseitiges Stück Holz, in welchem der Länge nach überall parallele Furchen eingeschnitten waren, die auf jeder von den vier verschiedenen Seiten des Hammers, immer tiefer wurden[4] und immer dichter neben einander lagen. Sie hielten eine Weile mit Arbeiten inne, damit wir die Rinde, die Hämmer und den Balken betrachten könnten. Auch zeigten sie uns eine Art von Leimwasser in einer Cocos-Nußschaale, mit welchem sie während dem Klopfen die Rinde von Zeit zu Zeit besprengen, um die einzelnen Stücken derselben, in eine zusammenhängende Masse zu bringen. Dieser Leim, der, so viel wir verstehen konnten, vom *Hibiscus esculentus* gemacht war, ist zur Verfertigung der Arbeit unentbehrlich, weil die Stücken Zeug zuweilen 6 bis 9 Fus breit und gegen 150 Fus lang sind, gleichwohl aber aus lauter kleinen einzelnen Stücken Rinde zusammengeschlagen werden müssen. Es darf keine andre Rinde als von jungen Bäumen dazu genommen werden; daher man auch in ihren Maulbeerpflanzungen nicht einen einzigen alten Stamm findet. So bald sie eines guten Daumens dick, das ist, ohngefähr zwey Jahr alt sind, werden sie abgehauen, ohne daß dieser frühen und häufigen Nutzung wegen Mangel daran zu besorgen wäre; denn kaum ist der Baum abgehauen, so sprossen schon wieder junge Schößlinge aus der Wurzel auf, und ließe man ihn zu Blüthen und Früchten kommen, so würde er, seinem schnellen Wachsthum nach zu urtheilen, sich vielleicht übers ganze Land verbreiten. Sie suchen die Bäume durchgehends so gerade und so hochstämmig als möglich zu ziehen, leiden auch unterhalb der Krone keinen Ast, damit die Rinde desto glätter sey und beym Abschälen recht lange Stücken gebe. Wie diese aber zubereitet werden mag, ehe sie unter den Hammer kommt, war uns noch unbekannt. Die Weiber, welche wir bey dieser Beschäftigung fanden, waren ganz dürftig in alte schmutzige Zeug-Lumpen gekleidet, und daß die Arbeit eben nicht leicht seyn müsse, konnte man daraus schließen, daß ihre Hände eine dicke, hornharte Haut davon bekommen hatten. Wir setzten nun unsern Weg weiter fort und gelangten bald in ein schmales Thal. Ein wohlaus-

4 *S. Hawkesworths* Gesch. der engl. See-Reisen in 8. B. III. 18tes Hauptstück, *pag. 518.*

sehender Mann, bey dessen Wohnung wir vorüber kamen, lag im Schatten da, und lud uns ein, neben ihm auszuruhen. So bald er sahe, daß wir nicht abgeneigt dazu waren, streute er Pisang-Blätter auf einen mit Steinen gepflasterten Fleck vor dem Hause, und setzte einen kleinen aus Brodbaum-Holz verfertigten Stuhl hin, auf welchen er denjenigen von uns, den er für den Vornehmsten hielt, sich niederzulassen bath. Nachdem auch die übrigen sich ins Gras gelagert hatten, lief er ins Haus, holte eine Menge gebackne Brod-Frucht und setzte uns solche auf den Pisangblättern vor. Nächst diesem brachte er noch einen Mattenkorb voll *Vih* oder *Tahitische* Äpfel, welches eine Frucht von der *Spondias*-Art und im Geschmack der Ananas ähnlich ist, und nunmehro bath er uns, zuzulangen. Es schmeckte uns allen herzlich wohl, der Spatziergang und die frische Morgenluft hatten uns guten Appetit verschaft und überdies waren die Früchte vortreflich. Wir fanden die *Tahitische* Zubereitung der Brodfrucht (die so wie alle andre Speisen, vermittelst heißer Steine in der Erde gebacken wird) unendlich besser als unsre Art sie zu kochen. Bey dieser Bereitung bleibt aller Saft beysammen und wird durch die Hitze noch mehr verdickt; beym Kochen hingegen saugt sich viel Wasser in die Frucht und vom Geschmack und Saft geht viel verloren. Um das Tractament zu beschließen, brachte der Wirth fünf Coco-Nüsse, die er auf eine sehr ungekünstelte Art öfnete, indem er die äußeren Fäden mit den Zähnen wegriß. Den kühlen hellen Saft derselben goß er in eine reine Schaale einer reifen Coco-Nuß, und reichte sie einem jeden von uns nach der Reihe zu. Die Leute waren hier bey allen Gelegenheiten gutherzig und freundschaftlich gewesen, und hatten uns zuweilen, wenn wir es begehrten, Coco-Nüsse und andre Früchte, für Glas-Corallen verkauft; allein so uneigennützig und wahrhaft gastfrey als *dieser* Mann, hatte während unsers kurzen Hierseyn, sich noch keiner gegen uns bewiesen. Wir hieltens daher für unsre Pflicht, ihn nach Vermögen zu belohnen, und schenkten ihm das beste, was wir bey uns hatten, eine Menge durchsichtiger Glas-Corallen und Nägel, womit er äußerst vergnügt und zufrieden war.

Ausgeruhet und erquickt schieden wir nunmehro von diesem friedlichen Sitze patriarchialischer Gastfreyheit und giengen noch weiter ins Land hinauf, ohne uns daran zu kehren, daß unter dem großen Haufen von Indianern, die uns begleiteten, viele waren, denen damit eben nicht gedient zu seyn schien. Wir hatten indessen von ihrem Mißvergnügen weiter keinen Schaden als daß sich unser Gefolge verminderte, indem die mehresten, jetzt nach ihren Wohnungen zurückkehrten. Dies ließen wir uns gern gefallen; die wenigen, die noch bey uns blieben, übernahmen es, die Stelle von Wegweisern zu vertreten, und so erreichten wir bald das Ende des Thals. Hier hörten die Hütten und Pflanzungen der Indianer auf, und wir hatten nun die Berge vor uns, zu denen ein stark betretner Fussteig, der hie und da von hohen Bäumen beschattet war, durch wildes Gebüsch hinauf führte. An den verwachsensten Stellen, die wir mit Fleis durchsuchten, fanden sich verschiedne Pflanzen, desgleichen einige Vögel, welche den Naturforschern, bis jetzt, noch unbekannt geblieben waren. Mit diesem kleinen Lohn für unsre Mühe, kehrten wir nach dem Ufer zurück, worüber unsre indianischen Freunde und Begleiter herzlich froh waren. Am Strande trafen wir auf dem Handelsplatze einen großen Zusammenfluß von Landeseinwohnern an, und sahen, daß unsre Leute eine Menge von Zehrwurzeln *(eddoes)* und andern Gewächsen, an Brodfrüchten hingegen nur wenig zusammengebracht hatten. Dies letztere rührte von der späten Jahreszeit her, in welcher nur auf wenig einzelnen Bäumen hin und wieder noch eine Frucht hieng, die mehresten hingegen schon wieder für die nächste Erndte angesetzt hatten. Die ausnehmende Hitze reitzte uns zum baden, und ein Arm des nahgelegnen Flusses, der einen tiefen Teich von ziemlichen Umfang ausmachte, both uns die bequemste Gelegenheit hiezu an. Nachdem wir uns in diesem kühlen Wasser ganz erfrischt hatten, kehrten wir zum Mittagbrod an das Schiff zurück. Nachmittags ward es sehr regnigt und stürmisch; der Wind trieb die *Adventure* vom Anker, doch ward sie durch schleunige gute Anstalten ihrer Leute, bald wieder in die vorige Lage gebracht. Da dies schlimme Wetter uns an Bord eingeschlossen hielt; so beschäftigten wir uns diese Zeit über, um die bisher gesammleten Pflanzen und Thiere in Ordnung zu bringen und die unbekannten zu zeichnen. Ohngeachtet wir aber bereits drey Tage lang aufs Botanisiren ausgegangen waren, so belief sich die Anzahl der neuentdeckten Pflanzen doch noch gar nicht hoch, welches, bey einer so blühenden Insel als

Tahiti, ein überzeugender Beweis ihrer hohen Cultur ist. Wäre sie weniger angebauet; so würde, dem herrlichen Boden und Clima nach, das Land überall mit hunderterley Arten von Kräutern, wild überwachsen gewesen seyn, anstatt daß jetzt dergleichen kaum hie und da einzeln aufsproßten. Auch von Thieren gab es nur wenige allhier, weil diese Insel nicht allein von geringem Umfange, sondern auch auf allen Seiten gar zu weit vom festen Lande entfernt ist. Außer einer ungeheuren Menge von Ratten, welche die Eingebohrnen aller Orten ungehindert herum laufen ließen, ohne zu Vertilgung oder Verminderung derselben irgend ein Mittel vorzukehren, fanden wir kein andres vierfüßiges Thier allhier, als zahme Schweine und Hunde. Das Geschlecht der Vögel hingegen war schon ungleich zahlreicher, und von Fischen gab es vollends eine so große Menge neuer Arten, daß man fast jedesmal auf Entdeckungen rechnen konnte; so oft den Indianern ein neuer, frischgefangner Vorrath davon abgekauft ward. Die große Mannichfaltigkeit, welche wir in dieser Classe der Geschöpfe fanden, rührt natürlicherweise daher, daß sie aus einem Theile des Oceans so leicht und ungehindert nach dem andern gelangen können, und eben daher kommt es auch, daß man, zumal unter den Wende-Creysen, gewisse Arten derselben rund um die ganze Welt antrifft.

Im Pflanzenreiche sahe es allhier nur allein für die Botanik unangenehm, in aller andern Absicht aber, desto vortheilhafter aus. Von wilden Kräutern, die der Naturforscher in Menge zu finden wünschte, gab es nemlich, wie gesagt, nur wenige, dagegen desto mehr eßbare Gewächse und Früchte, als Yams, Zehrwurzeln, *(eddoes)* Tahiti-Äpfel, Pisang- und Brodfrüchte. Von allen diesen, besonders von den ersteren drey Arten, als für welche es gerade die rechte Jahreszeit war, brachten uns die Eingebohrnen so große Quantitäten zum Verkauf, daß die gesammte Mannschaft beyder Schiffe damit gespeiset werden konnte. Bey einer so gesunden Kost erholten sich unsre mit dem Scorbut behafteten Kranken gleichsam zusehends; ja wir alle befanden uns, bis auf einen Durchlauf, den die schleunige Veränderung der Nahrungsmittel im Anfang verursachte, ungemein wohl dabey. Das einzige, woran es uns noch fehlte, war frisches Schweinefleisch. Es kam uns desto härter an, desselben zu entbehren, da wir dergleichen Thiere, auf allen unsern Spatziergängen, in Menge antrafen, ob sich gleich die Leute immer Mühe gaben, sie für uns versteckt zu halten. Zu dem Ende sperrten sie solche in kleine Ställe ein, die ganz niedrig gebauet und oben flach mit Brettern belegt waren, so daß eine Art von Platteform daraus entstand, auf welche sie sich selbst setzten oder niederlegten. Wir suchten sie durch alle ersinnliche Mittel dahin zu bewegen, daß sie uns welche ablassen mögten. Wir bothen ihnen Beile, Hemden und andre Waaren an, die hier zu Lande in hohen Werth standen; aber alles war umsonst. Sie blieben dabey, die Schweine gehörten dem *Ärih* oder König. Anstatt mit dieser Antwort zufrieden zu seyn und dem guten Willen der Leute Gerechtigkeit wiederfahren zu lassen, die uns, wenn gleich nicht mit Schweinen, doch mit andern Lebensmitteln versorgten, denen unsre Kranken ihre Wiederherstellung, und wir alle unsre Erquickung zu verdanken hatten, ward den Capitains von einigen Leuten an Bord der Vorschlag gemacht, mit Gewalt eine hinlängliche Anzahl Schweine zu unserm Gebrauche wegzunehmen, und hernachmals den Einwohnern so viel an europäischen Waaren zu geben, als das geraubte Vieh, dem Gutdünken nach, werth seyn mögte. Da aber ein solches Verfahren ganz und gar tyrannisch, ja auf die niederträchtigste Weise eigennützig gewesen wäre; so ward der Antrag mit aller gebührenden Verachtung und Unwillen verworfen.

Unsre Sammlung von Naturalien war bis jetzt noch immer so unbeträchtlich, daß uns die Zeichnung und Beschreibung derselben wenig zu thun machte, und daß wir Muße genug übrig hatten, täglich von neuem ans Land zu gehen, sowohl um mehrere zu suchen, als auch um den Character, die Sitten und den gegenwärtigen Zustand der Einwohner genau zu beobachten.

Am 20sten nahm ich nebst verschiednen Officiers, um Mittagszeit einen Spatziergang nach der östlichen Landspitze des Havens vor. Auf dem Wege dahin, fanden wir einen Bach vor uns, der zum durchwaden zu tief und zu breit war; wir wagten es also, uns in ein indianisch Canot einzuschiffen, und kamen auch glücklich damit hinüber. Auf dem jenseitigen Ufer schimmerte aus dem Buschwerk ein ziemlich großes Gebäude hervor, und vor demselben fanden wir bey unsrer Annäherung eine Menge des feineren Tahitischen Zeuges, das nach der Indianer Aussage, in dem

Fluß gewaschen war, auf dem Grase ausgebreitet liegen. Dicht neben dem Hause hieng auf einer Stange ein Brust-Schild von halb cirkelförmiger Gestalt, der aus Coco-Nußfasern, ohngefähr so wie Korbmacher-Arbeit zusammengeflochten und auf der äußern oder rechten Seite mit den glänzenden blaugrünen Federn einer Taubenart bedeckt, imgleichen mit drey bogenförmigen Reihen von Hayfisch-Zähnen gezieret war. Ich frug, ob diese Rüstung zu verkaufen sey? Es hies aber Nein, und folglich mochte sie vielleicht da hängen um gelüftet zu werden. Ein Mann von mittlern Alter, der in dieser Hütte seiner Ruhe pflegte, nöthigte uns Platz bey ihm zu nehmen, und so bald dieses geschehen, untersuchte er meine Kleidung mit vieler Aufmerksamkeit. Er hatte sehr lange Nägel an den Fingern, worauf er sich nicht wenig zu gut that. Ich merkte auch bald, daß dies ein Ehrenzeichen ist, in so fern nemlich nur solche Leute *die nicht arbeiten,* die Nägel so lang wachsen lassen können. Eben diese Gewohnheit findet man unter den Chinesern, und auch die sind sehr stolz darauf. Ob aber die Einwohner von *Tahiti* sie aus China her bekommen, oder ob zufälligerweise beyde Völker, ohne einige Gemeinschaft mit einander zu haben, auf einerley Einfall gerathen seyn mögen? Das dünkt mich selbst für den Scharfsinn eines *Needham* und *des Guignes* zu hoch. In verschiednen Winkeln der Hütte saßen, hier die Mannsleute, dort die Frauenspersonen beysammen und nahmen so von einander abgesondert ihr Mittagsmahl zu sich, das in Brodfrucht und Pisangen bestand. Beyde Partheyen schienen, je nachdem wir uns einer oder der andern näherten, zu wünschen, daß wir mit essen mögten. Es ist eine sehr sonderbare Gewohnheit, daß sich hier zu Lande beyde Geschlechte beym Essen von einander trennen müssen; warum dies aber geschiehet, oder was Veranlassung zu diesem Gebrauch gegeben haben mag? konnten wir eben so wenig als Capitain *Cook* auf seiner vorigen Reise in Erfahrung bringen.

Nachdem wir diese Hütte verlassen, so gelangten wir durch ein wohlriechendes Gebüsch zu einer andern, in der sich *O-Taï,* nebst seiner Frau und Kindern, imgleichen mit seinen beyden Schwestern, der *Maroya* und *Maroraï* befand. Der Officier, welcher seine Bett-Tücher eingebüßt, war bey uns, hielt es aber für vergebliche Mühe darnach zu fragen, und suchte vielmehr seine Schöne durch neue Geschenke zu gewinnen. Corallen, Nägel und andre Kleinigkeiten wurden reichlich dran gewandt. Das Mädchen nahm sie freundlich genug an, blieb aber bey den feurigsten Wünschen ihres Liebhabers unerbittlich. Was ihr so sehr am Herzen gelegen und wofür allein sie sich ihm ergeben haben würde, das mogten die Bett-Tücher gewesen seyn, und die hatte sie vermuthlich weg; nunmehro schien sie folglich durch nichts weiter gereitzt werden zu können, einen Liebhaber zu erhören, den sie doch nur auf kurze Zeit gehabt haben würde. Auf diese Art erklärten wir uns wenigstens ihr Betragen; dazu kam noch, daß sie zu einer angesehenen Familie gehörte, und während Capitain *Cook's* vorigen langen Aufenthalt auf der Insel, hatte man wenig oder gar keine Beyspiele gefunden, daß Frauenzimmer, von besserem Stande, sich so gemein gemacht haben sollten. Wir konnten uns diesmal nicht lange bey ihnen aufhalten, weil der Tag Abschied zu nehmen anfieng. Es war würklich schon so spät, daß, als wir wieder an den Strand kamen, unsre Boote bereits nach dem Schiffe zurückgekehrt waren. Ich bedachte mich also nicht lange, sondern ward mit einem Indianer einig, daß er mich für eine einzige Glas-Coralle, die mir vom heutigen Spatziergang noch übrig geblieben war, in seinem Canot nach dem Schiffe übersetzen sollte, und so kam ich glücklich an Bord, ohnerachtet das armselige Fahrzeug nicht einmal einen Ausleger *(outrigger)* hatte.

Bey Anbruch des folgenden Tages, giengen wir wiederum ans Land und von neuem nach Osten hin. Je näher wir der östlichen Spitze des Havens *Aitepieha* kamen, je breiter ward die Ebene; die Pflanzungen von Brodfrucht- und Coco-Nußbäumen, von Pisangen und andern Gewächsen, an denen man schon durchgehends den Ansatz zur künftigen Erndte sahe, wurden immer ansehnlicher. Auch die Anzahl der Wohnhäuser nahm in dieser Gegend zu, und viele derselben schienen uns reinlicher und neuer zu seyn als beym Ankerplatze. Unter andern erblickten wir in einem dergleichen, welches mit Rohrwänden versehen war, große Ballen von Zeug und eine Menge von Brustschild-Futteralen, die inwendig am Dache hiengen. Alles dieses, so wie das Haus selbst, gehörte dem König, *Aheatua* zu. Wir spatzierten ohngefähr 2 Meilen weit beständig in den anmuthigsten Wäldern und Pflanzungen von Brodfrucht-Bäumen fort, und sahen, wie die Leute aller Orten wieder an ihr

Tagewerk giengen, vornemlich hörten wir die Zeugarbeiter fleißig klopfen. Man muß sich indessen nicht vorstellen, daß die Leute eben durch Noth und Mangel genöthigt werden, so unabläßig zu arbeiten: denn wo wir nur hinkamen, versammlete sich gemeiniglich bald ein großer Haufen um uns her und folgte uns den ganzen Tag über, zum Theil so unermüdet nach, daß mancher das Mittagbrod darüber versäumte. Doch giengen sie nicht so ganz ohne Neben-Absicht mit. Im Ganzen war ihr Betragen allemal gutherzig, freundschaftlich und dienstfertig; aber sie paßten auch jede Gelegenheit ab, eine oder die andre Kleinigkeit zu entwenden und damit wußten sie ausnehmend gut Bescheid. Wenn wir sie freundlich ansahen oder ihnen zulächelten, so hielten manche es für die rechte Zeit, von unserm guten Willen Gebrauch zu machen und in einem bittenden Ton ein: *Tayo, poe!* hören zu lassen. Das bedeutete so viel als: *Freund! ein Coralchen!* Wir mogten ihnen hierinn willfahren oder nicht, so brachte es niemals eine Ändrung in ihrem Betragen hervor, sondern sie blieben so aufgeräumt und freundlich als zuvor. Wenn sie mit diesem Anliegen zu häufig kamen, so zogen wir sie auf und wiederholten ihre kindische Betteley im nemlichen Tone, worüber denn unter dem ganzen Haufen immer ein lautes Gelächter entstand. Sie redeten gemeiniglich sehr laut untereinander, und mehrentheils waren *wir* der Gegenstand ihrer Unterredung. Jedem neu Ankommenden, der die Zahl unsrer Begleiter vermehren half, wurden wir sogleich mit Namen genannt, die nach ihrer Aussprache auf wenige Vocalen und weichere Consonanten reducirt zu seyn pflegten; dann ward einem Jedem erzählt, was wir den ganzen Morgen über gethan oder gesagt hätten. Die erste Bitte bestand gewöhnlich darinn, daß wir ein Gewehr abfeuern mögten; und das thaten wir unter der Bedingung, wenn sie uns einen Vogel zum Ziel zeigen könnten. Doch waren wir dabey mehr als einmal in Verlegenheit, weil sie uns oft Vögel zeigten, die vier bis fünfhundert Schritte weit von uns saßen. Sie wußten nicht, daß die Würkung unsers Gewehrs nur bis auf gewisse Entfernungen reicht; und da es eben nicht rathsam war, sie das Geheimniß zu lehren, so stellten wir uns gemeiniglich als könnten wir den Vogel nicht gewahr werden, bis wir unter diesem Vorwande so nahe heran gekommen, daß er zu erreichen war. Der erste Schuß machte immer großes Schrecken; einige fielen darüber platt zur Erde oder rannten ohngefähr zwanzig Schritt weit zurück, bis wir ihnen durch freundliches Zureden die Furcht benommen, oder ihre herzhafteren Landsleute den geschoßnen Vogel aufgelangt hatten. Sie gewöhnten sich indessen bald besser daran, und wenn sie gleich noch bey jedem neuen Schusse zusammen fuhren, so ließen sie ihre Furcht wenigstens zu keinem weitern Ausbruche kommen.

So freundschaftlich wir nun auch aller Orten aufgenommen wurden, so suchte man gleichwohl überall die Schweine vor uns zu verstecken; und wenn wir darnach frugen, so waren die Leute entweder verlegen, oder sagten, sie hätten keine, oder versicherten, sie gehörten *Aheatua'n* zu. Wir hielten es also fürs beste, uns gar nicht weiter darum zu bekümmern, und ob wir gleich, fast in jeder Hütte, Schweine genug verborgen fanden, so stellten wir uns doch als merkten wir es nicht, oder als wäre es uns nicht darum zu thun. Dies Betragen machte ihr Vertrauen zu uns desto größer.

Nachdem wir etliche Meilen weit gegangen waren, setzten wir uns auf einige große Steine nieder, die vor einer Hütte eine Art von erhöhtem Pflaster ausmachten, und bathen die Einwohner, daß sie uns, gegen baare Zahlung in Corallen, etwas Brodfrucht und Coco-Nüsse verschaffen mögten. Sie waren sehr willig dazu, brachten herbey was sie hatten und in der Geschwindigkeit stand das Frühstück aufgetischt vor uns. Um es desto ruhiger zu verzehren, ließen wir den ganzen Haufen unsrer Begleiter in einiger Entfernung von uns niedersitzen, damit sie keine Gelegenheit haben mögten, Gewehr oder andre Dinge zu erhaschen, die wir beym Essen von uns legen mußten. Die guten Leute gedachten unsre Collation recht vollständig und schön zu machen; in dieser Absicht brachten sie uns eine Cocosnuß-Schaale voll kleiner Fische, welche sie in Salzwasser eingetunkt, roh zu essen pflegen. Wir kosteten davon und fanden sie gar nicht unangenehm, weil wir aber nicht an rohe Speisen solcher Art gewohnt waren, so vertheilten wir diese Leckerbissen nebst den übriggebliebenen Früchten unter diejenigen von unsren Begleitern, die uns am liebsten waren.

Als wir nach eingenommenem Frühstück weiter gegen die Berge gehen wollten, suchten uns die Indianer zu überreden, daß wir lieber in der Ebne bleiben sollten. Da wir aber augenscheinlich sahen, daß diese Bitte blos aus Trägheit herkam, damit sie nemlich der Mühe überhoben seyn mögten, die bergigten Gegenden zu ersteigen,[5] und es uns um ihre Begleitung eben nicht so sehr zu thun war; so giengen wir ohngeachtet ihres Ungestüms weiter, worauf denn der größte Theil unseres Gefolges hinter uns drein gaffend stehen blieb, die übrigen aber ein jeder seine Straße zog. Nur ein Paar von ihnen, die weniger bequem als die übrigen seyn mochten, blieben bey uns, und erbothen sich zu Wegweisern. Sie führten uns einen Erdriß zwischen zween Bergen hinauf, woselbst wir einige neue wilde Pflanzen und eine Menge kleiner Schwalben antrafen, die über einen Bach hinstrichen, der auf einem Kieselgrunde herabrauschte. Das Ufer, dessen schlängelnder Krümmung wir aufwärts folgten, brachte uns zu einem senkrecht stehenden und mit mancherley wohlriechendem Gebüsch behangenen Felsen, von welchem sich eine Crystallhelle Wasser-Säule in einen glatten klaren Teich herabstürzte, dessen anmuthiges Gestade überall mit bunten Blumen prangte. Dies war eine der schönsten Gegenden die ich in meinem Leben gesehen. Kein Dichter kann sie so schön mahlen. Wir sahen von oben auf die fruchtbare überall angebaute und bewohnte Ebene herab, und jenseits dieser in das weite, blaue Meer hinaus! Die Bäume, welche ihre dickbelaubten Zweige gegen den Teich hin ausbreiteten, gewährten uns kühlen Schatten, und ein angenehmes Lüftchen welches über das Wasser her wehete, milderte die Hitze des Tages noch mehr. Hier legten wir uns auf den weichen Rasen hin, um beym feyerlich einförmigen Geräusch des Wasserfalls, dazwischen dann und wann ein Vogel schlug, die eingesammelten Pflanzen zu beschreiben, ehe sie verwelkten. Unsre *Tahitischen* Begleiter lagerten sich ebenfalls unter das Gebüsch hin, und sahen uns mit stiller Aufmerksamkeit zu. Wir hätten den ganzen Tag in dieser reizenden Einöde zubringen mögen! allein unser Beruf gestattete keine Unthätigkeit; so bald wir also mit den Beschreibungen fertig waren, begnügten wir uns die romantische Gegend noch einmal zu betrachten, und kehrten alsdenn nach der Ebene zurück. Hier kam uns ein großer Haufen Indianer entgegen, die Herren *Hodges* und *Grindall* begleiteten, zu denen auch wir uns geselleten. Herr *Hodges* hatte einem jungen Burschen von ungemein glücklicher Bildung, der eine besondre Neigung zu ihm bezeigte, sein Zeichnungs-Portefeuille anvertrauet. Keine Gunstbezeigung, glaub ich, hätte diesem jungen Menschen mehr Vergnügen machen können, als dieser öffentliche Beweis des auf ihn gesetzten Vertrauens, wenigstens schien er ganz stolz darauf zu seyn, daß er im Angesicht aller seiner Landesleute mit dem Portefeuille untern Arm neben uns her gehen konnte. Ja auch die andern Indianer thaten heute insgesammt vertraulicher und zudringlicher als sonst, vielleicht weil sie durch den Vorzug, der ihrem Landsmann wiederfuhr, sich alle für geehrt hielten, vielleicht auch weil es ihnen gefallen mochte Herrn *Hodges* und *Grindall,* so unbesorgt unter sich zu sehen, indem diese beyde Herren völlig unbewafnet waren. In diesem friedlichen Aufzuge gelangten wir nun an eine geräumige Hütte, in welcher eine zahlreiche Familie beysammen war. Ein alter Mann, aus dessen Blicken Friede und Ruhe hervorleuchtete, lag auf einer reinen Matte und sein Haupt ruhte auf einem Stuhle, der ihm zum Küssen diente. Es war etwas sehr Ehrwürdiges in seiner Bildung. Sein silbergraues Haar hieng in vollen Locken um das Haupt her, und ein dicker Bart, so weiß als Schnee, lag auf der Brust. In den Augen war Leben, und Gesundheit sas auf den vollen Wangen. Der Runzeln, welche unter *uns* das Antheil der Greise sind, waren wenig; denn Kummer, Sorgen und Unglück, die uns so frühzeitig alt machen, scheinen diesem glücklichen Volke gänzlich unbekannt zu seyn. Einige Kinder, die wir für seine Gros-Kinder ansahen, der Landesgewohnheit nach ganz nackend, spielten mit dem Alten, dessen Handlungen, Blick und Minen augenscheinlich bewiesen, wie Einfalt des Lebens, die Sinnen bis ins hohe Alter bey vollen Kräften zu erhalten vermag. Einige wohlgebildete Männer und kunstlose Dirnen hatten sich um ihn her gelagert und bey unserm Eintritt schien die ganze Gesellschaft, nach einer ländlich frugalen Mahlzeit, im vertraulichen Gespräch begriffen zu seyn. Sie verlangten, daß wir uns auf die Matten neben sie setzen mögten, wozu wir uns nicht zweymal nöthigen ließen. Es schien, als hätten sie noch keinen Europäer in der Nähe gesehen, wenig-

5 Dies erklärt einen ähnlichen Vorfall, der einige Seiten zuvor *pag. 187* erzählt worden.

stens fiengen sie sogleich an, unsre Kleidungen und Waffen neugierigst zu untersuchen, doch ließ ihr angebohrnes flatterhaftes Wesen nicht zu, länger als einen Augenblick bey einerley Gegenstande zu verweilen. Man bewunderte unsre Farbe, drückte uns die Hände, konnte nicht begreifen, warum keine Puncturen darauf waren und daß wir keine lange Nägel hätten. Man erkundigte sich sorgfältig nach unsern Namen und machte sich eine Freude daraus, sie uns mehrmalen nachzusprechen. Dies kam aber, der indianischen Mundart nach, allemal so verstümmelt heraus, daß selbst Etymologisten von Profeßion Mühe gehabt haben würden, sie wieder zu errathen. *Forster* ward in *Matara* verändert; *Hodges* in *Oreo; Grindall* in *Terino; Sparman* in *Pamani,* und *George*[6] in *Teori.* An der Gastfreyheit, die wir in jeder Hütte fanden, fehlte es auch hier nicht; man both uns Cocos-Nüsse und *E-vihs* an, um den Durst zu löschen, und der Alte ließ uns oben drein eine Probe von den musicalischen Talenten seiner Familie hören. Einer von den jungen Männern blies mit den Nasenlöchern eine Flöte von *Bamburohr,* die drey Löcher hatte[7] und ein andrer sang dazu. Die ganze Music war, sowohl von Seiten des Flötenspielers als auch des Sängers, nichts anders als eine einförmige Abwechselung von drey bis vier verschiednen Tönen, die weder unsern ganzen, noch den halben Tönen ähnlich klangen, und dem Werth der Noten nach, ein Mittelding zwischen unsern halben und Vierteln seyn mochten. Übrigens war nicht eine Spur von Melodie darinn zu erkennen; eben so wenig ward auch eine Art von Tact beobachtet, und folglich hörte man nichts als ein einschläferndes Summen. Auf diese Weise konnte die Music das Ohr freylich nicht durch falsche Töne beleidigen, aber das war auch das beste dabey, denn lieblich war sie weiter eben nicht zu hören. Es ist sonderbar, daß, da der Geschmack an Music unter alle Völker der Erde so allgemein verbreitet ist, dennoch die Begriffe von Harmonie und Wohlklang bey verschiednen Nationen so verschieden seyn können. – Wir sahen in dieser Hütte das Bild von wahrer Volks-Glückseligkeit realisirt, und Herr *Hodges* konnte sich nicht enthalten, von einem so seltnen Gemählde verschiedne Zeichnungen zu entwerfen, die der Nachwelt anschauende Begriffe von diesen Scenen geben werden, die sich besser fühlen, denn durch Worte ausdrücken lassen. Aller Indianer Augen waren auf sein Zeichnen geheftet, aber wie groß war ihr Erstaunen und Vergnügen, als sie zwischen seiner Arbeit und den Gesichtszügen einiger ihrer anwesenden Landsleute eine auffallende Änlichkeit gewahr wurden. Ohnerachtet wir uns seit unserm Hierseyn schon viel Mühe gegeben hatten die Sprache zu erlernen, so waren wir doch noch nicht weit darinn gekommen und mußten daher Verzicht auf das Vergnügen thun, welches uns die Unterhaltung mit diesen glücklichen Leuten ohne Zweifel gewähret haben würde. Einzelne Wörter und stumme Pantomime war alles, wodurch wir uns ausdrücken konnten. Aber selbst das war hinreichend, die guten Leute zu vergnügen, und unsre Gelehrigkeit und Bestreben ihnen zu gefallen, war ihnen wenigstens eben so angenehm als ihre Gefälligkeit uns zu dienen und zu unterrichten. Der alte Mann änderte unsertwegen seine Stellung nicht. Ohne sein Haupt von Stuhl zu erheben, that er verschiedne kleine Fragen an uns: Z. E. wie der *Erih* oder Befehlshaber des Schiffs hieße? wie das Land genannt werde aus dem wir kämen? wie lang wir bleiben würden? ob wir unsre Frauens bey uns hätten? u. d. gl. Er schien zwar von alle dem schon durch seine Landsleute unterrichtet zu seyn, doch mochte er von uns selbst die Bestätigung ihrer Aussage hören, oder durch das Gespräch uns blos unterhalten wollen. Wir beantworteten seine Fragen so gut wir konnten; theilten hierauf einige Corallen, Medaillen und andre Kleinigkeiten unter seine Familie aus, und giengen alsdenn weiter. Auf diese Weise hätten wir zu Fuß um die ganze Insel wandern können. Einerseits ließ uns die Gastfreyheit der Einwohner in jeder Hütte, wo wir hätten einkehren mögen, die nöthigen Erfrischungen hoffen, und auch in Absicht des Weges würde es sich überall haben gut fortkommen lassen, denn die Ebene zwischen den Bergen und der See, läuft um die ganze Insel ohnunterbrochen herum; der Boden ist auf diesem schmalen Landstrich völlig eben und der Weg an vielen Stellen mit feinem Grase bewachsen. Kein einziges schädliches Thier schreckte uns; nicht einmal Mücken

6 Der jüngere Herr *Forster* ließ sich, zum Unterschied von seinem Herrn Vater bey diesem Vornahmen nennen. A. d. V.

7 Siehe Hawkesworths Geschichte der engl. See-Reisen, in 8. 2ter Band, *pag. 360.*

oder Muskito-Fliegen summten um uns her. Die Brod-Frucht-Wälder machten selbst gegen die Mittags-Sonne einen angenehmen Schatten und die Hitze ward noch überdies durch eine kühle Seeluft gemäßigt. Da aber die Einwohner gewohnt sind, während den Mittags-Stunden zu ruhen, so verliefen sie sich auch jetzt einer nach dem andern in die Büsche und nur sehr wenige von ihnen blieben noch bey uns. Nachdem wir ohngefähr noch 2 Meilen weiter gen Südost gegangen waren, befanden wir uns an der See, die hier ziemlich weit in die Küste herein reichte und eine kleine Bucht ausmachte. Rings um uns her waren überall Plantagen und mitten auf einem schönen Grasplatz, trafen wir auch ein *Marai* oder Begräbniß an, das aus drey Reihen oder Stufen von Steinen übereinander erbauet war. Jede Stufe mochte ohngefähr viertehalb Fus hoch seyn, und alle waren mit Gras, Farnkraut und kleinem Strauchwerke bewachsen. Vor dem *Marai* war an der Landseite hin, eine Mauer von fest übereinander gepackten Steinen aufgeführt, die ohngefähr 3 Fus Höhe hatte, und innerhalb dieser standen nach dem Gebäude zu, zwey bis drey einsam hingepflanzte Cocos-Palmen und verschiedne junge Casuarinen, die mit ihren traurig herabhängenden Zweigen der ganzen Scene ein feyerlich melancholisches Ansehen gaben. Nicht weit von diesem *Marai,* das mit dickem Buschwerk umgeben war, sahen wir eine kleine Hütte, *(Tupapau)* und unter dieser lag ein todter Cörper, mit einem Stück weißen Zeuge bedeckt, das auf den Seiten in langen Falten herabhieng. Junge Cocos-Palmen und Pisange sproßten hier aus der Erde und der Drachenbaum blühte umher. Nahebey stand eine andre Hütte, darinn ein Vorrath von Lebensmitteln für die Gottheit *(Eatua)* befindlich, und ohnweit derselben ein Pfahl aufgerichtet war, an welchen ein in Matten eingewickelter Vogel hieng. In dieser letzteren Hütte, welche auf einer kleinen Anhöhe lag, erblickten wir eine Frauensperson, die in betrübter gedankenvoller Stellung da saß. Bey unsrer Annäherung stand sie auf und winkte, daß wir nicht näher kommen möchten. Wir bothen ihr von fern ein kleines Geschenk, sie wollte es aber nicht annehmen, und wir erfuhren von unsern indianischen Begleitern, daß diese Person zu dem *Marai* gehöre, daß der todte Cörper eine Frauensperson sey, und daß erstere vermuthlich mit den Trauer-Ceremonien beschäftiget wäre.

Wir ließen sie also ungestört, und so bald Herr *Hodges* mit einer Zeichnung von diesem Platz fertig war, giengen wir wiederum zurück. Es war etwas Großes in dieser Scene, die in allen Stücken zu Religions-Betrachtungen Anlaß geben konnte. Auf dem Rückwege nach dem Wasserplatz, als woselbst wir gemeiniglich anzulanden und des Abends uns wiederum einzuschiffen pflegten, kamen wir neben einem geräumigen Hause vorbey, das in der angenehmsten Lage unter einem Haufen niedriger Cocos-Palmen erbauet war, die voller Früchte hiengen. Etliche kleine gebratene Fische, die man uns für ein Paar Corallen verkaufte, wurden hier zum Anbiß vorgelegt; Andre von unsrer Gesellschaft, denen es nicht ums Essen zu thun war, badeten unterdessen in der See und erschienen alsdenn, anstatt ihrer gewöhnlichen Kleidung, nach *Tahitischer* Manier, in *Ahaus* von hiesigem Zeuge gekleidet, welches den Leuten um uns her zum größten Vergnügen gereichte. Von hier aus führte uns der Weg längst den See-Ufer hin, neben einem andern *Marai* vorbey, das dem vorigen sehr ähnlich war, und jenseits diesem kamen wir zu einem hübschen Hause, in welchem ein sehr fetter Mann ausgestreckt da lag, und in der nachläßigsten Stellung, das Haupt auf ein hölzernes Kopfküssen gelehnt, faullenzte. Vor ihm waren zwey Bediente beschäftigt seinen Nachtisch zu bereiten. Zu dem Ende stießen sie etwas Brodfrucht und Pisange in einem ziemlich großen hölzernen Troge klein, gossen Wasser dazu und mischten etwas von dem gegohrnen, sauren Teige der Brodfrucht darunter, welcher *Mahei* genannt wird, bis das Gemische so dünn als ein Trank war. Das Instrument, womit sie es durchrieben, war eine Mörser-Keule von einem schwarzen polirten Steine, der eine Basalt-Art zu seyn schien.[8] Inmittelst setzte sich eine Frauensperson neben ihn und stopfte ihm von einem großen gebacknen Fische und von Brodfrüchten jedesmal eine gute Hand voll ins Maul, welches er mit sehr gefräßigem Appetit verschlang. Man sahe offenbar, daß er für nichts als den Bauch sorge, und überhaupt war er ein vollkommnes Bild pflegmatischer Fühllosigkeit. Kaum würdigte er uns eines Seitenblicks und einsylbigte Wörter, die er unterm Kauen zuweilen hören ließ,

8 S. Hawkesworths Geschichte der engl. See-Reisen, in 8. dritter Band, *pag. 504.*

Tahitimonarch, *F: Muscicapa lutea*
Pomarea nigra (Tahiti, 1773)

waren nur eben so viel Befehle an seine Leute, daß sie überm Hergucken nach uns, das Füttern nicht vergessen mögten. Das große Vergnügen, welches wir auf unsern bisherigen Spatziergängen in der Insel, besonders aber heut, empfunden hatten, ward durch den Anblick und durch das Betragen dieses vornehmen Mannes nicht wenig vermindert. Wir hatten uns bis dahin mit der angenehmen Hofnung geschmeichelt, daß wir doch endlich einen kleinen Winkel der Erde ausfündig gemacht, wo eine ganze Nation einen Grad von Civilisation zu erreichen und dabey doch eine gewisse frugale Gleichheit unter sich zu erhalten gewußt habe, dergestalt, daß alle Stände mehr oder minder, gleiche Kost, gleiche Vergnügungen, gleiche Arbeit und Ruhe mit einander gemein hätten. Aber wie verschwand diese schöne Einbildung beym Anblick dieses trägen Wollüstlings, der sein Leben in der üppigsten Unthätigkeit ohne allen Nutzen für die menschliche Gesellschaft, eben so schlecht hinbrachte, als jene privilegirten Schmarotzer in gesitteten Ländern, die sich mit dem Fette und Überflüsse des Landes mästen, indeß der fleißigere Bürger desselben im Schweiß seines Angesichts darben muß. Die träge Üppigkeit dieses Insulaners glich gewissermaßen dem Luxus dieser Art, der in Indien und andern östlichen Ländern unter den Großen so allgemein im Schwange ist, und über den sich Sir *John Mandeville,* in der Beschreibung seiner asiatischen Reisen, mit gerechtem Unwillen ausläßt. Dieser brave Rittersmann, dessen Denkungsart und

Heldenmuth ganz auf den ritterhaften Ton seiner Zeiten gestimmt waren, brachte sein Leben in beständiger Thätigkeit hin, und gerieth in herzlichen Eifer, als er irgendwo ein Ungeheuer von Faulheit antraf, das seine Tage verstreichen ließ, »ohne einziges ritterliches Ebentheuer und so immerfort faullenzte als ein Schwein, das auf dem Stalle gefüttert wird, um gemästet zu werden.«[9]

Nachdem wir diesem Tahitischen Fresser eine Weile zugesehen hatten, trennte sich unsre Gesellschaft. Ich meines Theils blieb bey Herrn *Hodges* und *Grindall,* und da diese von dem gutherzigen jungen Burschen der ersterem das Portefeuille trug, gebeten worden waren, mit nach seiner Eltern Hause zu kommen, so begleitete ich sie dahin. Es war 5 Uhr Abends, als wir daselbst ankamen. Die Wohnung war klein, aber niedlich, und das vor demselben befindliche Steinpflaster fanden wir mit frischem Laube bestreuet, auf welchem ein großer Vorrath der besten Coco-Nüsse und wohlbereiteter Brodfrucht in schönster Ordnung aufgetragen war. Zwey ältliche Personen standen dabey und suchten die Ratten von den Speisen abzuhalten; auf diese lief der junge Mensch zu und stellte sie uns, bey unserer Annäherung, als seine Eltern vor. Man konnte es ihnen augenscheinlich ansehen, wie herzlich vergnügt sie darüber waren, die Freunde ihres Sohnes bey sich zu sehen und sie bewirthen zu können. In dieser Absicht bathen sie, daß wir uns zu der veranstalteten Mahlzeit niederlassen mögten. Wir konnten anfänglich nicht begreifen wie es zugehe, daß sie bey unsrer Ankunft schon völlig bereitet war. Es fiel uns aber nachher bey, daß unser junge Begleiter etliche Stunden zuvor einen seiner Cameraden voraus geschickt, und durch diesen hatte er das Gastmahl vermuthlich bestellen lassen. Da dies heute die erste rechte Mahlzeit war, zu der wir uns niederließen, so kann man sich vorstellen, daß wir mit gutem Appetit darüber herfielen, was man sich aber vielleicht nicht so lebhaft wird vorstellen können, war die Freude welche die gastfreyen Alten und ihr gutdenkender Sohn darüber bezeugten, daß uns ihr Mahl so wohl schmeckte. Bey diesem alten ehrwürdigen Paare, das uns bey Tisch bediente, hätten wir auf eine poetische Weise vergessen mögen, daß wir Menschen wären und auf den Gedanken kommen können, daß wir als Götter von *Philemon* und *Baucis* bewirthet würden; allein, unser Unvermögen sie zu belohnen, erinnerte uns nur zu sehr an unsre Sterblichkeit. Indessen suchten wir an eisernen Nägeln und Corallen zusammen was wir allerseits noch übrig hatten, und schenkten ihnen diese Kleinigkeiten mehr zum Zeichen unsrer Dankbarkeit, als zur Vergeltung ihres guten Willens. Beym Abschied packte der Knabe alles was wir nicht hatten aufessen können, zusammen, und trug uns solches bis ans Schiff nach. Hier machten ihm seine Freunde ein Beil, ein Hemde und andre Artikel von geringerem Werthe zum Gegengeschenk, durch die er sich für weit reichlicher als er selbst es erwartet haben

---

9 Die Stelle ist im Alt-Englischen ungemein naif und fängt sich also an: *»From that lond in returnynge be ten jorneys thorge out the lond of the grete* Chane, *is another gode yle and a grete Kyngdom, where the Kyng is fulle riche and myghty etc.«* Wir wollen sie aber dem deutschen Leser zu gefallen lieber deutsch geben. »Von dem Lande zehen Tagereisen rückwärts durchs Land des großen *Kans* ist ein andres gutes Eyland und ein großes Königreich, dessen König sehr reich und mächtig ist. Und unter den Großen des Landes ist ein überschwenglich reicher Mann, der nicht Prinz, nicht Herzog, nicht Graf ist; aber er hat mehr Vasallen, die Land und Herrschaften von ihm zu Lehen tragen, denn er ist reicher als Prinzen, Herzoge und Grafen seyn mögen. Hat jedes Jahr an Renten 300000 Rosse mit Korn verschiedner Art und mit Reis beladen. Lebt nach Landes-Brauch als ein rechter Edelmann und köstlich. Hat jeden Tag funfzig schöne Mägdlein, die Jungfrauen sind, ihm aufzuwarten bey Tisch, und bey ihm zu liegen des Nachts und zu thun mit ihnen was ihm wohlgefällt. Und wenn er bey Tische ist, so bringen sie die Speisen je fünf und fünf; und singen dabey ein Liedlein, und zerlegen denn das Essen und steckens ihm ins Maul, denn er rührt nichts an und thut nichts mit den Händen, die er immer vor sich hält auf dem Tische, weil er so lange Nägel an den Fingern hat, daß er dafür nichts anrühren oder anfassen kann, und das Kennzeichen des Adels in diesem Lande besteht in langen Nägeln, so lang sie nur wachsen wollen. – Und die Mägdlein singen so lang der reiche Mann isset; und wenn er vom ersten Gange nicht mehr essen mag, so bringen fünf und fünf andre hübsche Jungfrauen den zweyten Gang und singen wie bevor, bis das Mahl zu Ende ist. Und so bringt er sein Leben hin, und so verlebtens seine Väter, und so werdens diejenigen verleben, die aus seinen Lenden entsprossen sind.« S. *The Voyage and Travayle of Sir Iohn Maundevile, Knight, which treateth of the way to Hierusalem & of Marvayles of Inde, with other Ilaunds and Countryes. From an original MS. in the Cotton library. 8vo 1727. p. 376.*

mochte, belohnt zu halten schien, und noch desselben Abends ganz vergnügt zu seinen Eltern zurück kehrte. Während unsrer Abwesenheit war so wohl bey den Schiffen als am Strande der Tauschhandel wie gewöhnlich fortgeführt worden, und es hatte sich nichts besonders ereignet, außer daß Capitain *Cook* einen seiner alten Bekannten, den *Tuahau* wieder angetroffen, der ihn auf der vorigen Reise, als er die ganze Insel mit einem Boot umschiffte, sehr weit begleitet hatte.[10] Bey unsrer Zurückkunft war er nebst zween seiner Landsleute noch am Bord, indem sie allerseits gesonnen waren, die Nacht über bey uns zu bleiben. Während Capitain *Cooks* erster Anwesenheit, als er in *Matavai*-Bay vor Anker lag, hatten es die Indianer öfters so gemacht; seit unserm diesmaligen Hierseyn aber hatte es noch keiner wagen wollen. Tuahau dem unsre Lebensart und die Gegenstände im Schiffe schon bekannt waren, überließ es seinen unerfahrneren beyden Landesleuten, solche mit Verwunderung in Augenschein zu nehmen, dahingegen er für seine Person gleich eine sehr lebhafte Unterredung mit uns anfieng. Er fragte nach *Tabane,* Herrn *Banks, Tolano,* Dr. *Solander, Tupaya* und verschiednen andern Personen die er ehemals hier gesehen, und deren Namen er sich erinnerte. Es freute ihn zu hören, daß Herr *Banks* und Dr. *Solander* noch wohl wären. Er wiederholte diese Frage oft, als ob sie ihm die angelegentlichste wäre, und er bekam immer dieselbe Antwort darauf. Endlich frug er mit einem Blick, worinn man seine Sehnsucht sie wieder zu sehn lesen konnte, ob sie nicht noch einmal nach *Tahiti* kommen würden? Als er von *Tupaya's* Ableben hörte, verlangte er zu wissen, ob derselbe eines gewaltsamen oder natürlichen Todes gestorben sey? und es war ihm angenehm, aus unsern gebrochnen Worten und Zeichen abnehmen zu können, daß Krankheit seinem Leben ein Ende gemacht habe. Wir unsrer Seits fragten auf was für eine Art denn *Tutahah,* der während Capitain *Cooks* vorigen Hierseyn die Stelle eines höchsten Befehlshabers zu bekleiden schien, ums Leben gekommen wäre? Davon wußte er nun ein Langes und Breites zu erzählen, welches wir, wenn gleich nicht ganz im Detail, doch wenigstens der Hauptsache nach, deutlich verstanden, die darauf hinaus lief, daß zwischen demselben und dem alten *Aheatua,*[11] als dem Vater des jetzigen Königs auf *Teiarrabu,* ein großes See-Treffen vorgefallen sey, welches auf keiner Seite entscheidend gewesen; *Tutahah* sey nachmals mit seinem Heer über die Land-Enge gegangen, die beyde Halbinseln verbindet, daselbst habe er ein hartnäckiges Gefecht und darinn *nebst Tuborai-Tamaide* und andern ihm zugethanen Leuten von Stande, das Leben verloren. Bald nach *Tutahahs* Tode sey mit O-Tu,[12] der zuvor nur den Titel eines Regenten von *Tahiti* gehabt, nunmehro aber zur würklichen Verwaltung dieser Würde gelangt war, Friede gemacht worden. Der alte *Aheatua* hatte aber die Früchte seiner Siege nicht lange genossen, indem er wenig Monath nach erfolgtem Frieden gestorben, und nunmehro war ihm sein Sohn gleiches Namens, der bey des Vaters Lebzeiten, der Landesgewohnheit nach, schon den Titel *Te-Erih*[13] geführt und die damit verbundnen Ehrenbezeugungen genossen hatte, auch in dem wesentlichen Theil der königlichen Würde, der Regierung selbst nachgefolget.

Als *Tuahau* mit Erzählung dieser Staatsgeschichte fertig war, nahmen wir die Charte von *O-Tahiti* zur Hand, die zu Capitain *Cook's* voriger Reisebeschreibung in Kupfer gestochen worden, und legten ihm solche vor, ohne zu sagen was es sey. Er war aber ein viel zu erfahrner Pilote, als daß ers nicht sogleich sollte ausfündig gemacht haben.[14] Voller Freuden eine Abbildung seines Vaterlandes zu sehn, zeigte er uns sogleich mit der Spitze des Fingers die Lage aller *Whennua's* oder Districte, und nannte sie in derselben Ordnung her, als sie auf der Charte geschrieben waren. Als er an den District *O-Whai-urua* gekommen war, der von unsrer jetzigen Ankerstelle etwas südwärts lag, zog er uns beym Arm, um aufmerksam auf die Charte zu sehn, und erzählte uns, daß in dem daselbst befindlichen Haven, vor einiger Zeit, ein

10 S. Hawkesworths Gesch. der engl. See-Reisen, in 8. zweyter Band, *pag. 445* und *449*.

11 *Waheatua* genannt, in *Hawkesworths* Gesch. B. II. *p. 442*.

12 *Outou* genannt, im *Hawkesworth.*

13 Beym *Hawkesworth* wird dieser Titel stets für seinen Namen ausgegeben.

14 In so fern ihm nemlich die Gestalt jeder Landspitze, Bay und anderer Theile der Küste, als einem alten Schiffsmann genau bekannt seyn mußte, in so fern konnte er sie an ihrer Form auf dem Papier leicht erkennen. A. d. V.

Schiff, welches er immer *Pahie no Peppe* nannte, angekommen und fünf Tage allda vor Anker gelegen habe; die Mannschaft desselben hätte zehen Schweine von den Einländern bekommen; und einer von den Boots-Leuten, der von diesem Schiffe entlaufen sey, halte sich noch jetzt in der Insel auf. Wir vermutheten, daß dies ein spanisches Schiff gewesen seyn müsse, weil es gar nicht unwahrscheinlich war, daß die wiederholte Anwesenheit von englischen Schiffen die Spanier auf diese von ihrer Nation vermuthlich zuerst entdeckte Insel von neuem aufmerksam, und wegen ihrer benachbarten weitläuftigen Besitzungen in Süd-America, vielleicht auch besorgt gemacht haben mögte. So sonderbar es klingt, so bestätigte uns doch selbst der Name *Peppe* in unsrer Vermuthung. Er ist freylich himmelweit verschieden von *Espanna,* wovon er nach unsrer Meynung abgeleitet ist. Aber wir wußten schon, daß die Einwohner von *Tahiti* fremde Namen noch ärger als Engländer und Franzosen zu verstümmeln pflegen. Um indessen mehr Licht in der Sache zu bekommen, legten wir dem *Tuahau* noch manche Frage wegen dieses Schiffes vor, konnten aber nichts weiter herausbringen, als daß der entlaufne Matrose immer bey *Aheatua* sey und ihm angerathen habe, uns keine Schweine zukommen zu lassen. Was für eigennützige oder bigotte, schwärmerische Absichten dieser Mann hiezu auch gehabt haben mag, so scheint es doch warlich der freundschaftlichste und beste Rath gewesen zu seyn, den er seinem Beschützer hätte geben können. Der sicherste Weg die Reichthümer seiner Unterthanen im Lande zu behalten, wozu hier für allen Dingen auch die Schweine gehören, und die beste Methode zu hindern, daß keine neuen Bedürfnisse unter diesem glücklichen Volke entstehen mögten, war ohnfehlbar, uns so bald als möglich zur Abreise zu nöthigen, und hiezu war die Versagung der Erfrischungen, deren wir am mehresten bedurften, das beste Mittel. Es ist würklich im Ernste zu wünschen, daß der Umgang der Europäer mit den Einwohnern der Süd-See-Inseln in Zeiten abgebrochen werden möge, ehe die verderbten Sitten der civilisirtern Völker diese unschuldigen Leute anstecken können, die hier in ihrer Unwissenheit und Einfalt so glücklich leben. Aber es ist eine traurige Wahrheit, daß Menschenliebe und die politischen Systeme von Europa nicht mit einander harmoniren!

Am folgenden Tage brachten einige unsrer Leute, die einen Spatziergang an der Küste gemacht hatten, die Nachricht mit an Bord, daß sie *Aheatua* angetroffen; und daß er ausdrücklich in diesen District gekommen sey, um uns Audienz zu geben. Sie waren ohne Ceremonie vor ihn gelassen worden, und Se. Majestät hatten, mitten in Dero Hofhaltung, die Hälfte ihres Stuhls einem unsrer Steuermänner, Herrn *Smith* eingeräumt. Auch hatte er sich gnädigst verlauten lassen, daß es ihm lieb seyn sollte, den Capitain *Cook* zu sehen, und daß er ihm eine beliebige Anzahl Schweine ablassen wolle, wenn dieser für jegliches ein Beil zu geben gesonnen sey. Das war nun allerdings die erfreulichste Neuigkeit, die wir seit langer Zeit gehört hatten. Unsre Leute wollten bey dieser Gelegenheit auch einen Mann bemerkt haben, der der Farbe und Gesichtsbildung nach, einem Europäer ähnlich gewesen, auf ihre Anrede aber unter dem großen Haufen verschwunden sey. Ob es würklich ein Europäer gewesen, oder ob *Tuahau's* Erzählung ihnen nur im Kopfe gesteckt? können wir nicht bestimmen. So viel aber ist gewiß, daß keiner von uns ihn jemals nachher zu sehen bekommen hat.

Um von *Aheatua's* guten Gesinnungen gleich auf frischer That Gebrauch zu machen, begaben sich die Capitains mit verschiednen Officiers, imgleichen Dr. *Sparmann,* mein Vater und ich, am folgenden Morgen früh ans Land. *Opao,* einer der Indianer, welche über Nacht am Bord geblieben waren, diente uns zum Führer, und rieth uns an, längst dem Flusse, aus dem die Wasserfässer angefüllet wurden, hinauf zu gehen. Als wir auf diesem Wege ohngefähr eine Meile zurückgelegt haben mochten, trafen wir einen großen Haufen Menschen an, die, so viel wir erkennen konnten, allerseits ihre Ober-Kleider hatten herunter fallen lassen, um die Schultern zu entblößen, welche Ehrenbezeigung nur allein dem Könige wiederfährt. Wir vermutheten daher, daß er in der Nähe seyn müsse, und fanden ihn auch bald mitten unter diesem Haufen, wo er sich auf einen großen, aus festem Holz verfertigten Stuhl niedergesetzt hatte, der ihm bis dahin von einem seiner Leute war nachgetragen worden. *Aheatua* erinnerte sich Capitain *Cooks* sobald er ihn ansichtig wurde, und machte auch gleich Raum für ihn auf seinem Sessel, immittelst Capitain *Furneaux* und wir übrigen uns auf große Steine niederließen. Kaum hatten wir Platz genommen, so drängte sich von allen Seiten eine unzählbare Menge Indianer herbey, und schloß uns in einen sehr engen Zirkel ein, worinn es bald so heiß ward, daß des Königs Bediente die Leute oft mit Schlägen zurücktreiben mußten, um uns Luft zu schaffen.

O-Aheatua, König von *O-Tahiti-iti* (Klein-Tahiti) sonst *Teiarrabu* genannt, war ein junger Mann von siebenzehn bis achtzehn Jahren, wohl gebaut, und bereits 5 Fuß 6 Zoll hoch, ohnerachtet er, dem Anschein nach seine völlige Größe noch nicht erreicht hatte. Es war etwas sanftes aber unbedeutendes in seiner Mine; und war ja Bedeutung darin, so drückte sie, wenigstens bey unserm ersten Besuche, nichts als Furcht und Mißtrauen aus, welches freylich zur Majestät nicht paßt, sondern vielmehr oft das Kennzeichen eines bösen Gewissens und unrechtmäßiger Herrschaft ist. Er war heller von Farbe als alle seine Unterthanen, und hatte schlichtes, langes, lichtbraunes Haar, das an den Spitzen ins röthlichtgelbe fiel. Seine ganze Kleidung bestand für diesmal nur in einer breiten Scherfe *(Marro)* vom feinsten weißen Zeuge, die von den Hüften bis auf die Knie herabreichte. Der Kopf und übrige Theil des Leibes war unbedeckt. Neben ihm saßen zu beyden Seiten einige Befehlshaber und Adliche, die sich durch ihre große und dicke Statur auszeichneten, ein Vorzug, den diese Classe von Leuten ihrer trägen Lebensart und wohlbesetzten Tafel zu verdanken hat. Einer derselben war auf eine sonderbare Weise punctirt, dergleichen wir sonst noch nicht bemerkt; es waren nämlich seine Arme, Beine, Schenkel und Seiten, fast über und über, mit großen schwarzen Flecken von allerhand Gestalt bedeckt. Eben dieser Mann, der *E-Tieh* hieß, war auch wegen seiner ungeheuren Corpulenz für andern auffallend, und schien überdies beym Könige *Erih* in besondern Ansehn zu stehen, indem dieser ihn fast bey jedem Vorfalle um Rath frug. So lange der König auf dem Stuhle oder seinem Throne sas, betrug er sich ungleich ernsthafter und steifer, als man es von seiner Jugend wohl hätte erwarten sollen. Es schien aber ein auswendig gelerntes, angenommenes Wesen zu seyn, durch welches unsre Audienz ein desto feyerlicheres Ansehen bekommen sollte. Bey einigen altfränkischen Staatsmännern möchte ihm das vielleicht zum Verdienst gerechnet werden; es war doch aber im Grunde nichts als eine Maskerade von Heucheley und Verstellung, die wir zu *Tahiti* kaum erwartet hätten.

Nach der ersten Begrüßung überreichte Capitain Cook dem *Aheatua* ein Stück rothen Boy *(baize)* ein Bett-Tuch, eine breite Zimmer-Axt, ein Messer, Nägel, Spiegel und Corallen. Mein Vater gab ihm ähnliche Geschenke, und unter andern eine Aigrette von Scharlachroth gefärbten Federn, die an einem gewundenen Drathe oder Zitter-Nadel befestigt waren. Diese schätzten Se. Majestät ungemein hoch und beym Anblick derselben brach die ganze Versammlung in ein lautes *Au-wäh* aus, welcher Ausruf Erstaunen und Bewundrung andeutet. Der König fragte nunmehro nach Herrn *Banks,* nach welchen vor ihm nur der einzige *Tuahau* gefragt hatte. Sodann erkundigte er sich wie lange wir bleiben würden, und gab dabey zu verstehen, daß es ihm lieb seyn sollte, wenn wir fünf Monath verweilen wollten. Capitain *Cook* antwortete, daß er im Gegentheil unverzüglich wieder absegeln müsse, weil nicht Lebensmittel genug zu bekommen wären. Der König schränkte also seine Bitte auf einen Monath, und endlich auf fünf Tage ein. Da aber Capitain *Cook* immer bey seiner vorigen Erklärung blieb; so versprach *Aheatua* uns am folgenden Tage Schweine zu schicken. Dergleichen Versprechungen waren uns indessen schon mehr als einmal gemacht worden, ohne daß jedoch etwas darauf erfolget wäre: Wir rechneten also auch jetzt nicht darauf; denn so wenig übrigens *Teiarrabu* als ein hoch verfeinerter Staat angesehen werden kann, so hatten wir doch längst gefunden, daß sich von der thätigen Gutherzigkeit, welche uns der Mittelstand, durch Gastfreyheit und eine Menge dienstfertiger und edler Handlungen, bezeigte, im geringsten nicht auf die Denkungsart des Hofes und der Hofleute schließen lasse, sondern daß es mit der scheinbaren und glänzenden Höflichkeit derselben blos darauf abgesehen sey, unsre Hoffnungen durch leere Versprechungen zu nähren und von einer Zeit zur andern aufzuhalten.

Während dieser Unterredung mit dem Könige ward das umherstehende gemeine Volk, welches aus wenigstens fünfhundert Menschen bestand, zuweilen so überlaut, daß man sein eigen Wort nicht hören konnte. Des Königs Bediente mußten daher auch mehrmalen mit durchdringender Stimme *Mamu!* (still!) ausrufen und diesem Befehl mit tüchtigen

Stockschlägen Nachdruck geben. Als der *Erih* sahe, daß Capitain *Cook* die Zeit seines Hierbleibens schlechterdings nicht verlängern wollte, stand er auf und sagte, er würde uns nach dem Strande hinab begleiten, wohin ihm seine Bedienten den Stuhl und die empfangenen Geschenke nachtragen mußten. Nunmehro legte er die während der Audienz angenommene Ernsthaftigkeit bey Seite, und unterhielt sich auf dem Wege mit unsern gemeinsten Matrosen ganz vertraut. Mich bat er, daß ich ihm alle diejenigen bey Namen nennen möchte, die von beyden Schiffen am Lande waren; auch verlangte er zu wissen, ob sie ihre Weiber am Bord hätten? und als ich mit Nein darauf antwortete, rieth ihnen Se. Majestät in einem Ausbruch guter Laune, sie möchten unter den Töchtern des Landes wählen; man sahe aber diese Einladung für ein bloßes Compliment an. Als wir bald nachher bey einem Hause mit Rohrwänden vorbey kamen, setzte er sich im Schatten desselben nieder, und *wir* suchten innerhalb demselben Schutz für der Sonne, die bis jetzt hinter Gewölken verborgen gewesen war. Er forderte einige Coco-Nüsse und

Tahitischer Strandläufer oder Gesellschaftsläufer (ausgestorben),
F: Tringa pyrrhetraea, *Prosobonia leucoptera* (Tahiti, 1773)

fieng an von *Pahie no Peppe* oder dem Spanischen Schiffe zu sprechen, wovon uns *Tuahau* die erste Nachricht gegeben hatte. Nach seiner Erzählung war das Schif fünf Monathe vorher zu *Whai-Urua* gewesen, und hatte sich daselbst zehn Tage lang aufgehalten. Er setzte hinzu, der Capitain habe viere von seinen Schiffsleuten aufhängen lassen, ein fünfter aber sey dieser Strafe entlaufen. Wir fragten eine lange Weile nach diesem Europäer, den sie *O-Pahutu* nannten, konnten aber nichts von ihm herausbringen, und da endlich die Hofschranzen Sr. Majestät merkten, daß wir uns so genau und ängstlich nach diesem Mann erkundigten, versicherten sie uns, er sey todt. Wir haben nachher erfahren, daß um dieselbige Zeit, welche die Indianer angaben, *Don Juan de Langara y Huarte,* von Callao in Peru, ausgeschickt worden, und *Tahiti* besucht habe; von den besonderen Umständen seiner Reise aber ist bis itzt noch nichts kund geworden. Während daß wir uns in diesem Hause allerseits ausruhten, fragte *E-Tie* (Eti) der dicke Mann, den wir für den vornehmsten Rath des Königs ansahen, ob wir in unserm Lande einen Gott *(Eatua)* hätten, und ob wir ihn anbetheten? *(Epuhre?)* Als wir ihm antworteten, daß wir einen Gott erkennten, der alles erschaffen habe, aber unsichtbar sey, und daß wir auch gewohnt wären, unsre Bitten und Gebethe an ihn zu richten, schien er höchlich darüber erfreuet und wiederholte es mit einigen, vermuthlich erläuternden, Zusätzen gegen verschiedene von seinen Landesleuten, die zunächst um ihn saßen. Hierauf wandte er sich wieder gegen uns und sagte, so viel wir verstehen konnten, daß seiner Landsleute Begriffe mit den unsrigen in diesem Stück übereinstimmten. Und in der That läßt sich aus mehreren Umständen abnehmen, daß dieser einfache und einzige richtige Begriff von der Gottheit, in allen Zeiten und Ländern bekannt gewesen ist, und daß jene verwickelten Lehrgebäude von ungereimter Vielgötterey, die man fast bey allen Völkern der Erden angetroffen hat, nur der Kunstgriff einiger verschlagenen Köpfe gewesen, die ihr Interesse dabey fanden dergleichen Irrthümer allgemein zu machen. Herrschsucht, Wollust und Faulheit scheinen dem zahlreichen Haufen der heidnischen Pfaffen den teuflischen Gedanken eingegeben zu haben, den Geist der Völker durch Aberglauben zu fesseln und zu blenden. Es ist ihnen auch nicht schwer geworden, diesen Entwurf durchzusetzen, weil der Mensch von Natur so sehr zum Wunderbaren geneigt ist, und eben diese Neigung ist Schuld daran, daß jene damit übereinstimmende Vorurtheile sich so fest und so tief in die Systeme menschlicher Kenntniß hineingeschlungen hatten, daß sie bis auf diesen Augenblick noch in Ehren gehalten werden, und daß der größte Theil des menschlichen Geschlechts sich in *dem* Punkt noch immer auf die gröbste Weise blindlings hintergehen läßt.

Immittelst *E-Tie* von Religions-Sachen sprach, spielte König *Aheatua* mit Capitain *Cooks* Taschen-Uhr. Er betrachtete die Bewegung der Räder, die sich von selbst zu bewegen schienen, mit großer Aufmerksamkeit. Erstaunt über ihr Geräusch, welches er nicht begreifen und ausdrücken konnte, gab er sie zurück mit der Äußerung *»sie spräche« (parau)* und fragte dabey wozu das Ding gut sey? Mit vieler Schwierigkeit machte man ihm begreiflich, daß wir sie gebrauchten um die Tageszeit daran zu erkennen, welche er und seine Landsleute, aus dem Fortrücken der Sonne am Horizont, zu schätzen gewohnt wären. Nach dieser Erklärung nannte ers eine *kleine Sonne,* um damit anzudeuten, daß er uns völlig verstanden.

Wir waren eben im Begriff nach dem Strande zurück zu kehren, als ein Mann mit einem Schweine ankam, welches der König dem Capitain unter der Versicherung schenkte, daß er noch eins bekommen solle. Mit diesem kleinen Anfange waren wir vor der Hand zufrieden und beurlaubten uns nunmehro von Se. Majestät, zwar ohne langweilige Ceremonie, blos mit einem herzlichen *Tayo* (Freund); doch war in diesem einzigen Ausdruck gewiß mehr Bedeutung als in mancher künstlichen Rede.

Nachmittags giengen die Capitains abermals mit uns zum Könige. Wir fanden ihn noch auf eben dem Platze, wo wir ihn beym Abschiede verlassen hatten, und er bat uns bey diesem Besuch von neuen, daß wir wenigstens noch ein paar Tage länger bleiben mögten. Man gab ihm aber eben die Antwort als zuvor, und sagte gerade heraus, daß wir blos deswegen abreisen würden, weil er uns nicht mit lebendigem Vieh versehen wollte. Hierauf ließ er sogleich zwey Schweine herbey bringen und schenkte jedem Capitain eins, welche Freygebigkeit durch allerhand Eisen-Geräthschaften erwiedert ward. Zu Unterhaltung Sr. Majestät ließen wir einen unsrer See-Soldaten, einen Bergschotten, auf dem Dudelsack spielen;

und obgleich seine rauhe Musik unsern Ohren fast unausstehlich war, so fanden doch der König und die ganze indianische Versammlung ein so ausnehmendes Vergnügen daran, als man sich nicht vorstellen sollte. Das Mißtrauen, welches er bey unsrer ersten Unterredung hatte blicken lassen, war nun verschwunden; und wären wir länger geblieben, so mögte es sich vielleicht in ein unbeschränktes Vertrauen verwandelt haben, wenigstens schien er seiner Jugend und gutherzigen Gemüthsart nach, von Natur geneigt dazu zu seyn. Das studierte und gezwungengravitätische Wesen ward ganz bey Seite gesetzt, ja einige seiner Beschäftigungen kamen beynahe kindisch heraus. Um nur ein Beyspiel davon anzuführen: so fanden Se. Majestät ein hohes Wohlgefallen daran, mit einem unsrer Beile kleine Stöcke zu zerhacken und junge Pisang-Pflanzungen abzuhauen. Ohnerachtet wir aber seines nunmehrigen vertraulichen Betragens wegen gewissermaßen hoffen konnten, daß er im Ernste Anstalt machen würde, uns mit einem Vorrath von Schweinen zu versorgen; so wollten wir es doch nicht auf den bloßen Anschein wagen, länger hier zu bleiben. In dieser Absicht nahmen wir gegen Abend förmlichen Abschied von ihm, giengen an Bord zurück und lichteten die größere Anker noch ehe es Nacht ward.

Da die Einwohner am folgenden Morgen sahen, daß wir die Seegel in Ordnung brachten und andre ernsthafte Anstalten zur Abreise vorkehrten, so kamen sie haufenweise mit kleinen Canots voll Coco-Nüsse und andrer Gewächse an die Schiffe, und verkauften alles zu sehr geringen Preisen, damit sie nur die Gelegenheit europäische Waaren zu bekommen nicht ungenutzt mögten vorbey streichen lassen. Der Geschmack an Kleinigkeiten und Spielzeug, der auf eine so unbegreifliche Weise, mehr oder minder, über die ganze Welt verbreitet ist, gieng hier so weit, daß die Leute ein Dutzend der schönsten Coco-Nüsse für eine einzige Glas-Coralle hingaben, und auf diesen unbedeutenden Schmuck bisweilen einen höheren Werth legten als auf einen Nagel, der doch einigen Nutzen haben konnte. Wir fanden, daß die Insulaner jetzt weit ehrlicher zu Werk giengen als bey unsrer Ankunft. Vielleicht besorgten sie, daß die geringste Betrügerey dem Handel alsbald ein Ende machen würde, der ihnen seitdem erst recht am Herzen liegen mochte, seitdem sie sahen, daß er überhaupt nicht lange mehr dauern würde. Um die Vortheile desselben noch so lange als möglich zu genießen, begleiteten sie uns bis ein paar Meilen außerhalb des Rifs und kehrten dann erst zum Strande zurück, woselbst wir den Lieutenant *Pickersgill* mit einem Boot zurückgelassen hatten, um auch unsrer Seits von der Neigung, welche das Volk jetzt zum Handel blicken ließ, noch einigen Gebrauch zu machen.

Nunmehro, da wir gleichsam von neuem wieder uns selbst überlassen waren, konnte man sich ein wenig erholen und einmal wieder zu Athem kommen, welches sich während des kurzen Aufenthalts auf der Insel, bey der Menge von neuen Gegenständen, kaum hatte thun lassen wollen. Diese Ruhe war uns um so willkommner, da sie uns Zeit gab, den mancherley Betrachtungen nachzuhängen, zu denen wir während unsers Hierseyns so vielfältigen Stof gesammelt hatten. Nach allem, was wir auf dieser Insel gesehen und erfahren, dünkte sie uns, im Ganzen genommen, einer der glücklichsten Winkel der Erde. Zwar waren uns ehemals, nachdem wir lange Zeit vorher nichts als See, Eis und Luft vor uns gesehen hatten, auch die öden Felsen von Neu-Seeland so vortheilhaft ins Gesicht gefallen, daß wir anfänglich ebenfalls sehr günstige Urtheile darüber fällten: Allein diese ersten Eindrücke waren auch bald wieder verschwunden, und wir hatten in der Folge täglich mehr Gelegenheit gefunden, uns zu überzeugen, daß sich dieses Land allerdings noch in einem wilden chaotischen Zustande befände. Bey *O-Tahiti* hingegen verhielt es sich ganz umgekehrt. Die Insel sahe nicht nur schon fern reizend aus, sondern je näher wir derselben kamen, desto schöner wurden auch die Prospecte, ja selbst bey jedem Spatziergang entdeckten wir neue Annehmlichkeiten. Je länger wir blieben, je mehr wurden die Eindrücke des ersten Anblicks bestätigt, ohngeachtet wir hier wegen der Erfrischungen schlimmer daran waren als auf Neu-Seeland, woselbst es größern Überfluß an Fischen und Vögeln gab, anstatt daß man sich hier mit eingesalznen Speisen behelfen mußte. Die Jahreszeit, welche mit unserm Februar übereinstimmt, hatte natürlicherweise einen Mangel an Baumfrüchten verursacht; denn obgleich hier zu Lande der Winter nicht in kalter Witterung bestehet, als in Ländern die weit von den Wende-Cirkeln liegen, so ist er dennoch hier so gut als überall die Jahrszeit, in welcher das ganze Pflanzenreich die Säfte zu einer neuen Erndte bereitet. Daher hatten einige Bäume ihre Blätter ganz verlohren, verschiedene Pflanzen waren bis auf die Wurzeln abgestorben, und die übrigen alle, sahen ganz vertrocknet aus, weil nemlich der Regen sich erst alsdenn einstellt, wenn die Sonne wieder im südlichen Hemispherio ist. Bey so bewandten Umständen hatten Laub und Kraut auf dem flachen Lande, überall eine dunkelbraune Farbe bekommen. Ein lebhafteres Grün fand man nur allein noch in den Wäldern, welche die höheren Berg-Gipfel krönen, denn diese sind fast beständig in Wolken verhüllt, und folglich ist es dort immer feucht. Von daher brachten uns die Einwohner unter andern auch eine Menge wilder Pisange, *Vehie* (Wehi) und das wohlriechende Holz *e-ahaï* womit sie ihrem Coconuß-Öle einen so starken Geruch geben. Die häufigen Erdrisse und die zerrüttete Form, der höheren Bergspitzen, rühren allem Anschein nach, von ehemaligen Erdbeben her; und die Laven, woraus die Berge zum Theil bestehen und wovon die Einwohner allerhand Werkzeuge machen, überzeugten uns noch mehr, daß vor Zeiten brennende Berge auf der Insel gewesen seyn müssen. Eben dies beweisen auch der fruchtbare Boden in der Ebne, der aus recht fetter Garten-Erde besteht und mit den Überbleibseln volcanischer Ausbrüche vermischt ist, imgleichen der schwarze Eisen-Sand, der sich oft am Fuße der Berge findet. Unter der vordersten Reihe von Bergen giebt es mehrere, die ganz unfruchtbar sind und aus gelben, mit Eisen-Ocher vermischten Thon bestehen; andre hingegen haben gutes fruchtbares Erdreich und diese sind, gleich den dahinter liegenden, höheren Bergen, mit Waldung bewachsen. An manchen Orten findet man Quarz-Stücke; von edlen Metallen gab es aber weiter keine Spuren, als daß man in den Laven hie und da Eisentheilchen entdeckte. Indessen mögen die Berge dennoch wohl schmelzwürdiges Eisen-Erz enthalten. Was aber das Stück Salpeter, so groß als ein Ey betrift, welches, laut Capitain *Wallis* Zeugniß, hier auf der Insel soll gefunden worden seyn,[15] so muß ich, mit aller Achtung für seine Kenntniß vom Seewesen, an der Richtigkeit der Sache selbst zweifeln, weil man bis jetzt noch keinen gediegnen Salpeter in Klumpen gefunden hat, wie solches mit mehrerem aus *Cronstedts Mineralogie* zu ersehen ist.

Zu vorstehenden wenigen Anmerkungen über die Foßilien von *Tahiti,* bewog uns der Anblick dieser Insel an deren Küste wir nun nordwärts hinseegelten und noch immer nach der Gegend hinsahen, die uns sowohl gefallen und zu so mancher Untersuchung Stoff gegeben hatte. Mitten in diesen Betrachtungen wurden wir zu Tische gerufen, wo ein Gericht frisches Schweinefleisch unsrer erwartete. Die Eilfertigkeit, mit welcher wir uns dahin begaben, und der gute Appetit, den wir bey dieser Schüssel bewiesen, zeigten deutlich, daß uns lange genug darnach verlangt hatte. Es wunderte uns, daß dies Fleisch im mindesten nichts von dem geilen Geschmack hatte, den es wohl in Europa zu haben pflegt. Das Fett war mit Mark zu vergleichen und das Magre schmeckte fast so zart als Kalbfleisch. Dieser Unterschied rührt vermuthlich daher, daß die *Tahitischen* Schweine mit nichts als Früchten gefuttert werden, und vielleicht hat diese Nahrung auch einen Einfluß auf den Instinct dieser Thiere. Sie sind von der kleinen sogenannten chinesischen Art, und haben keine hängende lappichte Ohren, die Graf *Büffon* als Kennzeichen der Sclaverey unter den Thieren ansieht. Auch waren sie reinlicher, und müssen sich folglich wohl nicht so im Schlamm herum zu wälzen pflegen als unsre europäischen Schweine. Dieses Vieh gehört zwar zu den würklichen Reichthümern von Tahiti, doch darf man sie deshalb nicht für einen Hauptartickel des Unterhalts halten; denn in *dem* Betracht könnte diese ganze Thierart ausgerottet werden, ohne daß die Nation im Ganzen dabey verlöre, weil sie nemlich den Großen des Landes allein und ausschließenderweise zugehören. Man schlachtet nur selten welche, ja vielleicht nie anders als bey feyerlichen Gelegenheiten; aber denn verschlingen die Vornehmen das Fleisch auch mit eben so viel Gierigkeit, als gewisse Leute in England *(Aldermen of London)* bey einem guten Schildkröten-Schmause bezeigen sollen. Der gemeine Mann kriegt äußerst selten davon zu kosten, und es bleibt ein Leckerbissen für ihn, ohngeachtet gerade diese Classe des Volks die Mühe allein auf sich hat, sie zu warten und zu mästen.

Gegen Abend fiel eine Windstille ein, die fast bis zum Morgen anhielt; alsdenn aber bekamen wir Süd-

15 *S. Hawkesworths* Gesch. der engl. See-Reisen, in 8. erster Theil, *pag. 322.*

Ostwind, und mit dessen Hülfe bald den nördlichen Theil von *O-Tahiti,* imgleichen die dabey liegende Insel *Eimeo,* zu Gesichte. Die Berge machten hier größere Massen und fielen daher schöner ins Auge als zu *Aitepieha*. Die niedrigern Berge waren nicht so steil, aber gleichwohl allenthalben ohne Bäume und Grün: auch die Ebene, vom Ufer an bis zu den ersten Bergen hin, war weitläuftiger, und schien an manchen Orten über eine Meile breit zu seyn. Gegen 10 Uhr hatten wir das Vergnügen, verschiedne Canots vom Lande gegen uns heran kommen zu sehen. Ihre langen schmalen Seegel, die aus zusammengenähten Matten bestanden, ihre Feder-Wimpel und die treflichen Coco-Nüsse und Pisang-Früchte, davon hochaufgethürmte Haufen aus den Booten hervorragten, machten zusammen genommen einen schönen mahlerischen Anblick aus. Sie überließen uns ihre Ladungen für wenige Corallen und Nägel, und kehrten alsdenn gleich wieder nach dem Ufer zurück, um mehrere zu holen. Gegen Mittag kam auch unser Boot mit dem Lieutenant *Pickersgill* wieder an. Er war in seinem Einkauf zu *Aitepieha* sehr glücklich gewesen und brachte neun Schweine nebst vielen Früchten von daher mit. Des Königs *Aheatua* Majestät, waren die ganze Zeit über auf dem Marktplatze geblieben, hatten sich neben den Eisen-Waaren hingesetzt, und sichs ausgebeten, für uns mit ihren Unterthanen zu handeln; waren auch dabey sehr billig zu Werk gegangen, indem sie für größere und kleinere Schweine, auch größere und kleinere Beile gegeben hatten. Zwischen durch aber hatten sich Hochdieselben, wie Abends zuvor, wieder die Veränderung gemacht, kleine Stöcke zu zerhacken, zum großen Vergnügen unsrer Matrosen, die bey der Gelegenheit nach ihrer Art, sehr feine Anmerkungen über königlichen und kindischen Zeitvertreib gemacht hatten. So bald Herr *Pickersgill* alle seine Waaren los geworden war, gieng er Nachmittags von *Aitepieha* ab und kam den Abend nach *Hiddia,* in den District des *O-Rettie (Ereti),* wo Herr von *Bougainville* im Jahr 1768. vor Anker lag. Er ward daselbst von dem würdigen Alten sehr gastfrey aufgenommen, dessen Character und Betragen der galante französische Seemann so viel Gerechtigkeit hat wiederfahren lassen. Am folgenden Morgen kam der Bruder desselben, *Tarurie,* zu Herrn *Pickersgill,* und bat diesen, daß er ihn in seinem Boote mit nach den Schiffen nehmen möchte, die man von da aus unter Seegel sahe. Als er an Bord kam, bemerkten wir, daß er einen Fehler an der Aussprache hatte und den Buchstaben T. allemal wie ein K. aussprach; eben diesen Fehler fanden wir in der Folge auch bey mehreren von seinen Landsleuten. Unterdessen war aus vorgedachtem District schon zuvor ein andrer Mann, Namens *O-Wahau,* in seinem Canot an Bord gekommen, und dieser sowohl als *Tarurie* speißten beyde mit uns zu Mittage. Mein Vater hatte dem erstern, zum freundlichen Willkommen, ein Paar Corallen und einen kleinen Nagel geschenkt. Der ehrliche Insulaner erwiederte dies Geschenk sogleich mit einer schön gearbeiteten Fischangel von Perlmutter. Dieser Beweis seiner Gutherzigkeit ward durch einen größern Nagel belohnt, und kaum hatte er solchen empfangen, als er einen Knaben in seinem Canot nach dem Lande abfertigte, der um 4 Uhr von daher zurück kam, und seinen Bruder, nebst einem Geschenke von Cocos-Nüssen, Pisangen und Matten an Bord brachte. Dieses Betragen *O-Wahau's* hatte etwas so edles an sich, und dünkte uns über die gewöhnlichen Begriffe von Tausch und eigennütziger Abmessung eines Gegenwerthes so weit erhaben, daß wir eine recht hohe Meynung und Achtung für ihn bekamen. Er erhielt nun auch ein weit ansehnlicheres Geschenk von uns, mehr um ihn in seiner edlen Denkungsart zu bestärken als um seine Gaben dadurch zu bezahlen. Hiemit gieng er des Abends von uns und war so voller Freuden als hätte er ein ganz unerwartetes Glück gemacht.

Mit Beyhülfe einer gelind wehenden Landluft näherten wir uns nun allgemach dem Ufer, und betrachteten die Schönheiten der Landschaft, die vom blendenden Glanz der Sonne, gleichsam vergoldet, vor uns lag. Schon konnten wir jene weit hervorragende Landspitze unterscheiden, die wegen der ehemals darauf gemachten Beobachtungen *Point Venus* genannt war; und es kostete uns keine Schwierigkeit, denen die bereits vor uns hier gewesen waren, auf ihr Wort zu glauben, daß dies der schönste Theil der Insel sey. Der District von *Matavai,* dem wir nunmehro gegenüber kamen, zeigte uns eine ungleich weitläuftigere Ebne als wir erwartet hatten; und das holzreiche Thal, das zwischen den Bergen herauf lief, sahe, in Vergleichung mit den kleinen engen Klüften und Berg-Rissen von *Teiarrabu,* als ein beträchtlich großer Wald aus.[16] Es mogte ohngefähr 3 Uhr des Nachmittags seyn, als wir um vorgedachte Landspitze herum kamen. Das Ufer derselben war überall voller Menschen, die uns mit der schärfsten Aufmerksamkeit betrachteten, aber, dem größten Theil nach über Hals und Kopf davon liefen, so bald sie sahen, daß wir in der Bay vor Anker giengen. Sie rannten längst dem Strande, über den *One Tree-hill* weg, und nach *O-Parre,* dem nächsten gen Westen belegnen Districte hin, als ob sie vor uns flüchteten. Unter dem ganzen Haufen erblickten wir nur einen einzigen Mann, der nach hiesiger Landesart vollständig gekleidet war, und unsers Freundes *O-Wahau's* Aussage nach, sollte dies *O-Tu* selbst, der König von *O-Tahiti-Nue* oder von Gros-Tahiti seyn. Er war sehr groß und wohlgebauet, lief aber gleich einem großen Theil seiner Unterthanen sehr eilfertig davon, welches die Indianer an Bord so ausdeuteten, daß er sich für uns fürchtete.

Obgleich die Sonne beynahe untergehen wollte als wir die Anker warfen, so waren doch unsre Verdecke gar bald mit Indianern von verschiednem Alter und Stande angefüllt. Viele derselben erkannten ihre alten Freunde unter den Officiers und Matrosen, mit einer gegenseitigen Freude, die sich nicht leicht beschreiben läßt. Unter diesen war auch der alte ehrwürdige *O-Whaa,* dessen friedfertiger Character und Freundschafts-Dienste in Herrn *Cooks* erster Reise, besonders bey Gelegenheit eines unangenehmen Vorfalls, da nemlich die Seesoldaten einen Indianer erschossen hatten, rühmlichst erwähnt worden sind.[17] So bald er Herrn *Pickersgill* sahe, erinnerte er sich seiner augenblicklich, nannte ihn bey seinem Tahitischen Namen *Petrodero,* und rechnete ihm an den Fingern her, es sey nun das drittemahl, daß er auf die Insel komme; Herr *Pickersgill* war auch würklich, sowohl bey des Capitain *Wallis,* als bey des Capitain *Cooks* erster Reise, bereits hier gewesen. Ein vornehmer Mann, Namens *Maratata*[18] besuchte Capitain *Cook* mit seiner Gemahlinn *(Tedua)-Erararie,* welches eine hübsche junge Person war. Man schenkte ihr und ihrem Manne eine Menge von Sachen, die sie jedoch schon deswegen eben nicht verdienten, weil sie beyderseits blos in dieser eigennützigen Absicht an Bord gekommen zu seyn schienen. Eben so begünstigte auch das Glück *Maratata's* Schwiegervater, einen großen dicken Mann, der mit zu ihrer Gesellschaft gehörte und sich auf eine recht unverschämte Weise von jedermann etwas erbettelte. Zum Zeichen der Freundschaft verwechselten sie ihre Namen mit den unsrigen, ein jeder von ihnen wählte sich nemlich einen Freund, dem er besonders zugethan war. Diese Gewohnheit hatten wir auf unserm vorigen Ankerplatze nicht bemerkt, denn da waren die Einwohner zurückhaltender und mißtrauischer. Um 7 Uhr verließen sie größtentheils das Schiff, versprachen aber folgenden Morgen wieder zu kommen, woran wir auch wegen ihrer guten Aufnahme nicht zweifeln durften.

Der Mond schien die ganze Nacht sehr hell. Kein Wölkchen war zu sehn. Die glatte Fläche der See glänzte wie Silber, und die vor uns liegende Landschaft sahe so reizend aus, daß man sich kaum überreden konnte, sie sey etwas mehr als das schöpferische Werk einer fruchtbaren lachenden Fantasie. Sanfte Stille herrschte rund um uns her, nur hie und da hörte man einen Indianer plaudern, deren etliche an Bord geblieben waren, um den schönen Abend bey ihren alten Freunden und Bekannten zuzubringen. Sie hatten sich an den Seiten des Schiffes herum gesetzt, sprachen von allerhand Dingen und machten sich durch Zeichen verständlicher, wenn es mit Worten nicht gelingen wollte. Wir hörten zu, und fanden, daß sie zum Theil frugen, wie es unsern Leuten seit ihrer letzten Abreise von hier ergangen sey, zum Theil auch das traurige Schicksal *Tutahah's* und seiner Freunde erzählten. *Gibson,* ein See-Soldat, dem die Insel so wohl gefallen, daß er es ehemals bey Capitain *Cooks* voriger Reise, gar darauf anlegte hier zu bleiben,[19] hatte den mehresten Antheil an der Unterredung, denn er verstand von der Landessprache mehr als irgend sonst einer von uns, weshalb ihn die Einwohner auch besonders hoch schätzten. Die gu-

16 In Capitain *Cook's* engl. Reisebeschreibung ist eine überaus mahlerische Abbildung dieser herrlichen Gegend in Kupfer gestochen.

17 S. *Hawkesworths* Geschichte der engl. See-Reisen in 8. erster Band, *pag. 309* und folgende S. woselbst seiner überall nur unter dem Namen des Greises gedacht wird. – zweyter Band, *pag. 337. Owhah etc.* und namentlich *pag. 350.* etc.

18 Ebendaselbst S. 442. Maraitata.

19 S. *Hawkesworths* Geschichte der engl, See-Reisen, in 8. zweyter Band, *pag. 469.*

ten Leute bezeigten hier noch ungleich mehr Zutrauen und Freymüthigkeit gegen uns als zu *Aitepieha,* und dies gereichte ihnen in unsern Augen zu desto größerer Ehre, weil sich daraus deutlich genug abnehmen ließ, daß sie die ehemaligen Beleidigungen edelmüthig vergessen hatten, und daß ihr gutes unverderbtes Herz auch nicht eines Gedanken von Rachsucht oder Bitterkeit fähig sey. Für ein empfindsames Gemüthe ist aber das warlich ein tröstlicher Gedanke, daß Menschenliebe dem Menschen natürlich sey und daß die wilden Begriffe von Mißtrauen, Bosheit und Rachsucht, nur Folgen einer allmähligen Verderbniß der Sitten sind. Man findet auch in der That nur wenig Beyspiele vom Gegentheil, daß nemlich Völker, welche nicht ganz bis zur Barbarey herabgesunken, der Liebe zum Frieden, diesem allgemeinen Grundtriebe des Menschen, zuwider gehandelt haben sollten. Was *Columbus, Cortez* und *Pizarro* bey ihren Entdeckungen in America, und was *Mendanna, Quiros, Schouten, Tasman*[20] und *Wallis* in der Süd-See hierüber erfahren haben, das stimmt mit unsrer Behauptung vollkommen überein. Selbst der Angriff, den die *Tahitier* ehemals auf den *Dolphin* wagten, widerspricht derselben nicht. Es dünkt mir nemlich höchstwahrscheinlich, daß unsere Leute, wenn sie sich dessen gleich nicht bewußt seyn mögen, durch irgend eine Beleidigung Gelegenheit dazu gegeben haben müssen. Gesetzt aber auch, das wäre nicht; so ist doch Selbsterhaltung das erste Gesetz der Natur, und der Anschein berechtigte die Einwohner allerdings unsre Leute für ungebetne Gäste und für den angreifenden Theil zu halten, ja was mehr als das alles ist, sie hatten Ursach für ihre Freiheit besorgt zu seyn. Als sie endlich die traurigen Würkungen der europäischen Obermacht empfunden und man ihnen zu verstehen gegeben hatte, daß das Schif nur einige Erfrischungen einnehmen, auch nur eine kurze Zeit hier bleiben wolle, kurz, so bald sie selbst einsahen, daß die Fremden nicht ganz unmenschlich und unbillig, und daß Britten wenigstens nicht wilder und barbarischer wären als sie selbst, so waren sie auch gleich bereit, die Fremdlinge mit offnen Armen zu empfangen, das vorgefallne Misverständnis zu vergessen, und sie freygebig an den Naturgütern der Insel Theil nehmen zu lassen. Einer übertraf den andern an Gastfreyheit und Freundschaft, vom geringsten Unterthanen an bis zur Königinn, damit ihre Gäste beym Abschied von dem freundschaftlichen Lande berechtigt seyn mögten zu sagen:

Invitus, regina, tuo de littore cessi.
VIRGIL.

---

20 Die Wilden von Neu-Seeland machen eine Ausnahme.

Tahiti-Laufsittich (ausgestorben), *F: Psittacus pacificus*
Cyanoramphus zealandicus (Tahiti, 1774)

NEUNTES HAUPTSTÜCK.

Aufenthalt in Matavai-Bay.

Capitain Cook hatte schon bey seiner ehemaligen Anwesenheit auf dieser Insel bemerkt, daß, wenn man hier in *Matavai-Bay,* ohne Gewalt zu gebrauchen und die blutigen Auftritte vergangner Zeiten zu wiederholen, einen hinlänglichen Vorrath von Lebensmitteln erhalten wollte, es unumgänglich nöthig sey, sich das Wohlwollen des Königs zu erwerben. Um in dieser Angelegenheit noch heute den ersten Schritt zu thun, machte er so gleich Anstalt nach *O-Parre* abzugehen, woselbst König *O-Tu* sich aufhalten sollte. Doch wartete er mit der Abreise dahin, bis *Maratata* und seine Frau ihrem Versprechen gemäs an Bord gekommen waren. Diese brachten ihm für die gestern erhaltenen Geschenke einige Stücke ihres besten Zeuges, und bildeten sich nicht wenig darauf ein, daß sie in die große Cajütte kommen durften, immittelst ihre übrigen Landsleute draußen bleiben mußten. So bald hierauf auch Capitain *Furneaux* von der *Adventure* angelangt war, begab sich Capitain Cook nebst ihm, dem Dr. *Sparrmann,* meinen Vater und mir in die Pinnasse. *Maratata* und seine Frau kamen ohne Ceremonie auch mit herein und nahmen sogleich die beste Stelle auf dem Hintertheil ein. Eine Menge andrer Indianer folgten ihrem Beyspiel bis das Boot so voll war, daß sich die Matrosen mit den Rudern nicht rühren konnten. Der größte Theil dieser ungebetnen Gäste mußte also, zu ihrem nicht geringen Leidwesen, wieder aussteigen. Jedermann schien sich nemlich eine Ehre und ein Vergnügen daraus zu machen, wenn er in unserm Boote sitzen durfte. Hiezu mogte das gute Ansehen desselben nicht wenig beytragen, denn es war eben neu angemahlt und mit einem grünen Sonnen-Schirme oder Zeltdecke versehen, die angenehmen Schatten machte. Wir ruderten nunmehro queer über die Bay und näherten uns dem Ufer bey einer Landspitze, auf welcher aus dickem Gebüsch ein steinernes *Marai* hervorragte, dergleichen wir schon zu Aitepiha gesehn hatten. Capitain *Cook* kannte diesen Begräbniß- und Versammlungs-Platz unter dem Namen von *Tutaha's Marai;* als er ihn aber also benannte, fiel ihm *Maratata* in die Rede, um ihm zu sagen, daß es Tutahah nach seinem Tode nicht mehr gehöre, sondern jetzt *O-Tu's Marai* genannt werde. Eine herrliche Moräl für Fürsten und Könige, sie an die Sterblichkeit zu erinnern und ihnen zu lehren, daß nach ihrem Tode nicht einmal der Ruheplatz ihres Cörpers ihnen eigen bleibt! *Maratata* und seine Frau entblößten im Vorbeyfahren ihre Schultern – eine Ehre, welche alle Einwohner, ohne Unterschied des Standes, dem *Marai* bezeigen, und woraus sich abnehmen läßt, daß sie diese Plätze für besonders heilig ansehen müssen. Vielleicht halten sie dafür, daß die Gottheit an solchen Stellen unmittelbar gegenwärtig sey, wie denn von jeher, ein jedes Volk etwas ähnliches von seinen heiligen Versammlungs-Örtern geglaubt hat.

Wir kamen auf dieser Fahrt an einem der schönsten Districte von *O-Tahiti* vorbey. Die Ebenen schienen hier von beträchtlichem Umfange zu seyn; die Berge hatten durchgehends sanfte Anhöhen und verloren sich auf der Ebene in ziemlich weit hervorragenden, gewölbten Spitzen. Das Ufer, welches mit dem schönsten Rasen bewachsen und, bis an den Strand herab, von Palmen beschattet war, stand voller Menschen, die, so bald wir aus dem Boot stiegen, ein lautes Freuden-Geschrey erhoben. Man führte uns ohnverzüglich nach einigen Häusern, die unter Brodfrucht-Bäumen versteckt lagen und vor einem der größten Häuser trafen wir einen Platz von zwanzig bis dreyßig Schritte im Gevierte an, der mit einem ohngefähr 18 Zoll hohen Gitterwerk von Rohr umzäunt war. Mitten auf diesem Platze saß der König, mit kreuzweis übereinander geschlagnen Beinen, auf der Erde. Um ihn her stand ein großer Kreis von Leuten beyderley Geschlechts, die ihrer Statur, Farbe und Betragen nach, zu den Vornehmsten des Landes gehören mußten. Sobald die Matrosen unsre Geschenke, als welche Capitain *Cook's* Creditiv ausmachten, vor dem Könige auf die Erde niedergelegt hatten, traten wir alle näher, und wurden gebeten, uns um Se. Majestät herum zu setzen. Ohnerachtet das Volk im Äußern viel Achtung für seinen Beherrscher zu haben scheint, wie sich zum Theil schon daraus abnehmen läßt, daß in seiner Gegenwart jedermann, ohne Ausnahme, die Schultern entblößen muß; so reichte solche doch nicht so weit, daß man sich nicht von allen Seiten her mit der ungestümsten Neugierde auf uns zugedrängt haben sollte, und da die Menge der Menschen, mithin auch das Gedränge hier ungleich größer waren als während unsrer Audienz bey *Aheatua;* so mußten sichs die auf die Ecken des umzäunten Platzes gestellten königlichen Bedienten rechtschaffen sauer werden lassen, um die Leute nur einigermaßen in Schranken zu halten. Einer insbesondre, der auf dem Wege Platz für uns machen sollte, schlug ganz unbarmherzig drauf los und mehr denn einen Stock auf den Köpfen entzwey, welches ohnfehlbar Löcher und Blut gesetzt haben muß

Menava quella mazza fra la gente
Ch' un imbriaco Svizzero paria
Di quei, che con villan modo insolente,
Sogliono innanzi 'l Papa il dì di festa
Rompere a chi le braccia, a chi la testa.
TASSONE.

Dem ohnerachtet drängten sie sich eben so hartnäckig wieder herbey als der ärgste englische Pöbel nur thun kann, jedoch mit dem Unterschiede, daß sie die Insolenz der königlichen Bedienten ein gut Theil geduldiger zu ertragen schienen. Der König von *O-Tahiti* hatte, während Capitain *Cook's* erster Anwesenheit allhier, unsre Leute nie zu sehen bekommen, vermuthlich aus politischen Absichten seines Oncles *Tutahah,* der damals die ganze Regierung in Händen hatte, und vielleicht besorgen mogte, an seinem Ansehn bey den Europäern zu verlieren, wenn sie erfahren hätten, daß er nicht der erste und größte Mann auf der Insel sey. Es ist nicht wohl auszumachen, ob *Tutahah's* Ansehn und Gewalt usurpirt war oder nicht. Das scheint jedoch wieder ihn zu seyn, daß *O-Tu* (der jetzige König) schon vier bis fünf und zwanzig Jahr alt, und gleichwohl erst kürzlich zur Regierung gelangt war. Nicht nur als Regent, sondern auch der Statur nach war er, wenigstens so viel *wir* sahen, der größte Mann auf der Insel, denn er mas völlige 6 Fus 3 Zoll. Er hatte starke und wohlproportionierte Gliedmaßen, war überhaupt wohl gemacht, und hatte auch vor der Hand noch keinen Ansatz zu übermäßiger Corpulenz. Ohnerachtet etwas finsteres, und vielleicht schüchternes in seinem Ansehen war, so leuchtete doch übrigens Majestät und Verstand daraus hervor, gleichwie auch in seinen lebhaften schwarzen Augen viel Ausdruck war. Er hatte einen starken Knebel-Bart, der gleich dem Unterbart und dem starken lockigten Haupt-Haar pechschwarz war. Sein Portrait ist, nach einer Zeichnung von Herrn *Hodges,* zu Capitain *Cooks* Nachricht von dieser Reise in Kupfer gestochen. Durch eine ähnliche Leibesgestalt und gleichen Haarwuchs, der, wie eine überall gleich-dick-gekräuselte Perücke, gerade aufwärts um den Kopf stand, zeichneten sich seine Brüder und Schwestern aus. Von ersteren mochte der ältere ohngefähr sechzehen und der jüngste etwa zehen Jahr alt seyn. Seine älteste Schwester aber, welche diesmal nur allein gegenwärtig war, schien fünf bis sechs und zwanzig Jahr alt zu seyn. Da die Frauenspersonen hier zu Lande das Haar gemeiniglich kurz abgeschnitten zu tragen pflegen; so war der Haarputz dieser Dame als etwas Außerordentliches anzusehen und mogte vielleicht ein besonders Vorrecht der königlichen Familie seyn. Ihr hoher Rang befreyte sie jedoch nicht von der allgemeinen Etiquette die Schultern in Gegenwart des Königs zu entblößen, ein Brauch, der dem Frauenzimmer auf unzählige Art Gelegenheit gab, ihre zierliche Bildung ungemein vortheilhaft sichtbar zu machen. Ihr ganzes Gewand bestehet aus einem langen Stück von weißem Zeuge, so dünn als Mußlin, das auf hundert verschiedne ungekünstelte Weise um den Cörper geschlagen wird, je nachdem es der Bequemlichkeit, dem Talente und dem guten Geschmack einer jeden Schöne am zuträglichsten scheint. Sie wissen nichts von *allgemeinen* Moden, die mehrentheils nur einigen wenigen Personen gut stehen und die übrigen mehr verstellen als putzen; sondern angebohrne Freyheit gilt hier auch beym Anzuge und natürliche Grazie verschönert die edle Einfalt ihrer Tracht und Bildung. – Die einzige Person, welche die Schultern nicht zu entblößen brauchte, war des Königs *Hoa*[1] ein Hofbedienter, der sich am besten mit einem Cammerherrn vergleichen läßt und deren der König zwölfe haben soll, welche nach der Reihe die Aufwartung haben. Zu diesen gehörten die Leute, welche vorher so schweizermäßig aufs Volk geprügelt und Platz gemacht hatten. Wir saßen zwischen den Oncles, Tanten, Vettern und andern Verwandten des Königs. Alle diese Standespersonen wetteiferten mit einander uns freundlich und zärtlich anzublicken, Freundschafts-Versicherungen zu geben und – um Corallen und Nägel zu bitten. Die Art und Weise aber, wie sie diese Kleinigkeiten zu erhalten suchten, war sehr verschieden, und fiel deshalb auch nicht immer gleich glücklich für sie aus. Wenn wir zum Beyspiel unter eine oder die andere Art von Leuten Corallen austheilten, so drängten sich bisweilen junge unverschämte Bursche herbey und hielten die Hände auch her, als hätten auch sie Anspruch oder Recht auf unsre Freygebigkeit. Unter solchen Umständen bekamen sie aber allemal eine abschlägige Antwort. Schon schwerer war es, alten ehrwürdigen Männern eine Gabe zu versagen, wenn sie mit bebender Hand die unsrigen ergriffen, sie herzlich druckten und in vollkommnen Vertrauen auf unsre Güte uns ihr Anliegen ins Ohr wisperten. Die älteren Damen halfen sich mit etwas Kunst und Schmeicheley. Sie frugen gemeiniglich wie wir hießen, nahmen uns an Kindesstatt an, und machten uns mit ihren Verwandten bekannt, die auf diese Weise auch die unsrigen wurden. Nach andern kleinen Schmeicheleyen kam denn im bittenden Ton, mit liebäugelnden Minen, ein: *Aima poe ihti no te tayo mettua?* heraus, welches so viel ist, als: »Ist denn kein Coralchen für das liebe Mütterchen da?« Das hieß nun unsre kindliche Liebe mit ins Spiel ziehen, und wenn das geschahe, so hatten die guten Alten fast allemal gewonnen. Eine solche Einkleidung ihres Anliegens mußte uns nemlich von dem National-Character dieses Volks ungemein vortheilhafte Begriffe machen, denn gute Gesinnungen von andern zu erwarten, wenn man sie selbst nicht hat, ist eine Verfeinerung der Sitten, die blos ganz civilisirten Völkern eigen ist. Unsre jüngere Verwandtinnen, die in der Blüthe der Jugend standen, hatten wieder andre Kunstgriffe zu Gebote. Außerdem daß sie gemeiniglich auf eine oder die andre Art hübsch waren, gieng auch ihr ganzes Tichten und Trachten dahin, uns zu gefallen, und da sie sich noch überdies auf die zärtlichste Art von der Welt unsre Schwestern nannten; so durften sie, aus mehr denn einer Ursach, in ihren Anliegen nicht leicht eine abschlägige Antwort besorgen, denn wer hätte so hübschen jungen und gefälligen Mädchen widerstehen können? Mittlerweile, daß wir den Damen und Herren vom Hofe allerhand Geschenke austheilten, hatten die ersteren ihre Bedienten *(Tautaus)* abgeschickt, und große Stücke ihres besten Zeuges, Scharlach, Rosenroth oder Blasgelb gefärbt und mit dem feinsten wohlriechenden Öl parfumirt, holen lassen, um uns Gegenpräsente damit zu machen. Sie legten uns solche über unsre Kleidungen an und beladeten uns so sehr damit, daß wir uns kaum zu rühren im Stande waren. Mancherley Fragen *Tabane,* (Herrn *Banks*) *Tolano,* (Dr. *Solander*) und andre Bekannte betreffend, folgten dem wichtigern Geschäfte Geschenke zu empfangen; aber nach *Tupaya (Tupeia)* oder *Parua,* wie er gemeiniglich genannt ward, fragten nur einige einzelne Personen, die auch die Nachricht von seinem Tode mit ziemlicher Gleichgültigkeit anhörten, ohnerachtet die weitläuftige Kenntniß dieses Mannes, ihn unsrem Bedünken nach, seinen Landsleuten werth und angenehm hätte machen sollen. Während dieser Unterredung spielte unser Bergschotte einige Stücke auf dem Dudelsack, zu unendlichem Vergnügen der Zuhörer, die über seine Music voll Verwundrung und Entzücken waren. König *O-Tu* insbesondre war mit seiner Kunst, die warlich sehr unbedeutend war, so

1 S. Hawkesworths Geschichte der engl. See-Reisen, in 8. dritter Band, wo *pag. 561.* stehet: *eowa no l earee,* welchesaber heißen soll: *e-hoa no te erih* (das ist: Freund des Königs.)

ausnehmend zufrieden, daß er ihm ein großes Stück des gröbern Zeuges zur Belohnung reichen ließ.

Da dies nur eine Ceremonien-Visite war, so wollten wir uns nicht lange aufhalten, und waren eben im Begriff Abschied zu nehmen, als wir durch die Ankunft von *E-Happaï,*[2] den Vater des Königs, noch eine Weile aufgehalten wurden. Er war ein langer, magrer Mann mit grauem Barte und grauem Kopfe, schien aber, seines hohen Alters ohnerachtet, noch nicht abgelebt zu seyn. Was ihm die Capitains schenkten, nahm er mit jener kalten Gleichgültigkeit an, die alten Leuten wohl eigen zu seyn pflegt. Wir waren zwar schon durch die vorigen Reisebeschreibungen von der sonderbaren Verfassung unterrichtet, vermöge welcher der Sohn noch bey Lebzeiten des Vaters die Regierung annimmt:[3] doch wunderte es uns daß der alte *Happai* sich überdies noch der Landesgewohnheit unterwerfen, und in Gegenwart seines Sohns die Schultern so gut als jeder andre entblößen mußte. Der Begriff von Blutsverwandtschaft ist also hier ganz aus den Augen gesetzt, um der königlichen Würde desto mehr Ansehen zu verschaffen, und eine solche Verläugnung der natürlichen Verhältnisse, zeigt meines Erachtens einen höhern Grad von Cultur und Einsicht an, als andre Reisende den Einwohnern von *Tahiti* zugestanden haben. Ohnerachtet aber *Happai* die oberste Herrschaft nicht mehr in Händen hatte, so lies ihm das gemeine Volk, seiner Geburt und Standes wegen, dennoch große Ehre wiederfahren, und auch der König hatte ihn mit einem anständigen Unterhalt versorgt. Der District oder die Provinz *O-Parre* stand nemlich unmittelbar unter seinen Befehlen, und aus dieser zog er für sich und seine Bedienten was er nöthig hatte. Wir hielten uns dieses alten Herrn wegen nur um ein weniges länger auf als wir zuvor willens gewesen waren, beurlaubten uns sodann vom Vater und Sohne und kehrten wieder nach der Pinnasse zurück, welche *Maratata* die ganze Zeit über nicht verlassen hatte, vermuthlich, um sich dadurch bey seinen Landsleuten das Ansehen zu geben als ob er in besondern Credit bey uns stände. Während unsrer Abwesenheit waren auf (der Landspitze) *Point Venus* für die Holzhauer, die Wasserträger und die Kranken der *Adventure* etliche Zelte aufgeschlagen worden. Auch hatten die Astronomen beyder Schiffe ihre Sternwarten ohngefähr auf eben dem Flecke errichtet, wo von Herrn *Green* und Capitain *Cook* auf der vorigen Reise der Durchgang der Venus beobachtet worden war. Bey unserer Rückkunft an Bord fanden wir das Schiff voller Indianer und unter denselben auch verschiedne Personen von höherem Range. Diese hatten ihres Standes wegen im ganzen Schiff überall freyen Zutritt, aber eben deshalb war man auch, für ihrer Betteley um Glas-Corallen und andre Kleinigkeiten, in keinem Winkel sicher. Um dieser unerträglichen Unverschämtheit zu entgehen, verfügten sich die Capitains bald wieder nach den Zelten zurück, und wir begleiteten sie dahin, um zu sehen, was für natürliche Merkwürdigkeiten das Land hervorbringe. In gleicher Absicht machten wir auch nach Tische einen neuen Spatziergang; da wir aber beydemal nicht weit hatten kommen können, so bestanden unsre Entdeckungen nur aus wenigen Pflanzen und Vögeln, dergleichen wir zu *Aitepiha* noch nicht gesehen hatten.

Am folgenden Morgen, sehr frühe, kam eine Menge Canots von *Parre* ans Schiff und in einem der kleinsten befand sich der König, der seine Gegengeschenke dem Capitain *Cook* in eigner Person überbringen wollte. Es waren allerhand Lebensmittel, nemlich ein lebendiges Schwein, etliche große Fische, als eine Stuhr-Makrele *(Cavalha, Scomber hippos),* imgleichen eine weiße Makrele, *(Albecore)* ohngefähr 4 Fus lang und völlig zugerichtet, und endlich eine Menge von Körben mit Brodfrucht und Bananen; dies alles ward eins nach dem andern aufs Schiff gereicht. Capitain *Cook* stand auf dem Bord des Schiffs und bat Se. Majestät herauf zu kommen; Dieselben blieben aber unverrückt sitzen, bis sich der Capitain, der *Tahiti*schen Etiquette gemäß, in eine unglaubliche Menge des besten hiesigen Zeuges hatte einkleiden lassen, und auf die Art zu einer ungeheuer dikken Figur geworden war. Sobald dieser Punkt des Ceremoniels beobachtet war, wagte sich *O-Tu* aufs Verdeck des Hintertheils und umarmte den Capitain, schien aber noch sehr besorgt, ohnerachtet man ihn durch das freundschaftlichste Betragen zu überzeugen suchte, daß er nicht Ursach habe es zu seyn. Weil das Verdeck von des Königs Verwandten und Angehöri-

2 In Hawkesworths Gesch. der engl. See-Reisen in 8. zweyter Band, *pag. 438.* wo er Whappai genannt wird.

3 *S. Hawkesworths* Gesch. der engl. See-Reisen in 8. dritter Band, *pag. 561.*

gen, überall gedrängt voll war, so bat man ihn in die Cajütte zu kommen; allein auf einer Treppe, zwischen den Verdecken darnach hinab zu steigen? das dünkte ihm, ohne nähere Untersuchung, ein wenig zu gefährlich. Er schickte also seinen Bruder, einen hübschen Jüngling von sechzehen Jahren der völliges Vertrauen in uns setzte, vorauf. Diesem gefiel die Cajütte, und er stattete einen so vortheilhaften Bericht davon ab, daß der König sich nun gleich hinunter wagte. Hier überreichte man ihm von neuem allerhand kostbare Geschenke. Das hohe Gefolge Sr. Majestät, drängte sich jetzt dermaßen nach der Cajütte, daß wir uns kaum darinn rühren konnten. Capitain *Cook* war hiebey am übelsten dran, denn dem wards unter der Last seines *Tahiti*schen Ceremonien-Kleides, ohnehin schon zu warm. Ein jeder von diesen Indianern, wählte sich, wie schon erwähnt, einen besondern Freund unter uns, und gegenseitige Geschenke bestätigten gemeiniglich die neugeschloßne Freundschaft. Unter dieser Zeit war auch Capitain *Furneaux* an Bord gekommen, und wir setzten uns nunmehro zum Frühstück hin. Unsre Gäste waren bey diesem für sie neuen Auftritt sehr ruhig und hatten sich bereden lassen, auf Stühlen Platz zu nehmen, die ihnen etwas ganz fremdes und ungemein bequem zu seyn schienen. Der König war auf unser Frühstück, welches für diesmal halb aus englischen und halb aus *Tahiti*schen Gerichten bestand vorzüglich aufmerksam, und staunte uns nicht wenig an, daß wir heiß Wasser *(Thee)* tranken und Brodfrucht mit Öl (Butter) aßen. Er selbst war nicht zum Mitessen zu bewegen; einige von seinem Gefolge hingegen, waren nicht so übermäßig vorsichtig, sondern aßen und tranken nach Herzenslust was ihnen vorgesetzt ward. Nach dem Frühstück fiel *O-Tu* meines Vaters Pudel in die Augen, der sonst gut genug, damals aber ziemlich schmutzig aussahe, indem er mit Theer und Pech, recht Matrosenmäßig besudelt war. Dem ohnerachtet wünschten Se. Majestät ihn zu besitzen und thaten auch keine Fehlbitte. Hocherfreut darüber, beorderten sie sogleich einen ihrer Cammerherren oder *Hoas,* den Hund in Verwahrung zu nehmen, und ließen sich solchen auch nachher von demselben überall nachtragen. Es währte nicht lange, so äußerte er gegen Capitain *Cook,* daß er wieder am Lande zu seyn wünsche, und stieg zu dem Ende mit seinem ganzen Gefolge und allen erhaltnen Geschenken aufs Verdeck. Capitain *Furneaux* schenkte ihm hier noch einen Bock und eine Ziege, welche er in dieser Absicht von seinem Schiff gebracht hatte. Es kostete uns wenig Mühe, dem Könige die Nutzbarkeit dieser Thiere und wie sie gehalten werden müßten, begreiflich zu machen; denn er versprach sogleich, sie nicht zu schlachten, nicht zu trennen und die Jungen in Acht zu nehmen. Die Pinasse war nun fertig, und der König nebst den Capitains und anderen Herren giengen in selbiger nach *O-Parre* ab, woselbst Se. Majestät damals residirten. Auf der Überfahrt war *O-Tu* ungemein vergnügt, that mancherley Fragen und schien seine vorige mißtrauische Furcht ganz abgelegt zu haben. Die Ziegen hatten sich seiner Aufmerksamkeit dermaßen bemächtigt, daß er fast von nichts anderm redete, und es schien als könnte ers nicht oft genug hören, *wie* sie gefüttert und gehalten werden müßten. Sobald wir ans Land kamen, ward ihm ein schöner Grasplatz, der von Brodfrucht-Bäumen beschattet war, mit dem Bedeuten angezeigt, daß er die Ziegen stets an solchen Stellen weiden lassen mögte. Das ganze Ufer war von Indianern bedeckt, die ihren König beym Aussteigen aus dem Boote mit lautem Freudengeschrey empfiengen. Unter dem Haufen befand sich auch *Tutahah's* Mutter, eine ehrwürdige graue Matrone, die, sobald sie den Capitain *Cook* gewahr ward, ihm entgegen lief und als den Freund ihres Sohns umarmte. Sie erinnerte sich bey dieser Gelegenheit ihres Verlustes so lebhaft, daß sie zu unsrer nicht geringen Rührung, überlaut zu weinen anfieng. Eine so zärtliche Empfindlichkeit zeugt offenbar von der ursprünglichen Güte des menschlichen Herzens, und nimmt uns immer zum Vortheil derjenigen ein, an denen wir sie gewahr werden.

Wir eilten von hier nach unsern Zelten auf *Point-Venus,* wo die Eingebohrnen einen ordentlichen Markt errichtet hatten, auf welchem alle Arten von Früchten, und zwar sehr wohlfeil zu haben waren, indem ein Korb voll Brodfrucht oder Coco-Nüsse nicht mehr als eine einzige Coralle galt. Mein Vater traf hier seinen Freund *O-Wahau* an, der ihm abermals einen großen Vorrath Früchte, einige Fische, etwas feines Zeug, imgleichen ein Paar Angelhaken von Perlmutter schenkte. Wir wollten seine Freygebigkeit erwiedern, allein der edelmüthige Mann schlug es rund ab, das geringste dafür anzunehmen, und sagte:

er hätte meinem Vater jene Kleinigkeiten als ein Freund geschenkt, ohne Absicht dabey zu gewinnen. Solchergestalt schien es als wollte sich heute alles vereinigen, uns von diesem liebenswürdigen Volke vortheilhafte Begriffe zu geben.

Gegen Mittagszeit kehrten wir an Bord zurück und beschäftigten uns nach Tische, die bisher gesammelten Naturalien zu zeichnen und zu beschreiben. Die Verdecke waren immittelst beständig mit Indianern beyderley Geschlechts angefüllt, die alle Winkel durchstörten, und maußten, so oft sie Gelegenheit fanden. Abends erlebten wir einen Auftritt, der uns neu und sonderbar, denen aber etwas Bekanntes war, die schon zuvor auf *Tahiti* gewesen waren. Unsre Matrosen hatten nemlich eine Menge Weibsleute vom niedrigsten Stande aufs Schiff eingeladen, die nicht nur sehr bereitwillig gekommen waren, sondern auch, wie alle ihre Landsleute zurückkehrten, nach Untergang der Sonne noch an Bord blieben. Wir wußten zwar schon, von unserm vorigen Ankerplatze her, wie feil die *Tahiti*schen Mädchens sind; doch hatten sie dort ihre Ausschweifungen nur bey Tage getrieben, des Nachts hingegen sich nie gewagt auf dem Schiff zu bleiben. Hier aber, zu *Matavai,* hatte man den englischen Seemann schon besser ausstudirt, und die Mädchen mußten ohne Zweifel wissen, daß man sich demselben sicher anvertrauen könne, ja, daß dies die herrlichste Gelegenheit von der Welt sey, ihm an Corallen, Nägeln, Beilen oder Hemden alles rein abzulocken. Es gieng also heute Abend zwischen den Verdecken vollkommen so ausschweifend lustig zu, als ob wir nicht zu *Tahiti,* sondern zu *Spithead* vor Anker gelegen hätten. Ehe es ganz dunkel ward, versammleten sich die Mädchen auf dem Verdeck des Vordertheils. Eine von ihnen blies die Nasen-Flöte; die übrigen tanzten allerhand Tänze, worunter verschiedne waren, die mit unsern Begriffen von Zucht und Ehrbarkeit eben nicht sonderlich übereinstimten. Wenn man aber bedenkt, daß ein großer Theil dessen, was nach unsern Gebräuchen tadelnswerth zu nennen wäre, hier, wegen der Einfalt der Erziehung und Tracht, würklich für unschuldig gelten kann; so sind die *Tahiti*schen Buhlerinnen im Grunde minder frech und ausschweifend als die gesittetern Huren in Europa. Sobald es dunkel ward, verloren sie sich zwischen den Verdecken und konnten ihnen ihre Liebhaber frisch Schweinefleisch vorsetzen, so aßen sie davon ohne Maas und Ziel, ob sie gleich zuvor, in Gegenwart ihrer Landsleute, nichts hatten anrühren wollen, weil, einer hier eingeführten Gewohnheit zufolge, von welcher sich kein Grund angeben läßt, Manns- u. Frauenspersonen nicht mit einander speisen dürfen. Es war erstaunend, was für eine Menge von Fleisch diese Mädchen verschlingen konnten, und ihre Gierigkeit dünkte uns ein deutlicher Beweis, daß ihnen dergleichen, zu Hause, selten oder niemals vorkommen mogte. Die zärtliche Wehmuth von *Tutahahs* Mutter, die edle Gutherzigkeit unsers Freundes *O-Wahau,* und die vortheilhaften Begriffe von den *Tahitiern* überhaupt, waren in so frischem Andenken bey uns, daß der Anblick und die Aufführung dieser Creaturen um desto auffallender seyn mußte, die alle Pflichten des gesellschaftlichen Lebens hintan setzten und sich lediglich viehischen Trieben überließen. Die menschliche Natur muß freylich sehr unvollkommen seyn, daß eine sonst so gute, einfältige und glückliche Nation zu solchem Verderbniß und zu solcher Sittenlosigkeit hat herabsinken können; und es ist allerdings herzlich zu bejammern, daß die reichlichsten und besten Geschenke eines gütigen Schöpfers am leichtesten gemißbraucht werden und daß Irren so menschlich ist!

Am folgenden Morgen kam *O-Tu,* nebst seiner Schwester *Tedua-Tauraï* und verschiednen seiner Verwandten früh ans Schiff, und ließ uns ein Schwein und eine große Albecore an Bord reichen, sie selbst aber wollten nicht aufs Schiff kommen. Er hatte eben dergleichen Geschenke für Capitain *Furneaux* mitgebracht, getraute sich aber nicht nach der Adventure hin, bis mein Vater sich erbot, ihn zu begleiten. Auch da mußte die Ceremonie, den Capitain in *Tahiti*schen Zeug einzuwickeln, wiederum vorgenommen werden, ehe sich Se. Majestät an Bord wagen wollten. Sobald dies aber geschehen war, dünkte er sich vollkommen sicher, und kam aufs Verdeck, wo Capitain *Furneaux* seine Geschenke erwiederte. Unterdessen daß *O-Tu* hier verweilte, hatte sich seine Schwester *Tedua-Tauraï* bewegen lassen, auf des Capitain *Cooks* Schiff zu steigen, und man bemerkte bey dieser Gelegenheit, daß alle anwesende Frauenspersonen ihr durch Entblößung der Schultern dieselbige Ehre bezeigten, welche die ganze Nation dem Könige schuldig ist. Der muntere Jüngling *Watau,* der seinen

Bruder den König begleitete, genoß diese Ehre ebenfalls und ward *T'Erih Watau* genannt; es scheint folglich, daß der Titel *Erih,* ob er gleich allen Befehlshabern der Districte und dem Adel überhaupt beygelegt wird, doch eigentlich und in vorzüglichem Maaße den Personen von der königlichen Familie zukomme. Nach einem kurzen Aufenthalt langte *O-Tu* von der Adventure wieder auf der Resolution an, holte seine Schwester ab und ward, in Gesellschaft derselben, von beyden Capitains nach *O-Parre* begleitet.

Am 29. ließen wir, gleich bey Anbruch des Tages, unsre Zelte an Land schaffen und giengen aus um die natürliche Beschaffenheit der Insel näher zu untersuchen. Es war die Nacht über ein starker Thau gefallen, der alle Pflanzen erfrischt hatte, und dieses, nebst der angenehmen Kühle des Morgens, machte unsern Spaziergang sehr angenehm. Bey den Zelten fanden wir nur wenig Indianer, doch begleiteten uns einige derselben nach dem Flusse, den wir zu paßiren hatten, weil es bey dieser Gelegenheit gemeiniglich etwas zu verdienen gab; sie pflegten uns nemlich für eine einzige Glascoralle auf den Schultern hinüber zu tragen, ohne daß wir einen Fus naß machen durften. Die mehresten Einwohner waren eben aufgestanden, und badeten zum Theil noch im Matavai-Fluß, welches sie des Morgens allemal ihr erstes Geschäft seyn lassen. In diesem warmen Lande muß es auch sehr nöthig und zuträglich seyn, sich öfters zu baden, besonders des Morgens, da das Wasser kühl und frisch, mithin im Stande ist die Nerven zu stärken, die bey der beständigen Hitze sonst erschlaffen würden. Ausserdem ist die körperliche Reinlichkeit, welche daraus entsteht, nicht nur eins der besten Verwahrungsmittel gegen faulende Krankheiten; sondern sie befördert zugleich die Geselligkeit unter dem Volk: Dahingegen andre uncivilisirte Nationen, die nicht viel aufs Baden halten, gemeiniglich so unreinlich zu seyn pflegen, daß, schon deswegen ihrer nicht viel beysammen wohnen und, des Gestanks wegen, auch kein Fremder lange bey ihnen ausdauern kann. Wir giengen nunmehro nach einer kleinen Hütte, in welcher eine arme Witwe mit ihrer zahlreichen Familie lebte. Ihr ältester Sohn *Nuna,* ein lebhafter, castanienbrauner Knabe von zwölf Jahren und ungemein glücklicher, einnehmender Bildung, hatte jederzeit besondre Neigung zu den Europäern blicken lassen. Dabey hatte er viel Fähigkeiten, wir durften zum Beyspiel nur ein halbes Wort sagen, so begrif er was wir damit meynten, besser als seine Landsleute, bey denen wir es oft mit unsrer ganzen Stärke in der Pantomime und mit Hülfe aller Wörterbücher nicht so weit bringen konnten. Mit diesem Burschen waren wir gestern Abend eins geworden, daß er für heute unser Wegweiser seyn solle. Als wir ankamen, hatte seine Mutter Cocosnüsse und andre Lebensmittel für uns angeschaft und saß auf den Steinen vor der Hütte, mit ihren Kindern um sich her. Das jüngste davon dünkte uns etwa vier Jahr alt. Sie schien zwar noch munter genug zu seyn, hatte aber doch schon so viel Runzeln im Gesicht, daß wir sie, in einem Lande wo die Mädchen so früh mannbar werden als hier, nicht füglich mehr für die Mutter so kleiner Kinder halten konnten. Mittlerweile kam eine jüngere wohlgestalte Person von drey bis vier und zwanzig Jahren herbey, die, wie wir erfuhren, *Nuna's* älteste Schwester war. Nach dem Alter dieses Mädchens zu urtheilen, mogte also die Mutter nahe an vierzig Jahre seyn, daß sie aber ungleich älter aussahe, ist in so fern nicht zu verwundern, weil das andre Geschlecht bekanntermaßen in heißen Ländern durchgehends früher aufhört hübsch zu seyn als in kalten Gegenden. Hingegen ist *das* zu verwundern, daß die hiesigen Weiber, ihrer frühen Mannbarkeit ohnerachtet, gleichwohl zwanzig und mehr Jahre hinter einander fruchtbar bleiben? Diesen Vorzug haben sie indessen, allem Anschein nach, der glücklichen Einfalt zu verdanken, in welcher sie ihr Leben mit Sorgen und Mangel unbekannt zubringen, und eben dies ist ohne Zweifel auch die nächste Ursach der hiesigen starken Bevölkerung.

Wir wurden mit einem starken Kerl eins, daß er uns die Lebensmittel, welche die gastfreye alte Frau für uns angeschaft hatte, unterwegens nachtragen sollte. Zu dem Ende hieng er sie, zu gleichen Theilen, an die Enden einer 4 Fus langen Stange und legte diese auf die Schulter. *Nuna* und sein kleiner Bruder *Toparri,* der ohngefähr vier Jahr alt war, begleiteten uns lustig und guter Dinge, nachdem wir die ganze Familie beym Abschiede mit Corallen, Nägeln, Spiegeln und Messern beschenkt hatten.

Eines Berges wegen, den wir ersteigen mußten, war der Anfang unsers Marsches etwas beschwerlich, und dennoch blieb unsre Mühe hier unbelohnt, denn auf dem ganzen Berge fanden wir, außer ein

Paar kleinen, zwergichten Büschen und etwas trocknem Farnkraut auch nicht eine einzige Pflanze. Dagegen sahen wir, zu unsrer nicht geringen Verwunderung, von dieser trocknen, unfruchtbaren Höhe, eine Flucht wilder Endten vor uns aufsteigen. Was diese aus ihrem gewöhnlichen Lager im Rohre und von den morastigen Fluß-Ufern hieher gebracht haben konnte? läßt sich so leicht nicht begreifen. Kurz nachher kamen wir über einen andern Berg, auf welchem das Farnkraut und übrige Buschwerk erst ohnlängst mußte abgebrannt worden seyn, denn unsre Kleider wurden im Anstreifen noch über und über schwarz davon. Im Herabsteigen gelangten wir endlich in ein fruchtbares Thal, durch welches ein hübscher Bach gegen die See hinaus lief. Die Einwohner hatten ihn hin und wieder mit Steinen aufgedämmt, um dadurch das Wasser auf die Felder zu bringen, die mit Zehrwurzeln *(Arum esculentum)* bepflanzt waren, weil diese Pflanze einen morastigen und überschwemmten Boden erfordert. Es gab hier zwey Arten davon; die eine hatte große glänzende Blätter und die Wurzel war wohl 4 Schuh lang, aber sehr grob fasericht, die zweyte Art hingegen, hatte kleine sammetartige Blätter und an dieser war die Wurzel feiner und wohlschmeckender. Doch sind beyde von scharfen und beißendem Geschmack, bis sie verschiedenemal in Wasser abgekocht worden; die Schweine fressen sie indessen auch ohne Widerwillen und ohne Schaden roh. Je weiter wir dem Bache folgten, je enger ward das Thal und die Berge zu beyden Seiten immer steiler und waldichter. Wo aber der Boden nur einigermaßen eben war, da standen überall Coco-Nußbäume, Pisang, Maulbeerbäume und mancherley Wurzelwerk; auch fehlte es nicht an einer Menge wohl- und nahe bey einander gelegenen Häuser. An verschiednen Stellen fanden wir große Betten loser Kiesel, welche von den Bergen herabgeschwemmt zu seyn schienen und durch die beständige Bewegung des Wassers allerhand runde Formen bekommen hatten. An den Bergen samleten wir verschiedne neue Pflanzen, liefen aber mehr als einmal Gefahr die Hälse darüber zu brechen, denn die Felsenstücken rollten uns zuweilen unter den Füßen weg. Eine große Menge Indianer versammlete sich um uns her und brachten Coconüsse, Brodfrucht und Äpfel in großem Überfluß zum Verkauf. Wir versorgten uns daher mit einem hinlänglichen Vorrath und mietheten einige Leute um uns das Eingekaufte nachtragen zu lassen. Nachdem wir ohngefähr fünf englische Meilen weit gegangen waren, setzten wir uns auf einen schönen Rasen unter den Bäumen nieder, um Mittag zu halten. Nächst den unterwegens angeschaften Früchten bestand unsre Mahlzeit aus etwas Schweinefleisch und Fischen, welche wir vom Bord mitgenommen hatten. Die *Tahitier* machten einen Creis um uns her, unsern Wegweisern und Helfern aber gaben wir Erlaubniß, sich neben uns zu setzen. Sie ließen sich's herzlich gut schmecken, wunderten sich aber, daß wir jeden Bissen in ein weißes Pulver tunkten, das ihnen gänzlich unbekannt war. Wir hatten nemlich vom Schiffe aus etwas Salz mitgenommen und aßen es zu allen Speisen, so gar zur Brodfrucht. Verschiedene von ihnen wünschten es zu kosten, und fanden zum Theil Geschmack daran, der ihnen auch nicht fremd seyn konnte, weil sie bey ihren Fisch- und Fleischspeisen Seewasser als eine Brühe zu gebrauchen pflegen.[4]

Um 4 Uhr Nachmittags dünkte es uns Zeit an den Rückweg zu denken. Wir sahen jetzt eine Menge Indianer, mit wilden Plantanen beladen, über die Berge herkommen, woselbst diese Frucht ohne Wartung wächst, aber auch von ungleich schlechterer Art ist als jene die in den Ebenen ordentlich gehegt wird. Sie wollten diesen Vorrath, nach den Gezelten, zu Markte bringen, und da unser Weg ebenfalls dahin gieng, so folgten wir ihnen den Bach herab. An einer Stelle desselben hatten die herbeygelaufnen Kinder kleine Krebse *(prawns)* zwischen den Steinen aufgesucht und bothen uns solche an. Als ein Beytrag zur Naturgeschichte dieser Insel waren sie uns ganz willkommen, und wir schenkten den Kindern eine Kleinigkeit von Corallen dafür; kaum aber sahen dies die Alten als ihrer mehr denn funfzig, theils Männer, theils Weiber in den Bach wadeten, und uns eine solche Menge von dergleichen Krebsen brachten, daß wir ihre Mühe bald verbitten und unbelohnt lassen mußten. In Zeit von zwey Stunden langten wir endlich bey unsern Zelten auf *Point-Venus* wiederum an, und fanden den ehrlichen *O-Wahau* daselbst, der meinem Vater abermals ein Geschenk von Früchten machte. Wir hatten auf unserm heutigen Spatzier-

4 S. *Hawkesworths* Geschichte der engl. See-Reisen in 8. *dritter Band, pag. 500* und *503*.

Tahitiliest, *F: Alcedo collaris*
Todiramphus veneratus veneratus (Tahiti)

gange bemerkt, daß es hier mehr müßige Leute als zu *Aitepieha* gab; auch schienen die Häuser und Pflanzungen hier verfallner und vernachläßigter zu seyn als dort, und statt freundschaftlicher Einladungen, kriegten wir nichts als unbescheidne Bitten um Corallen und Nägel zu hören. Doch hatten wir im Ganzen noch immer Ursach mit den Einwohnern zufrieden zu seyn; denn sie ließen uns in ihrem herrlichen Lande wenigstens überall ungestört herum streifen. Daß sie zu allerhand kleinen Diebereyen ungemein geneigt wären, hatten wir zwar ebenfalls verschiedentlich erfahren, doch niemals etwas von einigem Werthe dadurch eingebüßt; denn in den Taschen, denen am leichtesten beyzukommen war, führten wir gemeiniglich nichts als das Schnupftuch, und dieses bestand noch dazu nur in einem Stück dünnen *Tahiti*schen Zeuges, daher sie sich bey allem Glücke und Geschicklichkeit unsre Taschen auszuleeren, hintergangen fanden und ihre Beute gemeiniglich lächelnd wieder brachten. Meiner Meynung nach, ist diese Neigung bey den *Tahitiern* minder strafbar als bey uns; denn ein Volk, dessen Bedürfnisse so leicht zu befriedigen, und dessen Lebensart so gleichförmig ist, kann würklich unter sich nur wenig Veranlassungen zur Dieberey haben. Ihre offenen Häuser, ohne Thür und Riegel, beweisen auch zur Gnüge, daß in dieser Absicht keiner von dem andern etwas zu besorgen hat. Wir sind also an dieser ihrer Untugend in so fern selbst schuld, weil wir die erste Veranlassung dazu gegeben, und sie mit Dingen bekannt gemacht haben, deren verführerischem Reiz, sie nicht widerstehen können. Überdies halten sie selbst, dem Anschein nach, ihre Diebereyen eben für so strafbar nicht, weil sie vermuthlich glauben, daß uns dadurch doch kein sonderlicher Schaden zugefügt werde.

In unsrer Abwesenheit hatten die Capitains den König zu *Parre* besucht, und es war ihnen zu Ehren ein dramatischer Tanz aufgeführt worden, worinn Ihro Königl. Hoheit *Tauraï* die Hauptrolle spielte. Sie erschien eben so gekleidet, und ihre Pantomime war eben so beschaffen als in Capitain *Cooks* voriger Reise beschrieben ist.[5] Zwey Mannspersonen tanzten in den Zwischenzeiten, wenn sich die Prinzeßinn ausruhte, und sungen oder sprachen alsdenn auch, mit sonderlich verzerrten Grimassen, einige Worte her, die sich allem Anschein nach auf den Gegenstand des Tanzes bezogen, unsern Leuten aber unverständlich waren. Die ganze Vorstellung dauerte ohngefähr anderthalb Stunden und *Tedua Tauraï* zeigte dabey eine bewundrungswürdige Geschicklichkeit, die alles übertraf, was man in dieser Art auf der vorigen Reise zu *Ulietea* gesehn hatte.

Am folgenden Morgen sandte Capitain *Cook* den Lieutenant *Pickersgill* in aller Frühe nach dem südwestlichen Theil der Insel, um frische Lebensmittel, besonders aber einige Schweine einzukaufen, weil wir bis jetzt von dem Könige nur zwey Stücke erhalten hatten. Wir unsers Theils blieben diesen ganzen Tag über am Bord, um die gestern eingesammleten Pflanzen zu beschreiben. Abends um 10 Uhr, entstand auf dem Strande, dem Schiffe gegenüber, ein gewaltiger Lärmen; die Capitains vermutheten sogleich, daß solches auf eine oder die andre Weise von unsern Leuten herrühren müsse und sandten deshalb ohnverzüglich etliche Boote mit den erforderlichen Officiers dahin, die denn auch die Thäter bald an Bord brachten. Es waren verschiedne See-Soldaten und ein Matrose, welche sich von dem befehlhabenden Officier bey den Zelten Erlaubniß ausgebeten, spatzieren zu gehen, aber über die Zeit ausgeblieben waren und einen Indianer geprügelt hatten. Der Capitain ließ sie sogleich in Ketten legen, weil es von der äußersten Wichtigkeit war, ihr Vergehen exemplarisch zu bestrafen, um mit den Einwohnern in gutem Vernehmen zu bleiben. *O-Tu* hatte versprochen, am folgenden Morgen mit seinem Vater an Bord zu kommen; dieser Lerm aber, wovon er eine halbe Stunde nachher sogleich Nachricht erhalten, machte ihn mißtrauisch gegen uns. Er schickte also einen seiner vornehmsten Hofbedienten, Namens *E-Ti,* als Bothen oder Gesandten *(Whanno no t' Eri)*[6] ab, um sich wegen seines Außenbleibens entschuldigen zu lassen. Ehe dieser aber ans Schiff kam, waren Dr. *Sparrmann* und ich schon wieder nach dem Lande und zwar nach dem Platze hingegangen, wo gestern Abend der Lerm vorgefallen war, von da wir weiter ins Innere des Landes zu gehen gedachten. Der alte *O-Whaa,*[7] der immer so friedfertige Gesinnungen geäußert, kam uns am Strande entgegen, und gab über den gestrigen Vorfall sein Mißvergnügen zu erkennen. Wir versicherten ihn dagegen, daß es uns nicht minder unangenehm sey, daß aber die Verbrecher schon in Eisen wären und scharf bestraft werden würden, und dies stellte ihn völlig zufrieden. Da wir vom Schiffe niemand mit uns genommen hatten, so bathen wir *O-Whaa* uns Jemanden zu schaffen, dem wir unser Geräthe etc. zu tragen anvertrauen könnten. Es bothen sich verschiedne dazu an, er wählte aber nach seinem eignen Gefallen einen starken tüchtigen Kerl, dem denn auch gleich ein Sack für die Pflanzen und einige Körbe mit *Tahiti*schen Äpfeln eingehändigt wurden, welche wir hier so eben erhandelt hatten. In diesem Aufzuge wanderten wir nunmehro mit unserm Begleiter über *One-Tree-hill* weg und gelangten in eins der vordersten Thäler von *O-Parre*. Hier begünstigte uns das Glück mit einer botanischen Entdeckung. Wir fanden nemlich einen neuen Baum, der das prächtigste Ansehen von der Welt hatte. Er prangte mit einer Menge schöner Blüthen, die so weiß als Lilien, aber größer und mit einer Menge Staubfäden versehen waren, welche an den Spitzen eine glänzende Carmosinrothe Farbe hatten. Es waren ihrer bereits so viele abgefallen, daß der ganze Boden voll davon lag. Diesen schönen Baum nannten wir *Barringtonia,* in der Landessprache aber heißt er *Huddu (huddoo),* und die

5 S. *Hawkesworths* Gesch. der engl. See-Reisen, in 8. dritter Band, *pag. 24.* u. folg.

6 S. *Hawkesworths* Geschichte der engl. See-Reisen, in 8. dritter Band, *pag. 561.*

7 S. oben *pag. 266.* und Hawkesworths Geschichte der engl. See-Reisen, zweyter Band, in 8. *pag. 337. 350.* etc.

Einwohner versicherten, daß wenn die nußartige Frucht desselben zerstoßen, und, mit dem Fleisch der Muscheln vermischt, ins Meer geworfen wird, die Fische auf einige Zeit so betäubt davon würden, daß sie oben aufs Wasser kämen und sich mit den Händen fangen ließen. Es ist sonderbar, daß verschiedne Seepflanzen zwischen den Wendezirkeln eben diese Eigenschaft haben; dergleichen sind vornemlich die Kuckels-Körner *(cocculiindici)*, die in Ostindien bekannt sind und zu gleicher Absicht gebraucht werden. Wir waren über unsern botanischen Fund viel zu sehr erfreut, als daß wir mit der näheren Untersuchung desselben, bis zur Rückkunft ans Schiff hätten warten können. In dieser Absicht sprachen wir ohne Umstände in ein hübsches Haus von Rohr ein, um welches wohlriechende Stauden und einige Coco-Nuß-Bäume gepflanzt waren. Vermöge der so oft belobten Gastfreyheit des Landes, ließ der Eigenthümer desselben, gleich bey unserm Eintritt, einen Knaben auf eine der höchsten Palmen steigen, um Nüsse für uns zu holen, und der junge Bursche richtete seinen Auftrag mit wunderbarer Geschicklichkeit aus. Er befestigte nemlich ein Stück von der zähen Pisang-Rinde an beyde Füße. Es war just so lang, daß es rings um den Stamm reichte, und diente ihm als ein Tritt oder fester Punct, immittelst er sich mit den Händen höher hob. Die natürliche Bildung der Coco-Palme, die alle Jahr einen dicken Ring um den Stamm ansetzt, erleichterte ihm zwar diese Art des Aufsteigens; doch blieb die Geschwindigkeit und Leichtigkeit, mit welcher er dabey zu Werke gieng, immer sehr bewundrungswürdig. Wir würden dieser Güte und Aufmerksamkeit unwerth gewesen seyn, wenn wir dem Wirth beym Abschied nicht ein klein Geschenk gemacht und den Knaben für seine Geschicklichkeit nicht belohnt hätten.

Von hier aus giengen wir das Thal weiter hinauf, welches wieder die gewöhnliche Art, in der Mitte keinen Bach hatte, und gegen die Berge zu in die Höhe lief. Zur Linken war es von einem Berge eingeschlossen, den wir, so steil er auch war, zu besteigen gedachten. Es ward uns aber herzlich sauer, und unser *Tahiti*scher Begleiter lachte uns aus, daß wir für Müdigkeit alle Augenblick niedersitzen mußten, um wieder zu Athem zu kommen. Wir hörten wie er hinter uns, zwar sehr langsam, aber mit ofnem Munde, sehr stark schnaubte. Wir versuchten also nachzumachen, was vermuthlich die Natur ihm gelehrt hatte, und fanden diese Methode auch würklich besser als das öftere kurze Athemholen, bey welchem es uns zuvor immer an Luft fehlte. Endlich erreichten wir den Gipfel des Berges, wo der Weg wieder eben wurde, und noch überdies ein angenehmes Lüftchen uns ungemein erfrischte. Nachdem wir aber auf dieser hohen Fläche eine Strecke weiter gegangen waren, nöthigte uns die vom dürren Boden zurückprallende brennende Sonnenhitze, im Schatten eines einsam stehenden *Pandangs* oder Palm-Nußbaums[8] niederzusitzen, wodurch selbst unserm Begleiter ein großer Dienst geschahe. Die Aussicht war von hier aus vortreflich. Wir sahen tief auf die Ebne von *Matavai* herab, die alle ihre Reize gleichsam zu unsern Füßen ausbreitete; vor derselben lag die Bay mit den Schiffen, von einer Menge Canots bedeckt und mit dem Ryf eingeschlossen, welches *O-Tahiti* umgiebt. Die Mittagssonne warf ein stätes, ruhiges und gleichförmiges Licht auf den ganzen Prospect, und in einer Entfernung von ohngefähr 6 starken englischen See-Meilen *(leagues)* erblickte man die niedrige Insel *Tedhuroa*. Sie bestand aus einem kleinen Zirkel von Felsen, die mit einigen Palmen besetzt waren, und jenseits derselben verlor sich die Aussicht in das weite Meer hinaus. Von den übrigen benachbarten Inseln, die wir nicht sehen konnten, zeigte unser Begleiter uns wenigstens die Lage, und erzählte dabey, ob und was daselbst wachse? ob die Inseln bergigt oder flach, bewohnt oder unbewohnt, oder nur dann und wann besucht würden? *Tedhuroa* gehörte zu der letztern Art, und es kamen eben zwey Canots mit aufgesetzten Segeln von daher zurück. Der *Tahitier* sagte: sie würden vermuthlich auf den Fischfang aus gewesen seyn, der in dem dortigen beschloßnen See sehr ergiebig wäre. Nachdem wir uns auf dieser Stelle ein Weilchen ausgeruht hatten, giengs wieder fort und auf die im Innern der Insel gelegenen Berge los. Sie lockten uns nicht nur durch den schönen Anblick ihrer noch reich belaubten Wälder, in denen wir manche neue Pflanze zu finden hoffen konnten, sondern auch durch ihre anscheinende Nachbarschaft. Hievon wurden wir indessen bald das Gegentheil gewahr; es

---

8 *Pandanus Rumph. Herb. Amb. Athrodactylis Forster. Nov. Gen. Plantarum – Keura. Forskal.*

waren nemlich von hier aus, noch eine Menge dürrer Berge und Thäler zu paßiren, die uns keine Hoffnung übrig ließen, noch heute dahin zu kommen. Wir gedachten deshalb die Nacht unterwegens zuzubringen, allein bey näherer Überlegung war das keinesweges rathsam, weil wir nicht wußten, wenn unsre Schiffe abgehen würden, und weil wir auch keine Lebensmittel bey uns hatten. Überdies sagte uns unser Begleiter, wir würden auf den Bergen weder Menschen, noch Wohnungen, noch Lebensmittel finden; und daher besser thun, wieder nach dem Thal von *Matavai* zurückzukehren, dahin man, vermittelst eines schmalen Fussteiges, den er uns anzeigte, geraden Weges hinab kommen könne. Wir folgten also seinem Rath, fanden aber das Heruntersteigen auf diesem Wege gefährlicher als das Heraufsteigen von jener Seite gewesen war. Wir strauchelten alle Augenblick, und an manchen Stellen mußten wir uns gar niedersetzen und herabrutschen. Unsre Schuhe waren von dem trocknen Grase, worauf wir gegangen, so glatt, daß wir in dieser Absicht weit übler dran waren als unser Indianer, der barfus, und deshalb ungleich sichrer gieng. Wir gaben ihm unsre Vogel-Flinten, damit wir auch von den Händen Gebrauch machen könnten; endlich nahmen wir sie aber wieder, ließen ihn vorauf gehen und lehnten uns, an den gefährlichsten Stellen, auf seine Arme. Als wir ohngefähr halb herunter waren, rief er einigen Leuten im Thal zu; wir glaubten aber daß sie ihn, wegen der Entfernung, nicht gehört haben würden, zumal da er keine Antwort bekam. Es währete indessen nicht lange, so sahen wir etliche derselben sehr geschwind den Berg herauf kommen und in weniger denn einer halben Stunde waren sie bey uns. Sie brachten drey frische Cocos-Nüsse mit, die uns ungleich besser schmeckten, denn irgend eine, welche wir je gekostet hatten. Ob dem würklich also seyn, oder ob es uns der damaligen Ermüdung wegen nur so vorkommen mochte? will ich nicht entscheiden. Sie bestanden darauf, daß wir ein wenig ausruhen möchten; und vertrösteten uns auf eine ganze Parthey Cocos-Nüsse, welche sie etwas weiter herab in Bereitschaft gelegt hätten, und vor erst nur etliche wenige herauf bringen wollen, damit wir nicht zu eilig trinken mögten. Ihre Vorsorge verdiente in aller Absicht Dank, allein wir waren so durstig, daß wir's kaum erwarten konnten, bis sie uns erlauben wollten weiter zu gehen. Endlich machten wir uns wieder auf den Weg und kamen, auf einem flachen Grunde, in ein herrliches kleines Gebüsch, wo wir uns aufs frische Gras niederließen und den kühlen Nectar genossen, welchen unsre Freunde herbey geschaft hatten. Durch diese Erfrischung fühlten wir uns ganz gestärkt und giengen mit neuen Kräften vollends nach dem Thal herab. Hier versammlete sich alsbald eine Menge Indianer, die uns allerseits über die Ebne nach der See hin begleiten wollten. Mittlerweile, daß sie Anstalt dazu machten, kam ein wohl aussehender Mann, nebst seiner Tochter, einem jungen Mädchen von sechzehen Jahren, herbey, und bat uns, in seinem Hause, welches etwas weiter aufwärts lag, eine Mahlzeit einzunehmen. Ob wir gleich so herzlich müde waren, daß wir diese Ehre gern verbeten hätten; so wollten wir seine Höflichkeit doch nicht gern verschmähen und folgten ihm also. Der Weg gieng ohngefähr 2 Meilen weit, an den herrlichen Ufern des Matavai-Flusses, überall durch schöne Pflanzungen von Cocos-Brodfrucht-Äpfel- und Maulbeer-Bäumen, die mit Feldern von Pisang- und Arum-Wurzeln abwechselten. Der Fluß schlängelte sich in dem Thale von Seite zu Seite, und unser Führer, nebst seinen Bedienten, bestunden immer darauf, uns auf dem Rücken hinüberzutragen. Endlich kamen wir bey unsres Wirthes Hause an, das auf einem kleinen Hügel lag, neben welchem der Fluß über ein Kieselbette sanft vorbey rauschte. Die Anstalten zur Mahlzeit waren bald gemacht; in einer Ecke des Hauses breitete man eine schöne Matte auf die Erde und die Verwandten unsers Freundes setzten sich neben derselben um uns her. Seine Tochter übertraf an zierlicher Bildung, heller Farbe und angenehmen Gesichtszügen, fast alle *Tahiti*schen Schönheiten, die wir bisher gesehn, und sie sowohl als andre ihrer jungen Gespielen ließen es gewiß an nichts fehlen, sich beliebt zu machen. Das thätigste Mittel, welches sie außer ihrem gewöhnlichen Lächeln anwandten, unsre schläfrige Müdigkeit zu vertreiben, bestand darinn, daß sie uns mit ihren weichen Händen die Arme und die Schenkel gelinde rieben und dabey die Muskeln zwischen den Fingern sanft zusammen drückten. Diese Operation bekam uns vortreflich. Ob sie den Umlauf des Bluts in den feinern Gefäßen befördern, oder den erschlaften, müden Muskeln ihre vorige Elasticität unmittelbar wieder geben mochte? will ich nicht entscheiden;

genug, wir wurden nach derselben ganz munter und spürten in kurzer Zeit nicht mehr das geringste von unsrer vorigen Ermüdung. Capitain *Wallis* gedenkt dieses hier eingeführten Verfahrens ebenfalls und rühmt die wohlthätige Würkung desselben aus eigner Erfahrung.[9] *Osbeck* sagt in der Beschreibung seiner Reise nach China, daß diese Operation daselbst sehr gewöhnlich sey, und daß besonders die Chinesischen Barbierer ausnehmend gut damit umzugehen wüßten.[10] Endlich, so findet man auch in *Grose's* ostindischer Reisebeschreibung umständliche Nachricht von einer Kunst, die bey den Ostindianern *Tschamping* genannt wird, und nichts anders als eine wollüstige Verfeinerung eben dieses Stärkungsmittels zu seyn scheint.[11] Es verdient angemerkt zu werden, daß letzterer Stellen aus dem *Martial* und *Seneca* anführt, aus denen sich mit Wahrscheinlichkeit schließen läßt, daß auch den Römern dieser Handgrif bekannt gewesen seyn müsse:

Percurrit agili corpus arte tractatrix
Manumque doctam spargit omnibus membris.
MARTIAL.

Wir hatten nun nicht länger Ursach über Mangel von Appetit zu klagen, woran es uns zuvor, blos der Müdigkeit wegen, gefehlt hatte; denn sobald das Essen aufgetragen ward, welches, der ländlichen Genügsamkeit der Einwohner gemäs, aus nichts als Früchten und Wurzelwerk bestand, so fielen wir ganz herzhaft darüber her und fanden uns, nach eingenommener Mahlzeit wiederum so munter, als wir am frühen Morgen kaum gewesen waren. Nachdem wir auf solche Art wohl zwey Stunden bey dieser gastfreyen Familie zugebracht hatten, so beschenkten wir unsern gütigen Wirth, imgleichen seine schöne Tochter nebst ihren Freundinnen, deren Sorgfalt wir die geschwindere Herstellung unsrer Kräfte hauptsächlich zu verdanken hatten, so reichlich es unser Vorrath von Corallen, Nägeln und Messern zulassen wollte, und schieden alsdenn ohngefähr um 3 Uhr von ihnen.

Auf dem Rückwege kamen wir bey vielen Häusern vorbey, deren Bewohner sich im Schatten ihrer Fruchtbäume truppweise hingelagert hatten und den schönen Nachmittag gemeinschaftlich mit einander genossen. In einem dieser Häuser sahen wir einen Mann mit der Zubereitung einer rothen Farbe beschäftigt, welche sie zu dem aus der Staude des Chinesischen Maulbeerbaums verfertigten Zeuge gebrauchen. Wir fanden zu unsrer großen Verwundrung, daß der gelbe Saft einer kleinen Feigen-Art, hier *Mattih* genannt, und der grüne Saft eines Farren- oder andern Krautes, die einzigen Ingredienzien dieser Farbe ausmachten. Durch bloße Mischung derselben, entstand ein hohes Carmosin-Roth, welches die Frauen mit den Händen über das Stück herrieben, wenn es durchaus gleich gefärbt werden sollte: Wollten sie es aber nur gesprenkelt oder nach besondern Mustern aufgetragen haben; so bedienten sie sich eines Bambu-Rohrs dazu, das in den Saft eingetunkt, und bald in dieser, bald in jener Richtung aufgedruckt wurde. Diese Farbe ist aber ungemein zart; außerdem daß sie keine Art von Nässe, nicht einmal Regen vertragen kann, verschießt sie auch, blos von der Luft, sehr bald und bekommt alsdenn ein schmutziges Ansehen. Dem ohnerachtet stehet das damit gefärbte oder vielmehr gemahlte Zeug bey den Tahitiern in sehr hohen Werth, und wird nur von den vornehmern Leuten getragen. Für Nägel und Corallen kauften wir etliche Stücke desselben von verschiednen Arten, und kehrten darauf nach unsern Gezelten, die von dem Orte wo wir gespeißt hatten, wenigstens 5 Meilen entfernt waren zurück. Hier verabschiedeten und belohnten wir unsern ehrlichen Gefährten, den uns *O-Wahau* empfohlen und der uns mit größerer Treue und Redlichkeit gedient hatte, als man bey der herrschenden Neigung des Volks zum Diebstahl hätte erwarten sollen. Sein Betragen war um so verdienstlicher, da er während dieser Tagereise mehr denn einmal Gelegenheit gehabt hatte, mit allen unsern Nägeln und Flinten ohngehindert davon zu laufen –, eine Versuchung, der zu widerstehen, warlich, ein hier zu Lande ungewöhnlicher Grad von Rechtschaffenheit erfordert ward. Für ein Paar Corallen ließen wir uns sodann in einem Canot nach dem Schiffe über setzen.

Der Capitain und mein Vater, die in unsrer Abwesenheit einen Spatziergang gen Westen vorgenommen hatten, waren eben erst wieder an Bord zurück gelangt. Sie erzählten uns, daß gleich nachdem wir

---

9 S. Hawkesworths Gesch. der engl. See-Reisen, in 8. erster Band, *pag. 331.*
10 Osbecks und Toreens Reisen nach China.
11 *Grose's Voyage* englische Ausgabe, *Vol. I p. 113.*

sie heute früh verlassen hätten, *E-ti,* als Gesandter des Königs, zu ihnen gekommen sey, und dem Capitain ein Schwein, imgleichen Früchte zum Geschenk überbracht, aber dabey gemeldet habe, daß *O-Tuh,* des gestrigen Vorfalls wegen, *matau,* das heißt, in Furcht gesetzt und zugleich übel auf uns zu sprechen sey. Um ihn nun zu überführen, daß wir selbst die Ausschweifungen unsrer Leute nicht gut hießen, wurden die Verbrecher aufs Verdeck gebracht und bekamen in seiner Gegenwart, zum Schrecken aller anwesenden *Tahitier,* ein jeder zwölf Streiche. Nach dieser Execution ließ Capitain *Cook* drey Schaafe, als so viel ihrer von denen am Cap eingekauften, noch übrig waren, ins Boot schaffen, und gieng in Begleitung Capitain *Furneaux* und meines Vaters, ans Land, um das Vertrauen des Königs wieder zu gewinnen, ohne welches im ganzen Lande keine Lebensmittel zu erhalten waren. Als sie nach *Parre* kamen, sagte man ihnen, der König sey von hier nach Westen aufgebrochen; sie folgten ihm also 4 bis 5 Meilen weiter und landeten endlich in einem District, *Tittahah* genannt, wo sie einige Stunden auf ihn warten mußten. Aus Furcht für uns, hatte er sich würklich, in aller Eil, 9 Meilen weit von *Matavai-Bay* entfernt. Eine so schnelle und durch eine solche Kleinigkeit veranlaßte Flucht, verrieth freylich von seiner Seite ungemein viel Feigherzigkeit; doch ist sie ihm zu vergeben, wenn man bedenkt, auf was für eine fürchterliche und blutige Weise die Europäer diesem Volke ihre Gewalt und Übermacht ehemals gezeigt hatten. – Es ward 3 Uhr Nachmittags, ehe er mit seiner Mutter bey den Capitains ankam, Er voll Furcht und Mißtrauen und Sie mit Thränen in den Augen. Sobald ihm aber *E-Ti* Bericht abgestattet hatte, daß die Verbrecher in seiner Gegenwart wären abgestraft worden, ward er ruhiger, und der Anblick einer neuen Art von Thieren, die ihm Capitain *Cook* unter wiederholten Freundschaftsversicherungen schenkte, stellte das gute Vernehmen bald wieder gänzlich her. Auf Sr. Majestät Verlangen mußte nun auch unser Bergschotte wieder auf dem Dudelsack spielen, und die geringfügige Kunst dieses Virtuosen war hier so würksam als Davids Harfe, deren harmonischere Töne Sauls Schwermuth zu vertreiben pflegten. Die gute Würkung der Music zeigte sich bald thätig. Der König ließ ein Schwein kommen, und schenkte es dem Capit. *Cook;* und bald nachher ließ er noch ein zweytes für Capitain *Furneaux* bringen. Da diese Herren bald von der Insel abzusegeln gedachten, und daher glaubten, dies sey die letzte Gelegenheit, Geschenke von Sr. Majestät zu erhalten, so verlangten sie, daß Er für *Matara,* oder meinen Vater, auch eins hergeben mögte. Dies geschah, es war aber nur ein kleines Ferken. Als unsre Leute über diesen Unterschied einiges Mißvergnügen zu erkennen gaben, trat sogleich einer von des Königs Verwandten in aufsteigender Linie, die alle *Medua* (Vater) genannt werden, aus dem Gedränge hervor, redete, unter gewaltigen Gesticulationen, den König mit lauter Stimme an, und zeigte bald auf unsre Leute, bald auf die erhaltnen Schaafe und bald auf das kleine Ferken. Kaum hatte der Redner zu sprechen aufgehört, als letzteres wieder weggenommen und an dessen Statt ein großes Schwein herbeygebracht wurde. Man belohnte diese Bereitwilligkeit durch freygebige Austheilung von allerhand Eisengeräthschaften und andern Kleinigkeiten. Die Indianer erwiederten solches durch mancherley *Ahau's* oder Stücken von hiesigen Zeuge, in welche sie unsre Leute einkleideten, worauf diese sich vom ganzen Hofe beurlaubten und ohngefähr um 5 Uhr an die Schiffe zurückkamen.

Da der Capitain am folgenden Tag die Insel gänzlich zu verlassen gedachte; so wurden Vorkehrungen zur Abreise gemacht. Beym Anblick dieser Zurüstungen, deren Bedeutung die Indianer schon von ehemals her kannten, kamen sie zu guter letzt mit Fischen, Muscheln, Früchten und Zeuge noch haufenweise herbey, und wurden alles los. Der Lieutenant *Pickersgill,* der seit vorgestern vom Schiffe abwesend war um Lebensmittel einzuhandeln, kam heute gegen 3 Uhr Nachmittags von dieser Expedition zurück. Er war noch jenseits der fruchtbaren Ebnen von *Paparra* gewesen, wo *O-Ammo,*[12] der ehemals als König über ganz *Tahiti* geherrscht hatte, mit seinem Sohn dem jungen *T'Eri Derre*[13] sich aufhielt. Die erste Nacht hatte er auf der Gränze eines kleinen Districts zugebracht, der gegenwärtig der bekannten Königinn *O-Purea (Oberea)* zugehörte. So bald ihr die Nachricht

12 S. in *Hawkesworths* Gesch. der engl. See-Reisen, in 8. *zweyter Band, pag. 436.* woselbst dieser Name *Oamo* ortographirt ist.

13 S. Ebendaselbst *pag. 438.* allwo dieser Name in *Terridirri* entstellt ist.

von seiner Ankunft war hinterbracht worden, kam und bewillkommte sie ihn, als einen ihrer alten Bekannten mit den lebhaftesten Freundschaftsbezeugungen. Indessen hatte sie sich, nicht lange nach des Capitain *Wallis* Abreise, von ihrem Gemahl[14] getrennt und war nunmehro von jener Größe, die ihren Namen in der Geschichte dieses Landes und unter den Europäern ehemals so berühmt gemacht hatte, gänzlich herabgesunken.[15] Hieran waren vornemlich die innerlichen Kriege zwischen den beyden Halbinseln schuld, denn durch diese war Sie, und der ganze District *Paparra,* in großen Verfall gerathen. Sie klagte gegen den Lieutenant, daß sie *tihtih* (arm) sey, und ihren Freunden, den Europäern, nicht einmal ein Schwein zu schenken vermögte. Da auf solche Weise von ihr nichts zu erwarten war, so gieng er am folgenden Morgen nach *Paparra* zurück, und besuchte daselbst den vorigen Gemahl, der *O-Purea,* Namens *Ammo,* der seitdem eine der hübschesten jungen Mädchen im Lande genommen hatte, für seine Person aber alt und unthätig geworden war. Seine Schöne schenkte unsern Leuten ein Schwein, und gesellte sich, als sie abreisen wollten, nebst einigen ihrer weiblichen Bedienten zu ihnen, fuhr auch den ganzen Tag über getrost mit in unserm Boote; indeß ihr eignes Canot neben her ging, um sie wieder zurückzubringen. Sie schien ungemein neugierig zu seyn und mußte wohl nie Europäer gesehen haben; denn unter andern zweifelte sie ob solche in allen Stücken, wie ihre Landsleute beschaffen wären, bis ihr der Zweifel ganz förmlich, durch klaren Augenschein, benommen ward. Mit dieser ihrer Begleiterin landeten sie endlich zu *Attahuru,* woselbst ein angesehener Befehlshaber, Namens *Potatau*[16] sie gut aufnahm und in seinem Hause die zweyte Nacht über beherbergte. Auch dieser hatte sich von seiner Frau *Polatehera* geschieden und eine jüngere genommen, immittelst jene sich ebenfalls einen neuen Liebhaber oder Mann zugelegt hatte; doch lebten beyde Theile, dieser Familien-Veränderung ohngeachtet, so friedlich als je, noch immer unter einem Dache. Am folgenden Morgen ließ sich *Potatau* gegen Herrn *Pickersgill* verlauten, daß er ihn gern nach *Matavai* begleiten würde, um Capitain *Cook* zu besuchen, wenn er nur gewiß wäre, von diesem gut aufgenommen zu werden? Das konnte ihm Herr *Pickersgill* allerdings gewiß versprechen; *Potatau* aber zog, mehrerer Sicherheit wegen, ein Paar gelbe Federn hervor, band sie in einen kleinen Busch zusammen, und bath Herrn *Pickersgill,* solchen in der Hand zu halten und dabey zu versprechen, »daß *Tute* (Capitain *Cook*) *Potatau's* Freund seyn wolle.« So bald dies geschehen war, wickelte er die Federn sorgfältig in ein Stückgen Tahitisches Zeug und steckte sie in seinen Turban. Daß die Einwohner dieser Insel dergleichen rothe und gelbe Federn bey ihren Gebeten zu gebrauchen pflegen, war uns schon aus den Nachrichten unsrer Vorgänger bekannt; daß sie solche aber auch, nach Maasgabe vorbeschriebner Ceremonie, zu feyerlichen Betheurungen anwenden, und folglich gewisse Begriffe vom Eyde unter sich haben? – das dünkte uns eine ganz neue Bemerkung zu seyn. *Potatau* mußte das größte Vertrauen in diese Ceremonie setzen und nach derselben von der Redlichkeit seiner Freunde vollkommen überzeugt seyn, denn er machte sich unmittelbar darauf, in Begleitung seiner Gemahlinnen und verschiedner Bedienten, die ein Paar Schweine und eine Menge Zeug mitnehmen mußten, nach Herrn *Pickersgills* Boote hin, auf den Weg. Allein kaum war er unter einem großen Gedränge von Volk bis ans Ufer gekommen, als ihn die Leute insgesammt bathen, sich nicht unter uns zu wagen. Einige fielen ihm so gar zu Füßen und umfaßten seine Knie um ihn zurück zu halten. Verschiedne Frauenspersonen schrien mit thränenden Augen, mehr als einmal, *Tute* würde ihn umbringen, so bald er an Bord käme! und ein bejahrter Mann, der in *Potataus* Hause wohnte und ein alter treuer Diener der Familie zu seyn schien, zog ihn bey den Kleidern zurück. *Potatau* war gerührt; ließ auf etliche Augenblicke lang einige Besorgniß blicken, ermannte sich jedoch bald wieder, sties den warnenden Alten auf die Seite und rief mit entschloßner Stimme: *Tute aipa matte te tayo,* d.i. *Cook* wird seinen Freund nicht umbringen! Bey diesen Worten sprang er ins Boot, mit einer stolzen, ihres eignen Werths sich bewußten Dreistigkeit, die unsere Engländer mit einer Art von

14 S. *Hawkesworths* Geschichte der engl. See-Reisen, *zweyter Band, pag. 438.*

15 S. *Hawkesworths* Geschichte der engl. See-Reisen, in 8., *erster Band, pag. 328,* u. folg. Imgleichen *zweyter Band, pag. 370.* u.f.

16 *Hawkesworths* Geschichte der engl. See-Reisen, in 8. *zweyter Band, pag. 461.*

Ehrfurcht bewunderten. So bald er bey uns auf dem Schiffe ankam, eilte er nebst seiner Gemahlin *Whainie-au,* imgleichen mit seiner vorigen Gemahlin und derselben Liebhaber alsbald nach der Cajütte herab, um dem Capitain *Cook* seine Geschenke zu überreichen. *Potatau* war einer der größesten Männer, die wir auf der Insel gesehen hatten; dabey waren seine Gesichtszüge so voller Sanftmuth, Schönheit und Majestät, daß Herr *Hodges* sich gleich daran machte, nach ihm, als einem der edelsten Modelle in der Natur zu zeichnen. Man findet dies Portrait in Capitain *Cooks* Beschreibung gegenwärtiger Reise. Der ganze Cörper dieses Mannes war ungemein ansehnlich und besonders stark von Gliedern; sein Schenkel war zum Beyspiel vollkommen so dick als unser stärkster Matrose im Leibe. Seine weitläuftigen Kleidungen und sein zierlicher weisser Turban schickten sich sehr gut zu dieser Figur; und sein edles freymüthiges Betragen gefiel uns, besonders in Vergleichung mit *O-Tuhs* mistrauischem Wesen, über alle Maaße. *Polatehera,* seine erste Gemahlin, war ihm an Größe und Corpulenz vollkommen ähnlich, und in diesem Betracht dünkte sie uns allen, die sonderbarste Figur von einer Frauensperson zu seyn die wir je gesehen hatten. Beydes, ihr Anblick und ihr Betragen, waren ungemein männlich, und der Begriff von Gewalt und Herrschaft schien in ihrer Gestalt personificirt zu seyn. Als das Schiff *Endeavour* hier vor Anker lag, hatte sie einen überzeugenden Beweis davon gegeben. Sie nannte sich damals des Capitain *Cooks* Schwester[17] *Tuaheine no Tute,* und als man sie, dieses Nahmens ohnerachtet, eines Tages nicht ins Fort auf *Point Venus* hatte hineinlassen wollen, schlug sie die Schildwache, welche es ihr zu wehren suchte, zu Boden, und klagte darauf ihrem adoptirten Bruder die schimpfliche Begegnung welche ihr wiederfahren wäre. – Sie waren noch nicht lange bey uns gewesen, als sie erfuhren, daß wir so gleich unter Seegel gehen würden. Sie fragten uns daher mit allen ersinnlichen Freundschafts-Bezeugungen und mit Thränen in den Augen, ob wir jemahls wieder nach *Tahiti* kommen würden? Capitain *Cook* versprach, in sieben Monaten wiederum hier zu seyn. Dies stellte sie völlig zufrieden; sie beurlaubten sich ganz gelassen, und giengen sodann in ihren Booten, die ihnen bis ans Schiff gefolgt waren, westwärts, nach der Gegend ihres Wohnsitzes zurück. Mittlerweile kam ein junger *Tahitier* vom geringsten Stande, der wohlgebildet und ohngefähr siebenzehn Jahr alt war, mit seinem Vater ans Schiff. Er hatte schon vor einigen Tagen gegen den Capitain gesagt, daß er mitgehn wolle, *no te whennua tei Bretane* d.i., »nach dem Lande Britannien.« Seine ganze Equipage bestand aus einem schmalen Stück Zeug, das um die Hüften geschürzt war; und in diesem ganz wehrlosen, hülfsbedürftigen Zustande überließ er sich unsrer Vorsorge und unserm Schutze gänzlich unbesorgt. Sein Vater war ein Mann von mittlern Alter; diesem gab Capitain *Cook* ein Beil und einige andre Sachen von mindern Werthe zum Geschenk, worauf er sehr gefaßt und ruhig wieder in sein Canot hinab stieg, ohne bey der Trennung von seinem Sohn die geringste Betrübniß spühren zu lassen. Kaum waren wir aber zum Rief hinaus, als ein Canot mit zwey oder drey Indianern nachkam, die den Burschen, in des Königs *O-Tuh* Namen, zurückfoderten, und einige Stücke Zeug bey sich hatten, welche sie dem Capitain dafür zum Geschenk überbringen sollten. Weil sie aber das Eisenwerk nicht vorzeigen konnten, welches wegen des armen Schelmen war verwandt worden, so mußten sie unverrichteter Dinge wieder abziehen. Der Bursche, dessen Name *Porea* war, sprach, vom Hintertheil des Schiffes aus, lange mit ihnen, und sie ließen es gewiß an nichts fehlen, ihn von seinem Vorhaben abzubringen, denn, so viel wir verstehen konnten, prophezeyten sie ihm den Tod, wenn er bey uns bleiben würde. Alle diese Drohungen machten ihn zwar nicht wankend, als aber das Canot wieder nach der Insel zurückkehrte, konnte er sich doch nicht enthalten, seinen Landsleuten noch lange mit sehnsuchtsvollen Blicken nachzusehen, und endlich ward er so wehmüthig, daß er sich durch einen Strohm von Thränen Luft schaffen mußte. Um diese traurige Stimmung zu unterbrechen, ließen wir ihn in die Cajütte kommen, wo er uns höchst betrübt vorklagte, daß er nun ganz gewiß sterben müsse, und daß sein Vater seinen Verlust schmerzlich beweinen werde. Capitain *Cook* und mein Vater trösteten ihn, und versprachen, daß sie Vaters Stelle an ihm vertreten wollten. Auf diese Versicherung fiel er ihnen um den Hals, küßte und drückte sie und gerieth mit einem male aus der äußer-

17 Capitain *Cook* ist ein ungemein langer aber hagerer Mann.

Langschwanzkoël, ***F: Cuculus fasciatus***
Eudynamis taitensis (Tahiti, 1773)

sten Verzweiflung in einen hohen Grad von Freude und Lustigkeit. Beym Untergang der Sonne aß er sein Abendbrod und legte sich alsdenn auf den Boden der Cajüte nieder; da er aber sahe daß *wir* uns noch nicht zur Ruhe begaben, so stand er wieder auf und blieb bey uns bis wir ebenfalls zu Nacht gegessen hatten.

Es that uns ungemein leid, diese herrliche Insel jetzt schon zu verlassen, weil wir mit den glücklichen Bewohnern derselben eben erst recht bekannt zu werden anfiengen. Unser Aufenthalt hatte in allem nur vierzehn Tage gedauert, und davon waren zween, auf der Reise von einem Haven zum andern, gleichsam verlohren gegangen. Überdem hatten wir uns während dieser allzu kurzen Zeit in einem beständigen Taumel von Beschäftigungen befunden, und folglich nur wenig Augenblicke dazu erübrigen können, die Natur der Einwohner zu studieren. An diesen fanden wir, in Absicht ihrer Haushaltung, ihrer Sitten und Gebräuche, so viel neues und merkwürdiges, daß unsre Aufmerksamkeit, durch die Menge von Gegenständen beym ersten Anblick gleichsam betäubt wurde; in der Folge aber zeigte sich, daß das mehreste schon von unsern Vorgängern war beobachtet worden. Um also die Nachsicht der Leser nicht zu misbrauchen, habe ich meine gleichstimmigen Bemerkungen über diese Artikel weggelassen, und verweise sie wegen der Wohnungen, Kleidungen, Speisen, häuslichen Beschäftigungen, Schiffarth, Krankheiten, Religion und Beerdigungs-Gebräuchen, imgleichen wegen der Waffen, Kriege und Regierungs-Verfassung dieser Insulaner auf Capitain *Cooks* vorige Reise in dem Schiff *Endeavour,* welche Dr. *Hawkesworth,* nebst mehrern, zum Druck befördert hat. Solchergestalt wird man vorstehende Nachrichten von *Tahiti* nur als eine Nachlese und als Erläuterung dessen ansehen müssen, was bereits vor mir davon bekannt gewesen ist. Ich hoffe indessen, daß gegenwärtige Erzählung demohnerachtet unterhaltend genug seyn soll, und daß die besonderen, eigenthümlichen Gesichtspunkte, aus welchen ich verschiedene schon bekannte Gegenstände betrachtet habe, in manchen Fällen auch zu neuen und wichtigen Betrachtungen Gelegenheit geben werden.

»Capitain *Cook* bemerket in seiner Reisebeschreibung, (1 B. S. 188) daß der Hafen *O-Aetipieha* auf der kleinern Halbinsel, in 17° 46' 28" Südlicher Breite und 149° 13' 24" westlicher Länge von Greenwich gelegen sey. Hieraus schließt er, daß die Größe der ganzen Insel, welche er in der ersten Reise auf 30 See-Meilen angegeben hatte,[18] um ein Merkliches zu geringe sey. Die Beobachtungen wegen der Lage der Landspitze Venus, kamen auf dieser Reise mit jenen, die der verstorbene Herr *Green* ehemals allhier gemacht hatte bis auf ein paar Secunden überein.« –

Der Wind, mit welchem wir absegelten, war so schwach, daß wir die Insel den ganzen Abend hindurch noch nahe im Gesicht behielten, und die überschwenglich schöne Aussicht auf die Ebene vor uns hatten, welche, selbst bey dieser todten Winter-Jahrszeit, den schönsten Landschaften in andern Gegenden der Welt noch immer zur Seite gesetzt werden konnte. Der fruchtbare Boden und das wohlthätige Clima bringen von selbst so vielerley Arten nahrhafter Gewächse hervor, daß die Einwohner in dieser Absicht wohl auf eine ungestörte sorgenfreye Glückseligkeit rechnen können und in so fern unterm Monde nirgends etwas vollkommnes, Glückseligkeit immer nur ein relativer Begriff ist, in so fern, dürften, im Ganzen genommen, schwerlich mehrere Völker der Erden sich einer so erwünschten Lage rühmen können! Da nun alle Lebensmittel leicht zu haben, und die Bedürfnisse dieses Volks sehr eingeschränkt sind, so ist, natürlicherweise, auch der große Endzweck unseres körperlichen Daseyns, die Hervorbringung vernünftiger Creaturen, hier nicht mit so vielen drückenden Lasten überhäuft und beschweret, als in civilisirtern Ländern, wo Noth und Kummer den Ehestand oft so mühselig und sauer machen. Die guten Leute folgen hier dem Triebe der Natur ganz ohngehindert, und daraus entsteht eine Bevölkerung, die im Verhältniß zu dem angebauten, nur kleinen Theile der Insel sehr groß ist. Bis jetzt sind nur allein die Ebenen und die Thäler bewohnt, obgleich, der Beschaffenheit des Erdreichs nach, auch viele von den Bergen angebauet werden, und noch eine ungeheure Menge von Einwohnern ernähren könnten. Sollte also die Bevölkerung in langer Zeit durch nichts gestört werden, so dürften die Einwohner auch wohl jene Gegenden zu bauen anfangen, die gegenwärtig ganz ungenutzt, und, so zu sagen, überflüßig sind. Das Volk lebt in einer Verfassung, die sich gewissermaaßen mit dem alten europäischen Feudal-System vergleichen läßt; es stehet nemlich unter einem allgemeinen Oberherrn, und ist in die drey Classen von *Erihs, Manahauna's* und *Tautaus* getheilt. Ohnerachtet zwischen diesen dreyen Classen ein wesentlicher Unterschied vorhanden ist; so wird die Glückseligkeit des Volks, im Ganzen genommen, doch ungleich weniger dadurch beeinträchtiget, als man glauben sollte, denn die Lebensart der Nation ist überhaupt zu einfach, als daß die Verschiedenheit des Standes einen merklichen Unterschied in selbige zulassen könnte. Wo *Clima* und Landessitte es nicht schlechterdings erfordern, daß man sich von Kopf bis zu Fuß kleide; wo man auf dem Felde überall Materialien findet, aus denen sich eine anständige und eingeführte Kleidung verfertigen läßt; und wo endlich alle Bedürfnisse des Lebens einem Jeden fast ohne Mühe und Handanlegung zuwachsen: Da müssen Ehrgeiz und Neid, natürlicherweise, beynahe gänzlich unbekannt seyn. Zwar sind die Vornehmern hier fast ausschließungsweise im Besitz von Schweinen, Fischen, Hühnern und Kleidungszeuge: allein, der unbefriedigte Wunsch den Geschmack mit ein Paar Leckerbissen zu kitzeln, kann höchstens nur einzelne Menschen, nicht aber ganze Nationen unglücklich machen. Dies kann nur gänzlicher Mangel an den unentbehrlichsten Nothwendigkeiten, und gerade dieser pflegt in civilisirten Staaten das Loos des gemeinen Mannes, so wie eine Folge der Üppigkeit des Großen zu seyn. Zu *O-Tahiti* hingegen, ist zwischen dem Höchsten und Niedrigsten, im Ganzen genommen, nicht einmal ein solcher Unterschied, als sich in England zwischen der Lebensart eines Handwerksmannes und eines Tagelöhners findet. Das gemeine Volk in *Tahiti* ließ bey allen Gelegenheiten gegen die Vornehmern der Nation so viel Liebe

18 S. *Hawkesworths* Geschichte der engl. See-Reisen, in 8. *zweyter Band, pag. 460.*

blicken, daß es schien, als sehen sie sich insgesammt nur für eine einzige Familie, und die Befehlshaber gleichsam nur als ihre älteren Brüder an, denen nach dem Recht der Erstgeburt, Vorzug gebühre. Vielleicht war auch ihre Regierungsverfassung ursprünglich ganz patriarchalisch, dergestalt, daß man den allgemeinen Regenten nur »als den Vater des ganzen Volks« achtete, so lange, bis diese einfache Regierungsform sich nach und nach in die jetzige abänderte. Aber auch jetzt noch finden sich, in der Vertraulichkeit zwischen dem König und seinen Unterthanen, Spuren jenes ehemaligen patriarchalischen Verhältnisses. Der geringste Mann kann so frey mit dem Könige sprechen, als mit seines gleichen; und ihn so oft sehen als er will. Dies würde schon mehrern Schwierigkeiten unterworfen seyn, so bald der Despotismus Grund fassen sollte. Auch beschäftigt sich der König zu Zeiten auf eben die Art als seine Unterthanen; noch unverdorben von den falschen Begriffen eitler Ehre und leerer Prärogative rechnet er sichs keinesweges zur Schande, nach Maaßgabe der Umstände, in seinem Canot selbst Hand ans Ruder zu legen. Wie lange aber diese glückliche Gleichheit noch dauern mögte? kann man wohl nicht füglich bestimmen; doch scheint die Faulheit der Vornehmen, ihr eben nicht die längste Dauer zu versprechen. Vor der Hand ist zwar die Feld- und Landarbeit den *Tautaus,* welche sie verrichten müssen, noch nicht lästig; allein, da die ganz arbeitlosen Vornehmen sich in einem ungleich stärkern Verhältnisse vermehren müssen, als jene; so wird die dienstbare Classe künftig immer mehr mit Arbeit beschwert werden, und von dem Übermaaß derselben allerhand üble Folgen zu gewarten haben. Das gemeine Volk wird davon ungestalt, und ihre Knochen kraftlos werden; die Nothwendigkeit mehr in der brennenden Sonne zu seyn, wird ihre Haut schwärzen, und sie werden durch die häufigen und frühen Ausschweifungen ihrer Töchter mit den Großen des Landes, endlich zu zwergigten kleinen Gestalten ausarten, indeß jene vornehmen Müßiggänger die Vorzüge einer großen Leibesgestalt, einer schönen Bildung und einer hellern Farbe ausschließungsweise beybehalten werden, weil *sie allein* ihrem gefräßigen Appetit ohne Einschränkung folgen, und stets in sorgloser Unthätigkeit leben können. Endlich wird das gemeine Volk diesen Druck empfinden, und die Ursachen desselben gewahr werden, alsdenn aber wird auch das Gefühl der gekränkten Rechte der Menschheit in ihnen erwachen, und eine Revolution veranlassen. Dies ist der gewöhnliche Cirkel aller Staaten. Vor der Hand steht freylich für *Tahiti* noch lange keine solche Veränderung zu befürchten; ob aber die Einführung des fremden Luxus die Ankunft dieser unglücklichen Periode nicht beschleunigen werde? das muß man den Europäern zur ernstlichen Erwägung anheim stellen. Warlich! wenn die Wissenschaft und Gelehrsamkeit einzelner Menschen auf Kosten der Glückseligkeit ganzer Nationen erkauft werden muß; so wär' es, für die Entdecker und Entdeckten, besser, daß die Südsee den unruhigen Europäern ewig unbekannt geblieben wäre!

Keulenbaum oder Schachtelhalmblättrige Kasuarine, ***F: Casuarina equisetifolia***

Casuarina equisetifolia (Tahiti)

ZEHNTES HAUPTSTÜCK.

Nachricht von unserm Aufenthalt auf den Societäts-Inseln.

DER WIND, MIT WELCHEM WIR von *Tahiti* seegelten, ward nach Untergang der Sonne frischer und beschleunigte unsre Entfernung von dieser glücklichen Insel, die wir jedoch beym Mondenlicht noch immer sehen konnten.

Am folgenden Tage, den 2ten September, um 11 Uhr, erblickten wir die Insel *Huaheine,* die ohngefähr 31 See-Meilen von *Tahiti* entfernt liegt und vom Capitain *Cook* am 11ten Jul. 1769 entdeckt wurde. Viele unsrer Leute empfanden nunmehro schon die Folgen ihres liederlichen Umgangs mit den Frauenspersonen in *Matavai-Bay,* doch hatten alle dergleichen Patienten die Krankheit nur in einem sehr gelinden und gutartigen Grade. Man hat darüber gestritten, ob dies Übel durch französische oder durch englische Seefahrer nach *Tahiti* gebracht worden sey? ohne daran zu denken, daß zum Vortheil beyder streitenden Partheyen noch ein dritter Fall möglich sey. Warum sollte man nicht annehmen dürfen, daß diese Krankheit bereits auf der Insel vorhanden war, ehe noch irgend ein Europäer dahin kam? Der Umstand, daß keiner von des Capitain *Wallis* Leuten hier angesteckt worden, ist dieser Hypothese wenigstens nicht entgegen, denn er beweiset nur so viel, daß gerade *die* Frauensleute rein gewesen sind mit denen jene zu thun gehabt. Es kann ja leicht seyn, daß die Einwohner alle mit dieser Seuche behaftete Weibspersonen damals ausdrücklich von den Europäern zurückgehalten haben, weil sie den Zorn der mächtigen Fremdlinge auf sich zu laden fürchteten, wenn sie denselben ein so häßliches Übel zubrächten.[1] Wir hörten zwar von einer andern Krankheit, welche sie *O-päh-no-Peppe* (das Geschwür von Peppe) nannten, und vorgaben, daß ihnen solche von dem eben so genannten Schiffe zugeführet worden sey, welches zwey, oder wie andre wollten, drey, ja gar fünf Monathe vor uns, hier vor Anker gelegen hatte: Allein, nach der Beschreibung der Symptomen zu urtheilen, war diese Krankheit wohl nichts anders als eine Art von Aussatz; und an der Ausbreitung derselben, können die Spanier oder die Fremden in diesem Schiffe, noch überdies ganz unschuldig seyn. Die Krankheit brauchte nur auszubrechen, als das Schiff ankam, und zwischen den Kranken und der Equipage desselben einige, selbst entfernte Verbindung statt gefunden haben, so war das zu Veranlassung jenes Irrthums schon genug. Dies ist um so wahrscheinlicher, da die Einwohner ohnedem mit verschiednen Arten von Aussatz behaftet sind. Man findet nemlich die *Elephantiasis,* die den *Yaws* ähnlich ist; imgleichen einen Aussatz über die ganze Haut, und endlich ein ungeheures, faulendes Geschwür unter ihnen, das abscheulich anzusehen ist. Doch sind alle diese Gattungen ungemein selten anzutreffen, vornemlich die letzte Art, welches ohne Zweifel dem treflichen Clima und der einfachen unschuldigen Kost dieser Insulaner zuzuschreiben ist; ein Vorzug

1 S. *Bougainville's* Reisen und *Hawkesworths* Gesch. der engl. See-Reisen in 8. *dritter Band, pag. 546.* Herr von *B.* zweifelt, ob die Krankheit vor seiner Ankunft zu *Tahiti* gewesen sey; der Engländer ist positiver in seiner Mey-

ihrer Lebensart, der nie genug angerühmt und mit Recht als die Hauptursach angesehn werden kann, daß jene Zufälle so selten ja überhaupt fast *keine* gefährliche und tödtliche Krankheiten in *Tahiti* anzutreffen sind.

Bey Untergang der Sonnen legten wir, 2 See-Meilen von *Huaheine,* bey; giengen am folgenden Morgen um 4 Uhr um das Nord-Ende dieser Insel herum, und steuerten sodann dem Haven *O-Wharre* zu. *Huaheine* wird durch einen tiefen See-Arm in 2 Halb-Inseln getheilt, die vermittelst einer niedrigen Landenge zusammenhängen, welche zur Fluthzeit gänzlich unter Wasser stehet. Die Berge sind nicht so hoch als auf *Tahiti,* und scheinen, dem äußern Ansehen nach, ehemals Volcane gewesen zu seyn. Der Gipfel des höchsten war so geformt als es der Schlund eines feuerspeyenden Berges zu seyn pflegt, und an einer Seite gab es einen schwarzen schwammichten Fels, der ungemein Laven-artig aussahe. Bey Aufgang der Sonne erblickten wir noch etliche andre, zu den Societäts-Inseln gehörige Eylande, als *O-Raietea*[2], *O-Taha* und *Borabora*[3]. Lezteres bestehet, gleich der Insel *Mäatea,* aus einem einzigen hohen Berge, der aber ungleich ansehnlicher ist als jenes. Die oberste Spitze dieses Berges hatte ebenfalls die Form eines volcanischen Schlundes. Es giebt zwo Einfahrten in den Haven *O-Wharre,* in deren südlichste wir einzulaufen gedachten, und da uns eben ein starker Wind vom Lande her entgegen blies, so hatten unsre Seeleute Gelegenheit ihre Kunst zu versuchen, um sich dagegen hineinzuarbeiten. Der Eingang ist ohngefähr 9 bis 12 hundert Fus lang, und zwischen den beyden Felsen-Rieffs kaum drey hundert Faden breit; gleichwohl machte unser Schiffs-Volk, in dieser engen und gefährlichen Durchfahrt, mit bewundrungswürdiger Geschicklichkeit, sechs bis sieben Seitenwendungen, deren jede nur ohngefähr 2 oder 3 Minuten dauerte. Wir waren noch nicht ganz hindurch als die *Adventure,* die hinter uns her seegelte, beym Umwenden dem einen Rieffe zu nahe kam, und unglücklicherweise mit der Seite an dem Coral-Felsen sitzen blieb. Wir hatten in diesem Augenblick alle Hände voll zu thun, um unser eigenes Schiff glücklich durchzubringen, und konnten ihr also nicht gleich Hülfe leisten. So bald wir aber vor Anker gekommen waren, welches nicht lange anstand, schickten wir ihr unsre Boote zu, und ließen sie in den Haven hereinboogsieren. Sie hatte keinen Schaden gelitten, sondern war so gut davon gekommen als unser Schiff bey *Teiarrabu,* woselbst es ehemals auch auf den Grund gerathen war. (S. Seite 180.)

Das Land sahe hier eben so aus als zu *Tahiti,* nur waren die Gegenden und Aussichten alle nach einem kleinern Maasstabe als dort, denn die ganze Insel hat nur ohngefähr 6 bis 8 See-Meilen im Umkreise. Es giebt folglich nirgends große Ebenen, auch nur selten dergleichen kleine sanfte Anhöhen als man zu *Tahiti* vor den höheren, landeinwärts gelegenen Bergen findet, welche letzteren hier, zu *Huaheine,* unmittelbar bis auf die Ebenen reichen. Im Ganzen fehlt es indessen keineswegs an schönen Stellen, nur daß sie durchgängig von geringem Umfange sind. Außerhalb des Rieffs kam uns nicht ein einziges Canot entgegen; wir waren aber kaum vor Anker gegangen, als sich verschiedene, mit Coconüssen, Brodfrucht und großen Hünern, einfanden. Der Anblick von Hünern war uns besonders angenehm, denn zu Tahiti hatten wir nur ein einziges Paar auftreiben können, so sehr war diese Insel durch die vorigen Seefahrer davon entblößet worden. Einer von den Indianern, die zu uns an Bord kamen, hatte einen ungeheuren Hodenbruch, doch mußte ihm solcher wohl nicht viel Unbequemlichkeit verursachen, wenigstens stieg er die äußere Schiffsleiter ganz schnell und leicht herauf. Das Volk sprach dieselbige Sprache, war eben so gebildet und auch eben so gekleidet als die Leute auf *Tahiti,* aber von Frauenspersonen kam nicht eine einzige zum Vorschein. Im Handel giengen sie sehr ehrlich zu Werke, und in kurzer Zeit hatten wir für Nägel und Corallen ein Dutzend großer Hähne von vortreflichem Gefieder eingekauft. Gegen 11 Uhr giengen die Capitains ans Land und nach einem Wetterdache hin, das bis auf die Erde herabreichte, um ein großes doppeltes Canot zu schützen, welches unter demselben aufs trockne gezogen war. Hier stellten sie Jemanden an um mit den Einwohnern Handel zu treiben, und dieser gieng so gut von statten, daß wir, noch ehe es Abend war, schon zwanzig Schweine

2 In *Hawkesworth* Geschichte der engl. Seereisen in 8. *Dritter Band p. 12.* wird diese Insel unrichtiger Weise *Ulietea* genannt.

3 Siehe ebendaselbst – – *p. 13.* wo diese Insel irriger Weise *Bolabola* heißt.

und ohngefähr ein Dutzend Hunde gegen große Nägel und kleine Beile beysammen hatten. Die Hunde waren das dummste Vieh ihrer Art, wurden aber von den Einwohnern, unter allem Fleischwerk, für das schmackhafteste gehalten. Beym ersten Ausgange stießen uns zwey Pflanzen auf, die wir noch nie gesehen hatten; auch fanden wir, daß die Brodfrucht-Bäume hier schon junge Früchte, so groß als kleine Äpfel, angesetzt hatten, doch gehörten nach Aussage der Einwohner wohl noch vier Monathe Zeit dazu bis sie reif wurden. Der Gegend, wo wir landeten, schien es ganz an Pisang zu fehlen, allein aus einem andern Distrikt brachten uns die Einwohner etliche Büschel von dergleichen Frucht, und folglich müssen sie ihre Obstbäume so zu behandeln wissen, daß die einen früher, die andern später tragen. Diese späten Früchte können aber, wie leicht zu erachten, eben nicht in Menge gezogen werden, und mögen wohl nur für die Tafeln der Großen bestimmt seyn.

Zum Mittags-Essen kehrten wir an Bord zurück, giengen aber gleich nach Tische wiederum ans Land, und erfuhren bey dieser Gelegenheit, daß die Befehlshaber der Insel am folgenden Tage zum Vorschein kommen würden. Beym Spatzierengehen hatten wir hier weder so viele, noch so lästige Begleiter, als in *Tahiti*. Wenn ich den Ort neben dem Wetterdach, wo Markt gehalten wurde, und andre dergleichen allgemeine Sammelplätze ausnehme, so waren selten mehr als 15 bis 20 Personen um uns. Dieser Unterschied rührte wohl hauptsächlich daher, daß *Huaheine* ungleich kleiner, mithin auch nicht so volkreich ist als *Tahiti;* außerdem waren die hiesigen Einwohner auch noch nicht bekannt genug mit uns, um vom Mitlauffen Vortheil zu erwarten; und überhaupt fanden wir sie weder so neugierig, noch so furchtsam als die *Tahitier,* die hinreichende Ursach hatten unsre Güte zu ehren und die Übermacht unsers Feuergewehrs zu fürchten.

Unser Tahitischer Reise-Gefährte *Porea* gieng, in einem linnenen Oberrock und ein Paar Schifferhosen, mit ans Land. Er trug Capitain *Cooks* Pulver-Horn und Hagel-Beutel, und wünschte daß man ihn hier für einen von unsern Leuten ansehen möchte. Zu dem Ende redete er seine Muttersprache nie; sondern murmelte allerhand unverständliche Töne her, wodurch sich das hiesige Volk auch wirklich hintergehen ließ. Um diesen Betrug noch mehr zu begünstigen, wollte er auch nicht länger bey seinem Tahitischen Namen *Porea* genannt seyn, sondern einen Englischen haben. Die Matrosen nannten ihn daher *Tom,* womit er sehr wohl zufrieden war; auch lernte er bald die gewöhnliche Antwort: *Sir!* die er aber *Dsjorro* aussprach. Wir konnten nicht absehen, was er mit dieser Masquerade vorhabe, vermuthlich aber glaubte er in der Gestalt eines englischen Matrosen mehr zu bedeuten als ein *Tahitischer Tautau*.

Am folgenden Tage begleitete mein Vater die Capitains nach dem Markt-Platze, von da sie sich wieder einschifften und bis an das Nord-Ende des Havens hinauf fuhren. Hier landeten sie bey einem nahe am Ufer gelegenen Hause, vor welchem der Befehlshaber *Ori,* (der im Namen seines Neffen des eigentlichen Königes *Tehritäria*[4] die Regierung der ganzen Insel verwaltete) unter einer Menge seiner Bedienten im Grase saß. Bey diesem Anblick wollten sie eiligst aus dem Boote steigen, zwey Indianer aber, die sich am Marktplatze mit eingeschifft hatten, baten sie, noch sitzen zu bleiben, bis man ihnen einige junge Pisangstämme zum Zeichen des Friedens und der Freundschaft würde überreicht haben. Ehe dieses erfolgte, brachten die Indianer zwey dergleichen kleine Bäume herbey, die von unsrer Seite überreicht und zu dem Ende mit Nägeln, Spiegeln, Medaillen und andern Kleinigkeiten mehr behangen werden sollten. So bald dies geschehen war, trugen sie solche vor einem Theil unsrer Mannschaft her, ans Land, und überreichten sie daselbst in ihrem Beyseyn dem *Ori*. Bey Darreichung des ersten bathen sie zu sagen: *No t' Eatua!* d. i. für die Gottheit; und bey dem zweyten: *na te tayo O-Tute no Ori* d. i. vom Freunde *Cook an Ori*. Dagegen wurden, von Seiten der Insulaner, unsern Leuten fünf andre Plantan-Zweige, einer nach dem andern, mit folgenden Umständen überliefert:

Der erste ward, nebst einem Schweine, mit den Worten *no t' Erih* d. i. »von Seiten des Königs« überreicht. Unter dem Könige ward *T' Erih Täria* ein Kind von sieben bis acht Jahren verstanden.

Der zweyte, ebenfalls mit einem Schweine, *no t' Eatua* »für die Gottheit.«

---

4 Tittel und Name scheinen hier in der Aussprache zusammen gezogen zu seyn, vermuthlich sollte es heißen *T'-Erih-Täria.*

Der dritte, *no te Toimoi*. Dies verstanden wir damals nicht, in der Folge aber zeigte sich daß es so viel als: *»zum Willkommen!«* bedeute.

Der vierte mit einem Hunde, *no te Taura, »vom* Strick.« Ob wir gleich das Wort verstanden, so war uns doch die Bedeutung davon noch dunkler als die vorhergehende, und was das schlimmste ist, so haben wir auch nie dahinter kommen können.

Der letzte ward wiederum mit einem Schweine, *no te tayo Ori no Tute,* »von Freund *Ori* an *Cook*« überliefert.

Beym Schlusse der Ceremonie, zog der Mann, der alle diese Dinge gebracht hatte, noch ein rothes Beutelchen hervor, worinn ein Rechenpfennig und eine Zinnplatte verwahrt wurde, auf welcher sich folgende Inschrift fand:

His Britannic Majesty's Ship Endeavour. Lieutenant Cook commander. 16. July 1769. Huahine.

d.i. »Seiner Königlich-Großbrittannischen Majestät Schiff *Endeavour,* unter dem Befehl des Lieutenant *Cook,* am 16. Jul. 1769. zu *Huaheine.*«[5] Dies Zeugnis von Capitain Cooks ersten Besuch der Insel *Huaheine,* hatte letzterer dem *Orih* ehemals mit dem Bedeuten eingehändigt, daß ers nie aus seiner Verwahrung kommen lassen müsse; und dieser ließ es ihm also jetzt vermuthlich deshalb wiederum vorlegen, damit er sehen sollte, daß seine Vorschrift genau befolgt worden sey. So bald der Capitain alle diese Sachen in Empfang genommen hatte, stieg er mit seinem ganzen Gefolge ans Land, und umarmte den *Orih,* der ein alter, magerer, triefäugiger Mann, zwischen 50 und 60 Jahren war. Er nahm unsre Leute als gute Bekannte und Freunde auf, und schenkte dem Capitain noch überdies etliche große Ballen Zeug. Es währete nicht lange, so fanden sich die Einwohner haufenweise bey der Wohnung ihres Befehlshabers ein, und brachten Hüner, Schweine und Hunde in Menge zum Verkauf, die wir auch gegen Nägel, Messer und kleine Beile sehr bald einhandelten.

Immittelst daß dieses vorgieng, marschirte ich nebst D. Sparmann vom Marktplatze aus, zu Lande hieher, nach *Ori's* Wohnhause. Unterwegens sahen wir aller Orten viel Schweine, Hunde und Hüner. Letztere liefen frey in den Wäldern umher, und saßen auf den Brodfruchtbäumen. Auch die Schweine hatten Freyheit herum zu laufen, doch bekamen sie ihr abgemessenes Futter, welches ihnen gemeiniglich von alten Weibern gegeben ward. Vorzüglich sahen wir wie eine alte Frau ein kleines Ferken auf besondere Art mit dem gesäuerten Brodfrucht-Teige *(Mahei)* fütterte. Sie hielt das Thier mit einer Hand, und mit der andern hielt sie ihm ein Stück Schweinefell vor. So bald es nun das Maul öfnete, um darnach zu schnappen, fuhr sie ihm mit einer Handvoll des sauren Teiges hinein, den es ohne diesen Kunstgriff nicht mochte. Die Hunde waren ihrer abscheulichen Dummheit ohnerachtet bey dem hiesigen Frauenzimmer in hohen Gnaden. Keine europäische Dame nach der Mode hätte die Sorgfalt für ihr Schoßhündchen weiter treiben und sich lächerlicher dabey geberden können. Unter andern reichte eine Frau von mittlerm Alter einem jungen Hunde ihre volle Brust hin. In der Meynung daß dieses bloß aus übertriebener Zärtlichkeit für das Thier geschähe; konnten wir uns nicht enthalten, ihr diesen Misbrauch zu verweisen, allein sie lachte nur dazu, und sagte, daß sie sich zuweilen auch von kleinen Ferken saugen lasse. Indessen erfuhren wir bey weiterer Nachfrage, daß sie ohnlängst ein säugendes Kind verlohren habe, und folglich hatten wir ihr durch unsre Vermuthung zu viel gethan, denn in dergleichen Fällen ist es ein ganz erlaubtes und selbst in Europa vor Zeiten üblich gewesenes Mittel, sich von einem Hunde saugen zu lassen.[6] Die Hunde dieser Inseln sind kurz von Leibe, und von sehr verschiedener Größe, vom Schooshunde an, bis zum größten Pudel. Der Kopf ist dick; die Schnautze spitzig; die Augen sind sehr klein; die Ohren stehen aufrecht und das Haar ist lang, schlicht, hart und von allerhand Farben, gemeiniglich aber weiß und braun. Sie bellten fast niemals; dagegen heulten sie zuweilen, und gegen Fremde waren sie ausnehmend scheu.

Wir trafen hier unterschiedliche Vögel an, dergleichen wir auch auf *Tahiti* gefunden hatten; außer diesen aber noch einen blauen weisbäuchigten Eisvogel und einen grauen Reiher. Als wir von letztern

5 S. *Hawkesworth* Geschichte der engl. See-Reisen in 8. *dritter Band, p. 9.*

6 Die eingebohrnen Americanerinnen bedienen sich eben dieses Mittels. Siehe *Pauw Recherches philosophiques sur les Americains. Vol. 1. p. 55.*

beyden Gattungen etliche schossen, zeigte sich, daß verschiedene Leute eine Art von religiöser Ehrerbiethung dafür hegten, und sie *Eatua's* nannten, ein Name den sie sonst nur der Gottheit beyzulegen pflegen. Doch gab es auch wieder eben so viel wo nicht noch mehr andre, die uns dergleichen Vögel von freyen Stücken aufsuchen halfen und todt zu schießen baten; auch bezeigte von der Gegenpartey niemand ausdrücklichen Unwillen, wenn wir einen solchen Vogel erlegt hatten. Für Götter sehen sie dieselben nicht an, denn nach ihren Religions-Begriffen sind die Götter unsichtbar; allein die Benennung *Eatua* scheint doch einen höhern Grad von Achtung anzudeuten, als man in unsern Ländern wohl gegen Schwalben, Störche und andere dergleichen Vögel bezeigt, die man für den Verfolgungsgeist muthwilliger Jungens sicher zu stellen wünscht. In diesem und andern die Religion und Landes-Verfassung betreffenden Umständen, sind wir aber nicht im Stande hinlängliche Auskunft zu geben; denn wegen der Kürze unsers Aufenthalts und mangelhaften Kenntniß ihrer Sprache wars nicht möglich von allem gehörigen Unterricht zu erlangen.

Mittlerweile waren wir immer weiter gegen die Nord-Seite des Havens fortgegangen, wo Herr *Smith* die Aufsicht über die Matrosen hatte, die unsre leeren Wasserfässer anfüllen mußten. Wir trafen eine Menge Indianer bey ihm an, die so viel Schweine zu Kaufe brachten, daß wir nun reichlichen Vorrath an frischem Fleisch hatten, und alle Leute auf beyden Schiffen damit speisen konnten. Früchte und grünes Kräuterwerk hingegen war so selten, daß wir fast gar keine Pisange, Brodfrüchte, oder Coconüsse zu sehen bekamen, und uns mit Yamwurzeln begnügen mußten, die wenn sie abgekocht waren, statt Brodtes zum Fleisch gegessen wurden. Nachdem wir von den Wasserträgern vollends längst dem Strande hingegangen waren, der aus feinem weißen Muschel-Sande bestand, und von niedrigen Cocos-Palmen nebst allerhand anderm Gebüsch beschattet wurden; so langten wir endlich um Mittagszeit bey *Orihs* Wohnung an, und fuhren von da aus mit dem Capitain *Cook* und der übrigen Gesellschaft an Bord zurück. Letzterer war im Handel mit den Eingebohrnen noch glücklicher gewesen als alle die andern dazu bestellten Leute, so daß wir für der Menge des Eingekauften kaum Platz im Boote hatten. Nachmittags giengen wir wieder nach *Ori's* Hause und fanden ihn von einer Menge der vornehmsten Insulaner umgeben. Wir hatten also Gelegenheit eine Menge von Leuten allerhand Standes beysammen zu sehen, fanden sie aber durchgehends den Tahitiern so ähnlich, daß uns zwischen beyden Völkern, im Äußern, kein Unterschied zu seyn dünkte; auch konnten wir nicht absehen, daß die Frauenspersonen hier heller von Farbe und schöner als auf den übrigen Inseln wären,[7] wie andre Reisende wollen angemerkt gemerkt haben. Indessen können auch hierinn die Umstände oft den Schein ändern, und das mag bey unsern Vorgängern der Fall gewesen seyn. Wodurch sich aber die hiesigen Frauenzimmer von den *Tahitierinnen* würklich unterschieden, war, daß sie um Corallen und andre solche Geschenke nicht so sehr bettelten, desgleichen mit ihren Gunstbezeigungen nicht so freygebig waren als jene. Etliche Frauensleute nahmen zwar, sowohl bey unsrer Landung als auch bey unsrer Rückkehr nach dem Boote eine unanständige Ceremonie vor, dergleichen in Capitain *Cooks* voriger Reise von einer Tahitierinn, Namens *Urätua* erzählet wird; allein es waren nur Personen vom niedrigsten Volke, auch machten sie nie solche Vorbereitungen dazu als jene.[8] In ihrem Betragen waren aber beyde Nationen schon merklicher von einander verschieden. Über einen allzu hohen Grad von Gastfreyheit, hatten wir uns zum Exempel hier in *Huaheine* eben nicht zu beschweren, auch war es hier gar nicht, wie wohl in *Tahiti,* Mode, von freyen Stücken Geschenke oder wenigstens Gegengeschenke zu machen. Dagegen fielen uns die Leute, wenn wir spatzieren giengen, auf keine Weise zur Last, waren auch, im Ganzen genommen, viel gleichgültiger und dabey weder so furchtsam noch so besorgt als die *Tahitier,* weshalb sie auch beym Losbrennen unseres Schießgewehres weder Schreck noch Verwunderung bezeigten. Jedoch, alles das war augenscheinlich blos eine Folge der verschiednen Begegnung, welche die Einwohner beyder Inseln von den Europäern ehemals erfahren hatten. In Absicht der Gastfreyheit muß ich

7 S. *Hawkesworths* Geschichte der engl. See-Reisen in 8. *dritter* Band, *pag. 11.*

8 S. *Hawkesworths* Geschichte der engl. See-Reisen in 8. *zweyter* Band, *pag. 397.* imgleichen *erster* Band, *pag. 297. und 298.*

noch anzeigen, daß es auch hier nicht an einzelnen Beyspielen fehlte. Unter andern bat ein Befehlshaber, Namens *Taunua,* meinen Vater nach seinem Hause, welches in der Mitte der Ebne lag; er ward daselbst sehr wohl bewirthet und hatte außerdem noch Gelegenheit ein solches Brustschild einzukaufen, deren weiter oben, in der Geschichte unsers Aufenthalts zu *O-Tahiti* gedacht worden ist.

Ori kam am folgenden Morgen frühe mit seinen Söhnen an Bord. Der älteste, ein hübscher Knabe von ohngefähr 11 Jahren, nahm unsre Geschenke mit großer Gleichgültigkeit an; dagegen fand er, so wie alle übrigen Bewohner dieser Insel, großen Wohlgefallen am Dudelsack, und bat, daß beständig darauf gespielt werden mögte. Bey der ehemaligen Anwesenheit des Capitain *Cooks,*[9] hatte *Ori* den Namen *Cuki* angenommen, und ließ sich, auch noch jetzt, beständig also nennen. Nachdem dieser vornehme Gast eine Zeitlang an Bord gewesen war, gingen wir mit ihm ans Land zurück, und theilten uns in verschiedne Partheyen, um Pflanzen und andre Merkwürdigkeiten aufzusuchen. Als wir Abends wieder zusammen stießen, erzählte uns Dr. *Sparrmann,* der ganz allein bis an das nördliche Ende der Insel gegangen war, daß er einen großen Salz-See angetroffen, der einige Meilen lang, und mit dem See-Ufer parallel, aber rings umher von faulem Schlamm umgeben wäre, welches einen unerträglichen Gestank verursache. Er hatte daselbst verschiedne Pflanzen gefunden, die in Ostindien häufig genug, in den übrigen Süd-See-Inseln aber nicht so gemein sind. Der Indianer, durch welchen er sich seinen Vorrath von eingesammelten Pflanzen nachtragen ließ, war ihm außerordentlich treu gewesen. Wenn er sich niedersetzte, um Pflanzen zu beschreiben, so setzte sich der Indianer hinter ihn und hielt die Schöße seines Kleides in beyden Händen fest, um, wie er sagte, die Taschen für den Dieben in Acht zu nehmen. Vermittelst dieser Vorsicht war dem Doctor auch nicht das geringste entwandt worden; einige Indianer aber hatten ihn ausgeschimpft und schiefe Gesichter zu gemacht, vermuthlich in der Meynung, daß sie nichts dabey wagten, weil er so allein war.

Am folgenden Tage gieng er von neuem, ohne alle Begleitung, spatzieren, indeß wir und Capitain *Cook* auf dem Marktplatze blieben. Ehe wir es uns versahen, drängte sich ein Indianer, Namens *Tubaï* der in verschiedne große Stücke rothgefärbten Zeuges gekleidet war und einige Bündel Vogelfedern am Gürtel hängen hatte, aus dem großen Haufen hervor, und verbot dem Volk, uns weder Schweine noch Brodfrucht zu verkaufen; zu gleicher Zeit bemächtigte er sich eines Beutels mit Nägeln, den der Schiff-Schreiber in der Hand hielt: als aber dieser um Hülfe rief, ließ er ihn wieder fahren, und nahm dagegen einem unsrer jüngern Mitreisenden, der eben um ein großes Huhn handelte, mit Gewalt einen Nagel ab, unter der Bedrohung, ihn zu Boden zu schlagen, wenn er sich widersetzen würde. Capitain *Cook,* der schon im Begriff war, sich nach dem Schiffe übersetzen zu lassen, hörte kaum von diesem Vorfalle, als er sogleich umkehrte und darauf bestand, daß *Tubai,* den Marktplatz augenblicklich verlassen sollte, und da dieser keine Lust dazu bezeigte, gieng er ihm sogleich zu Leibe und bemächtigte sich zweyer großen Keulen, die jener in Händen hatte. Er sträubte sich zwar dagegen, so bald aber der Capitain den Hirschfänger zog, lief er davon. Die Keulen, welche von *Casuarina*-Holz waren, wurden hierauf nach des Capitains Vorschrift zerbrochen und in die See geworfen. Die Einwohner mußten von diesem Auftritt schlimme Folgen befürchten, denn sie fiengen an sich gleich von dem Marktplatz zu entfernen; man rief sie aber wieder zurück, und alle gestanden, *Tubai* sey: *tata-ihno* (ein böser Mann.) Sie schienen folglich überzeugt zu seyn, daß das Recht auf unsrer Seite sey; gleichwohl hatte sich Capitain *Cook* kaum ins Boot gesetzt, um zur Sicherheit des Marktplatzes ein Commando See-Soldaten vom Schiffe zu holen, als der ganze Haufen mit einemmale von uns fortrannte. Wir konnten nicht begreifen, was hieran schuld sey; allein es währete nicht ein Paar Minuten, so klärte sich das Rätzel von selbst auf, indem Dr. *Sparrman* fast ganz nackend und mit sichtbaren Merkmalen einiger harten Schläge zu uns hergelaufen kam. Es hatten sich zwey Indianer zu ihm gesellet und ihn unter steten Freundschafts-Versicherungen und mit vielfältigem *Tayo!* gebeten weiter ins Land heraufzugehen; allein, ehe er sichs versahe, rissen sie ihm den Hirschfänger, welches sein einziges Gewehr war, von

9 S. *Hawkesworths* Geschichte der engl. See-Reisen in 8. dritter Band, *pag. 5.*

der Seite, und als er sich hierauf bückte, um nach einem Steine zu greifen, gaben sie ihm einen Schlag über den Kopf, daß er zu Boden fiel. Nun rissen sie ihm die Weste und andre Kleidungsstücke, die sich abstreifen ließen, vom Leibe. Er machte sich zwar wieder los von ihnen und rannte gegen den Strand herab; allein unglücklicherweise blieb er während dem Laufen in dem kleinern Strauchwerk hängen, worauf sie ihn wieder einholten und mit Schlägen mißhandelten, davon verschiedene in die Schläfe trafen. Von diesen letztern betäubt, zogen sie ihm das Hemd über den Kopf, und da es durch die Knöpfe fest gehalten ward, so waren sie schon im Begriff, ihm die Hände abzuhacken, als er zum großen Glück wieder zu sich kam, und die Ermel mit den Zähnen aufbiß, da denn die Räuber mit ihrer Beute davon liefen. Kaum hundert Schritt weit von dem Ort, wo dieses vorgegangen war, saßen einige Indianer bey ihrer Mittagsmalzeit, die ihn im Vorbeylaufen baten, sich bey ihnen niederzulassen; allein er eilte was er konnte nach dem Marktplatze zu. Etwas weiter traf er zwey Indianer an, die, als sie ihn nackend sahen, sogleich ihre eigne Ahaus (Kleider) auszogen, ihn darinn hülleten und nach dem Marktplatze hin begleiteten. Nachdem man diese rechtschaffne Leute aufs Beste belohnt hatte, eilten wir alle an Bord, in der Absicht mit stärkerer Mannschaft wieder nach dem Lande zurückzukehren. Dr. *Sparrman* zog andre Kleider an und verfügte sich sodann mit uns nach *Orihs* Wohnung, wo wir unsre Klage anbrachten. Der gute Alte war gleich bereit mit Capitain *Cook* gemeinschaftliche Sache zu machen und die Diebe aufzusuchen; ohnerachtet dieser Entschluß alle seine Verwandten in Furcht und Schrecken setzte. Mehr als funfzig anwesende Personen, Männer und Weiber, fiengen an bitterlich zu weinen, als sie sahen, daß er mit uns ins Boot stieg. Einige suchten, in den rührendsten Stellungen, ihn davon abzurathen; Andre umarmten und hielten ihn zurück. Allein er ließ sich nichts anfechten und äußerte im Mitgehen, er habe nichts zu fürchten, weil er sich nichts vorzuwerfen habe. Mein Vater erbot sich zu ihrer Beruhigung als Geißel bey ihnen zu bleiben, allein *Orih* wollte es nicht zugeben, und nahm, von allen seinen Verwandten, nur einen einzigen mit an Bord. Wir ruderten nunmehro in eine, den Schiffen gerade gegenüber liegende, tiefe Bucht, als in welcher Gegend die Räuberey vorgegangen war. Von hieraus marschirten wir tief ins Land hinein, jedoch ohne Erfolg, weil die Leute, welche *Ori* zu Ergreifung der Räuber abgeschickt, ihre Schuldigkeit nicht gethan hatten. Wir mußten also unbefriedigt wieder um- und nach dem Schiffe zurückkehren, wohin uns auch *Orih* begleitete, ohne sich durch die Thränen einer alten Frau und ihrer schönen Tochter davon abhalten zu lassen. Als die junge Person sahe, daß ihr Weinen nichts helfen wollte, ergrif sie in einer Art von Verzweiflung etliche Muschel-Schaalen, und ritzte sich damit am Kopf, daß das Blut darnach floß, die Mutter entriß ihr solche aber und begleitete uns, sowohl als *Ori,* nach dem Schiffe. Dieser ließ sichs sehr gut bey uns schmecken; die Frau hingegen wollte, der Landesgewohnheit nach, von unsern Speisen nichts anrühren. Nach Tische brachten wir ihn wieder nach seinem Hause zurück, woselbst sich die vornehmsten Familien der Insel versammlet hatten und in großer Betrübniß, zum Theil weinend, auf der Erde saßen. Wir setzten uns ganz gerührt zu ihnen und boten unsre ganze *Tahitische* Beredsamkeit auf, um sie wieder vergnügt und guten Muths zu machen. Die Frauenspersonen waren vorzüglich niedergeschlagen und konnten sich in langer Zeit nicht wieder zufrieden geben. Die Betrübniß dieser Insulaner war in gegenwärtigem Fall ein so augenscheinlicher Beweis von der Güte ihrer Herzen, daß wir uns nicht enthalten konnten, aufrichtigen Antheil an derselben zu nehmen, und da sie sahen, daß es uns ein Ernst sey ihnen Trost zuzusprechen; so beruhigten sie sich endlich und gewannen wiederum neues Zutrauen. Unter den Bemerkungen, welche wir auf dieser Reise zu machen Gelegenheit fanden, ist das würklich eine der angenehmsten, daß statt die Einwohner dieser Inseln ganz in Sinnlichkeit versunken zu finden, wie sie von andren Reisenden irriger Weise dargestellt worden, wir vielmehr die edelsten und schätzbarsten Gesinnungen bey ihnen angetroffen haben, welche der Menschheit Ehre machen. Lasterhafte Gemüthsarten giebts unter *allen* Völkern; aber *einem* Bösewichte in diesen Inseln könnten wir in England oder andern civilisirten Ländern *fünfzig* entgegen stellen.

Nunmehro gieng der Handel, der durch jenen Vorfall auf eine Zeitlang war unterbrochen worden, wiederum von neuem an, und zwar so lebhaft als zuvor; es glückte uns auch, einen ziemlichen Vorrath von Früchten und Wurzelwerk einzukaufen. Gegen Abend kamen zween von *Orih's* Bothen mit Dr. *Sparrmanns* Hirschfänger und einem Stück von seiner Weste zurück, welches uns beydes zugestellt wurde, worauf wir wieder an Bord giengen.

Des folgenden Morgens verfügten sich die Capitains, bey anbrechendem Tage, abermals nach *Orih's* Hause und gaben ihm die zinnerne Platte wieder, auf welcher die Anzeige von der ersten Entdeckung dieser Insel eingegraben war; ferner stellten sie ihm noch eine kleine kupferne Platte zu, mit der Inschrift: *His Britannick Majesty's ships Resolution and Adventure. September. 1773.*[10] und schenkten ihm zugleich eine Anzahl Medaillen, mit dem Bedeuten, daß er alles dieses den Fremden vorzeigen mögte, die etwa nach uns hieher kommen dürften. So bald sie an Bord zurückgelangt waren, wurden die Anker gelichtet und wir giengen nebst der *Adventure* wieder unter Seegel. Während unsers dreytägigen Aufenthalts allhier, hatten wir einen großen Vorrath von lebendigen Schweinen und Hühnern eingehandelt; ein deutlicher Beweis, in wie hohen Werth bey diesen Insulanern das Eisenwerk stand. Unser Schiff hatte allein 209 Schweine, 30 Hunde und ohngefähr 50 Hühner an Bord, und das andre, die *Adventure,* nicht viel weniger. Wir waren kaum unter Seegel, als *Orih* in einem kleinen Canot ans Schiff und an Bord kam, um uns die Nachricht zu bringen, daß er sowohl die Diebe als den Rest der geraubten Sachen wieder bekommen habe, und daß beyde Capitains, imgleichen der Dr. *Sparrmann,* mit ihm ans Land gehen mögten, um Zeugen von der Bestrafung zu seyn. Allein, zum Unglück verstand man ihn nicht recht und also verfehlten wir die Gelegenheit, zu sehen, wie ihre Strafen beschaffen sind. Capitain *Cook* glaubte, daß *Orih* einige von seinen Unterthanen zurückfordere, die sich wider seinen Willen auf der *Adventure* eingeschifft hätten; in dieser Meynung schickte er gleich ein Boot ab, um sie von jenem Schiffe abholen zu lassen. Da aber dieses weit voraus war, und auch wir, des guten Windes wegen, sehr geschwind in die See hinaus trieben; so wollte *Ori* nicht länger warten, sondern nahm herzlich Abschied von uns allen, und kehrte in seinem kleinen Canot, in welchem er nur einen einzigen Gehülfen hatte, wieder nach dem Lande um. Bald nachher kam unser Boot von der *Adventure* zurück und brachte uns den *O-Maï* an Bord, welches der einzige Indianer war der sich hier eingeschifft hatte, um mit nach England zu gehen. Capitain *Cook* behielt ihn auf unserm Schiffe bis wir *Raietea* erreichten, wohin unser Lauf gerichtet war; sobald wir aber dort anlangten, ward er wieder auf die *Adventure* gebracht, in welcher er auch nach England gekommen, und daselbst eine Zeitlang der Gegenstand der allgemeinen Neugierde gewesen ist. Während seiner Anwesenheit bey uns lernten wir ihn als einen Menschen vom geringsten Stande kennen. Er hatte auch damals nicht Ehrgeiz genug, mit dem Capitain umzugehn, sondern hielt sich zu dem Büchsenschmidt und andern gemeinen See-Leuten: Als er aber ans Vorgebirge der guten Hoffnung kam, wo ihn der Capitain *Fourneaux* in seiner eigenthümlichen Tracht auftreten lies, und in die besten Gesellschaften brachte, gab er vor, er sey kein *Tautau,* oder gemeiner Mensch, sondern ein *Hoa,* d. i. ein königlicher Cammerherr oder Begleiter des Königs. Man hat das Publicum verschiedentlich mit allerhand fabelhaften Nachrichten von diesem Indianer unterhalten, dahin gehört unter andern das lächerliche Vorgeben, daß er ein Priester der Sonne sey, dergleichen es doch in seinem Vaterlande nirgends giebt. Er war lang von Statur, aber sehr schlank, und hatte besonders feine und zierlich gebildete Hände. Aus seinen Gesichtszügen hingegen konnte man sich im geringsten keinen richtigen Begriff von der Schönheit machen, die den Einwohnern auf *Tahiti* eigenthümlich ist; wir thun ihm im Gegentheil kein Unrecht, wenn wir behaupten, daß uns auf *Tahiti* und allen *Societäts*-Inseln nur wenig so mittelmäßige Gesichter vorgekommen sind, als das seinige. Dabey war er von so schwarzer Farbe als wir sie kaum unter dem gemeinsten Volke angetroffen hatten, und am allerwenigsten stimmte solche mit dem Range überein, den er hernachmals annahm. Es war würklich unglücklich, daß man gerade diesen Menschen zur Probe eines Volks auswählte, welches alle Seefahrer als schön von Bildung und hell von Farbe beschrieben hatten. Sein Herz und Verstand waren so wie beydes unter seinen Landsleuten gewöhnlich zu seyn pflegt. Er war kein außerordentliches Genie als *Tupaia;* aber

10 d. i. Sr. Grosbrittannischen Majestät Schiffe *Resolution* und *Adventure* September 1773.

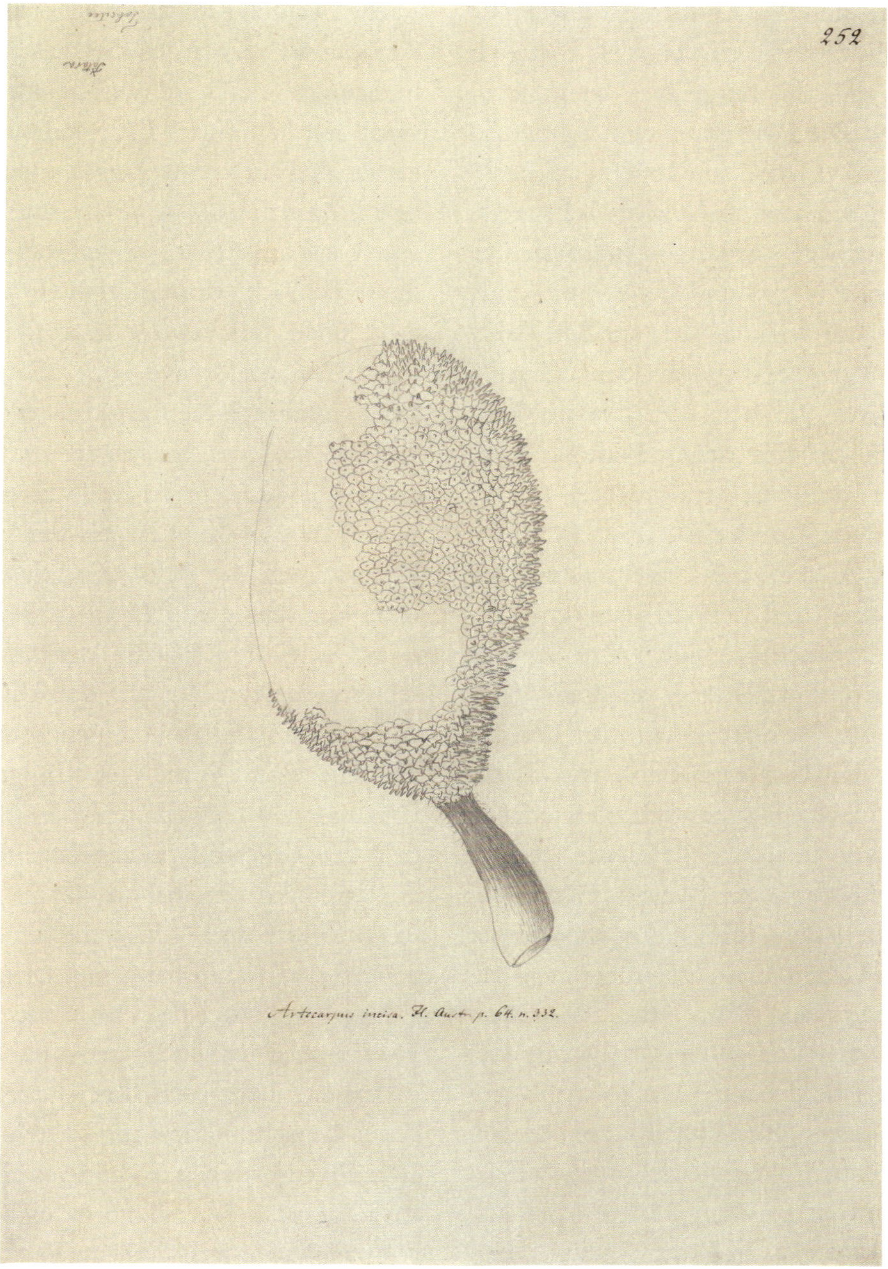

Brotfrucht, *F: Artocarpus altilis*
Artocarpus altilis (Tahiti)

er hatte ein gefühlvolles Herz, und einen offnen Kopf, der bald etwas begriff, daneben war er dankbar, mitleidig und lebhaft, aber auch flüchtig. Mehrere Nachrichten von diesem *O-Maï* werden meine Leser in der Vorrede gefunden haben, wo von seinem Aufenthalt in England, von dem Unterricht den er daselbst genossen, und von seiner Zurückreise verschiedenes angeführt ist.

Nachdem wir *Huaheine* verlassen, richteten wir unsern Lauf gen Westen, und segelten um das Süd-Ende einer Insel, die Capitain *Cook* im Jahr 1769 entdeckt, und in seinen Charten unter dem Namen *Ulietea*[11] angezeigt hat, da sie doch bey den *Tahitiern* und übrigen Einwohnern der *Societäts*-Inseln eigentlich *O-Raietea* heißt. Am folgenden Morgen ankerten wir an derselben in einer Öffnung des Riefs und brauchten den ganzen Tag dazu, uns in den Haven *Hamaneno* einbugsieren zu lassen. Diese Insel hatte

11 S. *Hawkesworths* Gesch. der engl. See-Reisen in 8. *dritter* Band, *pag. 12*.

dem äußern Ansehn nach viel Ähnlichkeit mit *Tahiti;* denn da sie ohngefähr dreymal größer ist als *Huaheine,* waren die Ebenen und die Berge hier beynahe so groß als auf ersterer. Die Einwohner umringten uns bald in einer Menge von Canots und brachten Schweine zum Verkauf; weil wir aber in *Huaheine* sehr reichlich damit waren versorgt worden, so machten sich unsre Leute nicht viel daraus und boten nur wenig dafür. In einem der Canots fand sich ein Befehlshaber mit Namen *Oruwherra;* der von der benachbarten Insel *Borabora (Bolabola)* gebürtig war. Dieser Mann war von einer würklich athletischen Bildung, hatte aber nur sehr kleine Hände und war auf den Armen mit sonderbaren viereckigen Flecken, über die Brust, den Bauch und den Rücken mit langen, schwarzen Streifen, an den Hüften und Lenden aber durchaus schwarz punctirt. Er brachte einige grüne Zweige und ein kleines Ferken, welches er meinem Vater schenkte, indem sich sonst niemand um ihn bekümmerte. Nachdem er ein Gegengeschenk von Eisengeräthe bekommen hatte, gieng er sogleich wieder in seinem Canot ans Land zurück. Bald darauf schickte er an seinen neuen Freund ein zweytes Canot mit Coco-Nüssen und Bananen, für welche seine Leute schlechterdings kein Gegengeschenk annehmen wollten. Man kann sich vorstellen, wie sehr uns eine so uneigennützige Gutherzigkeit gefallen haben müsse, denn für einen Menschenfreund kann es wohl kein größeres Vergnügen geben, als wenn er an seines gleichen gute und liebenswürdige Eigenschaften findet.

Nachmittags besuchte uns ein anderer Befehlshaber, der auch von *Borabora* gebürtig war und meines Vaters Namen annahm, dagegen mein Vater den seinigen annehmen mußte. Er hies *Herea,* und war so dick als wir sonst niemanden in der Süd-See gesehen hatten. Um den Bauch mas er 54 Zoll, und jeder seiner Schenkel hatte 31 und 3/4 Zoll im Umfange. Auch sein Haar war merkwürdig; es hieng ihm in langen, schwarzen, wellenförmig-geschlängelten Flechten bis auf die Hüften herab, und war so stark, daß sein Kopf davon noch einmal so dick zu seyn schien als von Natur. Corpulenz, Farbe und Puncturen waren bey ihm, so wie beym *Oruwherra,* Unterscheidungszeichen seines Ranges, welcher ihn, gleich den Großen auf *Tahiti,* zum Faullenzen und zur Schwelgerey berechtigte. Es wird vielleicht nicht unrecht seyn, wenn ich bey dieser Gelegenheit anzeige wie es zugieng, daß diese aus *Borabora* gebürtigen Befehlshaber, hier in *Raietea* Ansehen und Eigenthum hatten. Aus Capitain *Cooks* voriger Reisebeschreibung wird man sich noch erinnern, daß *O-Puni,* König von *Borabora,* nicht nur *Raietea* und *O-Taha,* welche beyde Inseln innerhalb *eines* Felsen-Rieffes eingeschlossen sind; sondern auch, funfzehn Seemeilen weiter gegen Westen, die Insel *Maurua* erobert hatte.[12] Von diesen eroberten Ländereyen hatte er einen beträchtlichen Theil unter seine Krieger und andere von seinen Unterthanen zur Belohnung ausgetheilt. Den überwundnen König von *Raietea,* Namens *U-Uru,* ließ er zwar Tittel und Würde, schränkte aber die Herrschaft desselben blos auf den District *Opoa* ein, und nach *Taha* schickte er einen seiner Anverwandten, Namens *Boba,* zum Vice-Könige. Zur Zeit dieser Revolution waren aus jenen Inseln viele Einwohner nach *Huaheine* und *Tahiti* geflüchtet, in der Hoffnung ihr Vaterland dereinst wieder in Freyheit zu setzen. Auch *Tupaia* und *O-Maï,* die beyderseits aus *Raietea* gebürtig waren und auf englischen Schiffen von hier giengen, scheinen, bey ihrer Reise, die Befreyung ihres unterdrückten Vaterlandes zur Absicht gehabt zu haben, denn sie schmeichelten sich, in England Feuer-Gewehr in Menge zu erhalten. Wäre *Tupaia* am Leben geblieben, so hätte er vielleicht diesen Plan ausgeführt; *O-Maï* aber war nicht scharfsichtig und von genugsam aufgeklärten Verstande, um sich von unserer Kriegskunst einen Begriff zu machen, und sie hernachmals auf die besondre Lage seiner Landsleute anzuwenden. Demohnerachtet war er des Gedankens, sein Vaterland in Freyheit zu setzen, so voll, daß er sich in England mehrmalen hat verlauten lassen, wenn ihm Capitain *Cook* zu Ausführung seines Vorhabens nicht behülflich wäre; so wolle er schon dafür sorgen, daß ihm seine Landsleute keine Lebensmittel zukommen lassen sollten. Er blieb auch unwandelbar bey diesem Vorsatz, bis gegen seine Abreise, da er endlich auf vieles Zureden friedfertigere Gesinnungen anzunehmen schien. Wir konnten nicht absehen was einen Bewohner dieser Inseln, gleich dem Könige *O-Puni,* bewogen haben konnte, ein Eroberer zu werden? Nach der Aussage aller von *Borabora* ge-

12 S. *Hawkesworths* Geschichte der engl. See-Reisen in 8. *dritter* Band, *pag. 20.*

bürtigen Leute, war ihre Insel nicht minder fruchtbar und angenehm als jene, welche sie sich mit gewaffneter Hand unterworfen hatten. Sie können also durch nichts als Ehrgeiz dazu angetrieben worden seyn, so wenig auch dieser sich mit der Einfalt und dem edlen Character des Volks zusammen reimen läßt. Es ist folglich ein neuer trauriger Beweis, daß selbst unter den besten Gesellschaften von Menschen große Unvollkommenheiten und Schwachheiten statt finden!

Am zweyten Tage unsers Hierseyns begleiteten wir die Capitains nach einem großen Hause das dicht am Wasser stand, und in welchem *Orea,* der Befehlshaber dieses Districts wohnte. Er saß in selbigem nebst seiner Familie und vielen Leuten von Stande auf der Erde. Kaum hatten wir neben ihnen Platz genommen, als sich unverzüglich ein großer Schwarm von Einwohnern um uns her versammelte, so daß es von dem starken Gedränge entsetzlich heiß wurde. *Orea* war ein dicker Mann von mittler Statur, mit einem dünnen röthlichbraunen Bart. Er hatte einen ungemeinen lebhaften verständigen Blick, und scherzte und lachte recht herzlich mit uns, ohne steife Ceremonie oder dergleichen geziertes Wesen zu fordern. Seine Frau war eine ältliche Person; der Sohn und die Tochter aber erst zwölf bis vierzehn Jahr alt. Letztere hatte eine ungemein weiße Farbe, auch in ihren Gesichtszügen überhaupt nur wenig von dem National-Charakter dieses Volks; die Nase war vorzüglich schön gebildet, und den Augen nach hätte man sie für eine Chineserinn halten mögen. Sie war zwar nicht groß; allein von zierlichem und gut proportionnirten Gliederbau; vornemlich waren die Hände unbeschreiblich schön, Füße und Beine hingegen etwas zu dick; auch kleidete es sie nicht gut, daß das Haar kurz abgeschnitten war. Sonst hatte sie etwas sehr Gefälliges in ihrem Wesen, und gleich den mehresten ihrer Landsmänninnen, eine sanfte angenehme Stimme. Es war nicht möglich ihr etwas abzuschlagen, wenn sie um Corallen oder andre dergleichen Kleinigkeiten bath. Weil wir indessen keinesweges ans Land gekommen waren, um hier in einem Hause zu bleiben, so standen wir bald wieder auf und spazierten unter die Bäume hin, um Vögel zu schießen und Pflanzen zu suchen. Zu unserer wahren Freude trafen wir hier unter dem gemeinen Volk, was wir bey den Leuten in *Huaheine* vermißt hatten, jenes Zutrauen und die zudringliche Vertraulichkeit der Tahitier, ohne das unerträgliche Betteln dieser letztern. Nach Tische machten wir abermals einen Spaziergang und schossen verschiedne Eisvögel. Bey der Rückkehr von der Jagd begegneten wir *Orea* nebst seiner Familie und Capitain *Cook,* die in der Ebene mit einander spazieren giengen. *Orea* bekümmerte sich nicht um den geschoßnen Vogel den wir in Händen hatten, seine schöne Tochter hingegen beklagte den Tod ihres *Eatua* und lief von uns weg, wenn wir sie damit berühren wollten. Ihre Mutter und die übrigen Frauensleute schienen über diesen Zufall nicht minder betrübt zu seyn; und als wir wieder nach dem Schiffe zurück fahren wollten, bat uns *Orea* in einem ganz ernstlichen Tone, keine Eisvögel und Reyher mehr auf seiner Insel zu tödten; andre Vögel mögten wir so viel schießen als uns beliebte. Wir unterließen zwar nicht auch bey dieser Gelegenheit nachzufragen, was die Ursach von der Verehrung dieser beyden Vogel-Gattungen seyn mögte, konnten aber so wenig Auskunft darüber erlangen als zuvor.

Am folgenden Tage erstiegen wir einen von den nahe gelegnen Bergen, und trafen auf dem Wege dahin, in den Thälern, verschiedne neue Pflanzen an. Der Gipfel des Berges bestand aus einer Art von gelblichem Thonstein, und im Heraufgehen fanden wir hin und wieder einzelne Feuersteine, imgleichen Stücke von einer löcherichten, schwammichten, weißfarbigen Lava, worinn sich einige Spuhren von Eisen zeigten. Dies so allgemein brauchbare und nützliche Metall, welches fast in allen Gegenden des ganzen Erdbodens zu finden ist, mag vielleicht auch in diesen Bergen in Menge vorhanden seyn. Die Lava bestätigte unsre Muthmaßung, daß diese Insel, gleich den übrigen Eylanden die wir bisher gesehn, ehemals durch den Ausbruch eines unterirdischen Feuers müsse entstanden seyn. Ein Indianer, der uns begleitet und eine kleine Provision von Lebensmitteln nachgetragen hatte, zeigte uns von diesem Berg Gipfel aus verschiedne Gegenden in der See, wo seiner Aussage nach, ebenfalls Inseln liegen sollten, doch waren solche außerhalb des Gesichtskreises. Gegen Westen, sagte er, läge die Insel *Mopiha,* und ohngefähr in Süd-West eine andre, Namens *Whennua-aurah.* Er setzte hinzu, daß beyde nur aus zirkelförmigen, hin und wieder mit Palmen bewachsenen Coral-Rieffen beständen, aber unbewohnt wären, deshalb sie auch, so wohl von hier als andern Inseln aus, nur dann und wann besucht würden. Wahrscheinlicher Weise sind es eben dieselben, die Capitain *Wallis* entdeckte, und sie *Lord Howe's* und *Scilly-Eyland* nannte. Als wir am Mittage wieder vom Berge herab kamen, waren die Capitains eben an Bord zurückgekehrt, nachdem sie zuvor einen großen dramatischen Tanz mit angesehen hatten, der von den vornehmsten Frauenzimmern auf der Insel war aufgeführt worden. Da das Wetter überaus heiß war; so eilten auch wir vom Lande an Bord und fanden beyde Schiffe von einer Menge Canots umgeben, in welchen verschiedne Leuthe von Stande waren, die eine Menge Zeug von Maulbeer-Rinde bey sich hatten und solches gegen kleine Nägel zum Verkauf ausbothen. Unsre Corallen standen bey den Damen, als Putzwerk betrachtet, in hohem Werth; als Handlungswaare aber waren sie bey weiten nicht so gut zu gebrauchen als Nägel, denn man wollte uns kaum Früchte dafür geben, ohngeachtet diese das wohlfeilste und geringste aller Producte zu seyn pflegten. In *Tahiti* gelten dergleichen Spielwerke ungleich mehr. Sollte die dortige vorzügliche Neigung zu solchen Kleinigkeiten und Flitterstaat, nicht einen höhern Grad von allgemeinen Wohlstand anzeigen und durch denselben veranlaßt werden? Reichthum pflegt wenigstens sonst immer zur Verschwendung zu leiten. –

Die Hitze hielt den ganzen Überrest des Tages dermaßen an, daß wir erst bey Untergang der Sonne wieder ans Land gehen konnten. Wir stiegen an dem Wasser-Platze aus, allwo ein kleines *Tupapau,* oder Obdach befindlich war, unter welchem auf einem Gerüste ein todter Körper hingelegt war. Dieser Begräbniß-Ort lag mitten in einem dichten Haine schattenreicher Bäume. Ich hatte bisher weder hier noch auf den vorigen Inseln dergleichen todte Cörper auf eine so sorglose Weise der Verwesung und andern Zufällen überlassen gefunden, und wunderte mich daher nicht wenig, daß der ganze Boden umher überall voller Todten-Köpfe und Todten-Knochen lag. Ich hätte mich gern mit einem Indianer darüber besprechen mögen, konnte aber in dieser Gegend nirgends einen ansichtig werden. Ich strich eine ganze Zeitlang umher, ohne jemand anzutreffen, denn wie ich nachher erfuhr, so hatten sich die Einwohner dieses Districts sämmtlich bey der Wohnung ihres Befehlshabers versammlet, allwo durch die Trommeln das Zeichen zu einem abermaligen *Hiva* oder öffentlichen Tanze war gegeben worden. Sie halten viel auf diesen Zeitvertreib und laufen demselben zu Gefallen aus weit entfernten Gegenden zusammen. Der stille Abend und die Schönheit des Landes machten mir diesen Spatziergang überaus angenehm; und die Entfernung der Einwohner brachte eine so einsame Stille zuwege, daß ich beynahe in einer bezauberten Insel zu seyn glaubte. Endlich begegneten uns, noch disseits des Strandes, etliche Indianer, davon der eine ein sehr verständiger Mann zu seyn schien. Diesen fragten wir unter andern, ob, und was für Inseln hier in der Nachbarschaft umher lägen, worauf er uns ihrer neune mit Namen angab: *Mopiha; Whennua-Aurah; Adiha; Tautihpa; Wauwau; Uborruh; Tabuai; Auhäiau* und *Rorotoa*. Von den beyden ersten hatten wir, heute Morgen schon, durch unsern indianischen Begleiter etwas erfahren und von den sieben andern versicherte uns unser jetziger Gesellschafter, sie wären sämmtlich bewohnt, bis auf *Adiha,* welches nur dann und wann besucht würde. *Uborruh* sollte nach seinem Bericht ein *Whennua* oder hohes Land, alle übrigen hingegen *Motuh,* d.i. dergleichen flache Inseln seyn, die nur aus Coral-Rieffen bestehen.

Diese Nachrichten waren aber für unsre Neugierde nichts weniger als befriedigend. Wir wandten uns also, näherer Auskunft wegen, an *Orea,* der am folgenden Morgen, nebst seinem Sohn *Tehaïura* und verschiednen andern Befehlshabern, an Bord kam. Die Aussage dieser Leute stimmte jedoch, mit dem Bericht unsers gestrigen Führers, nur zum Theil überein; denn von allen neun Inseln, deren jener gedacht hatte, nannten sie uns nicht mehr als die erste, zweyte, siebente und neunte; behaupteten auch, die zweyte sey allerdings bewohnt. Dagegen sprachen sie noch von *Worio* oder *Woriea,* einer großen Insel, imgleichen von einer andern, *Orimatarra* genannt, die beyde beständig bewohnt wären; wo aber diese Inseln eigentlich liegen sollten, und wie weit von hier, darinn waren sie gar nicht einig. Auch war von allen denen, die wir darum befragten, keiner selbst da gewesen. So unbestimmt indessen diese Berichte lauten; so läßt sich aus denselben doch abnehmen, daß die Schifffahrt dieser Völker vordem ziemlich ausgebreitet gewesen seyn müsse, wenn sie es gleich jetzt nicht mehr seyn mag. Der bekannte *Tupaia,* der sich ehemals, von *Tahiti* aus, auf der *Endeavour* einschiffte, hatte eine ungleich größere Anzahl von Inseln nahmhaft gemacht, und solche, ihrer Größe und Lage nach, auf eine Charte gezeichnet, von welcher mir der Lieutenant *Pickersgill* eine Copey mitgetheilt hat. Diese schien in gewisser Absicht glaubwürdig genug zu seyn, denn wir fanden alle vorerwähnte Namen, nur allein *Uborruh* und *Tubuaï* nicht, auf derselben angezeigt; dagegen konnten die Größen und Lagen der Inseln unmöglich richtig angegeben seyn, denn wenn sie das gewesen wären, so hätten wir, auf unsrer nachmaligen Fahrt, schlechterdings mehrere derselben berühren müssen, welches gleichwohl nicht geschahe. Es ist daher sehr wahrscheinlich, daß *Tupaia* um sich das Ansehn einer größern Einsicht und Wissenschaft zu geben, diese Charte der Süd-See blos aus der Fantasie entworfen und vielleicht manche Namen erdichtet habe, denn er hatte deren mehr als funfzig angezeigt.

Orea und sein Sohn frühstückten mit uns und giengen, nach reichlicher Erwiederung ihrer Geschenke, ans Land zurück. Wir folgten bald nachher und wurden von ihm eingeladen, einem dramatischen Tanze oder *Hiwa* beyzuwohnen, welches uns desto lieber war, da wir dergleichen noch nicht gesehen hatten. Der Schauplatz bestand aus einem ebnen Wiesengrunde, der zwischen zweyen parallel liegenden Häusern mitten inne, ohngefähr 75 Fus lang und 15 Fus breit war. Das größere dieser beyden Häuser konnte eine Menge Zuschauer fassen; das andre, welches auf einer Reihe Pfosten stand, war nur eine enge Hütte und gegen den Schauplatz hin offen, sonst aber überall zugehangen. Innerhalb derselben hatte man durch Gitterwerk und Matten, eine Scheidewand gemacht, hinter welcher sich die Schauspieler ankleideten. Der Fusboden war mit drey großen, schön gearbeiteten, und auf den Ecken schwarz gestreiften Matten belegt. An der offnen Seite der kleinern Hütte standen drey, aus hartem Holze geschnitzte und mit Hayfisch-Fell überzogene Trommeln, davon die größte ohngefähr 3 Fuß hoch seyn und 12 Zoll im Durchschnitt halten mogte. Diese wurden von vier oder fünf Leuten blos mit den Fingern, aber mit unglaublicher Geschwindigkeit, geschlagen. Nachdem wir eine ganze Weile in dem gegenüber liegenden Hause, unter den vornehmsten Damen des Landes, gesessen hatten, erschienen endlich die Actrizen. Eine derselben war *Poyadua, Orea's* schöne Tochter, und die zwote eine lange wohlgebildete Frau, schön von Gesicht und Farbe. Die Kleidung dieser Tänzerinnen wich von ihrer sonst gewöhnlichen Tracht merklich ab. Sie hatten ein Stück einländischen braunen Zeuges, manche auch ein Stück blauen europäischen Tuches, dicht um die Brust zusammengeschlagen, welches unsern glatt anliegenden Damens-Kleidern nicht ungleich sahe. Um die Hüften war ein Wulst von vier, übereinander liegenden, Reihen ihres einheimischen Zeuges, wechselsweise von rother und weißer Farbe, mit einem Stricke festgegürtet. Von da hieng eine Menge weißen Zeuges, bis auf die Füße herab, und machte eine Art von Rock, der so lang und weit war, daß wir fürchteten, er würde ihnen im Tanzen hinderlich seyn. Hals, Schultern und Arme blieben nackend; auf dem Kopf aber trugen sie eine Menge Flechten von Menschenhaaren, *Tamau* genannt, die zirkelförmig übereinander aufgethürmt lagen und einen ohngefähr 8 Zoll hohen Turban ausmachten, der unten enger als oben, innerhalb hohl, und mit wohlriechenden Blüthen des Cap-Jasmins *(Gardenia)* angefüllt war. An der Vorder-Seite dieses Turbans sahe man drey bis vier Reihen von kleinen, weißen Blumen, die sternförmig eingesteckt waren und auf dem pechschwarzen Haar des Kopfputzes einen so schönen Effect machten als Perlen. Die Tänzerinnen bewegten sich nunmehro nach dem Schall der Trommel, und, wie es schien, unter Anführung eines alten Mannes, der mit tanzte und einige Worte hören ließ, die wir, dem Ton nach, für eine Art von Gesang hielten. Sie machten verschiedne Stellungen und allerhand mannichfaltige Bewegungen mit den Händen, darunter manche wohl etwas frey, jedoch bey weiten nicht so unanständig waren als ein und andres, was die keuschen Augen der englischen Damen nach der Mode, in den Opern,[13] nur durch den Fächer zu sehen, gezwungen sind. In ihrer Art die Arme zu bewegen, ist warlich viel Grazie und in dem beständigen Spiel ihrer Finger ebenfalls etwas ungemein zierliches. Das einzige, was mit unsern Begriffen von Schönheit, Anstand und Harmonie nicht übereinstimt, war die häßliche Gewohnheit, den Mund auf eine so abscheuliche Art zu verzerren, daß es ihnen keiner von uns gleich thun konnte. Sie zogen

13 In England wird auf dem italiänischen Theater gemeiniglich nur *Opera buffa* gegeben. A. d. H.

den Mund seitwärts, in eine herabhängende Linie, und brachten zu gleicher Zeit die Lippen in eine wellenförmig-convulsivische Bewegung, als ob ihnen, aus langer Gewohnheit, der Krampf gleichsam zu Gebote stände. Nachdem sie ohngefähr 10 Minuten lang getanzt, begaben sie sich in den Theil der Hütte, den ich zuvor das Kleidezimmer genannt habe, und fünf in Matten gehüllte Mannspersonen traten dagegen auf, um eine Art von Drama vorzustellen. Dieses bestand wechselsweise in unanständigem Tanzen und einer Unterredung, die nach einem abgemeßnen Sylbenmaaß abgefaßt zu seyn schien, und in welcher sie zuweilen einige Worte insgesammt überlaut ausschrien. Ihre Stellungen kamen, dem Ansehen nach, mit dem Innhalt genau überein. Einer kniete nieder und ließ sich von einem andern schlagen und beym Barte zupfen, der diese Possen noch an zween andern versuchte, davon aber der letzte unrecht verstand, und ihn mit einem Stocke durchprügelte. Hierauf giengen sie ab, und die Trommeln kündigten den zweyten Act des Tanzes an, der von zwey Frauenspersonen, ohngefähr so wie der erste, aufgeführt ward; alsdenn traten die Mannspersonen abermals auf; und endlich beschlossen die Tänzerinnen das Schauspiel mit einem vierten Tanz-Acte. Nach Endigung dieses letztern, setzten sie sich ganz abgemattet und in heftiger Transpiration nieder. Eine Tänzerinn insbesondre, die etwas stark war, hatte von der Erhitzung eine sichtbare Röthe im Gesicht bekommen, woraus man abnehmen kann, wie fein und weiß ihre Haut gewesen seyn müsse. *Orea's* Tochter hatte ihre Rolle bewundrungswürdig schön gemacht, ohnerachtet sie sich erst gestern, zweymal, in einem solchen *Hiwa* hatte sehen lassen. Die Officiers beyder Schiffe, und auch wir überhäuften die Tänzerinnen, zur wohlverdienten Belohnung ihrer Geschicklichkeit, mit Corallen und anderm Putzwerk.

Nachmittags kam *U-Uru,* der König von *Raietea,* nebst *Orea* und verschiednen Damen ans Schiff, um Capitain *Cook* zu besuchen. Er brachte ein Schwein zum Geschenk mit und erhielt dagegen allerhand europäische Waaren. Unter den Frauenzimmern, die ihn begleiteten, war auch die Tänzerinn, deren schöne Farbe wir so sehr bewundert hatten. Sie hieß *Teina* oder *Teinamai,* und die gewöhnliche Kleidung, in welcher sie jetzt erschien, stand ihr ungleich besser als der schwerfällige theatralische Habit. Ihr langes unverschnittnes Haar war mit einem schmalen Streif weißen Zeuges nachläßig durchflochten und fiel in natürliche Locken, schöner als die Fantasie eines Mahlers solche je geformt hat. Ihre Augen blickten voll Feuer und Ausdruck aus dem rundlichen Gesicht hervor, über welches ein angenehmes Lächeln verbreitet war. Herr *Hodges* suchte sie bey dieser Gelegenheit abzuzeichnen, ihre Lebhaftigkeit und Flüchtigkeit aber machten es ihm ungemein schwer, ja fast ohnmöglich. Dies ist auch wahrscheinlicherweise Ursach, weshalb es ihm mit diesem Bildniß, welches sich in Capitain *Cooks* eigner Nachricht von gegenwärtiger Reise befindet, nicht so gut als sonst, hat glücken wollen. So meisterhaft dasselbe auch von Herrn *Sherwin* in Kupfer gestochen ist; so bleibt es dennoch unendlich weit unter der Delicatesse des reizenden Originals. Fehlt ihm indessen gleich die Ähnlichkeit mit der Person die es eigentlich vorstellen soll; so kann man es doch als eine Probe von der gewöhnlichen Gesichtsbildung dieser und der benachbarten Insulaner gelten lassen, und sich, nach demselben, einen ziemlich richtigen Begriff von einem zehnjährigen *Tahitischen* Knaben machen. Gegen Untergang der Sonne giengen unsre vornehmen Gäste, mit der genoßnen Aufnahme ungemein zufrieden, allerseits wieder ans Land; von dem gemeinen Volk hingegen, blieb eine Menge Frauenspersonen im Schiffe und bezeigte sich gegen die Matrosen eben so gefällig als die *Tahiti*schen Mädchen.

Es war sonderbar, daß selbst *diese* Gattung von Frauensleuten einen gewissen Grad von Eitelkeit besaß; denn sie nannten sich untereinander nicht anders als *Tedua,* (Madame) ein Tittel, der hier zu Lande nur den adelichen Damen zukommt, ja eigentlich vorzugsweise nur den Prinzeßinnen gebühret. Dies wußten wir von Tahiti aus; wenn z. E. dort des Königs Schwester irgendwo vorüber kam, so pflegte derjenige Indianer, der sie zuerst erblickte, überlaut auszurufen: *Tedua harremai, Madame kommt!* damit seine Landsleute ihre Schuldigkeit beobachten und die Schultern entblößen möchten; oft sagten sie in dergleichen Fällen auch blos *Eri,* welches dann jederzeit eine Person von königlichem Geblüte andeutete. – Unsre Matrosen aber, welche die hiesige Sprache nicht verstanden, glaubten steif und fest, daß ihre Dulcineen hier alle einerley Namen hätten, welches denn oft lustige Auftritte veranlaßte.

Die beyden folgenden Tage brachten wir damit hin, längst der Küste botanisch- und physicalische Untersuchungen anzustellen. Gegen das Nord-Ende der Insel fanden wir viel tiefe Buchten, die sich mit Morast endigten, in welchen es wilde Endten und Schnepfen die Menge gab. Dieses Wildpret war aber scheuer als wir erwarteten; denn wie sich nach der Hand auswies, so halten es die Einwohner, so gut als wir, für Leckerbissen und jagen darnach. Am Sonntage gab man uns noch einen *Hiwa* oder dramatischen Tanz zum besten; er ward durch eben die Personen aufgeführt, und war eben so beschaffen, als der zuvor erwähnte, nur dauerte er nicht so lange.

Am 14ten, bey Anbruch des Tages, sandten Capitain *Cook* und *Fourneaux,* jeder ein Boot nach der Insel *O-Taha,* die 2 bis 3 See-Meilen von hier und innerhalb desselben Felsen-Rieffs liegt als *Raietea.* Sie hofften dort einen Vorrath von Früchten zu bekommen, die auf letzterer Insel, wo wir vor Anker lagen, selten waren. Zu dem Ende nahm sowohl der Lieutenant *Pickersgill,* als auch Herr *Rowe,* einen Vorrath von Corallen und Nägeln mit sich. Dr. *Sparrmann* und mein Vater wollten die Gelegenheit jene Insel zu untersuchen, nicht aus den Händen lassen, und giengen also auch mit.

Während ihrer Abwesenheit bat *Orea,* der in dem District der Insel, wo wir vor Anker lagen, Befehlshaber war, uns zu Gaste. Es verfügten sich daher die Capitains beyder Schiffe, nebst verschiednen Officiers und Passagiers, unter welchen auch ich war, zu Mittage ans Land, wohl versehen, mit Pfeffer, Salz, Messern, Gabeln und etlichen Flaschen Wein. Bey der Ankunft in unsers Wirthes Hause fanden wir den Boden größtentheils mit Blättern bestreuet, die statt Tischtuchs dienten. Rund um diesen Bezirk nahmen wir und die Vornehmsten des Landes unsre Plätze ein. Wir hatten nicht lange gesessen, als ein gemeiner Indianer herein kam, der ein gebratenes Schwein, in Pisang-Blätter gewickelt, auf den Schultern hatte, und solches auf die Erde, mitten vor uns, hinwarf. Ein zweyter brachte ein kleineres Schwein auf gleiche Weise; und diesen folgten verschiedne andre mit Körben voll Brodfrucht, Bananen, und gegohrnem Brodfrucht-Teige *Mahei* genannt. Der Wirth bat, wir mögten uns selbst bedienen, worauf denn in kurzer Zeit beyde Schweine zerlegt waren. Nun drängten sich die Leute rechtschaffen herbey; die Frauenspersonen und überhaupt alles gemeine Volk bath in bettelndem Tone, um Schweinebraten, doch theilte jeder der etwas bekam, seinen Nachbarn redlich davon mit, ja sie reichten es, von Hand zu Hand, bis ans äußerste Ende des Haufens, von woher die Leute, des Gedränges wegen, nicht herbey kommen konnten. Die Männer verzehrten ihren Antheil mit großem Appetit; die Frauensleuthe hingegen wickelten ihre Portionen in Blätter und verwahrten sie bis sie allein seyn würden. Sowohl die Gierigkeit mit der sie uns plagten und ihre Bitten unablässig wiederhohlten, als auch die neidischen Blicke der Vornehmern, wenn wir den Bittenden etwas mittheilten, überzeugten uns, daß der gemeine Mann in dieser Insel kein Recht und keine Ansprüche auf dergleichen Leckerbissen hat. Das Schweinefleisch schmeckte nach hiesiger Zubereitung, uns allen, ungleich besser als nach irgend einer europäischen Methode. Es war saftiger als unser gekochtes und auf alle Weise zärter als unser gebratnes. Vermittelst der gleichförmigen Hitze, worinn es unter der Erde gehalten wird, bleibt Saft und Kraft durchaus beysammen. Das Fett hatte im geringsten keinen geilen oder widrigen Geschmack, und die Haut, die an unsern Schweine-Braten gemeiniglich steinhart zu seyn pflegt, war hier so zart als alles übrige Fleisch. Beym Schluß der Mahlzeit kamen unsre Weinflaschen dran, und Freund *Orea* ließ sich sein Gläschen schmecken ohne ein Auge zu verdrehen, worüber wir uns um so mehr wunderten, als die Einwohner dieser Inseln sonst überall einen Widerwillen gegen unsre starken Getränke bezeigt hatten. Die Tugend der Nüchternheit ist auch würklich fast allgemein unter ihnen, besonders unter dem gemeinen Volk. Doch haben sie ein berauschendes Getränk, auf welches vorzüglich einige alte Oberhäupter sehr viel halten. Es wird aus dem Saft einer Pfeffer-Baum-Wurzel, hier zu Lande *Awa* genannt, auf eine höchst ekelhafte Weise verfertigt, wie ich an einem der ersten Tage nach unserer Ankunft selbst mit angesehen habe. Nachdem die Wurzel in Stücken geschnitten ist, wird sie von etlichen Leuten vollends klein gekauet und die mit Speichel wohl durchweichte Masse, in ein großes Gefäß voll Wasser oder Coco-Nuß-Milch gespuckt. Dieser ungemein appetitliche Brey wird hierauf durch Coco-Nuß-Fasern geseiget, und die gekaueten Klumpen sorgfältig ausgedruckt, damit der zurückgebliebne Saft sich vollends mit der

Coco-Nuß-Milch vermischen möge. Zuletzt wird der Trank in eine andre große Schaale abgeklärt, und ist alsdenn zum Gebrauch fertig. Dies häßliche Gemansch verschlucken sie mit ungemeiner Gierigkeit: und einige alte Säuffer thun sich nicht wenig darauf zu gut, daß sie viel Schaalen davon leer machen können. Unser Passagier *Porea,* der hier nicht so zurückhaltend als auf *Huaheine* war, brachte eines Tages einen seiner neuen Bekannten in die Cajütte des Capitains, und setzte sich sogleich mit ihm nieder, um jene Schmiererey nachzumachen. Als sie damit zu Stande gekommen waren, trank er ohngefähr ein Nößel, ward aber, in weniger denn einer Viertelstunde, so besoffen davon, daß man ihn ohne Bewegung auf dem Boden liegend fand. Sein Gesicht war feuerroth und die Augen standen ihm gleichsam zum Kopf heraus. In diesem Zustand schlief er einige Stunden ohne von seinen Sinnen zu wissen, als er aber wieder zu sich kam, schämte er sich dieser Ausschweifung. Die Völlerey bleibt indessen, gleich jeder andren Ausschweifung, auch hier nicht ungestraft. Die Alten, welche diesem Laster nachhängen, sind dürr und mager, haben eine schuppichte, schäbige Haut, rothe Augen, und rothe Flecken über den ganzen Leib. Alles dieses sind, ihrem eignen Geständniß nach, unmittelbare Folgen des Soffes und folglich müssen die Bestandtheile der Pfefferpflanze wohl die eigenthümliche Eigenschaft haben, den Aussatz hervorzubringen. Außerdem gilt aber diese Wurzel, bey den Einwohnern aller dieser Inseln, auch für ein Sinnbild des Friedens, vielleicht weil Trunkenheit gute Cameradschaft macht.

Sobald wir abgespeißt hatten, machten sich unsre Matrosen und Bedienten mit den übriggebliebenen Brocken lustig; und die Indianer, welche sich vorher bey *unsrer* Freygebigkeit so wohl befunden hatten, machten *ihnen* nun die Cour. Die Matrosen waren aber nur allein gegen die hübschen Mädchen gefällig; und verlangten, vermöge ihres natürlichen Hanges zur groben Sinnlichkeit, für jeden Bissen Fleisch, bald diese, bald jene Unanständigkeit.

Um die Freuden dieses Tages vollkommen zu machen, befahl *Orea,* daß abermals ein *Hiwa* aufgeführt werden sollte. Bey diesem wurden wir in die Coulissen oder ins Kleide-Zimmer gelassen, damit wir sehen sollten wie sich die Tänzerinnen ankleiden würden. Diese Erlaubniß brachte ihnen manches kleine Geschenk zuwege; so geriethen wir z. E. auf den Einfall ihren Kopfschmuck durch verschiedene Schnuren von Corallen zu verschönern, welches sie ganz wohl zufrieden waren. Unter den Zuschauern befanden sich einige der größten Schönheiten des Landes; vornemlich war eine Frauensperson viel weißer von Farbe als wir bis jezt in allen diesen Inseln je eine gefunden hatten. Ihre Haut war als weißes etwas fahlgraues Wachs anzusehen, ohne daß etwa eine Krankheit daran schuld gewesen wäre, die dergleichen Farbe sonst wohl anzudeuten pflegt. Ihre schönen schwarzen Augen und Haare contrastirten damit vortreflich, und zogen ihr unsre einstimmige Bewunderung zu. Man huldigte ihrer Schönheit auch bald durch allerhand kleine Geschenke; allein, statt sich an diesen genügen zu lassen, ward ihre Liebe zu Putz und Flitterwerk nur desto mehr erregt, und sie plagte einen jeden von uns, so lange sie nur vermuthen konnte, daß wir noch eine einzige Coralle in der Tasche hätten. Einer von unsrer Gesellschaft hielt zufälligerweise ein kleines Vorhängeschloß in Händen. Kaum fiel ihr dieses in die Augen, so verlangte sie es zu haben. Der Besitzer schlugs ihr anfänglich ab, da sie aber nicht aufhörte darum zu betteln, ließ er sich endlich erweichen, war aber so leichtfertig es ihr ins Ohr zu hängen mit der Versicherung, daß es dahin gehöre und daran getragen werden müsse. Eine Zeitlang wußte sie sich was rechts damit, und war von diesem neuen Putz ungemein zufrieden: Allein es währete nicht lange; so fand sie, daß es zu schwer und schmerzhaft sey, bat also daß man es wieder los machen möchte. Nun warf er den Schlüssel weg, und gab ihr zu verstehen, sie habe es ausdrücklich von ihm begehrt, und wenn sie es beschwerlich finde, so mögte sie es immerhin zur Strafe ihres ungestümen Bettlens im Ohre behalten. Darüber war sie untröstlich, weinte ihre bittersten Thränen, und bat einen nach dem andern ihr von dem Schlosse zu helfen; allein, so gern auch mancher gewollt hätte, so gieng es doch nicht an, weil kein Schlüssel dazu war. Sie wandte sich also an den Befehlshaber, und dieser legte, nebst seiner Frau, Sohn und Tochter, ein Vorwort für das Mädchen ein; ja sie bothen sogar Zeug, Räucherholz und Schweine zum Lösegeld; aber alles umsonst. Endlich fand man doch einen Schlüssel, der zum Schlosse paßte, und damit ward dem Wehklagen des armen Mädchens ein Ende gemacht, und

Ruhe und Freude unter ihren Gespielen wieder hergestellt. Dieser Zufall hatte indessen die gute Würkung, daß sie und andre ihrer Landsmänninnen von der Gewohnheit zu Betteln abließen. Vermittelst der gastfreyen Aufnahme unsers Wirthes und dem guten Betragen des übrigen Volks war dieser Tag ganz vergnügt vergangen; so daß wir gegen Abend sehr zufrieden an Bord zurückkehrten. Desto mehr befremdete es uns aber, daß sich am folgenden Morgen, ganz wieder die Gewohnheit der Insulaner, nicht ein einziges Canot bey dem Schiffe sehen ließ. Um die Ursach einer so schleunigen Veränderung zu erfahren, eilten wir nach *Orea's* Hause, fanden es aber zu unserer noch größeren Verwunderung von ihm und seiner ganzen Familie verlassen. Endlich erfuhren wir durch etliche Indianer, die auch ihrer Seits überaus schüchtern thaten, *Orea* habe sich nach dem Nord-Ende der Insel begeben, aus Furcht wir würden ihn gefangen nehmen. Je weniger wir begreifen konnten, was diese ungegründete Besorgniß mögte veranlaßt haben, desto mehr eilten wir ihm solche zu benehmen und unsrer Freundschaft aufs neue zu versichern. In dieser Absicht fuhren wir einige Meilen längst der Küste bis nach dem Orte hin, wohin er geflüchtet war. Hier fanden wir alles um ihn her in Thränen und mußten allerhand Schmeicheleyen anwenden, um das vorige Zutrauen wieder zu gewinnen. Corallen, Nägel und Beile leisteten uns hiebey die besten Dienste. *Orea's* Anverwandten klagten uns, Capitain *Cook* würde sie gefangen nehmen, um ihre Landsleute dadurch zu zwingen, daß sie unsre nach *O-Taha* entlaufnen Matrosen wieder herbeybringen sollten. Nun sahen wir ihren Irrthum ein, und versicherten ihnen, diese Leute wären keinesweges entlaufen, sondern würden ganz gewiß noch heute wieder kommen. *Orea* war aber damit noch nicht zufrieden, sondern nannte jede Hauptperson in beyden Booten bey Namen, und frug bey einem jeden insbesondre, ob auch *der* wiederkommen würde? Da ihm aber durchaus mit Ja geantwortet wurde, so gab er sich endlich zufrieden. Indem wir also mit *Orea's* Familie in einem Cirkel beysammen saßen, kam *Porea* unser Tahitier, der mit nach England gehen wollte, eiligst zum Capitain gelaufen, händigte ihm das Pulverhorn ein, welches er bis dahin beständig in Verwahrung gehabt hatte, und sagte mit wenig Worten, er würde sogleich wieder kommen. Wir warteten eine lange Weile vergebens und mußten endlich ohne ihn ans Schif zurückkehren, bekamen ihn auch nachher nie wieder zu Gesicht. Von den Einwohnern wußte uns niemand zu sagen wo er hingekommen sey, und damit kein neuer Allarm unter ihnen entstehen mögte, wollte der Capitain auch eben nicht gar zu scharfe Nachfrage halten. Nach Tische begleitete ich den Capitain abermals um dem *Orea* einen Besuch abzustatten. Bey dieser Gelegenheit wandte sich ein schöner junger Mensch an mich, und bat, daß wir ihn mit nach England nehmen möchten. Er hieß *O-Hedidi,* war ohngefehr siebenzehen Jahr alt und schien, der Farbe und Kleidung nach, von gutem Herkommen zu seyn. Ich wollte anfänglich nicht glauben, daß er das bequeme Leben der vornehmern Leute auf diesen Inseln zu verlassen geneigt sey, und erzählte ihm mit lächelndem Munde was für Unannehmlichkeiten er sich durch seinen Entschluß aussetzen würde. Aber alle meine Vorstellungen, daß er rauhe Witterung antreffen, und mit ungewohnter schlechter Kost würde vorlieb nehmen müssen, das alles vermogte nichts. Er blieb bey seinem Vorsatz, und endlich stimmten auch viele seiner Freunde in den Wunsch ein, daß man ihn mitnehmen mögte. Ich stellte ihn also dem Capitain *Cook* vor, der ohne Schwierigkeit in sein Verlangen willigte. Hierauf kehrten wir alle an Bord zurück, und noch vor Sonnen-Untergang trafen auch die nach *O-Taha* abgeschickten Boote, mit einer dort aufgekauften Ladung Bananen und Coco-Nüssen, imgleichen mit einigen Schweinen, wieder bey dem Schiffe ein. Sie waren an eben dem Tage, da sie von uns gegangen, des Morgens bey guter Zeit, an der östlichen Seite einer schönen Bay, *O-Hamane* genannt, vor Anker gelangt. Ihrer Beschreibung nach, war sowohl das Land als die Einwohner dieser Insel, von eben solcher Beschaffenheit als in den übrigen Inseln dieses Archipelagus. – Und würklich sind Gewächse und Thiere hier überall von einerley Art, nur daß man in einer Insel *diese,* in anderen *jene* Gattung seltner oder häufiger antrifft. So war zum Exempel der Baum, den unsre Seeleute einen Apfelbaum nannten *(Spondias)* sehr häufig auf *Tahiti,* hingegen sehr selten auf *Raietea* und *Huaheine,* und auf *Taha* ebenfalls nicht gemein. Hühner fanden wir auf *Tahiti* fast gar nicht: Dagegen gab es deren auf den Societäts-Inseln die Menge. Ratten, welche *Tahiti* bey tausenden plagten, waren nicht so zahlreich auf

O-Taha, noch seltner auf *Raietea,* und auf *Huaheine* bekam man dergleichen kaum zu sehen.

Nachdem unsre Leute im Haven *O-Hamane* zu Mittage gespeißt hatten, begaben sie sich nach der zunächst gegen Norden gelegnen Bucht, um dem dortigen Befehlshaber *O-Tah,* einen Besuch abzustatten, bey dessen Hause auch ein *Hiwa* oder öffentlicher Tanz angestellt werden sollte. Auf dem Wege dahin erblickten sie von fern eine Frauensperson, die ganz sonderbar gekleidet und über und über schwarz gemacht war. Es hieß, sie traure und sey eben mit den Beerdigungs-Ceremonien beschäftigt. Je näher sie der Wohnung des Befehlshabers kamen, desto größer ward, sowohl um ihrer, als um des *Hiwa's* willen, das Gedränge. Endlich langten sie bey dem Hause an; der *Erih* war ein ältlicher Mann und sas auf einem hölzernen Stuhle, wovon er, gleich bey Erblickung der Fremden, meinem Vater die Hälfte zum Sitz einräumte. Es währete nicht lange, so eröffneten drey junge Mädchen den Tanz. Die ältere war nicht über zehn, und die jüngste nicht völlig fünf Jahr. Die Music bestand, wie gewöhnlich, aus drey Trommeln; und zwischen den Acten führten drey Mannsleute ein pantomimisches Drama auf, in welchem schlafende Reisende vorgestellt wurden, denen einige Diebe mit großer Geschicklichkeit die Bagage wegstohlen, ohnerachtet sich jene, größerer Sicherheit wegen, rund um dieselbe herum gelegt hatten. Während dieser Vorstellung mußte das Volk für einige Leute Platz machen, die sich dem Hause Paar-weise näherten, aber an der Thür stehen blieben. Es waren theils erwachsne Personen, theils Kinder, die am obern Theil des Cörpers gänzlich nackend giengen und mit Cocos-Öl eingesalbt waren, um die Hüften aber Scherffen von rothem Zeuge, imgleichen *Tamau,* oder Schnüre von geflochtnen Haar, um den Kopf trugen. *O-Tah* nannte sie die *O-Da-widdi,*[14] welches nach Maasgabe der Zeichen die er dabey machte, so viel als Leidtragende zu bedeuten schien. Als sich diese Leute dem Hause näherten, ward der Platz vor selbigem mit Zeug belegt, solches aber bald wieder aufgerollt und an die Trommelschläger ausgetheilt. Einer von diesen gerieth mit einem andern Indianer in Wortwechsel, und ehe man sichs versahe, wurden sie handgemein und zerrten einander bey den Haaren herum: Damit aber das Fest nicht unterbrochen würde, stellte man gleich einen andern an die Trommel und jagte die beyden Zänker zum Hause hinaus. Gegen das Ende des Tanzes, mußten die Zuschauer nochmals Platz machen, weil die *O-Da-widdi* von neuem wieder zum Vorschein kamen; doch blieben sie, wie zuvor, an dem Eingange des Hauses stehen, ohne irgend eine besondre Ceremonie vorzunehmen.

Vor des Befehlshabers Wohnung waren viele Canots aufs Ufer gezogen, und in einem derselben, welches ein Dach oder Decke hatte, lag der Leichnam des Verstorbenen, für den obgedachte Trauer-Ceremonien angestellt wurden. Dieses Umstands wegen mußten unsre Reisenden ihre Boote etwas weiter hin vor Anker bringen, doch fand sich zum Glück auch dort ein Haus, unter dessen Obdach sie die regnigte und stürmische Nacht über guten Schutz hatten.

Am folgenden Morgen machte ihnen *O-Tah* seinen Gegenbesuch, und erbot sich, sie überall zu begleiten. Sie nahmen ihn also mit ins Boot, und seegelten um das Nord-Ende der Insel herum, an welchem, innerhalb des *Riefs,* eine Menge langer und flacher Inseln liegen, die mit Palmen und andern Bäumen besetzt sind. In dieser Gegend kauften sie einen guten Vorrath von Bananen, und speißten hierauf, etwas weiter gen Süden, bey dem Hause des obersten Befehlshabers *Boba,* den der König von *Borabora, Opuni,* zum Statthalter allhier eingesetzt hatte. Sie lernten ihn jedoch nicht persönlich kennen, denn er war damals eben verreiset. Nach Tische fand sich, daß man ihnen während der Mahlzeit den ganzen Rest ihrer Handelswaaren, der in einem Beutel mit Nägeln, Spiegeln und Corallen bestand, gestohlen hatte. In dieser Verlegenheit hielten es die Officiers für das sicherste, wenn man den Einwohnern eine Parthey Vieh und andre Habseligkeiten wegnähme, und so lange an sich behielte, bis jene sich bequemten, das Geraubte wieder herbey zu schaffen. Mit diesem Zwangsmittel ward gleich auf dem Marktplatz der Anfang gemacht; man nahm daselbst ein Schwein, einige Perlmutter-Schaalen und etliche Ballen Zeug in Beschlag, welches die Einwohner jedoch nicht anders, als auf ernstliche Bedrohung mit dem Feuergewehr, geschehen ließen. Hierauf theilten sich unsre Leute; einige mußten die Boote, andre die con-

14 *O-Hedidi* und *O-Maï* nannten sie *Hea-Biddhi,* und sagten, es bedeute Anverwandten.

fiscirten Waaren bewachen, und die übrigen giengen unter Anführung des Lieutenants weiter, um die Execution fortzusetzen. Der alte Befehlshaber *O-Tah* begleitete sie, doch schien ihm bey dem ganzen Handel nicht um ein Haar besser zu Muthe zu seyn als den Hunden in der Fabel (S. *Phädri* Fab.). Überall wo sie hinkamen, flohen die Einwohner und trieben ihr Vieh ins Gebürge. Um zu versuchen, was das Schießgewehr für Würkung auf sie machen würde, ließ der Officier drey Musqueten in die Luft feuern; auf diesen Schreckschuß kehrte einer von den Flüchtlingen, ein vornehmer Mann, der von der Elephantiasis einen ungeheuer dick geschwollnen Fus und Schenkel hatte, um, und überlieferte seine Schweine, nebst etlichen Packen Zeug. Hiernächst bemächtigten sich unsre Leute, in *Boba's* Wohnung, noch zweyer Brustschilder und einer Trommel, und kehrten darauf mit ihrer Beute nach dem zum Sammelplatz bestimmten Hause zurück. Gegen Abend schied *O-Tah* von ihnen, kam aber bald nachher mit dem gestohlnen Beutel wieder, in welchem noch ohngefähr die Hälfte der Nägel, Corallen u. d. g. befindlich war, und blieb sodann die Nacht über bey ihnen. Am folgenden Morgen ward den Eigenthümern der in Beschlag genommnen Effecten bekannt gemacht, daß ihnen alles zurück gegeben werden sollte, wenn sie die entwandten Corallen und Nägel wieder herbey schaften. Unter der Zeit, daß diese Anstalt dazu machten, wanderten unsre Leute nach *O-Herurua,* einer an der südwestlichen Seite der Insel gelegnen Bay. Sie waren noch nicht weit gekommen als *O-Tah* und der andre Befehlshaber, der mit seinem geschwollnen Beine so gut als ein andrer zu Fus war, den größten Theil des fehlenden Eisenwerks etc. schon herbey brachten, mit dem Bedeuten, daß solches hin und wieder im Buschwerk versteckt gewesen sey. Hierauf gaben auch unsre Leute das Zeug, die Schweine, die Brustschilder und alles übrige zurück, was sie bisher an sich behalten hatten. Auch belohnten sie den Mann, in dessen Hütte sie die Nacht zugebracht; imgleichen den alten Befehlshaber, weil sich beyde ungemein treu und willfährig gegen sie bewiesen hatten. Vermittelst der zurückerhaltnen Corallen, waren sie im Stande, in dem District *Herurua* und in der Bay *A-Poto-Poto* (oder der runden Bay) eine Parthie Bananen aufzukaufen. An letzterm Orte befand sich ein ungleich größeres Haus als sie in den übrigen Societäts-Inseln je gesehen hatten. Es war voller Einwohner, und verschiedne wohnten mit ihrer ganzen Familie in demselben. Es schien ein öffentliches Gebäude und, gleich den Caravanserais in der Levante, für Reisende bestimmt zu seyn. Nachdem unsre Leute den Rest von Nägeln und Corallen gänzlich losgeworden waren, auch Mittagbrod gegessen hatten, kehrten sie nach den Schiffen zurück, und langten endlich, ohngefähr um 4 Uhr Nachmittags, von den Wellen, die unterwegens in die Boote hereingeschlagen, ganz durchgenetzt, bey uns an.

Am folgenden Morgen kam *Orea* nebst seiner Familie, und eine Menge anderer Personen, um Abschied zu nehmen. Der größte Theil dieses Zuspruchs galt unserm neuen Reisegefährten *O-Hedidi,* der gestern mit an Bord gegangen war. Alle seine Freunde und Bekannten drängten sich nun noch herbey und brachten ihm eine Menge Zeug, imgleichen eine gute Provision gegohrnen Brodfrucht-Teig zum Unterhalt auf die Reise. Dieser Teig ist eins der besten Nahrungsmittel. *Orea's* Tochter, die es bisher nie gewagt hatte uns zu besuchen, kam bey dieser Gelegenheit ebenfalls an Bord, um sich von dem Capitain die grüne Zeltdecke unsers Bootes auszubitten, welche ihr besonders wohl mußte gefallen haben. Sie erhielt eine Menge Geschenke; in der Hauptsache aber konnte ihr der Capitain nicht willfahren. Die Indianer ließen sich zu guter letzt den Handel noch recht angelegen seyn, und verkauften uns viel von ihrem Handwerkszeug, Hausrath, u. d. g. Als wir endlich unter Seegel giengen, verließen uns die guten Leute mit großer Betrübniß. Ihre Thränengüsse schienen manchem von uns vorzuwerfen, daß er unempfindlich sey; und in der That scheint man bey unsrer Erziehung den natürlichen Bewegungen des Herzens zu viel Einhalt zu thun; man will, daß wir uns derselben in den mehresten Fällen schämen sollen, und darüber werden sie endlich unglücklicherweise ganz unterdrückt. Auf diesen Inseln hingegen, lassen die unverdorbnen Kinder der Natur allen ihren Empfindungen freyen Lauf und freuen sich ihrer Neigung für den Nebenmenschen:

Mollissima corda
Humano generi dare se natura fatetur
Quae lacrymas dedit; haec nostri pars optima sensus.
IUVENAL.

Tongafruchttaube, *F: Columba globicera*
Ducula pacifica pacifica (Tongatapu, 1773)

EILFTES HAUPTSTÜCK.

Reise von den Societäts-Inseln nach den freundschaftlichen Inseln; und Nachricht von unserm Aufenthalte daselbst.

Um 10 Uhr waren wir glücklich zum Rief von *Hamaneno* hinaus und steuerten nunmehro nach West-Süd-West, so daß uns die Inseln *Raietea, Taha* und *Borabora* noch immer im Gesicht blieben. Ohnerachtet es nicht länger als einen Monath her war, daß wir zu *Tahiti* angekommen; so befanden wir uns doch, von den Folgen jener langen beschwerlichen Reise, die wir während der schlimmsten Jahrszeit im kalten und nassen Clima zugebracht hatten, allerseits hergestellt. Selbst diejenigen, die vom Scorbut am mehresten gelitten, waren wieder so gesund als die übrigen. An dieser schleunigen Cur hatten die frischen Kräuter und Baumfrüchte der Societäts-Inseln wahrscheinlicherweise den würksamsten Antheil; denn als wir von unserm ersten Erfrischungs-Platz, *Aetepieha,* abseegelten, hatten sich die Kranken schon merklich gebessert, ohnerachtet wir dort noch kein frisches Fleisch gekostet hatten. Um desto sicherer konnten wir uns jetzt, auch für den nächsten Monat, eine gleiche Fortdauer von Gesundheit versprechen, weil wir mit frischen Lebensmitteln hinlänglich versehen waren. Wir hatten nemlich in jedem Schiff zwischen zwey und dreyhundert Schweine, eine große Anzahl Hühner und einige Hunde, imgleichen eine ansehnliche Menge von Bananen vorräthig, welche letztere auf dem Hintertheil des Schiffs, wie in einem Obstgarten, umher lagen. Zwar verursachte der Mangel an Raum, daß einige Schweine crepirten; und der hartnäckige Widerwillen der alten Schweine gegen das ungewohnte Futter, welches sie bekamen, brachte uns ebenfalls um eine große Anzahl. Wir geriethen aber bald auf eine gute Methode diesem Übel vorzubeugen, indem wir alle Schweine schlachteten und einsalzten, denen der enge Raum nicht bekommen wollte. Auf diese Weise blieb das Fleisch eßbar und saftig, wenigstens war es ungleich schmackhafter und gesünder als das Pöckelfleisch, welches wir noch aus England her vorräthig hatten, denn dieses war nunmehro dermaßen mit Salz durchdrungen, daß, wenn man es auswässerte, zugleich alle Kraft und Saft mit weggewässert ward. Die einzige Unannehmlichkeit, welche wir von unserm Aufenthalte auf diesen Inseln verspürten, bestand darinn, daß viele unsrer Seeleute, wegen ihres genauen Umgangs mit liederlichen Frauenspersonen, leiden mußten. Doch waren die dadurch verursachten Krankheiten so gutartig, daß sie durch die gelindesten Mittel geheilt und keiner von den Patienten am Dienst gehindert wurde.

Unser junge Freund *O-Hedidi,* den wir statt des *Tahitiers Porea* mitgenommen, war ungemein Seekrank, weil er an die Bewegung des Schiffs nicht gewöhnt war. Doch erzählte er uns, indem wir nach dem hohen Pik von *Borabora* aussahen, daß er auf dieser Insel geboren und mit *O-Puni,* dem kriegerischen Könige, verwandt sey, der *Taha* und *Raietea* erobert hatte. Er entdeckte uns auch, daß er eigentlich *Maheine* heiße, aber seinen Namen mit einem Befehlshaber auf *Eimeo,* der sich *O-Hedidi* genannt, vertauscht habe. Diese Gewohnheit ist, wie ich schon bemerkt, auf allen diesen Inseln eingeführt. König *O-Puni,* befand sich, nach der Aussage unsers Gefährten, dazumal eben auf der Insel *Maurua,* bey welcher wir Nachmittags vorüber kamen. Sie bestehet aus einem einzigen, kegelförmigen Berge, und ist, so viel wir aus den Beschreibungen der Einwohner auf *Raietea,* welche persönlich da gewesen, abnehmen konnten, ohngefähr von eben der Beschaffenheit als die übrigen Inseln.

Unser arme Freund bekam erst am folgenden Nachmittage seinen Appetit wieder, da er sich denn, zum Anfang, ein Stück von einer acht und zwanzigpfündigen Dorade schmecken ließ, die einer unsrer Leute gefangen hatte. Wir wolltens ihm auf unsre Art zubereiten lassen; er versicherte aber, es schmecke roh besser und bat sich nur eine Schaale Seewasser aus, um den Fisch darinn einzutunken; dabey biß er wechselsweise in einen Klumpen *Mahei,* oder sauren Brodfrucht-Teig, der ihm statt Brods diente. Ehe er sich jedoch zum Essen niedersetzte, nahm er ein Stückchen von dem Fische und etwas *Mahei,* als ein Opfer für *Eatua* oder die Gottheit, und sprach dabey ein Paar Worte aus, die wir für ein kurzes Gebeth hielten. Eben diese Ceremonie beobachtete er auch ein Paar Tage nachher, als er ein rohes Stück vom Hayfisch verzehrte. Alles das überzeugte uns, daß seine Landsleute gewisse bestimmte Religions-Begriffe hegen und selbst eine Art von ceremoniösen Gottesdienst beobachten, den sie vielleicht seit der ersten Trennung von ihren Vorfahren auf dem festen Lande mögen beybehalten haben.

Bis zum 23sten setzten wir unsern Lauf fort ohne daß irgend etwas merkwürdiges vorgefallen wäre; an gedachtem Tage aber, erblickten wir, bey Aufgang der Sonne, eine niedrige Insel die zur Linken des Schiffes lag. Nach dieser steuerten wir hin, und fanden gegen Mittag, daß sie aus zwey Theilen bestand. Einer Observation zufolge, war unsre südliche Breite damals 19 Grad 8 Minuten. Das Land war mit einer Menge Buschwerk und andern dick belaubten Bäumen bewachsen, über welche die hohen Gipfel der Cocos-Palmen in großer Anzahl empor ragten. Mit Hülfe der Ferngläser bemerkten wir, daß die Küste sandig, hin und wieder aber mit Grün überwachsen war, welches wahrscheinlicherweise nichts anders als das in diesem Himmelsstrich gewöhnliche Schlingkraut, *(Convolvulus Brasiliensis)* seyn mogte. Beyde Inseln oder beyde Stücke Land hingen, dem Ansehen nach, durch einen Felsen-Rief zusammen; schienen aber, so angenehm sie auch aussahen, dennoch ganz unbewohnt zu seyn. Capitain *Cook* nannte diese Insel, dem nunmehrigen Grafen von *Bristol* zu Ehren, *Hervey-Eyland.* Tages zuvor hatte sich ein Vogel, der im Fluge und Gesänge einem Sandläufer *(Sandpiper)* glich, neben dem Schiffe sehen lassen, und könnte, dem Erfolge nach zu urtheilen, der Vorbothe dieser Insel gewesen seyn; allein dergleichen Anzeigen sind, wie ich schon mehrmalen angemerkt habe, sehr trüglich. Wir sahen zum Beyspiel, drey Tage nachher, von neuem einen Vogel, der sich sogar ins Tackelwerk setzte, trafen aber gleichwohl kein andres Land an. Von *Hervey-Eyland,* welches unter dem 19ten Grad 18 Minuten südlicher Breite, und unterm 158. Grade 54 Minuten westlicher Länge von Greenwich gelegen ist, steuerten wir immer westwärts bis zum 1sten October, an welchem Tage, um 2 Uhr Nachmittags, Land! gerufen wurde. Es lag gerade vor uns und schien ziemlich hoch zu seyn. In Zeit von vier Stunden waren wir kaum noch 2 oder 3 See-Meilen von der Küste. Die Berge waren mit Holz überwachsen und fielen zwar nicht prächtig, doch ganz angenehm ins Auge. Am südwestlichen Ende bemerkten wir eine kleine felsichte Insel; und nördlich ein flaches Land, das sich weiter hin erstreckte. Die Gegend und alle Umstände überzeugten uns, daß die vor uns liegende Insel eben dieselbe sey, welche *Abel Janßen Tasmann* im Jahr 1643. *Middelburgh* genannt, und daß die nördliche, ein von eben diesem Seefahrer entdecktes und *Amsterdam* genanntes Eyland sey. Des einbrechenden Abends wegen legten wir bey, giengen aber mit Tages Anbruch um die südwestliche Spitze von *Middelburgh* herum und liefen sodann längst der westlichen Küste hin. Am Fuß der Berge schien etwas flaches Land zu seyn, auf welchem junge Bananen standen, deren lebhaftes frisches Grün mit dem verschiedentlich colorirten Buschwerk und der braunen Cocos-Palme ungemein schön contrastirte. Das Tages-Licht war noch so schwach, daß wir an verschiednen Orten die Hütten-Feuer der Einwohner durch die Büsche schimmern sahen; und bald darauf kamen auch einige Leute am Strande zum Vorschein. Die Berge waren niedrig und ragten über die Meeresfläche kaum so hoch empor als die Insel *Wight.* Auf denselben gab es hin und wieder einzelne, sehr anmuthig zerstreute Klumpen von Bäumen, und zwischen diesen war der Boden, so schön als manche Gegenden in England, mit Gras überwachsen. Nunmehro stießen verschiedene von den Eingebohrnen ihre Canots ins Wasser und ruderten nach uns her. Einem derselben, das ziemlich dicht ans Schiff kam, warfen wir ein Tau zu, welches auch einer von denen darinn befindlichen Leuten sogleich auffing, seinen Kahn vollends heran zog und augenblicklich zu uns an Bord kam. Beym Eintritt überreichte er uns die Pfeffer-Wurzel, deren bey den Societäts-Inseln gedacht worden ist, darauf berührte er unsre Nasen mit der seinigen, wie die Neu-Seeländer zum Zeichen der Freundschaft zu thun pflegen, und setzte sich alsdann ohne ein Wort zu sprechen, auf dem Verdecke nieder. Der Capitain schenkte ihm einen Nagel, den er sogleich über den Kopf empor hielt und dabey das Wort *Fagafetai* hören ließ, welches, allem Ansehen nach, eine Danksagung bedeuten sollte. Bis auf den Unterleib gieng er unbekleidet, von da aber bis zu den Knien, hatte er ein Stück braungefärbtes Zeug um sich geschlagen. Dieses schien mit dem Tahitischen von einerley Art und Arbeit zu seyn; doch war es mit Leim oder Firniß steif und wasserdicht gemacht. Der Mann war von mittler Statur, und hatte eine sanfte, ziemlich regelmäßige Gesichtsbildung. An Farbe glich er den gemeinen *Tahitiern,*[1] das ist, er war hell Mahogany- oder Castanien-braun. Den Bart trug er kurz geschoren; und sein schwarzes Haar hieng ihm in kurzen Locken um den Kopf, so kraus als wenn es gebrannt wäre. Auf jedem Arme hatte er drey runde Flecke, ohngefähr so groß als ein Wilder-Manns-Gulden, die, in Form erhabener Punkte, nach Tahitischer Manier, in die Haut punctirt, jedoch nicht mit schwarzer Farbe eingerieben waren. Der Figur nach, stellten sie lauter in einander passende Zirkel vor, davon die äußersten am größten waren, die innern hingegen immer kleiner wurden. Außerdem hatte er noch andre schwarze Flecke auf dem Leibe. Im Ohrläpchen befanden sich zwey Löcher, darinn er einen kleinen runden Stab trug, und an der linken Hand fehlte ihm der kleine Finger. Er blieb eine ganze Weile ohne ein Wort zu sprechen; indeß verschiedne andre, die nach ihm sich an Bord wagten, weit gesprächiger waren, und gleich nach verrichtetem Nasengruß, uns in ihrer Sprache anredeten, von welcher wir damals noch kein Wort verstanden. Mittlerweile hatten wir die nordwestliche Spitze der Insel erreicht und kamen allda um 9 Uhr, in einer ofnen Rheede auf einem guten sichern Grunde, glücklich vor Anker. Kaum war dies geschehn, so drängten sich vom Lande her eine Menge Canots zu uns, in deren jeden drey bis vier Leute saßen, die große Haufen ihres Zeuges zum Verkauf ausbothen. Die Canots waren klein, ohngefähr 15 Fus lang, sehr spitz gebauet und an beyden Enden bedeckt. Sie hatten, gleich den kleinen Fahrzeugen der *Tahitier,* mehrentheils Ausleger von Stangen; dünkten uns aber ungleich besser und sauberer gearbeitet als jene, denn sie waren mit einer bewundernswürdigen Genauigkeit zusammengefügt und abgeglättet. Die Ruder hatten hier, wie zu *Tahiti,* kurze, breite Schaufeln, waren aber ebenfalls besser gearbeitet und von besserm Holze. Die Leute machten viel Lerm um uns her, denn ein jeder zeigte was er zu verkaufen hatte, und rief jedem von uns zu, der sich auf dem Verdeck blicken ließ. Die Sprache klang nicht unangenehm und ward überdem in einem singenden Ton geredet. Einige waren dreist genug an Bord zu kommen, und darunter schien ein Befehlshaber oder Mann von Stande zu seyn, der in diesem Betracht allerhand Geschenke erhielt. So oft man ihm etwas gab, hob er es über den Kopf empor, und sagte jedesmal *Fagafetai* dazu. Unser englisches Tuch und Linnen bewunderte er am mehresten; nächstdem aber gefiel ihm unsre Eisenwaare am besten. Er war nichts weniger als besorgt, oder schüchtern, sondern gieng ohne Bedenken in die Cajütte hinab und wohin man ihn sonst zu bringen für gut fand. Wir erfuhren von ihm, daß die Insel, an welcher wir vor Anker lagen (und die *Tasmann Middelburgh* genannt) in der Landessprache *Ea-Uwhe* hieße; und daß die andre, gegen Norden gelegene, (oder *Tasmans Amsterdam) Tonga-Tabu* genannt werde. Mehrerer Gewißheit wegen befragten wir uns dieserhalb noch bey andern von seinen Landsleuten, erhielten aber durchgehends dieselbe Antwort.

Nach dem Frühstücke giengen wir, in des Capitains und des vornehmen Mannes Gesellschaft, ans Land. In dieser Gegend war die Küste durch einen

1 Da die Einwohner von *Tahiti* und den *Societäts-Inseln* fast in allen Stücken mit einander übereinkommen, so werde ich, im Verfolg dieser Geschichte, jeden Gebrauch *Tahitisch* nennen, der entweder zu *Tahiti* selbst oder doch auf den Societäts-Inseln üblich ist.

mit dem Strande parallel laufenden Corallen-Rief beschützt, der nur hie und da eine Lücke hatte, wo Canots und andere kleine Boote hindurch konnten. So wohl die in den Fahrzeugen als die auf dem Ufer befindlichen Eingebohrnen, bewillkommten uns mit einem großen Freudengeschrey. Die Canots ruderten dicht an unser Boot, und die Leute warfen uns aus denselben große Packete Zeug zu, ohne etwas dagegen zu verlangen. Andere, sowohl Manns- als Frauenspersonen, schwammen um uns her, und hielten Kleinigkeiten zum Verkauf in die Höhe, als Ringe von Schildkröten-Schalen, Angel-Haken von Perlmutter und dergleichen. Sobald wir durch das Gedränge der Canots durchkommen konnten, und uns dem Strande so weit genähert hatten, als sichs, des seichten Ufers wegen, thun ließ, erboten sich die Einwohner von freyen Stücken uns auf ihren Schultern vollends ans Land zu tragen. Nachdem wir auf solche Art die Küste erreicht hatten, versammleten sie sich mit allen ersinnlichen Zeichen der Freundschaft um uns her, und bothen uns etwas Früchte, Waffen und Hausgeräth zum Geschenk an. Das Volk hätte uns gar nicht besser aufnehmen können, wenn es von unsern friedfertigen Gesinnungen schon durch eigne Erfahrung überzeugt, und gewohnt gewesen wäre, von Zeit zu Zeit europäische Schiffe bey sich zu sehen: Allein dies verhielt sich gerade umgekehrt, denn bisher hatten sie wohl noch keinen Europäer unter sich gesehn, auch konnten sie von Tasmans ehemaliger Anwesenheit auf der benachbarten Insel *Amsterdam,* höchstens nur von Hörensagen etwas wissen. Bey so bewandten Umständen, waren wir allerdings berechtiget, uns nach dieser Aufnahme von ihrer Gemüthsart die vortheilhaftesten Begriffe zu machen. Sie mußten von Natur offenherzig und edelmüthig gesinnt und über alles niedrige Mißtrauen weit erhaben seyn. Was dieses günstige Urtheil noch mehr bestätigte war, daß sich auch eine große Anzahl von Frauenspersonen unter ihnen befand, welche die indianischen Nationen sonst mehrentheils von den Fremden entfernt zu halten pflegen. Diese hier waren von den Hüften an bis auf die Füße bekleidet, und schienen uns durch ein gutherziges freundliches Lächeln einzuladen, daß wir getrost näher kommen möchten. Herr *Hodges* entwarf von dieser merkwürdigen freundschaftlichen Aufnahme ein schönes Gemählde, welches zu Capitain *Cooks* Nachricht von dieser Reise gestochen ist. Allein, so geneigt ich sonst auch bin, den Arbeiten dieses geistreichen Künstlers das gebührende Lob wiederfahren zu lassen, wenn sie der Wahrheit ganz treu sind; so wenig kann ich doch bey dieser Gelegenheit umhin, zu bemerken, daß vorgedachte Platte von den Einwohnern auf *Ea-Uwhe* und *Tongatabu* gar keinen richtigen Begrif giebt; so meisterhaft sie übrigens auch von Herrn *Sherwin* in Kupfer gestochen worden. Der Vorwurf, welchen man denen zu Capitain *Cooks* voriger Reise in Kupfer gestochnen Platten mit Recht gemacht hat, daß sie nemlich, statt indianischer Gestalten, nur schöne Figuren vorstellten, die sowohl der Form als der Drapperie nach, im Geschmack der Antike gezeichnet wären; eben dieser Vorwurf trift auch die vorgedachte Kupfertafel *dieses* Werks. Ja man sollte fast glauben, daß Herr *Hodges* seine zu diesem Stück nach der Natur gemachte Original-Skizze verloren und bey Entdeckung dieses Verlusts, aus eleganter mahlerischer Fantasie eine neue Zeichnung bloß idealisch entworfen habe. Kenner finden in dieser Platte griechische Conture und Bildungen, dergleichen es in der Südsee nie gegeben hat; und sie bewundern ein schönes fließendes Gewand, das Kopf und Cörper bedeckt, da doch in dieser Insel, die Frauensleute Schulter und Brust fast niemals bedecken. Die Figur eines alten ehrwürdigen Mannes mit einem langen weißen Barthe ist vortreflich; allein die Leuthe auf *Ea-Uwhe* lassen den Barth nicht wachsen, sondern wißen ihn mit Muschelschaalen kurz zu scheeren. Doch, ich kehre zur Geschichte um: Wir verweilten uns nicht lange auf der Küste, sondern folgten dem Befehlshaber, der uns weiter ins Land zu gehen bat. Vom See-Ufer ab, war der Boden etliche Schritt weit ziemlich steil, denn aber dehnte er sich in eine ebne schöne Wiese aus, die mit hohen Bäumen und dickem Buschwerke umgeben war, so daß man, nur nach der See hin, eine freye Aussicht hatte. Am Ende dieser Wiese, ohngefähr 150 Schritt weit vom Landungs-Platze, stand ein sehr hübsches Haus, dessen Dach bis zwey Fuß von der Erde, herabreichte. Der Weg der auf dasselbe zuführte, gieng durch vorgedachte grüne Ebne die so glatt und grasreich war, daß wir uns der schönsten Rasen-Gründe in England dabey erinnerten. So bald wir bey dem Hause ankamen, nöthigte man uns innerhalb auszuruhen; der Fußboden war auf eine ungemein zierliche Weise mit den schönsten Matten ausgelegt, und in einer Ecke sahen wir eine bewegliche Abtheilung von Korbmacher-Arbeit, hinter welcher, nach den Zeichen der Einwohner zu urtheilen, die Schlafstelle war. Das Dach, welches an allen Seiten gegen den Boden herablief, bestand aus Sparren und runden Knüppeln, die sehr genau mit einander verbunden und mit einer Matte von Bananen-Blättern bedeckt waren.

Kaum hatten wir in diesem Hause, von mehr denn hundert Menschen umringt, Platz genommen, als zwey oder drey Frauenzimmer uns mit einem Gesänge bewillkommten, der, so einfach die Melodie auch war, dennoch ganz angenehm und ungleich musicalischer klang als die Lieder der *Tahitier*. Die Sängerinnen hatten ungemein wohlklingende Stimmen und secundirten sich untereinander; zu gleicher Zeit schlugen sie, mit dem ersten Finger und dem Daumen, Knippchen dazu nach dem Takt, und hielten indeß die übrigen drey Finger jeder Hand gerade in die Höhe. Als die ersten drey aufgehört hatten, fiengen drey andre eben dieselbige Melodie an, und endlich ward ein allgemeines Chor daraus gemacht. Einer unsrer mitreisenden Herren, schrieb mir eins ihrer Lieder auf, welches ich meinen musicalischen Lesern zur Probe der hiesigen Tonkunst mittheilen will:

Weiter als auf diese vier Noten erstreckte sich der Umfang ihres Gesanges nicht; sie giengen nie tiefer als A. und nie höher als E. Dabey sangen sie sehr langsam und schlossen zuweilen mit dem Accord

Die Gutherzigkeit des Volks äußerte sich in ihren kleinsten Handlungen, ja in jeder Gebehrde. Sie ließen sichs sehr angelegen seyn, uns mit Cocos-Nüssen zu bewirthen, deren Milch überaus wohlschmeckend war. Alles vereinigte sich, uns diesen Aufenthalt angenehm zu machen; selbst die Luft, die wir einathmeten, war mit balsamischen Dünsten angefüllt. Anfänglich wußten wir nicht, wo dieser vortrefliche Geruch herkäme; bey näherer Untersuchung aber fand sich, daß wir ihn einer schattenreichen Art von Citronen-Bäumen zu verdanken hatten, die hinter dem Hause und eben in voller Blüthe standen. Wir durften uns nicht lange an dem bloßen Geruch begnügen, denn die Einwohner setzten uns bald auch Früchte von diesem Baume vor. In Westindien sind solche unter dem Namen *Shaddocks* bekannt; zu *Batavia* aber und in den ostindischen Inseln, werden sie Pompelmusen genannt. Diese hier waren kugelrund, beynahe so groß als ein Kindeskopf und von ganz vortreflichem Geschmack. Zu beyden Seiten der vor dem Hause befindlichen Wiese, lief ein Zaun von Rohrstäben hin, die durchaus creutzweis geflochten und fest mit einander verbunden waren. Durch diesen Zaun gelangte man, vermittelst einer Thür von Brettern, in eine ordentlich angelegte Plantage oder Baumgarten. Die Thür war so gehangen, daß sie von selbst hinter uns zufiel; und das Rohrgehäge war mit Zaun-Winden *(Convolvulus)* überwachsen, die größtentheils himmelblaue Blüthen hatten. Um die guten Anstalten der Einwohner genauer zu untersuchen, trennten wir uns in verschiedne Partheyen und fanden bey jedem Schritt neue Ursach, zufrieden zu seyn. Das Land sahe überall wie ein weitläuftiger Garten aus, indem es durchgehends mit hohen Cocos-Palmen und Bananen, imgleichen mit schattigen Citronen- und Brodfrucht-Bäumen besetzt war. In diesen anmuthigen Gefilden streiften wir einzeln umher und fanden eine Menge neuer Pflanzen, dergleichen auf den Societäts-Inseln nicht wuchsen. Ein Fussteig leitete uns endlich nach einem Wohnhause, welches gleich jenem auf der Wiese angelegt und mit Buschwerk umgeben war, dessen Blüthe die ganze Luft mit Wohlgeruch erfüllte. Die Einwohner schienen thätiger und fleißiger als die *Tahitier* zu seyn. Sie ließen uns überall ungehindert gehen, begleiteten uns auch nie, wenn wir sie nicht ausdrücklich darum baten, und alsdenn konnten wir für unsre Taschen unbesorgt seyn; nur mußten wir keine Nägel bey uns führen, denn diese ließen sie nicht leicht unangerührt. Wir kamen nach und nach durch mehr als zehn solcher Plantagen oder Gärten, die alle besonders verzäunt waren, und vermittelst Thüren von vorbeschriebner Art, Gemeinschaft mit einander hatten. Fast in jedem dieser Gärten fanden wir ein Haus, die Bewohner aber waren durchgehends abwesend. Die Verzäunung ihrer Ländereyen schien einen höhern Grad von Cultur anzudeuten, als man hier wohl hätte vermuthen sollen. Das Volk war auch in der That, sowohl in Hand-

Arbeiten als in Manufactur-Sachen und in der Music, weiter und ausgebildeter als die Einwohner der Societäts-Inseln, welche dagegen, besonders in *Tahiti,* wohlhabender, aber auch träger waren als diese. So viel wir sahen, gab es hier nur wenig Hühner und Schweine; auch waren die Brodfrucht-Bäume, welche dort einen so reichlichen und vortreflichen Unterhalt geben, hier sehr selten, daher sich denn die Einwohner hauptsächlich von Wurzelwerk, imgleichen von Bananen zu nähren scheinen. In Absicht der Kleidung waren sie ebenfalls nicht so reich als die *Tahitier;* wenigstens gieng man in diesem Artikel hier noch nicht wie dort bis zur Verschwendung. Endlich so fanden wir auch ihre Wohnungen, zwar sehr artig gebauet und allemal in wohlriechendem Buschwerk angelegt, sie waren aber weder so räumlich noch so bequem als in *Tahiti.* Unter diesen Beobachtungen und Reflexionen kehrten wir wieder nach dem Landungsplatz zurück, woselbst sich viele Hundert Einwohner versammlet hatten. Ihr äußerer Anblick bewies, daß, wenn ihr Land gleich nicht so reich an Natur-Güthern war als *Tahiti;* diese Reichthümer doch mit mehrerer Gleichheit unter dem Volk ausgetheilt seyn müßten. Dort konnte man den Vornehmen gleich an der hellern Gesichts-Farbe und an dem wohlgemästeten Cörper erkennen: Hier aber war aller äußere Unterschied aufgehoben. Der Befehlshaber der zu uns an Bord gekommen und uns darauf ans Land begleitet hatte, war, selbst der Kleidung nach, nicht vom gemeinen Manne verschieden. Blos aus dem Gehorsam, den das Volk gegen seine Befehle blicken ließ konnte man urtheilen, daß er von höherem Stande seyn müsse. Wir mischten uns unter den hier versammleten Haufen, da uns denn Alt und Jung, Männer und Weiber auf das schmeichelhafteste bewillkommten. Sie umarmten uns, küßten uns zuweilen die Hände und drückten sie an ihre Brust; kurz, sie suchten uns ihre Liebe und Freundschaft auf hundertfältige Art zu bezeugen. Die Männer sind von unsrer gewöhnlichen mittlern Statur, von 5 Fus 3 Zoll, zu 5 Fus 10 Zoll, überaus proportionirlich gebaut und alle Glieder schön gestaltet, aber etwas musculöser als die *Tahitier,* welches wahrscheinlicherweise von der größern und beständigen Anstrengung des Cörpers herkommt, die ihre Art des Landbaues und der Hauswirthschaft erfordert. Ihre Gesichtsbildung war sanft und ungemein gefällig, jedoch länglichter als bey den *Tahitiern,* besonders war die Nase schärfer und die Lippen dünner. – »Sie hatten schöne schwarze Augen, die groß und selbst bey den bejahrtesten Personen noch voll Feuer waren. Ihre Zähne waren gesund, weiß und schön gesetzt. Das Haar, welches gemeiniglich schwarz und stark gekräuselt war, trugen Männer und Weiber kurz verschnitten, und manche hatten es aufwärts gekämmt, so daß es, wie Borsten, in die Höhe stand. Den Kindern hatte man es noch kürzer geschnitten und nur einen Schopf von Haaren auf dem Wirbel, imgleichen einen auf jeder Seite über dem Ohr stehen lassen.« – Die Bärte waren geschoren oder vielmehr mit ein Paar scharfen Muschel-Schaalen *(mytili)* so dicht als möglich an der Haut abgezwickt. Die Weibsleute waren durchgehends ein Paar Zoll kleiner als die Mannspersonen; jedoch nicht so klein als die gemeinen Frauensleute auf *Tahiti* und den Societäts-Inseln. Der Obertheil des Cörpers war allemal von ungemein schöner Proportion, und die Hände nebst den Armen völlig eben so fein gebildet als bey dem *Tahiti*schen Frauenzimmer; dagegen hatten sie, gleich jenen, zu große Füße und zu dicke Beine. Ihre Gesichtszüge waren eben nicht regelmäßig schön, hatten aber etwas sehr angenehmes, welches in den Societäts-Inseln, bey dem schönen Geschlecht durchgehends der Fall zu seyn pflegte; doch gab es dort unter den Vornehmern einzelne Schönheiten, dergleichen wir hier nirgends antrafen. Sowohl die Manns- als Frauenspersonen waren, ohne Unterschied des Geschlechts, von hell castanienbrauner Leibesfarbe, und schienen durchgehends einer vollkommnen Gesundheit zu genießen. Unter den Männern war das Punctiren und Einschwärzen der Haut allgemein; vornemlich pflegte der Bauch und die Lenden eben so stark, und in noch künstlichern Figuren tättowirt oder bezeichnet zu seyn, als wir es auf *Tahiti* gesehen hatten. Selbst die zartesten Glieder des Cörpers, auf denen die Operation nicht nur sehr schmerzhaft, sondern auch, wegen der glandulösen Theile, sehr gefährlich seyn muß, waren nicht unpunctirt. Mit Recht erstaunten wir darüber:

Nam et picta pandit spectacula cauda.
HORAT.

Bey den Frauensleuten hingegen war es nicht üblich sich auf diese Art häßlich zu verschönern. Sie hatten blos, gleich den Männern, drey runde Flecke auf jedem Arm, die eine Menge in einander passenden Cirkel vorstellten, und in die Haut punctirt aber nicht mit schwarzer Farbe eingerieben waren. Nächst dieser Verzierung begnügten sie sich mit ein Paar schwarzen Puncten auf den Händen. Die Männer giengen fast gänzlich nackend, indem sie mehrentheils nur ein schmales Stück Zeug, wie eine Scherfe, um die Hüften geschlagen hatten; doch war es manchmal auch etwas länger, und reichte alsdenn, fast wie ein Frauensrock, von den Hüften bis über die Knie hinab. Die Weiber hingegen schlugen das Zeug unmittelbar unter der Brust um den Leib, und von da hieng es bis auf die Waden herunter. Es war mit dem *Tahiti*schen von gleicher Beschaffenheit, aber in viereckigen Feldern, nach Art eines Brettspiels gemahlt; hiernächst auch mit einem Leim oder Firniß überzogen, der dem Wasser lange Widerstand that. Statt des Zeuges trugen sie auch wohl Matten, die sehr gut geflochten, im Äußern den *Tahiti*schen ähnlich, und bisweilen, jedoch selten, über die Schultern und Brust zusammen geschlagen waren. Zum Zierrath diente den Männern eine Perlmutter-Schaale, die vermittelst einer Schnur um den Hals befestigt war und auf die Brust herabhieng. Die Frauensleute aber trugen mehrere Schnüre um den Hals, an welchen kleine Schnecken, Saamen-Körner und Fischzähne aufgereihet, und in deren Mitte der runde Deckel einer Schnecke, *(operculum)* ohngefähr so groß als ein Thalerstück, befindlich war. In beyden Ohrläppchen hatten sie Löcher, bisweilen zwey in jedem, und in dem Fall war ein kleines rundes Stück von Schildkröten-Schaale oder ein Knochen hereingesteckt. Nicht selten bestanden diese Cylinder aus bloßem Rohr, das mit einer rothen festen Substanz angefüllt, außerhalb bunt angemahlt, imgleichen gebeizt war. Das Sonderbarste aber, was wir an dieser Nation bemerkten, war, daß viele den kleinen Finger, zuweilen gar an beyden Händen verloren hatten. Geschlecht und Alter machten hierinn keinen Unterschied; denn selbst von den wenigen Kindern, die wir herumlaufen sahen, waren schon die mehresten auf diese Art verstümmelt. Nur einige wenige alte Leute hatten ihre völlige Fingerzahl, und machten folglich eine Ausnahme von der allgemeinen Regel. Wir vermutheten sogleich, daß der Tod eines Anverwandten oder Freundes zu dieser sonderbaren Verstümmelung Anlaß geben mögte, um welcher Ursach willen sie auch bey den Hottentotten in Afrika,[2] bey den *Guaranos* in *Paraguay,* und unter den Einwohnern von *Californien* üblich ist. Diese Vermuthung bestätigte sich hernach auch auf wiederholtes Nachfragen. Noch eine andre Sonderbarkeit, die wir an ihnen bemerkten, bestand darinn, daß sie fast durchgehends einen runden Fleck auf beyden Backen-Knochen hatten, der eingebrannt oder mit blasenziehenden Sachen eingeätzt zu seyn schien. Bey einigen waren diese Flecke noch ganz frisch, bey andern schon mit einem Schorf überzogen, und bey vielen waren nur noch ganz geringe Spuren davon übrig. Wir konnten nicht erfahren, wie und zu welchem Ende diese Flecke gemacht werden; vermutheten aber, daß solche von irgend einem caustischen Heilmittel herrühren müßten, welches hier, ohngefähr so wie in Japan die *Moxa,* zur Heilung von mancherley Krankheiten, gebraucht werden mag.

Des gefälligen Betragens der Einwohner ohnerachtet, sahen wir zum Voraus, daß unsers Bleibens hier nicht lange seyn würde, denn die Capitains konnten nicht so viel frische Lebensmittel bekommen, als zum täglichen Unterhalt auf beyden Schiffen erfordert wurden. Indessen mochte die Ursach hievon nicht sowohl an einem würklichen Mangel derselben, als vielmehr daran liegen, daß man gleich anfänglich mit allzu großer Begier Waffen und Hausrath kaufte, und auf diese Art den Einwohnern Anlaß gab, mit dem schätzbarsten, nemlich mit den Lebensmitteln zurückzuhalten. Sie hatten uns zwar hie und da etliche Yams, Bananen, Coco-Nüsse und Pompelmosen zum Verkauf gebracht; allein sie hielten mit diesen Artickeln bald wieder inne und schränkten den Handel blos auf Sachen von ihrer Hände Arbeit ein. Vornemlich verkauften sie unsern Leuten eine unglaubliche Menge von Fisch-Angeln, die mit Haken von Schildkröten-Schaale versehen, zum Theil sieben Zoll lang und eben so gestaltet waren als die in *Tahiti,* unter dem Namen *Witti-Witti*[3] bekannten. Nächstdem überließen uns die Männer ihre Brustzierrathen von Muschelschalen, und die Weiber ihre

2 Siehe *Kolbens* Beschreibung des Vorgebürges der guten Hoffnung, und *Recherches philosophiques sur les Americains par Mr. Pauw. Vol. II. pag. 224. 229.*

3 S. *Hawkesworths* Geschichte der engl. See-Reisen in 8. *dritter Band. pag. 527.*

Halsbänder, Armbänder von Perlmutter, und dergleichen kleine runde Stöckchen von Holz oder Rohr, deren sie sich statt Ohrringe bedienen. Wir handelten auch eine Art von Kämmen ein, die mehr zum Putz als zu anderm Gebrauch diente, und aus einer Anzahl kleiner flacher Stöcke bestanden, welche ohngefähr 5 Zoll lang, von gelbem Holze als Buxbaum geschnitzt und am obern Ende fest jedoch zierlich, durch ein buntes Flechtwerk von braunen und schwarz gefärbten Cocosfasern mit einander verbunden waren, wie auf der hier beygefügten Kupfertafel [S. 609, II], vermittelst der Figur 1, mit mehrerm ersehen werden kann. Aus dergleichen Fasern machten sie auch allerhand Körbe, die oft in braun und schwarzen Feldern geflochten, zuweilen auch durchaus von gleicher Farbe, nemlich braun, und Reihen-weise mit runden, flachen Corallen besetzt waren. Diese Corallen schienen aus Schnecken geschnitten oder geschliffen zu seyn. Die Körbe waren, sowohl der Form als dem Muster nach, sehr verschieden, aber allemal ungemein sauber und mit viel Geschmack gearbeitet. Ein Paar derselben findet man auf vorgedachter Kupfertafel [S. 609, II] Figur 2. und 3. abgebildet. Die kleinen hölzernen Stühle, welche man in diesen Inseln statt Kopf-Küssen gebraucht, waren hier häufiger als auf *Tahiti*. Auch gab es viel flache Speise-Schaalen und Spateln, womit der Brodfrucht-Teig durcheinander gerührt wird, sämmtlich von *Casuarina-Holz (casuarina equisetifolia)* geschnitzt. Unsre Matrosen nannten diese Holzart, *Keulen-Holz (club-wood),* weil aus selbigem in allen Südsee-Inseln, Keulen und Streit-Kolben gemacht werden. Letztere waren hier von sehr mannichfaltiger Form, und zum Theil so schwer, daß wir sie nicht leicht mit einer Hand führen konnten. Der untere Theil, oder die eigentliche Kolbe war mehrentheils vierseitig und von blattförmiger Gestalt, der Schaft war ebenfalls viereckig, ward aber, oberhalb, gegen den Handgrif zu, rund. (Man sehe hiebey die auf folgender Platte [S. 610, III], mit 1. bezeichnete Figur nach.) Andre waren schaufelförmig, flach und zackicht; noch andre hatten lange Griffe und eine Fliet-ähnliche Schneide, und wiederum andre waren krumm, knoticht u. s. w. Die mehresten waren über und über nach allerhand felderweise abgetheilten Mustern geschnitzt, welches viel Zeit und eine unglaubliche Geduld erfordern muß, indem ein scharfer Stein, ein Stückchen Coralle oder eine Muschel die einzigen Werkzeuge sind, womit sie dergleichen Arbeit machen können. Die Abtheilungen, oder Felder, dieses Schnitzwerks waren einander, der Größe und dem Ebenmaaß nach, bis zur Bewundrung gleich, und die Oberfläche der ungeschnitzten Keulen war so schön geglättet, als man es von den geübtesten und mit dem besten Handwerkszeuge versehenen Künstlern nur hätte erwarten können. Außer den Keulen hatten sie auch Speere von vorgedachter Holzart, die oftmals nur aus langen, zugespitzten Stöcken bestanden, oft aber auch mit dem Schwanz der Stachel-Roche, als mit einer furchtbaren Spitze, versehen waren. (Fig. 2. u. 3.) Nächst diesen Waffen führten sie auch Bogen und Pfeile von ganz besonderer Einrichtung, wie aus beygefügter Abbildung, Fig. 4. zu sehen ist. Der Bogen war 6 Fus lang, ohngefähr so dick als ein kleiner Finger und, wenn er nicht gespannt war, nur wenig gekrümmt. Längst der convexen oder äußern Seite lief ein vertiefter Falz, oder halbe Hohlröhre, für die Senne. Zuweilen war sie tief genug ausgeschnitten, daß auch der Pfeil, der ohngefähr 6 Fus lang, aus einem Rohrstabe gemacht und mit hartem Holz zugespitzt war, darinn Platz hatte. Wenn nun der Bogen gespannt werden solte; so mußte solches nicht, wie sonst gewöhnlich, durch stärkere Biegung seiner Krümmung geschehn, sondern völlig umgekehrt, so daß der Bogen erst gerade, und denn, nach der entgegenstehenden Seite hin, krumm gebogen ward. Die Senne brauchte dabey niemals straff angezogen werden, denn durch bloße Ändrung der natürlichen Biegung des Bogens, bekam der Pfeil Trieb genug, und das Wiedereinspringen des Bogens und der Senne war nie so heftig, daß die Hand oder der Arm des Schützen davon hätte beschädigt werden können. Ehe unsre Seeleute mit diesem Gewehr umgehen lernten, zerbrachen sie viele Bogen, indem sie solche nach der sonst gewöhnlichen Manier aufspannen wollten. Die ungeheure Menge von Waffen, welche wir bey den Einwohnern fanden, stimmte aber gar nicht mit der friedfertigen Gesinnung, die sie in ihrem ganzen Betragen gegen uns, und vornemlich auch durch die Bereitwilligkeit äußerten uns solche zu verkaufen. Sie müssen folglich, ihrer friedfertig scheinenden Gemüthsart ohnerachtet, oft Händel untereinander haben, oder auch mit den benachbarten Inseln Krieg führen; doch konnten wir hievon, trotz aller Nachfrage nichts befriedigendes erfahren. Alle obbenannten Artikel, nebst den verschiedenen Sorten ihres Zeuges, ihrer Matten und andre Kleinigkeiten brachten sie zum Verkauf, und nahmen sehr gern kleine Nägel, bisweilen auch wohl Corallen dagegen. In Betracht der letztern waren sie jedoch mit den *Tahitiern* nicht von gleichem Geschmack; denn jene wählten immer durchsichtige, hier aber galten die Dunklen am mehresten, die rothe, weiße oder blaue Streiffen hatten. Wir handelten mit ihnen bis zu Mittage, da wir wieder an die Schiffe zurückkehrten, und einen kleinen Boot-Anker vermißten, den die Einwohner fast in eben dem Augenblick als er war ausgeworfen worden, hatten zu stehlen und auf die Seite zu bringen wissen. Ihre freundlichen Blicke und Zurufen folgten uns bis an Bord, woselbst in einer Menge Canots, eben solche Waaren zum Verkauf ausgeboten wurden, als wir am Lande eingehandelt hatten. Es befanden sich auf diesen Fahrzeugen einige Aussätzige, bey denen die Krankheit zu einen sehr hohen Grad gekommen war. Ein Mann insbesondre hatte über den ganzen Rücken und über die Schultern, ein großes krebsartiges Geschwür, das innerlich völlig blau, auf dem Rande aber goldgelb war. Und ein armes Weib, hatte auf eben diese elende Weise, fast das ganze Gesicht eingebüßt. Statt der Nase sahe man nur noch ein Loch; die Backen waren geschwollen und eiterten aller Orten; die Augen waren blutig und wund, und schienen aus dem Kopfe fallen zu wollen. Mit einem Wort ich erinnere mich nicht, je etwas bejammernswürdigers gesehen zu haben. Dennoch schienen diese Unglücklichen unbekümmert über ihr Elend, handelten so frisch drauf los als die übrigen, und was das ekelhafteste war, sie hatten Lebensmittel zu verkaufen.

Nach Tisch blieb ich an Bord, woselbst mir Dr. *Sparmann* die am Morgen eingesammelten natürlichen Merkwürdigkeiten in Ordnung bringen half; mein Vater aber gieng mit den Capitains wieder ans Land um noch mehr aufzusuchen. Bey Untergang der Sonne, kamen sie von ihrer Wanderschaft zurück, und mein Vater gab mir, von dem was ihnen begegnet, folgende Nachricht:

Am Landungs-Platze begrüßten uns die Einwohner, gleichwie sie des Morgens gethan hatten, mit einem Freuden-Geschrei; und da ihrer eine große Menge war, so gieng der Handel lustig von statten; Lebensmittel aber waren selten, und Pompelmosen, der frühen Jahreszeit wegen, fast gar nicht zu haben. Herr *Hodges,* ich und mein Bedienter, verließen den Handelsplatz mit zwey Indianern, die uns, als Wegweiser nach dem im Innern des Landes gelegenen Berge hinauf führen sollten. Der Weg dahin gieng durch viel schöne Baumpflanzungen oder Gärten, die theils mit Rohr, theils mit lebendigen Hecken von schönen Korallenschothen, *(erythrina corallodendron)* verzäunt waren. Jenseits derselben kamen wir in einen schmalen Steig der zwischen zwey Verzäunungen hinlief, innerhalb welchen, auf beyden Seiten, Bananen und Yams, reihenweise, so ordentlich und regelmäßig angepflanzt waren, als in unsern Gärten. Dieser schmale Weg brachte uns auf eine mit dem herrlichsten Grase überwachsene, große Wiese. Nachdem wir queer über dieselbe weg gegangen waren, fanden wir eine vortrefliche Allee vor uns, die ohngefähr auf zweytausend Schritt lang, aus vier Reihen Coco-Nuß-Bäumen bestand, und wiederum zu einem schmalen Gange führte, der, gleich dem vorigen, zwischen regelmäßig angelegten Gärten hinlief, die an den äußern Seiten mit Pompelmosen und andern Bäumen besetzt waren. Vermittelst dieses Ganges kamen wir durch ein wohlangebautes Thal nach einer Stelle hin, wo verschiedene Fußsteige zusammen trafen. Hier befanden wir uns auf einer mit dem zartesten Rasen überwachsenen und ringsum mit großen schattenreichen Bäumen eingefaßten Wiese. In einer Ecke derselben war ein Haus, das damals ledig stand, weil die Bewohner vermuthlich nach der Seeküste herabgegangen seyn mochten. Herrn *Hodges* gefiel diese Gegend so wohl, daß er sich niedersetzte und sie zeichnete, welches auch würklich der Mühe lohnte. Die Luft war rein, und so wohlriechend, daß ein Sterbender davon aufs neue hätte belebt werden müssen. Ein sanfter Seewind spielte in unsern Locken und fächelte uns Kühlung zu; kleine Vögel zwitscherten auf allen Seiten und wilde Tauben girrten zärtlich auf den schattenreichsten Zweigen des Baumes worunter wir uns gelagert hatten. Dieser Baum war in Absicht seiner Wurzeln sonderbar, denn es trennten sich selbige acht Fuß hoch über Erde schon vom Stamme, und liefen alsdenn einzeln zum Boden herab; auch trug er eine sonderbare Art von Schoten, die über drey Fuß lang und zwey bis drey Zoll breit waren. Bey dieser einsam gelegenen und von der

Natur so reichlich gesegneten Gegend, wo wir ohne andre Gesellschaft als unsre beyden Indianer im Grase ruheten, fielen uns mit Recht die Beschreibungen der Dichter von bezauberten Inseln ein, die, als das Werk einer unbeschränkten Einbildungskraft, gemeiniglich mit allen möglichen Schönheiten geschmückt zu seyn pflegen. Dieser Fleck hatte auch würklich viel Ähnlichkeit mit dergleichen romantischen Schilderungen. Horaz selbst hätte nicht leicht eine glücklichere Lage zu seiner Einsiedeley wählen können, wenn es hier nur eine Crystall-Quelle oder einen kleinen murmelnden Bach gegeben hätte! aber Wasser ist gerade das einzige, woran es dieser reizenden kleinen Insel fehlt. Linker Hand von hier aus fanden wir einen andern schattigen Gang, durch welchen wir abermals auf eine Gras-Flur kamen, an deren Ende ein kleiner Hügel und auf selbigem zwey Hütten befindlich waren. Rings um die Anhöhe standen Rohrstäbe, einen Fuß weit von einander, in die Erde gesteckt; und vor derselben waren etliche grosastige Casuarina-Bäume hingepflanzt. Weiter als bis an die Umzäunung wollten sich unsre Indianische Begleiter dieser Anhöhe nicht nähern; *wir* aber giengen vollends herauf, und gukten, wiewohl nicht ohne Schwierigkeit, in die Hütten herein, indem das Dach fast bis auf eine Spanne weit zur Erde herabgieng. In einer dieser Hütten fanden wir einen neuerlich beygesetzten todten Körper; die andre Hütte aber war leer. Der *Casuarina-* oder Keulen-Baum *(Toa)* dient also, gleich wie auf den Societäts-Inseln, auch hier, zu Bezeichnung der Begräbnißplätze: Und wirklich schickt er sich, wegen seiner braun-grünen Farbe, und der langen niederhängenden Äste, an denen die schmalen und faserichten Nadeln dünn und traurig abwärts stehen, zu der Melancholie solcher Plätze völlig eben so gut als die Cypresse. Vermuthlich hat man auch in diesem Theil der Welt, den *Casuarina-Baum,* aus einer ähnlichen Folge oder Verbindung von Ideen, zum Baum der Trauer ausersehen, als um deren willen bey uns die Cypresse dazu gewählt worden ist. Der Hügel, worauf die Hütte lag, bestand aus kleinen zusammengetragnen Coral-Felssteinen, die als ein Haufen Bachkiesel ohne alle Haltbarkeit locker über einander hingeschüttet waren. Wir giengen von hier aus noch etwas weiter, und fanden überall dergleichen reizende Baumgärten, die, gemeiniglich in der Mitte, mit Wohnhäusern versehen waren. In einem dieser Gärten nöthigten uns unsre Begleiter zum Niedersitzen, und verschaften uns zur Erfrischung etliche sehr milchreiche Cocos-Nüsse. Als wir an den Strand zurück kamen, waren die Boote schon im Begriff nach dem Schiffe abzugehen, weshalb wir uns zugleich mit über setzen ließen. Auf unserm Spatziergange hatten wir nur wenig Leute zu sehen bekommen, und wenn uns hie oder da einer begegnete, so gieng er, ohne sich um uns zu bekümmern, seines Weges fort, gemeiniglich nach dem Handlungs-Platze hin. Hätten wir nicht zwey Leuthe zu Wegweisern mitgenommen, so wären wir vermuthlich ohne alle Begleitung geblieben; niemand würde uns nachgelaufen oder sonst auf irgend eine Art hinderlich gewesen seyn. Der Knall und die Würkung unsers Schießgewehrs machte keinen besondern Eindruck auf sie, doch hatten wir auch nicht Ursach sie damit in Furcht zu setzen, denn die betrugen sich durchgehends freundlich und willfährig gegen uns. Die Frauensleute waren, im Ganzen genommen, zurückhaltend, und bezeigten gegen das ausgelaßne Betragen unsers Schiff-Volks ausdrücklichen Widerwillen; doch gab es mit unter freylich auch einige die minder keusch waren, und durch unanständige Geberden den Matrosen veranlaßten alles zu versuchen und alles zu erhalten.

Am folgenden Morgen giengen wir mit den Capitains wiederum ans Land, und beschenkten den Befehlshaber mit einer Menge Garten-Gesäme, deren großer Nutzen ihm so viel möglich, durch Zeichen zu verstehn gegeben ward. Darinn bestand bis jetzt noch unsre Unterredung; doch hatten wir schon eine hinlängliche Anzahl von Wörtern gesammlet, aus denen sich, nach den allgemeinen Begriffen vom Bau der Sprachen und den Abänderungen der Dialecte, deutlich urtheilen ließ, daß die hiesige Mundart mit der Sprache auf *Tahiti* und den Societäts-Inseln sehr nahe verwandt sey. *O-Maï* und *Maheine* oder *O-Hedidi,* die beyden Indianer von *Raietea* und *Borabora,* welche bey uns an Bord waren, behaupteten anfänglich, daß sie die hiesige Sprache ganz und gar nicht verständen. Allein kaum hatten wir ihnen die Ähnlichkeit derselben mit ihrer Landessprache an verschiedenen Worten gezeigt; so faßten sie das Eigenthümliche dieses Dialectes sehr leicht, und konnten sich den Eingebohrnen besser verständlich machen, als einer von uns nach langer Zeit kaum gelernt

Ulieta-Drossel (ausgestorben), *F: Turdus badius*
Aplonis ulietensis (Raiatea)

haben würde. Das Land gefiel ihnen sehr wohl, doch sahen sie auch bald ein, woran es demselben fehle; sie klagten uns nemlich, daß es wenig Brodfrucht, wenig Schweine und Hühner, und gar keine Hunde allhier gebe, welches auch der Wahrheit völlig gemäß war. Dagegen fanden sie großes Wohlgefallen an dem vielen Zucker-Rohr und berauschenden Pfeffer-Getränk, wovon die Einwohner, unter andern, auch dem Capitain *Cook* zu trinken angebothen hatten.

Sobald die Capitains ihre Geschenke abgegeben, kehrten sie nach den Schiffen zurück, und der Befehlshaber kam mit uns an Bord. Wir hoben den Anker, die Seegel wurden aufgesetzt, und wir verließen dies glückliche Eyland, dessen Schönheiten wir kaum im Vorbeygehen hatten kennen lernen. Während der Anstalten zur Abfahrt, verkaufte uns der Befehlshaber noch eine Menge von Fisch-Angeln gegen Nägel und Corallen, und rief darauf ein vorbeyfahrendes Canot ans Schiff, in welchem er, mit mannichfaltigen Zeichen und Blicken, aufs freundschaftlichste und gutherzigste Abschied von uns nahm.

Wir segelten nunmehr längst dem westlichen Gestade der, von *Tasmann, Amsterdam* genannten Insel, die aber, in der Sprache ihrer Einwohner *Tongatabu* heißt. Sie liegt, der Mitte nach, ohngefähr unterm 21sten Grade 11 Minuten südlicher Breite, und unterm 175sten Grade westlicher Länge. Im Vergleich mit der vorhergehenden Insel ist das Land nur sehr niedrig, dem Augenmaaß nach, scheint es an den höchsten Stellen, kaum 18 bis 20 Fus senkrecht über die Meeresfläche erhaben zu seyn; im Umfange hingegen, ist diese Insel größer als *Ea-Uwhe*. Vermittelst unsrerFerngläser entdeckten wir hier eben so regelmäßige Pflanzungen als dort; auch war die Küste voller Einwohner, die uns durchgehends, und vermuthlich nicht minder aufmerksam betrachteten als wir sie. – »Einige derselben rannten längst dem Ufer hin und her und ließen weiße Fahnen wehen, die wir für Friedenszeichen und als eine Art von Bewillkommung in der Ferne, ansahen.« – Als wir zwischen beyden Inseln ohngefähr mitten inne, das ist, von jeder etwa 3 See-Meilen weit entfernt waren, begegneten uns schon verschiedne Canots mit Leuten, die an das Schiff heran kommen wollten; allein wir waren so weit vor dem Winde, daß sie uns nicht mehr einholen konnten, dagegen erreichten sie die *Adventure* und giengen auf selbiger an Bord.

Nachmittags gelangten wir an das nördliche Ende der Insel, woselbst gegen Osten hin einige kleine Inseln lagen, die mit einem Rief verbunden waren, und gen Nordwesten hin gab es eine verborgne Klippe, an welcher sich die See mit großem Ungestüm brach. Beydes, sowohl jene kleinen Inseln als diese Klippe, überzeugten uns, daß wir gerade in derselben Gegend waren, wo *Tasmann* im Jahr 1643. vor Anker gelegen und solche *Van Diemens* Rhede genannt hatte. Hier ließen nun auch wir die Anker fallen, ohnerachtet der Grund aus einem bloßen Coral-Felsen bestand. Es dauerte nicht lange, so wurden wir von einer Menge Einwohnern umringt, die theils in Canots, theils schwimmend, herbeykamen, ohnerachtet wir über eine Viertelmeile weit vom Ufer lagen. Sie waren den Bewohnern von *Ea-Uwhe* in aller Absicht ähnlich, auch eben so sehr zum Handel geneigt. Sie boten uns gleich eine ungeheure Menge von Zeug, Matten, Netzen, Hausrath, Waffen und Putz zum Verkauf, und nahmen Nägel und Corallen dagegen: Allein dieser Handlungszweig ward ihnen bald abgeschnitten; denn kaum waren die Schiffe vor Anker, als der Capitain anbefehlen ließ, daß niemand dergleichen Curiositäten einkaufen sollte. Den Eingebohrnen hingegen gab man zu verstehen, daß sie statt dessen Coco-Nüsse, Brodfrucht, Yams und Bananen, imgleichen Schweine und Hühner herbeybringen mögten. Alle diese Artikel wußten wir schon in ihrer Sprache zu nennen. Um dieser Verordnung desto mehr Eingang zu verschaffen, wurden die wenigen Lebensmittel, welche heute zu bekommen waren, gut bezahlt, alle andre Waaren aber, mußten die Einwohner ohnangerührt wieder mit sich ans Land nehmen. Die guten Folgen dieses Verhaltens zeigten sich schon am nächsten Morgen, indem gleich bey Anbruch des Tages ganze Boots-Ladungen voll Früchte und Hühnern anlangten. Viele von den Eingebohrnen kamen so dreist und zutraulich an Bord, als ob wir uns schon lange gekannt hätten, und als ob sie gar nicht wüßten was Mißtrauen wäre. Unter diesen befand sich ein wohlgestalter Mann von sehr offner, einnehmender Gesichtsbildung, der, gleich unserm Bekannten zu *Ea-Uwhe,* einiges Ansehn über seine Landsleute zu haben schien. Er stieg in die Cajütte hinunter, und sagte uns, sein Name sey *Attahha*. Von den Geschenken, die man ihm, seines Standes wegen machte, bezeugte er über das Eisenwerk und rothen Boy die mehreste Freude, und nach dem Frühstück gieng er in der Pinnasse mit uns ans Land. Die Küste war mit einem Corallen-Rief gedeckt, der ohngefähr einen Büchsenschuß weit vor dem Ufer hinlief, und nur eine sehr schmale Einfahrt hatte. Innerhalb des Riefs war der Grund so steinig und das Wasser so seicht, daß wir mit dem Boot nicht bis an den Strand kommen konnten, sondern uns hin tragen lassen mußten. Sobald wir allerseits gelandet waren, bekam der Schifsschreiber den Auftrag, Lebensmittel einzuhandeln, wobey ihm ein Commando von See-Soldaten zur Wache dienen mußte. Die Eingebohrnen bezeigten über diese Anordnung weder Verwundrung noch Mißvergnügen; doch mochten sie die Absicht derselben freylich wohl nicht errathen und konnten folglich auch keinen Argwohn daraus schöpfen. Man empfieng uns, wie zu *Ea-Uwhe,* mit Freuden-Geschrey, und bat, daß wir uns auf dem Felsen-Ufer niedersetzen mögten. Diese Felsen waren eine Art von Corallen-Stein und mit Muschel-Sand bedeckt. Unter andern Sachen brachten uns die Einwohner auch allerhand schöne, ganz zahme Papagayen und Tauben zum Verkauf. Unser junge Reisegefährte von *Borabora, Maheine* oder *Ohedidi,* handelte seiner Seits sehr emsig um Putzwerk von rothen Federn, die, wie er versicherte, zu *Tahiti* und auf den Societäts-Inseln in außerordentlichem Werth standen. Dergleichen Federn waren hier gemeiniglich auf Schürzen geklebt, die aus Coco-Nuß-Fibern geflochten sind und den Frauenzimmern, beym Tanzen, zum Putz dienen; oft pflegten sie auch auf Bananenblätter befestigt zu seyn, und wurden als eine Kopfzierrath vor die Stirn gebunden. Man findet eine Abbildung derselben auf der S. 609. eingefügten Platte II, Fig. 4. *Ohedidi* war über seinen Einkauf ganz außer sich vor Freuden, und versicherte uns, daß ein Stückchen dieses Federputzes, so groß als zwey oder drey Finger breit, in seiner Insel hinreichen würde das größte Schwein zu kaufen. Er sowohl als *O-Maï,* waren mit den Bewohnern dieser Inseln sehr zufrieden, und beyde fiengen an die Sprache schon ziemlich gut zu verstehn.

Nachdem wir unsre neuen Freunde einigermaßen hatten kennen lernen, machten wir uns auf, um das Land näher in Augenschein zu nehmen. Nicht weit vom Ufer, wo das Erdreich um etliche Fus höher war als an der Küste, kamen wir in einen schmalen aber desto längern Strich Waldung, der theils aus hohen Bäumen, theils aus niedrigem Gesträuch bestand. An manchen Stellen war er kaum 300 Fus tief, dagegen reichte er an der ganzen Küste von *Van Diemens Rhede* herunter, und jenseits desselben war das Land durchaus flach. Zunächst an den Wald stieß ein Revier, ohngefähr 500 Schritte breit, das zum Theil mit Yams bepflanzt gewesen zu seyn schien, das zum Theil mit Gras bewachsen war und in der Mitte einen kleinen Sumpf hatte, wo sich das violette Wasserhuhn, oder die *poule Sultane,* in großer Menge aufhielt. Hinter diesem Fleck war das Land abgetheilt und eingezäunt. Ein schmaler Gang, der ohngefähr 6 Fus breit und zu beyden Seiten mit einem Zaun von Rohr eingefaßt war, lief, so wie bey uns die Feldwege, mitten durch die angebauten Ländereyen hindurch. Hier begegneten uns viel Indianer, die mit großen Trachten von Lebensmitteln nach dem Strande giengen und im Vorbeygehen sehr höflich eine Verbeugung mit dem Kopfe machten, auch gemeiniglich ein oder das andre einsylbichte Wort hören ließen, welches, der Bedeutung nach, mit dem Tahitischen *Tayo* übereinzukommen schien. Die Zäune, Plantagen und Häuser waren hier völlig eben so gestaltet als auf *Ea-Uwhe,* und die Wohnungen durchgehends mit wohlriechendem Gesträuch umpflanzt. Der Maulbeerbaum, dessen Rinde zu Zeug verarbeitet wird, und der Brodfrucht-Baum waren hier seltner als auf den Societäts-Inseln, und der dortige Apfelbaum hier ganz unbekannt; statt dessen aber hatten sie Pompelmosen. Der Frühling, der die Pflanzen mit Blumen schmückte und alles neu belebte, mochte freylich mit Schuld daran seyn, daß uns dies Land so wohl gefiel, doch trug der wirthschaftliche Fleiß und das gute Bezeigen der Einwohner nicht weniger dazu bey. Es war auch würklich ein Vergnügen zu sehn, wie viel Ordnung in der Anlegung und Bepflanzung ihrer Grundstücke herrschte, und wie sauber ihre Handarbeit beschaffen war. Beydes setzte einen Grad von Einsicht und Geschmack voraus, bey welchem es dieser Nation an Glück und Wohlstand nicht fehlen konnte.

Einer von den Feldwegen, die zwischen den verzäunten Ländereyen durchgiengen, brachte uns zu einem kleinen wild aufgewachsenen Gehölz, dem es, wenn gleich an künstlicher Regelmäßigkeit, doch nicht an natürlicher Anmuth und Schönheit fehlte. Ein ungeheurer Casuarina-Baum, der aus demselben weit empor ragte, war mit einer Menge schwarzer Thierchen bedeckt, die wir in einiger Entfernung für Krähen hielten, bey näherer Untersuchung aber für Fledermäuse erkannten. Sie hatten sich, vermittelst ihrer an den Spitzen der Flügel und an den Füßen befindlichen Krallen an die Zweige fest gehangen, oft mit dem Kopf nach der Erde herab, oft aber auch anders. Auf den ersten Schuß brachten wir sechs bis acht Stück herunter, da sich denn fand, daß sie zu der *Vampyr-Art* gehörten *(Rougette de Buffon, Vampirus Linnæi & Pennantii)* und, von einem Ende der ausgebreiteten Flügel zum andern, zwischen 3 und 4 Fus maßen. Durch das Feuern in ihrer Ruhe gestört, flatterten sie zum Theil, mit sehr schwerfälligem langsamen Fluge vom Baume, und ließen zugleich eitlen durchdringend pfeifenden Ton hören, andre kamen von weit entfernten Gegenden einzeln herbeygeflogen, die mehresten aber blieben unverrückt in ihrer Stellung. Es scheint, daß sie nur des Nachts auf Nahrung ausgehen, doch mögen sie in den Baumgärten der Eingebohrnen viel Schaden anrichten, denn sie leben größtentheils von Früchten. Dies schlossen wir unter andern daraus, weil die Leute, welche bey Abfeurung unsrer Flinten zugegen waren, ein großes

Wohlgefallen über die Niederlage bezeugten, die wir unter ihren Feinden anrichteten. Sie wissen diese Thiere auch lebendig zu fangen und sperren sie alsdenn in Käfige von Korbmacher-Arbeit, die sehr künstlich, mit einem trichterförmigen Eingange, gleich den Fisch-Reusen, versehen sind, so daß das Thier sehr leicht hineingebracht werden, aber nicht wieder herauskommen kann; man versicherte uns, daß diese Creaturen sehr beißig wären, wozu es ihnen auch nicht an großen scharfen Zähnen fehlte. Da wir von *Tahiti,* den *Societäts-Inseln,* und *Ea-Uwhe* her wußten, daß, wo ein *Casuarina-Baum* stehe, ein Begräbniß-Platz gemeiniglich nicht weit sey; so vermutheten wir beym Anblick dieses traurigen Baums, dessen Ansehn die schwarzen Fledermäuse noch finstrer machten, daß auch hier ein Grabhügel in der Nähe seyn müsse: Und so war es in der That. Wir gelangten nemlich bald auf einen schönen Grasplatz, der rund umher von *Casuarinas, Pandangs,* wilden *Sayo*-Palmen und andern Bäumen beschattet war. Vornemlich stand längst einer Seite eine Reihe von *Barringtonias,* die so dick als die stärksten Eichen waren und deren große schöne Blüthen mehrentheils auf der Erde umher lagen. Am obern Ende dieses Platzes sahen wir eine Erhöhung von 2 bis 3 Fus, die am untern Seitenrande mit viereckig gehauenen Coralsteinen ausgelegt und, zu desto bequemern Hinaufsteigen, mit zwey Stufen von Coralstein versehen war. Oben war der Hügel mit grünem Rasen bedeckt, und eine Hütte darauf erbauet, die der Todten-Hütte auf *Ea-Uwhe* gleich sahe. Sie war nemlich ohngefähr 20 Fus lang, 15 breit und 10 Fus hoch; das Dach bestand aus Pisangblätter und reichte fast bis ganz auf die Erde herab. Innerhalb hatte man den Fusboden mit kleinen weißen Coralsteinen bestreuet, und auf diesen lag in einer Ecke eine ohngefähr 8 Fus lange und 12 Zoll hohe Schicht von schwarzen Kieseln. Nach der Aussage eines Indianers, der mit in die Hütte herein gieng, indeß die übrigen in einiger Entfernung stehen blieben, lag hier ein Mann begraben; er deutete während seiner Erzählung auf die Stelle, wo ihm der kleine Finger fehlte, und erklärte sich ganz deutlich, daß diese Verstümmlung bey dem Todesfall der *Maduas* (d.i. der Eltern oder vielleicht andrer Verwandten in aufsteigender Linie) vorgenommen zu werden pflege. Unserm Astronomen, Herrn *Wales,* begegnete zwar einstmals ein Mann, dem an beyden Händen kein Finger fehlte, ohnerachtet die Eltern desselben, seinem hohen Alter nach zu urtheilen, wohl schwerlich mehr am Leben seyn konnten: Allein, ein solcher einzelner Fall entscheidet nichts gegen das Ganze, und da es überall Sonderlinge giebt, so könnte ja auch wohl auf *Tonga-Tabu* einer oder der andere gewisse Ceremonien nicht mit machen wollen, zumal da man in der Süd-See durchgehends sehr tolerant ist. – Wir fanden auf dieser Grabstätte auch zwey aus Holz geschnitzte Figuren, die gleich den *E-Tihs* auf *Tahiti,* einer Menschengestalt ähnlich seyn sollten; doch bezeigte man ihnen hier eben so wenig als dort, eine Art von Achtung oder Verehrung, sondern ließ sie sorglos auf der Erde herum liegen und stieß sie nach Gelegenheit mit den Füßen aus einem Winkel in den andern. Dergleichen Begräbnißplätze heißen in der Landes-Sprache *Fayetuca,* und sind immer in einer sehr anmuthigen Gegend, auf grünen Grasplätzen, unter schönen, schattenreichen Bäumen angelegt. Herr *Hodges* zeichnete den, von welchem hier die Rede ist, und man findet in Capitain *Cooks* Reisebeschreibung eine getreue Abbildung desselben. Nachdem wir diesen Ort zur Genüge untersucht hatten, setzten wir unsern Weg weiter fort, der, wie bisher immer zwischen Plantagen hindurch gieng; es kamen uns aber nur wenig Einwohner zu Gesicht, indem sie sich mehrentheils nach dem Handlungsplatze herab verfügt hatten, und wenn wir ja welche antrafen, so blieben sie entweder ungestört bey ihrer Arbeit oder giengen bescheiden neben uns vorbey. Weit entfernt es nicht gern zu sehen oder gar hindern zu wollen, daß wir ihr Land so durchstreiften, blieben sie unsrentwegen kaum einmal aus Neugier stehen; sondern grüßten uns vielmehr in einem freundlichen Ton. Wir sprachen in verschiednen Häusern ein, fanden sie aber durchgehends leer, jedoch immer mit Matten ausgelegt und mit wohlriechendem Gesträuch umgeben. Zuweilen waren sie von den Baumgärten oder andern Pflanzungen noch durch einen eignen Zaun abgesondert, der so wie die Zäune in *Ea-Uwhe,* eine besondre Thür hatte, die inwendig verriegelt werden konnte. In solchem Fall war das wohlriechende Buschwerk allemal innerhalb der kleinern Verzäunung hingepflanzt.

Wir waren nunmehro schon drey Meilen weit marschirt, und sahen endlich das östliche Ufer der

Insel vor uns, wo die Küste einen tiefen Winkel macht, den *Tasman, Maria-Bay* genannt hat. In dieser Gegend ward der Boden allmählig niedriger und endigte sich in einen sandigen Strand; an der nördlichen Spitze hingegen bestand das Ufer aus einem senkrechten Coral-Felsen, der an manchen Stellen untergraben und überhängend war. Diese Steinart wird aber nie anders als *unterhalb* dem Wasser erzeugt, und folglich kann man sicher darauf rechnen, daß an solchen Stellen, wo sie *ausserhalb* dem Wasser angetroffen wird, eine große Veränderung mit dem Erdboden müsse vorgegangen seyn. Ob nun diese hier, durch eine allmählige Abnahme der See, oder durch sonst eine gewaltsamere Revolution mag veranlaßt worden seyn? will ich nicht zu entscheiden wagen. Nimmt man indessen an, daß solches auf die zuersterwähnte Art geschehen sey; so müßte, falls die Beobachtungen einiger Gelehrten in Schweden, von der dortigen allmähligen Verminderung der See zuverläßig sind,[4] diese Insel hier ziemlich neuen Ursprungs seyn, und alsdenn wäre nicht wohl zu begreiffen, wie sie schon mit Erde, Kraut und Wäldern bedeckt, so stark bevölkert und bereits so gut angebaut seyn könnte als wir sie würklich gefunden haben. – Am Fuß des steilen Felsen der uns zu diesen Betrachtungen Anlaß gab, hieng eine Menge See-Schnecken; denen zu Gefallen wir auf einen Rief, bis an die Knie im Wasser waden mußten, denn die Fluth fieng schon an einzutreten. Es währete auch nicht lange, so nöthigte uns das Aufschwellen der See, das Trockne wieder zu suchen, der Felsen war aber hier überall so steil, daß wir mit aller Mühe kaum eine Stelle fanden, wo man hinauf kommen konnte. Innerhalb den Plantagen, durch welche wir nunmehro den Rückweg antraten, begegneten uns verschiedene Eingebohrne die vom Handelsplatz zurückkehrten. Wir kauften ihnen im Vorbeygehen eine große Anzahl Fisch-Angeln, und allerhand Putzwerk, imgleichen ein Fisch-Netz ab, das, wie unsre Zugnetze gestaltet und, gleich denselben, aus dünnen aber starken Zwirnähnlichen Faden zusammengeknüpft war. Eben diese Leute überließen uns auch verschiedene geflochtene Matten und etliche Stücken Zeug. Das sonderbahrste was wir von ihnen erhandelten war eine Knie-Schürze mit sternförmigen Figuren von Coco-Nuß-Fasern geziert, dergleichen S. 259 gedacht worden; diese Sterne, davon jeder 3 bis 4 Zoll im Durchschnitt hielt, stießen mit den Spitzen zusammen, und waren mit kleinen rothen Federn und Muschel-Corallen aufgeputzt. Unterwegens sahen wir einen neuen Beweis von der Sorgfalt die sie auf den Landbau wenden; wir fanden nemlich an mehrern Stellen, daß sie das Unkraut sorgfältig ausgejäthet und auf einen Haufen zusammengeworfen hatten, damit es vertrocknen sollte. Nachdem wir eine geraume Zeit gegangen waren, zeigte sich, daß wir uns verirrt hatten, wir nahmen also einen Indianer zum Wegweiser, und dieser brachte uns, vermittelst eines von den oft beschriebenen Feldwegen, zwischen zwey Verzäunungen, gerade auf den *Fayetuca* oder Begräbniß-Platz zurück, über den wir zuvor ebenfalls gekommen waren. Hier fanden wir die Capitains *Cook* und *Furneaux* nebst Herrn *Hodges* unter einer großen Menge Indianer im Grase sitzen. Sie waren eben mit einem alten triefäugigten Mann im Gespräch begriffen, der bey seinen Landsleuten in besondern Ansehen stehen mußte, indem ihn aller Orten ein großer Haufen Volks begleitete. Dieser Mann hatte unsre Herren Reisegefährten nach zweyen *Fayetucas* hingeführt, und, mit dem Gesicht gegen das Gebäude gewandt, eine feyerliche Rede oder Gebeth gehalten; während desselben kehrte er sich, wie man uns erzehlte, öfters gegen den Capitain *Cook,* und schien ihn zu befragen, hielt auch jedesmal eine Weile inne, als ob er eine Antwort erwarte; und wenn dann der Capitain mit dem Kopf nickte, so fuhr jener in seiner Rede fort. Zuweilen schien ihm aber das Gedächtniß untreu zu werden, in welchem Fall ihm von den Umstehenden einer oder der andre wieder zurecht half. Aus dieser Ceremonie und dem Platze wo sie vorgieng, schloß man, daß dieser Mann ein Priester sey. Doch muß man hieraus keinesweges folgern, daß sie eine Art von abgöttischer Religion hätten, denn so weit unsre Kenntniß ihrer gottesdienstlichen Gebräuche reicht, haben wir nicht die geringste Spur gefunden, daß sie, gleich den Tahitiern, gewisse Vögel oder andre Creaturen besonders verehrten, sondern sie schienen blos ein unsichtbares höchstes Wesen anzunehmen und anzubeten. Was aber, sowohl diese Leute, als die Einwohner auf

4 S. Abhandlungen der Kön. Schwedischen Academie zu Stockholm.

Tahiti und den Societäts-Inseln, veranlaßt haben mag, ihren Gottesdienst neben den Gräbern zu verrichten? bleibt uns dunkel; denn die Religions-Artikel eines Volks sind gemeiniglich dasjenige, wovon der Reisende die wenigste und späteste Kenntniß erlangt, zumal wenn er in der Landessprache so unerfahren ist als wirs in der hiesigen waren. Außerdem pflegt die Kirchen-Sprache von der gemeinen oft sehr verschieden, und die Religion selbst in Geheimnisse gehüllt zu seyn, besonders in solchen Ländern, wo es Priester giebt, deren Vortheil darin besteht, die Leichtgläubigkeit des Volks zu mißbrauchen.

Von hier aus eilten wir wieder nach der Küste herab, wo fleißig um Früchte, Vieh und Schweine gehandelt wurde. Als eine Curiosität kauften wir ein großes flaches Brustschild, das aus einem runden Knochen bestand, der vermuthlich von einer Wallfischart seyn mochte. Es war ohngefähr 18 Zoll im Durchmesser groß, so weiß als Elfenbein und schön poliert. Nächstdem brachte man uns auch ein neues musicalisches Instrument, das aus neun bis zehn Rohrpfeifen bestand, die ohngefähr 9 Zoll lang und mit Coco-Nuß-Fasern zusammen verbunden waren, wie aus der im Nachfolgenden, bey S. 610 befindlichen Kupfertafel III, vermittelst der Figur 5. noch deutlicher ersehen werden kann. Die Länge der Pfeifen war selten merklich verschieden, auch waren lange und kurze ohne Ordnung durcheinander gemischt. Am oberen Ende hatten sie eine Öffnung, in welche man mit den Lippen hinein blies, indeß das Instrument vor dem Munde hin und her gezogen ward, um auf diese Art die verschiedenen Töne in beliebiger Maaße anzugeben. Es hatte deren gemeiniglich vier bis fünf und gieng nie auf eine ganze Octave. Die Ähnlichkeit, welche sich zwischen diesem Instrument und der Syrinx- oder Pan-Flöte der alten Griechen befand, gab ihm in unsern Augen mehr Werth als seine musicalische Vollkommenheit; denn schon aus der Art wie es gespielt wurde, werden die Music-Liebhaber genugsam einsehn können, daß diese göttliche Kunst hier noch in ihrer Kindheit sey. Die Vocal-Music war mit der auf *Ea-Uwhe* einerley und die Stimmen keinesweges unharmonisch. Auch hier schlagen die Weiber Knippchen unterm Singen, und beobachten den Tact damit sehr genau; da aber der Gesang innerhalb vier Töne eingeschränkt ist, so findet keine große Modulation statt. Zu ihren musicalischen Instrumenten gehört noch eine Pfeife von Bambu-Rohr, die ohngefähr so dick als unsre Flöten war und hier auf eben die Art wie zu *Tahiti,* durch die Naselöcher, geblasen wurde. Gemeiniglich waren sie mit allerhand kleinen eingebrannten Figuren geziert, und hatten vier bis fünf Ton-Löcher, da hingegen die Tahitischen Flöten nur drey in allem hatten. Die Auszierungen mit eingebrannten Figuren, fanden wir auch auf ihren Speise-Schalen und anderm hölzernen Hausrath angebracht.

Ohnerachtet es beynahe Abend war als wir mit unsern eingekauften und aufgefundnen Merkwürdigkeiten an Bord zurück kamen, fanden wir das Schiff doch noch von einer Menge Eingebohrnen umgeben, die theils in Canots herbey gekommen waren, theils im Wasser herum schwammen und nicht wenig Lerm machten. Unter den letztern gab es sehr viel Frauenspersonen, die wie Amphibia im Wasser herumgaukelten, und sich leicht bereden ließen an Bord zu kommen, nackt als die Natur sie geschaffen hatte. Um Keuschheit war es ihnen auch eben so wenig zu thun als den gemeinen Mädchen auf *Tahiti* und den Societäts-Inseln, und man kann wohl denken, daß unsere Seeleute sich den guten Willen dieser Schönen zu Nutze machten. Sie ließen uns auch hier wieder Scenen sehen, welche der Tempel Cytherens werth gewesen wären. Ein Hemd, ein Stück Zeug, oder ein Paar Nägel waren zuweilen hinreichende Lockungen für die Dirnen, sich ohne Schaam preis zu geben. Doch war diese Liederlichkeit nichts weniger als allgemein, und ich glaube gewiß, daß nicht eine einzige verheirathete Person sich einer ehelichen Untreue schuldig gemacht hat. Hätten wir von der Verschiedenheit der Stände allhier hinlängliche Kenntniß gehabt, so würde sich wahrscheinlicher weise gefunden haben, daß, wie in Tahiti so auch hier, die liederlichen Frauenspersonen, nur vom niedrigsten Pöbel waren. Mit alle dem bleibt es immer ein sonderbarer Zug in dem Character der südlichen Insulaner, daß unverheirathete Personen sich ohne Unterschied einer Menge von Liebhabern preis geben dürfen! Sollten sie denn wohl erwarten, daß Mädchen, welche den Trieben der Natur Gehör und freyen Lauf gegeben, bessere Weiber würden als die unschuldigen und eingezogenern? Doch es ist umsonst, für die willkürlichen Grillen der Menschen vernünftige Gründe aufsuchen zu wollen, vornemlich in Betracht des andern Geschlechts, wegen dessen man zu allen Zeiten und in allen Ländern sehr verschiedner Meynung gewesen ist! In einigen Gegenden von Indien wird kein Mann von Stande eine *Jungfer* heirathen; in Europa hingegen ist eine *verunglückte Jungfer* fast ohne Hoffnung, je wieder zu Ehren zu kommen. Türken, Araber, Tartaren treiben ihre Eifersucht sogar bis auf eingebildete Zeichen der Jungferschaft, aus welcher sich der Malabar so wenig macht, daß er sie seinem Götzen opfert. –

Keine von diesen Weibspersonen blieb nach Untergang der Sonne am Schiff, sondern sie kehrten alle wieder ans Land zurück, um sich, gleich den mehresten ihrer Landsleute, nicht weit von der Küste, unter die Bäume hin zu legen. Dort zündeten sie viele Feuer an, und man hörte sie den grösten Theil der Nacht zusammen plaudern. Sie schienen auf den Handel mit uns so erpicht zu seyn, daß sie blos deswegen nicht zu ihren entfernten Wohnungen zurück kehrten. Unsere Waaren standen in hohem Werth bey ihnen. Ein Huhn galt gemeiniglich einen großen Nagel; für kleinere aber bekamen wir nur Früchte, als Bananen, Cocosnüsse und dergleichen. Die Einwohner wandten dies Eisenwerk zum Putz an, und trugen die Nägel mehrentheils an einem Bande um den Hals oder steckten solche ins Ohr. Die Hühner waren von ausnehmender Größe und von vortreflichem Geschmack. Sie hatten auch gemeiniglich ein sehr glänzendes Gefieder, das ins Rothe und Goldfarbige spielte. Die Matrosen kauften überall gern Hähne, um sich das barbarische Vergnügen zu machen, sie kämpfen zu sehn. Seit unserer Abreise von *Huaheine* hatten sie die armen Thiere täglich gemartert, ihnen die Flügel zu stutzen und sie gegen einander aufzubringen; mit den Hähnen von *Huaheine* war es ihnen auch so gut gelungen, daß viele derselben eben so erhitzt fochten, als die besten englischen Kampfhähne. Mit den hiesigen aber wollte es ihnen nicht glücken; und weil sie denn nicht fechten wollten, so mußten die Matrosen sich schon entschließen sie aufzufressen.

Am nächsten Morgen kam des Capitains Freund *Attaha,* oder *Attagha,* sehr zeitig an Bord und frühstückte mit uns. Seine Kleidung bestand aus Matten, wovon er, des kalten Morgens wegen, eine über die Schultern geschlagen hatte. Herr *Hodges* wünschte ihn bey dieser Gelegenheit abzuzeichnen; da es aber dem Indianer an einem gewissen Grad von Aufmerksamkeit und Nachdenken fehlte, den man bey allen uncivilisirten Völkern vermißt; so kostete es uns nicht wenig Mühe, ihn eine Zeitlang zum Stillsitzen zu bringen. Dem ohnerachtet gerieth die Zeichnung sehr gut; Herr *Hodges* hat die Stellung gewählt, da *Attaha* einen eisernen Nagel, den man ihm geschenkt, zum Zeichen der Danksagung über den Kopf empor hält. Dies Bildniß ist von Herrn Sherwin meisterhaft in Kupfer gebracht, und man kan sich, nach den sanften Gesichtszügen dieses Mannes, von dem Charakter der Nation überhaupt, einen richtigen Begriff machen. Nach eingenommenen Frühstück schickte der Capitain und mein Vater sich an, ihn wieder nach dem Lande zu begleiten. Als sie in dieser Absicht aufs Verdeck kamen, fiel ihm ein tahitischer Hund in die Augen. Über diesen Anblick gerieth er für Entzücken gleichsam außer sich. Er schlug beyde Hände an die Brust, wandte sich gegen den Capitain und rufte voller Freuden, mehr als zwanzig mal, *Guri!*[5] aus.

Es wunderte uns daß ihm der Name eines Thieres bekannt war, deren es doch in seinem Lande keine giebt. Die Kenntniß davon muß also, entweder von einer Tradition ihrer Vorfahren herrühren, die aus andern Inseln oder vom festen Lande, wo es dergleichen Thiere gegeben hat, hieher gekommen sind; oder aber, sie müssen ehemals selbst welche auf der Insel gehabt haben, und durch einen oder andern Zufall darum gekommen seyn; oder endlich, sie müssen noch jetzt mit andern Ländern in Verbindung stehen, allwo es Hunde giebt. Um indessen die Freude des ehrlichen *Attaha* vollständig zu machen, schenkten wir ihm einen Hund und eine Hündinn, die er ganz entzückt mit sich ans Land nahm.

Ich meines theils blieb den ganzen Tag am Bord, um die Pflanzen und Vögel in Ordnung zu bringen, die wir bey unserer ersten Landung gesammlet hatten, und deren Anzahl, in Betracht des geringen Umfangs der Insel, sehr ansehnlich war. Die Eingebohrnen hielten sich beständig mit einer Menge von Canots bey dem Schiffe auf, und andre, die vermuthlich nicht reich genug waren um sich ein eigenes

---

5 *Uri* bedeutet zu *Tahiti* einen Hund; *Guri* bedeutet eben das auf Neu-Seeland.

Schuppenkopf-Honigfresser, *F: Certhia carunculata*
Foulehaio carunculatus (Eua/Tonga, 1773)

Canot zu halten, schwammen vom Ufer ab und zu. Ihre Fahrzeuge waren von verschiedener Bauart. Die gewöhnlichen kleinen Canots, in welchen sie Waaren zu Markte brachten, hatten einen ganz scharfen Kiel, und waren vorn und hinten gleich sehr zugespitzt, aber dabey so schmal, daß die Wellen oft über die äußersten Enden ganz zusammen schlugen; damit nun in dergleichen Fällen das ganze Canot nicht voll Wasser würde; so waren die beyden Spitzen, oberhalb mit Brettern verdeckt oder zugeschlagen. Zu Verhütung des Umschlagens waren sie gemeiniglich mit einer leichtgebauten Auslage, oder einem Balancier (Gegengewicht) von Stangen, versehen. Das Canot an und für sich bestand aus mehreren Planken von hartem braunem Holze, die mit Coco-Nus-Fasern, eine auf die andere genähet, und so künstlich zusammengefügt waren, daß sie ausnehmend wasserdicht zu seyn schienen. Die *Tahitier* begnügten sich, unmittelbar durch die Planken, Löcher zu bohren, und durch diese die Cocos-Fäden durchzuziehen; aber eben deshalb waren auch ihre Canots fast immer leck. Zu *Tongatabu* hingegen, ist an der Inseite der Planken, dicht am Rande der Fuge, ein vorspringender Falz oder Leiste befindlich, und nur durch diese, nicht durch die ganze Dicke der Planken, gehen die Schnüre welche die Nath ausmachen. Längst dem äußern Rande des Verdecks, oder des schmalen Brettes an beyden Enden des Canots, sind sieben bis acht runde, knotenförmige Erhöhungen angebracht, die eine Nachahmung der kleinen Flosfedern *(pinnulae spuriae)* am Bauche der Bonniten, Albecoren oder Makrelen zu seyn scheinen. Ich glaube auch würklich, daß die Insulaner, im Bau ihrer Boote, diese schnellen Fische zum Modell genommen haben. Ohnerachtet die Canots gemeiniglich 15 bis 18 Fus lang sind; so sind sie doch, von einem Ende bis zum andern, so glatt als unsre beste Tischler-Arbeit abgeputzt, welches höchlich zu bewundern ist, da das hiesige Handwerks-Zeug nur aus elenden Stückchen von Corallen und die Hobeln nur aus Rochenhaut bestehen. Die Ruder sind nicht minder schön polirt als die Fahrzeuge, auch von eben der Holzart gemacht, und haben kurze, blattförmige breite Schaufeln, wie die *Tahitischen*. Die zweyte Art von Canots war zum seegeln eingerichtet; und Leute, die das Seewesen und den Schiffbau verstanden, mußten bekennen, daß sie dazu vortreflich taugten. Wir sahen eines davon in Marien-Bay, das aus zween kleinern bestand, so die dicht an einander befestigt waren. Die Planken waren, auf eben die Art als bey den vorbeschriebenen, zusammen genähet, beyde Canots aber ganz bedeckt, und, gleich den Tahitischen Kriegsfahrzeugen, mit einem erhabnen Gerüst oder Platteform versehen.[6] Einige dieser Seegel-Boote mögen einhundert und funfzig Mann tragen können. Die Seegel, welche dreyeckigt sind, bestehen aus starken Matten, in welche zuweilen die Figur einer Schildkröte, oder eines Hahns, wiewohl nach einer ziemlich unförmlichen Zeichnung, eingewürkt ist.[7] Da genauere Beschreibungen vom Schiffbau den mehresten Lesern nur langweilig und blos für Seefahrer lehrreich seyn würden, so will ich mich darauf nicht einlassen; verlangt aber jemand noch ausführlichern Unterricht, der kann sich an den Zeichnungen der Durchschnitte und Verhältnisse, die Herr *Hodges* angefertigt hat, und die auch in Kupfer gestochen sind, weiter Raths erholen. Schon aus dem Wenigen, was ich von der guten Bauart dieser Seegel-Boote gesagt habe, wird der Leser abnehmen, daß die Einwohner dieser Inseln weit erfahrnere und bessere Seeleute seyn müssen, als die Einwohner von *Tahiti* und den *Societäts*-Inseln.

Unter der Menge von Leuten, welche um die Schiffe her waren, bemerkte ich verschiedne, deren Haar an den Spitzen verbrannt zu seyn schien und gepudert war. Bey genauerer Untersuchung fand sich, daß dies Puder aus Muschel- oder Corallen-Kalk zubereitet war, der vermöge seiner fressenden Eigenschaft, die Haare angegriffen und gleichsam versengt oder verbrannt hatte. Der Geschmack am Haarpuder gieng hier so weit, daß man schon auf die Künsteley verfallen war, ihm allerhand Farben zu geben, denn einer von den Männern hatte blaues, und mehrere Leute, sowohl Männer als Weiber, ein orangenfarbnes Puder, von Curcuma, gebraucht. Der Heilige *Hieronymus,* der gegen die Eitelkeiten seiner Zeiten predigte, warf schon damals den römischen Damen eine ähnliche Gewohnheit vor: *ne irrufet crines & anticipiet sibi ignes gehennæ!* Die Thorheiten der Menschen sind sich also so ähnlich, daß man die längst vergeßnen Moden der ehemaligen Bewohner von Europa, noch heut zu Tage unter den neuern Antipoden wieder findet! Und unsre abgeschmackten Petitmäters, deren ganzer Ehrgeiz darinn besteht, eine neue Mode zu erfinden, können diese unbedeutende Ehre nicht einmal für sich allein behalten, sondern müssen ihren Ruhm mit den uncivilisirten Einwohnern einer Insel in der Südsee theilen!

Mein Vater kam erst am Abend wieder, weil er einen weiten Gang vorgenommen, nemlich bis nach dem südlichsten Ende der Insel hingewesen war. In der Mittagsstunde hatte ihn ein starkes Regenwetter überfallen, und in eine Plantage zu gehen genöthigt um daselbst in der Hütte Obdach zu suchen. Zum Glück für ihn war der Eigenthümer derselben zu Hause. Er nahm meinen Vater freundlich auf und bat ihn, sich auf die reinliche Matten, die den Fußboden bedeckten, Platz zu nehmen. Mittlerweile gieng er fort, um zur Bewirthung Anstalt zu machen; kam aber in wenig Augenblicken zurück und brachte etliche Coco-Nüsse mit. Darauf öfnete er seinen Ofen unter der Erde und langte einige Bananen und Fische heraus, die in Blätter gewickelt, vollkommen gahr und von vortreflichem Geschmack waren. Die hiesige Kochart ist also mit der *Tahitischen* einerley, und die Insulaner sind eben so gastfrey als jene. Daß wir aber nicht so viel Proben davon gehabt haben, rührte blos daher, weil wir selten jemand zu Hause trafen, indem sich die Leute mehrentheils nach dem Handlungsplatze an der See begeben hatten. Mein Vater belohnte seinen Wirth, für die genossene gutherzige Aufnahme, mit Nägeln und Corallen, die jener unter dem gewöhnlichen *Fagafetai* über den Kopf hielt und dankbarlich annahm. Er begleitete auch seinen Gast bis an den Strand und trug ihm sehr willig und sorgfältig eine Menge von Speeren und Keulen nach die er unterwegens eingehandelt hatte.

---

6 S. in *Hawkesworths* Geschichte der engl. See-Reisen in 8. die im dritten Bande *pag. 534.* befindliche Abbildung.

7 Die Abbildung eines *Canots* in *Schoutens* Reisen giebt von den Seegel-Booten zu *Tongatabu* einen guten Begriff. S. *Dalrymple's Collection Vol. II. p. 17. 18.*

So harmlos sich aber die guten Leute auch gegen uns betrugen, so blieben sie dennoch von den Unglücksfällen nicht verschont, die bey Entdeckung fremder Länder nur gar zu oft vorfallen. Unsre Waaren hatten für sie gewiß nicht weniger Werth und Reiz als den sie für die *Tahitier* hatten; und es war daher kein Wunder, daß sie auch eben so geneigt waren, als jene, sich daran zu vergreifen. Die Capitains waren am nächstfolgenden Tage nicht lange am Lande gewesen, als ein Insulaner die Gelegenheit wahrnahm eine Jacke aus unserm Boote wegzustehlen. Um seine Beute zu sichern tauchte er unters Wasser und lief, sobald er den Strand erreicht hatte, unter seine Landsleute, da, wo das Gedränge am dicksten war. Gleichwohl ließen sich die Matrosen dadurch nicht abhalten auf ihn zu feuern, und, ohne daß es der Capitain befahl, geschahen sieben Schüsse nach ihm. Dadurch wurden nun natürlicherweise mehrere, ganz unschuldige Leute verwundet, und bey alle dem war das Volk so gutherzig, daß sie weder Ufer noch Handelsplatz verließen, auch wegen dieses übereilten Betragens nicht das geringste Mistrauen schöpften; sondern vielmehr sich die Kugeln getrost um die Ohren pfeifen ließen. Wenige Stunden nachher machte ein andrer es am Bord unsers Schiffes eben so; er schlich sich in die Cajüte des Piloten und entwandte daselbst verschiedne mathematische Bücher, einen Degen, ein Lineal und andre Kleinigkeiten, wovon er in seinem Leben keinen Gebrauch machen konnte. Indessen ward die Sache entdeckt, als er eben in einem Canot entwischen wollte, man schickte ihm daher ein Boot nach, um das gestohlne wieder habhaft zu werden. Sobald er sahe, worauf es angelegt sey, warf er alles über Bord; man ließ also die Sachen durch ein andres Boot auffischen, inmittelst das erste den Dieb zu verfolgen fortfuhr. Um ihn einzuholen, schossen unsre Leute eine Flintenkugel durch das Hintertheil seines Canots, worauf er, nebst verschiednen andern ins Wasser sprang. Demohnerachtet hörte man nicht auf ihm nachzusetzen, doch seine bewundernswürdige Hurtigkeit schützte ihn noch eine ganze Zeit lang; er tauchte zuweilen unter das Boot in welchem unsre Leute waren, und einmal hob er ihnen gar das Steuer-Ruder aus, ohne daß sie ihn erwischen konnten. Endlich ward einer von den Matrosen des Spiels überdrüßig, und warf den Boothaken nach ihm; unglücklicherweise drang das Eisen ihm unter die Rippen in den Leib; es ward dem Matrosen also nicht schwer, den Indianer vollends bis ans Boot heran zu ziehen und ihn an Bord zu heben. Allein er sahe die Zeit ab, sprang ehe man sichs versahe, wieder in die See, und entkam auch, ohnerachtet er viel Blut verlohren hatte, glücklich, vermittelst einiger Canots, die zu seiner Rettung vom Lande abgestoßen hatten, und ihn aufnahmen. Es ist gewiß sehr zu verwundern, daß die barbarische Verfolgung und Mißhandlung dieses armen Schelmen, uns weder das Vertrauen noch die Zuneigung der Einwohner raubten! Alles blieb so ruhig und friedlich als zuvor. Die Capitains brachten *Attagha* und einen andern Befehlshaber zum Essen mit an Bord, und der Handel gieng eben so gut von statten als ob nichts vorgefallen wäre. Der Befehlshaber der mit *Attagha* kam, schien von höheren Range zu seyn, weil letzterer, der sonst mit uns am Tisch zu sitzen pflegte, jetzt ein paar Schritte hinter demselben sich auf den Fußboden niedersetzte, und durch nichts dahin zu bringen war, daß er in des andern Gegenwart gegessen hätte. Jener war ein triefäugigter ältlicher Mann, für den die übrigen Leute in den Canots so viel Achtung bezeugten, daß unsre Matrosen nach ihrer Art meynten, er müsse wenigstens Admirals-Rang haben. Aus seiner Kleidung konnte man indessen nicht sehen, daß er von höheren Stande wäre, denn wie es scheint, so wissen die Insulaner überhaupt noch nichts von Verschwendung und Kleiderpracht, doch lassen sie es darum keinesweges an Ehrfurcht gegen die Vornehmern ihrer Nation fehlen. Auf den Societäts-Inseln hingegen verhielt sichs gerade umgekehrt. Die Achtung welche *Attagha* dem andern Befehlshaber bezeigte, war zwar groß, aber doch nichts in Vergleich mit dem was wir nach Tische am Lande erfuhren. Wir trafen daselbst einen Mann von mittlerm Alter, der beym Handelsplatze auf der Erde saß und einen Kreis von Einwohnern um sich hatte. Einige unserer Leute die auf der Jagd gewesen waren, erzählten, daß ihnen dieser Mann bey Marien-Bay begegnet wäre, und daß alle Eingebohrnen, die neben ihm vorbey gegangen, sich vor ihm auf die Erde geworfen, seine Füße geküßt, und solche auf ihre Köpfe gesetzt hätten. Bey genauerer Nachfrage hätten sie von unterschiedlichen Leuten vernommen, er sey das Oberhaupt der ganzen Insel, in eben der Maaße als *Cucki* (Capitain *Cook)*

Befehlshaber auf unsren Schiffen sey, und heiße *Ko-Haghi-Tu-Fallango*.[8] Ob aber dies sein Name oder Titel sey, kann ich nicht bestimmen, denn wir hörten diese Wörter, nach der Hand, von keinem Eingebohrnen wieder. So viel wir aber deren fragten, die sagten uns durchgehends, daß er ihr *Arighi*[9] oder König sey. Sie setzten hinzu, er würde *Latu-Nipuru* genannt: Vermuthlich deutet *Latu* den Titel an, denn eben dieses Wort ist, laut *Schouten* und *Le Maires* Bericht, auch in jener Sprache vorhanden, die auf den *Cocos-Verräther-* und *Horne-*Inseln geredet wird, welche hier in der Nachbarschaft nur etliche Grade weiter gen Norden liegen, und von gedachtem Seefahrer im J. 1616 besucht wurden.[10] Wir glaubten diese Vermuthung um desto ehe annehmen zu dürfen, weil, laut den Wörterbüchern vorgedachter Seefahrer, die dortige Sprache mit der hiesigen, noch in mehrern Fällen genau überein kam, und weil auch das Betragen und die Gebräuche jener Insulaner, der Beschreibung nach, mit dem wie wir es hier fanden, ungemein viel Ähnlichkeit hatte. Doch dem sey wie ihm wolle, es war uns darum zu thun, diesen *Latu* näher kennen zu lernen; wir giengen also zu ihm heran, und die Capitains machten ihm allerhand Geschenke, die er so hölzern und gleichgültig annahm, daß man ihn für ganz unempfindlich und einfältig hätte ansehen mögen. Unter andern war auch ein Hemde dabey, welches sie ihm anzogen, damit ers zu gebrauchen wisse. Allein, bey seiner stupiden Unbehülfsamkeit kostete ihnen das nicht wenig Mühe. Vermuthlich würde er ihnen auch nicht einmal dafür gedankt haben, wenn nicht ein altes Weib, die hinter ihm saß, ihn so oft daran erinnert hätte. Dieses fruchtete endlich soviel, daß er ein Stück nach dem andern, über den Kopf empor hob, doch sagte er, so gut als der geringste seiner Unterthanen, nichts mehr als schlechtweg, *Fagafetaï* dazu. Der Priester, welcher die beyden Capitains am ersten Tage nach unsrer Ankunft zu dem Begräbniß- oder Versammlungs-Platz gebracht hatte, befand sich in eben dem Zirkel von Eingebohrnen, in welchem auch der *Latu* saß, und ließ sich das berauschende Pfefferwasser[11] tapfer schmecken. Es ward ihm in kleinen viereckigten Bechern von künstlich gefalteten und geflochtnen Bananas-Blättern gereicht,[12] und er verlangte, daß man auch uns von diesem köstlichen Getränk mittheilen sollte. Man bot uns also mit vieler Höflichkeit etwas davon an, und aus bloßer Höflichkeit kosteten wir es auch. Es war von Milch-weißer Farbe, hatte aber einen eckelhaften, faden Geschmack und ließ eine unangenehme brennende Empfindung auf der Zunge zurück. Von diesem eckelhaften Zeuge, nahm der heilige Mann alle Abend so reichliche Portionen zu sich, daß er immer ganz berauscht ward. Kein Wunder also, daß ihm das Gedächtniß beym Gebeth versagte, daß sein ganzer Cörper mager, die Haut schäbicht, das Gesicht runzlicht und die Augen roth und triefend waren. Er stand bey dem Volke in großem Ansehen, und eine Menge Bedienten waren geschäfftig, ihn mit vollen Bechern zur Hand zu gehn. Die Geschenke, welche wir ihm gaben, behielt er für sich, dahingegen *Attagha* und andre, alles was sie von uns bekamen, an ihre Obern ablieferten. Er hatte eine Tochter, die von unsern Leuten viel Geschenke erhielt, denn sie war ungemein wohl gebildet, und heller von Farbe als die andern hiesigen Frauenspersonen, welche auch insgesammt einige Achtung für sie zu haben schienen. Hellere Farbe und sanftere Gesichtszüge sind natürliche Folgen einer bequemen, unthätigen Lebensart, bey welcher man sich der Sonnenhitze nicht auszusetzen braucht, und an allem, was das Land Gutes und köstliches liefert, Überfluß hat. Dies auf den gegenwärtigen Fall angewandt, so wird es, dem Anschein nach, auch hier schon darauf angelegt, die Religion zum Deckmantel der Üppigkeit und des Wohllebens zu gebrauchen, und auch diese Nation, gleich so vielen andern, der Bequemlichkeit

8 *Ko* ist hier und auf Neu-Seeland der Artikel, welcher mit dem *Tahitischen* O oder E. übereinstimmt.

9 Eben das Wort heißt im *Tahitischen* Dialect *Eri.*

10 *Dalrymples historical collection of voyages and discoveries in the South Pacific in Vol. 4 to 1771. London. Vol. II. p. 27. 28.*

11 Zu *Tahiti Awa,* hier aber und auf Horn-Eyland, *Kawa* genannt.

12 Capitain *Cook* setzt in seiner Reisebeschreibung hinzu, daß diese Becher ohngefähr einen halben Schoppen *(½ pint)* hielten, und daß niemand zweymal, auch nie *zwey* Personen aus demselben Geschirr tranken. Jeder hatte seinen Becher, und nahm, so oft er trank, einen neuen. Die Weiber waren von diesen Zechen nicht ausgeschlossen. Die Tahitische Gewohnheit, daß jedes Geschlecht abgesondert speißt, ist also hier wohl nicht üblich. *A. d. V.*

eines trägen wollüstigen Pfaffen zinsbar zu machen. Bis jetzt mag das freylich so weit noch nicht gehen, aber ein einziger davon ist auch schon genung, um in der Folge weit, und unaufhaltsam um sich zu greifen. Der Gehorsam und die Ergebenheit des Volks gegen die Obern, beweisen zur Gnüge, daß die hiesige Verfassung, wenn gleich nicht völlig despotisch, doch auch weit von der democratischen entfernt ist, und auf die Art kann denn freylich der Luxus bald Eingang finden. Was ich hier von *diesen* beyden Inseln gesagt habe, das läßt sich auch überhaupt von jenen behaupten, die in dieser Gegend weiter gen Westen liegen: Denn die zuverläßigen Beschreibungen, welche *Schouten Le Maire* und *Tasmann* uns von letzteren hinterlassen, stimmen mit dem, was wir selbst auf *diesen* hier beobachtet haben, so genau überein, daß alles, was auf diese paßt, auch von jenen gelten kann. Die Bewohner derselben sind durchgehends zum Handel geneigt und haben von je her, die Fremden, welche bey ihnen landeten, freundlich und leutselig aufgenommen. Dies bewog uns diese ursprünglich von *Schouten* und *Tasmann* entdeckten Eylande, zusammen genommen, die *freundschaftlichen Inseln (friendly Islands)* zu nennen. Ich weiß zwar, daß *Schoutens* Boote auf Cocos- Verräther- Hoffnungs- und Horn-Eyland von den Eingebohrnen feindselig angegriffen wurden; allein das thut jenem Namen keinen Eintrag; denn, so hart der Holländer diesen Vorfall auch ahndete, so hatte es doch im Grunde nicht viel damit zu sagen, auch blieb er, nachdem der erste Lermen auf Horn-Eyland vorüber war, die übrige Zeit seiner Anwesenheit in beständig gutem Vernehmen mit den Insulanern. *Tasmann,* der sieben und zwanzig Jahr darauf, einige andere Inseln, nemlich *Tonga-Tabu* und *Anamocka* (oder Amsterdam und Rotterdam) entdeckte, die 6 Grade weiter gen Süden liegen als jene, ward von den dortigen Einwohnern überaus friedlich und freundschaftlich aufgenommen, ohnerachtet er der erste Europäer war, der zu ihnen kam. Es kann zwar seyn, daß sie sich nur deshalb so freundschaftlich gegen ihn betrugen, weil sie von ihren Nachbarn, den Bewohnern von *Cocos- Hoffnungs-* und *Horn-Eyland,* gehört haben mochten, wie theuer es ihnen zu stehen gekommen, daß sie sich gegen die Fremden aufgelehnt; vielleicht aber brachte es auch ihr von Natur friedfertiger Character also mit sich, doch ist es freylich wohl wahrscheinlicher, daß sie von der Übermacht der Europäer zuvor schon etwas gehört hatten und sich also für dem mörderischen Schießgewehr fürchteten. – Nach *Tasmann* sahe auch Capitain *Wallis,* auf seiner Reise um die Welt im Jahr 1767, zwey von diesen Inseln; denn was er *Boscawen* und *Keppels-Eyland* genannt hat, ist mit *Schouten's* Cocos- und Verräther-Insel einerley. Seine Leute hatten mit den Einwohnern fast gar keinen Umgang, dennoch fanden sie für nöthig, ihnen durch Abfeurung einer Musquete einen Schreck einzujagen. Herr von *Bougainville* sahe ebenfalls einige von den nordöstlichsten Inseln dieses Archipelagus, deren Einwohner seiner Schilderung nach, im Ganzen von eben der Gemüthsart zu seyn scheinen als ihre Nachbarn. Der französische Seefahrer nante diesen Haufen von Inseln *l'Archipel des navigateurs,* und das mit Recht, weil mehrere Seefahrer darauf zu getroffen sind. Hier auf der Insel Amsterdam war seit *Tasmanns* Zeiten kein Europäer hingekommen; und ohnerachtet das einhundert und dreyßig Jahr her ist, so fanden wir doch seine Beschreibungen noch in den mehresten Stücken passend. Es haben also die Einwohner, diesen ganzen Zeitraum hindurch, ihre Sitten, Kleidungen, Lebensart und Gesinnungen fast unverändert beybehalten. Wir waren in ihrer Sprache nicht bewandert genug, um positiv zu erfahren, ob sie von *Tasmanns* Anwesenheit noch etwas wüßten? Wir fanden aber etliche eiserne Nägel bey ihnen, die sich noch von *der* Zeit herschreiben müssen. Einen derselben kauften wir; er war nur sehr klein und fast ganz vom Rost zerfressen, dennoch aber sorgfältig aufbewahrt und in einen hölzernen Grif gefaßt, vermuthlich um statt eines Bohrers gebraucht werden zu können. Er ist jetzt im brittischen Museo verwahrlich niedergelegt. Auch kauften wir etliche kleine irdene Töpfe, die an der Außenseite ganz schwarz von Rus waren, und unserm Vermuthen nach, ebenfalls durch *Tasmann* hieher gekommen seyn mochten; allein in der Folge fanden wir Ursach zu glauben, daß sie auf der Insel selbst verfertigt worden. *Schoutens, Tasmanns* und *Bougainvilles* Nachrichten von den Einwohnern, stimmen mit den unsrigen darinn völlig überein, daß sie zu kleinen Diebereyen sehr aufgelegt und geschickt sind. Auch *Tasmann* und Capitain *Wallis* sind darinn mit uns einstimmig, daß sich diese Insulaner den kleinen Finger abzuschneiden pflegen; und *Schouten* und *Le Maire*

Purpurscheitel-Fruchttaube, *F: Columba porphyracra*
Ptilinopus porhyraceus porphyraceus (Tongatapu)

versichern, daß die Einwohner auf Horn-Eyland sich gegen ihren König eben so kriechend und unterwürfig bezeugen, als die Leute auf *Tongatabu*. Das Bewußtseyn von der Übermacht der Ausländer machte sie ehemals sclavisch demüthig gegen die Holländer; der König warf sich vor dem holländischen Schiffsschreiber zu Füßen, und die geringeren Befehlshaber giengen noch weiter, denn zum Zeichen der Unterthänigkeit, setzten sie sogar die Füße des Holländers auf ihren Nacken.[13] Hieraus sollte man schließen, daß sie niederträchtig und feige wären; allein, *wir* unsers Theils können ihnen diese Laster nicht Schuld geben, denn gegen uns betrugen sie sich so freymüthig und dreist, als es Leuten zukommt, die sich rechtschaffner Gesinnungen bewußt sind. Sie waren zwar sehr höflich, aber keinesweges kriechend. Daß es indessen auch hier, so wie in jeder andern menschlichen Gesellschaft, Ausnahmen von dem allgemein guten National-Character gebe, das mußte ich selbst noch heute gewahr werden. Dr. *Sparrmann* und ich entfernten uns vom Strande, um, in dem nahen Gehölz unsrer Lieblings-Wissenschaft, der Botanik nachzugehen, indeß der Rest unsrer Gesellschaft es nicht

13 S. *Dalrymples Collection of Voyages. Vol II. pag. 47.*

müde ward, den *Latu* anzusehn. Auf den ersten Schuß, den ich nach einem Vogel that, kamen drey Leute herbey, mit denen wir uns, so gut es gehen wollte, in Unterredung einließen. Mitlerweile vermißte Dr. *Sparrmann* das Bayonet von seinem Gewehr, und gieng also zurück um darnach zu suchen. Dies mußte einem von den dreyen Indianern der rechte Augenblick dünken, um etwas zu wagen; denn er grif nach meiner Vogel-Flinte, und suchte mir sie aus den Händen zu winden; seine beyden Cameraden hingegen, entliefen, als ob sie an diesem hämischen Angrif nicht den geringsten Theil haben wollten. Unterdessen daß ich mich mit dem Kerl herumbalgte und meinen Freund zu Hülfe rief, verwickelten wir uns ins Buschwerk und fielen beyde zu Boden. Der Wilde fühlte entweder, daß er seinen Zweck nicht erreichen würde, oder er fürchtete sich, daß Dr. *Sparrmann* dazu kommen möchte, kurz um er rafte sich vor mir auf und lief davon. Als mein Freund herzu kam war alles vorüber, und wir gestanden einander, daß es zwar von Seiten des Indianers hämisch und verrätherisch, jedoch auch an unsrer Seite sehr unvorsichtig gewesen sey, daß wir ihn durch unsre Trennung veranlaßt hätten, seine Stärke und Geschicklichkeit zu versuchen. Wir streiften darauf noch eine Weile herum, ohne daß uns sonst etwas begegnet wäre, und endlich kehrten wir an den Strand zum Handelsplatze zurück, woselbst die Leute welche wir allda zurück gelassen, fast noch alle beysammen waren. Sie hatten sich zum Theil in verschiednen Haufen, welches vermuthlich eben so viel verschiedne Familien seyn mochten, hingesetzt, und waren alle in lebhafter Unterredung, die, dem Anschein nach, uns und unsern Schiffen galt. Einige Frauenspersonen sangen, andre spielten Ball. Unter allen diesen zog ein junges Mädchen unsre Aufmerksamkeit am mehresten an sich. Sie hatte eine schöne regelmäßige Gesichtsbildung, Augen, die von Feuer gleichsam glühten, und war überdem vortreflich gewachsen; am mehresten zeichnete sie sich durch ihren Kopfputz aus, sie hatte nemlich, der hiesigen Landes-Sitte zuwider, das Haar nicht kurz verschnitten, sondern trug es in schönen Locken lang und frey herabhängend. Dies reizende Mädchen, so lebhaft, so ungezwungen in allem was sie that, spielte mit fünf kleinen Kürbissen, davon sie einen um den andern in die Höhe warf und jenen wiederfieng, indeß dieser noch in der Luft war etc. Wir sahen diesem Spielchen wohl eine Viertelstunde lang zu, ohne daß sie einen Wurf verfehlte. Die Lieder, welche die andern Frauensleute sangen, waren von eben der Melodie, als in *Ea-Uwhe*. Auch hier secundirten sie einander ganz harmonisch, und stimmten zuweilen ein allgemeines Chor an. Ich habe zwar keinen von den Einwohner tanzen sehen; daß aber auch diese Art von Ergötzlichkeit allhier eingeführt seyn müsse, ließ sich zur Genüge aus den Zeichen abnehmen, durch welche sie uns den Gebrauch jener sternförmig ausgezierten Schürzen begreiflich zu machen suchten, die wir von ihnen einkauften, und die, wie ich schon weiter oben gesagt habe, mit Federn und Muschel-Schalen aufgeputzt, gemeiniglich von Coco-Nußfasern, oft aber auch von Mattenwerk geflochten waren. Nach jenen Zeichen und Posituren zu urtheilen, müssen ihre Tänze, wie in den Societäts-Inseln die *Hiwahs,* dramatisch und öffentlich seyn. Diese Vermuthung erhält dadurch noch mehr Gewicht, daß *Schouten* und *Le Maire* dergleichen Tänze auch auf *Horn-Eyland* angetroffen haben. Die Gebräuche und Sprache dieser Insulaner scheinen überhaupt eine große Ähnlichkeit mit den Tahitischen zu haben; warum sollte sie also nicht auch bey ihren Tänzen statt finden? Beyde Nationen müssen doch im Grunde von einem gemeinschaftlichen Stamm-Volke herkommen; auch siehet man, selbst in denen Stücken wo sie am merklichsten von einander abweichen, daß der Unterschied bloß von der Verschiedenheit des Bodens und des Clima beyder Inseln veranlaßt worden ist. Auf den Societäts-Inseln giebts z. E. viel Holz, denn die Spitzen der Berge sind dort mit unerschöpflichen Waldungen bedeckt. Auf den *freundschaftlichen Inseln* hingegen ist dieser Artickel schon seltner, weil das Land fast durchaus mit Fruchtbäumen besetzt, oder mit nährendem Wurzelwerk bepflanzt ist. Eine natürliche Folge dieser Verschiedenheit ist, daß in ersteren die Häuser ungemein räumlich und groß sind; kleiner aber und unbequemer in letzteren. Dort giebts eine fast unzählbare Menge und zum Theil sehr große Canots; hier, sind sie sowohl an Zahl als Größe ungleich geringer. Auf den *Societäts-Inseln* sind die Berge hoch und ziehen folglich die Dünste der Atmosphäre beständig an sich; daher findet man dort so viel Bäche, die sich von den Bergen herab in die See ergießen, und den

Einwohnern auf vielfältige Art Vortheil schaffen. Vermittelst derselben haben sie nicht nur reichliches und gesundes Trinkwasser, sondern auch Gelegenheit sich oft zu baden, und sind folglich für allen Krankheiten der Haut, die aus Unreinlichkeit entspringen, ziemlich gesichert. Ganz anders muß es dagegen bey einem Volk aussehen, dem es an diesem Vortheil fehlt, und das sich gleich den Bewohnern von *Tongatabu,* entweder mit faulem stinkenden Regenwasser aus etlichen wenigen schlammigen Pfützen, oder gar mit salzigem Wasser behelfen muß. Um sich nur einigermaßen reinlich zu erhalten, und dadurch gewissen Krankheiten vorzubeugen, sind sie genöthigt ihre Zuflucht zu andern Hülfsmitteln zu nehmen: Sie stutzen sich also die Haare, zwicken sich den Bart, etc. und werden folglich schon dadurch den Tahitiern im Äußern unähnlicher, als sie ohne das nicht seyn würden. Gleichwohl sind in Ermangelung genügsamen und guten Wassers, alle diese künstlichen Hülfsmittel zur Reinlichkeit nicht hinreichend, sie für dem Aussatz zu sichern, der vielleicht, durch den Gebrauch des Pfefferwassers, noch nebenher begünstigt wird. Zu Verhütung oder Heilung desselben schien jenes Mittel gebraucht zu werden, dem wir die wundgemachten Flecke auf den Backenknochen zuschrieben, die so allgemein unter ihnen sind, daß fast kein einziger ohne dergleichen Merkmahl war. Auf den *Societäts-Inseln* ist das Erdreich in den Ebenen und Thälern so fett und reich und bekömmt durch die vielen Bäche so viel Zufluß an gehöriger Feuchtigkeit, daß die mehresten Gewächse fast ohne alle Cultur gedeihen. Diese ungemeine Fruchtbarkeit veranlaßt und unterhält dann auch die Üppigkeit und Schwelgerey unter den dortigen Vornehmen. Davon aber findet man auf *Tongatabu* keine Spur. Auf dieser Insel ist der Coral-Felsen blos mit einer dünnen Schicht von Erde bedeckt, in welcher die Bäume nur kümmerliche Nahrung finden und der nützlichste von allen, der Brodtfrucht-Baum, kommt fast gar nicht fort, weil er keine andere Wässerung als Regen findet. Auf solche Art erfordert die Bearbeitung des Landes hier weit mehr Mühe als auf *Tahiti.* Daher kommts denn, daß die Leute mehr Fleis auf ihre Pflanzungen wenden, denenselben eine regelmäßige Form geben, und daß jeder das seinige genau einzäunt. Aus eben dieser Ursach läßt sich auch begreifen, warum sie auf die Lebensmittel immer einen höhern Werth legten, als auf ihre Geräthe, Kleider, Schmuck und Waffen (ob ihnen diese gleich in manchen Fällen unsägliche Arbeit müssen gekostet haben): Sie sehen nemlich wohl ein, daß Lebensmittel ihr größter Reichthum sind, deren Abgang schwer zu ersetzen ist. Daß sie von Person schlanker, und muskulöser sind als die Tahitier, rührt natürlicher Weise davon her, daß sie mehr arbeiten und ihren Cörper mehr anstrengen als jene. Durch die Beschaffenheit des Erdreichs zu vieler Arbeit genöthigt, ist ihnen die Arbeitsamkeit endlich dermaaßen zur Gewohnheit geworden, daß sie nicht nur die vom Ackerbau übrige Zeit zur Verfertigung von mancherley Handwerkszeug und Geräthen anwenden, die viel Mühe, Geduld und Geschicklichkeit erfordern; sondern auch selbst bey ihren Ergötzlichkeiten, Thätigkeit und Erholung mit einander zu verbinden wissen. Diese Arbeitsamkeit ist auch Schuld daran, daß sie nach und nach auf neue Erfindungen gefallen sind und es in den Künsten ungleich weiter gebracht haben als die *Tahitier.* – »Dabey sind sie von sehr aufgeräumten Wesen und sehen stets vergnügt aus, denn ihre Bedürfnisse, deren vermuthlich nur sehr wenige sind, werden alle befriedigt. Das Frauenzimmer ist vorzüglich aufgeweckt, und konnte des Plauderns nicht satt werden, so lange wir den geringsten Antheil an ihrer Unterhaltung zu nehmen schienen.« – Es ist gewissermaßen zu verwundern, daß sie so vergnügt und munter sind, da doch ihre politische Verfassung der Freyheit, jener allgemeinen Quelle der Glückseligkeit, eben nicht recht günstig zu seyn scheinet; wir dürfen indessen dieses Phönomens wegen nicht bis nach der Südsee gehen, da eine benachbarte Nation, die unter dem Druck der größten Sklaverey lebt, gleichwohl eine der lustigsten und witzigsten auf Erden ist. Überdem glaube ich daß, der großen Unterwürfigkeit, die in *Tongatabu* herrscht, ohnerachtet, die Leute immer noch Ursach haben mögen froh zu seyn, denn, außer jenen sonderbaren Zeichen von sclavischer Verehrung, scheint der König nichts von ihnen zu fordern, das sie ihrer eignen Bedürfnisse berauben und arm oder elend machen könnte. Doch dem sey wie ihm wolle, so viel scheint ausgemacht zu seyn, daß ihr Regierungs- und Religions-System dem Tahitischen ähnlich, und, so weit wir es beurtheilen können, aus einer und eben derselben Quelle, vielleicht unmittelbar aus dem gemeinschaftlichen Vaterlande beyder Colonien hergeflossen ist. Die geringe Verschiedenheit, welche man heut zu Tage, in einzelnen Gebräuchen und Meynungen dieser beyden Völker wahrnimmt, scheint blos aus einer allmähligen Abweichung von ihren ehemals gemeinschaftlichen Begriffen herzurühren, die sich nach und nach theils zufälligerweise, theils auf Veranlassung besondrer Grillen mögen verändert haben. – »Wir fanden hier wie auf *Tahiti* einen König *(Ariki)* mit vielen ihm untergebenen Prinzen oder Chefs, denen vermuthlich gewisse Bezirke gehören, und denen das gemeine Volk, noch mehr als die *Tahitier* ihrem Adel, ergeben war. Auch glaubten wir einen dritten Stand bemerkt zu haben, der mit den Manahaunäs auf den Societäts-Inseln übereinstimmet, und vielleicht war *Attaha* ein Mann von dieser Art. Ohnstreitig ist alles Land hier ein Privat-Eigenthum, denn wo der Boden so äußerst sorgfältig bearbeitet wird, daß nicht ein Fleckchen ungenutzt bleibt, da kann unmöglich alles gemeinschaftlich seyn, sonst wäre ja der Müßiggänger glücklicher als der Arbeitsame. Oft habe ich sechs, acht bis zehn Leute mit Früchten und andern Lebensmitteln beladen ans Ufer kommen sehn; ein Mann, oder auch eine Frau, die neben her gieng verkaufte dies alles, und ohne ihren Willen durften die andern nicht ein Stückchen gegen unsere Waaren vertauschen. Dergleichen Leute als die Träger, machen also hier, so wie die *Tautaus* in *Tahiti,* die geringste Classe von Menschen aus, und müssen den andern dienen, und für sie arbeiten.« – Der entscheidendste Beweis von der Verwandtschaft beyder Völker liegt in der Ähnlichkeit ihrer Sprachen. Die mehresten Arten von Lebensmitteln, welche beyde Inseln mit einander gemein haben, die Glieder des Cörpers, kurz die ersten und gewöhnlichsten Begriffe, wurden auf den Societäts- und auf den *freundschaftlichen Inseln* durch ein und eben dieselben Worte ausgedrückt. Der Dialect der auf *Tongatabu* geredet wird, war so sanfttönend und wohlklingend nicht, als zu *Tahiti;* denn jene Insulaner haben das F. K. und S. in ihre Mundart aufgenommen, und folglich mehr mitlautende Buchstaben als diese. Dagegen wird die hieraus entstehende Härte dadurch wieder gemildert, daß man hier nicht nur die sanft fließenden Buchstaben L. M. N.; imgleichen die melodischen Selbstlauter E. und I. häufig gebraucht, sondern auch in einem gewissen singenden Ton zu sprechen pflegt. Aber es ist Zeit wieder einzulenken.

Wir verließen unsre Freunde nicht eher als bey Untergang der Sonnen, und versprachen ihnen am folgenden Morgen noch einmal wieder zu kommen. Beyde Schiffe waren nun wieder mit einem guten Vorrath von Pisangs, Yams und Coconüssen versehen, auch hatte man, des geringen Umfangs der Insel und der Kürze unsers Hierseyns ohnerachtet, sechzig bis achtzig Schweine, nebst einer großen Menge von Hühnern zusammen gebracht. Frisches Wasser hingegen war nirgends zu finden gewesen, ob man schon auch an der Ost-Seite der Insel darnach hatte suchen lassen. Der Loots, der dorthin geschickt worden war, hatte bey dieser Gelegenheit die Marien-Bay, nebst denen vor selbiger liegenden flachen Inseln aufnehmen müssen, und die genaue Übereinstimmung seiner Zeichnung mit *Tasmanns* älteren Charten, gab einen neuen Beweis ab, wie sehr man sich auf die Treue und Genauigkeit jenes Seefahrers verlassen könne. Auf einer von vorgedachten flachen Inseln, woselbst der Loots ausstieg, gab es eine erstaunende Menge gefleckter Wasserschlangen mit platten Schwänzen. Diese Art heißt beym *Linnäus coluber lati caudatus,* ist aber ganz unschädlich. Ich muß bey dieser Veranlassung überhaupt anmerken, daß auch wir, als Naturforscher, gar sehr Ursach hatten von unserm hiesigen Aufenthalt zufrieden zu seyn; denn so klein die Insel auch war; so fanden sich doch verschiedene neue Pflanzen auf selbiger, unter andern eine neue Art von bittrer Fieber- oder China-Rinde, die vielleicht nicht minder brauchbar seyn dürfte als die Peruanische. Wir bekamen auch mehrere unbekannte Vögel, und kauften verschiedene derselben lebendig, welches neue Spielarten des Papagoyen- und Tauben-Geschlechts waren. Die Einwohner scheinen gute Vogelfänger zu seyn, und Gefallen an diesen Thieren zu finden, denn sie trugen manchmal Tauben auf einem Stocke mit sich herum; daß aber dieses ein Unterscheidungszeichen des Standes seyn sollte, wie *Schouten* auf *Horn-Eyland* bemerkt haben will,[14] konnten wir nicht absehen. Als unser Boot gestern zum letzten mal vom Lande nach dem Schiffe herüber kam, brachte es eine Menge Früchte und Wurzelwerk, desgleichen ein völlig bereitetes Schwein mit,

14 In *Dalrymples collection Vol. II. p. 46.*

welches insgesammt der *Latuh* oder König, dem Capitain zum Geschenk übersandte. Damit diese Höflichkeit nicht unerwiedert bliebe, nahmen wir am folgenden Morgen ein Hemd, eine Säge, ein Beil, einen kupfernen Kessel, nebst andern Kleinigkeiten von geringern Werthe, mit uns ans Land, und händigten ihm solche nicht weit vom Strande ein, woselbst er im Grase saß. Er nahm diese Sachen mit der finstern Ehrbarkeit an, die wir nun schon an ihm gewohnt waren und die er auch nur ein einzigesmal ablegte, da man ihn in einer Unterredung mit *Attagha* lächeln sahe. Unter dem versammleten Volke bemerkten wir einen Mann, der, dem eingeführten Landesgebrauch zuwider, sein Haar wachsen lassen und es in verschiedne dicke Knoten aufgeschürzt hatte, die ihm wild um die Ohren hiengen. Dieser Mann und ein junges Mädchen, dessen S. 270 gedacht worden, waren die einzigen, welche das Haar nicht kurz geschnitten trugen.

Wir hielten uns nicht lange bey den Einwohnern auf, sondern kehrten bald an Bord zurück, und gleich nach eingenommenen Frühstück wurden die Anker gelichtet. Indessen lagen die verschiedentlich eingekauften Lebensmittel noch auf dem Verdeck so unordentlich umher, daß wir nicht gleich in See stechen konnten, sondern unter der Insel beylegen mußten. Gegen Abend, da alles über Seite geräumt war, giengen wir endlich unter Seegel und steuerten gen Süden.

Am folgenden Morgen, als am 8ten Oct., hatten wir Windstille. Während derselben ward ein Hayfisch von 8 Fus gefangen, welches der größte war, den wir je gesehen. Nachmittags erblickten wir die kleine Insel, welche *Tasmann, Pylstaerts*-Eyland nennt. Er gab ihr diesen Namen wegen einer gewissen Art von Vögeln, die ihm hier zu Gesicht kamen, und allem Vermuthen nach, tropische Vögel gewesen seyn müssen; denn *Pylstaert* bedeutet buchstäblich so viel als Pfeil-Schwanz, und bezieht sich auf die zwey langen, hervorstehenden Schwanzfedern dieses Vogels, um deren willen ihn die Franzosen *paille en queue* nennen.[15] Gedachte Insel liegt unter dem 22sten Grad 26 Minuten südlicher Breite und im 170sten Grad 59 Minuten westlicher Länge. Das Land ist eben nicht flach, vorzüglich befinden sich zwey Anhöhen darauf, deren südlichste die beträchtlichste ist. Gegen Abend bekamen wir widrigen Wind aus Südwest, der bis zum 10ten anhielt, und uns die ganze Zeit über, in der Nachbarschaft jener kleinen Insel zu laviren nöthigte. Alsdenn aber stellte sich der Passatwind wieder ein, und brachte uns so schnell fort, daß wir um 2 Uhr Nachmittags die Insel nicht mehr sehen konnten. Nunmehro verließen wir die tropischen Gegenden dieses Oceans und steuerten zum zweytenmal nach Neu-Seeland hin, von da wir vor vier Monath hergekommen waren, um während des Winters die Südsee in den mittlern Breiten zu durchkreuzen. Diese Absicht war nun erreicht: wir hatten zwischen den Wende-Cirkeln einen Strich von mehr als 40 Grad der Länge untersucht und ein und dreyßig Tage lang, theils auf den *Societäts-* theils auf den *freundschaftlichen* Inseln zugebracht, welches unserm gesammten Schiffsvolk ungemein wohl bekommen war. Der Sommer, als die tauglichste Jahrszeit den südlichern Theil dieses Weltmeers zu untersuchen, nahte heran, und die öden Klippen von Neu-Seeland sollten uns nur auf so lange Zeit zum Obdach dienen, als dazu erfordert ward, das leichtere oder Sommer-Takelwerk abzunehmen und stärkeres aufzusetzen, das den Stürmen und aller übrigen strengen Witterung jener rauhen Himmels-Gegend bessern Widerstand leisten konnte.

---

15 S. *Dalrymples Collection Vol. II. pag.* [75] wo sie wilde Endten genannt werden.

Pompadoursittich, *F: Psittacus hysginus*
Prosopeia tabuensis (Tongatapu, 1773)

ZWÖLFTES HAUPTSTÜCK.

Seefahrt von den freundschaftlichen Inseln nach Neu-Seeland. – Trennung von der Adventure. – Zweyter Aufenthalt in Charlotten-Sund.

Kaum hatten wir den heißen Erdstrich zwischen den Wende-Cirkeln verlassen, als sich schon wieder große Heerden von See-Vögeln einfanden und mit leichtem Fluge über den Wellen hinschwebten, die der günstige Wind vor sich her trieb. Am 12ten sahen wir, unter einer Menge von Vögeln die nur im gemäßigtem Erdstrich anzutreffen sind, einen *Albatros;* diese kommen nie bis innerhalb der Wende-Zirkel; aber jenseits derselben findet man sie bis gegen den Pol hin. So sorgfältig hat die Natur jedem Thiere seinen Wohnplatz angewiesen!

Das Wetter blieb bis zum 16ten Morgens schön und günstig, alsdenn fiengs an zu regnen. Man fand um diese Zeit, unten im Schiff, beym Pumpen-Kasten, einen Hund, der auf *Huaheine* war eingekauft worden. Er hatte sich aber, gleich vielen andern, nicht an unser Futter gewöhnen wollen, und mußte, allem Vermuthen nach, schon neun und dreißig bis vierzig Tage in diesem Loche, ohne alle Nahrung, zugebracht haben. Der ganze Cörper war zu einem bloßen Gerippe abgemergelt; die Beine waren gelähmt und klares Blut gieng aus dem Hintern von ihm. So jämmerlich indessen der Anblick dieses armen Thiers war; so hatte er wenigstens den Nutzen, daß unsre Leute einsahen und sich vornahmen, inskünftige nur allein junge Hunde dieser Art einzukaufen: die Alten wollten sich auch in der That durchaus nicht zu unserm Futter bequemen, man mochte es anfangen wie man wollte.

In der Nacht giengen verschiedne *Blubbers* (Medusen) neben dem Schiffe vorbey. Sie wurden durch ihr phosphorisches Licht sichtbar, und funkelten so hell, daß die See glänzendere Sterne zu enthalten schien als der Himmel. Meergras, Sturmvögel und Albatrosse sahen wir täglich mehr, je näher wir der Küste von Neu-Seeland kamen. Am 19ten leuchtete die See; am 20sten verkündigten uns ganze Heerden von Sturm-Tauchern, *(diving petrels)* daß wir nicht mehr weit vom Lande seyn könnten, und am folgenden Morgen um 5 Uhr, entdeckten wir die Berggipfel desselben. Den ganzen Tag über steuerten wir gegen die Küste hin, und um 4 Uhr Nachmittags waren wir dem *Table Cap* und *Portland Eyland*[1] gegenüber, welches letztere mit jenem durch eine Reihe Klippen zusammenhängt. Die Küste bestand aus weißen, steilen Felsen, und wir konnten schon die Hütten und Festungen der Einwohner unterscheiden, die wie die Adlers-Nester oben auf den Klippen erbauet waren. Die Eingebohrnen liefen in ziemlicher Anzahl längst dem Berge hin, um uns nachzusehen. Viele setzten sich auf die Landspitze gegen Süden, aber keiner gab sich die Mühe, sein Canot ins Meer zu bringen um zu uns heran zu kommen. Wir seegelten zwischen den verborgnen Klippen und dem Lande durch, liefen bey *Hawkes-Bay* vorüber, und steuerten sodann, die Nacht über, längst der Küste hin.

Am Morgen waren wir jenseit des *Cap Kidnappers* und näherten uns dem schwarzen Cap. Nach dem

1 Man sehe hierüber die in *Hawkesworths* Geschichte der engl. See-Reisen in 8., im *dritten* Bande befindliche Charte von *Neu-Seeland*.

Frühstück stießen drey Canots vom Lande, welches in dieser Gegend zwischen den Bergen und der Küste eine kleine Ebene ausmacht. Da wir nicht weit vom Strande waren, so holten sie uns bald genug ein. In einem derselben, befand sich ein vornehmer Mann, der ohne Bedenken sogleich aufs Verdeck kam. Er war groß, von mittlern Alter, und hatte ein Paar gute, von hiesigem Flachs gemachte neue Kleidungs-Stücke an. Sein Haar war nach der Landes-Art im feinsten Geschmack aufgesetzt, das heißt auf der Scheitel aufgebunden, mit Öl eingeschmiert und mit Federn besteckt. In jedem Ohr hatte er ein Stück Albatros-Fell, daran noch die weißen Pflaum-Federn saßen, und das Gesicht war über und über in krummen und gewundnen Linien punctirt. Herr *Hodges* zeichnete sein Portrait, welches auch sehr gut in Kupfer gestochen ist. Der Capitain schenkte diesem Manne ein Stück rothen Boy, etwas Garten-Gesäme, ein Paar Schweine und drey Paar Hühner. *Maheine,* unser junger Reisegefährte aus *Borabora,* der die Sprache der Neu-Seeländer nicht als *Tupaia,* gleich bey der ersten Unterredung, verstehen konnte, hörte nicht sobald daß es hier weder Coco-Palmen noch Yams gebe; als er von seiner eignen Provision etliche solche Nüsse und Wurzeln hervorsuchte, um dem Wilden ein Geschenk damit zu machen. Da man ihm aber sagte, daß in diesem Clima keine Cocos-Bäume wachsen würden, gab er ihm nur die Yams und überließ es uns, dem Neu-Seeländer die Nutzbarkeit dieser fremden Lebensmittel zu erklären. Wir wandten auch alle Mühe an, ihm wenigstens soviel beyzubringen, daß er die Schweine und Hühner zur Zucht behalten, die Wurzeln aber pflanzen müßte. Nach langen Erklärungen schien er endlich zu begreifen was wir sagen wollten; und um uns seine Dankbarkeit zu bezeugen, beraubte er sich einer neuen *Mahipeh* oder Streitaxt, die künstlich geschnitzt und mit Papagay-Federn, imgleichen mit weißem Hunde-Haar ausgeziert war. Darauf empfahl er sich, und stieg wieder aufs Verdeck, woselbst ihm Capitain *Cook* noch etliche große Nägel schenkte, über die er ungleich mehr Freude bezeugte denn über alles andre. Er hatte bemerkt, daß der Capitain sie aus einem Loche in der Anker-Winde hervorlangte, wo der Schiffschreiber sie zufälligerweise hin gelegt hatte. Er drehte also die Winde ganz herum, und untersuchte jedes Loch, ob nicht mehrere darinn verborgen wären. Dieser Umstand beweißt zur Gnüge, daß man den Werth des Eisengeräths nunmehro vollkommen hatte einsehen lernen, ohnerachtet es die Neu-Seeländer bey Capitain *Cooks* ersten Anwesenheit allhier, im Jahr 1769 an manchen Orten kaum annehmen wolten. Zum Abschied gaben unsre Gäste uns einen *Hiwa-* oder Krieges-Tanz zum besten, der aus Stampfen mit den Füßen, drohender Schwenkung der Keulen und Speere, schrecklichen Verzerrungen des Gesichts, Ausstreckung der Zunge und wildem heulenden Geschrey bestand, wobey aber durchgehends ein gewisser Tact beobachtet ward. Die Art, wie sie mit den Hühnern umgiengen, lies uns eben nicht viel Hoffnung, daß wir unsre gute Absicht erreichen und dies Land mit zahmen Hausthieren würden besetzen können, denn es schien fast, daß sie kaum so lebendig ans Land kommen würden. Wir mußten uns also damit beruhigen, daß wenigstens von unsrer Seite alles geschehn sey.

Während der Zeit, daß diese Wilden bey uns gewesen waren, hatte sich der Wind gedrehet; er blies jetzt gerade vom Lande und war uns sehr zuwider. Gegen Abend stürmte es so heftig, daß wir uns scharf am Winde halten und mehrentheils laviren mußten, um nicht zu weit von der Küste verschlagen zu werden; dabey regnete es so stark, daß man in keiner Cajütte des Schiffes trocken blieb; und von Zeit zu Zeit kam ein jählinger Windstoß und riß uns die morschen Seegel in Stücken. Hiernächst machte der Wind, der von den beschneyten Bergen des Landes herabwehete, die Luft so empfindlich kalt, daß das Thermometer am nächsten Morgen auf 50 Grad stand. Wir hatten nicht erwartet, unterm 40sten Grade, südlicher Breite so schlimm empfangen zu werden! So stürmisch und brausend indessen dieser Anfang war, so ruhig ward es doch bald wieder; allein, die Stille hatte kaum etliche Stunden gewährt, als der Sturm von neuem los gieng und diese Nacht nicht minder als in der gestrigen wüthete. Am folgenden Morgen ließ er in so weit nach, daß wir wieder gegen die Küste heran steuern konnten, mit Einbruch der Nacht aber ward er fürchterlicher als je und die Matrosen hatten nicht einen Augenblick Ruhe. Am 24sten Abends sahen wir endlich die Einfahrt von *Cooks* Straße, namentlich das Cap *Palliser* vor uns; doch durften wir es nicht wagen, in der Dunkelheit hineinzusteuern, und ehe wir am nächsten Morgen Anstalt dazu machen konnten, erhob sich der Sturm abermals, und ward um 9 Uhr so rasend, daß wir beylegen, und alle Seegel, bis auf eins, einnehmen mußten. Ohnerachtet wir uns ziemlich dicht an der Küste hielten und daselbst von den hohen Bergen hätten Schutz haben sollen; so rollten die Wellen gleichwohl so lang und stiegen so entsetzlich hoch, daß sie, beym Brechen, durch den Sturm völlig zu Dunst zerstäubt wurden. Dieser Wasserstaub breitete sich über die ganze Oberfläche der See aus, und da kein Wölkchen am Himmel zu sehen war, die Sonne vielmehr hell und klar schien, so gab die schäumende See einen überaus blendenden Anblick. Endlich ward der Wind so wütend, daß er uns vollends das einzige Seegel zerriß, welches wir noch aufgespannt zu lassen gewagt hatten. Nun waren wir ein vollkommnes Spiel der Wellen; sie schleuderten uns bald hier, bald dorthin, schlugen oft mit entsetzlicher Gewalt über dem Verdeck zusammen und zerschmetterten alles was ihnen im Wege war. Von dem beständigen Arbeiten und Werfen des Schiffs litt das Tau- und Takelwerk ungemein, auch die Stricke, womit Kisten und Kasten fest gebunden waren, gaben nach, und rissen endlich los, so daß alles in der größten Verwirrung vor und um uns her lag. Als das Schiff einmal außerordentlich stark rollte, riß auch der Gewehrkasten der auf dem Verdeck des Hintertheils befestigt war, los, und stürzte gegen das Seiten-Geländer, an welchem sich einer unserer jungen Reisegefährten, Herr *Hood,* so eben hingestellt hatte. Kaum blieb ihm so viel Zeit übrig, sich niederzubücken, doch würde auch das ihn nicht gerettet haben, wenn nicht der Kasten schräg gegen das Gelender gefallen und unterhalb ein hohler Zwischenraum geblieben wäre, in welchem Herr *Hood* glücklicherweise unbeschädigt blieb. So wild es solchergestalt auch mit den Elementen durcheinander gieng, so waren die Vögel doch nicht ganz weggescheucht. Noch immer schwebte über der brausenden aufgewühlten Fläche der See hie und da ein schwarzer Sturmvogel hin, indem er sich hinter den hohen Wellen, sehr künstlich gegen den Sturm zu schirmen suchte. Der Anblick des Oceans war prächtig und fürchterlich zugleich. Bald übersahen wir von der Spitze einer breiten schweren Welle, die unermeßliche Fläche des Meers, in unzählbare tiefe Furchen aufgerissen; bald zog uns eine brechende Welle mit sich in ein schroffes fürchterliches Thal herab, indeß der Wind von jener Seite schon wieder einen neuen Wasserberg mit schäumender Spitze herbey führte und das Schiff damit zu bedecken drohte. Die Annäherung der Nacht vermehrte diese Schrecken, vornemlich bey denenjenigen, die nicht von Jugend auf an das See-Leben gewohnt waren. In des Capitains Cajütte wurden die Fenster ausgenommen, und statt derselben Bretter-Schieber eingesetzt, damit die Wellen nicht hineindringen möchten. Diese Veränderung brachte einen Scorpion, der sich zwischen dem Holzwerk eines Fensters verborgen gehalten hatte, aus seinem Lager hervor. Vermuthlich war er, auf einer von den letztern Inseln, unter einem Bündel Früchte oder Wurzelwerk mit an Bord gekommen. Unser Freund *Maheine,* versicherte uns, es sey ein unschädliches Thier, allein der bloße Anblick desselben war fürchterlich genug uns bange zu machen. In den andern Cajütten waren die Betten durchaus naß; doch, wenn auch das nicht gewesen wäre, so benahm uns das fürchterliche Brausen der Wellen, das Knacken des Holzwerks, nebst dem gewaltigen Schwanken des Schiffs ohnehin alle Hoffnung ein Auge zuzuthun. Und um das Maaß der Schrecken voll zu machen, mußten wir noch das entsetzliche Fluchen und Schwören unsrer Matrosen mit anhören, die oftmals Wind und Wellen überschrien. Von Jugend auf, zu jeder Gefahr gewöhnt, ließen sie sich auch jetzt den drohenden Anblick derselben nicht abhalten, die frechsten gotteslästerlichsten Reden auszustoßen. Ohne die geringste Veranlassung, um derenwillen es zu entschuldigen gewesen wäre, verfluchten sie jedes Glied des Leibes in so mannigfaltigen und sonderbar zusammengesetzten Ausdrücken, daß es über alle Beschreibung geht. Auch weis ich die fürchterliche Energie ihrer Flüche mit nichts als dem Fluch des *Ernulphus* zu vergleichen, der dem Christenthum Schande macht.[2] Unterdessen raste der Sturm noch immer nach wie vor, als es um 2 Uhr des Morgens mit einemmale aufhörte zu wehen und gänzlich windstill ward. Nun schleuderten die Wellen das Schiff erst recht herum! es schwankte so gewaltig von einer Seite zur andern, daß manchmal die mittlern Wände, ja selbst das hintere Verdeck zum Theil ins Wasser tauchte.

2 S. *Tristram Shandy.*

Neuseelandflachs, *F: Phormium tenax*
Phormium tenax (Queen Charlotte Sound/Neuseeland, 17. 11. 1773)

Nach Verlauf einer Stunde erhob sich endlich ein frischer, günstiger Wind, mit welchem wir, den ganzen Tag über, dem Lande wieder zu seegelten, denn der Sturm hatte uns weit in die See hinaus verschlagen. Pintaden, schwarze und andre Sturmvögel schwärmten, von neuem, Haufen-weise um uns her, und ein Albatros, neben welchem wir vorbey fuhren, war auf ofner See fest eingeschlafen, so sehr mußte der vorige Sturm ihn ermüdet haben.

Am folgenden Tage gieng es uns an der Mündung von *Cooks* Straße nicht besser als zuvor. Wir bekamen nemlich abermals widrigen Wind, der, ehe es Nacht ward, in einen vollkommnen Sturm ausarthete. Eben so blieb das Wetter die beyden folgenden Tage fast ohne Unterlas. Am 29sten früh Morgens erblickte der wachhabende Officier verschiedene Tromben oder Wasserhosen, und kurz nachher hatten wir einen leichten Regen und guten Wind. Abends verloren wir das andre Schiff die *Adventure* aus dem Gesichte, und bekamen es die ganze Reise über nicht mehr zu sehn. Der widrige Wind der am folgenden Morgen einfiel, muß uns vollends auseinander gebracht haben, denn die *Adventure* war ungleich weiter vom Lande als wir, und folglich hat der Sturm seine Gewalt weit mehr auf sie, denn auf uns, auslassen können.

Es würde unnütz und langweilig seyn, wenn ich noch ferner der Länge nach erzählen wollte, wie widrige Stürme und günstige Winde noch immer mit einander abwechselten. Genug wir wurden neun elende lange Nächte in der See herumgeworfen, ohne daß Schlaf in unsre Augen kam, und wir gaben beynahe alle Hoffnung auf, an dieser Küste je wieder vor Anker zu gelangen. Endlich erreichten wir, am *1sten November, Cooks-Straße*. Das Wetter blieb zwar noch immer unbeständig und ward uns von neuem zuwider, als wir bald an das auf der nordlichen Insel gelegene Cap *Tera Witti* heran waren, doch glückte es uns, am 2ten, in eine Bay einzulaufen, die wir hart unter diesem Vorgebirge, gegen Osten hin, entdeckten. Die Küste bestand daselbst aus lauter fürchterlichen schwarzen unfruchtbaren Bergen, die sehr hoch, fast ganz ohne Holz und Buschwerk waren, und in langen, spitzigen, säulenförmigen Felsen in die See hinaus ragten. Die Bay selbst schien weit zwischen den Bergen hinein zu gehen, und ließ uns, ihrer Richtung nach, vermuthen, daß das Land, worauf *Cap Tera-Witti* liegt, vielleicht eine von *Eaheino-Mauwe* getrennte Insel sey. So kahl indessen und so öde auch diese Gegend aussahe, so war sie doch bewohnt, denn wir lagen noch keine halbe Stunde vor Anker, als schon verschiedene Canots zu uns an Bord kamen. Die Leute giengen sehr dürftig in alte lumpichte Mäntel oder sogenannte *Boghi-Boghi's* gekleidet. Der Rauch, dem sie in ihren niedrigen kleinen Hütten beständig ausgesetzt sind, und der Schmutz, der sich vermuthlich von ihrer Jugend an, ungestört auf der Haut angehäuft hatte, machte, daß sie über und über häslich gelbbraun aussahen, und daß man von ihrer wahren Farbe nicht urtheilen konnte. Den Winter hindurch, der eben zu Ende gieng, mochten sie sich vielleicht oft mit halb verfaulten Fischen haben behelfen müssen; diese ekelhafte Nahrung aber und das ranzige Öl, womit sie sich das Haar einschmieren, hatte ihren Ausdünstungen einen so unerträglichen Gestank mitgetheilt, daß man sie schon von weitem wittern konnte. Sie brachten einige Fisch-Angeln und gedörrte Krebsschwänze zu Kauf, und nahmen unsre Eisenwaaren imgleichen Tahitisches Tuch sehr gierig dagegen. Capitain *Cook* schenkte ihnen ein Paar Hühner, mit dem Bedeuten, daß sie solche zur Bruth beybehalten möchten, allein es ist wohl schwerlich zu vermuthen, daß diese elenden Wilden auf die zahme Viehzucht bedacht seyn werden. Ihre Gedankenlosigkeit läßt vielmehr befürchten, daß, so bald es ihnen einmal an Lebensmitteln fehlen sollte, unsre armen Hühner wohl ohne Bedenken werden her halten müssen. In irgend einer von den nördlichsten Bayen würde das zahme Vieh vielleicht noch ehe in Acht genommen werden, denn dort sind die Einwohner gesitteter, wenigstens schon an die Landwirthschaft gewöhnt, indem sie verschiedene esbare Wurzeln bauen.[3]

Um drey Uhr Nachmittags ward es völlig Windstill, kurz nachher aber erhob sich in der Straße ein südlicher Wind, der nicht so bald das Wasser unruhig zu machen anfieng, als wir die Anker wiederum lichteten und die Bay verließen; auch war es ein Glück daß wir nicht länger damit gewartet hatten, denn in wenig Minuten ward es so stürmisch, daß das Schiff unglaublich schnell forttrieb; doch kamen wir bey den gefährlichen Klippen, *die Brüder* genannt, an denen eine erschreckliche Brandung brach, ohne Schaden vorüber, und gelangten endlich bey einbrechender Nacht, unter dem Cap *Koa-Maruh*, in *Charlotten-Sund* vor Anker.

Am folgenden Tage um Mittag trafen wir glücklich wieder in *Schip-Cove* ein, von da wir ohngefähr fünf Monath zuvor ausgeseegelt waren. Der frühen Jahreszeit wegen ließ sich zwar nicht erwarten, daß wir jetzt so viel gesunde frische Kräuter finden würden als das erstemal, dagegen aber machten wir uns große Hoffnung hier wieder mit der *Adventure* zusammen zu stoßen, weshalb auch Capitain *Cook* einige Zeit allhier zu bleiben gedachte.

Kaum hatten wir geankert, so besuchten uns verschiedene Indianer, die vom Fischen zurück kamen, und was sie gefangen hatten zum Verkauf ausboten. Es waren einige von unsern ehemaligen Bekannten unter ihnen, die sehr erfreut zu seyn schienen, daß wir sie bey Namen zu nennen wußten; vermuthlich glaubten sie, daß wir sehr viel Antheil an ihrer Wohlfahrt nehmen müßten, weil wir uns ihrer so genau erinnerten. Das Wetter war schön und in Betracht der Jahrszeit warm zu nennen; die Neu-Seeländer erschienen aber doch noch in ihren Winterkleidern. Wir erkundigten uns nach dem Befinden unsrer übrigen Bekannten von ihrer Nation, und erhielten verschiedentliche Nachrichten davon; unter andern erzählten sie, daß *Gubaia*, einer ihrer alten Befehlshaber, mit den beyden Ziegen, welche wir in den

3 S. *Hawkesworths* Geschichte der engl. See-Reisen in 8. *dritter Band, pag. 90.*

Wäldern bey *Gras-Cove* gelassen, eine Jagd angestellt, sie geschlachtet und gegessen habe. Diese Nachricht war uns höchst unangenehm, denn auf solche Art durften wir uns gar keine Hoffnung machen, dies Land je mit vierfüßigen Thieren zu versehen.

Nachmittags besuchten wir die Pflanzungen, die wir am Strande von *Schip-Cove,* auf dem *Hippah-Felsen* und auf *Motu-Aro* angelegt hatten. Die Rüben und fast alle andre Wurzeln waren in Saamen geschossen; der Kohl und die gelben Möhren standen sehr schön, und die Petersilie und Zwiebeln nicht minder gut; die Erbsen und Bohnen hingegen mußten von den Ratten verheeret worden seyn, denn kaum war noch eine Spur davon zu finden. Auch die Cartoffeln waren fast alle fort, doch schien es, daß sie von den Eingebohrnen selbst waren ausgegraben worden. Der gute Zustand der Gartengewächse bewieß, daß der Winter in diesem Theile von Neu-Seeland sehr gelinde seyn müsse; denn da alle vorgedachte Pflanzen bey uns nicht überwintern, so kann es hier unmöglich hart gefroren haben. Die einländischen Pflanzen waren noch ziemlich weit zurück; das Laubholz und Strauchwerk insbesondere fieng erst eben an auszuschlagen, und stach, vermöge des helleren Laubes, gegen die dunkelere Farbe der immer grünen Bäume, ungemein gut ab. Der Flachs, woraus die Einwohner ihren Hanf bereiten, stand aber schon in Blüthe; so auch verschiedne andre frühe Pflanzen. Wir sammleten was wir finden konnten, brachten einen großen Vorrath von Sellery und Löffelkraut zusammen, und schossen einige Wasserhühner, womit wir Abends an Bord zurück kehrten. Von allem was in der Naturgeschichte neu war, wurden sogleich Zeichnungen und Beschreibungen gemacht, vornehmlich von der Flachspflanze *(phormium tenax)* als welche, ihres öconomischen Nutzens wegen bekannter zu seyn verdient. Und weil es uns vorzüglich darum zu thun ist, unsern Nebenmenschen auf alle Art und Weise nützlich zu werden, so haben wir, auf Verlangen des Grafen *Sandwich,* unsre Zeichnung von dieser Pflanze gern dazu hergegeben, daß sie in Kupfer gestochen werden könnte.

Am folgenden Morgen kamen die Indianer in größerer Anzahl und mit mehrern Canots zu uns als Tages zuvor. Unter den neuen Ankömmlingen befand sich auch der Befehlshaber *Teiratuh,* den wir ehemals schon hatten kennen lernen, und von dem wir, bey unsrer vorigen Anwesenheit, mit einer langen Rede waren bewillkommt worden. Jetzt zog er ziemlich schlecht einher, und schien, wenn ich so sagen darf, *en deshabillé* zu seyn. Statt gewürfelter und mit Hundefell verbrämter Matten, die er vormals zu tragen pflegte, gieng er ganz einfach gekleidet, und hatte das Haar nur schlechtweg in einen Zopf aufgebunden, ungekämmt und ungesalbt. Der Redner und Befehlshaber schien zu dem Stande eines gemeinen Fischkrähmers herabgesunken zu seyn; auch erkannten wir ihn in diesem Aufzuge nicht gleich wieder, so bald wir uns aber seiner Physiognomie erinnerten, wiederfuhr ihm alle gebührende Ehre. Man nöthigte ihn nemlich in die Cajütte, und machte ihm ein Geschenk von Nägeln. Das Eisenwerk und das tahitische Zeug welches wir bey uns führten, waren in seinen Augen so wichtige Artikel, daß er und alle seine Begleiter ohnverzüglich Anstalt machten, ihren Wohnplatz in der Nachbarschaft aufzuschlagen; vermuthlich um des Handels wegen immer bey der Hand zu seyn, vielleicht aber auch, um desto mehr Gelegenheit zu haben auf andere Art etwas an sich zu bringen. Das Schiff lag nahe am Strande, nicht weit von der Gegend wo die Wasserfässer angefüllt werden sollten. Zu diesem Behuf war auch schon ein Zelt für die Wasserleute, ein andres für die Holzschläger, und die Sternwarte für den Astronomen aufgeschlagen. Wir giengen Vor- und Nachmittags ans Land, mußten uns aber allemal durch ein Labyrinth von Schlingpflanzen hindurch arbeiten, die von einem Baume zum andern übergelaufen waren. *Maheine* oder *Ohedidi* kam gemeiniglich mit ans Land und streifte in diesen unwegsamen Wäldern herum, ganz erstaunt über die Verschiedenheit der Vögel, über ihren schönen Gesang und ihr prächtiges Gefieder. In einem unsrer Gärten, wo die Radiese und Rüben in Blüthe standen, hielt sich vorzüglich eine Menge kleiner Vögel auf, welche den Nectarsaft aus den Blumen saugten, und sie darüber oft von den Stengeln rissen. Wir schossen verschiedene davon und *Maheine,* der in seinem Leben noch nie eine Flinte in Händen gehabt, erlegte seinen Vogel beym ersten Schusse. – Es gehört mit zu den körperlichen Vorzügen der halb civilisirten Völker, daß ihre Sinne durchaus schärfer sind als die unsrigen, die durch tausend Umstände und Verhältnisse der sogenannten verfeinerten Lebensart, stumpf gemacht und verdorben werden. *Maheine* gab in vorgedachtem Fall ein Beyspiel davon ab, und in *Tahiti* war es nichts neues, daß uns die Leute in dicken Bäumen kleine Vögel, oder Enten und Wasserhühner im dicksten Schilf zeigten, wo doch keiner von uns das geringste entdecken konnte.

Das angenehme und warme Wetter begünstigte unsre zoologischen Untersuchungen dermaaßen, daß wir gleich vom ersten Ausgang eine Menge Vögel mit an Bord brachten. Ehe wir am folgenden Morgen noch Anstalt machten wieder ans Land zu gehen, lief von unsern dort campirenden Leuten schon Klage ein, daß die Indianer in der Nacht, einen Wächtermantel und einen Beutel mit Linnen, aus dem Wasserzelt weggestohlen hätten. Da die Bucht, in welcher die Wilden sich aufhielten, nur durch einen Hügel von unserm Wasserplatz abgesondert, mithin ganz in der Nähe war, so begab sich der Capitain unverzüglich zu ihnen, und setzte ihren Anführer *Teiratuh,* des Diebstahls wegen, zur Rede. Dieser schickte auch alsbald nach den gestohlnen Sachen, und lieferte sie ohne Wiederrede zurück, betheuerte aber, daß er nicht das mindeste davon gewußt, geschweige denn persönlichen Antheil daran gehabt habe. Bey dieser Erklärung ließen es unsre Leute um so eher bewenden, weil sie auf einer andern Seite wieder Vortheil von den Indianern hatten, und es also nicht gern mit ihnen verderben wollten. Sie versahen uns nemlich, für eine Kleinigkeit an tahitischen Zeuge, täglich mit frischen Fischen, die wir selbst weder so leicht, noch so reichlich zu fangen wußten. Bey dieser Gelegenheit fand man auch eine von den Sauen die Capitain *Furneaux* in *Cannibal-Cove* zurückgelassen hatte; und als *Teiratuh* befragt ward, wo die beyden andern geblieben wären, wies er nach verschiedenen Gegenden der Bay hin, um anzudeuten, daß man sie hier und dorthin geschlept hätte. Durch solche Trennung der Thiere, die sie als Beute unter einander theilen, hindern diese rohen Leute das Fortkommen derselben. Immer nur darauf bedacht für den gegenwärtigen Augenblick zu sorgen, nur das dringendste Bedürfnis zu befriedigen, vernachläßigen sie die Mittel, durch welche man ihnen einen beständigen Unterhalt zu verschaffen und sie glücklicher zu machen wünscht!

Am 6sten Nachmittags kam, aus verschiedenen Gegenden der Bay, eine Menge andrer Indianer mit Fischen, Kleidern, Waffen u. d. g. zu uns, und vertauschten alle diese Waaren gegen tahitisches Zeug. Abends begaben sie sich, dem Schiffe gegen über, in eine Bucht, zogen dort ihre Canots ans Land, richteten Hütten auf, zündeten Feuer an, und machten sich ein Abendbrodt von Fischen zurecht. Früh am folgenden Morgen waren sie alle fort, selbst die in *Schip-Cove*. Wir konnten nicht begreifen, warum sie allesammt so plötzlich aufgebrochen wären, endlich aber zeigte sichs, daß sie sechs kleine Fässer, vermuthlich der eisernen Reifen wegen, vom Wasserplatze entwandt hatten. Im Grunde hätten sie nicht nöthig gehabt ihre Zuflucht zum Stehlen zu nehmen, denn wenn sie uns noch einen einzigen Tag länger mit Fischen versorgten, so bekamen sie wenigstens drey bis viermal so viel und noch dazu brauchbareres Eisenwerk als jetzt; unsre Leser werden aber schon bey mehreren Gelegenheiten angemerkt haben, daß es der Neu-Seeländer Sache eben nicht sey, sich mit Nachdenken den Kopf zu brechen, und daß sie, ohne irgend eine Rücksicht, mehr auf das Gewisse denn aufs Ungewisse rechnen. Ihre Entfernung war uns in gegenwärtigem Fall empfindlicher als der Verlust den sie uns zugefügt hatten, denn nun mußten wir selbst fischen, ob wir gleich den Strich und Stand der Fische so gut nicht kannten als die Eingebohrnen, auch die Leute dazu nicht füglich missen konnten. Die Matrosen hatten alle Hände voll zu thun das Schiff abzuputzen und zu kalfatern, neues Tau- und Takelwerk aufzusetzen, kurz alles in Ordnung zu bringen, was zu der beschwerlichen Fahrt gegen den Südpol erfordert ward. Ein Theil derselben blieb am Lande, um die Wasserfässer zu füllen, Holz zu schlagen, und den Schiffs-Zwieback durchzusehen, der in sehr üblen Umständen war. Unglücklicherweise hatte man ihn bey der Abreise aus Engelland in neue oder grüne Fäßer eingepackt, wodurch er feucht und schimmlig geworden, ja zum Theil ganz verfault war. Damit dieses Übel nicht noch weiter um sich greifen möchte, ward alles Brod ans Land geschafft, das Verdorbne sorgfältig von dem Esbaren abgesondert, und letzteres von neuem in einem Ofen ausgetrocknet und aufgebacken.

Das Wetter blieb diese Zeit über mehrentheils eben so stürmisch und unbeständig als es bey unserer Annäherung auf dieser Küste gewesen war. Selten vergieng ein Tag ohne heftige Windstöße und Regengüsse, die von den Bergen mit verdoppelter Gewalt herabstürzten und unsre Leute oft an der Arbeit hinderten; dabey war die Luft gemeiniglich kalt und rauh. Das Wachsthum der Pflanzen gieng daher langsam von statten und die Vögel hielten sich nur in solchen Thälern auf, wo sie gegen den kalten Südwind Schutz fanden. Diese Art von Witterung scheint auch den ganzen Winter hindurch, und weit in den Sommer hinein, die herrschende zu seyn, ohne im Winter merklich kälter oder im Sommer merklich wärmer zu werden. Überhaupt dünkt mich, daß alle Inseln, die weit von großen Ländern oder wenigstens nicht nahe bey einem kalten Lande liegen, stets eine ziemlich gleiche Temperatur der Luft haben müssen, woran wohl die Natur der See vornemlich Schuld seyn mag. Aus den in *Port-Egmont* auf den Falklands-Inseln angestellten Wetter-Beobachtungen,[4] ergiebt sich, daß die größte daselbst bemerkte Hitze und Kälte in einem ganzen Jahre nicht über 30 Grad des Fahrenheitischen Thermometers auseinander ist. Dieser Haven liegt unterm 51sten Grade 25 Minuten südlicher Breite; *Ship-Cove* aber, in *Charlotten-Sund,* liegt nur unter 41 Grad 5 Minuten südlicher Breite. Bey einem so beträchtlichen Unterschied der Himmelsgegend muß zwar das Clima von Neu-Seeland, an und für sich, gelinder seyn als das Clima auf den Falklands-Inseln; allein das thut nichts zur Sache, denn wenn meine Hypothese von der Temperatur der Luft auf den Inseln richtig ist, so muß sie *für alle* Polhöhen gelten. Überdem dürfte zwischen dem Clima von Neu-Seeland und den Falklands-Inseln, der Unterschied auch so beträchtlich wohl nicht seyn, als man, nach der Lage beyder Länder, vielleicht urtheilen sollte; wenigstens sind in Neu-Seeland die Berge überaus hoch und zum Theil das ganze Jahr hindurch mit Schnee bedeckt, welches die Luft bekanntermaßen sehr kalt macht. Es würde mich daher nicht wundern, wenn es hier fast eben so kalt wäre als auf den Falklands-Inseln, die zwar 10 Grad weiter nach dem Pol herab liegen, dagegen aber ungleich flacher und niedriger sind.

So rauh indessen das Wetter auch war, so ließen sich die Eingebohrnen dadurch doch nicht abhalten, in diesem weitläuftigen Sunde herum zu streifen. Nachdem wir drey ganzer Tage von ihnen verlassen gewesen waren, kam am 9ten dieses wiederum eine Parthey in dreyen Canots zu uns, wovon das eine am Hintertheile sehr künstlich mit erhobner und durchbrochener Arbeit verziert war. Sie verkauften uns einige Merkwürdigkeiten und begaben sich sodann, dem Schiffe gegen über, an Land. Am folgenden Tage stießen noch zwey Canots zu ihnen, darinn sich unser Freund *Towahangha* mit seiner ganzen Familie befand. Als ein alter Bekannter säumte er nicht uns zu besuchen, und brachte seinen Sohn *Khoaah,* imgleichen seine Tochter *Ko-parrih* mit an Bord. Wir kauften ihm eine Menge grüner *Nephritischen* Steine ab, die zu Meißeln und Äxten geschliffen waren, und führten ihn sodann in die Cajüte wo er vom Capitain *Cook* allerhand Sachen, der kleine Junge aber ein Hemde zum Geschenk bekam. Kaum hatte man dem Knaben seinen neuen Staat angezogen, als er für Freuden gleichsam außer sich, und mit guten Worten schlechterdings nicht länger in der Cajütte zu behalten war. Er wollte vor seinen Landsleuten auf dem Verdeck paradiren, und um des Plagens los zu seyn, mußten wir ihm seinen Willen lassen. Diese kleine Eitelkeit kam ihm aber theuer zu stehn. Ein alter Ziegenbock der, zum großen Mißvergnügen der Neu-Seeländer die sich vor ihm fürchteten, ebenfalls auf dem Verdeck seinen Stand hatte, schien über die lächerliche Gestalt des armen *Khoaàh,* der sich in dem weitläuftigen Hemde nicht finden konnte, und doch mit so vielem Wohlgefallen über sich selbst, so poßierlich herumgaukelte, böse zu werden; denn er sprang ihm ganz ergrimmt in den Weg, hob sich auf den Hinterfüßen, zielte und sties mit ganzer Gewalt den armen Jungen zu Boden, daß er alle viere von sich streckte. Vom Schreck betäubt oder vielleicht besorgt an seinem neuen Staat etwas zu verderben, wagte ers nicht sich wieder aufzuraffen und davon zu laufen, sondern begnügte sich aus Leibeskräften zu schreyen: Dadurch aber ward sein bärthiger Widersacher so böse, daß er von neuem Mine machte ihm eins zu versetzen, welches den Ritter der traurigen Gestalt vielleicht auf immer zum Schweigen gebracht haben würde, wenn unsre Leute nicht dazwischen gekommen wären. Man half dem Knaben wieder auf die Beine, allein Hemd, Gesicht und Hände war alles gleich schmutzig. In dieser kläglichen Verfassung kam er nun, für seine Eitelkeit sehr gedemüthigt, in

4 S. *Dalrymples collection of Voyages in the Southern Atlantic Ocean,* die Wetter-Beobachtungen, fangen im Februar 1766 an und hören mit dem Jenner 1767. auf.

vollem Heulen nach der Cajütte zurück, und klagte seinem Vater was ihm für ein Unglück begegnet; allein dieser, statt Mitleid mit dem armen Schelm zu haben, ward vielmehr zornig, und gab ihm, zur Strafe seiner Thorheit, noch einige derbe Schläge, ehe wir uns ins Mittel legen und sie beyderseits wieder zufrieden stellen konnten. Das Hemd ward wieder rein gemacht, und er selbst ward über und über gewaschen, welches ihm vielleicht sein Lebelang noch nicht wiederfahren seyn mochte. Nunmehr war alles wieder gut, der Vater aber, der für einen neuen Unstern nicht sicher seyn mogte, rollte das Hemd sorgfältig zusammen, nahm sein eignes Kleid ab und machte aus beyden ein Bündel, worinn er alle Geschenke zusammen packte die wir ihm und seinem Sohn gegeben hatten.

An diesem und dem folgenden Tage, die beyde regnigt waren, fuhren die Einwohner noch immer fort, uns Merkwürdigkeiten und Fische zu verkaufen. Am 12ten Morgens, da sich das Wetter wieder aufgeklärt hatte, gieng ich, nebst Dr. *Sparrmann* und meinem Vater nach *Indian-Cove*. Wir trafen aber keinen von den Eingebohrnen daselbst an, und giengen deshalb auf einem Fussteige weiter, der uns durch den Wald einen ziemlich hohen und steilen Berg hinan brachte, vermittelst dessen *Indien-* und *Shag-Cove* von einander abgesondert sind. Dieser Fussteig schien blos des vielen Farrnkrautes wegen angelegt zu seyn, welches sich auf der Höhe des Berges findet, und wovon die Wurzel den Neu-Seeländern zur Nahrung dient. In der untersten Gegend, woselbst der Pfad am steilsten war, hatte man ordentliche Stuffen gemacht und solche mit Schiefer ausgelegt; weiter hinauf aber mußten wir uns, durch die in einander gewachsnen Schlingpflanzen, erst einen Weg bahnen. An der Südseite war der Berg von oben bis unten, auf den übrigen Seiten aber nur bis zur Hälfte mit Waldung, und jenseits derselben, nach dem Gipfel hin, mit niedrigem Strauchwerk und Farrnkraut bewachsen, ob wohl vom Schiff her die ganze obere Gegend kahl und nackend aussahe. Auf dieser Höhe sproßten verschiedne Pflanzen, die in *Dusky-Bay* nur in den Thälern und an der Küste wuchsen, woraus man abnehmen kann, um wie viel in jenem Theile von Neu-Seeland, das Clima rauher ist, denn in dieser Gegend. Der ganze Berg bestand bis oben hinauf aus solchem Talk-Thon als man hier überall häufig findet, und der, wenn er zu Stein erhärtet, durch Luft und Wetter in schieferichte Blätter zerfällt. Diese Steinart ist weißlicht, graulicht, zuweilen auch von Eisentheilchen gelb-roth gefärbt. Von dem Gipfel aus hatten wir eine große und schöne Aussicht. *East-Bay* (Ost-Bay) lag als ein kleiner Fischteich gleichsam unter unsern Füßen, und außerhalb der Straße konnte man bis nach dem Cap *Tera-witti* hinsehen. Südwärts war die Gegend überall rauh und wild, indem man, so weit das Auge reichte, nichts als hohe mit Schnee bedeckte Gebürge erblickte. Um ein Merkmahl von unsrer Anwesenheit zurück zu lassen, legten wir ein Feuer an und ließen einen Theil des Gesträuchs niederbrennen. Am folgenden Morgen giengen wir nach *Long-Eyland,* woselbst es eine Menge Pflanzen und verschiedne Vögel gab die uns neu waren. In dem gegen Osten gelegenen Walde hörten wir die Sturmvögel *(petrels)* in ihren Höhlen unter der Erde, zum Theil als Frösche quäken, zum Theil als Hühner kakeln. Vermuthlich waren es sogenannte Sturm-Taucher *(diving petrels),* denn das ganze Geschlecht der Sturmvögel scheint unter der Erde zu nisten, wenigstens hatten wir die blaue und silberfarbne Art in *Dusky-Bay,* ebenfalls in dergleichen unterirdischen Höhlen angetroffen.

Seit dem 13ten war das Wetter gelind und schön. Die Indianer, die ihre Wohnhütten dem Schiffe gegenüber aufgeschlagen hatten, versahen uns noch immer reichlich mit Fischen, so wie auch unsre Seeleute ihre Galanterien mit den hiesigen Frauenspersonen noch immer fortsetzten, ohnerachtet nur eine einzige derselben erträgliche und etwas sanfte Gesichtszüge hatte. Dieses Mädchen war von ihren Eltern einem unsrer jungen Reisegefährten, der sich hier durchgängige Liebe erworben, ordentlich zur Frau überlassen. Er hatte sich nemlich besonders viel mit den Leuten zu thun gemacht, und bey jeder Gelegenheit Zuneigung für sie blicken lassen, welches selbst unter den Wilden weder unbemerkt noch unerwiedert bleibt. *Toghiri,* so hies das Mädchen, war ihrem Manne eben so treu und ergeben, als ob er ein Neu-Seeländer gewesen wäre. Sie verwarf die Anträge andrer Seeleute, mit dem Ausdruck, sie sey eine verheirathete Person *(tirra-tàne)*. So gern aber der Engländer sie auch leiden mogte, so brachte er sie doch nie an Bord, und in der That wäre dort, für die zahlreiche Gesellschaft die auf ihren Kleidern und in den Haaren haufenweise herumkroch, nicht füglich Platz gewesen. Er besuchte sie also nur den Tag über, am Lande, und trug ihr gemeiniglich den ausrangirten verdorbnen Schiffszwieback zu, den sie und ihre Landesleute immer noch als einen Leckerbissen mit großer Begierde verzehrten. *Maheine* von *Borabora,* unser indianischer Reisegefährte, war in seinem Vaterlande so sehr gewöhnt, jedem Ruf der Natur zu folgen, daß er gar kein Bedenken trug, ihrer Stimme auch in Neu-Seeland Gehör zu geben. Er sahe freylich wohl, daß die Frauenspersonen hier weder so schön noch so artig waren als in seinem Vaterlande; allein die Stärke des Instincts brachte seine Delicatesse zum Schweigen und das ist wohl um so weniger zu verwundern, da es die gesittetern Europäer selbst nicht besser machten. In jedem andern Betracht waren seine Gesinnungen und sein Betragen gegen die Neu-Seeländer desto untadelhafter. Er bemerkte ganz richtig, daß sie weit übler dran wären, als die Bewohner der tropischen Inseln, und wenn er uns vergleichungsweise die Vortheile herrechnete, welche diese für jenen voraus hätten: so unterließ er nie sie deshalb herzlich zu bedauren. Daß es ihm auch mit diesen Gesinnungen Ernst sey, zeigte er bey allen Gelegenheiten durch die That. So theilte er z.B. den Leuten die uns am Cap *Blake* besuchten, aus seinen eignem Vorrath, Yamwurzeln mit, und wenn der Capitain ausgieng, um ein Stück Land zu besäen oder zu bepflanzen, so war er allemal als ein treuer Gehülfe dabey zugegen. Ihre Sprache verstand er zwar nicht genugsam, um sich so geläufig mit ihnen unterreden zu können, als vom *Tupia* erzählt wird; doch begrif er bald mehr von derselben, als irgend sonst einer an Bord, und dazu war ihm natürlicherweise die Analogie mit seiner Muttersprache sehr behülflich. Wir selbst verstanden jetzt, nachdem wir uns eine Zeitlang in den tropischen Inseln aufgehalten hatten, den Neu-Seeländischen Dialect weit besser als zuvor, denn er hat ungemein viel Ähnlichkeit mit der Sprache auf den freundschaftlichen Inseln, von denen wir so eben herkamen. Dergleichen kleine Umstände verdienen deshalb angezeigt zu werden, weil sich daraus vielleicht am ersten errathen läßt, von woher das so weit gen Süden gelegene Neu-Seeland mag bevölkert worden seyn?

Da das Wetter bis zum 14ten Abends gut blieb, so verfügte sich der Capitain und mein Vater auf die Sternwarte ans Land, um die Emersion eines Jupiters-Trabanten zu beobachten. Nach dem Resultat vieler Observationen, die von unserm genauen und unermüdeten Astronom, Herrn *W. Wales,* zu verschiedenen Zeiten angestellt worden, ist *Charlotten-Sund* 174°. 25'. östlicher Länge von *Greenwich.*

Am folgenden Morgen begleiteten wir den Capitain nach *East-Bay,* woselbst an verschiedenen Stellen etliche einzelne Familien von Indianern wohnten. Sie nahmen uns durchgehends sehr freundschaftlich auf; schenkten uns Fische, das Beste, was sie geben konnten, und verkauften uns, gegen Eisen und Tahitisches Zeug, verschiedne solcher großen Fischer Netze, als in den Nachrichten unsrer Vorgänger schon beschrieben worden. Am hintersten Ende der Bay, bestiegen wir eben denselben Berg, den Capitain *Cook* auf seiner ersten Reise auch besucht hatte,[5] und von dessen Gipfel wir uns in der offnen See, nach der *Adventure* umsehen wollten. Als wir aber hinauf kamen, war es so nebligt auf dem Wasser, daß man kaum 2 bis 3 See-Meilen weit vor sich hin sehen konnte. Das vom Capitain *Cook* ehemals allhier errichtete Monument, welches aus einem Haufen zusammengeworfner Steine bestanden hatte, worunter etliche Münzen, Kugeln etc. und dergleichen Sachen waren vergraben worden, lag jetzt ganz zerstört. Vermuthlich hatten die Wilden hier einen Schatz von europäischen Waaren zu finden geglaubt. Am Fuße des Berges kamen uns etliche Indianer entgegen, denen wir allerhand Waffen, Hausgeräthe und Kleider abkauften. Sonderbar ist es, daß dem Capitain auf eben dieser Stelle ehemals ein gleiches begegnete. Nachmittags probirten wirs mit unsern neugekauften Netzen zu fischen und der Versuch lief ziemlich glücklich ab. Sie waren von gespaltnen oder gerißnen Blättern, der getrockneten und alsdenn geklopften Flachspflanze verfertigt, deren ich schon mehrmals erwähnt habe. Der Hanf oder Flachs der davon fällt, ist außerordentlich stark, und, so wenig sich auch die Neu-Seeländer auf die Zubereitung desselben verstehen, gleichwohl sehr glänzend und dabey ungemein weich; wir haben etwas davon in England umarbeiten und gehörig zubereiten lassen,

5 S. *Hawkesworths* Geschichte der engl. See-Reisen in 8. *dritter* Band, pag. 210. etc.

welches fast völlig so glänzend als Seide geworden ist. Diese Pflanze kommt in jeder Art von Boden fort, erfordert auch fast gar keine Wartung oder Cultur, und da sie perennirend oder überwinternd ist, so kann sie alle Jahr bis auf die Wurzel abgeschnitten werden.

Wir brachten am 17ten fast den ganzen Morgen mit Abhauung vieler hohen Bäume zu, von welchen wir gern die Blüthen gehabt hätten; aber alle angewandte Mühe war vergebens, denn wenn wir gleich einen Stamm abgehauen hatten, so fiel der Baum doch nicht, sondern blieb in tausend Schlingpflanzen, die ihn von oben bis unten hinangelaufen waren und den Gipfel an andere Bäume festgeschlungen hatten, gleichsam schwebend hängen. Die drey folgenden Tage regnete es so heftig, daß wir an Bord bleiben mußten; es ließ sich auch diese ganze Zeit über nicht ein einziger Wilder sehen.

Am 21sten des Morgens kamen zwey Canots mit Frauenspersonen an das Schiff. Diese gaben uns zu verstehen, daß ihre Männer gegen eine andre Parthey zu Felde gezogen, und daß sie wegen derselben gar sehr besorgt wären. So viel sich aus den Zeichen urtheilen ließ, wodurch sie uns die Gegend anzudeuten suchten, nach welcher ihre Männer hingegangen waren, mußten die Feinde irgendwo in der Admiralitäts-Bay wohnen.

Da am 22sten das Wetter schön und gelinde war, so begleiteten wir den Capitain nach West-Bay, um dort, in dem tiefsten und entlegensten Winkel des Waldes, zwey Sauen nebst einem Eber, imgleichen drey Hähne und zwey Hennen in die Wildniß auszusetzen. Diese Gegend ist sumpfig, und wird, allem Ansehen nach, von den Einwohnern nicht sonderlich besucht; wir hofften daher, daß diese Thiere sich hier ungestöhrt würden vermehren können, zumal da wir unser Geschäft ganz unbemerkt ausgeführt hatten. Es war uns nemlich nur am Eingange der Bay ein einziges Canot mit etlichen wenigen Indianern begegnet, und diese konnten wohl ohne Zweifel nicht errathen, daß wir einer so besondern Absicht wegen hieher gekommen wären. Sollte also, vermittelst dieser Anlage, die südliche Insel von Neu-Seeland dereinst mit Schweinen und Hühnern versehen werden; so wird solches lediglich der Vorsicht zuzuschreiben seyn, daß diese wenigen Zuchtthiere hier so sorgfältig versteckt worden.

Als wir wieder auf dem Schiffe eintrafen, kamen sieben oder acht Canots von Norden hergerudert; ein Theil derselben stach, ohne sich im mindesten um uns zu bekümmern, geradenweges nach *Indian-Cove* über. Die andern kamen zu uns an Bord, und brachten eine große Menge von Kleidern und Waffen zum Verkauf. Diese Leute waren stattlicher angeputzt als wir, seit unserm diesmaligen Aufenthalt in Charlotten-Sund, noch keine gesehn hatten. Sie hatten sich das Haar sehr nett aufgebunden, und die Backen roth geschminkt. Alle diese Umstände stimmten leyder nur gar zu wohl mit der Nachricht überein, welche wir den Tag zuvor von den Weibern erhalten hatten; denn die Wilden pflegen sich mit ihren besten Kleidern zu putzen, wenn sie gegen den Feind gehen. Ich fürchte, wir selbst hatten Schuld daran, daß ihre unseligen Zwistigkeiten mit andern Stämmen wieder rege geworden waren: denn unsre Leute begnügten sich nicht, von ihren Bekannten unter den Indianern, so viel steinerne Äxte, *Pattu-Pattuhs,* Streit-Kolben, Kleider, grüne Steine und Fischangeln etc. aufzukaufen, als diese im Vermögen hatten; sondern sie verlangten immer mehrere, und suchten die armen Leute, durch Vorzeigung ganzer Ballen von Tahitischem Zeuge, anzulocken, daß sie noch ferner Waffen und Hausgeräth herbeyschaffen möchten. Wenn sich aber die Neu-Seeländer, wie wohl zu vermuthen steht, durch solche Versuchungen hinreißen ließen; so werden sie auch wohl gesucht haben, sich das, woran es ihnen fehlte, auf die leichteste und schnellste Art zu verschaffen, und dieses Mittel mag vielleicht in Beraubung ihrer Nachbarn bestanden haben. Der große Vorrath von Waffen, Putz und Kleidern, mit welchem sie jetzt zu Markt kamen, ließ allerdings vermuthen, daß sie einen Streich von dieser Art ausgeführt hatten, und das wird schwerlich ohne Blutvergießen abgelaufen seyn.

Am folgenden Morgen sahen wir, daß die Wilden am Wasserplatze zum Frühstück Wurzeln aßen, die sie vorher zubereitet hatten. Herr *Whitehouse,* einer der ersten Unter-Officiers brachte von diesem Gericht etwas an Bord, und man fand, daß es fast von besserm Geschmack war als unsre Rüben. Mein Vater gieng also mit ihm ans Land, kaufte den Indianern ein Paar solcher Wurzeln ab, und bewog zween derselben ihn nebst Herrn *Whitehouse* in den Wald zu

Neuseeland-Mistel, *F: Loranthus tetrapetalus*
Peraxilla tetrapetala (Queen Charlotte Sound/Neuseeland, 22. 11. 1773)

begleiten, und sie die Pflanze kennen zu lehren, von welcher diese Wurzel kömmt. Im völligen Vertrauen auf die Rechtschaffenheit ihrer wilden Führer, folgten sie denselben ganz unbewafnet; nachdem sie ein gut Stück Weges mit einander gegangen waren, zeigten ihnen jene eine Art von Farrenbaum, der hier zu Lande *Mamaghu* genannt wird, mit dem Bedeuten, daß eben dieser die vorgedachte esbare Wurzel liefere. Sie zeigten ihnen auch den Unterschied zwischen dem *Mamagu* und dem *Ponga,* welches ein anderer Baum ist, der jenem sehr ähnlich siehet, dessen Wurzel aber nicht zu genießen ist. Beyde gehören zum Geschlecht der Farrnbäume. Bey ersterem ist der innere Theil des Holzes, oder das Herz des Stammes, eine weiche pulpöse Substanz, die beym Durchschneiden einen röthlichen klebrichten Saft von sich gab, der ungemein viel Ähnlichkeit mit dem *Sago* hatte. Im Grunde ist auch der wahre *Sagobaum* selbst nichts anders als eine Art von *Farrenbaum*. Die gute esbare Wurzel des *Mamaghu* muß aber nicht mit der Wurzel des Farrenkrauts *(acrostichum furcatum Linnaei)* verwechselt werden, denn letztere, die der Neu-Seeländer gewöhnlichste Speise zu seyn pflegt, ist fast durchaus holzig und weder schmackhaft noch nährend. Die Einwohner braten sie eine Weile über dem Feuer und schlagen oder quetschen sie hierauf zwischen zween Steinen oder zwey Stücken Holz, um aus dieser mürbe geklopften Masse ein wenig Saft aussaugen zu können; das übrigbleibende sind trockne Fasern, die alsdenn weggeworfen werden. Die *Mamaghu*-Wurzel hingegen giebt ein ziemlich gutes Essen ab; nur Schade, daß sie nicht häufig genug anzutreffen ist, um für ein tägliches, beständiges Nahrungsmittel zu dienen. Als mein Vater mit seinen Begleitern aus dem Walde zurück kam, hatte er Gelegenheit zu bemerken, wie roh die Sitten dieser Wilden sind. Ein Junge von ohngefähr sechs bis sieben Jahren, verlangte von seiner Mutter ein Stück von einem gebratnen Pinguin, welches sie in Händen hatte, und da sie ihm nicht gleich zu Gefallen war, ergrif er einen großen Stein und warf nach ihr. Sie lief auf ihn zu, um diese Ungezogenheit zu ahnden, kaum aber hatte sie ihm einen Schlag gegeben, als der Mann hervorsprang, sie zu Boden warf und unbarmherzig prügelte. Unsre am Wasserplatz campirenden Leute erzählten meinem Vater, sie wären von dergleichen Grausamkeiten vielfältig Zeugen gewesen und hätten mehr denn einmal gesehen, daß auch die Kinder sogar Hand an ihre unglücklichen Mütter legten und solche in Gegenwart des Vaters schlügen, der gleichsam nur Acht gäbe, ob sich jene etwa wehren oder wiedersetzen würde. Zwar pflegen fast alle wilde Völker, in so fern sie blos das Recht des Stärkern unter sich gelten lassen, ihre Weiber durchgehends als Sclavinnen anzusehn, die den Männern Kleider machen, Hütten bauen, Speisen kochen und zutragen, und bey aller ihrer Dienstbarkeit doch noch mit der härtesten Begegnung vorlieb nehmen müssen: Allein in Neu-Seeland scheint diese Tyranney viel weiter getrieben zu seyn, denn irgend sonst wo. Die Mannspersonen werden daselbst von Kindheit auf ordentlich dazu angehalten, daß sie ihre Mütter gegen alle Grundsätze der Sittlichkeit verachten müssen. Ich commentire indessen nicht über diese Barbarey, um die Vorfälle des heutigen Tages vollends zu erzählen, als welche uns über die Verfassung der Neu-Seeländer noch manchen Aufschluß gaben. Der Capitain, nebst Herrn *Wales* und meinem Vater, ließen sich am Nachmittage nach *Motu-Aro* übersetzen, um die Pflanz-Gärten zu besehen und Kräuterwerk für das Schiff einzusammlen, indeß verschiedne von den Lieutenants nach *Indian-Cove* giengen, um mit den dortigen Indianern Handel zu treiben. Das erste, was ihnen daselbst in die Augen fiel, waren die Eingeweide eines Menschen, die nahe am Wasser auf einem Haufen geschüttet lagen. Kaum hatten sie sich von der ersten Bestürzung über diesen Anblick erholt, als ihnen die Indianer verschiedne Stücke vom Cörper selbst vorzeigten, und mit Worten und Gebehrden zu verstehen gaben, daß sie das übrige gefressen hätten. Unter den vorhandenen Gliedmaaßen war auch noch der Kopf befindlich, und nach diesem zu urtheilen, mußte der Erschlagne ein Jüngling von funfzehn bis sechzehn Jahren gewesen seyn. Die untere Kinnlade fehlte, und über dem einen Auge war der Hirnschedel, vermuthlich mit einem *Pättu-Pättu,* eingeschlagen. Unsre Leute fragten die Neu-Seeländer, wo sie diesen Cörper her bekommen hätten? worauf jene antworteten, daß sie ihren Feinden ein Treffen geliefert, und verschiedne derselben getödtet, von den Erschlagnen aber nur allein den Leichnam dieses Jünglings mit sich hätten fortbringen können. Sie setzten hinzu, daß auch von ihrer Parthey verschiedne umgekommen wären und zeigten zu gleicher Zeit auf einige seitwärts sitzende Weiber, die laut wehklagten und sich zum Andenken der Gebliebnen die Stirn mit scharfen Steinen verwundeten. Was wir also von den Zwistigkeiten der Indianer bisher nur blos vermuthet hatten, das fanden wir jetzt durch den Augenschein bestätigt, und allem Anschein nach, war die Muthmaßung, daß wir selbst zu diesem Unheil Gelegenheit gegeben hätten, nicht minder gegründet. Hiernächst blieb uns nun auch kein Zweifel mehr übrig, die Neu-Seeländer für würkliche Menschenfresser zu halten. Herr *Pickersgill* wünschte den Kopf an sich zu kaufen, und solchen zum Andenken dieser Reise mit nach England zu nehmen. Er both also einen Nagel dafür und erhielt ihn, um diesen Preiß, ohne das mindeste Bedenken.[6] Als er mit seiner Gesellschaft an Bord zurück kam, stellte er ihn oben auf das Geländer des Verdecks zur Schau hin. Indem wir noch alle darum her waren ihn zu betrach-

6 Dieser Kopf befindet sich jetzt in Herrn *Joh. Hunters* anatomischen Cabinet zu *London.*

ten, kamen einige Neu-Seeländer vom Wasserplatze zu uns. So bald sie des Kopfes ansichtig wurden, bezeugten sie ein großes Verlangen nach demselben, und gaben durch Zeichen deutlich zu verstehen, daß das Fleisch von vortreflichem Geschmack sey. Den ganzen Kopf wollte Herr *Pickersgill* nicht fahren lassen, doch erbot er sich ihnen ein Stück von der Backe mitzutheilen, und es schien als freuten sie sich darauf. Er schnitt es auch würklich ab und reichte es ihnen; sie wolltens aber nicht roh essen, sondern verlangten es gar gemacht zu haben. Man ließ es also, in unsrer aller Gegenwart ein wenig über dem Feuer braten, und kaum war dies geschehen, so verschlungen es die Neu-Seeländer vor unsern Augen mit der größten Gierigkeit. Nicht lange nachher kam der Capitain mit seiner Gesellschaft an Bord zurück, und da auch diese Verlangen trugen, eine so ungewöhnliche Sache mit anzusehen, so wiederholten die Neu-Seeländer das Experiment noch einmal in Gegenwart der ganzen Schiffsgesellschaft. Dieser Anblick brachte bey allen denen die zugegen waren, sonderbare und sehr verschiedne Würkungen hervor. Einige schienen, dem Eckel zum Trotze, der uns durch die Erziehung gegen Menschenfleisch beygebracht worden, fast Lust zu haben mit anzubeißen, und glaubten etwas sehr witziges zu sagen, wenn sie die Neu-Seeländischen Kriege für Menschen-Jagden ausgaben. Andre hingegen waren auf die Menschenfresser unvernünftigerweise so erbittert, daß sie die Neu-Seeländer alle todt zu schießen wünschten, gerade als ob sie Recht hätten über das Leben eines Volks zu gebieten, dessen Handlungen gar nicht einmal für ihren Richterstuhl gehörten! Einigen war der Anblick so gut als ein Brechpulver. Die übrigen begnügten sich, diese Barbarey eine Entehrung der menschlichen Natur zu nennen, und es zu beklagen, daß das edelste der Geschöpfe dem Thiere so ähnlich werden könne! Nur allein *Maheine,* der junge Mensch von den Societäts-Inseln, zeigte bey diesem Vorfall mehr wahre Empfindsamkeit als die andern alle. Geboren und erzogen in einem Lande, dessen Einwohner sich bereits der Barbarey entrissen haben und in gesellschaftliche Verbindungen getreten sind, erregte diese Scene den heftigsten Abscheu bey ihm. Er wandte die Augen von dem gräßlichen Schauspiel weg, und floh nach der Cajütte, um seinem Herzen Luft zu machen. Wir fanden ihn daselbst in Thränen, die von seiner inneren Rührung das unverfälschteste Zeugniß ablegten. Auf unser Befragen, erfuhren wir, daß er über die unglückseligen Eltern des armen Schlacht-Opfers weine! Diese Wendung seiner Betrachtungen machte seinem Herzen Ehre; dann man sahe daraus, daß er für die zärtlichsten Pflichten der Gesellschaft ein lebhaftes inniges Gefühl haben und gegen seine Nebenmenschen überaus gut gesinnt seyn mußte. Er war so schmerzlich gerührt, daß einige Stunden vergiengen, ehe er sich wieder beruhigen konnte, und auch in der Folge sprach er von diesem Vorfall nie ohne heftige Gemüthsbewegung. Philosophen, die den Menschen nur von ihrer Studierstube her kennen, haben dreist weg behauptet, daß es, aller älteren und neueren Nachrichten ohnerachtet, nie Menschenfresser gegeben habe: Selbst unter unsern Reisegefährten waren dergleichen Zweifler vorhanden, die dem einstimmigen Zeugniß so vieler Völker bisher noch immer nicht Glauben beymessen wollten. Capitain *Cook* hatte indessen schon auf seiner vorigen Reise aus guten Gründen gemuthmaaßt, daß die Neu-Seeländer Menschenfresser seyn müßten; und jetzt, da wir es offenbahr mit Augen gesehen haben, kann man wohl im geringsten nicht mehr daran zweifeln. Über den Ursprung dieser Gewohnheit sind die Gelehrten sehr verschiedener Meynung, wie unter andern aus des Herrn Canonicus *Pauw* zu Xanten *recherches philosophiques sur les Americains* ersehen werden kann. Er selbst scheint anzunehmen, daß die Menschen ursprünglich durch Mangel und äußerste Nothdurft darauf verfallen sind, einander zu fressen.[7] Dagegen aber lassen sich sehr wichtige Einwürfe machen, und folgender ist einer der stärksten: Wenig Winkel der Erde sind dermaßen unfruchtbar, daß sie ihren Bewohnern nicht so viel Nahrungsmittel liefern sollten als zu Erhaltung derselben nöthig sind; und diejenigen Länder, wo es noch jetzt Menschenfresser giebt, können gerade am wenigsten für so elend ausgegeben werden. Die nördliche Insel von Neu-Seeland, die beynahe 400 See-Meilen im Um-

7 Seine Gedanken hierüber hat *D. Hawkesworth* sich zugeeignet, ohne Herrn *Pauw* zu nennen. S. Hawkesworth. III. B. in 8. *p. 279. Sic itur ad astra* in einem Lande, das nach *Voltaire's* Aussage und nach dem Vorurtheil der Deutschen noch jetzt für das Vaterland der Original-Denker gehalten wird.

fange haben mag, enthält, so viel sichs berechnen läßt, kaum einhundert Tausend Einwohner; welches für ein so großes Land, selbst alsdann noch, eine sehr geringe Anzahl ist, wenn auch nur allein die Küsten, und nicht die innern Gegenden des Landes durchaus bewohnt seyn sollten. Wenn aber auch ihrer noch weit mehrere wären; so würden sie sich doch alle von dem Überfluß an Fischen und vermittelst des Landbaues der in der *Bay of Plenty* und andrer Orten angefangen ist, zur Genüge ernähren, ja sogar den Fremden noch davon mittheilen können, welches sie auch würklich gethan haben. Zwar mag vor Einführung der Künste, ehe sie Netze hatten und Cartoffeln pflanzten, der Unterhalt sparsamer und mühseliger gewesen seyn; aber damals war auch die Anzahl der Bewohner gewiß weit unbeträchtlicher. Bey alle dem läugne ich keinesweges, daß es nicht Fälle gegeben hätte, wo ein Mensch den andern wirklich aus Noth aufgefressen hat: Allein davon sind doch nur einzelne Beyspiele vorhanden, und aus einzelnen Beyspielen läßt sich, für die Gewohnheit des Menschenfressens im Ganzen genommen, durchaus nichts beweisen. Nur so viel kann man daraus abnehmen, daß der Mensch, in einzelnen Fällen durch Hunger und Elend zu außerordentlichen Mitteln gebracht werden könne. Im Jahr 1772. da Deutschland Mißwachs hatte und viele Provinzen Hunger leiden mußten, ward auf den Boinenburgischen Gütern, an der Gränze von Thüringen, ein Hirte eingezogen, und, wo ich nicht irre, am Leben bestraft, weil er, durch Hunger gezwungen, einen jungen Burschen erschlagen und gefressen, auch verschiedne Monathe lang, in gleicher Absicht, bloß des Wolschmacks wegen, zu morden fortgefahren hatte. Er sagte im Verhör aus, daß ihm das Fleisch junger Leute vorzüglich gut geschmeckt habe, und eben das ließ sich auch aus den Mienen und Zeichen der Neu-Seeländer schließen. Ein altes Weib in der Provinz *Matogroßo* in Brasilien, gestand dem damaligen portugiesischen Gouverneur Chevalier *Pinto,* der jetzt portugiesischer Gesandter zu London ist, daß sie mehrmalen Menschenfleisch gegessen, daß es ihr ungemein gut geschmeckt habe, und daß sie auch noch ferner welches essen möchte, besonders junges Knabenfleisch. – Würde es aber nicht abgeschmackt seyn, wenn man aus diesen Beyspielen folgern wollte, daß die Deutschen und die Brasilianer, ja überhaupt irgend eine andere Nation, Menschen umzubringen, und sich mit dem Fleische der Erschlagnen etwas zu Gute zu thun pflegen? Eine solche Gewohnheit kann ja nicht mit dem Wesen der menschlichen Gesellschaft bestehen. Wir müssen also der Veranlassung dazu auf einem andern Wege nachspühren. Man weis, daß sehr geringe Ursachen oft die wichtigsten Begebenheiten auf dem Erdboden veranlaßt, und daß unbedeutende Zänkereyen die Menschen sehr oft bis zu einem unglaublichen Grad gegen einander erbittert haben. Eben so bekannt ist es, daß die Rachsucht bey wilden Völkern durchgängig eine heftige Leidenschaft ist, und oft zu einer Raserey ausartet, in welcher sie zu den unerhörtesten Ausschweifungen aufgelegt sind. Wer weiß also, ob die ersten Menschenfresser die Körper ihrer Feinde nicht *aus bloßer Wuth* gefressen haben, damit gleichsam nicht das geringste von denselben übrig bleiben sollte? Wenn sie nun überdem fanden, daß das Fleisch gesund und wohlschmeckend sey, so dürfen wir uns wohl nicht wundern, daß sie endlich eine Gewohnheit daraus gemacht und die Erschlagenen *allemal* aufgefressen haben: Denn, so sehr es auch unsrer Erziehung zuwider seyn mag, so ist es doch an und für sich weder unnatürlich noch strafbar, Menschenfleisch zu essen. Nur um deswillen ist es zu verbannen, weil die geselligen Empfindungen der Menschenliebe und des Mitleids dabey so leicht verloren gehen können. Da nun aber ohne diese keine menschliche Gesellschaft bestehen kann; so hat der erste Schritt zur Cultur bey allen Völkern dieser seyn müssen, daß man dem Menschenfressen entsagt und Abscheu dafür zu erregen gesucht hat. Wir selbst sind zwar nicht mehr Cannibalen, gleichwohl finden wir es weder grausam noch unnatürlich zu Felde zu gehen und uns bey Tausenden die Hälse zu brechen, blos um den Ehrgeiz eines Fürsten, oder die Grillen seiner Maitresse zu befriedigen. Ist es aber nicht Vorurtheil, daß wir vor dem Fleische eines Erschlagnen Abscheu haben, da wir uns doch kein Gewissen daraus machen ihm das Leben zu nehmen? Ohne Zweifel wird man sagen wollen, daß ersteres den Menschen brutal und fühllos machen würde. Allein, es giebt ja leyder Beyspiele genug, daß Leute von civilisirten Nationen, die, gleich verschiednen unsrer Matrosen, den bloßen Gedanken von Menschenfleisch-Essen nicht ertragen und gleichwohl Barbareyen begehen können, die selbst unter Cannibalen nicht erhört sind! Was ist der Neu-Seeländer, der seinen Feind im Kriege umbringt und frißt, gegen den Europäer, der, zum Zeitvertreib, einer Mutter ihren Säugling, mit kaltem Blut, von der Brust reißen und seinen Hunden vorwerfen kann?[8]

Neque hic lupis mos nec fuit leonibus,
Nunquam nisi in dispar feris.
HORAT

Die Neu-Seeländer fressen ihre Feinde nicht anders als wenn sie solche im Gefecht und in der größten Wuth erlegt haben. Sie machen nicht Gefangne um sie zu mästen und denn abzuschlachten,[9] noch weniger bringen sie ihre Verwandten in der Absicht um, sie zu fressen: (wie man wohl von einigen wilden Nationen in America vorgegeben hat) vielmehr essen sie solche nicht einmal wenn sie natürlichen Todes gestorben sind. Es ist also nicht unwahrscheinlich, daß in der Folge der Zeit dieser Gebrauch bey ihnen ganz abkommen wird. Die Einführung von neuem zahmen Schlacht-Vieh kann diese glückliche Epoche vielleicht befördern, in so fern nemlich größerer Überfluß, mehr Viehzucht und Ackerbau das Volk näher zusammenbringen und es geselliger machen wird. Auch von Seiten ihrer Religion stehet jener Hoffnung kein Hinderniß im Wege, denn, so viel wir bemerken konnten, sind sie nicht sonderlich abergläubisch, und nur unter sehr abergläubischen Völkern hat man auch nach ihrer Cultur, noch Menschen-Opfer gefunden. *Tupia,*[10] der einzige Mann, der sich ohne Anstos mit den Neu-Seeländern unterhalten konnte, erfuhr gar bald, daß sie ein höchstes Wesen erkennen, welche Kenntniß auch, bey allen Völkern der Erde, gleichsam als ein Funke der göttlichen Offenbahrung übrig zu seyn scheint. Nächst diesem Begriff nehmen die Neu-Seeländer gewisse Unter-Gottheiten an, die mit denen auf *Tahiti* so genau überein kommen, daß das System ihrer Vielgötterey sehr alt und von den gemeinschaftlichen Vor-Eltern beyder Nationen herzustammen scheint. Wir bemerkten auf Neu-Seeland keine einzige Ceremonie, die einige Beziehung auf die Religion gehabt hätte; und ich weis nur von zwey Umständen, die auf eine entfernte Art Aberglauben zu verrathen scheinen. Eins ist der Name *Etui* oder Vogel der Gottheit, welchen sie zuweilen einer Art von Baumläufern *(certhia cincinnata)* beylegten.[11] Diese Benennung scheint eine Verehrung anzudeuten, dergleichen die *Tahitier* und die übrigen Bewohner der Societäts-Inseln den Reyhern und Eisvögeln wiederfahren lassen; doch kann diese Achtung so gar weit nicht gehen, wenigstens haben wir nie bemerkt, daß sie diesen Vogel mehr als jeden andern beym Leben zu erhalten gewünscht hätten. Der zweyte Umstand besteht in Tragung eines Amulets von grünen Stein, welches an einer Halsschnur auf der Brust hängt, ohngefähr die Größe eines harten Thalers hat, und einer Menschengestalt gewissermaßen ähnlich sieht. Sie nennen es *Etighi,* welche Benennung ohne Zweifel mit dem tahitischen *Eti* übereinkommt.[12] Daselbst und in den benachbarten Inseln bedeutet *Eti* ein hölzernes Menschenbild, das, zum Andenken der Todten, keinesweges aber zu gottesdienstlicher Verehrung, bey den Gräbern auf einem Pfahle aufgerichtet wird. Das Neu-Seeländische *Tighi* scheint aus gleicher Absicht getragen und auch in aller Absicht nicht höher geschätzt zu werden: Für eine Kleinigkeit gaben sie es zwar nicht weg, wenn wir aber eine halbe Elle Tuch oder rothen Kirsey daran wenden wollten, überließen sie es uns ohne Bedenken; denn diese Zeuge waren ihnen, von allen unsern Tauschwaaren, das schätzbarste und annehmlichste. Außer dergleichen Figuren tragen sie zuweilen Schnüre mit aufgereiheten Menschen-Zähnen um den Hals; allein auch dieser Zierrath hat keine abergläubische Bedeutung, sondern gilt blos für ein Kennzeichen der Tapferkeit: Es sind nemlich die Zähne ihrer im Gefechte erschlagenen Feinde. Von Priestern oder Zauberern wissen sie, so viel wir bemerken konnten, gar nichts, und dann ist es freylich nicht zu verwundern, daß sie so wenig abergläubisch sind. Sollten sie aber, in der Folge einmal, zu mehreren Bequemlichkeiten des Lebens gelangen; so ist es leicht möglich, daß einige unter ihnen verschlagen genug seyn werden, ihres eig-

8 Der Bischof *Las Casas* sahe diese Abscheulichkeit unter den ersten spanischen Eroberern von Amerika.
9 S. *Hawkesworths* Gesch. *dritter* Band, in 8. *p. 199* u. f.
10 S. *Hawkesworth* Geschichte der engl. See-Reisen, 4. III. Band etc. *pag. 62.*
11 Der gewöhnliche Name dieses Vogels in der Neu-Seeländischen Sprache ist *Kogo.*
12 Eigentlich auszusprechen: *Eti-ih.*

nen Vortheils wegen, die Religions-Begriffe der Natur zu erweitern; denn die Geschichte zeigt uns nur zu viel Beyspiele, daß das heiligste und unschätzbarste Geschenk des Himmels, die Religion, zum Deckmantel von Betrügereyen ist gemißbraucht worden. –

Da das Schiff nunmehro völlig in Stand gesetzt war, dem rauhen Wetter der südlichen See-Gegenden Trotz zu bieten, wir auch mit frischem Vorrath von Trinkwasser und mit genügsamen Brennholz von neuem versorgt waren; so wurden die Zelte wieder an Bord geschafft, und am 24sten des Morgens die letzten Anstalten zur Abreise gemacht. Kaum sahen die Indianer, daß wir unsern bisherigen Wohnplatz am Strande verlassen hatten, als sie sich unverzüglich daselbst einfanden, und mit großer Begierde über den weggeworfnen Schiffs-Zwieback herfielen, den doch sogar unsre Schweine nicht mehr hatten fressen wollen. Was die Wilden hiezu verleiten mochte: weiß ich selbst kaum. Hunger konnte es wenigstens nicht seyn, denn sie hatten solchen Überfluß an frischen Fischen, daß sie, außer ihrem eignen Bedürfniß, auch uns, alle Tage reichlich damit zu versorgen pflegten. Die Ursach mußte folglich, entweder an der Verschiedenheit ihres Geschmacks liegen, oder die Liebe zur Abwechselung machte ihnen diese verdorbene vegetabilische Speise blos um deswillen angenehm, weil sie etwas neues und seltnes für sie war. Indessen schien es ihnen nicht so ganz allein um den Zwieback, sondern auch um die wenigen Kleinigkeiten zu thun zu seyn, die unsre Leute während ihres Aufenthalts am Strande verloren oder weggeworfen haben mochten. Unter der Zeit, daß sie überaus emsig nach Nägeln, alten Stücken Zeug und dergleichen Kostbarkeiten umher suchten, kamen andre aus den entferntesten Gegenden der Bay und brachten eine Menge Waffen und Geräthschaften zum Verkauf.

Nachmittags ward ein Boot abgeschickt, um eine Flasche mit einem Briefe an Capitain *Furneaux* unter einem Baume zu vergraben, falls er etwa nach unsrer Abreise, noch hieher kommen sollte.[13] In einem andern Boote gieng mein Vater mit verschiedenen Officiers nach *Indien-Cove,* woselbst die Menschen-Eingeweide noch immer auf der Erde lagen. Auch das Canot war noch da, in welchem die Wilden ihre Krieges-Expedition ausgeführt hatten. An dem mit Schnitzwerk und braunen Federbüschen ausgezierten Vordertheil desselben, befand sich eine vierzackige Gabel, auf welcher das Herz des erschlagenen Jünglings angespießt war. Die unsrigen kauften bey dieser Gelegenheit eine Parthie zubereiteten Flachs oder Hanf, und eine Menge Angelhaken mit knöchernen Spitzen, die, nach dem Vorgeben der Indianer, aus Menschen-Gebeinen, namentlich aus den Röhrknochen des Arms gemacht seyn sollten.

Am folgenden Morgen um 4 Uhr ward ein Boot nach *Motu-Aro* geschickt, um etwas Kohl aus unserm Garten zu holen, und mein Vater gieng mit dahin, um die Küste nochmals durchzusuchen. Seine Mühe war auch nicht vergebens, denn er fand verschiedene neue Pflanzen. Unterdessen hatten wir den Anker schon gelichtet, waren unter Seegel gegangen, und nahmen erst unterwegens das Boot wiederum ein: da aber Wind und Strom uns entgegen kamen, so mußten wir um 7 Uhr zwischen *Motu-Aro* und *Long-Eyland* die Anker von neuem fallen lassen. Nachdem wir ein Paar Stunden daselbst zugebracht, ward der Wind günstiger und führte uns in kurzer Zeit nach *Cooks* Straße.

Wir hielten uns daselbst in der Gegend des Cap *Terawitti* dicht am Lande, und feuerten von Zeit zu Zeit Canonen ab, um der *Adventure* von unsrer Ankunft Nachricht zu geben, falls sie in einem der benachbarten Häven gelegen hätte. Zwischen dem Cap *Terawitti* und *Palliser,* entdeckten wir eine Bay, die weit ins Land hinauf zu reichen schien. Die Ufer derselben waren durchgehends flach, und ließen vermuthen, daß rings umher eine beträchtliche Ebene vorhanden seyn müsse, hauptsächlich am hintersten Ende, woselbst die Berge so weit entfernt lagen, daß man kaum die Gipfel entdecken konnte. Sollte die Bay für große Schiffe tief genug seyn, woran wohl

13 Ein gewöhnliches Mittel, dessen sich die Seefahrer bedienen, wenn sie, auf unbewohnten oder neu entdeckten Küsten ihren Nachfolgern etwas bekannt machen wollen. Man steckt einen solchen Brief deshalb in eine Flasche, um ihn vor der Nässe zu bewahren, und die Bouteille wird sodann, an einem leicht in die Augen fallenden Ort, gemeiniglich in der Gegend, wo die Anwesenden ihre Wasserfässer gefüllt haben, unter einem Baume vergraben, der entweder durch eine angehängte Tafel, oder durch eingehauene Zeichen kenntlich gemacht wird, damit der Neuankommende gleich gewahr werde, an welcher Stelle er nachgraben müsse.

nicht zu zweifeln ist; so wäre dieser Platz zur Anlegung einer Colonie ganz vorzüglich bequem. Denn man fände hier einen großen Strich bauwürdigen Landes vor sich, der mit genügsamer Waldung, vermuthlich auch mit einem schiffbaren Strom versehen ist, und, seiner Lage nach, in den besten Vertheidigungsstand gesetzt werden könnte. Da diese Gegend auch nicht sonderlich bewohnt zu seyn scheint, so würde desto weniger Gelegenheit zu Streitigkeiten mit den Eingebohrnen vorhanden seyn. Vortheile, die sich an andern Stellen von Neu-Seeland wohl selten so glücklich vereinigt finden dürften. Der Flachs *(phormium tenax)*, wovon die Einwohner ihre Kleider, Matten, Stricke und Netze verfertigen, ist von so vortreflichem Glanz, Elasticität und Stärke, daß die neue Colonie schon mit diesem einzigen Artikel einen beträchtlichen Handel nach Indien treiben könnte, weil dort Taue und Seegeltuch in sehr hohen Preisen stehen. Vielleicht werden die Europäer, wenn sie dereinst ihre americanischen Colonien verloren haben, auf neue Niederlassungen in entferntern Ländern bedacht seyn; mögte nur alsdenn der Geist der ehemaligen Entdecker nicht mehr auf ihnen ruhen! mögten sie die einheimischen Bewohner der Südsee als ihre Brüder ansehen, und ihren Zeitgenossen zeigen, daß man Colonien anlegen könne, ohne sie mit dem Blut unschuldiger Nationen beflecken zu dürfen!

Auch jenseits dieser Bay fuhren wir noch immer fort Kanonen abzufeuern, aber alle Versuche unsre Begleiterinn wieder zu finden, waren umsonst. Es erfolgte keine Antwort auf unsre Signale, ob wir gleich mit einer Aufmerksamkeit und Sehnsucht darnach lauschten, aus denen sich deutlich genug abnehmen ließ, wie ungern wir, ohne Gesellschaft, den zahllosen Gefahren eines zweyten Zuges gen Süden entgegen giengen. Am folgenden Morgen erreichten wir die Ausfahrt aus der Straße, liefen um das Cap *Palliser* herum und nordwärts an der Küste hinauf, noch immer in Hoffnung die Adventure hier irgendwo anzutreffen. Da uns aber auch diese Erwartung fehl schlug; so gaben wir alle Gedanken zur Wiedervereinigung auf, nahmen um 6 Uhr des Abends Abschied von Neu-Seeland und steuerten nach Süd-Süd-Ost.

Auf unserer ersten Fahrt gegen Süden, vom Vorgebürge der guten Hoffnung aus, hatte sich bey verschiedenen von unsern Leuten der Scorbut geäußert: Allein, während des Aufenthalts in *Dusky-Bay,* war diese Krankheit, vermittelst der gesunden Fischspeisen, wie auch durch den Genuß des Sprossenbiers, glücklich vertrieben worden. Zwar hatten sich auf der folgenden unangenehmen Winter-Reise, von Neu-Seeland nach *Tahiti,* bey manchem, neue und zum Theil gefährliche Symptomen dieses Übels eingefunden: Allein, der große Vorrath frischer Pflanzen, den wir auf letztgedachter Insel erhielten, und das vortrefliche Schweinefleisch, das wir auf den *Societäts-* und *freundschaftlichen* Inseln so reichlich einlegten, stellte die Patienten sehr bald wieder her. Bey unserm diesmaligen zweyten Aufenthalt in Charlotten-Sund war es ohne Zweifel dem häufigen Genuß des Sellery und Löffelkrauts beyzumessen, daß wir von den üblen Folgen der eingesalznen Speisen verschont blieben, und bey unsrer nunmehrigen Abreise, allerseits in guten Gesundheits-Umständen zu seyn schienen. Aber bey dem allen hatten wir, jetzt vielleicht mehr als je, Ursach, uns für den Anfällen des Scharbocks zu fürchten, denn die Mühseligkeiten des See-Lebens, die wir nun schon so geraume Zeit hindurch erlitten, mußten unsre Constitutionen wohl allerdings geschwächt und uns die Kraft benommen haben, den künftigen Beschwerlichkeiten, so gut als bisher, zu widerstehen. Vornemlich sahen die Officier und Passagier, auf der nunmehrigen Reise gegen den Südpol, mancherley Unannehmlichkeiten vor sich, wovon sie vorher nichts gewußt. Ihr jetziger Vorrath von lebendigen Vieh war gegen den, womit sie sich ehedem vom Vorgebürge der guten Hoffnung aus versorgt gehabt, für gar nichts zu rechnen; folglich hörte der geringe Unterschied, der bisher zwischen ihrer Tafel und dem Essen der gemeinen Matrosen statt gefunden hatte, gänzlich auf, und sie waren nun, in diesem Betracht, um nichts besser, ja fast noch schlimmer daran als die gemeinen Seeleute, die sich von Jugend auf an keine andere als die eigentliche Schiffskost gewöhnt, dahingegen Officier und Passagier solche gleichsam nie versucht hatten. Hiernächst war auch die Hoffnung neue Länder zu entdecken, nun schon verschwunden: die Gegenstände der freundschaftlichen Unterredung waren erschöpft; die Fahrt gegen Süden konnte nichts Neues mehr darbieten; sondern lag mit allen ihren mannigfaltigen Gefahren und Schrecken vor uns, die desto mehr Eindruck machten, da wir nun ohne Gesellschaft seegeln mußten. Zwischen den Wendezirkeln hatten wir wenigstens einige glückliche Tage genossen; unsre Tafel war dort so gut besetzt gewesen, als es die Producte dieser Inseln zulassen wollten, und die Abwechselung so mancher neuen Gegenstände, die wir unter den verschiedenen Nationen antrafen, hatte uns auf das angenehmste unterhalten: Nunmehro sahen wir aber, auf eine ziemlich lange Periode, nichts als Nebel, kaltes Wetter, Fasten und die langweiligste Einförmigkeit vor uns! Der Abt *Chappe,* oder vielmehr der Herausgeber seiner Reise nach *Californien, Cassini,* bemerkt,[14] »daß Abwechselung allein dem Reisenden angenehm ist, und daß er, solcher zu gefallen, von Land zu Lande gehe.« Seine Philosophie ist zugleich so erhabner Natur, daß er den Ausspruch thut,[15] »das Seeleben sey nur denen langweilig und einförmig, die nicht gewohnt sind, um sich zu schauen, sondern die Natur mit Gleichgültigkeit ansehen.« Wäre aber der gute Herr Abt so unglücklich gewesen, den antarctischen Zirkel zu besuchen, ohne ein Paar Hundert fette Capaunen bey sich zu haben, womit er sich, auf seiner Reise von *Cadiz* nach *Vera-Cruz,* wohl weislich zu versorgen wußte; so dürfte vielleicht seine Philosophie minder hochtrabend gewesen seyn. Was diesen Verdacht gar sehr bestätigt, ist, daß er die Abwechslung in *Mexico* nicht fand, die er doch zur See so häufig angetroffen zu haben vorgab.[16] Gleichwohl durchreiste er daselbst große Striche ungebautes Land und weitläuftige Wälder, und sahe die Natur in einem sehr wilden Zustande. Er gesteht zwar, daß sie reich und schön sey; allein in wenig Tagen ward ihm die Mannigfaltigkeit ihrer Reize schon unschmackhaft und gleichgültig; und doch versichert man uns von diesem Mann, er sey zugleich Astronom, Botanist, Zoolog, Mineraloge, Chymist und Philosoph gewesen!

Wir unsrer Seits waren, bey der Abreise von Neu-Seeland, von der erhabnen Philosophie des französischen Abts sehr weit entfernt. Wenn noch je etwas die traurige Aussicht der Zukunft in unsern Augen mildern konnte, so wars die Hoffnung, daß die Reise um den Südpol in irgend einer hohen noch unbefahrnen Breite, wenigstens nicht länger als den bevorstehenden Sommer über dauern, und daß wir innerhalb acht Monathen wieder nach England zurückkommen würden. Diese Hoffnung erhielt das Volk, während des größten Theils der Reise und des bösen Wetters, bey gutem Muth. Am Ende zeigte sich freylich, daß dieser Gedanke nichts mehr als ein süßer Traum gewesen war; allein dann trösteten wir uns schon wieder mit der gewissen Aussicht, daß wir, statt dessen, auf den glücklichen Inseln des heißen Erdstrichs, abermals einige Monathe zubringen würden.

14 *Pag. 22.*
15 *Pag. 13.*
16 *Pag. 22.*

Grausturmvogel, ***F: Procellaria inexpectata***
Procellaria cinerea (Südpazifik, 1774)

DREYZEHNTES HAUPTSTÜCK.

Zweyte Fahrt in die südlichen Breiten, von Neu-Seeland nach Easter- oder Oster-Eyland.

Am morgen nach unsrer abreise von Neu-Seeland hatten wir einen Nord-Nord-Westwind, bey dem das Thermometer auf 64 Grad stieg. Die beyden folgenden Tage stand es auf 54. dann auf 48., und als wir ohngefähr unterm 49sten Grade südlicher Breite waren, sank es auf 44 1/2. Am 28sten November erblickten wir eine Menge Seehunde oder vielmehr See-Löwen, die eine Strecke weit vom Schiff vorbey giengen und ihren Weg nach den Küsten des Landes zu nehmen schienen, welches wir so eben verlassen hatten. Von dieser Zeit an bis zum 6ten December, sahen wir große Haufen von blauen und andern Sturmvögeln, nebst verschiedenen Arten von Albatrossen, Skua's oder grauen Mewen, viel Pinguins, und viel Seegras. Gedachten Tages befanden wir uns um 7 Uhr Abends, im 51sten Grade 33 Minuten südlicher Breite und unterm 180sten Grade der Länge; folglich gerade auf dem Punct der *Antipoden* von London. Hier nöthigte die Erinnerung dort zurückgelaßner häuslicher Glückseligkeit und gesellschaftlicher Freuden, jedem Herzen, das noch väterliche oder kindliche Liebe zu fühlen im Stande war, eine Empfindung des Heimwehes ab! Wir waren die ersten Europäer, und ich darf wohl hinzusetzen die ersten menschlichen Creaturen, die auf diesen Punct gekommen, den auch nach uns, vielleicht Niemand wieder besuchen wird. Zwar trägt man sich in England mit einer Erzählung von *Sir Francis Drake;* der zufolge er, auf der andern Halbkugel, gerade über den Strich weggeseegelt seyn soll, in welchen auf der disseitigen »der mittlere Bogen der alten Brücke von London befindlich ist.« Das ist aber ein Irrthum, denn er lief nur längst der Küste von Amerika hin, und es schreibt sich jene Sage vermuthlich davon her, weil er unter den *Periöcis* oder unter 180 Grade der Länge, und unter denselben Zirkel der nördlichen Breite an der Küste von *Californien* durchgegangen ist.

Je weiter wir gen Süden kamen, desto tiefer fiel das Thermometer. Am 10ten des Morgens, da uns der Wind entgegen blies, sank es auf 37 Grad. Mittags hatten wir den 59sten Grad südlicher Breite erreicht und noch kein Eis gesehen, dagegen sich vorm Jahre, (am 10ten December) schon zwischen dem 50sten und 51sten Grade südlicher Breite welches gezeigt hatte. Die Ursach dieses Unterschiedes ist schwer zu bestimmen. Der vorjährige Winter mochte vielleicht kälter als der diesjährige gewesen, und aus dieser Ursach die See damals mit mehr Eis angefüllt seyn, als jetzt; wenigstens versicherten uns die Einwohner am Cap, daß sie einen weit härtern Winter gehabt hätten, als sonst. Vielleicht hatte auch ein starker Sturm das Eis um den Südpol her, zertrümmert, und die einzelnen Stücke so weit gen Norden getrieben als wir sie vorgedachtermaßen fanden. Vielleicht hatten beyde Ursachen gleich vielen Antheil daran.

Am 11ten des Nachts nahm die Kälte zu. Das Thermometer stand auf 34 Grad, und um 4 Uhr des andern Morgens zeigte sich eine große Insel von Treibeis, neben welcher wir eine Stunde nachher, vorbey fuhren. Ohnerachtet uns vors erste nur dies einzige Stück zu Gesicht kam; so mußte doch in der Nachbarschaft mehr vorhanden seyn, denn die Luft war mit einemmal so viel kälter geworden, daß nach Verlauf weniger Stunden, nemlich um 8 Uhr, das Thermometer bereits auf 31½ Grad gesunken war. Um Mittag befanden wir uns im 61sten Grade 46 Minuten südlicher Breite. Am folgenden Morgen war das Thermometer wieder um einen halben Grad gestiegen, und wir liefen mit einem frischen Winde gen Osten, ohne uns an das dicke Schneegestöber zu kehren, bey dem man oft kaum zehn Schritte weit vor dem Schiff hinsehen konnte. Unser Freund *Maheine* hatte schon an den vorhergehenden Tagen über die Schnee- und Hagelschauer große Verwundrung bezeigt, denn diese Witterungsarten sind in seinem Vaterlande gänzlich unbekannt. »Weiße Steine« die ihm in der Hand schmolzen, waren Wunder in seinen Augen, und ob wir uns gleich bemüheten, ihm begreiflich zu machen, daß sie durch Kälte hervorgebracht würden, so glaube ich doch, daß seine Begriffe davon immer sehr dunkel geblieben seyn mögen. Das heutige dicke Schneegestöber setzte ihn in noch größere Verwundrung, und nachdem er auf seine Art die Schneeflocken lange genug betrachtet, sagte er endlich, er wolle es, bey seiner Zurückkunft nach *Tahiti, weißen Regen* nennen. Das erste Stück Eis, welches uns aufsties, hatte er nicht zu sehen bekommen, weil es am frühen Morgen vorbey trieb, da er noch schlief. Desto größer war sein Erstaunen, als er zwey Tage nachher, ohngefähr unterm 65sten Grade südlicher Breite, ein ungeheures Stück Eis erblickte. Am folgenden Tage stießen wir auf ein großes Eisfeld, das unserm Weiterseegeln gen Süden ein Ende, ihm aber viel Freude machte, weil ers für Land hielt. Wir erzählten ihm, es sey nichts weniger als das, sondern es bestehe bloß aus erhärtetem süßen Wasser: Allein, da war an keine Überzeugung zu denken, bis wir ihn auf dem Verdeck an das offne Wasserfaß brachten, und ihm augenscheinlich zeigten, wie sich das Eis dort nach und nach ansetzte. Dennoch blieb er dabey, daß ers auf allen Fall, und, um es von andern Lande zu unterscheiden, *weißes Land* nennen werde. Schon auf Neu-Seeland hatte er sich eine Anzahl dünner Stöckchen gesammlet, die er sorgfältig in ein Bündelchen zusammen band und als ein Tagebuch gebrauchte. Jedes dieser Stöckchen bedeutete bey ihm eine von den Inseln, die wir seit unserer Abreise von *Tahiti,* entweder besucht, oder wenigstens gesehen hatten. Er konnte also jetzt schon neun bis zehn solcher Hölzchen aufzeigen, und wußte sie alle bey ihren Namen, in eben der Ordnung herzunennen, als die Inseln der Reihe nach auf einander gefolgt waren. Das *weiße* Land oder *Whennua tea-tea* war das letzte. Er fragte sehr oft, wie viel andre Länder wir noch auf unserm Wege nach England antreffen würden? und dafür machte er ein besonderes Bündelchen, welches er alle Tage eben so fleißig durchstudirte, als das erstere. Die Langweiligkeit unsrer jetzigen Fahrt mogte ihn vielleicht begierig nach dem Ende machen; und die eingesalznen Speisen nebst dem kalten Wetter trugen wohl ebenfalls das ihrige dazu bey, ihm das Reisen nach grade zu verleiden. Seine gewöhnliche Beschäfftigung bestand in Abtrennung der rothen Federn von den Tanz-Schürzen, die er zu *Tongatabu* gekauft hatte. Er band acht oder zehn Stück derselben, vermittelst einiger Coco-Nußfasern, in kleine Büschchen zusammen. Die übrige Zeit brachte er mit Spatzierengehen auf dem Verdeck zu, oder er besuchte die Officiers, oder er wärmte sich beym Feuer in des Capitains Cajütte. Bey müßigen Stunden machten wir uns seine Gesellschaft zu Nutze, um in der *tahitischen* Sprache weiter zu kommen: Unter andern giengen wir das ganze Wörterbuch mit ihm durch, welches wir auf den Societäts-Inseln zusammengetragen hatten. Auf diese Art erlangten wir von seiner und den benachbarten Inseln manche neue Kenntniß, mit deren Hülfe wir bey unsrer Rückkunft wegen verschiedener Umstände, genauere und richtigere Nachfrage halten konnten, als zuvor.

Am 15ten des Morgens erblickten wir in mehrern Gegenden Eisfelder um uns her; und waren auf gewisse Weise damit so umringt, daß wir keine Möglichkeit vor uns sahen, weiter gen Süden zu gehn, sondern vielmehr um wieder ins Freye zu kommen, nach Nord-Nord-Ost steuern mußten. Der Nebel, der sich am Morgen schon gezeigt hatte, ward gegen Mittag immer dicker, dergestalt daß wir von der Menge der Eis-Felsen, die auf allen Seiten um uns her schwammen, die größte Gefahr zu besorgen hatten. Um 1 Uhr, da die Leute eben Mittag hielten, wurden wir durch den plötzlichen Anblick einer großen Eis-Insel, die dicht vor uns lag, in großen Schrecken gesetzt. Es war ganz unmöglich, das Schiff mit oder gegen den Wind herumzudrehen; das einzige, was uns zu thun übrig blieb, war dieses, so dicht als möglich am Winde hin zu versuchen, ob auf die Weise der Gefahr auszuweichen sey. Man kann denken, in welcher fürchterlichen Ungewißheit wir die wenigen Minuten zubrachten, ehe sich unser Schicksal entschied, und in der That es war ein bewundernswürdiges Glück, daß wir ohne Schaden davon kamen, denn die Eismasse blieb im Vorbeyfahren kaum eine Schiffslänge weit von uns entfernt. Dergleichen und andern ähnlichen Gefahren, sahen wir uns auf diesem unbeschifften Ocean alle Augenblick ausgesetzt, doch waren die Leute bey weiten nicht so verlegen darüber, als man hätte vermuthen können. Wie im Treffen der Tod seine Schrecken verliert, so seegelten auch wir, oft nur eine Handbreit, neben immer neuen Gefahren, ganz unbekümmert dahin, als ob Wind und Wellen und Eis-Felsen nicht vermögend wären, uns Schaden zu thun. Die Eisstücken hatten diesmals wieder eben so verschiedene Formen, als jene, welche wir auf unserer vorjährigen Fahrt, vom Vorgebürge der guten Hoffnung nach Süden herab, gesehen hatten. Wir konnten uns wechselsweise Pyramiden, Obelisken, Kirchthürme und Ruinen dabey vorstellen, und fanden mehrere Stücken darunter, die dem Eisblock, den wir im Jahr 1772. mit dem ersten Eise erblickt hatten, weder an Höhe noch an Ausdehnung etwas nachgaben, zum Theil auch oberhalb eben so platt waren.

Die Menge von Vögeln, die wir bisher angetroffen, würde vielleicht jeden andern Reisenden verleitet haben, in der Nähe Land zu vermuthen. Wir aber waren schon zu sehr daran gewöhnt, sie in offner See um uns zu sehen, als daß wir sie noch ferner für dergleichen günstige Vorbothen hätten gelten lassen sollen. Große Züge von blauen Sturmvögeln und Pintaden, eine Menge Albatrosse, mit unter auch einzelne Skuas hatten uns täglich begleitet; und als wir uns dem Eise näherten, gesellten sich noch Schnee und antarctische Sturmvögel, imgleichen Malmucken dazu *(Fulmars)* Pinguins aber, Seegras und Seehunde hatten sich seit dem 10ten nicht mehr sehen lassen.

Das Wetter war außerordentlich naß und dabey empfindlich kalt. Den Tauben, die wir zum Theil auf den Societäts- und freundschaftlichen Inseln eingekauft hatten, wollte es gar nicht bekommen, und den Singvögeln, die auf Neu-Seeland mit großer Mühe waren gefangen worden, behagte es eben so wenig. Mein Vater und ich hatten fünf Tauben von dort mitgenommen; sie starben aber, vor dem 16ten December, eine nach der andern, weil es in unsern Cajütten ungemein kalt und selbst in dem Schlafraum der Matrosen wärmer war denn bey uns. Das Thermometer stand in unsern beyden Cajütten nie mehr denn 5 Grad höher als in freyer Luft, und da sie zum Unglück gerade vor dem Hauptmast gelegen waren, woselbst das Schiff am stärksten arbeitet, so hatten wir nicht nur beständigen Windzug auszustehen, sondern mußten uns auch bey regnigten oder stürmischen Wetter gefallen lassen, daß überall Wasser herein drang.

Am 16ten Nachmittags und auch am 17ten wurden die Boote ausgesetzt, um lose Eisstücken, zur Anfüllung unsrer Wasserfässer, einzunehmen. Das Eis war alt, schwammigt und mit Salzwasser-Theilchen durchdrungen, weil es schon lange Zeit und thauend in der See herumgeschwommen; doch ließ sich das Wasser davon noch wohl trinken, wenn die Stücke eine Weile auf dem Verdecke liegen bleiben, damit das Salzwasser abtröpfeln konnte. Vom 17ten bis zum 20sten, sahen wir keine Vögel um uns. Sie waren mit einemmale wie verschwunden, ohne daß wir irgend eine Ursach davon anzugeben wußten. An letztgedachtem Tage aber zeigten sich wieder einige Albatrosse.

Da wir während dieser Zeit neben dem Eisfelde, welches uns im Wege gewesen, ganz vorbey waren; so steuerten wir nun, wie vorher, wiederum gerade gegen Süden; denn darauf gieng die Haupt-Absicht unsrer Reise. Am 20sten Nachmittags kamen wir zum zweytenmale durch den Antarctischen Zirkel. Das Wetter war naß und nebligt; – Eisinseln häufig um uns her; – der Wind sehr frisch. Eine Menge antarctischer Sturmvögel, und ein Wallfisch der ohnweit dem Schiffe das Wasser aufsprüzte, schienen uns beym Eintritt in den kalten Erdstrich gleichsam zu bewillkommen. Zu Nachts erblickten wir zwey Seehunde; deren sich seit vierzehn Tagen keine hatten sehen lassen. Einige unsrer Mitreisenden muthmaßeten hieraus, daß wir Land antreffen würden. Allein diese Hoffnung ward bald wieder vernichtet, indem wir nach wenig Tagen, innerhalb des antarctischen Zirkels bis auf 67 Grad 12 Minuten südlicher Breite gelangten, ohne etwas anders als Eis wahrzunehmen.

Am 23sten Nachmittages waren wir mit Eis-Inseln umgeben, und die See war fast über und über mit kleinen Eisstücken bedeckt. Wir legten also bey; ließen die Boote in See setzen und Eisschollen an Bord bringen. Die Vögel waren jetzt sehr häufig um uns her; die Officiers schossen auch von den Booten aus etliche Sturmvögel, welches uns Gelegenheit verschaffte, Zeichnungen und Beschreibungen davon zu machen. Um diese Zeit klagten viele von uns über rheumatische Beschwerden, Kopfweh, geschwollne Drüsen und Schnupfen-Fieber, lauter Zufälle, die dem aus Eis aufgethauten Trinkwasser zugeschrieben wurden. Mein Vater hatte sich seit einigen Tagen, einer Verkältung wegen, nicht wohl befunden, die heute in einen starken Rheumatismus ausgeschlagen und mit einem Fieber begleitet war, welches ihn bettlägerig machte. Beydes schien dadurch veranlaßt zu seyn, daß er sich, aus Mangel einer bessern Einrichtung, in einer so elenden Cajütte behelfen mußte, wo, der beständigen Nässe wegen, alles schimmelte und verfaulte. Die Kälte war vornemlich heute so empfindlich, daß er zwischen dem Thermometer in seiner Cajütte und dem auf dem Verdeck nur zwey und einen halben Grad Unterschied fand.

Sobald wir die Boote wieder eingenommen hatten, seegelten wir diese Nacht und den folgenden Tag über nordwärts, so weit der widrige Wind es gestatten wollte. Am 25sten war das Wetter hell und schön, der Wind verlor sich in einige Windstille und mehr als neunzig große Eis-Inseln sahen wir Mittags um uns her. Da es Christ-Tag war, so bat der Capitain, dem Herkommen gemäs, alle Officiers zum Mittags-Essen; und einer von den Lieutenants bewirthete die Unterofficiers. Die Matrosen hatten eine doppelte Portion Pudding und thaten sich mit ihrem Brandtwein gütlich, den sie, aus großer Vorsorge, heute ja recht voll zu werden, schon ganze Monathe her, zusammen gespart hatten. Das ist auch in der That das einzige, wofür sie sorgen, alles übrige kümmert sie wenig oder gar nicht.

Der Anblick so vieler Eismassen, zwischen welchen wir, lediglich durch den Strom, fortgetrieben wurden, und stets Gefahr liefen, daran zu scheitern, war nicht vermögend, sie von ihrer Lieblings-Neigung abzuhalten. Sie versicherten, daß, so lange der Brandtwein noch währete, sie auch den Christtag als Christen feyern wollten, wenn sich gleich alle Elemente gegen sie verschworen hätten. Ihre Gewohnheit ans Seeleben hatte sie längst gegen alle Gefahren, schwere Arbeit, rauhes Wetter und andre Widerwärtigkeiten abgehärtet, ihre Muskeln steif, ihre Nerven stumpf, kurz, ihre Gemüthsart ganz unempfindlich gemacht. Da sie für ihre eigne Erhaltung keine große Sorge tragen, so ist leicht zu erachten, daß sie für andre noch weniger Gefühl haben. Strengem Befehl unterworfen, üben sie auch tyrannische Herrschaft über diejenigen aus, die das Unglück haben in ihre Gewalt zu gerathen. Gewohnt ihren Feinden unter die Augen zu treten, ist Krieg ihr Wunsch. Die Gewohnheit umzubringen und zu morden, ist Leidenschaft bey ihnen geworden, wovon wir leyder nur zu viele Beweise auf dieser Reise haben sehen müssen, indem sie bey jeder Gelegenheit die unbändigste Begierde zeigten, um der geringsten Veranlassung willen sogleich auf die Indianer zu feuern. Ihre Lebensart entfernet sie von dem Genuß der stillen häuslichen Freuden, und da treten dann grobe viehische Begierden an die Stelle besserer Empfindungen.

At last, extinct each social feeling, fell
And joyless inhumanity pervades
And petrifies the heart. –
THOMPSON.

Ohnerachtet sie Mitglieder gesitteter Nationen sind, so machen sie doch gleichsam eine besondere Classe von Menschen aus, die ohne Gefühl, voll Leidenschaft, rachsüchtig, zugleich aber auch tapfer, aufrichtig und treu gegen einander sind.

Um Mittag ward die Sonnenhöhe genommen, da sich denn zeigte, daß wir 66 Grad 22 Minuten südlicher Breite, mithin so eben über den antarctischen Zirkel wieder zurückgegangen waren. Während unsers Aufenthalts innerhalb desselben, hatten wir fast gar keine Nacht, und ich finde in meines Vaters Journal viele Stellen, die wenig Minuten vor Mitternacht, bey Sonnenschein, geschrieben sind. Auch heute Nacht war die Sonne so kurze Zeit unter dem Horizont, daß wir immer eine helle Dämmerung behielten. *Maheine* erstaunte über dies Phänomenon und wollte kaum seinen Augen trauen. Alle Bemühungen, ihm die Sache zu erklären, waren umsonst; und er versicherte uns, er dürfe nicht hoffen bey seinen Landsleuten Glauben zu finden, wenn er ihnen bey seiner Zurückkunft die Wunder des »versteinerten

Regens, und des beständigen Tages« erzählen werde. Die ersten Venetianer, welche die nördlichen Spitzen von Europa umschifften, waren eben so erstaunt darüber, die Sonne beständig am Horizont zu sehen. »Wir konnten, sagen sie, Tag und Nacht nicht anders als an dem Instinct der Seevögel unterscheiden, die ohngefähr auf vier Stunden, zur Ruhe ans Land zu gehen pflegten.«[1] Da aber allem Ansehen nach, in dieser Gegend weit und breit kein Land vorhanden war, so konnten wir die Richtigkeit dieser Bemerkung nicht untersuchen, wir haben vielmehr oftmals noch des Nachts um 11 Uhr, ja die ganze Nacht hindurch, viel Vögel im Fluge um das Schiff gehabt.

Um 6 Uhr, des Morgens zählten wir ein hundert und fünf große Eismassen um uns her. Das Wetter blieb sehr klar, schön und still. Am Mittag, des folgenden Tages, befanden wir uns noch in eben der Lage, nur daß unsre Leute toll und voll waren, und daß wir oben vom Mast 168 Eis-Inseln sehen konnten, darunter manche eine halbe Meile lang und keine von geringern Umfange war, als das Schiff. Dies stellte einen großen und fürchterlichen Anblick dar. Es schien, als ob wir die Trümmern einer zerstörten Welt, oder, nach den Beschreibungen der Dichter gewisse Gegenden der Hölle vor uns sähen, eine Ähnlichkeit, die uns um so mehr auffiel, weil von allen Seiten ein unabläßiges Fluchen und Schwören um uns her tönte.

Nachmittags erhob sich ein schwacher Wind, mit dessen Hülfe wir langsam nach Norden vorrückten. Die Eis-Inseln verminderten sich in eben dem Maaß, als wir uns vom antarctischen Zirkel entfernten. Des folgenden Morgens um 4 Uhr wurden die Boote ausgesetzt, um frisches Eis einzunehmen. Kaum waren sie damit fertig, so änderte sich der Wind und brachte aus Nord-Ost, Schnee und Hagel mit. Mein Vater und zwölf andre Personen, klagten wiederum über rheumatische Schmerzen und mußten das Bette hüten. Vom Scorbut äußerten sich zwar noch keine gefährliche Anzeigen, doch mußten ich und alle diejenigen, welche im geringsten damit behaftet zu seyn schienen, zweymal des Tages viel frische und warme Bierwürze trinken, und der eingesalznen Speisen uns so viel möglich enthalten. Wenn aber gleich keine förmliche Krankheit unter uns herrschte, so hatten wir doch alle ohne Unterschied, ein sieches, ausgemergeltes Ansehen, das schlimme Folgen anzukündigen schien. Capitain *Cook* selbst war blaß und mager, verlor den Appetit und litt an einer hartnäckigen Verstopfung.

Wir steuerten nunmehro nach Norden, so weit und so geschwind die Winde es zulassen wollten; und am 1sten Januar 1774. unterm 59sten Grade 7 Minuten südlicher Breite, verloren wir das Eis gänzlich aus dem Gesicht. Am 4ten blies ein stürmischer Wind von Westen und nöthigte uns alle Seegel doppelt aufzureffen oder halb einzunehmen. Die Wellen giengen sehr hoch, und warfen das Schiff ganz gewaltig von einer Seite zur andern. Dies unangenehme Wetter dauerte bis zum 6ten, Mittags, da wir den 51sten Grad südlicher Breite erreichten und mit dem günstigen Winde nach Nord-Nord-Osten liefen. Wir waren jetzt nur wenig Grade von dem Strich, den wir im verwichnen Junius und Julius, auf der Fahrt von Neu-Seeland nach *Tahiti* gehalten hatten; auch steuerten wir ausdrücklich wieder nach dieser Gegend hin, um keinen ansehnlichen Theil dieses großen Oceans ununtersucht zu lassen. So weit wir bis jetzt gekommen waren, hatten wir nirgends Land, auch nicht einmal Anzeigen davon gesehen. Auf unserm ersten Zuge hatten wir die Süd-See in den mittlern Breiten, oder zwischen 40 und 50 Grad, durchkreuzt. Auf der diesmaligen Fahrt hatten wir, bis Weyhnachten, den größten Theil derselben zwischen 60 Grad und dem antarctischen Zirkel untersucht; und von Weyhnachten bis jetzt hatten wir, auf dem Lauf gen Norden, den Zwischenraum zwischen den beyden vorigen Zügen durchseegelt. Haben wir also Land verfehlt, so muß es ein Eyland seyn, das seiner Entfernung von Europa und seines rauhen Clima wegen, für England von keiner Wichtigkeit seyn kann. Es fällt einem Jeden in die Augen, daß, um eine so weitläuftige See, als die Südsee ist, wegen des Daseyns oder Nicht-Daseyns einer kleinen Insel zu untersuchen, viele Reisen in unendlichen Strichen erforderlich seyn würden, welches von einem Schiffe und auf einer Expedition nicht zu erwarten steht. Für uns ists genug, erwiesen zu haben, daß, unter dem gemäßigten Himmelsstrich in der Südsee, kein

1 *Pietro Qvirino* reiste dahin im April 1431. Er litte Schiffbruch auf der Insel *Röst* oder *Rüsten* unterm Polar-Zirkel an der Küste von Norwegen. *Raccolta di Ramusio. Venezia. 1574. Vol. II. p. 204. 210.*

großes festes Land anzutreffen sey, und wenn dergleichen überhaupt vorhanden seyn solle, daß es »innerhalb des antarctischen Zirkels« liegen müsse.

Unser langer Aufenthalt in diesen kaltem Himmelsstrich, fieng nunmehro an, den Leuten sehr hart zu fallen; denn die Hoffnung, dies Jahr noch nach Haus zu kommen, womit sie sich bisher aufgerichtet hatten, war nun ganz dahin. Anfänglich sahe man dieserhalb auf jedem Gesicht stumme Verzweiflung ausgedrückt; denn wir mußten nun befürchten, daß es im nächsten Jahr wiederum nach Süden gehen würde. Nach und nach aber fanden sich die Leute in ihr Schicksal und ertrugen es mit finsterer Gleichgültigkeit. Es war aber auch in der That sehr niederschlagend, daß wir in Absicht unsrer künftigen Bestimmung in beständiger Unwissenheit gehalten wurden, indem, ohne sichtbare Ursach, gegen Jeden von uns ein Geheimniß daraus gemacht ward.

Einige Tage lang steuerten wir gerade nach Nord-Ost; am 11ten dieses Monaths aber, da wir 47 Grad 52 Minuten südlicher Breite erreichten, wo das Thermometer auf 52 Grad stieg, änderten wir um Mittag unsern bisherigen Lauf, und fiengen wieder an, nach Süd-Osten zu gehen. Wie nachtheilig eine so öftere und schleunige Veränderung des Clima der Gesundheit seyn mußte, brauche ich wohl kaum zu sagen. Am 15ten ward der Wind stärker und verwandelte sich bald darauf in einen heftigen Sturm

which took the ruffian billows by the top
Curling their monstruous heads and hanging them
With deafning clamours in the slippery shrouds.
SHAKESPEAR.

Während desselben schlug, des Abends um 9 Uhr eine berghohe Welle mitten übers Schiff und füllte die Verdecke mit einer Sündfluth von Wasser. Es stürzte durch alle Öffnungen über uns herein, löschte die Lichter aus und ließ uns einige Augenblicke lang ungewiß, ob wir nicht ganz überschwemmt, schon zu Grunde giengen. In meines Vaters Cajütte floß alles; sogar sein Bette war durchaus naß; unter solchen Umständen mußte der Rheumatismus freylich heftiger werden, an dem er seit vierzehn Tagen die größten Schmerzen ausstand, so daß er kein Glied am Leibe rühren konnte. Unsre Lage war nunmehro in der That höchst elend, selbst für diejenigen die noch gesund waren, und den Kranken, die an ihren gelähmten Gliedern beständige Schmerzen litten, war sie im eigentlichsten Verstande unerträglich. Der Ocean um uns her war wütend, und schien über die Keckheit einer Hand voll Menschen, die es mit ihm aufnahmen, ganz erboßt zu seyn. Finstre Melancholie zeigte sich auf der Stirn unsrer Reisegefährten, und im ganzen Schiff herrschte eine fürchterliche Stille. Die eingesalznen Speisen, unsre tägliche Kost, waren uns allen, sogar denen zum Ekel geworden, die von Kindheit an zur See gefahren. Die Stunde des Essens war uns verhaßt, denn der Geruch der Speisen, kam uns nicht sobald unter die Nase, als wirs schon unmöglich fanden, mit einigen Appetit davon zu genüssen. Dies alles beweiset wohl genugsam, daß diese Reise mit keiner von den vorhergehenden zu vergleichen sey. Wir hatten mit einer Menge von Mühseligkeiten und Gefahren zu kämpfen, die unsern Vorgängern in der Südsee unbekannt geblieben waren, weil sie sich mehrentheils nur innerhalb der Wendezirkel, oder doch wenigstens in den besten Gegenden des *gemäßigten* Himmelsstrichs gehalten hatten. Dort fanden sie immer gelindes Wetter; blieben fast immer im Gesicht des Landes, und dieses war selten so armselig und unfruchtbar, daß es ihnen nicht von Zeit zu Zeit einige Erfrischungen gegeben haben sollte. Solch eine Reise wäre für uns eine Lustreise gewesen; bey der beständigen Unterhaltung mit neuen und größtentheils angenehmen Gegenständen, würden wir gutes Muths, aufgeweckt und gesund, mit einem Wort, glücklich und fröhlich gewesen seyn. Aber von alle dem, war unsre Reise gerade das Gegentheil. Die Fahrt gegen Süden war ein ewiges und im höchsten Grade langweiliges Einerley. Eis, Nebel, Stürme, und eine ungestüme See, machten finstere Scenen, die selten genug durch einen vorübergehenden Sonnenblick erheitert wurden. Das Clima war kalt, und unsere Nahrungsmittel beynahe verdorben und ekelhaft. Kurz, wir lebten nur ein Pflanzen-Leben, verwelkten, und wurden gegen alles gleichgültig, was sonst den Geist zu ermuntern pflegt. Unsre Gesundheit, unser Gefühl, unsre Freuden opferten wir der leidigen Ehre auf, einen unbeseegelten Strich durchkreuzt zu haben! Das war im eigentlichen Verstande:

– Propter vitam vivendi perdere causas.
IUVENAL.

Die gemeinen Matrosen waren eben so übel daran, als die Officiers; aber aus einer andern Ursach. Ihr Zwieback, der auf Neu-Seeland von neuem gebacken und dann wieder eingepackt worden, war jetzt fast eben so elend als zuvor. Bey der Musterung, welche man dort damit vorgenommen hatte, war aus allzu großer Sparsamkeit nicht strenge genug verfahren, und daher manches verdorbene Stück unter dem Eßbaren beybehalten worden; theils lag es an den Fässern, die nicht genugsam durchräuchert und ausgetrocknet waren. Von diesem halb verdorbnen Brod bekamen die Leute, aus öconomischen Ursachen, nur zwey Drittel der gewöhnlichen Portion; da aber eine volle Portion, selbst wenn sie ganz eßbar ist, ihren Mann kaum sättigt, so war der verminderte Theil verdorbenen Brods natürlicherweise noch weit weniger hinreichend. Dennoch blieben sie in dieser elenden Lage bis auf diesen Tag, da der erste Unterofficier *(Mate)* zum Capitain kam und bitterlich klagte, daß er so wenig als seine Leute, den Hunger stillen könnte; wobey er zugleich ein Stück von dem verfaulten und stinkenden Zwieback vorzeigte. Auf diese Klage bekamen die Leute endlich ihre volle Portion. Der Capitain besserte sich, so wie wir südlich giengen; die rheumatischen Kranken aber blieben alle so schlecht als zuvor.

Am 20sten dieses, trafen wir auf diesen Strich unterm 62sten Grade 30 Minuten südlicher Breite die ersten Eis-Inseln an, doch nahm ihre Anzahl nicht zu, als wir weiter nach Süden kamen. Wir giengen also immer weiter und gelangten am 26sten abermals innerhalb des antarctischen Zirkels, wo wir nur einige wenige Eisstücken sahen. An eben diesem Tage glaubten wir in der Ferne, Berge zu entdecken; nach Verlauf einiger Stunden aber fanden wir, daß es Wolken waren, die nach und nach verschwanden. Am folgenden Tage um Mittag waren wir unter 67 Grad, 52 Minuten südlicher Breite; folglich dem Pole näher als wir je gewesen, und trafen gleichwohl noch kein Eis, das uns weiter zu gehen gehindert hätte. Die blauen und kleinen Sturmvögel, imgleichen die Pintade begleiteten uns noch immer; die Albatrosse aber hatten uns seit einiger Zeit verlassen. Wir waren nun abermals ohne Nacht und hatten Sonnenschein um Mitternacht.

Am 28sten Nachmittags kamen wir neben einem großen Bette gebrochnen Eises vorbey. Die Boote wurden also ausgesetzt, und eine große Menge Eisschollen aufgedieht, um unsern Vorrath von Trinkwasser damit zu ergänzen. Um Mitternacht war das Thermometer nicht tiefer als 34 Grad, und am folgenden Morgen hatten wir den angenehmsten Sonnenschein, den wir je in diesem kalten Erdstrich angetroffen. Mein Vater wagte sich also nach vierwöchentlicher Bettlägerigkeit zum erstenmale aufs Verdeck.

Wir machten uns jetzt Hoffnung eben so weit gegen Süden zu kommen, als andre Seefahrer gegen den Nordpol gewesen; am 30sten aber um 7 Uhr Morgens entdeckten wir ein festes Eisfeld von unabsehlicher Größe, das von Ost zu West vor uns lag, und verschiedne Fus über die See empor zu ragen schien. Auf der Fläche desselben lag, so weit das Auge nur reichen wollte, eine Menge hoher Eismassen unregelmäßig aufgethürmt, und vor demselben her trieb eine Bank von Brucheis in der See herum. Unsre Breite war damals 71 Grad 10 Minuten südlich, und wir waren also nicht völlig 19 Grad mehr vom Pol entfernt. Da es aber unmöglich war weiter vorzudringen; so kehrten wir um, wohlzufrieden mit unsrer gefährlichen Expedition und völlig überzeugt, daß sich kein Seemann die Mühe geben werde, weiter zu gehen. Unsre Länge war damals ohngefähr 106 Grad 54' westlich. Das Thermometer stand hier 32 und eine Menge *Pinguins* ließen sich mit ihrem koaxenden Geschrey hören, ob wir sie gleich des einfallenden Nebels wegen, nicht ansichtig werden konnten.

So oft wir bis jetzt noch gegen Süden gekommen waren, eben so oft hatten wir auch nie Land angetroffen, sondern waren allemal bald früher, bald später durch festruhende, unabsehliche Eis-Bänke in unserm Laufe aufgehalten worden. Zugleich hatten wir den Wind immer mäßig, und in den höhern Breiten, gemeiniglich östlich gefunden, eben so als er in den höhern nördlichen Breiten seyn soll. Aus diesen Umständen schließt mein Vater, daß der ganze Südpol bis auf 20 Grad, mehr oder weniger, mit festem Eise bedeckt ist, und daß nur die äußersten Enden oder Spitzen davon jährlich durch Stürme abgebrochen, durch die Sonne geschmolzen und im Winter wieder ersetzt werden.

– Stat glacies iners
Menses per omnes –
HORAT.

Diese Meynung hat um so vielmehr Wahrscheinlichkeit vor sich, als einer Seits, zur Hervorbringung des Eises nicht nothwendigerweise Land erforderlich, und andrer Seits auch nur wenig Ursach vorhanden ist zu glauben, daß in diesem Erdstrich einiges Land von beträchtlicher Größe zu finden seyn sollte.

Von diesem Eisfelde aus, liefen wir bis zum 5ten Februar mit gelinden Winde nordwärts; gedachten Tages aber bekamen wir, nach einer kurzen Windstille, einen frischern Wind. Am 6ten setzte er sich um in Süd-Ost, und ward des Nachts so heftig, daß etliche Seegel dabey in Stücken giengen. Da er uns aber, um nördlich zu gehen, sehr erwünscht war, so kümmerten wir uns nicht um seine Heftigkeit. Er führte uns auch so schnell fort, daß wir in den nächsten vier und zwanzig Stunden drey ganze Grade der Breite zurücklegten. Dieser günstige Wind hielt bis zum 12ten an, und hatte uns in dieser Zeit bis unter 50 Grad 15 Minuten südlicher Breite fortgebracht. Das Thermometer stand nun schon wieder auf 48 Grad. Nunmehro eröffnete man uns endlich, daß wir den herannahenden Winter, so wie den vorigen, unter den tropischen Inseln des stillen Meers zubringen sollten. Die Aussicht neuer Entdeckungen und guter Erforschungen, die wir dort hoffen konnten, belebte unsern Muth von neuen, und wir waren sogar ganz wohl damit zufrieden, daß wir noch ferner an der Westseite des Cap *Horn,* verbleiben sollten.

Des wärmern Clima ohnerachtet litten doch viele von unsrer Leuten noch immer von rheumatischen Schmerzen, und waren zum Theil nicht im Stande sich zu rühren. Ihre gänzliche Entkräftung schien allein Schuld daran zu seyn, daß nicht vollends schleichende Fieber dazu kamen. Das Sauerkraut hatte zwar den Ausbruch des Scorbuts im kalten Wetter gehindert, allein blos für sich ist es doch nur eine vegetabilische Speise und nicht nahrhaft genug, um davon, ohne Zwieback und Pöckelfleisch, leben zu können. Ersterer aber war verfault und letzteres vom Salze fast verzehrt. Bey solchen Nahrungsmitteln konnten sich die Kranken nicht anders als sehr langsam erholen, denn sie hatten nichts zu ihrer Stärkung. Mein Vater, welcher auf diesem südlichen Zuge größtentheils schmerzhaft krank gewesen war, hatte nun Zahnweh, geschwollne Backen und Hals, und empfand bis Mitten im Februar am ganzen Leibe Schmerzen. Einem Schatten ähnlich, fieng er nunmehro wieder an auf dem Verdeck herumzuschleichen. Aber in eben der Masse, als das warme Wetter ihm heilsam war, ward es der Gesundheit des Capitains nachtheilig. Seine Gallen-Krankheit war zwar während unsers letzten Zuges gegen Süden verschwunden, er hatte aber nie wieder zu Appetit kommen können. Jetzt bekam er wieder eine gefährliche Verstopfung, die er zum Unglück anfangs nicht achtete, noch Jemanden im Schiff entdeckte, sondern vielmehr für sich allein durch Hunger abzuhelfen suchte. Hiedurch aber verschlimmerte er nur das Übel, denn sein Magen war so schon schwach genug. Es stellten sich also bald gewaltige Schmerzen ein, die ihn in wenig Tagen bettlägerig machten, und Hülfe bey dem Arzte zu suchen, nöthigten. Man gab ihm ein Abführungsmittel; allein statt des gewöhnlichen Effects, verursachte dasselbe ein heftiges Erbrechen, welches der Arzt sogleich durch Brechmittel noch mehr beförderte. Aber alle Versuche, auf eine andre Art Öffnung zu verschaffen, waren umsonst, Speise und Arzneyen giengen durch Brechen wieder fort, und nach ein Paar Tagen zeigte sich ein fürchterliches Aufstoßen, welches ganzer vier und zwanzig Stunden so stark anhielt, daß man an seinem Leben verzweifelte. Endlich thaten warme Bäder und Magenpflaster von Theriac, was Opiate und Clystiere nicht vermögt hatten. Sie erweichten nemlich den Cörper und hoben allmählig die Verstopfung, nachdem er eine ganze Woche lang in größter Gefahr des Lebens gewesen war. Unser Bedienter ward zugleich mit dem Capitain krank. Er hatte eben dieselbe Krankheit, und kam zwar mit genauer Noth davon, blieb aber fast immer schwach, und die ganze Zeit unsers Aufenthalts zwischen den Wendezirkeln, zum Dienst unfähig.

Mitlerweile giengen wir sehr schnell nordwärts; so daß wir am 22sten, 36 Grad 10 Minuten südlicher Breite erreichten. Hier verließen uns die Albatrosse. Da wir ohngefähr 94 ½ Grad westlicher Länge von *Greenwich* erreicht hatten, so lenkten wir unsern Lauf nunmehro gen Südwesten, um eine vermeynte Entdeckung des *Juan Fernandez* aufzusuchen, die, nach dem Bericht von *Juan Luiz Arias,* unterm 40 Grad südlicher Breite gelegen seyn soll und auf Herrn Dalrymples Charte 90 Grad westlicher Länge von

London verzeichnet ist.[2] Bis zum 23sten Mittags fuhren wir fort westwärts zu steuern und waren nunmehro bis auf 37 Grad 50 Minuten südlicher Breite und ohngefähr 101 Grad westlicher Länge gekommen; da wir aber demohnerachtet nirgends Land erblickten, so wandten wir uns etwas mehr nach Norden. Wäre der Capitain um diese Zeit nicht so gefährlich krank gewesen; so wären wir vielleicht noch weiter gen Südwesten gegangen und hätten die Sache völlig außer Zweifel gesetzt; allein jetzt war es äußerst nothwendig nach einem Erfrischungs-Platz zu eilen, denn das war das einzige Mittel, wodurch er beym Leben erhalten werden konnte.

Am 26sten befand sich Capitain *Cook* auf die verordneten Arzeneymittel etwas besser, und während der drey folgenden Tage erholte er sich so weit, daß er bisweilen aufsitzen und etwas Suppe zu sich nehmen konnte. Nächst der Vorsehung war er seine Genesung hauptsächlich der Geschicklichkeit unsers Wundarztes Herrn *Pattons* schuldig und diesem hat man es zu verdanken, daß der noch übrige Theil unserer Reise dem ursprünglichen Plan gemäß, mit eben so viel Genauigkeit und Eifer wie bisher konnte fortgesetzt und ausgeführet werden, denn alle Hoffnungen künftiger Entdeckungen und fortdauernder Einigkeit im Schiff beruhete lediglich auf des Capitains Erhaltung. Die Sorgfalt, womit dieser würdige Mann den Capitain während der ganzen Krankheit behandelte, kann nicht genug gepriesen werden. Aber eben diese unermüdete Sorgfalt hätte dem guten Arzte selbst beynahe das Leben gekostet. Da er viele Nächte hinter einander gar nicht geschlafen, auch bey Tage selten gewagt hatte eine Stunde zu ruhen, so war er dermaßen erschöpft, daß uns für sein Leben bange ward, als wovon doch das Leben fast aller und jeder im Schiffe abhieng. Er bekam eine Gallen-Krankheit, die wegen der Schwäche seines Magens Gefahr besorgen ließ und es ist sehr wahrscheinlich, daß wenn wir nicht bald Land erreicht und daselbst einige Erfrischungen bekommen hätten, er ein Opfer der Beharrlichkeit und Pünktlichkeit in seinen Pflichten gewesen seyn würde.

Seit dem 22sten Februar hatten wir östliche Winde, die vermuthlich durch den Stand der Sonne veranlaßt wurden, als welche noch immer im südlichen Hemisphärio war. Nunmehro befanden wir uns wieder in einem besseren Clima, denn das Thermometer stand schon auf 70 Grad; Von Zeit zu Zeit ließen sich graue Meerschwalben sehen, die nach unsers Freundes *Maheine* Aussage nie weit vom Lande gehen sollen. Am 1sten März sahen wir etliche Boniten schnell beym Schiffe vorüber schwimmen und am folgenden Tage, da wir 30 Grad südliche Breite hatten, erblickten wir auch wieder tropische Vögel.

Um diese Zeit fieng der Scorbut an, im Schiffe überhaupt und vorzüglich bey mir, überhand zu nehmen. Ich hatte empfindliche Schmerzen, blaue Flecken, faul Zahnfleisch, und geschwollene Beine. Diese gefährlichen Symptomen brachten mich in wenigen Tagen sehr herunter, ehe ich selbst kaum glaubte, daß ich so krank sey. Ich hatte mich so viel als möglich der ungesunden und widrigen Speisen enthalten, dadurch aber war mein Magen so geschwächt worden, daß ich die Bierwürze nicht in hinreichender Menge zu mir nehmen und dadurch das Übel mindern konnte. Eben so gieng es noch mehreren von unsern Leuten, die mit großer Mühe auf dem Verdeck herum krochen.

Vom 3ten bis zum 6ten hatten wir fast immer Windstille, das Wetter war hell und warm, aber diese Annehmlichkeiten konnten uns für den Mangel eines günstigen Windes nicht schadlos halten, denn so lange es daran fehlte, kamen wir nicht von der Stelle, und doch verlangte uns herzlich nach einem Erfrischungs-Platz.

Am 5ten des Nachts sahen wir in Süden einige hohe Wolken und einen Dunst über den Horizont. Wir hofften, das würde uns guten Wind bedeuten. Es erfolgten auch bey einbrechender Nacht einige tüchtige Regenschauer, und um 8 Uhr des Morgens kamen unmittelbare Vorläufer des Windes, kleine schäumende Wellen, aus Süd-Ost, über die Fläche der See hergebraußt, worauf wir sogleich Seegel aufsetzten, und von nun an mit gutem Winde forteilten. Am folgenden Morgen fiengen wir vier große Albecoren, wovon der kleinste drey und zwanzig Pfund wog. Sie gaben uns eine herrliche Mahlzeit, denn es war nun länger als drey Monathe her, daß wir keinen frischen Fisch gekostet hatten. Puffins, Seeschwalben, Solandgänse und Fregatten zeigten sich häufig auf

---

2 S. *Dalrymple's historical Collection Vol. I. p. 53.* imgleichendie Charte.

der Jagd nach fliegenden Fischen, die theils durch unser Schiff, theils durch Boniten, Albekoren und Doraden aus dem Wasser aufgescheucht wurden.

Am 8ten hatten wir, um Mittag, den 27sten Grad südlicher Breite erreicht, und steuerten von nun an gerade nach Westen um die von *Jacob Roggewein,* im Jahr 1722 entdeckte Oster-Insel *Easter-island* aufzusuchen, welche erst vor kurzem, nemlich im Jahr 1770[3] auch von den Spaniern besucht, und bey dieser Gelegenheit *S. Carls* Insel genannt worden war. Am 10ten Morgens schwärmten die grauen Meerschwalben in unzähliger Menge um uns her. Wir machten jede Stunde 7 Meilen, des Nachts aber legten wir bey, um nicht in der Finsterniß aufs Land zu stoßen, welches hier in der Nähe liegen mußte. Am nächsten Morgen um 5 Uhr entdeckten wir es auch in der That. Die Freude, welche sich darüber auf jedem Gesicht verbreitete, ist nicht auszudrücken. Seit einhundert und drey Tagen hatten wir kein Land gesehen; und die strenge Witterung in den südlichen See-Gegenden, die Beschwerlichkeit, in Stürmen und zwischen den gefährlichen Eismassen weder Tag noch Nacht Ruhe zu haben, die öftere Veränderung des Clima, und die elende Kost hatten uns allerseits ohne Ausnahme kraftlos und siech gemacht. Bey dem Anblick des Landes erwartete nun jeder das schleunige Ende seines Ungemachs, und freute sich im Voraus auf die Menge von Hühnern und Früchten, die nach dem Zeugniß des holländischen Entdeckers auf dieser Insel vorhanden seyn sollten. Jeder war darüber fröhlich und guter Dinge.

E l'uno a l'altro il mostra e in tanto oblia
La noia, e'l mal de la passata via.
TASSO.

Indessen näherten wir uns der Küste nur langsam, zum großen Verdruß der ganzen Schiffgesellschaft, die um so begieriger nach dem Lande ward, je mehrere Schwürigkeiten sich einfanden, die ihre verdrüßliche Lage verlängern konnten. Die Insel schien mäßig hoch und in verschiedne Anhöhen getheilt zu seyn, die sanft gegen das Meer herabliefen. Der Umfang war nicht ansehnlich; ob sie aber fruchtbar seyn, und was für Erfrischungen sie vielleicht liefern mögte: das konnten wir der allzu großen Entfernung wegen noch nicht beurtheilen. Am folgenden Morgen war es Windstille. Wir befanden uns damals 5 Seemeilen vom Lande, das von hier aus ein schwarzes trauriges Ansehn hatte, und fiengen zum Zeitvertreib Hayfische, wovon einige ums Schiff herschwammen, und an die mit gepöckelten Schweinfleisch versehene Angeln sehr begierig anbissen. Nachmittags erhob sich der Wind, worauf wir der Küste zu steuerten, in Hoffnung, noch ehe es Nacht würde, vor Anker zu kommen. Ohnerachtet wir jetzt dem Lande ungleich näher waren als heute früh; so hatte es doch noch immer kein günstigeres Ansehen, indem nur wenig Grün und kaum ein Büschgen darauf zu erblicken war; da wir aber so lange unter allen möglichen Unannehmlichkeiten einer langweiligen Seefahrt geschmachtet, so würde uns der kahlste Felsen ein willkommner Anblick gewesen seyn. Neben zweyen Hügeln entdeckten wir eine große Anzahl schwärzlicher Säulen, die in verschiedenen Haufen aufrecht neben einander standen, und der Gegend nach eben dieselbigen zu seyn schienen, welche *Roggeweins* Leute für Götzenbilder hielten,[4] wir waren aber jetzt schon, ohne genauere Untersuchung, anderer Meynung, und vermutheten, daß es solche Denkmäler der Todten seyn mögten, als die *Tahitier* und andre Einwohner der Südsee bey den Begräbniß-Plätzen errichten und *E-Ti* nennen.

Der Wind war schwach und uns zuwider. Dazu kam die Nacht heran, und wir hatten keinen Ankerplatz an der Ostseite der Insel; also mußten wir uns abermals gefallen lassen, noch eine Nacht unter Seegel zu bleiben. So bald es finster war, erblickten wir verschiedne Feuer neben den vorerwähnten Säulen. Das sahen die Holländer auch, und nannten es Götzenopfer; es ist aber wahrscheinlicher, daß es bloß Feuer waren, wobey die Einwohner kochten.

Die Nacht über lavirten wir ab und zu, um vor dem Winde nahe an der Insel zu bleiben, weil wir am Morgen fortfahren wollten, Ankergrund aufzusuchen. Wir konnten bey dieser Gelegenheit nicht umhin, die vortreflichen Mittel zu bewundern, womit wir zu Bestimmung der Meeres-Länge versehen waren. Mit Beyhülfe derselben, waren wir ohne langes Umherkreuzen, gerade auf diese Insel zugetroffen, dahingegen andre Seefahrer, als *Byron, Carteret* und

3 *Dalrymples historical collection Vol. II. p. 85. also his Letters to D. Hawkesworth 1773.*

4 *Dalrymples historical collection of Voyages, Vol. II, p. 91.*

Bougainville solche nicht hatten finden können, ob sie schon von ungleich kleineren Distanzen, nemlich nur von der Insel *Juan Fernandez,* darauf ausgeseegelt waren. Capitain *Carteret* scheint sie bloß deshalb verfehlt zu haben, weil ihre Breite in seinen geographischen Tabellen nicht richtig angegeben war. Das konnte aber, bey den andern beyden, nicht der Fall seyn. Um desto mehr hatten wir Ursach, die vortrefliche Einrichtung der beyden Uhren zu bewundern, die wir bey uns führten, die eine war von Herrn *Kendal,* genau nach dem Muster der Harrisonschen; die andre von Herrn *Arnold,* nach seinem eignen Plan verfertigt. Sie giengen beyde ungemein regelmäßig. Die letzte gerieth unglücklicherweise gleich nach unsrer Abreise von Neu-Seeland im Junius 1773. in Stillstand; erstere aber blieb bis zu unsrer Zurückkunft nach England im Gange und verdiente allgemeinen Beyfall. Doch sind bey langen Reisen richtige Beobachtungen des Mondes wohl sicherer als die Angaben der Längen-Uhren, weil derselben Lauf und Bewegung vielen Veränderungen unterworfen ist. Die Methode, die Meeres-Länge aus den Entfernungen der Sonne und des Mondes, oder aus den Entfernungen des Mondes und der Sterne zu bestimmen, ist eine der wichtigsten Entdeckungen für die Seefahrt. *Tobias Mayer,* der ein *Deutscher* und Professor zu Göttingen war, unternahm zuerst die mühselige Berechnung der dazu erforderlichen Monds-Tafeln, wofür seine Erben eine vom Parlement ausgesetzte Belohnung erhalten haben. Nachdem er die Bahn gebrochen, ist diese Methode durch hinzugefügte anderweitige Berechnungen so sehr erleichtert worden, daß die Meeres-Länge wohl niemals genauer als auf diese Art wird bestimmt werden können.

Die Breite von *Easter-* oder *Oster-*Eyland, trift auf eine oder zwey Minuten mit derjenigen überein, welche in *Admiral Roggeweins* geschriebenen Journal angegeben ist; und ihre Länge ist daselbst nur um einen Grad, irrig angezeigt.[5] Nach unsern Observationen liegt diese Insel 109 Grad 46 Minuten westlich von *Greenwich.* Die spanischen Angaben von der Breite sind auch richtig; in der Länge aber fehlen sie um 30 See-Meilen.

5 Leben der Gouverneurs von *Batavia.* – Die Lage ist daselbst angegeben 27°. 4'. südlicher Breite und 265°. 42'. östlicher Länge von *Teneriffa,* welches übereinkommt mit 110°. 45'. westlicher Länge von London.

Kuhkopf-Doktorfisch, *F: Harpurus lituratus*
Naso lituratus (Tahiti)

VIERZEHNTES HAUPTSTÜCK.

Nachricht von Oster-Eyland und unserm Aufenthalt daselbst.

Am 13ten, früh morgens, liefen wir dicht unter die südliche Spitze der Insel. Die Küste ragte in dieser Gegend senkrecht aus dem Meer empor, und bestand aus gebrochnen Felsen, deren schwammigte und schwarze eisenfarbigte Masse volcanischen Ursprungs zu seyn schien. Zwey einzelne Felsen, lagen ohngefähr eine Viertelmeile vor dieser Spitze in See. Einer derselben hatte eine sonderbare Form, er glich nemlich einer großen Spitz-Säule oder Obelisk, und beyde waren von einer ungeheuren Menge Seevögel bewohnt, deren widriges Geschrey uns die Ohren betäubte. Nicht lange nachher entdeckten wir eine andre Landspitze, ohngefähr 10 Meilen von der ersten; und hier ward das Land nach dem Ufer herab, etwas flacher und ebener. In dieser Gegend entdeckten wir auch einige bepflanzte Felder; doch schien die Insel, im Ganzen genommen, einen elenden dürren Boden zu haben. Der Pflanzungen waren so wenige, daß wir uns eben keine Hoffnung zu vielen Erfrischungen machen durften; dennoch blieben unsre Augen unabläßig darauf gerichtet. Mittlerweile sahen wir viele, fast ganz nackte Leute von den Bergen gegen die See herabkommen. So viel wir unterscheiden konnten, waren sie unbewaffnet, welches uns ein Merkmal friedlicher Gesinnungen zu seyn dünkte. Wenig Minuten nachher, schoben sie ein Canot ins Wasser, in welchen sich zwey von ihnen zu uns auf den Weg machten, die, indem sie sehr rasch ruderten, in kurzer Zeit neben dem Schiff waren. Sie riefen, wir mögten ihnen einen Strick zu werfen, dessen Benennung in ihrer Sprache eben so als in der *Tahitischen* lautete. So bald wirs gethan hatten, befestigten sie einen großen Klumpen reife Pisangs daran, und winkten nun, daß man den Strick wieder heraufziehen mögte. Welche allgemeine und unvermuthete Freude der Anblick dieser Früchte bey uns verursacht habe, ist kaum zu beschreiben; nur Leute, die eben so elend sind, als wir damals waren, können sich einen richtigen Begriff davon machen. Mehr als fünfzig Personen fiengen aus Übermaaß der Freude auf einmal an, mit den Leuten im Canot zu sprechen, die natürlicherweise keinem einzigen antworten konnten. Capitain *Cook* nahm allerhand Bänder, befestigte Medaillen und Corallen daran, und ließ ihnen solche zum Gegengeschenk herab. Sie bewunderten diese Kleinigkeiten sehr; eilten aber unverzüglich wieder ans Land. Als sie auf dem Rückwege um das Hintertheil des Schiffs herum ruderten, und daselbst eine ausgeworfne Angelschnur vom Verdeck herabhängen sahen, banden sie zum Abschieds-Geschenk, noch ein klein Stückchen Zeug daran. Beym Heraufziehen fanden wir, daß es aus eben solcher Baumrinde als das Tahitische verfertigt und gelb gefärbt war. Den wenigen Worten nach zu urtheilen, die wir von ihnen gehört hatten, dünkte uns ihre Sprache ein Dialect der *Tahitischen* zu seyn. Es wird also an beyden Enden der Südsee einerley Sprache geredet. Ihr ganzes Ansehen ließ uns vermuthen, daß sie ein Zweig desselbigen Volk-Stamms seyn müßten. Sie waren von mittlerer Größe, aber mager, und der Gesichtsbildung nach, den *Tahitiern* ähnlich, jedoch nicht so schön. Der eine von den beyden, die im Canot waren, hatte einen Bart, der bis auf einen halben Zoll abgeschnitten war. Der andre war ein junger Mensch von siebzehn Jahren. Sie hatten über den ganzen Cörper eben solche Puncturen als die Neu-Seeländer, und als die Einwohner der *Societäts-* und *der freundschaftlichen* Inseln; giengen aber völlig nackend. Das Sonderbarste an ihnen war die Größe ihrer Ohren, deren Zipfel oder Lappen so lang gezogen war, daß er fast auf den Schultern lag; darneben hatten sie große Löcher hinein geschnitten, daß man ganz bequem vier bis fünf Finger durchstecken konnte. Dies stimmte genau mit der Beschreibung überein, welche *Roggewein* in seinem Reise-Journal von ihnen macht.[1] Ihr Canot war in seiner Art nicht minder sonderbar. Es bestand aus lauter kleinen Stückchen Holz, die ohngefähr 4 bis 5 Zoll breit und von 3 bis 4 Fus lang, sehr künstlich zusammengesetzt waren. Überhaupt mogte es ohngefähr 10 bis 12 Fus lang seyn. Das Vor- und Hintertheil war jedes sehr hoch; in der Mitte aber war das Fahrzeug sehr niedrig. Es hatte einen Ausleger oder Balancier von drey dünnen Stangen, und jeder von den Leuten führte ein Ruder, dessen Schaufel gleichfalls aus verschiednen Stücken zusammengesetzt war. Auch diesen Umstand findet man in den holländischen Nachrichten, welche von *Roggeweins* Reise im Jahr 1728. zu Dort gedruckt ist,[2] ganz gleichlautend angezeigt. Da sie die Sparsamkeit mit dem Holze so weit treiben; so ist zu vermuthen, daß die Insel Mangel daran haben müsse, wenn gleich in einer andern Reisebeschreibung[3] das Gegentheil behauptet wird.

Ohnerachtet wir der Stelle gegenüber, von wo das Canot abgegangen war, einen Anker-Platz fanden, so liefen wir doch, in Hoffnung noch bessern Ankergrund zu finden, noch weiter längst der Küste, und bis an die nördliche Spitze derselben hin, die wir gestern, wiewohl von der andern Seite, gesehen hatten. Die Hoffnung aber, hier eine bequemere Rhede zu finden, schlug uns fehl, und also kehrten wir nach vorgedachten Platze wieder zurück. An dem Ufer sahe man eine Menge schwarzer Säulen oder Pfeiler, die zum Theil auf Platteformen errichtet waren, welche aus verschiednen Lagen von Steinen bestanden. Wir konnten nun an diesen Säulen nach gerade so viel unterscheiden, daß sie am obern Ende eine Ähnlichkeit mit dem Kopf und den Schultern eines Menschen hatten; der untere Theil aber schien blos ein roher unbearbeiteter Steinblock zu seyn. Von angebauten Ländereyen bemerkten wir hier am nördlichen Ende der Insel nur wenig, denn das Land war in dieser Gegend steiler als nach der Mitte der Insel hin. Auch sahen wir nunmehro ganz deutlich, daß auf der ganzen Insel kein einziger Raum über 10 Fus hoch war.

Nachmittages setzten wir ein Boot aus, in welchem der Lootse ans Land gehen sollte, um die Rhede zu sondiren, von wo das Canot zu uns gekommen war. Sobald die Einwohner unser Boot vom Schiff abrudern sahen, versammelten sie sich am Ufer, in der Gegend, nach welche unsre Leuthe zu steuern schienen. Der größte Theil der Indianer war nackt, nur einige wenige hatten sich in Zeug von schöner hellgelber- oder vielmehr Orange-Farbe gekleidet, und diese mußten unsern Bedünken nach die Vornehmern der Nation seyn. Nunmehro konnten wir auch ihre Häuser bereits unterscheiden. Sie waren dem Anschein nach ungemein niedrig, aber lang; in der Mitte hoch und gegen beyde Seiten schräg ablaufend, so daß sie der Form nach einem umgekehrten Canot nicht unähnlich sahen. In der Mitte schienen sie eine kleine Öfnung oder Thür zu haben, die aber so niedrig war, daß ein Mann von gewöhnlicher Größe sich bücken mußte, um hinein zu kommen. Gegen Abend giengen wir an der Südwestlichen Seite der Insel vor Anker, woselbst wir vierzig Faden Tiefe und einen guten Kies-Grund hatten. Bald nachher kam der Lootse von seiner Expedition zurück und brachte einen der Eingebohrnen mit an Bord. Dieser Kerl war ohne Ceremonie oder Einladung dreist ins Boot gesprungen, als es dicht am Ufer lag, und hatte sogleich Verlangen geäussert, ans Schiff gebracht zu werden. Er war von castanienbrauner Farbe und mittler Statur, ohngefehr 5 Fus 8 Zoll groß; und auf der Brust und über den ganzen Leib merklich haarigt. Der Bart und das Haupthaar waren in gleichem Verhältniß stark, beydes von schwarzer Farbe und ersterer gestutzt. Er hatte so lange Ohrlappen, daß sie ihm fast bis auf die Schultern herabhiengen; und

1 *Dalrymples historical collection. Vol. II. p. 90. 94. Histoire de l'expedition de trois vaisseaux Tome I. p. 133. à la Haye. 1739.*

2 *Dalrymples Collect. Vol. II. p. 3.*

3 *Idem Vol. II. p. 95. Histoire etc. Vol. I. p. 138.*

seine Schenkel waren felderweise oder nach würfelförmigen Figuren, und in einem Geschmack punktirt. dergleichen wir sonst noch nirgends bemerkt hatten. Statt aller übrigen Bekleidung trug er blos einen Gürtel um den Leib, woran vorne ein Netzwerk herabhieng, das aber nichts bedeckte. Um den Hals hatte er eine Schnur, an welcher vorn auf der Brust ein breiter und ohngefehr 5 Zoll langer Knochen befestigt war, der die Figur einer Zunge vorstellen sollte. Er erzählte uns, dieser Knoche sey von einem Meer-Schwein, *Ivi toharra,* welcher Name in der *tahitischen* Sprache gerad eben so lautet. Um sich noch deutlicher zu erklären, nannte er diesen Brust-Zierrath auch *Ivi-Ika,* welches, wie wir wohl verstanden, einen Fischknochen bedeutet.[4] Sobald er sich im Boote niedergesetzt, gab er durch sehr vernemliche Zeichen zu verstehen, daß ihm friere. Herr *Gilbert,* der Lootse, gab ihm also eine Jacke und setzte ihm einen Hut auf; in diesem Staat erschien er bey uns auf dem Schiff. Der Capitain und die Passagiers schenkten ihm Nägel, Medaillen und Corallen-Schnüre. Letztere verlangte er um den Kopf gewunden zu haben. Anfänglich war er etwas furchtsam und mißtrauisch, denn er fragte, ob wir ihn als einen Feind umbringen würden? *(Mattetoa?)* Da wir ihm aber gute Begegnung versprachen, so schien er völlig beruhigt und sicher zu seyn, und redete von nichts als Tanzen *(Hiwa).* Anfänglich kostete es uns einige Mühe, seine Sprache zu verstehen; als wir ihn aber fragten, wie er die Hauptglieder des Leibes nenne, fand sich bald, daß es eben die Mundart sey, welche auf den Societäts-Inseln geredet wird, denn die Namen der Gliedmaßen lauteten hier eben so als dort. Wenn wir ein Wort sagten, das er nicht verstand, so wiederhohlte ers oft, und mit einem Blick, der sehr lebhaft ausdrückte, daß er nicht wisse, was wir damit meynten. Bey herrannahender Nacht gab er uns zu verstehen, daß er schlafen wolle, und daß ihm friere. Mein Vater gab ihm also ein großes Stück von dem gröbsten *tahitischen* Zeuge. Darinn wickelte er sich, und sagte, daß er nun völlig warm sey. Man brachte ihn in des Lootsen Cajütte, wo er sich auf einen Tisch niederlegte und die ganze Nacht sehr ruhig schlief. *Maheine,* der schon ungeduldig darüber war, daß er noch nicht hatte ans Land gehen können, freuete sich ungemein, daß die Leute eine Sprache redeten, die der seinigen ähnlich war. Er hatte schon verschiedenemal versucht, sich mit unsern Gast in Unterredung einzulassen, er war aber noch immer durch so viel andre Fragen daran gehindert worden.

In der Nacht riß der Anker aus und das Schiff trieb fort, daher wir die Seegel wieder aufsetzen mußten, um unsern vorigen Ankerplatz wieder zu erreichen. Gleich nach dem Frühstück gieng der Capitain mit dem Wilden, der *Maruwahai* hieß, imgleichen mit *Maheinen,* meinen Vater, Doct. *Sparrmann* und mir ans Land. Mir waren Beine und Schenkel so dick geschwollen, daß ich fast gar nicht gehen konnte. Wir fanden hier eine gute Bucht, die für Boote tief genug und am Landungsplatze durch Klippen gegen die berg-hohen Wellen gedeckt war, welche an den übrigen Stellen der Küste gewaltig gegen das Ufer anschlugen. Ohngefehr hundert bis hundert und fünfzig Einwohner, hatten sich in dieser Gegend versammlet. Sie waren fast alle nackend, doch trugen einige einen Gürtel um den Leib, von welchem ein Stückchen Zeug 6 bis 8 Zoll lang oder auch ein kleines Netz herabhieng. Etliche wenige hatten Mäntel, welche bis auf die Knie reichten. Das Zeug dazu war von derselben Art als das *Tahitische,* aber, um solches dauerhafter zu machen, mit Zwirn gestept oder durchnähet, und mehrentheils mit Curkuma-Wurzel gelb gefärbt. Die Leute ließen uns ruhig ans Land steigen und machten überhaupt nicht die mindeste unfreundliche Bewegung; sondern fürchteten sich vielmehr vor unserm Feuergewehr, dessen tödtliche Würkung ihnen bekannt zu seyn schien. Sie waren größtentheils unbewaffnet; doch führten einige unter ihnen Lanzen oder Speere, von unförmlich und höckerigt gewachsenen Holz gemacht und mit einem scharfen dreyeckigten Stück schwarzer Glas-Lava *(pumex vitreus Linnaei)* zugespitzt. Einer hatte eine Streit-Kolbe, die aus einem dicken Stück Holz verfertigt, 3 Fus lang, und an einem Ende mit Schnitzwerk verziert war, und ein Paar andre hielten kurze, hölzerne Keulen in der Hand, die den Neu-Seeländischen Pattu-Pattus von Fischknochen völlig ähnlich sahen. Mit unter hatte einer einen europäischen Hut, ein andrer eine dergleichen Mütze, dieser ein gestreiftes baumwollnes Schnupftuch, jener eine alte

---

4 *Iya* zu *Tahiti* und *Ika* auf Neu-Seeland und den freundschaftlichen Inseln, bedeuten einen Fisch.

zerrißne Jacke von blauen wollnen Zeuge an; alles ohnstreitige Denkmäler oder Überbleibsel von der letztern Anwesenheit der Spanier, die im Jahre 1770 hier gewesen waren. Übrigens konnte man es den Eingebohrnen in aller Absicht ansehen, daß ihr Land armselig seyn müsse. Sie waren von Gestalt kleiner als die Neu-Seeländer und als die Einwohner der Societäts- und freundschaftlichen Inseln, ja wir fanden nicht einen einzigen unter ihnen, den man hätte groß nennen können. Dabey waren sie mager, und schmaler von Gesicht als die übrigen Bewohner der Südsee zu seyn pflegen. Ihr Mangel an Kleidung und ihre Begierde nach unsern Waaren, ohne daß sie uns dafür wieder etwas angeboten hätten, waren zusammengenommen, hinreichende Merkmale ihrer Armseligkeit. Sie waren durchgehends über den ganzen Leib sehr stark punctirt, vornemlich aber im Gesicht. Ihre Frauenspersonen, die sehr klein und zart gebauet waren, hatten auch Puncturen im Gesicht, die an Gestalt den Schönpflästerchen unsrer Damen glichen. Doch befanden sich unter dem ganzen hier versammleten Haufen nicht über zehn bis zwölf Frauensleute. Sie waren gemeiniglich mit ihrer natürlichen hellbraunen Farbe nicht zufrieden, sondern hatten sich noch das ganze Gesicht mit rothbraunen Röthel überschmiert, über dem denn das schöne Orangeroth der Curkuma-Wurzel gesetzt war; zum Theil hatten sie sich auch das Gesicht mit zierlichen Streifen von weißem Muschel-Kalk verschönert. Die Kunst, sich anzumahlen, ist also nicht blos auf die Damen eingeschränkt, welche das Glück haben die französischen Moden nachzuahmen. Die Weiber waren alle in Zeug gekleidet, aber so sparsam, daß es in Vergleichung mit den vollständigen und verschwenderischen Trachten, die in *Tahiti* Mode waren, hier ungleich seltner zu seyn schien. Männer und Weiber hatten hagere Gesichtsbildungen, doch war nichts wildes in ihren Zügen; dagegen hatte die brennende Sonnenhitze, für welche man in diesem kahlen Lande fast nirgends Schatten findet, bey verschiedenen eine widernatürliche Verzerrung des Gesichts zuwege gebracht, indem die Augenbraunen zusammen und die Muskeln vom Untertheil des Gesichts gegen die Augen heraufgezogen waren. Die Nasen sind nicht breit, zwischen den Augen aber ziemlich flach. Die Lippen stark, aber nicht so dick als bey den Negern. Das Haar ist schwarz und kräuselt sich, aber durchgehends verschnitten, und nie über 3 Zoll lang. Ihre Augen sind schwarzbraun und klein; und das Weiße derselben ist nicht so helle als bey den andern Völkern der Südsee; daß sie lange Ohren, und in den Ohrläppchen ungewöhnlich große Löcher haben, ist bereits erwähnt. Um letztere so groß zu machen, bedienten sie sich eines Blattes von Zuckerrohr, das aufgerollt hindurch gesteckt war, und vermöge seiner eigenthümlichen Elasticität den Einschnitt im Ohre beständig aufgespannt hielt. Die unerträgliche Sonnenhitze hat sie genöthigt auf allerhand Mittel zu denken, um den Kopf dagegen zu schützen. In dieser Absicht trugen die Männer zum Theil einen 2 Zoll dicken Ring von stark und künstlich geflochtnen Grase um den Kopf, der rund umher mit einer Menge langer schwarzer Federn vom Halse des Fregattenvogels besteckt war. Andre hatten große buschichte Mützen von braunen Mewen-Federn, die fast eben so dick waren, als die großen Doctor-Perücken des vorigen Jahrhunderts. Noch andre hatten einen bloßen hölzernen Reif auf dem Kopfe, in welchem eine große Anzahl langer weißer Federn von der Soland-Gans befestigt waren, die bey dem geringsten Lüftchen hin und her schwankten, und auf die Art den Kopf nicht nur vor der Sonne schützten, sondern zugleich kühl erhielten. Die Frauenspersonen trugen einen weiten Hut von artigen Mattenwerk. Vorn war er spitz; die Vertiefung für den Kopf aber, war nicht wie bey unserm Hute rund und oben platt, sondern länglig, und von beyden Seiten, nach oben hin, schräg zusammen laufend, und hinten fielen zwey einzelne Krempen herab, welche vermuthlich die Schultern schützen sollten. Diese Hüte fanden wir ungemein kühlend. Herr *Hodges* zeichnete eine Frauensperson mit einem solchen Hute, und eine Mannsperson mit einer von den vorbeschriebenen Kopf-Trachten. Sie sind beyde ungemein characteristisch ausgefallen und sehr gut in Kupfer gestochen worden. Die einzigen Zierrathen, die wir bey diesen Leuten antrafen, bestanden in dem vorgedachten Zungenförmigen Stück Knochen, welches Männer und Weiber auf der Brust trugen, und nächst diesen in Halsbändern und in Ohrringen von Muschel-Schaalen.

Nachdem wir eine Weile am Strande bey den Eingebohrnen geblieben waren, so giengen wir tiefer ins Land hinauf. Der ganze Boden war mit Felsen und Steinen von verschiedener Größe bedeckt, die alle ein schwarzes, verbranntes, schwammigtes Ansehen hatten, und folglich einem heftigen Feuer ausgesetzt gewesen seyn mußten. Zwey bis drey Grasarten wuchsen zwischen diesen Steinen kümmerlich auf und milderten einigermaßen, ob sie gleich schon halb vertrocknet waren, das verwüstete öde Ansehn des Landes. Ohngefähr fünfzehn Schritte vom Landungsplatze, sahen wir eine Mauer von viereckigten, gehauenen Steinen, davon jeder anderthalb bis 2 Fus lang und einen Fus breit war. In der Mitte betrug die Höhe ohngefähr 7 bis 8 Fus; an beyden Enden aber war sie niedriger und überhaupt ohngefähr zwanzig Schritt lang. Das Sonderbarste war die Verbindung dieser Steine, die so künstlich gelegt und so genau in einander gepaßt waren, daß sie ein ungemein dauerhaftes Stück von Architectur ausmachten. Der Stein, woraus sie gehauen, ist nicht sonderlich hart, sondern nur eine schwarzbraune, schwammigte, spröde Stein-Lava. Der Boden lief von der Küste immer bergauf, dergestalt, daß eine zweyte Mauer, welche parallel mit dieser, und zwölf Schritte weiter hinauf lag, nur 2 bis 3 Fus hoch seyn durfte, um in dem Zwischenraum eine Art von Terasse zu formiren, auf welcher das Erdreich eine ebene Fläche ausmachte, die mit Gras bewachsen war. Funfzig Schritt weiter gegen Süden, fanden wir einen andern erhabnen ebnen Platz, dessen Oberfläche mit eben solchen viereckten Steinen gepflastert war, als man zum Mauerwerk gebraucht hatte. In der Mitte dieses Platzes stand eine steinerne Säule, aus einem Stück, die eine Menschen-Figur bis auf die Hüften abgebildet, vorstellen sollte und 20 Fus hoch und 5 Fus dick war. Diese Figur war schlecht gearbeitet, und bewies, daß die Bildhauerkunst hier noch in der ersten Kindheit sey. Augen, Nase und Mund waren an dem plumpen ungestalten Kopfe, kaum angedeutet. Die Ohren waren nach der Landes-Sitte ungeheuer lang, und besser als das übrige gearbeitet, ob sich gleich ein europäischer Künstler derselben geschämt haben würde. Den Hals fanden wir unförmig und kurz; Schultern und Arme aber nur wenig angedeutet. Auf dem Kopfe war ein hoher runder cylindrischer Stein aufgerichtet, der über 5 Fus im Durchschnitt und in der Höhe hatte. Dieser Aufsatz, der dem Kopfputze einiger egyptischen Gottheiten gleich sahe, bestand aus einer andern Steinart, denn er war von röthlicher Farbe; auch war an dessen beyden Seiten ein Loch zu sehen, als hätte man ihm seine runde Form durch ein Dreh- oder Schleifwerk gegeben. Der Kopf, nebst dem Aufsatz, machte die Hälfte der ganzen Säule aus, so weit sie über der Erde sichtbar war. Wir merkten übrigens nicht, daß die Insulaner diesen Pfeilern, Säulen oder Statuen einige Verehrung erwiesen hätten; doch mußten sie wenigstens *Achtung* dafür haben, denn es schien ihnen manchmal ganz unangenehm zu seyn, wenn wir über den gepflasterten Fusboden oder das Fusgestell giengen, und die Steinart untersuchten, wovon sie gemacht waren.

Einige von den Insulanern begleiteten uns weiter ins Land nach einem kleinen Gebüsche hin, woselbst wir im Pflanzenreich etwas neues anzutreffen hofften. Der Weg war ungemein rauh, er gieng über lauter volcanische Steine, die unter den Füßen wegrollten und an die wir uns bey jedem Schritt stießen. Die Eingebohrnen hingegen, die daran gewöhnt waren, hüpften ohne einige Schwürigkeit von Stein zu Stein. Unterwegens erblickten wir etliche schwarze Ratten, die auf allen Inseln der Südsee anzutreffen sind. Das Gebüsch, um dessentwillen wir diese Wanderung unternommen, bestand aus einer kleinen Pflanzung von Papier-Maulbeerbäumen, aus deren Rinde hier, so wie auf *Tahiti,* das Zeug zur Kleidung gemacht wird. Die Stämme waren 2 bis 4 Fus hoch, und zwischen großen Felsen, woselbst der Regen ein wenig Erde angeschlemmt hatte, ordentlich in Reihen angepflanzt. Nicht weit von hier standen auch einige Büsche vom *Hibiscus populneus Linnaei,* der in allen Südsee-Inseln angetroffen, und von den Einwohnern zum Gelbfärben gebraucht wird. Endlich gab es an diesem Fleck noch eine *Mimosa,* welches das einzige Gewächs ist, das den Einwohnern Holz zu ihren Keulen, *Pattu-Pattus,* und kümmerlich zusammengeflickten Canots, liefert.

Je weiter wir ins Land kamen, desto kahler und unfruchtbarer fanden wir den Boden. Das kleine Häufchen von Einwohnern, die uns am Landungs-Platze entgegen gekommen, schien der Hauptstamm des ganzen Volks gewesen zu seyn, denn unterwegens hatten wir nicht einen einzigen Menschen zu Gesicht bekommen; auch waren in der ganzen großen Gegend, die wir überschauen konnten, nicht mehr als zehn bis zwölf Hütten zu sehen. Eine der stattlichsten war auf einem kleinen Hügel erbauet, der ohngefähr eine halbe Meile weit von der See lag. Die Neugier trieb uns darnach hin, allein es war eine elende Wohnung, die von der Armuth ihrer Eigenthümer zeugte. Das Fundament bestand aus Steinen, die in einer Länge von 12 Fus und in zwey gegeneinander laufenden krummen Linien, flach auf den Boden gelegt waren. In der Mitte, wo sich die größte Krümmung befand, lagen die beyden Reihen Grundsteine, ohngefähr 6 Fus, an den äußersten Enden, hingegen kaum einen einzigen Fus breit eine von der andern. In jedem dieser Steine bemerkten wir ein bis zwey Löcher, worinn Stangen gesteckt waren. Die mittelsten Stangen waren 6 Fus hoch, die andern aber wurden nach beyden Seiten hin immer kürzer, so daß die letzten nur 2 Fus Höhe hatten. Oben neigten sich alle diese Stangen zusammen, und waren an Queerstangen gebunden, wodurch sie zusammen gehalten wurden. Das Dach war aus dünnen Ruthen gitterförmig geflochten und außerhalb mit einer tüchtigen Matte von Zucker-Rohrblättern belegt. Es ruhete auf den vorgedachten Stangen, die das Gerüst der Hütte ausmachten, reichte unterhalb bis ganz auf den Boden herab und lief oberwärts von beyden Seiten, schräg in einen scharfen Winkel zusammen. Auf der einen Seite war eine Öffnung, die ohngefähr 18 Zoll bis 2 Fus hoch und durch ein vorspringendes Wetterdach gegen die Nässe geschützt war. Dies stellte die Thüre vor: Wer hinein oder heraus wollte, mußte auf allen Vieren kriechen. Auch dies ließen wir nicht unversucht, allein es war der Mühe nicht werth, denn das innere der Hütte war platterdings leer und kahl. Man fand nicht einmal ein Bund Stroh darinn, worauf man sich hätte legen können. Blos in der Mitte konnten wir aufrecht stehen, und außer dieser Unbequemlichkeit war es auch ganz und gar finster darinn. Unsre indianischen Begleiter erzählten uns, daß sie die Nacht in diesen Hütten zubrächten; allein das muß ein elender Aufenthalt seyn, zumal da sie wegen der geringen Anzahl derselben gleichsam einer über den andern liegen müssen, es sey denn, daß der gemeine Mann unter freyen Himmel schläft, und diese erbärmlichen Wohnungen den Vornehmern überläßt, oder nur bey schlimmen Wetter dahin seine Zuflucht nimmt.

Außer diesen Hütten sahen wir auch etliche Steinhaufen, die an einer Seite ganz steil waren, und daselbst eine Öffnung hatten, welche unter die Erde gieng. Allem Anschein nach, konnte der innere Raum nur sehr klein seyn, und dennoch ists zu vermuthen, daß auch diese Löcher des Nachts zum Obdach dienten. Vielleicht hängen sie aber mit natürlichen, unterirdischen Höhlen zusammen, deren es in volcanischen Ländern, wo alte Lavaströhme vorhanden sind, so viele giebt. Dergleichen Höhlen findet man in Island sehr häufig, und noch bis jetzt sind sie dafür bekannt und berühmt, daß die ehemaligen Bewohner des Landes sich darinn aufgehalten haben. Herr *Ferber,* der erste mineralogische Geschichtschreiber des *Vesuvs,* meldet unter andern, daß er eine solche Höhle in einer der neuesten Laven angetroffen habe. Gern hätten wir dies genauer untersucht; die Einwohner wollten uns aber nie hineinlassen.

Eine Zuckerrohr- und Pisang-Pflanzung, die neben diesem Hause angelegt waren, standen dagegen in desto schönerer Ordnung, so weit es der steinigte Boden gestatten wollte. Um jede Pisangpflanze her, war eine Vertiefung von 12 Zoll gemacht, vermuthlich in der Absicht, daß der Regen da zusammenlaufen und die Pflanze desto feuchter stehen mögte. Das Zuckerrohr wuchs, so dürre auch das Land ist, 9 bis 10 Fus hoch, und enthielt einen ungemein süßen Saft, den die Eingebohrnen uns sehr oft anboten, besonders, wenn wir zu trinken verlangten. Der letztere Umstand brachte uns auf die Gedanken, daß es gar kein frisches Wasser auf dieser Insel geben müsse; als wir aber wieder nach dem Landungsplatz zurück kamen, trafen wir den Capitain *Cook* bey einem Brunnen an, den ihm die Einwohner nachgewiesen hatten. Er lag nicht weit von der See und war tief in den Felsen gehauen, aber voll Unreinigkeiten. Als ihn unsre Leuthe gereinigt hatten, fanden sie das Wasser brackisch, gleichwohl tranken es die Einwohner mit großen Wohlgefallen.

Der Capitain war im Handel mit den Leuthen nicht glücklich gewesen. Sie schienen keine Lebensmittel übrig zu haben. Ein Paar Matten-Körbe mit süßen Kartoffeln, etwas Zuckerrohr, einige Klumpen Pisangs und zwey oder drey kleine schon gahr gemachte Hühner; das war alles, was er für etwas Eisengeräthschaften und Tahitisches Zeug einzuhandeln im Stande gewesen war. Er hatte den Leuthen Corallen geschenkt, welche sie aber immer mit Verachtung weit von sich geworfen; was sie hingegen von andern Sachen an und um uns sahen, verlangten sie zu haben, ob sie schon nichts wieder zu geben hatten.

Während unsrer Abwesenheit hatten sie sich vom Landungsplatze ziemlich verlaufen, und schienen nach ihren Wohnungen zum Mittags-Essen gegangen zu seyn. Die Zahl der Weiber war in Verhältniß zu den Männern immer sehr geringe. Bey unsrer Landung sahen wir ihrer nicht über zwölf oder funfzehn, und jetzt waren nur noch sechs oder sieben zugegen. Sie waren weder zurückhaltend noch keusch; für ein Stückchen Tahitisches Zeug hatten unsre Matrosen von ihnen, was sie wollten. Ihre Gesichtszüge dünkten uns sanft genug, und der große gespitzte Hut gab ihnen ein leichtfertiges, buhlerisches Ansehen. Noch ehe es Mittag war, kehrten wir an Bord zurück und theilten die eingekauften Baum-Früchte und Wurzeln, so weit sie reichen wollten, unter die Mannschaft aus, zur großen Stärkung unsrer Kranken, die nach einer Erfrischung schmachteten. Wir kosteten auch von den Hühnern, die in grüne Blätter gewickelt, mit heißen Steinen unter der Erde gahr gemacht zu seyn schienen, welche Art der Zurichtung in allen Inseln der Südsee, so viel wir deren bisher gefunden hatten, üblich ist. Die Kartoffeln waren goldgelb und so süß als gelbe Rüben; daher schmeckten sie auch nicht einem Jeden; doch waren sie nahrhaft und sehr antiscorbutisch. Der Saft aller hiesigen Gewächse schien durch die Hitze und die Trockenheit des Bodens ungemein concentrirt zu seyn. Die Pisangs wurden in ihrer Art für vortreflich gehalten, und das Zucker-Rohr war süßer als wirs in *Tahiti* gefunden hatten. Nachmittags giengen wir wiederum ans Land, und in einem andern Boote ward ein Officier mit der nöthigen Mannschaft ans Land geschickt, um beym Brunnen die Wasserfässer füllen zu lassen. Wir trafen nur wenig Leute am Landungsplatze an, unter selbigen aber bemerkten wir einen, der ein gewisses Ansehen zu haben schien, und sehr geschäftig war, den Capitain überall wo er nur Lust bezeigte, hinzuführen. Er that nicht so scheu als seine Landsleute; sondern gieng immer dreist neben uns, dahingegen die andern bey der geringsten ungewöhnlichen Bewegung stutzten und in Schrecken geriethen. Aber bey aller ihrer Furchtsamkeit leerten sie uns die Taschen aus, und entwandten was ihnen sonst anstand. Wir waren noch keine halbe Stunde am Lande, als einer leise hinter den *Maheine* herschlich, ihm die schwarze Mütze die er auf hatte schnell vom Kopfe riß, und damit über den holprichten Boden voller Steine fortrannte, wo hin keiner von uns nachzulaufen im Stande war. *Maheine* gerieth darüber in solches Schrecken, daß er erst eine ganze Weile nachher Worte finden konnte, es dem Capitain zu klagen; da war aber der Dieb schon über alle Berge. Um eben die Zeit saß Herr *Hodges* auf einer kleinen Anhöhe, um einen Prospect zu zeichnen, und verlohr auf gleiche Weise seinen Hut. Herr *Wales* stand mit einer Flinte neben ihm, war aber, wie billig, der Meynung, daß ein so geringes Verbrechen keine Kugel verdiene.

Indem wir an der Seeküste hinspatzierten, fanden wir ein Paar Stauden solchen Sellerys, dergleichen auf dem Strande von Neu-Seeland so häufig wachset. Auch bemerkten wir ein paar andre kleine Pflanzen, die wir dort ebenfalls wahrgenommen hatten. Ob diese Kräuter hier einheimisch oder von Saamen aufgeschossen seyn mögen, den die See hergeschwemmt oder die Vögel hergebracht, kann ich nicht entscheiden. Wir fanden auch ein Stück Land mit Yams bepflanzt, *(dioscorea alata Linnaei)* welches der armseligen Oster-Eyländischen *Flora* in unsern Augen einen großen Zuwachs gab. – Die Übereinstimmung, welche sich in den Gesichtszügen, den Gebräuchen und der Sprache dieses Volks mit den Einwohnern der andern Südsee-Inseln findet, machte uns Hoffnung, daß wir auch die Hausthiere hier finden würden, welche wir auf *Tahiti* und *Neu-Seeland* angetroffen. Allein des sorgfältigsten Nachsuchens ohnerachtet, fanden wir nichts als das gemeine Huhn, welches hier von sehr kleiner Art und von unansehnlichen Gefieder war. Zwar bemerkten wir auch zwey oder drey schwarze Meerschwalben *(sterna stolida),* die so zahm waren, daß sie den Einwohnern auf der Schulter saßen; es ließ sich aber daraus nicht schließen, daß sie eine ordentliche Zucht davon hätten.

Bey Untergang der Sonne verließen wir den Wasserplatz, und giengen nach der Bucht, wo unser Boot vor Anker lag. Unterwegens kamen wir über den ebnen Platz, auf welchem die vorbeschriebne Säule aufgerichtet ist. Einige Einwohner, die uns noch begleiteten, winkten uns, daß wir auf dem Grase am Fus des Piedestals, und nicht über das Mauerwerk gehen sollten; da wir uns aber nicht daran kehrten, so hatten sie auch nichts dawider. Wir erkundigten uns bey einigen, die am verständigsten zu seyn schienen, was diese Steine zu bedeuten hätten, und so viel wir aus ihrer Antwort schließen und errathen konnten, müssen es Denkmähler ihrer *Eriki's* oder Könige seyn. Also ist das gemauerte Piedestal vermuthlich als der Begräbnißplatz anzusehn; und bey genauerer Untersuchung fanden wir wirklich nicht weit davon eine Menge Menschen-Gebeine, welches dann unsre Vermuthung bestätigte. Die Länge der Knochen paßte zu Körpern mittlerer Länge, und ein Schenkelbein, das wir maaßen, kam genau mit dem Maaß desselbigen Knochens an einer Person überein, die ohngefähr 5 Fus, neun Zoll lang war. An der West-Seite der Bucht standen drey Säulen, auf einem sehr breiten und erhöheten Postement, in einer Reihe aufgerichtet. Diese Reihe nannten die Einwohner *Hangaroa*. Die vorerwähnte einzelne Säule aber hießen sie *Obina*. Nahe bey diesen Pfeilern saßen zehn oder zwölf von den Einwohnern um ein kleines Feuer, an welchem sie ein Paar Kartoffeln brateten. Dies war ihr Abendessen, und sie boten uns, als wir vorbey giengen, etwas davon an. In einem so armseligen Lande war uns diese Gastfreyheit unerwartet. Man vergleiche sie einmal mit den Gebräuchen der civilisirten Völker, die sich fast aller Empfindungen gegen ihren Nebenmenschen zu entledigen gewußt haben! Übrigens war es uns sehr angenehm, bey dieser Gelegenheit augenscheinlich überzeugt zu werden, daß die Vermuthung der Holländer, wegen solcher Feuer, ungegründet gewesen, denn wir fanden nicht den mindesten Grund, diese Feuer für eine religiöse Ceremonie anzusehen. Mit einem kleinen Vorrath von Kartoffeln, den wir eingekauft und ohngefähr sechs oder sieben bekannten Pflanzen, die wir gesammlet, kehrten wir nun an Bord zurück. Den scorbutischen Patienten bekam unser Spatziergang ungemein wohl und besser denn jeden andern. Ich für meine Person, der ich am Morgen noch geschwollne Beine hatte, und kaum darauf stehen konnte, befand mich heute Abend schon weit besser. Die Geschwulst hatte sich etwas gelegt und die Schmerzen waren gänzlich verschwunden. Diese schleunige Besserung mußte ich einzig und allein der Bewegung zuschreiben, vielleicht hatten auch die antiscorbutischen Ausdünstungen des Landes mitgewürkt, denn wie man sagt, sollen die schon allein hinreichend seyn, diejenigen wieder gesund zu machen, die sich durch langen Aufenthalt auf der See den Scorbut zugezogen haben.

Früh, am folgenden Morgen, beorderte Capitain *Cook* die Lieutenants *Pickersgill* und *Edgecumbe,* mit einer Parthey Seesoldaten und Matrosen, das Innere des Landes zu untersuchen, um wo möglich, zu erfahren, ob es in irgend einer andern Gegend besser angebauet und stärker bewohnt wäre. Herr *Wales* und *Hodges,* Doctor *Sparrmann* und mein Vater, machten sich mit auf den Weg, so daß das ganze Detaschement aus sieben und zwanzig Mann bestand.

Ich hingegen gieng nach dem Frühstück mit Capitain *Cook* und einigen andern Officiers ans Ufer, wo wir ohngefähr zweyhundert Einwohner, und unter diesen, vierzehn oder funfzehn Weiber, nebst ein Paar Kindern, versammlet fanden. Es war uns unmöglich, die Ursach dieser Ungleichheit in der Zahl der beyden Geschlechter, zu errathen; da aber alle Weibsleute, die wir bisher gesehen, ungemein freygebig mit ihren Gunstbezeugungen waren, so vermuthete ich damals, daß die Verheyratheten und Eingezognern, welche vielleicht die größte Anzahl ausmachten, keinen Gefallen finden mögten, mit uns bekannt zu werden, oder vielleicht durch die Eifersucht der Männer gezwungen würden, in den entferntern Theilen der Insel zurück zu bleiben. Die wenigen, welche wir hie und da ansichtig wurden, waren die ausschweifendsten Creaturen, die wir je gesehen. Sie schienen über alle Schaam und Schande völlig weg zu seyn; und unsre Matrosen thaten auch, als wenn sie nie von so etwas gehört hätten; denn der Schatten der colossalischen Monumente, war ihnen in Hinsicht auf ihre Ausschweifungen schon Obdachs genug.

Herr *Patton,* Lieutenant *Clerke,* und ich, machten uns von der Küste, wo der Zusammenlauf am größten war, hinweg, und giengen tiefer ins Land. Die Sonne stach unbeschreiblich: denn ihre Strahlen wurden aller Orten von dem kahlen, steinigten Boden zurückgeworfen, und es war auch kein Baum, der uns einigen Schatten hätte geben können, in der ganzen Gegend zu sehen. Meine Herren Begleiter hatten ihre Vogelflinten mitgenommen, weil sie einiges Gevögel unterwegs anzutreffen glaubten; aber ihre Hoffnung war vergebens, und dem Anschein nach, giebts auf der ganzen Insel kein ander Landgeflügel, als die gemeinen Hühner, die zahm und noch dazu sehr selten sind. Wir giengen einem Fussteig nach, den die Einwohner gemacht hatten, bis wir an ein bebauetes Feld kamen, das mit Kartoffeln, Yams, Arum-Wurzel, und einer Art von Nachtschatten besetzt

Samtdoktorfisch, *F: Harpurus nigricans*
Acanthurus nigricans (Tahiti)

war. Letzteres wird zu *Tahiti* und auf den benachbarten Inseln als ein Wundmittel *(solanum nigrum)* gebraucht, und könnte vielleicht auch bey uns, in gleicher Absicht, gebauet werden. Das Gras, das sonst überall in einem angebaueten Boden hervor wächst, war hier sorgfältigst ausgejätet und statt des Düngers über das ganze Feld gestreuet, oder auch vielleicht um die Wurzeln und Pflanzen gegen die brennenden Strahlen der Sonne, dadurch zu schützen. Aus allem diesen ergiebt sich, daß die Eingebohrnen nicht ganz unwissend im Ackerbau sind, sondern vielmehr den Boden, mit vieler Mühe und Arbeit bauen. Nicht weit von diesen Feldern, trafen wir zwey kleine Hütten an, aber noch kleiner als die oben beschriebne. Der Eingang war mit einer großen Menge Strauchwerk verstopft, und beym ersten Annähern, kam es uns vor, als wenn wir Weiberstimmen darinn hörten; da wir aber schärfer zuhorchten, vernahmen wir weiter nichts, das uns in der Meynung bestärkt hätte. Wir giengen von da zu einem Hügel, der mit Buschwerk bewachsen war. Es bestand aus einer *Mimosa,* die aber kaum acht Fus hoch wächst und uns also wenig Schatten gegen die Sonne gab. Wir ruhten uns hier eine Weile aus und nahmen dann unsern Weg zu andern Feldern, die eben so, als die vorigen, bestellt waren. Sie hatten aber keine Verzäunungen, wie *Roggeweins* Reisebeschreiber, in ihrer Erzählung mit anführen. Vermuthlich haben sie dies aus eigner Fantasie hinzugesetzt. – Die immer zunehmende Tageshitze hatte uns ganz erschöpft, und doch hatten wir noch einen langen Weg, nach der See zurück zu machen. Glücklicherweise kamen wir bey einem Manne vorbey, der eben beschäfftigt war, Kartoffeln aus einem Stück Ackers aufzunehmen. Dem klagten wir unsern Durst; sogleich lief der gute Alte zu einer großen Zuckerrohr-Pflanzung, und brachte uns eine ganze Menge von dem besten und saftigsten dieser labenden Pflanzen, um uns damit zu erquicken. Wir machten ihm dafür ein kleines Geschenk zur Vergeltung, nahmen unser Rohr und schnitten es zu Spatzierstöcken, schälten es unterwegens und sogen es aus. Der Saft desselben war ungemein erfrischend.

Bey unsrer Zurückkunft am Landungsplatze, fanden wir den Capitain *Cook* noch im Handel mit den Eingebohrnen beschäfftigt. Sie brachten ihm Hühner, die schon zubereitet waren, und einige Matten-Körbe mit süßen Kartoffeln; zuweilen aber betrogen sie ihn, indem sie die Körbe unten mit Steinen gefüllt und obenher nur mit einigen Kartoffeln bedeckt hatten. Die schätzbarsten Artickel unter unsern Waaren, wogegen sie uns die ihrigen vertauschten, waren ledige Coco-Nußschalen, die wir auf den Societäts- und freundschaftlichen Inseln bekommen hatten. Indessen fanden diese nur dann einen gewissen Werth bey ihnen, wenn sie nur eine kleine Öffnung oder einen Deckel hatten. Nächst diesen wurde das tahitische und europäische Zeug, zum Eintausch gebraucht, und bey der Schätzung kam es hauptsächlich auf die Größe an. Eisenwaare hatte hier den geringsten Preiß. Der größte Theil der Leute, die mit uns handelten, lief gemeiniglich sogleich, als der Kauf geschlossen war, mit dem eingehandelten Zeuge, Nuß-Schalen oder Nägeln davon. Sie besorgten vielleicht, daß uns der Handel gereuen mögte, wenn sie auch vor ihr Theil ganz ehrlich dabey zu Werk gegangen waren. Einige hatten indessen Kühnheit genug, vor Ablieferung ihrer Güter mit den bedungenen und erhaltnen Preisen davon zu laufen; ein Umstand, der den erbärmlichen Zustand dieser elenden Menschen sehr deutlich an den Tag legt. Der Mangel an Kleidungszeuge war unter ihnen sehr groß. Aus Noth giengen sie mehrentheils nackend, und dennoch verkauften sie ihr bischen eignes Zeug gegen andres von *Tahiti*. Die Begierde etwas von diesem zu besitzen, machte, daß sie manches von ihren eignen Habseligkeiten verkauften, was sie sonst wohl nicht weggegeben haben würden. Dahin gehörten ihre verschiednen Hüte und Kopfdecken, ihre Halsbänder, Ohrzierrathen, und verschiedne kleine Menschen-Figuren, die aus schmalen achtzölligen oder zweyfüßigen Stücken Holz, aber feiner und proportionirter geschnitzt waren, als wir, nach der plumpen Arbeit ihrer großen steinernen Statuen zu urtheilen, erwartet hätten. Sie stellten Personen beyderley Geschlechts vor: Die Gesichtszüge derselben waren freylich nicht angenehm, und die ganze Figur war gemeiniglich zu lang; aber etwas characteristisches, aus dem sich ein gewisser Geschmack für die Künste abnehmen ließ, war bey dem allen darinn anzutreffen. Das Holz, woraus sie bestanden, war schön polirt, dabey dicht und von dunkel-brauner Farbe, wie das Holz von der Casuarina. Da wir aber diesen Baum hier noch nicht gefunden hatten, so erwarteten wir die Rückkunft unsrer Partheygänger mit desto größerer Begierde, in Hoffnung, daß sie auch in Absicht dieses Umstandes einige nähere Entdeckungen gemacht haben würden. *Maheine* fand an diesen geschnitzten menschlichen Figuren ein großes Wohlgefallen; denn sie waren weit besser gearbeitet als die *E-Tis,* die man bey ihm zu Lande verfertigt. Er kaufte auch verschiedne davon, mit der Versicherung, daß sie zu *Tahiti* ungemein hoch geschätzt werden würden. Da er sich viel Mühe gab, diese Seltenheiten aufzusuchen, so fand er eins Tages eine geschnitzte Frauens-Hand von gelben Holz, ungefähr in der natürlichen Größe. Die Finger derselben waren aufwärts gebogen, wie sie die Tänzerinnen auf *Tahiti* zu halten pflegen; und die Nägel daran waren sehr lang; denn sie stunden mehr als dreyviertel Zoll über die Spitzen der Finger hervor. Sie war von dem seltnen, wohlriechenden *tahitischen* Holz gemacht, womit man allhier dem Öl einen guten Geruch zu geben pflegt. Auch dieses Holz hatten wir auf Oster-Eyland nicht gefunden, eben so wenig als wir bemerkt hatten, daß man hier lange Nägel zu tragen gewohnt sey: Wir konnten also nicht begreifen, wie dies hübsch gearbeitete Stück hieher gekommen. *Maheine* schenkte es hernachmals meinem Vater, der es im brittischen Museo niedergelegt hat. Eben so ließ sich *Maheine* auch sehr angelegen seyn, so viel Federhüte, als möglich, zusammen zu bringen; besonders waren ihm die von Fregatten-Federn sehr angenehm, weil dieser Vogel zu *Tahiti* selten ist, und wegen seiner glänzenden, schwarzen Federn sehr hoch geschätzt wird.

Indessen, daß Capitain *Cook* in der Bucht war, ward auch am Wasserplatze um Kartoffeln gehandelt. Aus Begierde nach unsern Gütern, ließen sich hier die Einwohner verleiten, eine Untreue an ihren eignen Landsleuten zu begehen. Dicht neben dem Brunnen lag ein Feld mit süßen Kartoffeln, und eine

Menge Leute, alt und jung durcheinander, waren emsig darüber her, sie auszugraben und zu verkaufen. Dieser Handel dauerte schon einige Stunden, als ein andrer Indianer dazu kam, sie mit vielem Unwillen davon trieb, und darauf allein Kartoffeln auszugraben fortfuhr. Er war der rechte Eigenthümer des Feldes, und die andern hatten ihn bestohlen, weil sie eine so gute Gelegenheit fanden, ihre gestohlnen Güter an den Mann zu bringen. Außer Zweifel gehen auf den Societäts-Inseln zuweilen eben solche Diebereyen vor; denn die Einwohner erzählten uns oft, daß sie mit dem Tode bestraft würden, wiewohl wir niemals ein Beyspiel solcher Strafe gesehen haben. Auf *Oster-Eyland* aber sahen wir das Verbrechen ganz ungestraft hingehen. Der Grund davon liegt wahrscheinlich in dem verschiednen Grade der Cultur, den man unter diesen beyden Völkerschaften, so nahe sie auch sonst mit einander verwandt sind, antrifft.

Zu Mittag giengen wir an Bord, und speißten ein paar Hühner mit Kartoffeln, die wir nach unserm mühsamen Spatziergange überaus vortreflich fanden. Wir trafen einige Insulaner auf dem Schiffe, die es gewagt hatten vom Lande herzuschwimmen, ob es gleich noch drey Viertelmeilen davon entfernt war. Sie schienen über alles, was sie sahen, erstaunt, und jeder von ihnen, maaß die Länge des Schiffs, von einem Ende bis zum andern, mit ausgebreiteten Armen aus. Einem Volke, dessen Canots aus lauter kleinen Stückchen zusammengeflickt sind, mußte natürlicherweise, eine solche Menge von Zimmerholz, und noch dazu, von solcher Größe, etwas sehr unbegreifliches seyn. Die Begierde zu gewinnen, hatte auch eine Weibsperson so beherzt gemacht, sich durch Schwimmen an unser Schiff zu begeben. Sie besuchte erst einige Unterofficiers und wandte sich darauf an die Matrosen: Ihre Begierden waren unersättlicher als einer Meßalina.[5] Ein Paar englische Lumpen und einige Stücke Tahitisches Zeug, war alles was sie für ihre Dienste davon trug. Sie ward in dem zusammengeflickten Canot abgeholt, welches das einzige auf der Insel zu seyn schien. Den Tag vorher hatte eine andre Weibsperson auch durch Hülfe des Schwimmens, das Schiff besucht, und war eben so ausschweifend, als jene gewesen. Wir wußten warlich nicht, worüber wir uns mehr wundern sollten; über ihr Glück bey unsern kränklichen, ausgehungerten Seeleuten? oder über ihre unbegränzte Liederlichkeit? Nachmittags giengen wir wieder ans Land, und ich besuchte die Berge gegen Süden; die sehr leicht zu ersteigen waren, weil sie außerordentlich sanft in die Höhe giengen. Ich fand eine große Pisang-Pflanzung darauf, und weiter hinauf einige Ruinen von einer verfallnen Mauer, auf welcher vielleicht vor alten Zeiten eine Bildsäule gestanden hatte. Von da lief ich über einige Felder, auf denen ich eine Familie beym Ausgraben ihrer Kartoffeln antraf. Ich gieng auf ihre Hütte zu, die so klein war, als ich je eine gesehen. Als ich mich etwas mehr genähert hatte, versammelten sich die Leute um mich her, und ich setzte mich mitten unter sie nieder. Es waren ohngefähr sechs oder sieben Personen, worunter sich ein Weib und zwey kleine Jungens befanden. Sie überreichten mir etwas von ihrem Zuckerrohr, wofür ich ihnen ein klein Stück *Tahitisches* Zeug, das sie sogleich um den Kopf wickelten, zum Gegengeschenk machte. Sie waren bey weitem nicht so neugierig, als die Leute auf den Societäts-Inseln, sondern giengen bald wieder an ihre Arbeit, mit der ich sie beschäftigt gefunden hatte. Einige hatten Federhüte auf, die sie mir zum Tausch gegen ein Stück Zeug von der Größe eines Schnupftuches anboten. Neben der Hütte sahe ich einige Hühner, welches die einzigen waren, die ich bis jetzt lebendig auf der Insel angetroffen hatte. Ihr Betragen gegen mich, war dem allgemeinen Character der Südsee-Völker gemäß, ganz friedlich. Nach den Ausdrücken der *Roggeweinschen* Reisebeschreiber scheint es fast, als wenn die Holländer nur zum Zeitvertreib auf diese armen Leute, die ihnen doch nichts zu leide thaten, gefeuert, und eine große Menge von ihnen, bloß um den übrigen ein Schrecken dadurch einzujagen, niedergeschossen hätten. Es ist leicht möglich, daß die Furcht vor dem mördrischen europäischen Gewehr, worinn der spanische Besuch sie vielleicht bestärkt haben mogte, wieder in ihnen bey unsrer Ankunft erwachte, und sie so furchtsam und scheu in ihrem Betragen gegen uns machte; doch ist auch nicht zu läugnen, daß sie überall in ihren Character etwas sanftes, mitleidiges und gutherziges haben, welches sie gegen die Fremden so willfährig,

5 *Plin. II. nat. X. c. 63. Tacit. Ann. XI. Juven. Sat. VI. v. 129.*

und so weit es ihnen das elende Land zu seyn erlaubt, so gastfrey macht.

Ich gieng hierauf meinen vorigen Weg zurück und kehrte mit Capitain *Cook* wieder an Bord. Um Neun Uhr hörten wir am Ufer einen Schuß fallen, und da dies das Signal war, daß man ein Boot verlangte, so schickten wir sogleich unsere Pinnasse, und so kam unser Detaschement wieder an Bord. Mein Vater war wegen seiner langerlittenen, rheumatischen Schmerzen mehr, als die übrigen abgemattet und mußte sogleich zu Bette gehen; die andern Herren aber speißten mit uns das Abendbrod, wozu wir ein Paar Hühner, die schon zubereitet waren, am Lande gekauft hatten. Sie erzählten uns von ihren Verrichtungen, und da man es vielleicht lieber sehen wird, etwas zusammenhängendes darüber zu hören, so will ich hier einen Auszug aus meines Vaters Tagebuch einrücken:

»Sobald wir gelandet, giengen wir sogleich ins Land hinein, nahmen unsern Weg längst dem Fus des höchsten Berges, der gegen Süden liegt, bis wir die andre Seite der Insel erreichten. Ohngefähr einhundert von den Eingebohrnen, darunter vier bis fünf Frauenspersonen waren, begleiteten uns auf dieser Wallfahrt, und verkauften uns eine Menge Kartoffeln und etliche Hühner, die unsern Vorrath an Lebensmitteln etwas ansehnlicher machten. Ein Mann von mittlerm Alter, der über den ganzen Leib punctirt war, und sich das Gesicht mit weißer Farbe angestrichen hatte, gieng voran, und hielt ein weißes Tuch, auf einem kleinen Stecken empor, wobey er seine Landsleute aus dem Wege gehen hieß. Der Boden war überall mit Steinen von verschiedner Größe bedeckt, die löcherigt, schwammigt und von schwarzer, brauner oder röthlicher Farbe waren, und unläugbare Spuren volcanischen Feuers an sich hatten. Die Fussteige waren einigermaßen von den Steinen gereinigt, aber so eng, daß wir mit den Füßen ganz einwärts gehen mußten, ein Umstand, der den Einwohnern eben nicht schwer fiel, indem sie im Gehen beständig einen Fus vor den andern zu setzen pflegen. Uns war diese Art zu gehen, etwas ungewohnt und daher sehr ermüdend. Wir stießen oft an und verloren darüber nicht selten das Gleichgewicht. Zu beyden Seiten des Fussteiges war der Boden mit dünnem perennirenden *Grase (paspalum)* besetzt. Es wuchs hier in kleinen Büscheln, und war so schlüpfrig, daß man fast nicht darauf gehen konnte. Auf der Ostseite der Insel, kamen wir zu einer Reihe Bildsäulen, sieben an der Zahl, wovon viere noch aufrecht standen; eine unter diesen aber hatte auch schon die Mütze verloren. Sie standen alle auf einem Piedestal, wie die, so auf der andern Seite der Insel waren, und die Steine im Gestell waren an beyden auf gleiche Art behauen und paßten sich wohl aneinander. Ob gleich der Stein, woraus diese Bildsäulen verfertigt waren, ziemlich weich zu seyn scheint, indem er aus dem rothen Tufo besteht, der die ganze Insel bedeckt, so ist doch schwer zu begreifen, wie ein Volk, das kein Handwerkszeug und andere mechanische Hülfsmittel hat, so große Massen habe bearbeiten und aufrichten können. Die allgemeine Benennung dieser östlichen Reihe, war *Hanga-Tebau;* das Wort *Hanga* wird dem Namen aller dieser Bildsäulen-Reihen vorgesetzt. – Die einzelnen Bildsäulen hießen: *Ko-*[6]*Tomo-iri, Ko-Hu-u, Morahina, Umariwa, Winabu, Winape*.

Wir giengen von da nördlich an der See heraus, und kamen rechter Hand bey einen tiefen Abgrund vorbey. Der Boden bestand eine weite Strecke lang, aus demselbigen eisenschüssigen Tufo, woraus jene Bildsäulen gemacht sind, und war mit kleinen Bruchsteinen angefüllt. Kurz darauf geriethen wir an einen Platz, der aus einem einzigen, festen, zusammenhängenden Felsen, oder schwarzer geschmolzner Lava, die etwas Eisen in sich zu halten schien, bestand. Erde, Gras oder Pflanzen, wie sie auch Namen haben mögen, waren gar nicht darauf anzutreffen. Weiter hin kamen wir durch verschiedne Felder von Pisang, Kartoffeln, Yams und Arum-Wurzeln. Das Gras, so sich hie und da zwischen den Steinen findet, war ausgejätet und übers Land gestreuet, um es entweder gegen die Sonne zu decken, und dadurch feucht zu erhalten, oder es damit zu düngen.

Wo wir hin kamen, wurden uns gahr gemachte Kartoffeln, zum Kauf angeboten, und bey einer Hütte, wo wir Halte machten, verkaufte man uns einige Fische. Etliche der Eingebohrnen waren bewaffnet. Die Waffen aber bestunden aus nichts anders, als aus denen schon oben angeführten Stöcken, die

6 *Ko* ist der gewöhnliche Artikel in der Sprache von Neu-Seeland und der freundschaftlichen Insel.

mit einem Stück schwarzer, glasartiger Lava versehen, und sorgfältig in kleine Stückchen Zeug eingewickelt waren. Nur einer hatte eine Streit-Axt, die kürzer als die Neu-Seeländischen, übrigens aber diesen völlig ähnlich war. Auf jeder Seite war ein Kopf geschnitzt, in welchen, statt der Augen, ein Paar Stückchen von eben gedachten schwarzen Glase eingesetzt waren. Sie hatten auch einige ungestalte Menschen-Figuren von Holz, deren Gebrauch oder Bedeutung wir aber nicht erfahren konnten; doch glaubten wir nicht, daß unsre Unwissenheit uns berechtigte, sie für Götzenbilder zu halten, wie man, in der That allzu oft, das Bildwerk unbekannter Nationen dafür ausgegeben hat.

Wir verließen diese Hütte und giengen noch etwas weiter gegen Norden, ohne jedoch was neues anzutreffen. Aus ein Paar nahe gelegnen Häusern kamen uns ein Mann und eine Frau entgegen, jeder mit einem großen Beutel, der aus zierlich gearbeiteten Matten verfertigt war, worinnen sie warme Kartoffeln hatten. Sie stellten sich damit an der Seite des Fussteigs, den wir gehen mußten. Als wir näher kamen, gab der Mann einem jeden von uns, einige von seinen Kartoffeln, und nachdem er dem ganzen Haufen schon viele davon ausgetheilt, lief er mit der größten Geschwindigkeit, zu den vordersten in unserm Zuge, um auch die übrigen bis auf die allerletzte auszutheilen. Ich gab ihm, für mein erhaltenes Theil, ein großes Stück Zeug, zur Vergeltung, und das war auch das einzige Gegengeschenk, so er für seine Freygebigkeit, wovon ich nicht einmal zu *Tahiti* ein ähnliches Beyspiel gesehen habe, einerndtete. Bald darauf sagten uns die Leute: ihr *Eri* oder *Hariki,* oder König, käme uns entgegen. Es giengen etliche Personen vor ihm her, und gaben jedem unter uns zum Freundschafts-Zeichen, einiges Zuckerrohr, wobey sie das Wort *Hio* aussprachen, das nach ihrer Mundart so viel als Freund bedeutet.[7] Gleich darauf sahen wir den König auf einer Anhöhe stehen und begaben uns zu ihm hinauf. Herr *Pickersgill* und ich, machten ihm einige Geschenke. Wir frugen nach seinen Namen: Er sagte uns: er heiße *Ko-Tohitai,* setzte aber auch sogleich hinzu, daß er *Eri* sey. Wir erkundigten uns weiter, ob er nur Befehlshaber eines gewissen Districts, oder Oberherr der ganzen Insel wäre: Auf diese Anfrage streckte er beyde Arme aus, als wolle er die ganze Insel umfassen, und sagte dabey: *Waihu.* Um ihm zu zeigen, daß wir ihn verstünden, legten wir unsre Hände auf seine Brust, nannten ihn bey seinem Namen, und setzten den Titel: *König* von *Waihu* hinzu. Darüber war er, dem Anschein nach, sehr zufrieden, und unterredete sich darauf eine lange Weile mit seinen Unterthanen. – Er war von mittlerm Alter und ziemlich groß. Gesicht und Cörper waren punctirt. Sein Anzug bestand aus einem Stück Zeug von Maulbeer-Rinde, das mit Gras durchnähet und mit Kurkuma gelb gefärbt war. Auf dem Kopfe hatte er einen Aufsatz von langen, glänzenden, schwarzen Federn, den man allenfalls ein Diadem hätte nennen können. Wir bemerkten aber nicht, daß ihm das Volk einige vorzügliche Ehrerbietung erwiesen hätte, und warlich, in einem so armseligen Lande, konnte er sich auch eben keine große Vorrechte anmaßen, ohne offenbar den natürlichen Rechten des Menschen, zu nahe zu treten, welches gefährliche Folgen hätte hervorbringen können. Als wir weiter vorwärts gehen wollten, schien er darüber etwas unzufrieden: Denn er bat uns umzukehren, und erbot sich uns zu begleiten; da aber unser Officier entschlossen war, weiter zu gehen, so ließ er sichs auch gefallen und gieng mit uns.

Wir giengen auf eine Anhöhe zu, wo wir, als wir oben waren, Halte machten, um einige Erfrischungen zu uns zu nehmen, hiernächst auch, Herrn *Hodges* Zeit zu lassen, einige Monumente zu kopieren. Bey einem derselben fanden wir ein vollständiges Menschen-Skelet. Von etlichen dieser Monumente ist in Capitain *Cooks* Nachricht von dieser Reise eine nähere Vorstellung beygefügt. Unsre Leute setzten sich auf die Erde nieder und legten ihren Vorrath von eingehandelten Lebensmitteln vor sich hin, indessen daß die Officiers und andre von unsrer Begleitung, sich mit den Insulanern in allerley Unterredungen einließen. Einer von den Matrosen, der meinen Pflanzen-Sack, nebst einigen Nägeln, die darinn befindlich waren, tragen mußte, gab nicht gnug darauf Acht. Dieser Gelegenheit bediente sich einer von den Wilden, nahm ihn und lief damit fort. Es wurd' es niemand gewahr, als Lieutenant *Edgecumbe;* dieser schoß sogleich sein Gewehr, mit Hagel geladen, hinter dem

---

7 *Hoa* auf den Societäts-Inseln; *Woa* auf den freundschaftlichen Inseln.

Diebe her, und setzte uns alle dadurch gewissermaßen in Unruhe. Der Wilde, welcher fühlte, daß er verwundet war, warf eilends den Beutel hin, und unsre Leute holten ihn wieder zu uns. Der arme Schelm fiel bald nachher selbst zu Boden. Seine Landsleute nahmen ihn auf, und entfernten sich eine Weile, bis wir ihnen zurückzukommen winkten, welches sie auch fast alle thaten. Ob dies gleich nur der einzige Fall war, in welchem auf die Einwohner dieser Insel, während unsers Hierseyns, gefeuert wurde, so ist es darum doch nicht weniger zu bedauern, daß Europäer sich so oft ein Strafrecht über Leute anmaßen, die mit ihren Gesetzen so ganz unbekannt sind.

Von hier giengen wir noch weiter ins Land hinein, und kamen an einen tiefen Brunnen, der durch die Kunst gehauen zu seyn schien und gutes süßes Wasser hatte, das aber etwas trüb war. Wir trunken alle davon, weil wir herzlich durstig waren, und giengen weiter neben einigen großen Statuen vorbey, die umgeworfen waren. Von hieraus sahen wir die beyden Hügel, bey welchen wir am 12ten dieses, vom Schiffe her, die mehresten Bildsäulen bemerkt hatten. In der Nähe war eine Anhöhe, von der wir die See auf beyden Seiten der Insel, weit über eine Ebne hinaus, die uns auch vom Schiffe zu Gesicht gekommen war, sehen konnten. Wir übersahen zugleich die ganze östliche Küste, und die daselbst befindlichen zahlreichen Bildsäulen; und wurden überzeugt, daß auf der dortigen Seite der Insel weder Bay noch Haven anzutreffen sey. Mit dieser Entdeckung begaben wir uns von da zurück, und kamen zu einer großen Statue, die von den Einwohnern *Mangototo* genannt wird. Im Schatten derselben hielten wir unser Mittagsmahl. Nahe dabey zeigte sich uns eine andre noch größre Statue, aber umgeworfen. Sie hatte 27 Fus Länge und 9 Fus im Durchschnitte, und übertraf an Größe alle übrigen, die wir bis dahin gesehen hatten.

Auf dem Rückwege hielten wir zum andernmal bey dem Brunnen an, um unsern Durst zu löschen, welchen die gewaltige Sonnenhitze, deren Strahlen unaufhörlich von den kahlen Felsen zurückprallten, sehr heftig erregt hatte. Von da giengen wir auf die Berge zu, welche queer über die Insel laufen; funden aber den Fussteig, der dahin führte, rauher und beschwerlicher als jemals: Denn der Boden war überall mit volcanischen Schlacken bedeckt und weit und breit öde, ob sich gleich hie und da Spuren fanden, daß er vor Zeiten angebauet gewesen. Hier fühlte ich, wie sehr ich durch die lang anhaltenden Rheumatismos geschwächt worden war. Alle meine Glieder waren, so zu sagen, verkrüppelt. Ich konnte den übrigen kaum nachkommen; ob ich gleich bey andern Gelegenheiten und sonst überhaupt so leicht nicht zu ermüden war. Die Leute von der Insel waren zurück geblieben, weil sie gesehen hatten, daß wir einen so mühseligen Weg nahmen; bloß ein Mann und ein kleiner Junge blieben bey uns. Da unsre Officiers und ihre Parthey den nächsten Weg nach dem Schiff verfehlt hatten, so trennte ich mich von ihnen, und nahm mit Doctor *Sparrmann,* einem Matrosen, und den beyden Indianern, den nächsten Weg, den uns die letztern gezeigt hatten. Der alte Mann sahe, daß ich sehr schwach war. Er bot mir also die Hand und gieng neben mir auf den losen Steinen an der Außenseite des Fussteiges, und so brachte er mich, mit großer Geschicklichkeit, eine lange Strecke, weit gemächlicher, fort. Der kleine Junge lief voraus, um die Steine aus dem Wege zu räumen, die im Fussteig lagen. Nach vielem wiederholten Ausruhen erreichten wir endlich die Höhe eines Berges, von dem wir die Westsee, und auf derselben unser Schiff vor Anker liegen sahen. Der Berg war mit der *Mimosa* überwachsen, die hier 9 bis 10 Fus hoch wuchs. Einige Stämme waren dicht über der Wurzel so dick, als ein Mannsschenkel. Unterweges stießen wir noch auf eine Quelle. Das Wasser aber hatte einen faulen Geschmack, und roch, wie Schwefelleber. Indessen trunken wir doch davon. Die Sonne war nun schon im Untergehen, so daß wir fast zwey Stunden lang, im Dunkeln den Berg hinunter giengen, wobey mir der Beystand meines Indianers doppelt zu statten kam. Ich wartete auf Herrn *Pickersgill* und dessen Commando; denn ich war ihnen fast 3 Meilen zuvor gekommen. – Wenigstens 25 Meilen hatten wir auf den beschwerlichsten Wegen gemacht, ohne ein Bäumchen anzutreffen, das uns gegen die brennende Sonne hätte schützen können. Meinem freundschaftlichen Führer gab ich zur Vergeltung, alles *Tahitische* Zeug und allen Vorrath von Nägeln, so ich bey mir hatte, und kam endlich mit dem ganzen Commando glücklich wieder an Bord.«

Man siehet aus dieser Nachricht, daß selbst die sorgfältigsten Nachforschungen noch nicht hinrei-

Brandungsdoktorfisch, ***F: Harpurus guttatus***
Acanthurus guttatus (Tahiti)

chend gewesen sind, ein gewisses Licht über die bewundernswürdigen Gegenstände zu verbreiten, die wir auf dieser Insel antrafen. Was besonders die riesenmäßigen Monumente anlangt, die hier überall so häufig sind, und doch die Kräfte der gegenwärtigen Einwohner gar weit zu übertreffen scheinen, so muß man wohl billig annehmen, daß sie Überbleibsel vormaliger besserer Zeiten sind. Denn die Zahl der Einwohner haben wir nach unsern genauesten Berechnungen niemals höher als auf 700. für die ganze Insel, ansetzen können,[8] und diese alle haben fast keinen Augenblick ihres Lebens zu etwas anderm übrig, als sich die notdürftigsten Erfordernisse zum Fortkommen in ihrem jämmerlichen Zustande an zu schaffen. Es fehlt ihnen an Handwerkszeug: Sie haben nicht einmal ihr nöthiges Obdach und die unentbehrlichste Kleidung. Hunger und Mangel verfolgen sie zu sehr, als daß sie auf Verfertigung solcher Bildsäulen denken könnten, zu deren Vollendung ihr ganzes Leben und zu deren Aufrichtung die vereinten Kräfte des ganzen Volks erforderlich seyn würden. Wir sahen auch überall auf unserer Wallfahrt, kein einziges Instrument, das zur Bildhauerey oder Baukunst im mindesten hätte dienlich seyn können, eben so wenig, als wir etwa neue Steinbrüche oder unvollendete Statuen antrafen, die man als Arbeiten der jetzigen Bewohner der Insel hätte betrachten dürfen. Das wahrscheinlichste ist also, daß die Einwohner ehemals weit zahlreicher, wohlhabender und glücklicher gewesen seyn müssen, als sie es heutiges Tages sind, und wenigstens Zeit genug übrig gehabt haben, der Eitelkeit ihrer Prinzen durch Errichtung verewigender Denkmäler schmeicheln zu können. Die Spuren alter Pflanzungen, so man noch hier und da auf den Spitzen der Berge antrifft, bestätigen einigermaßen diese Vermuthung. Übrigens läßt sichs schwer bestimmen, durch was für Zufälle dies Volcan, sowohl in Absicht der Zahl, als des Wohlstandes, so weit herunter gekommen sey. Allerdings können mancherley Ursachen, die diesen Umsturz veranlaßt haben, angeführet werden. Nur eine Ursache zu nennen, so war Verwüstung, welche durch einen Volcan angerichtet werden kann, völlig hinreichend, hundertfaches Elend über ein Volk zu bringen, das in einem so kleinen Erdraum eingeschlossen war. Wer weis, ob diese Insel nicht ehemals grade durch einen Volcan hervorgebracht worden: Denn alle hiesige Steinarten sind volcanisch. Und eben so konnte sie auch durch neuere volcanische Ausbrüche wieder zu Grunde gerichtet werden. Alle Bäume und Pflanzen, alle zahmen Thiere, ja ein großer Theil ihrer Bewohner, können in dieser fürchterlichen Revolution vernichtet worden seyn: und auf diese Art mußten Hunger und Elend, leider! nur allzu mächtige Verfolger derer werden, welche dem Erdbrande entgiengen. Die kleinen geschnitzten Menschen-Figuren, deren wir oben erwähnt haben, und die Hand einer Tänzerinn, welche *Maheine* fand, können wir bis jetzt noch, eben so wenig erklären: denn sie sind aus einer Art Holz gemacht, welches heutiges Tages nicht mehr auf der Insel anzutreffen ist. Alles, was uns auch hiebey einfallen konnte, war dies: daß sie in weit frühern Zeiten verfertigt worden, und bey der allgemeinen Katastrophe, die mit diesem Lande vorgegangen zu seyn scheint, entweder durch einen bloßen Zufall, oder durch eine besondre Sorgfalt so lange sey erhalten worden. Alle Weibsleute, welche wir in den verschiednen Theilen der Insel gesehen haben, machten zusammen nicht dreyßig aus, und doch hatten unsre Leute die ganze Insel, fast von einem Ende bis zum andern, durchstreift, und nicht die geringste Wahrscheinlichkeit gefunden, daß sich die übrigen etwa in einem oder dem andern entlegenen District der Insel versteckt hätten. Waren ihrer würklich nicht mehr als dreyßig oder vierzig, gegen sechs oder siebenhundert Männer, so muß die ganze Nation bald aussterben, oder alles, was man bisher über die Mehrheit der Männer *(Polyandrie)* angenommen hat, muß unrichtig seyn. Die mehresten Frauenspersonen, welche uns zu Gesicht kamen, gaben uns freylich nicht Anlaß, zu vermuthen, daß sie an einen einzigen Mann gewöhnt wären; sondern sie schienen vielmehr ganz des Geistes der Messalina oder der Kleopatra zu seyn: Bey dem allen ist doch dies ungleiche Verhältniß zwischen beyden Geschlechtern ein so sonderbares Phänomen, daß wir es noch nicht für so ganz ausgemacht und richtig halten können, und daß wir lieber jedes Argument, so man uns dagegen bey-

8 Die Spanier im *S. Lorenzo* und der Fregatte *Rosalia,* geben die Einwohner auf OsterEyland auf 2. bis 3000 an. Sie scheinen aber das Innere des Landes, nicht so genau als wir, untersucht zu haben. S. *Dalrymples Letter to D. Hawkesworth.*

bringen mögte, annehmen wollen, wenn es auch mit noch so großen Schwürigkeiten verknüpfet wäre. Zwar hat keine einzige unsrer Partheyen irgendwo ein entferntes oder abgesondertes Thal gefunden, in welchen sich vielleicht die übrigen Weiber, während unsers Hierseyns verborgen haben könnten; allein wir müssen den Leser an die Höhlen erinnern, deren wir oben erwähnt haben, und wozu uns die Einwohner niemals den Eingang gestatten wollten. Die isländischen Höhlen sind so geräumig, daß einige Tausend Menschen darinn Platz haben; und es ist sehr wahrscheinlich, daß ähnliche Höhlen, in einem eben so volcanischen Lande geräumig genug seyn können, um einige Hundert Menschen zu fassen. Wir sahen zwar nicht ein, warum die Oster-Eyländer auf ihre Weiber eifersüchtiger seyn sollten, als die *Tahitier;* wir wissen aber, wie ausschweifend und zügellos das Seevolk ist, besonders wenn es über die Indianer eine solche Überlegenheit hat, als die Holländer und Spanier über die Leuthe auf Oster-Eyland gehabt haben müssen. Der stärkste Einwurf, den man noch gegen diese Hypothese machen könnte, liegt darinn, daß die Anzahl von Kindern, die uns hier zu Gesicht kam, und die man doch eben nicht zu verbergen nöthig hatte, wenigstens nicht aus dem Grunde, aus dem man etwa die Weiber versteckt haben mogte, eben so gering und unbeträchtlich war. Wir müssen die Sache unentschieden lassen. Sollte indessen die Anzahl der Weiber würklich so geringe seyn, als wir sie angegeben haben, so muß sie durch einen ganz ausserordentlichen Zufall vermindert worden seyn, und davon wären die Einwohner allein im Stande gewesen, uns einige Nachricht mitzutheilen; aber bey allen unsern Versuchen und Nachfragen, konnten wir wegen Mangel der Bekanntschaft mit ihrer Sprache nichts entscheidendes herausbringen.

Am folgenden Morgen ward ein Boot ans Land geschickt, um Wasser einzunehmen; und da es grade windstille war, so gieng ein zweytes ab, um unsern Vorrath von Kartoffeln, durch Handel mit den Einwohnern zu vermehren. Auch einer von den Eingebohrnen gieng in dem geflickten Canot vom Lande ab und zu, um Kartoffeln und Pisangs ans Schiff zu bringen. Ein starker Regen-Guß gab unsern Leuten Gelegenheit, einen guten Vorrath frisches Wasser mit Hülfe der Seegel und Decken, aufzufangen. Nachmittags gieng noch ein Boot ans Land; da sich aber gegen Abend, ein Wind erhob, so wurde eine Canone abgefeuert, worauf es sogleich an Bord zurück kam, und hierauf seegelten wir von Nord-West nach Westen ab.

Wir hatten geglaubt, daß wir hier einen guten Erfrischungs- und Handlungs-Platz finden würden; aber unsre Hoffnung war fehl geschlagen. Den einzigen Artikel, der noch von einigem Belang war, machten die süßen Kartoffeln, aber nach gleicher und richtiger Vertheilung des ganzen Vorrathes, welchen wir eingekauft, konnte der gemeine Mann nur ein paar kleine Mahlzeiten davon machen. Pisangs, Yams und Zuckerrohr gab es so wenig, daß es kaum des Handels werth war. Die Zahl der Hühner, welche wir erhielten, und die noch dazu von sehr kleiner Art waren, belief sich nicht auf fünfzig Stück; selbst des hier gefüllten Wassers war wenig, und hatte überdem einen schlechten Geschmack. Indessen, so unbeträchtlich auch diese Erfrischungen waren, so bekamen wir sie doch zur rechten Zeit, und sie halfen uns wenigstens so viel, daß wir von den stärkeren Scorbut-Angriffen und Gallenkrankheiten so lange verschont blieben, bis wir einen bessern Erfrischungsplatz erreichen konnten. Bey dem erbärmlichen Zustande der Einwohner, ist es noch zu verwundern, daß sie uns so viel von ihren Lebensmitteln, deren Anbau ihnen so sauer und mühsam geworden seyn muß, zukommen ließen. Der unfruchtbare harte Boden, die Seltenheit und Abnahme des zahmen Viehes, der Mangel an Reusen und andern Fischergeräthe, müssen ihren Lebens-Unterhalt sehr eingeschränkt, mühsam und ungewiß machen. Gleichwohl ließen sie sich von der Begierde nach unbekannten Kleinigkeiten und Merkwürdigkeiten hinreißen, uns einen Theil davon abzulassen, ohne zu bedenken, wie groß und dringend ihr eignes Bedürfniß sey. Sowohl hierin, als in unzähligen andern Umständen, kommen sie mit den Einwohnern von Neu-Seeland, Tahiti und den freundschaftlichen Inseln, die gleichen Ursprungs mit ihnen zu seyn schienen, sehr nahe überein. Ihre Gesichtszüge sind der Bildung jener Völker so ähnlich, daß man den gemeinschaftlichen Character der Nation sogleich daran erkennen kann. Ihre gelbbraune Farbe ist wie die Haut der Neu-Seeländer; ihr Punctiren der Haut; ihre Kleidung von Maulbeer-Rinde; ihre besondre Neigung zur rothen Farbe und Kleidung; die Form und Arbeit ihrer Keulen; die Art wie sie ihre Speisen zubereiten – alles das giebt ihnen mit obbenannten Völkern eine große Ähnlichkeit. Hieher ist noch die Übereinstimmung ihrer Sprachen zu rechnen. Der Dialekt auf Oster-Eyland, kommt in vielen Stücken mit dem Neu-Seeländischen, vornemlich in der harten Aussprache und dem Gebrauch der Guttural-Buchstaben, überein. In andrer Absicht hat er auch viel ähnliches mit dem Tahitischen Dialekt. Auch die monarchische Regierungsform macht einen Zug der Ähnlichkeit zwischen den Oster-Eyländern und den Einwohnern der Südsee-Inseln, die zwischen den Wendezirkeln liegen, aus. Der ganze Unterschied, der sich zwischen ihnen bemerken läßt, liegt lediglich in der mehrern oder mindern Fruchtbarkeit der Inseln und dem größern oder geringern Maaß des Reichthums und der Wollust-Liebe der Einwohner. *Oster-Eyland,* oder *Waihu,* wie es in der Landessprache genannt wird, ist so außerordentlich unfruchtbar, daß nicht über zwanzig verschiedne Gattungen von Pflanzen darauf wachsen, und diese müssen noch dazu größtentheils auf bearbeiteten Feldern, welche bey weiten den geringsten Theil des sonst wüstliegenden Landes ausmachen, ordentlich gebauet werden. Der Boden ist durchgehends steinigt und von der Sonne verbrannt. Wasser ist so selten, daß sich die Einwohner mit Brunnenwasser, das noch dazu etwas faul ist, behelfen müssen; ja einige unsrer Leute haben so gar gesehen, daß sie, um den Durst zu löschen, auch wohl zuweilen Seewasser getrunken. Alle diese Umstände zusammengenommen, müssen natürlicherweise auf die Beschaffenheit ihres Cörpers einen besondern Einfluß haben. – Sie sind mager und ihre Muskeln hart und steif. Sie leben sehr schlecht und armselig, gehen fast alle nackend, und haben keine Bedeckung als für den Kopf, weil derselbe von der Hitze am meisten leidet; doch besteht die ganze Bedeckung nur in einer Feder-Mütze. Der übrige unbedeckte Theil des Gesichts ist punctirt, oder mit Farben beschmiert. Ihre Begriffe von Anständigkeit müssen natürlicherweise sehr verschieden von den Begriffen gekleideter Völker seyn. Der Reinlichkeit wegen stutzen sie Bart und Haare, so wie solches auch zu *Tongatabu* geschieht; doch schienen sie dem Aussatz weniger, als jene, unterworfen zu seyn. Man kann sich vorstellen, daß der König eines solchen Volks eben keine sonderliche und merkliche Vorzüge vor dem Unterthan genießt. Wenigstens bemerkten wir nichts, das etwa dafür hätte angesehen werden können. Die Religion der Einwohner ist uns ganz unbekannt geblieben, weil dergleichen abstracte Ideen, während eines so kurzen Aufenthalts, als der unsrige war, nicht leicht ausgeforscht werden konnten. Die Statuen, welche zum Andenken ihrer Könige errichtet sind, haben eine große Ähnlichkeit mit denen hölzernen Figuren, *Ti's* genannt, die man auf den *Marais* oder Begräbnissen der Vornehmern zu *Tahiti* aufgestellt findet. Wir konnten sie aber nicht für Götzenbilder halten, wie *Roggeweins* Leute sie dafür ausgegeben haben. Die Feuer, welche sie als Opferfeuer ansahen, dienten den Einwohnern zur Bereitung ihres Essens; und obgleich die Spanier vermutheten, daß etwas abergläubisches damit verbunden seyn könnte, so irrten sie doch vielleicht eben so sehr. Denn der Mangel des Brennholzes setzt die Einwohner in die Nothwendigkeit, sehr sparsam damit umzugehn, und sich in Acht zu nehmen, daß die Speisen, wenn sie einmal mit geheitzten Steinen in die Erde vergraben sind, nicht zur Unzeit wieder herausgeholt werden.

Vom Zeitvertreib der Oster-Eyländer wissen wir nichts zu sagen, weil wir sie niemals bey so etwas angetroffen, auch nie ein musikalisches Instrument bey ihnen gesehen haben. Doch scheint es ihnen nicht ganz daran zu fehlen, weil *Maru-wahai,* der bey uns am Bord schlief, so viel von Tanzen sprach, sobald wir nur erst seine Besorgniß wegen der Sicherheit seiner Person, gehoben hatten. Kriegerisch sind sie im mindesten nicht gesinnt; denn ihre Zahl ist zu unbeträchtlich und ihre Armuth zu allgemein, als daß etwa innerliche Unruhen unter ihnen entstehen könnten. Eben so unwahrscheinlich ist es, daß sie in ausländische Kriege verwickelt werden könnten, weil man bis jetzt noch von keiner Insel weiß, die ihnen dazu nahe genug wäre, oder mit der sie sonst einiges Verkehr haben könnten. Wenigstens konnten wir hierüber von den Einwohnern keine belehrende Nachricht einziehen. Etwas sonderbares ist es indessen, daß sie dem ohnerachtet mit verschiedenen Arten von Gewehr, das dem Neu-Seeländischen gleicht, versehen sind; – Wir wissen aber hierüber eben so wenig, als über manches andre, Aufklärung zu geben.

Wenn wir, wie wir uns schon oben darüber geäußert haben, voraussetzen, daß *Oster-Eyland* etwa ehemals das Unglück gehabt, durch volcanisches Feuer zerstört zu werden, so sind die Einwohner weit mehr zu bedauern, als jedes weniger civilisirte Volk. Denn in diesem Fall, müssen sie von vielen Vortheilen und Annehmlichkeiten des Lebens, die sie vorzeiten gehabt haben, wissen, und das Andenken davon, und ihr jetziger Mangel, müssen ihnen dann sehr bitter seyn. *Maheine* bejammerte ihre Armseligkeit sehr oft, und er schien mit ihnen mehr Mitleid zu haben, als mit den Neu-Seeländern, weil sie auch würklich armseliger sind, und in manchen Stücken weit größern Mangel leiden, als jene. Er that deshalb zu dem Bündel seines Journals ein zweytes Stöckchen, und erinnerte sich Oster-Eylands immer mit der Bemerkung: *Tàta maïtaï whennua ino,* d.i. das Volk sey gut, aber die Insel sehr elend. Zu Neu-Seeland stunden ihm die Einwohner weniger an, als das Land selbst. Sein Gefühl blieb immer das Gefühl eines warmen Herzens, das durch Erziehung mit aufrichtiger Menschen-Liebe erfüllt war; auch wars gemeiniglich richtig, weil er unverdorben und scharfsinnig, und sein Verstand zwar ungebauet, aber doch von vielen Vorurtheilen frey war.

ZWEITER TEIL

Nachtschatten, *F: Solanum repandum*
Solanum repandum (Marquesas, April 1774)

ERSTES HAUPTSTÜCK.

Reise von Oster-Eyland nach den Marquesas. Aufenthalt im Haven Madre de Dios auf der Insel Waitahu. – Reise von da über die flachen Inseln nach Tahiti.

Von *Oster-Eyland* seegelten wir mit so schwachem Winde, daß wir uns am folgenden Mittage noch im Angesichte der Insel und kaum 15 Meilen weit vom Ufer befanden. Das Wetter war schwül, und Capitain *Cook* bekam ein Recidiv seines Gallenfiebers, weil er in den Stunden der heftigsten Mittags-Hitze sich am Lande zu stark angegriffen hatte. Alle diejenigen, welche ihn auf dem langen beschwerlichen Marsch queer über die Insel begleitet, hatten von der Sonnen-Hitze Blasen im Gesicht bekommen, die täglich empfindlicher wurden, je mehr die Haut sich abschälte. So kurz auch unser Aufenthalt am Lande gewesen und so wenig frische Gewächse wir da genossen; so hatten sich dennoch unsre Kranken vom Scorbute ziemlich erholt, und klagten zum Theil nur noch blos über Mattigkeit. Die wenigen Erfrischungen auf *Oster-Eyland* hatten aber unsern Appetit gleichsam noch mehr gereizt und uns auf die Inseln des *Marquese de Mendoza,* nach denen wir jetzt hin steuerten, desto begieriger gemacht. Zum Glück bekamen wir am nächsten Tage frischern, dauernden Wind, welches unsern Hoffnungen mehr Zuverläßigkeit, und uns selbst mehr Heiterkeit und Muth gab, als wir seit einigen Monathen empfunden hatten. Desto beunruhigender dünkte es uns aber, als ein Paar Tage nachher verschiedene unsrer Leute von neuem zu kränkeln und besonders über Verstopfungen und Gallenfieber, diese tödtliche Krankheiten der heißen Himmelsstriche, zu klagen anfiengen. Unter diesen Kranken war auch unser Wundarzt selbst mit begriffen. Ein Umstand, der uns die größte Besorgnis verursachte. Das Betrübteste aber war, daß unsre Patienten die süßen Kartoffeln, die wir erhalten, als eine für ihren schwachen Magen allzu schwere Speise, nicht genießen konnten.

Eine Windstille, von der wir am 24sten unterm 17ten Grade südlicher Breite überfallen wurden, schien bey unsern Kranken sehr unangenehme Folgen hervorzubringen. Viele verschlimmerten sich dabey augenscheinlich. Selbst Capitain *Cook* mußte, wegen einiger höchst gefährlichen Zufälle, von neuem das Bette hüten. Zum Glück stellte sich schon am Nachmittag wieder guter Wind ein, und weil er binnen ein Paar Tagen immer frischer wurde; so ward auch die Luft sehr angenehm abgekühlet: Für die Gallenfieber-Patienten ein ungemein heilsames Wetter! Sie erschienen halb aufgelebt wieder auf dem Verdecke, und suchten, so viel die erlittne Entkräftung es gestatten wollte, von neuem herum zu gehen oder vielmehr zu schleichen.

Mein Vater ließ seinen Tahitischen Hund, den einzigen, der noch lebend am Borde war, abschlachten; und Capitain *Cook* wurde damit einige Tage hintereinander beköstiget. Er durfte es nicht wagen, von dem gewönlichen Schiffsproviant zu essen; und wir hielten es für einen sehr glücklichen Zufall, daß wir etwas dazu beytragen konnten, das Leben eines Mannes zu erhalten, auf den das fernere Glück der ganzen Reise zu beruhen schien.

Nachdem wir Oster-Eyland verlassen hatten, sahen wir täglich *Tropische-* und *Sturmvögel (Shearwaters or Puffin's of the Isle of Man.*[1]) scheuchten auch manchen Schwarm *fliegender Fische* zum Wasser heraus. Letztere zeigten sich am 27sten außerordentlich häufig; sie waren aber alle klein, der größte nicht über einen Finger lang, die kleinsten hatten kaum die Länge von einem oder anderthalb Zollen. Wir befanden uns damals zu Mittag unter 13°. 13'. südlicher Breite.

Seit der Meeresstille vom 24sten, hatten wir einen beständigen starken Ostwind, der unsern Lauf sehr begünstigte. Das Wetter war zugleich so heiter, daß das Seewasser, welches immer mit der Farbe der Luft in genauem Verhältniß zu stehen pflegt, in einer schönen, hochblauen Farbe glänzte. Wir sahen von Zeit zu Zeit Doraden, Boniten und Hayfische, und eine große Mannigfaltigkeit von *Vögeln,* die auf die *fliegenden Fische* Jagd machten, belebten die Aussicht.

Ein großer Vortheil war es, daß die Sonnenhitze durch die schnelle Bewegung der Luft gemäßigt und erträglich gemacht wurde, so daß man mit Vergnügen auf dem Verdecke herumgehen konnte. Dies stärkte wenigstens einigermaßen unsern Muth, und erquickte unsre Kranken, die jetzt im eigentlichen Verstande von Wind und Hoffnung lebten; denn sie hatten sonst nichts, woran sie sich hätten laben können. Der Vorrath von Pflanzen- und Kräuterwerk, den wir auf Oster-Eyland hatten einlegen können, war verzehrt, und also mußte man, entweder von neuem mit dem elenden Pöckelfleisch vorlieb zu nehmen, das während der dreyjährigen Reise Saft und Kraft verloren hatte, oder, sich entschliessen, bey schmalen Portionen von trocknem Brod, Hunger und Kummer zu leiden. Wir wünschten daher recht sehnlich, von allen diesen Unannehmlichkeiten so bald als möglich befreyet zu werden, und das Thermometer unsrer Erwartungen stieg und fiel nach den Graden des ab- oder zunehmenden Windes. Alle vorräthige Nachrichten von *Mendanna's* Reisen wurden sorgfältig zu Rathe gezogen. In sofern die darin angegebene unbestimmte Entfernung der *Marquesas* von der Peruanischen Küste einem jeden Freyheit ließ, seinen Hoffnungen, Wünschen und Vermuthungen nachzuhängen, hatten wir auch sicher alle Tage, wenigstens eine neue Berechnung ihrer Länge vor uns. Fünf Tage hintereinander durchseegelten wir die unterschiednen Lagen, die unsre neuen Geographen diesen Inseln angewiesen. Einige unsrer Reisegefährten, die entweder schlau genug gewesen waren, ihre eigne Meynungen heimlich zu halten, oder auch freymüthig gestanden, daß der Innhalt jener Nachrichten viel zu unbestimmt wäre, eine Hypothese darauf bauen zu können, schienen sich darüber lustig zu machen, daß von unsern, auf dergleichen Muthmaßungen gegründeten Hoffnungen, eine nach der andern zu Wasser wurde.

Während dieser Fahrt hatten wir einige schöne Abende, vornemlich bemerkten wir am 3ten April, bey untergehender Sonne, daß Himmel und Wolken in mannigfaltig spielendem Grün erschienen. Eine gleiche Bemerkung hatte *Frezier* schon vorher gemachet, und im Grunde sind Erscheinungen dieser Art nichts Außerordentliches, wenn die Luft mit häufigen Dünsten erfüllet ist, welches zwischen den Wendezirkeln oft sich zu ereignen pfleget. An demselbigen Tage fiengen wir einen kleinen *Saugefisch, (Echeneis Remora)* der an einem *fliegenden Fische* hieng, womit eine Angel geködert worden war. Es ist also ein Irrthum, wenn man glaubt, daß diese kleinen Thierchen sich blos an die *Hayfische* hängen. Um eben die Zeit bemerkten wir einen großen Fisch von der Rochen-Art, die von einigen Schriftstellern *See-Teufel* genannt werden. Er glich demjenigen vollkommen, den wir am 1sten September 1772. im atlantischen Meere wahrgenommen hatten. (Siehe im ersten [Teil] pag. 78.) Die *Meerschwalben, Fregatten-* und *tropischen Vögel* wurden täglich häufiger, je weiter wir gegen Westen liefen und uns den Inseln näherten, die wir zu finden gedachten.

Endlich erblickten wir am 6ten April Nachmittags eine kleine steile Insel; sie war aber zum Theil in Nebel gehüllet, welche sich verstärkten, je weiter wir heran kamen. Man konnte also das Land vorläufig noch nicht näher betrachten, oder aus dem Ansehn desselben urtheilen, ob vielleicht Erfrischungen darauf anzutreffen seyn mögten. *Quiros,* den man für den Verfasser, der im Jahr 1595. unternommenen Reise des spanischen *Adelantado* oder General-Capitains Don *Alvaro Mendanna de Neyra* ansiehet, giebt von der Gruppe von Inseln, die damals entdeckt worden, eine vortheilhafte Beschreibung. Sie wurden zur selbigen Zeit die Inseln des *Marquese* de *Mendoza* genannt, zu Ehren des Vice-Königs von Peru, Don

1 *Procellaria Puffinus.*

Garcia Hurtado de *Mendoza,* Marquis von *Cagnete,* als welcher jene Expedition veranstaltet hatte. Wir studirten diese Reisebeschreibung auf das sorgfältigste, um uns von dem Lande, das nun vor uns lag und unsre ganze Aufmerksamkeit auf sich zog, einen, so viel möglich, deutlichen Begriff zu machen.

Am folgenden Morgen ließen wir es uns eifrigst angelegen seyn, auf das Land loszuseegeln; die Luft war zwar voller Dünste, wir konnten aber dennoch die verschiedenen Inseln bald unterscheiden, welche von den Spaniern *Dominica,* S. *Pedro* und S. *Christina* genennet worden. Wir wurden zugleich überführet, daß die steile Insel, auf die wir zuerst gestoßen, von *Mendanna* nicht war bemerket worden. Capitain *Cook* nannte sie also *Hoods-Eyland,* dem jungen Seemanne zum Andenken, der sie von unserm Schiffe aus, zuerst wahrgenommen hatte. *Dominica,* eine hohe bergigte Insel, deren nordöstliche Spitze ungemein steil und unfruchtbar ist, war uns am nächsten. Auf der Nordseite derselben gab es einige waldigte Thäler und hin und wieder einzelne Hütten. Gleich nach Verschwindung der Nebel entdeckten wir viel thurmähnliche, spitzige Felsen, auch mitten in der Insel einige hohle Bergspitzen, die zu beweisen schienen, daß feuerspeyende Berge und Erdbeben an der jetzigen Gestalt und Beschaffenheit des Landes vielen Antheil haben. Der ganze östliche Theil besteht aus einer fürchterlich steilen, hohen Felsenwand, die dem Auge wechselsweise schroffe Bergspitzen und aufgerissene Abgründe zeigt.

S. *Pedro* ist eine kleine Insel von mindrer Höhe; sie kam uns aber weder sonderlich fruchtbar, noch stark bewohnt vor. S. *Christina* hingegen, die am weitesten gegen Westen liegt, schien unter allen das meiste zu versprechen. Ob sie gleich hoch und steil ist, so findet man doch unterschiedne Thäler, die gegen die See hin sich erweitern und die Wälder reichten bis an die Spitze der Berge hinauf. Um 3 Uhr kamen wir zwischen dem südlichen Ende von *Dominica* und dem nordöstlichen Theile von S. *Christina,* in die Straße, die hier ohngefähr zwo Meilen weit ist. Wir entdeckten auf beyden Inseln, zwischen den Bergen, einige angenehme Thäler; solche Ebnen aber, dergleichen die Societäts-Inseln verschönern, suchte man hier vergebens. Bey alledem sahe die Küste von S. *Christina* doch so anmuthig aus, daß sie uns, wie jeden andern eben so ausgemergelten Seefahrer, mit neuer Hoffnung belebte. Wir fuhren bey unterschiednen kleinen Buchten vorüber, auf deren Strande die See eine hohe Brandung schlug. Die beyden vorspringenden Spitzen dieser Buchten, schlossen ein Thal ein, das uns, seiner schönen Wälder und Pflanzungen und des lebhaft grünen Bodens wegen, ungemein gut gefiel. Auf dem Strande sahen wir einige Einwohner hin und her laufen, welche das Schiff neugierig angafften. Einige brachten ihre Canots ins Wasser und versuchten uns nachzukommen; der starke Wind aber trieb das Schiff so schnell fort, daß sie weit zurückbleiben mußten. An der Westseite der Insel fanden wir einen reizenden Haven, und wünschten sehnlich, darinn Anker werfen zu können. Als wir uns aber eben drehten, um darinn einzulaufen, saußte ein starker Windstos über die hohen Berge mit solcher Gewalt herab, daß das Schiff ganz auf die Seite zu liegen kam, die mittlere Bramstange verloren gieng, und wir selbst mit genauer Noth der Gefahr entkamen, an der südlichen Spitze des Havens zu stranden. Nachdem wir die Seegel wieder gerichtet hatten, lavirten wir glücklich hinein, und ankerten ohngefähr um 5 Uhr im Eingange des Havens. Bey dem Windstoße waren ohngefähr funfzehn Canots von unterschiednen Gegenden des Ufers abgegangen und ganz nahe an unser Schiff getrieben worden. Einige derselben waren doppelt und mit funfzehn Ruderern; andre kleinere hingegen mit etwa drey bis zu sieben Mann besetzt.

Sobald die Anker ausgeworfen waren, luden wir die Einwohner unter allerley Freundschafts-Zeichen, vermittelst einer Anrede in *Tahitischer* Sprache, ein, zu uns an Bord zu kommen. Sie wagten es aber nicht eher, als bis sie dicht am Schiff von ihren Canots aus, uns einige Pfefferwurzeln, zum Zeichen des Friedens, wie auf den Societäts- und freundschaftlichen Inseln, dargeboten hatten.[2] Sobald wir solche an das Tauwerk befestigt, verkauften sie uns für Nägel, einige frische *Fische* und große, völlig reife *Brodfrüchte,* deren Anblick bey unsrer Schiffs-Gesellschaft allgemeine Freude erweckte.

Die Eingebohrnen waren wohlgebildete, schöne Leute von gelblicher oder hellbrauner Farbe; die

---

2 Capitain *Cook* will bemerkt haben, daß in jedem Kahn ein Haufen Steine gelegen, und alle, die darinne saßen, eine Schleuder um den Kopf gebunden hatten.

aber der vielen Puncturen wegen, womit sie am Leibe geziert waren, ins schwärzliche zu fallen schien. Sie giengen völlig nackend, und hatten bloß ein klein Stück Zeug, eben der Art, als das Tahitische um die Hüften; Bart und Haare sind glänzend und schwarz, und ihre Sprache der Tahitischen ähnlicher als andre Südsee-Dialecte, jedoch mit dem Unterschiede, daß sie kein R. aussprechen konnten. Ihre Boote waren sehr schmal und bestanden aus leicht zusammengenäheten Brettern. Die Ruderschaufeln waren den Tahitischen ähnlich und oberhalb mit einem runden Knopf versehen. Wir fragten hauptsächlich nach Schweinen, und bathen, daß man uns einige bringen mögte. Gegen Abend hatten wir auch das Vergnügen, eines neben dem Schiffe zu sehen, und man überließ es uns für ein Messer. Sobald es dunkel ward, verloren sich die Canots, nach dem allgemeinen Gebrauche der Südsee-Völker, die sogar durch den außerordentlichen Anblick eines europäischen Schiffes niemals in Versuchung gerathen, eine Nacht schlaflos hinzubringen. Die Thäler um unsern Haven waren voller Bäume, und alles schien die Vermuthung, die wir aus der spanischen Beschreibung geschöpft hatten, zu bestätigen, daß wir im Haven *Madre de Dios* geankert hätten.[3] Nach astronomischen Beobachtungen liegt er im 9°, 55'. südlicher Breite und 139°. 8'. westlicher Länge. Da wir durch die Bäume, weit ins Land hin, wahrnahmen, daß viele Feuer die Gegend erleuchteten; so schlossen wir daraus mit Recht, daß die Insel stark bewohnt seyn müßte. Am folgenden Morgen genossen wir den reitzenden Anblick des Landes besser als gestern, da die Wolken es unsern Augen entzogen hatten. An der Südseite siehet man einen schroffen unzugänglichen *Pik* empor steigen. Die ganze Nordseite ist ein schwarzer verbrannter Berg, dessen Fels längst der Seeküste gewölbt und ausgewaschen scheint, bis zur Spitze aber mit *Casuarina-Buschwerk* bedeckt ist. Im Hintergrunde des Havens liegt ein hoher Berg, der seines flachen Gipfels wegen dem Tafelberg am Vorgebirge der guten Hoffnung, ähnlich siehet. Einige waldichte Thäler führen vom Strande zu beyden Seiten nach diesem Berge hin, der sehr steil zu seyn scheint. Auf dem Gipfel bemerkten wir eine Reihe von Stangen oder Pallisaden, die als eine Befestigung aussahen und sehr genau untereinander verbunden waren; innerhalb derselbigen beobachteten wir mit den Ferngläsern etwas, das uns Wohnhütten der Einwohner zu seyn dünkten. Die Spanier scheinen dies *Verschanzungen* genannt zu haben; sie waren aber den Neu-Seeländischen *Hippahs* ungemein ähnlich, als welche eben so auf hohen Felsen angelegt und mit Pallisaden umgeben sind.

Kurz nach Aufgang der Sonne zeigten sich, durch den gestrigen Handel gelockt, verschiedne Canots, die uns eine Menge *Brodfrucht* gegen kleine Nägel verhandelten. Die Leute brachten auch *Pisangs* zum Verkauf und bewiesen anfänglich bey ihrem Handel viel Ehrlichkeit; doch hatte keiner Muth genug, sich an Bord zu wagen. Bald nachher fanden wir, daß ihre Denkungsart mit der Tahitischen vollkommen übereinstimmte. Einige fiengen an, uns offenbar zu betrügen, und Nägel, wofür sie Brodfrüchte angebothen, zu sich zu nehmen, ohne die Früchte hernach abzuliefern. Der Capitain hielt es daher für nothwendig, sich und seine Leute bey diesem Volk in Ansehen, die Betrüger aber in Furcht zu setzen! Zu dem Ende ließ er eine Muskete über ihren Kopf abfeuern. Der unerwartete Knall that die erwünschteste Würkung, sie reichten uns nemlich ganz bestürzt die Brodfrüchte entgegen, um welche sie uns zuvor hatten betrügen wollen. Einige kamen, nach dem Verkaufe ihrer Waaren an Bord, um zu gaffen und begafft zu werden. Als der Capitain Anstalt machte, mit meinem Vater ins Boot zu gehen, bemerkte der eine von ihnen, daß die große eiserne Stange, woran das Tau zum Aus- und Einsteigen befestigt ist, loß war. Auf einmal erhaschte er sie, sprang mit seiner Beute über Bord und schwamm, ihrer Schwere ohnerachtet, mit großer Leichtigkeit, nach seinem Canot, um sie da in Sicherheit zu bringen. So bald Capitain *Cook,* der eben ins Boot steigen wollte, diesen Diebesstreich erfuhr, befahl er, sogleich eine Muskete über den Kerl hinzufeuern, indeß er selbst mit dem Boote um das Schiff herumzukommen und sich der Stange wieder zu bemächtigen suchen wollte. Der Schuß geschah, der Wilde aber gerieth dadurch nicht aus seiner Fassung, sondern sahe vielmehr ganz unbesorgt um sich her. Der Capitain ließ also, indem er selbst vom Schiff abstieß, den zweeten Schuß, wiewohl mit eben so wenig Erfolge, thun. Ein Officier, der in diesem Augenblick

3 *Dalrymples Collection Vol. I. pag. 66.*

aufs Verdeck kam, ward über die Verwegenheit des Indianers so aufgebracht, daß er nach einem Gewehre grif, und den Unglücklichen auf der Stelle todt schoß. Sobald er fiel, warf sein erschrockner Gefährte die eiserne Stange, durch welche dies Unglück veranlaßt worden, unverzüglich in die See; und der Capitain, der eben jetzt mit seinem Boote anlangte, kam in aller Absicht zu spät. Er mußte mit Betrübniß sehen, wie der andre Wilde das Blut seines erschoßnen Cameraden aus dem Canot in die See schöpfte, und hierauf mit den übrigen Canots dem Strande zu eilte. Die Wilden hatten uns nunmehr allesammt verlassen, und waren am Strande beschäftigt, das Canot durch die Brandung, den todten Cörper aber ins Holz zu schleppen. Gleich nachher hörten wir trommeln und erblickten eine große Menge von Wilden, mit Speeren und Keulen bewaffnet, welcher Anblick uns vielmehr Gefahr zu drohen, denn Hoffnung zu Erfrischungen zu gestatten schien. Es war allerdings sehr zu bedauern, daß der unglückliche Jähzorn eines unsrer Mitreisenden, der noch dazu von dem wahren Verlauf der Sache nicht einmal recht unterrichtet war, dem Indianer unbilligerweise das Leben kostete. Die ersten Entdecker und Eroberer von Amerika, haben oft und mit Recht den Vorwurf der Grausamkeit über sich ergehen lassen müssen, weil sie die unglücklichen Völker dieses Welttheils nicht als ihre Brüder, sondern als unvernünftige Thiere behandelten, die man gleichsam zur Lust niederzuschießen berechtigt zu seyn glaubt. Aber wer hätte es von unsern erleuchteten Zeiten erwarten sollen, daß Vorurtheil und Übereilung den Einwohnern der Südsee fast eben so nachtheilig werden würden? *Maheine* konnte sich der Thränen nicht erwehren, da er sahe, daß ein Mensch den andern wegen einer so geringen Veranlassung ums Leben brachte. Seine Empfindlichkeit ist für gesittete Europäer, die so viel Menschenliebe im Munde und so wenig im Herzen haben, warlich, eine demüthigende Beschämung.

Das Bewußtseyn, wie elend es um die Gesundheits-Umstände seiner Leute stand, verstattete dem Capitain *Cook* nicht, die Hoffnung aufzugeben, hier einige Erfrischungen zu erhalten. Er ließ also das Schiff tiefer in den Haven legen und landete mit einer ausgesuchten Anzahl von See-Soldaten und Matrosen unter dem gewölbten Felsen gegen Norden, von Dr. *Sparrman, Maheine,* meinem *Vater* und mir begleitet. Ein Haufe von Wilden, der aus mehr als hundert Köpfen bestand, empfieng uns auf diesem Felsen, mit Speeren und Keulen bewaffnet, ohne jedoch davon Gebrauch gegen uns zu machen. Wir giengen ihnen mit vielen Freundschafts-Bezeugungen entgegen, welche sie nach ihrer Art zu erwiedern schienen. Wir verlangten, sie mögten sich niedersetzen, und sie waren folgsam. Nunmehro suchte man ihnen das Vergangene auf der besten Seite vorzustellen; wir gaben ihnen nemlich zu verstehen, daß wir nach einem ihrer Landsleute geschossen, bloß weil er sich an unserm Eigenthume vergriffen; wir wären aber gesonnen, als Freunde mit ihnen zu leben, und hauptsächlich in der Absicht hieher gekommen, Wasser, Holz und Erfrischungen einzunehmen; dafür hätten wir Nägel, Beile und andre gute Waaren ihnen zum Tausch anzubiethen. Unsre Gründe fielen in die Augen und die Einwohner wurden damit beruhigt. Sie schienen zu glauben, ihr Landsmann habe sein Schicksal verdient. In dieser Überzeugung brachten sie uns ganz treuherzig längst dem Strande zu einem Bache, wo wir unsre Wasserleute ansetzten und Gelegenheit fanden, einige wenige Früchte einzukaufen. Mehrerer Sicherheit wegen mußten die See-Soldaten eine Linie formiren, und unter den Waffen bleiben, um uns die Rückkehr zum Wasser zu sichern. Alle diese Vorsicht hätten wir ersparen können. Die Leute, mit denen wir zu thun hatten, waren zu ehrlich, als daß sie den gemachten Frieden hätten brechen, und zu leutselig, als daß sie den Tod eines Mannes hätten rächen sollen, den sie von Verschuldung nicht ganz freysprechen konnten. In kurzer Zeit fieng der Handel an sehr gut von statten zu gehen, und die Einwohner kamen von den Bergen her mit ganzen Ladungen von *Plantanen, Pisangs-* und *Brodfrucht,* welche sie gegen lauter Kleinigkeiten von Eisenwerk verhandelten.

Frauenspersonen hatten sich bisher noch gar nicht sehen lassen, denn sie mochten vermuthlich gleich bey dem ersten Lermen auf die Berge geflüchtet seyn. Einige Mannsleute waren besser geputzt und bewaffnet als die übrigen, weshalb wir sie für Befehlshaber ansahen. Sie giengen alle unbekleidet und hatten nur ein kleines Stück Zeug um die Hüften geschlagen. Von Statur waren sie durchgehend groß und wohlgebildet; kein einziger war unbehülflich, oder so dick als die vornehmern Tahitier; auch keiner so mager, oder abgezehrt als die Oster-Eyländer. Die Punctirungen, welche bey Leuten von mittlerm Alter fast den ganzen Cörper bedeckten, machten es schwer, die Schönheiten ihrer Gestalt entwickeln zu können. Unter den jungen Leuten aber, die noch nicht punctirt oder *tätowirt* waren, bemerkte man außerordentliche Schönheiten, deren Regelmäßigkeit unsre Bewundrung erregte. Manche hätte man füglich neben die Meisterstücke der alten Kunst stellen können, sie würden bey der Vergleichung gewiß nichts verloren haben:

Qualis aut Nireus fuit, aut aquosa
Raptus ab Ida.
HORAT.

Die natürliche Farbe dieser jungen Leute war nicht völlig so dunkel, als der gemeine Mann auf den Societäts-Inseln zu seyn pflegt; Erwachsenere schienen aber, der Punctirungen wegen, die vom Kopf bis auf die Füße reichten, weit schwärzer zu seyn. Diese tättowirte Zierrathen waren so regelmäßig angelegt, daß man die Figuren auf den Beinen, Armen und Wangen vollkommen übereinstimmend antraf. Sie stellten aber nie bestimmte Formen von Thieren oder Pflanzen vor, sondern bestanden aus einer Menge von Flecken, krummen Linien, Würfeln und Sparren, die zusammen ein sehr buntes und sonderbares Ansehen hatten. Die Gesichtsbildungen waren durchgehends gefällig, offen und voller Lebhaftigkeit, wozu ihre große schwarze Augen nicht wenig beytrugen.[4] Das Haar ist ebenfalls schwarz, gekräuselt und stark, nur bey einigen einzelnen Personen sahe es heller und blonder aus. Der Bart war gemeiniglich dünne, wegen der vielen Narben von Punctirungen, die um das Kinn her am häufigsten zu seyn pflegten. Diese Punctirung und andre Zierrathen scheinen gewissermaßen die Stelle der Kleidung zu vertreten. Manche hatten eine Art von Diadem um den Kopf, welches aus einer flachen Binde von geflochtenen Cocos-Fasern bestand. An der Außenseite dieses Stirnbands sahe man zwey runde, ziemlich große Stücken Perlmutter, deren mittlerer Theil mit einer Platte von durchbrochner Schildkröten-Schale ausgelegt war. Hinter diesen schildförmigen Zierrathen ragten zween Büsche von schwarzen, glänzenden Hahnenfedern hoch empor, die diesem Kopfputz wirklich ein schönes, edles Ansehn ertheilten. (Man sehe auf der folgenden Kupfertafel IV pag. 610 die Fig. 1.) Einige trugen runde Kronen von kleinen zusammenverbundenen *Fregatten-Federn;* andre hingegen einen Reif, von welchem verschiedne Reihen geflochtner Cocos-Nußfasern, ohngefähr zween Zolle lang, und zum Theil schwarz gefärbt, um den Kopf herum standen. (Fig. 2) In den Ohren hatten sie bisweilen zwey flache, ovale Stücke von leichtem Holz, 3 Zoll lang, die das ganze Ohr bedeckten und mehrentheils mit Kalk weiß gefärbet waren. Die Befehlshaber trugen eine Art von Ringkragen, der als eine Zierde vorn auf der Brust herabhieng. Er bestand aus kleinen Stücken eines leichten korkartigen Holzes, die mit Harz zusammengeleimt waren und einen halben Zirkel ausmachten. Eine Menge *rother Bohnen (Abrus precatorius Linn.)* waren in vielen, 2 bis 3 Zoll langen, Reihen ebenfalls mit Harze darauf befestigt. (Fig. 3.) Manche, denen es an diesem prahlenden Zierrath fehlte, trugen wenigstens eine Schnur um den Hals und an selbiger ein Stück Muschel-Schaale, das in die Form eines großen Zahnes geschnitten und abgeglättet worden. Sie hielten auch sehr viel auf Büsche von Menschenhaaren, die mit Schnüren um den Leib, um die Arme, Knie und an die Schenkel gebunden waren. Allen andern Schmuck vertauschten sie gegen Kleinigkeiten, aber nicht leicht diesen Haarschmuck, den sie ungemein hoch schätzten, so sehr er auch gemeiniglich von Ungeziefer bevölkert war. Sie trugen selbigen vermuthlich zum Andenken ihrer verstorbnen Verwandten, und hielten ihn daher so sehr, als diese, in Ehren. Vielleicht sind es auch Siegeszeichen von ihren Feinden. Indeß vergaßen sie doch alle diese Bedenklichkeiten, um eines großen Nagels, oder einer andern Kleinigkeit willen, deren Anblick ihrer Neubegierde zu schmeicheln schien.

Nach diesen Betrachtungen über die Leute, die uns am Strand umgaben, giengen wir ins Gehölz nach dem Platze hin, den Capitain *Cook* zu seinem Standort gewählet hatte. Wir fanden hier verschiedne Pflanzen, die uns größtentheils schon auf den Socie-

4 Capitain *Cook* ist der Meynung, daß ihre Zähne nicht so gut, und ihre Augen minder lebhaft als bey andern Völkern in der Süd-See sind. Der Unterschied, wenn ja einer statt findet, kann aber gewiß nicht beträchtlich seyn, sonst wär er mehr bemerkt worden.

täts-Inseln vorgekommen waren. Da es uns aber nicht rathsam dünkte, sogleich tief ins Land zu gehen; so blieben wir in den niedrigen, ganz unbewohnten Gegenden, nahe am Strande. Hier fanden wir zwischen den Bäumen eine Menge viereckigter Abtheilungen, aus neben einander gelegten, mehrentheils viereckigten Steinen, die, wie uns hernach erzählt wurde, Grundlagen von Häusern waren. Es ist also zu vermuthen, daß diese Gegenden wegen einer oder der andern Unbequemlichkeit verlassen worden, oder daß man sie nur zu gewissen Zeiten des Jahres bewohnet. Wir sahen hier zwar keine Pflanzungen, dagegen war alles mit Holz und zum Theil mit gutem Zimmerholz überwachsen. Die Einwohner liessen uns allenthalben ungestöhrt und ungehindert gehen, wohin wir wollten. Ein Hügel, der mit Gras von halber Mannshöhe überwachsen ist, und an der See eine steile, senkrechte Felsenwand ausmacht, theilt die Bucht von einer andern die weiter gen Süden liegt. An der Nordseite dieser Anhöhe fanden wir schönes, klares Springwasser, an eben derselben Stelle, wo es, nach der Beschreibung der Spanier, hätte gesucht werden müssen. Es stürzt sich aus dem Felsen in ein kleines Becken, und aus diesem in die See. Nahe dabey ergießt sich ein Bach von den höheren Bergen, und noch ein stärkerer in der Mitte der Bucht. Letzterer dünkte uns zu Anfüllung der Wasserfässer am vortheilhaftesten gelegen. Einen dritten entdeckten wir in der nördlichen Ecke. Es hat also diese Insel ziemlich reichen Vorrath an Wasser, zum größten Vortheil der Gewächse und Einwohner dieses heißen Himmelsstrichs. Kurz nachher kehrten wir mit unsrer botanischen Ausbeute wieder zum Handlungsplatze zurück, und liessen uns mit den Einwohnern in Unterredung ein, die nun ihr Mißtrauen so gänzlich bey Seite gesetzt hatten, daß sie sogar ihre Waffen gegen Eisengeräth vertauschten. Sie waren alle von *Casuarina-Holz*[5] verfertigt, und bestanden entweder aus hölzernen Wurfspießen 8 bis 10 Fuß lang, oder aus Keulen, die an einem Ende mit einer dicken Kolbe versehen waren. (Man sehe auf Kupfertafel IV, S. 610, die Fig. 4.) Capitain *Cook* war in unsrer Abwesenheit so glücklich gewesen, etliche Schweine, und eine Menge von Früchten einzukaufen, die wir gegen Mittag zu Schiffe brachten. Am Lande hatten wir die Luft heiß gefunden: Am Bord war sie kühler; denn von den Bergen kam dann und wann ein starker Windstoß herab, der zuweilen etwas Regen mitbrachte.

Nachmittags blieb ich am Schiff, mein Vater aber gieng mit dem Capitain wieder ans Land, wo er auf einer Anhöhe eine schlechte Hütte antraf. Die Einwohner waren vermuthlich daraus entflohen, weil beyde schon einigemal nach Vögeln geschossen hatten. Er legte daher auf einige Stücke Brodfrüchte, die sich neben der Hütte fanden, ein paar Nägel, und eilte sodann mit etlichen neuen Pflanzen wieder ans Schiff zurück.

Am folgenden Morgen sahen wir sieben Canots von *Dominica* neben dem Schiff eintreffen, indeß verschiedne andre von *St. Christina,* die Straße hinauf ruderten. Erstere schienen von eben der Nation zu seyn, mit der wir schon bekannt geworden waren. Sie brachten uns dergleichen Früchte zu Kauf, als wir bereits eingehandelt hatten. Nach dem Frühstück giengen wir an Land, und fanden unsre guten Freunde, die Einwohner, bereits am Strande. Wir entdeckten einen Befehlshaber unter ihnen, der einen, gleich Tahitischem Zeuge aus *Maulbeer-Rinde,* zubereiteten Mantel anhatte, und dabey mit dem *Diadem,* dem Ringkragen, den hölzernen Ohrgehängen und Haarbüschen geputzet war. Man berichtete uns, er sey König der ganzen Insel; doch wurden ihm, so viel wir sahen, keine sonderlichen Ehrenbezeugungen erwiesen. Er schenkte dem Capitain *Cook* einige Früchte und Schweine, blieb den ganzen Tag in der Nähe unsers Handelsplatzes, und sagte uns, er hieße *Honu,*[6] er selbst sey *Hè-Kà-Aï,* welches ohne Zweifel so viel, als *Eri* zu *Tahiti,* und *Erikih,* auf den freundschaftlichen Inseln, bedeuten mogte. Er schien ein gutherziger, verständiger Mann zu seyn, und sein Character war so stark in seinen Gesichtszügen ausgedruckt, daß Herr *Hodges,* der sein Portrait zeichnete, nicht fehlen konnte, ihn sehr wohl zu treffen; der Kupferstich davon ist der Nachricht des Capitain *Cook* von dieser Reise beygefügt. Als wir uns nach dem Namen

5 Die *Tahitier* nennen dies Holz *Toa,* d.i. *Krieg,* weil es zur Verfertigung ihrer Waffen gebraucht wird.

6 *Honu* bedeutet im Tahitischen eine *Schildkröte;* es scheinen also die Namen der Einwohner oft von Thieren hergenommen zu seyn, wie es auch bey nordamerikanischen Wilden gebräuchlich ist. Auf gleiche Weise bedeutet *Othu,* des Tahitischen Königs Name, einen *Reyher.*

Feuer-Zackenbarsch, ***F: Perca urodeta***
Cephalopholis urodeta (Marquesas, 1774)

dieser und der benachbarten Inseln erkundigten, erfuhren wir, daß *St. Christina, Waitahu; Dominica, Hiwaroa;* und *St. Pedro, Onateyo* genannt würden. *Maheine* fand wegen der Ähnlichkeit der Sitten, Sprache und Bildung mit seinen Landsleuten, ein großes Wohlgefallen an den Einwohnern, und war also beständig in Unterredung mit ihnen: Er kaufte auch viel von ihrem Putz und ihren Zierrathen, und zeigte ihnen verschiedne Gebräuche seines Landes, wovon sie hier nichts wußten; als unter andern, wie man zu *Tahiti* durch Reiben einiger trocknen Stücke Holz vom *hibiscus tiliaceus* Feuer anmachen könne u. dergl. m. Sie waren ungemein aufmerksam, wenn er sie auf solche Weise belehrte. Capitain *Cook* fand auf dem Handelsplatz einen großen Vorrath von Kräuterwerk, einige Hühner und Schweine, die er insgesammt gegen kleine Nägel, Messer und Stücke von Zeug einkaufte. Die rothen Federn von *Tongatabu* oder *Amsterdam* waren auch hier in hohem Werthe, und es ward viel Kopf-Schmuck und andre Zierrathen dagegen vertauscht. Heute bekamen wir endlich eine Weibsperson zu sehen. Sie setzte sich innerhalb des Zirkels ihrer Landsleute nieder und war eben so wie die Weiber auf den Societäts-Inseln, in ein Stück Zeug von Baumrinde gekleidet. Sie war ältlich und von einer Tahitierinn fast nicht zu unterscheiden. Wir marschierten an der Südseite des Baches fast anderthalb Meilen weit. Nachdem wir einen offnen Platz paßiret, von daher man den ganzen Haven übersehen konnte, kamen wir in einen dicken Wald, der aus einigen schönen *Brodfrucht-Bäumen,* vornemlich aber aus *Ratta-* oder *Tahitischen Nußbäumen (Inocarpus*[7]*)* bestand. Die Nußbäume wuchsen hier zu einer ansehn-

7 S. *Forster's Nova Genera Plantarum.*

lichen Dicke und Höhe. Zu *Tahiti* pflanzt man beyde Arten von Bäumen auf den flachen Feldern, weil die Hitze daselbst gelinder ist, als auf *diesen* Inseln. – Endlich erreichten wir eine Art von Wohnung, die aber, in Vergleichung mit den hohen Häusern auf den *Societäts-Inseln,* nur eine elende Hütte vorstellte. Sie stand auf einer erhöheten Platteforme von Steinen, die den innern Fußboden ausmachten, jedoch weder glatt, noch eben genug gelegt waren, ein gutes Ruhelager abzugeben, ohnerachtet man sie, um es weicher und bequemer zu machen, mit Matten bedeckt hatte. Die Wand rund umher bestand aus *Bamburohr,* das auf der vorbeschriebenen Grundlage in die Höhe gerichtet, und dicht mit einander verbunden war. An der Menge des Rohrs hatten es die Leute nicht fehlen lassen; die Höhe aber betrug nur 5 bis 6 Fuß. Das Dach bestand aus dünnen Stöcken, die mit Blättern vom Brodfrucht- und Ratta-Baum bedeckt, und so gelegt waren, daß es die Form eines spitzen Vierecks bekam, denn die Länge der Hütte betrug ohngefähr 15 und die Breite nur 8 bis 10 Schuh. Daraus, daß die Grundlage von Steinen und erhöhet war, läßt sich vermuthen, daß das Land zu gewissen Zeiten von heftigen Regen und Überschwemmungen heimgesucht wird. Der Hausrath den wir sahen, bestand aus großen hölzernen Trögen, worinn einige Stücke von Brodfrucht lagen, die mit Wasser angefeuchtet waren. Ohnweit der Hütte zeigten sich drey von den Einwohnern, die uns, auf Verlangen, aus dem vorbeyfließenden Bach frisches Wasser zu trinken brachten. Wir gaben ihnen etwas für ihre Dienstfertigkeit und kehrten darauf wieder nach dem Schiffe zurück. Beym Einsteigen wäre das Boot beynahe umgeschlagen, indem sich die Brandung sehr heftig an den Felsen brach; doch kamen wir bloß mit nasser Haut davon. *Maheine,* der sich noch etwas am Lande verweilt hatte, sprang ins Wasser und schwamm zum Boote, damit wir uns nicht noch einmal, seinetwegen, einer ähnlichen Gefahr aussetzen mögten.

Dr. *Sparrmann* blieb den Nachmittag über an Bord, um mir einige Pflanzen, die wir des Morgens gesammlet hatten, abzeichnen und beschreiben zu helfen. Mein Vater aber gieng mit dem Capitain nach dem südlichen Strande, wo sie, ohnweit dem Ufer, etliche Hütten und verschiedene Männer antrafen, von Frauensleuten aber, ließ sich nicht eine einzige sehen. In dieser Gegend hatten die Indianer den todten Cörper ihres erschossenen Landsmannes gebracht, und man führte die unsrigen in das Haus, welches ihm gehöret hatte. Sie fanden daselbst einige Schweine, die nun seinem fünfzehnjährigen Sohne zugefallen waren, und diesem schenkten sie allerley Kleinigkeiten, um den Verlust seines Vaters einigermaßen wieder gut zu machen. Als man ihn fragte, wo seine weiblichen Verwandten wären, gab er zu verstehen, sie wären noch auf den Bergen, um den Todten zu beweinen und zu betrauren. Dies brachte uns auf die Vermuthung, daß die Verzäunungen die wir auf der Spitze des Felsen wahrgenommen hatten, vielleicht die Begräbniß-Plätze der Einwohner enthalten mögten. Der Capitain kaufte hier eine Menge Früchte und verschiedne Schweine, und ob er gleich mitten unter den Verwandten eines Mannes war, den wir umgebracht hatten, so ließ doch keiner von ihnen den geringsten Widerwillen, geschweige denn Rachbegierde gegen ihn blicken.

Am folgenden Morgen gieng Dr. *Sparrmann* mit mir nach dem Wasser-Platze, wo ein ziemlicher Handel mit Lebensmitteln getrieben wurde. Aber unsre Eisenwaare hatte, seitdem wir in dem Haven geankert, wenigstens 200 Procent an ihrem vorigen Werthe verloren. Unsre kleinen Nägel, die sie anfänglich so gern genommen, schienen keine Liebhaber mehr zu finden. Selbst nach den großen ward nicht mehr sonderlich gefraget, und Glas-Corallen mochte vollends gar niemand. Bänder aber, Zeug und andre Kleinigkeiten, waren desto angenehmer; und gegen Stücke von Maulbeer-Zeug mit rothen Federn von *Tongatabu,* ließen sie uns gar einige große Schweine zukommen.

Das Wetter war heute außerordentlich heiß: Daher hatten viele von den Einwohnern Fächer bey sich, um sich damit abzukühlen und sie verkauften uns eine große Menge derselben. Sie waren ziemlich groß und bestanden aus einer zähen Rinde oder einer Art von Gras, welche sehr fest und künstlich in einander geflochten und zum Theil mit Muschelkalk weiß gefärbt war. Von ihrer Gestalt und äußerm Ansehen giebt die Abbildung, welche auf der Kupfertafel IV, S. 610 (Fig. 5.) befindlich ist, den deutlichsten Begriff. Einige hatten auch, statt eines Sonnenschirms, große Blätter mit Federn besetzt, und bey genauer Untersuchung fand man, daß diese von der

Corypha umbraculifera Linnaei, einer gewissen Palmenart, waren.

Der unerträglichen Hitze ohnerachtet, wollten wir doch den hohen Berg besteigen, in Hoffnung, daß wir da manche Entdeckung machen und für unsre Mühe reichlich würden belohnt werden. Hauptsächlich war es uns um die Pallisaden an der Spitze desselben zu thun. Herr *Patton* und zween andre Herren, waren unsre Begleiter. Wir setzten hurtig über den Bach, wo unsre Leute Wasser einnahmen, und folgten dem nordwärts führenden Fussteige, denn von da her hatten wir die mehresten Einwohner herunter kommen gesehen. Anfänglich war der Aufgang nicht sehr mühsam, weil der Vorgrund aus unterschiednen kleinen Hügeln bestand, die oben fast flach und mit großen, gut gepflegten *Pisang-Pflanzungen* besetzt waren. Dergleichen Plätze fielen uns oft ganz unerwartet in die Augen, denn eigentlich gieng der Weg durch einen dicken Wald von Frucht- und andern Bäumen, den wir, des kühlen Schattens wegen, sehr angenehm fanden. Zuweilen erblickten wir einzeln stehende *Coconuß-Palmen;* anstatt aber, daß sie sich mit der ihnen sonst eignen Pracht über die andern Bäume erheben sollten, waren sie hier weit niedriger, als alle übrigen. Überhaupt wachsen sie nicht gut auf den Bergen. Ein niedriger Boden ist ihnen angenehmer. Das geht so weit, daß man sie auf den Corall-Felsen, wo kaum Erdreich genug zu seyn scheinet, daß sie Wurzel darinn schlagen könnten, dennoch häufig antrift. Einige von den Einwohnern begleiteten uns; andre begegneten uns mit Früchten, die sie zu dem Handlungs-Platze bringen wollten. Je höher wir kamen, destomehr Häuser fanden wir. Sie standen alle auf einem erhöheten Stein-Grunde, und waren sämmtlich wie die obenbeschriebne Hütte beschaffen. Einige schienen ganz neu erbauet und hatten inwendig ein ungemein reinliches Ansehen; aber die vielen Ruhe-Lager, wovon die Spanier reden, konnten wir nicht darin finden; wir vermuthen also, daß sie darunter die Matten auf dem Fußboden verstanden haben. Der Weg ward allmählig immer steiler und rauher, und die Ufer des Bachs, neben welchem der Fussteig hinlief, waren an manchen Orten so hoch und steil, daß wir mehrmalen die gefährlichsten Abgründe dicht neben uns sahen. Auch mußten wir den Bach einigemale paßiren. Die Anzahl der Häuser ward nun immer beträchtlicher, und so oft wir ausruheten, welches verschiedenemal geschahe, brachten uns die Einwohner gemeiniglich Früchte und etwas Wasser zu. Ihre Ähnlichkeit mit den Tahitiern, war in vielen andern Stücken zu groß, als daß sie ihnen nicht auch in der Gastfreyheit hätten gleichen sollen. Wir fanden keinen einzigen krüplichten oder übelgestalten Menschen unter ihnen; sie waren alle stark, groß, wohlgebildet und außerordentlich hurtig. Diese cörperlichen Vorzüge rühren zum Theil mit von der Beschaffenheit ihres Landes her, denn da selbiges sehr bergig, und auch außerdem, mühsam zu bearbeiten ist; so müssen sie einer Seits öfters klettern, und andrer Seits beym Feldbau ihre Gliedmaaßen anstrengen. Das erstere aber macht die Leute natürlicherweise gelenkig, und das letztere erhält sie stets bey schlanker, proportionirter Leibesgestalt. Als wir ohngefähr drey Meilen von der See ins Land hinaufgegangen waren, sahen wir, ohngefähr dreyßig Schritt weit vor uns, eine junge Frauensperson aus einem Hause herauskommen. So viel sich in vorbesagter Entfernung erkennen ließ, war sie, der Gesichtsbildung nach, einer Tahitierin ziemlich ähnlich, übrigens von mittlerer Größe, und in ein Stück Maulbeerzeug gekleidet, das ihr bis auf die Knie herabreichte. Wir konnten nicht näher an sie herankommen, denn sie floh vor uns den Berg hinauf, und ihre Landesleute gaben uns durch allerhand Zeichen zu verstehen, daß wir umkehren mögten, schienen auch sehr unruhig und mißvergnügt, als wir solches nicht thaten. Zwar giengen Dr. *Sparrmann* und ich, mit unsern eingesammelten Pflanzen, von hier aus würklich zurück; Herr *Patton* aber marschierte, nebst den übrigen, ohngefähr noch zwo Meilen weiter. Indessen fanden sie nichts anders als *wir* gesehen hatten, erreichten auch den Gipfel des Berges eben so wenig; denn von der Stelle wo *wir* umkehrten, schien er wenigstens noch 3 Meilen entfernt, und der Weg dahin, noch steiler als unterhalb zu seyn. So weit *wir* gekommen waren, dünkte uns der Boden fett und fruchtbar, welches auch die häufig angelegten Pflanzungen der Einwohner und mancherley Fruchtbäume bezeugten, die alle vortreflich darinn fortkamen. An den hohen Bach-Ufern aber entdeckte man, daß dieser gute Boden nur die obere Schicht des Erdreichs ausmachte; unter demselben kamen die bloßen Felsen zum Vorschein, die theils aus *Laven*-Arten bestanden, zum Theil auch voller weißen und grünlichen *Schörl-Körner* waren.

Diese Inseln sind also, in Ansehung ihrer Steinarten, den Societäts-Inseln ähnlich, und scheinen, gleich denselben, durch feuerspeyende Berge entstanden zu seyn. Um die Häuser herum sahen wir oft *Schweine,* große *Hühner,* mit unter auch *Ratten,* und auf den Bäumen wohnten allerhand kleine Vögel, die denen auf Tahiti und auf den Societäts-Inseln ähnlich, jedoch weder so häufig noch so mannigfaltig waren. Die *Marquesas* sind, im Ganzen genommen, mit den Societäts-Inseln von einerley Beschaffenheit, nur daß ihnen die schönen Ebnen und die Corall-Riefe fehlen, welche letztere, bey jenen, so sichre Häven hervorbringen. Auch die Bewohner dieser Inseln, gleichen den Einwohnern der *Societäts-Eylande* an Gestalt, Gebräuchen und Sprache, mehr dann irgend ein andres Volk in der Südsee. Der größte Unterschied den wir zwischen beyden finden konnten, bestand darinn, daß die Leute hier nicht so reinlich waren als dort. Die *Tahitier* und ihre Nachbaren auf den Societäts-Inseln, sind vielleicht das reinlichste Volk auf Erden. Sie baden sich täglich zwey bis dreymal; und waschen Hand und Gesicht sowohl vor als nach jeder Mahlzeit. Die Leute auf den *Marquesas* aber wuschen und badeten sich nicht so oft, waren auch in der Bereitung ihrer Mahlzeiten weit nachläßiger. Hingegen thaten sie es den Bewohnern der *Societäts-Inseln,* in einem andern Punkt, an Reinlichkeit zuvor; denn, anstatt daß man zu *Tahiti* die Fußsteige überall mit Zeichen einer gesunden Verdauung besetzt fand, wurde hier der Unflath, nach Katzen-Art, sorgfältig verscharret. Zwar verließ man sich zu Tahiti auf die guten Dienste der Ratten, die dergleichen Unrath begierig verschlingen, doch schien man es, auch ausserdem, nicht für unanständig, noch für schmutzig zu halten, daß der Koth überall umher lag; vielmehr meynte Tupia, (der doch gewiß einer der gescheutesten Leute von Tahiti war) als er zu *Batavia,* in jedem Hause ein besonderes Gemach zum Behuf der *Cloacina* gewahr ward, »wir Europäer mögten wohl eben nicht sonderlich ekel seyn!«

Es giebt auf den *Marquesas* eben so mancherley Früchte und Wurzeln als zu *Tahiti,* den Tahitischen Apfel *(spondias)* allein ausgenommen; dafür aber ist die Brodfrucht hier größer und wohlschmeckender als irgend sonstwo, und, wenn sie ihre völlige Reife erlangt hat, so weich als Eyer-Käse, auch so übersüß, daß wir sie kaum genießen konnten. Diese Frucht macht das vornehmste Nahrungsmittel der Einwohner aus. Sie pflegen sie gemeiniglich über dem Feuer zu braten, selten aber, unter der Erde zu backen. Wenn sie gar ist, schütten sie solche in einen hölzernen Trog, der sonst zum Schweine-Futter dient, lassen sie darinn in Wasser aufweichen, und schöpfen hernach diesen Brey oder diese Brühe mit den Händen heraus. Sie pflegen auch wohl gegohrnen Teig von der Brodfrucht zu machen, und wissen aus derselben eben die säuerliche Speise zu bereiten, welche für die vornehmen Leute in *Tahiti,* einen so großen Leckerbissen ausmacht. Sie essen fast nichts als vegetabilische Speisen, ob sie gleich Schweine und Hühner haben, zuweilen auch viel Fische fangen. Ihr *Getränk* ist Wasser, denn *Cocos-Nüsse* sind selten, wenigstens in denen Gegenden, die *wir* besuchten: Da sie aber die *Pfefferwurzel* haben, (deren sie sich unter andern zum Friedens-Zeichen bedienen) so ist zu vermuthen, daß sie aus selbiger das, auf den andern Inseln übliche, berauschende Getränk ebenfalls zu verfertigen wissen.

Als wir an das Schilf zurück kamen, fanden wir es mit vielen Canots umgeben, in denen, aus unterschiednen Gegenden, Schweine und eine Menge Pisangs zum Verkauf gebracht wurden. Das Schrecken über die von uns verübte Gewalttätigkeit war nun vergessen, und die Leute kamen in großer Menge an Bord, plauderten sehr vertraut mit den unsrigen, und waren über alles, was sie auf dem Schiffe sahen, ausnehmend zufrieden. Sie hatten jenen Vorfall schon so gänzlich vergessen, daß einige sogar wieder anfingen zu mausen, so oft sich eine Gelegenheit hierzu darboth; wenn sie aber entdeckt wurden, so säumten sie niemals, das Gestohlne ohne die geringste Weigerung wieder zurück zu geben. Oft tanzten sie, den Matrosen zu gefallen, auf dem Verdeck, und ihre Tänze kamen mit den Tahitischen genau überein. Auch zeigte sich, daß ihre Musik ohngefähr eben dieselbige sey, besonders, weil sie eben solche Trommeln schlugen als wir zu *Tahiti* gesehen und eingekauft hatten. Ihre Canots waren klein, sonst aber den Tahitischen ähnlich. Auf dem Vordertheil derselben sahe man gemeiniglich ein aufrechtstehendes Holz mit einem grob geschnitzten Menschengesicht verziert. Ihre Seegel waren von Matten, dreyeckigt und oben breit; die Ruderschaufeln bestanden aus hartem Holz, waren kurz, unten spitzig und oben mit einem Knopfe versehen.

Ich blieb Nachmittags an Bord, um unsre bisher gemachten Sammlungen in Ordnung zu bringen. Abends kamen auch die übrigen Herren zurück. Sie hatten den Nachmittag zu Untersuchung zwoer, südwärts von unserm Haven gelegenen Buchten zugebracht, aber gefunden, daß an beyden Orten ein Schiff nicht füglich vor Anker gehen könnte, weil es, bey stürmischer See nicht Schutz genug gegen die Wellen haben würde, auch das Anlanden und Einschiffen, der hohen Brandung wegen, sehr gefährlich ist. Indessen war ihnen ihre Mühe durch eine Menge von Erfrischungen und durch den vortheilhaften Einkauf unterschiedner Schweine belohnet worden. Die Einwohner thaten daselbst weniger zurückhaltend als in *unserm* Haven; auch befand sich unter denselben eine Anzahl Frauensleute, mit denen die Matrosen bald Bekanntschaft machten, weil verschiedne sich eben so gefällig bewiesen, als die auf den andern Südsee-Inseln. Sie waren kleiner als die Mannsleute, aber von sehr proportionirtem Gliederbau. Einige glichen, in der Form und den Zügen des Gesichtes, dem schön gebildeten vornehmern Frauenzimmer auf *Tahiti*. Ihre Farbe war im Ganzen genommen, wie die Farbe des gemeinen Volks auf den Societäts-Inseln: Sie hatten aber keine Puncturen, sondern die waren nur unter den Mannsleuten üblich und entstellten solche ganz. Eines der artigsten Mädchen ließ sich von Herrn *Hodges* zeichnen, und ein getreuer Kupferstich davon findet sich in Capitain *Cooks* Nachricht von dieser Reise.[8] Sie waren alle in Kleidungen von Maulbeer-Rinde gehüllet. Der Unterschied im Zeuge war aber, gegen die große Mannigfaltigkeit, die wir auf *Tahiti* bemerkt hatten, hier nur sehr gering. Auch schien es nicht so häufig als dort zu seyn, weil man hier, anstatt viele Stücken um sich zu schlagen, wie die üppigern Vornehmen auf *Tahiti* zu thun pflegen, nur einen einzigen *Ahau* oder Mantel umhieng, der von den Schultern bis auf die Knie reichte. Um den Hals hatten sie zuweilen einige lose Schnüre, die keinen sonderlichen Putz machten. Außer diesen sahe man eben keine andre Zierrathen. Als unsre Leute sich wieder einschiffen wollten, war einer von den Matrosen so saumselig in seiner Schuldigkeit, daß er dafür vom Capitain einige Schläge bekam; diese Kleinigkeit würde nicht verdienen hier angemerkt zu werden, wenn sie nicht die Einwohner veranlaßt hätte, sehr aufmerksam darauf zu seyn, und dabey auszurufen: *Tape-a-hai te teina*, d. i. *er schlägt seinen Bruder!* Wir wußten aus andern Umständen, daß ihnen der Unterschied zwischen dem Capitain und seinem untergebnen Volk nicht unbekannt sey; wir konnten aber hieraus schliessen, daß sie uns alle für Brüder hielten. Die natürlichste Folgerung hieraus scheint zu seyn, daß sie selbst sich unter einander für Brüder, mithin ihr ganzes Volk für eine einzige Familie und den König gleichsam nur für den ältesten halten. Da sie noch nicht so weit civilisirt sind, als die Einwohner auf *Tahiti*, so wissen sie auch noch nichts vom Unterschied der Stände und vom Range. Ihre politische Verfassung hat noch keine bestimmte monarchische Form erhalten. Der Anbau des Landes erfordert hier mehr Arbeit als zu *Tahiti*, und daher rührt denn auch der Unterschied den wir zwischen der bürgerlichen Verfassung dieser beyden Völker antrafen. In so fern nemlich die Lebensmittel hier nicht so leicht zu erhalten sind als dort, in so fern können auch Bevölkerung und Luxus hier nicht so merklich seyn, und es muß eine größere Gleichheit unter den Leuten bleiben. Mit dieser Bemerkung stimmt es sehr gut überein, daß, so viel wir sahen, dem König *Honu* eben keine besondre Ehre oder vorzügliche Achtung bewiesen wurde. Er kam am zweyten Tage unsers Aufenthalts allhier, einigemal zu uns. Sein ganzer Vorzug schien in seiner Kleidung zu bestehen; denn diese war vollständiger, als sie von vielen andern Leuten getragen wurde, die, entweder aus Neigung oder aus Faulheit, in diesem glücklichen, tropischen Clima nackend giengen, in welchem man der Kleidung auch füglich entbehren kann.

Am folgenden Morgen gieng der Capitain abermals nach der zuvor gedachten Bucht; er war aber im Handel nicht so glücklich. Die Einwohner kannten die Vortreflichkeit und Dauerhaftigkeit unsrer Eisenwaare noch nicht genugsam. Sie wollten sie folglich nicht mehr nehmen, und verlangten mancherley Dinge, die wir nicht füglich entbehren konnten. Also lichteten wir Nachmittags den Anker und verliessen den Haven *Madre de Dios*, nach einem beynahe vier-

8 Indessen hat diese Zeichnung den Fehler, daß die Stirne das halbe Gesicht ausmacht, wodurch die Züge sehr verzerrt und misgestaltet erscheinen.

tägigen Aufenthalt. Während dieser Zeit hatten wir eine ansehnliche Menge frisches, vortrefliches Wasser eingenommen, auch von diesem freundschaftlichen und guten Volk einen sehr heilsamen Vorrath von Erfrischungen erhalten. In der Naturgeschichte hingegen hatten wir nicht sonderlich viel Neues entdeckt, weil unser Aufenthalt nur sehr kurz, und weil diese Eylande der Insel *Tahiti* und dem dazu gehörenden Archipel gar zu ähnlich waren. Der Mangel an Zeit hatte uns auch verhindert mit den Einwohnern genauer bekannt zu werden; sie hätten sonst gar wohl verdient, von Reisenden, mit philosophischen Augen etwas näher betrachtet zu werden. Besonders that es uns leid, daß wir nicht im Stande gewesen waren, die Verzäunungen auf den Bergen in Augenschein zu nehmen; denn ich bin immer noch der Meynung, daß diese mit ihren Religions-Gebräuchen in einiger Verbindung stehen. Die Spanier erwähnen eines Orakels,[9] welches, der Beschreibung nach, ein solcher Begräbniß-Platz gewesen zu seyn scheinet, dergleichen man auf den Societäts-Inseln antrifft. Die Zahl dieses guten Volks kann sich, wegen des kleinen Umfanges dieser Inseln, wohl nicht hoch belaufen. *Waitahu* oder *St. Christina,* hat ohngefähr 8 Seemeilen im Umfange; *Ohiwaroa*[10] oder *Dominica* funfzehn; *Onateyo* oder *St. Pedro* drey; und *Magdalena,* welche wir nur in einer großen Entfernung sahen, den spanischen Berichten zufolge, fünfe. So wie die Bewohner von *Tahiti* und den übrigen Societäts-Inseln, Leute von einerley Art zu seyn scheinen; eben so kommen, meines Erachtens, auch alle Einwohner der *Marquesas* von gemeinschaftlichen Stamm-Eltern her. Von denen auf *St. Christina* und *Dominica* können wir es wenigstens versichern, denn mit diesen haben wir gesprochen und Umgang gepflogen. Ohnerachtet die Bevölkerung auf den *Marquesas,* an denen Stellen, wo der Boden nur einigermaaßen angebauet werden kann, sehr beträchtlich ist; so giebt es in diesen Inseln doch überall so viel dürre und unzugängliche Felsen, daß die Zahl der Einwohner, zusammen genommen, sich wohl kaum auf funfzig tausend erstrecken dürfte. Vorzüglich hat *Dominica,* die dem Umfang nach unter allen die größte ist, so viel unwirthbare gebürgige Gegenden, daß sie verhältnißweise nicht so volkreich seyn kann, als das minder große Eyland *St. Christina.* Die Spanier, welche diese Inseln zuerst entdeckten, fanden die Bewohner derselben gutherzig, leutselig und friedfertig, eine kleine Schlägerey auf *Magdalena* ausgenommen, die aber vermuthlich aus einem Mißverständniß oder von der gewöhnlichen Heftigkeit der Matrosen herrühren mochte. Auch *wir* wurden bey unsrer Ankunft mit allen Zeichen der Freundschaft von ihnen aufgenommen. Sie überreichten uns *Pfeffer-Wurzeln* und Zweige vom *Tamannuh, (calophyllum inophyllum Linn.)* als Merkmale des Friedens; verkauften uns ihre Lebensmittel; und fuhren, ob wir gleich einen der ihrigen ums Leben brachten, dennoch unausgesetzt fort, sich freundschaftlich zu betragen, gestatteten uns auch, ohngehindert, nach unserm eigenen Wohlgefallen, im Lande herumzustreifen. Dies Betragen, ihre Gebräuche, ihre schöne Leibesgestalt, Kleidung, Lebensmittel, Schifffahrt und Sprache, alles beweiset, daß sie gleichen Ursprung mit den *Tahitiern* haben; und wenn sie in einigen Umständen von denselben abweichen, so rührt solches blos von der verschiedenen Beschaffenheit des Landes auf beyden Inseln her. Den Bewohnern der *Marquesas* entgehet dadurch allerdings ein großer Vortheil, daß es auf ihren Inseln keine so weitläuftige Ebenen giebt als zu *Tahiti,* und den übrigen Societäts-Eylanden. Sie haben gleichsam nicht mehr Land als zu Hervorbringung der nothwendigsten Lebensmittel gehört, mithin fallen hier schon die beträchtlichen Maulbeerpflanzungen weg, die man zu *Tahiti* so häufig antrifft. Wenn es ihnen aber auch nicht an dem dazu erforderlichen Grund und Boden fehlte, so würden sie doch, zur Wartung solcher Plantagen, nicht Zeit genug erübrigen können, weil der Feldbau hier ungleich mühsamer und langwieriger ist als dort. Der Überfluß an Lebensmitteln und an mancherley Kleidungszeuge, der in *Tahiti* herrscht, und für die Einwohner eine Hauptquelle des Wohlstandes, so wie einen Haupt-Anlaß zur Üppigkeit ausmacht, der ist freylich auf den *Marquesas-Inseln* nicht anzutreffen. Indessen

9 S. *Dalrymples* Sammlung *Vol. I. pag. 68.*

10 Es verdient angemerkt zu werden, daß sich dieser Name auf der Liste von Inseln findet, welche *Tupia* und andre Bewohner der Societäts-Inseln den englischen Seefahrern mitgetheilt haben. Da aber die Leute auf den *Marquesas* kein R aussprechen können, so nannten sie diese Insel, anstatt daß sie bey den Tahitiern *Ohiwaroa* heißt, immer *Ohiwaoa.*

Blaustreifen-Schnapper, *F: Perca polyzonias*
Lutjanus kasmira (Marquesas, 1774)

haben die Einwohner dieser letzteren doch keinen Mangel an den nothwendigsten Befürfnissen und, zu Ersetzung dessen, was jene vor ihnen voraus haben, herrscht unter diesen mehr natürliche Gleichheit; sie haben mit nichts zu kämpfen, was ihre Glückseligkeit stören, oder ihnen hinderlich seyn könnte, der Stimme der Natur zu folgen. Sie sind gesund, munter und von schöner Leibesgestalt. Wenn also die *Tahitier,* einer Seits mehrere Bequemlichkeiten des Lebens, auch vielleicht eine höhere Geschicklichkeit in den Künsten besitzen, und sich von dieser Seite das Leben angenehmer machen können; so ist doch andern Theils die ursprüngliche Gleichheit der Stände bey ihnen schon mehr in Verfall gerathen, die Vornehmern der Nation leben schon auf Kosten der Geringern, und Hohe und Niedere büßen bereits die Strafen ihrer Ausschweifungen, durch Krankheiten, und andere sichtbare Gebrechen –

Scilicet improbae
Crescunt divitiae, tamen
Curtae nescio quid semper abest rei.
HOR.

Nach einem Kreuzzuge von fünftehalb Monathen, in denen wir den gefrornen Erdstrich bis unter dem 71sten, und den heißen, bis unter dem 9 1/2 Grad südlicher Breite besucht hatten, waren die *Marquesas-Inseln* gewissermaßen der erste Ort, wo wir an Fleisch und Früchten wieder einige Erfrischungen und Stärkungen erhielten. Der kleine Vorrath süßer Kartoffeln, den wir auf *Oster-Eyland* bekommen hatten, würkte zwar, unter göttlichem Beystand, so viel, daß die mancherley Krankheiten, die uns damals droheten, nicht gleich zum Ausdruck kamen; allein dies währete doch nur so lange, bis wir das heiße Clima wieder erreichten. Alsdann gerieht unser Blut, das bis dahin stockend und scharf geworden war, in eine

Rotgebänderter Zackenbarsch, *F: Perca maculata*
Serranus variolosa (Marquesas, 1774)

nachtheilige Gährung, und, bey dem blassen, ausgemergelten Ansehn der ganzen Schiffsgesellschaft, war es gewiß die höchste Zeit, daß wir die *Marquesas*-Inseln erreichten; sonst würde der Schaarbock und andere Zufälle, ohnfehlbar, eine erschreckliche Niederlage unter uns angerichtet haben. Bey dieser Gelegenheit müssen wir, zur Ehre des Herrn *Patton,* unsres würdigen Schiffswundarztes, öffentlich rühmen, daß er, so weit menschliche Vorsorge, Kunst und ein wohlthätiges, mitleidiges Herz reichen können, die besten Mittel ergriffen, uns alle so gesund als möglich zu erhalten, indem er dem Capitain nicht allein die dienlichsten Methoden zu Erreichung dieses Endzwecks vorschlug, sondern auch selbst mit unabläßigem Fleis über uns wachte. Ich kann mit Grund der Wahrheit behaupten, daß, nächst Gottes Hülfe, viele unter uns, ihm das Leben zu verdanken haben; und daß England, die Erhaltung vieler wichtigen und brauchbaren Männer, welche auf diese gefährliche Expedition ausgesendet worden, lediglich ihm schuldig sey. Auch verdient Capitain *Cook* in so fern alles Lob, daß er keinen Vorschlag unversucht ließ, der nur einigen guten Erfolg zu versprechen schien. Das Schicksal der ganzen Reise hieng von der Gesundheit des Seevolks ab, und sein Verdienst, diesem vorzüglichen Gesichtspuncte gemäß gehandelt zu haben, ist um so viel größer, als nicht zu läugnen stehet, daß selbiger, von *andern* Befehlshabern zur See, nicht selten vernachläßiget, ja fast gänzlich aus den Augen gesetzt zu werden pflegt.

Die Kürze unsers Aufenthalts auf den *Marquesas,* gestattete unsern Kranken hier nicht, vollkommen geheilt zu werden; vielmehr verschlimmerten sich diejenigen die an der Gallen-Colick darnieder lagen, weil sie es gewagt hatten, blähende Früchte, die einem schwachen Magen sehr schädlich sind, zu genießen. Capitain *Cook* selbst war nichts weniger als hergestellt. Ob er gleich zu seinem Schaden erfahren hatte, wie übel es ihm bekommen war, daß er auf Oster-Eyland sich den brennenden Stralen der Sonne ausgesetzt; so hatte er sich dennoch während der ganzen Zeit unsers Hierseyns nicht geschont, sondern im Einkauf der Lebensmittel, und in der Sorge für das Seevolk ganz unermüdet bewiesen. Auch *ich* mußte gewahr werden, daß mir bey meiner Schwäche das beschwerliche Klettern nicht zuträglich gewesen war. Ich bekam eine heftige Gallen-Krankheit davon, die mir desto unangenehmer war, da sie mich eben zu einer Zeit befiel, in welcher mir viel Geschäfte bevorstanden. –

Wir steuerten von St. *Christina* nach Süd-Südwest, hernach aber nach Süd-West und West halb Süd, und legten des Nachts bey, weil wir jetzt dem Archipelago der *flachen* Inseln nahe waren, der von je her als eine sehr gefährliche Gegend der Süd-See angesehen worden ist. Vornemlich haben die Holländer ungünstige Nachrichten davon gegeben; denn *Schouten* hat diesen Theil des Südmeers die *böse See,* und *Roggewein,* das *Labyrinth* genennet. Letzterer verlohr eins seiner Schiffe, die africanische Galley, an einer von diesen *flachen* Inseln, und legte ihr, dieses unglücklichen Zufalls wegen, den Namen der *gefährlichen Insel* bey. Da sich dies in einem nicht ganz entfernten Zeitpunct, sondern erst bey Menschengedenken zugetragen, so haben auch die Einwohner der *Societäts-Inseln* davon reden gehört, und es scheint hieraus zu folgen, daß die sogenannte gefährliche Insel nicht weit von jenen entfernt seyn könne.

Am 17ten entdeckten wir die erste dieser flachen Inseln, erreichten sie um Mittag, und wurden durch *Byrons* deutliche Beschreibung überzeugt, daß es die östlichste der König-*Georgs*-Inseln sey. Davon hatten wir gegen Abend noch einen andern Beweis; denn wir erblickten auch die zwote Insel dieses Namens. Die erstere war sehr niedrig und sandig. Sie bestehet aus einem elliptischen *Felsen-Rief,* dessen längster Durchschnitt von Norden nach Süden über 6 See-Meilen ausmacht, und liegt unterm 14ten Grad 28 Minuten südlicher Breite, und im 144sten Grade 56 Minuten westlicher Länge. Hin und wieder war sie mit viel *Cocos-Nußbäumen* besetzt, die ihr ein angenehmes Ansehn ertheilten. Die Stämme dieser Palmen waren oft bis zu einer großen Höhe durch andere Bäume und Buschwerk versteckt; ihre schönen Kronen aber sahe man allenthalben über die andern empor steigen. An denen Stellen wo keine Bäume standen, war das Erdreich, oder vielmehr der Felsen, so niedrig, daß die See über selbigen in den innern Landsee hineinschlug. Das ruhige Gewässer dieses letztern und die Milchfarbe desselben an den seichten Stellen, contrastirte sehr schön mit den unruhigschäumenden Fluthen des darum her brausenden, berylfarbnen Oceans! Wir seegelten Nachmittags dicht unter der Westseite der Insel hin, und bemerkten, daß die Felsen an vielen Stellen scharlach-roth aussahen, wie auch *Byron* sie gefunden hatte. Auf dem Land-See fuhren einige Canots mit Seegeln umher, zwischen den Bäumen stieg hin und wieder Rauch auf, und am Strande sahe man bewafnete Schwarze herum laufen. Das alles verschönerte den an sich schon malerischen Anblick. Auch bemerkten wir, daß einige Frauensleute mit Bündeln auf dem Rücken, nach den entlegnern Gegenden des Felsen-Riefs flüchteten. Sie mußten uns also wohl nicht viel Gutes zutrauen, und das war auch kein Wunder. Sie hatten ehemals, da sie sich einem von *Byrons* Booten widersetzten, das Unglück gehabt, einige von ihren Leuten zu verlieren, und die englischen Matrosen hatten sie einen ganzen Tag über aus ihren Wohnungen verscheucht und von ihren Cocos-Nüssen auf Discretion gelebt. – Am südwestlichen Ende der Insel entdeckten wir eine Einfahrt in den Landsee, deren auch *Byron* erwähnt; wir setzten deshalb ein Boot aus, sie zu sondiren; denn wir wußten damals noch nicht, daß ers, wiewohl ohne gehoften Erfolg, schon gethan hatte. Unsre Leute fanden, daß der Grund aus scharfen *Corallen* besteht, und daß es unmöglich ist, auf selbigem zu ankern. Mittlerweile hatten die Einwohner sich auf der Nordseite der Einfahrt versammlet und die Waffen ergriffen; sie bezeigten sich aber dieses kriegerischen Aufzuges ohnerachtet sehr friedfertig, und brachten einige Cocos-Nüsse, die man gegen Nägel eintauschte. Sobald wir hievon Nachricht bekamen, ward noch ein zweytes Boot ausgesetzt und ans Land geschickt, um mit den Leuten zu handeln, auch ihnen die falschen, üblen Begriffe zu benehmen, die sie sich anfänglich von uns gemacht zu haben schienen. Mein Vater, Doctor *Sparrmann* und ich, waren von dieser Parthie, ob ich wohl an meiner Gallen-Krankheit noch viel auszustehen hatte. Wir landeten ohne Widerstand und mischten uns sogleich unter die Einwohner, deren hier ohngefähr funfzig bis sechzig beysammen waren, lauter starke, große Leute von schwarzbrauner Farbe. Sie hatten einige Puncturen auf der Brust, auf dem Bauche und auf den Händen, die gemeiniglich Fische vorstellten, als woraus ihre vorzüglichste Nahrung zu bestehen scheint. Ihre Gesichtszüge waren gar nicht unangenehm, nur wilder als bey den Einwohnern der benachbarten höhern Inseln. Sie giengen ganz nackt und hatten nur ein klein Stück Zeug um die Hüften gewickelt. Ihre Frauensleute wagten sich nicht zu uns heran; diejenigen aber, die wir von Ferne sahen, waren von gleicher Farbe mit den Mannsleuten, ihre Kleidung hingegen etwas länger, indem sie, in Form einer Schürze, bis auf die Knie herabreichte. Haar und Bart waren gekräuselt, zum Theil gestutzt und gemeiniglich schwarz; doch bemerkte ich auch einen Mann, dessen Haar an den Spitzen gelblich aussahe. So bald wir landeten, umarmten sie uns, wie die Neu-Seeländer, durch gegenseitige Berührung der Nasen, und fiengen sogleich an, Cocos-Nüsse und Hunde zum Verkauf an die Boote zu bringen. *Maheine* kaufte einige Hunde für kleine Nägel und reife *Pisangs,* die er von den *Marquesas* mitgenommen hatte. Diese Frucht war ihnen gar nicht fremd, aber sehr angenehm und schätzbar. Sie müssen also wohl mit höheren Inseln Verkehr haben, denn die *Pisangs* wachsen nicht auf ihren unfruchtbaren *Corallen-Riefen.* Die Hunde glichen denen auf den Societäts-Inseln, hatten aber besonders feines, weißes und langes Haar. *Maheine* ließ sichs daher sehr angelegen seyn, welche einzukaufen, weil eben dergleichen Haare in seinem Lande zur Auszierung der Brustschilder gebraucht werden. Wir versuchten es gerade nach ihren Hütten hinzugehen, die wir unter den Bäumen liegen sahen; da sie es aber nicht gestatten wollten, so begnügten wir uns, längst der Landspitze allerhand Pflanzen einzusammeln, vornemlich eine Kressen-Art *(Lepidium),* die sehr häufig vorhanden war, und ein gutes Blutreinigungs-Mittel zu seyn schien. Die Einwohner zeigten uns, daß sie diese Pflanze quetschten, mit Fleisch der Muscheln vermischten, und so in die See würfen, da wo sie einen Zug von Fischen bemerkten. Die Fische werden dadurch auf einige Zeit betäubt und lassen sich auf der Oberfläche des Wassers fangen ohne andre Mühe, als daß man sie aufnimmt. Sie nennen diese nützliche Pflanze *e-Nau.* Wir fanden auch vielen *Portulack,* der der gewöhnlichen Art ähnlich ist und von den Einwohnern *E-Turi* genannt wird. Dieses Kraut, welches auch auf den Societäts-Inseln wächst, wird daselbst unter der Erde gestobet und gegessen. Es gab hier noch andere Bäume und Pflanzen, die auch auf den Societäts-Inseln wachsen; doch fanden wir auch einige noch ganz unbekannte Kräuter. Der Boden bestand überall aus Corallen-Felsen, die nur um ein sehr weniges über die Oberfläche des Wassers erhöhet waren. Auf diesen lag zuerst eine Schicht grober, weißer Sand, mit *Corallen* und *Muscheln* vermischt, und drüberher eine sehr dünne Lage von *Garten-Erde.* Unter währendem Botanisiren waren wir um die Landspitze herum und bis jenseits der Wohnungen gekommen. Hier entdeckten wir eine andre hervorspringende Landspitze innerhalb des Sees, welche darinn eine Art von Bay hervorbrachte, deren ganzer Strand mit Buschwerk und Bäumen besetzt war. Zwischen den beyden Land-Spitzen mußte das Wasser sehr seicht seyn, denn wir sahen, daß eine große Menge Wilden von jener Seite der Bay durchwadeten und ihre Speere hinter sich herschleppten. Dieser Anblick machte, daß wir sogleich den Rückweg, durch das Buschwerk antraten. Der Weg brachte uns neben den Hütten vorbey, die nur klein und niedrig und mit einem von Cocos-Nußzweigen geflochtnen Dach bedeckt waren. Sie standen alle leer, indem sich die Bewohner sämmtlich am Strande versammlet und nur etliche Hunde darinn zurückgelassen hatten. Die Wetter-Dächer für ihre Canots waren von gleichen Materialien und ähnlicher Bauart, wiewohl etwas größer; die Canots selbst aber nur kurz, jedoch stark, an beyden Enden zugespitzt, auch mit einem scharfen Kiel versehen. Sobald wir den Strand erreicht hatten, mischten wir uns wieder unter die Wilden, die einige Befremdung darüber bezeugten, daß wir von ihrem Dorfe herkamen. Wir gaben dem Lieutenant, der unsre Boote commandirte, Nachricht von den feindlichen Anstalten, die wir bemerket; worauf unsre Leute sogleich Vorkehrungen machten, wieder an Bord zu gehen. Unterdessen war uns *Maheine* behülflich mit den Wilden zu reden. Sie sagten uns: sie hätten einen Befehlshaber oder *Eriki,* und ihre Insel heiße *Te-aukea.* Ihre Sprache hatte eine große Ähnlichkeit mit dem *tahitischen* Dialect, außer daß ihre Aussprache härter war und durch die Gurgel geschahe. Nunmehro sahe man die andern Wilden, die diesen gleichsam zum

Succurs durch die Bay gewadet waren, in den Büschen herankommen. Sie hatten sich theils mit langen Keulen, theils mit runden, kurzen Knüppeln und Speeren bewaffnet, die oft 14 Fus lang und oben mit dem Schwanz-Stachel des Stech-Rochens versehen waren. Wir traten also in unsre Boote; die Einwohner eilten aber in großen Haufen zu selbigen herbey, und schienen zweifelhaft, ob sie uns den Abzug wehren oder verstatten sollten? Indessen ließen sie das letztere geschehen, vielleicht, weil wir früher auf unsere Sicherheit gedacht hatten als sie es vermuthet haben mochten. Einige waren uns sogar behülflich, unsre Boote abzustoßen. Andre hingegen warfen Steine neben uns ins Wasser, und schienen sich etwas darauf einzubilden, daß sie uns gleichsam vom Strande weggescheucht hatten. Nach unserm Abzuge plauderten sie sehr laut untereinander, setzten sich aber endlich im Schatten der Bäume am Ufer nieder. So bald wir an Bord waren, lies der Capitain vier oder fünf Canonen, theils über ihre Köpfe hinaus, theils vor ihnen ins Wasser abfeuern, damit sie sehen sollten, was er zu thun im Stande sey. Die Kugeln, besonders aber die ins Wasser geschoßnen, jagten ihnen ein solches Schrecken ein, daß der ganze Haufe mit größter Eil davon rannte. Wir hatten von ihnen mehr nicht als dreyßig Cocos-Nüsse und fünf Hunde eingetauschet. *Byron* entdeckte hier auch Quellen, und ob diese gleich nur wenig Wasser gaben, so mag es doch wohl hinreichend seyn, die wenigen Einwohner mit diesem unentbehrlichen Elemente zu versehen. Auch traf er im Gebüsch ein steinernes Grabmahl an, welches mit den *Tahitischen Maraï's* ungemein viel Ähnlichkeit hatte. Die Opfer, von Fleisch und Früchten, hiengen an den nahestehenden Bäumen. Sowohl hieraus, als aus der Bildung, den Gebräuchen und der Sprache läßt sich mit Grunde schließen, daß dies Volk mit den glücklichern Bewohnern der benachbarten bergichten Inseln nahe verwandt sey. Die großen Landseen in diesen zirkelförmigen Inseln, sind, allem Ansehen nach, sehr fischreich, und Fische scheinen auch ihre beständige Nahrung auszumachen. Die sandichten Gegenden der *Corallen-Riefe* sind gute Stellen für *Schildkröten,* ihre Eyer darauf zu legen; und aus den Stücken von Schildkröten-Schaalen, welche die Leute vom *Dolphin* hier antrafen, erhellet sehr deutlich, daß die Einwohner diese großen Thiere zu fangen wissen, deren nahrhaftes Fleisch ein herrlicher Leckerbissen für sie seyn muß. Die wenigen hier wachsenden Pflanzen sind alle sehr nutzbar und zum Fischfange dienlich. Einige Bäume sind so dick, daß die Stämme zu Canots, die Äste hingegen zu Waffen und anderem Geräthe gebraucht werden können, und die *Cocos-Palme,* die so manchen Völkern des Erdbodens Unterhalt giebt, leistet auch diesen hier, unendlichen Nutzen, weil von derselben fast alles und jedes zu brauchen ist. Die *Nuß* enthält, so lange sie grün ist, bisweilen eine Pinte, zuweilen ein ganzes Quart, Wasser, das eine angenehme Süßigkeit und besonders lieblichen Geschmack hat. Seine kühlende Eigenschaft und anderen Bestandtheile, machen es zu einem herrlichen Labetrunk, der in diesen heissen Himmelsgegenden den Durst, ohne Zweifel besser als jedes andre Getränk, löschet. Wenn die Nuß älter wird, so bildet sich in selbiger ein Kern, der anfänglich fettem Milch-Rahm gleicht, hernachmals aber so fest und öhligt wird, als Mandeln. Er ist sehr nahrhaft. Das Öhl wird zuweilen herausgepreßt und zur Salbung der Haare und des Cörpers gebrauchet. Aus der harten Schaale machen sie Trink-Geschirre, und allerhand andre Gerätschaften, und die fasrigte Rinde giebt gutes, starkes, elastisches und dauerhaftes Tauwerk, imgleichen mancherley Putz. Mit den obersten, langen Blättern oder Schößlingen decken sie ihre Hütten, oder flechten Körbe daraus. Aus der inneren Schaale wird eine Art von Zeug bereitet, das in diesen heißen Ländern zur Kleidung hinreichend ist; und der Stamm des Baumes selbst, wenn er zu alt wird, um Früchte zu tragen, taugt wenigstens noch zum Bau einer Hütte oder zum Maste eines Canots. Außer Fischen und Früchten haben sie auch Hunde, die mit Fischen gefüttert und von den Einwohnern der Societäts-Inseln für die schmackhafteste Fleisch-Speise gehalten werden. Solchergestalt hat die Vorsehung, nach ihrer Weisheit, sogar diese unbedeutende schmale Felsen-Riefe, für ein ganzes Geschlecht von Menschen, hinreichend mit Lebensmitteln versehen! Die Entstehungsart dieser Corallen-Felsen giebt uns ein nicht minder bewunderungswürdiges Beyspiel von der Allmacht des Schöpfers, der so oft große, wichtige Endzwecke durch die geringsten Mittel zu erreichen weiß. Die Koralle ist, bekanntermaaßen, das Gebäude eines kleinen Wurms, der sein Haus, in eben dem fortschreitenden Maaße als er selbst wachset, vergrößert. Kaum bemerkt man an

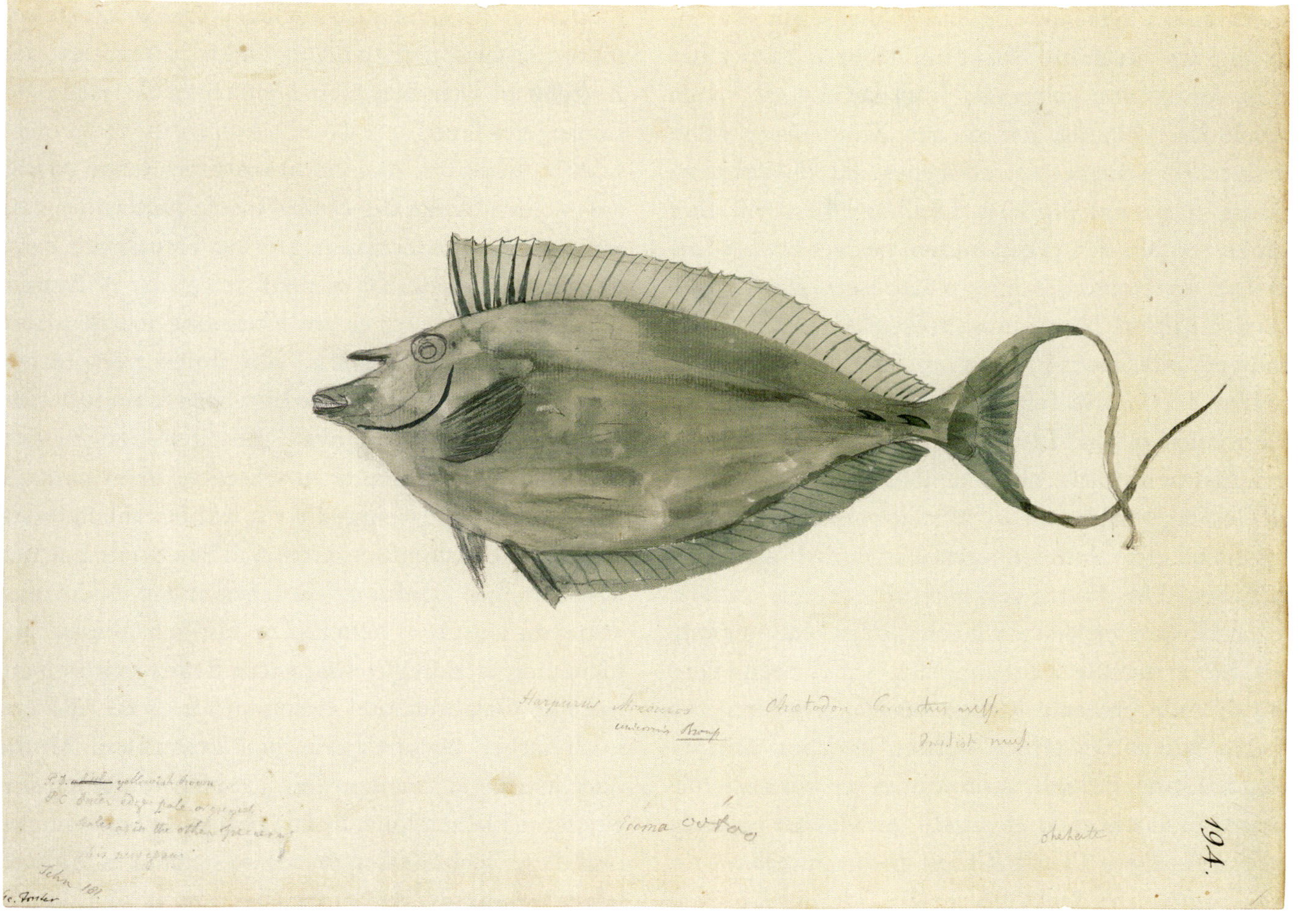

Kurznasendoktor, ***F: Harpurus monoceros***
Naso unicornis (Tahiti, 1774)

diesem kleinen Thierchen Empfindung genug, um es in dieser Absicht von den Pflanzen unterscheiden zu können: Gleichwohl bauet es, aus der unergründlichsten Tiefe der See, ein Felsenwerk, bis an die Oberfläche des Meers, in die Höhe, um unzähligen Menschen einen vesten Boden zum Wohnplatz zu verschaffen! – Die Zahl der auf solche Art entstandenen *flachen* Inseln ist sehr beträchtlich, und wir kennen sie gleichwohl bey weitem noch nicht alle. In der Südsee sind ihrer zwischen den Wendezirkeln am mehresten, vorzüglich aber trift man sie ostwärts von den Societäts-Inseln, in einer Strecke von 10 bis 15 Graden, an. *Quiros, Schouten, Roggewein, Byron, Wallis, Carteret, Bougainville* und *Cook* haben insgesammt, ein jeder verschiedene neue Eylande von der Art entdeckt, und, was das merkwürdigste ist, sie haben sie 250 Seemeilen *ostwärts von Tahiti,* mit Menschen bewohnt gefunden! Es ist sehr wahrscheinlich, daß man in der Folge, auf jedem neuen Striche, zwischen dem 10ten und 17ten Grad der südlichen Breite, *noch* andere von eben dieser Gattung entdecken werde. Bis jetzt aber ist noch kein Seefahrer in dieser Parallele, nach den Societäts-Inseln geseegelt. Übrigens verdiente es auch gar wohl einer näheren Untersuchung, warum sie sich *ostwärts* von den Societäts-Inseln so häufig finden, und besonders *da* einen so großen Archipelagus ausmachen, indeß man sie jenseits, oder *westwärts* von den *Societäts-Inseln,* nur ganz einzeln antrift? Zwar giebt es weiter gegen Westen hin, noch einen andern Archipelagus von Koral-Rieffen, nemlich die sogenannten *freundschaftlichen Inseln:* Diese sind aber von jener Art in manchen Stücken sehr unterschieden. Sie scheinen nemlich nicht nur ungleich älter zu seyn, sondern sie sind auch mehrentheils von größerm Umfang, und haben mehr Erdreich, so daß daselbst alle Pflanzen gezogen werden, die nur immer in den bergigten Inseln fortkommen.

Nachdem wir von *Te-Aukea* abgesegelt waren, lavirten wir die ganze Nacht und steuerten bey einer nicht weit davon gelegenen Insel vorbey, die, nach *Byron's* Bestimmung, mit zu den *König Georgs-Inseln* gehört. Sie scheint viel ähnliches mit *Te-Aukea* zu haben, aber von größerm Umfange zu seyn. Ihre Länge von Norden gegen Süden, beträgt etwa 8 Seemeilen, die Breite des innern Landsees aber 5 bis 6 solcher Meilen. Sie war auch häufig mit Büschen, Bäumen und Cocos-Palmen besetzt.

Um 8 Uhr des folgenden Morgens, entdeckten wir wiederum eine Insel, von eben der Art, die, allem Anschein nach, noch keinem andern Seefahrer zu Gesicht gekommen ist, wenigstens erinnern wir uns nicht, eine Anzeige davon, irgendwo gefunden zu haben. Um Mittag zeigte sich noch eine andere, gegen Westen, an der wir Nachmittags hinunter fuhren. Sie erstreckte sich ungefähr auf 8 Seemeilen: Am Strande lief eine Menge der Eingebornen, mit langen Speren bewaffnet, herum, und auf dem innern Landsee, der sehr groß war, sahen wir verschiedene Canots auf- und ab segeln. So viel ich bemerkt habe, sind diese Corall-Riefen, mehrentheils an *der* Seite, auf welche der Wind gewöhnlich hinbläset, am höchsten und am fruchtbarsten; ein glücklicher Umstand für die Seefahrenden, die sonst in vielen Fällen Gefahr laufen würden an diesen Klippen zu scheitern, ehe sie ihrer gewahr worden wären. Doch giebt es auf dieser See überhaupt nur selten so heftige Stürme, daß man, um derselben willen, diese Inseln für mißliche oder unangenehme Wohnplätze halten sollte. Bey gutem Wetter muß es sich vielmehr überaus angenehm auf den spiegelglatten Seen herumfahren lassen, wenn auch gleich der Ocean noch so stürmisch und unruhig seyn sollte.

Noch denselben Abend erblickten wir eine dritte neue Insel, verloren sie aber, als wir am folgenden Morgen weiter segelten, bald wieder aus dem Gesicht. Capitain *Cook* nannte diesen Haufen Inseln, *Pallisers-Eylande*. Sie liegen im 15ten Grad 36 Minuten südlicher Breite und im 146sten Grad 30 Minuten westlicher Länge. Die nördlichste derselben scheint *Roggeweins gefährliche Insel* zu seyn, an deren Küsten er die afrikanische Galley verlor. Diese Vermuthung wird unter andern dadurch bestätigt, daß *Byron* nicht weit von hier, nemlich zu *Te-Aukea,* ein Bootsruder fand.[11]

Wir steuerten nun Südwestwärts. Schon waren auf beyden Seiten die *flachen* Inseln hinter uns, und nun gieng zu jedermanns größter Freude die Fahrt gerade nach *Tahiti*. Da wir auf den guten Willen der dortigen Einwohner sichre Rechnung machen, und uns die beste Aufnahme von ihnen versprechen konnten; so sahen wir diese Insel gleichsam für unsre zwote Heimath an. Unsere Kranken fiengen nun auch an, neue Hoffnung zu schöpfen; denn sie wußten, daß sie dort wenigstens im Kühlen ruhen, oder, wenn ihre Umstände es litten, sich Bewegung machen könnten und überdem weit gesundere Nahrungsmittel zu gewarten hätten. Die übrigen freuten sich nicht minder, dort gleichsam neue Kräfte zu sammlen, um alle Gefahren und Beschwerlichkeiten, die uns noch ferner bevorstanden, mit gestärktem Muthe übernehmen zu können. Der Capitain versprach sich einen reichlichen Vorrath an frischen Lebensmitteln, und diese Beyhülfe ließ uns desto sicherer eine glückliche Beendigung der ganzen Seereise hoffen. Unser Astronom war äusserst begierig eine Sternwarte zu errichten, und darnach zu bestimmen, wie unsere Längen-Uhr gegangen sey, welches seit der Abreise von Neu-Seeland nicht hatte untersucht werden können. Überdem sehnten auch *wir* als Naturforscher uns sehr nach dieser Insel, um unsre Kräuter-Sammlungen, die natürlicherweise sehr unvollständig seyn mußten, weil unser voriger Aufenthalt in die Wintermonate gefallen war, etwas reichhaltiger zu machen.

Aber gewiß noch eifriger als wir alle, wünschte unser Freund, *Maheine,* nach *Tahiti* zu kommen, weil viele seiner Verwandten sich daselbst niedergelassen, er für seine Person aber noch nie da gewesen war. Überdem hatte er, nicht nur von den Einwohnern der anderen Societäts-Inseln, die *Tahiti* für die reichste und mächtigste von allen halten, sondern auch von *uns,* täglich so viel schönes von diesem Lande erzählen hören, daß er für Begierde brannte, es mit eignen Augen zu sehen. Er wußte, daß die Menge ausländischer Curiositäten die er auf der Reise eingesammlet hatte, ihm bey den dortigen Insulanern ein großes Ansehen verschaffen, und daß die vielen seltnen Kenntnisse die er sich durch den Umgang

11 S. *Hawkesworths* Geschichte der Englischen See-Reisen, in 4. Th. I. Seite 99.

mit uns und andern entfernten Völkern erworben hatte, in *Tahiti* allgemeine Aufmerksamkeit erregen würden. Er that sich also schon im Voraus was darauf zu gute, daß ihm jedermann mit Achtung und Freundschaft begegnen, daß seine Bekanntschaft mit uns, und unsre Lebensart, die er angenommen, ihm noch mehr Bewunderung zuziehen, und daß man vornemlich für das Schießgewehr, dessen Gebrauch wir ihm erlaubt hatten, nicht wenig Respect bezeigen würde. Auch bin ich, seines guten Herzens wegen, überzeugt, daß er sich *darauf freute,* uns Europäern auf diese oder jene Weise, bey seinen Landsleuten nützlich zu werden; denn er war uns allen herzlich gut, und ward auch unsrer Seits durchgehends aufrichtig geliebt.

Am folgenden Morgen, um 10 Uhr, erblickten wir Land, und erkannten wenige Stunden darauf, daß es ein Theil von *Tahiti* sey. Aber ungeachtet aller Mühe, die wir anwendeten um noch denselben Tag da anzulanden, mußten wir doch, der einbrechenden Dunkelheit wegen, die Nacht in See zubringen. So lange es noch helle blieb, hatte jedermann die Augen, fest auf diese Königinn der tropischen Inseln hingerichtet. Ich, so schwach auch meine Kräfte waren, kroch ebenfalls mit aufs Verdeck, um mich wenigstens an dem Anblick der Gegend zu laben, die mir zu Herstellung meiner Kräfte und meiner Gesundheit endlich Hoffnung gab. Den Morgen war ich früh erwacht, und welch Entzücken gewährte mir da die herrliche Aussicht! Es war, als hätte ich die reizende Gegend, die vor mir lag, noch nie gesehen; doch war sie jetzt auch in der That weit schöner, als vor acht Monathen, da ich sie zu einer ganz andern Jahreszeit gesehen hatte. Die Wälder auf den Bergen waren mit frischem Grün bekleidet, das in mannigfaltigen Farben durcheinander spielte; die kleinen Hügel, hie und da, grünten ebenfalls im neuen Frühlingskleide, und verschönerten an manchen Orten, die reizende Aussicht. Besonders aber prangten die Ebnen mit allem Schmuck der jungen Wiesen. Kurz, alles erinnerte mich an die Beschreibungen von *Calypso's* bezauberter Insel.

Man kann leicht denken, daß wir diese vor uns liegende Landschaft nicht viel aus den Augen ließen. Im Vorbeyseegeln hatten wir überdem noch das Vergnügen, jede bey unserm vormaligen Aufenthalt besuchte Gegend gleich wieder zu kennen. Endlich zeigte sich die Pracht von Matavai-Bay in ihrem ganzen Umfange, und nun konnten wir es kaum erwarten, nach einer achtmonathlichen Abwesenheit, wieder hier anzulanden.

Adlerrochen, *F: Raja edentula*
Aetobatus spec. (Tahiti, 10. Mai 1774)

ZWEYTES HAUPTSTÜCK.

Nachricht vom zweeten Besuch auf der Insel Tahiti.

Ille terrarum mihi praeter omnes
Angulus ridet.
HORAT.

Kaum hatten die guten Leute das Schiff vom Lande her wahrgenommen, so kamen auch schon verschiedene Canots, um uns mit Geschenken von Früchten zu bewillkommen. Unter den ersten, die uns an Bord besuchten, waren zween junge Leute, die, dem Range nach, etwas mehr als die übrigen seyn mußten: Diese baten wir, in die Cajütte zu kommen, und hier wurde sogleich mit *Maheinen* Bekanntschaft gemacht. Der Landes-Sitte nach, mußten sie ihm ein Geschenk von Kleidungsstücken machen: Sie zogen also ihre Oberkleider, die vom feinsten hiesigen Zeuge verfertigt waren, aus, und gaben sie ihm anzuziehen. Er hingegen zeigte ihnen seine Merkwürdigkeiten, und beschenkte sie mit ein Paar rothen Federn, die sie, als eine große Seltenheit, sehr hoch aufnahmen.

Etwa um 8 Uhr des Morgens, ließen wir in *Matavai-Bay* den Anker fallen, und sogleich war auch eine ganze Flotte von Canots um uns her, in welchen unsere alten Bekannten, Fische, Brodfrucht, Äpfel, Cocosnüsse und Pisangs zu Markte brachten, und für sehr geringe Preise überließen. Die Fische waren größtentheils sogenannte *Dikköpfe, (mullets* oder *mugiles)* und *Boniten*. Sie führten sie uns lebendig, in einem Troge zu, der zwischen den doppelten Canots unter dem Wasser befestigt und, damit dieses frey hindurch konnte, vorn und hinten mit einem Flechtwerk von Baumzweigen vermacht war.

Wir ließen nun, wie ehemals, auf der Landspitze *Venus* wieder einige Zelte aufschlagen, sowohl zum Behuf astronomischer Beobachtungen, als zu Erleichterung des Handels, Holzhauens und Wassereinnehmens. Der Capitain, Dr. *Sparmann* und mein Vater giengen ans Land. Ich aber mußte noch am Bord bleiben; denn ich war so matt und elend, daß ich kaum stehen konnte. Indessen machte ich mir die kleine Verändrung, vom Cajütten-Fenster aus, zu handeln, und brachte auf die Art wenigstens etliche neue Arten Fische an mich, da hingegen jene Herren, bey ihrer Zurückkunft, nichts neues aufzuweisen hatten. Was sie uns vom Lande erzählten, lautete sehr reizend und vortheilhaft: Sie hatten alles, was sie diesmal gesehen, in weit bessern Umständen gefunden als bey unsrer ersten Anwesenheit; das Grün in voller Pracht; viele Bäume noch mit Früchten beladen; die Bäche wasserreich, und eine Menge ganz neuerbauter Häuser. *Maheine,* der mit ihnen gegangen war, kam die Nacht nicht wieder an Bord. Er hatte sogleich einige von seinen Verwandten angetroffen, vornehmlich eine leibliche Schwester, Namens *Te-i-oa,* die eine der schönsten Frauenspersonen auf der ganzen Insel, und an einen großen, ansehnlichen und vornehmen Mann, von *Raietea,* Namens *Nuna,* verheyrathet war. Sein Haus, das sich wegen der ungewöhnlichen Größe vor vielen der übrigen ausnahm, stand ganz nahe bey unseren Zelten; es lag nemlich kaum 200 Schritt, jenseit des Flusses. Ehe *Maheine* ans Land gieng, hatte er seine europäische Kleidung abgelegt, und dafür die schönen neuen Kleider, womit er von seinen Landsleuten beschenkt worden war, angezogen. Die Freude, welche er über diese Vertauschung der Tracht äußerte, bewies, daß ihm seine vaterländische Sitte, doch über alles wohl gefallen müsse. Indessen ist das um so weniger zu verwundern, weil man unter den mehresten Völkern, die noch nicht gehörigermaßen civilisirt sind, besonders aber unter den ganz wilden, dergleichen Beyspiele von der Macht der Gewohnheit vielfältig wahrgenommen hat. In der That war es auch ganz natürlich, daß ein Mensch von den Societäts-Inseln, (wie z. B. *Maheine,* der beydes kannte) das glückliche Leben, die gesunde Nahrung und die einfache Tracht seiner Landsleute, – der beständigen Unruhe, den ekelhaften Speisen, und den groben engen Kleidungen europäischer Seeleute vorziehen mußte. Haben wir doch sogar gesehen, daß *Esquimaux,* mit der größten Begierde in ihr wüstes Vaterland, zu ihren schmierigen Seehundsfellen und zu ihrem ranzigen Thran-Öle zurückgekehrt sind, ohnerachtet sie eine Zeitlang, die europäische Küche, den europäischen Kleider-Prunk, und alle Herrlichkeit von London, gesehen und genossen hatten!

Was *Maheinen* betrift, so fand er in *Tahiti* alle Glückseligkeit und Freude, die er nur je erwarten konnte; ein jeder begegnete ihm mit außerordentlicher Achtung, und sah ihn in mehr denn einer Absicht, für ein rechtes Meerwunder an; man bewirthete ihn mit den ausgesuchtesten Speisen; er bekam unterschiedliche Kleider geschenkt, und indem er unter den Nymphen des Landes herumschwärmte, fand er nicht selten Gelegenheit, auch jene Art des Vergnügens zu schmecken, die er zur See schlechterdings hatte entbehren müssen. Empfindlich für jede sinnliche Lust, wie alle Kinder der Natur, aber lange des Anblicks seiner hübschen Landsmänninnen beraubt, und durch den Umgang mit unsern Seeleuten vielleicht noch etwas mehr, als sonst, zur Sinnlichkeit gestimmt, mußte ihm die Gelegenheit, sich auch hierinnen einmal ein gewisses Genüge zu thun, natürlicherweise sehr willkommen seyn. Er hatte also von allen Seiten Ursach, sichs auf dieser reizenden Insel ganz wohl gefallen, und durch den Umgang mit seinen schönen Landsmänninnen sich fesseln zu lassen. Überdem konnte in einem so warmen Clima das Schiff freylich kein angenehmes Nachtquartier für ihn seyn; warum hätte er sich in eine enge, vielleicht auch übelriechende Cajütte einsperren sollen, da er am Lande die reinste Luft, den Wohlgeruch der Blumen einathmen konnte, und überdies von dem sanften Abendwinde die angenehmste Kühlung zu gewarten hatte? – – So glücklich aber auch, in Rücksicht auf diese Umstände, *Maheinens* Loos, *am Lande* seyn mogte, so gab es doch auch *an Bord,* Leute, die sich in ihrer Lage für recht beneidenswerth hielten! Gleich am ersten Abend kamen nemlich unterschiedliche Frauenspersonen aufs Schiff, mit welchen die ganze Nacht hindurch, alle mögliche Ausschweifungen getrieben wurden. Ich habe schon bey einer andern Gelegenheit angemerkt, daß die hiesigen liederlichen Weibspersonen von der gemeinsten oder niedrigsten Classe sind; das bestätigte sich jetzt noch augenscheinlicher, weil diese Personen gerade dieselbigen waren, die sich bereits bey unserm ersten Aufenthalt zu *Tahiti,* in so ausgelassene Sittenlosigkeiten, mit unsern Seeleuten einließen. Dies beweiset meines Erachtens offenbar, daß die H... hier zu Lande ebenfalls eine besondere Classe ausmachen. Sie ist jedoch bey weitem so zahlreich, und das Sittenverderben lange so allgemein nicht, als unsre Vorgänger solches vielleicht zu verstehen geben. Mich dünkt, sie haben dabey zu wenig auf Ort und Umstände, Rücksicht genommen. Es würde abgeschmackt seyn, wenn etwa *O-Mai* seinen Landsleuten erzählen wollte: in England wisse man wenig oder nichts von Zucht und Ehrbarkeit, weil er dergleichen unter den gefälligen Nymphen in *Covent-Garden, Drurylane* und im *Strande* nicht angetroffen.

Den Tag nach unsrer Ankunft hatten wir überaus trefliches Wetter. Es kamen daher viele von den Eingebohrnen zu uns an Bord. Ich fuhr ans Land und versuchte es nach den Zelten zu gehen, war aber kaum 50 Schritt weit fortgekrochen, als ich umkehren und mich niedersetzen mußte, um nicht ohnmächtig zu werden. An dem Ort, wo ich saß, brachte man unter andern auch Äpfel zum Verkauf: diese sahen so reizend aus, daß ich, dem ausdrücklichen Verbot meines Arztes zuwider, es auf die Gefahr ankommen ließ, und einen zu mir nahm. Hierauf gieng ich wieder an Bord. Während dieser Zeit hatten unsre Leute, gegen Nägel, Messer und andere Kleinigkeiten, fünfzig Stück große Bonniten, imgleichen eine Menge von Früchten eingetauscht, so daß recht reichliche Portionen davon, unter die Mannschaft ausgetheilt werden konnten. Einem von unsern Tahitischen Gästen war mittlerweile die Lust angekommen, etliche Nägel vom Schiffe zu stehlen. Diesen fand ich bey meiner Zurückkunft in Ketten; weil aber viele angesehene Personen Fürbitten für ihn einlegten, und eine ziemlich beträchtliche Anzahl Bonniten zu geben versprachen, wenn man ihn loslassen wollte, so wurde er bald wieder in Freyheit gesetzt, jedoch mit der Verwarnung, daß er sich inskünftige, für so dergleichen Diebereyen, in Acht nehmen mögte.

Das liederliche Gesindel, welches die vorige Nacht am Bord zugebracht hatte, war diesen Abend zeitig wieder da, und hatte noch so viel andere von eben dem Gelichter mit sich gebracht, daß jeder Matrose seine eigne Dirne haben konnte. Das war ihnen eben recht; sie hatten gerade heut das St. Georgen-Fest, nach altem Brauch gefeyert, das heißt, dem Schutzheiligen ihres Landes zu Ehren, sich tapfer bezecht. Nach Endigung der Bachanalien brachten sie nun noch die ganze, schöne, mondenhelle Nacht im Dienst Cytherens hin!

Dr. *Sparrmann* und mein Vater kamen erst nach Sonnen-Untergang vom Lande an Bord zurück. Sie waren über *One-Tree-hill* nach *Parre* gegangen, hatten daselbst *Tutahah's* Mutter, nebst *Happai,* des Königs Vater, angetroffen und beyde mit einigen Geschenken bewillkommt. Einer von den Eingebohrnen, der sie von dort aus begleitete, leistete ihnen, vornemlich dadurch manchen sehr guten Dienst, daß er weit in einen Teich hinein schwamm, auf welchem sie einige wilde Endten geschossen hatten. Er lud sie auch nach seiner Wohnung ein, die wohl 10 Meilen westwärts von *Point Venus* entfernt war. Daselbst bewirthete er sie mit einer guten Mahlzeit von Früchten, und unter andern, mit einem vortreflichen Pudding, der von geschabten *Cocos-Nuß-Kernen* und *Pfeilwurzeln (arum esculentum)* gemacht war, versorgte sie auch reichlich mit Cocos-Nüssen. Die Bäume um seine Hütte, lieferten ihm diese Frucht, ihrer Erzählung nach, in großer Menge. Nach dem Essen beschenkte er sie noch mit einer wohlriechend gemachten Kleidung, vom feinsten Zeuge, und auf dem Rückwege trug er ihnen eine große Tracht von Früchten nach, die bey der Mahlzeit nicht waren verzehrt worden. Unterwegens fanden sie die beyden Ziegen, die Capitain *Fourneaux* dem Könige geschenkt hatte, ohnweit dem Hause ihres hohen Eigenthümers. Sie hatten seit unsrer Abwesenheit ein feines, sanftes, seidenartiges Haar bekommen, auch hatte die Ziege bereits zween Junge geworfen, die beynahe völlig ausgewachsen, eben so gut bey Leibe und so munter waren, als die beyden Alten. Wenn die Einwohner noch eine Zeitlang fortfahren, diese Thiere so sorgfältig zu warten; so werden sie solche bald können wild gehen lassen, und dann haben sie, von der schnellen Vermehrung derselben, einen neuen Artikel des Unterhalts zu gewarten, der ihnen ohne Zweifel sehr willkommen seyn wird. Der gastfreye Begleiter meines Vaters kam mit an Bord, schlief die Nacht bey uns, und gieng am folgenden Morgen, höchst vergnügt über einige Messer, Nägel und Corallen, die er zum Geschenk bekommen hatte, wieder nach Hause.

Des folgenden Morgens, den 24sten, fand ich mich, durch den verbotenen Apfel, den ich den Tag vorher genossen hatte, ganz außerordentlich erquickt, und Capitain *Cook,* der noch immer einige Zeichen seiner Gallenkrankheit an sich warnahm, hatte gleiche Würkung von dieser herrlichen Frucht gespürt. Wir fuhren also fort, uns nach unserm Appetit, von Zeit zu Zeit, damit zu laben und empfohlen sie allen ähnlichen Patienten. Unsere Besserung wurde dadurch über alle Erwartung beschleunigt, und in wenig Tagen war die ganze Krankheit, bis auf eine geringe Schwäche gehoben, die in dergleichen Fällen gemeiniglich noch eine Zeitlang zurückzubleiben pflegt.

Um Mittag aus besuchte uns, ohnerachtet es kaum aufgehört hatte zu regnen, der König *Tu* mit seiner Schwester *Taurai* und mit seinem Bruder. Sie brachten dem Capitain *Cook* etliche Schweine zum Geschenk, und der König schien jetzt bey weitem nicht mehr so mißtrauisch und so schüchtern als ehemals zu seyn. Man belohnte seine Freygebigkeit durch ein paar Beile; allein, es mußte ihm und seiner Gesellschaft wohl hauptsächlich um rothe Papagayen-Federn zu thun seyn, denn nach diesen fragten sie, unter der Benennung *Ura,* sehr eifrig. Ohne Zweifel hatten *Maheinens* Erzählungen und die Geschenke von dergleichen Federn, die er hier bereits ausgetheilt, dem Könige Anlaß gegeben, sich bey uns darnach zu erkundigen. Wir suchten also den ganzen Vorrath von Merkwürdigkeiten, den wir von den *freundschaftlichen Inseln* mitgebracht hatten, durch, und fanden darunter eine Menge solcher Federn. Indessen hielten wir nicht für rathsam, sie ihnen alle auf einmal sehen zu lassen, sondern es ward dem Könige und seiner Schwester nur ein Theil dieser

Kostbarkeiten gezeigt, deren Anblick jedoch schon hinreichend war, sie in frohes Erstaunen zu setzen.

Ich habe weiter oben, als ich des Einkaufs dieser Federn erwähnte, angemerkt, daß einige davon auf Maulbeerzeug geheftet, andre aber auf Sternen von Cocosfasern befestigt waren. Von dem damit ausstafierten Zeuge, bekamen unsre hohen Gäste ein Stückchen, nicht viel über zween Finger breit, und von den Sternen ebenfalls nur einen oder zween. So klein auch diese Portion war, so schienen sie doch kaum so viel erwartet zu haben, und giengen sehr vergnügt damit fort. Man braucht diese Art Federn, hier zu Lande, vornemlich zu Ausschmückung der Kriegskleider, und wer weiß bey wie viel andern feyerlichen Gelegenheiten sie ebenfalls sonst noch Dienste leisten müssen. Der ungemein hohe Werth aber, den man darauf setzt, beweiset sattsam, wie hoch unter diesem Volke der Luxus schon gestiegen ist.

Am folgenden Tage besuchten uns unterschiedliche Befehlshaber der Insel, unter andern auch unser alter Freund *Potatau,* nebst seinen zwoen Gemahlinnen *Whainiau* und *Polatehera*. Auch diese mußten schon von unserm großen Reichthum an rothen Federn gehört haben, denn sie brachten eine Menge Schweine mit sich, und vertauschten solche mit großer Begierde gegen die kleinsten Läppchen mehrbemeldeten Federzeuges. Es war ganz auffallend, wie sich die Umstände der Einwohner, seit unsrer achtmonatlichen Abwesenheit, verbessert hatten. Das erstemal konnten wir mit genauer Noth, nur einige *wenige* Schweine von ihnen bekommen, und mußtens als eine ganz besondre Gefälligkeit ansehen, wenn uns der König und etwa noch einer oder der andre von den Vornehmern der Insel, eins dieser Thiere zukommen ließ; diesmal aber waren unsere Verdecke so voll davon, daß wir uns genöthiget sahen, einen eignen Stall zu ihrer Beherbergung am Lande zu erbauen. Solchergestalt hatten sich die Leute von ihrem letzten unglücklichen Kriege mit der andern Halb-Insel, dessen traurige Folgen sie bey unsrer ersten Anwesenheit, im August 1773, noch sehr drückend zu empfinden schienen, jetzt ohne Zweifel schon völlig wiederum erhohlt.

Regen und Ungewitter hielten diesen ganzen Vormittag über an, und die Blitze waren so heftig, daß wir, Sicherheitswegen, eine kupferne Kette an die Spitze des mittleren Mastes befestigen und zum Schiff hinaus hängen ließen. Das untere Ende verwickelte sich ins Tauwerk, und kaum hatte es der Matrose losgemacht und über Bord herunter geworfen, als ein erschrecklicher Blitz ausbrach, der an der ganzen Kette sichtbar hinab lief, und unmittelbar von einem fürchterlichen Donnerschlage begleitet wurde. Das ganze Schiff erbebte davon dermaaßen, daß nicht nur alle am Bord befindlichen Tahitier, sondern auch wir andern, äußerst erschracken. Der Blitz hatte jedoch nicht den geringsten Schaden gethan, und das überzeugte uns nun zum andernmal von dem großen Nutzen der electrischen Kette, davon Capitain *Cook,* als er in dem Schiffe *Endeavour* zu *Batavia* vor Anker lag, bereits ein ähnliches Beyspiel erlebt hatte.[1]

Der Regen fieng erst gegen Abend an, etwas nachzulassen; doch kamen von Zeit zu Zeit noch einige Güsse; den andern Morgen aber, hatte es ganz aufgehört. Die erste Nachricht, welche wir heute von unserer am Lande campirenden Mannschaft erhielten, lautete dahin, daß verschiedene Camisöler und einige wollene Bettdecken, die dem Capitän zugehörten, und gewaschen werden sollten, aus den Zelten gestohlen wären. Der Capitain fuhr also gegen zehn Uhr ans Land, um dem Könige seinen Besuch abzustatten, und ihn, zu Wiedererlangung des Entwendeten, um seine Vermittelung anzusprechen. Dr. *Sparrmann,* mein Vater, nebst noch einigen andern Herren, begleiteten ihn, und ich meines Theils, war auch wieder so weit hergestellt, daß ich mit von der Gesellschaft seyn konnte. Bey unsrer Ankunft auf der Küste von *O-Parre,* wurden wir durch einen Anblick überrascht, den in der Süd-See gewiß keiner von uns erwartet hatte. Längst dem Ufer lag nehmlich eine zahlreiche Flotte von großen Krieges-Canots vor Anker, mit Ruderern und Streitern bemannet, die in ihrer völligen Rüstung mit Brustschildern und hohen Helmen versehen waren. Der ganze Strand wimmelte von Menschen, doch herrschte unter der ganzen Menge ein allgemeines, feyerliches Stillschweigen. Wir hatten kaum das Ufer erreicht, als uns einer von des Königs Vettern, Namens *Thi,* entgegen kam, um den Capitain mit sich ins Land hinauf zu nehmen. Aber in demselben Augenblick trat auch der Ober-

1 S. *Hawkesworths* Samml. der engl. See-Reisen, in 4. Th. III. Seite 321.

befehlshaber der Flotte ans Ufer und eilte uns aufs höflichste zu bewillkommen. Bey seiner Annäherung rief das gemeine Volk aus, *Tohah* kömmt! und machte ihm mit einer Ehrfurcht, die uns in Verwundrung setzte, Platz. Er gieng gerade auf den Capitain *Cook* zu, gab ihm die Hand, nannte ihn seinen Freund! und bat, daß er in sein Canot treten mögte. Mit diesem Antrag aber schien *Tih* nicht so ganz zufrieden, sondern vielmehr in Verlegenheit zu seyn, daß Capitain *Cook* ihn verlassen und dagegen mit *Tohah* gehen wollte. Unterdessen waren wir bis an das Canot des Admirals gekommen, und der Capitain war fast im Begriff hineinzusteigen, als er sich eines andern besann und die Einladung ablehnte. *Tohah,* der sich dadurch beleidiget fand, verließ uns darauf mit offenbarem Kaltsinn und stieg allein in sein Canot; wir aber, ohne uns weiter um ihn zu bekümmern, nahmen die Schiffe, die in gerader Linie, und alle mit dem Vordertheil gegen das Land gekehrt lagen, eins nach dem andern, in näheren Augenschein. Der Anblick dieser Flotte setzte uns mit Recht in Erstaunen, weil er in der That alles, was wir uns bisher von der Macht und dem Reichthum dieser Insel vorgestellt hatten, bey weitem übertraf. Es waren nicht weniger als hundert und neun und funfzig große, doppelte Kriegs-Canots, von 50 bis 90 Fuß lang, hier beysammen. Wenn man bedenkt, mit was vor unvollkommenem Handwerkszeuge die Leute hier zu Lande versehen sind, so kann man sich über die Gedult, womit sie an Verfertigung dieser Schiffe müssen gearbeitet haben, nicht genug verwundern. Denn um erstlich, die dazu erforderlichen Bäume zu fällen, Planken daraus zu schneiden, diese dann glatt und eben zu machen, sie an einander zu fügen, und endlich in die Form großer und lastbarer Schiffe zusammen zu setzen, dazu haben sie weiter nichts, als ein Beil und einen Meißel von Stein, ein Stückchen Coralle und etwas scharfes Rochenfell, welches letztere sie vornehmlich zur Abglättung oder Abhoblung der Oberfläche gebrauchen. Alle ihre Canots sind doppelt, oder je zwey und zwey, durch funfzehn bis achtzehn starke Queerbalken, neben einander befestigt. Die Queerbalken liegen gemeiniglich viertehalb Fuß weit einer von dem andern, und sind von 12 bis 24 Fuß lang. Im letztern Fall ragen sie weit über die beyden Schiffsseiten weg, und machen alsdenn, vermöge ihrer beträchtlichen Länge, über das ganze Fahrzeug eine Art von Verdeck aus, das oft 50 bis 70 Fuß lang ist. Damit aber diese Menge von Queerbalken unter einander eine Art von Hältniß haben; so befestigen sie, an den Außenseiten, desgleichen in der Mitte, zwischen beyden zusammengefügten Canots, zwey bis drey Sparren, der Länge nach darüber her. Vorder- und Hintertheile stehen etliche Fuß hoch über dem Wasser, und das Hintertheil zuweilen wohl zwanzig Fuß. Letzteres hat die Gestalt eines krumm gebogenen Vogelschnabels, und pflegt auf unterschiedliche Art ausgeschnitzt zu seyn. An den doppelten Canots war, zwischen den beyden hohen Hintertheilen, gemeiniglich ein Stück weisses Zeug, statt eines Wimpels, ausgespannt, welches der Wind oft als ein Seegel aufblies. Einige führten gestreifte Wimpel mit rothen Feldern, und diese dienten, wie wir nachmals erfuhren, den einzelnen Divisionen in welche die Flotte eingetheilt ist, zu Unterscheidungszeichen. Oben auf dem schnabelförmigen Hintertheil stand ein hoher Pfosten von geschnitzter Arbeit aufgerichtet, dessen äußerstes Ende eine krüppliche Menschen-Figur vorstellte, deren Gesicht gemeiniglich durch einen Bretter-Rand, als mit einem niedergeklappten Hut, bedeckt, zuweilen auch wohl mit Oker-Erde roth angestrichen war. Die Pfosten oder Pfeiler waren gemeiniglich mit schwarzen Federbüschen ausgeziert und lange Streifen von aufgereiheten Federn hingen von selbigen herunter. Der niedrigste Bord der Canots, das ist, die Mitte der äußeren Seitenwände, *(gunwale)* stand etwa zween bis drey Fuß über Wasser; allein sie waren nicht immer auf gleiche Weise gebauet; denn einige hatten platte Böden mit senkrecht darauf emporstehenden Seiten; andre hingegen waren gewölbt und hatten einen scharfen Kiel, wie in dem Profil in Capitain *Cooks* ersten Reise zu sehen ist.[2] Gegen das Vordertheil des Canots waren, für die Kriegesleute, auf vier bis sechs Fuß hohen und gemeiniglich mit Schnitzwerk gezierten Pfosten, Gerüste aufgerichtet. Diese pflegten ziemlich weit über das ganze Canot hinaus zu ragen, indem sie zwanzig bis vier und zwanzig Fuß lang, und ohngefähr acht bis zehn Fuß breit waren. Unter diesem Gerüst befand sich jenes platte Verdeck, das vorbeschriebner maaßen aus

2 S. *Hawkesworths* Geschichte der engl. Seereisen in 4. Theil II. Seite 220.

Queerbalken und langen Sparren bestand; da nun diese creutzweise über einander gelegt waren, so entstanden überall viereckige Zwischenräume, und in diesen saßen die Ruderer. Die Canots welche achtzehn Queerbalken und drey lange Seitensparren, nebst einem dergleichen Sparren in der Mitte hatten, führten solchergestalt nicht weniger, als einhundert vier und vierzig Ruderer, außer acht Steuerleuten, davon viere in jedem Hintertheile standen. Von dieser Bau-Art und Beschaffenheit aber waren die wenigsten der hier versammelten Canots; denn der größte Theil hatte keine überragende Platteformen und alsdann saßen die Ruderer unmittelbar in der Vertiefung des Schiffsbauches. Die Streiter hatten ihren Stand auf dem Gerüste, und es mogten deren in jedem Fahrzeuge ohngefähr funfzehn bis zwanzig Mann seyn. Ihre Kleidung war sonderbar, und machte bey diesem Schauspiel das mehreste Gepränge. Sie hatten drey große Stücken Zeug, vermittelst eines Lochs, das in die Mitte eingeschnitten war um den Kopf hindurchzustecken, angezogen. Das unterste und längste war weiß, das zweyte roth, das oberste und kürzeste, braun. Ihre Brustschilder waren von geflochtner Arbeit, mit Federn und Hayfisch-Zähnen zierlich besetzt. Fast keinen einzigen Krieger sahe man ohne dergleichen Brustschild; mit Helmen aber waren nur sehr wenige versehen. Diese Helme sind von außerordentlicher Größe. Sie haben nemlich beynahe fünf Fuß in der Höhe, und bestehen aus einem langen, walzenförmigen Korbe, dessen Vorderseite durch ein Schild von dichterm Flechtwerk verstärkt ist. Dieser Schild oder die Vorderplatte, die gegen das obere Ende des Helms breiter wird, und etwas gekrümmt vorne überhängt, ist ganz dicht mit glänzenden, blaugrünen Taubenfedern besetzt, und diese sind mit weißen Federn eingefaßt. Vom Rande aus verbreitete sich rund umher, stralenweise, eine Menge langer Schwanzfedern vom *Tropischen Vogel,* so daß es von fern aussahe, als ob eine Licht-Glorie, dergleichen unsre Mahler den Engel- oder Heiligen-Köpfen zu geben pflegen, um das Haupt der Krieger herstralte. Damit diese hohe ungeschickte Maschine den Kopf nicht drücken und doch fest sitzen mögte; so ward ein großer Turban von Zeug darunter getragen. Weil aber ein solcher Aufsatz nicht zur Verteidigung, sondern blos zum Staat dienet, so pflegten ihn die Kriegesleute mehrentheils abzunehmen und neben sich auf die platten Verdecke hinzusetzen. Die vornehmsten Befehlshaber trugen noch ein anderes Unterscheidungs-Zeichen, das mit den Roßschweiffen der Türkischen Baschahs einige Ähnlichkeit hatte. Es bestand nemlich aus langen runden Schwänzen, die von grünen und gelben Federn verfertigt waren, und auf dem Rücken herunter hiengen. *Tohah,* der Admiral, hatte auf dem Hintertheil seiner Kleidung fünf solcher Federschwänze, an deren unterem Ende noch überdies einige Schnüre von Cocos-Fasern mit einzelnen rothen Feder-Büscheln befestiget waren. Er trug keinen Helm sondern statt dessen einen schönen Turban, der ihm sehr wohl kleidete. Dem Ansehen nach schien er ein Mann von sechzig Jahren zu seyn, war aber noch sehr munter, dabey sehr groß, und hatte in seinem ganzen Bezeigen etwas ungemein gefälliges und edles.

Bishero hatten wir die Flotte nur vom Lande aus betrachtet, um sie aber auch von der See-Seite in Augenschein zu nehmen, setzten wir uns in unser Boot und ruderten, unter den Hintertheilen der Canots, längs der ganzen Linie hin. In jedem Canot sahen wir große Bündel von Speeren und lange Keulen, oder Streit-Äxte, die gegen die Platteformen angelehnt waren; auch hielt jeder Krieger eine Keule oder ein Speer in der Hand. Außerdem lag in jedem Fahrzeug noch ein Haufen von großen Steinen; dies ist die einzige Art Waffen, mit welchen sie ihren Feind in der Ferne zu erreichen wissen. Nächst den hundert und neun und funfzig doppelten Krieges-Canots zählten wir ausserhalb der Linie, noch siebenzig kleinere, die auch mehrentheils doppelt und mit einem Dach auf dem Hintertheil versehen waren, theils um den Befehlshabern zum Nachtlager, theils aber auch, um als Proviant-Schiffe zu dienen. Noch andre lagen voller *Pisang-Blätter,* und nach der Aussage der Insulaner waren diese für die Todten bestimmt. Sie nannten dieselben *E-wa-no t' Eatua,* d. i. *Canots der Gottheit.* Die große Menge der hier versammleten Leute war ungleich mehr zu bewundern, als die Pracht des Aufzuges. Nach einem sehr mäßigen Anschlage mußte die Bemannung der Flotte, wenigstens aus fünfzehnhundert Kriegern und viertausend Ruderern bestehen, diejenigen ungerechnet, welche sich in den Proviant-Booten und am Strande befanden.

Wir hätten die Absicht einer so großen Zurüstung gerne wißen mögen, konnten aber vor der Hand nichts davon erfahren. Da der König den Distrikt *O-Parre* verlassen und nach *Matavai-Bay* gegangen war; so kehrten wir, ohne ihn gesprochen zu haben, gegen Mittag an Bord zurück. Hier fanden wir viel Befehlshaber, unter andern auch *Potatau,* der mit uns speißte und über Tische erzählte: die ganze Rüstung sey auf die Insel *Eimeo* gemünzt, deren Befehlshaber ein Vasall von *O-Thu* sey, aber sich empört habe. Zugleich hörten wir, zu unserer noch größern Verwunderung, die Flotte, die wir gesehen, sey bloß das Contingent des Distrikts *Atahuru,* und alle übrige Districte, könnten nach Maaßgabe ihrer Größe, eine verhältnißmäßige Anzahl von Schiffen in See stellen. Dies gab uns über die wahre Volksmenge der Insel einen neuen Aufschluß, und überzeugte uns augenscheinlich, daß sie ungleich ansehnlicher sey, als wir bisher geglaubt hatten. Nach dem mäßigsten Anschlage müssen auf den beyden Halb-Inseln von *Tahiti* ein hundert und zwanzig tausend Menschen wohnen.[3]

Beyde Halb-Inseln sind in drey und vierzig Districte eingetheilt. Wir nahmen im Durchschnitt an, daß jeder District zwanzig Krieges-Canots ausrüsten könne, und daß jedes nur mit 35 Mann besetzt sey. Die Bemannung der ganzen Flotte, die dazu gehörenden Boote nicht mitgerechnet, würde folglich nicht weniger als 30000 Mann betragen; und diese lassen sich für den vierten Theil der ganzen Nation annehmen. Vorstehende Berechnung ist in aller Absicht sehr gering, denn ich setze dabey voraus, daß es außer jenen 30000 Männern gar keine andre wehrhafte Leute auf der Insel gebe, welches doch nicht wahrscheinlich ist; andrer Seits schlage ich das Verhältniß der Wehrhaften gegen die Unwehrhaften, nur wie eins zu vier an, da gleichwohl, in allen europäischen Ländern die Zahl der letzteren, gegen jene gerechnet, weit beträchtlicher ist.

Capitain *Cook* gieng des Nachmittags abermals mit uns nach *O-Parre:* Die Flotte war aber schon abgefahren und die Canots hatten sich zerstreut; dagegen trafen wir den König *O-Tu* an und wurden sehr wohl von ihm aufgenommen. Er führte uns nach einigen seiner Häuser, dahin der Weg durch eine Landschaft gieng, die überall einem Garten ähnlich sahe. Schattige Fruchtbäume, wohlriechendes blühendes Buschwerk und Bäche, deren jeder ein Crystallspiegel zu seyn schien, wechselten in dieser angenehmen Gegend mit einander ab. Die Häuser waren alle in der besten Ordnung. Einige hatten Seitenwände von Rohr; andre waren gleich den Wohnungen des gemeinen Mannes, rund herum offen. Wir brachten einige Stunden in des Königs Gesellschaft zu, und seine Verwandten und vornehmsten Bedienten thaten alles Mögliche, uns ihre Freundschaft zu bezeigen. Obgleich die Unterredung noch nicht viel Zusammenhang hatte, ward sie doch sehr lebhaft unterhalten; vornemlich lachten und plauderten die Damen mit ausnehmend guter Laune. Oft neckten und unterhielten sie sich mit Wortspielen; zuweilen mit wirklich witzigen und drolligen Einfällen. Unter diesem Zeitvertreibe verstrich der Nachmittag so unvermerkt, daß wir erst bey Untergang der Sonne an Bord zurückkehrten. Diesmal hatten nun auch wir etwas von der eigenthümlichen Glückseligkeit genossen, welche die Natur den Bewohnern dieser Insel hat zu Theil werden lassen. Der ruhige vergnügte Zustand dieser guten Leute, ihre einfache Lebensart, die Schönheit der Landschaft, das vortrefliche Clima, die Menge gesunder wohlschmeckender Früchte – alles war bezaubernd und erfüllte uns mit theilnehmender Freude. Und wie süß ist nicht das Vergnügen, das ein Mensch von unverdorbnem Herzen bey dem Glück seines Nebenmenschen fühlt! Es ist ohnfehlbar eine der schönsten Empfindungen, welche uns vor andern Geschöpfen adelt.

Am folgenden Morgen statteten der Capitain und mein Vater, dem Königе *O-Tu,* zu *Parre,* abermals einen Besuch ab. Sie fanden *Tohah,* den Admiral der Flotte, bey ihm, und der König übernahm es selbst, sie mit einander bekannt zu machen. Der Capitain lud sie ein, zu ihm an Bord zu kommen, und das thaten sie auch noch desselben Vormittages. Sowohl *über* als *unter* dem Verdeck wurden alle Winkel des Schiffs besichtigt, hauptsächlich dem Admiral *Tohah* zu gefallen, weil dieser noch nie auf einem europäischen Schiffe gewesen war. Er betrachtete die Menge

3 Auch dieser Anschlag ist immer noch zu gering. Wir sahen nemlich in der Folge, daß die Flotte des *kleinsten* Districts aus nicht weniger denn vier und vierzig Kriegs-Canots, nebst zwanzig bis fünf und zwanzig kleinern Fahrzeugen bestand, mithin mußte das Contingent des Districts *Atahuru,* welches wir bey obiger Berechnung zum Grunde gelegt hatten, nicht vollzählig gewesen seyn.

neuer Gegenstände, besonders die Stärke und Größe der inneren Balken, der Mäste und der Taue, mit mehr Aufmerksamkeit als bis dahin andre Tahitier gethan hatten. Unser Takelwerk gefiel ihm so ausnehmend, daß er sich verschiedne Artikel, als Taue und Anker ausbat. Er war jetzt um nichts besser als andre Bewohner dieser glücklichen Insel gekleidet, und gieng, der Anwesenheit des Königs wegen, bis auf die Hüften nackt. Sein Ansehen war in dieser Absicht vom gestrigen so sehr verschieden, daß ich Mühe hatte, ihn wieder zu kennen. Er kam mir heute sehr dickbäuchicht vor, welches ich gestern unter dem weiten und langen Krieges-Kleide, nicht wahrgenommen hatte. Sein Haar war silbergrau, und in seinen Minen fand ich etwas dermaaßen Gefälliges und Gutherziges, als ich noch nirgends auf diesen Inseln angetroffen hatte. Der König sowohl als sein Admiral blieben bey uns zu Mittage, und aßen, von allem was ihnen vorgesetzt ward, mit herzlichem Appetite. *O-Tu* war nicht mehr der schüchterne, mistrauische Mann, der er sonst gewesen. Er schien bey uns zu Hause zu seyn, und machte sich ein Vergnügen daraus, *Tohah* in unsern Gebräuchen Unterricht zu geben. Er zeigte ihm, wie er Salz zum Fleische nehmen und Wein trinken müsse, trug auch kein Bedenken, ihm zum Exempel ein Glas voll auszuleeren, und scherzte sehr lebhaft mit seinem Admiral, den er gern überredet hätte, den rothen Wein für Blut anzusehn. *Tohah* kostete von unserm *Grog,* (einem Gemische von Branndtwein und Wasser) verlangte aber bald Brantewein allein zu haben, den er *E-Wai no Bretanni,* d.i. *brittisches Wasser* nannte, und davon er ein Gläschen voll herunterschluckte, ohne eine Mine zu verziehen. Er sowohl als Se. *Tahitische* Majestät waren außerordentlich lustig und schienen an unsrer Art zu leben und zu kochen viel Geschmack zu finden. Sie erzählten, ihre Flotte sey gegen die Rebellen auf *Eimeo,* oder *York-Eyland,* und den Befehlshaber derselben *Te-Eri-Tabonui* bestimmt; und der erste Angrif sollte auf dem District *Morea* vor sich gehen. Zum Spas erbot sich Capitain *Cook,* sie mit seinem Schiffe zu begleiten und die Landung durch Kanonen-Feuer zu unterstützen. Anfänglich lachten sie darüber und waren es zufrieden. Gleich nachher aber sprachen sie unter sich, spannten andre Saiten auf, und sagten: sie könnten von unsrer Hülfe keinen Gebrauch machen, indem sie gesonnen wären, erst fünf Tage *nach* unsrer Abreise auf *Eimeo* loszugehen. Ohnerachtet dies wohl nicht die wahre Ursach seyn mogte, warum sie unser Anerbieten ablehnten; so war es doch ihren Verhältnissen nach, allerdings der Klugheit sehr gemäß. Unsere allzugroße Übermacht mußte hier zu Lande selbst unsern Bundesgenossen bedenklich seyn; auch würde es den Einwohnern von *Eimeo* ein gar zu wichtiges Ansehn gegeben haben, wenn man sich unsrer unüberwindlichen Vierpfünder gegen sie bedienet hätte; die Überwundnen würden ihre Niederlage lediglich unserm Geschütze zugeschrieben, die Sieger hingegen, würden gleich nach unsrer Entfernung, viel von dem Ansehn verlohren haben, dessen sie zuvor genossen, und die daraus entstehende Verachtung hätte ihnen in der Folge noch nachtheiliger werden können.

Mein Vater und Dr. *Sparrmann,* giengen am folgenden Nachmittage, in Begleitung eines Matrosen und eines Seesoldaten, ans Land, um die Berge hinauf zu steigen. Die Zufuhr an Lebensmitteln und andern Handlungs-Artikeln, war seit einigen Tagen sehr beträchtlich. Das Schiff war beständig mit Canots umringt, in welchen die Befehlshaber der benachbarten Districte, ihre Schweine und andere schätzbare Sachen selbst zu Markt brachten, um rothe Federn dagegen einzutauschen, die bey ihnen in so hohem Werthe standen. Eben diese Federn brachten in den Verbindungen der Frauensleute mit unsern Matrosen eine große Veränderung zu Wege. Glücklich war derjenige, der von dieser kostbaren Waare auf den *freundschaftlichen* Inseln Vorrath gesammlet hatte. Ihn allein umringten die Mädchen, nur er allein, hatte unter den Schönsten die Wahl. Wie allgemein und unwiederstehlich unter diesem Volke das Verlangen nach rothen Federn sein mußte, davon erlebten wir heut einen sehr überzeugenden Beweis. Ich habe im ersten Theile dieser Reise schon angemerkt, daß die Weiber der Vornehmen nie Besuch von Europäern annahmen; und daß, bey aller Freyheit die den unverheiratheten Mädchen gestattet wurde, die Verheiratheten dennoch sich immer rein und unbefleckt erhielten. Allein die Begierde nach rothen Federn warf auch *diesen* Unterschied übern Haufen. Ein Befehlshaber ließ sich durch sie verleiten, dem Capitain *Cook* seine Frau anzubieten, und die Dame wandte auf ihres Mannes Geheiß, alles mögliche an, um den Capitain in Versuchung zu führen. Sie wußte ihre Reitze

Pazifische Muräne, *F: Muraena caeca*
Muraena caeca (Tahiti, 1774)

unvermerkt so künstlich sichtbar und geltend zu machen, daß manche europäische Dame von Stande sie darinn nicht hätte übertreffen können. Es that mir für die Ehre der Menschheit leid, daß ich einen solchen Antrag von einem Manne hören mußte, dessen Character sich sonst in allen Stücken so untadelhaft gezeigt hatte. *Potatau* war es der sich von seiner gewöhnlichen Höhe so sehr erniedrigen konnte. Wir verwiesen ihm seine Schwachheit, und bezeugten unsern Unwillen darüber. Es war für ein Glück anzusehen, daß die Matrosen schon eine große Menge rother Federn auf den *Marquesas* gegen andre Merkwürdigkeiten vertauscht hatten, ehe sie wußten, in wie hohem Werthe dieselben auf *Tahiti* ständen; denn, wären alle diese Reichthümer auf einmal hierhergekommen, so würden die Lebensmittel ohne Zweifel so hoch im Preise gestiegen seyn, daß wir diesmal vielleicht übler, als bey unserm ersten Aufenthalt daran gewesen wären. Die kleinste Feder ward weit höher geachtet, als eine Coralle oder als ein

Nagel; und ein Stückchen Zeug mit solchen Federn bedeckt, erregte bey demjenigen, der es empfing, ein solches Entzücken, als ein Europäer vielleicht kaum empfinden dürfte, wenn er unverhofter Weise den Diamanten des großen Mogols fände. *Potatau* brachte seinen großen, 5 Fus hohen Kriegeshelm an Bord und verkaufte ihn – für rothe Federn. Andre folgten seinem Beyspiel und Brustschilder ohne Zahl wurden von den Matrosen eingehandelt. Noch mehr zu verwundern war es, daß die Einwohner sogar die sonderbaren Trauerkleider zum Verkauf brachten, deren in Capitain *Cooks* ersten Reise gedacht worden,[4] und welche man damals um keinen Preiß weggeben wollte. Da sie aus den kostbarsten Producten, welche das Land und die See liefern, bestehen, auch mit großem Fleiß und vieler Kunst verfertigt sind; so ist es ganz natürlich, daß sie einen sehr hohen Werth darauf setzen mußten. Gleichwohl wurden nicht weniger, als zehn solcher Trauerkleider, von unterschiednen Leuten an Bord, aufgekauft und nach Europa gebracht. Capitain *Cook* hat dem brittischen Museum eines geschenkt, mein Vater aber die Ehre gehabt, ein ähnliches an die Universität Oxford zu überreichen. wo es in dem *Aschmolischen Museo* niedergelegt ist.[5] Der Obertheil dieses sonderbaren Anzuges besteht aus einem flachen dünnen Brett, das, in Gestalt eines halben Mondes, 2 Fus lang und 4 bis 5 Zoll breit ist. Auf selbigem sind vier bis fünf ausgesuchte Perlenmutter-Schaalen, durch die in den Rand derselben und auch ins Holz gebohrten Löcher, mit Cocos-Fasern fest gebunden. Eine größere Muschel von vorgedachter Art, mit blaugrünen Taubenfedern eingefaßt, befindet sich an den beyden äußersten Enden des Brettes, die vorbeschriebenermaßen, wie die Hörner des halben Mondes, aufwärts gerichtet sind. Mitten auf dem Brette sind zwo große Muscheln, die einen Zirkel von ohngefähr 6 Zoll im Durchschnitt ausmachen, befestiget; und über diese ragt ein großes Stück Perlenmutter-Schaale hervor, das gemeiniglich noch seine äußere purpurfarbne Bekleidung zu haben pflegt. Es ist von länglichter Gestalt, etwa 9 bis 10 Zoll hoch, oberhalb breiter als unten, und, rings umher, mit einem Strahlenähnlichen Zirkel von weißen Federn, aus dem Schwanze des tropischen Vogels, umgeben. Vom unteren Rande jenes halbzirkelförmigen Brettes, hängt eine Art von Schürze herab. Diese besteht aus zehn bis funfzehn parallel laufenden Reihen kleiner Perlenmutter-Stückchen, deren jedes ohngefähr 1 1/2 Zoll lang, an beyden Enden durchbohrt, und vermittelst Cocosfasern, an das zunächst darauf folgende festgebunden ist. Diese Schnüre sind zwar sämmtlich von gleicher Länge, weil aber die äußersten, wegen der zirkelförmigen Gestalt des Brettes, höher hängen als die mittleren; so reichen sie nicht so weit herab als diese, und folglich wird die Schürze unten schmäler als oben. An das Schluß-Ende einer jeden solchen Schnur ist noch ein Faden mit aufgereiheten Schneckendeckeln, zuweilen auch mit europäischen Glas-Corallen, angeknüpft, und von den beyden obersten Enden des Brettes, fällt, auf jeder Seite der Schürze, ein langer runder Schwanz von grünen und gelben Federn herab, der an der ganzen Kleidung den größten Staat ausmacht. Vermittelst zweyer starken Schnüre, welche an den Seiten jener beyden Muscheln, (die auf der Mitte des halbenmondförmigen Brettes stehen) angebracht sind, wird die ganze seltsame Decoration an den Kopf des Leidtragenden festgemacht, so, daß sie völlig senkrecht vor ihm herunterhängt. Die Schürze bedeckt Brust und Unterleib, das Brett kömmt vor den Hals und die Schultern, und das erste Paar Muscheln gerade vors Gesicht. In einer derselben ist ein kleines Loch, damit der Trauernde sehen könne. Die obersten Muscheln, mit Innbegrif der rund darum her verbreiteten langen Federn, sind wenigstens zwey Fus höher als der Mann, welcher den Anzug trägt. Die übrigen Stücke seiner Kleidung sind nicht weniger sonderbar. Er zieht eine Matte oder ein Stück Zeug an, das, nach hiesigem Landesbrauch, in der Mitte ein Loch hat, wo man den Kopf hindurchsteckt. Über dieses zieht er noch ein zweytes von gleicher Art, wovon aber das Vordertheil fast bis auf die Füße herabhängt, und reihenweise mit Knöpfen von Cocosnuß-Schaale besetzt ist. Ein rundgedrehter Gürtel, von braunem und weißem Zeuge,

4 S. *Hawkesworth* Sammlung [4°] Theil II. Seite 144. 145 und 233. nebst der Figur auf dem Kupfer Nro. 32.

5 Das akademische Museum in Göttingen besitzt ebenfalls ein solches vollständiges Trauerkleid, nebst einer auserlesenen Sammlung von Seltenheiten, welche sowohl auf der hier beschriebnen Reise, als auf der letzten Cookischen, von jenen Inseln nach Europa gebracht worden sind. *F.*

schürzt diese Kleidung um die Hüften zusammen. Längst dem Rücken hängt ein netzförmig geflochtner Mantel herunter, der mit großen, blauen Federn dicht besetzt ist; und auf dem Kopfe trägt er einen braun und gelben Turban, der mit einer Menge aus braun und weißem Zeuge zusammen geflochtner Schnüre festgebunden ist. Eine weite Kappe, die aus gleichlaufenden Streiffen, wechselsweise von braunem, gelbem und weißem Zeuge besteht, fällt hinterwärts vom Turban über Hals und Schultern weg, damit von der Gestalt des Mannes so wenig als möglich sichtbar bleibe. Gemeiniglich pflegt der nächste Verwandte des Verstorbnen diese wunderliche Tracht anzuziehen; dabey hat er in der einen Hand ein Paar große Perlmutter-Schaalen, womit er beständig klappert, in der andern Hand aber führt er einen Stock, mit Hayfisch-Zähnen besetzt, und mit diesem verwundet er alle Tahitier, die ihm zufälligerweise in den Wurf kommen.[6] Woher diese sonderbare Gewohnheit entstanden sey, können wir nicht ergründen. Indessen kommt mir's vor, als gehe die ganze Absicht bloß dahin, Schrecken zu erregen. Die fantastische Tracht ist wenigstens der fürchterlichen Gestalt, welche unsre Rocken-Philosophie den Gespenstern und Nachtgeistern beylegt, so ähnlich, daß ich fast geneigt wäre, zu glauben, es sey ein thörigter Aberglaube darunter verborgen. Vielleicht soll der vermummte Trauermann den Geist des Verstorbnen vorstellen, der von seinen zurückgelaßnen Verwandten, Wehklagen und Thränen fordert, und sie desfalls mit den Hayfisch-Zähnen verwundet. Bey einem noch so wenig aufgeklärten Volke als die *Tahitier,* kann eine solche Vorstellung wohl Eingang gefunden haben, so ungereimt sie an und für sich auch seyn mag. Doch will ich deshalb nicht behaupten, daß ich mit dieser Muthmaßung die wahre Absicht jenes Gebrauchs getroffen weil wir, aller Nachfrage ohnerachtet, von den Einwohnern keine Auskunft darüber erhalten konnten. Sie beschrieben uns zwar die ganze Trauer-Ceremonie, und nannten die einzelnen Stücke der dazu erforderlichen Kleidung namentlich her; *warum* aber das alles so und nicht anders sey? war eine Frage die wir ihnen nie verständlich genug ausdrücken konnten. Das allersonderbarste erfuhren wir noch von *Maheinen,* daß nemlich bey des Mannes Tode, die Frau die Trauer-Ceremonie verrichte, hingegen, wenn die Frau stirbt, der Mann den Popanz machen muß. Bey unsrer Rückkunft nach England waren die Liebhaber ausländischer Seltenheiten auf dergleichen Trauer-Kleider so neugierig, daß unter andern ein Matrose fünf und zwanzig Guineen für die seinige bekam! Aber freylich sind die *Tahitier,* in Ansehung der Neugier, eben so arg, als die civilisirteren Völker. Kaum hatte sich *Maheine* von seinen Abentheuren, hie und da etwas verlauten, und, von seinen mitgebrachten ausländischen Schätzen etwas sehen lassen; so plagten uns die Vornehmen unabläßig um Seltenheiten von *Tongatabu, Waihu* und *Waitahu,*[7] und nahmen dergleichen Kleinigkeiten, für die Lebensmittel und andre Sachen, welche sie zu Markte brachten, lieber als die nutzbarsten europäischen Waaren. Am angenehmsten waren ihnen die befiederten Kopftrachten von den beyden letzten Inseln, imgleichen die Körbe und gemahlten Zeuge der ersteren; ja sie setzten sogar einen besondern Werth auf die Matten von *Tongatabu,* die doch im Grunde den ihrigen völlig ähnlich waren. Unsre Matrosen machten sich das zu Nutze und hintergiengen sie oft, indem sie ihnen unter einem andern Namen, Matten verkauften, die entweder hier auf der Stelle, oder höchstens auf den andern Societäts-Inseln, eingehandelt waren. Es herrscht also eine große Ähnlichkeit unter den Neigungen der Menschen, vornemlich aber bey denenjenigen Völkern, die nicht zu den ganz ungesitteten gehören. Diese Ähnlichkeit äußerte sich noch deutlicher durch die Begierde, womit sie die Erzählungen ihres jungen gereiseten Landsmannes anhörten. Wo er sich nur blicken ließ, da drängten sich die Leute haufenweise um ihn her. Die Ältesten schätzten ihn am mehresten und die Vornehmen, selbst die von der königlichen Familie, bewarben sich um seine Gesellschaft. Außer dem Vergnügen ihn zu hören, hatten sie auch den Vortheil, allerhand artige Geschenke zu bekommen, die ihnen selten mehr, als ein Paar gute Worte kosteten. Auf diese Art brachte er seine Zeit am Lande so vergnügt hin, daß wir ihn fast gar nicht am Bord zu sehen bekamen, ausgenommen, wenn er sich etwa dies oder jenes ausbitten, oder das Schiff seinen Bekannten zeigen, und sie bey dem Capitain und andern von unserer Schiffsgesell-

6 S. *Hawkesworths* Geschichte der engl. See-Reisen in 4. Th. II. Seite 233.

7 *Amsterdam, Oster-Eyland* und *St. Christina.*

schaft einführen wollte. Mit unter kamen seine Erzählungen den Zuhörern so wunderbar vor, daß sie nicht selten für nöthig erachteten, sich der Bestätigung wegen, an uns zu wenden. Der *versteinerte Regen,* die dichten, weißen Felsen und Berge, die in süßes Wasser zerschmolzen, und der immerwährende Tag in der Gegend um den Pol, waren Artikel von deren Glaubwürdigkeit wir selbst sie nicht genugsam überzeugen konnten. Daß es in Neu-Seeland Menschenfresser gebe, fand eher Glauben; doch konnten sie nie anders als mit Furcht und Grausen davon sprechen hören. Zu dieser Beobachtung gab mir *Maheine* Anlaß, indem er heute eine ganze Parthie Leute an Bord brachte, die blos in der Absicht kamen, den Kopf des Neu-Seeländischen Jünglings zu sehen, den Herr *Pickersgill* in Weingeist aufbewahrt hatte. Er ward ihnen in meiner Gegenwart vorgezeigt, und es schien mir sonderbar, daß sie für diesen Kopf eine eigne Benennung hatten. Sie nannten ihn durchgängig *Te-Tae-ai,* welches so viel, als *Mann-Esser,* zu bedeuten scheint. Durch Nachfragen bey den vornehmsten und verständigsten Leuten erfuhr ich, es sey eine alte Sage unter ihnen, daß vor undenklichen Zeiten sich Menschenfresser auf der Insel gefunden, die unter den Einwohnern eine große Niederlage angerichtet hätten und sehr starke Leute gewesen; daß aber diese schon seit langer Zeit gänzlich ausgestorben wären. *O-Mai,* mit dem ich nach unsrer Zurückkunft in England hievon sprach, bekräftigte die Aussage seiner Landsleute in den stärksten Ausdrücken. Mir dünkt dieser Umstand in der alten Geschichte von *Tahiti* gegründet zu seyn; nicht als wollte ich daraus folgern, daß nur zufälligerweise einige Cannibalen auf der Insel gelandet und die Einwohner mit ihren Streifereyen geplagt hätten; sondern ich glaube vielmehr, daß der ursprüngliche Zustand des *ganzen Volks* in dieser Tradition verborgen liegt, und daß *alle Tahitier* Menschenfresser gewesen sind, ehe sie durch die Vortreflichkeit des Landes und des Clima, imgleichen durch den Überfluß guter Nahrungsmittel gesitteter geworden. So sonderbar es scheinen mag, so gewiß ist es doch, daß fast alle Völker, in den allerältesten Zeiten, Cannibalen gewesen sind. Auf *Tahiti* trift man noch heut zu Tage Spuren davon. Capitain *Cook* fand bey seiner ersten Reise hieher, in einem Hause funfzehn frische Kinnladen aufgehangen.[8] Sollten dieses nicht Siegeszeichen von ihren Feinden gewesen seyn?

Am folgenden Morgen ward ein *Tahitier,* der bey den Zelten ein Wasserfaß stehlen wollen, ertapt und gefangen gesetzt. *O-Tuh* und *Tohah* die etwas früh an Bord kamen, und hörten, was vorgegangen war, begleiteten den Capitain *Cook* ans Land, um die Bestrafung des Diebes mit anzusehn. Er ward an einen Pfahl gebunden und bekam mit ihrer Genehmigung vier und zwanzig tüchtige Hiebe. Diese Execution jagte den häufig dabey versammleten Indianern ein solches Schrecken ein, daß sie anfiengen davon zu laufen. *Tohah* aber rief sie zurück und zeigte ihnen in einer Anrede, die 4 bis 5 Minuten dauerte, daß unsre Bestrafung des Diebstahls billig und nothwendig sey. Er stellte ihnen vor, daß wir bey aller unsrer Macht weder stöhlen, noch Gewalt brauchten; daß wir vielmehr alles und jedes ehrlich bezahlten und oft Geschenke machten, wo wir nichts dagegen erwarten dürften; daß wir uns endlich überall als ihre besten Freunde bezeugt hätten, und Freunde zu bestehlen sey schändlich und verdiene gestraft zu werden. Die gesunde Vernunft und Rechtschaffenheit, welche der vortrefliche Alte bey dieser Gelegenheit bewies, machte uns denselben noch schätzbarer, und seine Zuhörer schienen durch die Bündigkeit seiner Rede überzeugt zu seyn. Nachmittags kam eben dieser *Tohah* mit seiner Frau an das Schiff; sie war schon bey gewissen Jahren, und dünkte uns, dem äussern Ansehn nach zu urtheilen, von eben so gutem Character als er. Ihr Fahrzeug bestand aus einem großen doppelten Canot, welches ein Verdeck auf dem Hintertheil und acht Ruderer hatte. Die beyden alten Leute baten Herrn *Hodges* und mich sie am Lande zu besuchen, also stiegen wir in ihr Canot und fuhren gleich mit nach *Parre*. Unterwegens erkundigte sich *Tohah* sehr umständlich nach der Beschaffenheit und Verfassung des Landes aus dem wir kamen. Da Herr *Banks* und Capitain *Cook* die Vornehmsten unter den

8 S. *Hawkesworths* Gesch. der engl. See-Reisen in 8. Th. II. S. 447. Ein Umstand der zur nicht geringen Bestätigung dieser Vermuthung dient, sind die Menschenopfer, deren die Spanier erwähnen, ja wovon auch Capitain *Cook* gehört hat, und die, wofern anders den vorläufigen Nachrichten zu trauen ist, bey der letztern Reise des unglücklichen *Cook,* auch von ihm selbst wahrgenommen worden sind. Solche Opfer sind oftmals Überbleibsel des Menschenfressens. *F.*

Europäern waren, die er gesehen hatte; so glaubte er, jener könne wohl nichts geringers als des Königs Bruder, und dieser müsse zum wenigsten Groß-Admiral von England seyn. Was wir auf seine Fragen antworteten, hörte er mit Aufmerksamkeit und Verwundrung an: als wir ihm aber sagten, es gäbe bey uns weder *Cocos-Nüsse,* noch *Brodfruchtbäume;* so schien er England, bey allen seinen übrigen Vorzügen, doch nur für ein schlechtes Land anzusehen. So bald wir bey seiner Wohnung angelangt waren, ließ er Fische und Früchte auftragen, und nöthigte uns zu essen. Ob wir gleich erst eben zu Mittag gespeiset hatten, so wollten wir seine Einladung doch nicht gern abschlagen; wir setzten uns also, und fanden die Speisen vortreflich. Warlich! wir hätten dies herrliche Land mit Mahomets Paradiese vergleichen mögen, wo der Appetit selbst nach dem Genuß noch ungesättigt bleibt! Die Speisen standen vor uns, und wir waren schon im Begriff zuzugreifen, als *Tohah* uns bat, noch einen Augenblick zu verziehen; die Absicht davon zeigte sich bald, denn einer seiner Bedienten kam mit einem großen europäischen Küchenmesser und, statt der Gabeln, mit ein Paar Bambustöcker aufgezogen. Nun schnitt *Tohah* selbst vor und gab jedem von uns einen Bambustock, mit dem Zusatze, daß er auf englische Manier essen wolle. Anstatt also, wie andre Indianer, eine ganze Handvoll Brodfrucht auf einmal in den Mund zu stecken, schnitt er sie ganz manierlich in kleine Stücken und aß wechselsweise ein Stückchen Fisch und einen Bissen Brodfrucht, damit wir sehen sollten, wie genau er sich unsre Art zu essen gemerkt hatte. Die gute Dame speißte nachher, der unabänderlichen Gewohnheit des Landes gemäß, in einiger Entfernung. Nach der Mahlzeit giengen wir mit ihnen spatzieren und plauderten zusammen bis gegen Untergang der Sonnen, da sie in ihrem Canot nach dem District *Atahuru* abgiengen, der zum Theil *Tohah* eigenthümlich zugehörte. Sie nahmen ganz vertraulich von uns Abschied, und versprachen in wenig Tagen wieder ans Schiff zu kommen; wir aber mietheten für einen Nagel ein doppeltes Canot und langten vor Einbruch der Nacht am Borde an. Doctor *Sparrmann* und mein Vater waren nicht längst erst von ihrer botanischen Bergreise zurückgekommen. *Nuna,* der lebhafte Bursch, dessen ich im ersten Theil dieser Geschichte schon erwähnt,[9] war ihr Begleiter gewesen. Da sie (am 28sten) ihre Wanderschaft erst des Nachmittags angetreten, und gleich zu Anfang derselben, zwey tiefe Thäler und zween steile Berge zu paßiren gehabt hatten, wo der Weg vom Regen über aus schlüpfrig geworden war; so konnten sie gedachten Tages nicht weiter, als bis auf die zwote Reihe von Bergen kommen. In dieser einsamen Gegend gab es nur eine einzige Hütte, darinn ein Mann mit seiner Frau und dreyen Kinder wohnte. Bey dieser Familie nahmen sie das Nachtquartier. Der Mann verlängerte, zu ihrer Beherbergung, das Dach seiner Hütte vermittelst einiger Baumzweige, richtete ihnen ein Abendbrodt zu, und zündete alsdann ein Feuer an, bey welchem sie die Nacht hindurch wechselsweise wachten. Wir konnten dieses Feuer vom Schiffe aus sehen, und sie, ihrer Seits, hörten dagegen um Mitternacht die Schiffsglocke ganz deutlich, ohnerachtet der Ort ihres Aufenthalts, über eine halbe deutsche Meile von uns entfernt war. Die Nacht war schön und so angenehm kühl, daß sie gut genug würden geschlafen haben, wenn sie nicht ihr Wirth, der *Tahea* hieß, durch seinen heftigen Husten so oft gestört hätte. Bey Tages Anbruch marschierten sie weiter Berg an, und *Tahea* gieng, mit einer großen Ladung von Cocosnüßen, vor ihnen her. Je weiter sie kamen, desto beschwerlicher war der Weg, oft mußten sie auf einem schmalen Fußsteige schroffe Hügel paßiren, wo zu beyden Seiten die steilsten Abgründe vorhanden waren, und die von dem gestrigen Regen verursachte Schlüpfrigkeit des Bodens, machte ihnen den Gang doppelt mühsam und gefährlich. Auf einer ziemlich beträchtlichen Höhe des Berges fanden sie alles, sogar die steilsten Orte, mit dickem Gebüsch und hoher Waldung bewachsen. Aber auch die unwegsamsten Gegenden liessen sie, aus Begierde neue Pflanzen zu entdecken, nicht undurchsucht, bis etwa der plötzliche Anblick einer nahen Felsenkluft sie zurück schreckte. Noch höher hinauf erstreckte sich der Wald über den ganzen Berg, und da gab es Pflanzen, dergleichen ihnen in den niedrigen Gegenden nirgends vorgekommen waren. Als sie die nächste Bergspitze erstiegen hatten, fanden sie eine sehr gefährliche Stelle vor sich, und zu gleicher Zeit brach ein heftiger Regen ein; *Tahea* nahm diese Gelegenheit wahr, und gab ihnen

9 Siehe im ersten Theil, S. 213.

zu verstehen, daß sie nicht füglich weiter kommen könnten. Um es jedoch nicht unversucht zu lassen, legten sie ihre schweren Säcke mit Pflanzen und Lebensmitteln an dieser Stelle ab, nahmen nichts als ein Gewehr mit sich, und erreichten auf solche Art, in Zeit von einer halben Stunde, würklich den obersten Gipfel des Berges. Da nun mitlerweile der Regen nachgelassen, und die Wolken sich zertheilt hatten, so konnten sie weit ins Meer, und bis nach den Inseln *Huaheine, Tethuroa,* und *Tabbuamanu* hinsehen. Die unter ihren Füßen liegende fruchtbare Ebene und das Thal *Matavai,* von einem Fluß durchschlängelt, gewähreten ihnen den reitzendsten Anblick. Hingegen war auf der Südseite der Insel, der vielen Wolken halber, nicht das Geringste zu unterscheiden. In wenig Augenblicken ward auch das Übrige des Horizonts wieder bedeckt, und es fiel ein dicker Nebel ein, davon sie bis auf die Haut naß wurden. Beym Heruntersteigen hatte mein Vater das Unglück, auf einer felsichten Stelle zu fallen, und ein Bein so schmerzhaft zu verwunden, daß er darüber fast in Ohnmacht gesunken wäre. Indessen erholte er sich wieder, und versuchte weiter zu gehen, fand aber, daß der Schmerz am Fuße nur das kleinste Übel sey, und daß er bey diesem Fall leyder noch einen andern Schaden erlitten hatte, um dessenwillen er bis auf den heutigen Tag eine Bandage tragen muß! Im Herabsteigen stützte er sich auf seinen treuen Führer *Tahea,* und um vier Uhr Nachmittags waren sie alle wieder an Bord. Die obersten Berge bestehen, ihrer Aussage nach, aus einer sehr festen und zähen Thon-Erde, in welcher die Pflanzen vortreflich gedeihen, und in den Wäldern giebt es allerhand unbekannte Kräuter- und Holz-Arten. Unter den letzteren suchten sie die wohlriechende Gattung ausfindig zu machen, womit die Tahitier ihr Öhl parfümiren. *Tahea* zeigte ihnen auch unterschiedne Gewächse, deren sie sich zu diesem Endzweck bedienen; die kostbarste Art aber konnte oder wollte er sie nicht kennen lehren. *O-Mai* hat mir gesagt, daß auf *Tahiti* mehr als vierzehn unterschiedene Pflanzen zum parfümiren gebraucht würden; man kann sich daraus leicht vorstellen, wie viel die *Tahitier* auf Wohl-Gerüche und balsamische Düfte halten müssen.

Seit dem Handel mit rothen Federn, hatte sich die Anzahl der gemeinen Frauenspersonen am Bord ungemein vermehret, und heute waren sie, vorzüglich, in solcher Menge gekommen, daß manche, die keinen Gespann hatten finden können, sich auf dem obern Verdeck als überzählig herumtrieben. Nächst den rothen Federn mochte auch das Verlangen nach Schweinefleisch sie herbey locken. Denn da es die geringern Leute selten zu essen bekommen; so pflegten sich diese Dirnen bey unsern Matrosen, die Überfluß daran hatten, gern zu Gaste zu bitten. Oft aber ließen sie sichs so gut schmecken, daß die Stärke ihrer Verdauungskräfte dem Übermaaß ihres Appetits nicht gleich kam, und dann mußten sie es durch unruhige Nächte büßen, welches auch ihre Gesellschafter oft im Schlafe stöhrte. Bey gewissen dringenden Gelegenheiten verlangten sie von ihren Liebhabern begleitet zu werden; da aber diese nicht immer so galant waren; so sah es am Morgen auf den Verdecken fast eben so, wie auf den Fußsteigen, am Lande aus.[10] Des Abends pflegten sich diese Frauenspersonen in unterschiedene Haufen zu theilen, und auf dem Vorder- Mittel- und Hinterdek zu tanzen. Ihre Lustigkeit gieng oft bis zur Ausschweifung und gemeiniglich waren sie sehr laut dabey. Mit unter fehlte es es ihnen aber auch würklich nicht an drolligten und originalen Einfällen. Wir hatten z. E. einen scorbutischen Patienten der bey unserer Ankunft allhier sehr schwach gewesen, aber durch den Genuß des frischen Kräuterwerks gar bald wieder besser geworden war, und daher kein Bedenken fand, dem Beyspiele seiner Cameraden zu folgen. In dieser Absicht wandte er sich an eines von jenen Mädchen und brachte sie, beym Einbruch der Dunkelheit, nach seiner Schlafstelle, wo er ein Licht anzündete. Nun sahe sie ihrem Liebhaber ins Gesicht, und da sie gewahr ward, daß er nur ein Auge hatte; so faßte sie ihn stillschweigend bey der Hand, führte ihn wieder aufs Verdeck und zu einem Mädchen, dem ebenfalls ein Auge fehlte, mit dem Beyfügen, daß diese sich recht gut für ihn schicke, Sie aber mit keinem Blinden oder Einäugigen etwas zu thun haben wolle.

Als sich mein Vater, zween Tage lang, von den Beschwerlichkeiten seiner letzten Bergreise und von dem dabey erlittenen Fall wieder etwas erholt hatte, gieng er ans Land und traf daselbst *O-Retti,* den Befehlshaber von *O-Hiddea,* an, welches der District

---

10 Siehe weiter zuvor, Seite 339.

und Haven ist, allwo *Herr von Bougainville* ehemals vor Anker gelegen hatte. Dieser Mann fragte den Capitain *Cook,* ob er, bey seiner Zurückkunft nach England, den Hrn. von *Bougainville,* den er *Potawiri* nannte, zu sehen bekommen würde? und da Capitain *Cook* mit Nein darauf antwortete, wandte er sich mit eben dieser Frage an meinen Vater. Dieser erwiederte ihm, es sey nicht unmöglich, obgleich gedachter Herr sich in einem ganz andern Lande aufhalte. »Gut, sagte *O-Retti,* wenn du meinen Freund siehest, so erzähle ihm, daß ich sein Freund bin, und herzlich wünsche, ihn wieder hier zu sehen; und damit du es nicht vergessen mögest, so will ich dir ein Schwein aus meinem Districte schicken, wohin ich eben im Begrif bin abzugehen.«[11] Hierauf fieng er an zu erzählen, sein Freund *Bougainville* habe zwey Schiffe, und am Bord des einen, ein Frauenzimmer gehabt, welches aber gar nicht schön von Person gewesen sey. Er konnte nicht aufhören davon zu sprechen, denn es schien ihm gar zu sonderbar, daß eine einzige Frauensperson, sich unter so vielen Mannsleuten auf eine so weite Reise gewagt hatte.[12] Er bestätigte auch die Nachricht, welche wir schon bey unserm ersten Hierseyn vernommen hatten, daß ein spanisches Schiff hier gewesen; versicherte uns aber, daß er und seine Landsleute nicht viel auf die Spanier hielten.

O-Retti ist das wahre Ebenbild eines lebhaften, frohen, edelmüthigen Greises, und seines grauen Kopfes ohnerachtet noch so gesund und frisch, als die alten Leute auf *Tahiti* gemeiniglich zu seyn pflegen. Er erzählte, daß er mancher Schlacht beygewohnt, und mehr denn eine Wunde aufzuweisen habe; vornemlich war von einem Steinwurf, der ihn in den Schlaf getroffen hatte, noch eine tiefe Narbe zu sehen. Er hatte auch damals auf *Tutahahs* Seite gefochten, als dieser das Leben verlohren.

Am folgenden Morgen gieng Doktor *Sparrmann* mit mir ins Thal *Matavai* herauf, welches von den Einwohnern *Tua-uru* genannt wird. Seit unserm Hierseyn hatte ich mich, meiner Schwäche wegen, so weit noch nicht gewagt; der Anblick des Pflanzenreichs kam mir daher als ein neues Schauspiel vor, das desto prächtiger war, weil der Frühling alles verjüngt, und Flur und Wald neu bekleidet hatte. Über die großen Verbesserungen, die man in dem ganzen Distrikt bemerkte, gerieth ich in Erstaunen. Allenthalben waren neue und weitläuftige Plantagen angelegt, welche in der vortreflichsten Ordnung standen. Die Zahl der neu erbauten Häuser war beträchtlich und an vielen Orten fand man Canots auf dem Stapel. Alles dies bewies, daß der Krieg, der ehemals zwischen den beyden Halbinseln obgewaltet hatte, vornehmlich *diesem* Theile der größern, sehr hart gefallen seyn mußte. Allein, so verwüstet derselbe auch bey unserm ersten Hierseyn noch ausgesehen hatte; so war doch jetzt nirgends eine Spur davon zu entdecken. Das ganze Land schien eine reichlich angefüllte Vorrathskammer zu seyn; bey jedem Hause fanden wir Schweine im Grase, die niemand vor uns zu verbergen suchte, wie wohl ehemals geschehen war. Auch bemerkte ich mit Vergnügen, daß der jetzige Wohlstand der Einwohner eine vortheilhafte Änderung in ihrem Betragen hervorgebracht hatte. Jetzt fiel uns niemand mehr mit Betteleyen um Corallen und Nägel beschwerlich, und, anstatt daß sie sonst die Lebensmittel an sich zu halten pflegten, beeiferten sie sich nun vielmehr es an Gastfreyheit und Freygebigkeit einander zuvor zu thun. Wir kamen nicht leicht bey einer Hütte vorbey, wo man uns nicht genöthigt hätte, einzusprechen und etwas Erfrischungen anzunehmen; und die frohe Bereitwilligkeit, womit sie das angebotene würklich hergaben, war in der That allemal sehr rührend. Gegen 10 Uhr erreichten wir die Wohnung des gastfreyen Insulaners, der uns ehedessen so gut bey sich aufgenommen hatte,

11 Mein Vater ist seitdem in Paris gewesen, und hat diesen Auftrag des *O-Retti* beym Herrn von *Bougainville* ausgerichtet, demselben auch ein Portrait des *O-Retti,* von Herren *Hodges* verfertiget, zugestellet.

12 Als der Herr von *Bougainville* im April 1768 hier vor Anker lag, entdeckten die *Tahitier,* bloß am Gange, daß der Bediente des Hrn. *Commerson,* (eines Naturforschers, der mit auf dem Schiffe war) eine verkleidete Frauensperson seyn müsse, welches, während der ganzen Reise, niemand an Bord gewahr worden war. Diese Person war durch frühe Unglücksfälle zu Verläugnung ihres Geschlechts bewogen worden, hatte schon in Paris als Livree-Bediente gedient, und war alsdann, aus Neugier, mit zu Schiffe gegangen, weil sie gehört, daß diese Reise *um die Welt* gehen sollte. Herr von *Bougainville* giebt ihr das Zeugniß, sie habe sich, sowohl vor als nach ihrer Entdeckung, überall untadelhaft aufgeführt, und sey damals 27 Jahr alt gewesen. So viel zu Befriedigung derer Leser, die des französischen Seefahrers Reisebeschreibung nicht zur Hand haben. *A. d. H.*

als wir eines Tages sehr ermüdet von den Bergen herabkamen.[13] Auch diesmal empfieng er uns mit ein Paar Cocos-Nüssen, und bat, daß wir auf dem Rückwege das Mittagsmahl in seiner Wohnung einnehmen mögten. Sobald wir es zugesagt, befahl er, daß unverzüglich Anstalten dazu gemacht würden, und gieng unterdessen mit uns das Thal hinauf. Hinter seinem Hause gab es keine Wohnungen mehr, weil in dieser Gegend die Berge schon überaus steil wurden und sehr dicht zusammen liefen. Ohngefähr eine Meile weiter hin bestand der gegen Osten liegende Berg, auf eine Höhe von wenigstens vierzig Fuß, aus einer senkrechten Felsen-Wand. Oberhalb dieser Felsen-Masse ward er wiederum abhängig, und war von da aus, bis weit hinauf, mit Gebüsch bewachsen. Eine schöne Cascade stürzte sich vom Gipfel, längst der Felsenwand in den Fluß herab, und belebte diese sonst schauervolle, finstere und romantisch-wilde Aussicht. Schon von fern her konnte man an der Felsenwand viele, der Länge nach herablaufende, scharf hervorspringende Ecken unterscheiden, und als wir, zu näherer Untersuchung derselben, durchs Wasser heranwadeten, zeigte sich, daß der ganze Felsen aus lauter schwarzen, dichten *Basalt-Säulen* bestand, aus welcher Steinart die Einwohner ihr Handwerkszeug zu verfertigen pflegen. Diese Säulen mochten etwa funfzehn bis achtzehn Zoll im Durchschnitt haben; sie standen aufrecht, parallel und dicht an einander, und von einer jeden ragten eine, höchstens zwey scharfe Ecken aus der Oberfläche des Felsen hervor. Da man jetzt durchgehends annimmt, daß *Basalt* eine volcanische Steinart sey, so haben wir hier einen neuen starken Beweis vor uns, daß *Tahiti* von unterirdischem Feuer große Veränderungen müsse erlitten haben. Über diese Säulen hinaus wird das Thal, der näher zusammentretenden Berge wegen, immer enger, und ist höchstens nur noch bis auf 2 oder 3 Meilen weit zu paßiren. Nachdem wir diese Strecke auf sehr beschwerlichen Wegen zurückgelegt, und den Fluß, der sich hier von einer Seite des Thals queer nach der andern herüberschlängelt, wenigstens funfzigmal durchgewadet hatten; so befanden wir uns an eben dem Orte, den Herr *Banks* als das äußerste Ziel seiner Wanderschaft angiebt.[14] Auch wir fanden es ohnmöglich weiter vorzudringen, und kehrten also ganz müde und matt wieder um. Auf dem Rückwege trafen wir, hie und da, noch einige neue Pflanzen, und erreichten innerhalb zweyer Stunden das Haus unsers freundschaftlichen Begleiters. Allda ließen wir uns die reichlich aufgetragenen Früchte und Kräuter wohl schmecken, und gaben unserm Wirth an rothen Federn was sein Herz begehrte; doch unterließen wir auch nicht, ihm allerhand Eisengeräthe mitzutheilen, damit, wenn jene Federn längst verlohren oder verbraucht wären, von unserer Anwesenheit wenigstens noch ein nutzbares Andenken übrig seyn möchte. Seine Tochter, welche wir bey unserm vorigen Hierseyn gesehen, war seitdem an einen vornehmen Mann verheyrathet, denn unsre damaligen Geschenke hatten sie zu einer der reichsten Parthien im ganzen Lande gemacht; sie wohnte aber jetzt ziemlich weit von hier.

Capitain *Cook,* mein Vater und einige Offiziere waren nach *O-Parre* gewesen, um *O-Tuh* zu besuchen. Bey dieser Gelegenheit hatte man sie an einen Ort hingeführt, wo eben ein Krieges-Canot gebauet ward, welches der König *O-Tahiti* nennen wollte. Capitain *Cook* aber, der dem Fahrzeuge lieber den Namen *Brittannia* beyzulegen wünschte, schenkte dem Könige in dieser Absicht eine kleine englische Flagge, einen kleinen Anker und das dazu gehörende Tau. Da nun Se. Majestät zu der Veränderung des Namens sogleich ihre Einwilligung gaben; so ward die Flagge aufgesetzt und das Volk bezeugte nach Art unsrer Matrosen, durch ein dreymaliges Freudengeschrey, sein Wohlgefallen darüber.

Ich hatte Herrn *Hodges* angerathen, die Cascade, die wir im Thal angetroffen, ihres mahlerischen Anblicks wegen, zu besuchen; er gieng also am folgenden Tage in Begleitung unterschiedner Herren dahin, und fertigte, sowohl von dem Wasserfall als von den darunter stehenden Basalt-Säulen, eine Zeichnung an. In seiner Abwesenheit ließen wir uns eine große *Albecore (Scomber thynnus Linnæi)* gut schmecken, die aber keinem, der davon gegessen hatte, gut bekam. Sie verursachte uns eine fliegende Hitze im Gesicht nebst heftigem Kopfweh, zum Theil auch Durchlauf; und ein Bedienter, der seine ganze Mahlzeit davon gehalten hatte, ward mit heftigem Brechen und Durchlauf befallen. Vermuthlich war der Fisch mit einer

13 S. im ersten Theil dieses Werks S. 218f.

14 S. *Hawkesworths* Gesch. der engl. See-Reisen in 8. *zweyter Band* Seite 463.

Borstenbrachvogel, *F: Scolopax tahitiensis*
Numenius tahitiensis (Tahiti, 3. Mai 1774)

betäubenden Pflanze gefangen, von deren schädlichen Eigenschaft das Fleisch etwas angenommen haben mogte.

Um diese Zeit erfuhren wir, daß *Maheine* die Tochter eines im Thal *Matavaï* wohnhaften Befehlshabers, Namens *Toperri,* geheyrathet habe. Einer unsrer jungen See-Offiziere, von dem sich diese Nachricht herschrieb, rühmte uns, daß er bey der Verheyrathung zugegen gewesen, und die dabey vorgefallnen Ceremonien mit angesehen habe; als wir ihn aber um die Beschreibung derselben ersuchten, gestand er, »daß sie zwar sehr sonderbar gewesen wären, doch könne er sich keiner insbesondre erinnern, wisse auch nicht *wie* er sie erzählen solle.« Auf solche Art entgieng uns eine merkwürdige Entdeckung, die wir bey dieser Gelegenheit über die Gebräuche dieses Volks hätten machen können; und es war zu bedauern, daß kein verständigerer Beobachter zugegen gewesen, der wenigstens das was er *gesehen,* auch hätte *erzählen* können. Indessen kam *Maheine* mit seiner Neuvermählten an Bord. Sie war noch ein sehr junges Mädchen, klein von Statur, und nicht sonderlich schön von Ansehen. Aber aufs Betteln verstand sie sich vortreflich. Sie gieng durchs ganze Schiff um sich Geschenke auszubitten, und da ihr Mann allgemein beliebt war; so bekam sie Corallen, Nägel, Hemden, und rothe

Federn die Menge. Der neue Ehemann erzählte uns, seine Absicht sey, sich auf *Tahiti* niederzulassen, denn seine Freunde hätten ihm allhier Land, Haus und alle Arten von Eigenthum angeboten. Er war in die Familie eines *Eri* aufgenommen, vom Könige selbst geachtet, und stand durchgehends in großen Ehren; ja einer seiner Freunde hatte ihm bereits einen *Tautau,* oder Leibeigenen zugegeben, welches ein Knabe war, der ihn bedienen, ihm allenthalben nachtreten und jederzeit zu Gebot seyn mußte.

Obgleich *Maheine* den Gedanken, mit uns nach England zu gehen, aufgegeben hatte; so war doch der muntre *Nuna,* dessen ich einigemal erwähnet, von seinem ehemals geäußerten, ähnlichen Vorhaben noch nicht abgegangen, sondern lag meinem Vater und andern Herren noch immer dringend an, daß sie ihn mit an Bord nehmen mögten. Mein Vater dem er von je her wohlgefallen hatte, war gesonnen, ihn ganz auf seine Kosten mitzunehmen, und unter *dieser* Bedingung gab auch der Capitain sogleich seine Einwilligung dazu. Man sagte dem Knaben zwar, er dürffe nicht hoffen, dereinst nach seinem Vaterlande zurückzukehren, indem es zweifelhaft sey, ob jemals wieder ein Schiff nach *Tahiti* geschickt werden mögte. Allein, er war viel zu sehr für diese Reise eingenommen, als daß irgend eine Vorstellung ihn hätte auf andre Gedanken bringen sollen; er entsagte der Hoffnung, sein Vaterland wieder zu sehen ganz willig, damit er nur das Vergnügen haben mögte, das unsrige kennen zu lernen. Indessen war seine Freude nur von kurzer Dauer, denn gegen Abend besann sich der Capitain anders und nahm sein gegebnes Wort wieder zurück, so daß der arme *Nuna* zu seiner großen Betrübniß da bleiben mußte. Mein Vater hatte die Absicht, ihm das Zimmer- und Schmiede-Handwerk lernen zu lassen; mit Hülfe dieser Kenntnisse würde er bey seiner Zurückkunft, meines Erachtens, ein etwas nützlicheres Mitglied der Gesellschaft geworden seyn als sein Landsmann *O-Maï,* der von einem fast zweyjährigen Aufenthalt in England, nichts mit nach Hause bringt, als die Geschicklichkeit, den Insulanern auf seinem Leyerkasten etwas vorzuorgeln, oder, ihnen ein Marionetten-Spiel vorzumachen!

Wir brachten verschiedne Tage damit zu, in den Gefilden von *Matawaï* und in dem großen Thal *Ahonnu,* welches das fruchtbarste und zugleich das schönste auf der ganzen Insel ist, unsre botanischen Untersuchungen fortzusetzen. Nachdem wir auf solche Art die Flora der Ebenen gänzlich erschöpft zu haben glaubten, giengen mein Vater, Dr. *Sparrmann* und ich am 6ten, des Nachmittags, abermals nach den Bergen aus, um dort noch eine kleine Nachlese zu halten. Die gute Bewirthung, welche *Tahea* meinem Vater das vorige mal hatte wiederfahren lassen, bewog uns wieder bey ihm einzukehren, doch dünkte es uns diesmal nicht mehr nötig, die Nacht hindurch ein Feuer zu unterhalten, und wechselsweise dabey zu wachen. *Tahea* war ein lustiger drolliger Bursche; er verlangte unter andern, wir sollten ihn *Medua »Vater«* und seine Frau *O-Pattea*[15] *Mutter* nennen.

Ohnerachtet wir nicht die Absicht hatten bis auf die höchsten Berggipfel zu klettern, so machten wir uns doch schon vor Sonnen-Aufgang auf den Weg. Die Vögel schliefen noch ruhig auf den Büschen, so daß unsere Begleiter, *Tahea* und sein Bruder, etliche Meerschwalben *(Sterna)* mit der Hand griffen. Sie sagten uns, daß auf diesen Bergen viel Wasservögel zu übernachten, und daß vornemlich die *tropischen Vögel (Phæton æthereus Linnæi)* hier zu nisten pflegten. Daher sind auch die langen Schwanzfedern, welche sie alle Jahr abwerfen, in diesen Berggegenden am häufigsten zu finden und werden daselbst von den Einwohnern fleißig aufgesucht. Wir schossen eine Schwalbe und fanden allerhand neue Kräuter; da sich aber der Horizont, in unsrer Nachbarschaft zu bewölken anfieng, so eilten wir, um unsre Pflanzen trocken zu behalten, nach dem Schiff zurück, und kamen um 4 Uhr des Nachmittags wieder an Bord. Die ganze königliche Familie war daselbst versammlet, und *O-Thus* älteste Schwester, *Nihaurai,* die an *T'Eri Derre, Ammo's* Sohn[16] verheyrathet war, befand sich auch mit darunter. Des Königs zweetem Bruder, *T'Eri Watau* gefiel es so wohl bey uns, daß er, ohngeachtet die übrigen alle weggiengen, die ganze Nacht hindurch an Bord blieb. Um ihm eine Veränderung zu machen, ließen wir vom Mastbaume Raketen und andre kleine Kunstfeuer abbrennen, worüber er un-

15 *Pattea* ist ein Liebkosungs-Wort, so viel als bey uns *Mama;* auch gebrauchen die *Tahitier* das Wort *Mama* in eben dem Sinn, als wir.

16 S. *Hawkesworths* Geschichte der englischen See-Reisen, in 8. Th. II. Seite 436. u. f. und dieser Reise Th. I. S. 220.

gemein viel Vergnügen bezeigte. Beym Abendessen rechnete er uns alle seine Verwandten vor, erzählte uns auch manches aus der neueren Geschichte von *Tahiti,* welches mir bey meiner Zurückkunft nach England, durch *O-Mai's* übereinstimmende Aussage bestätigt ward. Von jenem erfuhren wir, daß *Ammo, Happai* und *Tutahah* drey Brüder wären, davon der älteste, *Ammo,* König von ganz *Tahiti* gewesen sey. Dieser verheirathete sich mit *O-Purea (Oberea)* einer Prinzeßin aus königlichem Geblüte, und erzeugte mit ihr *T'Eri-Derre,* dem sogleich der Titel *Eri-Rahai* oder König von *Tahiti* beygelegt wurde.

Zu *der* Zeit als Capitain *Wallis* diese Insel besuchte, führte *Ammo* noch die Regierung, und mit ihm herrschte *O-Purea* (oder *Oberea)* als Königinn. Allein, ein Jahr nachher (nemlich 1768) brach zwischen *Ammo* und seinem Vasallen *Aheatua,* dem Regenten der kleinern Halb-Insel von *Tahiti,* ein Krieg aus. *Aheatua* landete zu *Paparre,* wo *Ammo* gewöhnlich residirte, richtete unter dem Heere desselben eine große Niederlage an, steckte die Häuser und Pflanzungen in Brand, und führte, was er an Schweinen und Hünern habhaft werden konnte, mit sich weg. *Ammo* und *Purea* mit ihrem ganzen Gefolge, zu welchem auch, seinem eignen Geständniß nach, *O-Mai* gehörte, flüchteten damals, (im December gedachten Jahres) in die Gebirge. Endlich machte der Sieger unter der Bedingung Friede, daß *Ammo* die Regierung niederlegen, sein Sohn aber das Recht der Nachfolge willig an *O-Tuh,* den ältesten Sohn seines Bruders *Happai,* abtreten sollte. Dies ließen sich die Überwundenen gefallen, und, während der Minderjährigkeit des *O-Tuh,* ward *Tutahah,* der jüngere Bruder des ehemaligen Regenten, zum Administrator bestellt. Diese Revolution hat viel Ähnliches mit denenjenigen, die in den despotischen Staaten Asiens so oft vorfallen. Selten wagts allda der Sieger, die eroberten Länder selbst zu beherrschen. Gemeiniglich begnügt er sich, sie rein auszuplündern, und setzt alsdenn, aus der königlichen Familie des Landes, einen andern zum Regenten ein. Nicht lange nach obgedachtem Vorfall veruneinigte sich *O-Purea* mit ihrem Gemahl, und von Worten kam es zu Thätlichkeiten. Also hielten sie es fürs Beste, von einander zu scheiden. *Er* nahm sich zur Schadloshaltung eine sehr hübsche junge Person als Beyschläferin, und *Sie* theilte ihre Gunstbezeugungen einem gewissen *Obadi,* und noch andern Liebhabern mit. *Ammo* scheint jedoch an diesen Zwistigkeiten am mehresten Schuld zu seyn, und zwar durch eheliche Untreue; denn obgleich diese hier nicht so häufig als in England vorfällt, so ist sie doch eben nichts ganz Unerhörtes, vornemlich, wenn die Dame bey zunehmenden Jahren und abnehmenden Reitzen noch immer eitel genug ist, von ihrem Manne die zärtliche Aufmerksamkeit eines Bräutigams zu erwarten. Am Bord unsers eigenen Schiffes, trug sich ein Vorfall dieser Art zu. *Polatehera,* die ehemals mit *Potatau* verheyrathet gewesen, seit einiger Zeit aber von ihm geschieden war, hatte sich, sobald ihr voriger Mann anderweitig versorgt war, auch ihrer Seits einen jüngern Mann oder Liebhaber angeschafft. Dieser lebte aber mit einem andern Mädchen in gutem Vernehmen und hatte unser Schiff zum Ort seiner Zusammenkunft mit ihr gewählt. Unmöglich konnte dies geheime Verständniß ganz unbemerkt bleiben. Die handveste *Polatehera,*[17] ertappte sie also einmal des Morgens, und ließ ihrer Mitbuhlerin den Ausbruch ihres Zorns ganz thätig, dem betroffnen Liebhaber hingegen die bittersten Vorwürfe wegen seiner Untreue empfinden.

Zu der Zeit da Capitain *Cook* in der *Endeavour* hier ankam, war die Regierung der Insel in *Tutahahs* Händen. Nicht lange nach der Abreise desselben suchte *Tutahah,* der den Schimpf, welchen *Aheatua* seiner Familie zugefügt hatte, noch immer nicht vergessen konnte, die Vornehmern auf *O-Tahiti-nue,* oder der größern Halb-Insel, zu überreden, daß sie sich zu einem neuen Kriege gegen den *Aheatua* mit ihm vereinigen mögten. Vielleicht verließ er sich hiebey auf die Reichthümer, die er von den Europäern geschenkt bekommen, vielleicht wandte er auch einen Theil derselben an, um die Großen der Insel in sein Interesse zu ziehen. Genug es ward eine Flotte ausgerüstet, und mit dieser seegelte er nach *Teiarrabu. Aheatua* hatte sich zwar in gute Verfassung gesetzt, seinen Feind zu empfangen, da er jedoch schon bey Jahren war,[18] und seine Tage lieber in Frieden zu beschließen, als einen neuen Krieg anzufangen

17 Wenn sich die Leser nicht mehr erinnern sollten, woher *Polatehera* diesen Zunahmen verdient; so dürfen sie nur im ersten Theil dieses Werks pag. 222. nachsehen.
18 Siehe *Hawkesworths* Gesch. der engl. See-Reisen, in 8. Th. II. S. 443.

wünschte; so schickte er dem *Tutahah* Abgeordnete entgegen, und ließ ihm versichern, daß er sein Freund, und bereit sey, es immer zu bleiben; er bäthe ihn also friedlich nach seinem Lande zurückzukehren, und ein Volk, das keine Feindschaft gegen ihn hegte, nicht feindselig zu behandeln. *Tutahah* war aber nicht von seinem Vorhaben abzubringen, sondern gab vielmehr gleich Befehl zum Angriff. Der Verlust hielt auf beyden Seiten so ziemlich das Gleichgewicht: doch zog sich *Tutahah* zurück, wiewohl aus keiner andern Absicht, als um seinen Feind zu Lande anzugreifen. *Happai* mißbilligte diesen Schritt und blieb daher mit seiner ganzen Familie zu *O-Parre* zurück. *Tutahah* kehrte sich aber daran nicht, sondern gieng in Begleitung *O-Tuh's* auf die Erdenge los, welche die beyden Halb-Inseln mit einander verbindet. Hier kam es zwischen ihm und *Aheatua* zu einer Schlacht, in welcher *Tutahas* ganze Armee auseinander gesprengt wurde, und er selbst das Leben einbüßte. Einige Leute versicherten, er sey gefangen und *nachher,* auf Befehl des Siegers, ums Leben gebracht worden; andre aber, unter denen auch *O-Maï* war, behaupteten, er sey würklich auf dem Schlachtfelde geblieben. *O-Thu* flüchtete mit einigen vertrauten Freunden auf die Berge, indeß *Aheatua* sein siegreiches Heer nach *Matavai* und *O-Parre* führte. Bey Annäherung des Überwinders floh auch *Happai* in die Gebürge, *Aheatua* aber ließ ihm durch einen Bothen sicheres Geleit versprechen und ausdrücklich andeuten, er habe gegen ihn und seine Familie im geringsten keine Absichten, sondern sey noch jetzt, so wie von je her, zum Frieden geneigt. Durch eben diesen Bothen erfuhren die Flüchtlinge auch, daß *Tutahah* auf dem Platz geblieben sey, *O-Tuh* aber vermißt werde, ohne daß man sagen könne, wo er hingekommen. *Happai* wagte es also, im Vertrauen auf *Aheatua's* Wort, aus seinem Schlupfwinkel hervorzukommen, und bald darauf langte auch *O-Tuh,* durch ungebahnte und sehr beschwerliche Wege, mit seinen wenigen Gefährten wiederum bey seinem Vater an. Hierauf ward sofort ein allgemeiner Friede geschlossen, und *O-Tuh* übernahm von Stund an die Regierung selbst. Nach den beträchtlichen Landes-Verbesserungen zu urtheilen, die er seit dem Antritt seines Regiments, während unsrer acht monatlichen Abwesenheit, zu Stande gebracht, muß *O-Tuh* ein Mann von ganz guten Einsichten seyn, und das allgemeine Beste seiner Unterthanen durch schickliche Mittel zu befördern wissen. *Aheatua* starb bald nach geschlossenem Frieden, und sein Sohn, gleiches Namens, den wir im August 1773 zu *Aitepiha* antrafen, folgte ihm in der Regierung von *Teiarrabu.*

Te-Eri Watau, dem wir die vorstehenden Nachrichten zu verdanken hatten, gab uns zugleich über die Genealogie der Königlichen Familie folgende Auskunft. Sein Vater, sagte er, habe acht Kinder. 1) *Tedua*[19] d. i. die Prinzessin, *Nihaurai* wäre die älteste von allen, ohngefähr dreyßig Jahre alt, und an *Ammo's* Sohn, Namens *T'Eri-Derre,* verheyrathet; 2) Die zweyte *Tedua* (Prinzessin) heiße *Tauraï,* sey unverheyrathet, und ohngefähr sieben und zwanzig Jahr alt; diese schien bey dem hiesigen Frauenzimmer fast in eben so allgemeinem Ansehen zu stehen, als der König auf der ganzen Insel. 3) *O-Tuh,* der *Eri-Rahai,* oder König von *Tahiti,* ohngefähr 26 Jahr alt; ich habe bereits weiter oben gedacht, daß jedermann zum Zeichen der Ehrfurcht in seiner Gegenwart die Schultern entblößen mußte, und unser Tahitischer Historiograph sagte mir heute, daß auch *Aheatua,* ohngeachtet er Regent der kleineren Halb-Insel sey, dennoch, als Vasall des Königes, zu eben dieser Ehrenbezeugung sich bequemen müsse. 4) *Tedua Tehamai,* oder Prinzessin *Tehamai,* die dem Alter nach auf *O-Tuh* folgt, starb in der Jugend. 5) *T'Eri-Watau* selbst (von dem sich alle diese Nachrichten herschreiben), ist der nächste in der Ordnung, und schien ohngefähr 16 Jahr alt zu seyn; er sagte, daß er noch einen andern Namen habe, der mir aber entfallen ist, und ich vermuthe, daß es nur sein Ehrentitel gewesen. 6) Sein nächster Bruder, *Tubuaïterai,* auch *Mayorro* genannt, ist ein Knabe von 10 oder 11 Jahren. 7) *Erreretua,* ein kleines Mädchen von 7 Jahren, und 8) *Tepaau,* ein Knabe von 4 bis 5 Jahren, sind die jüngsten. Eine gesunde, keinesweges aber corpulente Leibesbeschaffenheit, und ein dickes buschichtes Haupt-Haar, schien das eigenthümliche Merkmal der ganzen Familie zu seyn. Ihre Gesichtszüge waren meistentheils gefällig; ihre Farbe aber sehr braun, *Nihaurai* und *O-Tu* ausgenommen. Die ganze Familie schien bey dem Volke sehr beliebt zu seyn, so wie überhaupt

19 Über die Bedeutung dieses Titels, sehe man im 1. Theil pag. 240 nach.

die Zuneigung gegen die Befehlshaber, einen Zug im National-Charakter der *Tahitier* ausmacht. Wirklich verdiente auch die königliche Familie, ihres durchgängig leutseligen und gutherzigen Betragens wegen, mit Recht allgemeine Liebe. *Tedua Taurai* begleitete den König fast jedesmal, wenn er zu uns ans Schiff kam; und dann hielt sie es ihrem Range im geringsten nicht zuwider, von den gemeinsten Matrosen, gegen Zeug und andre Merkwürdigkeiten, rothe Federn einzuhandeln. Einstmals war sie mit *O-Tu,* dem Capitain und meinem Vater, in der Cajütte, um unsern Vorrath von Eisengeräth und andern Handlungs-Artikeln durchzusehen. Zufälligerweise ward der Capitain herausgerufen, und kaum hatte er den Rücken gewandt, so flüsterte sie ihrem Bruder etwas ins Ohr. Dieser ließ sichs darauf sehr angelegen seyn, meines Vaters Aufmerksamkeit durch allerley Fragen an sich zu ziehen. Mein Vater merkte, worauf es abgesehen sey. Da nun die gute Prinzessin meynte, daß man ihr nicht auf die Finger sahe, so nahm sie ganz behende ein Paar Sparren-Nägel fort, und verbarg solche in den Falten ihrer Kleidung. Als Capitain *Cook* wieder herein kam, erzählte ihm zwar mein Vater den schlauen Streich, den Ihro Durchlaucht ausgeführt hatten: Allein sie hielten es beyde fürs beste, sich anzustellen, als wären sie nichts davon gewahr worden. Sie hatte schon bey mehreren Gelegenheiten eine unwiderstehliche Neigung blicken lassen, eins und das andre heimlich zu entwenden. Gleichwohl hatte man ihr noch nie etwas abgeschlagen; sondern ihr fast allezeit mehr geschenkt, als sie gefordert. Es war also seltsam genug, daß sie darauf verfiel, das zu entwenden, was sie auf eine weit anständigere Weise hätte erlangen können; vielleicht fand sie aber deshalb ein besonders Wohlgefallen an gestohlnen Sachen, weil sie diese blos ihrer eignen Geschicklichkeit zu verdanken zu haben glaubte. Wenn ihr die Tahitischen Mädchen nicht zu viel nachgeredet; so muß sie überhaupt sehr viel auf verstohlne Freuden halten, denn sie gaben ihr Schuld, daß sie sich des Nachts wider Wissen ihres Bruders, mit den gemeinsten *Tautaus* zu thun machte. Verhält sich's würklich also, so wäre es sonderbar genug, wenn hier zu Lande, wo jedermann den Trieben der Natur ohne Bedenken folgt, gerade bey Prinzessinnen und Vornehmen darinn eine Ausnahme statt finden sollte, da diese doch sonst gemeiniglich vor allen andern gewohnt sind, ihrem Willen ohne Einschränkung zu folgen. Aber so ist es: die menschlichen Leidenschaften sind allenthalben dieselben. Sclaven und Fürsten haben einerley Instincte; folglich muß die Geschichte ihrer Wirkungen auch überall, in jedem Lande, eine und eben dieselbige bleiben.

Am andern Morgen kam *O-Tuh* in aller Frühe nach *Point Venus,* und gab dem Serjeanten, der allda campirenden See-Soldaten Nachricht, daß jemand seiner Unterthanen unsrer Schildwacht die Muskete gestohlen, und mit selbiger entlaufen sey; zu gleicher Zeit fertigte er an seinen Bruder *T'Eri-Watau,* der seit gestern Abend noch bey uns am Bord war, einen Bothen ab und ließ ihn abrufen, worauf uns dieser auch, gleich nach dem Frühstück verließ. Der König erwartete ihn schon am Strande, und so bald er ankam, flüchteten beyde, nebst den übrigen Königl. Herrschaften, nach Westen, aus Furcht, man mögte die gestohlne Muskete von *Ihnen* fordern. Um sie nun demohnerachtet wieder zu bekommen, brauchte Capitain *Cook,* wie er in dergleichen Fällen schon mehrmalen mit gutem Erfolg gethan hatte, Repressalien, und nahm einige doppelte Reise-Canots in Beschlag, die unterschiednen vornehmen Leuten, und vornemlich einem gewissen *Maratata* angehörten, als welchem man Schuld gab, er habe einem seiner Leute anbefohlen, die Muskete zu entwenden. *Maratata* befand sich eben in seinem Canot und suchte dem Embargo durch die Flucht zu entgehen. Als aber Capitain *Cook* auf das Fahrzeug einige Schüsse thun ließ, sprang er mit sammt seinen Ruderern in die See, und schwamm nach dem Ufer zu, wir aber nahmen das Canot an uns. Gegen Abend kam *Tih* an Bord, und zeigte an, der Dieb sey nach der kleinen Halb-Insel, oder nach *Teiarrabu* geflüchtet; es wurden also die angehaltnen Canots, das von *Maratata* ausgenommen, wieder frey gegeben. Indessen hatte diese Verdrießlichkeit die *Insulaner* ziemlich verscheucht; am Bord waren nur sehr wenige, und Frauenspersonen gar nicht. Als Capitain *Cook* endlich gegen Abend ans Land gieng, kamen ihm etliche *Tahitier* ganz außer Athem und von Schweiß triefend entgegen, und brachten nicht nur die Muskete, sondern auch einen Bündel Kleider und ein doppeltes Stunden-Glas, mit sich, welches alles zu gleicher Zeit war entwendet worden. Sie erzählten dabey, daß sie den Dieb eingeholt, ihn tüchtig abgeprügelt, und gezwungen hätten, ihnen den Ort anzuzeigen, wo er die gestohlnen Sachen im Sande verscharret gehabt. So treuherzig sie sich aber auch dabey anstellten, so mogte es mit ihrer Erzählung doch wohl nicht so ganz klar seyn, wenigstens war der eine dieser Gesellen vor kurzer Zeit noch bey den Zelten gewesen, dergestalt, daß er unterdessen ohnmöglich so weit gelaufen seyn konnte, als sie vorgaben. Indessen stellten wir uns, als ob wir nichts argwohnten, sondern machten ihnen vielmehr allerhand Geschenke, damit sie sehen sollten, daß wir jederzeit geneigt wären, ihren Diensteifer zu belohnen. Am folgenden Tage war der bisherige Handel gänzlich eingestellt, es zeigte sich niemand, der etwas zum Verkauf gebracht hätte. *Tih* war der einzige, der an Bord kam; Er bath, wir mögten den König zu *Parre* aufsuchen und wieder besänftigen, denn er sey *Matau,* eine zweydeutige Redensart aus der Hofsprache, die so viel sagen wollte, der König sey ungehalten und in Besorgniß, deshalb man ihn durch einige Geschenke wieder zufrieden stellen und guten Muthes machen müsse. Zu Erreichung dieser Absicht verfügte sich der Capitain, nebst meinem Vater, zu ihm, Dr. *Sparrmann* aber und ich, begaben uns nach den Zelten. Wir fanden die Tahitier über den gestrigen Vorfall, und besonders darüber, daß wir selbst uns hatten Recht verschaffen wollen, nicht wenig betreten. Der König hatte ihnen ausdrücklich untersagt, uns keine Lebensmittel zu verkaufen; gleichwohl konnten sie es, ihrer angebohrnen Gastfreyheit nach, ohnmöglich übers Herz bringen, uns nicht mit Cocos-Nüssen und andern Erfrischungen zu bewirthen. Gegen Mittag kamen wir wieder an Bord zurück, und fanden daselbst den Capitain, der in der Zwischenzeit bey dem Könige schon alles wieder gut gemacht hatte. Diese Nacht mußten sich die Matrosen ohne ihre gewöhnliche Gesellschaft behelfen. Der König hatte es den Frauensleuten, für heute, ausdrücklich untersagt, damit durch die Diebereyen derselben nicht neue Händel entstehen mögten. Am folgenden Tage hingegen hatten sie sich vermuthlich schon wieder Erlaubniß ausgewürket, an Bord zu kommen; und nächst ihnen langten auch von neuem eine Menge Canots mit Lebensmitteln und frischen Fischen an. Capitain *Cook* schickte *Maheinen* nach dem District *Atahuru* ab, um dem daselbst wohnenden Admiral *Tohah,* für einige Schweine die er uns zugeschickt hatte, allerhand Gegengeschenke zu überbringen. In seiner Abwesenheit kam *Opurea (Oberea)* an Bord, und brachte dem Capitain *Cook* ebenfalls zwey Schweine. Das Gerücht von unsern rothen Federn hatte sich bis nach ihrem Wohnsitz, in die Ebnen von *Paparra,* verbreitet, und sie machte gar kein Geheimniß daraus, daß sie blos in der Absicht hergekommen sey, sich einige davon auszubitten. Dem Ansehen nach mochte sie jetzt zwischen vierzig und fünfzig Jahren seyn; sie war groß und stark von Cörper; und ihre Gesichtszüge, die vielleicht vor Zeiten angenehmer gewesen, hatten nunmehro ein ziemlich männliches Ansehen bekommen. Doch bemerkte man in ihrer Physiognomie noch immer Spuren von ehemaliger Majestät. Ihr Blick schien immer noch befehlerisch und in ihrem Betragen war etwas freyes und edles. Sie blieb nicht lange bey uns, vielleicht, weil es ihr wehe that, in unsern Augen nicht mehr so viel als vormals zu bedeuten. Sie begnügte sich nach einigen ihrer Freunde, die vor etlichen Jahren auf dem Schiffe *Endeavour* hier gewesen waren, zu fragen, und ließ sich sodann in ihrem Canot wieder ans Land bringen. Um eben die Zeit besuchte uns auch ihr voriger Gemahl *O-Ammo;* diesem widerfuhr aber noch weniger Achtung, als der *O-Purea*. Da ihn die Matrosen nicht kannten, so hatte man ihm, als einem ganz unbedeutenden Mann, so gar den Zutritt in des Capitains Cajütte verweigert, und es ward ihm auch ziemlich schwer gemacht, nur seine Schweine anzubringen, denn wir hatten deren jetzt fast mehr am Borde als wir bergen konnten. *Ammo* und *O-Purea,* die sich noch vor weniger Zeit auf dem höchsten Gipfel der Ehre befanden, waren jetzt tief herabgesunken und dürftig; mit einem Wort, lebendige Beyspiele von der Unbeständigkeit aller irrdischen Größe!

Am 12ten suchten wir dem Könige mancherley Veränderungen zu machen. Wir feuerten unsre scharf geladenen Canonen ab, so, daß die Kugeln und Kartetschen über das Rief ins Meer schlugen, welches für ihn und einige Tausend andere Zuschauer ein sehr angenehmes und bewundrungswürdiges Schauspiel war. Bey Einbruch der Nacht ließen wir Raketen und Luftkugeln steigen, worüber sie noch mehr Vergnügen und Erstaunen bezeigten. Sie hielten uns für ganz außerordentliche Leute, und wußten nicht, was sie dazu sagen sollten, daß wir Blitze und Sterne nach Belieben hervorbringen könnten. Unsern Feuerwerken gaben sie den hochtönenden Namen: *Hiwa Bretanni,* das *brittische Fest.*

Am folgenden Tage war der Zulauf von Menschen, die an Bord kamen, ungewöhnlich groß. Sie hatten bemerkt, daß wir uns zur Abreise anschickten, und daher brachten sie, statt Lebensmittel, lauter Zeug und andre Seltenheiten, die alsdenn gemeiniglich noch am theuersten bezahlt wurden. Nachmittags giengen wir mit dem Capitain *Cook* nach *O-Parre* und fanden daselbst unsern würdigen Freund, *Tohah* nebst *Maheinen. Tohah* war an einer Art von Gicht sehr krank gewesen, und klagte noch über Schmerz und Geschwulst an den Füßen. Dem ohngeachtet hatte er sich auf den Weg gemacht, um Abschied von uns zu nehmen, und versprach, morgen noch an Bord zu kommen. *O-Tuh* war gleichfalls da, und ließ sich verlauten, daß er uns einen Vorrath von Brodfrucht zugedacht habe, womit uns, damals, mehr als mit Schweinen gedient war. Des folgenden Morgens (am 14.) bekamen wir von vielen Vornehmen aus der ganzen Insel Besuch. *Happai* und alle seine Kinder, *O-Tuh* ausgenommen, waren mit unter dieser Zahl. Um 8 Uhr langte auch *Tohah* mit seiner Frau an, und hatte eine ganze Bootsladung von allerhand Geschenken bey sich. Der gute alte Admiral befand sich so übel, daß er nicht auf den Beinen stehen konnte; gleichwohl wünschte er herzlich, aufs Verdeck zu steigen; da er aber zu schwach dazu war, so ließen wir ihn, in einem an Tauen befestigten Tragesessel, in die Höhe winden, worüber er so viel Vergnügen, als seine Landsleute Erstaunen bezeigte. Wir nahmen Gelegenheit, das Gespräch auf die bevorstehende Expedition nach der Insel *Eimeo* zu lenken, da er uns denn versicherte, daß sie bald nach unsrer Abfahrt vor sich gehen würde, und daß ihn seine Unpäßlichkeit nicht abhalten sollte, die Flotte in Person zu commandiren. Es würde ja, setzte er hinzu, wohl nicht viel daran gelegen seyn, wenn ein so alter Mann, als er, das Leben verliehren sollte, weil er in der Welt doch nicht viel Nutzen mehr stiften könnte. Seiner Krankheit ohnerachtet, fanden wir ihn überaus heiter und lustig. Überhaupt war seine Denkungsart edel, uneigennützig, und schien wahrhaft heroisch zu seyn. Er nahm mit so vollem Herzen und einer so sichtbaren Rührung von uns Abschied, daß es in jeder fühlenden Seele Wehmuth erregte, und einen Misanthropen wieder mit der Welt hätte aussöhnen können. *Maheine,* der ihn an Bord begleitet hatte, entschloß sich kurz und gut mit uns nach *Raietea* zu gehen, von da aus wollte er seine Verwandten und Freunde in den Societäts-Inseln nach der Reihe besuchen, und dann, so bald er Gelegenheit finden würde, wieder nach *Tahiti* zurückkehren. Dieser Gedanke war so unrecht nicht. Er hatte in unterschiednen von diesen Inseln eigenthümliche Besitzungen, die er vortheilhaft los zu schlagen wünschte, um alle das Seinige in *Tahiti* beysammen zu haben. Ein solcher Plan war einer Reise werth. Er hatte sich verschiedne Gesellschafter mitgebracht, die aus *Borabora* gebürtig waren, diese stellte er dem Capitain *Cook* vor, und erklärte dabey, daß der eine davon sein leiblicher Bruder sey. Sie baten um Erlaubniß, auf unserm Schiffe nach den Societäts-Inseln gehen zu dürfen, und Capitain *Cook* bewilligte es ihnen ohne Bedenken. *Maheine* eröffnete uns mit einer Art von Prahlerey, jedoch im Vertrauen, daß er vorige Nacht bey *O-Purea* die Aufwartung gehabt habe, und sahe es als eine große Ehre und als einen besonderen Vorzug an; er zeigte uns auch einige Stücke sehr feinen Zeuges, welche sie ihm zur Belohnung der treu geleisteten Dienste geschenket hätte. *O-Purea* war also für die Freuden der Sinnlichkeit noch immer nicht zu alt, ohnerachtet in diesem so warmen Clima die Weiber früher reifen, und folglich auch, verhältnißweise, früher alt und stumpf werden sollten als bey uns zu Lande. Da *O-Tuh* nicht an Bord gekommen war, so statteten wir *ihm* noch einen Besuch ab, und sahen bey dieser Gelegenheit eine Anzahl Krieges-Canots, am Gestade von *O-Parre* vor Anker. Es waren ihrer vier und vierzig, die insgesammt nach *Tittahah* gehörten, welches der kleinste District in der nordwestlichen Halbinsel von *Tahiti* ist. *O-Tuh* ließ in unsrer Gegenwart einige Kriegs-Manövres machen, die zu unsrer Verwundrung mit der größten Fertigkeit ausgeführt wurden. Die Befehlshaber waren alle in ihren Kriegsrüstungen mit Brustschildern; aber ohne Helme. Wir fanden auch einige noch ganz junge Knaben dabey, die gleichfalls als Krieger gekleidet waren, und mit dem Speer eben so geschickt umzugehen wußten, als die Erwachsenen. Um die Wurfspieße der Feinde auszupariren, hatten sie eine besondre Methode. Sie ließen nemlich die Spitze eines Speers oder einer langen Streitaxt gerade vor sich auf dem Boden ruhen, und hoben das andre Ende mit einer

Hand so weit in die Höhe, daß die Linie des herabgesenkten Speeres, gegen ihren Körper zu, einen Winkel von ohngefähr 25 bis 30 Grad ausmachte. In dieser Richtung bewegten sie den Speer, dessen Spitze immer auf ihrem Ruhepunkte blieb und folglich gerade vor ihnen aus stand, je nachdem der Wurf ihres Gegners es nöthig machte, bald auf diese, bald auf jene Seite. Durch diese einfache Bewegung ward der Speer des Feindes allemal ausparirt und prallte, ohne Schaden zu thun, an dem vorgelehnten Wurfspies ab. Etliche Canots mußten auch im Rudern Evolutionen machen. Sie passirten eines nach dem andern durch die schmale Einfahrt des Felsenriefs; und sobald sie innerhalb hinein waren, formirten sie eine Linie und schlossen dicht aneinander. Auf dem mittelsten Canot stand ein Mann hinter dem Streit-Gerüste, der den Ruderern mit einem grünen Zweige Signale gab, sich links oder rechts zu wenden. Auf diese Art ruderten sie wie nach dem Tact und so gleichförmig, daß man hätte glauben sollen, die vielen hundert Ruder würden alle nur durch *ein* mechanisches Triebwerk in Bewegung gesetzt. Der Oberaufseher über die Ruderknechte, läßt sich gewissermaaßen mit dem Κελευστης der alten Griechen vergleichen. Überhaupt fiel uns bey dem Anblick der Tahitischen Flotte die Seemacht jener alten Republicaner ein, und wir nahmen in der Folge Anlaß, beyde noch näher mit einander zu vergleichen. Das einzige abgerechnet, daß die Griechen Metalle hatten, mochten ihre Waffen sonst wohl eben so einfach, und ihre Art zu fechten, eben so unregelmäßig seyn als die Tahitischen, was auch Vater *Homer,* als Dichter, nur immer daran verschönern mag. Die vereinte Macht von ganz Griechenland, die ehemals gegen Troja in See gieng, konnte nicht viel beträchtlicher seyn, als die Flotte, mit welcher *O-Tu* die Insel *Eimeo* anzugreifen gedachte; und ich kann mir die *mille carinæ* eben nicht viel furchtbarer vorstellen, als eine Flotte Tahitischer Kriegs-Canots, deren eins von funfzig bis zu einhundert und zwanzig Ruderer erfordert. Die Schiffahrt der alten Griechen erstreckte sich nicht viel weiter, als heut zu Tage die Tahitische. Von einer Insel stach man zur andern herüber, das war alles. Die damaligen Seefahrer im Archipelagus, richteten bey der Nacht ihren Lauf nach den Sternen; und so machen es die auf der Südsee noch jetzt ebenfalls. Die Griechen waren brav; und daß es die Tahitier nicht minder seyn müssen, beweisen die vielen Narben ihrer Befehlshaber. Auch dünkt es mir sehr wahrscheinlich, daß man sich hier zu Lande, wenn es zur Schlacht kommen soll, in eine Art von Raserey zu versetzen sucht, dergestalt, daß die Bravour der *Tahitier* blos eine Art von künstlich erregtem Grimm ist. Und, so wie uns *Homer* die Schlachten der Griechen beschreibt, scheint es, daß jener Heroismus, der alle die von ihm besungnen Wunder hervorbrachte, im Grunde eben auch nichts anders war. Wir wollen einmal diese Parallele weiter verfolgen. *Homers* Helden werden als übernatürlich große und starke Leute geschildert; auf eben die Art haben die *Tahitischen* Befehlshaber, der Statur und schönen Bildung nach, so viel vor dem gemeinen Mann voraus, daß sie fast eine ganz andere *Art* von Menschen zu seyn scheinen.[20] Natürlicherweise wird eine mehr als gewöhnliche Menge von Speise dazu erfordert, um einen mehr als gewöhnlich großen Magen zu füllen. Daher rühmt der griechische Dichter von seinen trojanischen Helden, daß sie gar stattliche Mahlzeiten gethan, und eben das läßt sich auch von den *Tahitischen* Befehlshabern sagen. Überdem haben es beyde Nationen mit einander gemein, daß sie, eine wie die andere, am Schweinefleisch Geschmack finden. Beyde kommen in der Einfalt der Sitten überein und ihre eigenthümlichen Charactere sind durch Gastfreyheit, Menschenfreundschaft und Gutherzigkeit, fast in gleichem Grade, vor andern ausgezeichnet. Sogar in ihrer politischen Verfassung findet sich eine Ähnlichkeit. Die Eigenthümer der Tahitischen Districte sind mächtige Herren, die gegen *O-Tuh* nicht mehr Ehrerbietung haben, als die griechischen Helden gegen ihren *Agamemnon;* und vom gemeinen Mann ist in der Iliade so wenig die Rede, daß er unter den Griechen von keiner größeren Bedeutung gewesen zu seyn scheint, als die *Tautaus* in der Südsee. Die Ähnlichkeit beyder Völker ließe sich meines Erachtens noch wohl in mehreren Stücken sichtbar machen; allein es war mir blos darum zu thun, sie durch einen Wink anzudeuten, und nicht durch eine lang gedehnte Vergleichung die Geduld der Leser zu mißbrauchen. Das Angeführte ist wohl Beweis genug, daß Men-

20 Herr von *Bougainville* wurde durch diesen äußern Anschein verleitet, die Befehlshaber und das gemeine Volk wirklich für zwey unterschiedne Stämme anzusehen.

schen, bey einem gleichen Grade von Cultur, auch in den entferntesten Welttheilen einander ähnlich seyn können. Indessen würde es mir sehr leyd thun, wenn diese flüchtigen Anmerkungen unglücklicherweise einen oder den andern gelehrten Projectmacher auf eine unrechte Spur bringen sollten. Die Thorheit, Stammbäume der Nationen zu entwerfen, hat noch kürzlich viel Unheil in der Geschichte veranlaßt, und die Egypter und Chineser auf eine wunderbare Art zu Verwandten machen wollen. Es wäre daher wohl zu wünschen, daß sie nicht ansteckend werden und weiter um sich greifen mögte.

O-Tuh kam zu uns an Bord, um noch zu guter letzt bey uns zu speisen. Er schlug meinem Vater und Herrn *Hodges* vor, sie sollten zu *Tahiti* bleiben, und versprach ihnen, im rechten Ernste, sie in den reichen Districten von *O-Parre* und *Matavai,* zu *Eris* zu machen. Ob er eigennützige Absichten dabey hatte oder ob dies Anerbieten blos aus der Fülle des Herzens kam, will ich nicht entscheiden, doch kann man sich wohl vorstellen, daß kein Gebrauch davon gemacht wurde, so gut es übrigens gemeynet war. Unmittelbar nach dem Mittags-Essen hoben wir den Anker und giengen unter Seegel. *O-Tuh* bat den Capitain, daß er einige Kanonen abfeuern mögte und hielt bis auf den letzten Mann bey uns aus. Als seine Unterthanen alle fort waren, nahm auch Er Abschied, und umarmte uns, einen nach dem andern, recht herzlich. Das betäubende Getöse der Kanonen hinderte uns gewissermaaßen in jene Art von Traurigkeit zu sinken, die bey solchen Gelegenheiten wohl zu erfolgen pflegt, oder der sanften Wehmuth nachzuhängen, zu der wir, bey der Trennung von diesem unschuldigen, gutgesinnten, sanften Volke berechtigt waren. Einer unserer Seeleute suchte sich diese unruhigen Augenblicke zu Nutze zu machen, um unbemerkt nach der Insel zu entwischen. Man ward ihn aber gewahr, als er darnach hinschwamm und sahe zugleich einige Canots herbeyrudern, die ihn vermuthlich aufnehmen wollten; der Capitain ließ ihm also gleich durch eins von unsern Booten nachsetzen, ihn mit Gewalt zurückbringen und zur Strafe für diesen Versuch vierzehn Tage lang in Ketten legen. Allem Anschein nach, war die Sache zwischen ihm und den Insulanern förmlich verabredet; denn sie hätten vielleicht eben so viel Nutzen davon gehabt, einen Europäer unter sich zu behalten, als dieser gefunden haben würde, unter *ihnen* zu bleiben. Wenn man erwägt, wie groß der Unterschied ist, der zwischen der Lebensart eines gemeinen Matrosen am Bord unsers Schiffes, und dem Zustande eines Bewohners dieser Insel statt findet; so läßt sich leicht einsehen, daß es jenem nicht zu verdenken war, wenn er einen Versuch wagte, den unzählbaren Mühseligkeiten einer Reise um die Welt zu entgehen, und wenn er, statt der mancherley Unglücksfälle die ihm zur See droheten, ein gemächliches, sorgenfreyes Leben in dem herrlichsten Clima von der Welt, zu ergreifen wünschte. Das höchste Glück, welches er vielleicht in Engelland hätte erreichen können, versprach ihm lange nicht so viel Annehmlichkeiten, als er, bey der bescheidenen Hoffnung, nur glücklich als ein ganz gemeiner Tahitier zu leben, vor sich sahe. Er durfte sich nicht schmeicheln, bey seiner Zurückkunft nach England von den Mühseligkeiten der Reise um die Welt in Frieden ausruhen zu können, sondern mußte sich vielmehr gefaßt machen, sogleich wieder auf ein andres Schiff abgegeben zu werden, und bey eben so ungesunder, elender Kost, eben solchen Mühseligkeiten, eben solchen Nachtwachen und Gefahren, als er kaum überstanden hatte, von neuem wieder entgegen zu gehen. Sollte es ihm aber auch wirklich geglückt seyn, auf eine oder die andere Art zum ruhigen Genuß des Lebens zu gelangen; so mußte er doch immer besorgen, mitten in seinen Freuden, gewaltsamerweise zum Dienst geworben, und wider seinen Willen zum Streit fürs Vaterland gezwungen zu werden, mithin, entweder sein Leben in der Blüthe seiner Jahre zu verlieren, oder das traurige Schicksal eines elenden Krüppels zu haben. Gesetzt aber, er hätte das alles vermeiden können, so mußte er sich in England doch wenigstens dahin bequemen, sein tägliches Brod im Schweiß seines Angesichts zu verdienen, und die Wirkung jenes allgemeinen Fluches zu empfinden, die *Tahiti* nicht erreichet zu haben scheint, oder wenigstens fast gar nicht daselbst gefühlet wird. Unser gemeines Volk ist nun einmal zu lauter Plackereyen und zu beständigen Arbeiten bestimmt. Ehe man den geringsten Gebrauch vom Korne machen kann, muß erst gepflügt, geerndtet, gedroschen und gemahlen, ja es muß hundertmal mehr davon gebauet werden, als der Ackersmann selbst verbrauchen kann, theils um das Vieh zu erhalten, ohne dessen Hülfe kein Feldbau bestehet, theils auch, um das Ackergeräth und viel andre Dinge dafür anzuschaffen, die jeder Landwirth selbst verfertigen könnte, wenn die Weitläuftigkeit des Feldbaues ihm Zeit und Muße dazu übrig ließe. Der Kaufmann, der Handwerksmann, der Künstler, müssen alle eben so arbeitsam seyn, um dem Landmanne das Korn und Brod wieder abzuverdienen. Wie ist hingegen beym Tahitier das alles so ganz anders! wie glücklich, wie ruhig lebt nicht der! Zwey oder drey Brodfruchtbäume, die beynahe ohne alle Handanlegung fortkommen, und fast eben so lange tragen, als der, welcher sie gepflanzt hat, leben kann; drey solche Bäume sind hinreichend, ihm drey Viertheile des Jahres hindurch, Brod und Unterhalt zu geben! Was er davon nicht frisch weg essen kann, wird gesäuert, und als ein gesundes, wohlschmeckendes Nahrungsmittel, für die übrigen Monathe aufbewahret. Selbst diejenigen Pflanzen, welche auf *Tahiti* die mehreste Cultur erfordern, nämlich der *Papyr-Maulbeerbaum* und die *Arumwurzeln,* kosten einem Tahitier nicht mehr Arbeit, als uns unser Kohl- oder andrer Gartenbau. Die ganze Kunst und Mühe, einen Brodfruchtbaum anzuziehen, besteht darinn, daß man einen gesunden Zweig abschneidet und in die Erde steckt! Der *Pisang* sproßt alle Jahr frisch aus der Wurzel auf; die *königliche Palme,* diese Zierde der Ebenen, und das nützlichste Geschenk, womit die gütige Natur ihre Schooskinder, die hiesigen Einwohner, bedacht hat; der *goldne Apfel,* von dessen heilsamen Eigenschaften wir eine so erwünschte Erfahrung gemacht haben, und eine Menge noch andrer Pflanzen, die alle schießen von selbst auf, und erfordern so wenig Wartung, daß ich sie fast als gänzlich wild wachsend ansehen mögte! Die Zubereitung des Kleidungszeuges, womit sich die Frauenspersonen allein abgeben, ist mehr für einen Zeitvertreib, als für eine würkliche Arbeit anzusehen; und so mühsam der Haus- und Schiff-Bau, imgleichen die Verfertigung des Handwerkszeugs und der Waffen, auch immer seyn mögen, so verliehren alle diese Geschäfte doch dadurch viel von ihrer Beschwerlichkeit, daß sie ein jeder freywillig, und nur zu seinem eigenen unmittelbaren Nutzen übernimmt. Auf solche Art fließt das Leben der *Tahitier,* in einem beständigen Zirkel von mancherley reizendem Genüsse hin. Sie bewohnen ein Land, wo die Natur mit schönen Gegenden sehr freygebig gewesen, wo die Luft beständig warm, aber von erfrischenden See-Winden stets gemäßigt, und der Himmel fast beständig heiter ist. Ein solches Clima und die gesunden Früchte verschaffen den Einwohnern Stärke und Schönheit des Cörpers. Sie sind alle wohlgestaltet und von so schönem Wuchs, daß *Phidias* und *Praxiteles* manchen zum Modell männlicher Schönheit würden gewählt haben. Ihre Gesichtsbildungen sind angenehm und heiter, frey von allem Eindruck irgend einer heftigen Leidenschaft. Große Augen, gewölbte Augenbraunen und eine hervorstehende Stirn geben ihnen ein edles Ansehen, welches durch einen starken Bart und Haarwuchs noch mehr erhöhet wird.[21] Alles das, und die Schönheit ihrer Zähne, sind redende Kennzeichen ihrer Gesundheit und Stärke. Das andre Geschlecht ist nicht minder wohl gebildet. Man kann zwar die hiesigen Weiber nicht regelmäßige Schönheiten nennen, sie wissen aber doch das Herz der Männer zu gewinnen, und erwerben sich durch ungezwungne, natürliche Freundlichkeit, und durch ihr stetes Bestreben zu gefallen, die Zuneigung und Liebe unseres Geschlechts. In der Lebensart der *Tahitier* herrscht durchgehends eine glückliche Einförmigkeit. Mit Aufgang der Sonne stehen sie auf, und eilen sogleich zu Bächen und Quellen, um sich zu waschen und zu erfrischen. Alsdenn arbeiten sie, oder gehen umher, bis die Hitze des Tages sie nöthigt, in ihren Hütten, oder in dem Schatten der Bäume, auszuruhen. In diesen Erholungs-Stunden bringen sie ihren Kopfputz in Ordnung, das heißt: sie streichen sich das Haar glatt und salben es mit wohlriechendem Öl; zuweilen blasen sie auch die Flöte, singen dazu, oder ergötzen sich, im Grase hingestreckt, am Gesange der Vögel. Um Mittag, oder auch wohl etwas später, ist ihre Tischzeit, und nach der Mahlzeit gehen sie wieder an häusliche Arbeiten oder an ihren Zeitvertreib. Bey allem was sie thun, zeigt sich gegenseitiges Wohlwollen, und eben so sieht man auch die Jugend in Liebe untereinander, und in Zärtlichkeit zu den ihrigen aufwachsen. Muntrer Scherz ohne Bitterkeit, ungekünstelte Erzählungen, fröhlicher Tanz und ein mäßiges Abendessen bringen die Nacht heran; und

21 Andre Seefahrer haben berichtet, daß sie sich die Haare von der Oberlippe, der Brust und unter den Armen ausraufen. Das ist aber gewiß nicht allgemein. Die Vornehmen und der König behalten ihre Lippen-Bärte.

dann wird der Tag durch abermaliges Baden im Flusse beschlossen. Zufrieden mit dieser einfachen Art zu leben, wissen diese Bewohner eines so glücklichen Clima nichts von Kummer und Sorgen, und sind bey aller ihrer übrigen Unwissenheit glücklich zu preisen.

Ihr Leben fließet verborgen,
Wie klare Bäche, durch Blumen dahin.
KLEIST.

Das alles sind in den Augen solcher Leute, die nur an das Vergnügen der Sinnlichkeit denken, sehr wesentliche Vortheile, und es war daher kein Wunder, daß ein Matrose, der vielleicht noch weniger Überlegung haben mogte, als seine Cameraden, nur auf die Freuden des Augenblickes dachte. Freylich, mit etwas mehr Beurtheilungskraft, würde er eingesehen haben, daß ein Mensch von seiner Art, der zu einem thätigen Leben gebohren, mit tausend Gegenständen bekannt, wovon die *Tahitier* nichts wissen, und gewohnt ist, an das Vergangne und Zukünftige zu denken, daß der, einer so ununterbrochnen Ruhe und eines beständigen Einerley, bald überdrüßig werden müsse, und daß eine solche Lage nur einem Volk erträglich seyn könne, dessen Begriffe so einfach und eingeschränkt sind, als wir sie bey den Tahitiern fanden.

Indessen sind die Vorstellungen, die man sich von Glückseligkeit macht, bey unterschiednen Völkern eben so sehr verschieden, als die Grundsätze, Cultur und Sitten derselben; und da die Natur, in den verschiednen Gegenden der Welt, ihre Güter bald freygebig, bald sparsam ausgetheilt hat; so ist jene Verschiedenheit in den Begriffen vom Glück ein überzeugender Beweis von der erhabenen Weisheit und Vaterliebe des Schöpfers, der in dem Entwurf des Ganzen, zugleich auf das Glück aller einzelnen Geschöpfe, sowohl in den heißen als kalten Himmelsstrichen, Rücksicht nahm.

Fix 'd to no spot is happiness sincere
'Tis no where to be found or ev'ry where.
POPE.

Tahiti-Salangane, *F: Hirundo peruviana*
Aerodramus leucophaeus (Tahiti, 1774)

DRITTES HAUPTSTÜCK.

Zweeter Aufenthalt auf den Societäts-Inseln.

Ein rascher Wind führte uns schnell von *Tahiti* weg. Noch betrachteten wir die schönen Aussichten dieser Insel, als sich auf unserm eigenen Verdeck ein unerwarteter Anblick zeigte, der eines jeden Aufmerksamkeit an sich zog. Es war nichts geringeres, als eins der schönsten Mädchen, welches den Vorsatz gefaßt hatte, mit uns nach ihrem Vaterlande, der Insel *Raietea,* zurückzugehen. Ihre Eltern, welchen sie, vor ein Paar Jahren, ein glücklicher Liebhaber, nach *Tahiti* entführt hatte, waren noch am Leben; und sie konnte der Sehnsucht, dieselben wieder zu sehen, jetzt nicht länger widerstehen. Ihren Unwillen fürchtete sie also nicht, vielmehr hoffte sie eine gütige Aufnahme, und in der That muß auch da, wo Eigennutz und Ehrgeiz nur so wenig Herrschaft haben als hier, ein jugendlicher Fehltritt des Herzens leicht Verzeihung finden. Sie hatte sich, bey *O-Tuh's* letzter Anwesenheit auf dem Schiff, versteckt gehalten; weil er es ausdrücklich verboten, daß keine Frauensleute mit uns von der Insel weggehen sollten, und kam auch nicht ehe zum Vorschein, bis wir in offner See waren. Nächst ihr gieng auch *Maheine,* nebst seinem Bedienten und noch zwo andern Leuten von *Borabora,* in dem festen Zutrauen mit, daß sie bey uns eben so gut aufgehoben seyn würden, als ihr Landsmann *(Maheine)* während der vorigen Reise. Ihre Gesellschaft half uns, während der Überfahrt von *Tahiti* nach *Huaheine,* die Zeit verkürzen. Das Mädchen hatte eines Officiers Kleider angezogen, und gefiel sich in dieser Tracht so wohl, daß sie solche gar nicht wieder ablegen wollte. Sie trug kein Bedenken, in Gesellschaft der Officiers zu speisen, und lachte nur über das Vorurtheil, welches ihre Landsmänninnen abhielt, ein gleiches zu thun. Überhaupt zeigte sie viel gesunde Vernunft, und würde sich mit Hülfe einer guten Erziehung selbst unter den europäischen Damen vortheilhaft ausgezeichnet haben; denn auch ohne alle Bildung ihres Verstandes gefiel sie einem jeden, schon durch ihre natürliche Lebhaftigkeit und Freundlichkeit.

Nachdem wir die ganze Nacht hindurch fortgesegelt waren, lag am folgenden Morgen die Insel *Huaheine* vor uns, und des Nachmittags kamen wir, in dem nördlichen Arme des Havens *Warre,* ohngefähr 50 Schritt weit vom Ufer, vor Anker. Dieser geringen Entfernung vom Lande hatten wir manchen Besuch zu verdanken. Die Insulaner brachten zum Theil Schweine zum Verkauf, forderten aber Beile dafür, die nun schon so selten bey uns waren, daß wir sie für wichtigere Gelegenheiten aufsparen mußten. *Ori,* der Befehlshaber der Insel, kam vor Untergang der Sonnen in einem kleinen Canot ebenfalls zu uns, und brachte dem Capitain ein Schwein und einen Krieges-Brustschild, wofür ihm dieser ein schickliches Gegengeschenk machte. Er überreichte auch noch einige Pfefferwurzeln, ohne jedoch die Ceremonien zu beobachten, die zur Zeit unsrer vormaligen Anwesenheit dabey statt gefunden hatten[1]. Abends ward es gänzlich windstill, und da das Schiff

1 S. weiter zuvor [Teil 1], Seite 229f.

überaus nahe am Ufer lag; so konnten wir an dem häuslichen Abendzeitvertreib der Einwohner, vom Bord her, Antheil nehmen. Wir sahen mit Vergnügen zu, wie sie in den nächsten Hütten, um ihre Lichter, die aus öhligten, auf einen dünnen Stock gespießten Nüssen bestehen, vertraulich her saßen und mit einander plauderten. Einer der ersten, der am folgenden Tage an Bord kam, war *Porea,* der junge Bursche von *Tahiti,* welcher vor einigen Monathen mit uns gereiset und wieder Vermuthen zu *Raietea* geblieben war[2]. Er gestand uns, daß es bloß zufälligerweise und ganz wieder seine Absicht geschehen sey. Ein hübsches Mädchen, mit welchem er sich in ein Liebesverständniß eingelassen, habe ihn, gerade um die Zeit als er dem Capitain *Cook* das Pulverhorn so eilfertig abgeliefert, an einen gewissen Ort hin bestellt. Als er sich aber daselbst eingefunden, habe ihn, statt seiner Geliebten, der Vater dieser Schöne mit einigen handfesten Kerls erwartet, ihn derb abgeprügelt, seiner europäischen Kleider beraubt, und bis nach unsrer Abreise gefangen behalten. So bald er hierauf wieder in Freyheit gesetzt worden, sey er mit der ersten Gelegenheit hieher nach *Huaheine* gegangen. Die Gastfreyheit seiner hiesigen Freunde, mußte ihm ganz gut behagen, denn er war dick und fett davon geworden. Aus der kläglichen Geschichte des armen *Porea,* läßt sich meines Erachtens so viel abnehmen, daß die Töchter hier zu Lande, bey ihren Liebeshändeln, nicht immer nach eignem Wohlgefallen zu Werke gehen dürfen. Doch weiß ich nicht, ob der Vater dieser Schöne sich deshalb für befugt halten konnte, den ehrlichen *Porea* bis auf die Haut auszuziehen.

Wir giengen diesen Morgen ziemlich früh ans Land, nach den salzigen Seen hin, die man nordwärts ohnweit des Havens antrift. Vom Meere sind sie blos durch einen schmalen Felsen-Rief getrennt, der überall mit Cocos-Palmen bewachsen ist, ohnerachtet er nur um ein ganz weniges über die Oberfläche des Meeres hervorragt, auch mit Sande kaum recht bedeckt ist. Unmittelbar von diesem Felsen-Damm an, wird der Boden, rings um den ganzen See her, morastig, und vertieft sich schräg gegen das Ufer herab, welches aus bloßem Schlamm besteht, der, sowohl dem äußern Ansehen als dem üblen Geruche nach, eine Art von Schwefel-Leber enthalten muß. In den äußersten Sümpfen wachsen allerhand Ost-Indianische Pflanzen, und auf dem See gab es ganze Schaaren von wilden Enten, denen aber nicht füglich beyzukommen war, weil man befürchten mußte, in dem Morast zu versinken. Diese Unannehmlichkeit ausgenommen, ist die Gegend hier herum in der That recht mahlerisch schön, jedoch nur wenig bewohnt, vielleicht, weil die Eingebohrnen die Ausdünstungen des schlammigen Ufers für ungesund halten. Einer von den Insulanern bewirthete uns auf diesem Spaziergange mit Cocos-Nüssen, die um jetzige Jahreszeit hier etwas seltnes waren. Auf dem Rückwege ward unser Bediente, der einen Sack mit Pflanzen, nebst einem andern voll kleinem Eisengeräthe trug, wenige Schritte hinter uns, von etlichen Indianern angefallen und zu Boden geworfen. Ohne Zweifel wollte man ihn seiner Habseligkeiten berauben, da wir es aber gerade noch zu rechter Zeit gewahr wurden; so machten sich die Räuber eilfertigst aus dem Staube. Dies war das zweytemal, daß unsre Leute auf dieser Insel so kühn und freventlich waren angegriffen worden; überhaupt schienen auch die hiesigen Einwohner, unter der schläfrigen Regierung des alten *Ori* ausschweifender zu seyn als ihre Nachbaren, die *Tahitier* und andre Völker der Societäts-Inseln.

Der vorgedachte Befehlshaber kam uns diesmal noch weit unthätiger und abgelebter vor, als bey unserm ersten Besuche. Seine Verstandes- und Seelenkräfte schienen merklich abgenommen zu haben. Seine Augen waren ganz roth und entzündet, und der ganze Cörper mager und schäbicht. Die Ursach blieb uns nicht lange verborgen. Wir bemerkten nemlich, daß er jetzt dem Trunk sehr ergeben war, und von der stärksten Art des berauschenden Pfeffergetränkes, große Portionen zu sich zu nehmen pflegte. *Maheine* hatte die Ehre, einige Nächte hintereinander mit ihm zu zechen, und ließ sich's jedesmal so gut schmecken, daß er des Morgens gemeiniglich mit gewaltigem Kopfweh erwachte.

Am andern Morgen machten wir von neuem einen Spatziergang nach den Landseen, und brachten eine Menge *Corallen, Muscheln* und *Meer-Igel (echinos)* von daher zurück, welche die Eingebohrnen an der Küste für uns aufgelesen hatten. Von unterschiednen Befehlshabern erhielten wir Schweine und Brustschilder zum Geschenk. Sie kamen bloß in der

2 Siehe ebendaselbst, Seite 243.

Absicht, ihre alte Bekannten zu besuchen, und wollten daher auch, das was sie mitbrachten, nicht eher verkaufen oder abgeben, bis sie vorgelassen wurden und die Freunde selbst zu sehen bekamen, denen sie ein Geschenk zugedacht hatten. Den Tag nachher bestiegen wir einen Berg, der ganz mit *Brodfrucht-Pfeffer-* und *Maulbeerbäumen,* imgleichen mit *Ignamen* und *Arums-Wurzeln* bepflanzt war. Die Maulbeerbäume waren mit besonderem Fleiß gewartet; sie hatten den Boden zwischen selbigen sorgfältig gejäthet, und theils mit zerbrochnen Muscheln, theils mit Corallen gedünget. Überdem war die ganze Plantage mit einem tiefen Rain oder Graben umzogen, damit das Wasser ablaufen mögte. An manchen Stellen hatte man auch das *Farrenkraut* und andres Gesträuch niedergebrannt, um den Boden von neuem zu bestellen. Ziemlich weit den Berg hinauf fanden wir ein Haus, dessen Bewohner, eine alte Frau und ihre Tochter, uns ungemein gastfrey bewirtheten. Wir gaben ihnen etliche Glas-Corallen, Nägel und rothe Federn, welche letztere sie nicht sowohl als brauchbar, sondern vielmehr nur als eine Seltenheit annahmen. Überhaupt urtheilte man von dieser Waare hier weit richtiger als zu *Tahiti.* Man hielt sie nemlich für bloßen Flitterstaat, dem es an inneren Werth gänzlich fehle, und wollte daher auch nichts wahrhaft nutzbares dafür hergeben, sondern verlangte, für Schweine und andre Lebensmittel, Beile und kleineres Eisengeräth. Diese Forderung war gar nicht unbillig, wir hatten sie uns auch ehemals schon gefallen lassen, bey unsrer *diesmaligen* Anwesenheit aber giengen wir sie nicht ein, weil es uns jetzt an frischem Fleische nicht fehlte, der Vorrath von Eisenwerk hingegen schon merklich abgenommen hatte. Daß die Bewohner von *Huaheine* und von *Tahiti,* über den Werth der rothen Federn, so verschiedener Meynung waren, rührt augenscheinlich von der natürlichen Verschiedenheit dieser beyden Inseln her, und beweiset, daß das Volk dort wohlhabender seyn müsse als hier. Die Ursach davon war auch leicht ausfindig zu machen, denn es giebt hier in *Huaheine* nur wenig ebenes Land, und folglich müssen die Einwohner bey der Bestellung des Feldes die Berge mit zu Hülfe nehmen, um den nöthigen Unterhalt zu gewinnen. Da es ihnen auf solche Art um ein gutes saurer wird, als den *Tahitiern,* sich Lebensmittel zu verschaffen; so setzen sie auch einen höheren Werth auf dieselben, und können dem Luxus nicht so nachhängen als jene.

In den folgenden Tagen wurden wir verschiedentlich, und zum Theil auf eine sehr verwegne Art bestohlen, ohne daß wir im Stande waren, uns dafür Ersatz zu verschaffen. Wen man indessen auf der That ertappte, der ward exemplarisch bestraft. Eine Gesellschaft von Subaltern-Officiers war nach einem Berge hin aufs Vogelschießen ausgegangen, und hatte einen Seesoldaten mitgenommen, um sich ein Paar Beile und andere kleine Eisengeräthschaften nachtragen zu lassen. Unterwegens versagten ihnen die Flinten einigemale: Dies mogte einem Indianer, der ihnen nachschlich, Muth machen, eins zu wagen. Als daher der Soldat den Beutel einmal niederlegte, hatte ihn der Insulaner augenblicklich erhascht und rannte mit selbigem davon. Am folgenden Tage wohnten eben diese Herren einem *Hiwa* oder öffentlichen Tanze bey. Glücklicherweise trafen sie den Dieb unter den Zuschauern an. Er gestand sein Vergehen, und versprach, wenn sie ihm verzeihen wollten, zur Vergütung des Entwendeten etliche Brustschilder zu bringen, die mit den Beilen fast immer in gleichem Werthe standen. Dieses Anerbieten ließen sie sich gefallen, und am folgenden Tage stellte sich der Mann, seiner Zusage nach, richtig ein; er gehörte folglich noch nicht zu unsern verhärteten Bösewichtern, bey denen alles Gefühl erstorben ist, sondern wußte die Großmuth, welche man ihm erwiesen hatte, dankbar zu schätzen. Ein andrer, der ein Pulverhorn zu stehlen suchte, ward ertappt und bekam eine volle Ladung Schläge. Die Insulaner ließen sogar ihre eigne Landsmännin, die von *Tahiti* aus mit uns hieher gekommen war, nicht unangetastet. Als sie sichs einst am wenigsten versahe, ward sie in einem Hause überfallen, und sollte die europäische Kleidung, die sie seit ihrem Hierseyn beständig trug, mit Gewalt hergeben. Zum Glück kamen noch einige von unsern Leuten dazu und verjagten die Räuber. Dieser Vorfall hatte aber das arme Mädchen in solche Furcht gesetzt, daß sie sich nachher nie wieder ohne Gesellschaft ans Land wagte.

Indessen waren das die Drangsale, welche unsre Schöne hier erleben mußte, noch nicht alle, und gerade heute Abend wiederfuhr ihr ein recht schmählger Schimpf. Sie wohnte nehmlich, in Gesellschaft etlicher Officiers, einem *Hiwa,* oder dramatischen

Tanze bey; aber unglücklicherweise hatte man ihre eigene Geschichte zum Gegenstand des Stücks gewählt, und suchte ihre ehemalige, romanhafte Entweichung von der Insel lächerlich zu machen. Sie wollte vor Schaam und Thränen vergehen, und es kostete ihren Gesellschaftern, den Officiers, nicht wenig Zureden, daß sie bis an das Ende des Stückes aushielt. Die letzte Scene, worinn die Aufnahme vorgestellt ward, welche sie bey ihren Eltern würde zu gewarten haben, fiel, so wie es die Comödianten eingerichtet hatten, gar nicht schmeichelhaft für das trostlose Mädchen aus. Es wird dieser Nation leicht, solche kleine Stücken aus dem Stegereif aufzuführen, und nichts ist wahrscheinlicher, als daß dieses hier eine Satyre gegen das Mädchen seyn, und andre vor ihrem Beyspiel warnen sollte.[3]

Am 19ten machten wir einen Spatziergang nach dem langen Seearm, wo Dr. *Sparrmann,* bey unsrer ehemaligen Anwesenheit, vor ohngefähr acht Monathen, war angefallen und beraubt worden.[4] Das Wetter ließ sich zum Regen an, und die ersten Güsse wurden so heftig, daß wir in einer kleinen Hütte unter Dach traten, um nicht bis auf die Haut durchnässet zu werden. In dieser Hütte wohnte eine Familie, die uns sehr freundschaftlich aufnahm, und sogleich Fische, nebst frischer Brodfrucht vorsetzte, denn Essen und Trinken ist bey den Völkern der Südsee allemal die erste Erweisung von Gastfreyheit. Eine ältliche Frau von einigem Ansehen und Stande, hatte nebst ihrem Knecht, der ein Schwein nach ihrem Hause bringen sollte, hier ebenfalls Obdach gesucht. Als der Regen vorüber war und wir gemeinschaftlich mit einander fort giengen, bot uns die gute Frau nicht nur das Schwein zum Geschenk an, sondern bat zugleich, daß wir mit nach ihrer Wohnung kommen mögten, die ziemlich weit von hier liegen sollte. Da wir uns bey diesem Spatziergange eben keinen bestimmten Plan gemacht hatten, so war es uns ziemlich gleichgültig, hie oder da hinzugerathen, und also folgten wir ihr. Der Regen hatte den Weg so schlüpfrig gemacht, daß man sehr behutsam gehen mußte; doch wurden wir, für diese Unannehmlichkeit, durch die Menge neuer Pflanzen, welche hier anzutreffen waren, vollkommen schadlos gehalten. Unsere Führerin brachte uns, von dem Berge, nach der andern Seite der Insel, gegen das Meer zu, herab, und ehe wir noch die Ebene erreichten, hatte sich das Wetter schon völlig wieder aufgeklärt. Das Gestade machte in dieser Gegend eine angenehme Bay aus, die durch einen weit ins Meer laufenden Corallen-Rief gedeckt war, und innerhalb desselben lag eine kleine Insel, auf welcher sich ganze Heerden von wilden Enten, Brachhühnern und Schnepfen aufhielten. Indeß wir hier eine Weile auf der Jagd zubrachten, sorgte unsre gutherzige Freundin dafür, daß die anwesenden Indianer allerhand Erfrischungen herbeyschaffen mußten, und nachdem wir Wildpret genug geschossen, so folgten wir ihr von neuem über einen seitwärts gelegnen Berg, und kamen endlich, durch ein schönes, angebautes Thal, zu ihrer Wohnung, die am Ufer des Meeres lag. Hier trafen wir einen Alten, der ihr Ehemann war, und eine zahlreiche, zum Theil schon erwachsene Familie an; Sie bewirtheten uns recht herrlich mit gestobten Hühnern, Brodfrucht und Cocos-Nüssen, und ließen uns nach der Mahlzeit in ihrem Canot wieder ans Schiff bringen, welches zur See 5 Meilen, aber dem Landwege nach, wohl noch einmal so weit von hier entfernet lag. In dem Betragen dieser guten alten Frau, war etwas so sorgsames, als ich, selbst an den gastfreyesten Personen, deren mir in diesen Inseln doch so viele vorgekommen waren, nicht leicht bemerkt hatte. Und wie herzlich freute es mich, hier einen abermaligen Beweis von der ursprünglichen Güte des menschlichen Herzens vor mir zu sehen, das in dem sich selbst überlaßnen Stande der Einfalt, von Ehrgeiz, Wollust und andern Leidenschaften noch unverdorben, gewiß nicht böse ist.

Am folgenden Tage (den 20sten) blieben wir den ganzen Vormittag über am Bord; nach Tische aber giengen wir mit Capitain *Cook* ans Land, und nach einem großen Hause, welches, gleich einem Carawanserai, von unterschiednen Familien bewohnt wurde, die hieher gekommen waren, um uns näher zu seyn. Es befanden sich einige Befehlshaber von geringern Range darunter; *Ori* aber war nach einer andern Gegend der Insel hingegangen. Wir hatten uns noch nicht lange mit ihnen unterhalten, als verschiedene Indianer die Nachricht brachten, daß der erste und zweete Lieutenant, nebst einem von unsern Lootsen,

---

3 Diese Erzählung ist aus Capitain *Cooks* Reise gezogen. *Vol. I. pag. 356.*

4 Siehe weiter zuvor [Teil 1], pag. 232f.

durch eine Parthey Räuber völlig ausgeplündert worden wären. Diese Bothschaft verbreitete unter den anwesenden Indianern ein allgemeines Schrecken, und die mehresten suchten sich, aus Furcht für unserer Ahndung, sogleich mit der Flucht zu retten. Wir selbst waren über das Schicksahl unsrer Gefährten nicht wenig verlegen, weil das Tahitische Wort *Matte,* so wohl prügeln, als würklich todtschlagen bedeutet, und man, alles Nachfragens ohnerachtet, nicht ausfündig machen konnte, in welchem Sinn es hier gemeynet sey. Unsre Besorgniß dauerte jedoch nicht lange, denn wir sahen die für verlohren gehaltnen Herren, unbeschädigt, in ihrer völligen Kleidung und Jäger-Rüstung wieder kommen. Sie erzahlten, daß, als sie bey den Landseen auf der Jagd gewesen, man sie unversehens überfallen, und, ihrer Vogelflinten, die sie gutwillig nicht abgeben wollten, mit Gewalt beraubt, auch mit Schlägen sehr gemißhandelt hätte. Endlich sey noch ein Befehlshaber dazu gekommen, durch dessen Vermittelung ihnen die Räuber ihre Flinten und andre abgenommne Sachen wieder zurückgegeben hätten. Ganz vergnügt, daß die Geschichte einen bessern Ausgang gewonnen, als zu besorgen stand, kehrten wir allerseits an Bord zurück, bemerkten aber, daß die Einwohner sich aus dieser Gegend größtentheils verliefen. Am folgenden Morgen ließ *Orih* dem Capitain, durch *Maheinen,* der am Lande geschlafen hatte, wissen, daß die gestrige That durch dreyzehn Mann begangen worden, daß er aber ohne Capitain *Cooks* Hülfe nicht im Stande seyn würde, diese Bösewichter zur Strafe zu ziehen; er mögte ihm also zwey und zwanzig bewaffnete Leute zuschicken, (welche Anzahl er durch eben so viel Stöckchen andeuten ließ) alsdann wolle er noch einige seiner Krieger dazu nehmen und gegen die Rebellen marschiren. Capitain *Cook* zweifelte, ob er *Orihs* Bothschaft recht verstanden habe, er kehrte also mit *Maheinen* nach dem Lande zurück, um den Befehlshaber selbst darüber zu befragen, konnte aber, in Ermangelung genugsamer Sprachkenntniß, nicht nähere Erkundigung einziehen. In dieser Ungewißheit berief er bey seiner Rückkunft die Officiere zusammen, und überlegte die Sache mit ihnen: Da gestand denn der zweyte Lieutenant offenherzig, daß von ihrer Seite der erste Angriff geschehen sey, und daß sie selbst sich ihren Unstern zugezogen hätten. Es habe nemlich einer von ihnen, auf dem See ein Paar wilde Endten geschossen, und einen von den Indianern gebeten, sie aus dem Wasser zu hohlen; dieser aber, ob ers wohl vorher schon mehrmalen gethan, habe sich nicht länger als Pudel wollen gebrauchen lassen; dies habe der Officier unbilligerweise übel genommen, und den armen Kerl so lange geprügelt, bis er sich dazu bequemet. Er sey hierauf mit ganz eigenthümlicher Fertigkeit, halb schwimmend und halb gehend, durch den dicken Schlamm bis nach dem Wasser hin durchgedrungen, als er aber die wilden Endten, die weit vom Ufer entfernt gelegen, erreicht gehabt, sey er damit nach dem jenseitigen Strand zu geschwommen, vielleicht in der Überzeugung, daß ihm, zur Entschädigung für die erlittne Mißhandlung und angewandte Mühe, dieses Wildpret mit Recht gebühre. Unser Seemann hingegen, der keinesweges gleicher Meynung gewesen, habe sein Gewehr mit einer Kugel geladen und nach dem Indianer geschossen, zum Glück aber nicht getroffen. Hierauf habe er zum zweytenmal laden wollen, allein die anwesenden Indianer, die ihren Landsmann einer so unbedeutenden Ursach wegen in Lebensgefahr gesehen, hätten dem Schützen das Gewehr abgenommen; er habe zwar um Hülfe gerufen, sie wären aber sämmtlich eben so wie jener, umringt gewesen. Gleichwohl habe einer von ihnen Mittel gefunden sein Gewehr abzufeuern und einem Indianer eine Ladung Schroot ins Bein zu schießen, dadurch wären jedoch die übrigen nur immer mehr erbittert worden, und hätten diese neue Gewaltthätigkeit durch unbarmherzige Prügel gerächet. *Maheinens* Knecht, ein starker untersetzter junger Kerl, der bey diesem Vorfall mit zugegen gewesen, habe für unsre Herren ganz verzweifelt gefochten, sey aber von der Menge überwältigt worden. Durch dieses Geständniß bekam die Sache ein ganz andres Ansehen; demohnerachtet wollte der Capitain den Befehlshaber nochmals um seine Meynung fragen, und bat zu dem Ende, daß ihn mein Vater begleiten mögte, weil dieser von der Landessprache mehr verstand, denn sonst irgend jemand am Bord. *Orih* eröfnete ihnen, seine Absicht sey, wir sollten auf die Häuser der Leute losgehen, die sich selbst Recht verschaft hatten, und die vermuthlich auch gegen ihn sich aufgelehnet haben mogten; er wolle alsdann ihre Schweine und alle übrige Habseligkeiten wegnehmen und sie uns zur Schadloshaltung Preiß geben. Mit dieser Erklärung kam Capitain *Cook* ans Schiff zurück und beorderte eine Parthey ausgesuchter Mannschaft, die mit Inbegriff der Officiere, Dr. *Sparrmanns,* meines Vaters und nebst mir, aus sieben und vierzig Mann bestand, ihn zu begleiten. Es konnte des Capitains Absicht hierbey wohl gewiß nicht seyn, dem alten *Ori* Beystand gegen seine rebellische Unterthanen zu leisten, zumal da diese so viel Ursach hatten, sich über die von den unsrigen erlittne Mißhandlung zu beschweren; sondern er wollte vermuthlich den Insulanern nur überhaupt zeigen, daß ihr eigenmächtiges Verfahren ihm nicht gefalle. Dem sey wie ihm wolle, wir landeten und marschirten mit *Ori* und einigen wenigen Indianern nach der Gegend hin, wo die Gewaltthätigkeit vorgegangen war. Je weiter wir vorrückten, desto größer ward der Zulauf von Indianern. Die Zahl unsrer Begleiter belief sich in kurzem auf etliche hundert Mann, und sie fiengen zum Theil schon an, aus den nächstgelegnen Häusern Waffen zu holen. *Ori* selbst schleppte einen 10 Fuß langen Speer mit sich, dessen Spitze aus dem zackigten Stachel eines Rochen bestand. Nachdem wir zwo Meilen weit vorgedrungen waren, ward Halte gemacht, und wir erfuhren durch *Maheinen,* daß die Indianer uns einzuschließen und vom Schiff abzuschneiden gedächten. Capitain *Cook* ließ sich aber dadurch nicht abschrekken, sondern befahl nur, daß der Haufen, der uns nachfolgte, nicht weiter vorrücken sollte, damit wir, im Fall eines Angriffes, Freund und Feind desto besser unterscheiden könnten: *Ori* hingegen, der nebst etlichen andern Befehlshabern bey seinen Leuten bleiben wollte, mußte weiter mit uns fort. Von hier aus stießen wir nach einem Marsche von 3 Meilen, auf einen Scheideweg. Der eine dieser beyden Wege gieng über einen steilen Felsen, der andre hingegen schlängelte sich am Fuß des Berges herum. Der Capitain wählte den ersteren; das Heraufsteigen war sehr mühsam, auf der andern Seite aber fanden wir Tritte in den Felsen gehauen, vermittelst deren man ungleich bequemer nach der Ebene herab kommen konnte. Dieser Paß war für die Sicherheit unsrer Rückkehr so wichtig, daß ihn der Capitain durch einen Theil seiner Leute wollte besetzen lassen; da er aber sahe, daß, *Oris* ausdrüklichem Befehl zuwider, der große Haufe von Indianern, der zurückbleiben sollte, dennoch langsam nachkam; so dünkte es ihm der Klugheit gemäß, den ganzen Operations-Plan aufzugeben und geraden Weges wieder umzukehren und die Indianer ließen sich leicht bereden, es geschehe aus keiner andern Ursach, als weil der Feind schon zu weit entfernt sey und man ihn nicht weiter verfolgen mögte. Auf der Hälfte des Rückweges, kamen wir bey einem geräumigen Hause vorüber, darinn uns *Ori* Cocos-Nüsse vorsetzen ließ. Während daß wir diese Erfrischungen verzehrten, brachten einige Indianer junge *Pisang-Sprossen,* nebst zween *Hunden,* und einem *Ferken* herbey. Alles dieses überreichten sie dem Capitain nach einer langen Rede, davon wir zwar herzlich wenig verstanden, die sich aber, allen Umständen nach, auf die Veranlassung unseres Feldzuges beziehen mußte. Außerdem ward uns noch ein großes Schwein vorgezeigt, aber auch wieder weggetrieben. So bald diese Ceremonie vorüber war, eilten wir nach dem Strande hin und kamen daselbst um Mittagszeit an. Der Capitain ließ die Mannschaft, dem Schiffe gegen über, ihre Gewehre Plotton-weise in die See feuern, und wir vergnügten uns an dem Erstaunen der Indianer, die nicht vermuthet hatten, daß die Kugeln so weit reichten, und daß wir mit unsern Flinten ein beständiges Feuer unterhalten können. Solchergestalt lief die vorgehabte Kriegs-Expedition ohne Blutvergießen ab, so wie es alle diejenigen unter uns gewünscht hatten, denen das Leben ihrer Mitmenschen keine geringschätzige Kleinigkeit zu seyn dünkte. Andere hingegen schienen ganz unzufrieden damit, daß es nicht zum Todschlagen gekommen war. An die schrecklichen Auftritte des Krieges und Blutvergießens gewöhnt, thaten sie, als ob es gleich viel sey, nach Menschen, oder nach einem Ziele zu schießen.

Unser militärischer Kreuzzug mogte die Insulaner abgeschreckt haben, an Bord zu kommen, wenigstens wurden diesen Nachmittag nur wenig Früchte zum Verkauf gebracht. Den andern Morgen aber erhielten wir von unsern Bekannten mancherley Geschenke, zum Zeichen, daß nun alles wieder beygelegt sey. Unter andern besuchte uns auch ein Befehlshaber, Namens *Morurua,* der eine besondre Zuneigung gegen meinen Vater gefaßt hatte, in Begleitung seiner Frau und allen Angehörigen. Keiner kam mit leeren Händen, und daher ließen auch wir niemand unbeschenkt von uns. *Morurua* aber hielt sich durch das, was wir ihm gaben, weit über sein Verdienst belohnt, und gab uns durch redende Blicke, seine Freude und

Weißflecken-Kugelfisch, ***F: Tetrodon hispidus***
Arothron hispidus (Raiatea, 1774)

Dankbarkeit dafür zu erkennen. Am folgenden Morgen, als wir eben von der Insel abseegeln wollten, kam er nochmals an Bord, brachte uns wiederum Geschenke und nahm endlich mit vielen Thränen Abschied.

Maheinens drey Freunde blieben bey unserer Abreise allhier zurück, dagegen nahmen wir einen andern Indianer an Bord, den *Ori* mit einer Bothschaft an *O-Puni,* den König von *Borabora* abschickte. Dieser Abgesandte schien ein sehr einfältiger Tropf zu seyn; doch ließ er sich das Geheimniß seines Auftrags nicht abfragen, woran uns auch, im Grunde so gar viel nicht gelegen war. Sein Name schickte sich ungemein gut zu seinem jetzigen Geschäft, denn er hieß *Hurry-Hurry,* welches im Englischen so viel als *Eile, Eile!* bedeutet.

Am nächsten Mittage, (den 24sten) ankerten wir bey der Insel *Raietea,* und zwar im Haven *Hamaneno,* brachten aber bis Abends zu, ehe wir das Schiff mitten in den Haven hereinbugsieren konnten. Der Befehlshaber *O-Rea* kam an Bord und schien höchst vergnügt über unsre Wiederkunft. Ohne Zweifel mußte es uns auch durchgehends zur großen Empfehlung gereichen, daß *Maheine* und *Hurry-Hurry* sich uns anvertrauet hatten. Am folgenden Morgen begleiteten wir den Capitain nach *Orea's* Hause, woselbst wir seine Frau und seine Tochter *Poyadua* antrafen. Bey unserm Eintritt in die Hütte waren diese beyde Frauenspersonen in vollem Weinen begriffen, und die Mutter verwundete sich den Kopf mit einem Hayfischzahne, und fieng die Blutstropfen mit einem Stückchen Zeug auf. Es dauerte jedoch nicht lange, so wurden sie beyde wiederum so lustig, als wenn gar nichts vorgefallen wäre. Des heftigen Regens wegen konnten wir erst um Mittag wieder nach dem Schiffe zurückkehren, welches unterdessen in eine enge Bucht nahe ans Land war gebracht worden, um bequemer Wasser einzunehmen.

Nachmittags machten wir, so weit das Regenwetter es zulassen wollte, an dieser Bucht einen Spatziergang. Längst dem Strande war eine unzählige Menge von Canots aufs Land gezogen, und jedes Haus und jede Hütte war gepfropft voll Menschen. Sie schickten sich zum Theil zu gesellschaftlichen Mahlzeiten an, bey denen es gewiß an nichts fehlen sollte, denn überall lagen große Vorräthe von den ausgesuchtesten Lebensmitteln dazu in Bereitschaft. Wir wußten, daß es auf diesen Inseln eine besondre Gesellschaft oder Classe von Leuten beyderley Geschlechts gebe, die *Errioys* genannt werden, und daß sie sich zuweilen, von weit und breit her, versammleten, eine Insel nach der andern besuchten, und überall bis zur Ausschweifung schmaußten und schwelgten. Als wir zu *Huaheine* vor Anker lagen, hielt sich daselbst eine dergleichen *Caravane* von mehr als siebenhundert solcher *Errioys* auf, und eben diese waren es, die wir jetzt hier antrafen. Sie hatten sich eines Morgens, mit etlichen siebenzig Canots, von *Huaheine* nach *Raietea* übersetzen lassen, und nachdem sie einige Tage an der östlichen Küste dieser Insel zugebracht, nunmehro hier auf der Westseite ihr Quartier genommen. Es waren lauter Leute von gewissem Ansehen, und schienen alle zu dem Stande der Befehlshaber zu gehören. Einige hatten große punctirte Flecken auf der Haut; dies sollten, *Maheinens* Aussage nach, die angesehensten Mitglieder der Gesellschaft, und zwar in eben dem Verhältnisse vornehmer seyn, als man stärkere und mehrere Puncturen an ihnen wahrnähme. Sie waren fast durchgehends stark, wohlgebauet und nannten sich Kriegesleute. *Maheine* bezeigte viel Achtung für diese Gesellschaft, und versicherte uns, daß auch er in dieselbe aufgenommen sey. Die Mitglieder sind alle durch die engsten Bande der Freundschaft unter einander verbunden, und üben unter sich die Gesetze der Gastfreyheit im weitläuftigsten Verstande. Sobald ein *Errioy* einen andern besucht, kann er darauf rechnen, mit allem, was sowohl zur Nothdurft als zur Bequemlichkeit gehört, reichlich versehen zu werden. Persönliche Bekanntschaft oder Unbekanntschaft machen hierinn keinen Unterschied. Er wird sogleich den übrigen Mitgliedern des Ordens vorgestellt, und alle wetteyfern, wer es dem andern an Gefälligkeit, Freundschaftsbezeugungen und Geschenken zuvorthun könne. *Maheine* behauptete, daß alle Vortheile, welche er in *Tahiti* gefunden, ihm blos »als Mitglied dieser Gesellschaft« wären zu Theil geworden. Die beyden jungen Leute, welche ihn daselbst auf unserm Schiff zuerst ansichtig wurden, waren, seiner Aussage nach, *Errioys,* und in dieser Qualität schenkten sie ihm ihre Kleidungen, weil er selbst damals keine andre als europäische hatte. Es scheint fast, daß von jeder vornehmen Familie durchgehends eine oder mehrere Personen in diese Gesellschaft treten, deren unabänderliches Grundgesetz ist, daß keines ihrer Mitglieder Kinder haben dürfe. So viel wir aus den Berichten der verständigsten Indianer abnehmen konnten, mußten die *Errioys,* der ersten Einrichtung nach, *unverheyrathet* bleiben; da aber in diesem heißen Lande der Trieb zur Fortpflanzung sehr stark seyn muß, so hat man sich nach und nach von jener Einrichtung entfernt, und die Heyrathen zugelassen. Um aber doch die Absicht des ledigen Standes beyzubehalten, so ist man darauf verfallen, die unglücklichen Kinder gleich nach der Geburt umzubringen.

Die *Errioys* genießen mancherley Vorrechte, und werden in allen Societäts-Inseln sehr hoch geachtet. Das sonderbarste ist, daß sie selbst ihre größte Ehre *darinn* setzen, keine Kinder zu haben. Als *Tupaya* hörte, daß der König von England eine zahlreiche Familie habe, dünkte er sich weit vornehmer als der König zu seyn, blos weil auch er, als ein *Errioy,* keine Kinder hatte.[5] Fast in allen andern Ländern ists eine Ehre, *Vater* zu heißen; wenn aber zu *Tahiti* ein *Errioy* jemanden den Vater-Namen beylegt, so hat er es als einen verächtlichen Schimpf-Namen und Vorwurf anzusehen. Zu gewissen Zeiten halten sie große Versammlungen und reisen von einer Insel zur andern. Dann schmausen sie die besten Früchte und verzehren eine Menge von Schweinen, Hunden, Fischen und Hühnern, welche die *Tautaus,* oder die geringste Classe, zu Bewirthung dieser Schwelger, herbeyschaffen muß. An einer guten Portion des berauschenden Pfefferwurzel-Trankes, darf es bey solchen Gelegenheiten nicht fehlen, denn diese Herren zechen sämmtlich gern. Überhaupt halten sie es mit allen Arten von sinnlichen Freuden; und daher ist Musik und Tanz allenthalben ihr Zeitvertreib. Diese Tänze sollen des Nachts ungebührlich ausschweifend seyn,

5 Capitain *Cook* hat uns diese Anecdote mehrmalen selbst erzählt.

doch wird keinem, als blos den Mitgliedern der Gesellschaft, der Zutritt verstattet.

In einem Lande, das so weit, als *Tahiti,* sich der Barbarey entrissen, würde man eine Gesellschaft, welche dem ganzen Volke so nachtheilig zu seyn scheint, gewiß nicht bis jetzt haben fortdauern lassen, wenn nicht die Nation, auf einer andern Seite, wichtige Vortheile davon hätte. Die vornehmste Ursach, warum man sie beybehält, mag vielleicht diese seyn, daß beständig eine gewisse Anzahl von Kriegsleuten, zur Vertheidigung des Landes da sey; (denn alle *Errioys* sind Kriegesleute;) und da man vielleicht befürchtete, daß Liebe und Familien-Bande sie feige und muthlos machen würden; so hat man ihnen den ehelosen Stand vorgeschrieben, den sie aber in der Folge vermuthlich zu lästig gefunden haben. Nächst dieser Absicht, mag man durch Errichtung dieser *Errioys*-Gesellschaft, auch wohl der gar zu schnellen Vermehrung der Befehlshaber und der Vornehmen überhaupt, haben Schranken setzen wollen. Vielleicht sah ein alter vernünftiger Gesetzgeber zu *Tahiti* voraus, daß, wenn jene Classe kleiner Tyrannen allzu zahlreich würde, der gemeine Mann unter dem Joche derselben bald würde erliegen müssen.[6] Zu Verhütung dieses Übels, gab es ohne Zweifel kein würksameres Mittel, als jene Verordnung, daß sie unverheyrathet bleiben sollten; dagegen mußten ihnen aber zu Versüßung dieses Zwanges freylich gewisse glänzende Vorzüge eingeräumet werden. Hieher rechne ich die große Achtung, die man dem gemeinen Volk für die *Errioys* beybrachte, und die Mittel, die man ihnen verschaffte, sich gütlich zu thun, tapfer zu schmausen und alle Tage in Freuden zu leben, als welches von jeher das Vorrecht der Krieger war, ehe sie zu hungerleidenden Söldnern, der alles selbst verschlingenden Tyrannen, ausarteten. Ehemals mögen sie freylich die Achtung, welche man ihnen bezeigt, durch ein unsträfliches Betragen, mehr als heut zu Tage, verdienet haben. Wenn sie sich aber einmal, in Betracht der Ehe, über die Grundregeln ihres Instituts hinweggesetzt hatten, so ist leichtlich zu begreifen, daß nach und nach der ursprüngliche Geist dieser Gesellschaft, auch in den übrigen Stücken verlohren gehen, und daß Ausschweifung und Völlerey an die Stelle der ehemaligen Keuschheit und Mäßigkeit treten mußten. Gegenwärtig sind die *Errioys* unter ihren übrigen Landsleuten ohnläugbar die größten Wollüstlinge; daß sie aber, zu Befriedigung der Sinnlichkeit, auf neue Erfindungen verfallen wären, bin ich nicht gewahr worden. Man hat ihnen zwar die häßlichste Art von wollüstiger Ausschweifung Schuld geben und behaupten wollen, daß ihre Weiber allen Mitgliedern des Ordens gemeinschaftlich zugehörten:[7] Allein, nicht zu gedenken, daß eine solche Einrichtung, an und für sich schon, dem Charakter dieser Nation widerstreitet, so ist uns auch, bey genauerer Nachfrage, ausdrücklich das Gegentheil davon versichert worden. Man muß also diese Erzählung für eine bloße Grille von gewissen lustigen und kurzsichtigen Reisenden oder Reisebeschreibern ansehen, die das liebe Publikum wohl mit noch andern abentheuerlichen Mährchen unterhalten haben.

Die *Errioys* sind zum Theil eben so verheyrathet als *Maheine* sich mit *Toperri's Tochter* verehligt hatte; andre pflegen sich Beyschläferinnen zu halten. Manche mögen sich freylich auch mit gemeinen Huren abgeben, deren auf allen diesen Inseln so viele vorhanden sind: Diese Art von Ausschweifung ist aber nichts so unerhörtes, sondern vielmehr unter den civilisirtern Europäern weit herrschender als hier. Sollte man also, blos *daher* Anlaß genommen haben, die *Errioys* zu beschuldigen, daß sie einander ihre Weiber wechselsweise Preiß gäben; so würde das ohngefähr eben so herauskommen, als wenn man, wegen der lüderlichen Lebensart einzelner Europäer, behaupten wollte, daß es in Europa eine Classe von Leuten beyderley Geschlechts gäbe, die ihre Tage in einer steten Befriedigung sinnlicher Lüste zubrächte!

Von dem Vorwurf des Kindermordes hingegen sind die *Tahitier* nicht freyzusprechen, so unerklärbar es auch beym ersten Anblick scheinen mag, daß eine Nation von so sanftem, mitleidigen, und zur Freundschaft gestimmten Herzen, zugleich der äußersten Grausamkeit fähig seyn soll. Wenn die Unmenschlichkeit der Väter hier schon Schaudern erregt, was soll man von den Müttern sagen, deren Herzen von Natur und durch Instinct sonst überall so zärtlich sorgsam und zum Erbarmen geneigt sind? Die Wege und Stimme der Tugend sind freylich nur gar zu

---

6 Man erinnere sich hiebey, was schon im ersten Theile dieses Werks [S. 225], hierüber geäußert worden ist.

7 S. *Hawkesworths* Geschichte der englischen See-Reisen in 8. *dritter Band,* Seite 512.

leicht zu verfehlen; Aber bey alle dem bleibt es immer noch unbegreiflich, wie ein Volk, das in den übrigen Stücken so sehr der Natur getreu blieb, gerade dem ersten Grundgesetz derselben zuwider handeln, und gegen eine so tief gepflanzte Empfindung sich habe verhärten können? Doch – die leidige Gewohnheit

That monster custom, who all sense doth eat
Of habits evil SHAKESPEARE.

entkräftet nach und nach alles Gefühl und übertäubt zuletzt gar die Vorwürfe des Gewissens. – So bald wir ohnläugbare Gewißheit davon hatten, daß eine so widernatürliche Barbarey unter den *Errioys* würklich ausgeübet werde, verwiesen wir es unserm jungen Freunde *Maheine,* daß er sichs zur Ehre rechne, einer so verabscheuungswürdigen Gesellschaft anzugehören. Wir suchten ihm die Grausamkeit dieses Verfahrens begreiflich zu machen, und ließen keinen Grund dawider ungenutzt, der uns nur beyfiel, oder vielmehr, den wir nur in seiner Sprache auszudrucken wußten. Auch gelang es uns, ihn zu überzeugen, daß es Unrecht sey, und er versprach, seine Kinder nicht umzubringen, ja sich von der Gesellschaft überhaupt gänzlich loszumachen, sobald er Vater seyn würde. Es gereichte uns einigermaaßen zum Trost bey dieser Gelegenheit von ihm zu vernehmen, daß die *Errioys* selten Kinder bekämen. Sie müssen also ihre Weiber und Beyschläferinnen wohl aus der Classe der gemeinsten lüderlichen Dirnen hernehmen, und, sowohl aus diesem Grunde, als wegen ihrer ausgelaßnen Wollust, selten in den Fall gerathen, ein unglückliches Kind aufzuopfern. Ich hatte bey meiner Zurückkunft nach England Gelegenheit, mich über die *Errioys* mit *O-Mai* zu besprechen. Ich stellte ihm vor, wie sehr es dem ganzen Volke zur Schande gereiche, eine Gesellschaft von Kindermördern unter sich zu dulden. Allein, er versicherte mich, daß der größere Theil der Nation keinesweges Antheil an dieser Grausamkeit nähme. Die Kinder müßten zwar, den einmal eingeführten Gesetzen nach, ums Leben gebracht werden, und zur Entschädigung für diesen bittern Zwang, habe man den Mitgliedern dieser Gesellschaft, besondere Ehrenbezeugungen und große Vorrechte zugestanden: Demohnerachtet gäben die Mütter nie ihre Einwilligung zu dem Mord ihrer Kinder. Die Männer und andre *Errioys* überredeten sie daher, die Kinder wegzugeben; wenn aber Bitten nicht helfen wollten, so würde zuweilen Gewalt gebraucht. Vor allen Dingen aber, setzte er hinzu, würden dergleichen Mordthaten ganz so insgeheim verübt, daß auch nicht einmal die *Tautaus,* oder Bedienten des Hauses, etwas davon erführen; weil, wenn es ruchtbar würde; der Mörder mit dem Leben dafür büßen müßte. Auf solche Art könnte denn freylich den *Tahitiern* und ihren Nachbaren, in *diesem* Punkte, nicht mehr zur Last gelegt werden, als was sich leider! von jedem anderen Volke sagen läßt, nemlich daß es *einzelne* Bösewichter unter ihnen giebt, die barbarisch genug sind, ihre eigne Kinder umzubringen. Und folglich dürfen auch diejenigen, die das menschliche Herz bey allen Gelegenheiten zu verketzern suchen, nicht länger frolockend wähnen, als ob es eine ganze Nation gebe, die Mord und Todtschlag begehen könne, ohne zu fühlen, daß sie daran Unrecht thue.[8]

Bey aller ihrer Schwelgerey vergassen die hier versammleten *Errioys* doch der Gastfreyheit nicht; sondern ladeten uns fleißig ein, an ihrem Mahle Theil zu nehmen; da wir selbst aber eben von Tisch aufgestanden waren, so giengen wir statt dessen lieber spatzieren, und kehrten erst gegen Sonnen-Untergang wieder nach dem Schiffe zurück, welches *Maheine,* das Mädchen, und die übrigen indianischen Passagiers in der Zwischenzeit verlassen hatten.

Am folgenden Morgen besuchten uns viele von den Insulanern in ihren Canots, und die Frauensleute kamen nicht nur in Menge an Bord, sondern liessen sichs zum Theil auch die Nacht über bey unsern Matrosen gefallen. Zu *Huaheine* waren dergleichen Besuche ungleich sparsamer gewesen; wenigstens hatten sich dort mehrentheils nur solche Frauenspersonen dazu verstanden, die auf der Insel selbst fremd waren. Die Matrosen fiengen also, nach einer kleinen Pause, ihre Tahitische Lebensart hier mit desto größerer Begierde wiederum an. Wir nahmen heut einen Spatziergang nach dem Nord-Ende

8 Wie groß die Verderbniß der Sitten *in Europa* sey, kann man unter andern daraus abnehmen, daß es zu London Buben giebt, die sich ihrer Geschicklichkeit, in der Kunst *Abortantia* zu präpariren, öffentlich rühmen, und in diesem Fach ihre Dienste anbieten. Avertissements von solchem Innhalt werden auf den Straßen ohne Scheu ausgetheilt und finden sich auch fast in allen Zeitungen.

der Insel vor, schossen daselbst etliche wilde Endten, und wurden in verschiednen Gegenden sehr gastfrey aufgenommen.

Des nächsten Tages war das Wetter überaus angenehm, zumal da ein starker Ost-Wind die gewöhnliche Hitze um vieles mäßigte. Wir hatten vornehmen Besuch auf dem Schiffe. *Orea* und seine Familie, *Boba,* der Vice-König dieser Insel, *O-Taha,* und *Teina-Mai* die schöne Tänzerin, deren ich schon weiter oben [T. 1 S. 240] gedacht habe, machten unsre Gesellschaft aus. *Boba* ist ein langer, wohlgebildeter junger Mann, von *Borabora* gebürtig, und mit *Punie,* dem dasigen Könige und Eroberer der Inseln *Raietea* und *Taha,* verwandt. *Maheine* hatte uns oft erzählt, daß *Punie* sich diesen jungen Menschen zum Nachfolger ausersehen, und ihm seine einzige Tochter *Maiwerua* zugedacht habe, die ungemein schön und erst 12 Jahre alt seyn soll. *Boba* war damals ein *Errioy* und hielt sich die schöne Tänzerin *Teina* zur Beyschläferin. Da sie uns schwanger zu seyn dünkte, so unterredeten wir uns mit ihr über die Gewohnheit, wonach die Kinder der *Errioys* umgebracht werden müssen. Das Gespräch war aber nur sehr kurz und ziemlich abgebrochen, theils, weil es Mühe kostet, diese Insulaner überhaupt, und besonders die Frauenzimmer aufmerksam zu erhalten, theils, weil wir noch nicht genug von ihrer Sprache wußten, um moralische und philosophische Begriffe darinn auszudrücken. Daher sahe es auch mit unsrer Beredsamkeit ein wenig mißlich aus, und alles, was wir damit von *Teina-Mai* herauslocken konnten, war dieses: »daß unser *Eatua* (Gott) in England vielleicht über die Gewohnheiten der *Errioys* böse seyn mögte, daß der ihrige aber kein Mißfallen daran habe. Indessen versprach sie, daß, wenn wir aus England kommen, und ihr Kind abholen wollten, sie solches am Leben zu erhalten suchen würde; doch verstände sichs, daß wir ihr ein Beil, ein Hemd und einige rothe Federn dafür geben müßten.« Alles das sagte sie aber in einem so lachenden Tone, daß wir kaum hoffen durften, es sey ihr Ernst. Auch war es umsonst, länger mit ihr davon zu sprechen; denn sie verfiel unaufhaltsam von einem Gegenstand auf den andern, und wir mußten froh seyn, daß sie uns nur so lange hatte anhören wollen.

Nachmittags giengen wir ans Land, um einem dramatischen Tanze beyzuwohnen, in welchem *Poyadua, Orea's* Tochter, sich sollte sehen lassen. Die Anzahl der versammleten Zuschauer war sehr beträchtlich; denn auf dieses Schauspiel wird hier viel gehalten. Die Tänzerin legte bey dieser Gelegenheit von ihrer schon bekannten Geschicklichkeit einen neuen Beweis ab, und fand bey allen Europäern den größten Beyfall. Die Zwischenspiele wurden durch Mannspersonen vorgestellt, und waren, ihrem Innhalt nach, für uns von ganz neuer Composition. Ohnerachtet wir nicht alles von Wort zu Wort verstanden, so konnten wir doch so viel unterscheiden, daß die Namen des Capitain *Cook* und andrer Herren von unserer Gesellschaft in den Gesängen vorkamen. Die ganze Handlung schien eine von denen Räubergeschichten vorzustellen, dergleichen uns in diesen Inseln so viele begegnet waren. Ein andres Intermezzo stellte den Angriff der Krieger von *Borabora* vor, wobey derbe Schläge mit einem Riemen ausgetheilt wurden, daß es nur so klatschte. Das dritte Zwischenspiel war seltsamer als die übrigen alle. Es stellte eine Frau in Kindeswehen vor, und erregte bey der Versammlung ein überlautes Gelächter. Der Kerl, der diese Rolle hatte, machte alle Posituren, welche die Griechen in den Haynen der *Venus Ariadne* bey *Amathus* bewunderten, und die im Monath *Gorpiäus,* zum Andenken der im Kindbette gestorbenen *Ariadne,* feyerlich vorgestellt zu werden pflegten[9]. Ein andrer großer und starker Kerl, in Tahitisches Zeug gekleidet, stellte das neugebohrne Kind vor, und gebehrdete sich dazu so possierlich, daß wir herzlich mitlachen mußten. Das *Costume* war so genau beobachtet, daß selbst ein Accoucheur oder jeder andre Sachverständige an diesem großen Jungen keines von den wesentlichen Kennzeichen eines neugebornen Kindes würde vermißt haben; denen indianischen Zuschauern aber gefiel das vorzüglich, daß er, unmittelbar nach seinem Eintritt in die Welt, so drell auf dem Theater herum lief, daß die Tänzer ihn kaum wieder haschen konnten. Capitain *Cook* hatte bey dieser Gelegenheit bemerkt, daß, sobald die andern Kerls den großen Jungen wieder eingeholt, sie ihm die Nase, oben zwischen den Augen, platt gedrückt hätten. Hieraus schließt er, ganz richtig, daß diese Gewohnheit würklich bey neugebohrnen Kindern allhier statt finde, wie sie denn auch fast durchgehends eingedrückte

---

9 *Plutarch* im Leben des Theseus.

Nasen haben.[10] Unter allen schien diese Vorstellung den Damen das mehreste Vergnügen zu machen. Auch konnten sie sich dem Eindruck desselben ohne Bedenken überlassen, weil nach hiesiger Landes-Sitte gar nichts darinn vorkam, welches sie in Verlegenheit hätte setzen können, wie es wohl unsern europäischen Schönen geht, die in den Schauspielen oft nur durch den Fächer schielen dürfen.

Am folgenden Morgen nahmen wir einen Spaziergang nach Süden vor, und fanden daselbst sehr fruchtbare Gegenden und sehr gastfreye Leute. Der Weg führte uns zu einem großen steinernen Gebäude, das *Marai no Parua, Parua's Begräbnißplatz,* genannt ward. Ich habe bereits erwähnt, daß *Tupaya,* der sich bey Capitain *Cooks* erstern Reise, auf der *Endeavour* mit eingeschifft hatte, eben auch diesen Namen führte; ob aber dies Grabmal ihm zum Andenken errichtet worden sey? kann ich nicht sagen. Sonst pflegen dergleichen *Maraïs* gemeiniglich nach lebenden Befehlshabern benannt zu werden; und also mag noch wohl jetzt einer, Namens *Parua,* allhier vorhanden seyn. Wenigstens versicherten die hier herum wohnenden Indianer, daß der *Parua* dem dies Grabmal zugehöre, ein *Eri* sey, welchen Titel man jedoch dem *Tupaya* nicht durchgehends zugestehen wollte. Dies Gebäude war 60 Fus lang und 5 Fus breit. Die Mauern bestanden aus großen Steinen, und hatten ohngefähr 6 bis 8 Fuß Höhe. Wir kletterten darüber weg, fanden aber den innern Bezirk oder Hof, blos mit einem Haufen kleiner Corallen-Steine angefüllt.

Etliche Meilen weiter gelangten wir an eine geräumige Bay, wo innerhalb des Riefs drey kleine Inseln vorhanden sind. Die Bay war überall mit Sumpf umgeben, darinn eine Menge von wilden Endten ihren Aufenthalt genommen hatte. Diese Gelegenheit zur Jagd ließen wir nicht ungenutzt und fuhren alsdann, in zwey kleinen Canots, nach einer von den vorgedachten Inseln hinüber, um zu sehen, ob die See dort etwa Muscheln an den Strand geworfen hätte? Allein, diese Hoffnung schlug uns fehl; denn außer einer einzigen Hütte, welche, (wie man aus denen darinn aufbewahrten Netzen und andern Fischer-Geräthschaften schließen konnte) blos zum Behuf des Fischfanges angelegt zu seyn schien, war nichts als etliche Cocos-Palmen und niedriges Gebüsch daselbst zu finden. Wir kehrten also mit leeren Händen zurück, speißten bey einem Indianer, der uns eingeladen hatte und langten erst gegen Sonnen-Untergang wieder auf dem Schiffe an. *Orea* hatte sich in unsrer Abwesenheit bey Capitain *Cook* zu Gast gebeten und eine ganze Bouteille Wein getrunken, ohne davon im mindesten berauscht zu scheinen. Doch war er, wie immer, sehr gesprächig gewesen, und hatte sich hauptsächlich über die Merkwürdigkeiten der Länder unterhalten, welche wir auf unsrer Reise besucht, und wovon ihm sein Landsmann *Maheine* so manches erzählt hatte. Nachdem er das, was ihm der Capitain davon zu sagen wußte, eine Weile mit angehört, fieng er an: Wir hätten allerdings viel gesehen, doch könne er uns von einer Insel Nachricht geben, von der wir bey alle dem wohl nichts wissen mögten. Sie liegt, sagte er, nur wenige Tagereisen von hier, wird aber von ungeheuern Riesen bewohnt, die so groß sind als der höchste Mast, und so dick im Leibe, als das Obertheil eurer Schiffswinde. Es sind ganz gute Leute, aber wenn man sie böse macht, so ist kein Auskommens mit ihnen. Sie sind gleich im Stande, einen Mann beym Leibe zu nehmen und ihn so weit in die See zu schleudern, als ich mit einem Stein thun würde. Solltet ihr auf eurer Reise etwa noch dahin kommen; so nehmt euch nur in Acht, daß sie nicht in die See zu euch heranwaden, das Schiff auf die Schultern nehmen und so ans Land tragen. Er setzte noch andre lächerliche Umstände hinzu, und, um seiner Erzählung desto mehr Glauben zu verschaffen, so vergaß er nicht dieser wunderbaren Insel auch einen Namen zu geben. Er sagte nemlich, sie werde *Mirro-Mirro* genannt. Die Art, mit welcher er dies Mährchen vorbrachte, bewies offenbar, daß es eine Ironie auf diejenigen Stellen unsrer Erzählungen seyn sollte, die er entweder für erdichtet halten mogte, oder wovon er sich keinen Begriff machen konnte, und die schalkhaft witzige Einkleidung, welche er seiner Spötterey zu geben wußte, war in der That bewundernswerth. Herr *von Bougainville*[11] hat wohl allerdings Recht, wenn er die Ursach von den lebhaften Verstandes-Fähigkeiten dieser Insulaner in der Fruchtbarkeit ihres Landes sucht, denn Überfluß und sorgenfreye Tage bringen überall Fröhlichkeit und muntres Wesen hervor.

10 Diese Bemerkung ist aus des Capitain *Cooks* Reisebeschreibung entlehnt.

11 S. seine Reise um die Welt.

In der Nacht wurden aus den Booten, die an dem Anker-Wächter *(buoy)* befestiget waren, einige Ruder, Bootshaaken und kleine Anker gestohlen. So bald man sie am Morgen vermißte, ließ der Capitain den Befehlshaber *Orea* davon benachrichtigen. Dieser fand sich auch ungesäumt bey uns ein und holte den Capitain in seinem Boote ab, um die Diebe aufzusuchen. Nachdem sie ohngefähr eine Stunde weit gerudert waren, gieng er in dem südlichsten Theil der Insel ans Land und brachte das Gestohlne von dorther alles wieder zurück. Ich war unterdessen auch am Lande gewesen und hatte ohnweit der Bucht von zwo kleinen Mädchen einen Hiwa oder Tanz aufführen sehen. Sie waren aber weder so reich gekleidet, noch in ihrer Kunst so geschickt als *Poyadua*. Ihr *Tamau,* oder Kopfputz von geflochtnen Haaren, war nicht in Form eines Turbans aufgesetzt, sondern machte verschiedne große Locken aus, die eine gute Würkung auf das Auge thaten und gewissermaaßen den hohen Frisuren unserer neumodischen Damen ähnlich sahen.

Nachmittags tanzte *Poyadua* wiederum, und es schien fast als ob sie ihre übrigen Gespielen diesmal ausstechen wollte, wenigstens hatte sie sich mehr als gewöhnlich ausgeputzt und mit einer Menge von allerhand Europäischen Glas-Corallen behangen. Ihre bewundernswürdige Gelenkigkeit, die reizende Bewegung ihrer Arme, und das schnelle zitternde Spiel der Finger, wurden von den Indianern eben so sehr, als die Künste der Opern-Tänzerinnen von *uns* bewundert. Doch verdiente *Poyadua* auch unsern Beyfall, wenigstens um deswillen, daß sie ihre Geschicklichkeit nicht einem Lehrer, sondern blos der eigenen Ausbildung ihres natürlichen Talentes zu verdanken hatte. Nur darinn konnten wir dem Nationalgeschmack nicht beystimmen, daß die außerordentlichen Verzerrungen des Mundes schön seyn sollten! unserm Urtheil nach, waren sie vielmehr recht häßlich und so gar abscheulich. Zu diesen öfteren dramatischen Vorstellungen gab bloß die Anwesenheit der *Errioys* Anlaß. Ihre Gegenwart schien die ganze Insel zu beleben, und jedermann frölich zu machen, auch giengen sie selbst hierinn den übrigen mit gutem Exempel vor. Sie putzten sich aufs beste heraus und erschienen fast alle Tage in einem andern Kleide. Der ganze Tag ward in Wohlleben und Müßiggang zugebracht: Sie salbten sich die Haare mit wohlriechendem Öl, sangen, oder spielten die Flöte, kurz ein Vergnügen wechselte mit dem andern ab, und keine derer Glückseeligkeiten, die man hier zu Lande haben kann, blieb ungenossen. Dies erinnerte mich an jenes glückliche, im Schooß des Überflusses gewiegte Volk, das Ulysses in Phäacien antraf, und dessen eigner Beherrscher bekannte, sie

Liebten nur immer den Schmaus, den Reigentanz und die Laute,
Oft veränderten Schmuck, und (kühle) Bäder und Ruhe.
ODYSSEE, VIII. 248.

Unser Freund *Maheine* war vielleicht der einzige seines Standes, der nicht so ganz vergnügt seyn mogte als die übrigen, und das um deswillen, weil man ihm hier nicht so viel Gunstbezeugungen erwies, als er zu *Tahiti* genossen hatte. Es scheint auch hier in der Südsee, wie bey uns, wahr zu seyn, daß ein Prophet nirgends weniger gilt, als in seinem Vaterlande. Er hatte allhier eine zahlreiche Verwandtschaft; aber das nützte ihm zu nichts weiter, als daß alle, die dazu gehörten, Geschenke von ihm erwarteten, und zwar nicht als eine Gütigkeit, sondern beynahe als Pflicht. Zu *Tahiti* hingegen, ward ihm jedes, noch so geringe Geschenk, als eine Freygebigkeit angerechnet, wodurch er sich Freunde und andre Vortheile zuwege brachte. So lange dem gutherzigen Jungen noch das geringste von denen Seltenheiten übrig blieb, die er auf unserer beschwerlichen und zum Theil würklich gefährlichen Reise mit Gefahr seines Lebens gesammlet hatte; so lange nahm auch das Quälen kein Ende; und ob er gleich nach und nach alle seine Schätze ohne Rückhaltung dahin gegeben, so schienen dennoch einige seiner Verwandten laut über seinen Geiz zu klagen. Er, der ehemals im Stande gewesen war, andern mitzutheilen, mußte nun selbst wieder bey seinen europäischen Freunden, um ein und anderes bitten, denn die Habsucht seiner Verwandten hatte ihm kaum noch ein Paar rothe Federn und andre Kleinigkeiten, zum Geschenk für seinen hohen Anverwandten *O-Puni,* den König auf *Borabora,* übrig gelassen. Auf solche Art war es denn kein Wunder, daß er sehnlich nach *Tahiti* zurückzukehren wünschte; er sagte uns auch, daß, sobald er nur *O-Puni* und seine übrigen Verwandten auf Borabora besuchet haben würde, ihn gewiß nichts abhalten solle, eiligst nach *Tahiti* und nie wieder von dannen zu gehen. Dennoch aber würde er gern mit uns nach England gekommen seyn, wenn wir ihm nur die geringste Hoffnung hätten machen können, daß wir jemals wieder nach der Südsee zurückkehren würden: Allein, da ihm Capitain *Cook* ausdrücklich das Gegentheil versichert hatte; so wollte er dem Vergnügen, unsern Welttheil zu sehen, lieber entsagen, als sich auf immer von seinem geliebten Vaterlande trennen. Und in Wahrheit, wenn man bedenkt, was sein Landsmann *O-Mai* bey uns gelernt hat, so war es für das Herz und die Sitten unsres unverdorbenen Freundes gewiß am zuträglichsten, daß er zurückblieb. Die Pracht von London hat er nun freylich nicht kennen lernen, aber dafür sind ihm auch alle die Gräuel der Sittenlosigkeit unbekannt geblieben, welche die größeren Hauptstädte Europens fast durchgehends mit einander gemein haben.

Als der Tanz zu Ende war, nöthigte uns *Maheine,* daß wir ihn morgen auf seinem eignen Grund und Boden besuchen möchten. Er hatte uns schon oft erzählt, daß er auf dieser Insel Land-Eigenthum besitze, und wollte die gegenwärtige Gelegenheit, sein Vorgeben zu bestätigen, um desto weniger ungenutzt lassen, als verschiedene von unserer Schiffsgesellschaft bisher noch immer daran gezweifelt hatten. Seiner Einladung gemäß giengen wir also, des folgenden Tages frühe, in zwey Booten nach dem nord-östlichen Ende der Insel unter Seegel, allwo der ihm zuständige District, *Wharaite-wah,* liegen sollte. *Orea* begleitete uns nebst seiner Familie, und in Zeit von zwo Stunden langten wir daselbst glücklich an. *Maheine* bewillkommte uns nebst zween seiner älteren Brüder, und brachte uns zu einem geräumlichen Hause. Hier ließ er gleich Anstalten zur Mahlzeit machen. Während dieser Zubereitungen giengen mein Vater, Dr. *Sparrmann,* und ich, zum Botanisiren auf die benachbarten Berge, wir fanden aber nicht eine einzige neue Pflanze. Nach Verlauf zwoer Stunden kamen wir wieder, und unterdessen daß das Essen aufgetragen ward, erzählte uns Capitain *Cook* ganz umständlich, wie es bey der Zurichtung hergegangen war. Er hatte alles selbst mit angesehen, und da wir uns über diesen Gegenstand noch nirgends ausführlich erklärt haben; so will ich, zum Besten meiner Leser, des Capitains Beschreibung hier wörtlich einrücken.[12] Drey Kerls ergriffen ein Schwein, das ohngefähr 50 Pfund schwer seyn mogte, legten es auf den Rücken, und erstickten es, indem sie ihm queer über den Hals einen dicken Stock drückten, so, daß an jeder Seite einer mit seinem ganzen Körper darauf ruhte. Der dritte hielt die Hinterbeine, und, um alle Luft im Leibe zu verschließen, stopfte er dem Schwein ein Büschel Gras in den Hintern. Nach Verlauf von 10 Minuten war das Schwein todt. Während dieser Zeit hatten zween andre ein Feuer angemacht, um den sogenannten Ofen durchzuheizen, der aus einer Grube unter der Erde bestand, darinn eine Menge Steine aufgepackt waren. An diesem Feuer ward das todte Schwein gesengt, und zwar so gut als hätten wirs in heißem Wasser gebrühet. Um es vollends rein zu machen, trugen sie es an das See-Ufer, rieben es dort mit Sand und Kieseln, und spülten es hernach wiederum sauber ab. Darauf ward es an den vorigen Ort zurückgebracht und auf frische Blätter gelegt, um auch von innen rein gemacht zu werden. In dieser Absicht ward der Bauch geöffnet, hiernächst der äußere Speck abgelöset, auf grüne Blätter bey Seite gelegt, und dann das Eingeweide herausgeschnitten; letzteres wurde sogleich in einem Korbe weggetragen und auch nicht wieder zum Vorschein gebracht; doch bin ich überzeugt, daß sie es nicht weggeworfen haben. Zuletzt nahmen sie das Blut und das innere Fett heraus, jenes ward auf grüne Blätter, dieses aber zu dem vorher schon abgesonderten Speck geschüttet. Nachdem hierauf das Schwein nochmals, von außen und innen, mit frischem Wasser abgewaschen war, steckten sie etliche heiße Steine in den Bauch, und ließen solche in die Höhlung der Brust hinunter fallen, stopften auch eine Anzahl frischer Blätter dazwischen ein. Mittlerweile war der Ofen, der aus einer mit Steinen ausgefüllten Grube oder Vertiefung in der Erde bestand, sattsam durchgeheizt; man nahm also das Feuer und die Steine, bis auf die unterste Schicht, weg, die so eben als gepflastert war. Auf diese ward das Schwein mit dem Bauch zu unterst gelegt; das Fett und Speck aber, nachdem es sorgfältig abgewaschen, ward in einem langen Troge, der aus einem jungen Pisangstamm ausdrücklich dazu ausgehöhlet worden, neben das Schwein gestellt. In das Blut warf man einen heißen Stein, damit es sich verdicken oder gerinnen mögte, alsdenn wurden kleine Portionen

12 Aus Capitain *Cooks* gedruckter Reisebeschreibung gezogen.

Bikkia tetrandra, *F: Portlandia tetrandra*
Bikkia tetrandra (Niue, 22. Juni 1774)

davon in Blätter gewickelt, und auch diese, nebst einer Menge Brodfrucht und Pisangs in den Ofen gebracht. Hierauf bedeckten sie alles mit frischem Laube, und dann mit dem Rest der geheizten Steine. Über diese wurde wieder eine Schicht Blätter hingestreuet und zuletzt noch allerhand Steine und Erde, hoch darüber aufgehäufet. Während der Zeit, daß dies Gericht unter der Erde stobte, deckten die Leute den Tisch; das heißt, sie breiteten an einem Ende des Hauses eine Menge grüne Blätter auf die Erde. Nach Verlauf zwoer Stunden und zehn Minuten ward der Ofen geöffnet und alles herausgezogen. Die Gäste setzten sich rund um die Blätter, die Eingebohrnen an das eine und wir an das andere Ende. Da wo *wir* saßen, ward das Schwein aufgetragen; an jener Seite aber, welche die Indianer eingenommen hatten, ward das Fett und das Blut hingesetzt, welches beydes sie auch allein verzehrten und für ungemein schmackhaft ausgaben, dagegen ließen wir uns das Fleisch nicht minder gut schmecken, weil es in der That ganz vortreflich zubereitet war, auch die Leute, welche die Küche besorgten, in allen Stücken eine nachahmenswerthe Reinlichkeit beobachtet hatten.[13] – Kaum war das Schwein zerlegt, als die angesehensten Befehlshaber und *Errioys* gemeinschaftlich darüber herfielen

13 So weit Capitain *Cook*.

und ganze Hände voll des Bluts und Fetts auf einmal verschlangen. Überhaupt aßen alle unsre Tischgenossen mit ungewöhnlicher Gierigkeit, indeß die armen *Tautaus,* die in großer Menge um uns her standen, sich an dem bloßen Zusehen genügen lassen mußten, denn für sie blieb auch nicht ein Bissen übrig. Unter allen Zuschauern waren *Orea's* Frau und Tochter die einzigen die etwas bekamen, und beyde wickelten ihre Portionen sorgfältig in Blätter, um sie an einem abgesonderten Platze zu verzehren. Hier schien es, daß die Frauensleute essen dürfen, was durch Männer zubereitet und ausgetheilt wird; bey andern Gelegenheiten aber war es uns vorgekommen, als ob gewisse Leute *nicht* essen dürften, was von dieser oder jener Person in der Familie war berühret worden.[14] Doch können wir nicht eigentlich bestimmen, nach was für Regeln sie sich in diesem Stücke richten mögen. Zwar sind die *Tahitier* nicht das einzige Volk, wo die Männer von den Weibern abgesondert speisen; vielmehr ist diese Gewohnheit auch bey einigen Nationen unter den *Negern,* imgleichen bey den Einwohnern auf *Labrador* eingeführt. Allein, so wohl jene *Neger,* als auch die *Eskimaux,* bezeigen überhaupt eine ganz ungewöhnliche Verachtung für das andere Geschlecht, und eben diese mag denn auch Schuld daran seyn, daß sie nicht gemeinschaftlich mit ihren Frauen essen wollen. Bey den *Tahitiern* hingegen, wo den Weibern in allen übrigen Stücken so gut und artig begegnet wird, muß jene befremdliche Ungeselligkeit noch eine andre Ursach zum Grunde haben, die sich vielleicht künftig einmal, vermittelst genauer Beobachtungen, wird entdecken lassen.

Der Capitain hatte die Vorsorge gehabt, einige Flaschen Brandtewein mitzunehmen, der mit Wasser verdünnt, das Lieblingsgetränk der Seeleute, den sogenannten *Grog,* ausmacht. Die *Errioys* und einige andre vornehme Indianer fanden dies Gemische stark und fast eben so sehr nach ihrem Geschmack als das hiesige berauschende Pfefferwasser; sie tranken also tapfer herum, und setzten gar noch etliche Spitzgläser Brandwein oben drauf, welches ihnen dann sowohl behagte, daß sie sich bald nach einem Ruheplätzchen umsehen und eins ausschlafen mußten. Um 5 Uhr Nachmittags kehrten wir nach dem Schiff zurück, badeten aber zuvor, des heißen Wetters wegen, in einer schönen Quelle, deren wir uns zu diesem Behuf schon mehrmalen bedient hatten. Sie ist durch wohlriechendes Gebüsch vor den Sonnenstrahlen geschützt, und wird auch von den Eingebohrnen, welche alle diese Stellen genau kennen, ihres stets gemäßigt kühlen Wassers halber, vorzüglich gern besucht. Man findet dergleichen Bade-Plätze auf diesen Inseln sehr häufig; und ohne Zweifel tragen sie eben so viel zur Erhaltung der Gesundheit als zur Verschönerung des Landes bey.

Die folgenden Tage suchten wir auf den Bergen umher nach Pflanzen, und fanden auch hin und wieder einige noch unbekannte Arten. An und für sich sind die hiesigen Berge mit denen zu Tahiti von gleicher Art, nur etwas niedriger als jene. Auf diesem Spaziergange entdeckten wir unter andern ein recht romantisches Thal; es war mit dicker Waldung umgeben, und ward von einem schönen Bach durchschlängelt, der sich von jener Seite, aus hohen Berggegenden her, über gebrochne Felsen-Massen in stuffenförmigen Cascaden herabstürzte.

Bey unserer Zurückkunft von der letzten botanischen Excursion erfuhren wir eine sehr wichtige Neuigkeit; es hatte nemlich einer von den Indianern, der eben aus *Huaheine* zurückkam, die Nachricht mitgebracht, daß allda zwey Schiffe vor Anker lägen, davon eins größer wäre als das unsrige. Capitain *Cook* ließ diesen Mann in die Cajütte kommen, um ihn deshalb genauer zu befragen. Der Indianer wiederholte, was er bereits auf dem Verdeck ausgesagt hatte, und führte zur Bestätigung noch den Umstand an, daß er selbst am Bord des kleinern Schiffes gewesen, und von den Leuten trunken gemacht worden wäre. Wir erkundigten uns nach den Namen der Capitains, worauf er zur Antwort gab, der Befehlshaber des größern sey *Tabane,* der aber in dem kleineren heiße *Tonno.* Da dies nun gerade dieselbigen Namen waren, welche die Indianer Herrn *Banks* und *Fourneaux* beygelegt hatten; so stutzte Capitain *Cook* nicht wenig, und fragte weiter, von welcher Statur diese Herren wären? Der Indianer versetzte alsbald, *Tabane* sey groß, *Tonno* aber kleiner von Statur; auch dies stimmte mit der uns bekannten Gestalt dieser beyden Herren genau überein. Gleichwohl hatten wir in manchem andern Betracht wieder eben so sehr Ursach,

---

14 Siehe *Hawkesworths* Gesch. der engl. See-Reisen, in 8. III. Th. S. 500, 505 u. f.

die ganze Erzählung in Zweifel zu setzen: denn, wenn Capitain *Fourneaux* würklich zu *Huaheine* war, so mußte er auch von den dortigen Einwohnern ohnfehlbar erfahren haben, daß Capitain *Cook* noch in der Nachbarschaft sey, und da er unter den Befehlen desselben von England ausgeseegelt war; so erforderte es auch jetzt seine Pflicht ihn aufzusuchen. Weil aber dies nicht erfolgte, so blieb uns am Ende keine andre Vermuthung übrig, als daß, wenn überhaupt europäische Schiffe an jener Insel lägen, es doch nicht englische seyn könnten. Bey unsrer Zurückkunft nach dem Cap erfuhren wir auch, daß Capitain *Fourneaux* lange vor der Zeit, da ihn die Indianer zu *Huaheine* gesehen haben wollten, aus der Tafel-Bay abgeseegelt, Herr *Banks* aber gar nicht aus Europa gekommen wäre. Vermuthlich war also die ganze Sache eine blosse Erdichtung, womit die lieben Insulaner uns vielleicht gar auf die Probe setzen wollten, ob wir uns auch vor andern eben so mächtigen oder uns überlegenen Seefahrern fürchten würden.[15]

Am folgenden Tage kamen die Indianer haufenweise an das Schiff, und brachten große Vorräthe von Lebensmitteln zum Verkauf, weil sie hörten, daß wir morgen (den 4ten Junius) schon wieder absegeln wollten. Ohngeachtet sie alles sehr wohlfeil ausboten; so war doch unser Vorrath von Beilen und Messern bereits dermaaßen erschöpft, daß der Büchsenschmidt neue Waare dieser Art anfertigen mußte, die aber ungestaltet und wenig nutze war. Das galt vornämlich von den Messern, als zu welchen die Klingen aus eisernen Tonnenbändern zusammengestümpert wurden. Die guten einfältigen Leute waren aber doch damit zufrieden, weil sie die innere Güte noch nicht nach dem bloßen Ansehen zu beurtheilen wußten. Dafür also, daß sie uns bisweilen die Taschen ausgeleeret, oder manches heimlich entwendet hatten, was wir nicht genug bewachten; machten wirs jetzt doppelt so arg mit ihnen, denn wir hintergiengen sie gar bey offnen Augen. –

Unter den Bewohnern der Societäts-Inseln giebt es hie und da gewisse Personen, die von den Traditionen, von der Mythologie und von der Sternkunde ihrer Nation Kenntniß haben. *Maheine* hatte sie uns oft als die Gelehrtesten seiner Landesleute gerühmet und sie *Tata-o-Rerro* genannt, welches man ohngefähr durch Lehrer übersetzen könnte. Nachdem wir lange darauf ausgewesen, einen solchen Mann kennen zu lernen, so fanden wir endlich hier, im District *Hamaneno,* einen Befehlshaber, der *Tutawaï* hieß, und den Beynamen eines *Tata-o-Rerro* führte. Es that uns um desto mehr leyd, ihn nicht ehe ausgeforscht zu haben, weil unsre Abreise jetzt schon so nahe vor der Thüre war. Indessen verwendete mein Vater wenigstens noch die letzten Augenblicke unsers Hierseyns auf die Untersuchung eines so wichtigen Gegenstandes.

Dem hochgelahrten *Tutawaï* schien damit gedient zu seyn, daß er Gelegenheit fand, seine Wissenschaft auszukramen. Es schmeichelte seiner Eigenliebe, daß wir ihm so aufmerksam zuhörten; und dies vermogte ihn auch sich über diese Materie mit mehr Geduld und Beharrlichkeit herauszulassen, als wir sonst von den flüchtigen und lebhaften Einwohnern dieser Inseln gewohnt waren. Im Ganzen scheint die Religion aller dieser Insulaner das sonderbarste System von Vielgötterey zu seyn, das jemals erdacht worden. Nur wenig Völker sind so elend und so ganz mit den Bedürfnissen der Selbsterhaltung beschäftiget, daß sie darüber gar nicht an den Schöpfer denken, und versuchen sollten, sich einen, wenn gleich noch so unvollständigen Begriff von ihm zu machen. Diese Begriffe scheinen vielmehr seit jenen Zeiten, da sich Gott den Menschen unmittelbar offenbarte, durch mündliche Erzählungen unter allen Nationen verblieben, und aufbehalten zu seyn. Vermittelst einer solchen Fortpflanzung der ehemaligen göttlichen Offenbarung, hat sich denn auch zu *Tahiti* und auf den übrigen *Societäts-Inseln,* noch ein Funken davon erhalten, dieser nemlich, daß sie ein höchstes Wesen glauben, durch welches alles Sichtbare und Unsichtbare erschaffen, und hervorgebracht worden. Die Geschichte zeigt aber, daß alle Nationen, wenn sie die Eigenschaften dieses allgemeinen und unbegreiflichen Geistes näher untersuchen wollten, die Schranken, welche der Schöpfer unsern Sinnes- und Verstandes-Kräften vorgeschrieben, bald mehr bald minder überschritten, und dadurch gemeiniglich zu den thörigsten Meynungen verleitet wurden. Daher geschahe es, daß die Eigenschaften der Gottheit durch eingeschränkte Köpfe, die sich von der höchsten Voll-

15 Eine ähnliche Erdichtung, erzählen die vorläufigen Nachrichten der letzten Cookischen Reise, sey von den Tahitiern und zwar in eben dieser Absicht geschmiedet worden. *F.*

kommenheit keinen Begriff machen konnten, gar bald personificirt oder als besondere Wesen vorgestellet wurden. Auf diese Art entstand jene ungeheure Zahl von Göttern und Göttinnen; ein Irrthum gebahr den andern, und da jeder Mensch ein angebohrnes Verlangen hegt, von Gott sich einen Begriff zu machen; so brachte der Vater, das, was er davon wußte, in der ersten Erziehung auch seinen Kindern bey. Indessen vermehrte sich das Geschlecht der Menschen, und fieng gar bald an, sich in unterschiedne Stände zu theilen. Durch diesen eingeführten Unterschied in den Ständen ward verhältnißweise die Befriedigung der Sinnlichkeit einigen erleichtert, andern aber erschweret. Wenn nun unter denenjenigen, welchen sie erschweret wurde, ein Mann von besondern Fähigkeiten war, der den allgemeinen Hang seiner Mitbrüder zu Anbetung eines höheren Wesens bemerkte; so geschah es oft, (und ich möchte fast sagen, immer) daß er diese herrschende Neigung mißbrauchte. Zu dem Ende suchte der Betrüger die Verstandeskräfte des großen Haufens zu fesseln und sich denselben zinsbar zu machen. Die Vorstellungen, welche er ihnen von der Gottheit beybrachte, mußten seinen Absichten behülflich seyn, und deshalb pflanzte er dem Volke, das bisher von Natur eine kindliche Liebe zu Gott als seinem Wohlthäter fühlte, nun Furcht und Schrecken vor dem Zorn desselben ein. Eben so dünkt mich, ists auch auf den *Societäts-Inseln* zugegangen. Man verehret daselbst Gottheiten von allerhand *Art* und Eigenschaften; und, was vornehmlich befremdend ist, jede Insel hat eine besondere *Theogonie* oder Götter-Geschichte. Dies wird sich bey Vergleichung dieser Nachrichten, mit denen die in Capitain *Cooks* ersterer Reise enthalten sind, deutlich ergeben[16]. *Tutawaï* fieng damit an, daß er uns sagte, der höchste Gott oder der Schöpfer des Himmels und der Erden habe auf jeder Insel einen besondern Namen; oder, um es deutlicher auszudrücken, sie glaubten auf jeder Insel an ein besonderes höchstes Wesen, dem sie, über alle andere Gottheiten, den Rang zugeständen. Auf *Tahiti* und *Eimeo* sagen sie, der höchste Gott sey *O-Ruahattu;* auf *Huaheine* behaupten sie, es sey *Tane;* zu *Raietea* es sey *O-Ru;* auf *O-Taha* es sey *Orra;* zu *Borabora* er heiße *Tautu;* zu *Maurua* heißt er *O-Tu;* und auf *Tabuamannu* (oder Sir *Charles Saunders Eyland)* wird er *Taroa* genennet. Die See wird ihrer Meynung nach von dreyzehn Göttern beherrscht. 1) *Uruhaddu,* 2) *Tamaui,* 3) *Ta-api,* 4) *O-Tuarionu,* 5) *Taniea,* 6) *Tahau-meonna,* 7) *Otah-mauwe,* 8) *O-Whai,* 9) *O-Whatta,* 10) *Tahua,* 11) *Ti-uteia,* 12) *O-Mahuru,* 13) *O-Whaddu.* Aller dieser See-Gottheiten ohnerachtet, soll doch noch ein andrer, Namens *U-marreo,* die See erschaffen haben. Eben so ists mit der Sonne; diese soll von *O-Mauwe* einem mächtigen Gott, der die Erdbeben verursacht, erschaffen seyn, aber von einer andern Gottheit, *Tutumo-hororirri* bewohnt und regieret werden. Zu eben diesem Gott, der eine schöne menschliche Gestalt haben und mit Haaren versehen seyn soll, die ihm bis auf die Füße reichen, gehen, ihrer Meynung nach, die Verstorbenen, wohnen daselbst und schmausen Brodfrucht und Schweinefleisch, das nicht erst am Feuer gahr gemacht werden darf. Sie glauben auch, daß jeder Mensch ein besonderes Wesen in sich habe, welches nach dem Eindruck der Sinne handelt und aus einzelnen Begriffen Gedanken zusammensetzt[17]. Dies Wesen nennen sie *Tih,* so wie wir es *Seele* heißen; ihrer Vorstellung zufolge, bleibt es nach dem Tode übrig, und wohnt in den hölzernen Bildern, die um die Begräbnisse gestellt, und daher auch *Tih* genannt werden. Die Begriffe von einer künftigen Fortdauer und von der Verbindung zwischen Geist und Materie haben sich folglich bis in die entferntesten Inseln der Erde fortgepflanzt! Ob man aber auch von künftigen Strafen und Belohnungen hier etwas wisse? Das konnten wir, so wahrscheinlich mirs auch dünkt, dennoch nicht mit Fragen erforschen. Der Mond soll durch eine weibliche Gottheit erschaffen seyn. Diese heißt *O-Hinna;* sie regiert jenen Weltkörper und wohnt daselbst in den sichtbaren, wolken-ähnlichen Flecken dieses Planeten. Die Frauensleute pflegten oft ein kurzes Lied zu singen, welches auf die Verehrung jener Gottheit sich zu beziehen scheint; vielleicht schreiben sie derselben auch einen unmittelbaren Einfluß auf ihre Natur zu: Das Lied lautete also:

---

16 S. *Hawkesworths* Samml. der engl. Seereisen in 8. dritter Band, Seite 553. und folg.

17 Gedanken heißen *parau no te obu,* das ist nach dem buchstäblichen Verstande: *Worte im Bauche,* oder im *Inwendigen.*

Te-Uwa no te malama
Te-Uwa te hinàrro.
Das ist:
Das Wölkchen in dem Monde
Das Wölkchen liebe ich!

Daß übrigens die *tahitische* Göttin des Mondes nicht die keusche *Diana* der Alten, sondern vielmehr die *phönicische Astarte* seyn müsse, werden meine Leser wohl nicht in Abrede seyn. Die Sterne sind durch eine Göttin hervorgebracht, welche *Tetu-matarau* genannt wird, und die Winde stehen unter der Bothmäßigkeit des Gottes *Orri-Orri*.

Außer diesen größern Gottheiten haben sie noch eine ansehnliche Menge von geringerem Range. Einige derselben sollen Unheil stiften und Leute im Schlafe tödten. Diese werden bey den vornehmsten *Maraïs,* oder steinernen Denkmälern, öffentlich durch den *Tahowarahai,* oder den Hohenpriester der Insel verehret. An die wohlthätigen Götter richtet man Gebethe, die aber nicht laut ausgesprochen, sondern bloß durch die Bewegung der Lippen angedeutet werden. Der Priester sieht dabey gen Himmel, und man glaubt, der *Eatua* oder Gott komme zu ihm herab und rede mit ihm, bleibe aber dem Volke unsichtbar, und werde nur ganz allein von dem Priester gehört und verstanden.

Die Opfer, welche den Göttern dieser Inseln dargebracht werden, bestehen in gahr gemachten Schweinen und Hühnern, wie auch allerhand Arten von andern Lebensmitteln. Die niedrigern, besonders aber die *bösen* Geister, werden blos durch eine Art von Gezisch verehrt. Einige derselben sollen des Nachts in die Häuser kommen und die Einwohner ums Leben bringen; andre sollen sich auf einer gewissen unbewohnten Insel, Namens *Mannua,* in Gestalt starker, großer Männer aufhalten, schrecklich funkelnde Augen haben und einen jeden verschlingen, der ihrer Küste zu nahe kömmt. Diese Fabel scheint indessen nicht sowohl zu ihrer Götterlehre zu gehören, als vielmehr eine Anspielung auf Menschenfresser zu seyn, deren es, wie ich oben schon bemerkt, vor undenklichen Zeiten, auf diesen Inseln mag gegeben haben.

Capitain *Cook* hat über die Religionsverfassung dieser Insulaner eine wichtige Entdeckung gemacht, davon mir aber bey unserm Aufenthalt in der Südsee nichts bekannt geworden. Ich will daher nicht Anstand nehmen, sie zum Besten meiner Leser, mit des Verfassers eignen Worten hier einzurücken:

»Da ich (sagt Capitain *Cook)* nicht ohne Grund vermuthete, daß die *Tahitische* Religion in manchen Fällen Menschen-Opfer vorschreibe, so gieng ich einmal mit Capitain *Fourneaux* nach einem *Marai* oder Begräbnißplatz in *Matavaï,* und nahm, wie ich bey ähnlichen Gelegenheiten immer zu thun pflegte, einen meiner Leute mit, der die Landessprache ziemlich gut verstand. Etliche Eingebohrne, darunter einer ein ganz gescheuter Mann zu seyn schien, folgten uns. Auf dem Platze stand ein *Tupapau,* oder Gerüst, worauf ein Todter, nebst einigen Speisen lag; welches alles meiner Wißbegierde zu statten zu kommen schien. Ich fing an, kurze Fragen zu thun; z. B. ob die Pisangs und andre Früchte, dem *Eatua* (der Gottheit) dargebracht wären? Ob man dem *Eatua* Schweine, Hunde, Hühner u. s. f. opferte? Auf alle diese Fragen wurde bejahend geantwortet. Nun fragte ich, *ob man dem Eatua denn auch »Menschen« opferte?* Mein *Tahitier* antwortete gleich *Taata-ino,* d. i. böse Menschen würden geopfert, nachdem sie erst *(Tiparrahaï)* d. i. zu Tode geprügelt worden. Ich fragte weiter, ob man nicht auch zuweilen *gute, rechtschaffne* Leute auf diese Art umbrächte? *Nein,* nur *Taata-ino.* Werden auch *Erihs* jemals geopfert? Er antwortete, die haben ja Schweine, dem *Eatua* hinzugeben, und blieb bey seinem *Taata-ino.* Um gewisser zu seyn, verlangte ich noch zu erfahren, ob ein ehrlicher, unbescholtner *Tautau,* d. i. Kerl vom gemeinen Volk, der weder Schweine, noch Hunde, noch Hühner hat, dem *Eatua* geopfert würde? Ich bekam aber immer die erste Aussage zu hören, man opfere nur Bösewichter. Nach einigen andern Fragen, die ich noch an ihn that, glaubte ich endlich so viel verstanden zu haben, daß Menschen, für gewisse Übelthaten und Laster, den Göttern zum Opfer verurtheilt werden, wenn sie nemlich nicht im Stande sind, sich durch irgend etwas auszulösen oder loszukaufen, dergleichen Leute aber wohl nur in der niedrigsten Klasse des Volks anzutreffen sind.

Der Mann, den ich hierüber befragte, gab sich Mühe, die ganze Ceremonie zu beschreiben; allein wir waren der Sprache noch nicht kundig genug, um ihn durchaus zu verstehen. Nachher habe ich von *Omai* erfahren, daß sie dem höchsten Wesen wirklich

Menschen-Opfer darbringen. Seiner Aussage zufolge, kommt es blos auf den Hohenpriester an, wen er zum Opfer wählen will. Wenn das Volk versammelt ist, geht er allein in das Haus Gottes, und bleibt da eine Zeitlang. So bald er wieder heraustritt, erzählt er, daß er den großen Gott gesehn und gesprochen (ein Vorrecht, das dem Hohenpriester nur allein zusteht) und daß dieser einen Menschen zum Opfer verlangt habe. Er sagt ihnen hierauf namentlich, wen dies traurige Loos getroffen habe, vermuthlich aber fällt diese Wahl allemal auf jemand, der dem Priester gehäßig ist. Der wird dann sogleich erschlagen, und wenn es allenfalls nöthig seyn sollte, so wird der Priester wohl so viel Verschlagenheit besitzen, um dem Volk einzureden, der Kerl sey ein Bösewicht gewesen.«

Ich habe bey dieser Erzählung des Capitain *Cook* nichts zu erinnern, als daß der Ausdruck, der Hohepriester habe Gott *gesehen,* mit der Tahitischen Götterlehre nicht genau übereinstimmt, als wornach die Gottheit unsichtbar ist; doch mag wohl dieser Ausdruck nur nicht recht von ihm verstanden worden seyn. Übrigens stimmt diese Bemerkung über die Opfer sehr gut mit der Vermuthung überein, die ich weiter oben (Seite 362) geäußert habe, daß die *Tahitier* wohl ehemals Menschenfresser gewesen seyn können. Denn es ist bekannt, daß diese Art von Barbarey bey allen Nationen in den Gebrauch übergegangen sey, Menschen zu opfern, und daß sich diese gottesdienstliche Ceremonie, selbst bey zunehmender Cultur und Verbesserung der Sitten, noch lange erhalten hat. So opferten die *Griechen, Carthaginenser* und *Römer,* ihren Göttern noch immer Menschen, als ihre Cultur schon den höchsten Gipfel erreicht hatte.

Außer den Opfern sind den Gottheiten auch noch gewisse Pflanzen besonders geweyhet. Daher findet man z. B. den *Casuarina-Baum,* die *Cocos-Palme* und den *Pisang* oft neben die *Marais* gepflanzt. Eine Art von *Cratæva,* die *Pfefferwurzel,* der *Hibiscus populneus,* die *Dracæna terminalis,* und das *Calophyllum* finden sich eben daselbst und werden insgesammt als Friedens- und Freundschaftszeichen angesehen. Verschiedne Vögel, nemlich eine *Reiger-Art,* der *Eisvogel* und der *Kukuk,* sind gleichfalls der Gottheit geweyhet. Ich habe aber schon erwähnt, daß sie nicht von allen Leuten auf gleiche Weise in Ehren gehalten werden; auch ist zu merken, daß in den unterschiednen Inseln auch unterschiedne *Arten* von Vögeln für heilig geachtet werden.

Die Priester dieses Volkes bleiben Lebenslang in ihrem Amt, und ihre Würde ist erblich. Der Hohepriester jeder Insel ist allemal ein *Erih,* und hat den nächsten Rang nach dem Könige. Sie werden bey wichtigen Angelegenheiten zu Rathe gezogen, haben reichlichen Antheil an allen Herrlichkeiten des Landes, kurz, sie haben Mittel gefunden, sich nothwendig zu machen. Außer den Priestern giebt es noch in jedem District einen oder zween Lehrer, oder *Tataorrero's,* (dergleichen *Tutawai* einer war) welche sich auf die *Theogenie* und *Cosmogenie* verstehen und zu gewissen Zeiten dem Volke Unterricht darinn geben. Eben diese Leute sorgen auch dafür, daß die National-Kenntnisse von der Geographie, Astronomie und Zeitrechnung nicht verlohren gehen. Sie zählen vierzehn Monate und nennen solche, in folgender Ordnung, also: 1) *O-Pororomua,* 2) *O-Pororo-murih,* 3) *Murehah,* 4) *Uhi-eiya,* 5) *O-Whirre-ammà,* 6) *Taowa,* 7) *O-Whirre-erre-erre,* 8) *O-Tearri,* 9) *Ote-tàï,* 10) *Warehu,* 11) *Wahau,* 12) *Pippirri,* 13) *E-Ununu,* 14) *Umannu.* Die ersten sieben Monate zusammengenommen, heißen *Uru* oder die *Brodfrucht-Zeit;* wie sie aber die Monate berechnen, um genau ein Jahr daraus zu machen? das ist bis jetzt für uns noch ein Geheimniß. Fast sollte man auf die Vermuthung gerathen, daß einige, als z. B. der zweyte und siebende, Schalt-Monate seyn mögten, weil die Namen derselben eine besondre Ähnlichkeit mit dem ersten und fünften haben. Wenn dem also wäre, so würden sie jedesmal nach Verlauf eines gewissen Zeitraums eingeschoben werden müssen. Jeder Monat besteht aus neun und zwanzig Tagen; während der beyden letzten sagen sie, der Mond sey todt, weil er alsdenn nicht zu sehen ist. Hieraus folgt, daß sie den Anfang des Monats, nicht von der wahren Zeit der Conjunction, sondern von der ersten Erscheinung des Mondes anrechnen. Der fünf und zwanzigste ihres dreyzehnten Monates *E-Ununu,* traf auf unsern dritten Junius, als den Tag, da wir diese Nachricht einzogen.

Der tahitische Name eines Lehrers, *Tahowa,* wird auch denen beygelegt, welche sich auf die Heilkräfte solcher Kräuter verstehen, die hier zu Lande als Mittel gegen mancherley Krankheiten angewendet werden. Doch ist leicht zu erachten, daß diese Wissenschaft nur von geringem Umfange seyn könne, weil sie nur von wenig Krankheiten wissen, folglich auch nur wenig und sehr einfache Arzneymittel bedürfen.

Kaum war unser gelehrter *Tutawai* in seinem Unterricht so weit gekommen, als die Anker gelichtet wurden, und wir verließen diese Insel am 4ten Junius des Morgens um 10 Uhr. Der König von *Raietea, Uuru,* welchem der Eroberer *O-Puni* den Titel und die äußeren Vorzüge der königlichen Würde gelassen hatte, besuchte uns noch mit einigen seiner Verwandten, da wir eben im Begriff waren abzugehen. *O-Rea* war mit seiner Familie gleichfalls am Bord, und auch *Maheine* stellte sich mit den Seinigen ein, um Abschied zu nehmen. Der Auftritt war ungemein rührend. Die guten Leute weinten allerseits recht herzlich, am meisten aber der arme *Maheine,* der unter der Heftigkeit seines Schmerzes gleichsam zu erliegen schien. Er lief von einer Cajütte zur andern, und umarmete einen jeden, ohne ein Wort sprechen zu können. Sein schluchzendes Seufzen, seine Blicke und seine Thränen lassen sich nicht beschreiben. Als das Schiff endlich anfieng zu seegeln, mußte er sich von uns losreißen, und in sein Boot herabsteigen, doch blieb er, da alle seine Landsleute sich bereits niedergesetzt hatten, noch immer aufrecht stehen und sahe uns mit unverwandten Augen nach; endlich aber ließ er das Haupt sinken und verhüllte sein Gesicht in seine Kleidung. Wir waren schon weit über den Felsen-Rief hinaus, als er die Hände noch immer nach uns hinausstreckte, und das dauerte fort, bis man ihn nicht länger unterscheiden konnte.

So verließen wir denn ein liebenswürdiges Volk, welches bey allen seinen Unvollkommenheiten, vielleicht unschuldigern und reinern Herzens ist, als manche andre, die es in der Verfeinerung der Sitten weiter gebracht und bessern Unterricht genossen haben. Sie kennen die geselligen Tugenden und Pflichten und üben sie auch getreulich aus. Die Gutherzigkeit, welche der ehrliche *Maheine* bey jeder Gelegenheit bewies, ist ein ziemlich richtiger Maasstab, nach welchem sich der Character dieses Volkes überhaupt beurtheilen läßt. Wie oft habe ich gesehen, daß eine Menge von ihnen sich recht brüderlich in eine einzige Brodfrucht oder in ein Paar Cocos-Nüsse theilte, und daß sie mit den geringsten Portionen zufrieden waren, damit nur keiner leer ausgehen mögte! Auch schränkte sich diese hülfreiche Einträchtigkeit keinesweges auf bloße Kleinigkeiten ein; sondern so bereitwillig sie waren einander mit Lebensmitteln auszuhelfen, eben so gern und uneigennützig theilten sie einander auch Kleidungsstücke und Sachen von beträchtlicherem Werthe mit.

Selbst mit *uns,* die wir Fremdlinge in ihrem Lande waren, giengen sie auf das liebreichste um: Wenn wir aus den Booten ans Land, oder vom Ufer wieder in die Boote steigen wollten, so erboten sie sich jederzeit uns auf dem Rücken hinüber zu bringen, damit wir uns die Füße nicht naß machen sollten. Oft haben sie uns die Seltenheiten, die wir eingekauft, nachgetragen; und gemeiniglich waren sie auch gutwillig genug, ins Wasser zu gehen, um die Vögel herauszuholen, die wir geschossen hatten. Wenn uns Regenwetter überfiel oder wenn wir für Hitze und Müdigkeit oft nicht mehr fort konnten, so bathen sie uns, in ihren Hütten auszuruhen und bewirtheten uns mit ihren besten Vorräthen. Der gastfreye Hauswirth stand in solchen Fällen ganz bescheiden von fern und wollte nicht eher vor sich selbst etwas nehmen, als bis wir ihn ausdrücklich dazu einluden; andre von den Hausgenossen fächerten uns indeß mit Baumblättern oder buschigten Zweigen, Kühlung zu, und beym Abschiede wurden wir gemeiniglich in die Familie, nach Maasgabe unsers Alters, entweder als Vater, oder Bruder, oder als Söhne, aufgenommen. Dies thaten sie in der Meynung, daß unsre Officiers und alle die sich zu denselben hielten, auf eben solche Art untereinander verwandt seyn müßten, als die Befehlshaber und überhaupt die vornehmern Leute in allen Societäts-Inseln gleichfalls nur eine einzige Familie ausmachen. Dieser Irrthum verleitete sie auch Capitain *Cook* und meinen Vater für Brüder anzusehen, denn bey aller ihrer übrigen Fähigkeit sind sie doch nur schlechte Physionomiker. Was übrigens ihren Tugenden, als der Gastfreyheit, der Gutherzigkeit und der Uneigennützigkeit, einen doppelten Werth giebt, ist dieses, daß sie selbst sich derselben nicht einmal bewußt sind, und es gleichsam den Fremdlingen, die zu ihnen kommen, überlassen aus dankbarer Erkenntlichkeit, ihren Tugenden Denkmäler zu stiften.

Oben: **Rotfleck-Straßenkehrer, *F: Sparus miniatus***
Lethrinus miniatus (Nomuka/Tonga, 1774)
Unten: **Punkt-Kaninchenfisch, *F: Harpurus inermis*.**
Siganus punctatus (Nomuka/Tonga, 1774)

VIERTES HAUPTSTÜCK.

Reise von den Societäts- nach den freundschaftlichen Inseln.

Bey unsrer Abfahrt von *Raietea,* feuerten wir, dem Geburtstag Sr. Majestät des Königs zu Ehren, einige Kanonen ab, welches für die hiesigen Einwohner ein neues und sehr angenehmes Schauspiel zu seyn schien. Während der sechs Wochen, die wir zu *Tahiti* und auf den *Societäts-Inseln* zugebracht, hatten wir uns sehr erquickt und vom Scorbut und Gallenkrankheiten völlig wieder erholt. Dagegen kamen nun bey denenjenigen

Who with unbashful forehead woo'd
The means of sickness and debility.
SHAKESPEARE.

venerische Zufälle zum Vorschein. Fast die Hälfte der Matrosen ward von dieser häßlichen Krankheit angesteckt befunden; doch war sie, im Ganzen genommen, nicht so bösartig, als in Europa. *Maheine* hatte uns oft versichert, daß sie auf *Tahiti* und den *Societäts-Inseln* schon eingerissen gewesen, ehe noch Capitain *Wallis* im Jahr 1768. dahin kam, und er behauptete ausdrücklich, daß seine eigene Mutter verschiedne Jahre zuvor, auf *Borabora,* an dieser Krankheit gestorben sey. Auf solche Art wäre dann der Ausbruch derselben in verschiednen Theilen der Welt, bisher durchgehends einer ganz unrichtigen Ursach beygemessen worden. Seit fast dreyhundert Jahren haben unsre Moralisten auf die Spanier geschimpft, weil die Ärzte ihnen Schuld gegeben, daß *sie* diese Seuche aus Amerika zu uns gebracht; und gleichwohl ist jetzt unläugbar erwiesen, daß wir sie in Europa kannten, ehe Amerika entdeckt war![1] Eben so übereilt haben sich's auch die englischen und französischen Seefahrer einander wechselsweise vorgeworfen, daß jene fürchterliche Krankheit durch einen von *ihnen* unter die gutherzigen *Tahitier* gebracht worden sey, da diese doch schon lange zuvor davon angesteckt gewesen sind und sie sogar zu heilen wissen.[2] Ja was noch mehr ist; das Gift derselben scheint, hier bereits eben so sehr entkräftet und gemildert zu seyn als es dermalen in Süd-Amerika ist. Dies pflegt aber bey dergleichen Seuchen nicht ehe zu erfolgen, als bis sie schon eine geraume Zeit gewüthet haben; doch können hieran das gesunde Clima und die einfache Kost dieser Insulaner allerdings mit Ursach seyn. Übrigens bin ich weit entfernt zu glauben, daß diese Pest aus Europa nach Amerika gekommen sey. Nein! eben die Ursachen, welche sie in *einem* Welttheile veranlaßten, konnten sie auch in jedem *andern* hervorbringen. – Die Ausschweifungen unsrer Matrosen mit den Weibern auf *Tongatabu* und den *Marquesas-Inseln,* ja selbst ihr Verkehr mit den unzüchtigen Dirnen auf *Oster-Eyland,* hatten keine üblen Folgen. Daraus läßt sich vielleicht schließen, daß diese Inseln zur Zeit noch nicht angesteckt sind; ich sage *vielleicht,* denn, so viel Anschein dergleichen Folgerungen auch

1 *Petr. Martyr ab Angleria Decad. Americ. Dissertation sur l'origine de la maladie Venerienne par Mr. Sanchez. Paris 1752.* und *Examen historique sur l'apparition de la maladie Venerienne en Europe. Lisbonne, 1774.*

2 S. *Hawkesworths* Geschichte der engl. See-Reisen, in 8. dritter Theil Seite 545. u. folg.

vor sich haben, so können sie dennoch wohl trügen.[3] Dies beweißt Capitain *Wallis* Beyspiel. Er verließ *Tahiti,* ohne einen einzigen venerischen Patienten an Bord zu haben, und gleichwohl war daselbst die Krankheit schon zuvor eingerissen! Daß endlich auch unter den *Neu-Seeländern* diese Krankheit bereits vorhanden gewesen sey, ehe noch die Europäer Umgang mit ihnen gehabt haben, ist wohl ebenfalls außer allen Zweifel.[4]

Nachmittags paßirten wir die Insel *Maurua* und steuerten mit einem guten Passatwinde nach Westen. Um 6 Uhr des Morgens entdeckten wir die Insel, welche Capitain *Wallis, Lord Howes Eyland* genannt hat. Sie bestehet aus niedrigen Coral-Riefen, und hat einen Landsee in der Mitte. Der Lage nach muß es eben dieselbe seyn, welche bey den Bewohnern der *Societäts-Inseln* unter dem Namen *Mopihah* bekannt ist. Unsern Beobachtungen zufolge, liegt sie im 16ten Grad 46 Secunden südlicher Breite und unterm 154sten Grad 8 Secunden westlicher Länge. In der Nachbarschaft derselben hielten sich einige *Pelecane* und *Tölpel (boobies)* auf; von Menschen aber schien sie gänzlich unbewohnt zu seyn.

Am folgenden Tage, gegen Mittag, änderte sich der Wind und ward uns zuwieder. Den ganzen Nachmittag hatten wir Donner, Blitz und zum Theil heftige Regengüsse. In der Nacht ward es windstill; weil aber das Wetterleuchten noch immer anhielt, so ließen wir, vorsichtshalber, die electrische Kette an der Spitze des Mastes befestigen. Die nächsten drey Tage war der Wind so schwach und zuweilen so ganz unmerklich, daß wir fast gar nicht aus der Stelle kamen. Während dieser Windstillen gereichte es uns einigermaaßen zum Zeitvertreib, eine Menge von *tropischen Vögeln* und *Gümpeln (sterna stolida)* um das Schiff her zu sehen. Die Matrosen fiengen in dieser Zwischenzeit auch einen großen *Hayfisch* an der Angel; allein zu ihrem größten Herzeleid, entgieng er ihnen wieder, ohnerachtet sie ihm zu Verhütung dieses Unsterns, drey Kugeln durch den Leib geschossen hatten.

Am 11ten des Morgens ward der Wind frischer und brachte uns gen West-Süd-West wiederum vorwärts. Allein nach Verlauf zweyer Tage hatten wir von neuem, bald mit Windstillen, bald mit widrigem Winde zu kämpfen, und des Nachts pflegte es häufig zu blitzen. Sowohl in der Luft als im Wasser war es die ganze Zeit über sehr lebhaft, denn Seevögel, von allerhand Art, schwärmten, und *Boniten, Doraden, Hayfische* und *Nord-Caper,* schwammen um uns her.

Am 16ten früh um 8 Uhr entdeckten wir eine andre niedrige Insel. Gegen 3 Uhr Nachmittags kamen wir dichte heran und seegelten rund herum, fanden aber nirgends einen Landungsplatz oder Haven. Sie bestand aus mehreren kleinen Eylanden, die durch Riefe untereinander zusammenhiengen, und mit Bäumen, vornemlich mit Cocos-Palmen bewachsen waren, welches diesem kleinen Fleck Landes ein sehr reitzendes Ansehn gab. Die Wasser-Vögel schwärmten in solcher Menge um diese Insel her daß wir sie mit Recht für gänzlich unbewohnt halten mußten. An manchen Stellen war das Ufer sandig, und das sind gerade solche Stellen, wo die Schildkröten gern ihre Eyer zu legen pflegen. Auch war die See hier voll schmackhafter Fische. Wir nannten diese angenehme kleine Insel, *Palmerston-Eyland;* sie liegt unterm 18ten Grad 4 Secunden südlicher Breite und im 165sten Grad 10 Secunden westlicher Länge.

Nachdem wir von hier aus vier Tage lang W. S. Westwärts gesteuert hatten, so kam uns am 20sten des Nachmittags eine etwas bergigte Insel zu Gesicht, auf welcher man, noch vor Untergang der Sonnen, Bäume unterscheiden konnte. Weil das Land so nahe war; so lavirten wir die ganze Nacht über gegen den Wind, wendeten uns erst bey Anbruch des Tages wieder nach der Küste, und seegelten in einer Entfernung von zwo Meilen längst derselben herunter. Das Ufer war durchaus steil und felsigt, doch gab es am Fuße der Klippen hin und wieder auch einen schmalen sandichten Strand. Die Insel dünkte uns allenthalben gleich niedrig zu seyn, und ragte an den höchsten Stellen kaum vierzig Fuß über die Oberfläche des Meeres hervor, sie war aber bey alledem mit Waldung und kleinerem Gesträuche versehen. Um zehn Uhr wurden wir sieben bis acht Leute gewahr, die am Gestade herumliefen. Sie schienen von schwärzlicher Farbe zu seyn, und giengen nackend; blos um den Kopf und die Hüften, sahe man etwas weisses umgewickelt, und jeder hielt einen Spies, eine Keule oder eine Ruderschaufel in der Hand. In den Klüften die an manchen Stellen zwischen den Felsen befind-

3 Siehe T. 1, S. 227f.
4 Siehe T. 1, S. 169f.

lich waren, sahen wir einige kleine Canots auf den Strand gezogen, und auf dem Abhange der Felsen standen etliche niedrige *Cocos-Palmen*. Das war schon Einladung genug hier anzulanden. Also wurden gleich zwey Boote in See gesetzt, bewafnet und bemannet, und in selbigen giengen, unter guter Begleitung, der Capitain, Dr. *Sparrmann,* Herr *Hodges,* mein Vater und ich nach dem Ufer ab. Ein Corallen-Rief läuft dicht vor der ganzen Küste her; doch fand sich eine Öfnung, wo die Brandung nicht so gefährlich war. Hier stiegen wir aus, kletterten auf die nächste Felsen-Klippe, und ließen daselbst einige Matrosen und See-Soldaten Posto fassen. Dieser Felsen bestand ganz aus scharfen und gebrochenen Corallen, und war mit einer Menge kleinen Gesträuchs bewachsen, dergleichen man auf den niedrigen Inseln gemeiniglich antrifft. Außer verschiedenen schon bekannten Gattungen fanden wir auch noch einige neue Pflanzen, die alle aus den Rissen des Coral-Felsen hervorsproßten, ohnerachtet man auch da nirgends ein Stäubchen von Erdreich sahe. An Vögeln fanden sich hier *Brachhüner (curlews) Schnepfen* und *Reiger,* sämmtlich von eben der Art, wie die *Tahitischen*. Wir mochten ungefähr hundert und funfzig Schritt weit durch das Gesträuch Landwärts fortgegangen seyn, als man die Einwohner laut rufen hörte. Dies bewog uns ohnverzüglich nach der Felsenklippe umzukehren, allwo die Matrosen postirt standen. Hier erfuhren wir vom Capitain *Cook* daß er selbst an dem Geschrey Schuld gewesen. Er wäre nemlich längst einem tiefen aber trocknen Erdriß, der ehemals durch das Bergwasser verursacht worden, ins Land hinauf gegangen, hätte aber kaum den Wald erreicht, so sey ein Geräusch entstanden, als ob jemand von einem Baume herunter fiele. In der Meynung, es sey einer von uns, habe er durch Rufen zu erkennen geben wollen, daß er in der Nähe sey, da aber statt der erwarteten Antwort ein Indianer seine Stimme hören lassen; so habe er seinen Irrthum erkannt, und für dienlich erachtet, umzukehren. Von hier aus riefen wir nun den Indianern in allen uns bekannten Süd-See-Sprachen zu, daß wir Freunde wären, und daß sie zu uns an den Strand herab kommen mögten. Nachdem man sie eine Zeitlang unter sich sprechen und einander hatte zurufen hören, kam endlich am Eingange des Bachbettes oder Erdrisses einer von ihnen zum Vorschein. Er hatte sich den Ober-Leib bis auf die Hüften schwarz gefärbt, trug einen Kopfputz von aufrechtstehenden Federbüschen, und hielt einen Speer in der Hand. Hinter ihm hörten wir viele Stimmen in dem hohlen Wege, die Leute selbst aber konnte man, der Bäume wegen, nicht ansichtig werden. Es währete nicht lange, so sprang ein zweyter, dem Ansehen nach noch ganz junger, unbärtiger Kerl zu dem erstern hervor, der eben so schwarz aussahe als sein Camerad, und in der rechten Hand einen langen Bogen hielt, dergleichen wir wohl auf *Tongatabu* gesehen hatten. In demselben Augenblick, da wir ihn ansichtig wurden, warf er auch schon mit der linken Hand einen großen Stein nach uns, und zielte so gut, daß Dr. *Sparrmann* eine sehr empfindliche Contusion am Arme davon trug, ohnerachtet er wenigstens 50 Schritt von dem Indianer entfernt stand. Mein Freund ließ sich durch den heftigen Schmerz, den ihm der Stein verursacht hatte, zu einer Übereilung verleiten und feuerte in der ersten Hitze der Empfindung auf seinen Gegner, einen Schuß Hagel ab, der aber zum Glück nicht traf. Darauf verschwanden die beyden Eingebohrnen und kamen auch nicht mehr zum Vorschein, ob wir uns gleich, wegen des eitlen Gepränges der Besitznehmung noch eine Zeitlang allhier verweilten. Endlich setzten wir uns wieder in die Boote, und ruderten längst dem Strande hin, kehrten uns auch weiter nicht daran, daß die Einwohner, so bald wir fort waren, sich auf der Felsenklippe, die wir zuvor besetzt gehabt hatten, wieder einfanden. Die Küste war überall von gleicher Beschaffenheit, daher es uns nicht wenig Mühe kostete, einen andern Landungs-Ort ausfindig zu machen. Doch waren wir auch da kaum ausgestiegen, als uns die im Boote zurückgebliebenen Leute zuriefen, daß sie oben auf dem Felsen-Ufer, welches wir hinaufklettern wollten, bewaffnete Wilde sahen. Wir mußten also noch weiter rudern, und kamen endlich an einen Ort, wo in der steilen Felsen-Küste eine ziemlich breite Öffnung vorhanden, mithin der Aufgang ins Land hinein etwas freyer war. Ohngefähr hundert und funfzig Fuß weit vom Gestade lief ein flaches Rief vor der Küste her, welches an mehreren Stellen eine Durchfahrt für das Boot hatte. Auf diesem Riefe mußten die See-Soldaten zu unserer Bedeckung eine Linie formiren, indeß wir mit dem Capitain durch den vor uns liegenden hohlen Weg marschiren wollten! Wir fanden daselbst vier Canots auf den Strand gezogen, die mit denen von *Tongatabu* fast von einerley Bauart, auch mit etwas Schnitzwerk geziert, im Ganzen aber doch einfach und nicht so sauber gearbeitet waren, als jene. Sie hatten Gegengewichte *(Outriggers)* von dicken Stangen und zum Theil Dächer von Matten, darunter Fisch-Angeln, Speere und Stückchen Holz lagen, die bey der Nachtfischerey statt der Fakeln gedient zu haben schienen. In jedes dieser Fahrzeuge legte der Capitain etliche Glas-Corallen, Nägel und Medaillen zum Geschenk für die Eigenthümer; indem er aber noch damit beschäftigt war, sahe ich einen Trupp Indianer den hohlen Weg herunter kommen, worauf wir uns alsbald einige Schritte weit zurückzogen. Zween derselben, die gleich den zuvorerwähnten schwarz angemahlt und mit einem Kopfputz von Federbüschen versehen waren, liefen unter wütendem Geschrey auf uns los und schwenkten dabey ihre Speere. Umsonst riefen wir ihnen in einem freundlichen Tone zu. Der Capitain wollte auf sie feuern, aber das Gewehr versagte ihm. Er bat also, daß wir der dringenden Gefahr wegen, ebenfalls Feuer geben mögten; allein es gieng uns wie ihm. Die Indianer, die durch unsre anscheinende Wehrlosigkeit noch mehr Muth bekommen mogten, warfen zween Speere nach uns; der eine davon hätte den Capitain *Cook* um ein Haar breit getroffen, zum Glück aber bückte er sich noch zu rechter Zeit; und der andre fuhr mir so dicht neben der Lende vorbey, daß die schwarze Farbe, womit er beschmiert war, mir das Kleid beschmutzte. Nachdem wir noch ein Paarmal versucht hatten, Feuer zu geben, gieng endlich mein Gewehr los. Ich hatte zwar nur mit Schroot geladen, traf aber meinen Mann richtig, indeß Herrn *Hodges* Schuß mit einer Kugel, ohne Würkung blieb. Auf dieses Signal fieng die hinter uns auf dem Felsen-Rief postirte Mannschaft ein förmliches Plotton-Feuer an. Sie hatten bemerkt, daß während unseres Rückzuges ein zweyter Haufen von Indianer, durch einen andern Weg uns in den Rücken zu kommen und den Paß abzuschneiden suchte. Diesen Plan aber vereitelte die Ladung Hagel, welche ich unter die beyden Vorfechter schickte, indem die übrigen sich alsdenn nicht getrauten, weiter auf uns einzudringen, und wir auf die Art Zeit gewannen, wieder zu den unsrigen zu stoßen. So lange noch einer von den Indianern zu sehen war, ward auch das Feuer lebhaft fortgesetzt. Zween derselben hielten besonders lange Stand. Sie hatten sich hinter einen Busch postirt und schwenkten ihre Speere noch unabläßig, als ihre Landsleute schon längst fort waren. Endlich mußte, auch von diesen, einer verwundet worden seyn, denn sie ergriffen plötzlich, unter einem gräßlichen Geheul die Flucht. Nun giengen wir wieder in die Boote, und wollten mit diesen Leuten nichts mehr zu schaffen haben, da wir sie durch kein Bitten zu einer freundschaftlichen Aufnahme hatten bewegen können. Die Natur selbst scheint diese Nation, schon dadurch, daß sie ihr Land fast unzugänglich bildete, zur Ungeselligkeit verurtheilt zu haben. Die ganze Insel besteht, so wie überhaupt alle niedrigen Inseln, aus einem Coral-Felsen, worauf, so viel wir sahen, nur einige wenige *Cocos-Palmen,* andre Fruchtbäume aber gar nicht, vorhanden waren. Indessen vermuthe ich, daß die innern Gegenden nicht so öde sind, sondern vielmehr nahrhafte Pflanzen hervorbringen mögen, und es dünkt mich gar nicht unwahrscheinlich, daß sich in der Mitten eine fruchtbare Ebene befinden dürfte, die aus einem nach und nach vertrockneten Landsee entstanden seyn kann. Ob es aber durch ein Erdbeben oder durch sonst eine gewaltsame Veränderung unsers Erdkörpers geschehen, daß ein so großer Coral-Felsen 40 Fus hoch über die Meeresfläche empor gehoben worden? ist eine Frage, welche ich den Physikern künftiger Zeiten zur Entscheidung überlasse. Die Boote und Waffen der Eingebohrnen gleichen denen auf *Tongatabu;* es scheinen also die Bewohner dieser beyden Inseln einerley Ursprungs zu seyn; doch ist die Anzahl der hiesigen nur gering und sie sind auch noch sehr ungesittet, wild, und gehen nackend. Die ganze Insel mag ohngefähr 3 Meilen lang seyn; sie liegt unterm 19 ten Grade, 1 Secunde südlicher Breite und dem 169 sten Grad 37 Secunden westlicher Länge, und bekam von uns den Namen, das *wilde Eyland (Savage Island).*

Sobald wir wiederum an das Schiff gelangten, wurden die Boote eingenommen, und am folgenden Morgen seegelten wir weiter gen Westen. Ein großer *Wallfisch,* mit hoher Rückenflosse, schnaubte mit vielem Getöse das Wasser nahe beym Schiff in die Höhe; und Vögel und Fische machten, wie gewöhnlich, unsre Begleitung aus.

Da wir um diese Zeit nicht weit von *A-Namoka* oder der Insel *Rotterdam* zu seyn glaubten, (die zu den freundschaftlichen Inseln gehört und von *Tasmann* im Jahr 1643 entdeckt worden) so ließ der

Capitain in der Nacht vom 23. auf den 24sten die Seegel einnehmen. Die Zeit war ungemein gut abgepaßt, denn schon um zwey Uhr des Morgens hörte man das Geräusch der Wellen, als wenn sie sich an einer Küste brechen, und bey Anbruch des Tages lag das Land auch würklich vor uns. Wir steuerten also darnach hin. Es bestand aus mehreren niedrigen Inseln, die zusammen von einem großen Rief umgeben waren. Ein anderes dergleichen Rief lag weiter gegen Norden, und südwärts von allen diesen Klippenreihen richteten wir unsern Lauf nach den Inseln hin. Um 11 Uhr, da wir noch über eine Seemeile weit von der Küste waren, kam uns schon ein Canot vom Lande her entgegen. Ohnerachtet nur zwey Leute darinn saßen, so ruderten sie doch ganz getrost auf uns zu; da sie aber merkten, daß das Schiff ungleich schneller forttrieb als ihr Boot, so kehrten sie wieder nach dem Lande zurück. Der Unterschied zwischen dem Betragen dieser Insulaner und jener ungeselligen Wilden, die wir kurz vorher hatten kennen lernen, war ungemein auffallend, und wir sahen jetzt augenscheinlich, daß diese *Inseln* hier, den Namen der *Freundschaftlichen* Inseln mit Recht verdienen. Nachmittags ward der Wind schwächer, und in der Nacht erfolgte eine gänzliche Stille. Während dieser Zeit brachte uns die See-Strömung einem Rief so nahe, daß wir Gefahr liefen daran zu scheitern; als sich aber gegen Morgen ein Lüftchen erhob, kamen wir bald wieder außer aller Besorgniß.

Des folgenden Tages seegelten wir zwischen den Riefen und niedrigen Inseln durch, in deren Bezirk die See ganz still und eben war. Diese Eylande ragten aber um etwas höher, als die gewöhnlichen Coral-Inseln, aus dem Meer empor, waren auch mit Gruppen von Bäumen, ja mit ganzen Waldungen versehen, welches ihnen ein reizendes Ansehen gab. Sie schienen überhaupt an nichts Mangel zu leiden, und mußten auch gut bewohnt seyn, denn man entdeckte schon am Strande eine Menge Häuser unter den Bäumen. Am östlichen Ende einer von diesen Inseln befand sich eine weiße senkrechte Klippe, welche horizontale Schichten zu haben schien. Von fern sahe sie der Bastey eines verfallnen Kastels ähnlich, und hatte ein um so mehr mahlerisches Ansehn, weil sie oben mit niederm Gesträuch und hohen Palmen bewachsen war. Gegen Mittag ließ der Wind nach; und dieß machten sich die Insulaner zu Nutze. Sie brachten von unterschiedenen dieser Eylande ihre Canots ins Wasser, um zu uns herüber zu kommen, und, ohnerachtet das Schiff noch eine starke Seemeile weit von ihnen entfernt lag, ruderten doch einige so scharf, daß sie binnen einer Stunde heran waren. Als sie ohngefähr noch einen Flinten-Schuß vom Schiffe seyn mochten, fiengen sie an uns von Zeit zu Zeit zuzurufen, und kamen unter diesem Zuruf immer näher. In dem ersten Fahrzeuge befanden sich drey Personen, die, dem äußern Ansehn nach, den Einwohnern von *Ea-Uwhe* und *Tongatabu* (welche beyde Inseln wir im October 1773 besucht hatten), vollkommen ähnlich waren. So bald sie das Schiff erreicht hatten, wurden ihnen einige Glas-Corallen und Nägel an einer Leine herabgelassen, wogegen sie uns unverzüglich einige Büschel *Pisangs* und etliche überaus schmackhafte *Pompelmuſse (Shaddocks* oder *Citrus decumanus)* aufs Verdeck schickten. Diesem Gegengeschenk fügten sie auch einen Stengel voller *rothen Palm-Nuſs-Früchte* oder *Pandangs (athrodactylis)* bey, als welche hier für Freundschafts-Zeichen gelten. Sobald dadurch gleichsam die Präliminarien unterzeichnet waren, verkauften sie uns ihren ganzen Vorrath von *Pompelmuſsen* und andern Früchten, und kamen darauf selbst an Bord. Mittlerweile langten die übrigen Canots ebenfalls an, und überließen uns ihre Waaren mit so gutem Zutrauen, als ob wir einander schon lange gekannt hätten. Sie sagten uns die Namen aller benachbarten Inseln her. Die mit der hohen Klippe hieß *Terre fetschea;* die andre, deren Anblick wir so malerisch gefunden, nannten sie *Tonumea*. Beyde lagen uns gegen Osten. *Mango-nue* und *Mango-iti* (d. i. Gros- und Klein-Mango), lagen westlich; und seitwärts derselben in Südwesten lag *Namocka-nue* und *Namocka-iti,* d. i. groß und klein *Namocka*. Die erstere hat *Tasmann,* nächst ihrem ursprünglichen Namen *Anamocka,* auch *Rotterdam* genannt.

Sobald sich Nachmittags der Wind wiederum erhob, seegelten wir nach *Namocka,* als der größten von allen diesen Inseln, und je näher wir heran kamen, desto größer ward die Anzahl der Canots, die uns bewillkommten; sie eilten von den herumliegenden Inseln mit Früchten, Fischen und Ferken herbey, und vertauschten alles gegen Nägel und alte Lumpen.

Zwischen diesen Inseln war die Tiefe der See überall zu ergründen, und das Senkbley hatte heute anfänglich 45 bis 50, hernach als wir näher kamen,

9, 12, 14 und 20 Faden Tiefe angezeigt. Um 4 Uhr gelangten wir um das südliche Ende von *Namocka,* an die Westseite dieser Insel, wo ehemals auch *Tasmann* vor Anker gelegen hatte. Hier mochten wir etwa eine Meile weit vom Ufer seyn. Die Küste ragte in dieser Gegend ohngefähr 15 bis 20 Fuß senkrecht aus dem Wasser empor, und verlief sich oben in eine ganz flache Ebene, die nur in der Mitte eine kleine Erhöhung hatte. Dies steile Ufer sahe fast so aus als die Felsen-Küste von *Savage-Eyland,* von welcher wir herkamen, der Wald aber war hier größer, und prangte vornemlich mit einer unzähligen Menge *Cocos-Palmen,* die ihre stolzen Gipfel weit über die andern Bäume hinaus streckten. Indem wir den Anker auswarfen, erhaschte ein Indianer das Senkbley, und riß es mit einem Stück der daran befestigten Leine ab. Man bat ihn, es wieder herauszugeben, er hörte aber nicht auf den Capitain, der ihn durch gütliches Zureden zu gewinnen suchte. Es ward also eine Kugel durch sein Canot geschossen; allein das ließ er sich nicht anfechten, sondern ruderte ganz gelassen auf die andere Seite des Schiffs. Wir wiederholten ihm unser voriges Verlangen; da indessen auch dieses nicht fruchten wollte; so wurde die Forderung etwas nachdrücklicher, nemlich durch eine Ladung Hagel unterstützt. Nun ward er auf einmal folgsam; er ruderte nach dem Vordertheil des Schiffes hin, wo ein Strick über Bord hieng, und an dieses knüpfte er die Leine nebst dem Bley fest. Mit diesem Ersatz waren aber seine besser denkenden Landsleute noch nicht zufrieden; sondern sie warfen ihn zur Strafe aus seinem Canot, so daß er sich mit Schwimmen ans Land retten mußte, und der begangenen Dieberey wegen von den Vortheilen des Tauschhandels ausgeschlossen blieb, welchen die übrigen, nach wie vor, fortsetzten. Die Lebensmittel, welche wir von ihnen bekamen, waren *Cocos-Nüsse,* vortreffliche *Yams, Brodfrucht, Pisangs, Pompelmuße* und andre Früchte; auch brachten sie lebendige, purpurfarbige *Ried-Hühner (Rallus Porphyrio)* imgleichen etliche schon zubereitete Gerichte zum Verkauf, als, einen *See-Brachsen (sparus)* der, in Blätter gewickelt, unter der Erde gestobt war, und eine eben so zugerichtete Art von fasrigen Wurzeln, deren nahrhaftes, schwammichtes Fleisch so süß schmeckte, als wenn es in Zucker eingemacht gewesen wäre. Alles das ward ihnen mit Nägeln von unterschiedlicher Größe und mit Stücken Zeug bezahlt. Die Canots dieser Indianer, die Leute selbst, ihre Tracht, Gebräuche und Sprache, kurz, was man nur an ihnen fand, war hier eben so beschaffen, als bey den Einwohnern von *Tongatabu.* Vielleicht mogten auch *wir* diesen Insulanern schon einigermaaßen bekannt seyn, denn *Tongatabu* liegt so nahe, daß sie von unserer dortigen Anwesenheit, im October vorigen Jahres, wohl schon etwas gehört haben konnten.

Am folgenden Morgen gieng Capitain *Cook* in aller Frühe nach eben der sandigten Bucht ans Land, die *Tasmann* so genau beschrieben hat. Sie ist durch einen Rief eingeschlossen, an dessen Süd-Ende sich eine schmale Durchfahrt für Boote befindet, welche aber, des seichten Wassers halber, allemal die Fluthzeit abwarten müssen, um hindurch zu kommen. Der Capitain erkundigte sich unverzüglich, ob in dieser Gegend Trinkwasser zu finden sey, worauf man ihn, ohnweit des Strandes, nach eben demselben Teiche hinbrachte, aus dem auch *Tasmann* Wasser eingenommen hatte. Unterwegens kaufte er ein junges Schwein, und hatte zugleich Gelegenheit die Gastfreyheit der Einwohner von einer besonderen Seite kennen zu lernen, indem eines der schönsten Mädchen ihm, zum freundlichen Willkommen, galante Anträge machte. Er verbat sie aber ganz höflich, und eilte, so bald er eine, zu Anfüllung der Wasserfässer bequeme Stelle ausfündig gemacht hatte, nach dem Schiffe zurück. Um dieses hatten sich, in der Zwischenzeit, eine Menge Canots, voller Frauensleute versammlet, die zur nähern Bekanntschaft mit unsern Matrosen, allerseits große Lust bezeigten. Da aber der Capitain auf das strengste verordnet hatte, daß keiner, der mit venerischen Krankheiten behaftet oder erst vor kurzem davon geheilt war, ans Land gehen, auch schlechterdings keine Frauensperson auf das Schiff gelassen werden sollte: So mußten alle diese Dirnen, nachdem sie lange genug vergebens, hin und her gerudert waren, ganz unverrichteter Sachen wieder abziehen. Unmittelbar nach dem Frühstück, gieng der Capitain *Cook,* Dr. *Sparrmann,* mein Vater und ich, ans Land, wo die Einwohner große Vorräthe von *Pompelmußen* und *Yamwurzeln* zu Markte brachten. *Pisangs* und *Cocos-Nüsse* waren sparsamer vorhanden, und *Brodfrucht* noch seltner, ohnerachtet wir viel dergleichen Bäume antrafen. Die Mannspersonen giengen hier fast gänzlich nackend; ein schmaler Streifen Zeug um die Hüften machte mehrentheils ihre ganze Kleidung aus, nur etliche wenige trugen, so wie durchgehends die Frauenspersonen, eine Art von Weiberrock, nemlich ein Stück gefärbtes, steifes Zeug von Baumrinde, welches in der Gegend der Hüften einigemal um den Leib herumgeschlagen war und von da bis auf die Füße reichte.

Kaum merkten die Insulaner, daß uns mit Lebensmitteln gedient sey, so drängten sich ganze Schaaren von Verkäufern herbey, und überschrieen einander beym Ausbieten ihrer Waaren dermaaßen, daß wir uns dem Getümmel des Marktplatzes entzogen, und weiter ins Land hinauf zu kommen suchten, dessen fruchtbares Ansehen ungemein viel erwarten ließ. Das Erdreich brachte von selbst eine Menge wilder Kräuter hervor, und die häufig angelegten Baumpflanzungen machten die ganze Insel durchaus einem Garten ähnlich. Die Plantagen waren hier nicht so wie zu *Tongatabu,* auf allen Seiten, sondern nur allein nach der öffentlichen Straße hin, eingehegt, mithin die Aussicht ungleich freyer. Die inneren Gegenden der Insel sind durch verschiedene, mit Hecken und Gesträuch bepflanzte Hügel verschönert. Der Weg gieng über Wiesengrund, und war zum Theil auf beyden Seiten mit hohen Bäumen besetzt, die ziemlich weit auseinander standen, zum Theil mit blühenden, schattichten und wohlriechenden Gebüschen überwölbet. Zur Rechten und Linken wechselten Baumgärten und wildes Gebüsch miteinander ab. Die Häuser waren höchstens 30 Fuß lang, sieben bis 8 Fuß breit und ohngefähr 9 Fuß hoch; in so fern aber von seltsamer Bauart, daß die aus Rohr geflochtnen Wände, oder Außenseiten, nicht senkrecht standen, sondern unterwärts gegen den Boden enger zusammen liefen, auch selten über 3 bis 4 Fuß Höhe hatten. Das mit Stroh gedeckte Dach ragte unterhalb über die Seitenwände hervor und stieß oberhalb schräg zusammen, daher denn der Durchschnitt eines solchen Hauses die Gestalt eines Fünfecks hatte. In einer von den langen Seitenwänden befand sich, etwa 18 Zoll hoch über der Erde, eine Öffnung, die 2 Fuß ins Gevierte haben mogte, und dies einzige Loch mußte die Stelle der Thür und Fenster vertreten. Es schienen gleichsam lauter Vorrathshäuser zu seyn, denn in jedem fanden wir eine Menge großer *Yamwurzeln,* worinn die tägliche Kost dieser Insulaner zu bestehen scheint, auf dem Fußboden hingeschüttet. So unbequem dies in aller Absicht für die Bewohner seyn muß; so ließen sie sichs doch nicht anfechten, sondern schliefen sogar auf diesem holperichten Lager ohne andere Zubereitung, als daß ein Paar Matten über die Wurzeln hingebreitet wurden. Gewohnheit vermag alles! Die kleinen schmalen Stühle oder Fußtritte von Holz, welche die *Tahitier* des Nachts unter den Kopf zu legen pflegen, sind auch hier bekannt, und werden ebenfalls statt Kopfkissen gebraucht. Nächst vorgedachten Wohnhütten gab es noch andre freystehende Dächer, die blos auf Pfählen ruhen, dergleichen wir auch zu *Tongatabu* angetroffen hatten. Unter diesen schienen sich die Leute blos den Tag über aufzuhalten, doch war in selbigen der Fußboden, so wie in den verschloßnen Hütten, allemal mit Matten ausgelegt. Auf unserm Wege kamen wir bey einer Menge solcher Wohnungen vorbey; fanden aber nur selten Leute darinn, weil die mehresten sich nach dem Marktplatze begeben hatten. Diejenigen aber, die wir antrafen, waren durchgehends sehr höflich; sie pflegten eine Verbeugung mit dem Kopf zu machen, und dabey zu Bezeigung ihrer freundschaftlichen Gesinnung, *Lelei woa,* (d.i. gut Freund!) oder sonst etwas ähnliches zu sagen. Nach Beschaffenheit der Umstände leisteten sie uns auch würkliche Dienste; sie führten uns als Wegweiser in der Insel herum, kletterten auf die höchsten Bäume, um uns Blüthen zu verschaffen und holten uns die Vögel aus dem Wasser die wir geschossen hatten. Oft wiesen sie uns die schönsten Pflanzen nach, und lehrten uns die Namen derselben. Wenn wir ihnen ein Kraut zeigten, von dessen Gattung wir gern mehr zu haben wünschten, so ließen sie sich die Mühe nicht verdrießen, es selbst aus den entferntesten Gegenden herbeyzuschaffen. Mit Cocosnüssen und Pompelmußen bewirtheten sie uns vielfältig; erboten sich auch oft von freyen Stücken, uns das, was wir einsammelten, nachzutragen, es mogte so viel und so schwer seyn als es wollte, und hielten sich für sehr reichlich belohnt, wenn wir ihnen am Ende einen Nagel, eine Coralle oder ein Stückchen Zeug schenkten. Kurz, sie bewiesen sich bey allen Gelegenheiten überaus dienstfertig gegen uns.

Auf diesem ersten Spatziergange kamen wir unter andern auch an einen großen Salzsee, der nicht weit von dem nördlichen Ende der Insel, und an einer Stelle nur um wenig Schritte vom Meer entfernt lag. Er mogte im Durchschnitt ohngefähr eine Meile breit, hingegen wohl drey Meilen lang seyn, und hatte rund umher sehr anmuthige Ufer; was aber dieses Baßin noch mahlerischer machte, war, daß in der Mitte desselben drey mit Waldung bewachsne kleine Inseln lagen. Wir betrachteten diese herrliche Landschaft von einer Anhöhe her und vergnügten uns an den Schönheiten derselben, die der glatte Wasser-Spiegel zum Theil verdoppelt darstellte.

Keine von allen denen Inseln, die wir bisher besucht, hatte in einem so geringen Umfang weder so viel angenehme Aussichten, noch eine solche Mannigfaltigkeit schöner und wohlriechender Blumen aufzuweisen gehabt! Der See war voll *wilder Endten* und an dem waldigten Ufer desselben hielten sich eine Menge *Tauben, Papagayen, Riedhühner, (Rallus)* und kleine Vögel auf, deren uns die Einwohner sehr viele zum Verkauf brachten.

Gegen Mittag kamen wir wieder nach dem Marktplatze zurück, wo Capitain *Cook* unterdessen einen großen Vorrath von Früchten und Wurzeln, etliche Hühner und ein Paar Ferken eingekauft hatte. Am Bord des Schiffs waren unsre Leute im Handel eben so glücklich gewesen. Das ganze Hinterverdeck war voller *Pompelmuße* gepackt, die wir von vortreflichem Geschmack fanden; und an *Yams* war ein solcher Vorrath beysammen, daß wir statt des gewöhnlichen Schiffs-Zwiebacks etliche Wochen lang genug daran hatten. Auch von Waffen und Hausrath wurden uns, vornämlich durch einige Indianer, die in doppelten Canots von den benachbarten Inseln herbeygeseegelt kamen, ganze Bootsladungen zugeführt. Beym Mittags-Essen bemerkten wir, daß einer von den unsrigen am Ufer zurückgeblieben und von allen Seiten mit Indianern umringt war. Er schien in Verlegenheit zu seyn, denn er gab durch Zeichen zu erkennen, daß ihn ein Boot abhohlen möchte. Gleichwohl nahm sichs niemand zu Herzen, bis endlich nach der Mahlzeit einige von den Matrosen, des Einkaufs wegen, nach dem Lande giengen. Als diese unterwegens bey dem Orte vorüber kamen, wo sich der arme Verlaßne befand, sahen sie, daß es unser Wundarzt Herr *Patton* war, und nahmen ihn sogleich an Bord. Die Zeit über, daß man ihn ohne den geringsten Beystand am Lande gelassen, hatte er mit Gefahr seines Lebens inne werden müssen, daß es unter diesem sonst gutherzigen, dienstfertigen Volke, eben so gut als unter den gesittetem Nationen, einzelne Bösewichter und Stöhrer der öffentlichen Sicherheit gab. Für ein paar Corallen hatte ihn ein Indianer, vom Landungsplatze aus, auf der Insel herumgeführt, und er war so glücklich gewesen, unterwegens eilf Stück Enten zu schießen, die ihm sein Begleiter getreulich nachtrug. Als er nach dem Marktplatze zurückkam, waren unsre Leute, der Mittagszeit wegen, schon sämmtlich nach dem Schiffe abgegangen, welches ihn einigermaßen beunruhigte. Die Indianer mußten seine Verlegenheit bemerken, denn sie fiengen gleich darauf an, sich um ihn her zu drängen, als ob sie sich seine Lage zu Nutze machen wollten. Er stieg also auf die Felsen-Klippe am Ufer, die dem Schiffe gerade gegen über lag, und eben da war es, wo wir ihn vom Bord aus erblickten. Mittlerweile wollte sein bisheriger Führer unvermerkt einige Enten von sich werfen; als aber Herr *Patton* sich darnach umsahe, nahm er sie wieder auf. Nunmehr drängten die Indianer immer dichter auf ihn los, und einige droheten ihm sogar mit ihren Speeren; doch hielt der Anblick seines Gewehrs sie noch einigermaaßen in Respect. Um nun durch List zu erlangen was durch offenbare Gewalt nicht thunlich schien; so schickten sie einige Weiber ab, die ihn durch allerhand wollüstige Stellungen und Gebehrden zu zerstreuen und an sich zu locken suchen sollten; seine Lage war aber viel zu gefährlich, als daß mit diesem Kunstgriff nur das geringste wäre auszurichten gewesen. Unter dieser Zeit sahe Herr *Patton* ein Canot vom Schiffe zurück kommen; er rief also dem Eigenthümer desselben zu, und bot seinen letzten Nagel dafür, wenn jener ihn zu uns an Bord übersetzen wollte. Schon war er im Begriff ins Canot zu treten, als man ihm seine Vogelflinte aus den Händen riß, die Endten selbst bis auf drey Stück abnahm, und das Canot fortschickte. Man kann leicht denken, wie bestürzt und besorgt ihn diese Begegnung machte. Nun blieb ihm nichts anders übrig, als wieder nach der Felsen-Klippe umzukehren, und sich damit zu trösten, daß man ihn dort, vom Schiffe aus, bemerken und zu seiner Befreyung herbeyeilen würde. Da ihn aber die Indianer jetzt gänzlich wehrlos sahen, so hielten sie auch nicht länger zurück, sondern fiengen sogleich an, ihn bey den Kleidern zu zupfen, und ehe er sichs versah, war Halstuch und Schnupftuch fort. Das hätte er gern verschmerzt, aber nun sollte die Reihe auch an den Rock kommen, und einige von den Räubern droheten ihm aufs

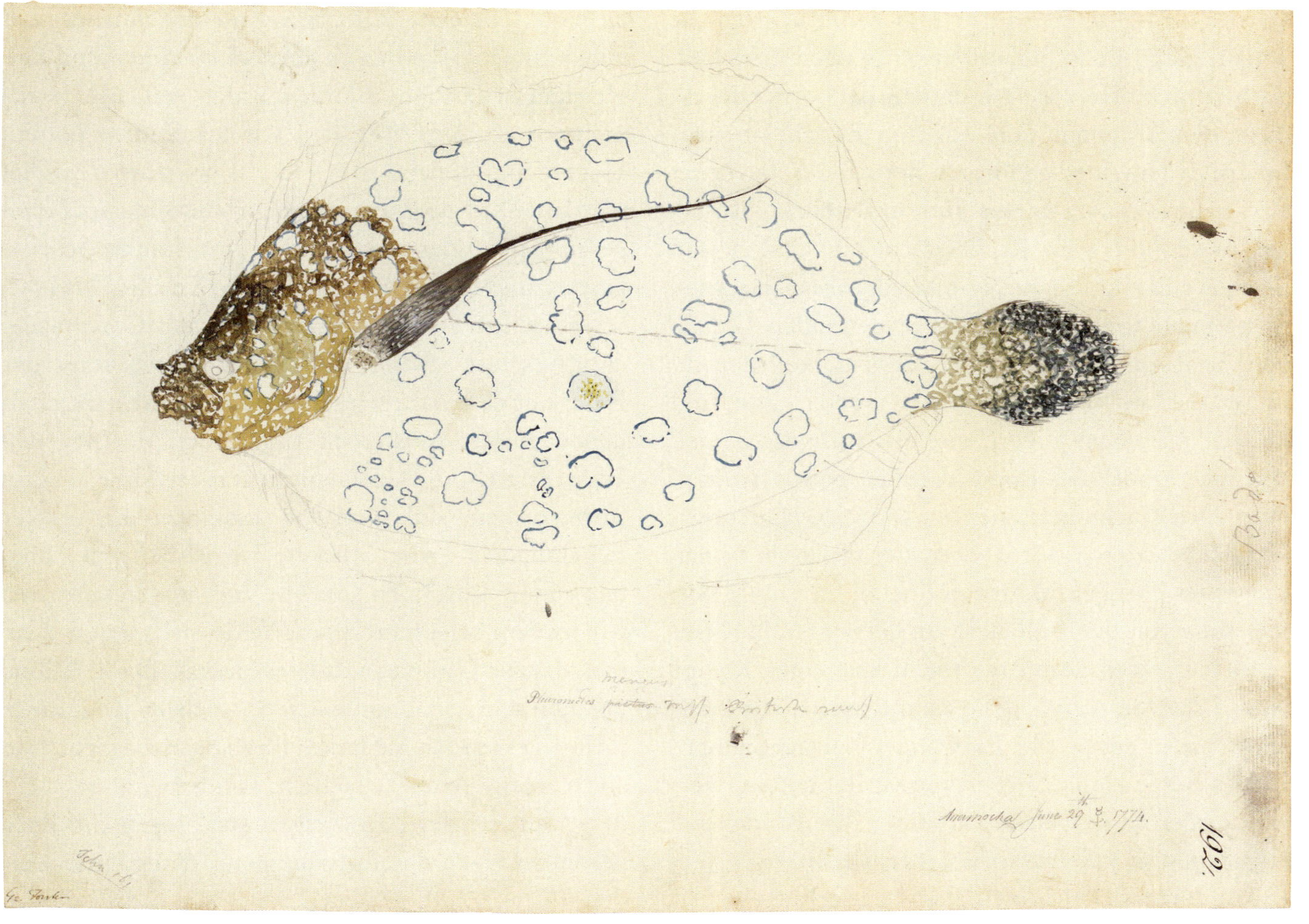

Tonga-Scholle, *F: Pleuronectes pictus*
Pleuronectes pictus (Nomuka/Tonga, 1774)

neue mit ihren Waffen. Er erwartete also jeden Augenblick den Tod als sein unvermeidliches Schicksal, fühlete aber doch in der größten Angst noch in allen Taschen herum, ob ihm nicht ein Messer oder sonst etwas zu seiner Vertheidigung übrig sey; es fand sich aber nichts, als ein elendes *Zahnstocher-Etui*. Dies machte er auf, und hielt es sogleich als ein Terzerol dem ganzen Trupp entgegen, der sich auch aus Besorgniß vor dem unbekannten Dinge alsbald ein paar Schritte weit zurück zog. Man kann leicht glauben, daß er bey der geringsten Bewegung seiner Feinde gewiß nicht unterlassen haben wird, ihnen dies fürchterliche Mordgewehr jedesmal mit Drohen entgegen zu halten; da er aber keine Anstalten zu seiner Rettung gewahr ward, und sich vor Hitze, Müdigkeit und Abmattung nicht mehr zu lassen wußte, so fieng er bereits, in Verzweiflung auf die fernern Dienste seines getreuen Zahnstocher-Etuis, an, sein Leben aufzugeben, als eine wohlgebildete junge Frauensperson ihn in Schutz nahm. Mit fliegendem Haar trat sie aus dem Gedränge zu ihm. Unschuld, Güte und zärtliches Mitleid waren so deutlich in ihren Mienen zu lesen, daß er sich alles guten zu ihr versehen durfte. Sie reichte ihm ein Stück von einer *Pompelmuß;* und weil er es mit Begierde und Dank annahm, so gab sie ihm immer mehr, bis er die ganze Frucht verzehret hatte. Endlich stießen die Boote vom Schiffe ab, und so bald die Indianer dies gewahr wurden, stäubten sie eilfertigst auseinander. Nur seine großmüthige Beschützerin und ein alter Mann, ihr Vater, blieben unbekümmert und unbesorgt, in völligem Bewußtseyn ihres guten rechtschaffnen Betragens, bey ihm sitzen. Sie fragte nach seinem Namen, und als er sich, dem tahitischen Dialect gemäß, *Patine* genannt hatte; so versprach sie ihm, diesen Namen künftig zu führen, veränderte ihn aber in *Patsini*. Beym Abschiede beschenkte er sie und ihren Vater mit allerhand Kleinigkeiten, die er von den

Matrosen zusammen borgte, und damit kehrten die beyden guten Leute höchstvergnügt nach ihrer Heimath zurück. Herr *Patton* stattete bey seiner Rückkunft dem Capitain *Cook* sogleich Bericht ab, was ihm, in Ermanglung gehörigen Beystandes, begegnet war; er bekam aber keinen andern Bescheid, als diesen, es sey ihm ganz Recht geschehen, daß er sein Gewehr eingebüßt habe; er hätte den Eingebohrnen nicht trauen, sondern vorsichtiger seyn sollen. Gleichwohl bestand seine ganze Unvorsichtigkeit darinn, daß er sich auf der Jagd etwas verspätet hatte, und das war manchem andern von uns mehr als einmal begegnet, ohne daß etwas darüber gesagt worden wäre. Den Nachmittag giengen wir verschiedentlich am Ufer spatzieren. Mein Vater aber streifte in Begleitung eines einzigen Matrosen überall im Lande herum, ohne von den Indianern im geringsten belästigt zu werden, und kam am Abend mit einer Menge neuer Pflanzen zurück. Es entstand auch sonst keine Klage mehr gegen die Einwohner, ausgenommen, daß sie einige kleine Diebereyen verübt hatten, worinn sie eben so geschickt waren, als ihre Brüder auf *Tongatabu* und auf den Societäts-Inseln.

Am folgenden Morgen früh entdeckten wir in Nordwest einige Inseln, die wegen des nebligten Wetters bisher nicht zu sehen gewesen waren. Die beyden westlichsten schienen bergigt und spitz; die dritte aber, dem Umfange nach, am größten zu seyn. Von dieser letztern stieg ein dicker Dampf empor; und während der vergangnen Nacht hatten wir in eben derselben Gegend ein Feuer bemerkt. Die Indianer berichteten uns, dies Feuer sey beständig zu sehen; wir vermutheten also, daß es von einem Volcan herrühren müsse. Sie nannten dies Eyland *Tofua*[5] und die dabey liegende Insel mit dem spitzen Berge, *E-Ghao*[6]. Nordwärts von diesen beyden Inseln, konnten wir dreyzehn flache Eylande unterscheiden, deren Namen uns die Einwohner, der Reihe nach, herzusagen wußten.

Nach dem Frühstück eilten wir zu Fortsetzung unserer Untersuchungen von neuem ans Land, blieben aber nicht lange am Strande, wo sich wieder eine Menge von Leuten beyderley Geschlechts versammlet hatte. Die erste Pflanze, welche uns aufsties, war eine schöne Art *von Lilien (Crinum asiaticum)* und dergleichen schätzbare Blumen trafen wir bald noch mehrere an. Der Weg den wir genommen hatten, brachte uns an den Ort, wo die Wasserfässer gefüllet wurden. Dies geschahe an einem stillstehenden, ohngefähr einhundert, bis hundert und funfzig Schritte langen, und funfzig Schritte breiten Teiche. Das Wasser desselben ist von ziemlich salzigem Geschmack, daher es fast scheint, daß dieser Teich, unter der Erde, mit dem nahegelegenen Salz-See Gemeinschaft haben müsse. Lieutenant *Clerke,* der hier bey den Wasserleuten auf Commando war, erzählte uns im Vorbeygehen, daß ihm ein Indianer, mit großer Behendigkeit, seine Muskete weggeschnappt habe, und damit entronnen sey. Von hier aus botanisirten wir in dem schattenreichen Walde von *Mangle-Bäumen,* der die Ufer des Salz-Sees einfaßt. Diese Bäume nehmen sehr viel Land ein, und wachsen je länger je mehr in einander. Sie lassen ihren Saamen nicht, wie andre Baum-Arten, ausfallen, sondern die befruchteten Spitzen der Äste neigen sich gegen die Erde herab, schlagen daselbst eine neue Wurzel und werden solchergestalt zu neuen Stämmen, die wiederum frische Zweige treiben. Während daß wir hier nach Kräutern suchten, dünkte es uns, als ob drey Canonen-Schüsse abgefeuert würden; weil indessen der Schall, zwischen den Bäumen, sehr gedämpfet wurde; so dachten wir, es könnten auch wohl nur überladene Flinten-Schüsse seyn, dergleichen, bey der Unerfahrenheit unsrer jungen ungeübten Schützen, eben nichts neues waren. Auf dem Rückwege von diesem Salz-See kamen wir durch einen Baumgarten, wo uns die Indianer, unter freundlicher Begrüßung zum Niedersetzen einluden; wir mochten uns aber nicht aufhalten, sondern eilten der Enten-Jagd wegen nach dem Platz zurück, wo unsre Wasserfässer angefüllet wurden. Dort kam uns der Loots, Herr Gilbert, mit der Nachricht entgegen, daß die drey Canonen-Schüsse, imgleichen eine Salve aus dem kleinen Gewehre, blos als Signale wären abgefeuert worden, dadurch man uns, wegen eines mit den Indianern entstandenen Streits, hätte zurück rufen wollen. Der Capitain stand auch schon, an der Spitze eines Commando See-Soldaten, in der Nachbarschaft, und zween von den Eingebohrnen, die sich seitwärts niedergehuckt hatten, riefen uns ganz schüchtern, ein-

5 *Tasman* nennt es *Ama-Tofoa*. *Ama* oder *Kama* bedeutet vermuthlich einen Berg.

6 *Tasman* nennt sie auf seiner Karte *Kaybay*.

mal über das andre *Wòa,* d. i. Freund! zu. Anfänglich vermutheten wir, daß die Entwendung von Herrn *Clerk's* Gewehr zu dieser Mißhelligkeit Anlaß gegeben habe, und wunderten uns, daß man deshalb so fürchterliche Anstalten gemacht hatte: Gleichwohl kam es im Grunde auf eine noch weit unbedeutendere Kleinigkeit an. Unser Böttcher war nemlich, bey Ausbesserung der Wasserfässer, nicht achtsam genug auf sein Handbeil gewesen; also hatte ein Indianer die Gelegenheit ersehen und war damit entlaufen. Um nun dies kostbare Instrument, wovon gleichwohl noch zwölf Stück auf dem Schiffe vorräthig waren, wiederum herbeyzuschaffen, ließ der Capitain, sogleich einige doppelte große Canots in Beschlag nehmen, ohnerachtet diese Fahrzeuge gar nicht einmal hiesigen Insulanern zugehörten, sondern blos des Handels wegen von den benachbarten Inseln herbey gekommen waren, und folglich an dem ganzen Vorfall unschuldig seyn mußten. So befremdend indessen den Indianern dies Verfahren auch vorkommen mogte, so hatte es doch den Nutzen, daß sie Herrn *Clerk's* Gewehr auf der Stelle zurück brachten. Um nun auch noch das Böttcher-Beil wieder zu bekommen, mußte noch ein Canot confisciret werden. Der Eigenthümer, der selbst in diesem Fahrzeuge und keines Vergehens sich bewußt war, machte Miene, sein angefochtnes Eigenthum zu vertheidigen, indem er einen Speer ergrif, und damit nach dem Capitain zielte. Dieser legte aber sein Gewehr an, gebot dem Indianer, den Wurfspieß von sich zu werfen, und schoß ihm, weil er nicht gleich Lust dazu bezeigte, ohne weitere Umstände eine Ladung Hagel durch die Faust und durchs dicke Bein, daß er, wegen der geringen Entfernung des Schusses, vor Schmerz zu Boden stürzte. Damit noch nicht zufrieden, ward Befehl gegeben, daß vom Schiffe aus drey Kanonen, eine nach der andern, gegen die höchste Spitze der Insel hin, abgefeuert werden sollten. Nun, dachte man, würden die Indianer sich eiligst entfernen; allein, in vollem Vertrauen auf ihre Unschuld blieben sie zum Theil noch immer am Strande, ja einige Canots ruderten, nach wie vor, um das Schiff herum. Einer von den Indianern betrug sich bey dieser Gelegenheit, vor allen seinen übrigen Landesleuten, ganz besonders stoisch. Er hatte ein kleines Canot, in welchem er den andern Canots, die vom Lande herkamen, immer entgegen fuhr, um aus denselben, für Corallen und Nägel, die er von uns gelöset hatte, das, was ihm am besten anstand, aufzukaufen, und dergleichen ausgesuchte neue Ladungen mit desto größerm Vortheil bey uns anzubringen. Da er nicht leicht ein Canot an das Schiff heran ließ, bevor ers nicht durchsucht hatte, so nannten ihn die Matrosen nur den Zollhaus-Visitator. Dieser Kerl lag eben dicht an der Seite unseres Schiffes und schöpfte das eingedrungene Wasser aus seinem Canot, als die Kanonen, kaum 6 Fuß hoch über seinem Kopfe, abgefeuert wurden. Man hätte also wohl vermuthen können, daß das plötzliche Krachen des Geschützes ihn gewaltig erschreckt, ja gleichsam betäubt haben würde. Allein von alle dem erfolgte nicht das geringste; er sahe nicht einmal darnach in die Höhe, sondern blieb, nach wie vor, bey seinem Wasserschöpfen, und trieb unmittelbar darauf seinen Handel wiederum fort, gleichsam als ob gar nichts vorgefallen wäre.

Wir waren noch nicht lange zu dem Capitain und seinem Commando gestoßen, als die unglückliche Veranlassung alles Unheils, das Böttcher-Beil, wieder abgeliefert wurde. Eine Frauensperson von mittlerm Alter, die einiges Ansehen zu haben schien, hatte etliche ihrer Leute darnach ausgeschickt, und diese schafften nicht nur dies eine Stück, sondern auch eine Patrontasche und Herrn *Pattons* Vogelflinte wieder herbey, welche, dem Anschein nach, im Wasser versteckt gewesen seyn mußte. Es währete nicht lange, so brachten ein paar Indianer ihren verwundeten Landsmann, der fast keine Besinnung mehr zu haben schien, auf einem Brette zu uns hergetragen. Man schickte deshalb gleich nach dem Wundarzt Herrn *Patton,* und ließ den armen Schelm unterdessen auf den Boden niedersetzen. Die Eingebohrnen kamen nun nach gerade wieder, und die Frauensleute ließen sichs vorzüglich angelegen seyn, Friede und Ruhe wieder herzustellen; doch schienen ihre schüchternen Blicke uns anzuklagen, daß wir grausam mit ihnen umgegangen wären. Endlich setzten sich ihrer funfzig oder mehrere auf einen schönen grünen Rasen, und winkten, daß wir neben ihnen Platz nehmen möchten. Jede dieser Schönen hatte ein Paar *Pompelmuße* mitgebracht, welche sie mit freundlich liebkosender Gebehrde bissenweise unter uns austheilte. Herrn *Pattons* Freundin, zeichnete sich, durch ihre jugendliche Schönheit, vor allen übrigen Frauenzimmern aus. Sie war von hellerer Farbe als das gemeine Volk, dabey wohl gewachsen von sehr proportionirtem Gliederbau, und von überaus regelmäßiger, gefälliger Gesichtsbildung. Feuer strahlte aus den lebhaften schwarzen Augen, und den schönen Hals umflossen schwarze lockigte Haare. Ihre Kleidung bestand aus einem Stück braunen Zeuges, das unter der Brust dicht an den Leib anschloß, aber von den Hüften herab weiter ward, und dieses ungekünstelte Gewand stand ihr besser als die zierlichste europäische Tracht sie geputzt haben würde.

Unterdessen war Herr *Patton* mit den nöthigen Instrumenten angelangt, und verband nun den verwundeten Indianer. Als er mit der Bandage fertig war, schlugen die Eingebornen noch Pisangblätter darüber her, und so überließen wir ihn ihrer eigenen Curmethode; doch ward dem Kranken eine Flasche Brandtewein, mit der Vorschrift, gegeben, daß er von Zeit zu Zeit die Wunden damit mögte waschen lassen. Der arme Kerl mußte viel Schmerzen ausgestanden haben, denn da der Schuß nur in einer Entfernung von wenig Schritt auf ihn abgefeuert worden, so waren die Theile, wo das Schroot eingedrungen, gleichsam zerschmettert; sonst hatte es eben keine Gefahr, weil die Wunden nur im dicken Fleische waren. Um die Sache vollends wieder gut zu machen, theilten wir eine Menge Corallen unter die Leute aus, und kehrten alsdann, mit gegenseitigen Freundschaftsversicherungen, wieder nach dem Schiffe zurück. Das Volk war auf dieser Insel eben so friedfertig, und dabey eben so gewinnsüchtig, als auf *Tongatabu*. Sie trugen uns unsre Übereilung nicht nach, sondern fuhren ungestört fort, am Schiffe Handel zu treiben. Die ganze Nation schien zur Kaufmannschaft gebohren zu seyn, denn ein jeder ließ sichs eyfrigst angelegen seyn, etwas von unsern Waaren oder Merkwürdigkeiten einzutauschen. Unter andern fanden sie ein besonderes Wohlgefallen an jungen Hunden, davon wir auf den Societäts-Eylanden eine große Anzahl an Bord genommen hatten, um sie allenfalls auf denen Inseln einzuführen, wo diese Art von Thieren noch nicht vorhanden seyn würde. Zwey Paare davon überließen wir den hiesigen Einwohnern, und sie versprachen uns sorgfältig damit umzugehen. Zu den cörperlichen Geschicklichkeiten dieser Insulaner gehört vornemlich, daß sie ihre Canots sehr gut zu regieren, und auch vortreflich zu schwimmen wissen. Die gewöhnlichen Fahrzeuge, darinn sie Waaren an das Schiff brachten, waren nur klein, aber sauber gearbeitet und sehr gut abgeglättet, wie ich weiter oben schon angemerkt habe. Diejenigen Canots hingegen, die von den benachbarten Inseln her zu uns kamen, waren ansehnlicher, und je zwey derselben durch eine Anzahl Queerbalken zusammengekoppelt, so, daß in manchem wohl funfzig Mann Platz hatten. In der Mitte war gemeiniglich eine Hütte aufgerichtet, damit die Leute im Schatten seyn und ihre Waaren, Waffen, und andere nöthige Geräthschaften im Trocknen aufbewahren konnten. In dem Fußboden dieser Hütte, der aus den queer über die Canots gelegten Brettern bestand, waren Öfnungen gelassen, vermittelst deren man in den Bauch der Canots herabstieg. Die Maste bestanden aus starken Bäumen, die nach Gefallen niedergelegt werden konnten. Die Seegel waren groß und dreyeckigt, taugten aber nicht gut zum Laviren. Ihr Tauwerk hingegen war vortreflich; und statt der Anker hatten sie an dem untern Ende eines starken Kabel-Taues etliche große Steine befestigt, die vermöge ihrer Schwere das Schiff anhielten.

Da der Capitain schon am folgenden Tage von hier abseegeln wollte, so giengen wir, gleich nach Tische wieder ans Land, um die noch übrige Zeit so gut als möglich zu nutzen. In dieser Absicht strichen wir durch Felder und Gebüsche, und sammleten eine Menge schätzbarer Pflanzen. Auch kauften wir einen Vorrath von Keulen, Speeren und allerhand Hausrath, als: kleine Stühle, große hölzerne Schüsseln und Schaalen, imgleichen etliche irdene Töpfe, die lange im Gebrauch gewesen zu seyn schienen. Wozu die Leute eine solche Menge Waffen haben? ist bey ihrem gutherzigen und verträglichen Charakter nicht leicht abzusehen. Zwar könnten sie wohl, so gut als die Tahitier, mit ihren Nachbaren in Uneinigkeit leben; allein, die Streit-Kolben waren so sehr mit Schnitzwerk und andern Zierrathen ausgeschmückt, daß sie, allem Anschein nach, nicht oft Gebrauch davon machen müssen.

Am folgenden Morgen lichteten wir bey Anbruch des Tages die Anker, und steuerten nach dem Eyland *Tofua* hin, auf welchem wir, auch in dieser Nacht, das Feuer des Volcans wiederum wahrgenommen hatten. Eine ganze Flotte von Canots begleitete uns etliche Meilen weit, um noch Kleider, Hausrath und Putzwerk anzubringen. Einige führten uns auch, als Proviant-Boote, mancherley Fische nach, die hier durchgehends von sehr wohlschmeckender Art waren.

Die Insel *Namocka,* auf welcher wir uns nur zween Tage verweilt hatten, liegt unter 20°. 10'. südlicher Breite, im 174° 32'. westlicher Länge, und hält nicht über funfzehn Meilen im Umkreise, ist aber ungemein volkreich. Sie schien die ansehnlichste unter allen umliegenden Inseln, welche überhaupt häufig bewohnt und an Pflanzen und Gewächsen ausnehmend fruchtbar sind. Sie liegen allesammt auf einer Art von Bank, wo das Meer von neun, bis zu sechzig und siebenzig Faden Tiefe hat. Der Boden ist auf diesen Inseln vermuthlich durchgehends von einerley Beschaffenheit. *Namocka* besteht, gleich *Tongatabu,* aus einem Corall-Felsen, der mit einer Schicht von sehr fettem und allerhand Pflanzen hervorbringendem Erdreich bedeckt ist. Aus Mangel genugsamer Zeit konnten wir den mitten auf der Insel befindlichen Hügel nicht gehörig untersuchen; sonst wäre es freylich der Mühe werth gewesen, nachzuspüren, ob er nicht etwa andern Ursprungs, als der Rest des Landes, und, wenn gleich itzt mit Gesträuch bewachsen, dennoch wohl durch einen feuerspeyenden Berg hervorgebracht seyn möchte, indeß der übrige Theil der Insel aus Corall-Felsen besteht. Daß die hiesigen Einwohner, vermittelst des Teiches, Überfluß an süßem Wasser haben, ist ein großer Vortheil, und sind sie in dem Stück weit besser dran, als die Bewohner von *Tongatabu.* Demohngeachtet scheinet das Baden hier nicht so allgemein eingeführt, als zu *Tahiti;* aber freylich badet sichs in dem dortigen fließenden Wasser besser und angenehmer, als hier in dem stillstehenden See. Übrigens wissen sie vollkommen, was gutes Trinkwasser für eine schätzbare Sache sey, denn sie brachten uns, wie auch zu *Tasmanns* Zeiten geschehen war, ganze Calebassen voll ans Schiff, als ob es ein ordentlicher Handelsartikel wäre. Nächst der Güte des Erdreichs ist dieser Überfluß an Wasser ohne Zweifel Ursach, daß *Brodfrucht* und *Pompelmuß-Bäume* hier häufiger, und überhaupt alle Pflanzen weit besser in die Höhe wachsen, als zu *Tongatabu.* Die Fruchtbarkeit erleichtert ihnen den Feldbau in manchen Stücken; sie brauchen z. B. nicht so viel Verzäunungen zu machen, als ihre Nachbarn, doch sind solche deshalb nicht gänzlich abgeschaft. Die langen Alleen von Brodfruchtbäumen, und der vortrefliche grüne Rasen unter denselben, kommen den fruchtbarsten Gegenden auf *Ea-Uwhe* oder der Insel *Middelburg,* an Schönheit gleich.[7] Die hochranckenden Pflanzen, welche sich an manchen Stellen wie die dicksten Lauben über die Fußsteige hergewölbt hatten, trugen zum Theil schöne, wohlriechende Blumen. Hin und wieder ein anmuthiger Hügel, wechselsweise eine Gruppe von Häusern oder Bäumen, und an manchen Stellen ein Landsee, – machten, zusammengenommen, ungemein schöne Prospecte aus, die durch den äußeren überall sichtbaren Wohlstand der Einwohner, noch mehr erheitert und belebt wurden. Bey den Häusern liefen Hühner und Schweine umher. Pompelmuße waren so häufig, daß sie niemand einsammlete, ohnerachtet fast unter jedem Baume eine beträchtliche Anzahl, aus Überreife abgefallen, auf dem Boden lag. Die Hütten waren durchgehends mit Yam-Wurzeln angefüllet, kurz, wo man nur hinsahe, da fanden sich Spuren des Überflusses, vor dessen erfreulichem Anblick Kummer und Sorgen entfliehen. Für uns hatten dergleichen angenehme Scenen auch deshalb einen besondern Werth, weil wir sie gemeiniglich erst durch die Beschwerlichkeiten der Seefahrt erkaufen mußten; je unangenehmer diese gewesen waren, desto schöner kamen uns natürlicherweise jene vor. Man wird mirs daher auch zu gut halten, wenn ich nicht müde werde, den Eindruck, den der Anblick einer solchen Gegend in mir hervorbrachte, jedesmal von neuem zu beschreiben. Wer spricht nicht gern und oft von Gegenständen, die ihm wohlgefallen? Herr *Hodges* hat eine Aussicht auf dieser Insel abgezeichnet, die zum Behuf von Capitain *Cook's* Reise in Kupfer gestochen ist, und einen Bauerhof, nebst der umliegenden Gegend, sehr richtig abbildet.

Die Bewohner dieses reizenden Aufenthalts schienen mir in keinem Stück von den Einwohnern der Inseln *Tongatabu* und *Ea-Uwhe* unterschieden zu seyn. Sie sind von mittlerer Größe, sehr wohl proportionirt, fleischig, aber keinesweges schwerfällig, und von castanienbrauner Farbe. Ihre Sprache, die Fahrzeuge, Waffen, Hausrath, Kleidung, Puncturen, die Art den Bart zu stutzen, das Einpudern des Haares; kurz, ihr

7 Man sehe hievon im ersten Theil dieser Geschichte ein mehreres.

ganzes Wesen und alle ihre Gebräuche stimmten so mit dem, was wir hievon auf *Tongatabu* gesehen hatten, genau überein. Nur konnten wir, in der kurzen Zeit unsers Hierseyns, keine Art von Subordination unter ihnen gewahr werden, welche hingegen zu *Tongatabu* sehr auffallend war, und, in den Ehrenbezeugungen für den König, fast bis zur äußersten Sclaverey gieng. Hier auf *Namocka* fanden wir Niemand, der ein ausdrückliches Ansehn oder Herrschaft über die andern gehabt hätte, es müßte denn der Mann gewesen seyn, den unsre Matrosen den *Zollhaus-Visitator* nannten, in so fern dieser alle an Bord kommende Canots durchsuchte. Die Frau, welche nach den gestohlnen Sachen schickte, mochte auch wohl etwas zu sagen haben. Herrn *Pattons* wohlthätige Beschützerin war, unseres Wissens, auf der ganzen Insel die einzige Frauensperson, welche das Haar nicht gestutzt trug; und da wir durchgehends bemerkt zu haben glauben, daß es, in den Inseln der Süd-See, nur Frauenzimmern von gewissem Range als ein besonderes Vorrecht gestattet wird, die Haare wachsen zu lassen[8], so könnte, auch diese hier, wohl zu einer vornehmern Classe gehört haben, welches ihr äußerer Anstand ohnehin zu verrathen schien. Indessen will ich dadurch, daß wir den Unterschied der Stände hier nicht recht gewahr wurden, keinesweges zu verstehen geben, als ob diese Insulaner keine bestimmte Regierungsform unter sich hätten; im Gegentheil läßt sich aus der Ähnlichkeit mit ihren Nachbaren, welche durchgehends unter einer monarchischen Verfassung leben, ja aus dem Beyspiel aller bisher bekannt gewordnen Südsee-Inseln, schließen, daß eine gleiche Regierungsart auch hier statt finden müsse. Ihre ungemeine Ähnlichkeit mit den Einwohnern auf *Tongatabu* ist beynahe Bürge dafür, daß sie gleichen Ursprung, vielleicht auch gleiche Religions-Begriffe mit jenen haben; obschon weder ich, noch meine Reise-Gesellschafter, auf allen unsern Spaziergängen in dieser Insel, nirgends ein *Fayetuka,* noch sonst einen Fleck antrafen, der die mindeste Ähnlichkeit mit einem Begräbnißplatz gehabt hätte, dergleichen man doch auf *Tongatabu* verschiedene findet[9].

Die Nachrichten älterer Reisenden bezeugen, daß zwischen dem 170 und 180sten Grad östlicher Länge von *Greenwich,* und innerhalb des 10ten bis zum 22sten Grade südlicher Breite, eine große Menge Inseln liegen. So viel wir bis jetzt von denselben wissen, scheinen sie allesammt durch einerley Art von Leuten bewohnt zu seyn, die den selbigen Dialect der Südsee-Sprache reden, alle in gleichem Grade gesellig und alle zum Handel geneigt sind. Diese Eylande könnte man also insgesammt zu den sogenannten *freundschaftlichen Inseln* rechnen. Sie sind durchgehends sehr stark bewohnt, vornehmlich diejenigen, die *wir* besucht haben. *Tongatabu* ist gleichsam von einem Ende zum andern als ein einziger großer Garten anzusehen. *Ea-Uwhe, Namocka* und die zunächst gelegnen Inseln, gehören ebenfalls zu den fruchtbarsten Landflecken der ganzen Südsee. Wir können also ohne Unwahrscheinlichkeit annehmen, daß die Zahl der Einwohner auf allen diesen Inseln sich wenigstens gegen 200000 erstrecken müsse. Das gesunde Clima und die vortreflichen Früchte desselben, machen, daß sie von den mannigfaltigen Krankheiten, die uns Europäer so leicht hinwegraffen, gar nichts wissen; und die Einfalt ihrer Begriffe steht mit dem geringen Maaß ihrer Bedürfnisse in vollkommnem Gleichgewicht. In den Künsten haben sie es weiter gebracht, als andre Völker der Südsee; die Schnitzkunst und andre nützliche Handarbeiten machen ihren Zeitvertreib aus, dem eine wohlklingende Music noch mehrern Reiz giebt. Die größere Ausbildung ihres Geschmacks bringt ihnen auch noch *den* Vortheil zuwege, daß sie mehr Begriff und Gefühl vom Werth der körperlichen Schönheit haben, und eben dieses Gefühl ist es, welches die zärtlichsten Verbindungen in der menschlichen Gesellschaft, die gegenseitige Neigung beyder Geschlechter, so angenehm als dauerhaft macht. Überhaupt genommen sind sie arbeitsam; ihr Betragen gegen die Fremden aber dünkte uns mehr höflich, als aufrichtig zu seyn, so wie auch der allgemeine Hang zum Wucher, die wahre Herzensfreundschaft bey der Nation überhaupt verdrungen, und an deren statt eine steife Höflichkeit hervorgebracht zu haben scheint. Dies alles ist dem Character der *Tahitier* gerade entgegen gesetzt, denn diese finden am unthätigen Leben Wohlgefallen; sind aber viel zu aufrichtig, als daß sie sich bey ihrem Betragen um den äußern Schein gewisser

8 Man sehe hiervon im ersten Theil dieser Geschichte Seite 208 nach.

9 S. den ersten Theil dieser Geschichte S. 260.

Manieren bewerben sollten. Dagegen giebt es auf *Tahiti* und den Societäts-Inseln viele in Wollust versunkne *Errioys,* deren moralischer Character etwas abgewürdigt zu seyn scheint; indeß auf den *freundschaftlichen* Inseln alle jene Laster, die der übermäßige Reichthum zu veranlassen pflegt, dem Ansehen nach, noch ziemlich unbekannt sind.

Gegen Mittag verließen uns die Canots, welche von *Namocka* aus, unsre Begleitung ausgemacht hatten, und kehrten wieder nach den unterschiedenen niedrigen Inseln zurück, die hier in der Nachbarschaft und insgesammt als eben so viel fruchtbare und schöne Gärten umher lagen. Nachmittags ließ der Wind nach und drehete sich, so daß wir mehr rück- als vorwärts kamen. Dies machten sich unterschiedne Indianer zu Nutze und ruderten von neuem herbey; denn sie ließen sich keine Mühe verdrießen, um eiserne Nägel, und Stücken von Zeug einzuhandeln. Gegen Abend hatte die Anzahl der Canots so zugenommen, daß sie, wie heute Morgen, eine kleine Flotte ausmachten und der Tauschhandel von beyden Seiten so lebhaft, als je, betrieben ward.

Am folgenden Morgen fanden sich die Canots von neuem und zwar schon bey Anbruch des Tages ein; es war ein Vergnügen, sie aus allen Gegenden hin und her seegeln zu sehen. Wenn sie den Wind hinter sich hatten, so gieng es sehr schnell, denn dazu waren die Fahrzeuge recht gut eingerichtet; und die großen dreyeckigten Seegel gaben ihnen, zumal in einer gewissen Entfernung, ein schönes mahlerisches Ansehen. Es währete indessen nicht lange; so erhob sich der Wind und machte dem Handel ein Ende, denn nun verließen wir sie und seegelten nach den beyden hohen Inseln, die wir von unserm vorigen Ankerplatz aus entdeckt hatten. Nachmittags holten uns abermals drey Canots ein; das eine derselben war mit funfzig Mann besetzt, und verkaufte uns, während daß wir den engen Canal zwischen beyden Inseln paßirten, allerhand Waaren. Die größere dieser beyden Inseln, hatten wir gegen Süden. In der Landessprache heißt sie *Tofua,* und scheint bewohnt zu seyn. Einige Indianer, die bey uns an Bord waren, erzählten, daß süßes Wasser, *Cocos-Nüsse, Pisang-* und *Brodfruchtbäume* häufig darauf zu finden wären. Man konnte auch schon von weitem eine Anzahl *Palmen* und eine große Menge *Casuarina-Bäume* unterscheiden. Im Ganzen genommen, schien das Land zwar sehr steil und bergigt zu seyn; doch fehlte es auch nicht an fruchtbaren Stellen, die mit allerhand Kräutern und Gebüsch bewachsen waren. An der See, besonders nach jener Insel hin, sahen die Felsen Lavenartig und das Ufer wie mit schwarzem Sande bedeckt aus. Wir steuerten zwar bis auf Cabels-Länge heran, konnten aber dennoch nirgends einen Ankerplatz finden, weil das Wasser überall, achtzig und mehr Faden tief war. Die Durchfahrt mochte kaum eine Meile breit seyn, und das felsige Ufer der Insel, welches man jenseits derselben erblickte, war voller Löcher und Höhlen, an manchen Stellen auch, wenn gleich auf eine ziemlich unförmliche Art, Säulen-ähnlich gestaltet. Des neblichten Wetters wegen konnte man den eigentlichen Gipfel der Insel nicht deutlich erkennen; doch sahe man einen beträchtlichen Dampf davon empor steigen. Diesseits des Canals oder der Durchfahrt, schien es, als ob dieser Rauch auf der anderen Seite des Berges ausbräche; jenseits aber dünkte es uns hinwiederum, als ob er von der Seite herkäme, auf welcher wir zuvor gewesen waren! Aus diesem Blendwerk ließ sich abnehmen, daß die Spitze des Berges hohl seyn oder einen Crater ausmachen, und aus diesem der Dampf hervorkommen müsse. An der Nordwest-Seite des Gipfels fand sich, unterhalb der rauchenden Stelle, ein Fleck, der nicht längst erst vom Feuer verheeret seyn mochte, wenigstens sahe man daselbst nicht das geringste Grün, dahingegen die übrigen Seiten des Berges mit allerhand Kräutern bewachsen waren. Als wir uns in dem Striche befanden, nach welchem der Wind den Rauch hintrieb, fiel ein Regenschauer ein, und verschiedene unter uns bemerkten, daß das Wasser, wenn es ihnen in die Augen kam, beißend und scharf war. Vermuthlich hatten sich mit diesem Regen einige Theilchen vermischt, die der Volkan ausgeworfen oder ausgedunstet hatte. Der Süd-Süd-Ostwind, der ziemlich frisch zu wehen anfieng, führte uns so schnell von dieser Insel weg, daß wir, in Ermangelung eines gehörigen Ankerplatzes, auch nicht von fern her, mehrere Beobachtungen über den Volkan anstellen konnten. Dies war aber um desto mehr zu bedauern, weil eben dieses Phönomen auf die Oberfläche der Erde und ihre Veränderung großen Einfluß hat.

Nun seegelten wir nach W. S. W. Auf diesem Striche entdeckten wir des folgenden Tages, als den

1sten Julius, ohngefähr um Mittagszeit Land, welches nach der Richtung unsers Laufes zu urtheilen, noch von keinem Seefahrer bemerkt worden war. Desto begieriger steuerten wir also darnach hin, und kamen auch vor Einbruch der Nacht ziemlich nahe heran; mußten aber, der vor uns befindlichen Brandung wegen, die ganze Nacht über gegen den Wind laviren, um nicht in Gefahr zu gerathen. Kaum war es dunkel geworden, als wir unterschiedene Lichter am Lande wahrnahmen, ein untrügliches Zeichen, daß die Insel bewohnt sey.

Am folgenden Morgen näherten wir uns der Küste wieder, und kamen um die östliche Ecke herum. Das Land schien ohngefähr eine Seemeile lang, und enthielt zwey sanft anlaufende Hügel, die, gleich so der ganzen übrigen Insel, mit Holz bewachsen waren. Ein Ende dehnte sich in eine flache Landspitze aus, und auf dieser bemerkten wir ein angenehmes Gehölz von *Cocos-Palmen* und *Brodfruchtbäumen,* in deren Schatten Häuser lagen. Ein sandiger Strand machte die äußerste Seeküste aus, und diese war an der Ostseite von einem Coral-Rief gedeckt, der eine halbe Meile vor dem Ufer herablief, an beyden Enden aber fast zwey Meilen weit in die See hinaus reichte. Es währete nicht lange, so kamen auf dem Riefe fünf schwarzbraune Männer zum Vorschein, die, mit Keulen bewaffnet, scharf nach uns hin sahen. Als wir aber ein Boot aussetzten, um durch unsern Lootsen die Einfahrt in den Rief untersuchen zu lassen, so ruderten sie in ihrem Canot eilfertig nach der Insel zurück. Indessen paßirte der Loots die Durchfahrt, und folgte den Indianern nach der Küste hin, wo ohngefähr ihrer dreyßig beysammen seyn mochten. Zehn oder zwölfe derselben waren mit Speeren bewaffnet; dennoch zogen sie ihr kleines Fahrzeug, aus Vorsorge, in den Wald hinein, und sobald der Loots an Land stieg, liefen sie alle davon. Er legte ihnen etliche Nägel, ein Messer und ein paar Medaillen auf den Strand hin, und kam hierauf mit dem Berichte ans Schiff zurück, daß, in der Durchfahrt des Riefs, die See unergründlich tief, innerhalb aber allzu seicht sey. In dem Haven hatte er mehr denn ein Dutzend große Schildkröten herum schwimmen gesehen; da es ihm aber an Harpunen und anderem nöthigen Geräthe fehlte, so konnte er nicht eine einzige davon habhaft werden. Solchergestalt mußten wir das Boot wieder einnehmen, und alle Hofnung fahren lassen, auf dieser Insel botanisiren zu gehen. Bey der Abfahrt bemerkten wir auf dem Riefe unterschiedene große Corallen-Felsen, die ohngefähr funfzehn Fuß über Wasser standen, unten spitz, oberhalb aber breit waren. Ob ein Erdbeben sie so weit über die See empor gebracht, (in deren Schoos sie doch entstanden seyn müssen) oder ob dies besondere Phönomen einer andern Ursache zuzuschreiben sey? kann ich nicht entscheiden.

Einige Meilen westwärts von dieser Insel fanden wir ein großes zirkelförmiges Corallen-Rief, und innerhalb desselben einen See. Die Aussage des Lootsen, daß er an jener Insel so viel Schildkröten angetroffen habe, brachte uns auf die Vermuthung, daß sich vielleicht auch hier dergleichen aufhalten möchten; es wurden also Nachmittags zwey Boote auf den Schildkrötenfang ausgeschickt, der aber ganz fruchtlos ablief, weil man auch nicht *eine* zu Gesicht bekommen hatte. Die Boote wurden folglich unverrichteter Sache wiederum eingehoben, und wir verließen dies neuentdeckte Land noch vor Abends wieder. Es ward *Turtle-Eyland* von uns genannt, und liegt im 19°, 48'. südlicher Breite und dem 178°, 2'. westlicher Länge. Von hier aus steuerten wir, bey einem frischen Passat-Winde, des Tages unabläßig West-Süd-West, des Nachts aber legten wir bey. Auf diesem Striche blieb unsre sonst gewöhnliche Begleitung von Vögeln aus; nur dann und wann ließ sich ein *Tölpel (Booby)* oder ein *Fregatten-Vogel* sehen. Das schöne Wetter, die *Yams* von *Namocka,* und die Hofnung, in diesem unbefahrnen Theile der Süd-See neue Entdeckungen zu machen, erhielten uns indessen munter und vergnügt.

Am 9ten Julius, da wir ohngefähr 176°. östlicher Länge im 20sten Grad Südlicher Breite erreicht hatten, änderten wir unsern Lauf und steuerten nach Nord-West. Bis zum 12ten dauerte der frische, gute Wind ohne Abänderung fort; am 13ten aber, da er etwas nachzulassen anfieng, fielen, sowohl Morgens als Abends, einzelne Regentropfen. Es waren heute gerade zwey Jahr, seit unserer Abreise aus England, verflossen; die Matrosen unterließen daher nicht diesen Tag, nach ihrer gewöhnlichen Art, das heißt, bey vollen Gläsern zu feyern. Zu dem Ende hatten sie von ihrem täglichen Deputat an Brandtwein ausdrücklich etwas gespart, und sichs vorgenommen, allen Kummer und Verdruß in *Grog,* dem wahren Lethe des Seemanns, zu ersäufen. Einer von ihnen, der ein halber Schwärmer war, hatte, wie im vorigen Jahr, also auch diesmal wieder, ein geistliches Lied auf diesen Tag gemacht, und hielt nach Absingung desselben seinen Cameraden eine ernstliche Buspredigt; alsdenn aber setzte er sich auch zu ihnen hin, und ließ sich die Flasche eben so kräftig, als die Buße empfohlen seyn; indessen gieng es ihm dabey, wie den andern mit der Sünde, sie überwältigte ihn.

Die beyden folgenden Tage bekamen wir frischen Wind, am dritten aber, neblichtes und mit Regengüssen begleitetes Wetter. Eine *Calabasse,* die am 16ten neben dem Schiff in der See vorbey trieb, schien uns anzukündigen, daß wir nicht mehr weit von einer Küste seyn könnten, und wenige Stunden darauf, Nachmittages um 2 Uhr, sahen wir auch würklich eine hohe Insel von ziemlichen Umfange vor uns. Gegen die Nacht verstärkte sich der Wind, und die Wellen warfen das Schiff von einer Seite zur andern. Unglücklicherweise regnete es dabey so heftig, daß der Regen durchs Verdeck in unsre Cajütten eindrang, und Bücher, Kleider und Betten dermaßen naß machte, daß an keine Ruhe noch Schlaf zu denken war. Dieser heftige Sturm sowohl, als auch die unfreundliche Witterung, hielten den ganzen folgenden Tag an, und der Dunstkreis war dermaaßen mit Wolken angefüllt, daß wir das Land kaum dafür unterscheiden konnten, mithin nur ab- und zu laviren mußten. Dies Wetter war desto unangenehmer, weil wir es in dieser Gegend der See, welche immer das *stille Meer* genannt worden ist, gar nicht erwartet hatten. Man siehet hieraus, wie wenig dergleichen allgemeinen Benennungen zu trauen sey, und daß wenn Stürme und Orcane in diesem Meer gleich selten, sie dennoch nichts ganz ungewöhnliches oder gar unerhörtes sind. Vornemlich scheinen in dem westlichen Theil desselben heftige Winde zu herrschen. Als Capitain *Pedro Fernandez de Quiros* seine *Tierra del Espiritu Santo* verließ; als Herr von *Bougainville* auf der Küste von *Luisiada* war, und Capitain *Cook* in der *Endeavour* die östliche Küste von *Neu-Holland* untersuchte, fanden sie alle stürmisches Wetter. Vielleicht rührt solches von den großen Ländern her, welche in dieser Gegend des Oceans liegen; so viel ist wenigstens gewiß, daß, in der Nachbarschaft irgend eines bergigten und großen Landes, sogar die Passatwinde, die im heißen Himmelstrich unverrückt nach einerley Richtung wehen, diese Eigenschaft verlieren, unbeständig und veränderlich werden.

Am folgenden Tage klärte sich das Wetter in so weit auf, daß wirs wagen durften, nach der Küste hinzusteuern. Man konnte nunmehro zwo Inseln unterscheiden; es waren die *Pfingst-* und die *Aurora-Insel* des Herrn von *Bougainville,* und wir liefen auf das Nord-Ende der letztern zu.

Nachdem wir solchergestalt zween Jahre damit zugebracht hatten, lauter schon entdeckte Inseln aufzusuchen, die mancherley Fehler unsrer Vorgänger zu berichtigen und alte Irrthümer zu wiederlegen; so fiengen wir nun das dritte, mit Untersuchung eines Archipelagus von Inseln an, welche der französische Seefahrer, wegen unzulänglicher Ausrüstung seiner Schiffe und bey gänzlichem Mangel an Proviant, kaum flüchtig hatte ansehen können. Diesem letztern Jahr unsrer Reise war das Glück vorbehalten, an neuen Entdeckungen besonders fruchtbar zu seyn, und uns für die beyden ersteren Jahre zu entschädigen. Zwar durften wir uns, auch in Absicht dieser, nicht beschweren, denn bey den mehresten Ländern, die wir bisher besucht, hatten unsere Vorgänger uns noch allerhand neues zu sagen übrig gelassen, und an Menschen und Sitten, als worauf der vornehmste Endzweck eines jeden philosophischen Reisenden vorzüglich gerichtet seyn soll, noch immer manches übersehen. Da aber das Neue gemeiniglich am mehresten geschätzt zu werden pflegt; so dürfte denn auch die folgende Geschichte von dem letzteren Theil unsrer Reise, in diesem Betracht, die angenehmste und unterhaltendste für den Leser seyn.

Kardinalhonigschmecker, *F: Certhia cardinalis*
Myzomela cardinalis (Tanna/Vanuatu, 19. August 1774)

FÜNFTES HAUPTSTÜCK.

Nachricht von unserm Aufenthalt auf Mallicolo und Entdeckung der neuen Hebridischen-Inseln.

AM 18TEN JULIUS, früh um 8 Uhr, hatten wir das Nord-Ende von *Aurora-Eyland* erreicht, und erblickten bereits allenthalben, selbst auf den höchsten Bergen, eine große Menge von *Cocos-Nuß-Palmen*. Überhaupt war das ganze Land, so viel man des Nebels wegen unterscheiden konnte, durchaus mit Waldung bedeckt, die ein wildes, ungebautes, aber demohnerachtet angenehmes Ansehen hatte. Als sich der Nebel an einer Stelle etwas verzog, ward mein Vater den kleinen felsigten *Pik* gewahr, den Herr von *Bougainville Pic de l'étoile,* oder *Pic d'Averdi* genannt hat, wir wußten also um desto genauer, in welcher Gegend wir eigentlich waren. Mit Hülfe der Ferngläser entdeckte man auch Leute auf der Insel *Aurora,* und hörte sie bey unsrer Annäherung einander zurufen. Als wir um das Nord-Ende herumgekommen waren, steuerten wir, so weit es der Südwind zulassen wollte, längst der westlichen Küste gen Süden herab. Der Sturm dauerte zwar noch immer fort; doch hatten wir auf dieser Seite des Landes den Vortheil, daß wenigstens die See nicht so unruhig war, weil nach allen Gegenden hin Inseln umher lagen. Gerade vor uns befand sich die *Isle des Lepreux* des Herrn von *Bougainville,* und zwischen dieser und *Aurora*-Eyland lavirten wir, den ganzen Tag über, ab- und zu.

Um 4 Uhr Nachmittags, waren wir bis auf anderthalb Meilen an die erstere herangekommen; von den Bergen konnte man, der Wolken halber, nichts sehen, das flache Land hingegen war deutlich zu erkennen, und so viel sich nach diesem urtheilen ließ, schien die Insel ganz fruchtbar zu seyn. Das unmittelbar vor uns liegende Ufer war sehr steil, und die See in dieser Gegend auch so tief, daß wir mit hundert und zwanzig Faden keinen Grund finden konnten; das nordöstliche Ende der Insel war dagegen flach und mit allerhand Bäumen besetzt. Besonders erblickten wir die *Palmen* in unzählbarer Menge, und sahen sie zu unsrer Verwunderung auf den Bergen wachsen, welches uns noch auf keiner andern Insel vorgekommen war. Von dem steilen und mit allerhand Gesträuch bewachsnem Ufer, stürzten sich beträchtliche Cascaden in die See herab, welches diese Gegend dem romantischen Ufer von *Dusky-Bay* ungemein ähnlich machte. Auf dem Wasser wurden wir eine schlafende Schildkröte gewahr, welche des heftigen Windes ohnerachtet, ganz geruhig fort schlief. Um zwischen der *Isle des Lepreux* und *Aurora-Insel* hindurch zu kommen, lavirten wir die ganze Nacht über gen Süden, und befanden uns am Morgen um 8 Uhr dicht an der ersteren. In dieser Gegend wagte sich ein einziger Indianer mit seinem kleinen Canot in See, und bald nachher wurden wir noch drey andere gewahr, die ihr Canot ebenfalls flott machten, um zu uns heran zu kommen. Noch andre saßen auf den Felsen und gaften von dort her das Schiff an. Sie waren zum Theil vom Kopfe bis auf die Brust schwarz gemacht; giengen aber sonst ganz nackend, außer daß sie einen Strick um den Unterleib und etwas Weißes auf dem Kopfe trugen. Nur ein einziger von allen hatte ein Stück Zeug, das, wie ein Ordensband, von der einen Seite bis auf die gegenüber stehende Hüfte reichte, und von da, in Gestalt einer Scherfe, um die Lenden geschlagen war. Es schien von weißer Farbe, aber ziemlich schmutzig und mit einem rothen Rande versehen zu seyn. Die Leute selbst waren durchgehends von dunkelbrauner Farbe, mit Bogen und langen Pfeilen bewafnet. Die in den Canots, ruderten dicht zu uns heran, und redeten eine ganze Weile sehr laut und deutlich, ihre Sprache war aber uns gänzlich unbekannt; wir konnten sie auch nicht näher untersuchen, weil die Leute schlechterdings nicht an Bord kommen wollten. Als wir, im Laviren, das Schiff wiederum seewärts wendeten, verließen sie uns und kehrten nach dem Lande zurück. Zwischen den Felsen waren hin und wieder Rohrhürden aufgestellt, vermuthlich, um darinn auf eben die Art als mit Reusen Fische zu fangen.

Mittlerweile kamen wir der *Aurora*-Insel ganz nahe, und fanden sie überall mit einer herrlich grünenden Waldung bedeckt, auch rings herum mit einem schönen Strande versehen. Eine Menge von *Schlingpflanzen* hatte sich um die höchsten Stämme und von einem Baum nach dem andern hingerankt, so, daß die Wälder durch natürliche Girlanden und Festons verschönert waren. Auf dem Abhange des Hügels lag eine umzäunte Plantage, und unterhalb derselben stürzte sich schäumend ein Wasserfall durch das Gebüsch herab. Um 2 Uhr stachen zween Canots in See, kehrten aber alsbald wieder nach der Küste zurück, weil sie sahen, daß wir eben eine Wendung mit dem Schiff machten, um abwärts zu laviren. Die Insel *Aurora* bestehet, von einem Ende zum andern, aus einem schmalen, von Norden nach Süden hin gestreckten, langen Berge, der ziemlich hoch und oberhalb scharf ist. Sie mag ohngefähr 36 Meilen lang, aber nirgends mehr als 5 Meilen breit seyn; die Mitte derselben liegt unter 15 Grad 6 Secunden südlicher Breite und im 168sten Grade 24 Secunden östlicher Länge. *Pfingst-Eyland* ist auf eben dem Striche, etwa 4 Meilen weiter gegen Süden gelegen, und scheint fast eben so lang, an der nördlichen Ecke aber noch etwas breiter zu seyn als jenes. Die Mitte dieser Insel befindet sich in 15 Grad 45 Secunden südlicher Breite und 168 Grad 28 Secunden östlicher Länge. Die *Isle des Lepreux,* oder *Insel der Aussätzigen,* dünkte uns von gleicher Größe als *Aurora-Eyland,* jedoch breiter, zu seyn und streckt sich von Osten nach Westen; ihr mittlerer Theil liegt in 15 Grad 20 Secunden südlicher Breite und 168 Grad 3 Minuten östlicher Länge.

Sowohl auf *Pfingst-Eyland,* als auf der *Isle des Lepreux* ist das Land, nach der Seeküste hin, ebener als auf den übrigen, weshalb diese beyden Inseln am besten angebauet sind, und die mehresten Einwohner enthalten können. Wir sahen auch würklich, so bald es dunkel ward, eine Menge von Hütten-Feuern auf denselben, und auf *Pfingst-Eyland* erblickte man deren sogar bis auf den höchsten Berggipfeln hin. Aus diesem letztern Umstande folgre ich, daß die Einwohner größtentheils vom Ackerbau leben, mit der Fischerey hingegen sich nicht viel abgeben müssen, wie sie denn auch nur wenig Canots, und, der steilen Küsten wegen, vermuthlich auch nicht oft Gelegenheit haben, etwas zu fangen.

Die Insel, welche in des Herrn von *Bougainville* Charte südwärts von *Pfingst-Eyland* angegeben ist, kam uns am folgenden Morgen zu Gesicht, war aber so sehr in Wolken verhüllet, daß sich weder ihre Gestalt, noch Höhe unterscheiden ließ. Diesen ganzen Tag über mußten wir gegen den Wind arbeiten, doch hatte der Sturm nun schon etwas nachgelassen.

Am nächsten Morgen war das Wetter wiederum gelind und hell, daher wir des Herrn von *Bougainville* südlichste Insel sehr deutlich sehen konnten. Zwischen dieser und dem südlichen Ende von *Pfingst-Eyland* ist eine Durchfahrt, ohngefähr sechs Meilen breit, vorhanden. Von der südlichen Insel läuft eine lange, flache Landspitze gegen Osten in die See hinaus; die nördliche Küste hingegen ist unmittelbar am Meere sehr steil, doch dehnt sie sich obenher ganz sanft und allmählig gegen die Landeinwärts gelegenen Berge hin. Unter den Wolken, womit die Gipfel derselben eingehüllet waren, bemerkten wir einige dickere Massen, die aus Rauch zu bestehen, und von einem brennenden Berge herzukommen schienen. Diese Insel ist ohngefähr sieben See-Meilen lang; die Mitte derselben liegt in 16°. 15'. Süder-Breite, und in 168°. 20'. Östlicher Länge.

Noch desselben Tages entdeckten wir, auch gegen Westen hin, Land, welches der Lage nach, die südwestlichste, derer vom Herrn von *Bougainville* allhier aufgefundenen Inseln zu seyn schien. Der Anblick so vieler und mannigfaltiger neuen Eylande war uns sehr erfreulich, und wir steuerten mit der größten Begierde darnach hin. Als wir das nordwestlichste Ende jener Insel, auf der wir einen Volcan vermutheten, erreicht hatten, blieb uns über die Richtigkeit dieser Meynung gar kein Zweifel übrig, denn nunmehro konnte man, von dem Gipfel eines tief im Lande gelegenen Berges, ganz deutlich, weiße Dampfsäulen mit Ungestüm in die Höhe steigen sehen. Die südwestliche Küste dieser Insel bestand aus einer großen flachen Ebene, auf welcher zwischen den Bäumen, die wir seit unsrer Abreise von *Tahiti* nirgends so schön gefunden hatten, unzählige Hütten-Feuer hervorblinkten. Das war ein doppelter Beweis von der Fruchtbarkeit und der ansehnlichen Bevölkerung dieses Landes. Nachdem wir das West-Ende desselben passirt hatten, kamen gegen Süd-Osten wiederum zwo andre Inseln zum Vorschein. Die eine davon bestand aus einem sehr hohen Berge, der ebenfalls einem Volcane gleich sahe und weit gegen Süden hin, zeigte sich noch eine andre Insel mit drey hohen Bergen. Das westliche Land, auf welches wir zuseegelten, war eben so schön, als dasjenige, welches wir jetzt hinter uns ließen, die Wälder prangten mit dem vortreflichsten Grün, und *Cocos-Palmen* zeigten sich überall in großer Menge. Die Berge lagen ziemlich tief im Lande, daher es zwischen denselben und dem Ufer flache Ebenen gab, die mit Waldung reichlich bedeckt und an der See mit einem schönen Strande umgeben waren. Gegen Mittag kamen wir der Küste ziemlich nahe, und sahen, daß viel Indianer bis mitten an den Leib ins Wasser wadeten. Zween derselben hatten, der eine ein Speer, der andre Bogen und Pfeil in den Händen; die übrigen waren alle mit Keulen bewafnet. Doch winkten sie uns, dieses kriegerischen Aufzuges ohnerachtet, mit grünen Zweigen, welche durchgehends für Friedenszeichen angesehen werden. Allein, wider ihre Erwartung und vielleicht auch wider ihre Wünsche, mußten wir in diesem Augenblick, des Lavirens wegen, umlenken. Nach Tische machten wir endlich zum Landen Anstalt, und schickten zu dem Ende zween Boote ab, um einen Haven zu sondiren, den wir vom Schiffe aus bemerkt hatten. Auf dem Süd-Ende dieser kleinen Bay, die durch einen Corall-Rief gedeckt ist, waren etliche hundert Indianer versammelt. Einige derselben kamen in ihren Canots unsern voraufgeschickten Booten entgegen; bis an das Schiff aber getrauten sie sich nicht, weil es noch weit in See war. Endlich gab man uns von den Booten aus durch Zeichen zu erkennen, daß innerhalb der Bay guter Anker-Grund vorhanden sey; wir liefen also, ihrer Anweisung gemäß, in einen engen Haven ein, der beym Eingang Corallen-Riefe hatte und tief ins Land hinein zu reichen schien. Darauf kamen unsre Lootsen an Bord zurück, und der Officier berichtete, die Indianer wären in ihren Canots dicht an das Boot herangekommen, ohne die geringste böse Absicht blicken zu lassen; vielmehr hätten sie mit grünen Zweigen gewinkt, in der hohlen Hand Wasser aus der See geschöpft und sich's auf die Köpfe gegossen, und weil der Officier diese Ceremonie für ein Freundschafts-Zeichen angesehen; so habe er solche in gleicher Maaße erwiedert, worüber sie sehr zufrieden geschienen.

Sobald wir in die Bay eingelaufen waren, näherten sie sich dem Schiff und winkten uns mit grünen Zweigen, vornemlich von der *Dracæna terminalis,* und einem schönen *Croton variegatum*. Dabey wiederholten sie ohne Unterlaß das Wort, *Tomarr* oder *Tomarro,* welches mit dem *Tahitischen Tayo,* oder Freund, vermuthlich einerley Bedeutung haben mogte. Bey alle dem, waren sie aber doch größtentheils mit Bogen und Pfeilen, einige auch mit Speeren bewafnet, und schienen folglich auf beydes, auf Krieg und Frieden vorbereitet zu seyn. Als sie uns nahe genug waren, ließen wir ihnen ein Paar Stücke Tahitisches Zeug herab, welches sie überaus begierig nahmen, aber auch sogleich etliche Pfeile zum Gegengeschenk ins Schiff reichten. Die erstern hatten nur hölzerne Spitzen, bald hernach aber gaben sie uns auch einige, die mit Knochen zugespitzt und mit einer schwarzen, Gummi ähnlichen Materie beschmieret waren, welche wir für eine Art von Gift ansahen. Um Gewißheit darüber zu bekommen, brachten wir einem jungen tahitischen Hunde mit einem solchen Pfeile am Schenkel eine Wunde bey; es erfolgten aber keine gefährlichen Zufälle darnach.

Die Sprache dieses Volkes war von allen uns bekannten Süd-See-Dialecten dermaaßen unterschieden, daß wir auch nicht ein einziges Wort davon verstehen konnten. Sie lautete ungleich härter, indem das R. S. Ch. und andere Consonanten sehr häufig darinn vorkamen. Auch der körperlichen Bildung nach, fanden wir diese Leute ganz eigenthümlich ausgezeichnet. Sie waren von außerordentlich schlankem Wuchs, nicht leicht über 5 Fuß 4 Zoll groß, und den Gliedmaaßen fehlte es an Ebenmaaß. Arme und Beine waren gemeiniglich lang und sehr dünn, die

Farbe der Haut schwarzbraun und die Haare ebenfalls schwarz und wollartig gekräuselt. Das allersonderbarste lag in der Gesichtsbildung. Sie hatten, gleich den Negers, flache, breite Nasen und hervorstehende Backenknochen; dabey eine kurze Stirn, die zuweilen seltsam gestaltet war und platter als bey andern wohlgebildeten Menschen zu seyn schien. Hiezu kam noch, daß sich manche das Gesicht und die Brust schwarz gefärbt hatten, welches sie denn um ein gutes Theil häßlicher machte. Einige wenige trugen kleine, aus Matten verfertigte Mützen auf dem Kopfe; sonst aber giengen sie insgesammt gänzlich nackend. Ein Strick war das einzige, was sie um den Unterleib gebunden hatten, und zwar so fest, daß er einen tiefen Einschnitt machte. Fast alle andre Völker haben aus einem Gefühl von Schaamhaftigkeit, zur Bedeckung des Körpers, Kleidungen erfunden; hier aber waren die Geschlechtstheile der Männer blos mit Zeug umwickelt, und so, in ihrer natürlichen Form, aufwärts an den Strick oder Gürtel festgebunden, mithin nicht sowohl verhüllt, als vielmehr sichtbar gemacht, und zwar, nach unsern Begriffen, in einer höchst unanständigen Lage sichtbar gemacht.

Seit unserer Ankunft im Haven, hatten die Indianer das Schiff von allen Seiten umringt, und schwatzten so lebhaft und aufgeräumt untereinander, daß es eine Freude war. Kaum sahen wir einem ins Gesicht, so plauderte er uns ohne Ende und Aufhören etwas vor, fletschte auch wohl, aus Freundlichkeit, obgleich nicht viel besser als *Miltons* Tod, die Zähne dazu. Dieser Umstand, nebst ihrer schlanken Gestalt, Häßlichkeit und schwarzen Farbe, machte, daß sie uns beynahe als ein Affen-Geschlecht vorkamen. Doch sollte es mir herzlich leid thun, Herrn *Rousseau* und den seichten Köpfen die ihm nachbeten, durch diesen Gedanken auch nur einen Schattengrund für sein Orang-Outang-System angegeben zu haben; ich halte vielmehr den Mann für beklagenswerth, der sich und seine Verstandes-Kräfte so sehr vergessen und sich selbst bis zu den Pavianen herabsetzen konnte.

Als es dunkel wurde, kehrten die Indianer nach dem Lande zurück, und zündeten daselbst eine Menge von Feuern an, neben welchen man sie noch immer, so laut als zuvor, fortschwatzen hörte. Es war auch als ob sie des Redens gar nicht satt werden könnten, denn am späten Abend kamen sie in ihren Canots mit brennenden Feuerbränden schon wieder ans Schiff, um sich von neuem mit uns ins Gespräch einzulassen. Ihrer Seits fehlte es dazu freylich nicht an Worten und gutem Willen; desto mißlicher aber sahe es bey uns mit den Antworten aus. Der Abend war indessen sehr schön und windstill, auch blickte der Mond zuweilen aus den Wolken hervor. Da sie nun fanden, daß wir nicht so schwatzhaft waren, als sie selbst, so bothen sie ihre Pfeile und andre Kleinigkeiten zum Verkauf aus; allein der Capitain befahl, daß, um ihrer los zu werden, platterdings nichts eingekauft werden sollte. Es war uns ganz etwas ungewöhnliches und neues, so spät noch einen Indianer munter und auf dem Wasser zu sehen. Unterschiedne von uns meynten, daß sie bey diesem nächtlichen Besuch nur ausforschen wollten, ob wir auf unsrer Hut wären: Gleichwohl hatten sie durch ihr bisheriges Betragen zu einem solchen Verdacht gar nicht Anlaß gegeben. Als sie endlich merkten, daß wir eben so wenig zum Handel als zum Schwatzen aufgelegt waren; so giengen sie gegen Mitternacht wieder ans Land, jedoch nicht der Ruhe wegen, denn man hörte sie die ganze Nacht über singen und trommeln und bisweilen tanzten sie auch dazu. Beweise genug, wie sehr sie von Natur zur Fröhlichkeit und zum Vergnügen aufgelegt sind.

Am folgenden Morgen hatten wir eben so wenig Ruhe vor ihnen; schon bey Anbruch des Tages kamen sie in ihren Canots herbey, fiengen an uns zuzurufen, und ließen, mit überlautem Geschrey, das Wort *Tomarr!* einmal nach dem andern erschallen. Vier oder fünfe von ihnen wagten sich ganz unbewaffnet aufs Schiff und giengen darinn überall dreist und unbesorgt herum, stiegen auch mit der größten Hurtigkeit in dem stehenden Tauwerk bis zum obersten Mastkorb hinauf. Als sie wieder herunter kamen führte sie der Capitain in seine Cajütte, und schenkte ihnen Medaillen, Bänder, Nägel, und Stücken von rothem Boy. Hier lernten wir sie als das verständigste und gescheuteste Volk kennen, das wir noch bis jetzt in der Süd-See angetroffen hatten. Sie begriffen unsre Zeichen und Gebehrden so schnell und richtig, als ob sie schon wer weiß wie lange mit uns umgegangen wären; und in Zeit von etlichen Minuten lehrten auch sie uns eine Menge Wörter aus *ihrer* Sprache verstehen. Diese war, wie wir gleich anfänglich vermuthet hatten, von der allgemeinen Sprache, welche auf den Societäts-Inseln, auf den Marquesas, den freundschaftlichen Inseln, den niedrigen Eylanden, auf Oster-Eyland und Neu-Seeland durchgehends, ob schon nach verschiednen Mundarten, üblich ist, ganz und gar verschieden. Der sonderbarste Laut der darinn vorkam, bestand in einer gleichsam wirbelnden Aussprache der Mitlauter *Brrr,* welche sie mit den Lippen hervorbrachten. So hieß z. E. einer unsrer Indianischen Freunde *Mambrrum,* und der andre *Bonombrruaï.* Wenn sie über irgend etwas ihre Verwundrung ausdrucken wollten, so gaben sie einen zischenden Laut von sich, dergleichen wohl die Gänse hören lassen, wenn sie böse gemacht werden[1]. Was sie nur sahen, das wünschten sie auch zu haben, doch ließen sie sich eine abschlägige Antwort nicht verdrießen. Die kleinen Spiegel, welche wir ihnen schenkten, gefielen ihnen vorzüglich; sie fanden viel Vergnügen daran sich selbst zu begaffen, und verriethen also, bey aller ihrer Häßlichkeit, vielleicht noch mehr Eigendünkel als die schöneren Nationen auf *Tahiti* und den *Societäts*-Inseln. Sie hatten Löcher in den Ohrlappen und in dem Nasenknorpel, *(septum narium)* durch welche sie, zur Zierrath, ein Stück von einem dünnen Stock, oder auch zwey kleine Stücke von weissen Selenit oder Alabaster gesteckt hatten, die in Form eines stumpfen Winkels zusammengebunden waren. Dieser Schmuck ist auf der Kupferplatte V, (Seite 611) Fig. 1. abgebildet. Am Obertheil des Arms trugen sie, von aufgereiheten kleinen Stükken schwarz und weißer Muscheln, artig zusammengeflochtne Armbänder, die so fest anschlossen, daß sie schon in der Kindheit mußten angelegt worden seyn, denn jetzo hätte man sie unmöglich über die Ellenbogen abstreifen können. Ihre Haut war weich und glatt, von rußigter oder schwarzbrauner Farbe, und ward im Gesicht durch ein schwarzes Geschmier noch dunkler gemacht. Das Haar war gekräuselt und wolligt, aber nicht fein anzufühlen; der Bart stark und dabey gekräuselt aber nicht wolligt; Puncturen hatten sie gar nicht auf dem Leibe, auch würde man sie, bey der schwarzen Farbe ihrer Haut, in einer gewissen Entfernung gar nicht bemerkt haben. Herr *Hodges* nahm die Gelegenheit wahr, verschiedene Porträts von diesen Leuten zu zeichnen, und eins derselben ist zum Behuf von Capitain *Cooks* Reisebeschreibung in Kupfer gestochen. Das Characteristische in der Gesichtsbildung dieser Nation ist darinn überaus gut getroffen, nur Schade daß ein Fehler in der Zeichnung es nothwendig gemacht hat, dem hiesigen *Costume* zuwider, über die Schulter eine Drapperie anzulegen, da doch diese Leute von gar keiner Kleidung wissen. Sie liessen sich leicht bereden, still zu sitzen, wenn Herr *Hodges* Lust hatte sie abzuzeichnen, und schienen auch zu begreifen, was die Abbildungen vorstellen sollten.

Wir waren in voller Unterredung, und die guten Leute dem Ansehen nach äußerst vergnügt, als der erste Lieutenant in die Cajütte trat und dem Capitain berichtete, daß einer von den Indianern verlangt habe, ins Schiff gelassen zu werden; daß es ihm aber verweigert worden, weil es schon gedrängt voll gewesen. Der Indianer habe darauf seinen Pfeil gegen den Matrosen gerichtet, der, vom Boote aus, das Canot zurückgestoßen. Ob die anwesenden Insulaner aus des Lieutenants und aus unsern Mienen den Inhalt seines Anbringens errathen, oder, ob sie durch ein einzelnes Wort ihrer Kameraden außerhalb dem Schiff, gewarnt werden mochten? will ich nicht entscheiden: Genug, der Lieutenant hatte noch nicht ausgeredet, als einer von den Indianern schon aus dem offenstehenden Cajütten-Fenster hinaussprang, und nach seinem aufgebrachten Landsmann hinschwamm, um ihn zu besänftigen. Der Capitain gieng unterdessen mit einer geladenen Flinte aufs Verdeck und schlug auf den Indianer an, der wider Willen seiner Landsleute immer noch fortfuhr nach dem Matrosen zu zielen. So bald der Kerl bemerkte, daß der Capitain ihm eines beybringen wollte, richtete er seinen Pfeil auf diesen. Nun riefen die Indianer, die sich um das Schiff her befanden, denen in der Cajütte zu, und da diese von der Widersetzlichkeit ihres Landsmannes die schlimmsten Folgen besorgen mogten, so stürzten sie sich, einer nach dem andern, zum Cajüttenfenster heraus, ohnerachtet wir alles anwandten, ihre Besorgnisse zu stillen. Mittlerweile hörten wir einen Flintenschuß losgehen und eilten deshalb aufs Verdeck. Der Capitain hatte auf den Kerl eine Ladung Hagel abgefeuert, und ihn mit etlichen Körnern getroffen. Dieser ließ sich dadurch nicht abschrecken, sondern legte seinen Pfeil, der

1 Diese letzte Bemerkung gehört dem Capitain *Cook* zu, aus dessen Reisebeschreibung ich sie hier entlehne.

nur eine hölzerne Spitze hatte, ganz bedächtlich auf die Seite, und suchte dagegen einen andern hervor, der vergiftet zu seyn schien. So bald er mit diesem von neuem zu zielen anfieng, schoß ihm der dritte Lieutnant das Gesicht voll Hagel, worauf er mit einmal alle Lust verlohr, weiter zu fechten, und hurtig ans Land zurück ruderte. An seiner statt schoß ein andrer Indianer, von jener Seite des Schiffes, einen Pfeil aufs Verdeck, der im Tauwerk des mittelsten Mastes stecken blieb. Auf diesen feuerte man eine Kugel ab, die jedoch zum Glück nicht traf. Nunmehro ruderten alle Canots nach und nach ans Land, und die Indianer die noch an Bord waren, stürzten sich in die See, um in der Flucht ihr Heil zu suchen. Einer besonders, der sich eben auf dem Mastkorb befand, und gewiß nichts weniger als einen solchen Lerm besorgte, kam beym Abfeuern der beyden Schüsse höchst erschrocken und mit unbeschreiblicher Geschwindigkeit vom Mast herunter. Um ihr Schrecken zu vergrößern und von unserer Gewalt eine Probe zu geben, ward eine Canonenkugel über sie weg und zwischen die Bäume nach dem Lande hin, gefeuert, welches ihre Flucht vollends beschleunigte. Die uns am nächsten waren, sprangen vor Angst aus den Canots in die See, und alle retteten sich in der größten Verwirrung nach dem Ufer. Kaum hatten sie dasselbe erreicht, so hörte man in unterschiednen Gegenden Lerm trommeln, und sahe die armen Schelme theils hin und her laufen, theils unter dem Buschwerk truppweise beysammen hucken, ohne Zweifel um Rath zu halten, was bey so critischen Zeitläuften zu thun sey? Wir unsers Theils setzten uns indessen ganz ruhig zum Frühstück nieder.

Um 9 Uhr ließen sich wiederum einige Canots sehen; sie ruderten rund um das Schiff her, thaten aber noch sehr schüchtern und besorgt. Wir winkten ihnen daher mit einem Zweige der *dracaena terminalis,* den sie selbst uns gestern als ein Friedenszeichen überreicht hatten. Sobald sie dies gewahr wurden, tauchten sie ihre Hände in die See, legten sie alsdenn auf die Köpfe und kamen näher heran, um einige Geschenke in Empfang zu nehmen, die ihnen der Capitain aus dem Schiffe herab ließ, und womit sie sich ans Land zurückbegaben. Wir folgten ihnen in zweyen von unsern Booten, darinn der Capitain, mein Vater, der Dr. *Sparrmann,* ich und noch einige andere, nebst einem Detaschement von See-Soldaten befindlich waren. Ohngefähr 30 Schritte weit vor dem Ufer lief ein Rief längst der Küste hin, innerhalb dessen das Wasser so seichte ward, daß wir aussteigen und bis an den Strand waden mußten. Unsere See-Soldaten formirten sich daselbst im Angesicht von wenigstens 300 Indianern, die zwar alle bewaffnet waren, sich aber ganz friedfertig und freundlich gegen uns bezeugten. Ein Mann von mittlerm Alter, der von größerer Statur als die übrigen, und dem Ansehen nach ein Befehlshaber war, gab seinen Bogen und Köcher einem andern in Verwahrung, kam sodann unbewafnet an den Strand herab, und reichte uns zum Zeichen der Freundschaft und Aussöhnung, die Hand. Darauf ließ er ein Ferken herbey bringen, und überreichte es dem Capitain zum Geschenk, vielleicht um das Vergehen seines Landsmannes dadurch wieder gut zu machen; vielleicht aber auch, um die Erneuerung des Friedens zu bestätigen. Dieser Auftritt ist von Herrn *Hodges* gezeichnet und zu Capitain *Cooks* Reise sehr schön in Kupfer gestochen. Nach Endigung dieses Geschäfts, gaben wir ihnen zu verstehen, daß es uns an Brennholz fehle. Diesem Mangel abzuhelfen, wiesen sie uns dicht am Strande einige Bäume an, die wir auch gleich auf der Stelle umhauen und in Stücken sägen ließen. Der Strand war in dieser Gegend nicht über 15 Schritte breit; daher wir uns, im Fall eines Angriffs, in einer sehr gefährlichen Lage würden befunden haben. Um also einigermaßen gedeckt zu seyn, ließ der Capitain eine Linie vor der Fronte ziehen, und den Indianern andeuten, daß sie jenseits derselben bleiben müßten. Dies beobachteten sie genau; doch vermehrte sich ihre Anzahl von allen Seiten. Ein jeder führte einen gespannten Bogen bey sich, der aus dunkelbraunem Holz, zäher und schöner als *Mahogani,* verfertigt war. (Siehe, auf S. 611 Platte V, Fig. 2.) Die Pfeile steckten in runden, von Blättern geflochtenen Köchern, und bestanden aus zween Fuß langen Rohrstäben, die mehrentheils mit einer zwölf Zoll langen Spitze von *Ebenholz,* oder einem ähnlichen, glänzend, schwarzen und spröden Holz versehen waren. Andre hatten eine kürzere, nur zween bis drey Zoll lange, aber von Knochen verfertigte Spitze, die vermittelst einer Spalte in das Rohr eingefügt war, und ausserhalb durch umgewickelte Cocos-Fasern festgehalten ward. Da die Faden durchaus kreuzweis über einander wegliefen, so machten die Zwischenräume lauter kleine verschobene Vierecke und diese hatten sie buntfarbig, wechselsweise mit rother, grüner und weißer Oker-Erde ausgefüllt. Die knöchernen Spitzen waren sehr scharf, und mit einer schwarzen harzichten Substanz, als mit einem Firniß, überzogen. (Auf eben dieser Platte Fig. 3 und 4.)

In gutem Zutrauen auf das neugeschloßne Friedensbündniß, wagten wir uns jenseit der gezogenen Gränzlinie, mitten unter die Wilden. Bey ihrer angebohrnen Neigung zum Plaudern, geriethen wir gleich ins Gespräch mit einander und ließen uns in ihrer Sprache Unterricht geben. Sie wunderten sich, daß wir die Wörter so schnell ins Gedächtniß faßten, und schienen eine Weile nachzudenken, wie es zugehen mögte, daß man den Klang der Worte durch Bleystift und Papier ausdrücken könne. So emsig sie einer Seits waren, uns *ihre* Sprache zu lehren; so neugierig waren sie anderer Seits auch, etwas von der *unsrigen* zu lernen, und sprachen alles was wir ihnen davon vorsagten, mit bewundrungswürdiger Fertigkeit ganz genau nach. Um die Biegsamkeit ihrer Organe noch mehr auf die Probe zu setzen, versuchten wirs, ihnen die schwersten Töne aus allen uns bekannten europäischen Sprachen, z. B. das zusammengesetzte rußische *schtsch* anzugeben; aber auch da blieben sie nicht stecken, sondern sprachen es, gleich aufs erstemal, ohne Mühe und ohne Fehl nach. Kaum hatten wir ihnen die Namen unsrer Zahlen vorgesagt, als sie solche sehr schnell an den Fingern wiederholten; kurz: was ihnen an cörperlichen Vorzügen abgieng, wurde durch ihren Scharfsinn reichlich ersetzt. Wir wünschten verschiedene von ihren Waffen einzukaufen, fanden sie aber nicht geneigt uns welche abzulassen; doch hörten alle ihre Bedenklichkeiten auf, sobald wir ihnen Schnupftücher, Stücken tahitischen Zeuges, oder englischen Frieses dafür anbothen. Gegen diese Waaren, die in ihren Augen sehr viel werth seyn mußten, vertauschten sie bald die gewöhnlichen und endlich auch die vergifteten Pfeile, warnten uns aber, die Spitzen dieser letzteren ja nicht an den Fingern zu probiren, indem die geringste Verwundung mit denselben tödtlich sey; dahingegen man mit den andern allenfalls durch den Arm geschossen werden könne, ohne in Lebensgefahr zu gerathen. Wenn wir, dieser Warnung ohnerachtet, Mine machten, die Spitzen zu betasten, und mit dem Finger zu untersuchen, ob sie scharf wären; so zogen sie uns aus gutherziger Besorglichkeit allemal den Arm zurück, als ob sie uns von einer unausbleiblichen Gefahr retten müßten. Außer den *Bogen* und *Pfeilen* hatten sie auch *Keulen* von *Casuarina-Holz,* an einem dicken, aus Gras zusammengedrehten Strick, über die rechte Schulter hängen. (Man sehe auf Platte V, S. 611 die Figur 5 nach.) Diese waren, so wie alle ihre hölzerne Geräthschaften, sehr sauber gearbeitet und schön geglättet, am untersten Ende gemeiniglich knotigt, aber nicht über drittehalb Fus lang, daher sie wohl nur erst beym würklichen Handgemenge, wenn die Pfeile gänzlich verschossen sind, mögen gebraucht werden. An der linken Hand trugen sie ein rundgeschnittnes Stückchen von einem Brett, das mit Stroh artig überzogen und auf dem Knöchel fest gebunden war. Dieses hatte ohngefähr 5 Zoll im Durchmesser und diente dazu, die Hand, beym Abschießen des Pfeils, vor dem Schlage der zurückschnellenden Bogensehne zu schützen. Diese hölzerne Manschette, wie ichs nennen mögte, und die wenigen Zierrathen, deren ich vorher schon gedacht habe, als die Armbänder von Muschelschaalen, der Stein, den sie durch den Nasenknorpel stecken, und die Muschelschaale, welche sie auf der Brust tragen; waren ihnen, für diesmal, zum vertauschen noch zu schätzbar.

Ohnweit dem Strande, wo unsre Leute Holz fälleten, gab es keine neue Pflanzen; die innern Gegenden des Landes schienen aber desto mehrere zu versprechen, denn da sahe die Insel überall wie ein einziger großer Wald aus. Dr. *Sparrmann* und ich entdeckten einen Fußsteig, vermittelst dessen man, unter Begünstigung einiger Büsche, ziemlich unbemerkt dahin kommen konnte. Wir machten uns also auf, und fanden innerhalb der ersten 20 Schritte schon zwo schöne neue Pflanzen, hatten aber diese botanische Ausbeute kaum in Sicherheit gebracht, als einige Indianer den Wald herab kamen, und uns durch wiederholte Zeichen zu verstehen gaben, daß wir nach dem Strande zurückkehren mögten. Wir zeigten ihnen die abgepflückten Pflanzen, und gaben durch Gebehrden so gut als möglich zu verstehen, daß wir blos nach Kräutern suchten. Damit war aber nichts ausgerichtet. Sie fuhren fort, uns aus dem Walde wegzuweisen, und also mußten wir, zu Vermeidung aller Ungelegenheit, geraden Weges umkehren. In dieser Gegend des Waldes standen die Bäume noch sehr dicht und waren mit niedrigem Gesträuch durchwachsen, aber weiter hin schien der Wald heller zu werden, und eine Plantage oder Wohnung darinn angelegt zu seyn, zumal da auch Stimmen von Weibern und Kindern von dort her schalleten. Es that uns deshalb doppelt leid, daß wir zu so ungelegener Zeit waren entdeckt worden. Unter den Bäumen des Waldes fanden wir keine neue Arten; von dem sogenannten Unterholz aber schien manche Gattung noch unbekannt zu seyn. Daß es *Cocos-Palmen, Pisangs, Brodfrucht-* und andere schätzbare Bäume allhier gebe, hatten wir schon vom Schiffe aus bemerkt, auch die Namen, welche sie in der Landessprache führen, bereits erfahren.

Während unsrer kurzen Abwesenheit hatte Capitain Cook von dem vermeynten Befehlshaber frisches Wasser verlangt, und auf dessen Veranstaltung auch sogleich eine Calebasse voll bekommen. Es war sehr hell und rein und ward dem Capitain nebst einer Cocosnuß überreichet. Aber, mehr als diese kleine Portion, war auch, alles Forderns ohnerachtet, nicht zu erlangen. Einige dieser Insulaner hatten kleine Bündel von einem gewissen Kraut am Arme hängen, das zu dem neuen Geschlecht *Evodia*[2] gehört und wohlriechende Blüthen trägt. Um diese Pflanze zu untersuchen, nahmen wir einigen die Bündel vom Arme, welches sie auch zum Theil unweigerlich geschehen ließen; andre hingegen rissen sie uns wieder aus den Händen, und warfen sie mit einem unwilligen Blick von sich, als ob etwas verdächtiges oder übelbedeutendes dahinter stecke. Wir hatten die Saamenkörner davon oft gekostet, und von angenehm aromatischem Geschmack befunden, auch nie Ungelegenheit davon verspürt, so daß diese Pflanze ohnmöglich giftig, noch sonst der Gesundheit nachtheilig seyn konnte. Warum sie uns also von verschiedenen Indianern mit solchem Ungestüm wieder aus den Händen gerissen wurde? ist nicht leicht zu begreifen, dafern dieses Kraut nicht etwa auf eben die Art für ein Zeichen der Feindschaft oder der Herausforderung angesehen wird, als man gewisse andere Pflanzen für Freundschafts- und Friedens-Zeichen gelten läßt.

Mittlerweile war die Ebbezeit eingefallen und das Wasser so weit vom Ufer zurückgetreten, daß man trocknes Fußes bis nach dem Riefe hinkommen konnte, woselbst die Indianer, des Handels wegen, haufenweise um unsre Boote herstanden. Wir fanden uns also gewissermaaßen eingeschlossen und ließen deshalb einen Theil der Seesoldaten gegen das Land, den anderen Theil aber gegen die See, Fronte machen, wenn gleich die Einwohner eben keine feindselige Absichten gegen uns zu haben schienen. Wir fuhren auch ganz unbesorgt in unsrer Unterredung fort; und sie ihrer Seits plauderten ebenfalls unabläßig mit einander, so, daß es um uns her so laut war als auf dem größten volkreichsten Jahrmarkt. Aber mit einemmale hörte dies laute Gemurmel auf und verwandelte sich in eine todte Stille. Wir blickten einander voll Bestürzung an, sahen ängstlich umher und schlossen uns, vorsichtshalber, an die Soldaten. Die Wilden waren in nicht minderer Verlegenheit, und schienen, so gut als wir, ein Unglück zu besorgen; da sie aber sahen, daß wir uns ganz ruhig verhielten, so fiengen sie wieder an zu plaudern und in wenig Minuten war von beyden Seiten alle Besorgniß verschwunden. Der geringfügige Umstand, der diese bedenkliche Stille veranlaßt hatte, gab zu gleicher Zeit einen redenden Beweis, wie gut diese Leute gegen uns gesinnet waren. Es hatte nemlich ein Matrose von einem Indianer verlangt, daß er einen Pfeil, so hoch als möglich in die Luft schießen mögte. Dieser war auch gleich dazu erbötig, und spannte schon den Bogen, als unterschiedne seiner Landsleute, aus Furcht, daß wir die Absicht dieses Schusses mißdeuten mögten, ihn inne zu halten baten, und zugleich den Rest der Versammlung durch einen lauten Ausruf warnten, auf guter Hut zu seyn. Dadurch entstand plötzlich jene allgemeine Stille, und überhaupt eine Scene, die so wohl dem Dichter als dem Mahler zu einer treflichen Zeichnung hätte Stof geben können. Die ängstliche Erwartung, die auf allen Gesichtern schwebte, wilde, argwöhnische Blicke, finstre drohende Minen, hie und da ein heldenmäßig-funkelndes Auge; eine unendliche Mannigfaltigkeit von Stellungen; die characteristische Verschiedenheit in den Anstalten, die ein jeder mit seinen Waffen vornahm; die Landschaft an und für sich; die unterschiednen Gruppen von Indianern – kurz, alles vereinigte sich, ein trefliches historisches Gemählde auszumachen.

---

2 Siehe *Forsteri Characteres generum plantarum novorum, in insulis maris australis nuperrime detectorum. c. 76. tabb. aeneis, 4. maj. Londini & Berolini apud Haude & Spener. 8 Rthlr.*

So bald dieser Lärm vorüber war, giengen unsre Holzhauer wieder an die Arbeit, und wurden, ihrer Geschicklichkeit wegen, von den Indianern gar sehr bewundert. Es kamen auch einige Weiber zum Vorschein; hielten sich aber noch immer in einiger Entfernung von der abgesteckten Gränzlinie. Sie waren von kleiner Statur und dabey von der unangenehmsten Bildung, die uns nur je in der Südsee vorgekommen. Die erwachsenern, welches vermuthlich Verheyrathete seyn mögten, hatten kurze Stücken von Zeug oder Mattenwerk, die von den Hüften bis auf die Knie reichten. Die andern trugen blos eine Schnur um den Leib, daran ein Strohwisch gebunden war, der, statt einer Schürze, wenigstens das Nothwendigste bedecken sollte. Die Kinder hingegen giengen, ohne Unterschied des Geschlechts, bis ins zehnte Jahr völlig nackend. Von diesen Frauenspersonen hatten sich einige das Haar mit gelbem *Curcuma-Puder* bestreuet; andre hatten sich das Gesicht, und noch andre den ganzen Körper damit bestrichen, welches, gegen die dunkle Farbe ihrer Haut, einen häßlichen Contrast machte. Hier zu Lande mag es freylich wohl für etwas schönes gehalten werden, denn der Geschmack der Menschen ist unendlich verschieden. Diese gelbe Schminke, wenn ich es so nennen darf, machte den ganzen Staat des Frauenzimmers aus, wenigstens sahen wir nicht eine einzige, die Ohrringe, oder Hals- oder Armbänder gehabt hätte; sondern nur den Männern allein schien dergleichen Putzwerk vergönnt zu seyn. Wo aber das der Fall ist, da sind die Weiber gemeiniglich verachtet und leben in der größten Sclaverey. Dies schien auch hier einzutreffen; sie trugen zum Beyspiel große Bündel auf dem Rücken, und schleppten auf diese Art oft mehr denn eines von ihren Kindern mit sich herum, welches, in Betracht ihrer ohnehin schwächlichen Gestalt, kläglich aussahe. Die Männer schienen nicht die mindeste Achtung für sie zu haben, wollten ihnen auch nicht erlauben, näher zu kommen; und die Weiber waren sich dieses Zwanges so gut bewußt, daß sie von selbst entliefen, wenn wir uns ihnen näherten.

Gegen Mittag verlohr sich der größte Theil des Haufens; vermuthlich um zu essen. Der Befehlshaber lud den Capitain nach seiner im Walde gelegenen Wohnung ein, welches dieser aber nicht annahm, sondern, nach einigem Verweilen, gegen 1 Uhr mit uns an Bord zurückkehrte. Die Eingebohrnen ließen uns ruhig gehen, blieben aber am Strande beysammen, bis wir das Schiff erreicht hatten. So gut war es dem Herrn von *Bougainville* auf der *Isle des Lepreux* nicht ergangen; dort hatten die Indianer sich nur so lange freundlich gestellt, bis seine Leute wieder in das Boot getreten waren; alsdenn aber hatten sie eine Menge Pfeile hinter sie hergeschossen, welches diese mit einer Salve aus dem kleinen Gewehre erwiedert, und dadurch etliche Indianer zu Boden gestreckt. Da diese Inseln sehr nahe beysammen liegen und Herr von *Bougainville* erst vor wenig Jahren auf jener gewesen war, so mogten vielleicht auch die hiesigen Einwohner schon von der Übermacht der Europäer etwas gehört haben, und blos deswegen sich so vorsichtig gegen uns betragen.

Gleich nach Tische giengen Capitain Cook und mein Vater nach der Nordseite des Havens ans Land, um unsern Ankerwächter *(buoy)* wieder zu holen, den die Eingebornen weggestohlen, und, wie wir vermittelst unsrer Ferngläser entdeckten, dorthin geschleppt hatten. Diese ganze Zeit über ließ sich auf dem südlichen Strande des Havens, wo wir am Morgen gelandet waren, nicht ein einziger Indianer sehen: in den Wäldern aber hörte man oft Schweine quiken und folglich mußte die Insel mit dergleichen Vieh ziemlich versehen seyn. Gleich nach Abgang unsers Bootes kamen unterschiedne Insulaner in ihren Canots ans Schiff, um Handel zu treiben. Sie brachten bis zum späten Abend hin, Bogen, Pfeile, Keulen und Spieße zum Verkauf und überließen uns solche gegen kleine Stücken Zeug. Ihre Canots waren nicht über 20 Fuß lang, auch schlecht gearbeitet und ohne Zierrathen, aber doch mit Auslegern oder Gegengewichten *(outriggers)* versehen. Wir zählten ihrer in allem nicht mehr als vierzehn, woraus sich abnehmen läßt, daß dieses Volk sich eben nicht sonderlich mit dem Fischfang abgeben mag.

Der Capitain und mein Vater kamen noch vor Untergang der Sonne an Bord zurück. Die Einwohner hatten ihnen den Ankerwächter ruhig wieder an Bord nehmen lassen. Einige dazu gehörende Stücke waren verloren gegangen; konnten aber leicht ersetzt werden. Die Indianer hatten sich in der dortigen Gegend des Havens mit den unsrigen alsbald in Handel eingelassen, aber nichts als Waffen und Zierrathen verkaufen wollen, doch bekamen sie auch nur lauter unbedeutende Kleinigkeiten dagegen. Ein altes Weib überließ ihnen den Zierrath, den man hier zu Lande in dem Knorpel der Nase zu tragen pflegt. Er bestand aus zwey halbdurchsichtigen, keilförmig geschnittenen und an beyden spitzigen Enden, mit zähen Grashalmen zusammengebundenen Stücken *Selenit-Stein*. Das dickere Ende derselben hatte ohngefähr einen halben Zoll im Durchmesser und jedes dreyviertel Zoll in der Länge. (Siehe die Kupfertafel V, Seite 611. Fig. 1.) Sie beraubte sich dieses kostbaren Stücks, ohnerachtet es bis dahin ihrer Nase zum Schmuck gedient hatte, die, an und für sich, breit und mit einer schwarzen Farbe beschmiert, mithin in aller Absicht häßlich zu nennen war. Unsre Leute ließen sichs angelegen seyn, Lebensmittel und Erfrischungen zu erhalten; aber aller angewandten Bemühungen ohnerachtet, wollten die Indianer nichts von der Art zu Markte bringen. Unsre Waaren mogten ihnen nicht annehmlich genug dünken, um Lebensmittel dafür wegzugeben, die im Grunde überall den wahren Reichthum eines Volkes ausmachen. Dafür ließen auch alle Nationen der Südsee sie bey ihrem Tauschhandel gelten, und man konnte den Reichthum einer Nation, imgleichen die Fruchtbarkeit ihres Landes, aus dem größern oder geringern Maaß von Lebensmitteln, womit sie unsere Waaren, nach Verhältniß ihrer Brauchbarkeit bezahlten, fast durchgehends ziemlich genau beurtheilen. Bey dieser Gelegenheit giengen unsre Leute nach der Landspitze des Havens hinauf, woselbst sie eine verzäunte Pflanzung von *Pisangs, Brodfruchtbäumen, Cocos-Palmen,* nebst andern Pflanzen, und nicht weit davon, ein Paar elende kleine Hütten antrafen. Es waren bloße Strohdächer von Palmblättern, die auf etlichen Pfosten ruheten, aber so niedrig, daß man nicht aufrecht darunter stehen konnte. In der Nachbarschaft derselben liefen Schweine und etwas zahmes Federvieh im Grase herum. Die Einwohner schienen über den unvermutheten Besuch so fremder Gäste gar nicht unruhig zu seyn; bezeigten auch weniger Neugierde, als ihre Landsleute, mit denen wir am Morgen zu thun gehabt hatten. Es waren ihrer nur wenige; und ob sie gleich nicht völlig damit zufrieden seyn mogten, daß Capitain *Cook* bis zu ihren Häusern hingekommen, so ließen sie ihren Unwillen doch wenigstens nicht in offenbare Widersetzlichkeit ausbrechen. Von diesen Hütten giengen unsre Herren nach dem äußersten Ende der Landspitze, von wo aus, gegen Osten hin, drey Eylande zu sehen waren. Sie erkundigten sich bey ihren indianischen Begleitern nach den Namen jener Inseln, und erfuhren, daß die größte, auf welcher wir einen Volcan bemerkt hatten, *Ambrrym,* die andere mit dem hohen, Zuckerhutförmigen Berge, *Pa-uhm,* und die südlichste, *Apih* genannt werde. Nunmehro deuteten sie auch auf die Landspitze, auf welcher sie selbst standen, und fragten die Indianer, wie diese ihre eigene Insel in der Landessprache hieße? *Mallicolo,* war die Antwort. Diese Benennung hat mit dem Namen *Manicolo,* den Capitain *Quiros* in seiner vor 160 Jahren aufgesetzten Reisebeschreibung einer Insel beylegt, so ungemein viel Ähnlichkeit, daß er ohne Zweifel keine andere als eben diese darunter verstanden haben kann. Der geringe Unterschied, der sich in *Quiros* Angabe ihres Namens findet, mag vornehmlich daher rühren, weil er, seinem eignen Geständniß nach, nicht selbst hier gewesen, sondern dieses Land nur von den Indianern hatte nennen hören. Dem sey indessen wie ihm wolle, so läßt sich wenigstens aus der Geschichte seiner Reise so viel abnehmen, daß das Land, welches er *Tierra del Espiritu Santo* genannt hat, nichts anders als eine zu eben derjenigen Gruppe von Eylanden gehörige Insel seyn muß, an welcher *wir* uns jetzt befanden. Von dieser Seite betrachtet, war also die Entdeckung des Namens *Mallicolo,* für uns von großer Wichtigkeit. Auf dem Rückwege aus dieser Gegend fand jemand von der Gesellschaft eine *Orange* am Strande; dies war ein deutlicher Beweis, daß die Nachrichten, welche *Quiros* von den Producten, der durch ihn entdeckten Länder mittheilt, eben so viel Glauben verdienen als alles übrige was er anführt. In dem Fall durften wir uns aber von *Mallicolo* einen sehr hohen Begriff machen, weil er von allen diesen Inseln rühmt, daß sie an mannigfaltigen Naturgütern überaus reich wären. Unsre Leute zeigten diese Frucht den Indianern, welche ihnen gleich den Namen derselben anzugeben wußten. Auf den *freundschaftlichen Inseln* hatten wir *Pompelmuße (Shaddocks)* gefunden, *Orangen* aber bisher noch in keiner Südsee-Insel. Der Capitain ließ das Boot ohngefähr zwo Meilen weit in den Haven hinaufrudern; am innersten Ende war der Strand mit *Mangle-Bäumen* besetzt, frisches Wasser aber nirgends anzutreffen, ohnerachtet es wahrscheinlich ist, daß zwischen diesen Mänglebäumen ein Strom aus dem Lande nach der See herabläuft. Entdecken konnte man ihn nur deshalb nicht, weil es platterdings unmöglich war, einen Weg durch diese Art von Bäumen zu finden, deren niederhangende Äste überall neue Wurzeln schlagen, und auf solche Art zu neuen Stämmen werden, ohne sich von dem Mutterstamm zu trennen. Bey der bis auf den Abend anhaltenden Hitze dieses Tages, kamen unsre Leute äußerst ermüdet an Bord zurück; unterwegens hörten sie trommeln, und sahen die Indianer so bey ihren Feuern auf dem Strande dazu tanzen. Diese Musik, so wie diejenige, welche wir in der vorigen Nacht gehört, war eben nicht wohlklingend, auch nicht abwechselnd; dagegen schien sie lebhafter zu seyn, als auf den freundschaftlichen Inseln.

Des Nachts versuchten es unsre Leute zu fischen, und zwar mit ziemlichen Glück. Unter andern war uns ein neun Fuß langer *Hay* sehr willkommen, weil wir von frischen Lebensmitteln nichts als noch einige wenige *Yams* übrig hatten, die statt Brodtes gegessen wurden. Ein zweyter Matrose hatte einen *indianischen Saugefisch (echeneis naucrates)* von beynahe zween Fuß, und ein dritter, zween große rothe *See-Brachsen* gefangen, die von der Art zu seyn schienen, welche *Linné Sparus erythrinus* nennet. Mit einem dieser Fische bewirthete der Matrose seine Tisch-Cameraden, den andern schenkte er den Lieutenants. Der Capitain bekam einen Theil des Hayes, womit wir uns am folgenden Tag etwas zu Gute thaten. Unsre ganze Mannschaft hatte durch diesen Fang einmal etwas frisches zu essen bekommen. Das Fleisch der Hay-Fische ist zwar eben kein Leckerbissen, doch wars immer besser, als unser gewöhnliches Pökelfleisch, und die Noth lehrte uns, es schmackhaft finden. Macht doch dieser strenge Zuchtmeister dem Grönländer seinen Wallfisch-Speck und dem Hottentotten die unreinlich ekelhaften Kaldaunen zu einer wohlschmeckenden Speise! Als der Hay geöfnet ward, fand sich die knöcherne Spitze eines angeblich vergifteten Pfeiles, tief im Kopfe stecken. Sie war ganz durch den Hirnschädel durchgedrungen; die Wunde aber demohngeachtet so vollkommen ausgeheilet, daß man äußerlich nicht mehr die geringste Spur einer Verletzung entdeckte. An dieser Pfeilspitze war zu gleicher Zeit noch etwas Holz und Cocosfasern befindlich; beydes aber dermaaßen verfault, daß es bey der geringsten Berührung zerbröckelte. Den Fischen scheinet also das angebliche Gift dieser Pfeile, keineswegs tödtlich zu seyn.

Am folgenden Morgen lichteten wir die Anker und verließen diese Insel, von deren Haven wir in der kurzen Zeit, kaum hatten einen Riß aufnehmen können; astronomischen Beobachtungen zufolge liegt er unterm 16ten Grad 28 Secunden südlicher Breite und in 167 Grad 56 Secunden östlicher Länge, und ward *Port Sandwich* genannt. Ehe wir noch zum Rief hinaus kamen, entstand eine Windstille. Wir mußten also unsre Boote aussetzen und uns hinaus bogsieren lassen, welches endlich nach vieler angewandten Zeit und Mühe bewerkstelligt wurde. Die Indianer machten sich diesen zufälligen Aufschub zu Nutze und führten uns, mit allen ihren vierzehn Canots, noch eine Menge von Waffen zu, um tahitisches Zeug dagegen einzutauschen, welches ihnen sehr wohl behagen mußte. Wir forderten auch heute wieder Lebensmittel; sie wollten aber, so wenig als gestern, darauf hören, und nichts als solche Sachen weggeben, die sie leichter entbehren oder doch mit geringerer Mühe wieder schaffen konnten. Gegen Mittag waren wir endlich zum Haven hinaus und entfernten uns von *Mallicollo,* mit Hülfe eines aufsteigenden Seewindes. Nun gieng die Fahrt nach *Ambrrym,* das ist, nach eben der Insel, auf welcher wir einen feuerspeyenden Berg wahrgenommen hatten. Ob wir bey längerem Aufenthalt und mehrerer Bekanntschaft mit den Einwohnern, Lebensmittel erhalten haben mögten? läßt sich wohl nicht leicht entscheiden, doch ist es kaum zu vermuthen, weil sie von der Brauchbarkeit unseres Eisengeräths keinen Begriff, und wir hingegen für ihre Lebensmittel keine andre Waaren anzubieten hatten.

Die Insel *Mallicollo* ist von Norden gegen Süden ohngefähr 20 See-Meilen lang; und der Haven, in welchem wir uns aufgehalten, an der südöstlichen Spitze befindlich. Im Inneren des Landes liegen sehr hohe und mit Waldung bedeckte Berge, aus denen gute Quellen und Bäche entspringen mögen; ob wir gleich den Lauf derselben, wegen des allzusehr verwachsenen Mangle-Waldes nicht ausspüren konnten. Das Erdreich ist, in den Gegenden, die *wir* untersucht haben, fett, und eben so fruchtbar als auf den Societäts-Inseln; und da sich auf dem benachbarten Eyland *Ambrrym* ein feuerspeyender Berg befindet; so läßt sich wohl vermuthen, daß auch hier zu *Malli-*

collo Spuren von Volcanen vorhanden seyn werden. Die Pflanzen scheinen im hiesigen Boden und Clima außerordentlich gut zu gedeihen, dabey sehr mannigfaltig, und der nutzbaren Gewächse nicht weniger zu seyn, als auf den andern Südsee-Inseln. *Cocosnüsse, Brodfrucht, Pisangs, Ignamen, Arumwurzeln, Curcuma* und *Orangen* haben wir selbst allhier eingekauft, auch die Namen aller dieser Früchte von den Einwohnern erfahren. Ihr zahmes oder Schlacht-Vieh bestehet in *Schweinen* und *Hühnern,* doch ist durch unsre Anwesenheit diese Classe erweitert worden, indem wir ein Paar junge Hunde von den Societäts-Inseln zur Zucht hier gelassen. Sie bezeugten ungemein viel Freude darüber, gaben aber diesen Thieren eben den Namen, der sonst in ihrer Sprache ein Schwein andeutet, *(brooàs)* und folglich mußten ihnen die Hunde noch ganz neue, unbekannte Geschöpfe seyn. Andre vierfüßige Thiere entdeckten wir während unsers kurzen Hierseyns nirgends; es ist auch nicht wahrscheinlich, daß auf dieser so weit vom festen Lande gelegenen Insel dergleichen vorhanden seyn sollten. Dagegen gab es in den Wäldern viele und mancherley Vögel, die zum Theil den Naturforschern wohl noch unbekannt seyn mögen. Eine genauere Untersuchung des Thier- und Pflanzen-Reichs, wollte die Kürze unseres Aufenthalts nicht gestatten, denn wir brachten nur einen einzigen Tag und diesen noch dazu größtentheils auf dem unfruchtbaren Strande der Insel zu.

Die natürlichen Produkte dieses Landes sind indessen beym ersten Anblick lange nicht so auffallend fremd gestaltet, als die Einwohner selbst. Wann ich nach der Menge derer die wir im Port-*Sandwich* antrafen, urtheilen soll, so muß ihre Anzahl im Ganzen ziemlich beträchtlich seyn; doch ist, in Rücksicht auf die Größe der Insel, die Bevölkerung immer noch nicht ansehnlich zu nennen. Funfzigtausend dürfte meines Erachtens die höchste Zahl seyn, die man annehmen könnte; und diese wohnen nicht wie zu *Tahiti* nur allein in den niedrigen Gegenden des Landes, sondern sie sind über eine Oberfläche von mehr als 600 Quadrat-Meilen verbreitet. Überhaupt muß man sich *Mallicollo* als einen einzigen großen Wald vorstellen; davon erst einige wenige Flecke ausgerodet und zu bebauen angefangen sind; dergleichen wohnbare Plätze liegen folglich in diesem ungeheuren Walde, ohngefähr so als die kleinen Inseln in der weiten Südsee, zerstreut umher. Könnten wir jemals durch die Dunkelheit dringen, worinn die Geschichte dieses Volks eingehüllet ist; so würde sich vermuthlich finden, daß sie später in die Süd-See gekommen sind, als die Bewohner der *freundschaftlichen* und der *Societäts*-Inseln. So viel ist wenigstens gewiß, daß sie von ganz andrer Abkunft seyn müssen, denn das beweisen ihre Bildung, Sprache und Sitten. In unterschiednen Stücken scheinen sie mit den Einwohnern von *Neu-Guinea* und *Papua* Ähnlichkeit zu haben, wenigstens sind sie von eben so schwarzer Farbe und haben eben so wolligtes Haar. Wenn also der Einfluß des Clima in der That so wirksam ist, als der Graf *Büffon* behauptet; so kann es auch um deswillen noch so lange nicht her seyn, daß *Mallicollo* bevölkert worden,[3] weil sich bey den Einwohnern, seit ihrer Ankunft in diesem mildern Himmelsstrich, weder die ursprüngliche Schwärze der Haut, noch die wolligte Kräuselung des Haares vermindert hat. Ich meines Theils gestehe aber dem Clima bey weitem keinen so allgemeinen und allwürksamen Einfluß zu, sondern führe obigen Grund blos vermuthungsweise an, werde ihn auch für irgend eine andere wahrscheinlichere Meynung gern wieder zurücknehmen. Leider sind uns *Neu-Guinea* und die benachbarten Inseln, als die einzigen Länder, aus deren Untersuchung sich hierüber einiges Licht erwarten ließe, kaum ihrer geographischen Lage nach, in Betracht ihrer Einwohner hingegen, fast noch gar nicht bekannt. Die wenigen Reisenden, welche dahin gekommen,[4] melden nur so viel, daß *Neu-Guinea* von mehr denn *einer* Nation bewohnt wird, und was das merkwürdigste ist, daß unter denselben ausser den Negern, auch Leute von hellerer Leibesfarbe vorhanden sind, die, nach ihren Gebräuchen zu urtheilen, mit den Einwohnern der *Societäts-* und *freundschaftlichen* Inseln nahe verwandt seyn dürften. Noch soll es eine dritte Gattung daselbst geben, die vielleicht aus einer Vermischung der Neger mit den minder schwarzen entstanden seyn kann.

Der schlanken Leibesgestalt nach, lassen sich die *Mallicoleser* auch mit den Einwohnern von *Neu-Holland* vergleichen, sonst aber sind sie gänzlich von

3 Es fällt von selbst in die Augen, daß wir hier nur Vergleichungsweise sprechen.

4 *Dampier, Carteret, Bougainville.*

Palmenlori, *F: Psittacus palmarum*
Charmosyna palmarum (Tanna/Vanuatu, 16. August 1774)

denselben unterschieden. Es ist eine seltsame und meines Wissens ganz eigenthümliche Gewohnheit dieses Volkes, sich den Unterleib mit einem Stricke so fest einzuschnüren, daß jemand, der nicht von Kindesbeinen an diese Mode gewöhnt ist, sich die äusserste Ungemächlichkeit, ja vielleicht gar Nachtheil der Gesundheit dadurch zuziehen würde. Der Strick, den sie dazu gebrauchen, ist ohngefähr Fingers dick und macht oberhalb dem Nabel einen sehr tiefen Einschnitt, dergestalt, daß der Unterleib gleichsam aus zweyen unterschiedenen, auf einander gesetzten Stücken zu bestehen scheint. Capitain *Cook* pflegte sie deswegen mit Ameisen zu vergleichen. Der obere Theil des Arms ist durch ein sehr enges Armband, in seiner Art eben so fest und vermuthlich auch aus eben der Absicht, eingeschnürt, als der Unterleib. Dergleichen Armbänder müssen sie, ohne Zweifel, schon in der Jugend anlegen, und so damit aufwachsen. Ihre Gesichtszüge sind zwar ungemein häßlich, doch ist viel Munterkeit, Leben und der Ausdruck einer schnellen Gelehrigkeit darinn vorhanden. Dem Untertheile des Gesichts und namentlich den Lippen nach, sind sie von den afrikanischen Negern ganz unterschieden; so der Obertheil des Gesichts hingegen, besonders die Nase, ist eben so gestaltet, das Haar auch eben so wolligt und kraus. Die eingedrückte Stirn ist vielleicht nicht von Natur, sondern durch die Hand der Mütter so geformet, weil der Kopf eines neugebohrnen Kindes bekanntermaaßen alle beliebige Figuren annimmt. So giebt es z. B. auf dem festen Lande von Amerika einige Völkerschaften, welche die Köpfe ihrer Kinder der Gestalt der Sonne, des Mondes oder andrer Körper ähnlich zu machen suchen. In *Mallicollo* gehet indessen dies Eindrücken des Vorkopfes nicht so weit, daß die natürliche Häßlichkeit der Gesichtsbildung dadurch noch auffallender würde. Das Clima ist auf dieser und den benachbarten Inseln sehr warm, mag aber nicht immer so gemäßigt seyn als zu *Tahiti,* weil *Mallicollo* von weit größerm Umfange ist. Doch hatten wir uns, während unseres kurzen Aufenthalts allhier, eben nicht über ausnehmende Hitze zu beschweren. Das Thermometer stand auf 76. und 78. Grad, welches im heißen Himmelsstrich noch sehr leidlich ist. In einem solchen Clima bedarf man keiner Kleidung, und es würde bloßer Luxus seyn, wenn man welche trüge, dazu sind aber die Einwohner noch nicht reich und wohlhabend genug. Die dicke Waldung, womit das Land fast überall bedeckt ist, schützt sie genugsam eben sowohl gegen die Hitze der senkrecht fallenden Sonnenstrahlen, als gegen jede rauhe Witterung. Die Geschlechtstheile sind das einzige, was sie bedecken, und zwar meines Erachtens blos aus Vorsorge, um diese empfindlichen Theile des Körpers, in ihren Wäldern voll Dornen und Gesträuch, vor Verletzung sicher zu stellen. Daß dies die vornehmste Absicht jener Hülle sey, läßt sich schon aus ihrer aufwärts gekehrten Form errathen (s. oben S. 422). Schamhaftigkeit scheint wenigstens nicht Antheil daran zu haben, denn diese sowohl als die Keuschheit, sind bloße Folgen unserer Erziehung, nicht aber angebohrne Begriffe, wofür wir sie mit eben so wenig Recht zu halten pflegen als wir manches andre moralische Gefühl für natürliche Instincte auslegen. Bey allen rohen ungebildeten Völkern findet man augenscheinliche Beweise, daß Schaam und Keuschheit, im Stande der Natur, ganz unbekannte Tugenden sind. Daher kommt es auch, daß sie, als bloße Conventions-Tugenden, nach Maasgabe des Unterschiedes in der Sittenverfeinerung, überall verschiedentlich modificirt sind. Nach *unsern* Begriffen von Zucht und Ehrbarkeit können die Männer zu *Mallicollo* bey Erfindung der angeführten Tracht und Hülle ohnmöglich die Absicht gehabt haben, unzüchtigen Gedanken vorzubeugen; indem sie durch die Form jener Bekleidung mehr befördert als verhindert werden. Eben also käme es auch bey den Weibern noch auf die Frage ab, ob sie den elenden Strohwisch, der ihnen statt Schürze dient, nicht vielmehr aus Begierde zu gefallen, als aus Gefühl von Schaamhaftigkeit tragen?

Weit allgemeiner und inniger scheinen dagegen die Begriffe von Schönheit dem Menschen eingeimpft zu seyn, so sehr sie auch bey unterschiednen Völkern von einander abweichen mögen. Der Mallicolese glaubt, durch einen Stein in der Nase, durch ein Armband, eine Halsschnur und eine schwarze glänzende Schminke sich ungemein verschönern zu können; seiner Frau hingegen verstattet er gar kein Putzwerk. So viel wir sahen, mußten diese, im Ganzen genommen, sich begnügen, den Leib mit gelber Curcuma-Farbe zu bestreichen, die einen besondern aromatischen Geruch von sich giebt. Auf den *freundschaftlichen Inseln* brauchte man diese Farbe statt Haarpuder, und auf *Oster-Eyland* bemahlten sich die Weiber das Gesicht und die Kleider damit. Indessen mag das nicht sowohl zum Staat, als vielmehr wegen ein oder anderer guten Eigenschaft geschehen, welche man dieser Ingredienz vielleicht zuschreibt. Das Punktiren oder Tättowiren der Haut, welches bey den übrigen Nationen der Südsee, die hellerer Farbe sind, durchgehends eingeführet ist, scheint den *Mallicollesern* gänzlich unbekannt zu seyn.

Ihre Nahrungsmittel müssen größtentheils aus Vegetabilien bestehen, denn sie treiben förmlichen Landbau. Zuweilen werden sie sich wohl mit einem Schweine oder Huhn etwas zu Gute thun, und auch die See wird ihnen Unterhalt liefern müssen, denn ob wir gleich kein Fischergeräth bey ihnen sahen, so ist doch der Canots wegen zu vermuthen, daß sie den Fischfang nicht ungenutzt lassen. Ihr Handwerkszeug konnten wir aus Mangel eines längeren Aufenthalts nicht untersuchen. Doch können sie, so viel sich aus der Bauart ihrer Boote und Häuser urtheilen ließ, eben nicht sonderlich geschickte Arbeiter seyn. Der Boden dünkte uns gut und fruchtbar; da aber die Insel ganz mit Waldung überwachsen ist, so muß es überaus viel Mühe kosten, auch nur so viel Land zu bearbeiten, als zu ihrem nothwendigen Unterhalt gehöret, zumal da das Fortkommen der angebaueten Pflanzen durch die Menge des vorhandenen Unkrauts, noch überdem sehr erschweret wird. Wer weiß also, ob sie sich nicht blos deshalb mit Stricken und Armbändern etc. einschnüren, um den Wachsthum des Körpers dadurch zu hindern, und auf solche Art desto weniger Nahrung nöthig zu haben? Wenigstens sollte ich denken, daß nur Notwendigkeit allein zu einem so wiedernatürlichen Gebrauch habe Anlaß geben können, in der Folge mag er aus Gewohnheit vielleicht beybehalten worden seyn und jetzo gar als eine Zierde angesehen werden. Die Zeit, welche sie auf den Ackerbau verwenden müssen, scheint ihnen zur Verfertigung ordentlicher Kleidungen keine Muße zu lassen; sie bedürfen derselben ohnedies nicht sonderlich, und man weiß schon, daß Liebe zur Ruhe und zum Müßiggang die gewöhnlichen Fehler aller kleinen ungesitteten Völkerschaften sind. Sie pflegen nicht leicht zu arbeiten, bis die Noth sie dazu zwingt. Wir haben angemerkt, daß die *Mallicolleser* einen Theil ihrer Zeit mit Musik und Tanz hinbringen. Ihre Instrumente sind, wie man sich vorstellen kann, sehr einfach. Wir hörten weiter nichts als Trommeln; diese sind aber, sowohl als Pfeifen, gemeiniglich das erste dieser Art, worauf die Erfindungskraft zu verfallen pflegt. In dem gewöhnlichen Cirkel der häuslichen Geschäfte herrscht so viel Einförmigkeit, daß der Mensch zu seiner Erholung würklich etwas excentrisches bedarf, und es scheint fast als ob man diesen Endzweck, überall, durch starke und außerordentliche Bewegungen des Körpers, durch künstliche Töne und Anstrengung der Sprach- und Sing-Organe zu erreichen suchte.

Die Trommeln dienen aber den Mallicolesern nicht nur zum Zeitvertreibe, sondern auch im Fall der Noth, zum Lärm schlagen. Wir können mit Wahrscheinlichkeit annehmen, daß sie mit den benachbarten Insulanern oft in Streitigkeiten gerathen, und es ist auch wohl zu vermuthen, daß unter ihnen selbst Uneinigkeiten vorfallen, weil sie, als lauter einzelne Familien, zerstreuet auf der Insel umher wohnen. Sie pflegten ihre Waffen stets bey sich zu führen und solche nie aus den Händen zu legen, indem nur allein diejenigen, die zu dem Capitain in die Cajütte kamen, unbewafnet waren. Auch scheinen sie an die Verfertigung derselben mehr Fleiß und Kunst zu wenden, als an ihre übrigen Geräthschaften. Die Bogen sind stark, von sehr elastischem Holz gemacht und sauber abgeglättet. Die Pfeile waren schön gearbeitet, besonders die vergifteten mit artigen kleinen Zierrathen versehen. Eben dies Vergiften der Pfeile ist ein Beweis ihres Verstandes. Rachsucht und Furcht vor Unterdrückung mögen sie zu diesem Kunstgrif verleitet haben. Es ist auch wohl nöthig, daß sie durch dergleichen Hülfsmittel das ersetzen, was ihnen, bey ihrer kleinen schwächlichen Statur, an eigentlichen Leibeskräften abgeht; doch können wir nicht einmal mit Gewißheit entscheiden, ob die Pfeile wirklich vergiftet sind oder nicht. Der Hund, an dem wir gleich bey unsrer Ankunft einen Versuch damit anstellten, ward von selbst wieder besser, ohnerachtet er gerade zu der Zeit auch von einem giftigen Fische etwas zu fressen bekommen hatte. In der Folge machten wir noch an einem andern Hunde die Probe. Diesem ward mit einer Lanzette ein Einschnitt in die Lende gemacht, das abgeschabte Gummi, welches wir für Gift hielten, in die Wunde gestreuet und solche alsdann verbunden. Ein Paar Tage lang war er, der Geschwulst und des festen Verbandes wegen, lahm, dies legte sich aber bald, und nach und nach ward er, gleich dem ersten, wiederum völlig besser. Die Einwohner auf *Santa Cruz* oder *Egmont's-Insel,* die von des Capitain *Carteret's* Equipage verschiedene Leute umbrachten, scheinen, nach der Beschreibung, die man in *Hawkesworth's* Geschichte der englischen See-Reisen etc. (im *zweyten* Theil, in 8. Seite 79. etc. und 87.) von ihnen findet, den *Mallicollesern* in mehreren Stücken ähnlich zu seyn. Nach *Carteret's* Zeugniß sind zwar die Bogen und Pfeile bey jenen länger als bey diesen,[5] und die Spitzen der Pfeile dort nicht aus Knochen, sondern aus Feuersteinen gemacht. Allein, den Hauptumstand, nemlich das Vergiften derselben, haben doch beyde Nationen mit einander gemein. Von jenen versichert es wenigstens *Quiros,*[6] (als der erste Entdecker der Insel *Santa Cruz)* so wie er auch behauptet, daß die Einwohner der *St. Philipps-* und *St. Jacobs-Bay,* ihre Pfeile ebenfalls zu vergiften pflegten.[7] Indessen muß ich gestehen, daß die Beyspiele, die er zu Bestätigung dieses Vorgebens anführt, meines Erachtens, für die Würklichkeit der Sache eben so wenig entscheiden, als die Versuche, welche wir an unsern Hunden vornahmen.

Ich habe weiter oben angemerkt, daß die *Mallicoleser* sich vor dem Zurückschnellen der Bogen-Sehne durch eine Art von hölzerner Manschette zu schützen suchen; da sie solche niemals ablegen, so müssen sie, dünkt mich, fleißig mit dem Bogen umgehen. Außerdem führen sie auch noch Speere oder Wurfspieße, und kurze Streit Kolben, die vermuthlich nur beym Handgemenge dienen. Der vielen Waffen halber, hätte man in ihnen eine kriegerische Gemüthsart vermuthen sollen; gleichwohl bezeigten sie sich

5 Die Bogen waren 6 Fuß 5 Zoll; die Pfeile 4 Fuß 4 Zoll lang.

6 *Mendanna in Dalrymples collection. Vol. I. p. 78.*

7 *Dalrymples collection. Vol. I. p. 135.*

gegen uns, im Ganzen genommen, friedfertig, jedoch vorsichtig. Hin und wieder sahe man wohl etwas feindseliges und boshaftes in den Physiognomien; doch konnte das vielleicht auch bloße Besorgniß oder Mißtrauen seyn. Freylich baten sie uns nicht länger hier zu bleiben, allein das war ihnen auch nicht zu verdenken, denn sie hatten uns als furchtbare und mächtige Gäste kennen lernen, mit deren Nachbarschaft ihnen allerdings nicht gedient seyn mogte. Von der Regierungsform eines Volks, läßt sich, beym ersten Anblick desselben, nicht füglich urtheilen, ich kann daher auch von der hiesigen nicht viel mehr als Muthmaaßungen angeben. Sie scheinen beständig auf ihrer Hut zu seyn, und müssen folglich oft Krieg und Streit haben. Dazu brauchen sie aber Anführer, und diesen mögen sie, wie es die *Neu-Seeländer* machen, wenigstens zur Zeit eines Treffens gehorchen. Der einzige Mann, den wir für einen Befehlshaber halten konnten, war der, auf dessen Geheiß man uns etwas Wasser zubrachte; bey dieser Gelegenheit allein zeigte sichs, daß er einiges Ansehen über seine Landsleute haben mußte, im Äußern war er sonst durch nichts von ihnen unterschieden. Ihre Religion ist uns gänzlich unbekannt geblieben; so auch ihr häusliches oder Privatleben. Ob sie mit Krankheiten behaftet sind? konnten wir ebenfalls nicht ausfindig machen. Uns selbst ist nicht ein einziger Kranke vorgekommen; doch sollen, nach Herrn von *Bougainvilles* Bericht, die Einwohner einer benachbarten Insel dem Aussatz so sehr unterworfen seyn, daß er ihr Land desfalls *Isle des Lepreux* oder die *Insel der Aussätzigen* genannt hat.

Den National-Character der *Mallicolleser* muß man mit Rücksicht auf den Grad ihrer Cultur beurtheilen. Sie wohnen, in viele kleine Stämme und einzelne Familien getheilt, zerstreuet auf der Insel umher, und mögen daher wohl oft Streit mit einander haben; es ist also kein Wunder, wenn sie bey allen Gelegenheiten vorsichtig, ja selbst mißtrauisch zu Werke giengen. Doch sind sie darum keinesweges zu Zank und losen Händeln aufgelegt, sondern bewiesen vielmehr durch ihr Betragen gegen uns, daß sie gern allen Streit vermeiden wollten; thaten auch sehr ungehalten, wenn einer oder der andere von ihren Landsleuten etwas vornahm, wodurch das gegenseitige gute Vernehmen allenfalls gestört werden konnte. Oft reichten sie uns grüne Zweige zu, die überall für Freundschafts-Zeichen angesehen werden. Die Ceremonie, Wasser auf den Kopf zu gießen, hat allem Ansehn nach eine ähnliche Bedeutung; zugleich bestätigt sie unsre Vermuthung, daß diese Nation mit der auf *Neu-Guinea* wohnenden Ähnlichkeit haben müsse. *Dampier* fand nemlich eben diese Mode auch zu *Pulo-Sabuda,* auf der westlichen Küste von *Neu-Guinea,* eingeführt.[8] Im Umgange zeigten sie viel Gelehrigkeit. Sie sind scharfsinnig, und haben sowohl Neigung als Fähigkeit ihren Verstand auszubilden. Sie scheinen große Liebhaber vom Tanz, mithin lustigen und aufgeräumten Temperaments zu seyn. Es würde nicht schwer halten, sie ungleich civilisirter zu machen; ein ehrgeiziger Mann aus ihrer eigenen Mitte, könnte es, meines Erachtens, bald dahin bringen. – Doch ich kehre zu der Geschichte unsrer Reise zurück.

Sobald wir aus dem Rief von *Port-Sandwich* heraus waren, und auf *Ambrrym* zu steuerten, bekamen wir nach und nach das Südöstliche Ende von *Mallicollo* zu Gesicht, woselbst vier oder fünf kleine Inseln eine Art von Bay bilden. *Ambrrym,* auf welcher der feuerspeyende Berg vorhanden ist, scheint gegen zwanzig See-Meilen im Umkreise zu haben. Das Mittel dieser Insel liegt unter 16°. 15'. Südlicher Breite und 168°. 20'. Östlicher Länge. Am Südlichen Ende derselben ist das mit einem hohen Berge versehene Eyland *Pauhm* gelegen. Dieses scheint eben nicht von sonderlichem Umfange zu seyn, doch wußten wir nicht, ob das westwärts davon befindliche und dem Ansehen nach, ziemlich flache Land nicht vielleicht damit zusammenhienge? Wenn aber auch beydes nur eine einzige Insel ausmacht, so kann sie doch nicht über 5 Seemeilen im Umfange betragen. Der vorgedachte *Pic* liegt, unseren Beobachtungen nach, in 16°. 25'. Südlicher Breite, 168°. 30'. Östlicher Länge. Südwärts von diesem hohen Berge trift man die Insel *Apih.* Sie ist groß, bergigt, und mit *Ambrrym* von gleichem Umfang, nemlich ohngefähr 7 Meilen lang. Der mittlere Theil derselben liegt in 16°. 42'. Südlicher Breite und 168°. 36'. Östlicher Länge. Der Rauch, den wir von allen diesen Eylanden häufig emporsteigen sahen, brachte uns auf die Vermuthung, daß die Einwohner ihre Speisen, an einem Feuer in freyer Luft zubereiten müßten, denn auf den *Societäts-* und *freundschaft-*

8 Siehe *Dampiers* Reisen.

lichen Inseln, wo alle Lebensmittel unter der Erde, vermittelst durchgehitzter Steine gar gemacht werden, hatten wir selten Rauch oder Feuer wahrgenommen. Die Mahlzeit von frischen Fischen, daran sich unsre sämmtliche Mannschaft heute etwas zu Gute gethan, hätte einigen beynahe den Tod zuwege gebracht. Alle Lieutenants nebst ihren Tischgenossen, imgleichen ein Unter-Pilote *(mate)* unterschiedne Cadetten, und der Schiffs-Zimmermann hatten zween *rothe See-Brachsen (Sparus erythrinus)* mit einander verzehrt. Allein, wenige Stunden nachher, zeigten sich die heftigsten Symptomen einer Vergiftung. Das Übel, was sie davon verspürten, fieng mit einer gewaltigen Hitze im Gesichte an, darauf erfolgte unerträgliches Kopfweh, Brechen und Durchlauf. In allen Gliedern, vorzüglich in den Armen, Knieen, und Beinen fand sich eine solche Betäubung ein, daß sie kaum stehen, geschweige gehen konnten. Die Speichel-Drüsen liefen an, und gaben eine Menge Schleim von sich. Endlich so war auch der Unterleib nicht frey von Schmerzen und von Zeit zu Zeit klagten sie über Krämpfe in den Gedärmen. Ein Schwein, das vom Eingeweide dieser Fische gefressen hatte, bekam dieselben Zufälle, dabey schwoll es erstaunlich auf, und ward am folgenden Morgen im Stalle tod gefunden. Den Rest des Eingeweides und auch etwas vom gekochten, hatten einige Hunde verzehrt, die auf eben diese Art dafür büßen mußten. Sie heulten und winselten erbärmlich, hatten beständig Neigung zum Brechen, und konnten vor Mattigkeit kaum kriechen. So gar ein kleiner Papagey, von den *freundschaftlichen Eylanden,* der bey Tische ganz vertraut auf seines Herrn Schulter zu sitzen pflegte, starb unglücklicherweise, ohnerachtet er nur einen kleinen Bissen davon bekommen. Mit einem Worte, die Freude über dies Gericht frischgefangener Fische, ward plötzlich in Schmerz und Wehklagen verwandelt. Zum Glück war der Wundarzt dem Schicksal seiner Tischgenossen dadurch entgangen, daß er diesen Mittag an *unserm* Tische gespeiset hatte, und also konnte er den Kranken die erforderliche Hülfe leisten.

Den andern Morgen blieben wir noch in der Nähe von *Mallicollo, Ambrrym, Apih* und *Pa-uhm;* steuerten aber auf das südliche Eyland, welches am 21sten entdeckt, und, seiner drey Berge wegen, *Three-hills-island (drey Hügel Eyland)* genannt worden war. Diesem näherten wir uns bis auf eine halbe Meile, und fanden es mit den vorigen von gleicher Art. Es hatte viel Waldung, und schien auch stark bevölkert zu seyn. Einige von den Einwohnern kamen ans Ufer herab; sie waren mit Bogen und Pfeilen bewafnet, und sahen übrigens den *Mallicollesern* ungemein ähnlich. Am nordwestlichen Ende dieser Insel findet man einen großen Rief und verschiedne einzelne Klippen in der See. Die ganze Insel mogte etwa 5 gute See-Meilen im Umkreise haben, und lag von Nord-Ost gen Süd-Westen. Nach astronomischen Beobachtungen befindet sie sich unterm 17°. 4'. Süder Breite und im 168°. 32'. östlicher Länge. Um Mittag wandten wir das Schiff und liefen nordostwärts, um, an der südlichen Spitze von *Apih,* verschiedne kleine Eylande näher in Augenschein zu nehmen. Bey dieser Gelegenheit erblickten wir in Süd-Osten einen hohen Berg und hinter demselben einen ziemlich weitläuftigen Strich Landes. Nach gerade fiengen wir an, uns über die große Zahl der Eylande, die hier auf einem Haufen beysammen lagen, zu verwundern und ihrer südöstlichen Richtung wegen, zu vermuthen, daß sie bis nach Neu-Seeland reichen, mithin noch eine ganze Kette von Entdeckungen uns gewähren dürften.

Nachmittags gelangten wir auf unserm Laufe an die nordöstlichsten unter diesen Eylanden. Sie waren durchgehends weit kleiner als *Mallicollo, Ambrrymm* und *Apih,* ja nicht einmal so groß als *Three-Hills Eyland* und *Pa-uhm.* Demohngeachtet fanden wir die meisten bewohnt; dies konnte man vorzüglich des Abends bemerken, indem, so bald es dunkel ward, so gar auf den steilsten Felsen, denen wir bey Tage alle Einwohner abgesprochen hatten, Feuer zu sehen waren. Nach Sonnen-Untergang fiel eine Windstille ein, die etliche Stunden lang dauerte. Die Nacht war ausnehmend dunkel, welches, bey den vielen einzelnen Klippen, die sich auf allen Seiten um uns her befanden, unsre Lage doppelt gefährlich machte. Und wahrlich! der Seemann, der neue Inseln entdecken, und ihre Lage genau bestimmen will, muß alle Augenblick zu scheitern befürchten. Um die Küsten eines unbekannten Landes gehörig zu untersuchen, muß er dicht an denselben hinseegeln und es gleichsam auf gut Glück ankommen lassen, ob nicht ein plötzlicher Sturm, verborgne Klippen, oder reißende Strömungen der See, alle seine ruhmsüchtigen Hofnungen auf einmal zernichten werden? Klugheit und Vorsicht werden zwar zu jeder großen Unternehmung erfordert: aber bey Endeckungen zur See, und fast in allen andern wichtigen Fällen, scheint ein gewisser Grad von Verwegenheit, und unbedingtes Zutrauen auf einen guten Ausgang, der rechte Weg zum Ruhme zu seyn, der von dieser Seite betrachtet, oft mit größeren Belohnungen gekrönet wird, als er im Grunde verdienen mag.

Diese gefährlichen Eylande wurden, dem Professur der Sternkunde in *Cambridge,* Dr. *Anton Shepherd* zu Ehren, *Shepherds-Eylande* genannt. In der Nacht verstärkte sich der Wind, und wir lavirten bis zu Tages Anbruch ab und zu. Mit Sonnen-Aufgang seegelten wir von der südlichsten der *Shepherds-Inseln* ab, und richteten unsern Lauf nach dem Lande hin, welches wir am vorigen Tage gegen Süden entdeckt hatten. Unterwegens kamen wir bey *Drey-Hügel-Eyland* vorüber und auf ein Paar Eylande zu, die nur wenige See-Meilen davon gen Süden lagen. Sie waren ungleich kleiner, dennoch aber, so gut als jenes, mit Waldung und anmuthigem Grün bekleidet. Zwischen einer von diesen Inseln und einem hohen, säulenförmigen Felsen, seegelten wir mitten durch und nannten den Felsen, seiner Figur wegen, das *Monument.*[9] Die Wellen, die stets mit Ungestüm dagegen anprallten, hatten viele tiefe Furchen darinn gemacht. Der ganze Felsen ragte ohngefähr 300 Fuß hoch aus der See hervor, war schwärzlich anzusehen und nicht ganz ohne alle Pflanzen. *Tölpel* und *Meerschwalben* flogen häufig darum her, und schienen darauf genistet zu haben. Das Eyland, welchem dies Monument nahe lag, nannte Capitain *Cook Two-Hills-Island, Zween Hügel-Eyland,* weil nur zwo Anhöhen von merklicher Größe darauf befindlich waren.

Von hier aus steuerten wir Südwärts, auf das in dortiger Gegend, am 24sten, entdeckte große Land zu. Von Südwesten sahen wir ein Canot mit aufgespanntem dreyeckigen Seegel, ziemlich weit von der *Drey-Hügel-Insel,* hinfahren. Es ist also wahrscheinlich, daß die Bewohner dieser Gruppe von Eylanden, so gut als die Leute auf den *Societäts-* und *freundschaftlichen Eylanden,* Verkehr und Umgang mit einander haben. Nachmittags waren wir fast bis an die südliche Insel gekommen, welche jetzt aus zwoen zu bestehen schien, und wollten eben daran vorbey laufen, als der Wind mit einemmale aufhörte, und dagegen die Fluth oder See-Strömung, das Schiff unaufhaltsam gen Westen forttrieb. Solchergestalt befanden wir uns diese Nacht, wie in der vorigen, wiederum in einer gefährlichen Lage; doch mit dem Unterschiede, daß der Mond sehr helle schien, und wir also deutlich sehen konnten, wie schnell uns die Fluth auf das westliche Eyland zuführte. Wir mußten befürchten, an dem Nord-Ende desselben zu scheitern, und desto schrecklicher zu scheitern, da es aus schwarzen, hohen und beynahe senkrechten Felsen bestand, an deren Fuß ein schmaler, mit Klippen besäeter Strand befindlich war. Bis gegen 10 Uhr blieben wir in der fürchterlichsten Ungewißheit über unser Schicksal! Die Boote in See zu setzen und das Schiff boogsiren zu lassen, wäre bey der Heftigkeit der Strömung verlohrne Mühe gewesen. Die Wellen tummelten das Schiff wie im Kreyse herum, so, daß es bald der Queere, bald mit dem Vordermann wieder mit dem Hinter-Theile nach dem Ufer zugekehret wurde. Wie hallte das Geräusch der tobenden Wellen so fürchterlich vom Felsen zurück! Schrecklicher war uns das Getöse der Brandung noch nie vorgekommen, denn noch nie hatte sie uns mit so augenscheinlicher Gefahr bedrohet. Endlich trieb uns die Strömung, zwar knapp genug, doch ohne Schaden bey dem Lande vorüber.

Sobald es Tag wurde erhob sich der Wind wieder, worauf wir zwischen den beyden Inseln hindurch seegelten. Die östlichste, mochte kaum acht oder neun Meilen im Umfange haben, war aber dennoch bewohnt. Eine Menge von Leuten kamen mit Bogen, Pfeilen und Wurfspießen bewaffnet an den Strand herab, um uns anzugaffen. Das Eyland hatte einen ziemlich hohen Hügel in der Mitte, der mehrentheils von Waldung entblößt war. Am Fuße, so wie auch unterhalb desselben, entdeckte man bearbeitetes Land, imgleichen ein Gebüsch von *Cocos-Palmen, Pisangs,* und mancherley andern Bäumen, in deren Schatten wir etliche Hütten, am Ufer aber, verschiedene auf den Strand gezogene Canots gewahr wurden. Die andere Insel lag dieser gerade gegen über, vier bis fünf Seemeilen weiter gegen Westen. Es zeigte sich aber, daß auch dieser Fleck Landes aus zwo Inseln bestand. Die nordwärts gelegene war

---

9 Die Säule, die in London zum Andenken des großen Brandes errichtet ist, heißt κατ' ἔξοχην *das Monument.* Dieser Umstand gab zur Benennung des oben erwehnten Felsen Anlaß.

eben diejenige, daran wir beynahe gescheitert wären. Sie hatte nicht über zwölf bis funfzehn Meilen im Umfange, war mit der östlichen von einerley Höhe, und gleichförmigem Ansehn. Das größte Eiland lag weiter gen Süden, und erstreckte sich wenigstens zehn gute Seemeilen weit von Nordwest gegen Süd-osten. Es war, so wie die beyden vorigen, ziemlich bergigt, aber nirgends steil, und ergötzte das Auge durch eine Menge herrlicher Aussichten. Finstre Wälder wechselten, sehr angenehm, mit großen freyen Strecken ab, die, ihrer schönen goldgelben Farbe wegen, den europäischen reifen Kornfeldern ähnlich sahen. Überhaupt dünkte uns dies Eyland von der ganzen bisher entdeckten Gruppe eines der schönsten und zu einer europäischen Kolonie besonders wohl gelegen zu seyn. Wir seegelten ziemlich weit von der Küste vorüber, und fanden es dem Ansehen nach nicht so stark bewohnt, als die nördlichen Eylande, die wir nun hinter uns gelassen hatten. Dieser Umstand würde die Anlegung eines Pflanzorts um ein Großes erleichtern und wenn sich jemalen bey Kolonisten menschenfreundliche Gesinnungen vermuthen ließen, so könnten sie hier mit geringer Mühe wahrhafte Wohltäter der Einwohner werden; denn letztere sind mit den *Mallicolesern* von einer Nation, das ist, so viel wir bemerkt haben, eine sehr verständige Art von Leuten, welche leicht zu bewegen seyn würden, die Verbesserungen des civilisirten Lebens anzunehmen. Am nordwestlichen Ende der Insel war, dem Anschein nach, eine weit ins Land hinauf reichende Bay vorhanden, wir konnten sie aber nicht genauer untersuchen, weil an der Ostseite einige Riefe und kleine Eylande den Zugang versperrten. Von der Westseite mögte man vermuthlich besser haben einlaufen können. Capitain *Cook* nannte diese große Insel *Sandwich;* die gegen Norden gelegene, *Hinchingbrook,* und die östliche *Montague,* dem ersten Lord des Admiralitäts-Collegii und seinen beyden Söhnen zu Ehren. Der mittlere Theil der Insel *Sandwich* liegt unterm 17° 40' S. Br. und im 168° 30' Östl. Länge.

Den Nachmittag und die ganze Nacht hindurch steuerten wir gegen Süd-Osten. Bey Tages Anbruch befanden wir uns ohngefähr vierzehn Seemeilen von der Insel *Sandwich,* und fast eben so weit von einem vor uns liegenden neuen Eylande. Jetzt sahe es auf unserm Schiffe nicht viel besser aus, als in einem Hospitale. Die vergifteten Patienten waren immer noch übel dran; das Bauchweh und die Schmerzen in den Knochen wollten gar nicht nachlassen; außerhalb dem Bette konnten sie vor Schwindel kaum den Kopf aufrecht halten, und wenn sie sich niederlegten, so vermehrte die Bettwärme das Glieder-Reißen dermaaßen, daß sie kein Auge dafür schließen konnten. Auch der Speichelfluß hielt noch beständig an; dabey schälte sich die äußere Haut am ganzen Cörper, und auf den Händen kam eine Menge kleiner Geschwüre zum Vorschein. Manche klagten nicht so sehr über Schmerzen, als vielmehr über Mattigkeit, und krochen blaß und abgezehrt wie die Schatten umher. Von den Lieutenants war nicht ein einziger im Stande Wache zu thun; und weil ein Unter-Pilote, nebst mehreren Cadetten ebenfalls von diesem unglücklichen Fisch gegessen hatten, so mußte das Commando bey der Schiffswacht, wechselsweise dem Constabel und den zween Unter-Piloten anvertrauet werden. Auch die Hunde, welche an dieser Mahlzeit Theil genommen hatten, waren noch nicht hergestellt, und litten desto mehr, weil man ihnen keine Hülfe leisten konnte. Ihr unaufhörliches Gewinsel und beständiges Wassertrinken bewies, daß sie nächst den heftigsten Schmerzen auch einen brennenden Durst ausstehen mußten; und diejenigen, die vom Eingeweide gefressen, waren am übelsten dran. Eines dieser armen Thiere schien zum Märterthum gleichsam ausersehen zu seyn, denn zuvor hatte es mit dem angeblich vergifteten Pfeile schon eine Probe aushalten müssen. Indessen überstand es glücklich diese beyden Zufälle, und kam gesund nach Engelland. *Quiros* erzählet in seiner Reise-Beschreibung, daß es dem größten Theil seiner Leute, in der Bay *St. Philipp* und *St. Jago,* mit einem Seefisch, den er *pargos* nennt, eben so übel ergangen sey, als uns im gegenwärtigen Fall. Allem Ansehen nach ist es dieselbe Art von Fischen gewesen, denn *pargos* bedeutet im Spanischen einen *See-Brachsen (pagrus).* Gleichwohl mag diese Gattung nicht allemal, sondern nur alsdann eine vergiftende Eigenschaft haben, wenn sie von giftigen Pflanzen fressen, welches in den Ost- und Westindischen Gewässern oftmals geschiehet. Was mich in dieser Vermuthung bestärkt, ist der Umstand, daß das Eingeweide vergiftender war, als jeder andre Theil des Fisches. Ohne Zweifel mogte das Würksamste des Gifts in den ersten Wegen zurückgeblieben, hingegen nur schwächere Partikeln durch den Milchsaft, imgleichen durchs Blut, in das Fleisch übergegangen seyn.

Seit der Abreise von *Mallicollo* hatten wir gelindes Wetter und von Zeit zu Zeit recht frischen Passatwind gehabt. So bald wir aber nicht weit mehr von der letzten neuen Insel waren, ließ der Wind merklich nach. Den folgenden Tag ward es gänzlich windstill; doch schwankte das Schiff von der noch fortdauernden Bewegung des Wassers, sehr unangenehm hin und her, auch trieb uns die Strömung etliche See-Meilen weit gegen Norden. Am Abend bekamen wir in der Ferne, gegen Süd-Osten, abermals eine Insel zu Gesicht, auf die wir jedoch vor der Hand nicht sonderlich achteten. Mit Beyhülfe des Windes, der sich am 29sten wiederum erhob, befanden wir uns am folgenden 30sten nur noch 6 Seemeilen weit vom Lande. Nachmittags nahmen wir einen Hund vor, der sich schon vollkommen erholt hatte,[10] um die Würkung der *Mallicollesischen* Pfeile nochmals zu versuchen. Zu dem Ende ward ihm mit der Lanzette ein Einschnitt in die Lende gemacht, und nicht nur das Gummi, welches an der knöchernen Spitze des Pfeils geklebt, sondern auch die grüne erdigte Substanz, die zwischen den herumgewundnen Cocos-Fibern gesessen hatte, in die Wunde gestreuet und ein Heft-Pflaster darüber gelegt, damit das Experiment ja nicht fehl schlagen mögte. Der Hund ward aber so geschwind gesund, als ob gar nichts fremdes in die Wunde gekommen wäre.

Des andern Morgens hatten wir wieder eine gänzliche Windstille, daher die Matrosen beynahe anfiengen zu glauben, daß das Eyland behext seyn müsse, weil wir aller Bemühung ohnerachtet, gar nicht heran kommen konnten. Die andre südöstliche Insel, welche am 28sten Abends entdeckt worden, war heute ungleich deutlicher zu erkennen. Die näher gelegene Insel sahe unfruchtbarer und lange nicht so angenehm aus, als die zuvor entdeckten Eylande; doch schien sie wenigstens bewohnt zu seyn, denn es stieg ein großer Rauch davon empor. Höchst verdrießlich war es in der That, die Küste so nahe vor sich zu sehen, und doch nicht näher heran zu können! Auf dem Schiffe eingesperrt zu seyn und doch Menschen in der Nähe zu wissen, deren Meynungen und Lebensart vielleicht manches Neue an sich haben mogten! Ihren Umgang zu entbehren, und doch zur Mittheilung so geneigt zu seyn! Hindernisse pflegen die Begierden oftmals nur noch heftiger zu machen, und das mogte auch hier der Fall seyn; denn im Grunde war es eben kein so großer Schade, daß wir nicht anlanden konnten, weil die anscheinende Unfruchtbarkeit der Insel schwerlich Lebensmittel erwarten ließ.

Nachmittags wurden zween *Hayfische* gefangen, die mit *Pilot-* und *Sauge-Fischen,* als ihren gewöhnlichen Begleitern, um das Schiff her schwammen. Eins dieser großen gefräßigen Thiere schien in seiner Art ein rechter Epicuräer zu seyn, denn wir fanden in seinem Magen nicht weniger als vier junge Schildkröten, von achtzehn Zoll im Durchmesser, nebst der Haut und den Federn eines sogenannten *Tölpels (Booby; Pelecanus Sula Linn.)* und gleichwohl hatte er, bey allen diesen Leckerbissen, sich nicht enthalten können, auch das fette Schweinfleisch noch zu kosten, welches an den Angelhaaken gesteckt worden. Kaum war er aufs Verdeck gezogen, so suchte jeder seine Portion davon zu bekommen, und in wenigen Minuten war er zerstückt, gebraten und verzehret. Der andre wollte sich losreißen, ward aber von den Officieren mit ein Paar Kugeln tod geschossen, denn ihnen war so viel als den gemeinen Matrosen daran gelegen, daß er nicht entkäme. Auf die Art rächten wir also die sämmtlichen Bewohner des Meeres, an diesen beyden gefräßigen Tyrannen. In heißen Gegenden wird einem das Pöckelfleisch am ersten zuwider, vermuthlich deshalb, weil es den Durst, der dort ohnehin sehr groß zu seyn pflegt, noch immer größer macht. Wir hatten aber seit unsrer Abreise von *Namocka* nichts anders genossen; daher man wohl glauben wird, daß uns nicht leicht ein Hay so gut als dieser geschmeckt habe.

Während der Nacht erhob sich ein schwaches Lüftgen, mit dessen Hülfe wir nochmals dem Lande zuseegelten. Am folgenden Morgen, als den 1sten August, entdeckten wir einen einzelnen Felsen, der etliche Seemeilen weit vom Lande lag; und je näher wir kamen, desto weniger Ursach fanden wir, die Insel für so unfruchtbar zu halten, als sie anfänglich geschienen hatte. Gegen 10 Uhr entstand Lärm, daß das Schiff in Brand gerathen sey! Eine so fürchter-

10 Die Anzeige dieses Versuchs und seines Resultats, ist bereits weiter oben pag. 433 vorgekommen.

liche Nachricht verbreitete plötzlich ein allgemeines Schrecken; überall sahe man verstörte Gesichter, und es dauerte eine gute Weile, ehe die geringste Anstalt zum Löschen gemacht wurde. Der unvermuthete Anblick einer drohenden Gefahr läßt uns zu schneller Überlegung und thätiger Würksamkeit gemeiniglich nicht Stärke genug übrig. Gegenwart des Geistes und Entschlossenheit sind dann sehr schätzbare, aber eben so seltne Eigenschaften, und es war also kein Wunder, wenn sie unter der kleinen Anzahl von Personen, denen die Führung des Schiffes oblag, den mehresten fehlten. Doch kann es auch wohl für den Standhaftesten nicht leicht eine härtere Prüfung geben, als diese: sich in einem brennenden Schiffe zu befinden! Ein Sturm, selbst in der Nachbarschaft der gefährlichsten Küste, ist lange so schreckenvoll nicht, weil man da noch immer Hoffnung hat, wenigstens das Leben zu retten. Bey dem heutigen Feuerlärm war indessen der Schreck das meiste. In der ersten Bestürzung glaubten wir, daß es in einer Kammer, die voll Seegeltuch lag, ausgekommen wäre; es zeigte sich aber, daß in des Proviantmeisters Cajütte die Lampe nur ein Stückchen *Tahitischen* Zeuges ergriffen, und daß man, blos des entstandenen Dampfes wegen, ein größeres Unglück befürchtet hatte.

Bey unsrer Annäherung gegen das Land entdeckten wir immer mehrere Wälder, mit dazwischen liegenden freyen Gründen und Pflanzungen, die bis auf die Gipfel der Berge reichten. Man konnte auch bereits eine Menge *Cocos-Palmen* unterscheiden, doch hatten sie hier kein so stattliches Ansehen, als wohl in andern Ländern. Nachmittags gelangten wir an die West-Seite der Insel, und liefen längs der Küste herunter. Zwischen den Bergen und dem Strande gab es hin und wieder kleine Ebenen, die größtentheils mit *Pisang-Bäumen* bepflanzt und mit zierlichen Hecken umzäunt waren. Neben diesen standen Hütten oder vielmehr bloße, auf Pfählen ruhende Dächer aufgebauet, und längst dem Strande liefen dreyßig bis vierzig Einwohner mit Bogen, Pfeilen und Speeren bewaffnet herum. In der Entfernung sahen sie schwarz aus, und schienen überhaupt den Bewohnern von *Mallicollo* ziemlich ähnlich zu seyn. Es befanden sich auch etliche Frauenspersonen dabey, die eine Art Unterröcke von Stroh und Blättern trugen, welche bis an die Waden, manchmal auch bis an die Knöchel reichten. Die Männer hingegen giengen, so wie die *Mallicolleser,* gänzlich nackend. Mittlerweile seegelten wir in eine offene Bay hinein, von deren Ufer mehrere Personen beyderley Geschlechts sich ins Wasser wagten, und uns mit freundlichen Geberden zuriefen, der Capitain fand aber nicht für gut, hier vor Anker zu gehen, sondern ließ vorbeysteuern. Als wir die südliche Spitze der Insel erblickten, von welcher sich die Küste gegen Osten hinstrekket, fieng es bereits an dunkel zu werden, und da zugleich der Wind nachließ; so wandten wir uns Seewärts, um nicht während der Nacht, durch irgend eine Seeströmung, so leicht an die Küste zu gerathen. Auch mußten die Matrosen, unter andern, alle Morgen und Abend das Verdeck waschen, damit es bey der großen Hitze nicht zusammen trocknen und leck werden sollte. Ein Seesoldat, der zu diesem Behuf heute Abend Wasser aus der See ziehen wollte, hatte das Unglück über Bord zu fallen. Er konnte nicht schwimmen; und würde also ohne Rettung verloren gewesen seyn, wenn nicht das Schiff augenblicklich in den Wind gerichtet und eine Menge von Stricken herausgeworfen worden wäre. Glücklicherweise hatte er noch so viele Besinnung, eins dieser Taue zu ergreifen, da er denn bald herausgezogen ward. Die Furcht vor dem Tode, und die Anstrengung demselben zu entgehen, hatten ihn so abgemattet, daß er sich kaum auf den Füßen halten konnte, als er aufs Verdeck kam. Seine Cameraden handelten bey dieser Gelegenheit recht redlich an ihm; sie brachten ihn nach dem Schlafraum, zogen ihm trockne Kleider an, und gaben ihm ein Paar Schlucke Brandtwein, worauf er sich bald wieder erholte. So brüderlich pflegen die Soldaten einander fast durchgehends beyzustehen. Unter den Matrosen hingegen ist das schon ungleich seltener.

Die Windstillen, die unsre Geduld bisher auf die Probe gesetzt hatten, nahmen noch immer kein Ende. Auch diese Nacht lag das Schiff wieder so unbeweglich, als ein Klotz auf dem Wasser, und den andern Tag wurde es von der Strömung allgemach in die Bay zurückgetrieben, bey welcher wir am vergangnen Abend vorübergefahren. Es wurden also Boote ausgeschickt, um einen Ankerplatz aufzusuchen. Die Tiefe war nicht eher als ohngefähr fünfhundert Schritt weit vom Ufer zu ergründen, woselbst sie ohngefähr zwanzig Faden betrug. Die Einwohner kamen wieder an den Strand herab; unsre Leute konnten sich aber nicht in Unterredung mit ihnen einlassen, weil der Capitain eben einen Wind aufsteigen sah, und deshalb einen Signal-Schuß thun ließ, daß die Boote zurückkommen sollten. So viel wir bemerken konnten, machte der Knall dieses Kanonenschusses eben keinen besondern Eindruck auf die Insulaner, vermuthlich deshalb, weil sie, aus Mangel von Kenntniß, sich weder Gutes noch Böses dabey vorstellen und überhaupt noch keine Europäer gesehen haben mogten.

Nunmehro seegelten wir um das nordwestliche Ende der Insel, und näherten uns am andern Morgen dem einzelnen Felsen, den wir vorher schon bemerkt hatten. Demselben gerade gegen über, war auf der Insel ein Berg gelegen, dessen Gipfel aus zwo Spitzen bestand, und in dieser Absicht einem Sattel nicht unähnlich, auch dem Ansehen nach ziemlich hoch war. Auf dem einzelnen Felsen gab es eine Menge Gesträuchs, und da wir an Brennholz Mangel litten, so schickte der Capitain zwey Boote aus, um wo möglich von dort etwas zu holen. Die Hoffnung, einige botanische Entdeckungen zu machen, verleitete uns mit dahin zu gehen. Vom Schiffe aus hatte uns dieser Felsen ganz nahe gedünkt, allein wir mußten wenigstens fünf Meilen rudern, ehe wir heran kamen; und als das endlich überstanden war, fanden wir uns dennoch in allen unsern Erwartungen getäuscht. Die See schlug nemlich an dieser Klippe so schrecklich hohe Wellen, daß es nicht möglich war anzulanden. Umsonst ruderten wir rund herum, und sahen das Gebüsch und die Bäume mit Sehnsucht an. Eine große Fledermaus, und einige kleine Vögel, die im Gehölz herumflatterten, und Fische, die in großer Menge zwischen den Klippen umher schwammen, reizten unsre Neugierde nur noch mehr; allein jene kamen uns nicht zum Schuß, und diese wollten gar nicht anbeißen. Doch fiengen wir noch auf der Rückkehr nach dem Schiffe eine *Wasserschlange (Coluber laticaudatus Linn.)* von eben der Art, als zu *Tongatabu,* (einem von den niedrigen Eylanden in *Marien-Bay)* so häufig waren anzutreffen gewesen. (S. T. 1, pag. 272) Unmittelbar nach unserer Rückkunft an Bord steuerten wir bey gelinderm Winde, dicht an der Westseite des sattelförmigen Piks, nach einer Bay zu. Gegen Abend kamen wir hinein, und fanden, daß sie über acht Meilen breit, aber nicht mehr als 2 Meilen tief war. Der sogenannte *Sattelberg,* macht an der Ost-Seite dieser Bay eine Halbinsel, und schützt die Rhede vor dem Passatwinde. Am äußersten Ende der Bay ist eben dieser Berg sehr steil, aber gegen die Mitte derselben wird er schräger und theilt sich in unterschiedne, sanft abhängende Hügel. Zwischen dem wilden Gehölze war, längst dem ganzen Ufer, jedes freye Plätzchen zu einer Baumpflanzung genutzt, und eben so wie auf den *freundschaftlichen Eylanden* allemal mit Rohr-Zäunen eingehegt. In dieser Gegend seegelten wir ungefähr eine Meile weit vom Ufer, nach einer flachen Landspitze, jenseits welcher uns ein Haven zu seyn dünkte. Die Einwohner standen Haufenweise am Ufer; einige schwammen uns entgegen und kamen so nahe, daß wir ihr Zurufen deutlich hören konnten, aber bis ans Schiff wollte sich keiner wagen. Sie waren gleich den *Mallicollesern,* mit denen sie im Äußern überhaupt viel Ähnlichkeit hatten, von schwärzlicher Farbe; doch bemerkten wir auch einen von hellerer Haut und röthlichem Haar. Es kam uns sehr seltsam vor, daß nirgends, weder auf dem Wasser, noch am Strande, ein Canot zu sehen war, da doch nicht füglich zu glauben ist, daß auf einem so angenehmen Eyland ganz und gar keine Kähne vorhanden seyn sollten! Sobald es dunkel ward, schwammen die Einwohner ans Land zurück, und zündeten in ihren Pflanzungen Feuer an. Weil unser Trinkwasser beynahe zu Ende, und dasjenige, welches wir auf *Namocka* eingenommen hatten, von üblem Geschmack war; so freuten wir uns nicht wenig, an einer Insel, die nicht nur mit süßem Wasser, sondern auch mit mancherley andern Lebensmitteln im Überfluß versehen zu seyn schien, einen Ankerplatz gefunden zu haben. Diejenigen von unsern Leuten, die zu *Mallicollo* vom rothem Seebrachsen vergiftet worden, waren noch immer nicht völlig hergestellt, sondern fühlten noch jede Nacht Schmerzen in den Gliedern, klagten über wankende Zähne und über schmerzhaftes Abschälen der Haut am Gaumen und am Schlunde. Indessen trösteten sie sich mit der Hoffnung, diese langwierige Krankheit während ihres hiesigen Aufenthalts, vermittelst besserer Diät, als sie bisher beobachten können, gänzlich los zu werden. Aber alle diese Aussichten wurden uns vereitelt.

Am nächsten Morgen gieng der Capitain mit zwey wohl bemannten Booten nach dem Lande ab. In dem einen commandirte er selbst, in dem andern der Lootse; beyde wollten einen bequemen Platz zum

Anfüllen der Wasserfässer aufsuchen. Zu dem Ende fuhren sie dem Schiff gerade gegenüber ans Land, woselbst wenigstens sechzig Einwohner am Strande versammlet waren. So bald sie sich dem Ufer einigermaaßen näherten, wadeten die Einwohner ins Wasser, und stellten sich rund um die Boote. Der Capitain theilte zu ihrem großen Vergnügen, Nägel, Medaillen und tahitisches Zeug unter sie aus, gieng aber bald wieder ab, um jenseits der vorerwähnten flachen Landspitze zu kommen. Als die Einwohner in der Bay dieses sahen, liefen sie am Lande nach eben der Gegend hin. Nachdem die Boote um die Spitze herum gerudert waren, blieben sie fast eine Stunde lang hinter derselben, ohne daß wir etwas von ihnen gewahr wurden. Die Einwohner hingegen sahe man von allen Seiten nach jener Bay zusammen laufen, indeß andere sich dem Schiff gegen über setzten, und es mit größter Aufmerksamkeit zu betrachten schienen. Ehe wir es uns versahen, geschahen etliche Flintenschüsse, und hinter drein ein unordentliches einzelnes Feuern, welches eine Zeitlang anhielt. Man säumte also nicht den beyden Booten sogleich ein drittes zu Hülfe zu schicken, und feuerte zugleich aus einer *Dreh-Basse* (oder halb-pfundigen Stück) eine Kugel gegen die Landspitze hin. Hiernächst ward auch eine Kanone auf das Vordertheil gebracht und gegen die Berge losgebrannt. Der Knall erschreckte alle Einwohner die wir sehen konnten, dermaaßen, daß sie eilfertigst nach dem Gebüsch rannten. Einige kamen voll Verwunderung aus ihren Plantagen, kehrten aber, da sie ihre Landsleute auf der Flucht erblickten, alsbald wieder um; andre brachten, aus der Gegend, wo der erste Flintenschuß geschehen war, einen Todten oder Verwundeten den Berg hinangeschleppt. Endlich kam der Capitain in seinem Boote zurück. Einer von den Matrosen war an zweyen Orten, nemlich in der Backe und in der Hand verwundet, und Capitain Cook erzählte uns den Verlauf dieses unglücklichen Vorfalls folgendermaaßen: Kaum waren die Boote um die Spitze herumgekommen, als sie einen bequemen Landungs-Ort antrafen. Auf diesem stieg der Capitain mit noch Einem aus, und fand etliche hundert Einwohner, mit Bogen, Pfeilen, Streitkolben und langen Speeren bewaffnet, vor sich. Sie waren von nußbrauner Farbe und von mittelmäßiger, jedoch weit größerer Statur als die *Mallicolleser,* auch weit schöner von Gliedmaaßen und Gesichtsbildung, erschienen aber nach europäischen Sitten zu urtheilen, in einem eben so unanständigen Aufzuge als jene, das ist, völlig so nackend, blos mit einem Strick um den Leib; Manche hatten sich das Gesicht mit schwarz und rother Farbe angemahlt. Haupthaar und Bart waren kraus und dick, bald mehr, bald minder wolligt, aber fast durchgehends schwarz; nur einige wenige hatten röthliches Haar.

Um sich das Zutrauen seiner neuen Bekannten zu erwerben, theilte der Capitain allerhand Kleinigkeiten unter sie aus, und beschenkte vorzüglich einen Mann, der, dem Ansehen nach, über die andern etwas zu sagen hatte. Eben diesem gab er auch durch Zeichen zu verstehen, daß wir Wasser und andre Lebensmittel nöthig hätten. So bald der Befehlshaber merkte, worauf es angesehen sey, schickte er augenblicklich etliche von den Indianern fort, und unterhielt sich während ihrer Abwesenheit mit dem Capitain. Die abgesandten Boten kamen auch bald zurück und brachten ein hohles *Bambu-Rohr* voll frischen Wassers, ein Paar *Cocos-Nüsse* und eine *Yamwurzel* mit sich. Ihren Zeichen nach zu urtheilen, mußten sie das Wasser irgendwo aus der Nachbarschaft geholt haben, schienen es aber auf alle Weise verhindern zu wollen, daß unsre Leute nicht selbst darnach hingehen und den Ort untersuchen sollten. Da nun überdem ihre Zahl beständig zunahm, so hielt es der Capitain der Klugheit gemäß, sich wieder einzuschiffen. Allein sein Rückzug war gleichsam das Signal zum Angrif; denn, ehe noch das Boot vom Lande abgestoßen werden konnte, so hatte schon einer von den Indianern mit Gewalt ein Ruder weggenommen. Zwar riß es ihm ein anderer wiederum aus der Hand, und warf es den unsrigen zurück, dagegen aber suchten andre das Brett, worauf unsre Matrosen ins Boot gegangen waren, mit Gewalt ans Ufer zu ziehen; noch andre wadeten ins Wasser, bemächtigten sich zweyer Ruder, und packten das Boot selbst an, um es auf den Strand zu schleppen. Da ihr Befehlshaber den ganzen Angriff zu commandiren schien, so wollte Capitain *Cook* Feuer auf ihn geben; es gieng ihm aber hier wie in *Savage-Eyland,* (S. 404) die Flinte versagte. Die Einwohner sahen ihn zielen, und da sie natürlicher Weise vermuthen konnten, daß er ein Gewehr in der Hand hielt; so säumten sie nicht das Boot von allen Seiten mit Pfeilen und Speeren zu beschießen. Eines von den Wurfspießen, welches ein bloßer noch dazu ganz stumpfer Stecken war, fuhr einem Matrosen in die Backe. Der Capitain ließ also die Mannschaft, aus würklicher Nothwehr, auf die Indianer feuern. Es dauerte zwar eine geraume Zeit, ehe eine einzige Flinte losgehen wollte; doch wurden endlich durch die ersten Schüsse gleich zween Wilde, dicht am Boote erlegt. Die übrigen ließen sich dadurch nicht abschrecken; sie rannten blos einige Schritte zurück, kamen aber herzhaft wieder und erneuerten den Angriff mit Steinen und Pfeilen. Nun fieng das zweyte Boot ebenfalls an zu feuern; allein auch da waren nur zwo bis drey Flinten brauchbar, doch wurden noch etliche Einwohner mehr verwundet. Ohnerachtet in Engelland die besten Feuersteine vorhanden sind, und für die Lieferung derselben, von Seiten der Regierung, ein Ansehnliches bezahlt wird, so werden doch die Truppen mit den schlechtesten Flintensteinen von der Welt versehen. Es ist unerhört, wie hier zu Lande die Lieferanten bey allen Gelegenheiten, auf Kosten des gemeinen Wesens, Reichthümer zusammen zu scharren suchen! Meines Erachtens sollte aber, wo nicht durchgehends, wenigstens bey einem solchen Artikel als dieser ist, schärfere Aufsicht gehalten werden, weil diese einzige Sorglosigkeit vielen Tausend Unterthanen das Leben kosten, ja zuweilen gar den glücklichen oder unglücklichen Ausgang eines Treffens entscheiden kann.[11] Ein Rohrpfeil, der eine lange, an beyden Seiten ausgezackte Spitze von schwarzem Holz hatte, traf den Lootsen auf die Brust, verursachte ihm aber, weil es ein matter Schuß war, nur eine Contusion. Die verwundeten Indianer krochen auf allen Vieren ins Gebüsch, und so bald das grobe Geschütz zu spielen anfieng, lief der ganze Trupp eilfertigst davon. Nur etliche wenige hatten das Herz hinter einem Sandhügel wiederum Posto zu fassen, und unter Begünstigung dieser Brustwehr die unsrigen noch ferner zu beunruhigen; sie konnten aber auch da nicht lange Stand halten, weil man tapfer nach ihnen schoß, so oft nur ein Kopf über dem Sandhügel zum Vorschein kam. Als der Capitain das ihm zu Hülfe geschickte dritte Boot ankommen sah, kehrte er an das Schiff zurück, und ließ, durch die beyden andern, die Bay aller Orten sondiren. – Ich meines Theils kann mich noch immer nicht überreden, daß diese Wilden, als sie unser Boot aufhielten, die geringste Feindseligkeit sollten im Sinne gehabt haben! Nur das mogte sie aufbringen, daß auf sie, oder vielmehr auf ihren Anführer, mit einem Gewehr gezielt ward. Gleichwohl war das den unsrigen auch nicht zu verdenken, und so scheint es denn schon ein unvermeidliches Übel zu seyn, daß wir Europäer bey unsern Entdeckungs-Reisen den armen Wilden allemal hart fallen müssen.

Nach dem Frühstück lichteten wir den Anker, um tiefer in die Bay zu gehn, weil unsre Boote nicht weit vom Strande einen bequemeren Ankerplatz gefunden hatten. Die ganze westliche Küste der Bay war mit viel Tausend *Palmen* bedeckt, welches einen herrlichen Anblick ausmachte; doch schienen diese Bäume von den *Cocos-Palmen* unterschieden zu seyn. Unterwegens kamen wir bey dem Orte vorüber, wo das Gefecht vorgegangen war. Es hielten sich daselbst noch etliche Indianer auf, allein, so bald sie das Schiff gewahr wurden, entflohen sie in die Wälder. Die beyden Ruder, welche wir eingebüßt hatten, standen noch, gegen die Büsche gelehnt, da; man hielt es aber nicht der Mühe werth, sie durch ein Boot zurückholen zu lassen. Schon freuten wir uns darauf, hier vor Anker zu kommen, als der Capitain das Schiff unvermuthet wenden und ostwärts um den Sattel-Berg steuern ließ. Dieses Vorgebürge nannten wir, wegen des von den Indianern dabey erlittenen hämischen Angriffs *Traitors-head,* d.i. *Verräthers-Haupt*. Es ward 3 Uhr Nachmittags, ehe wir dasselbe passirt hatten. Als wir an der Ostseite herum kamen, lag eine Bay vor uns, die weit ins Land hinaufzureichen, und verschiedene bequeme Buchten oder Haven zu enthalten schien. An beyden Ufern war das Land mit dichtem Gehölze bedeckt, welches ein vortrefliches, für Botaniker äußerst einladendes Ansehen hatte. Gegen Süden lief die Landschaft sanft Berg an, und zeigte dem Auge eine weitläuftige, fast

11 Ausländer, die den Krieges-Übungen in Engelland sowohl als in andern Ländern beygewohnt, haben vielfältig bemerkt, daß, wenn eine Compagnie englischer Soldaten bey einer Revüe etlichemal abgefeuert hat, wenigstens sechs Gemeine hinter die Fronte gehn, und den Schuß aus der Flinte ziehn müssen. Die Ursach dieses für einen Soldaten schimpflichen Fehlers liegt nicht an den Schlössern, sondern blos an den schlechten Flintensteinen. Alle fremde Truppen sind in diesem Stück besser versorgt, als die englischen.

überall bebaute Gegend, wo sich ein großer Reichthum an Pflanzen-Producten vermuthen ließ. So reizend dieser Anblick war, so schien der Capitain doch noch anzustehen, ob er in die Bay hereinlaufen solle, oder nicht. Mittlerweile kam gerade jene Insel, welche wir schon am 28sten Julius entdeckt hatten, in Süden wieder zum Vorschein; und nun entschloß sich der Capitain kurz und gut, aus der Bay heraus und nach der entferntern Insel hinzuseegeln, um so viel als möglich, alle zu dieser Gruppe gehörenden Eylande, in Augenschein zu nehmen. Die Insel, welche wir nunmehro verließen, liegt unterm 18°. 48' südlicher Breite und im 169°. 20' östlicher Länge. Sie ist beynahe viereckigt und hat wenigstens 30 starke Seemeilen im Umkreise.[12] Ein frischer günstiger Wind beschleunigte unsre Fahrt gegen das neue Eyland hin, auf welchem wir des Nachts unterschiedne Feuer gewahr wurden, darunter das eine stosweise in die Höhe schlug, wie die Flamme eines feuerspeyenden Berges zu thun pflegt.

Bey Tages Anbruch zeigte sich, daß wir in der Nacht dicht neben einem nord-ostwärts gelegenen, niedrigen und mit Cocos-Palmen bewachsenem Eylande vorbeygekommen waren. Ob es aber, so wie die mehresten solcher niedrigen Inseln, aus einem Corallen-Rief bestände? konnten wir nicht unterscheiden. Nunmehro sahe man auch, 8 bis 9 Seemeilen gegen Osten hin, eine neue, ziemlich bergigte Insel liegen. Das größere Eyland, dahin wir eigentlich unsern Lauf richteten, streckte sich von Nordwest gegen Südosten, und hatte eine Kette hoher Berge. Vor dieser her lag eine Reihe niedriger Hügel, davon der äußerste, am Süd-Ost-Ende der Insel, ein Volcan war, wie wir's in der abgewichnen Nacht, dem Feuer nach, vermuthet hatten. Er bestand aus einem ausgebrannten und daher völlig unfruchtbaren Steinklumpen von braunröthlicher Farbe und kegelförmiger Gestalt, und hatte in der Mitte einen *Crater* oder *Brandbecher,* war aber der niedrigste von allen. Aus seinem Schlunde sahe man von Zeit zu Zeit eine Säule von dickem Rauch, gleich einem großen Baum empor steigen, der seine dickbelaubte Krone allmählig ausbreitet. So oft eine neue Rauch-Säule zum Vorschein kam, hörte man ein dumpfes Geprassel, wie von einem fernen Donner, und die Säulen folgten ziemlich hurtig aufeinander. Die Farbe des Rauchs blieb nicht immer einerley; gemeiniglich war sie weiß und gelbligt, zuweilen aber grauröthlich; welches letztere von dem Wiederschein des inneren Feuers herrühren mogte. Die ganze Insel, der Volcan allein ausgenommen, ist überall mit Bäumen, vornemlich mit *Cocos-Palmen* bewachsen und das Laub war selbst zu dieser Jahrszeit, die doch den Winter vorstellte, sehr hell und frisch von Ansehen.

Nach 8 Uhr wurden die Boote ausgesetzt, und der Loots abgeschickt, einen Haven, der ostwärts vom Volcane vor uns lag, zu sondiren. Unterdessen daß sie mit Hülfe eines günstigen Windes hineinliefen, sahe man zwey Canots mit Einwohnern, aus unterschiednen Gegenden von der Küste abstoßen, um den unsrigen nachzufolgen, und ein drittes Canot seegelte in der Ferne längs dem Ufer. Unsre Leute winkten, daß wir ihnen mit dem Schiff folgen mögten. Wir steuerten also in den Haven, der eine enge Einfahrt hatte, erschracken aber nicht wenig, als das Senkbley, welches unabläßig ausgeworfen wurde, von sechs Faden auf einmal nur viertehalb angab; indeß vertiefte sich das Wasser gleich darauf wieder bis auf vier, fünf und mehrere Faden. Man fand nachher, daß an der seichten Stelle eine verborgene Felsen-Klippe vorhanden war, an der wir bey der ohnehin engen Einfahrt, gar leicht hätten scheitern können. Der Haven an sich war rund und klein, aber sicher und bequem; und hatte auf der Stelle, wo wir die Anker auswarfen, vier Faden Tiefe.

Unter allen den in dieser Gegend entdeckten Eylanden, war dies das einzige, wo wir uns einige Zeit aufhielten. Wir nahmen an demselben Brennholz und frisches Wasser ein; andre Lebensmittel hingegen wollten uns die Einwohner nicht zukommen lassen, ohnerachtet es ihnen gar nicht daran fehlte. In diesem Stück hatten wir von unserm Aufenthalt allhier nur wenig Nutzen, dagegen verschafte er uns die schätzbare Gelegenheit, eine Nation, oder vielmehr einen besonderen Stamm von Menschen kennen zu lernen, der von allen, die uns bisher bekannt geworden, völlig unterschieden, mithin besonders merkwürdig und der aufmerksamsten Untersuchung werth war.

---

12 Daß diese Insel in der Sprache ihrer Bewohner *Irromanga* genannt werde, erfuhren wir nachmals auf einer benachbarten Insel, wie im folgenden Hauptstück zu ersehen seyn wird.

Hornsittich, ***F: Psittacus bisetis***
Eunymphicus cornutus (Neukaledonien, 11. September 1774)

SECHSTES HAUPTSTÜCK.

Nachrichten von unserm Aufenthalt zu Tanna, und Abreise von den neuen Hebridischen-Inseln.

Sobald das Schiff vor Anker lag, sahen wir mit vielem Vergnügen die Einwohner aus allen Gegenden der Bay in ihren Canots herankommen, und in einiger Entfernung rund ums Schiff herum rudern. Sie waren durchgehends mit Speeren, Keulen, Bogen und Pfeilen bewaffnet, schienen aber unschlüssig, ob sie uns für Freunde oder für Feinde halten sollten? Endlich wagte sich doch hie und da einer heran, und reichte uns eine *Yam-Wurzel,* oder eine *Cocosnuß* aufs Verdeck, wofür er dann ein Gegengeschenk bekam. In kurzer Zeit belief sich die Anzahl der Canots auf siebzehn; davon einige mit zwey und zwanzig, andre mit zehn, sieben, fünf, und die kleinsten nur mit zwey Mann besetzt waren; so, daß sich in allem mehr als zweyhundert Indianer um uns her befanden. Mit unter ließen sie einzelne Worte von sich hören, als ob sie uns um etwas befragten. Wenn wir aber in Tahitischer, oder Mallicollesischer Sprache antworteten; so wiederholten sie diese Worte, ohne das Geringste davon zu verstehen. Nach und nach verlor sich der erste Eindruck, den unsre Gegenwart auf sie gemacht zu haben schien, und sie kamen endlich ganz unbesorgt dicht ans Schiff heran. Vom Hintertheil desselben hatten wir in einem kleinen Hand-Netze ein Stück Pöckelfleisch in die See herabgelassen, welches unsre gewöhnliche Art war es auszuwässern. An dieses Netz machte sich ein alter Kerl von den Einwohnern, und würde es los geknüpft haben, wenn wir ihm nicht ernstlich zugerufen hätten, da er denn augenblicklich davon abstand. Dafür drohte uns aber ein andrer mit seinem Speer, und ein dritter legte einen Pfeil auf seinem Bogen zurecht, und zielte damit nach unterschiednen Personen auf dem Verdecke. Capitain *Cook* hielt dafür, daß es jetzt die rechte Zeit seyn würde, eine Kanone abzufeuern, um den Insulanern einen Begriff von unsrer Übermacht beyzubringen, und allen Feindseligkeiten auf einmal vorzubeugen. Er winkte ihnen deshalb zu, daß sie, ihrer eigenen Sicherheit wegen, auf die Seite rudern sollten. Ich besorgte, daß die Wilden diesen gebieterisch scheinenden Wink übel auslegen, oder wenigstens unbefolgt lassen würden, sahe aber zu meiner Verwunderung, daß sie sich alsbald dicht am Hintertheil des Schiffes versammelten. Die Kanone wurde also gegen das Ufer gefeuert, und in demselben Augenblick sprangen die zweyhundert Kerle, aus ihren Canots, auf einmal in die See. Nur ein einziger, wohlgestalteter junger Mann, von offener, einnehmender Gesichtsbildung, blieb dreist in dem seinigen stehen, und lächelte mit einer Art von Verachtung über seine furchtsamen Landsleute. Das Schrecken gieng indessen bald vorüber; da sie fanden, daß der Knall keine üble Folgen gehabt, so schwungen sie sich bald wieder in ihre Canots, sprachen sehr laut unter einander, und schienen über ihre eigene Furcht zu lachen. Demohngeachtet hielten sie sich in einer gewissen Entfernung, wiewohl ohne die geringsten feindlichen Gesinnungen zu äußern.

Capitain *Cook* war mit der Lage des Schiffs nicht zufrieden, sondern wünschte es tiefer in die Bay ziehen zu lassen. In dieser Absicht schickte er ein stark bemanntes Boot vorauf, welches auch von Seiten der

Indianer keinen Widerstand fand. Sie hatten vielmehr alle ihre Aufmerksamkeit auf den *Buoy* gerichtet, der zum ersten Anker gehörte, und betrachteten denselben mit begierigen Blicken, bis endlich ein alter Kahlkopf sich nicht länger erwehren konnte, einen Versuch darauf zu wagen. Er kam in seinem Canot herangerudert, und wollte ihn fortschleppen. Anfänglich zog er am Stricke, und als das nicht gehen wollte, versuchte ers, ihn loszumachen. Sobald wir gewahr wurden, daß es ihm Ernst damit sey, winkte ihm Capitain *Cook,* davon zu bleiben; woran er sich aber im geringsten nicht kehrte. Der Capitain schoß also mit Schroot nach ihm; sobald er sich verwundet fühlte, warf er den *Buoy* sogleich ins Wasser; kaum aber war der erste Schmerz vorüber, so kehrte er zurück, um in der Unternehmung fortzufahren. Nun ward eine Flintenkugel dichte vor ihm ins Wasser geschossen, worauf er den *Buoy* abermals fahren ließ, und mit einer *Cocosnuß* zum Geschenk ans Schiff kam. In diesem Betragen war meines Erachtens etwas kühnes und großes; es schien gleichsam, als böte er uns seine Freundschaft, zur Belohnung unsrer Tapferkeit an. Mittlerweile hatte das ausgeschickte Boot den andern Anker ausgelegt, und wir fiengen nun an, mit Hülfe desselben, das Schiff in den Haven zu ziehen. Ohnerachtet es dem Indianer, der sich an jenem Anker-Buoy hatte vergreifen wollen, nicht ungestraft hingegangen war; so ließ sich doch ein anderer dadurch nicht abhalten, auf den Buoy des zweyten Ankers einen ähnlichen Versuch zu wagen. Nachdem er, ziemlich unentschlossen, bald darnach hin, bald wieder zurückgefahren war, siegte die Versuchung über alle seine Bedenklichkeiten, und er fieng an, den Buoy getrost in sein Canot zu ziehen. Diesem Unfug zu steuern, ward ein Musketon dergestalt abgefeuert, daß die Kugel dicht bey ihm niederschlug, alsdann noch ein paar mal vom Wasser absetzte, und endlich auf den Strand fiel. Eine so unerwartete Erscheinung jagte alle dort versammelte Indianer augenblicklich auseinander; nur die Hauptperson, der Thäter, kehrte mit seinem Canot, ganz unerschrocken nach dem Buoy zurück. Man ließ deshalb von neuem einen Musketon, und da auch dieses noch nicht helfen wollte, eine Dreh-Basse, endlich gar eine Kanone abfeuern, wodurch denn sowohl er, als alle übrigen Indianer, auf dem Lande und auf dem Wasser, mit einemmale verscheucht, jedoch niemand beschädiget wurde.

Nach dieser kleinen Unruhe brachten wir das Schiff an seinen bestimmten Ort. Beym Hereinboogsiren gerieth es etliche mahl auf den Grund, weil man damit, auf einer Seite, etwas zu nah ans Ufer kam, doch war zum Glück das Wasser hier so ruhig, und der Grund so weich, daß es ohne Mühe und Schaden wieder flot wurde. Sobald dies Geschäft vorüber war, setzten wir uns ruhig zu Tische, und fuhren nachher, in drey gut bemannten Böten, darinn unter andern alle unsere See-Soldaten befindlich waren, nach dem Lande hin. Der Anschein ließ uns eine ganz ruhige Landung hoffen, denn die Zahl der an der Küste befindlichen Einwohner war zu gering, um uns dieselbe streitig zu machen. Sie hatten sich, nicht weit von der See, ins Gras gelagert, und liefen auch würklich fort, als sie uns aus dem Boote steigen sahen; da wir ihnen aber freundlich zuwinkten, so kehrten sie wieder zurück. Von Westen kam ein Haufe von etwa 150 Wilden her, die allesammt, in der einen Hand Waffen, in der andern aber grüne Palmzweige trugen. Diese überreichten sie uns als Friedenszeichen, und wir beschenkten sie dagegen mit Medaillen, Tahitischem Zeug und Eisenwerk, tauschten auch für dergleichen Waaren etliche Cocosnüsse ein, nachdem es eine ganze Weile gedauert hatte, ehe sie, aus unserm Hindeuten auf die Cocos-Palmen und aus andern Gebehrden, begreifen konnten, daß wir von diesen Bäumen die Früchte zu haben wünschten. Hierauf verlangten wir, daß sie sich alle niedersetzen mögten, welches auch zum Theil geschahe, und alsdann ward ihnen angedeutet, daß sie eine in den Sand gezogene Linie nicht überschreiten sollten, womit sie ebenfalls zufrieden waren. Ein Teich von wohlschmeckendem frischem Wasser, der sich in der Nähe befand, verschafte uns Gelegenheit ihnen zu verstehen zu geben, daß wir blos in der Absicht hieher gekommen wären, uns mit einem Vorrath von Trinkwasser, imgleichen mit etwas Brennholz zu versorgen. Sie wiesen uns zu dem Ende verschiedene wilde Bäume an, und baten nur, daß wir keine *Cocos-Palmen,* die in unzähliger Menge längst dem Ufer standen, umhauen möchten. Damit sie sehen sollten, auf was für Art wir beym Wasserschöpfen und Holzfällen zu Werke giengen, wurde mit beydem, sogleich in ihrer Gegenwart, der Anfang gemacht, welches sie auch ruhig geschehen ließen. Während dieser Zeit hatten die Soldaten sich in Ordnung gestellt, und die Indianer bezeigten so viel Furcht für ihnen, daß sie, bey der geringsten Bewegung derselben, allemal eine Ecke fortliefen; nur etliche alte Männer waren so herzhaft sich dadurch nicht erschrecken zu lassen. Wir verlangten, daß sie ihre Waffen von sich legen sollten, welcher Forderung, so unbillig sie an sich auch seyn mochte, dennoch von den mehresten Genüge geleistet wurde. Sie waren von castanien- oder vielmehr schwarz-brauner Leibes-Farbe, von mittler Größe, aber weit stärker gebaut und besser proportionirt, als die *Mallicoleser*. Gleich diesen giengen sie völlig nackend, trugen auch auf eben die Art einen Strick um den Leib, doch mit dem Unterschiede, daß der Bauch dadurch nicht so gewaltig eingeschnürt war. Die Frauenspersonen, deren sich etliche in der Ferne sehen ließen, waren in Röcke gekleidet die bis übers Knie reichten, und sie dünkten uns nicht so häßlich zu seyn, als die Mallicoleserinnen. Ein paar Mädchen hatten lange Speere in den Händen, kamen aber deshalb nicht näher, als die übrigen. Wir lernten, gleich bey dieser ersten Unterredung, eine ziemliche Anzahl Wörter von der hiesigen Landessprache; die mehresten waren uns ganz neu und unbekannt, zuweilen aber hatten sie für einerley Gegenstand zween unterschiedne Ausdrücke, davon der eine fremd, der andre aber, mit einem eben so viel bedeutenden Worte aus der Sprache die auf den *freundschaftlichen* Inseln geredet wird, gleichlautend war. Es müssen folglich hier in der Nachbarschaft noch andere Inseln vorhanden, und mit Leuten von eben der Nation, welche auf den *Societäts-* und *freundschaftlichen* Eylanden wohnet, bevölkert seyn. Unter andern brachten wir auch von unsern neuen Bekannten heraus, daß ihre eigene Insel *Tanna* genannt werde, welches Wort in der Malayischen Sprache so viel als *Erde* bedeutet. Ich muß bey dieser Gelegenheit anmerken, daß wir es uns zur Regel gemacht hatten, von allen fremden Ländern die wir besuchen würden, allemal die eigenthümlichen Namen welche sie in der Landessprache führen, auszukundschaften, denn die allein sind selbstständig, und nicht so häufiger Veränderung unterworfen als die willkührlichen Benennungen, welche jeder Seefahrer seinen eignen und andern Entdeckungen beyzulegen das Recht hat. Sobald die Fässer gefüllt waren, kehrten wir ans Schiff zurück, ganz erfreut, daß der erste Schritt zur Bekanntschaft mit den Eingebohrnen glücklich geschehen und so ruhig abgelaufen sey. Am folgenden Morgen zeigte sich aber, daß die Insulaner nur in Ermangelung einer größern Anzahl so friedlich gegen uns verfahren, im Grunde aber keinesweges gesonnen waren, uns freyen Zugang in ihre Insel zu gestatten. Sie befürchteten, daß wir auf ihr Land und anderes Eigenthum Absichten hätten, und machten daher Anstalt, beydes zu vertheidigen.

Um den Faden dieser Erzählung nicht zu unterbrechen, habe ich von einem merkwürdigen Phönemen, dem auf dieser Insel vorhandenen Volcan, bisher noch nichts erwähnen können. Er war zur Zeit unsers Hierseyns gerade in vollem Ausbruch, und lag 5 bis 6 Meilen weit im Lande, so daß man, verschiedener dazwischen befindlicher Hügel wegen, vom Schiffe aus, nichts als den rauchenden Gipfel desselben sehen konnte. Dieser war an mehrern Stellen geborsten und am äußeren Rande gleichsam ausgezackt. Von 5 zu 5 Minuten fuhr, mit donnergleichem Krachen, ein Flammenstoß daraus empor, wobey das unterirdische Getöse oft eine halbe Minute lang währete. Zu gleicher Zeit war die Luft durchaus mit Rauch und schwarzer Schörl-Asche angefüllt, die, wenn sie ins Auge kam, einen beissenden Schmerz verursachte. Sie fiel in solcher Menge herab, daß, in Zeit von wenig Stunden, das ganze Schiff damit bedeckt war, und auch der Strand lag überall voll kleiner Bimssteine und ausgebrannter Kohlen.

Am nächsten Morgen brachten wir das Schiff in eine noch bequemere Lage, näher ans Ufer, indeß die Einwohner, so bald es nur Tag wurde, aus ihren Wäldern hervorkamen, und am Strande sich mit einander zu berathschlagen schienen. Um der Folge willen ist es nothwendig, daß ich hier die Gegend um den Haven etwas genauer beschreibe. Sie ist, sowohl nach Osten als nach Süden und nach Westen hin, überall von verschiedener Gestalt und Beschaffenheit. An der Ostseite bildet nemlich das Ufer der Bay eine hervorragende Landspitze, deren ziemlich breiter Strand von Corallsteinen und Schnecken-Sand, mit einem ohngefähr vierzig Schritt tiefen Palm-Hain eingefaßt ist. Hinter diesem kleinen Walde wird das Erdreich, wie ein Wall, um 40 bis 50 Fuß höher. Obenher ist dieser Wall flach und macht, queer über die Landspitze weg bis jenseits nach der ofnen See hin, eine Fläche aus, die zwo Meilen breit ist, und der Länge nach, auf eine Strecke von 3 Meilen, bis an die Südseite des Havens reicht. Allda verläuft sie sich in eine schöne, angebaute Niederung, die man beym Einfahren in die Bay gerade vor sich hat, und die, hinterwärts, an eine Reihe sanft abhängender Hügel stößt, vorn aber mit einem breiten Gestade, von festem schwarzen Sande, umgeben ist, auf welchem wir Holz und Wasser einnahmen. Endlich die linke, oder Westseite des Havens, bestehet aus einem, ohngefähr 800 Fuß hohen und vom Gipfel, bis auf 90 Fuß weit von der Erde, fast überall senkrecht steilen Berge. Dieser macht zugleich die westliche Gränze der vorgedachten angebaueten Niederung aus, unterbricht den schönen breiten Strand derselben, und hat bis zur äußersten Land-Ecke gegen Westen, nur ein schmales, aus Schieferstein bestehendes Ufer. An der südöstlichen Ecke des Havens, ist ein flaches Corallen-Rief befindlich, das selbst während der Ebbe unter Wasser bleibt, und die See in dortiger Gegend ungemein seicht macht.

Hin und wieder stießen die Indianer ihre Canots einzeln vom Ufer, und brachten je eine oder zwo *Cocosnüsse* und *Pisangs* zum Verkauf. Sie vertauschten solche gegen Tahitisches Zeug, und kehrten, so bald sie ihre Waaren angebracht hatten, nach dem Ufer zurück, um mehrere zu hohlen. Einer both dem Capitain auch seine Keule zum Verkauf; dieser zeigte ihm ein Stück Zeug dagegen, und so wurden sie Handels einig. Als man dem Indianer das Zeug an einem Stricke ins Canot herabließ, knüpfte ers unverzüglich los, machte aber gar nicht Anstalt die Keule dafür abzuliefern. Der Capitain versuchte es daher ihn, durch allerhand Zeichen, an sein gegebenes Wort zu erinnern, welches jener auch wohl zu verstehen schien, aber doch nicht im mindesten darauf achtete. Der Capitain schoß ihm also eine Ladung Schroot ins Gesicht, worauf der Indianer, mit den beyden andern die in seinem Canot waren, eiligst fort ruderte. Nun wurde vom Verdeck aus mit einem Musketon ein paar mahl hinter ihnen drein gefeuert, bis sie, vor großem Schreck über eine Kugel die dicht neben ihr Canot fiel, und etliche mahl vom Wasser abprellte, in die See sprangen, und vollends nach dem Ufer hin schwammen. In der Gegend wo sie ans Land stiegen, entstand alsbald ein großer Zusammenlauf von Menschen, die vermuthlich zu erfahren suchten, was ihren Landsleuten begegnet wäre. Ein paar Minuten nachher kam ein kleiner alter Mann, mit einem Canot voll *Zuckerrohr, Cocosnüssen* und *Yamwurzeln,* ganz allein an das Schiff. Schon gestern Nachmittag hatte er sich Mühe gegeben, zwischen uns und den seinigen, Frieden zu erhalten, und seine freundliche, treuherzige Miene ließ uns hoffen, daß er auch jetzt wieder in einer so löblichen Absicht kommen müße. In dieser Überzeugung schenkte ihm Capitain *Cook* einen vollständigen Anzug vom besten rothen Tahitischen Zeuge, worüber der Alte ungemein vergnügt zu seyn schien. Gleich seinen übrigen Landsleuten, die niemals ohne Waffen gehen, hatte auch dieser zwo große Keulen bey sich. Capitain *Cook,* der sich in einem unsrer Boote befand, ergriff diese Keulen, warf sie in die See, und gab dem Alten zu verstehen, daß alle Insulaner ihre Waffen von sich legen sollten. Mit diesem Anbringen ruderte der ehrliche Greiß, ohne sich über den Verlust seiner Keulen zu beklagen, ans Ufer zurück, und spatzierte daselbst eine Zeitlang in seinem neuen Staat herum. Nunmehro kam, aus allen Gegenden der Insel, hauptsächlich von dem steilen Berge an der Westseite des Havens, eine unzählige Menge von Menschen an den Strand herab, so daß es, in den Gebüschen und Waldungen auf der Ebene, überall von Menschen wimmelte, deren keiner unbewaffnet war. Mittlerweile hatten wir das Schiff, der Queere nach, gegen das Ufer gekehrt, damit die Kanonen das Land bestreichen könnten, und nach dieser Vorsicht bereiteten wir uns, in dem großen und zwey kleineren Böten, mit allen See-Soldaten und einer wohlbewafneten Parthey Matrosen, eine Landung zu versuchen. So bald die Wilden uns kommen sahen, eilten sie alle aus den Wäldern ins Freye an den Strand, und stellten sich daselbst in zween großen Haufen zu beyden Seiten des Wasserplatzes. Der westliche Haufe war der beträchtlichste, indem er wenigstens aus siebenhundert Mann bestand, die, in einem geschloßnen Trupp, zum Angrif nur das Signal zu erwarten schienen. An der Ostseite mogten ohngefähr zweyhundert Mann stehen, die zwar ebenfalls bewafnet waren, aber gleichwohl zu Feindseligkeiten nicht so offenbar Miene machten. Mitten zwischen diesen beyden Haufen, hatte sich der kleine Alte, der eben bey uns gewesen, nebst noch zween andern unbewafnet hingestellt, und eine Menge *Pisangs, Yamwurzeln,* u. d. gl. vor sich aufgehäuft. Als wir ohngefähr noch zwanzig Schritte weit

Dickschnabelstar, *F: Coracias pacifica*
Aplonis striata (Neukaledonien, 7. September 1774)

vom Ufer waren, rief Capitain *Cook* den Einwohnern zu, und gab ihnen durch Zeichen zu verstehen, daß sie die Waffen niederlegen, und sich vom Strande zurückziehen sollten. Auf diese Forderung achteten sie nicht; und vielleicht kam es ihnen gar unbillig und lächerlich vor, daß eine Handvoll Fremde sich's beygehen ließ, ihnen, in ihrem eigenen Lande, Gesetze vorzuschreiben. Es würde eine Unvorsichtigkeit gewesen seyn, zwischen jenen beyden Haufen zu landen, weil wir uns auf solche Art zu dreist einem Angriff ausgesetzt hätten, bey welchem viele dieser unschuldigen Leute, und wohl gewiß auch mancher von uns das Leben dürfte eingebüßt haben. Um sie also, wo möglich, im Voraus davon abzuschrecken, ließ Capitain *Cook* eine Flintenkugel über ihre Köpfe hinfeuern. Der unvermuthete Knall brachte auch würklich den ganzen Haufen in Bewegung; so bald aber das erste Erstaunen vorüber war, blieben sie fast alle wieder stehen. Einer, der dicht ans Ufer kam, hatte sogar die Verwegenheit, uns den Hintern zu zeigen und mit der Hand darauf zu klatschen, welches, unter allen Völkern im Süd-Meer, das gewöhnliche Zeichen zur Herausforderung ist. Dieses Großsprechers wegen, ließ der Capitain noch einen Flintenschuß in die Luft thun; und da man dieses auf dem Schiffe für ein Signal hielt, so ward alles grobe Geschütz, welches aus 5 vierpfündigen Kanonen, zwey halbpfündigen Dreh-Bassen, und vier Musketons bestand, mit einem male abgefeuert. Die Kugeln pfiffen über die Indianer weg, und kappten etliche Palmbäume; dadurch erreichten wir unsern Zweck, daß nemlich in wenig Augenblicken nicht ein

Mann mehr auf dem Strande zu sehen war. Nur allein der alte Friedensstifter und seine beyden Freunde, waren unerschrocken bey ihren Früchten stehen geblieben. Sobald wir ans Land traten, schenkte der Alte diese Lebensmittel dem Capitain, und bat ihn zugleich, nicht länger zu schießen. Herr *Hodges* hat diese Landungs-Scene, sehr genau und mit vielem Geschmack gezeichnet.

Wir liessen es nunmehro unsre erste Sorge seyn, zu Bedeckung der Arbeitsleute, die See-Soldaten in zwo Linien zu stellen. An beyden Seiten schlug man Pfähle in die Erde, und zog einen Strick dazwischen, so daß die Wasserschöpfer einen Platz von wenigstens 150 Fus breit inne hatten, wo sie ihre Arbeit ohngestört vornehmen konnten. Nach und nach kamen die Einwohner, aus dem Gebüsch, auf den Strand; wir winkten ihnen aber jenseits unsrer Linien zu bleiben, welches sie auch allerseits beobachteten. Der Capitain wiederholte nun seine vorige Zumuthung, daß sie ihre Waffen niederlegen mögten. Der größere Haufen, an der Westseite, kehrte sich nicht daran; die andre Parthey hingegen, die mit dem friedlichen Alten einerley Sinnes zu seyn schien, ließ sich größtentheils dazu bewegen. Diesem Alten, der *Pao-vjangom* hieß, hatten wir, als einen Beweis unsers Zutrauens, vorzugsweise die Erlaubniß gegeben, sich innerhalb der abgesteckten Linien aufhalten zu dürfen.

Nach und nach fiengen wir an, uns in die Wälder zu wagen, um Pflanzen zu suchen; wir waren aber kaum zwanzig Schritte weit gegangen, als wir hinter dem Gesträuch überall Indianer gewahr wurden, die zwischen den beyden Haufen am Strande, wechselsweise hin und her liefen. Es dünkte uns also nicht rathsam weit vorzudringen. Wir liessen uns vielmehr an zwo bis drey neuen Arten von Kräutern genügen, und kehrten mit dieser kleinen Ausbeute nach dem offnen Strand zurück.

Bey dem friedlichen Anschein des kleinern, nach Osten hin postirten Haufens, versuchten wirs mit den Leuten desselben ins Gespräch zu kommen. Es war uns um Kenntniß ihrer Sprache zu thun, und wir lernten auch würklich eine Menge neuer Wörter; mit dem Handel aber glückte es uns nicht so gut, denn aller Anfrage ohnerachtet wollten sie uns von ihren Waffen nicht das mindeste überlassen. Ein cylindrisches zwey Zoll langes Stückchen Alabaster, welches als ein Zierrath in der Nase getragen wird, war alles, was wir eintauschen konnten. Ehe der Eigenthümer es ablieferte, wusch ers in der See; ob dies aber aus Reinlichkeit, oder aus irgend einem andern Bewegungsgrund geschähe? kann ich nicht entscheiden. Die ganze Zeit über, die wir am Lande zubrachten, machten die Einwohner nicht im geringsten Mine, uns angreifen zu wollen, oder in der Arbeit zu stöhren; die kleinere Parthey schien vielmehr ganz gut gegen uns gesinnt zu seyn, so daß wir bald auf einen freundschaftlichen Fus mit ihnen umgehen zu können hofften. Die große Anzahl von Eingebohrnen, die aus allen Gegenden der Insel hier beysammen waren, gab uns zu Untersuchung ihrer Bildung, Kleidung und Waffen, die beste Gelegenheit. Im Ganzen genommen, sind sie von mittlerer Statur, doch giebts auch manche von mehr als gewöhnlicher Größe darunter. Sie haben wohlgebildete, aber mehrentheils schlanke Gliedmaßen, wiewohl es auch an einzeln recht starken Kerln nicht fehlt. So schön gebaute Leute, als man unter den Bewohnern der *Societäts-* und *freundschaftlichen Inseln* und den *Marquesas* ziemlich häufig antrifft, giebt es in *Tanna* nur sehr wenige. Dagegen ist mir, in dieser letztern Insel, nicht ein einziger dicker, oder fetter Mann vorgekommen; sie sind alle von berühriger Complexion und lebhaftem Temperament, ihre Gesichtszüge stark, die Nase breit, die Augen fast durchgehends groß und mehrentheils sanft. Sie haben ein männliches, offnes, gutherziges Ansehen; doch findet man freylich, hier so gut als unter jedem andern Volk, einzelne Physionomien, die nicht viel Gutes vermuthen lassen. Die Farbe ihres Haars ist schwarz, bey manchem auch braun oder gelblich an den Spitzen. Es wächst sehr dick, straubigt und ist mehrentheils kraus, hat auch zuweilen etwas wollartiges an sich. Der Bart ist ebenfalls stark, schwarz und gekräuselt; die Leibes-Farbe dunkelbraun und zum Theil schwärzlicht, so daß man beym ersten Anblick glauben mögte, sie hätten sich mit Ruß beschmutzt: Die Haut an sich, ist, wie bey den Negern, sehr sanft anzufühlen. Sie gehen fast ganz nackend; tragen aber, nach dem allgemeinen Hang des menschlichen Geschlechts, mancherley Zierrathe. Das Seltsamste ist ihre Frisur. Diese bestehet nemlich aus lauter kleinen Zöpfen, die kaum so dick als die Spule einer Taubenfeder und, statt eines Bandes, mit dem zähen Stengel einer *Glockenwinde* dergestalt bewickelt sind, daß am untern Ende nur ein kleines Büschgen hervorragt. Wer einigermaaßen starkes Haar hat, muß wenigstens etliche Hundert solcher kleinen steifen Zöpfchen am Kopfe haben, und da diese mehrentheils nur 3 bis 4 Zoll lang sind, so pflegen sie, wie die Borsten eines Stachel-Schweins, gemeiniglich aufrecht und auseinander zu stehen

Like quills upon the fretful porcupine.
SHAKESPEARE.

Ist aber das Haar etwas länger, z.B. zwischen fünf und neun Zoll, so fallen die Zöpfchen, an beyden Seiten des Kopfs, gerade herunter, und dann sehen die Leute aus wie die Flußgötter mit ihrem von Nässe triefenden Binsenhaar. Einige, besonders diejenigen, die wolligtes Haar haben, lassen es entweder so wie es von Natur gewachsen ist, oder sie binden es höchstens, vermittelst eines zähen Blattes, auf dem Scheitel in einen Schopf zusammen. Fast durchgehends tragen sie ein Rohr oder ein dünnes Stöckchen, etwa neun Zoll lang, in den Haaren, um sich von Zeit zu Zeit vor dem Ungeziefer Ruhe zu schaffen, welches auf ihren Köpfen in großer Anzahl vorhanden ist. Sie stecken auch wohl einen kleinen Rohrstab, mit Hahnen- oder Eulenfedern ausgeziert, ins Haar. Zu Bedeckung des Kopfes wickeln sich manche ein frisches Pisangblatt, schräg um den Scheitel,[1] oder sie tragen eine ordentliche Mütze von geflochtenen Matten; doch ist keines von beyden allgemein. Den Bart lassen die mehresten, in seiner natürlichen Gestalt, lang wachsen, andre flechten ihn in einen Zopf. Der Nasenknorpel ist fast bey allen durchbohrt, und durch die Öfnung ein dünner Rohrstab, oder ein Stein von ähnlicher Figur, hindurch gesteckt. Statt der Ohrgehänge tragen sie eine Menge Ringe von Schildkröten-Schaale oder von weissen Muscheln, entweder einen neben dem andern, oder, in Form einer Kette, einen in den andern gehängt. In beyden Fällen macht dieser Zierrath das Loch im Ohrläppchen ungemein weit, indem jeder einzelne Ring nicht weniger als einen halben Zoll breit und 3/4 Zoll dick ist[2]. Um den Hals binden sie zuweilen eine Schnur, von welcher eine Muschel, oder, statt dessen, ein kleines langrundes Stückchen von grünem, dem Neu-Seeländischen gleichkommenden Talkstein, vorn auf der Brust herabhängt. Am Obertheil des linken Arms, zwischen der Schulter und dem Ellbogen, tragen sie mehrentheils ein Armband, welches aus einem Stück Cocos-Schaale besteht, und entweder künstlich geschnitzt, oder auch nur ganz glatt, aber allemahl schön polirt ist. Um diesem noch mehr Ansehn zu geben, pflegen sie wohl etwas Grünes dazwischen zu stecken, als z.B. das Kraut der *Evodia hortensis,* das *Croton variegatum, lycopodium phlegmaria, vitex trifolia* oder auch eine Art *Epidendrum*[3]. Einige gehen mit einer Binde von grobem Zeuge umgürtet, das aus der inneren Rinde eines Baums verfertigt, und gemeiniglich dunkel Zimmetbraun ist. Andre begnügen sich mit einer dünnen Schnur um den Leib; beydes geschiehet um die männlichen Geburtsglieder, die hier mit den Blättern einer Ingwer ähnlichen Pflanze[4] bewickelt werden, nach Art der *Mallicoleser,* in die Höhe zu ziehen und in der Gegend des Nabels an den Gürtel fest zu knüpfen. Sobald ein Knabe sechs Jahr alt ist, muß er schon in dieser Tracht einhergehen; sie kann folglich, wie ich bereits in Ansehung der *Mallicoleser* gemuthmaßt habe, wohl nicht aus einer Art von Schaamhaftigkeit entstanden seyn, denn auf diese wird bey uncivilisirten Völkern, während den Kinderjahren, gerade am wenigsten Rücksicht genommen. In unsern Augen erregte sie, ihrer Form wegen, vollends ganz entgegenstehende Begriffe, so daß wir an jedem *Tanneser* oder *Mallicoleser,* statt einer ehrbaren Verschleyerung, vielmehr eine leibhafte Vorstellung jener furchtbaren Gottheit zu sehen glaubten, welcher bey den Alten die Gärten geweyhet waren. – Zu den Zierrathen dieser Nation gehören ferner noch verschiedene Arten von Schminken, und allerhand Figuren, welche sie sich in die Haut einritzen. Die Schminken sind blos fürs Gesicht, und bestehen entweder aus rother Ocker-Erde, oder aus weißem Kalk, oder aus einer schwarzen, wie Bleystift glänzenden Farbe. Diese werden mit Cocos-Öhl angemacht, und in schrägen, 2 bis 3 Zoll breiten Streifen aufgetragen. Die weiße Schminke ist nicht viel im Gebrauch, die rothe und die schwarze hingegen desto häufiger, und mit jeder findet man oft das halbe Gesicht bedeckt. Das Aufritzen der Haut geschiehet vorzüglich am Obertheil des

---

1 Herr *Hodges* hat zu Capitain *Cooks* Beschreibung dieser Reise eine Tanneserin mit diesem Kopfputz abgezeichnet.

2 An eben dieser Figur vorgestellt.

3 S. *Forsteri Nova Genera Plantarum in insulis maris australis detectarum. 4. Londini* & *Berolini 1775. 8 Thlr.*

4 Aus dem Geschlecht der *Scitamina.*

Arms und auf dem Bauche, und vertritt die Stelle des Punktirens oder Tättowirens, welches unter den Bewohnern *Neu-Seelands, Oster-Eylands,* der *freundschaftlichen,* der *Societäts-* und der *Marquesas*-Inseln, (als welche sämmtlich von hellerer Leibesfarbe sind) eingeführet ist. Die *Tanneser* nehmen ein Bamburohr oder eine scharfe Muschel zu dieser Operation; mit einem oder dem andern machen sie, nach allerhand willkührlichen Zeichnungen, ziemlich tiefe Einschnitte in die Haut, und legen alsdann ein besonderes Kraut drauf, welches die Eigenschaft hat, beym Heilen, eine erhabne Narbe zuwege zu bringen. Diese Narben, auf welche sich die guten Leute nicht wenig einbilden, stellen Blumen oder andre seltsame Figuren vor. Die Methode dergleichen mit einem spitzigen Instrument in die Haut zu *punktiren,* scheint hier gänzlich unbekannt zu seyn, wenigstens habe ich nur einen einzigen Mann angetroffen, der eine solche, nach tahitischer Manier tättowirte Figur auf der Brust hatte.

Die Waffen der *Tanneser,* ohne welche sie sich niemals sehen lassen, bestehen in Bogen und Pfeilen, in Keulen, Wurfspießen oder Speeren, und in Schleudern. Auf den Bogen und die Schleuder verstehen sich die jungen Leute am besten, die älteren hingegen wissen den Speer und die Streitkolbe vorzüglich gut zu führen. Die Bogen sind sehr stark, vom schönsten elastischen Casuarina-Holz gemacht und treflich geglättet, werden auch vermuthlich von Zeit zu Zeit mit Öl eingeschmiert, damit sie stets glänzend und biegsam bleiben. Die Pfeile bestehen aus einem beynahe vier Fuß langen Rohrstab, und die Spitze aus eben der Art von schwarzem Holze, welche von den Mallicolesern zu gleichem Endzweck gebraucht wird. Doch sind die Spitzen hier anders geformt als dort, nemlich dreyeckigt, zum Theil über zwölf Zoll lang, und auf zwo, oftmals auch auf allen drey Seiten eingekerbt, oder mit Widerhaken versehen. Zur Vogeljagd und zum Fischen gebrauchen sie Pfeile die drey Spitzen haben. Die Schleudern werden aus Cocos-Fasern, und zwar in der Mitte wo der Stein zu liegen kommt, etwas breiter gemacht als an den Enden. Sie pflegen solche um den Arm oder um den Leib, die Steine aber besonders in ein großes Blatt gewickelt, mit sich herum zu tragen. Die dritte Art von Wurf-Gewehren sind die Spieße oder Speere. Gemeiniglich nehmen sie dazu knotige ungestalte Stecken, kaum eines halben Zolls dick, aber neun bis zehn Fuß lang; das dickste Ende derselben macht eine dreyeckigte Spitze von sechs bis acht Zoll aus, die auf allen dreyen Seiten ohngefähr zehn Einschnitte oder Wiederhaken hat. Mit einem dergleichen Speere verfehlt der Tanneser, zumal wenn die Entfernung gering ist, nicht leicht sein Ziel. Hiezu ist ihm ein vier bis fünf Zoll langes, aus Baumrinde geflochtnes Stück von einem Stricke behülflich, das an einem Ende einen Knoten, an dem andern aber eine Schleife hat, und auf folgende Art gebraucht wird. Durch die Schleife steckt man den Zeigefinger, ergreift hierauf mit diesem Finger und dem Daume das Spieß, und wickelt das andre Ende jenes Strickes, oberhalb der Hand, einmal um den Schaft des Speers herum; wird nun der Speer abgeworfen, so kann er aus der Richtung die man ihm gegeben, wenigstens nicht ehe weichen, als bis er die Schlinge mit Gewalt auseinander getrieben hat, und diese bleibt dann, in ihrer ursprünglichen Form, an dem Zeigefinger des Schützen, woran sie befestigt ist, zurück. Ich habe mehr als *einen* solchen Wurf gesehen, wo auf eine Entfernung von dreyßig bis vierzig Fuß, die zackigte Spitze des Speeres durch einen vier Zoll dicken Pfahl glatt hindurch gieng[5]. So gehet es auch mit ihren Pfeilen; auf acht bis zehn

5 Capit. *Cook* führt an dem Orte seiner Reisebeschreibung, wo er von diesen Speeren redet, *(Vol. II. pag. 82)* eine Stelle aus des Hrn. *Wales Tagebuch* an, die der Übersetzung werth ist. »Ich gestehe,« sagt dieser gelehrte Astronom, »daß ich oft geglaubt, *Homer* habe in den Thaten, welche er seine Helden mit dem Speer verrichten läßt, zu sehr das Wunderbare gesucht: wenigstens dünkte es mir, nach den strengen Regeln des Aristoteles, in einem epischen Gedichte etwas zu auffallend. Selbst *Pope,* der eifrigste Vertheidiger *Homers,* gesteht, daß ihm diese Helden-Thaten verdächtig vorgekommen wären. Allein, seitdem ich die *Tanneser* kennen gelernt, und gesehen habe, wie viel sie mit ihren hölzernen, stumpfen und nicht gar harten Speeren ausrichten, finde ich gegen alle diese Stellen *Homers* nicht das geringste mehr einzuwenden. Im Gegentheil entdecke ich nun da, wo ich sonst etwas tadelnswerthes zu bemerken glaubte, neue, unerkannte Schönheiten. Wie malerisch und wie richtig hat er nicht alles, bis auf die kleinste Bewegung des Speeres und dessen der ihn abwirft, zu beschreiben gewußt! In *Tanna* hab ich dies Bild bis auf das geringste Detail realisirt gefunden. Z. B. das Schütteln in der Hand, das Schwingen ums Haupt, das Zielen eh der Wurf geschieht, das Rauschen des Speeres im Fluge, sein Wanken und Zittern wenn er in die Erde fährt.«

Schritte treffen sie mit voller Kraft; in einer größern Entfernung aber, z. B. auf fünf und zwanzig bis dreyßig Schritte weit, hat man gar nichts davon zu befürchten, denn aus Furcht die Bogen zu zerbrechen, spannen sie solche nie stark genug, um so weit damit zu reichen. Ausser diesen Wurfgewehren, davon die Erwachsenen bald die eine bald die andere Art führen, hat auch ein jeder eine Keule bey sich, und die werden beym Handgemenge gebraucht. Es giebt derselben von fünf unterschiednen Formen: Die besten sind aus Casuarina-Holz, vier Fuß lang, gerade, sauber abgeglättet und an beyden Enden, sowohl oben als unten, mit einem Knopf versehen. Der oberste der zum Handgriff gehört ist rund; der andere hingegen, welcher die eigentliche Keule ausmacht, hat mehrere hervorragende Spitzen oder Zacken in Figur eines Sterns. Zu der zweyten Gattung von Keulen, die sechs Fuß lang sind, wird eine graue, harte Holzart und zwar vermuthlich nur das Stamm-Ende des Baums genommen, denn am Untertheil dieser Keulen findet man, auf der einen Seite, allemahl einen ansehnlichen Höcker der ein Stück von der Wurzel zu seyn scheint. Die dritte, beynahe fünf Fuß lange Sorte, ist am untern Ende mit einem acht bis zehn Zoll langen Zapfen versehen, der vom Schaft der Keule rechtwinklicht absteht, und fast wie die Lanzetten, deren sich die Roßärzte bedienen, aussieht, auch gleich denselben eine scharfe Ecke oder Schneide hat. Die vierte Art von Keulen ist der vorhergehenden ganz ähnlich, nur daß sie auf jeder Seite, folglich überhaupt vier solche scharf hervorragende Zapfen hat. Endlich die fünfte Art bestehet aus einem rundgeformten Stück Corallen-Felsen, welches ohngefähr anderthalb Fuß lang, im Durchmesser aber nur zween Zoll dick ist, und nicht blos zum Hauen, sondern auch zum Werfen gebraucht zu werden pflegt.

Es ließen sich heute wenig Frauenspersonen und auch diese nur in einer ziemlichen Entfernung sehen. So viel man erkennen konnte, waren sie allesammt häßlich und kleiner als die Männer. Die jungen Mädchen hatten blos einen Strick um den Leib, von welchem vorn und hinten ein kleiner Büschel Gras herabhieng; die älteren hingegen trugen einen kurzen Rock von Blättern gemacht. Ihre Ohrgehänge bestanden aus einer Anzahl Ringen von Schildkröten-Schale, und die Halsbänder aus allerhand aufgereiheten Muscheln. Etliche alte Weiber hatten sich ein frisches Pisangblatt um den Kopf gewickelt, andre hingegen trugen eine Mütze von Mattenwerk, doch war beydes nur selten. Gegen Mittag verließen die mehresten Einwohner, vermuthlich der großen Hitze und der Essenszeit wegen, den Strand. Auch uns nöthigten diese beyde Ursachen mit den angefüllten Fässern, nach dem Schiff zurück zu kehren.

Nach Tische, ohngefähr um drey Uhr, verfügten wir uns wiederum ans Land, fanden aber nicht eine Seele am Strande. Nur ziemlich weit gegen Osten sahe man, im Schatten der Palmen, einen Trupp von etwa dreyßig Indianern sitzen, die nicht im mindesten auf uns zu achten schienen. Wir machten uns also die Gelegenheit zu Nutze, um unbemerkt ein paar hundert Schritt weit in den Wald zu gehen, allwo es unterschiedene neue Pflanzen gab. Die am Fuß der flachen Anhöhe befindliche Niederung war zum Theil unangebauet, und reizte unsre Neugier durch allerhand wilde Baumarten und niedriges Gesträuch: wir durften uns aber, auf gerathe wohl, nicht weit vom Strande wagen, denn noch wußte man nicht ob den Wilden so ganz sicher zu trauen sey. Während des Botanisirens näherten wir uns den Indianern, die noch immer so ruhig als zuvor im Grase sitzen blieben. Allein, eine gute Strecke diesseits derselben begegnete uns der alte *Pao-vjangom,* und brachte meinem Vater ein Ferken zum Geschenk. Dieser gab ihm dafür was er bey sich hatte, einen langen Nagel nebst einem Stück Tahitischen Zeuges, und so kehrten wir gemeinschaftlich nach den Booten zurück, um das Schwein daselbst abzuliefern. Unsere Leute waren eben beschäftigt, mit dem großen Netze zu fischen; dies mußten die in der Ferne sitzenden Indianer bemerken, denn sie kamen bald auch herbey, und hatten nicht nur, ganz wider ihre bisherige Art, ihre Waffen zurück gelassen; sondern sie unterhielten sich auch mit uns so gut es gehen wollte, ganz vertraut. Der Fischfang fiel so reichlich aus, daß wir in kurzer Zeit drey Centner von unterschiedlichen schmackhaften Fischen beysammen hatten[6]. *Pao-vjangom* bezeigte großes Verlangen gleichfalls Antheil an der Ausbeute zu haben, und war sehr

6 Besonders eine Art Mugil und einen Fisch, *(Esox argenteus N. S.)* der in den Westindischen Inseln häufig ist, und den Namen *(ten pounder)* Zehnpfünder bekommen hat, weil er nicht selten so viel zu wiegen pflegt.

erfreut, als ihm ein paar Fische zugestanden wurden. Gegen Sonnen-Untergang kehrten wir an Bord zurück, und verursachten, durch den mitgebrachten Vorrath, bey der ganzen Schiffs-Gesellschaft desto größere Freude, je länger sich schon jedermann nach einer Mahlzeit von frischen Lebensmitteln gesehnt hatte.

Der Volkan, der sich gestern früh noch dann und wann hören lassen, ward Nachmittag ganz still. In der Nacht regnete es zu verschiedenen malen, und nun fieng der Berg am folgenden Morgen von neuem an unruhig zu werden. Das aufbrennende Feuer desselben verschaffte uns jedesmal ein angenehmes und zugleich prächtiges Schauspiel. Es theilte dem Rauche, der in dicken Wolken kräuselnd empor stieg, wechselsweise, die glänzendsten Schattirungen von gelber, Orange- Scharlach- und Purpur-Farbe mit, welche endlich in ein röthliches Grau und dunkleres Braun verloschen. So oft ein solcher Flammen-Auswurf erfolgte, so oft ward auch die ganze waldigte Gegend des Berges plötzlich durch ein gold- und purpurfarbnes Licht erhellet, welches die verschiedenen Gruppen von Bäumen, nach Maaßgabe ihrer Entfernung, bald lebhafter, bald sanfter colorirte.

Nach dem Frühstück giengen wir ans Land, woselbst die Einwohner ganz zahlreich, doch nicht in solcher Menge, als gestern, versammlet waren. Sie liessen uns nicht nur ruhig aussteigen, sondern machten auch von selbst Platz, daß wir gemächlich nach dem Orte hingehen konnten, wo wir die Wasserfässer anzufüllen pflegten. Der Capitain aber fand dennoch für gut, zu unserer Sicherheit, Stricke ziehen zu lassen. Von Seiten der Insulaner schien das Mißtrauen noch nicht ganz verschwunden zu seyn, wenigstens wollten sich die mehresten noch nicht bewegen lassen, ihre Waffen zu verkaufen; einige hielten indessen nicht mehr so genau darauf, sondern vertauschten beydes, Keulen und Speere. Mein Vater gab *Paovjangom* für das Schwein, welches dieser ihm gestern geschenkt hatte, ein Beil, und zeigte ihm zugleich wie es gebraucht werden müsse. Das gefiel ihm so wohl, daß ers unter seinen Landsleuten sogleich weiter bekannt machte. Nun entstand bald häufig Nachfrage nach Beilen. Wir versprachen ihnen auch welche, wenn sie uns Schweine dafür bringen würden, das erfolgte aber nicht. Zum Behuf astronomischer Beobachtungen ließ der Capitain für Herrn *Wales* heute ein Zelt aufschlagen. Unter denen Wilden, die sich bey dieser Gelegenheit versammleten, gab es einige die ziemlich übermüthig waren, herum tanzten, und dabey mit ihren Speeren droheten. Zu Thätlichkeiten kam es indessen nicht, und gegen Mittag giengen wir in Gesellschaft des Capitains ruhig an Bord zurück. Kaum waren wir daselbst angelangt, als von einem See-Soldaten, deren etliche unter Commando des Lieutenants am Lande geblieben waren, ein Schuß geschahe, weshalb man die Einwohner in ziemlicher Verwirrung unter einander herumlaufen sahe. Sie wurden jedoch bald wieder ruhig, und fanden sich von neuen auf dem Strande ein. Bey der Rückkunft unsrer Leute, die gegen 3 Uhr zum Essen an Bord kamen, vernahmen wir, daß die Indianer selbst an jenem Lerm Schuld gewesen wären, indem einer von ihnen den Officier durch die unartige Gebehrde, wodurch man einander hier zu Lande herausfordert, bös gemacht habe. Eben das war auch uns gestern begegnet, und der Lieutenant hatte diesmal, so wie der Capitain am vorigen Tage, mit einer Ladung Schroot darauf geantwortet; der Wilde war dadurch in den Fuß verwundet worden und hatte sich ins Gebüsch verkrochen, seine Landsleute waren ihm dahin gefolgt, und würden vermuthlich zu den Waffen gegriffen haben, wenn sie nicht von einigen friedfertiger gesinnten Alten noch zu rechter Zeit wären besänftigt worden.

Gegen Abend liessen wir uns wieder nach dem Strande übersetzen und warfen unterwegens das Netz aus, in Hoffnung abermals einen glücklichen Zug zu thun. Er gab aber nicht mehr als ohngefähr einen halben Centner Fische. Auf dem Landungsplatze, wo wir anfänglich nur wenig Leute antrafen, versammelten sich bald mehrere, doch kamen sie größtentheils unbewaffnet, oder legten uns zu Gefallen ihre Waffen von sich ins Gebüsch. Bey Sonnenuntergang verlohren sie sich wieder bis auf einige wenige, die, zu unserer Verwunderung noch immer bey uns aushielten. Endlich aber bezeugten auch diese, daß sie entlassen zu werden wünschten, und kaum hatten wir ihnen zugewinkt, daß sie unserntwegen nicht einen Augenblick länger da bleiben dürften; so giengen sie auch gleich bis auf den letzten Mann fort. In diesem Betragen scheint etwas ceremoniöses zu seyn, als hielten sie es gleichsam für unhöflich, auf ihrem eignen Grund und Boden, den Fremden nicht Gesellschaft zu leisten? Eine solche Auslegung würde aber freylich gewisse Begriffe von Lebensart und äusserem Anstand voraussetzen, die sich doch mit dem in allen übrigen Stücken noch sehr uncivilisirten Zustand dieser Nation, nicht füglich reimen lassen.

Am folgenden Morgen fuhren Dr. *Sparrmann,* mein Vater und ich wieder nach dem Lande, und stiegen, auf der Westseite des Havens am Fus des steilen Berges, aus, allwo eine Parthey Matrosen Ballast laden sollte. In dieser Gegend schlugen die Wellen so heftig gegen das Ufer, daß wir mit den Booten nicht ganz herankommen konnten, sondern durch die Brandung waden mußten. Es ließ sich auch auf dieser Stelle nicht gut botanisiren, denn, um etliche neue Pflanzen zu erjagen, lief man Gefahr den Hals zu brechen, wie wir denn würklich den jähen Abschuß des Berges mehr als einmal herunter gleiteten. Indessen waren doch, nächst allerhand Kräutern, auch verschiedne Arten von *Mineralien* allhier anzutreffen. Der Berg bestand größtentheils aus Schichten von Thonerde, die sehr weich ist, und an der Luft verwittert. In derselben findet man eine Art *schwarzen Sand-Stein,* imgleichen eine dem *Stinckstein (lapis suillus)* ähnliche Substanz, und *Stücken von Kreide,* die oft ganz rein, oft auch mit Eisen-Theilchen vermengt sind. Etliche hundert Schritt weit gegen die westliche Spitze des Havens, entdeckten wir einen Fußpfad, der auf den Berg hinaufführte; diesem giengen wir nach, weil aber ein Haufen bewaffneter Indianer eben von dort herabkam, so kehrten wir, unverrichteter Sache, zu unsern Leuten zurück, und handelten von denen allda versammleten Eingebohrnen, Zuckerrohr und Cocosnüsse ein. Sie setzten sich auf den Felsen um uns her, und einer, dem die andern mit gewisser Achtung zu begegnen schienen, nahm meines Vaters Namen an, indem er ihm dafür den seinigen beylegte. Er hieß *Umbjegan.* Dieser Gebrauch, durch gegenseitige Vertauschung der Namen, Freundschaft mit einem andern zu errichten, ist auf allen Inseln des Süd-Meeres, so viel wir deren bisher besucht hatten, eingeführt, und hat würklich etwas verbindliches und zärtliches an sich. Da uns die *Tanneser* auf solche Art gleichsam unter sich aufgenommen hatten, so glaubten wir auch weit vertraulicher als bisher mit ihnen umgehen zu dürfen, und benutzten ihre freundschaftliche Gesinnung hauptsächlich zu Erweiterung unserer Kenntniß von der Landessprache. Sie bewirtheten uns bey dieser Gelegenheit mit einer Art *Feigen-Blätter* die, in *Pisang-Laub* gewickelt, vermittelst heißer Steine unter der Erde gebacken oder vielmehr gedämpft waren, und gar nicht übel, ohngefähr wie Spinat schmeckten. Hiernächst bekamen wir zwo große *Pisang-Früchte,* von der wilden Art, und wurden also mit Vergnügen inne, daß auch bey diesem Volke die Gastfreyheit eben keine unbekannte Tugend sey. Es waren Weiber und Kinder, die uns mit dergleichen Leckerbissen beschenkten. So nahe hatten sie sich bisher noch nicht heran gewagt. Zwar thaten sie auch jetzt noch, ausserordentlich furchtsam, denn wenn wir sie nur scharf ansahen, so liefen sie schon davon, worüber denn die Männer jedesmal herzlich lachten: Indessen war es uns vor der Hand vollkommen genug, ihre bisherige Schüchternheit wenigstens so weit besiegt zu haben. Manche von diesen Frauenspersonen sahen wohl etwas freundlich, die mehresten aber finster und traurig aus. Gleich den Männern waren sie mit Ohrringen und Halsbändern geputzt, und die verheyratheten Weiber trugen Mützen von geflochtenem Grase zubereitet. Die mehresten hatten sich ein langrundes Stück von einem weißen Steine, zum Zierrath, durch den Nasenknorpel gesteckt. Wenn wir ihnen etwas schenkten, es mochte eine Glascoralle, ein Nagel, ein Band, oder irgend sonst etwas seyn; so wollten sie es nie mit der bloßen Hand anrühren, sondern verlangten, daß wir es hinlegen sollten, und pflegten es dann, vermittelst eines grünen Blattes, aufzunehmen. Ob dies aus irgend einer abergläubischen Grille, oder aus vermeynter Reinlichkeit, oder gar aus besondrer Höflichkeit geschah? kann ich nicht entscheiden. Gegen Mittag verfügten sie sich allerseits nach ihren Wohnungen, die größtentheils auf dem Berge befindlich zu seyn schienen, und auch wir begaben uns mit den Matrosen an Bord zurück. Nachmittags wurde wieder gefischt, aber ohne besondern Erfolg, denn mit allen unsern vielfältigen Zügen bekamen wir nicht mehr als ein paar Duzend Fische. Darauf stiegen wir am Ufer aus, wagten es aber, der anwesenden Indianer wegen, nicht, in den Wald zu gehen; sondern begnügten uns am äussersten Rande desselben nach Kräutern zu suchen, und gelegentlich etwas von der Landessprache zu erlernen.

Am folgenden Morgen kehrten wir nach demselben Ort zurück, wo unsre Leute gestern Ballast geladen hatten. Hier kletterten wir, der Hitze ohnerachtet, etliche Stunden lang auf dem Felsen herum, fanden jedoch nicht viel Neues, und mußten den höher gelegenen, dickeren Wald, mit vergeblicher Sehnsucht ansehen, weil man es aus Besorgniß für den Indianern noch nicht wagen durfte, den botanischen Schätzen desselben nachzuspühren. Auf dem Rückwege entdeckten wir eine heiße Quelle, die aus dem Felsen, dicht am Strande des Meeres, hervorsprudelte. Wir hatten eben kein Thermometer zur Hand, konnten aber schon dem bloßen Gefühl nach abnehmen, daß der Grad von Hitze ziemlich groß seyn müsse, denn ich war nicht vermögend, den Finger nur eine Secunde lang darin zu leiden. Kaum hatten wir am Mittage das Schiff erreicht, so kam auch der Capitain vom Wasserplatz zurück, und brachte einen Indianer mit an Bord. Dies war eben der junge Mann, der, gleich bey unsrer Ankunft, so viel kaltblütigen, ruhigen Muth gezeigt hatte, indem er, unter mehr als zweyhundert Leuten von seiner Nation, der einzige war, der bey Abfeurung einer Canone in seinem Canot stehen blieb, indeß alle übrigen für Schreck in die See sprangen. Er sagte, sein Name sey *Fanokko,* verlangte dagegen die unsrigen zu wissen, und suchte sie, so gut es ihm möglich war, nachzusprechen und auswendig zu behalten. Es fehlte ihm aber, so wie allen seinen übrigen Landsleuten, gar sehr an jener Biegsamkeit der Sprach-Organe, die den *Mallicolesern* in so bewundernswürdiger Maaße eigen war. Wir mußten ihm deshalb unsre Namen nach der sanfteren Modifikation angeben, welche sie von den *Tahitiern* bekommen hatten. Er war von angenehmer Gesichtsbildung; die Augen groß und lebhaft; und sein ganzes Ansehen verrieth Fröhlichkeit, Munterkeit und Scharfsinn. Von letzterem will ich unter andern nur folgendes Beyspiel anführen. Mein Vater und Capitain *Cook* hatten, in ihren Wörtersammlungen aus der hiesigen Sprache, jeder einen ganz unterschiedenen Ausdruck aufgezeichnet, die beyde so viel als *Himmel* bedeuten sollten. Um nun zu erfahren, welches eigentlich die wahre Benennung sey, wandten sie sich an *Fanokko.* Dieser war der Erklärung wegen nicht einen Augenblick verlegen; sondern streckte sogleich seine rechte Hand aus, und legte ihr das eine Wort bey, darnach bewegte er, unterhalb der ersteren, die andere hin und her, nennte sie mit dem zweyten streitigen Worte, und gab dabey zu verstehen, die oberste Hand bedeute eigentlich den *Himmel,* die andre hingegen die *Wolken,* die drunter wegziehen. Auf eine eben so einfache und deutliche Weise, lehrte er uns auch die Namen unterschiedner Eilande die hier umher liegen. Dasjenige wo Capitain *Cook* unglücklicherweise mit den Einwohnern Händel bekam, und von da wir gerade hieher gesegelt waren, nannte er *Irromanga.* Das niedrige Eiland, bey dem wir auf dieser Fahrt vorüber gekommen, hieß *Immèr,* ein hohes Eiland, welches wir, zu eben der Zeit, ostwärts von *Tanna* erblickt, *Irronan,* und ein drittes gen Süden liegendes, welches wir noch nicht wahrgenommen hatten, *Anattom.* Die Insulaner mußten über das Aussenbleiben des guten *Fanokko* unruhig werden, denn er war noch nicht lange bey uns an Bord, als etliche derselben in einem Canot an das Schiff kamen, und ganz ängstlich nach ihm fragten. Sobald dieser es hörte zeigte er sich am Cajüttenfenster, rief ihnen ein paar Worte zu, und schickte sie auf die Art nach dem Lande zurück. Es währete aber nicht lange so kamen sie wieder, und brachten ihm einen Hahn, etwas Zuckerrohr und Cocosnüsse, womit er, als ein dankbarer Gast, seinem Wirthe, dem Capitain ein Geschenk machte. Nun setzten wir uns mit einander zu Tisch; *Fanokko* kostete von dem gepökelten Schweinefleisch, hatte aber schon am ersten Bissen genug. Gebratene oder gekochte Yams waren mehr nach seinem Geschmack, doch aß er überhaupt sehr mäßig, und schloß seine Mahlzeit mit einer Art von Torte, die ihm sehr gut schmeckte, ohnerachtet sie nur aus gebacknen und überdem wurmstichig gewordenen getrockneten Äpfeln zubereitet war. Wir setzten ihm auch ein Glas Wein vor, dies trank er zwar ohne Widerwillen, wollte aber doch das zweyte nicht annehmen. Er betrug sich bey Tische überaus artig und anständig; das Einzige was uns von seinen Manieren nicht ganz gefiel, war, daß er den Rohrstab, den er im Haare stecken hatte, anstatt einer Gabel brauchte, und sich dann bey Gelegenheit wieder damit im Kopfe kratzte. Da er, nach der Landes-Mode, aufs zierlichste, *à la porc-epic,* frisirt, und der Kopf mit Öl und allerhand Farben beschmiert war, so kam es uns sehr ekelhaft vor, den Rohrstecken bald auf dem Teller, bald in dem Haar herumfahren zu sehen. Dem ehrlichen *Fanokko* mogte es aber freylich wohl nicht einkommen, daß so etwas unschicklich seyn könnte.

Tanna-Erdtaube (ausgestorben), *F: Columba ferruginea*
Gallicolumba ferruginea (Tanna, 17. August 1774)

Nach Tische führten wir ihn im ganzen Schiffe umher, und zeigten ihm alles Merkwürdige. Ein Tahitischer Hund, welchen er gewahr wurde, machte seine ganze Aufmerksamkeit rege. Ohne Zweifel mußte ihm diese Art von Thieren noch gar nicht bekannt seyn, denn er nannte es *buga,* (welches in der hiesigen Landessprache eigentlich ein Schwein bedeutet), und bat sehr angelegentlich, daß man es ihm schenken möchte. Der Capitain gab ihm also nicht nur den Hund, sondern auch eine Hündin dazu. Hiernächst bekam er noch ein Beil, ein großes Stück Tahitisches Zeug, etliche lange Nägel, Medaillen, nebst allerhand andern Kleinigkeiten von geringerem Werthe, und alsdann brachten wir ihn, der für Freuden über alle diese Geschenke gleichsam ausser sich war, ans Land zurück. Sobald wir daselbst ausgestiegen waren, nahmen *Fanokko* und seine Freunde den Capitain bey der Hand, als wollten sie ihn nach ihren Wohnungen führen. Dies mogte ihnen aber bald wieder leid werden, denn an statt weiter zu gehen, fertigten sie blos einen der ihrigen ab, um das Geschenk welches sie gemeinschaftlich hatten holen wollen, von diesem allein herbeyschaffen zu lassen. Mittlerweile kam der alte *Pao-vjangom,* und brachte dem Capitain einen kleinen Vorrath von *Yams* und Cocosnüßen, den er, wie zur Schau, durch zwanzig Mann tragen ließ, ohnerachtet ihrer zwey denselben gemächlich hätten fortbringen können; es schien aber daß der Alte seinem Geschenk durch diesen Aufzug nur ein desto stattlicheres Ansehen geben wollte. *Fanokko* und seine Freunde warteten noch immer mit Ungeduld auf die Rückkunft ihres Bothen, da es indessen schon anfieng finster zu werden, ohne daß von diesem etwas zu sehen gewesen wäre, so verließ der Capitain die guten Leute, die nicht wenig betreten zu seyn schienen, daß sie seine Geschenke unerwiedert lassen sollten.

Wir hatten in der Zwischenzeit längs dem Ufer der Bay einen Spatziergang gemacht, und am Fuße der flachen Anhöhe, in den Wäldern, nach Pflanzen umher gesucht. Die Waldung bestand größtentheils aus *Palmen* und unterschiedenen Arten von *Feigenbäumen,* deren Früchte eßbar, und so groß, als gewöhnliche Feigen waren. In eben dieser Gegend trafen wir auch etliche Schober an, worunter die Canots aufs trockne gezogen, für Sonne und Regen bedeckt lagen; Wohnhütten aber sahe man nirgends als an der äussersten Spitze des Havens, gen Osten. Wir waren eben im Begriff dahin zu gehen, als uns, ohngefähr dreyhundert Schritte weit davon, eine Menge Indianer entgegen kamen, und zurück zu gehen bathen. Andre liefen zum Capitain *Cook,* zeigten auf uns, und verlangten, er solle uns zurufen, daß wir umkehren möchten. Dies thaten wir auch, um nicht zu Händeln Gelegenheit zu geben, versuchten es aber dagegen auf einer andern Seite, nemlich vom Wasserplatz aus, mit guter Manier ins Land zu dringen. In dieser Absicht folgten wir einem Fußsteig, der nach der hohen Fläche hinführte, und uns bald durch dickes Gebüsch bald über freye Plätze brachte, die so gut als unsre besten Graswiesen, mit dem schönsten Rasen bewachsen, und rings umher mit Waldung eingefaßt waren. Indem wir die Anhöhe heranstiegen, kamen drey Einwohner davon herunter, und wollten uns bereden, daß wir wieder umkehren möchten. Da sie aber sahen, daß wir gar nicht Lust dazu bezeigten, so fanden sie für gut uns wenigstens zu begleiten, vermuthlich damit wir nicht zu weit gehen sollten. Nach und nach gelangten wir durch ein kleines luftiges Wäldchen, an große *Pisang-Gärten,* die, auf eine ziemliche Strecke, mit Yam- und Arums-Feldern, imgleichen mit Pflanzungen von Feigenbäumen abwechselten, und zum Theil steinerne, zween Fuß hohe, Einfassungen hatten. Wir wurden bald inne, daß dieser Weg queer über die südöstliche schmale Landspitze des Havens führen müsse, denn das Geräusch der Wellen schallte bereits ganz laut vom jenseitigen Ufer her; unsre indianischen Begleiter wurden auch schon unruhig, daß wir noch immer weiter giengen: da wir sie aber versicherten, daß es uns bloß um eine freye Aussicht nach dem Meere zu thun sey, so brachten sie uns auf eine kleine Anhöhe, von dannen die offene See, und, in einer Entfernung von acht bis zehn Meilen, auch das Eiland, welches *Fanokko, Anattom* genannt hatte, zu sehen war. Es schien voll hoher Berge, und wenn gleich kleiner als *Tanna,* doch wenigstens zehn bis zwölf Meilen im Umkreise zu seyn. Als wir uns in dieser Gegend eine Zeitlang umgesehen, kehrten wir, auf demselben Wege wo wir hergekommen waren, wiederum zurück. So ernstlich uns die Indianer zuvor abgerathen hatten, daß wir nicht tiefer ins Land dringen möchten, eben so eifrig luden sie uns jetzt dazu ein, und erboten sich zu Führern. Ich will sie zwar nicht geradezu einer bösen Absicht beschuldigen, allein wir durften uns doch nicht darauf einlassen, denn kurz zuvor hatten sie einen von den ihrigen voraufgeschickt, und das sah allerdings ein wenig verdächtig aus. Wir wanderten also geraden Weges nach dem Strande zurück, ohnerachtet wir erst eine einzige neue Pflanze gefunden, und dieser kleine Vorschmack uns nur noch lüsterner darnach gemacht hatte, die Insel weiter zu untersuchen. Die Matrosen waren bey unsrer Rückkunft gerade mit dem Fischfange beschäftigt, hatten aber bey weitem keinen so guten Zug gethan, als das erstemal. Eine Menge von Indianern sahe ihnen sehr aufmerksam zu, und gaben durch Gebehrden zu erkennen, daß diese Art zu fischen ein ganz neues Schauspiel für sie sey, indem man hier zu Lande die Fische nicht anders als wenn sie sich an der Oberfläche des Wassers zeigen, mit Pfeilen oder Speeren (wie bey uns mit Harpunen) zu schießen wisse. So oft sie etwas unbekanntes sahen, entfuhr ihnen der Ausruf: *Hibau!* Eben dies Wort ließen sie auch für Schreck, imgleichen aus Bewunderung, aus Abscheu, und selbst aus Begierde nach einer Sache von sich hören. Welche von diesen Bedeutungen es jedesmal haben sollte, das konnte man, theils aus den Gebehrden, theils aus dem Ton, und der Art wie es, bald gedehnt, bald etliche mal schnell hintereinander, ausgestoßen ward, sehr gut unterscheiden. Sie pflegten auch wohl mit den Fingern dabey zu schnappen, wenn es Bewunderung andeuten sollte.

Am folgenden Tage verfügten wir uns, gleich nach dem Frühstück, auf den Wasserplatz. Unsre Leute, die, ihres Geschäftes wegen, schon seit Tages Anbruch da gewesen waren, erzählten uns, sie hätten von der östlichen Spitze viele Einwohner mit Bündeln beladen, vorüber, und tiefer ins Land ziehen gesehen. Sie hielten es für eine förmliche Auswanderung, und glaubten, daß die Indianer die Gegend um den Haven ausdrücklich verließen, um in einem abgelegenen District der Insel ungestört, und für unserm Feuergewehr sicher, wohnen zu können. Ich aber erklärte mir die Sache anders. Meines Erachtens hatten sich die Einwohner, auf den ersten Lärm, den unsre Anherokunft veranlaßte, von allen Enden und Orten hier am Haven versammlet, um nöthigen Falls ihre Insel mit vereinten Kräften vertheidigen zu können. Ehe sichs entschied, ob wir Freunde oder Feinde wären, blieb der ganze Trupp beysammen, und die von fern gekommen, mußten diese Zeit über, des Nachts, in den Wäldern campiren. Jetzt aber, da sie von uns nichts mehr befürchten mochten, gieng ein jeder wieder nach seiner Heimath zurück. Diese Meynung war auch um deswillen wahrscheinlich, weil hier herum nirgends als gegen die östliche Landspitze hin, und selbst dort nur einige wenige Wohnhütten standen. Wir suchten ihrem Mistrauen gegen uns bey allen Gelegenheiten zu steuern, und da würkte nichts augenscheinlicher, als wenn wir ihnen an den Fingern vorzählten, daß wir uns nur eine gewisse Anzahl von Tagen allhier aufzuhalten gedächten. Bey ihrer heutigen zahlreichen Wanderung hatte man unter andern bemerkt, daß alle die, welche Bündel trugen, Weibsleute waren, indeß die Männer, ohne alle Bürde, gemächlich neben her giengen. Aus diesem einzigen Umstände läßt sich schon abnehmen, daß die *Tanneser* noch nicht so civilisirt sind, als die Bewohner der *Societäts-* und *freundschaftlichen Inseln,* denn es zeigt immer eine rohe und ungebildete Nation an, wenn die Männer hart mit den Weibern umgehen, und ihnen die niedrigsten und schwersten Arbeiten auflegen. – Daß die Eingebornen würklich von hier weg, und nach andern Gegenden der Insel hingewandert seyn mußten, spürte man auch dadurch, daß jetzt nur sehr wenige am Strande zu sehen waren. Wir glaubten daher, die Ebene hinter dem Wasserplatz ganz unbesorgt durchstreichen zu dürfen, und fanden auf derselben mehrere große Pfützen, darinn *Arum-Wurzeln* angepflanzt waren; auch trafen wir ganze Wälder von *Cocos-Palmen* an, in welchen man aber, des überall verwachsenen Gesträuches wegen, fast nirgends fortkommen konnte. Eine Menge von Vögeln machte es in diesem Gehölz sehr lebhaft, vornemlich bemerkten wir *Fliegenschnapper, Baumkletten (creepers)* und *Papagayen.* Auch gab es hier eine Art großer Nußbäume[7], die uns schon von *Tahiti* aus bekannt waren, wo die Früchte derselben verspeiset werden. Auf diesen Bäumen hielten sich allerley *Tauben,* vornemlich jene Art, welche auf den *freundschaftlichen* Eylanden häufig gefangen, und zahm gemacht zu werden pflegt. Eben dieses scheint auch unter den *Tannesern* üblich zu seyn; denn einer von den Officieren schoß heut eine solche Taube, an deren Schwänze man zwey lange weisse Federn befestigt fand, um deren willen er sie auch beym ersten Anblick für eine ganz unbekannte Art gehalten hatte. Einige Indianer, denen wir begegneten, erzählten uns, daß einer unsrer Leute zwo Tauben geschossen hätte; so unerheblich diese Nachricht an und für sich seyn mochte, so wichtig war es, daß die Indianer uns selbige nicht in der *hiesigen* Mundart, sondern, von Wort zu Wort, in *jener* Sprache mittheilten, die auf den *freundschaftlichen* Eilanden geredet wird. Ohne Zweifel mußten sie bemerkt haben, daß wir uns in der Unterredung oft mit Wörtern aus dieser Sprache zu helfen pflegten, und also bedienten sie sich derselben blos, um uns verständlicher zu werden. Als wir ihnen unsre Verwundrung bezeigten, sie in einer fremden Sprache reden zu hören, wiederhohlten sie das zuvor gesagte auf Tannesisch, als ihrer Muttersprache, die von jener himmelweit unterschieden ist, und setzten hinzu, daß die erstere zu *Irronan*[8], einer, ohngefähr acht Meilen von hier, gegen Osten gelegenen Insel üblich

7 *Inocarpus* von uns benannt, Siehe *Forsteri nova genera plantarum etc. etc. cum 76. tabb. aen. gr. 4. Berolini 1776. 8 Thlr.*

8 Diese Insel wird auch bisweilen *Futtuna* genannt.

sey. Mit dieser Übereinstimmung der Sprache auf so entfernten Inseln, kann es zweyerley Bewandniß haben. Entweder ist von dem Stammvolk, welches die freundschaftlichen, und überhaupt *alle* östlichen Inseln des Südmeeres bevölkert hat, eine Colonie nach *Irronan* ausgewandert; oder, die Einwohner dieser letztern Insel stehen mit den Bewohnern der *freundschaftlichen* Eylande in Verkehr, wozu ihnen einige zwischen inne liegende, wenn gleich uns noch nicht bekannt gewordene, Eilande behülflich seyn mögen.

Nachmittags giengen wir von neuem aus, und trafen auch jetzo nur eine geringe Anzahl von Einwohnern, ohnerachtet wir die Ebene bis auf drey Meilen weit von der See durchstrichen. Wenn uns je einer begegnete, so sagten wir ihm, es sey uns nur ums Vogelschießen zu thun, denn unter diesem Vorwande ließen sie uns gemeiniglich ungehindert gehen. Wir schossen auch in der That die Menge solcher kleinen Vögel, bekamen aber dennoch selten einen, weil sie gemeiniglich ins Gras fielen, welches so hoch und dicht stand, daß man sie nicht wieder heraus finden konnte. Pisang und Zuckerrohr waren in dieser Gegend förmlich angepflanzt, Wohnhütten hingegen nirgends zu sehen, indem der größte Theil der Ebene unangebaut, und theils mit hoher Waldung, theils mit niedrigem Gebüsch überwachsen ist. Im Hintergrunde kamen wir an ein langes und sehr geräumiges Thal, aus welchem an vielen Orten Rauch empor stieg und von mehr als einer Gegend Menschen-Stimmen heraufschallten. Die Leute selbst konnten wir aber, so wenig als ihre Hütten ansichtig werden, weil der Pfad, in dem wir uns befanden, an beyden Seiten mit dickem Gebüsch umgeben, und das Thal selbst voller Waldung war. Da auch überdem der Tag sich schon zu neigen anfieng; so begnügten wir uns dieses Thal ausgespürt zu haben, und kehrten, mit dem Vorsatz bey einer andern Gelegenheit mehr davon zu entdecken, in aller Stille nach dem Strande zurück.

Die Nacht über regnete es sehr heftig und fast ohne Unterlaß. Je dunkler dieses die Finsterniß machte, desto mahlerischer war es anzusehen, wie das Feuer des Volcans, den aus dem Gipfel emporsteigenden dicken Rauch vergoldete. Der Auswurf hatte gänzlich nachgelassen, und von dem unterirrdischen Getöse war seit mehrerern Tagen ebenfalls nichts mehr zu hören gewesen. Am Morgen klärte sich das Wetter wiederum auf und verstattete uns ans Land zu gehen, wo, eben so wie gestern, nur wenig Einwohner zum Vorschein kamen. Wir suchten daselbst, an der West-Seite, nach einem Fußsteige, vermittelst dessen wir bereits vor ein paar Tagen angefangen hatten, den dortigen Berg hinauf zu klettern. Er war so steil nicht, als wir es uns vorgestellt, und gieng überdem durch die schönste Waldung von wilden Bäumen und Sträuchen, deren Blüthe dem Wanderer überall Wohlgeruch entgegen duftete. Blumen von verschiedener Art zierten das schattige Laub und mancherley *Glockenwinden* rankten sich, in blau und purpurfarbnen Kränzen, wie Epheu, die höchsten Bäume hinan. Um uns her zwitscherten die Vögel ihren so wilden Gesang und belebten eine Gegend, der es an allen andern Arten von lebendigen Bewohnern zu fehlen schien. In der That war weder von Menschen noch von Pflanzungen die geringste Spur zu finden. Demohnerachtet folgten wir dem schlängelnden Pfade immer höher und gelangten nach Verlauf einer Viertelstunde, an einen kleinen freyen Platz, der mit dem feinsten Rasen bewachsen, und rings umher von schönen wilden Bäumen eingeschlossen war. Außerdem daß die Sonnenstrahlen hier um desto kräftiger würkten, weil der Wind nirgends Zugang finden konnte, ward die Hitze noch durch einen heißen Dampf vermehrt, dessen durchdringender Schwefel-Geruch uns bald seinen unterirrdischen Ursprung verrieth. Wir fanden ihn nemlich zwischen den Ästen der Feigenbäume, die in vortreflichem Wuchse standen, von einem kleinen Haufen weislicher Erde empor steigen. Diese war nicht, wie sie beym ersten Anblick zu seyn schien, eine Art von Kalk, sondern ein wirklicher Ton mit gediegenem Schwefel vermischt, und hatte, gleich dem Alaun, einen caustischen, oder zusammenziehenden Geschmack. Wenn man mit einem Stocke darinn scharrte, so kam der Rauch häufiger hervor und für Hitze konnte man die Füße kaum auf dem Boden leiden. Als wir noch eine gute Ecke höher stiegen, brachte uns der Weg wiederum auf einen solchen freyen Platz, der etwas abhängig war, aber weder Gras noch andre Pflanzen trug. An einer Stelle desselben bestand das Erdreich aus rothem Bolus oder Ocker, womit die Einwohner sich zu schminken pflegen, und an zween andern Flecken stieg von einem Häufgen Erde, hier eben solcher Schwefeldampf empor, jedoch nicht so häufig, auch nicht von so starkem Geruch als unten. Der Ton sahe hier etwas grünlicher aus, welches ohne Zweifel von dem darinn enthaltenen Schwefel herrühren mochte. Mittlerweile war der Vulcan unruhiger geworden als jemals, und bey jeder Explosion desselben, stieg aus diesen unterirrdischen Schwefelgruben der Dampf in größerer Menge als sonst, gleich einer dicken weißen Wolke, hervor. Dieser Umstand schien anzuzeigen, daß zwischen beyden Örtern, entweder eine förmliche Gemeinschaft vorhanden seyn, oder, daß die inneren gewaltsamen Erschütterungen des feuerspeyenden Berges, sich auf irgend eine andre, mittelbare Weise, bis nach diesen Schwefel-Behältern fortpflanzen müßten. Was den Vulcan selbst betrifft, so bemerkten wir heute zum zweytenmal, daß er nach Regengüssen am unruhigsten zu werden pflegte; vermuthlich bringt also der Regen dergleichen Ausbrüche, auf eine oder die andre Art, zuwege, es sey nun, daß er die Gährung der brennbaren Mineralien im Berge würklich verursacht, oder dieselbe nur befördert und vermehrt. Nachdem wir die rauchenden Öffnungen dieser Solfatara lange genug betrachtet hatten, stiegen wir noch höher, und entdeckten bald, an unterschiedenen Orten des Waldes, eine Menge von Pflanzungen. Zwischen dickbelaubten Bäumen brachte uns, in sanfter Krümmung, der Fußpfad ganz bequem bis zum Gipfel, von welchem ein schmaler, in zwo Rohrzäunen eingehegter Weg, der freye Aussicht nach dem nordöstlichen See-Ufer hatte, an der andern Seite des Berges hinablief. Auf diesem Wege bekamen wir in kurzer Zeit den Volcan zu Gesicht, und konnten das Auswerfen desselben schon sehr deutlich wahrnehmen, ohnerachtet uns noch mancher Hügel und manches Thal wohl zwey Seemeilen weit davon trennen mochte. Die Gewalt des unterirrdischen Feuers setzte uns am mehresten in Erstaunen, denn Felsen-Klumpen, zum Theil so groß als unser größtes Boot, wurden aus dem Innersten des Berges hoch empor geschleudert, als ob es gleichsam nur Kiesel wären. Durch den bisherigen guten Fortgang unserer Wanderung, und durch die Einsamkeit dieser Gegend beherzt gemacht, waren wir im Begriff weiter vorzudringen, als plötzlich der Schall von einer oder zween großen Trompeten-Muscheln ertönte. Da dieses Instrument bey allen wilden Nationen, und vorzüglich in der Süd-See, zum Lermblasen gebraucht zu werden pflegt; so mußten wir uns durch allzu lautes Reden verrathen, und auf solche Art die Einwohner in Allarm gesetzt haben. Nun durften wir folglich dem Landfrieden nicht länger trauen, und kehrten also unverzüglich zurück, erreichten auch die oberste Solfatara, ohne von den Indianern entdeckt zu werden. Erst dort begegneten uns etliche die vom Wasserplatz herauf kamen, und sich zu wundern schienen, daß wir so weit im Lande umherschweiften. Wir halfen uns, wie gewöhnlich, mit dem Vorwand durch, daß wir bloß aufs Vogelschießen ausgegangen wären, und bathen sie zugleich um etwas zu trinken. Gegen das erste fanden sie nichts einzuwenden, achteten aber, dem Anschein nach, auch auf das zweyte nicht, denn sie setzten ihren Weg den Berg hinauf ganz gleichgültig fort. Jedoch, als wir auf demselben Fleck ohngefähr noch eine Viertelstunde lang nach Kräutern gesucht hatten, und eben weiter gehen wollten, kam eine ganze Familie, Männer, Weiber und Kinder herab, und beschenkten uns mit vielem *Zuckerrohr,* auch zwo bis drey *Cocosnüssen*. Wir belohnten sie für diese unerwartete Erquickung, so gut es uns möglich war, worauf sie sehr zufrieden nach ihren Wohnungen, wir aber, mit unsren botanischen Reichthümern, an den Strand zurück kehrten, woselbst die Boote eben nach dem Schiffe überfahren wollten. Die Indianer hatten während unserer Abwesenheit angefangen, *Yams, Zuckerrohr, Cocosnüsse* und *Pisangs* zu Markt zu bringen, zwar vor der Hand noch sehr sparsam, doch zum Anfange schon genug um für die Folge ein mehreres hoffen zu lassen. Unser Eisengeräth stand bey ihnen, aus Mangel gehöriger Kenntniß, noch in gar keinem Werth; statt dessen nahmen sie lieber Tahitisches Zeug, kleine Stücken von *Neu-Seeländischen grünen Nephritischen Stein,* Perlen-Mutter, und vor allen Dingen, *Schildkröten-Schaale*. Gegen letztere vertauschten sie was ihnen das liebste war, ihre Waffen, zuerst nur Speere und Pfeile, bald nachher aber auch Bogen und Keulen.

Gleich nach der Mahlzeit fuhren wir wiederum ans Land und eilten, längs dem Strande, nach der östlichen Spitze des Havens, von welcher uns die Einwohner vor einigen Tagen zurückgewiesen hatten. Unterwegens begegneten wir einigen die stehen blieben, um mit uns zu sprechen, ein andrer Indianer aber, huckte sich hinter einem Baume nieder, spannte seinen Bogen, und richtete einen Pfeil auf uns.

Dies wurden wir nicht sobald gewahr, als einer von uns gleich mit der Flinte nach ihm zielte, worauf der Kerl augenblicklich den Bogen von sich warf, und ganz demüthig zu uns hervor gekrochen kam. Es mag seyn, daß er keine böse Absicht gehabt, doch ist dergleichen Spaß nicht immer zu trauen. Ohnweit der östlichen Landspitze, die wir bald nachher erreichten, fand sich eine Art schöner Blumen, die man vermittelst ihrer brennend rothen Farbe schon beym Einlaufen in den Haven, vom Schiffe aus, bemerkt hatte. Jetzt zeigte sich, daß es die Blüthe einer *Eugenia* oder Art von *Jambos-Baum* war. Indem wir über die Landspitze weg und längs dem jenseitigen Ufer fortgehen wollten, stellten sich mit einmal funfzehen bis zwanzig Indianer in den Weg und baten uns, sehr ernstlich, umzukehren. Als sie sahen, daß wir nicht die geringste Lust dazu bezeigten, so wiederholten sie ihre Bitte, und gaben endlich durch allerhand Gebehrden zu verstehen, daß ihre Landsleute uns ohnfehlbar todtschlagen und fressen würden, wenn wir noch weiter vordringen wollten. Es befremdete uns, daß diese Insulaner, die wir nimmermehr für Menschenfresser gehalten hätten, sich auf solche Art selbst dafür ausgaben. Zwar hatten sie sich schon bey andern Gelegenheiten etwas ähnliches merken lassen; da es aber lieblos gewesen wäre sie auf eine bloße Vermuthung einer solchen Barbarey zu beschuldigen, so stellten wir uns, als hätten wir ihre Zeichen dahin verstanden, daß sie uns etwas zu essen anböten, giengen also immer weiter fort und winkten ihnen zu, daß wir's uns recht gut würden schmecken lassen. Nun gaben sie sich alle Mühe uns aus dem Irrthum zu reißen, und deuteten uns durch Zeichen sehr verständlich an, daß sie einen Menschen zuerst todtschlügen, hierauf die Glieder einzeln ablöseten, und dann das Fleisch von den Knochen schabten. Endlich setzten sie die Zähne an den Arm, damit uns gar kein Zweifel übrig bleiben sollte, daß sie würklich Menschenfleisch äßen. Auf diese Warnung kehrten wir von der Landspitze zurück, und giengen nach einer Wohnhütte hin, die, ohngefähr funfzig Schritt davon, auf einer Anhöhe lag. Sobald uns die Bewohner derselben herauf kommen sahen, liefen sie hinein und holten sich Waffen heraus, vermuthlich um uns zurück zu treiben, weil sie glauben mochten, daß wir, als Feinde, ihnen das ihrige rauben wollten. Zu Steurung dieses Argwohns, mußten wir einer Wißbegierde Schranken setzen, die uns sonst gewiß nachtheilig geworden seyn würde. Gleichwohl lief sie keinesweges auf eine Kleinigkeit heraus: Es pflegten nehmlich die Indianer auf dieser Landspitze an jedem Morgen, bey Tages Anbruch, einen langsamen feyerlichen Gesang anzustimmen, der gemeiniglich über eine Viertelstunde dauerte, und wie ein Todtenlied klang. Dies dünkte uns eine religiöse Ceremonie zu seyn, und ließ vermuthen, daß dort irgendwo ein geheiligter Ort verborgen seyn müsse, zumahl da die Einwohner uns auch immer so geflissentlich von dieser Gegend abzuleiten suchten.

Nachdem wir einige Schritte zurückgegangen, stiegen wir auf die hohe Ebene, in Hoffnung, von da aus etwas entdecken zu können, weil sie wenigstens um vierzig bis funfzig Fuß höher liegt als die Landspitze. Wir fanden aber eine weitläuftige Pflanzung vor uns, die aus unzähligen *Pisangs,* zum Theil auch aus *Cocos-Palmen* und andern hohen Bäumen bestand, welche uns nirgends freye Aussicht gestatteten. Überdem war diese Plantage rings umher, so wie es zu *Tonga-Tabbu* und *Namocka* gebräuchlich ist, mit dichten Hecken von Rohr umzäunt. Die Indianer folgten uns noch immer auf dem Fuße nach, fiengen an uns von neuem zu warnen, und endlich ganz offenbar zu drohen, daß sie uns schlachten und fressen würden, wofern wir darauf beharreten, weiter zu gehen. Mit dem alten Vorwand, daß es uns lediglich um die Jagd zu thun sey, war diesmahl nichts auszurichten, vielmehr schien unsre heutige Beharrlichkeit sie von neuem so mißtrauisch gemacht zu haben, daß wir wohl nicht ganz friedlich auseinander gekommen seyn möchten, wenn uns nicht der alte *Pao-vjangom* begegnet wäre. Mit diesem ließen sie uns geruhig längs der ganzen Anhöhe gegen das West-Ende des Havens fortgehen. Diese Gegend war durchgehends mit *Feigen-Bäumen* besetzt, die wegen ihrer eßbaren Blätter und Früchte ordentlich angepflanzt werden. Sie sind von dreyerley Arten; die eine trägt Früchte von eben der Größe, als bey uns zu Lande, nur daß sie von aussen wollicht wie Pfirschen, und inwendig blutroth wie Granatäpfel sind. Der Saft ist süß, sonst aber eben nicht schmackhaft. Auf einer andern Art großer Bäume wuchs die *Jambu* sehr häufig; diese Frucht ist ohngefähr so groß als eine kleine Birne, und ihres angenehm säuerlichen Saftes wegen sehr kühlend. Ausserdem gab es hier auch noch schöne

Kohl-Palmen (areca oleracea Linn). Jenseits dieser Plantage kamen wir in ein kleines Wäldchen von allerhand blühenden Sträuchen, welches einen anmuthigen freyen Platz enthielt, der wenigstens hundert Ellen im Gevierte hatte, und auf allen Seiten mit hohen, so dick belaubten Bäumen eingeschlossen war, daß man kaum hindurch sehen konnte. Am Rande desselben lagen drey Wohnhütten, und in einer Ecke stand ein wilder, ungewöhnlich großer Feigenbaum, der ohnweit der Wurzel wenigstens drey Ellen im Durchmesser hielt, und seine Äste, auf eine mahlerische Art, wohl vierzig Ellen weit, nach allen Seiten ausbreitete. Unter diesem stattlichen Baume, der noch im besten Wuchse war, saß eine kleine Familie bey einem Feuer, an welchem sie *Yams* und *Pisangs* brateten. Sobald sie uns gewahr wurden, liefen sie fort, sich in den Hütten zu verbergen; allein *Pao-vjangom* rief ihnen zu, daß sie nichts zu befürchten hätten, und auf diese Versicherung kamen sie wieder zum Vorschein. Die Weiber und Mädchen blieben jedoch in einer ziemlichen Entfernung, und sahen nur dann und wann schüchtern hinter den Büschen hervor. Wir thaten als ob wir sie gar nicht bemerkten, und setzten uns indessen bey den Männern nieder, die uns mit eben der gastfreyen Gemüthsart, welche wir fast in allen diesen Inseln angetroffen hatten, an ihrer Mahlzeit Theil zu nehmen baten. Die Hütten sind eigentlich nur große Dächer die auf der Erde ruhen, und oberhalb schräg zusammenstoßen. An beyden Enden standen sie offen, ausser daß ein kleines Geländer, von Rohr und Stecken geflochten, ohngefähr 18 Zoll hoch, davor gesetzt war. An den größten Hütten betrug die Höhe des Dachs neun bis 10 Fuß, und die Breite zwischen beyden Dach-Wänden, unten am Boden, ohngefähr eben so viel. Die Länge hingegen war beträchtlicher, indem sie sich zuweilen wohl auf 35 bis 40 Fuß erstreckte. Nichts kann einfacher seyn, als der Bau dieser Wohnungen. Zwo Reihen Pfähle werden schräg in die Erde gesteckt, so daß sie mit den obern Enden zusammen stoßen. In dieser Richtung werden, von den gegenüber stehenden, je zween und zween an einander festgebunden, und das ganze Sparrwerk mit Matten belegt, bis das Dach dicht genug ist, um weder Wind noch Regen durchzulassen. Inwendig fanden wir nicht das geringste Geschirr oder Hausgeräth, sondern blos etliche aus Palm-Blättern geflochtne Matten hin und wieder ausgebreitet, und den Rest des Fußbodens mit trocknem Grase bestreuet. In jeder Hütte war an mehr denn einer Stelle Feuer angemacht gewesen, welches auch die Seitenwände bezeugten, in so fern sie über und über von Ruß glänzten. Mitten auf dem freyen Platze standen drey hohe Stangen neben einander, die aus Cocos-Stämmen gemacht, und durch kleine Latten unter sich verbunden waren. Von der Spitze an, bis zehn Fuß von der Erde herab, hatte man viele kurze Stecken, der Queere nach, an diese Stangen befestigt, und eine Menge alter Cocos-Nüsse daran aufgehangen. Da die Einwohner das Öl dieser Frucht zum Salben und die Schaale zu Armbändern und andern solchen Zierrathen gebrauchen; so mag dies Aufhängen derselben in freyer Luft wohl eine Art von nothwendiger Zubereitung seyn; aus bloßer Wirthschaftlichkeit kann es wenigstens nicht geschehen, denn sonst würden sie in dem großen Hayn von wilden Cocos-Palmen, der längst dieser bebauten Anhöhe ohnweit dem Ufer stand, nicht so viel Nüsse unter den Bäumen haben liegen und verderben lassen. Rund um den grünen Platz hiengen, auf den Gebüschen, kleine Lappen von dem Zeuge, welches sie aus der Rinde eines Feigenbaumes machen und in Form eines Gürtels, oder einer Scherpe, zu tragen pflegen. Die Geschenke, die *Pao-vjangom* von uns erhalten, worunter sich auch ein Tressen-Huth befand, waren auf eben diese Art, gleichsam als Ehrenzeichen, zur Schau gestellet. Dies sorglose Verfahren dünkt mir ein unleugbarer Beweis von der allgemeinen Ehrlichkeit der *Tanneser* unter sich. In Tahiti muß jeder Eigenthümer schon seine kleine Haabe ans Dach hängen, und die Leiter des Nachts statt eines Kissens unter den Kopf legen, um vor Dieben sicher zu seyn; hier hingegen ist alles auf dem ersten besten Strauch in Sicherheit. Daher kam es auch, daß wir während unsers Aufenthalts unter diesen Insulanern (von *Tanna)* nicht das geringste durch Diebstahl eingebüßt haben. Sobald die Bewohner vorgedachter Hütten sahen, daß wir in ihren Wohnungen keinen Unfug anrichteten, nichts wegnahmen, oder auch nur verschoben, so ließen sie sich unsere Gegenwart ganz gern gefallen. Die Jugend, die, mit Mistrauen und Argwohn noch unbekannt, gemeiniglich die ganze Welt für so offenherzig und ehrlich hält, als sie es selbst ist, gewann bald Zutrauen zu uns. Jungen von sechs bis vierzehn Jahren, die anfänglich in einiger

Norfolkschnäpper, *F: Muscicapa dibapha*
Petroica multicolor (Norfolk-Insel, 11. Oktober 1774)

Entfernung geblieben waren, kamen unvermerkt näher, und ließen sich bey der Hand nehmen. Wir theilten Medaillen an seidnen Bändern imgleichen Stücken von Tahitischem Zeug unter sie aus, welches ihnen denn vollends alle Furcht und Schüchternheit benahm. Wir fragten auch nach ihren Namen, und suchten sie auswendig zu behalten. Dieser kleine Kunstgriff brachte uns ihr ganzes Vertrauen zuwege. Sie freuten sich unbeschreiblich sehr, daß wir ihre Namen zu nennen wußten, und liefen sich schier ausser Athem, wenn wir sie herbey riefen. Endlich standen wir auf, um nach dem Strande zurück zu kehren. Unser gewöhnlicher Begleiter, der alte *Pao-vjangom,* wollte diesmahl nicht mitgehen, weil es schon Abend zu werden anfieng, dagegen gab er uns drey von seinen Landsleuten zu Führern, und trug ihnen ausdrücklich auf, den nächsten Fußsteig zu wählen. Beym Weggehen beschenkten wir ihn, für seine geleisteten Dienste, aufs neue und schieden vergnügt von einander. Unsre Führer waren gutwillige junge Leute. Als wir unterweges über Durst klagten, und von den Cocos-Palmen, die am Strande in großer Menge wuchsen, etliche Nüsse verlangten, schlugen sie alsbald einen andern Pfad ein, der nach einer Pflanzung zuführte. Hier stand eine Parthey Cocosbäume in der Mitte der Plantage, und von diesen pflückten sie uns einige Nüsse. Sobald wir sie kosteten, zeigte sich, warum die guten Jungen so weit darnach gegangen, da ihnen doch die Palmen am Strande weit näher zur Hand gewesen wären. Es trugen nemlich diese hier ungleich wohlschmeckendere Früchte, als jene. Am Strande wuchsen sie sich selbst überlassen und wild, indeß die in den Plantagen durch Verpflanzung und sorgfältige Wartung um vieles verbessert waren. Daß die Cocos-Palmen, gleich andern Frucht-Bäumen, durch gehörige Cultur sehr veredelt werden können, siehet man nirgends deutlicher, als in Java; denn dort hat der Fleiß der Einwohner, blos durch verschiedne Behandlung, unterschiedene Sorten von dergleichen Nüssen hervorgebracht, die sämmtlich wohlschmeckender sind, als die wilde Gattung[9]. Auf den *Societäts*-Inseln giebt es auch eine sehr gute Sorte, die ihre Vorzüge ebenfalls nichts anderm, als der guten Pflege zu verdanken hat. Die wilde Palme hingegen, habe ich nirgends, als in *Tanna* und den neuen *Hebridischen Inseln* überhaupt angetroffen. Von den besseren Sorten unterscheidet sie sich auch in dem Stück, daß sie nicht blos in der Ebene, sondern auch auf Bergen fortkommt. Nachdem uns unsre gutherzigen Führer genugsam erquickt, brachten sie uns auf dem kürzesten Wege nach dem Strand herab, so daß wir in wenig Minuten wieder bey unsern Wasserleuten ankamen. Hier belohnten wir sie, so gut es in unserm Vermögen stand, und eilten, der einbrechenden Nacht wegen, an Bord.

Die Solfatara auf dem westwärts gelegenen Berge dünkte uns in aller Absicht einer näheren Untersuchung werth zu seyn. Zu dem Ende verfügten wir uns am nächsten Morgen, und zwar in Begleitung des Mahlers Herrn *Hodges,* wiederum dahin. Der Volkan donnerte heut den ganzen Tag über, und warf eine Menge feiner schwarzer Asche aus, die bey genauer Besichtigung aus lauter langen, nadelförmigen, halb durchsichtigen Schörlkörnern bestand. Mit solchem Schörl-Sand war das Erdreich auf der ganzen Insel, ja alles Kraut und Laub, dermaßen bestreuet, daß wir, beym Botanisiren, die Blätter ungemein behutsam abbrechen mußten, wenn uns jene Asche nicht ins Auge stäuben, und Schmerzen verursachen sollte. Diese geringe Unannehmlichkeit wird aber den Insulanern, von dem Volkan auf andere Art reichlich vergütet. Es geben nemlich die Schlacken, welche er auswirft, zumal wenn sie erst verwittert sind, einen treflichen Dünger für den Boden ab, und veranlassen den vorzüglichen Flor, worinn sich hier das Pflanzenreich befindet. Kräuter und Stauden werden fast noch einmal so hoch, bekommen ungleich breitere Blätter, größere Blumen, und einen weit stärkeren Geruch, als in andern Ländern. So verhält sich's, bald mehr bald minder, überall, wo Vulkane vorhanden sind. In Italien z. B. wird die Gegend um den Vesuv für eine der fruchtbarsten gehalten, auch bringt sie in der That die besten italiänischen Weine hervor. Der Etna in Sicilien steht ebenfalls in dem Ruf der Fruchtbarkeit, und in Hessen ist das volkanische Erdreich des Habichtswalds, ob es gleich mitten in einer hohen, nackten und daher kalten Gegend liegt, überaus fruchtbar. Die daselbst angelegten Lustgärten des Landgrafen bezeugen dieses, indem sie, zu jedermanns Bewunderung, mit allen möglichen Arten fremder und einheimischer Gewächse prangen. Was wir selbst, über diesen Punkt, in den verschiedenen Inseln der Süd-See bemerkt haben, bestätiget die Richtigkeit jener Beobachtung vollkommen. Die *Societäts-Inseln,* die *Marquesas,* und einige der *Freundschaftlichen-Eylande,* woselbst Spuren von ehemaligen Volkanen, imgleichen *Ambrrym* und *Tanna,* wo noch wirklich brennende Berge vorhanden sind, alle diese Inseln haben fetten fruchtbaren Boden, darinn die Pflanzen zu einem königlichen Wuchs und zu den glänzendsten Farben gelangen. Selbst in dem von spätern volkanischen Ausbrüchen noch ganz verheerten *Oster-Eyland,* wachsen schon allerhand Kräuter und eßbare Wurzeln, ohnerachtet der Boden mehr aus Schlacken, verbrannten Steinen und Bimssteinen, denn aus eigentlicher tragbarer Erde bestehet, die Sonnenhitze auch überdem so unerträglich ist, daß man denken sollte, es müßte, bey dem gänzlichen Mangel an Schatten, schon deshalb allein, jedes Grashälmchen verdorren und absterben.

Unter diesen Betrachtungen kamen wir an die unterste von den rauchenden Öfnungen der Solfatara, hielten uns aber nicht lange dabey auf, weil sich etwas weiter aufwärts schon einige Indianer zeigten.

---

9 Siehe *Hawkesworths* Sammlung der neuesten englischen Seereisen in 8 v. *Vierter Band* Seite 720.

Wir erkannten sie bald für eben dieselben, die uns gestern so gut aufgenommen hatten und sahen, daß sie auch jetzt wieder einige von den Ihrigen abschickten, vermuthlich um Erfrischungen holen zu lassen. Herr *Hodges* setzte sich hin und zeichnete unterschiedene Aussichten, indeß wir botanisiren giengen, und die Hitze der Solfatara mit einem Fahrenheitischen Thermometer untersuchten. Dieses hatte um halb neun Uhr, als wir vom Schiff abfuhren, auf 78° gestanden, und war, indem es den Berg heraufgetragen wurde, durch die Wärme der Hand bis auf 87° gestiegen, nachdem es aber, fünf Minuten lang, etwa 60 Fuß weit von der Solfatara in freyer Luft an einem Baume gehangen hatte, bis auf 80° zurück gefallen. In der Zwischenzeit gruben wir ein Loch in die Thon-Erde, und hiengen das Thermometer, an einem queerüber liegenden Stocke, hinein. In Zeit von dreyßig Secunden war es bis auf 170° gestiegen, und blieb während der vier Minuten, welche wir es darinnen ließen, unverändert also stehen. Sobald es aber wiederum herausgenommen ward, fiel es gleich bis auf 160°, und nach Verlauf weniger Minuten allmählig bis auf 80°. Nach dieser Angabe kann man sich vorstellen, wie ausserordentlich heiß der Dampf, oder vielmehr Dunst, seyn müsse, welcher aus dem Schwefelbehälter aufsteigt. Als uns die Indianer zum Behuf dieses Versuchs die Erde aufgraben sahen, baten sie uns, davon abzulassen, weil sonst die Flamme herausschlagen, und ein *Assuhr* entstehen möchte (welcher Name in ihrer Sprache dem Volkan beygelegt wird). Sie mußten dieses auch in allem Ernst befürchten, denn so oft wir von neuem in der Erde scharrten, wurden sie jederzeit sehr unruhig. Endlich giengen wir den Berg weiter hinauf und fanden, an mehreren Orten, solche dampfende Stellen, als die zuvor beschriebenen. Die abgeschickten Indianer waren unterdessen zurückgekommen, und brachten Zuckerrohr, nebst Cocos-Nüssen, womit sie uns, wie am vorigen Morgen, bewirtheten. Auf diese Erfrischung setzten wir unsern Weg nach einem benachbarten Berg fort, von dessen Gipfel man den Volkan etwas genauer zu betrachten hoffen konnte. Wir hatten noch eine gute Strecke weit zu steigen, als uns aus einer Plantage etliche Einwohner entgegen kamen, und einen Pfad anwiesen, der, ihrem Vorgeben nach, gerade auf den *Assuhr* oder Volkan hinführen sollte. Wir folgten ihnen etliche Meilen weit, konnten aber, weil sich der Pfad beständig im Walde herumzog, an keiner Seite frey umher sehen, bis wir uns wider alles Vermuthen auf einmal am Strande befanden, von da wir hergekommen waren. Vermuthlich hatten sich die Indianer dieser List bedient, um uns mit guter Manier von ihren Wohnhütten zu entfernen, in deren Nachbarschaft sie durchaus nicht gern Fremde leiden mögen. Einer unter ihnen war ein sehr verständiger Mann; diesen fragten wir, ob nicht hier in der Nachbarschaft Inseln lägen, und wie sie hießen? worauf er uns unterschiedene nahmhaft machte, die aber, seinen Zeichen nach, in solchen Gegenden lagen, wo wir noch nicht gewesen waren. Bey dergleichen Erkundigungen konnte man sich kaum sorgfältig genug für Mißverständnissen hüten. Der Capitain *Cook* hatte z. B. eine Menge Nahmen, die ein Indianer ihm gestern angegeben, für lauter Nahmen von benachbarten Inseln angenommen, da sich doch nachher zeigte, daß es nur die Benennungen der einzelnen Districte waren, in welche die Eingebohrnen ihre eigne Insel *(Tanna)* eintheilen. Um nicht zu einem ähnlichen Irrthum verleitet zu werden, fragten wir den vor uns habenden Indianer, ob es mit den Nahmen die er uns jetzt angezeigt, vielleicht eben solche Bewandniß habe? das verneinte er aber, und setzte ausdrücklich hinzu, *tassi* (das Meer) trenne alle diese Länder von einander, und als wir ihm auf einem Pappier einige Zirkel hinzeichneten, um dadurch einzelne Inseln anzudeuten, gab er zu verstehen, daß wir seine Meynung ganz recht begriffen hätten.

Nachmittags stellten wir auf der Süd-Seite der flachen Anhöhe einen Spaziergang an, der uns verschiedene neue Pflanzen einbrachte. Einige Indianer erboten sich, uns queer über die Anhöhe nach dem jenseitigen See-Ufer hinzuführen. Allein, aus dem Wege, den sie dazu vorschlugen, merkten wir bald, daß sie uns, so wie es ihre Landsleute am Vormittage gemacht, gerade wieder nach dem Wasserplatz zurückbringen wollten; wir verliessen sie also, um zwischen den Pflanzungen, die in dieser Gegend zum theil mit fünf Fuß hohen Rohrhecken umzäunt waren, allein fortzugehen. Unterwegs gesellete sich ein andrer Indianer zu uns, der aufrichtiger war, und uns getreulich nach dem jenseitigen Strand brachte. Hier sahen wir die Insel *Annatom* zum zweyten mahle, und etwas weiter gen Norden sollte, nach Aussage dieses Indianers, noch eine andre Insel, *Itonga* genannt, liegen; man konnte aber, der allzugroßen Entfernung wegen, nichts davon gewahr werden. Diese Angabe bestärkte mich in der Vermuthung, welche ich schon vorher geäußert, daß nehmlich, vermittelst einiger uns noch unbekannten Inseln, die Einwohner von *Tanna* mit den Bewohnern der freundschaftlichen Eylande Verkehr und Umgang haben. Der Name *Itonga* hat viel ähnliches mit *Tonga-Tabbu;* ja was noch mehr ist, die Einwohner von *Middelburg* oder *Ea-Uwhe* pflegten wohl selbst diese Insel *Itonga-Tabbu* zu nennen. *Tabbu* ist überhaupt nur ein Zusatz zum Namen, der mehrern Inseln in der Süd-See beygefügt wird, z. B. *Tabbua-manu; (Saunders-Eiland)* und *Tabbu-Ai*[10]. Bey alle dem will ich nicht behaupten, daß die *Tanneser,* unter ihrem *Itonga* schlechterdings keine *andre* Insel, als *Tonga-Tabbu* verstehen, aber so viel dünkt mir wenigstens wahrscheinlich, daß irgend sonst ein Eiland eben dieses Namens zwischen *Tanna* und den freundschaftlichen Inseln mitten inne liegen, und den Bewohnern zu gegenseitigem Umgang Gelegenheit geben mag. Nachdem unsre Neugier gestillt war, verfügten wir uns wieder auf den Wasserplatz, wo die Matrosen in der Zwischenzeit bey drittehalb Centner Fische gefangen hatten. Ein so glücklicher Zug setzte den Capitain in Stand, der ganzen Mannschaft wieder eine frische Mahlzeit zu geben, die mit der größten Begierde verzehrt wurde. Der Haven war ungemein fischreich, und wer die Nacht dazu anwenden wollte, konnte sichre Rechnung machen, daß ihm die Angel etwas einbringen würde, vornemlich *Albekoren* und *Cavalhas*. Eines Tages wurden unter andern auch ein paar Fische von eben der Art gefangen, durch welche, in den Gewässern von *Mallicollo,* so viele unter uns waren vergiftet worden. Ich hätte sehr gewünscht, diese Sorte, zur Warnung für die Seefahrer, abzeichnen und beschreiben zu können; allein, die Matrosen waren auf frische Lebensmittel viel zu heißhungrig, als daß sie mir die Zeit dazu verstattet hätten. Ohne sich, weder an meine gute Absicht, noch an das, was uns mit diesen Fischen ehedem begegnet war, zu kehren, schnitten sie solche alsbald in Stücken, rieben sie mit Salz und Pfeffer, und wanderten damit nach dem Kessel. Glücklicherweise bekamen sie ihnen auch diesmal ganz wohl. Ein neuer Beweis, daß jene, die einem Theil unsrer Gesellschaft so üble Zufälle verursacht, sich damals gerade von giftigen Pflanzen oder Insekten genährt, und dadurch eine schädliche Eigenschaft bekommen haben mußten, welche ihrer Natur sonst nicht eigen war. Unsre Matrosen hatten sich bey diesem zweifelhaften Gericht auf das Experiment verlassen, daß ein silberner Löffel, den sie mit in den Kessel geworfen, ohne alle Flecken geblieben war. Im Grunde ist dies aber eine sehr unzulängliche Probe; denn bekanntermaaßen haben nur gewisse Arten Gift die Eigenschaft, das Metall anzugreifen.

Die Einwohner fuhren zwar noch immer fort, uns Yams zu verkaufen, doch kam im ganzen nur wenig zu Markte. Schildkrötenschaale war die einzige Waare, die ihnen gefiel, allein zum Unglück fanden sich im ganzen Schiff nicht mehr als etliche kleine Stücken vorräthig, die in *Tonga-Tabbu* zufälligerweise eingetauscht, und überdem nicht in die besten Hände gekommen waren. Sie gehörten Matrosen zu, die unüberlegter weise Bogen und Pfeile dafür einkauften, anstatt daß sie, zur Verbesserung ihrer Kost, die aus herzlich schlechtem Pöckelfleisch bestand, sich und uns einen Vorrath von Yams hätten anschaffen sollen.

Mit dem Botanisiren wollte es ebenfalls nicht recht fort; so viel Mühe wir auch daran gewendet; so hatten wir doch noch nicht so viel neue Kräuter gefunden, daß wir zu Abzeichnung und Beschreibung derselben einen ganzen Tag hätten an Bord bleiben müssen. Wir giengen also täglich ohne Ausnahme ans Land, und suchten, bald hier, bald dort, Stoff zu neuen Bemerkungen.

Am 13ten verfügten wir uns nach der ostwärts gelegenen Anhöhe, um unsere Freunde, die beym alten *Pao-vjangom* wohnten, zu besuchen. Sowohl die Neugier, als auch das Mißtrauen der Insulaner wegen uns, hatten jetzt schon so weit nachgelassen, daß sie weder so oft, noch so zahlreich, als sonst, an den Strand herab kamen. Daher geschah es, daß uns auf unserm heutigen Spatziergange, vom Wasserplatz an bis innerhalb der ersten Pflanzungen, nicht ein einziger Indianer zu Gesicht kam. Statt dessen hörten wir im Walde Holz fällen, und entdeckten durchs Gebüsch einen von den Eingebohrnen, der beschäftigt

10 Eine Insel, davon die *Tahitier* gegen uns Erwähnung gethan.

war, mit einer Axt von Stein, einen Baum umzuhauen. Ohnerachtet der Stamm im Durchmesser kaum acht Zoll dick seyn mochte, so schien es doch mit einem so unzulänglichen Instrument ein sehr mühsames Unternehmen zu seyn. Nachdem wir dem Manne eine Zeitlang unbemerkt zugesehen, giengen wir näher heran, da er denn mit der Arbeit inne hielt, um sich mit uns zu besprechen. Die Knaben, welche uns von dem letzten Besuche her kannten, kamen herbeygelaufen, riefen uns mit Namen, und brachten jeder eine Handvoll Feigen und Jambos zum Geschenk. Auch die Weiber wagten es, hervorzukommen und uns in Augenschein zu nehmen. Die Axt, mit welcher der Mann arbeitete, war völlig so gestaltet wie jene, die auf den *freundschaftlichen* und *Societäts-Inseln* im Gebrauch sind, auch der Stein, der die Klinge ausmacht, war hier eben so wie dort, schwarz und dem *Basalt* ähnlich. Der Besitzer sagte uns, diese Steinart käme von der benachbarten Insel *Anattom*. Er zeigte uns auch noch eine zweyte Axt, daran, statt des Steins, ein scharf gemachtes Stück von einer Muschel befestigt war[11]. Dieses schien von dem sogenannten Bischofshut *(Voluta Mitra Linnei)* genommen zu seyn, und sollte, nach der Aussage unsers Indianers, von dem niedrigen Eyland *Immer* (welches etliche Meilen weiter gen Norden liegt) hieher nach *Tanna* gebracht werden. Der Mann wollte das Stück Land, auf welchem wir ihn trafen, eben von Bäumen und Gebüsch reinigen, um alsdann Yams darauf zu pflanzen. In dieser Absicht hatte er schon vieles Gesträuch umgehauen und in Haufen gelegt, die nachmals verbrannt werden sollten. Als wir von ihm giengen, begleiteten uns eine Menge kleiner Jungen, nebst zween erwachsenen Knaben, nach dem jenseitigen Strand hin. Auf dem Wege wurden Vögel geschossen und allerhand neue Kräuter eingesammlet. In dieser Gegend schienen die Pflanzungen mit mehr Sorgfalt als anderwärts, auch nicht blos des Nutzens wegen angelegt, sondern zu gleicher Zeit zu Lustgärten bestimmt zu seyn. Wenigstens fanden wir mancherley Staudengewächse und Kräuter darinnen, die theils um ihres schönen Ansehens, theils um des Wohlgeruchs willen da waren. Unter den Fruchtbäumen zeichnete sich der *Catappa-Baum (Terminalia Catappa)* aus, dessen wohlschmeckende Nüsse ohngefähr noch einmal so groß sind, als ein Mandelkern. Der späten Jahreszeit wegen hatte er das Laub schon verlohren, die Früchte aber saßen noch an den Ästen. Unsre kleinen Gefährten schlugen die Nüsse zwischen zween Steinen auf, und reichten uns den Kern auf einem grünen Blatte zu. Sie bezeigten sich jetzt eben so dienstfertig, als die Tahitier, und schienen nicht einmal so eigennützige Absichten damit zu verknüpfen, als jene. Wenn wir von irgend einem neuen Kraute mehr zu bekommen wünschten, so durfte man es ihnen nur vorzeigen, und konnte darauf zählen, daß sie nicht eher aufhörten, darnach zu suchen, bis sie es gefunden. Vor ihrer Begierde uns schießen zu sehn, war kein Vogel sicher. Er mochte noch so hoch, noch so versteckt sitzen; so spührten sie ihn aus und freuten sich unbeschreiblich sehr, wenn wir einen trafen. Um jede Wohnung graseten ein Paar wohl gemästete Schweine und etliche Hühner. Hin und wieder liefen auch Ratten über den Fußsteig; diese waren von der gewöhnlichen Art, und hielten sich vornemlich in den Zuckerplantagen auf, woselbst sie große Verwüstungen anrichteten. Um ihrer los zu werden hatten die Indianer, am Rande der Felder, viele tiefe Gruben gemacht, in welchen sich dieses Ungeziefer häufig fieng. –

Bey unserer Rückkunft an den Strand, giengen wir eine gute Strecke weit längst dem Ufer fort, um vermittelst eines Umweges, von Norden aus nach der östlichen Landspitze des Havens hinzukommen, weil die Indianer auf der Südseite uns allemal zurück gewiesen hatten. Ohnweit dem Ufer standen etliche kleine Wohnungen, die, ihrer Lage nach, wie Fischerhütten aussahen. In dem Fall hätten wir unsre ehemalige Vermuthung, als ob sich die *Tanneser* eben nicht sonderlich mit dem Fischfang abgäben, wieder zurücknehmen müssen. Allein es fanden sich weder Leute, noch Netze, noch Fische; sondern blos ein Paar Wurfspieße darinn, die höchstens statt Harpunen konnten gebraucht worden seyn. Als unsre indianischen Begleiter sahen, daß wir weiter gegen die Landspitze zu giengen, äußerten sie ungemein viel

11 Cap. *Cook* (in seiner Reisebeschreibung *Vol. II. p. 188.)* sagt: »Die Einwohner von *Tanna* haben auch Äxte, die den europäischen ähnlich sind; in sofern nemlich der Stein in den Stiel so eingepaßt wird, daß die scharfe Kante beym Arbeiten nicht waagrecht, sondern senkrecht, also:  zu stehen kommt.« Ich meines Theils habe aber dergleichen nicht gesehen.

Besorgniß, und baten uns nicht nur, sehr dringend, diese Gegend der Insel undurchsucht zu lassen; sondern drohten auch bald, daß man uns im Weigerungsfall todschlagen und auffressen würde. Wir kehrten also um. Es war jetzt das dritte Mal, daß sie selbst, durch die deutlichsten Zeichen, sich für Menschenfresser ausgaben; mithin muß diese Barbarey wohl in der That bey ihnen im Schwange seyn. Gemeiniglich pflegt man dieselbe dem äußersten Mangel an Lebensmitteln Schuld zu geben; allein, was für einer Ursach will man sie *hier* beymessen, wo das fruchtbare Land seinen Einwohnern die nahrhaftesten Pflanzen und Wurzeln im Überfluß, und nebenher auch noch zahmes Vieh liefert? Wohl ungleich wahrscheinlicher und richtiger läßt sich diese widernatürliche Gewohnheit aus der *Begierde* nach *Rache* herleiten. Selbsterhaltung ist ohnläugbar das erste Gesetz der Natur; blos um diese zu befördern, pflanzte sie unsern Herzen Leidenschaften ein. In der bürgerlichen Gesellschaft sind wir, vermittelst gewisser Gesetze und Verordnungen, freywillig dahin überein gekommen, daß nur einigen wenigen Personen die Sorge überlassen seyn soll, das Unrecht zu rügen, was jedem Mitgliede insbesondere widerfährt: Bey den Wilden hingegen verschafft sich ein jeder selbst Recht, und sucht daher, bey der geringsten Beleidigung oder Unterdrückung, seinen Durst nach Rache zu befriedigen. Diese feindselige Gesinnung ist uns aber eben so gut von Natur eigen, als das sanftere Gefühl der allgemeinen Menschenliebe, und, so entgegengesetzt diese beyde Leidenschaften auch zu seyn scheinen; so sind sie doch im Grunde zwey der vornehmsten Triebräder, durch deren gegenseitige Einwirkung die ganze Maschine der menschlichen Gesellschaft in beständigem Gange erhalten, und für Zerrüttung bewahret wird. Ein Mann, der gar keine Menschenliebe besäße, verdiente, als ein wahres Ungeheuer, mit Recht den Abscheu des ganzen menschlichen Geschlechts; wer aber im Gegentheil auch durch nichts aufzubringen wäre, der würde in seiner Art ebenfalls ein verächtlicher Tropf seyn, weil ihn jeder feige Schurke ungeahndet kränken und beleidigen könnte. Ein Volk, oder eine Familie, (denn Wilde leben doch selten in größeren Gesellschaften bey einander) die oft den Anfällen und Beeinträchtigungen andrer ausgesetzt ist, wird dadurch ganz natürlicherweise zu Haß und Unversöhnlichkeit gegen ihre Beleidiger gereizt, und auf solche Art zur Rachgier verleitet, die endlich in Grausamkeit ausbricht. Hat die eine Parthey noch überdem List und verrätherische Kunstgriffe bey ihren Feindseligkeiten angewandt; so erweckt dies bey der andern Mistrauen, und auf solche Art entstehet denn nach und nach eine feindselige, boshafte Gemüthsbeschaffenheit, in welcher man sich zuletzt die größten Niederträchtigkeiten gegen seinen Feind erlaubt. Unter so bewandten Umständen ist nun dem Wilden schon der bloße Anschein einer Beleidigung genug, um die Waffen zu ergreifen, und alles vernichten zu wollen, was ihm in den Weg kommt; wird er vollends wirklich gereizt; so verläßt er sich auf das Recht des Stärksten, und fällt seinen Feind mit einer Wuth an, die ihn der unbändigsten Grausamkeit fähig macht.[12] Ein andres Volk hingegen, das nie boshafte Feinde, oder anhaltende Streitigkeiten gehabt, oder sie lange vergessen hat, das durch den Ackerbau schon zu einem gewissen Wohlstand, Überfluß und Sittlichkeit, mithin auch zu Begriffen von Geselligkeit und Menschenliebe gelangt ist, solch ein Volk weiß nichts von Jähzorn, sondern muß schon überaus sehr gereizt werden, wenn es auf Rache denken soll.[13] Noch zur Zeit gehören die Einwohner von *Tanna* zu der ersteren von diesen beyden Classen. Es läßt sich nemlich aus ihrem anfänglich mißtrauischen Betragen, imgleichen aus dem Gebrauche, nie unbewaffnet zu gehen, allerdings mit Grunde vermuthen, daß sie oft in innere Streitigkeiten unter sich, oder auch mit ihren Nachbarn, verwickelt seyn müssen, und da mögen denn blos Wuth und Rachgier sie nach und nach zu Cannibalen gemacht haben, als welches sie, ihrem eigenen Geständniß nach, noch jetzt wirklich sind. Da wir indessen keineswegs Lust hatten, es an uns selbst auf die Probe ankommen zu lassen, so mußten wir auch Verzicht darauf thun, die Ursach zu ergründen, um deren willen man uns nie gestatten wollte, die östliche Landspitze des Havens in Augenschein zu nehmen. Die Indianer waren sehr froh, als wir ihnen endlich Gehör gaben und umkehrten. Sie führten uns, auf einem Pfade, den wir noch nie gegangen, durch viele stattliche und wohlgehaltene Pflanzungen, die in der schönsten Ordnung waren. Die

12 Siehe im ersten Teil, pag. 138.
13 Ebendaselbst, pag. 204f.

Jungen liefen vor uns her, und ließen ihre Geschicklichkeit in mancherley Krieges-Übungen sehen. Sie wußten nicht nur mit der Schleuder, sondern auch mit dem Wurfspieß sehr gut umzugehen. Statt des letzteren nahmen sie ein grünes Rohr, oder auch nur einen etwas starken Grashalm, und, so unsicher mit beyden der Wurf hätte seyn sollen, indem sowohl das eine, als das andere durch den geringsten Hauch vom Winde aus seiner Richtung gebracht werden konnte; so wußten sie doch dem Wurfe so viel Schnellkraft mitzutheilen, daß jene so leichte und biegsame Körper unverrückt auf das Ziel trafen, und, bisweilen über eine Linie tief, in das festeste Holz eindrangen. Das sonderbarste dabey war, daß sie diese Rohr oder Schilfstengel mit keinem Finger anrührten, sondern sie zwischen dem Daumen und Zeigefinger blos ins Gleichgewicht hinlegten, und dann so schwebend abwarfen. Knaben von fünf bis sechs Jahren übten sich schon auf diese Art, um eines Tages ihre Waffen mit Fertigkeit und Nachdruck führen zu können. Der Weg brachte uns endlich, nach vielen Krümmungen, zu den Wohnhütten unsrer freundschaftlichen Begleiter. Die Frauenspersonen hatten daselbst unter dem großen Feigenbaum ein Feuer von kleinen Reisern angelegt, und waren eben darüber her, zum Mittagsbrod Yams- und Arum-Wurzeln daran zu braten. Als sie uns gewahr wurden, raften sie sich auf und wollten davon laufen; der Zuruf unsrer Begleiter brachte sie aber bald zu ihrem vorhabenden Geschäft zurück. Wir setzten uns auf den Stamm eines Baums, der neben einer Wohnung lag, und indeß etliche von den Indianern weggiengen, Erfrischungen für uns zu holen, suchten wir mit den übrigen ins Gespräch zu kommen. Sie erkundigten sich nach der Beschaffenheit und dem Gebrauch unsrer Kleidung, Waffen und Geräthschaften; hievon konnten wir ihnen zwar nicht viel Auskunft geben, lernten aber doch aus ihren Fragen manches neue Wort. Die Bewohner der zunächst gelegenen Pflanzungen hörten nicht so bald, daß wir da wären, als sie sich sogleich um uns her versammelten, und, dem Anschein nach, Vergnügen an unserm Umgang fanden. Zufälligerweise brummte ich eben ein Liedchen für mich; dadurch zog ich mir bald vieles Bitten zu, der ganzen Versammlung etwas vorzusingen. Ohnerachtet nun keiner unter uns sich ordentlich auf Musik verstand, so probirten wir's doch, ihre Neugier zu befriedigen, und ließen ihnen allerhand sehr verschiedne Melodien hören. Einige deutsche und englische Lieder, besonders die von lustiger Art, gefielen ihnen sehr, aber keines trug so allgemeinen Beyfall davon, als Dr. *Sparrmanns* schwedische Volkslieder. Es fehlte ihnen also weder an Beurtheilungskraft, noch an eigenthümlichem Geschmack in der Musik. Als wir mit unsern Liedern fertig geworden, sagten wir, die Reihe sey nun an ihnen; darauf stimmte einer ein sehr simples Lied an, welches harmonisch genug klang, auch, unserm Bedünken nach, weit mehr Melodie hatte, denn irgend eins von denen, die wir unter dem heißen Himmelsstrich im Südmeer gehört. Es war ungleich reicher und mannigfaltiger an Tönen, als die Gesänge der *Tahitier* und der Einwohner von *Tonga-Tabbu,* von welchen es sich zugleich durch seine ernsthafte Melodie unterschied. In den Worten mußte ein eignes Silbenmaaß beobachtet seyn, so leicht und sanft flossen sie ihm von den Lippen. Sobald der eine ausgesungen, fieng ein zweyter an; sein Lied war von anderer, jedoch eben so ernsthafter Composition, als das erste, und diese Ernsthaftigkeit in der Musik stimmte mit der Gemüthsart der Nation in andern Stücken vollkommen überein. In der That sahe man sie selten so herzlich lachen, oder so aufgeräumt scherzen, als die mehr gesitteten Völker auf den *Societäts-* und *freundschaftlichen* Eylanden, die den Werth der Freude im geselligen Umgange schon besser kannten. Unsre Indianer brachten nunmehro auch ein musikalisches Instrument zum Vorschein, welches, gleich der Syrinx, oder *Pan-Flöte* von *Tonga-Tabbu,* aus acht Rohr-Pfeifen bestand, mit dem Unterschied, daß hier die Röhren stufenweise kleiner wurden, und eine ganze Oktave ausmachten, obgleich der Ton jeder einzelnen Pfeife nicht völlig rein war. Vielleicht hätten wir sie auf diesem Instrument auch spielen gehört, wenn nicht gerade in dem Augenblick ein anderer mit *Cocosnüssen, Yams, Zuckerrohr* und *Feigen* gekommen, und durch dieses Geschenk unsre Aufmerksamkeit von dem musikalischen Indianer abgelenkt worden wäre. Schade, daß der einsichtsvolle und gütige Freund, der mir seine Bemerkungen über die Tonkunst der Einwohner von den freundschaftlichen Eylanden, von *Tahiti,* und *Neu-Seeland* mitgetheilt hat, nicht auch nach *Tanna* gekommen ist, denn hier würde er gewiß zu mancher nützlichen neuen Bemerkung Anlaß gefunden haben.

Ohnerachtet im vorhergehenden angemerkt worden, daß die *Tanneser* von mißtrauischer und rachsüchtiger Gemüthsart sind; so kann ich ihnen doch bey alledem einen gewissen Grad von Gutherzigkeit und menschenfreundlichem Wesen keineswegs absprechen. Jene scheint ihnen nicht sowohl von Natur eigen, sondern vielmehr eine Folge ihrer unabläßigen Kriege zu seyn, um deren willen sie fast in steter Lebensgefahr seyn mögen. In dieser Vermuthung bestärkt mich ihr Betragen gegen uns. Sie giengen nämlich nicht länger so vorsichtig, und zurückhaltend mit uns um, als bis sie überzeugt waren, daß wir in keiner feindseligen Absicht zu ihnen kamen. Zwar liessen sie sich nicht so leicht und viel, als die *Tahitier,* mit uns in Handel ein; allein das rührte daher, weil sie nicht so wohlhabend waren, als diese; überdem besteht ja auch die Gastfreyheit nicht darinn, daß man das überflüßige gegen etwas nöthiges vertauscht[14]? Wir beschenkten unsre indianischen Freunde, so gut wir konnten, giengen hierauf nach dem Strand zurück, und hielten uns daselbst noch eine Zeitlang bey den anwesenden Indianern auf. Unter denselben befand sich eine größere Anzahl Frauenspersonen, als wir hier je beysammen gesehn hatten; die mehresten mußten verheyrathet seyn, denn sie trugen, in Matten-Säcken, Kinder auf dem Rücken. Einige führten auch in Körben aus Ruthen geflochten, eine Bruth junger Hüner, oder aber Yambo's und Feigen bey sich, und boten uns beydes zum Verkauf an. Eine von diesen Frauen hatte auch einen ganzen Korb voll grüner Orangen, da doch wir, auf allen unsern Spatziergängen, nicht einen einzigen Orangebaum zu Gesicht bekommen. Indessen war es uns angenehm, auf diese Art wenigstens gelegentlich zu erfahren, daß so wohl hier, als zu *Mallicollo,* Orangen wachsen; denn daraus läßt sich abnehmen, daß dergleichen auch auf den übrigen dazwischen liegenden Eilanden vorhanden seyn müssen. Mit Entdeckungen dieser Art begünstigte uns das Glück heut ganz vorzüglich. Wir bekamen nämlich von einer Frauensperson auch eine Pastete oder Torte geschenkt, daran die Rinde oder der Teig aus Pisangs-Frucht und Arum-Wurzeln, die Fülle aber aus einem Gemisch von Okrasblättern *(hibiscus esculentus)* und Cocos-Kernen bestand. Diese Pastete war sehr wohlschmeckend, und machte der Kochkunst der hiesigen Damen ungemein viel Ehre. Wir kauften auch etliche achtröhrige Pfeifen ein, die nebst Bogen, Pfeilen, Streitkolben und Speeren feil geboten wurden, und kamen, bey so vielfältigem Aufenthalt, ziemlich spät an Bord.

Gleich nach Tische eilten wir wieder nach dem Strand zurück, wo unsre Leute beym Fischfange beschäftigt waren. Dr. *Sparrmann* und ich giengen auf die Anhöhe, um bey den dort wohnenden Insulanern nochmals einzusprechen. Auf der Hälfte des Weges begegneten uns schon einige, und zeigten uns die nächsten Fußsteige. Kaum waren wir bey den Hütten angekommen, und hatten uns neben einem ehrlichen, wohl aussehenden Hausvater, von mittlerem Alter, niedergelassen, so verlangten unsre Freunde, daß wir ihnen wieder etwas vorsingen sollten. Wir machten ihnen diese Freude, ohne lange Weigerung, und weil sie sich über die Verschiedenheit unsrer Lieder zu wundern schienen, so bemühten wir uns, ihnen begreiflich zu machen, daß wir in unterschiednen Ländern gebohren wären. Sobald sie dies verstanden, ruften sie einen ältlichen, hageren Mann aus dem Zirkel der Zuhörer hervor, und sagten, dieser sey auch aus einem anderen Lande, als sie, nemlich aus der Insel *Irromanga,* und sollte uns nun ebenfalls eins vorsingen. Er stimmte also sein Lied an, machte aber unzählige Stellungen und Grimassen dazu, worüber nicht nur alle anwesende Indianer, sondern auch wir rechtschaffen lachen mußten. Sein Lied war übrigens vollkommen so wohlklingend, als jene, welche wir von den eingebohrnen *Tannesern* gehört hatten; der Innhalt aber mußte, dem eigentümlichen Ton des Ganzen, und der Menge lächerlicher Stellungen nach zu urtheilen, drolligter und voller Laune seyn. Die Sprache war von der Tannesischen gänzlich verschieden, jedoch keinesweges rauh, oder zur Musik ungeschickt. Die Worte schienen ebenfalls in ein gewisses

14 Dem deutschen Leser, der Engelland blos aus englischen Romanen kennt und beurtheilt, muß ich hier mit einer kleinen Anmerkung zu Hilfe kommen. Mich dünkt, ich höre ihn fragen, ob es, in dem Lande, das sich so viel auf seine Gastfreyheit zu gute thut, wohl einer solchen Distinction bedürfe, als in obiger Stelle vorkommt? – Man gehe in das erste beste Londner Wirthshaus, und leite das Gespräch auf Gastfreyheit; ich wette, jeder ungereiste Engelländer, und das ist der große Haufe, wird sagen: *give me Old England for hospitality, there you may have every thing for Your money* – »Gott ehr' mir mein gastfreyes Vaterland, da kann man für sein baares Geld haben, was man will.«

Silbenmaaß gebracht zu seyn, welches aber mit dem ernsthaft-langsamen, das wir am Morgen gehört, nichts gemein hatte. Als sein Lied zu Ende war, unterhielten sich die Indianer mit ihm in seiner eigenen Mundart, weil er die ihrige vermuthlich nicht verstehen mochte. Ob er aber zum Besuch, oder als Gefangner hergekommen war? konnten wir nicht entdecken. Die Einwohner erzählten uns bey dieser Gelegenheit, daß ihre besten Keulen, die aus Casuarinen-Holz gemacht werden, von *Irromanga* gebracht würden. Es ist also wahrscheinlich, daß sie mit den Einwohnern dieser Insel freundschaftlichen Umgang und Verkehr haben. Weder in den Gesichtszügen, noch in der Tracht des Mannes von *Irromanga,* war der geringste National-Unterschied zu bemerken, ausgenommen, daß er sein kurzes und wolligtes Haar nicht, wie die *Tanneser,* in Zöpfe gedrehet trug. Übrigens besaß er viel Munterkeit, und schien aufgeweckter zu seyn, als die mehresten Eingebohrnen von *Tanna.*

Während daß er seine Geschicklichkeit im Singen zeigte, kamen die Frauensleute leise aus den Hütten hervor, und mischten sich unter die Zuhörer. Im Vergleich mit den Mannspersonen waren sie mehrentheils von kleiner Statur, und trugen zottigte Röcke, von Gras und Blättern geflochten, die nach Maasgabe ihres Alters länger oder kürzer waren. Diejenigen, welche bereits Kinder gehabt, und ohngefähr dreyßig Jahre seyn mochten, hatten alle Reize der Gestalt verlohren, und ihre Röcke reichten von den Hüften bis auf die Knöchel herab. Die Jüngern vierzehnjährigen Mädchen hingegen, waren nicht ohne angenehme Gesichtszüge, und gefielen vornemlich durch ein sanftes Lächeln, welches, so wie ihre Schüchternheit abnahm, immer freundlicher ward. Sie waren größtentheils sehr schlank gewachsen, hatten besonders feine, niedliche Arme, runde, volle Busen und ein lüsternes Röckchen, das kaum bis ans Knie reichte. Ihr lockigtes Haar hieng, unverschnitten und ungekünstelt, frey um den Hals, dem es zu einer natürlichen und gefälligen Zierde gereichte, und das grüne Pisangblatt, welches sie mehrentheils als eine Mütze trugen, contrastirte so auf eine angenehme Weise mit der schwarzen Farbe des Haars. In den Ohren hatten sie Ringe von Schildkröten-Schaale, und die Zahl solcher Zierrathen nahm in eben dem Verhältniß zu, als die Reitze der Frauenspersonen abnahmen. Die ältesten und häßlichsten waren daher mit einem Hals-Geschmeide, und mit einer Menge Ohr-Ringe, Nasen-Gehänge und Armbänder versehen. Die Männer bezeigten, wie es schien, nicht die mindeste Achtung gegen die Weiber, indeß diese auf den kleinsten Wink gehorchten, und, der Aussage unserer Matrosen zufolge, (S. oben pag. 459) oft den niedrigen Dienst von Lastthieren versehen mußten. Dergleichen schwere Arbeit mag vielmals ihre Kräfte übersteigen, und kann auf solche Art wohl mit Schuld daran seyn, daß sie von so kleinlicher und schwächlicher Statur sind. Indeß pflegen *alle* ungesittete Völker den Weibern die allgemeinen Rechte der Menschheit zu versagen, und sie als Geschöpfe von niederer Art zu behandeln; denn der Gedanke, Glück und Freude im Schoos einer Gefährtin zu suchen, entsteht erst bey einem höhern Grad von Cultur. So lange nemlich der Mensch noch unabläßig mit der Sorge für seine Erhaltung beschäftigt ist, so lange können nur wenig verfeinerte Empfindungen im Umgange zwischen beyden Geschlechtern statt haben, vielmehr muß dieser sich blos auf thierischen Genuß einschränken. Auch siehet der Wilde die Schwäche und das sanfte duldende Wesen der Weiber nicht für Aufmunterung und Schutz bedürfende Eigenschaften, sondern vielmehr als einen Freyheitsbrief zur Unterdrückung und Mishandlung an, weil die Liebe zur Herrschsucht dem Menschen angeboren, und so mächtig ist, daß er ihr, zumal im Stande der Natur, selbst auf Kosten des Wehrlosen fröhnet. Erst mit dem Anwachs der Bevölkerung, wenn die Nahrungs-Sorgen nicht mehr jedem einzelnen Mitglied unmittelbar allein zur Last fallen, sondern gleichsam auf die ganze Gesellschaft vertheilt sind; erst alsdann nimmt das Maas der Sittlichkeit zu, Überfluß tritt an die Stelle des Mangels, und das nunmehr sorgenfreyere Gemüth fängt an die sanfteren Freuden des Lebens zu genießen, dem Verlangen nach Erholung und Fröhlichkeit Gehör zu geben, und die liebenswürdigen Eigenschaften des anderen Geschlechts kennen und schätzen zu lernen. Bey alledem ist aber auch der roheste Wilde einer gewissen Zärtlichkeit und Zuneigung ganz wohl fähig. Dies äußert sich augenscheinlich, so lange er noch als Knabe[15], gedankenlos und

15 Der Leser wird sich hier erinnern, daß in *Tanna* die jungen Leute die ersten waren, die uns lieb zu gewinnen anfiengen. Siehe oben pag. 463f.

sorgenfrey herumläuft; sobald er aber bey zunehmenden Jahren anfangen muß, selbst für seine Bedürfnisse zu sorgen, dann wird freylich, durch den Trieb diese zu befriedigen, jede weniger dringende Empfindung bald überwogen und geschwächt. Die ursprünglich angebohrnen Leidenschaften sind es allein, welche sich neben jenen noch aufrecht erhalten, und diese bleiben sich auch unter alle Himmelsstrichen gleich. Dahin gehört die väterliche Liebe, von welcher wir diesen Abend ein redendes Beyspiel sahen. Ein kleines hübsches Mädchen von ohngefähr acht Jahren, suchte uns zwischen den Köpfen der Leute, die um uns hersaßen, ungesehen zu betrachten; als sie aber merkte, daß wir es gewahr wurden, lief sie eilfertig nach der Hütte zurück. Ich zeigte ihr ein Stück tahitisches Zeug, und winkte, daß sie sichs abholen möchte; allein sie wagte es nicht. Endlich stand ihr Vater auf, und bewog sie, durch Zureden, heranzukommen. Darauf nahm ich sie freundlich bey der Hand, gab ihr den Zeug nebst allerhand kleinen Zierrathen, und sahe mit Vergnügen, wie die Freude über das Glück seines Kindes, des Vaters ganzes Gesicht erheiterte, und ihm dankbar aus den Augen strahlte.

Wir blieben bey diesen guten Indianern bis gegen Sonnen-Untergang, hörten ihren Gesängen zu, und bewunderten ihre Geschicklichkeit in Waffen-Übungen. Sie schossen ihre Pfeile, je nachdem wir es verlangten, theils in die Höhe, theils gerade vor sich nach einem Ziele. Sehr hoch konnten sie solche zwar nicht treiben, in einer geringen horizontalen Entfernung aber waren sie, wie ich bereits erwähnt, vortrefliche Schützen. Auch wußten sie, mit den Keulen oder Streitkolben, die Wurfspieße fast auf eben die Art, als die *Tahitier,* abzuwenden. Die Keulen, die an beyden Seiten mit einem hervorragenden Zapfen versehen sind, (der flach und ohngefähr wie die Lanzetten der Roß-Ärzte gestaltet ist, S. oben pag. 453) kommen, ihrer Aussage nach, von der niedrigen Insel *Immer;* ob sie aber von den dortigen Einwohnern verfertiget werden, oder ob das Eyland unbewohnt ist, und um des Muschelfangs willen, imgleichen um diese Holzart zu holen, nur von Zeit zu Zeit besucht wird? konnten wir nicht herausbringen. Ehe wir sie verliessen, zündeten die Weiber, zu Bereitung des Abendbrodes, theils in- theils ausserhalb den Hütten verschiedene Feuer an, zu welchen die Männer und Kinder sich sehr hinzu drängten, weil sie, bey nacktem Leibe, die Abendluft etwas kühl finden mochten. Etliche hatten eine Geschwulst am obersten Augenlied, welche aus der Gewohnheit, öfters im Rauche zu sitzen, entstanden zu seyn schien. Es hinderte sie dergestalt im Sehen, daß sie den Kopf zurück biegen mußten, bis das Auge mit dem Object in gleicher Linie war. Diese fehlerhafte Beschaffenheit fand sich bereits bey fünf- bis sechsjährigen Knaben, daher es vielleicht gar ein erbliches Übel seyn mag.

Als wir an den Strand zurück kamen, waren die mehresten von den Eingebohrnen schon zur Ruhe gegangen, und in kurzer Zeit befanden wir uns ganz und gar allein. Die Kühle des Abends, welche den armen nackten Indianern so empfindlich gewesen, war uns Bekleideten so angenehm, daß wir noch eine ganze Zeitlang einsam in den Wäldern herumspatzierten. Die Dämmerung lockte daselbst eine Menge Fledermäuse aus ihren Schlupfwinkeln. Fast aus jedem Strauch flatterten uns welche entgegen, doch bekamen wir nicht eine einzige zum Schuß. Man konnte sie nemlich nicht früh und nicht lange genug sehen, um nach ihnen zu zielen. So wenig es uns mit dieser Jagd gelingen wollte; so wenig war es auch den Matrosen bey ihrem Fischzuge geglückt. Sie trugen die Netze wieder ins Boot, ohne, nach langer Arbeit, mehr als ein paar Dutzend Fische gefangen zu haben.

Am folgenden Morgen gieng Cap. *Cook,* Herr *Wales,* Herr *Patton,* Dr. *Sparrmann,* mein Vater, ich, und noch einige andere, die sämmtlich Lust hatten, den Volkan in der Nähe zu sehen, nebst zween Matrosen, nach dem auf der Westseite des Havens gelegenen Berg. Das Wetter war neblicht und die Luft schwül, allein der Volkan war ruhig. Wir kamen bald an die Solfatara, wo der heiße Dunst häufig aufstieg. Um den Grad der Hitze festzusetzen, ward der vorige Versuch von neuem angestellt, diesmal aber das Thermometer, in dem Häufgen weißer Thon-Erde, aus welchem der Dampf hervor kam, ganz und gar vergraben. In dieser Lage stieg es, nach Verlauf einer Minute, auf 210°, (welches der Hitze des siedenden Wassers beynahe gleich ist) und blieb während fünf Minuten, als so lange wir es in der Erde liessen, unverrückt so stehen. Als wir's herauszogen, fiel es gleich bis 95°, und dann allmählig bis 80°, welche es vor dem Experiment angezeigt hatte. Die Solfatara liegt, nach englischem Maaße, ohngefähr um 240 Fuß senkrecht höher, als die Meeresfläche. Bey weiterem Bergansteigen fanden wir den Wald, an mehreren Orten, ausgehauen und das Land zu Pflanzungen vorbereitet. Diese Stellen mochten, zusammen genommen, wohl einen Morgen Landes ausmachen, und mußten, nach der Probe, die wir vor etlichen Tagen mit eignen Augen gesehen, zu urtheilen, den Indianern nicht wenig Zeit und Mühe gekostet haben. Wir kamen bey verschiedenen Hütten vorüber, trafen aber nirgends einen Einwohner an, ausgenommen in einer sehr wohlgehaltenen Plantage. Dort war ein einzelner Mann beschäftigt, Yam-Wurzeln zu setzen. Unsre unvermuthete Gegenwart jagte ihm keinen geringen Schreck ein; da er aber hörte, daß wir nur den nächsten Weg nach dem Volkan zu wissen verlangten, so faßte er sich bald wieder, zeigte uns einen Fußpfad, der gerade darnach hin führen sollte, und fuhr hierauf getrost in seiner Arbeit fort. Bey den Wohnungen sahen wir etliche Schweine und Hüner, die frey herumliefen. Um dieser Thiere willen geschiehet es vermuthlich, daß die Einwohner ihre Ländereyen mit Zäunen und Hecken einfassen. Etwas weiter hinauf kamen zween Indianer aus einem benachbarten Pisang-Garten, und geselleten sich zu uns. Mit diesen geriethen wir an einen Scheideweg. In dem einen, der tiefer ins Land gieng, stand ein Wilder, der uns mit aufgehobenem Speer das Weitergehen verbieten wollte. Wir sagten ihm, daß wir blos nach dem Volkan hinzukommen wünschten; so müßt ihr, erwiederte er, den andern Fußsteig wählen, und damit gieng er selbst voran. Indem wir ihm folgten, sahe er sich zu verschiednenmalen um, und zählte wie viel unserer wären; nach Verlauf einiger Zeit erreichten wir einen offenen Platz, wo das Land weit und breit zu übersehen war, und nun zeigte sich, daß er uns geflissentlich irre geführt hatte. Wir kehrten also, aller seiner Zeichen ohnerachtet, wieder um. Da er seine List entdeckt, und sich allein nicht stark genug fand, Gewalt gegen uns zu gebrauchen; so nahm er seine Zuflucht zu einem andern Hilfsmittel. Er blies nemlich, wie auf einem Horne, durch die hohle Hand; auf dieses Signal ward an verschiedenen Seiten des Berges, gleichsam zur Antwort, in die Trompeten-Muschel gestoßen. So bald er dieses hörte, rief er, so laut als möglich, seinen Landsleuten zu: wie viel unsrer wären; vermuthlich, damit sie sich in genugsamer Anzahl versammeln und zur Wehr setzen möchten. Wir hatten uns mittlerweile von neuem verirrt, und waren in ein schönes, einsam gelegenes, und rings herum mit hohen schattigten Bäumen eingeschlossenes Thal gekommen, wo sich eine Menge Tauben und Papagoyen aufhielten. Von diesen schossen wir unterschiedene. Der Knall unserer Gewehre brachte bald einige Insulaner, und unter andern ein paar Knaben herbey, die wir durch Geschenke zu gewinnen suchten. Dies fruchtete so viel, daß sie uns ungehindert einen Fußsteig folgen ließen, der schlängelnd durch ein dickes, finsteres Gebüsch nach einem offenen Platz hingieng, wo wir drey oder vier Häuser, so groß als die Wohnungen des alten *Pao-vjangom,* vor uns fanden. Zehen bis zwölf Wilde, die mit Bogen, Pfeilen, Streitkolben und Speeren wohl bewaffnet, ohnweit den Hütten in einer Reihe saßen, sprangen bey unserm Anblick alsbald von der Erde auf. Wir winkten ihnen und gaben durch Zeichen zu verstehen, daß wir nichts übles im Sinne hätten, sie schienen uns aber dennoch nicht recht zu trauen. Die ältesten unter ihnen bezeigten sich friedlicher, als die Jüngern, von denen zween bis drey die Stirn runzelten, und mit ihren Waffen allerley Schwenkungen machten. Dies hätten wir ihnen leicht zu einer Ausforderung anrechnen können; da es uns aber im geringsten nicht um Händel zu thun war, so baten wir sie, uns den Weg nach dem Strande anzuweisen. Ein wirksameres Mittel zu ihrer Beruhigung hätten wir gar nicht anwenden können. Es erboten sich gleich ein paar von ihnen zu Führern, und brachten uns auf einen schmalen Fußsteig, der anfänglich sehr steil, jedoch bald nachher bequemer wurde. Als wir etwa eine Viertelmeile weit herumgestiegen seyn mochten, riethen sie uns, ein wenig auszuruhen; und kaum hatten wir uns niedergesetzt, so kamen ihre Landsleute, die bey den Hütten zurückgeblieben waren, mit Cocos-Nüssen, Pisangs und einer Menge Zuckerrohr beladen, nachgewandert. Des schwülen Wetters halber waren uns diese Erfrischungen überaus angenehm, und wir bezeigten den guten Leuten unsre Erkenntlichkeit dafür durch allerley Geschenke. Wir sahen nunmehro auch offenbar, daß sie uns lediglich aus Mißtrauen, nicht aber aus wirklich menschenfeindlicher Gesinnung hatten abhalten wollen, tiefer in ihr Land zu dringen. Nach Verlauf einer halben Stunde kamen wir endlich in die Gegend des

Strandes zurück, von da wir am Morgen unsre Wanderschaft angetreten. So endigte sich also diese kleine Reise, die bey etwas mehr Unbesonnenheit von unserer Seite, den Einwohnern sowohl, als uns, hätte nachtheilig werden können, ohne die geringste Unannehmlichkeit. Unsere Absicht, den Volkan näher zu untersuchen, war freylich vereitelt, und selbst kein Anschein da, sie in der Folge glücklicher zu erreichen; so allein die Billigkeit und Klugheit erfordern es doch einmal, daß man seiner Wißbegierde Schranken setze, wenn sie nicht ohne Ungerechtigkeit und Blutvergießen befriedigt werden kann.

Während unserer Abwesenheit hatte das Schiffsvolk, beym Eintritt der Fluth, das Netz ausgeworfen und eine kleine Anzahl Fische gefangen, unter welchen sich eine unbekannte Gattung befand. In dem Teiche von süßem Wasser hatten wir ebenfalls einen Fisch von neuer Art, und eine Menge Sumpf-Aale bekommen. Diese Ausbeute nahmen wir, nebst den auf dem Berge eingesammelten Pflanzen, mit an Bord und beschäftigten uns, den Nachmittag über, sie abzuzeichnen und zu beschreiben.

Am folgenden Morgen giengen wir von neuem aufs Botanisiren aus. Der Handel um Yams und Waffen ward noch immer fortgesetzt, Schildkröten-Schaale war aber auf unserm Schiffe eine so seltne Waare, daß nicht viel Lebensmittel eingekauft werden konnten; die Perlmutterne Fischangeln von den freundschaftlichen Eilanden wurden sehr gesucht, und oft mit einer ganzen Handvoll Pfeile bezahlt, weil sie mehrentheils Haken von Schildkröten-Schaale hatten, indeß eine andre Angel, die an sich eben so gut war, gar nichts galt, blos weil der Haken nur von Perlmutter war. Wir durchstrichen die auf der Ebene befindliche Waldung, und schossen allerhand Vögel, deren es auf dieser Insel eine große Menge von verschiedener Art giebt. Auch fanden sich mancherley Ostindische Pflanzen, die wir in keiner von den östlichern Inseln angetroffen hatten[16]. Der schätzbarste Fund war eine Taube, von eben der Art, die auf den *freundschaftlichen Eylanden* so häufig vorhanden ist. Diese hier hatte auswendig am Schnabel eine röthliche Substanz kleben und, wie sich beym Aufschneiden fand, zwo Muscatnüsse im Kropf, welche nicht längst erst verschluckt seyn mußten, indem sie noch mit ihrer scharlachfarbnen Haut überzogen waren. Diese Haut ist das, was man die Muscat-Blüthe zu nennen pflegt. Wir fanden sie von bitterm und gewürzhaftem Geschmack, aber ohne allen Geruch. Die Nuß selbst war von Gestalt ungleich länglichter, hingegen dem Geschmack nach, von der eigentlichen oder rechten Muscatnuß, nicht so sehr verschieden. Wir zeigten sie dem ersten Einwohner, der uns begegnete, und boten ihm ein Stück Perlmutter-Schaale zur Belohnung, wenn er uns die Art Bäume, worauf sie wächst, kennen lehren wollte. Er führte uns wohl eine halbe Meile weit ins Land, und zeigte uns endlich einen jungen Stamm, welches der Muscat-Nuß-Baum seyn sollte. Wir pflückten etliche Blätter davon ab, fanden aber keine Früchte, weil, seiner Aussage nach, die Tauben sie nicht lange sitzen ließen. Die Nuß nannte er in seiner Sprache *Guannatàn*. Während dieser Unterredung hörten wir einige scharfe Flintenschüsse, die uns befürchten ließen, daß zwischen den Eingebohrnen und unsern Leuten, Händel vorgefallen wären. Ein Indianer, der eben vom Strande her kam, sagte uns im Vorbeygehen etwas, welches wir nicht recht verstanden, aber für eine Bestätigung unsrer Vermuthung hielten. Also eilten wir an die See zurück, wo jedoch alles ruhig, auch dort so wenig, als sonstwo, etwas vorgefallen war. Das Laub, welches wir für Muscat-Nuß-Blätter bekommen hatten, wollte keiner von denen am Strande versammleten Indianern dafür gelten lassen; sondern sie gaben demselben durchgehends einen ganz andern Namen, als unser Wegweiser. Als dieser merkte, daß wir auf der Spur waren, den Betrug zu entdecken, winkte er seinen Landsleuten zu, daß sie den Blättern eben den Namen beylegen möchten, als er. Wir gaben ihm aber bald zu verstehen, wie sehr uns seine schlechte Aufführung mißfiele, und er mußte auch von den Indianern Verweise darüber anhören.

Nachmittags gieng Capitain *Cook* mit den Lieutenants *Cooper* und *Pickersgill*, den Herren *Patton*, *Hodges*, Dr. *Sparrmann*, meinem Vater und mir nach der ostwärts gelegenen Anhöhe, durch die Gärten und Pflanzungen, bis an den jenseitigen Strand. Er wünschte vornemlich, von dort aus die Insel *Annattom*

16 Dies waren: *Sterculia balanghas, Sterculia fœtida, Dioscorea alata, Ricinus mappa; Acanthus ilicifolius; Ischæmum muticum; Panicum dimidiatum; Croton variegatum;* und verschiedne andre.

zu sehn; sie war aber großtentheils in dicken Nebel verhüllt, so daß wir fast unverrichteter Sachen wieder umkehren mußten. Unterwegens schossen wir Vögel und kamen unvermerkt bey den Wohnungen unsrer freundschaftlichen Indianer an. Der Vater des kleinen Mädchens, dessen ich S. 473 erwähnt, brachte mir Pisangs, Zuckerrohr, nebst Cocosnüssen, zum Geschenk, und bestärkte mich dadurch in der vortheilhaften Meynung, die ich mir von seiner Empfindsamkeit gemacht hatte. Herr *Hodges* zeichnete unterwegens verschiedne Aussichten, vornemlich dieses kleine Gehöft mit einer Gruppe von Einwohnern beyderley Geschlechts, die unter den schattenreichen Ästen des Feigenbaums im Grase saßen. Nach dieser Skizze hat er in der Folge ein Gemählde verfertigt, auf welchem sowohl die Gegend als die Einwohner, der Wahrheit und Natur getreu, vorgestellt sind. Gegen Sonnen Untergang fuhren wir nach dem Schiffe zurück.

Am folgenden Morgen verfügten wir uns von neuem ans Land, und giengen auf der Ebene in den Wald. Es hielt sich eine Menge großer Papagoyen, die von schönem, schwarz, roth und gelbfleckichtem Gefieder waren, darinn auf. Sie saßen aber in den Gipfeln der Feigenbäume, wo sie, nicht allein der großen Höhe, sondern auch des dicken Laubes wegen, mit Schroot-Schüssen gar nicht zu erreichen waren. Die ungeheure Größe dieser Bäume kann man sich kaum vorstellen. Ihre Wurzeln stehen größtentheils über der Erde, und machen, ohngefähr zehn bis zwölf Fuß hoch vom Boden, das Stamm-Ende des Baumes aus. Ein solcher Stamm hält manchmal neun bis zehen Fuß im Durchschnitt, und scheint aus mehreren zusammengewachsenen Bäumen zu bestehen, die auf allen Seiten, der Länge nach, scharfe ohngefähr einen Fuß breit hervorstehende Ecken haben. In dieser Figur wachsen sie dreyßig bis vierzig Fuß hoch, ehe sie sich in Äste theilen, von denen jeder wenigstens drey Fuß im Durchmesser hat. Die Äste werden ebenfalls dreyßig bis vierzig Fuß lang, ehe sie kleinere Zweige hervortreiben, und auf solche Art ist der Gipfel des Baumes zum mindsten hundert und funfzig Fuß hoch. Am häufigsten standen sie in einem Sumpf oder Morast, wo sich der Teich, aus welchem wir Trinkwasser fürs Schiff einfüllten, in verschiedene Arme verlor. Ob dieser Teich das äusserste Ende eines Flusses sey, der von den innern bergigten Gegenden der Insel herabkommen, und in der vulkanischen Schlacken-Asche, auf der Ebene, sich nach der See hin verlaufen mag, oder, ob er nur von den Regengüssen, die in den Sommermonathen fallen, entstanden wäre? konnten wir nicht mit Gewißheit ausfindig machen. Das aber fanden wir, daß sich unzählig viel Mücken darinn aufhielten, die uns nicht wenig peinigten, wenn wir den Wachtel-Königen und Enten nachgiengen, die ihre Nahrung ebenfalls im Sumpf suchten. Nur Schade, daß es uns nicht glücken wollte, ihnen beyzukommen, da sie doch vermuthlich von unbekannter Art, mithin einer näheren Untersuchung allerdings werth seyn mochten. Der schlechte Erfolg dieser Jagd bewog uns, auf der Ebene, weiter nach Westen fortzugehen; dort kamen wir bey ein paar Stücken Landes vorüber, die mit Gras bewachsen, und durch allerhand wildes Gesträuch von einander abgehegt waren, fast so wie in England die Wiesen mit lebendigen Hecken umgeben sind. Zwischen diesen Grasplätzen lagen oft große Felder durchaus mit hohem Schilfrohr *(saccharum spontaneum Linn.)* bewachsen, welches hier zu Lande zu Pfeilen, Zäunen, Körben, und anderer solchen geflochtenen Arbeit gebraucht wird. Der vorhandnen Menge nach zu urtheilen, schien es nicht von selbst, wild aufgeschossen; sondern vielmehr förmlich angepflanzt zu seyn, welches auch, bey der großen Nutzbarkeit desselben, überaus wahrscheinlich ist. Hinter diesen Feldern kamen wir an einen Wald, wo es jedoch keine andere Art von Bäumen gab, als jene, die wir bereits am Strande gefunden hatten. Dagegen ward eine Taube von neuer Gattung geschossen, auch sahen wir viele Papagoyen, die ungemein scheu waren, vermuthlich, weil ihnen die Einwohner in den Obstgärten nachstellen mögen. Endlich geriethen wir an einen hohlen Weg, der ehemals das Bette eines Regenbachs gewesen zu seyn schien, jetzt aber ganz trocken war, und den Wilden zum Fußpfade diente. An den steilen Seiten-Wänden desselben wuchs allerhand kleines Gebüsch, auch sogar Palmen, und ein ungeheurer Feigenbaum *(ficus religiosa Linn.)* von der Art, die bey den Cingalesen und Malabaren in religiöser Achtung steht,[17] machte, queer über den Weg, einen weit

17 Sie opfern unter dem Schatten derselben, und geben vor, daß daselbst verschiedene ihrer Gottheiten sollen geboren worden seyn.

gewölbten Bogen aus. Die Wurzel hatte sich nemlich in zwey Hauptäste getheilt, davon der eine auf dieser, der andere auf jener Seite des Weges eingewachsen war. Oberhalb, im Gipfel, flatterte eine Menge kleiner Vögel herum, die sich bey dem Überfluß an Früchten ganz wohl befinden mußten. Wir ruheten in seinem dichten Schatten aus, und freuten uns, daß verschiedne Einwohner, die während dieser Zeit hier vorbeygiengen, weder über unsre Gegenwart das geringste Mißvergnügen, noch die geringste Unruhe über die Flintenschüsse bezeigten. Gegen Mittag machten wir uns wiederum auf den Rückweg. Ohnerachtet das Wetter überaus warm war, so wurden wir doch, der schattichten Waldung halber, nicht viel von der Hitze gewahr. Diesseit des Wasserplatzes trafen wir einen Indianer, der im Gesträuch dünne Stangen abhieb, um in seinem Garten, das Kraut der Yamwurzeln *(dioscorea oppositifolia)* an selbigen in die Höhe ranken zu lassen. Seine Axt war ein sehr elendes Werkzeug, denn statt des sonst gewöhnlichen harten Steins, bestand die Klinge blos aus einer Muschelschaale. Auch gieng seine Arbeit deshalb so langsam von statten, daß wir ihm, aus Mitleid, mit einem unsrer englischen Beile zu Hilfe kamen, da denn in Zeit von wenig Minuten mehr Stangen abgehauen waren, als er, den ganzen Vormittag über, hatte fertig schaffen können. Die Einwohner, die bey jetziger Mittagszeit auf ihrem Heimweg, vom Strande aus, hier vorüber kamen, blieben alle stehen, um die große Nutzbarkeit unsers Beils zu bewundern. Einige boten gleich auf der Stelle ihre Bogen und Pfeile dafür. Bey so viel Begierde glaubten wir, sie würden sich auch geneigt finden lassen, ein Schwein dafür zu geben; allein gegen diese Forderungen blieben sie taub und giengen ihres Weges. Das Ferken, womit der alte *Pao-vjangom* meinen Vater beschenkt hatte, war und blieb das einzige, welches wir auf dieser Insel bekamen. Auf Vorzeigung der wilden Muscatnuß, die sich im Kropf der Taube gefunden hatte, gab uns einer von den Indianern noch 3 solcher Nüsse, daran die äussere Haut oder sogenannte Muscat-Blüthe befindlich war; den Baum hingegen, worauf sie wachsen, wußte er nicht anzuzeigen. Sie legten diesen Nüssen unterschiedliche Namen bey, den Baum aber hießen sie durchgehends *Nirasch*. Als wir unsre botanischen Bücher zu Rathe zogen, fand sich, daß diese Sorte viel Ähnlichkeit mit des *Rumphii* wilden Muscatnuß hat, und allem Ansehen nach eben dieselbe ist, welche man auf den Philippinischen Inseln antrift. Auch die Taube, die sich hier in *Tanna* davon nährt, kommt derjenigen, die nach *Rumphs* Zeugniß in den Moluckischen Inseln die ächte Muscatnuß aussäet, in allen Stücken gleich. Bey unsrer Rückkunft nach England haben wir die Ehre gehabt, Ihro Majestät der Königin eine dieser Tauben lebendig zu überreichen.

Unter denen am Strande versammelten Indianern trafen wir einen alten abgelebten Mann, den noch keiner von uns zuvor gesehen hatte. Die Wilden versicherten, er sey ihr *Eriki* und heiße *Jogaï*. Er war lang, hager, ausgezehrt, und hatte einen fast gänzlich kahlen Kopf nebst eisgrauem Bart. Seine Gesichtsbildung zeigte viel Gutherzigkeit, und, so runzlicht sie auch war, noch immer Spuren von ehemaliger Schönheit an. Neben ihm saß ein andrer, der ohne die Anwesenheit eines so ganz abgelebten Greises ebenfalls schon für einen alten Mann hätte gelten können. Diesen gaben die Indianer für des alten *Jogaïs* Sohn aus, und nannten ihn *Jatta*. Er war groß, wohlgebaut, und für einen *Tanneser* wirklich schön zu nennen. Sein Blick, der etwas geistreiches, einnehmendes, und gegen uns Fremde überaus freundliches an sich hatte, trug hiezu nicht wenig bey; auch kleidete es ihn gut, daß er sein schwarzes, beynahe wollicht krauses Haar, so wie es von Natur war, ganz ungekünstelt ließ. Die Insulaner sagten, er wäre ihr *Kau-Wosch,* welches vermuthlich ein Titel ist, der so viel als Thronfolger, Erb- oder Kronprinz u. d. gl. bedeuten mag. Von Leibesfarbe waren diese Befehlshaber so schwarz, als der geringste ihrer Unterthanen, unterschieden sich auch sonst durch keinen äußern Putz oder Zierrath, ausgenommen, daß ihr Leibgürtel schwarz gestreift und wechselsweise mit weißen, rothen und schwarzen Feldern bemahlt war, anstatt, daß dergleichen Schärpen sonst nur einfarbig, entweder gelb, oder zimmetbraun, zu seyn pflegten. Dennoch konnte diese Verschiedenheit auch nur etwas zufälliges, und nicht ein eigenthümliches Zeichen der königlichen Würde seyn. Das einzige abgerechnet, daß man ihnen den Titel *Eriki* beylegte, ward keinem von beyden besondere Ehrerbietung bezeigt; auch sahen wir nicht, daß sie Befehle ertheilt hätten. Ich vermuthe daher, daß ihr Ansehen nur zu Kriegeszeiten etwas gilt. Bey dergleichen Ereignissen pflegt wohl ein jedes Volk irgend einem erfahrnen Greise Gehör zu geben, seinen Rath als ein Gesetz anzusehen, und während eines so mißlichen Zeitpunkts Glück und Leben einem Manne anzuvertrauen, dessen vorzügliche Tapferkeit, und lange Erfahrung von der ganzen Nation einmüthig anerkannt worden ist. – Wir machten diesen Befehlshabern einige kleine Geschenke und baten sie, uns ans Schiff zu begleiten, welches sie aber ausschlugen. Also kehrten wir allein, zum Mittagessen an Bord zurück. Unsre Leute brachten heute vieles Casuarina-Holz vom Lande mit, indem sie auf der hohen Ebene einen schönen Baum dieser Art gefället hatten[18]. Sobald von den Zimmerleuten mit Durchsägung des Stammes der Anfang gemacht worden, war *Pao-vjangom* unverzüglich zum Capitain Cook gekommen, und hatte sich über dieses Unternehmen beschweret; denn die Casuarina-Bäume sind hier zu Lande sehr geschätzt, und dabey so selten, daß die Einwohner ihre daraus verfertigte Keulen, von *Irromango,* woselbst diese Holzart häufig wächst, herholen müssen. Der Capitain ertheilte gleich Befehl, daß mit der Arbeit inne gehalten werden sollte, weil aber der Stamm schon zu tief eingeschnitten war, als daß der Baum sich wieder hätte erholen können; so schenkte er dem Alten einen Hund, die Menge tahitischen Zeuges, nebst verschiednen andern Sachen, und bekam dafür, von ihm und den Seinigen, Erlaubniß, den Baum zu nehmen. Bey diesem und einigen andern Vorfällen sahe man augenscheinlich, daß *Pao-vjangom,* unter den Leuten, die auf der ostwärts gelegenen hohen Ebene wohnten, vielen Einfluß hatte; doch rührte dieser vermuthlich blos von seinem ehrwürdigen Alter her; denn die Regierungsform scheint hier noch auf der untersten Stufe, das ist, patriarchalisch zu seyn. Jede Familie hält sich nemlich an den Rath des Ältesten, und dieser wagt es nicht, sein Ansehen zu Härte oder Tiranney zu mißbrauchen.

Nach dem Essen giengen wir wiederum an Land und in den Wald, fanden aber nichts neues. Dies war auch um so weniger zu verwundern, weil wir eben diese Gegend seit unsrer Ankunft fast Tag für Tag durchsucht hatten. Am folgenden Morgen gaben wir uns Mühe, irgendwo einen Muscat-Nuß-Baum auszuspühren. In einem schönen Pisang-Garten, der dicht am West-Ende des Strandes lag, hielt sich eine Menge Papagoyen auf, welche die Früchte verheerten, aber bey diesem Unfug auch so scheu waren, daß man ihnen vergebens nachschlich. Wir glaubten nun von Seiten der Insulaner für allen Feindseligkeiten so sicher zu seyn, daß wir uns oft auf ziemliche Strecken weit von einander trennten. Dies geschah auch heut und zwar ohne den geringsten Unfall, jedoch auch ohne weiteren Erfolg. Wir kamen nemlich allerseits mit leeren Händen an den Strand zurück. Das letzte Boot war eben im Begriff, der Mittags-Zeit wegen, nach dem Schiffe überzufahren; wir setzten uns also hinein, und fanden den alten *Eriki,* oder König, *Jogaï,*[19] seinen Sohn *Jatta,* imgleichen einen wohlgebildeten Knaben von ohngefähr vierzehen Jahren, an Bord, der *Narepp* hieß, und ein naher Verwandter der beyden Befehlshaber zu seyn schien. Sie hatten sich in der Cajütte auf den Fußboden niedergesetzt, und der Capitain war eben beschäftigt, allerhand Kleinigkeiten unter sie auszutheilen. *Jogaï* nahm seinen Antheil mit der, seinem Alter eigenen Gleichgültigkeit in Empfang; sein Sohn hingegen und der junge *Narepp* bezeugten große Freude über das, was ihnen gegeben ward. Mittlerweile war das Essen aufgetragen worden, und wir ließen sie mit uns zu Tische sitzen. Die Yams schmeckten ihnen, so wie unserm vorigen Gast, *Fanokko* (siehe weiter oben pag. 456) ganz gut, von andern Speisen wollten sie nichts anrühren. Nach der Mahlzeit brachten wir sie an den Strand zurück. Dort geriethen sie mit ihren Landsleuten sogleich ins Gespräch und erzählten ihnen ohne Zweifel, wie gut sie von uns aufgenommen worden, welches die ganze Versammlung, dem Anschein nach, mit Vergnügen anhörte. Es kamen jetzt selten mehr als hundert Einwohner, Weiber und Kinder mitgerechnet, an den Strand herab, und diese pflegten sich, mehrentheils truppweise, im Schatten der nächsten Bäume niederzusetzen. Dann und wann

18 Die Veranlassung hiezu war, daß wir an unserm Ruderbalken einen Riß entdeckt, und keinen andern im Schiffe vorräthig hatten. Der Capitain wollte also aus diesem Stamm einen neuen Ruderbalken machen lassen.

19 Cap. Cook bemerkt in seiner Reisebeschreibung *(Vol. II. pag. 71.)* daß diese Befehlshaber nicht Gewalt genug hatten, sich eine Cocosnuß von den andern bringen zu lassen. Einer von ihnen mußte selbst den Palmbaum hinanklettern, und da er einmal oben war, so ließ er auch nicht eine einzige Nuß sitzen, theilte aber, was er selbst nicht brauchte, unsern Leuten aus.

brachte einer eine Yam-Wurzel oder Pisang-Frucht und vertauschte sie gegen Tahitisches Zeug. Die Weiber führten ganze Körbe voll Jambos-Äpfel *(Eugenia)* bey sich, und verkauften uns solche für eine Kleinigkeit; z. E. für schwarze Glaskorallen, kleine Stückgen grünen Nephritischen Steins, u. s. w. als geschähe es gleichsam mehr zu Bezeigung ihres guten Willens, denn des Gewinnstes wegen. Überhaupt betrugen sie sich gar sehr gefällig gegen uns. Wenn wir ihnen in einem engen Fußsteige begegneten, so giengen sie allemal auf die Seite, oft ins dickste Gesträuch, um uns Platz zu machen. Kannten sie uns schon, so nennten sie uns mit Namen, und sahen so freundlich und gutherzig dazu aus, als wir bey dem brüderlichsten Gruße nur thun können; hatten sie uns aber zuvor noch nie gesehen, so fragten sie gemeiniglich, wie wir hießen, um uns ein andermal wieder zu kennen. Bey so friedlichem Anschein, war die anfänglich gebrauchte Vorsicht, zur Sicherheit unserer am Strande beschäftigten Matrosen, Gränz-Linien von Stricken zu ziehen, schon seit mehreren Tagen unterblieben, und statt dessen nur eine Schildwacht ausgestellt worden. Die Indianer pflegten alle jenseits derselben zu bleiben, es sey denn, daß einer etwa zum erstenmale aus dem Innersten des Landes an den Strand kam, und die Bedeutung dieser Anstalten noch nicht kannte. Mit einem Worte, in der kurzen Zeit, die wir bey ihnen zugebracht, hatten sie bereits weit günstiger von uns urtheilen gelernt, und wurden uns täglich noch mehr zugethan. – Unsre vornehmen Gäste *Jogaï, Jutta* und *Narrepp,* entfernten sich nebst verschiedenen andern bald vom Strande, und giengen durch die Wälder nach ihren Wohnungen zurück, die, wenn wir sie recht verstanden haben, ziemlich weit im Lande liegen mußten. Als sie fort waren, fuhren wir mit dem Capitain nach dem westwärts gelegenen Berge, wo unsre Leute Ballast laden sollten. Indeß daß dieses geschah, untersuchten wir die daselbst befindlichen heißen Quellen, die bereits in den ersten Tagen unsers Hierseyns waren entdeckt worden. Ein Fahrenheitisches Thermometer, welches wir zu diesem Versuch mitgenommen, hatte am Schiff auf 78° gestanden, war aber durch die natürliche Wärme dessen, der es bey sich trug, auf 83° gestiegen. So stand es, als die Kugel in die heiße Quelle gesenkt ward. In Zeit von fünf Minuten stieg das Quecksilber bis auf 191°; wir nahmen es wieder heraus, und machten eine kleine Vertiefung in den Sand, so, daß das Thermometer, ein paar Zoll weit über die Kugel, vom Wasser bedeckt wurde. Nun stieg das Quecksilber bald wieder bis auf 191°, wollte aber nicht höher hinauf, ohnerachtet wir es wohl zehen Minuten lang so stehen ließen. Ein paar kleine Schnecken, die wir in die Quelle warfen, waren in zwey bis drey Minuten völlig gar gekocht. Um zu erfahren, ob dies Wasser das Metall angreifen würde, legten wir ein Stück Silber hinein; es ward aber nach Verlauf einer halben Stunde ganz rein und glänzend wieder herausgenommen. Auch Weinstein-Salz brachte in dem Wasser keine sichtbare Veränderung hervor, weil es aber doch einen etwas zusammenziehenden Geschmak hatte, so füllten wir uns eine Flasche voll, um gelegentlich mehr Versuche damit anzustellen. Am Strande gab es eine Menge kleiner Fische, ohngefähr zwey Zoll lang, die auf den nassen Klippen wie Eidexen herumhüpften. Die Brustfloßen dienten ihnen statt der Füße, und die Augen saßen beynahe mitten auf dem Scheitel, vermuthlich in der Absicht, daß sie sich für ihren Feinden ausserhalb dem Wasser desto besser in Acht nehmen könnten. Und in der That waren diese kleine Thierchen auch so vorsichtig, und so schnell, daß man ihrer nicht leicht habhaft werden konnte. Ehe man sichs versah, waren sie mit *einem* Sprunge über drey Fuß weit fortgehüpft. Eben diese, oder wenigstens eine sehr ähnliche, Art Fische hatte Capitain *Cook,* auf seiner vorigen Reise um die Welt, an der Küste von Neu-Holland[20] angetroffen. Diese Art hier gehörte zum Geschlechte der *Blenniorum*. Sie waren zum Theil eifrig darüber her, eine Brut ganz kleiner Grillen *(gryllus achata)* zu verschlucken, welche die See aus einem Riß im Felsen hervorgespült haben mochte.

Am folgenden Morgen giengen wir mit dem Capitain von neuem aus, um die heißen Quellen auch während der Ebbe zu untersuchen, indem die vorigen Beobachtungen allemahl des Nachmittags, zur Fluthzeit, waren angestellt worden. Das Thermometer, welches in freyer Luft 78° angezeiget hatte, stieg in dem heißen Waßer, nach Verlauf von anderthalb Minuten, bis 187°. Der Unterschied zwischen dem

---

20 Siehe *Hawkesworths* Geschichte der englischen Seereisen in gr. 4. dritter Band *pag. 122.*

gestern bemerkten Grad der Hitze (191°) und dem heutigen, kam uns um desto sonderbarer vor, weil die Quellen so nahe am Ufer des Meeres hervorsprudelten, daß zur Fluthzeit, das Seewasser darüber her stand. Natürlicherweise hätte also, die vermittelst der Fluth entstehende Vermischung des See-Wassers mit dem Quellwasser, die Hitze des letztern abkühlen sollen; da wir nun gerade das Gegentheil fanden, so muß bey diesen Quellen der Grad der Hitze von ganz andern Ursachen abhängen. In dieser Vermuthung wurden wir durch die fernere Untersuchung einer ähnlichen Quelle, die an der West-Ecke des großen Strandes befindlich war, noch mehr bestärkt. Nungedachte Quelle kam, am Fuß eines senkrechten Felsen, aus dem schwarzen Schörl-Sande hervor gesprudelt, und rieselte nach der See hin, von welcher sie zur Zeit der Fluth bedeckt ward. Der Felsen aber machte einen Theil des großen Berges aus, auf welchem die Solfatara befindlich ist. In dieser neuen Quelle stieg das Thermometer, nach Verlauf einer Minute, bis 202 1/2 Grad, und blieb auf diesem Punkt einige Minuten lang stehen. Wodurch wird diese Verschiedenheit der Hitze hervorgebracht? Vielleicht kommen die Quellen, in unterirdischen Kanälen, aus der Nachbarschaft des Volkans her, und können nicht eher als ohnweit dem Meere einen Ausgang finden. In *dem* Fall hängt der Grad ihrer Hitze von der Entzündung des Berges ab. Diese aber ist bekanntermaaßen nicht immer gleich heftig, sondern läßt bisweilen, z. E. in den stillen Zwischenzeiten von einem Ausbruch zum andern, bald mehr, bald minder nach. Überdem mag auch die Hitze nicht in allen Gegenden des Berges gleich groß seyn, und eben so muß das Wasser von seiner ursprünglichen Hitze mehr oder weniger verlieren, je nachdem es, von der Quelle bis an den Ort des Ausflusses, einen längern oder kürzern Weg zu laufen hat. Endlich so kann es auch ganz wohl seyn, daß dieses Springwasser mit der *Solfatara* einige Verbindung hat, weil beyde an einem und demselben Berge vorhanden sind. Was zunächst an der Oberfläche liegt, wird vermuthlich durch die Hitze der Solfatara in jenen feinen Dunst aufgelöset, der oben auf dem Berge aus verschiedenen Erdrissen emporsteigt, indeß das übrige nach untenzu einen Weg sucht, und, nachdem es durch mehrere Erdschichten durchgeseigt, abgekühlt und auf solche Art verdickt worden ist, in flüßiger Form als ein Bach hervorbricht. Doch, hier müssen wir es bey bloßen Muthmaßungen bewenden lassen; denn der Volkan, dessen Einfluß nur zur Zeit einer Explosion hätte beurtheilt werden können, war seit einigen Tagen ganz ruhig, auch wollte sich in dessen Ermangelung kein anderes Phänomen ereignen, woraus mehr Aufklärung herzunehmen gewesen wäre. Den Rest des Tages brachten wir auf der hinter dem Wasserplatz belegenen Ebene zu, und jagten daselbst nach der Blüthe eines unbekannten Baums, die nicht anders zu bekommen war, als daß man sie, mit der Kugel-Büchse, herunter *schießen* mußte. Gegen Abend fiengen die Matrosen ohngefähr zween Zentner Fische, welches dann der ganzen Mannschaft wieder zu einer frischen Mahlzeit verhalf. Dr. *Sparrmann* und ich giengen in der Zwischenzeit nochmals auf die hohe Ebene, und brachten daselbst bey unsern indianischen Bekannten eine halbe Stunde sehr vergnügt zu. Es war nun gleichsam schon zum Brauch geworden, sie mit unsern Liedern zu unterhalten. Wir thaten es daher auch diesmal, und machten uns dadurch so beliebt, daß sie zuletzt auf etliche Mädchen mit dem Finger zeigten, um uns solche aus übertriebener, aber bey wilden Völkern gar nicht ungewöhnlicher, Gastfreyheit auf Discretion zu überlassen. Die Mädchen merkten nicht sobald, wovon die Rede war, als sie eiligst davon liefen, und nicht allein sehr erschrokken, sondern, über den unanständigen Vorschlag der Männer, auch äusserst unwillig zu seyn schienen. Diese aber, besonders die jungen Leute, verlangten, daß wir den Spröden nachsetzen sollten. Doch mochten sie vielleicht, mit einem so gut als mit dem andern, den Mädchen nur einen Schreck einjagen wollen; wenigstens hatten sie nichts dawider, daß wir ihren Antrag diesmal unbenutzt ließen. Beym Abschiede schenkten wir ihnen mancherley Kleinigkeiten, unter andern auch etliche perlmutterne Angel-Hacken mit Spitzen von Schildkröten-Schaale, und bekamen dafür allerhand Früchte zum Gegengeschenk.

Die Vorräthe von Trinkwasser, Brennholz und Ballast waren, seit unserm Hierseyn, nun wiederum so weit ergänzt, daß wir am folgenden Morgen (den 19ten) abseegeln wollten: allein der Wind verhinderte es, indem er gerade in die Mündung des Hafens hinein blies. Wir giengen also nach dem Frühstück, in Begleitung des Capitains, wie gewöhnlich, an's Land; er, um mit den Einwohnern zu handeln, wir

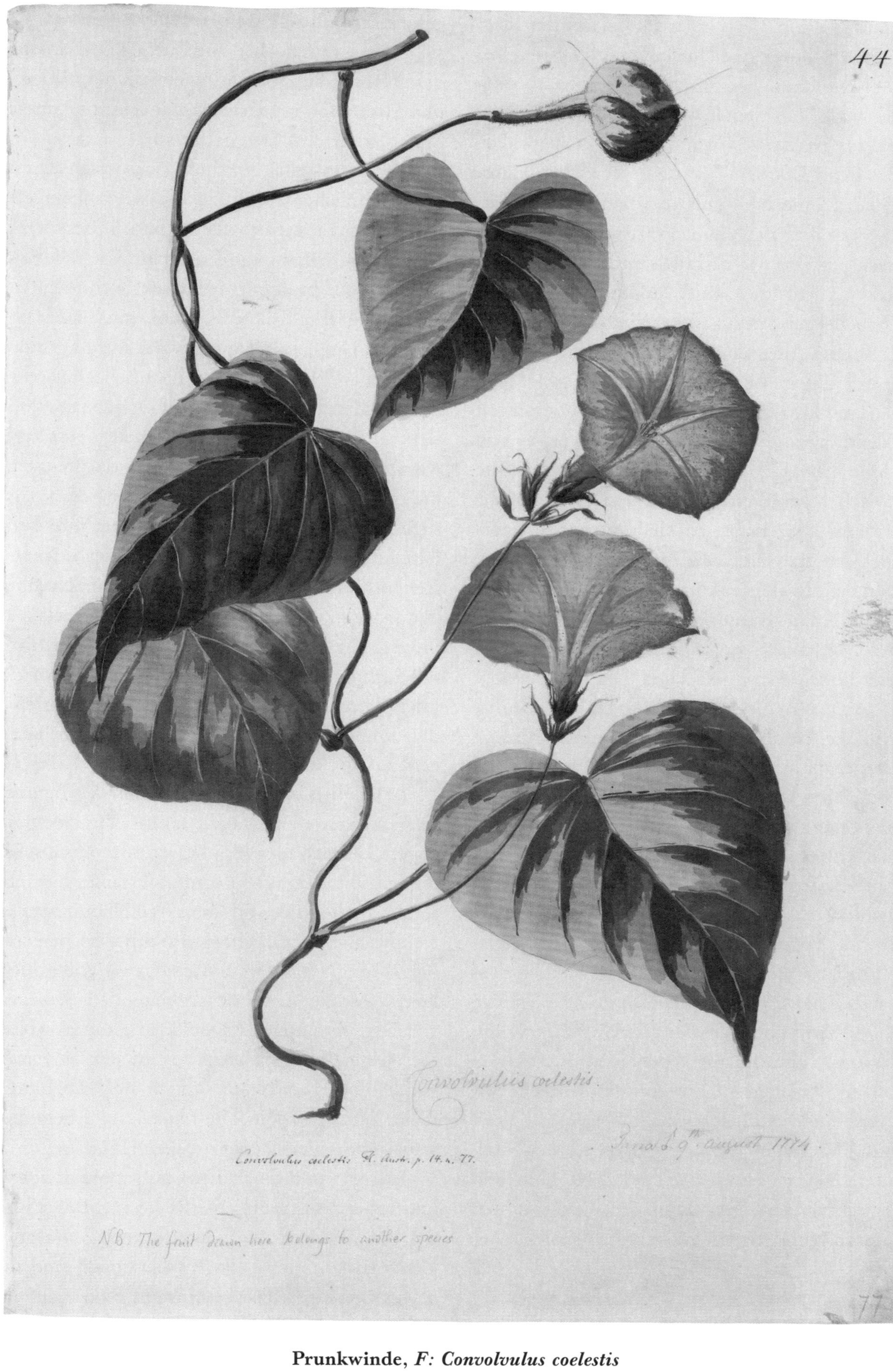

Prunkwinde, *F: Convolvulus coelestis*
Ipomoea indica (Tanna, 9. August 1774)

aber, um uns zu guter letzt noch einmal auf der Insel umzusehen. In dieser Absicht nahm jeder einen andern Weg; auf dem, den ich gewählt hatte, begegneten mir viele von den Insulanern, die nach dem Strande herab wollten. Es war nicht ein einziger darunter, der nicht aus dem Fußsteige gewichen wäre, um mir Platz zu machen, und ohnerachtet sie sahen, daß ich ganz ohne Begleitung war; so verzog doch keiner auch nur eine Miene gegen mich. Natürlicherweise ließ ich mir dies eine Aufmunterung seyn, meinen Spatziergang desto weiter auszudehnen, und kam auf solche Art in dem Thale, welches an der Südseite der hohen Ebene liegt, um ein gut Stück tiefer ins Land als ich zuvor je gewesen. Überall mit dichter Waldung umringt, ward ich selten etwas von der Gegend gewahr, wenn nicht hie und da eine Lücke zwischen den Bäumen mir einige Aussicht verschafte. Dann aber hatte ich ein desto reizenderes Schauspiel. Ich übersah einen Theil der am Abhange des Hügels befindlichen Pflanzungen, wo die Einwohner in voller Arbeit waren. Sie fällten oder beschnitten Bäume, bestellten ihr Land, statt eines Spatens, mit einem dürren Ast, und setzten *Yams* oder andere Wurzeln. An einem Orte hörte ich sogar einen Indianer bey seiner Arbeit singen, und erkannte bald, an der Melodie, daß es eins von den Liedern war, die sie uns bey ihren Wohnhütten mehrmalen vorgesungen hatten. Diese Gegend war zum Entzücken schön, und selbst Tahiti könnte sich nicht leicht einer schönern Landschaft rühmen. Dort ist das ebene Land nirgends über zwo englische Meilen breit, und mehrentheils mit ungeheuren Felsen-Massen begränzt, deren schroffe Gipfel gleichsam herabzustürzen drohen; hier aber hatte ich eine ungleich größere Strecke Landes, voll sanft abhängender Hügel und geräumiger Thäler, vor mir, die alle angebaut werden konnten. Auch die Plantagen hemmten die Aussicht nirgends, weil mehrentheils nichts als *Pisangs, Yams, Arum* und Zuckerrohr darinn gezogen werden, welches lauter niedrige Gewächse sind[21]. Nur hin und wieder streckt ein einzelner Baum den dickbelaubten Wipfel in die Höhe, davon einer immer malerischer geformt ist, als der andere. Hinterwärts war der Gesichtskreis durch eine Anhöhe eingeschlossen, auf deren Rücken überall Gruppen von Bäumen standen, und aus diesen ragte die stattliche Krone der Cocos-Palme, in großer Menge, hervor.

Wer es je selbst erfahren hat, welch einen ganz eigenthümlichen Eindruck die Schönheiten der Natur in einem gefühlvollen Herzen hervorbringen, der, nur der allein, kann sich eine Vorstellung davon machen, wie in dem Augenblick, wenn des Herzens Innerstes sich aufschließt, jeder, sonst noch so unerhebliche Gegenstand interessant werden und durch unnennbare Empfindungen uns beglücken kann. Dergleichen Augenblicke sind es, wo die bloße Ansicht eines frisch umpflügten Ackers uns entzückt, wo wir uns über das sanfte Grün der Wiesen, über die verschiedenen Schattirungen des Laubes, die unsägliche Menge der Blätter, und über ihre Mannichfaltigkeit an Größe und Form, so herzlich, so innig freuen können. Diese mannichfaltige Schönheit der Natur lag in ihrem ganzen Reichthum vor mir ausgebreitet. Die verschiedene Stellung der Bäume gegen das Licht gab der Landschaft das herrlichste Colorit. Hier glänzte das Laub des Waldes im goldnen Strahl der Sonne, indeß dort eine Masse von Schatten das geblendete Auge wohlthätig erquickte. Der Rauch, der in bläulichten Kreisen, zwischen den Bäumen aufstieg, erinnerte mich an die sanften Freuden des häuslichen Lebens; der Anblick großer Pisang-Wälder, deren goldne, traubenförmige Früchte hier ein passendes Sinnbild des Friedens und Überflusses waren, erfüllte mich natürlicherweise mit dem herzerhebenden Gedanken an Freundschaft und Volksglückseligkeit, und das Lied des arbeitenden Ackermanns, welches in diesem Augenblick ertönte, vollendete dies Gemählde gleichsam bis auf den letzten Pinselstrich! – Gegen Westen zeigte sich die Landschaft nicht minder schön. Die fruchtbare Ebene war daselbst von einer Menge reicher Hügel begränzt, wo Waldungen und Obstgärten mit einander abwechselten. Über diese ragte eine Reihe von Bergen hervor, die den Gebirgen auf den *Societäts-Inseln* an Höhe gleich zu kommen, jedoch nicht so jäh und rauh zu seyn schienen. Selbst das einsame Plätzchen, aus welchem ich diese Gegend betrachtete, hatte die Natur nicht ungeschmückt gelassen. Es war eine Gruppe der schönsten Bäume, an deren Stämmen sich man-

21 Die Pisangbäume machen hievon keine Ausnahme; der Stamm wird gemeiniglich nicht *über* sechs und nur selten zehn Fuß hoch; so daß man von einer kleinen Anhöhe leicht über ganze Wälder solcher Bäume wegsehen kann.

cherley wohlriechend blühende Schlingpflanzen und Glockenwinden hinauf rankten. Das Erdreich war ausserordentlich fett, und dem Wachsthum der Pflanzen so günstig, daß verschiedene Palmen, die vom Winde umgeworfen worden,[22] ihre Gipfel fast durchgehends von der Erde wieder in die Höhe gerichtet, und neue, grünende Zweige getrieben hatten. Vögel, von allerhand buntem Gefieder, belebten diesen schattenreichen Aufenthalt, und ergötzten das Ohr, oft unerwartet, mit harmonischen Liedern.

Über mir der Himmel heiter, das Säuseln des kühlen Seewindes um mich her, stand ich da, und genoß in Ruhe des Herzens alle das Glück, welches ein solcher Zusammenfluß von angenehmen Bildern nur gewähren kann. Unvermerkt verlohr ich mich in eine Reihe von Betrachtungen über den Nutzen, den unser hiesiger Aufenthalt unter den Insulanern gestiftet haben könnte, und welch einen Zuwachs von Vergnügen verschafte mir nicht der beruhigende, damals noch ganz ahndungsfreye Gedanke, daß wir uns hier, zur Ehre der Menschheit in einem sehr vortheilhaften Lichte gezeigt hätten! Wir hatten nun vierzehn Tage unter einem Volke zugebracht, das sich anfänglich äußerst mißtrauisch und ganz entschlossen bewieß, auch die geringste Feindseligkeit nicht ungeahndet zu lassen. Diesen Argwohn, dieses eingewurzelte Mißtrauen, hatten wir durch kühles, überlegtes Verhalten, durch Mäßigung, und durch das Gleichförmige aller unserer Handlungen, zu besiegen, zu vertreiben gewußt. Sie, die in ihrem Leben noch *nie* mit so harmlosen, friedfertigen, und gleichwohl nicht feigen oder verächtlichen, Leuten umgegangen, sie, die bisher in jedem Fremden, einen heimtückischen, verrätherischen Feind zu sehen gewohnt waren, hatten jetzt von *uns,* und durch *unser* Beyspiel gelernt, ihre Nebenmenschen höher zu schätzen! Sobald wir es einmal *dahin* gebracht hatten, jenen heftigen, aufbrausenden Naturtrieb, der allein die Wilden so argwöhnisch, scheu und feindselig macht (Selbsterhaltung) zu besänftigen, sobald sahe man auch schon in ihren rohen Seelen jenen zweyten, nicht minder starken Naturtrieb – Geselligkeit – aufkeimen und sich entwickeln. Kaum fanden sie, daß die Fremden die Früchte ihres Landes nicht als eine Beute, mit Gewalt wegnehmen wollten, so theilten sie ihnen solche freywillig mit. Schon gestatteten sie uns, ihre schattenreiche Wohnungen zu besuchen, und ließen uns, so einträchtig als es den Mitgliedern einer und derselben Familie geziemt, mitten unter sich sitzen. Nach wenig Tagen begannen sie sogar, an unsrer Gesellschaft Vergnügen zu finden, und *nun* öfnete sich ihr Herz einem neuen uneigennützigen Gefühl von überirdischer Art, der Freundschaft! Welch ein schätzbares Bewußtseyn, rief ich aus, auf solche Art das Glück eines Volkes befördert und vermehrt zu haben! welch ein Vortheil, einer gesitteten Gesellschaft anzugehören, die solche Vorzüge genießt und andern mittheilt! Hier unterbrach mich das Geräusch eines herankommenden Wanderers. Es war Dr. *Sparrmann.* Ich zeigte ihm die Gegend, und erzählte ihm, zu was für Gedanken sie mich verleitet hatte. Die Übereinstimmung seines Gefühls theilte dem meinigen neue Lebhaftigkeit mit. Doch, endlich mußten wir uns losreißen und nach dem Schiffe zurückkehren, weil der Mittag nicht weit war. Der erste Einwohner, dem wir begegneten, flüchtete vor uns, und versteckte sich hinters Gebüsch. Unmittelbar darauf trafen wir, beym Eingange einer Plantage, eine Frau an, die, allem Ansehen nach, eben so gern davon gelaufen wäre, es aber nicht wagte, weil wir ihr ganz unerwartet und schon sehr nahe gekommen waren. Mit zitternder Hand, und mit verstörtem Gesicht, bot sie uns einen Korb voll Yambos-Äpfel an. Dies Betragen befremdete uns nicht wenig; doch kauften wir ihr die Früchte ab und giengen weiter. Sowohl innerhalb als ausserhalb dieser Plantage standen viele Männer im Gebüsch, die unaufhörlich winkten, daß wir an den Strand zurückgehen möchten. Sobald wir aus dem Walde heraus traten, klärte sich das Räthsel auf. Zween Männer saßen im Grase und hielten einen Dritten, todt, in ihren Armen. Sie zeigten uns eine Wunde, die er von einer Flintenkugel in die Seite bekommen hatte und sagten dabey mit dem rührendsten Blick: »er ist umgebracht.«[23] Auf diese Bothschaft eilten wir nach

---

22 Man darf sich deshalb nicht einbilden, daß es zu *Tanna* viel stürmisches Wetter geben müsse. Keinesweges; die Schuld liegt vielmehr theils an den Wurzeln der Cocos-Palme, die sehr kurz sind und gleichsam nur aus einer Menge Fasern bestehen, theils an dem Erdreich, welches hier so locker ist, daß kein starker Wind dazu erfordert wird, dergleichen Bäume umzuwerfen.

23 In ihrer Sprache wird dies ungleich eindringender durch das einzige Wort, *Markom,* ausgedrückt.

der Gegend des Strandes, wo unsere Leute sich aufzuhalten pflegten, fanden aber keinen einzigen Indianer bey ihnen, und erfuhren, wie die Sache zugegangen war. Man hatte, wie gewöhnlich, eine Schildwacht ausgestellt, die den Platz, den unsere Leute zu ihren Geschäften brauchten, von Indianern rein halten mußte, dahingegen die Matrosen diese Scheidelinie ohne Bedenken überschreiten, und sich nach Belieben unter die Wilden mischen durften. Einer von den Indianern, der vielleicht seit unserm Hierseyn noch nie am Strande gewesen seyn mochte, hatte sich zwischen seinen Landsleuten vorgedrängt und wollte über den freyen Platz gehen. Weil aber unsere Leute diesen für sich allein zu haben meynten; so nahm die Schildwache den Indianer beym Arm, und stieß ihn zurück. Dieser hingegen glaubte mit Recht, daß ihm, auf seiner eigenen Insel, ein Fremder nichts vorzuschreiben habe, und versuchte es daher von neuem, über den Platz wegzugehen, vielleicht blos um zu zeigen, daß er gehen könne, wo es ihm beliebte. Allein, die Schildwache sties ihn zum zweytenmal, und zwar mit solchem Ungestüm zurück, daß wohl ein minder jähzorniger Mann, als ein Wilder, dadurch hätte aufgebracht werden müssen. Kein Wunder also, daß er, um seine gekränkte Freyheit zu vertheidigen, einen Pfeil auf den Bogen legte, und damit nach dem, der ihn angegriffen, zielte. Dies ward der Soldat nicht sobald gewahr, als er sein Gewehr anschlug, und den Indianer auf der Stelle todt schoß. In dem Augenblick da dieser fiel, trat der Capitain ans Land, und sahe, wie die übrigen davon liefen, um den grausamen, verrätherischen Leuten zu entkommen, die auf fremdem Boden sich solche Ungerechtigkeiten erlaubten. Bereit, den Fehler wieder gut zu machen, schickte er den Soldaten alsbald geschlossen an das Schiff, und gab sich alle Mühe, die Einwohner zu besänftigen. Verschiedene derselben, besonders die, welche auf der östlichen hohen Ebene wohnten, ließen sich auch wirklich überreden, stehen zu bleiben, und denen von neuem zu trauen, die das vornehmste Gebot der Gastfreyheit so schändlich aus den Augen gesetzt hatten. Wahrlich, ein rührender Beweis, von der angebohrnen Güte des menschlichen Herzens! Eine eben so seltne Mäßigung war es, daß die Wilden, Dr. *Sparrmann* und mir nicht das geringste Leid zufügten, da sie doch den Mord ihres Landmannes an uns beyden aufs nachdrücklichste hätten rächen können. Wir fuhren nunmehr mit dem Capitain ans Schiff, nicht ohne Besorgniß, wie es meinem Vater ergehen würde, der, ohne von der vorgefallenen Begebenheit etwas zu wissen, in Begleitung eines einzigen Matrosen, noch im Walde herum irrte. Doch, es lief besser ab, als wir befürchteten; denn nach Verlauf einer Viertelstunde, sahen wir ihn bey der Wache, die, zu Sicherung einiger Wasserfässer, am Strande zurückgeblieben war, wohlbehalten ankommen, und nun liessen wir ihn sogleich durch ein Boot abholen. Die Wilden hatten den Mord ihres Bruders, ihn so wenig als uns, entgelten lassen, sondern schienen vielmehr von unserer Gemüthsart einen zu vorteilhaften Begriff gefaßt zu haben, um das Verbrechen eines Einzigen den übrigen allen beyzumessen. Wie plötzlich, und durch was für eine ruchlose That waren die angenehmen Hoffnungen, womit ich mir, noch wenig Augenblicke zuvor, geschmeichelt hatte, nun nicht auf einmal vereitelt! Was mußten die Wilden von uns denken? Waren wir jetzt noch besser, als andere Fremdlinge? oder verdienten wir nicht weit mehr Abscheu, weil wir uns, unter dem Schein der Freundschaft eingeschlichen hatten, um sie hernach als Meuchelmörder zu tödten? Ich muß gestehen, daß mehrere von unserer Schiffsgesellschaft billig genug dachten, dieses Unglück laut zu beklagen. Dergleichen Übereilungen waren uns fast aller Orten begegnet, und der Schade nirgends gut zu machen gewesen. Und hier in Tanna, wo wir uns, bis auf den Augenblick unserer Abreise, gesitteter und vernünftiger, denn irgendwo, betragen hatten, auch hier mußte dieser Ruhm, durch die offenbahreste Grausamkeit, wieder vernichtet werden! Der Capitain wolte den Soldaten mit exemplarischer Strenge dafür bestrafen lassen, daß er, der ausdrücklichen Vorschrift, nach welcher dem Jähzorn der Wilden nie etwas anders, als Sanftmuth, entgegen gesetzt werden sollte, so offenbar und muthwillig zuwider gehandelt hatte. Allein, der Officier, der am Strande das Commando gehabt, nahm sich des Kerls an, und sagte, er hätte jenen Befehl des Capitains seinen Leuten nicht bekannt gemacht, im Gegentheil ihnen eingeschärft, daß man die Wilden, wenn sie sich im geringsten beygehen ließen, zu drohen, geradeweges niederschiessen müße. Auf dieses Geständniß konnte man dem Soldaten nichts weiter anhaben; ob aber der Officier über das Leben der Einwohner zu gebieten habe? das ward weiter nicht untersucht[24]. Nach Tische fuhren wir wieder ans Land, wo die Matrosen noch zu guter letzt ihr Glück im Fischfange versuchten, und zwar nicht ganz ohne Erfolg. Von Einwohnern waren nur sehr wenige zugegen, und die mehresten unbewafnet, so, daß die Ermordung ihres Landmannes vergessen, oder wenigstens vergeben zu seyn schien. Mein Vater, Dr. *Sparrmann,* und ich, giengen nach der Ebene, um Vögel zu schiessen. Auch dort erblickten wir nur einen einzigen Indianer, der noch dazu, sobald er uns ansichtig ward, einen andern Weg nahm, und mit starken Schritten zu entfliehen suchte. Wir riefen ihm aber nach, und brachten es, durch alle Freundschaftsbetheurungen, die sich durch Zeichen nur ausdrücken lassen, so weit, daß er umkehrte. Mit mißtrauischem schüchternen Blick wagte ers näher zu kommen. Doch beruhigten wir ihn endlich durch allerhand Geschenke, schieden als gute Freunde von einander, und kehrten darauf, mit allen unsern Leuten, ziemlich spät, an Bord zurück.

Am folgenden Morgen sahe man verschiedene Canots, mit aufgespannten Seegeln, aus dem Hafen abgehen. Der Form nach kamen sie mit den Fahrzeugen, die auf den *freundschaftlichen Eylanden* gebauet werden, ziemlich überein; nur daß die hiesigen ungleich schlechter gearbeitet waren, als jene; sie hatten durchgehends Ausleger, und konnten zum Theil bis zwanzig Mann führen. Die Seegel waren niedrig, und bestanden aus dreyeckigten Matten, davon das breite Ende aufwärts, das spitzige nach unten zugekehrt war. Ein langes Stück Holz, wie ein Trog ausgehöhlt, macht den Boden des Canots aus, und die Seitenwände bestehen aus einer oder zwo auf einander gesetzten Planken, die mit Stricken von Cocosfasern folgendermaassen verbunden sind. Bey Bearbeitung der Planken wird die äußere Seite ganz glatt und eben gezimmert, indeß auf der innern, in gewisser Entfernung, kleine Erhöhungen oder Höcker am Holze gelassen werden, die, in senkrechter Richtung durchbohrt, als lauter fest eingeschraubte Ringe hervorragen. Durch diese Löcher oder Ringe, ziehen sie die Stricke durch, und schnüren auf solche Art die Planken eine auf die andere fest, ohne daß ausserhalb, weder von den Löchern noch von den Strikken, das mindeste zu sehen ist. Die Ruder sind in aller Absicht schlecht, sowohl was die Form, als was die Arbeit betrift. Daß die *Tanneser* ihre Fahrzeuge und übrige Handarbeiten nicht so sauber machen, und so schön glätten, als die Bewohner der freundschaftlichen Eylande, mag wohl daher rühren, daß der ewige Krieg, worinn sie zu leben scheinen, ihnen nicht Zeit genug dazu übrig läßt.

Da der Wind nunmehro günstig war, so lichteten wir die Anker und stachen, nach einem Aufenthalt von sechzehn Tagen, am 20sten August wiederum in See.

Die Insel *Tanna* liegt unterm 19ten Grad 30 Secunden Süder-Breite, und dem 169sten Grad 38 Secunden östlicher Länge, hat aber nicht über 24 See-Meilen im Umfange. So weit wir Gelegenheit gehabt haben, die Berge zu untersuchen, bestanden solche mehrentheils aus einem thonartigen Gestein mit Stücken Kreide vermischt. Dieser Thon war fast durchgehends von brauner oder gelblichter Farbe, und lag in sechszolligen, beynahe waagerechten Schichten. An einigen Orten wechselten diese Schichten mit andern, von einer Art weichen schwarzen Steines ab, der aus volkanischer Asche und Schörlkörnern, mit etwas Thon, oder vielmehr mit einer Art Tripel vermischt, entstanden zu seyn schien. Eben diese volkanische Asche, mit einem Zusatz von guter schwarzer Erde, macht den vortreflichen, fruchtbaren Boden aus, worinn die Pflanzen so gut gedeihen. Alle diese Mischungen, in den Erdarten sowohl, als in den übrigen Producten des Mineralreichs, sind, mehr oder minder, das Werk des Volkans. So enthielt z. B. der weisse *Thon,* welcher die Solfatara deckt, gediegenen *Schwefel,* und hatte dabey einen zusammenziehenden Geschmak, als ob er mit Alaun imprägnirt wäre. In derselben Gegend gab es auch rothen *Bolus,* desgleichen scheint *Selenit* vorhanden zu seyn, wenigstens bestanden die Zierrathen, welche die Einwohner in dem durchbohrten Nasenknorpel zu tragen pflegten, aus dieser Stein-Art. Von Lava haben wir nur einzelne, ziemlich grobe Stücken gese-

24 Man wußte, daß der Officier viele vornehme Anverwandten hatte, worunter auch Minister befindlich waren; überdem scheint es in England nicht viel auf sich zu haben, wenn ein Subaltern seine Schuldigkeit unterläßt, oder gegen die Subordination handelt. Ja man hat so gar Beyspiele, daß ein Officier *cum infamia* cassirt, und gleichwohl bald nachher Staatsminister geworden ist. Jedes Land hat so seine eigne Weise.

hen; näher am Volkan, wo man uns aber nicht hinlassen wollte, wird sie vermuthlich in größerer Menge und Mannigfaltigkeit anzutreffen seyn. Das heiße Quellwasser ist von zusammenziehendem Geschmak, und hat folglich, allem Ansehen nach, ebenfalls mineralische Bestandtheile; es fehlte uns blos an Muße, um die Beschaffenheit derselben durch chymische Versuche näher zu bestimmen. Der Volkan an und für sich würde, seiner damaligen Entzündung wegen, gewiß zu manchen neuen Bemerkungen Stoff geliefert haben, wenn die argwöhnische Besorgniß der Einwohner uns nur gestattet hätte, ihn in der Nähe zu betrachten und zu untersuchen. Statt dessen mußten wir mit dem äußern Anblick desselben, von fern, zufrieden seyn, der uns weiter nichts als die Bestätigung des schon bekannten Satzes lehrte, daß feuerspeyende Berge nicht allezeit die höchsten in einer Kette von Gebirgen sind, (wie in *Peru* und *Sicilien*) sondern daß sie zuweilen auch in einer zweyten, niedrigeren Reihe von Bergen ausbrechen, und, selbst da, oft nur von unbeträchtlicher Höhe seyn können. Da überdem, bey den Azorischen Inseln und im Archipelago, sogar aus der Tiefe des Meeres, und zwar an solchen Orten, wo es ganz unergründlich war, Volkane zum Vorschein gekommen sind: so ist es wohl sehr sonderbar, wenn noch heut zu Tage so viele Naturforscher dem Grafen von *Büffon* blindlings nachbeten, und als ausgemacht annehmen, »daß Volkane nur in den höchsten Gebirgen vorhanden sind«, weil dieser Schriftsteller, zu Unterstützung seiner Hypothese, vorgiebt, daß dergleichen unterirdische Feuer überall »nur an der Oberfläche der Erde« vorhanden wären. – Eine zweyte Bemerkung, die wir an dem Volkan in *Tanna* gemacht haben, bestehet darinn, daß die stärksten Ausbrüche gemeiniglich nach einem Regen zu erfolgen pflegen. Zwar verschafte uns der kurze Aufenthalt nicht Gelegenheit, diese Beobachtung oft genug zu wiederholen, um sie für allgemein auszugeben; doch haben die Erfahrungen anderer Naturforscher ihr bereits die erforderliche Zuverläßigkeit ertheilt.

Das Pflanzenreich ist hier in *Tanna,* sowohl an Zahl, als an Verschiedenheit der Arten, von großem Umfang. In den Wäldern gab es viele uns gänzlich unbekannte, oder doch sonst nur in den Ost-Indischen Inseln vorhandene Gewächse, und in den Plantagen wurden ebenfalls sehr viele Kräuter und Wurzeln gebaut, davon man auf den *Societäts-* und *freundschaftlichen Inseln* nichts weiß. Solcher Pflanzen, die förmlich gehegt und angezogen werden, mögen wohl mehr als vierzig verschiedene Arten seyn. Von den wildwachsenden verdient die *Muscatnuß* vorzüglich erwähnt zu werden, weil *Quiros* dies Gewürz für ein Product seiner *Tierra del Espiritu Santo* ausgiebt, und dieses Land ohnläugbar mit unter dieser Gruppe von Inseln begriffen seyn muß. *Orangen* sind ebenfalls vorhanden; ob sie aber wild wachsen oder angepflanzt werden, kann ich nicht bestimmen, weil wir nirgends den Baum, sondern immer nur die Frucht gesehen haben, welche die Weiber zum Verkauf zu bringen pflegten.

Das Thierreich ist nicht minder beträchtlich, und hat viele schöne Gattungen aufzuweisen. Fische sind in großer Menge und Mannigfaltigkeit vorhanden. Wir fiengen, theils mit Netzen, theils mit Angeln, eine Art Barbeln, *(mullus)* brasilianische Hechte, Schneffel, Doraden, Cavalhas, Papagoy-Fische, giftige Rochen, zahnlose Rochen, Engelfische, Hayen und Sauger, nebst verschiedenen Sorten von Makrelen, oder sogenannten Dickköpfen *(mugil)*. Nur allein Muscheln sind selten; die Einwohner holen sie aber aus benachbarten Inseln her, und ziehen, unter den Schaalen, das Perlenmutter allen übrigen vor. In den Wäldern halten sich unzählich viel Vögel auf, besonders allerhand Tauben- Papagoyen- und Fliegenstecher-Arten. Unter letzteren gab es auch eine Gattung, die in Neu-Seeland häufig ist. Nächst derselben fanden wir die Ceylanische Eule, eine Baumklette, eine Enten-Art, und das purpurfarbne Wasserhuhn. Diese waren gemeiniglich sehr scheu, und müssen also wohl von den Einwohnern gejagt werden. Hühner und Schweine sind das einzige Zuchtvieh der Einwohner, und von wilden vierfüßigen Thieren giebt es blos Ratten und Fledermäuse, deren ich bereits gedacht habe.

Diese von der Natur so reichlich ausgestattete Insel, wo die Witterung innerhalb des Wendezirkels dennoch gemäßiget ist, wird von einem weit minder gesitteten Volke bewohnt, als die *Societäts-* und *freundschaftlichen Inseln,* ohnerachtet diese beynahe unter derselben Breite, nur etwas weiter nach Osten zu, liegen. Die Bevölkerung mag sich höchstens auf 20 000 Seelen belaufen; mit dem Anbau des Landes aber ist man, in Verhältniß zu dem Umfange der Insel, noch nicht weit gekommen, ausgenommen auf der ostwärts vom Hafen befindlichen hohen Ebene, welche in diesem Betracht ohnstreitig die reichste Gegend ist, die ich in der ganzen Süd-See nur gesehen habe. Vielleicht wird man sich wundern, daß in *Tanna* noch so viel Land wüste liegt, da ich doch den Boden als fruchtbar beschrieben habe. Beym ersten Anblick scheint es freylich, daß diese Eigenschaft des Erdreichs die Urbarmachung ungemein erleichtern müsse; allein, ganz im Gegentheil erschwert sie dieselbe vielmehr, wenigstens im Anfange. Die wilden Gewächse, die sich bekanntermaaßen (theils durch Saamen, theils durch die Wurzeln) alle von selbst vermehren, sind nemlich immer um desto schwerer auszurotten, je mehr Nahrung sie in dem Boden finden. Ehe aber diese nicht völlig gedämpft sind, laufen alle durch Kunst gezogene, stets zärtlichere und schwächere Pflanzen, Gefahr, verdrängt und erstickt zu werden. Diese beyden Umstände zusammengenommen, lassen mich vermuthen, daß die Volksmenge in *Tanna* bey weitem nicht so groß ist, als sie, dem Umfang der Insel nach, seyn könnte. Die Einwohner halten sich in kleinen Dörfern beysammen, deren jedes aus etlichen Familien bestehen mag, und ihre Gewohnheit, beständig bewaffnet zu gehn, ist ein sicheres Zeichen, daß sie ehemals, vielleicht auch jetzt noch, theils mit benachbarten Insulanern, theils unter einander selbst, Krieg führen. Die inneren Unruhen könnten wohl daher entstanden seyn, daß sich Leute von allerley verschiedenen Nationen, in *Tanna* niedergelassen, und einander den Besitz streitig gemacht hätten. Zu dieser Vermuthung berechtigt mich wenigstens der Umstand, daß wir dreyerley verschiedene Sprachen daselbst angetroffen haben, eine nemlich, die allgemein gesprochen und verstanden ward, eine andere, die mit der auf den *freundschaftlichen Eylanden* eingeführten Mundart übereinkam, und eine dritte, deren sich vornemlich die auf der Westseite des Hafens wohnende Indianer zu bedienen pflegten. Daß diese drey Sprachen ganz und gar von einander abwichen, erkannten wir sehr deutlich an den Namen der Zahlen, die in jeglicher verschieden lauteten. In der herrschenden oder gewöhnlichen Sprache bemerkten wir zwey bis drey Wörter, die offenbar mit der Mallicollesischen Mundart verwandt sind, und ohngefähr eben so viele kommen mit dem Malayischen überein. Im Ganzen aber, hat keine von allen dreyen, mit irgend einer sonst bekannten, etwas gemein. Viele Wörter werden stark aspirirt, in andern kommen häufig Guttural-Buchstaben vor, doch ist alles dermaaßen mit Selbstlautern durchwebt, daß die Aussprache leicht und der Klang angenehm wird.

Dem geringen Umfange der Inseln im Süd-Meer, und dem gänzlichen Mangel an wilden vierfüßigen Thieren muß man es zuschreiben, daß die ersten Einwohner sich nicht, so wie die mehresten anderen Wilden, blos von der Jagd nähren, auch nicht ganz allein von der Viehzucht leben konnten, sondern, fast seit dem ersten Augenblick ihrer Niederlassung, gleich auf den Ackerbau bedacht seyn mußten, vornemlich in solchen Gegenden, wo es nicht viel Fische gab. Ohne diese Notwendigkeit, den Feldbau zu treiben, würden die Bewohner der Inseln, zwischen den Wendekreisen, wohl durchgehends noch nicht zu *dem* Grade von Civilisation gelangt seyn, den wir würklich bey ihnen angetroffen haben. Um wie viel es aber eine dieser Völkerschaften der andern hierinn zuvor thut, das läßt sich, weil sie durchgehends feste, bleibende Wohnsitze haben, blos *danach* beurtheilen, ob sie, in ihrem häuslichen Leben, schon mehr oder weniger Bequemlichkeit zu erfinden, oder ihren Handarbeiten mehr oder weniger Zierlichkeit zu geben gewußt. Nach diesem Maaßstabe nun zu rechnen, stehen die Einwohner von *Tanna* noch ziemlich weit unten; ihre Häuser sind nur Schoppen, in keinem Betracht auf Bequemlichkeit eingerichtet, blos ein nothdürftiges Obdach gegen übles Wetter. Von Kleidung, nach deren Beschaffenheit sich das Maaß der Civilisation ebenfalls bestimmen läßt, wissen sie noch gar nichts, ja sie lassen es selbst noch an körperlicher Reinlichkeit fehlen, welches für die Aufnahme des geselligen Umgangs immer ein großes Hinderniß ist. An statt sich fleißig zu baden, wie die *Tahitier* und ihre Nachbaren thun, bemahlen sie sich lieber mit allerhand Schminken, und werden dadurch unreinlich. Aber, neben allen diesen Mängeln, zeigen sich doch jetzt schon, die Anlagen und Vorbothen, zu einer höheren Verfeinerung ganz deutlich. Dahin rechne ich unter andern, die Geschicklichkeit ihrer Weiber in der Kochkunst, zu welcher die Mannigfaltigkeit der Nahrungsmittel Anlaß gegeben haben mag. Sie wissen z. B. die Yams und Pisangs zu braten oder zu rösten; grüne Feigenblätter und Okra *(hibiscus esculentus)* zu dämpfen und Puddings zu backen, davon der Teig aus Pisangsfrucht und Arum-Wurzeln, die Fülle aus Cocos-Kernen und Blättern bestehet. Verschiedene Arten von Obst werden auch frisch, so wie sie vom Baume kommen, ohne Zubereitung, verzehrt. Dann und wann thun sie sich mit einem Stück Schweinefleisch, oder Federvieh etwas zu gute; der Fischfang mag ihnen ebenfalls manche Mahlzeit liefern, desgleichen die Vogeljagd, wiewohl der Ertrag dieser letzteren nicht als eine tägliche Speise, sondern nur als Leckerbissen in Anschlag gebracht werden kann. Sollte das Wohlgefallen an vielen und verschiedenen Gerichten unter dieser Nation zunehmen und allgemein werden; so würden auch der Ackerbau und alle diejenigen Manufacturen und Künste, die zu dieser Art des Wohllebens gehören, bald stärkere Schritte zur Vollkommenheit thun, denn die schwerste Arbeit wird uns leicht und unterhaltend, sobald wir sie aus eigner Willkühr oder zu Vergnügung der Sinne unternehmen: Wäre aber nur erst in *einem* Stück für die Verfeinerung der Sitten gesorgt, so würde sie auch bald genug in mehreren erfolgen. Schon jetzt hat die Musik hier eine höhere Stuffe der Vollkommenheit erreicht, als irgend sonstwo im Süd-Meer, und es ist wohl nicht zu läugnen, daß das Wohlgefallen an harmonischen Tönen eine gewisse Empfindlichkeit voraussetzt, die der Sittlichkeit den Weg bereitet. –

Die Staatsverfassung ist, dem gegenwärtigen Zustande der Nation gemäß, noch sehr unvollkommen. Jedes Dorf, jede Familie, ist unabhängig, und vereinigt sich mit den Nachbarn nur alsdenn, wenn ihr gemeinschaftlicher Nutzen es durchaus so erfordert, zum Beyspiel, wenn feindliche Einfälle zu befürchten sind. Leute von Jahren und von bewährter Tapferkeit, scheinen bey dem großen Haufen in gewissem Ansehen zu stehen, Rangordnung aber sonst noch unbekannt zu seyn. Das Interesse so vieler kleinen Partheyen, muß einander oft geradehin zuwider seyn, und sie folglich in Streitigkeiten verwickeln, die dann dem Mißtrauen und der Rachsucht unaufhörliche Nahrung geben. Diesem Übel kann allein in der Folge, vermittelst einer stärkeren Bevölkerung, abgeholfen werden; der Wachsthum dieser letzteren wird sie nemlich, dringender als jede andere Ursach, nöthigen, auf eine gewisse gesellschaftliche Vereinigung zu denken, und die Regierungsform auf festeren Fuß zu setzen. Die Verfertigung der Waffen, auf welche sie jetzt den größten Theil ihrer Zeit verwenden müssen, würde alsdenn, bey müßigen Stunden, gleichsam nur zum Zeitvertreib dürfen vorgenommen werden, und die Folgen eines solchen öffentlichen Ruhestandes, gegenseitiges Zutrauen und allgemeine Sicherheit, würden ihnen Muße verschaffen, es in der Zierlichkeit, aller Arten von Handarbeiten, eben so weit zu bringen, als die Einwohner der freundschaftlichen Inseln. Wie viel der Umgang mit den benachbarten Insulanern zu Beschleunigung dieses Zeitpuncts beytragen möchte, läßt sich so genau nicht angeben; im Ganzen aber ists wohl ausgemacht, daß, durch den Handel, der Fortgang der Civilisation ungemein befördert wird.

Von der Religion der *Tanneser* wissen wir nichts zu sagen. Der feyerliche Gesang, den man fast jeden Morgen an der östlichen Spitze des Havens hörte, brachte uns zwar auf die Vermuthung, daß dort im Walde irgendwo ein gottesdienstlicher Versammlungs-Platz befindlich sey, doch konnten wir es nicht zur Gewißheit bringen, weil uns die Einwohner allemal sorgfältig von dieser Gegend zu entfernen suchten. In ihrem übrigen Betragen war ebenfalls nicht die geringste Spur einer äußerlichen Gottesverehrung, nirgends etwas andächtiges, sogar nichts abergläubisches zu entdecken, man müßte ihnen denn die Gewohnheit dazu anrechnen wollen, daß sie das, was wir ihnen schenkten, nicht mit bloßen Händen, sondern vermittelst eines so frischen Blattes anzurühren pflegten: Allein, auch dieser Umstand, ward bey weitem nicht durchgehends, beobachtet und fast gänzlich unterlassen, sobald wir nur einigermaaßen mit einander bekannt wurden. Indessen wird freylich auch dieses Volk nicht ganz ohne Religion seyn, denn der Gedanke vom Daseyn eines höchsten Wesens, findet sich gewiß schon bey dem rohesten Wilden, nur daß seine unmittelbaren Bedürfnisse ihn dann noch abhalten, demselben weiter nachzuhängen; können diese erst mit weniger Mühe und in kürzerer Zeit befriedigt werden, dann entwickelt sich auch die denkende Kraft des Menschen bald genug, und erhebt sich endlich in ihren Untersuchungen bis jenseits der Körperwelt. So hängt selbst das Wachsthum der Gottes-Erkenntniß von dem Fortgange der Civilisation ab!

Gewissere und wichtigere Beobachtungen, oder gar, einen vollständigen Abriß vom ganzen Umfang

Wachsblume, *F: Asclepias volubilis*
Hoya australis (Tanna, 12. August 1774)

der Kenntnisse dieser Insulaner, wird hoffentlich niemand erwarten oder fordern, der die kurze Dauer unsers hiesigen Aufenthalts und die Hindernisse bedenkt, welche das Mistrauen der Einwohner uns anfänglich in den Weg legte. Diesen allein ist es beyzumessen, daß so manche Puncte, besonders die im häuslichen Leben eingeführten Gebräuche, uns gänzlich unbekannt geblieben sind. Bey feyerlichen Gelegenheiten, z.B. bey Heyrathen, Geburten und Todesfällen, pflegen alle Völker gewisse besondere Ceremonien zu beobachten, und diese mögen in *Tanna* so einfach als möglich seyn; so werden sie dennoch das ihrige beytragen, den noch nicht genugsam bekannten Charakter dieser Nation näher zu bestimmen.[25] Hier ist indessen, was wir selbst davon bemerkt haben: Sie sind von ungleich ernsthafterer Gemüthsart, als die Bewohner der *Societäts-Inseln,* ja selbst ernsthafter als die Wilden von *Mallicollo,* und, nach der Aufnahme zu urtheilen, welche uns die auf der flachen Anhöhe wohnenden Familien wiederfahren ließen, können wir ihnen auch Gastfreyheit und allgemeine Menschenliebe nicht absprechen, wenn sie nur nicht, durch Besorgniß für ihre Sicherheit, abgehalten werden, diese Eigenschaften zu äußern. Gegen ihre Frauenspersonen betrugen sie sich zwar nicht ganz so gütlich, als sie billigerweise thun sollten, jedoch auch bey weitem nicht so hart, oder gar grausam, als die *Neu-Seeländer;* im Gegentheil scheint es, daß sie sich bereits *dem* Grade von Sanftmuth nähern, den die Einwohner der *freundschaftlichen* und *Societäts-Inseln,* in ihrer Behandlung des andern Geschlechts blicken lassen. Daß sie unerschrocken und tapfer waren, zeigte sich bey jeder Veranlassung; auch für großmüthig muß ich sie erkennen, denn so betrugen sie sich nach der Ermordung ihres Landsmannes, vorzüglich gegen Dr. *Sparrmann* und mich, als sie uns, im Walde, so ganz in ihrer Gewalt hatten. Daß es ihnen endlich auch keinesweges an Verstand fehle, haben wir, bey manchen Gelegenheiten, deutlich und bis zur Bewunderung wahrgenommen. Das wäre denn ihre *gute* Seite; auf der anderen läßt sich nun freylich, sowohl aus ihrem anfänglichen Betragen, als aus der Gewohnheit, nie ohne Waffen zu gehn, genugsam abnehmen, daß sie äußerst mißtrauisch seyn müssen, und, da sie selbst sich für Menschenfresser ausgeben; so wird ihnen wohl nicht zu viel geschehen, wenn wir sie auch für höchst rachsüchtig, und, in ihren Leidenschaften, für unbändig erklären. Vielleicht würde der Umgang, mit uns Europäern, Nutzen gestiftet, und den Wachsthum der Sittlichkeit befördert haben, wenn die letzte unüberlegte That nicht alle günstige Eindrücke, welche sie etwa schon angenommen haben mochten, zu schnell wiederum ausgelöscht hätte! Europäische Waaren standen in keinem, oder doch nur sehr geringem Werth: Da wir aber eine Menge Nägel, imgleichen einige Äxte unter sie ausgetheilt haben; so wird ihnen die Dauerhaftigkeit dieses Metalls den Werth desselben erkennen lehren, und sie vermuthlich geneigt machen, bey der nächsten Anwesenheit eines europäischen Schiffes, allerhand Lebensmittel dafür herzugeben. –

Nun waren wir also wieder in See, und steuerten ostwärts, nach der Insel *Irronan* hin. Der Aufenthalt

---

25 Capitain *Cook* hat gleichwohl, auf einem Spatziergange, eine Begräbniß-Hütte entdeckt. Sie war viel kleiner als die gewöhnlichen Wohnhütten, und stand innerhalb einer Pflanzung. Er war neugierig, sie in näheren Augenschein zu nehmen, und beredete einen Alten, mit ihm hineinzugehen. In einer Entfernung von vier bis fünf Fuß, war sie, ringsumher, mit einer Verzäunung umgeben, und diese an einer Stelle so niedrig, daß man bequem darüber wegsteigen konnte. Ein Ende der Hütte war zugemacht; das andere schien vormals offen gewesen zu seyn, befand sich aber jetzt mit Matten zugehangen, welche der Alte nicht wegnehmen, und dem Capitain auch nicht einmal an die Seite zu schieben erlauben wollte. An eben diesem Ende der Hütte hieng ein Korb oder Beutel, von Matten, darinn ein Stück Yam und etliche frische Blätter lagen. Da Capitain *Cook* noch ferneres Verlangen bezeigte, das Innere der Hütte zu untersuchen; so ward der Alte unwillig, und wollte ihn nicht einmal länger in den Korb hinein sehen lassen. Zugleich deutete er durch Zeichen an, daß ein Leichnam in der Hütte läge. Dieser Mann hatte eine Halsschnur um, an welcher zwo oder drey Locken von Menschenhaar befestigt waren, und eine Frau, die neben ihm stand, hatte dergleichen mehrere. Der Capitain versuchte es, diese Zierrath einzutauschen, allein sie gaben ihm zu verstehen, daß solche von dem Haare des in der Hütte beygesetzten Leichnams wären, und dieserhalb nicht veräußert werden dürften. Es ist also hier in *Tanna,* eben so wie auf den *Societäts-Inseln,* den *Marquesas* und in *Neu-Seeland,* eingeführt, das Haar der Verstorbenen zum Andenken, oder als ein Zeichen der Trauer, zu tragen. Ob aber die Todten hier, wie in *Tahiti,* über der Erde verwesen, oder ob sie eingescharrt werden? bleibt, in Ermanglung näherer Untersuchung, noch immer unentschieden. *(a Voyage towards the South Pole etc. Vol. II. pag. 67.)*

in *Tanna* hatte uns drey bis vier Mahlzeiten von frischen Fischen, imgleichen einen kleinen Vorrath Yams verschafft, der aber für die Kranken aufbewahrt werden mußte. Es stellten sich nemlich jetzo unter den Matrosen Fieber ein, und blos diese Patienten waren es, denen, statt des ungesunden Zwiebacks und gepökelten Rindfleisches, kleine Portionen von Yams ausgetheilt werden durften. Abends gelangten wir ziemlich nahe an die Insel *Irronan,* welche ohngefähr zwölf See-Meilen ostwärts von *Tanna* liegt, und aus einem hohen Tafelberge besteht. Die Nacht über ward mit Laviren zugebracht, und am nächsten Morgen die Lage der Insel *Anattom* auf 20 Grad 3 Secunden Süder-Breite und 170 Grad 5 Secunden östlicher Länge bestimmt. Sie ist etwas kleiner als *Tanna;* doch konnten wir, der Entfernung wegen, nicht genau festsetzen, um wie viel; indessen schienen die Berge auf beyden Inseln, fast von gleicher Höhe zu seyn. Da nun, auch von hier aus, weiter gegen Süden hin, nirgends mehr Land zum Vorschein kam; so steuerten wir, längst der südwestlichen Küste von *Tanna,* wiederum nach Norden hinauf. An dieser Seite hatte die Insel ein sehr fruchtbares Ansehen, indem die Berge und Hügel überall sanft abhängend, und durchgehends mit stattlichen Holzungen bewachsen waren. Ein frischer Wind begünstigte unsre Fahrt dermaaßen, daß wir am folgenden Morgen (den 22.) schon an der Süd-Westseite von *Irromanga* hinsegelten. Capitain *Cook* war nemlich gesonnen, die westlichen Küsten aller hier beysammen liegenden Inseln genauer zu untersuchen, und hauptsächlich das große Eyland, welches Herr von *Bougainville* nordwärts von *Mallicollo* entdeckt hatte, nicht zu vergessen. Noch vor Sonnen-Untergang gelangten wir an die südlichen Ufer von *Sandwich Eyland,* die uns weit fruchtbarer und reicher an Waldung vorkamen, als auf der Nordseite, wo wir ehemals, auf dem Hinwege vorbey geseegelt waren. Auch fehlte es dieser Insel nicht an einem Haven, der von vier kleinen und niedrigen, aber doch mit schattigen Bäumen bewachsenen Inseln gedeckt wurde, folglich eben so sicher als anmuthig zu seyn schien. Die ganze Nacht über gieng unsere Fahrt so schnell fort, daß wir am Morgen die Inseln *Apih, Pauhm* und *Ambrrym,* wiederum zu Gesicht bekamen, und bald nachher schon an der Süd-Westseite von *Mallicollo* hinsteuerten. In dieser Gegend, schien der Pik von *Pauhm,* von dem daran liegenden Eylande abgesondert zu seyn; doch kann es auch, der damaligen Richtung des Schiffes wegen, nur so geschienen haben, und mag besagter Berg demohnerachtet wohl, durch eine schmale Erdzunge, mit der Insel selbst zusammen hängen. Die schönen Waldungen, womit *Mallicollo* auch an dieser Seite reichlich versehen war, setzten uns von neuem in ein angenehmes Erstaunen, und der Rauch, der an unzähligen Orten empor stieg, ließ mit Grunde eine ansehnliche Bevölkerung vermuthen. Bald darauf entdeckten wir eine geräumige Bay, mit einem schönen Strande und zwey kleinen Inseln. Auch dort schien die Gegend überaus fruchtbar, und gut bewohnt zu seyn. Sie war zu schön, als daß nicht jedermann die Augen daran hätte weiden sollen, zumal, da der Anblick einer Menge Indianer, die sich am Strande versammlet hatten, unsre Neugier noch mehr rege machte. Gegen Mittag stießen zwey Canots vom Lande ab, und ruderten uns entgegen; sie mußten aber bald zurück kehren, weil wir für ihre Fahrzeuge viel zu schnell seegelten. Jenseits dem Nordwest-Ende der Bay, verlor das Land etwas von seiner Annehmlichkeit, indem sich hin und wieder unfruchtbare Stellen zeigten. Demohnerachtet waren, selbst auf den höchsten Gipfeln der Berge, Rauch und Wohnungen, und eben daselbst, des Nachts, an mehrern Orten, große Reihen von Wachtfeuern zu sehen, die öfters wohl eine halbe Meile lang seyn mochten. Während der Nacht liefen wir um die nördliche Spitze von *Mallicollo,* und befanden uns bey Tages Anbruch, am 24sten, schon ziemlich weit in der Durchfahrt, die *Bougainville* zwischen *Mallicollo* und einer andern, mehr gen Norden gelegenen Insel, entdeckt hat. *Mallicollo* liegt ohngefähr von Nord-Nord-West gen Süd-Süd-Ost, und die nördliche Spitze unterm 15ten Grad 50 Secunden Süder Breite und 167 Grad 23 Secunden östlicher Länge. Das an der Nordseite der Durchfahrt befindliche Land, schien von weitem Umfange, sehr hoch und bergigt zu seyn, und an der südlichen Küste desselben lagen, viele kleine Inseln von mittler Höhe, mit ansehnlichen Bäumen bewachsen. Bey dem heitern Wetter, welches wir auf dieser Fahrt hatten, waren die Schönheiten dieser Gegenden sehr genau zu sehen, und das Vergnügen, so viele reiche Aussichten vor Augen zu haben, mußte uns gewissermaaßen die schlechte Kost versüßen, die jetzt, einen Tag wie den andern, ohne Abwechslung, aus alten unschmackhaften Schiffs-Vorräthen bestand.

Das Land, welches wir gegen Norden sahen, ist vermuthlich eben dasjenige, welches von dem erfahrnen Seemann, *Quiros,* entdeckt, mit dem Namen *Tierra del Espiritu Santo* (Land des heil. Geists) belegt, und damals für ein Stück eines Continents oder festen Landes gehalten wurde. Die Bay St. *Philipp* und *St. Jago,* darinn Er ankerte, mag wohl innerhalb der kleinen Inseln befindlich seyn, die wir längst der Küste liegen sahen, denn wir bemerkten hinter selbigen wirklich etwas, einer Bay ähnliches; der Capitain wollte sich aber nicht die Zeit nehmen, es näher zu untersuchen, sondern begnügte sich, die kleinen Eylande, nach dem Tage, an welchem wir sie zuerst erblickt hatten, *Bartholomäus-Eylande* zu nennen.

Nunmehr bekamen wir auch die Insel der *Aussätzigen (Isle aux Lepreux)* und *Aurora,* beyde ziemlich weit gegen Osten, zu Gesicht, und steuerten, längst der östlichen Küste von *Tierra del Espiritu Santo,* gerade nach Norden hinauf. An dieser befand sich eine Menge kleiner Eylande, die Herr von *Bougainville* nicht gesehen hatte; sie waren, so wie die große Insel, von fruchtbarem Ansehen, und überall mit Waldung bedeckt, aus welcher, an unzähligen Orten, Rauch empor stieg; ein sicheres Merkmal, daß sie reichlich bevölkert seyn mußten. Die Nacht hindurch kreuzten wir ab und zu, und befanden uns früh Morgens den nördlichsten Eylanden gegenüber, woselbst auch von der großen Insel bereits das nördlichste Ende zum Vorschein kam. Es zeigte sich jetzt, daß die kleinen Eylande mehrentheils von einerley Gestalt, nemlich lange, schmale Stücken Landes, an einem Ende steil, am nördlichen aber niedrig, und wie eine lange Erdzunge geformt waren. Der abschüßige Theil sahe gemeiniglich weiß, wie Kreide, aus, und unter den Bäumen entdeckten wir nirgends Palmen, sondern mehrentheils Casuarina-Holz. Am schönsten nahm sich der Prospect aus, als wir an den nördlichen Ufern dieser kleinen Eylande hinseegelten, und sie nun, eins nach dem andern, sich von der größern Insel absetzten, so, daß man zwischen all den kleinen Durchfahrten, frey durchsehen konnte. Endlich lenkten wir westwärts, und entdeckten hinter einem auf der Haupt-Insel *(Tierra del Espiritu Santo)* gelegenen Vorgebirge, eine sehr geräumige Bay, die am Eingange nicht weniger als fünf starke See-Meilen breit und von verhältnißmäßiger Tiefe war. Die Ufer reichten nemlich zu beyden Seiten, wenigstens sieben Meilen weit, ins Land, und liefen, diese ganze Strecke über, parallel, bis an einen schönen Strand, der im Hintergrunde zu sehen war, und das Ende der Bay ausmachte. Die umliegende Gegend bestand, auf viele Meilen weit, theils aus Hügeln von mittelmäßiger Höhe, theils aus breiten Thälern, und schien überall anmuthig, fruchtbar und bewohnt zu seyn. Auf dem westlichen Ufer der Bay kamen, vornemlich gegen Abend, viele von den Eingebohrnen zum Vorschein. Nachdem sie uns lange genug angegafft hatten, stießen etliche, in einem Canot, das nach Art der Mallicollesischen Fahrzeuge gebauet war, vom Lande, und ruderten auf uns zu. Wir suchten sie durch alle ersinnliche Freundschafts-Zeichen der besten Aufnahme im Voraus zu versichern, demohnerachtet getraueten sie sich nicht ganz nahe heran. Es wunderte uns, den an dieser Seite der Bay befindlichen Berg, seines steilen Aufgangs ohnerachtet, reichlich mit Bäumen bewachsen, und auch stark bewohnt zu sehen. Vom Fuß desselben lief ein niedriger, ebener Streif Landes, eine bis zwo Meilen weit, in die Bay, und machte eine Art von Bucht aus, worinn wir gern geankert hätten, weil es eben windstill und dunkel zu werden anfieng. In dieser Absicht, warfen wir das Senkbley, an verschiedenen Stellen, fanden aber, eine Meile weit vom Strande, mit 130 und 140 Faden, nirgends Grund. Bald darauf ward es völlig Nacht, so, daß man das Ufer nur beym Schimmer der hin und wieder aufflammenden Feuer erkennen konnte. Wir waren also in einer ziemlich unsichern Lage, und schon im Begriff, die Böte auszusetzen, um das Schiff boogsiren zu lassen, als ein Lüftchen aufstieg, mit dessen Hülfe wir mitten in die Bay seegelten. Daselbst erwarteten wir das Tageslicht, und fuhren hernach fort, bey schwachem Winde, südwärts in die Bay hinein zu steuern; dies währete aber nicht lange, denn gegen Mittag hatten wir schon wieder Windstille. Nach Tische mußten zwey Böte tiefer in die Bay rudern, um sich, im Innersten derselben, nach einem Haven oder Fluß umzusehen, wovon, der Entfernung wegen, vom Schiff aus, nichts zu erkennen war. Während dieser Zeit kamen drey Canots, mit dreyeckigten Seegeln, vom Ufer, und näherten sich ziemlich schnell. In jedem saßen vier bis fünf Mann, die ganz nackt und mit den *Malli-*

collesern von einerley Farbe, von Statur aber größer, auch von stärkeren Gliedmaßen waren. Das Haar schien wolligt, und der Bart gekräuselt zu seyn. Auf dem Scheitel trugen sie einen Federbusch; andre hatten eine weiße Muschel vor die Stirn gebunden, und noch andre ein Blatt der Sago-Palme, wie eine Mütze, um den Kopf gewickelt. Ihre Armbänder bestanden aus Muschelwerk, und waren denen, die in *Mallicollo* Mode sind, völlig ähnlich. Um den Leib trugen sie einen schmalen Gürtel, davon hinten und vorn ein langes Stück Mattenwerk, ohngefähr 5 Zoll breit, bis an die Knie herab hieng. Die Canots waren, gleich denen von *Mallicollo,* schlecht gearbeitet, und mit Auslegern versehen, auch lagen einige Speere mit zwey bis drey Spitzen darinn, die unstreitig zum Fischfang dienten; außer diesen hatten die Leute gar keine Waffen. Sobald sie uns nahe genug dünkten, riefen wir ihnen zu, und liessen Medaillen, Nägel, Tahitisches Zeug und rothen Boy herab, welches sie ungesäumt in Empfang nahmen. Von allen diesen Kleinigkeiten machten ihnen die Nägel die mehreste Freude; sie müssen also dieses Metall bereits kennen. Vielleicht ist seit *Quiros* Zeiten etwas Eisenwerk allhier zurückgeblieben, und, durch seine Dauerhaftigkeit, bey den Einwohnern beliebt geworden. An demselben Strick, mit welchem wir ihnen unsre Geschenke herunter ließen, schickten sie uns einen Zweig des Pfeffer-Baums herauf, ausser diesem Freundschafts-Zeichen hatten sie aber nichts zu geben. Wir redeten sie verschiedentlich an, und sie antworteten etlichemale, doch verstand keiner den andern. Endlich fiel es mir bey, die Zahlen, in der Sprache der *freundschaftlichen Eylande,* herzunennen, und kaum hatte ich zu zählen angefangen, so unterbrachen sie mich und zählten, in derselben Mundart, richtig bis zehn fort. Darauf deutete ich mit dem Finger aufs Land, und verlangte den Namen der Insel zu wissen. Sie antworteten mir mit dem Wort *Fannua,* welches in vorgedachtem Dialekte so viel als *Land* bedeutet. Die schöne, ebene Gegend, um die Bay herum, nannten sie *Talla-òni,* und theilten uns auf eben die Art, noch die Benennungen verschiedener andrer Gebiete mit, für das Ganze aber gaben sie keinen eignen Namen an, weshalb wir die von *Quiros* herstammende Benennung: *Tierra del Espiritu Santo* (Land des heil. Geistes) beybehielten. Die Sprachen von *Mallicollo* und *Tanna* waren diesen Leuten entweder unbekannt, oder wenigstens, so als *wir* sie aussprachen, unverständlich. Beym Anblick unsrer vom Lande wiederkommenden Boote, kehrten auch sie dahin zurück, zumal, da die Sonne bereits untergehen wollte. – Lieutenant *Pickersgill,* der die Boote commandirt hatte, berichtete, daß er nicht ehe als innerhalb zwo bis drey Kabels-Längen[26] vom Ufer, dort aber sehr guten Ankergrund gefunden habe. Eben daselbst war auch ein schöner Fluß vorhanden, und die Mündung desselben tief genug für ein Boot; der Lieutenant fuhr also hinein, und landete auf der einen Seite des Ufers, indeß auf der andern eine Menge Einwohner aus dem Gebüsch hervorguckten; gegen diese ließ er es an keiner Art von freundschaftlichem Zuruf und Zuwinken fehlen, da aber gleichwohl nicht ein einziger zum Herüberkommen zu bewegen war; so kehrte er nach dem Schiffe zurück, die Boote wurden wiederum eingehoben, und wir seegelten bey gelindem Winde allmählig aus der Bay. Capitain *Cook* gab ihr den Namen St. *Philipp* und St. *Jago;* ob es aber eben dieselbe ist, die *Quiros* unter gleichem Namen anführt, läßt sich nicht mit völliger Gewißheit entscheiden. Wenigstens haben wir den Hafen *Vera Cruz* nicht darinn angetroffen, von welchem gedachter spanische Seefahrer meldet, er könne tausend Schiffe enthalten.[27] Die östliche Landspitze der Einfahrt, nannten wir Cap *Quiros,* sie liegt unter 14 Grad 55 Secunden Süder-Breite, und 167 Grad 14 Minuten östlicher Länge. Der westlichen gaben wir den Namen, Cap *Cumberland;* diese liegt etwas weiter gegen Norden, nemlich unter 14 Grad 38 Minuten südlicher Breite, und 166 Grad 52 Secunden östlicher Länge. Früh Morgens befanden wir uns derselben gegenüber, fuhren vollends aus der Bay, und sodann westwärts längst der nördlichen Küste hin, doch gieng es, der Windstillen und schwachen Winde halber, ziemlich langsam. Was *Quiros* von der Anmuth und Fruchtbarkeit dieses Landes rühmt, ist sehr gegründet; es dünkte mir, in der That, eines der schönsten, die ich je gesehn. Im Pflanzenreiche, würde, für den Naturforscher, unstreitig manche schöne Entdeckung zu machen gewesen seyn, zumal da die Insel, (Neu-See-

26 Eine Kabels-Länge beträgt hundert Faden, deren jeder sieben englische Fuß lang ist.

27 Siehe Herrn *Dalrymple's Collection of voyages etc. in the S. Pacifick Ocean. Vol. I. pag. 132. 142. 169.*

land ausgenommen) das größte Land, welches wir bisher angetroffen, und überdem noch von keinem Naturkundiger besucht worden war. Allein, das Studium der Natur ward auf der Reise immer nur als Nebensache betrachtet; nicht anders, als ob der Zweck der ganzen Unternehmung blos darauf hinausliefe, in der südlichen Halbkugel, »nach einer neuen Curslinie« umherzusegeln! Ein Glück war's, daß, wenigstens dann und wann, die Bedürfnisse der Mannschaft mit dem Vortheil der Wissenschaften einerley Gegenstand hatten; sonst würden die letztern vielleicht ganz leer ausgegangen seyn.

Nachmittags ward ein Hayfisch gefangen, der uns am folgenden Tage eine frische Mahlzeit lieferte. Auf seinem Rücken saß ein kleines Insekt, vom Geschlecht des *Monoculus,* und jener besondern Art sehr ähnlich, die sich in den Kiefern des Lachsen aufhält. Auch fand sich in unsrer kleinen Bibliothek, beym Wegrücken etlicher Bücher, ein Scorpion der, vermuthlich von den *freundschaftlichen-Eylanden,* mit einem Büschel Pisangfrüchte, an Bord gekommen seyn mochte. Abends fiengen wir einen Tölpel, der sich auf die große Raa niedergelassen hatte, und zu der Art gehörte, die beym *Linné Pelecanus Fiber* heißt. Am nächsten Tage wehte der Wind noch immer so schwach, daß wir, an der westlichen Küste von *Tierra del Espiritu Santo,* nur ganz langsam herabkamen. Von der Menge verschiedener Fische, die um das Schiff schwammen, wurden zwo Albecoren gefangen, und, nach vielen mislungenen Versuchen, auch ein Dorade mit dem Harpun getroffen. Das Land war an dieser Seite hoch, die Berge sehr steil, und des Nachts an vielen Orten Feuer zu sehen, die vermuthlich angelegt seyn mochten, um einen Theil der Waldungen niederzubrennen, an deren Stelle Pflanzungen eingerichtet werden sollten. *Quiros* bemerkte auch dergleichen Feuer, und vermuthete, wie wir anfänglich ebenfalls thaten, daß es Freuden-Feuer wegen Ankunft des Schiffs wären. Am 30sten und 31sten drehete sich der Wind nach Süden, so daß wir ab und zu laviren mußten, um die südwestliche Spitze der Insel zu erreichen. Diese Landspitze nannten wir Cap *Lisburne;* sie liegt unterm 15ten Grad 35 Secunden Süder-Breite, und 167 Grad östlicher Länge. Von dort aus liefen wir nochmals in die Durchfahrt zwischen *Mallicollo* und *Tierra del Espiritu Santo,* damit an völliger Umschiffung dieser letztern Insel nicht das geringste fehlen möchte. Dadurch bekamen wir auch Gelegenheit die Bay zu sehen, welche Herr von *Bougainville* auf seiner Charte angezeigt hat. Einige der *Bartholomäus-Eylande* decken die Einfahrt derselben, doch schien sie nicht so groß zu seyn, als besagte Charte angiebt. Nunmehro hatten wir unsern Endzweck, den allhier befindlichen Haufen von Inseln *ganz* zu umschiffen, völlig erreicht. Er bestand aus zehen großen und einer Menge kleinerer Eylande, die, von allen im Süd-Meer bekannten, am weitesten gegen Westen liegen, bisher aber, ihrem eigentlichen Umfange und Zusammenhange nach, noch von keinem Seefahrer untersucht worden waren, auch noch keinen allgemeinen Namen führten. Diesen ertheilte ihnen Capitain *Cook;* Er nannte sie nemlich, in Beziehung auf die an der westlichen Küste von Schottland befindlichen *Hebridischen* Inseln, die *Neuen Hebriden.* Es war 6 Uhr Abends, als wir das Schiff umwandten, und, mit dem südöstlichen Passatwinde, von den *Neuen Hebriden* weg, nach Süd-Süd-Westen steuerten. Diese Gruppe von Eylanden, die wir, innerhalb 46 Tagen, nur obenhin untersucht hatten, scheint der Aufmerksamkeit künftiger Seefahrer werth zu seyn, zumal wenn je wieder eine Reise in der rühmlichen Absicht unternommen werden sollte, den Fortgang der Wissenschaften zu befördern. Ich brauche nicht, wie *Quiros,* vorzugeben, daß großer Reichthum an Silber und Perlen hier zu finden sey. Jener mußte freylich so sagen, um einen eigennützigen Hof, nur einigermaaßen, zu seinem großen, geistvollen Vorhaben anzuspornen: Jetzt aber sind dergleichen Lockungen, Gottlob, so nöthig nicht mehr. Schon haben die mächtigsten unter den Beherrschern Europens mehr als *eine* Reise nach entfernten Weltgegenden veranstaltet, blos um den Anwachs nützlicher Kenntnisse und den allgemeinen Vortheil des menschlichen Geschlechts zu begünstigen. Sie scheinen endlich einmal inne geworden zu seyn, daß sich, für eben das Geld was sonst zu Besoldung feiler Lustigmacher und Schmeichler erfordert wurde, die glänzendsten Progressen, ja förmliche Revolutionen, in den Wissenschaften bewerkstelligen lassen, und daß die Gelehrsamkeit, von je her, nur geringer Unterstützung bedurft hat, um alle Hindernisse zu besiegen, welche Unwissenheit, Neid und Aberglauben ihr in den Weg legten. – Die natürlichen Producte der *Neuen Hebriden,* alles eingebildeten

Reichthums nicht zu gedenken, sind es, meines Erachtens, schon allein werth, von neuem und zwar genauer als diesmal untersucht zu werden. Ihre Volkane, ihre Pflanzen, ihre Bewohner, müßten einem *Ferber,* einem *Solander,* und jedem philosophischen Beobachter des Menschen, gewiß reichliche Beschäftigung geben[28]!

Nunmehro richteten wir unsern Lauf gen Süden, um die Süd-See in ihrer größten Breite, nemlich bis zur Spitze von *Amerika* hin, zu durchkreutzen. So weit dieser Weg, und so entkräftet auch unsre Mannschaft war, weil sie lange Zeit über, und noch dazu in warmen Gegenden, nichts als eingesalzene Speisen genossen; so hatte sich der Capitain dennoch vorgenommen, auf der ganzen Fahrt nirgends anzulegen. Wäre dieser Anschlag zur Ausführung gekommen; so hätten wir unfehlbar mehrere von unsern Leuten eingebüßt, denn sie konnten wohl nicht alle noch längere Fasten ausstehen. Glücklicherweise hatten wir aber kaum drey Tage lang denselben Lauf gehalten, als uns ein großes Land aufstieß, das noch kein Europäer gesehn, und nun bekam der Rest unsrer Unternehmungen im Südmeer, auf einmal eine ganz andere Wendung.

---

28 Herr *Ferber* ist ja der erste und einzige Mann, der eine mineralogische Beschreibung des Vesuvs, so wie sie Gelehrte von einem Gelehrten wünschen können, herausgegeben hat. Man sehe seine Briefe an den Baron von *Born.*

Araukarie, *F: Araucaria columnaris*

Araucaria columnaris (Améré/Neukaledonien, September 1774)

SIEBENTES HAUPTSTÜCK.

Entdeckung von Neu-Caledonien – Nachricht von unserm dortigen Aufenthalt – Fahrt längst der Küste bis zur Abreise. Entdeckung von Norfolk-Eyland. – Rückkehr nach Neu-Seeland.

Am 4ten September, Morgens um 7 Uhr, entdeckte ein Schiffs-Cadet, vom Mastkorbe aus, gen Süden hin, Land, welches sich weit nach Westen, zum Theil auch nach Süd-Osten erstreckte. Es schien von beträchtlicher Höhe, und des neblichten Wetters halber, noch ziemlich weit von uns zu seyn; als sich jedoch die Luft ausgehellt hatte, sahen wir, daß die Entfernung kaum 8 See-Meilen betragen mochte; indessen war es zugleich windstill geworden, so daß wir uns, zu jedermanns großem Mißvergnügen, dieser unerwarteten Küste nur äußerst langsam näherten. Herr von *Bougainville* erzählt in seiner Reisebeschreibung, daß er, bey heftigem Winde, der die See sehr hoch gethürmt, auf einmal in eine Gegend gekommen, wo das Meer ganz ruhig gewesen, ohnerachtet derselbe Wind, noch immer, mit gleicher Heftigkeit fortgewehet habe. Eben daselbst, (fügt er hinzu), trieben etliche Stücken Holz, desgleichen Früchte, bey dem Schiffe vorüber, woraus ich schloß, daß eine Küste in der Nachbarschaft vorhanden seyn müsse. Und so verhielt sich's würklich, denn der von ihm angegebenen Lage nach, ist er damals gerade nordwestwärts von dem nehmlichen Lande gewesen, welches *wir* jetzo vor uns hatten[1]. Die anhaltende Windstille machte, daß wir uns, am Nachmittage, noch immer, ziemlich weit vom Ufer befanden, doch konnte man bereits an mehreren Orten Rauch empor steigen sehen, und folglich mit Wahrscheinlichkeit das Land für bewohnt halten. Der Officier, der im Mastkorbe war, machte uns zugleich Hoffnung einen neuen Volkan zu untersuchen, indem er vorgab, er hätte aus einem Berge Flammen hervorbrechen gesehn. Es muß aber wohl nur eine Täuschung gewesen seyn, denn wir haben nachher auf der ganzen Insel nicht einmal vulkanische Producte, geschweige denn einen wirklich brennenden Berg ausfindig machen können. Das zuerst entdeckte Vorgebürge liegt unterm 20 Grade 30 Minuten Süder-Breite, und 165 Grad 2 Secunden östlicher Länge, und ward, nach dem Namen des jungen Officiers, der es zuerst erblickt hatte, Cap *Colnett,* das ganze Land hingegen, welches von beträchtlichem Umfang zu seyn schien, *Neu-Caledonien* genannt. Noch hatten wir zwar keinen von den Einwohnern zu Gesicht bekommen, konnten uns aber doch nicht enthalten, ihrentwegen schon allerhand Vermuthungen zu wagen. Da wir die Bewohner der *Neuen Hebriden* so ganz verschieden von den *Neu-Seeländern,* und sogar unter sich selbst von einander abweichend gefunden hatten; so machten wir uns bereits Hofnung, die Bevölkerung *Neu-Seelands* hier von *Neu-Caledonien* ableiten zu können. Es zeigte sich aber nachher, daß diese Muthmaßungen zu voreilig, und daß es überhaupt nicht wohl möglich sey, die Bevölkerungs-Geschichte der Eilande im Süd-Meer genau zu bestimmen.

Ehe es finster ward, kamen drey Canots mit Segeln vom Lande auf uns zu. Die Einwohner hatten das Schiff, der Ferne wegen, vielleicht für ein Canot mithin auch für ungleich näher gehalten, doch schien

1 S. des Herrn von *Bougainville's* Reisen.

es, daß sie ihren Irrthum bald gewahr wurden, wenigstens kehrten sie nicht lange nachher wiederum zurück. Gegen Westen bestand das Land aus mehreren Inseln, und gerade vor uns brach sich die See auf eine ganze Strecke weit, dergestalt, daß wir vermutheten, das ganze Land müsse, in einer Entfernung vom Ufer, mit einem Rief von Corallen-Klippen umgeben seyn.

Früh Morgens näherten wir uns bey frischem Winde der Küste, und entdeckten bald den Rief, der mit selbiger parallel, ohngefähr drey gute See-Meilen davon entfernt, lag. Innerhalb des Riefs segelten verschiedene Canots herum, deren jedes zwey Seegel, eins hinter dem andern aufgerichtet, führte. Die Mannschaft dieser Fahrzeuge beschäftigte sich mit Fischfangen. Nicht lange darauf stießen noch etliche Canots vom Lande, fuhren über den Rief, und nach uns her. Sobald sie nahe genug waren, riefen wir ihnen zu, sie gafften uns zwar eine Weile an, segelten aber alsdenn ganz gleichgültig wiederum zurück. Unterdessen hatten wir eine Öfnung im Rief entdeckt und zu Sondirung derselben zwey Boote in See gesetzt. Es währete nicht lange, so gaben unsre Leute ein Zeichen, daß sie eine bequeme und sichere Einfahrt in den Rief gefunden hätten, und wir sahen zugleich vom Schiff aus, daß sie sich mit einem wohl bemannten Canot ganz vertraut unterhielten. Wir folgten ihnen also, und gelangten, durch einen Canal, der ohngefähr eine Meile breit seyn mochte, innerhalb des Riefs, woselbst die See ganz ruhig war. Zu beyden Seiten der Einfahrt, vornemlich an der engsten Stelle, hielten etliche Canots, aus welchen die Indianer mit einem freundschaftlichen, freymüthigen Wesen, welches uns viel Freude machte, uns zuwinkten, daß wir ja recht in der Mitte der Durchfahrt bleiben möchten. Unsre Boote ruderten indessen noch weiter vorauf und zeigten uns, bey jedesmaligem Bleywurf, die Tiefe durch Signale an. Das Land schien unfruchtbar und mit einem weißlichten Grase bedeckt. Buschwerk war nirgends zu sehen, auf den Bergen aber standen hie und da einzelne Bäume, die mehrentheils weiße Rinde, und viel Ähnlichkeit mit unsern Weiden hatten. Als wir näher kamen, lag am Fuß der Gebürge, eine schmale Ebene mit grünen schattigten Bäumen und Büschen bekränzt vor uns, unter denen sich hin und wieder eine Cocos-Palme und ein Pisang erhob. Auch bekamen wir einige Häuser zu Gesicht, die kegelförmig, fast wie große Bienen-Körbe gestaltet waren, und, statt der Thüre, blos eine Öfnung hatten. Sie sahen den Hütten der Einwohner auf den *Cocos-* und *Hoorn*-Eylanden, so wie diese in *le Maire's* und *Schoutens* Reisebeschreibungen abgebildet sind, vollkommen ähnlich.

Mittlerweile kam Lieutenant *Pickersgill* im Boot zurück, und erzählte, daß sich die Mannschaft des indianischen Canots nicht nur sehr freundlich gegen ihn betragen, sondern auch einen ihrer Landsleute, den sie *Tea-buma* nannten, als ihren *Eriki* oder König, vorgestellt hätte. Diesem schenkte er etliche Medaillen nebst andern Kleinigkeiten, und vertheilte den Rest seines Vorraths unter die übrigen, die aber alles sogleich dem *Tea-buma* überlieferten. Herr *Pickersgill* brachte vier oder fünf Fische an Bord, welche er von diesen Leuten zum Gegengeschenk bekommen hatte; zum Unglück aber waren sie schon in Fäulniß gerathen, und nicht zu genießen.

Im Haven lag ein kleines Eyland, mit Riefs und Untiefen umgeben, in dessen Nachbarschaft wir auf gutem Grunde ankerten. Sobald dies geschehen war, drängten sich ohngefähr zwanzig Canots ans Schiff, deren jedes zwey Seegel führte, und aus zweyen, vermittelst einer Plattform von Brettern, zusammengefügten Kähnen bestand. Auf der Plattform lag ein Haufen mit Asche vermengter Erde, und auf diesen ward beständig Feuer unterhalten. Viele von den Leuten stiegen sogleich ganz vertraulich an Bord, und einer verkaufte uns eine Yam-Wurzel, gegen ein Stückchen rothes Tuch. Bey Tische bekamen wir noch mehr Zuspruch von Indianern; gepökeltes Schweinefleisch wollten sie eben so wenig anrühren, als Wein trinken, die Yams hingegen, welche wir zu *Tanna* eingehandelt, ließen sie sich ganz wohl schmecken. Nur Schade, daß unser Vorrath davon zu gering war, um sie nach ihrem völligen Belieben damit bewirthen zu können. Alles Rothe fiel ihnen ins Auge, und besonders stand ihnen rothes Tuch oder Boy an; doch erboten sie sich niemals, etwas dagegen wieder zu geben. Das Wort *»Eri«* und noch ein Paar andre ausgenommen, hatte ihre Sprache gar keine Ähnlichkeit mit irgend einer andern, die wir zuvor im Süd-Meer gehört. Wenn man bedenkt, daß in allen *ostwärts* gelegenen Eylanden dieses Oceans, imgleichen auf *Neu-Seeland,* eine und eben dieselbe Sprache (oder wenigstens Dialekte derselben) gesprochen werden;

so kann man sich leicht vorstellen, daß uns die große Verschiedenheit der Sprachen, welche wir im *westlichen* Theil dieses Meeres antrafen, äusserst befremden mußte. Auch die Leute selbst, waren von allen, die wir bisher gesehn hatten, sehr verschieden, nemlich groß und mehrentheils von wohlproportionirten Gliedmaaßen; ihre Gesichtszüge sanft, Haar und Barte schwarz und stark gekräuselt, bey einigen fast wollicht, und die Farbe der Haut, am ganzen Körper, ins schwarze fallend, oder dunkel kastanien-braun, wie bey den Einwohnern der Insel *Tanna*.

Nachmittags fuhren wir, unter Bedeckung zwölf wohlbewafneter See-Soldaten, in zwey stark bemannten Booten, dem Ufer zu und stiegen auf einer flachen Landspitze aus, woselbst ein Haufen theils wehrloser, theils bewafneter Einwohner versammlet war. Ohnerachtet nicht ein einziger Mine machte, uns das Landen zu verwehren; so mußten, Sicherheits halber, die See-Soldaten dennoch förmlich aufmarschiren, indeß wir dicht vor ihnen auf- und abgiengen und die Einwohner baten, ein wenig Platz zu machen. Dies thaten sie unweigerlich und gleich darauf hielt ein ansehnlicher junger Mann, den uns Herr *Pickersgill* als den König, *Teabuma,* zeigte, eine Rede, nachdem zuvor ein andrer, durch lauten Ausruf, allgemeine Stille geboten hatte. Die Rede schien ernsthaft zu seyn, klang aber doch ganz sanft, und ward zuweilen mit lauter Stimme vorgetragen. Hin und wieder mochte der Redner Fragen vorlegen, wenigstens hielt er inne, und einige alte Männer aus dem Haufen antworteten alsdenn jedesmal. Die ganze Rede dauerte zwo bis drey Minuten. Bald darauf kam ein andrer angesehener Mann, oder Befehlshaber, der auf eben die Art eine Rede hielt, und nun mischten wir uns ohne Bedenken unter die Versammlung, um ihre Waffen und Zierrathen näher in Augenschein zu nehmen. Vor allen Dingen erkundigten wir uns durch Zeichen, ob frisches Wasser zu haben wäre? worauf ein Theil gegen Westen, der größte Haufen aber nach Osten hinzeigte. Diese Indianer waren durchgehends von großer Statur, sonst aber von denen, die uns zuvor am Bord besucht hatten, in keinem wesentlichen Stück unterschieden. Das einzige, was ich vorher noch nicht wahrgenommen hatte, bestand darinn, daß manchen die Arme und Füße ungewöhnlich dick geschwollen, und mit einer Art von Aussatz behaftet waren. Einige trugen das Haar auf dem Scheitel zusammen gebunden, andre ließen es nur an den Seiten wachsen, und hatten das übrige abgeschnitten. Noch andre sahen wie Neger aus, wozu ihre platte Nase und aufgeworfne Lippen nicht wenig beytrugen. Statt aller Kleidungsstücke trugen sie blos eine Schnur um den Leib und eine andre um den Hals. Die Männer hatten die Zeugungstheile in ein klein Stückchen braunen Zeuges, das aus der Rinde eines Feigenbaums verfertigt war, eingewickelt, und diese runde Wulst entweder an der Gürtel-Schnur in die Höhe aufgezogen, oder unterwärts frey herabhängen. So sittsam das auch gemeynt seyn mochte; so konnten wir Europäer, unsern vaterländischen Begriffen nach, es doch eben so wenig züchtig und ehrbar nennen, als die ähnliche Tracht der *Mallicolleser,* bey welcher das, was eigentlich versteckt werden sollte, vielmehr recht sichtbar gemacht wurde. In der That sah auch jeder Einwohner dieses Landes, gleich den *Tannesern* und *Mallicollesern,* leibhaftig wie ein herumwandernder *Priap* aus. Indessen sind die Begriffe von Schaam freylich in allen Ländern verschieden, und ändern sich auch von Zeit zu Zeit. Wo z. E. jedermann unbekleidet gehet, wie auf *Neu-Holland,*[2] da macht die Gewohnheit, daß man sich beym Anblick eines nackten Körpers eben so wenig etwas unanständiges denkt, als wir bey der sorgfältigsten Verschleyerung. Die Trachten, besonders die Rüstungen, welche im funfzehnten und sechszehnten Jahrhundert an allen europäischen Höfen Mode waren, würde man jetzt für äusserst unanständig halten: wer getraut sich aber darum zu behaupten, daß heut zu Tage mehr Schaamhaftigkeit als damals in der Welt vorhanden sey? oder wer wollte dem tugendhaften Charakter jener unüberwindlichen Ritter, die sich den Ruhm der Keuschheit, der Ehre, und der edelsten Sitten erwarben, blos deswegen in Zweifel ziehen, weil sie – Hosen nach der damaligen Mode trugen?[3]

Dieses Stückchen Zeug, durch welches die *Neu-Caledonier* sich, gleich den *Mallicollesern* etc., so sehr

---

2 Die Einwohner von *Neu-Holland,* beyderley Geschlechts, gehen mutternackt, ohne sich aus Trieb zur Schaamhaftigkeit im geringsten zu bedecken. S. *Hawkesworth's* Geschichte der engl. See-Reisen, gr. 4. 3ter Band, Seite 83 etc. etc. 233.

3 In allen alten Arsenalen findet man Rüstungen, die meine Meynung begreiflich machen.

Brauntölpel, *F: Pelecanus plotus,*
Sula leucogaster plotus (Neukaledonien, 16. September 1774)

von andern Völkern auszeichnen, ist bisweilen lang genug, daß das überflüßige Ende, nachdem es an den Gürtel gebunden worden, noch an die Halsschnur befestigt werden kann. An dieser Schnur hängen auch wohl kleine kugelrunde Stückchen eines hellgrünen, nephritischen Steins von eben der Gattung, die man auf *Tanna* findet, und die mit dem *Neu-Seeländischen* Nierenstein nahe verwandt ist. Der Kopfputz bestehet manchmal aus einer hohen runden Mütze, die einer Husaren-Mütze nicht unähnlich sieht, (siehe hievon die Kupfert. VI, S. 611) Es ist nemlich ein Stück grobes, schwarzgefärbtes, steifes Zeug, welches der Länge nach zusammen genäht, und unten, so wie oben, offen gelassen wird. Die Befehlshaber hatten die ihrigen mit kleinen rothen Federn besetzt, auch wohl oberhalb mit einem langen Busch von Hahnenfedern geziert. Zu den Ohrlöchern pflegen sie, so wie die Einwohner der *Oster-Insel,* den ganzen Knorpel des Ohrläppchens auszuschneiden, und das dadurch entstehende Loch sehr in die Länge auszudehnen. Dies geschieht, um eben so, wie auf *Tanna,* mehrere aus Schildkröten-Schale verfertigte Ringe hinein zu hängen. Bisweilen stecken sie auch ein aufgerolltes Blatt vom Zuckerrohr hindurch. Ihre Waffen bestehen aus Keulen, Speeren und Schleudern. Erstere sind nach mancherley Gestalten und aus verschiedenen Holzarten gemacht, aber sämmtlich kurz, kaum über 3 Fuß lang, und mehrentheils derjenigen Art von Keulen ähnlich, welche die *Tanneser* aus Casuarina-Holz verfertigen. An der Kolbe, oder dem unteren Ende, ragen etliche kleine Erhöhungen oder sternförmige Zacken vor; (siehe ebenf. die Kupfertafel VII, S. 612) andre haben ganz kurze Schafte, und gehen unterhalb, wie eine Sense oder Haue, krumm gebogen, (siehe hievon die Kupfertafel VII) Die Speere sind funfzehn bis zwanzig Fuß lang, und entweder von schwarzem Holz oder doch mit schwarzer Farbe bestrichen. Die zierlichsten haben vor der

Maskentölpel, ***F: Pelecanus piscator,***
Sula dactylatra personata (Norfolk-Insel, 9. Oktober 1774)

Mitte einen Höcker, daran bisweilen Schnitzwerk verschwendet ist, welches ein Menschen-Gesicht vorstellen soll. (s. hievon die Kupfert. VII) Diese Speere werfen sie, vermittelst eines kurzen Riemen, der an einem Ende einen Knoten, an dem andern aber einen Ring, oder rundes Loch hat, und auch in *Tanna* zu gleichem Behuf gebraucht wird. (siehe hievon die Kupfertafel VI) Hier sind diese Wurf-Riemen weit besser, und aus einer Art rother Wolle gearbeitet, die wir für den Balg eines unbekannten Thieres gehalten haben würden, wenn uns nicht zuvor die große indianische Fledermaus zu Gesicht gekommen wäre, von welcher diese Wolle herkommt. Bogen und Pfeile sind hier zu Lande nicht bekannt; sondern man führt statt derselben Schleudern, die aus dünnen Schnüren, eines Bindfadens dick bestehen, und an deren einem Ende sich ein Quast, am andern aber, so wie auch in der Mitte ein Auge oder eine Schleife befindet[4]. Die Steine, welche daraus geworfen werden, sind aus weichem, fettem Seifenstein, *(Smectites)* der sich blos durch Hin- und Herreiben in eine beliebige Figur bringen läßt, länglich gestaltet und an beyden Enden zugespitzt. Sie passen allemal in die mittlere Schleife der Schleuder, und der Schütze trägt sie in einer um den Leib gebundenen Tasche, die von grobem, starkem, aus Grasfasern zusammengeflochtenen Zeuge gemacht ist. Der Form nach, sahen diese Steine fast wie die *Glandes plumbeae*[5] der Römer aus.

Da Capitain *Cook* vor allen Dingen frisches Wasser ausfindig zu machen wünschte; so eilte er mit uns bald wieder ins Boot, und fuhr ostwärts an dem Ufer hinauf, welches in dieser Gegend allenthalben von Mangle-Bäumen beschattet war, die zum Theil auf

4 Man findet sie auf Platte VI, S. 611, um die Mütze gewickelt, abgebildet.

5 In des Grafen *Caylus Antiquit. III. 327. Tab. XCII. fig. 3.*

sumpfigen Boden, zuweilen auch im Wasser selbst wuchsen. Wir hatten kaum den Strand verlassen, als die Insulaner sich ebenfalls verliefen, und vermuthlich nach Hause zurück kehrten. Zween derselben nahmen ihren Weg längst dem Strande hin, mußten aber die äusserste Mühe anwenden, um sich zwischen den dicht verwachsnen Manglebäumen durchzuarbeiten. Da wir sahen, daß es den armen Schelmen ungemein sauer ward; so ruderten wir zu ihnen hin und nahmen sie ins Boot. Diese Erleichterung ließen sie sich ganz wohl gefallen; als wir ohngefähr zwo Meilen zurückgelegt haben mochten, zeigten sie uns eine Einfahrt zwischen den Mangle-Bäumen, welches die Mündung eines Flusses zu seyn schien. Das Wasser war daselbst tief genug, um mit dem Boote fortzukommen, wir liefen also hinein, ruderten den schlängelnden Krümmungen eine Weile nach und fanden endlich, daß dieser Weg zu einem Wohnplatz der Indianer führte. Etliche derselben standen auf der einen Seite des Ufers, und waren Zeugen, wie ich eine Ente schoß, davon eben ein großer Schwarm über uns weg flog: ich schenkte sie einem von den beyden Indianern, die wir an Bord hatten, weil er besonders große Lust dazu äußerte. Sie schienen sich zwar über die Wirkung des Feuer-Gewehrs allerseits zu wundern, jedoch im geringsten nicht dafür zu erschrecken. Dies bestätigte sich auch, als wir wenig Augenblicke nachher Gelegenheit fanden, von neuem nach Vögeln zu schießen, und es war uns überaus angenehm, daß wir ihnen auf eine so schickliche und unschuldige Art zeigen konnten, was für Gewalt uns das Schießgewehr über sie gebe. Endlich landeten wir an einer Stelle, wo der Fluß kaum zwölf Fuß breit seyn mochte. Das Ufer reichte ohngefähr nur zwey Fuß über das Wasser, indem die Fluth jetzt beynahe aufs höchste stand. Hier wohnten ein paar Familien, die mit Weib und Kindern, ganz vertraulich, zu uns kamen, ohne Argwohn oder Unwillen über einen so fremden Besuch blicken zu lassen. Die Weiber waren größtentheils kastanienbraun, auch wohl noch dunkler, so wie Mahoganyholz, dabey selten von mehr denn mittler Statur, aber durchgehends stark und zum Theil plump gebaut. Was sie vollends verunstaltete, war ihre Tracht, die nicht häßlicher seyn konnte. Man stelle sich einen kurzen Rock vor, der aus unzähligen Fäden oder vielmehr achtzölligen, an einen langen Strick befestigten, Schnüren bestand. Dieser Strick ward etliche mahl um die Hüften gewickelt, so, daß die kurzen Schnüre schichtenweis über einander zu liegen kamen, folglich, von der Mitte des Leibes an, gleichsam ein dichtes Strohdach ausmachten, welches aber kaum den dritten Theil der Lenden, mithin gerade nur so viel, und mehr nicht, bedeckte als nöthig war, um anzuzeigen, daß es aus Ehrbarkeit geschähe. Dies Strohdach gab den Frauen, wie man sich einbilden kann, eine häßliche, unförmliche Figur. Manchmal waren die Schnüre durchgehends, gemeiniglich aber nur die äußerste Schicht derselben, schwarz gefärbt, und die übrigen sahen wie schmutzig gewordenes Stroh aus. An Zierrathen unterschieden sich die Weiber eben nicht von den Männern, sondern trugen, gleich diesen, Muscheln, Ohr-Ringe, und kleine Kügelchen von Nephritischem Stein. Einige hatten auch, zwischen der Unterlippe und dem Kinn, drey schwarze Linien, nach Tahitischer Art, in die Haut punktirt. Ihre Gesichtszüge waren grob, druckten aber einen hohen Grad von Gutherzigkeit aus. Die Stirn war mehrentheils hoch, die Nase unterhalb breit, oberhalb platt, und die Augen klein. Aus den vollen runden Backen ragten die Knochen unter dem Auge ziemlich stark hervor. Das Haar war gekräuselt und oft, wie auf den *Societäts- und freundschaftlichen Eilanden,* kurz geschnitten. Ungefähr zwanzig Schritt weit vom Ufer, lagen die Wohnhütten dieser Familien auf einer kleinen Anhöhe. Sie waren zehn Fuß hoch, kegelförmig gestaltet, aber oben nicht zugespitzt. Die innere Anlage, oder was bey unsern Häusern das Zimmerwerk ist, bestand aus senkrecht aufgerichteten Pfählen, die mit geflochtenen Reisern, fast auf die Art wie Hürden, zusammen verbunden, und, vom Fußboden bis an die Decke, ringsum mit Matten verkleidet waren; oben drauf ruhte ein halbrundes Strohdach. Das Tages Licht fiel in diese Wohnungen nicht anders als durch ein Loch, welches statt der Thüre diente, aber nur 4 Fuß hoch war, so daß man sich beym Ein- und Ausgehen allemahl bücken mußte. Innerhalb war die Hütte voller Rauch und am Eingange lag ein Haufen Asche. Es scheint also, daß die Einwohner, hauptsächlich der Mücken wegen, die in jener sumpfigen Gegend häufig seyn müssen, Feuer anzünden. Zwar bekamen wir nur wenige dieser Insekten zu sehn, doch wars auch heute ein ziemlich kühler Tag. Um die Hütte her standen etliche Cocos-Palmen, die aber keine Früchte hatten, imgleichen Zuckerrohr, Pisangstämme und Arumwurzeln. Letztere wurden vermittelst kleiner Furchen gewässert, und an einigen Stellen völlig unter Wasser gehalten, welches in den Eilanden des Süd-Meers durchgängig zu geschehen pflegt. Im Ganzen hatte die Pflanzung gleichwohl nur ein schlechtes Ansehen, und schien bey weitem nicht zureichend, die Einwohner das ganze Jahr über zu ernähren. An eine solche Mannigfaltigkeit von Früchten, als wir bisher auf den Eilanden des heißen Erdstrichs angetroffen hatten, war hier gar nicht zu denken; vielmehr erinnerte uns alles an die Armuth der elenden Bewohner von *Oster-Eiland,* vor welchen die hiesigen wenig voraus zu haben schienen. So viel wir merken konnten, war ein Mann, Namens *Hibai,* der Vornehmste oder Vorgesetzte unter den hier versammelten Familien. Diesem machten wir einige Geschenke, und spatzierten darauf, am Ufer des Flusses bis an die Mangle-Bäume, woselbst uns eine neue Pflanze aufstieß. Gegen die Berge zu, deren erste Anhöhen ungefähr zwo Meilen weit von hier entfernt seyn mochten, hatte das Land eine äusserst öde Gestalt. Hin und wieder erblickte man zwar etliche Bäume und kleine angebaute Felder; doch giengen sie in dem darum herliegenden, ungleich größeren, unfruchtbaren und wüsten Raume verlohren, der unsern Haiden gewissermaßen ähnlich sahe. Vor einer Hütte fanden wir einen irrdenen Topf, der vier bis fünf Maas halten mochte, auf einem Aschenhaufen. Dies Geschirr hatte einen dicken Bauch und war, aus einer röthlichen Erdart, ziemlich grob gearbeitet, auch inn- und auswendig mit Ruß gleichsam überzogen. Aus der Asche ragten drey spitzige Steine hervor, an welche der Topf seitwärts angelehnt wurde, so, daß das Feuer unter selbigem brennen konnte[6]. Nach einigem Verweilen bey diesen guten Leuten, kehrten wir in unsern Böten zurück, und waren völlig überzeugt, daß der Mangel an Nahrungsmitteln die einzige Ursach sey, warum man uns keine mitgetheilt hatte.

Am folgenden Morgen kamen die Indianer in ihren Booten ziemlich früh ans Schiff. Auf jedem dieser Fahrzeuge brannte ein Feuer und zwar, um Schaden zu verhüten, auf einem Haufen von Steinen und Asche. Es waren auch einige Weiber unter dieser Gesellschaft, von welchen jedoch keine an Bord wollte; die Männer hingegen kamen größtentheils ohne Einladung herauf, und fiengen an, ihre Waffen gegen Stücken Tahitischen Zeugs zu vertauschen. Um einen näher gelegenen Ort zum Anfüllen der Wasserfässer ausfindig zu machen, schickte der Capitain die Böte von neuem ans Land. Wir giengen mit dahin, stiegen eben da aus, wo wir gestern gelandet waren, und begegneten einigen wenigen Einwohnern, die, auf unsere Nachfrage nach frischem Wasser, westwärts deuteten, in welcher Gegend noch niemand nachgesucht hatte. Dieser Anleitung zufolge, giengen wir, längst dem sandigen Strande, der hier an ein schönes wildes Gebüsch gränzte, fort, und kamen bald zu einer Hütte, jenseits welcher verschiedene Pflanzungen angelegt waren. Um solche näher zu untersuchen, nahmen wir einen kleinen Umweg tiefer ins Land, mußten aber, eines Grabens wegen, der zu Wässerung der Plantagen gezogen war und sehr salziges Wasser führte, bald wieder umkehren. Dagegen eilten wir nach einer benachbarten Anhöhe, von welcher man weit und breit nach frischem Wasser sich umzusehen hoffen konnte. Hier war das Erdreich von ganz andrer Beschaffenheit; anstatt daß in der Ebene nur eine dünne Schicht guter fruchtbarer Erde oben auf lag, welcher man an den urbar gemachten Orten, durch einen Dünger von zerbrochnen Muscheln und Corallen, zu Hilfe kommen mußte, war auf der Anhöhe felsigter Boden, der aus großen Stücken Quarz und waagerechten Schichten von Glimmer, mithin aus einer Art von Gestellstein bestand[7]. In dieser Gegend war eine Menge verdorrtes Gras, mehrentheils nur dünn und ohngefähr drey Fuß hoch, aufgesproßt. Je zwanzig bis dreyßig Schritt weit aus einander, gab es einzelne Bäume, die an der Wurzel schwarz, wie verbrannt, aussahen, oberwärts aber eine lose, schneeweiße Rinde, und lange, schmale, weidenähnliche Blätter hatten. Sie gehörten zu der Gattung, die *Linné, Melaleucam Leucadendram,* und *Rumpf, Arborem albam* nennt. Letzterer behauptet, daß man auf den Moluckischen Inseln, aus den Blättern dieses Baums, das *Cayeputi* Öl macht; auch ist das Laub desselben in der That sehr wohlriechend[8]. Niedriges Strauchwerk war auf diesem Hügel nir-

6 *Cook's Voyage towards the S. Pole & round the World. Vol. II. p. 22.*

7 S. Herrn Prof. *Ferbers* Briefe an den Edlen von *Born.*

8 *Herb. Amboin. Vol. II. Tab. 16. 17. p. 72.*

gends anzutreffen und die Bäume standen ebenfalls so zerstreut, daß die Aussicht durch nichts gehindert wurde. Was uns an derselben am besten gefiel, war eine Reihe schattiger Bäume, und grüner Büsche, die in *einer* Linie, von der See, bis an die Berge reichten, und folglich, allem Ansehn nach, längst den Ufern eines Bachs stehen mußten. Wir hatten uns in dieser Vermuthung nicht geirrt, denn, nachdem wir noch durch einige Pflanzungen vorgedrungen waren, fand sich unter diesen Bäumen *wirklich,* was wir bisher vergebens gesucht hatten, nemlich ein kleiner Fluß. Ohngefähr zwey hundert Schritt weit vom Strande, war das Wasser desselben schon nicht mehr mit See-Salz vermischt, folglich konnten die Fässer mit geringer Mühe angefüllt, und wieder ans Schiff gebracht werden. Dem Befehlshaber *Tea-Buma* der uns hier begegnete, verehrten wir etliche Medaillen, nebst andern Kleinigkeiten, und bekamen dagegen von ihm eine Schleuder, imgleichen etliche Keulen, zum Gegengeschenk. Die Ufer des Bachs waren von Mangle-Büschen beschattet, hinter denen ein zwanzig Fuß breiter Raum, andere Baum- und Pflanzenarten trug. Dieser schmale Strich hatte eine Schicht guter, kräftiger Pflanzen-Erde, und war mit grünem Rasen bewachsen, woran wir unsre Augen mit desto größerm Vergnügen weideten, je mehr derselbe mit dem dürren Ansehen der Berge contrastirte. Diejenige Gegend des Strandes, wo wilde Bäume und Gebüsche wuchsen, war uns, als Naturforschern, die wichtigste. Auch fanden wir daselbst mancherley unbekannte Pflanzen, und viele Arten Vögel von verschiedenen Klassen, die größtentheils ganz neu waren. Doch mehr, als alles dieses, gefiel uns die freundschaftliche, gutherzige Gemüthsart und das friedliche Betragen der Einwohner. Ihre Anzahl war nur gering, und die Wohnungen lagen sehr zerstreut; doch standen mehrentheils zwo bis drey bey einander, und zwar gemeiniglich unter einer Gruppe von hohen Feigen-Bäumen, deren Äste so fest in einander geschlungen waren, daß man kaum den Himmel durch das Laub erblicken konnte. Diese Lage verschafte den Leuten, ausser einem beständig kühlen Schatten, auch noch eine andre Annehmlichkeit, nemlich, daß die Menge von Vögeln, die, vor dem brennenden

Rußseeschwalbe, ***F: Sterna serrata***
Sterna fuscata serrata (Neukaledonien, 16. September 1774)

Rotrückenreiher, ***F: Ardea ferruginea***
Nycticorax caledonicus (Neukaledonien, 11. September 1774)

Mittagsstrahl der Sonne, in den dickbelaubten Gipfeln Schutz suchten, ein beständiges Concert unterhielten. Der Gesang einer Art Baum-Kletten war vorzüglich sanft, und gefiel um deswillen einem jeden, der für die harmonischen Lieder dieser ländlichen Sänger nur einigermaaßen Geschmack hatte. Auch den Einwohnern mußte dies ganz gut behagen; denn sie sassen gemeiniglich am Fuße dieser wohlthätigen Bäume, die zugleich, wegen einer Sonderbarkeit in ihrer Struktur, unsere Aufmerksamkeit erregten. Das Stamm-Ende derselben steht nemlich zehn, funfzehn bis zwanzig Fuß hoch über der Erde, und ruhet auf langen Wurzeln, die, aus vorgedachter Höhe, in schnurgerader Linie, schräg nach dem Boden herab gehen, dabey so rund, als wären sie gedrechselt, und so elastisch, als eine gespannte Bogen-Senne, sind. Aus der Rinde dieser Bäume werden vermuthlich jene Stückgen braunen Zeugs verfertigt, welche im Putz der *Neu-Caledonier* eine so auffallende Figur machen. Unsere neue Bekannten lehrten uns eine Menge Wörter aus ihrer Sprache; sie hat aber gar keine Ähnlichkeit mit irgend einer andern, und das ist gewiß mehr als hinreichend, um selbst den größten und eifrigsten Genealogen von Muthmaßungen über ihre Herkunft abzuschrecken. In Betracht des Charakters dieser guten Leute, merkten wir bald, daß ihre Güte des Herzens und ihre Friedfertigkeit, zum Theil, mit natürlicher Trägheit verbunden war. Wenn wir spatzieren giengen, so folgten sie uns selten nach; kamen wir vor ihren Hütten vorüber, ohne zuerst zu reden, so ließen auch sie es gut seyn, und schienen sich gar nicht um uns zu kümmern. Nur die Weiber bezeigten etwas mehr Neugierde, und versteckten sich bisweilen ins Gebüsch, um uns von fern her ansichtig zu werden; herankommen durften sie aber nicht anders, als in Gesellschaft der Mannspersonen.

Daß wir Vögel schössen, erregte bey den Einwohnern nicht das mindeste Aufsehen oder Bestürzung. Im Gegentheil, wenn wir uns ihren Wohnungen näherten, so pflegten sich die jungen Leute von selbst nach Vögeln umzusehen, und sie uns anzuzeigen. Mir kam es vor, als ob sie zu dieser Jahreszeit wenig Beschäftigung haben müßten, denn das Feld war schon bestellt, und Pisangs und Arum-Wurzeln für die künftige Erndte bereits angepflanzt. Eben deshalb mochten sie auch jetzt weniger, als zu jeder andern Zeit, im Stande seyn, uns Lebensmittel abzulassen, welches sie sonst, ihrer freundschaftlichen und gutherzigen Gemüthsart nach, wohl gethan haben würden. Wenigstens wäre es sehr lieblos, wenn ich anders urtheilen und ihnen *allein* die Gastfreyheit absprechen wollte, die doch allen übrigen Bewohnern des Süd-Meeres in so hohem Grade eigen ist, und um deren willen sie dem Seefahrenden Fremden so schätzbar sind.

Wir verweilten auf diesem Spatziergange bis gegen Mittag, und kehrten alsdenn, mit einer Bootsladung frischen Wassers, ans Schiff zurück. Nur eine kleine Parthey von unsern Leuten mußte am Ufer bleiben, um die übrigen ledigen Wasserfässer zu bewachen, ohnerachtet, bey der Ehrlichkeit der Einwohner, auch diese Vorsicht vielleicht ganz überflüßig seyn mochte. Während unsrer Abwesenheit hatte Herr *Wales* einige Instrumente, auf dem kleinen sandigen Eylande, aufgerichtet, um eine Sonnenfinsterniß, die heute einfiel, zu beobachten. Der Capitain leistete ihm dabey Gesellschaft, und sowohl nach dieser, als nach andern Beobachtungen mehr, ward die Lage besagten kleinen Eylands auf 20 Grade 17 Minuten 39 Secunden südlicher Breite, und 164 Grade 41 Minuten 21 Secunden östlicher Länge festgesetzt. Von der Verfinsterung konnte nur das Ende beobachtet werden, indem bey Eintritt derselben eine Wolke bey der Sonne vorüber zog. Herr *Wales* maaß den verfinsterten Theil mit *Hadleys* Quadranten, dessen man sich sonst noch nie dazu bedient hat, der aber, nach Capitain *Cooks* Meynung, mit der größten Genauigkeit als ein Mikrometer gebraucht werden kann.

Gegen Abend giengen wir, mit dem Capitain, da, wo die Wasserfässer gefüllt wurden, ans Land. Die *Cayeputi-Bäume (Melaleuca)* deren verschiedne in Blüthe standen, hatten eine lose Rinde, die an mehreren Stellen vom Stamme abgeborsten war, und Käfern, Ameisen, Spinnen, Eidexen und Skorpionen eine Zuflucht verstattete. Das Wetter war so angenehm, daß wir, bis gegen Sonnen Untergang, auf den benachbarten Hügeln herum spatzierten; während der Dämmerung kam es uns vor, als ob sich in dem dürren Grase Wachteln aufhielten, doch konnten wir, weder heut, noch in der Folge, darüber zur Gewißheit kommen. Von den wenigen Einwohnern, die wir in dieser Gegend antrafen, waren einige so zutraulich, uns ihre Waffen zu verkaufen. Wir suchten ihnen begreiflich zu machen, daß es uns an Lebensmitteln fehle; allein, sie waren gegen alle Winke dieser Art taub, weil sie augenscheinlich für sich selbst nicht genug hatten. Der Boden taugt, auch hier zu Lande, in der That nur an wenig Orten zum Ackerbau, und lohnt den Einwohnern die Mühe und Arbeit, welche sie daran verschwenden müssen, immer nur kärglich.

Am 11ten des Morgens, noch ehe die Indianer an Bord kamen, ward ein Boot abgeschickt, um, nach Seemännischem Brauch, einen unsrer Leute zu versenken, der als Schiffs-Fleischer mit auf die Reise gegangen, und gestern, an den Folgen eines unglücklichen Falles, gestorben war, den er am 5ten September gethan hatte. Er war ein sechszigjähriger, aber noch immer arbeitsamer, in seinem Beruf unermüdeter Mann, und übrigens der dritte, den wir bisher verloren hatten, indem einer ertrunken, und ein anderer an der Wassersucht gestorben war.

Nach eingenommenem Frühstück, giengen wir, nebst dem Capitain, dem Ober-Lootsen, zween See-Cadetten und drey Matrosen, ans Land, um die Berge zu besteigen, von denen unser Bach herabrieselte. Ohnerachtet die Anhöhe an manchen Orten sehr steil war, fanden wir doch allenthalben einen bequemen Pfad. Der Felsen bestand durchgehends aus einem Gestellstein, oder Mischung von Quarz und Glimmer, die bald mehr, bald weniger, mit Eisentheilchen gefärbt war. Cayeputi-Bäume wuchsen, ohne Ausnahme, sowohl auf dem obersten Gipfel, als unten; und, je höher wir kamen, desto mehr verschiedene Arten von Sträuchen trafen wir an; sie standen zwar nur ziemlich einzeln, verdienten aber alle Aufmerksamkeit, weil sie größtentheils in der Blüthe, und uns unbekannt waren. Gegen den Gipfel hin, nahmen die Bäume an Höhe und Stärke, merklich ab, nur in einigen tiefen Klüften, wo herabstürzende Bäche das Erdreich befruchteten, sahe man eine Menge Pflanzen, frisch, stark und grün, aufsproßen. Kaum waren wir eine Stunde lang bergauf gegangen, als uns mehr denn zweyhundert, größtentheils wohl bewaffnete Einwohner, begegneten, die blos, um uns Fremdlinge zu sehen, aus den innern Landgegenden, jenseits der Berge, herkamen. Als sie fanden, daß wir auf demselben Wege fortstiegen, den sie hergekommen waren, kehrten die mehresten wieder um, und begleiteten uns. Ohnweit dem Gipfel, bemerkten wir eine Anzahl in die Erde gesteckter Pfäle, über welche man trockne Äste gelegt, und auf diese, Büschel von Gras ausgebreitet hatte. Die Einwohner erklärten uns, daß sie auf diesem Berge ihre Todten begrüben, und daß die Pfäle zu Bezeichnung der Grabstätten dienten. Unterdessen war der Capitain, mit dem Lootsen, vollends auf den Gipfel des Berges geklettert, und hatte, von da aus, nach Süden hin, über das Land weg, bis nach der See hinsehen können; seiner Aussage nach, war selbige, auf jener Seite, nicht weiter von den Bergen entfernt, als auf dieser; und eine wasserreiche, zum Theil angebaute Ebene, lief dort, so wie dießseits, am Fuße der Berge hin. Im Ganzen war jedoch kein merklicher Unterschied, zwischen der nörd- und südlichen Seite des Landes, zu bemerken. Die Höhe dieses Standpunkts kam der Aussicht ungemein zu statten: Die schlängelnden Bäche, die Pflanzungen, und zerstreute Wohnungen auf der Ebene, die mannigfaltigen Gruppen von Bäumen und Waldung, sammt der verschiednen Farbe des grundlosen Meeres, neben den sandigen Untiefen desselben, machten, zusammengenommen, eins der schönsten Gemälde aus! Die Einwohner bemerkten, daß wir von der Hitze ermüdet und durstig waren; deshalb holten sie uns etwas Zuckerrohr; nur kann ich nicht begreifen, wo sie es herbekommen mußten, da dergleichen auf dieser unfruchtbaren Höhe nirgends zu vermuthen, geschweige denn wirklich zu sehen war. Der Gipfel bestand nemlich aus derselben Steinart, die wir unten angetroffen, und daher ließ sich um so mehr annehmen, daß in diesem Lande manche schätzbare Mineralien vorhanden seyn müßten. Nach der Zeit, die wir zum Heraufgehen brauchten, imgleichen nach andern Neben-Umständen zu urtheilen, ist die Höhe dieses Berges eben nicht sehr beträchtlich, und vermuthlich geringer, als die vom sogenannten Tafel-Berge, am Vorgebirge der guten Hoffnung, welche der Abt *la Caille* auf 3350 rheinländische Fuß schätzt.[9]

Gleich nach unsrer Rückkunft zum Wasserplatz eilten wir ans Schif, woselbst eine Menge Indianer versammelt war, die auch den kleinsten Winkel nicht unbesucht liessen, und überall, Keulen, Speere, nebst mancherley Zierrathen verhandelten. Einer unter ihnen war von sehr großer Statur; er maaß wenigstens sechs Fuß fünf Zoll Englisch, und mit seiner schwarzen, aufrechtstehenden, runden Mütze, wohl noch acht Zoll mehr. Um diese Mützen pflegen sie gemeiniglich ihre Schleudern zu wickeln, so, daß ihnen der am untern Ende befindliche Quast auf die Schultern herabhängt; auch befestigen sie, zum Zierrath, einen Büschel Farrenkraut daran, oder, wenn der Staat noch größer seyn soll, einen Busch Ceylanischer Eulen-Federn[10], welcher Vogel sowohl hier als auf der Insel *Tanna* zu finden ist. Des Werths ohnerachtet, den sie auf dergleichen Mützen setzten, glückte es uns dennoch, mehrere derselben, gegen Stücke von tahitischem Zeuge, einzutauschen. Ein andrer vorzüglicher Theil ihres Putzes bestand in Ohrgehängen, davon manche eine ungeheure Menge trugen; so zählten wir z. E. an einem, nicht weniger, als zwanzig aus Schildkröten-Schaale verfertigter Ringe, deren jeder einen Zoll im Durchmesser hielt, und einen Viertelzoll dick war. Unter den Sachen, die heute eingetauscht wurden, befand sich auch ein musikalisches Instrument, nämlich eine Art Pfeife, die aus einem ohngefähr zween Zoll langen Stück Holz gemacht, glockenförmig gestaltet, aber nicht hohl, und an dem schmalen Ende mit einer kleinen Schnur versehen war. Dicht an dem platten Untertheil hatte sie zwey Löcher, und ohnweit der Schnur ein drittes, die sämmtlich innerhalb zusammen laufen mußten, indem durch das Blasen auf dem obern Loch, aus den andern ein durchdringender Ton hervorkam. Außer dieser Pfeife, haben wir aber kein andres Instrument, das nur einigermaaßen musikalisch genannt werden könnte, bey ihnen angetroffen.

Unsre großen Nägel fiengen nun gerade an, gangbare Münze zu werden, ja die Indianer sahen den Werth des Eisens bald so gut ein, daß sie zu den runden eisernen Bolzen, woran die Stricke fest gemacht werden, große Lust bezeigten: Capitain *Cook* vermuthete, daß ihnen solche bey Anfertigung ihrer Canots vorzüglich brauchbar geschienen haben möchten, und zwar, um vermittelst derselben die Löcher in die

---

9 *Voyage de l'Abbé de la Caille p. 337.*

10 Siehe die Kupfertafel VI, S. 611.

Planken zu brennen, wodurch diese nachher zusammen genäht werden. Daß diese Löcher *eingebrannt* werden, ist unstreitig; zwar läßt sich nicht bestimmen, mit was für einem Werkzeuge dies geschehen mag, vermuthlich aber wohl mit Steinen[11]. So sehr ihnen jedoch die eisernen Bolzen gefallen mochten; so unterstand sich gleichwohl keiner, weder diese, noch die geringste andre Kleinigkeit, zu entwenden, sondern sie führten sich durchgehends vollkommen ehrlich auf. Über ihre Fertigkeit im Schwimmen mußten wir uns oft wundern. Das Schiff lag wenigstens eine gute Meile weit vom Ufer; aber, dieser Entfernung ohnerachtet, kamen sie haufenweise herbeygeschwommen, hielten ihr Stückgen braunes Zeug mit einer Hand aus dem Wasser, so daß ihnen nur die andre zum forthelfen frey blieb, und, auf diese eben so beschwerliche, als künstliche Weise, brachten sie auch Wurfspiesse und Keulen mit sich. Waffen von Casuarina-Holz waren, ihrer allzugroßen Schwere wegen, die einzigen, bey welchen diese Art des Transports nicht statt fand.

Nachmittags fuhren wir abermals im Boote ab, und landeten ohngefähr zwo Meilen von unserm Wasserplatz, woselbst die Bay sich auf der Westseite an einer vorspringenden Spitze endigte. Capitain *Cook* nahm hier, zum Besten künftiger Seefahrer, verschiedene Zeichnungen von diesem Ankerplatze auf, indeß wir unsrer Seits andern Untersuchungen nachgiengen. Ohnweit dem Strande, lag eine große, unregelmäßige Felsenmasse, wenigstens zehn Fuß im Durchschnitt, die aus einem grauen, dichtkörnigen Hornstein, voller Granaten, so groß als Nadelköpfe, bestand. Diese Entdeckung bestärkte uns in der Vermuthung, daß vielleicht reichhaltige und nutzbare Mineralien allhier vorhanden seyn möchten. Eben dieses schien auch der gänzliche Mangel vulkanischer Producte anzuzeigen, dergleichen wir in allen übrigen Inseln des Südmeeres, nur hier nicht, wahrgenommen hatten. Das nahe Gebüsch, welches längst dem Ufer ziemlich dick stand, lockte uns bald zu einem botanischen Spaziergange, auf welchem wir einige junge Brodfruchtbäume antrafen, die noch nicht trugen, und ohne alle Cultur, fast wie einheimische wilde Bäume, aufgewachsen zu seyn schienen. Nicht weit davon fand sich auch eine neue Art Grenadille oder Paßionsblumen, welches uns um deswillen merkwürdig war, weil alle bisher bekannte Arten dieses zahlreichen Geschlechts, nur allein in Amerika, zu Hause sind[12]. Ich verlohr mich von meinen Gefährten, und kam in einen sandigen Hohl-Weg, der an beyden Seiten mit Glockenwinden und wohlriechenden Sträuchen bewachsen war und das ausgetrocknete Bette eines Regenbachs zu seyn schien. Dieser Weg führte mich zu drey beysammenstehenden Hütten, die von Cocospalmen beschattet waren. Ausserhalb vor einer Hütte, saß ein Mann von mittlerm Alter, dem ein acht- bis zehnjähriges Mädgen ihren Kopf auf den Schooß gelegt hatte. Bey meiner Annäherung schien er etwas bestürzt, doch erhohlte er sich bald wieder, und fuhr in seinem Geschäft fort, welches darinn bestand, das Haar des Mädchens mit einem geschärften Stück schönen, durchsichtigen Quarz zu verschneiden. Ich machte ihnen, mit etlichen schwarzen Glaskorallen, eine große Freude, und gieng darauf, um sie destoweniger zu beunruhigen, nach den übrigen Hütten zu. Diese standen so nahe beysammen, daß der zwischen inne liegende, zum Theil eingezäunte Platz, kaum zehn Fuß ins Gevierte hielt. In selbigem traf ich drey Frauenspersonen an, eine von mittlerm Alter, die andern etwas jünger, die im Begrif standen, ein Feuer, unter einem der oberwähnten großen irdenen Töpfe, anzuzünden. Sobald sie mich gewahr wurden, winkten sie, ich möchte mich entfernen; weil es mir aber darum zu thun war, ihre Art zu kochen näher zu untersuchen, so gieng ich, ohne auf ihr Winken zu achten, herein, und fand den Topf voll trocknen Grases und grüner Blätter, in welches einige kleine Yamwurzeln gewickelt waren. Diese Wurzeln werden also in dem Topfe gleichsam gebakken, so wie es bey den *Tahitiern, unterhalb* der Erde, vermittelst geheizter Steine, geschiehet. Sie wollten mir kaum Zeit lassen, dies zu untersuchen, sondern winkten ohne Aufhören, daß ich fortgehen möchte, und zogen, nachdem sie auf ihre Hütten gezeigt, die Finger einige Mahl unterm Halse hin und zurück, um, wie es schien, mir zu verstehn zu geben, daß sie ohnfehlbar erstickt oder erdrosselt würden, wenn

11 *Capt. Cook's Voyage towards the South Pole etc. Vol. II. p. 126.*

12 Doch muß ich bey dieser Gelegenheit anmerken, daß auch Herr *Banks* verschiedne Sorten der Paßionsblume auf dem großen noch fast gänzlich unbekannten Welttheile, den wir *Neu-Holland* nennen, angetroffen hat.

Passionsblume, *F: Passiflora aurantia*
Passiflora aurantia (Neukaledonien, 8. September 1774)

man sie mit einem Fremden allein bemerkte. Diese Zeichen dünckten mich zu bestimmt und zu ernsthaft, um nicht darauf zu achten; ich begnügte mich also, einen Blick in die Hütten zu thun, die aber ganz ledig waren, und gieng darauf ins Gehölz zurück, woselbst mir Doctor *Sparrmann* entgegen kam. Er war der Meynung, daß ich mich, in der Bedeutung dieser Zeichen, wohl geirrt haben könnte, und daß es der Mühe werth sey, sie nochmals zu untersuchen; wir kehrten deshalb beyde um, und fanden die Weiber noch an demselben Orte. Ein kleines Geschenk von etlichen Glaskorallen machte ihnen zwar große Freude, doch konnte es ihre Besorgniß nicht aufheben, sondern sie wiederholten immer noch die vorigen Zeichen. Überdem schien es, als ob sie uns jetzt mit einer recht flehentlichen Miene bäten, ihre Verlegenheit nicht aufs äußerste zu treiben. Wir entfernten uns daher, und ich durfte an der Richtigkeit meiner vorigen Auslegung wohl nicht mehr zweifeln. Mittlerweile hatte uns der Rest unsrer Gesellschaft eingeholt, und klagte über großen Durst. Es war nicht rathsam, ihnen von dem Vorfall mit den Frauensleuten etwas zu erzählen, weil ihre Neugier sie leicht zu einem neuen Versuch reizen, dieser aber für die armen Weiber sehr unglücklich hätte ausfallen können. Wir führten sie also aus dieser Gegend weg und zu dem Manne hin, der noch immer mit dem Haarverschneiden seiner Tochter beschäftigt war. Man gab ihm zu verstehen, daß uns allen nach einem Trunk verlange, und dies begrif er nicht nur bald, sondern zeigte auch gleich nach einem Baume hin, mit dem Andeuten, daß wir dort etwas finden würden. Er hatte nehmlich zwölf große Cocosnußschaalen mit Wasser angefüllt, und solche an die unteren Äste aufgehangen. Diese Methode, das Wasser in kleinen Vorräthen aufzubewahren, scheint, im Ganzen, Mangel an selbigem zu verrathen. Demohnerachtet trugen wir kein Bedenken, unsern Durst zur Genüge zu stillen, und belohnten ihn dafür durch ein Stück tahitisches Zeug, womit er auch vollkommen zufrieden war. Nunmehro kehrten wir, in zwo Partheyen, die eine zu Lande, die andre im Boote, nach dem Wasserplatz zurück. Ich gesellte mich zu der ersteren und schoß unterwegens verschiedne neue Arten von Vögeln, deren das Land eine Menge aufzuweisen hat. Nächst diesen fanden wir auch die gewöhnliche europäische Krähe allhier. Am Wasserplatze hatte sich eine Menge Indianer versammelt, wovon einige, für ein Stückchen tahitisches Zeug, unsre Leute aus und nach dem Boot zurück, eine gute Strecke weit durchs Wasser trugen. Es waren auch einige Weiber dabey, die, ohne Furcht für ihren eifersüchtigen Männern, sich mitten unter uns wagten, und an den Galanterien der Matrosen Gefallen zu finden schienen. Sie winkten ihnen gemeiniglich zu sich ins Gebüsch; wann aber der glückliche Liebhaber ihnen dahin folgte, so liefen jene, mit unerreichbarer Behendigkeit, davon und lachten den betrogenen Adonis tapfer aus. Es hat sich auch wirklich, so lange wir auf der Insel blieben, nicht eine einzige Frauensperson, in die geringste unanständige Vertraulichkeit mit den Europäern eingelassen, sondern ihr anscheinend verliebtes Wesen lief allemal nur auf einen erlaubten und muntern Scherz hinaus.

Wir waren noch nicht lange an Bord zurück, als der Schreiber des Capitains einen Fisch schickte, den ein Indianer so eben mit dem Speer geschossen und für ein Stück tahitisches Zeug verkauft hatte. Da es eine neue Art war, so machte ich mich unverzüglich darüber her, ihn zu beschreiben und zu zeichnen. Er gehörte zu dem Geschlecht, welches *Linnäus Tetraodon* nennet, und wovon verschiedne Arten für giftig gehalten werden. Wir liessen uns dieses gegen den Capitain verlauten, zumal, da man sich zu seiner häßlichen Gestalt und besonders zu dem dicken Kopf nicht viel Gutes versehen konnte; der Capitain behauptete aber, er habe eben diese Art, auf seiner vorigen Reise, an der Küste von Neu-Holland angetroffen, und ohne allen Schaden gegessen. Wir freuten uns also schon im voraus, morgen eine frische Mahlzeit davon zu bekommen, und setzten uns am Abend ganz getrost zu Tische, um vorläufig die Leber zu verzehren. Sie war groß genug, aber von so öhlichtem Geschmack, daß der Capitain, mein Vater und ich nur ein Paar Bissen davon assen; Doctor *Sparrmann* hingegen wollte sie gar nicht einmal kosten. Gleich nach der Mahlzeit begaben wir uns zu Bette, und zwar deshalb so frühzeitig, um gleich mit Tagesanbruch wieder ans Land zu gehn. Allein, schon gegen drey Uhr des Morgens, weckte meinen Vater eine sehr unbehagliche Empfindung aus dem Schlafe; Hände und Füße waren ihm gleichsam erstarrt, und, als er aufzustehen versuchte, konnte er, des heftigen Schwindels wegen, sich kaum auf den Füßen halten.

Er kroch indeß, so gut er konnte, fort, um Doctor *Sparrmann* seine Üblichkeit zu klagen, der im Steuerraume schlief. Capitain *Cooks* Schlafstelle war von jener, nur vermittelst einer dünnen Scheidewand, abgesondert. Auch dieser wachte, und da er gleiche Zufälle fühlte, als mein Vater, so machte er sich ebenfalls zum Bette heraus, konnte aber, ohne sich anzuhalten, auf keinem Fuße stehen. Mir gieng es nicht um ein Haar besser; doch hielt der betäubende Schwindel mich, ohne Bewußtseyn meiner Empfindung, noch fest im Schlafe. Mein Vater besorgte dieses; er kam also an mein Bett, ermunterte mich mit Gewalt, und nun fühlte ich erst, wie übel mir zu Muthe war. Wir schleppten uns allerseits in die große Cajütte, und ließen unsern Wundarzt, Herrn *Patton,* holen. Er fand uns wirklich in mißlichen Umständen; todt blaß, äußerst matt, heftige Beklemmung auf der Brust, und alle Glieder betäubt, gleichsam ganz ohne Empfindung. Brechmittel waren das erste, was angewandt wurde. Bey mir und meinem Vater thaten sie ziemlich gute, bey Capitain *Cook* hingegen nur sehr wenige Wirkung. Darauf mußten wir schweistreibende Arzney nehmen und wieder zu Bette gehn.

Um 8 Uhr standen wir auf, aber noch immer schwindlicht und schwer im Kopfe. Ich für meine Person, befand mich jedoch so weit hergestellt, daß ich den ganzen Vormittag aufbleiben, und 6 bis 8 Pflanzen, nebst einigen Vögeln, zeichnen konnte, welche wir auf den letzten Spatziergängen zusammen gebracht hatten. Doctor *Sparrmann* fuhr mittlerweile ans Land, um mehr dergleichen einzusammlen. Am Mittage versuchte mein Vater aus der Cajütte in die freye Luft zu gehen, und mit einigen Indianern sich zu unterreden, die ans Schiff gekommen waren. Sobald sie des Fisches ansichtig wurden, der unter dem Verdecke hieng, gaben sie durch Zeichen zu verstehn, daß er Schmerzen im Magen hervorbringe; auch legten sie den Kopf mit geschloßnen Augen in die Hand, um anzudeuten, daß er Schlaf, Betäubung, und endlich gar den Tod verursache. So sehr diese Aussage mit unserer Erfahrung übereinstimmte; so ließ sich doch allenfalls noch annehmen, daß sie die Sache nur in *der* Absicht vergrößerten, um uns den Fisch abzuschwatzen. Wir boten ihnen solchen an; sie weigerten sich aber mit dem äußersten Abscheu, ihn zu nehmen, hielten die Hände vor sich, und wandten den Kopf abwärts, ja sie baten uns sogar, ihn geradenweges in die See zu werfen. Statt dessen hielten wirs aber für rathsamer, ihn in Weingeist aufzubewahren.

Gegen Mittag mußte ich's empfindlich büßen, meine Krankheit nicht geachtet, und den ganzen Morgen gearbeitet zu haben; denn ich ward auf einmal mit einer solchen Üblichkeit und Betäubung im Kopfe befallen, daß ich eilends wieder zu Bette mußte. Schweistreibende Mittel verschafften mir noch die mehreste Erleichterung; doch war das Gift zu bösartig, als daß es sogleich hätte überwältigt werden können. Nicht die Schmerzen, welche wir ausstehen mußten, nicht die Besorgniß, was für Folgen dieses Gift auf unsre Gesundheit haben würde, sondern *das* that uns vorzüglich wehe, daß wir nun außer Stand waren, dieses neue Land weiter zu untersuchen, und die Naturgeschichte desselben näher zu studiren, von deren Wichtigkeit wir bereits einen so vielversprechenden Vorschmack hatten!

Am folgenden Morgen ward Lieutenant *Pickersgill,* mit zwey Booten nach einer westlich gelegenen Insel, *Balabia* genannt, die ohngefähr acht Seemeilen entfernt war, abgeschickt, um die Lage und Richtung der Küste zu untersuchen. Man kann sich nicht vorstellen, mit welcher trüben Sehnsucht wir diesen Booten, vom Schiff aus, nachsahen! Es war uns schlechterdings nicht möglich, länger als fünf Minuten hintereinander auf den Füßen zu stehen oder zu gehen; sonst hätte uns gewiß nichts hindern sollen, dieser Expedition beyzuwohnen. Das Gift, welches *uns* übel bekommen war, äußerte seine Würksamkeit nun auch an einigen Hunden, die wir von den Societäts-Inseln mitgebracht. Diese waren über den Rest der Leber hergefallen, wurden aber sehr krank davon, und litten an eben solchen Symptomen, als jene, welche ehemals auf gleiche Art zu *Mallicollo* vergiftet wurden. Das einzige Ferken, welches wir von *Tanna* aus mitgenommen, schwoll entsetzlich an, und mußte endlich, unter den heftigsten Zuckungen, das Leben einbüßen, blos weil es die Eingeweide des Fisches verschluckt hatte. –

Die Einwohner, welche an Bord kamen, lernten den Werth unseres Eisenwerks immer mehr einsehen, und nahmen gerne Nägel, Messer und Beile an. *Tea-Buma,* der Befehlshaber, sandte Capitain *Cook* ein Geschenk von etwas Zuckerrohr und Yam-Wurzeln, wel-

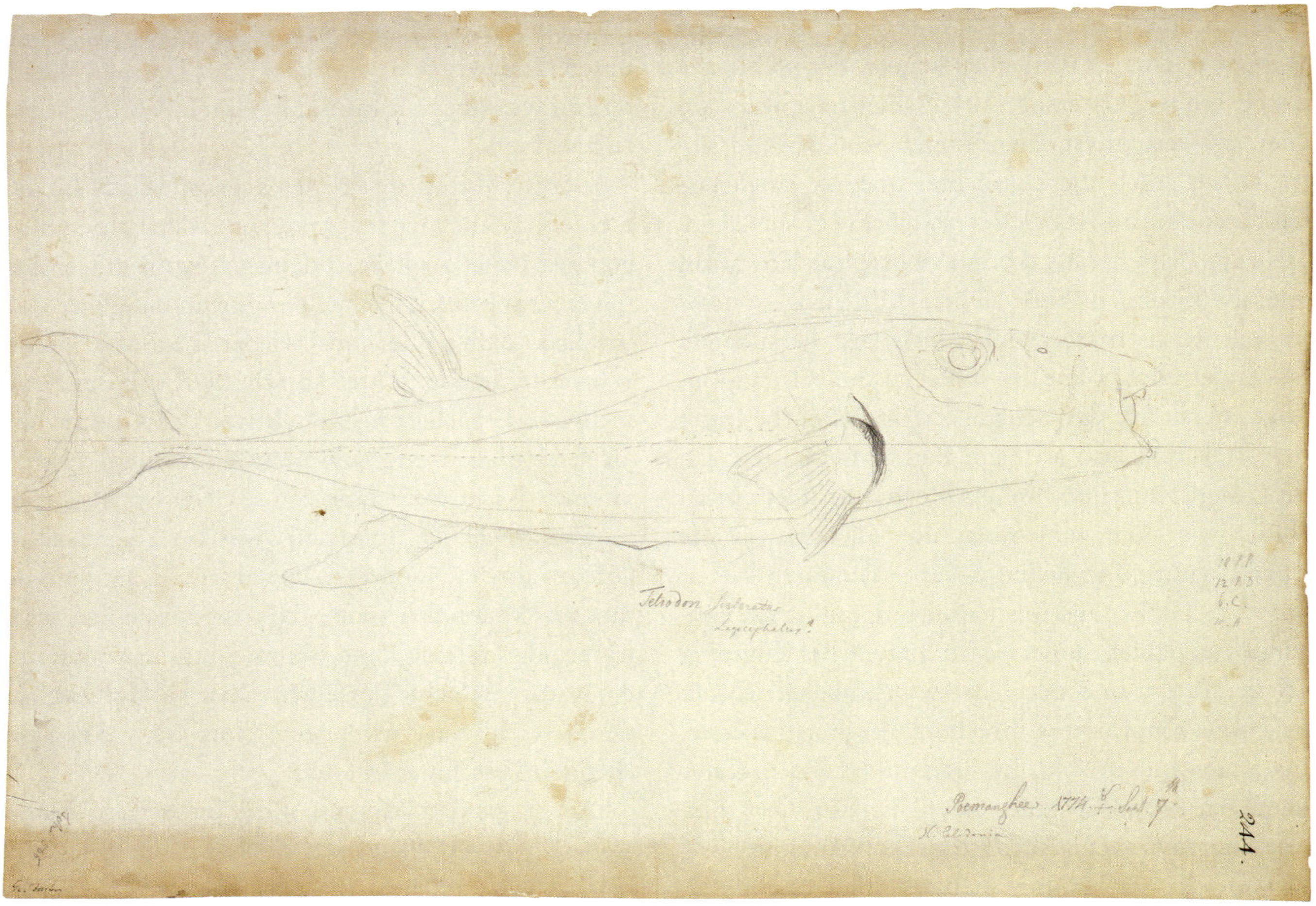

Kugelfisch, ***F: Tetrodon scleratus***
Lagocephalus sceleratus (Neukaledonien, 1774)

ches, bey der Armseligkeit des Landes, für ein wirklich königliches Präsent gelten konnte. Er bekam dafür ein Gegengeschenk von einem Beile, einem Bohrer, und einem Paar tahitischer Hunde, die hier etwas ganz unbekanntes und neues waren. Wir versuchten es bey dieser Gelegenheit, auf alle Art und Weise den Namen der größern Insel zu erfahren; aber umsonst. Man gab uns immer nur die Namen besondrer Districte an, z. E. den Theil des Landes, der gerade gegen dem Schiffe über war, nannten sie *Baladd;* die Insel, wo die Sternwarte stand, hieß *Pusue;* der District jenseits der Berge an der Süd-West-Küste, hieß *Tea-Buma* u. s. w. Daß der *Eriki,* oder oberste Befehlshaber, eben diesen Namen führte, gab uns zu mancherley Vermuthungen Anlaß; was es aber eigentlich für eine Bewandniß damit haben müsse? konnten wir, in Ermanglung gehöriger Sprachkenntniß, nicht erfahren. Wir ließen es daher bey dem allgemeinen Namen *Neu-Caledonia* bewenden, zumal da selbiger, sowohl wegen des gutherzigen Charakters der Einwohner, als auch wegen der Beschaffenheit des Bodens, vollkommen auf dieses Land paßt.

Ohnerachtet wir noch sehr schwach waren, wagten wir uns doch am folgenden Morgen wiederum ans Land. Wir stiegen ostwärts vom Wasserplatze aus, und durchwanderten einen Theil der Ebene, allwo nirgends eine angebaute Stelle, sondern überall nur dünnes und vertrocknetes Gras zu sehen war. Ein Fußpfad leitete uns hart an die Berge, zu einem schönen Gehölze, und in diesem gab es einen Überfluß neuer Pflanzen, Vögel und Insecten; sonst aber sah das umliegende Land einer völligen Einöde gleich. Auf den vor und zu beyden Seiten gelegenen Bergen suchte das Auge, eben so vergeblich, als auf der ganzen Ebene, durch welche wir hieher gekommen waren, auch nur die Spur von einer Hütte! Überhaupt muß die Zahl der Einwohner von *Neu-Caledonien,* im Ganzen, nur sehr gering seyn; denn auf den Bergen *kann* das Land nicht gebauet werden, und die Ebene ist theils nur schmal, theils an den mehresten Orten unfruchtbar und wüst. – Wir giengen indessen immer weiter gen Osten, und gelangten endlich an etliche Häuser, die zwischen Sümpfen lagen. Einige Bewohner derselben kamen mit großer Gutherzigkeit herbey, um uns die Stellen zu zeigen, über welche wir, ohne Gefahr zu versinken, sicher weggehen konnten. Ihre Häuser waren nicht nur mit Matten von Cocos-Blättern gedeckt; sondern auch innerhalb zum Theil mit Rinden des Cayeputi-Baums bekleidet. Vor einigen Hütten saßen die Indianer, bey einer kärglichen Mahlzeit, von gar gemachten Blättern, indeß andere den Saft aus der überm Feuer gerösteten Rinde des *Hibiscus tiliaceus* saugten. Wir kosteten dies Gericht, fanden es aber unschmackhaft und widrig, auch kann es nicht sonderlich nahrhaft seyn. Die guten Leute scheinen sich in gewissen Jahrszeiten aus Noth sehr elend behelfen zu müssen, und in keiner mag es kümmerlicher zugehen, als im Frühlinge, wenn die Winter Vorräthe aufgezehrt, die neuen Früchte hingegen noch nicht zur Reife gekommen sind. Fische werden alsdenn wohl ihre einzige Zuflucht seyn, und an diesen kann es ihnen, bey den weitläuftigen Riefs, welche die Insel ringsumher einschließen, nicht leicht fehlen; nur jetzt mußten sie Verzicht darauf thun, weil, seit unserm Hierseyn, das Wetter zum Fischfang zu stürmisch war. *Maheine* hatte uns ehedem mehrmalen versichert, daß, selbst die Einwohner der *Societäts-Inseln,* die doch ungleich besser, als die *Neu-Caledonier,* versorgt sind, den Unannehmlichkeiten eines trocknen oder unfruchtbaren Jahres nicht immer entgehen können, und in solchem Fall, einige Monate hindurch, blos mit Farren-Kraut-Wurzeln, Baum-Rinden und wilden Früchten vorlieb nehmen müssen.

Bey vorgedachten Hütten, gab es eine beträchtliche Anzahl zahmer Hühner von großer Art und schönem Gefieder; dies waren aber auch die einzigen Hausthiere, welche wir bey den Eingebohrnen bemerkten. Ebendaselbst lagen große Haufen von Muschel-Schaalen, welche sie auf den Rieffen eingesammlet und die Fische hier in der Nachbarschaft verzehrt haben mußten. Im Ganzen genommen, waren die Leute von träger, gleichgiltiger Gemüthsart, fast ohne alle Neugierde. Oft standen sie nicht einmal von ihren Sitzen auf, wenn wir bey ihren Hütten vorbey giengen, eben so wenig sprachen sie auch, und, wenn es je geschah, stets in einem ernsthaften Tone. Nur allein die Frauenspersonen waren etwas aufgeräumter, ohnerachtet sie, bey der hohen Abhängigkeit von ihren Männern, gerade am wenigsten Ursach dazu zu haben schienen. Die Verheyratheten mußten, unter andern, ihre Kinder, in einer Art von Beutel, auf dem Rücken, überall mit sich umher tragen, und schon dies allein sah eben nicht sehr erheiternd aus! Nach Tische setzten wir unsre Untersuchungen fort, blieben aber vorn auf der Ebene, weil in dem Gebüsch ohnweit des Ufers mehr Vögel vorhanden waren, als tiefer im Lande, wo sie weniger Schatten und weniger Nahrung finden mochten. Auf diesem Spaziergange geriethen wir an einen andern, dicht am Wasser gelegenen, Haufen von Wohnhütten. Die Indianer hatten daselbst einen ihrer großen irdnen Töpfe vor sich auf dem Feuer, der mit Muscheln angefüllt war, welche auf diese Weise gar gemacht wurden. Einer von ihnen hielt ein Beil von besonderer Gestalt und Arbeit in Händen. Es bestand aus einem krummen Ast oder Stück Holz welches einen stumpfen Haken, und einen kurzen, ohngefähr sechs Zoll langen, Griff hatte. Der Haken war am Ende gespalten, und in die Öfnung ein schwarzer Stein mit einem aus Baumrinde geflochtenen Bande befestigt, wie die Kupfertafel VIII, S. 612 ausweiset. Die Leute gaben uns zu verstehen, daß dergleichen Beile zu Bearbeitung des Ackers gebraucht würden. Als das erste Instrument dieser Art, welches wir zu sehen bekamen, war es uns sehr merkwürdig; wir kauften es deshalb, handelten auch Keulen, Wurf-Riemen und Wurf-Spieße ein. Wie diese letztern hier zu Lande gebraucht würden? zeigten uns einige junge Leute bey dieser Gelegenheit durch mehrere Proben, und wir mußten ihre Geschicklichkeit in dergleichen Übungen allerseits bewundern. Bald darauf kamen wir an eine Verzäunung von Stöcken, welche einen kleinen Hügel oder Erdhaufen einschloß, der ohngefähr 4 Fuß hoch seyn mochte. Innerhalb der Verzäunung waren noch andere Stöcke, einzeln, in die Erde geschlagen und auf diesen große Muschel-Hörner *(buccina Tritonis)* aufgesteckt. Bey genauerem Nachfragen brachten wir heraus, daß dies die Grabstätte der Befehlshaber dieses Distrikts sey, und auf den Bergen fanden wir noch mehrere Grabstellen. Es scheint also hier durchgehends eingeführt zu seyn, daß man die Todten zur Erde bestattet, und das ist wahrlich auch gescheuter, als daß man sie, wie zu

Tahiti geschiehet, über der Erde liegen läßt, bis das Fleisch ganz weggefault ist. Sollte auf jener glücklichen Insel einmal ein starkes Sterben einreissen; so würde diese Gewohnheit sehr üble Folgen haben und schreckliche Epidemien nach sich ziehen.

Die Schärfe des Gifts hatte unser Blut gar sehr in Unordnung gebracht, und unter andern eine Mattigkeit im Körper zurückgelassen, die heute Abend so groß war, daß wir alle Augenblicke niedersitzen mußten, um uns zu erholen. Auch der Schwindel kam von Zeit zu Zeit wieder, und denn waren wir schlechterdings nicht vermögend, die geringste Untersuchung anzustellen, weil uns dergleichen Anfälle nicht nur alle Denkungs- und Erinnerungskraft raubten, sondern uns nicht einmal den Gebrauch der äussern Sinne übrig ließen. Ich kann dieses unglücklichen Vorfalls nicht erwähnen, ohne nochmals zu beklagen, daß es uns in einem neu entdeckten Lande begegnete, wo wir gerade der vollkommensten Gesundheit und der größten Aufmerksamkeit bedurft hätten, um die wenigen Augenblicke recht zu nutzen, die wir unter einer Nation zubrachten, welche von allen andern, die wir bisher zu sehen Gelegenheit gehabt, so gänzlich verschieden war! – Noch ehe es dunkel ward, kamen wir ans Schiff zurück, und bald darauf kehrten auch die Indianer, welche zum Besuch an Bord gekommen waren, wieder nach dem Lande hin. Die wenigsten hatten Canots; es war den ganzen Tag über so windig gewesen, daß die mehresten lieber schwimmend ans Schiff kamen, und auf eben diese Weise verließen sie es nun auch. Vierzig bis funfzig stürzten sich zugleich in die See und schwommen, so hoch die Wellen auch giengen, in kleinen Haufen, nach dem Ufer zu. Am folgenden Morgen stürmte es aber dermaaßen, daß sich auch nicht ein einziger Indianer, weder mit, noch ohne Boot, ans Schiff wagen wollte.

Wir hingegen ließen uns durch den Sturm nicht abhalten, wieder ans Land zu gehen, kamen aber von den Wellen ziemlich durchnäßt, daselbst an, und machten einen Spatziergang gegen Westen hin. Unsre Mühe ward durch allerhand neue Gattungen von Vögeln belohnt, die zu den bisherigen Sammlungen dieser Art einen angenehmen Zuwachs ausmachten. Die Nachbarschaft des großen unbekannten *Neu-Hollands* trägt ohne Zweifel viel dazu bey, daß auf dieser Insel ein solcher Reichthum von Thieren und Pflanzen vorhanden ist; auch bezeugten Capitain *Cook* sowohl, als alle andere, die bey der vorigen Reise, in der *Endeavour, Neu-Holland* besucht hatten, einstimmig, daß gedachtes Land mit *Neu-Caledonien* im Ganzen und im Äussern ungemein viel Ähnlichkeit habe. Nur darinn soll jenes von diesem verschieden seyn, daß es an mehreren Orten einen fruchtbaren Boden hat, dessen obere Erdschicht fett und schwarz ist. Sonst aber zeigte sich, im Wuchs der Bäume, in dem trocknen gleichsam verbrannten Ansehen des Landes, nicht die geringste Verschiedenheit zwischen beyden, auch fehlt es, einem wie dem andern, an Unterholz, oder niedrigem Gesträuch. Wir hielten uns bey verschiednen Hütten der Indianer auf, die im Schatten einiger Bäume gelegen waren. Die Bewohner derselben hatten sich platt auf den Boden niedergesetzt und waren ganz müßig; demohnerachtet stand unserntwegen keiner von ihnen auf, ausgenommen die jungen Leute, die wohl überall am neugierigsten und muntersten zu seyn pflegen. Unter andern trafen wir heut auch einen Mann an, der ganz blonde Haare, eine ausnehmend weiße Haut, und das ganze Angesicht voller Flecken und Blasen hatte. Es ist bekannt, daß man dergleichen einzelne Menschen, die an Farbe der Haut und der Haare vom allgemeinen National-Charakter abweichen, unter den Afrikanischen Negern, unter den Amerikanern, den Bewohnern der Moluckischen und unter den Indianern der Südsee-Inseln angetroffen hat. Da man nun an dergleichen Leuten mehrentheils eine große Schwäche der Leibesbeschaffenheit und vornehmlich eine besondere Blödigkeit der Augen bemerkte; so sind mehrere Reisende der Meynung gewesen, daß eine solche auffallende Abweichung in der Farbe der Haut und der Haare erblich seyn, das ist, von einer Krankheit der Eltern herrühren müsse[13]. Allein, bey dem Manne, den wir *hier* antrafen, war nicht das geringste Zeichen einer körperlichen Schwäche und eben so wenig etwas mangelhaftes an den Gesichtswerkzeugen zu bemerken. Es müssen also seine Haut und Haare, wohl von einer andern und gelindern Ursach, entfärbt worden seyn. Um der Seltenheit willen schnitten wir, ihm sowohl als einem andern gemeinen In-

13 *Pauw's Recherches philosophiques sur les Americains, Vol. II. Sect. I.*

Gelbstirn-Brillenvogel, ***F: Muscicapa heteroclita***
Zosterops flavifrons (1774)

dianer, eine Haarlocke ab, die wir auch beyde mit uns zurückgebracht haben. Sie schienen diese Operation gar nicht gut zu heißen; da wir aber geschwinder dabey zu Werke gegangen, als sie es gewahr werden, geschweige denn verhindern können; so ließen sie sich durch einige Geschenke bald wieder zufrieden stellen. Ihre Unthätigkeit und Gutartigkeit scheint überhaupt, zumahl da, wo es nur Kleinigkeiten betrift, keinen anhaltenden Unwillen zuzulassen.

Von diesen Hütten an gieng ein jeder von uns allein spatzieren. Doktor *Sparrmann* und mein Vater waren die Berge hinaufgestiegen; ich aber blieb in der morastigen Ebene, und unterhielt mich mit den Indianern so gut es gehen wollte. Sie gaben mir die Namen verschiedner Distrikte ihres Landes an, die wir zum Theil noch nicht wußten, wovon wir aber auch keinen weitern Gebrauch machen konnten, weil uns die eigentliche Lage derselben nicht bekannt war. Ich bemerkte viele Leute, denen entweder ein Arm oder ein Bein ungeheuer dick war. Einen sahe ich, dem gar *beyde* Beine auf gleiche Weise geschwollen waren. Ich untersuchte diese Geschwulst und fand sie überaus hart; doch war bey solchen Kranken die Haut am leidenden Theil nicht immer gleich spröde, auch nicht gleich schuppigt. Übrigens schien ihnen diese unförmliche Dicke der Arme oder Beine weder lästig noch hinderlich zu seyn, und habe ich sie recht verstanden, so empfinden sie auch selten Schmerzen daran. Nur bey einigen wenigen hatte die Krankheit ein Abschälen der Haut, ingleichem Flecken hervorgebracht, die eine größere Schärfe der Säfte und einen höhern Grad von Bösartigkeit vermuthen ließen. Der Aussatz, von welchem, nach der Meynung der Ärzte, diese Elephantiasis, oder diese ungeheure

Geschwulst, eine Gattung ist, scheint heißen und dürren Ländern vorzüglich eigen zu seyn. Auf der Malabarischen Küste, in Egypten, Palästina und Afrika ist er am häufigsten, und eben diese Länder sind voller dürren, heißen Sandwüsten. Ich will damit nicht behaupten, daß der Aussatz eine nothwendige Folge trokner Himmelsstriche sey; doch aber glaub ich, daß Hitze und Dürre jene Krankheit befördern und den Körper dazu disponiren mögen.

Ich bemerkte jetzt immer mehr, und namentlich heut, sehr deutlich, daß die Weiber hier zu Lande von den Männern fast noch weniger geachtet werden, als in *Tanna*. Sie blieben gemeiniglich in gewisser Entfernung von denselben, und schienen stets besorgt, ihnen schon durch Blicke oder Mienen mißfällig zu werden. Auf *Ihnen* ruhte die Arbeit für die ganze Familie. *Sie* allein waren es, die Brennholz und andre Bedürfniße mühsam auf dem Rücken herbey schleppen mußten, indeß ihre fühllosern Gatten sie kaum eines Seitenblickes würdigten, und auch dann, unverrückt, in starrer Unthätigkeit blieben, wenn sich die armen Weiber zuweilen der gesellschaftlichen Fröhlichkeit überließen, die einen Grundzug ihres Geschlechts ausmacht. So sind denn also die Menschen, in allen Ländern, zu herrschsüchtiger Tyranney geneigt, und selbst der ärmste Indianer, der noch keine andre, als die natürlichen Bedürfniße kennet, weiß schon, wie er seine schwächere Gehülfin zur Sclavin machen soll, blos damit er sich die Mühe erspahren möge, jenen Bedürfnißen durch eigne Anstrengung abzuhelfen! Ist diese tiefe Unterwürfigkeit der Weiber noch immer die Wirkung des Fluches, der ehmals Even traf, so dauert er, Gottlob, doch nur allein unter den wildesten Nationen fort! Es ist warlich zu bewundern, daß, der erniedrigenden Unterdrückung des schwächern Theils der Schöpfung ohnerachtet, das menschliche Geschlecht sich dennoch erhalten hat! Wie würde es aber damit aussehen, hätte die tiefe Weisheit des Schöpfers nicht eine Fülle von Geduld und Sanftmuth ins weibliche Herz gelegt, die alle Beleidigungen aushält, die sie alles tragen lehrt, und sie abhält, sich der Gewalt ihrer unbilligen Tyrannen zu entziehn! –

Den Nachmittag brachten wir wiederum am Lande zu, und hatten das Glück, eine schöne Pagagoyen Art zu bekommen, welche ganz neu und noch unbekannt ist. Wir schossen diesen Vogel in einer Plantage, die alles übertraf, was ich bisher in *Neu-Caledonien* gesehen hatte. Sie war von beträchtlichem Umfange und enthielt eine große Mannigfaltigkeit von Pflanzen, die durchgehends im besten, blühendsten Zustande waren. Förmliche Alleen von Pisangs wechselten mit Yam- und Arumfeldern, mit angepflanztem Zuckerrohr, und einer Art von *Yambos*-Bäumen *(Eugenia)* ab, welche letztere wir hier gar nicht suchten. Manche Felder waren durch Fußsteige bequem abgetheilt, und überhaupt alles in der schönsten Ordnung. Es giebt folglich, auch unter diesem trägen Volke, einzelne, fleißige, arbeitsame Leute. Das sollten sich diejenigen Seefahrer gesagt seyn lassen, die in Zukunft Gelegenheit und Willen haben werden, den Wilden wahres Gutes zu thun, und ihnen zahmes Hausvieh zuzuführen. Es wäre nehmlich zu wünschen, daß sie dergleichen Wohlthaten immer nur solchen Leuten zuwendeten, die, so wie der uns unbekannte Eigenthümer dieser Plantage, vorzüglich gute Wirthe sind, und folglich auch vorzüglich guten Gebrauch davon machen würden. Um den Indianern ein Vergnügen zu verschaffen, schossen wir nach dem Ziel, wozu sie ihre Keulen in die Erde steckten. Sie hielten uns für große Künstler, ob wir gleich warlich keine sonderliche Schützen waren. Bey unsrer Zurückkunft an Bord, trafen, gegen Abend, auch die beyden Boote wieder ein, mit welchen Lieutenant *Pickersgill* nach Westen abgeschickt, und nur durch widrigen Wind gehindert worden war, eher zurück zu kommen. Wir hatten das Vergnügen von diesem einsichtsvollen Officier nachstehendes in Erfahrung zu bringen:

Bey der Abreise sahe er, ohngefähr etliche Seemeilen weit vom Schiffe, einige Schildkröten auf dem Wasser liegen, konnte aber, der allzu hoch laufenden See halber, nicht eine einzige habhaft werden. Am Nordwestlichen Ende des Landes, näherte er sich dem Ufer und stieg aus. Der Boden war daselbst, mit dem, unserm Ankerplatze gegenüber gelegenen, ziemlich einerley, jedoch fruchtbarer, angebaueter, und mit vielen Cocosbäumen besetzt. Die Indianer betrugen sich hier eben so freundlich und friedfertig, als wir sie von Anfang an gefunden hatten. Zween derselben, welche schon am Schiffe gewesen waren, und hörten, daß unsre Leute nach der weiter gegen Norden liegenden Insel *Balabia* überstechen wollten, giengen mit dahin. Einer von ihnen, Namens *Bubik*, war ein lustiger Kerl, und in diesem Betracht von seinen Landsleuten sehr unterschieden. Anfänglich plauderte er viel mit unsern Matrosen, und theilte ihnen seinen Namen mit, den sie, nach ihrer gewöhnlichen Laune, in *Bubi (booby)* oder Tölpel verwandelten. Der gute Narr war hocherfreut sich also nennen zu hören, und eben das machte für die Matrosen den Hauptspaß bey der Sache aus. Als aber nach einer Weile die See unruhiger wurde, so daß die Wellen ins Boot schlugen, ward er mause-still, und kroch in einen Regenmantel, um trocken zu bleiben, und sich vor dem Winde zu schützen, der ihm auf der blossen Haut gar sehr empfindlich zu werden anfing. Endlich kam ihn auch der Hunger an, und, in Ermanglung eignen Proviants, nahm er mit großer Dankbarkeit alles an, was ihm unsre Leute zukommen liessen. Alle diese Freude hätte sich jedoch bald in allgemeines Leid verkehrt. Das Boot ward nemlich leck, und ließ so viel Wasser ein, daß, des eifrigsten Ausschöpfens mit Händen, Hüten und andern Instrumenten ohnerachtet, je länger je mehr Wasser eindrang. Die Leute sahen sich schon genöthiget, ein Faß mit frischem Trinkwasser und viele andre Dinge über Bord zu werfen; aber das wollte alles nicht helfen, bis endlich, bey Wegräumung einiger Pakete, der Lek glücklicherweise entdeckt, mit Mützen und Lumpen, so gut es sich thun ließ, verstopft, und die Fahrt nach *Balabia* ohne weitern Anstoß fortgesetzt ward. Herr *Pickersgill,* der sich in dem kleineren Boot befand, traf unterwegens ein Canot mit Indianern von dieser Insel an. Sie kamen eben vom Fischfang zurück, und überliessen unsern Leuten einen großen Vorrath ihrer Ausbeute, gegen etwas weniges an Eisenwerk. Mittlerweile war es ziemlich spät geworden, als sie auf der Insel anlandeten. Die Bewohner derselben sind von eben der Art, als die auf *Neu-Caledonia;* sie waren auch eben so gutherzig als diese, und gaben nicht nur, für etwas Eisen oder tahitisches Zeug, ihre Waffen und Geräthe, ohne Umstände, weg, sondern verschaften Herrn *Pickersgill* auch frisches Wasser. Am Abend lagerten sich unsre Leute neben einigen Büschen, und zündeten ein großes Feuer an, bey welchem sie ihre Fische brateten und verzehrten. Die Indianer leisteten ihnen, seit dem ersten Augenblick der Landung, und noch jetzt während der Mahlzeit, in großer Menge, Gesellschaft. Sie waren zum Theil gesprächiger, als die Leute von *Neu-Caledonien,* und erzählten unter andern von einem großen Lande gegen Norden, welches sie *Mingha* nannten, dessen Einwohner sehr kriegerisch und ihre Feinde wären. Auch zeigten sie auf einen Hügel, mit dem Andeuten, daß unter selbigem einer ihrer Befehlshaber begraben läge, der in einem Gefecht gegen die Leute von *Mingha* geblieben seyn soll. Ein großer Rinderknochen, den unsre Leute zu Ende des Abendessens, aus ihrem mitgebrachten Proviant hervorlangten, um den Rest des daran befindlichen Pökelfleisches abzunagen, unterbrach diese freundschaftliche Unterredung auf einmal. Die Indianer begannen bey Erblickung desselben sehr laut und ernstlich unter einander zu reden, und unsre Leute mit Erstaunen und Merkmahlen von Abscheu anzusehn; endlich giengen sie gar weg, und gaben durch Zeichen zu erkennen, daß ihre fremden Gäste ohnfehlbar Menschenfresser seyn müßten. Der Officier suchte diesen häslichen Argwohn von sich und seinen Cameraden abzulehnen; allein, aus Mangel der Sprachfertigkeit wollte es ihm nicht gelingen. Wer weiß auch, ob es überall möglich gewesen wäre, Leuten, die nie ein vierfüßiges Thier mit Augen gesehen hatten, durch bloße Versicherungen ihren Wahn zu benehmen? Am folgenden Morgen machten sich die Matrosen an die Ausbesserung des Boots, und liessen ihre nassen Kleider in der Sonne troknen. Die Indianer versammleten sich aus allen Gegenden der Insel in solcher Anzahl um sie her, daß Herr *Pickersgill,* zu Sicherung der Kleider, für nöthig fand, Linien in den Sand zu ziehen, die keiner von den Wilden überschreiten sollte. Sie begriffen, was diese Verfügung sagen wollte, und liessen sich solche ohne Widerrede oder Widerspenstigkeit gefallen. Unter dem ganzen Haufen war nur Einer, der über diese Anstalt mehr Verwunderung, als die übrigen, bezeugte, und eben dieser fieng, nach einer Weile, sehr launigt, an, mit einem Stock einen Kreis um sich herzuziehn, und unter allerhand possierlichen Grimassen den Anwesenden zu verstehen zu geben, daß sie auch ihm vom Leibe bleiben sollten. Bey der sonst gewöhnlichen Ernsthaftigkeit der Einwohner, war dieser humoröse Einfall sonderbar und merkwürdig genug! Nachdem unsre Leute den ganzen Tag mit Ausbeßrung des Boots, und mit Untersuchung der Insel zugebracht hatten; gieng die Rückreise am folgenden Morgen bey Tagesanbruch vor sich. Unglücklicherweise war die Stopfung des

Lecks so schlecht ausgefallen, daß sie, um das Boot zu erleichtern, schon gegen 6 Uhr Morgens, an der zunächst gelegenen Landspitze von *Neu-Caledonia* aussteigen, nur allein die Ruderer im Boote lassen, die übrigen hingegen den ganzen Rückweg, längst der Küste herab, bis an den Platz, wo das Schif vor Anker lag, zu Fuße machen mußten. Einer von den Unter-Chirurgis, hatte, auf dieser Reise nach *Balabia,* eine große Menge neuer Seemuscheln und neuer Pflanzen angetroffen, von denen *wir* nicht eine einzige zu finden das Glück gehabt; allein er ließ sich nicht bewegen, uns etwas davon mitzutheilen. Wir hatten also von neuem Ursach es zu beklagen, daß Gift und Krankheit uns gehindert, an dem Vergnügen, so wie an den Gefahren, dieser kleinen Excursion Theil zu nehmen!

Am folgenden Morgen begleiteten wir Capitain *Cook* nach dem gegen Osten vorhandenen Flusse, wo er ausdrücklich hingieng, um seinem Freunde *Hibai* ein paar Schweine zu schenken, und auf diese Art einem Volke zahmes Schlachtvieh zu verschaffen, dessen Gutartigkeit und friedfertiges Wesen ein solches Geschenk auf alle Weise zu verdienen schien! Wir fanden diesen Mann und seine Familie in denselben Hütten, wo wir ihn zuerst angetroffen; und, nachdem ihm Capitain *Cook* die Schweine überliefert hatte, ließ sich's ein jeder von uns, nach dem geringen Maaß seiner Sprachkenntniß, angelegen seyn, dem guten *Hibai* begreiflich zu machen, daß die Fortpflanzung dieser Thiere, ihm, mit der Zeit, beständige und reichliche Nahrung und Unterhalt verschaffen würde, daß sie also um deswillen, sorgfältig verpflegt und am Leben erhalten zu werden verdienten. Er sowohl als seine Familie, waren, beym ersten Anblick dieser fremden Geschöpfe, höchlich erstaunt, bezeigten aber auch so viel Furcht und Abscheu dafür, daß sie uns durch Zeichen baten, solche wieder mit uns zu nehmen. Wir verdoppelten deshalb unsre Bemühungen, sie eines bessern zu bereden, und bewogen sie auch endlich, die Thiere bey sich zu behalten. Ihr Widerwille konnte uns indessen nicht befremden; denn das Schwein ist allerdings nichts weniger, als schön von Gestalt, und Leute, die dergleichen nie gesehen, können wohl natürlicherweise keinen Gefallen daran finden. Der Mensch muß ursprünglich gewiß *durch Noth* zum Fleischessen gebracht worden seyn; denn, einer Creatur das Leben nehmen, ist etwas gewaltsames, und kann nicht anders, als durch eine sehr dringende Ursach in kalte Gewohnheit übergehn. Haben aber die ersten Fleischesser die Wahl gehabt; so werden sie sich an den häßlichen Schweinen gewiß nicht zuerst vergriffen haben; vielmehr wird noch ein höherer Grad von Bedürfniß und Mangel erfordert worden seyn, sie zu überreden, daß, seines widrigen Ansehens ohnerachtet, das Schwein von eben so wohlschmeckendem Fleisch sey, als das Schaaf, oder das Kalb. Die armen Bewohner von *Neu-Caledonia,* hatten bisher noch kein anderes, als das Fleisch von Fischen und Vögeln gekostet; ein vierfüßiges Thier mußte ihnen also allerdings etwas fremdes und erstaunendes seyn. – Nachdem wir den Hauptendzweck unsers Besuchs erreicht zu haben glaubten, botanisirten wir zwischen den Morästen und Pflanzungen herum, und kamen an ein einzeln liegendes Haus, das mit einem Stangenzaun umgeben war, und hinterwärts eine Reihe von hölzernen Pfeilern hatte. Jeder Pfeiler hielt ohngefähr einen Fuß ins Gevierte, 9 Fuß in der Höhe, und der Obertheil stellte einen unförmlich ausgeschnitzten Menschenkopf vor. In diesem einsam gelegenen Hause wohnte ein einzelner alter Mann, der uns durch Zeichen zu verstehen gab, diese Pfeiler zeigten seine Grabstelle an! Vielleicht ist in der Geschichte des menschlichen Geschlechts nichts merkwürdiger, als dieses, daß man fast unter allen Völkern die Gewohnheit antrifft, sich bey den Begräbnißstellen zugleich gewisse Denkmale zu errichten! Könnte oder wollte man den ursprünglichen Bewegursachen dieser Sitte, bey so verschiednen Nationen nachspüren und sie gründlich erforschen, (welches in der That eine sehr merkwürdige und wichtige Untersuchung seyn würde) so ließe sich vielleicht eben *daraus* beweisen, daß alle Völker einen allgemeinen Begriff von einem künftigen Zustand gehabt haben!

Von diesem in seiner Art so sonderbaren Orte, kamen wir bey einer Plantage vorbey, wo eine Parthey Einwohner, mehrentheils Weiber, beschäftigt waren, ein morastiges Stück Landes umzugraben und zu reinigen, vermuthlich, um hernach Yam- und Arum-Wurzeln darauf zu pflanzen. Sie bedienten sich zu dieser Arbeit eines Instruments, oder einer Hacke von Holz, die einen langen, krummgebognen, spitzen Schnabel hatte. (Man sehe hievon die Kupfertafel VIII). Eben dies Werkzeug dient ihnen auch als ein

Semecarpus ater, *F: Rhus artrum*
Semecarpus ater (Neukaledonien, 1774)

Krieges-Gewehr, deren ich, bereits weiter oben, verschiedene erwähnt habe. Der hiesige Boden scheint so ärmlich zu seyn daß er mehr Bearbeitung, als irgend ein anderer, erfordert, um nur einigermaaßen fruchtbar zu werden; auch hatte ich noch in keiner andern Insel des Süd-Meeres ein ähnliches Umgraben und Umwühlen des Erdreichs zu bemerken Gelegenheit gehabt. Wir schossen hier etliche neue, schöne Vögel, und kehrten darauf ans Schiff zurück, wo schon alle Anstalten zur Abreise vorgekehrt wurden. Nach Tische landeten wir noch einmal am Wasserplatze; Capitain *Cook* ließ daselbst dicht am Bache, in einem vorzüglich dicken, schattenreichen Baum, ohnweit dem Strande, folgende Innschrift einhauen: *His Brittanic Majesty's Ship Resolution Sept. 1774.* Unterdeß daß dies geschahe, machten wir, zu guter Letzt, einen Spatziergang längst dem Bache, der uns mit neuem Vorrath von Trinkwasser versehen hatte, fanden im Vorbeygehen noch etliche Pflanzen, die wir zuvor nicht bemerkt hatten, und nahmen alsdenn Abschied von dieser großen Insel, die für uns, in jedem Betracht, bessere Gesundheit und einen längern Aufenthalt erfordert hätte.

Bey Anbruch des folgenden Morgens, ward der Anker gelichtet. Wir waren bald aus den Riefen heraus, und steuerten nordwestwärts an der Küste herunter. Unser Aufenthalt in diesem Haven hatte überhaupt nur achtehalb Tage gedauert, an deren drittem wir bereits vergiftet, und dadurch außer Stand gesetzt wurden, den Rest der Zeit so zu nutzen, wie wir wohl zu thun gewünscht hätten. Selbst bey der Abreise waren wir noch lange nicht wieder hergestellt, sondern fühlten noch immer empfindliches Kopfweh und krampfigte Schmerzen am ganzen Leibe, wobey sich auch ein Ausschlag an den Lippen einstellte. Überhaupt wollten unsre Kräfte jetzt kaum zu jenen kleineren Beschäftigungen hinreichen, die wir in offner See gemeiniglich vorzunehmen pflegten, und der Mangel an guter frischer Kost war freylich kein Mittel, uns wieder aufzuhelfen. –

So entfernten wir uns nun von einer Insel, die im westlichsten Theile des südlichen Oceans, kaum 12 Grad von *Neu-Holland* entlegen, von einer Gattung Menschen bewohnt wird, die von allen in der Südsee uns bekannt gewordnen Nationen ungemein verschieden ist. Aus der Nachbarschaft von *Neu-Holland* hätte man vermuthen sollen, daß sie mit den dasigen Einwohnern gleiches Ursprungs wären; allein, nach der Aussage aller Reisenden, welche *Neu-Holland* vor uns besucht, ist zwischen den Einwohnern dieser beyden Länder nicht die geringste Ähnlichkeit, und das wird auch durch die gänzliche Verschiedenheit ihrer Sprachen genugsam bestätiget. Diesen letztern Punkt konnten wir selbst um desto genauer untersuchen, da Capitain *Cook* uns ein Wörterbuch der Neu-Holländischen Sprache mitgetheilt hatte. Die Anzahl der Einwohner von *Neu-Caledonien* scheint nicht beträchtlich zu seyn; wenn wir nach demjenigen, was wir davon auf der Fahrt an der nördlichen Küste wahrgenommen haben urtheilen dürfen, so mögen ihrer, auf einer Küste, die gegen zweyhundert Seemeilen lang ist, in allem kaum funfzigtausend seyn. Das Land fanden wir in den mehresten Gegenden nicht urbar. Die vor den Bergen gelegene schmale Ebene ist, gegen die See hin, sehr morastig und mit Mangle-Bäumen überwachsen, daher es Mühe und Arbeit kostet, einen Fleck durch Graben auszutrocknen, und zum Ackerbau geschickt zu machen. Der übrige Theil der Ebne liegt etwas höher, ist aber dagegen so dürr, daß, auch dort wieder, Gräben gezogen, und Bäche und Pfützen hineingeleitet werden müssen, um den Boden zu wässern. Weiter Landeinwärts, haben die Berge und Hügel nur eine dünne Schicht verbrannter unfruchtbarer Erde, in welcher nichts, als ein paar magre Gras-Arten, der Cayeputi-Baum, und hin und wieder ein Strauch aufsproßt. Auf den höhern Bergen, findet sich, an manchen Stellen, nicht einmal ein Zoll hoch Erde, sondern der bloße eisenschüßige Glimmer und große Quarz-Stücken nackt und kahl. Solch ein Erdreich kann freylich dem Wachsthum der Pflanzen nicht sehr zuträglich seyn; vielmehr ist es zu bewundern, daß sich auf selbigem noch eine so große Mannigfaltigkeit von Gewächsen findet, als wir angetroffen haben; doch sind sie auch durchgehends trocken, und von kümmerlichem Ansehen. Nur allein die Wälder sind, in manchen Gegenden des flachen Landes, mit Strauchwerk, Schlingpflanzen, schönen Blumen und dicken, schattigten Bäumen versehn. Man kann sich leicht vorstellen, wie auffallend uns der Contrast zwischen *Neu-Caledonia* und den *Neuen Hebridischen Inseln* seyn mußte, da wir diese letztern nur unmittelbar zuvor gesehen, und das Pflanzenreich dort, in seiner größten Pracht gefunden hatten! Eben so beträchtlich und einleuchtend war auch der Unterschied im Charakter der Leute selbst. Alle Bewohner der Süd-See-Inseln, diejenigen allein ausgenommen, welche *Tasmann* auf *Tongatabu* und *Namocka* antraf, machten Versuche, ihre fremden Gäste wegzutreiben. Die Leute von *Neu-Caledonia* hingegen hatten uns kaum erblickt, als sie uns schon zu Freunden aufnahmen. Ohne die geringste Spur von Furcht oder Mistrauen, wagten sie sich am Bord des Schiffes, und ließen uns, in ihrem Lande ungehindert herumschweifen, so weit wir Lust hatten. Dem wolligten Haar und der Leibesfarbe nach, glichen sie zwar den *Tannesern* noch am mehresten; doch waren sie von größerer Statur und stärkern Knochen, hatten auch mehr sanftes, offenes und friedfertiges in der Gesichtsbildung.[14] In ihren Handarbeiten hatten sie ebenfalls manches mit den *Tannesern* gemein, vornehmlich was die Form und Art der Waffen, des Wurf-Riemes und der Zierrathen betrifft, deren ich oben erwähnt habe. Die Sprache hingegen, welche bey Untersuchungen dieser Art gemeiniglich der sicherste Wegweiser zu seyn pflegt, ist von der in *Tanna* üblichen ganz und gar abweichend. Eben so verschieden ist auch die Bauart ihrer Häuser, ihre Sitten und Gebräuche, überhaupt die ganze Lebensart. Die *Tanneser* können in Vergleichung mit den Bewohnern von *Neu-Caledonia* für wohlhabend gelten. Ihre Plantagen liefern ihnen eine Menge von Pflanzen, und sollte es je daran fehlen, so giebts an der See-Küste eine Menge von Cocos-Palmen. Auf *Neu-Caledonia* hingegen, ist der Ertrag des Ackerbaues nur sehr gering, und das ganze, weite, wilde Land, so viel wirs untersuchen können, gewährt nichts, das ihnen von sonderlichem Nutzen seyn könnte. Dafür sind die Leute auf *Neu-Caledonia* hinwiederum bessere Fischer, und die Riefe längst ihren Küsten zur Fischerey überaus wohl gelegen; auf eben diesen Riefen, müssen auch, in gewissen Jahrszeiten, Schildkröten anzutreffen seyn. Je sparsamer nun allhier die Natur ihre Güther ausgetheilt hat, desto mehr ist es zu bewundern, daß die Einwohner minder wild, mißtrauisch und kriegerisch, als auf *Tanna,* und vielmehr so friedlich und gutartig waren! Eben so merkwürdig ists, daß sie, bey aller Dürre des Landes, und bey ihrer kärglichen Versorgung mit Pflanzenspeisen, dennoch von größerer und muskulöser Leibesstatur sind, als die *Tanneser.* Vielleicht muß man aber, um die verschiedne Statur der Nationen zu erklären, nicht sowohl auf die Verschiedenheit ihrer Nahrungsmittel, als viel mehr auf die Verschiedenheit der Stämme und Racen sehen, von welchen sie herkommen.

Das Betragen der *Neu-Caledonier* gegen uns setzte ihre Gemüthsart in ein sehr vorteilhaftes Licht. Sie sind das einzige Volk in der Südsee, das keine Ursach hat, mit unsrer Anwesenheit unzufrieden zu seyn. Es ist leider zur Genüge bekannt, wie leicht sich die Seeleute reizen lassen, Indianern das Leben zu nehmen; bedenkt man nun, daß die hiesigen sich nicht die geringste Unannehmlichkeit, vielweniger Mord und Todtschlag zugezogen haben, so ist schon daraus allein abzunehmen, daß sie in sehr hohem Grade sanftmüthig und friedfertig seyn müssen. Diejenigen Philosophen, welche den Gemüthscharakter, die Sitten und das Genie der Völker, lediglich vom Klima abhängen lassen, würden gewiß sehr verlegen seyn, wie sie, aus diesem allein, den friedlichen Charakter der Leute auf *Neu-Caledonia* erklären sollten. Will man sagen, daß sie blos *deswegen* von keinem Mißtrauen wissen, weil sie wenig zu verlieren haben, so würde ich fragen, wie es zugeht, daß die Leute auf *Neu-Holland,* die doch unter gleichem Himmelsstrich, auf einem gleich dürren Boden wohnen, und noch armseliger dran sind, als die hiesigen Einwohner, daß die gleichwohl, ganz im Gegentheil, so wild und Menschenscheu befunden werden! Der verschiedene Charakter der Nationen muß folglich wohl von einer Menge verschiedner Ursachen abhängen, die geraume Zeit über, unabläßig auf ein Volk fortgewirkt haben. Die Gutartigkeit der Leute auf *Neu-Caledonia* liegt gewiß auch nicht *daran,* daß Krieg und Händel ihnen ganz unbekannte Begriffe wären; denn sie haben ja Kriegsgewehr von mehr als einer Art! Überdem gestanden sie selbst, daß sie Feinde hätten, und daß die Einwohner der Insel *Mingha* von ganz andrer Gemüthsart wären, als sie! Ich war einmal mit Capitain *Cook* und Herrn *Wales* in einem Boot, als einer von ihnen, durch sehr verständliche Zeichen, zu erkennen gab, sie hätten Feinde, welche Menschenfleisch fräßen; und das Betragen der Indianer auf

14 Sowohl von diesen, als von dem äußern Ansehn des Landes, kann man sich, vermittelst der schönen und richtigen Zeichnungen, welche Herr *Hodges,* zum Behuf von Capitain *Cooks* Reisebeschreibung angefertigt hat, einen ziemlich genauen Begriff machen.

Balabia, (die das Pöckelfleisch, welches unsre Leute in ihrer Gegenwart verzehrten, für Menschenfleisch hielten) beweißt zur Genüge, daß sie von einer solchen Gewohnheit wissen, und selbige für schrecklich und abscheulich halten. In diesem Betracht sind sie also verfeinerter, als ihre wohlhabendere Nachbarn, hingegen so gesittet und erleuchtet noch nicht, daß sie, gleich jenen, die unbillige Verachtung des andern Geschlechts bereits abgelegt hätten; zu ernsthaft, um sich durch die Schmeicheleyen desselben gewinnen zu lassen und zu gleichgiltig, um auf die feinern Freuden des Lebens einen Werth zu setzen. Zwar müssen sie sich's, des Unterhalts wegen, manchmal ziemlich sauer werden lassen; sobald sie aber *dafür* nicht mehr zu sorgen haben, gehen ihre müßigen Stunden blos mit Faullenzen ohne Spiel und Scherz hin, die doch zur Glückseligkeit des Menschen so viel beytragen, und auf den *Societäts-* und *freundschaftlichen Inseln,* einen so hohen Grad von Lustigkeit und Lebhaftigkeit unter die Einwohner verbreiten! Ausser der kleinen Pfeife, deren ich oben erwähnt, sahen wir nicht ein einziges musikalisches Instrument bey ihnen. Ebenso wenig wissen wir, ob, und in welchem Maaße sie Tanz und Gesang kennen. Nach dem zu urtheilen, was wir in der Zeit unsers kurzen Hierseyns bemerkten, scheint sogar das Lachen etwas ziemlich ungewöhnliches unter ihnen zu seyn, und selbst mit dem Sprechen geht es kärglich zu. Kaum war hin und wieder einer anzutreffen, dem mit einer Unterredung gedient gewesen wäre! Bey so bewandten Umständen muß ihre Sprache noch sehr uncultivirt seyn; auch ist, vermuthlich der wenigen Übung wegen, ihre Aussprache so undeutlich, daß verschiedne Wörterbücher, welche von mehreren Personen unsrer Schiffsgesellschaft zusammen getragen worden, merklich von einander abwichen. Ohnerachtet sie wenig harte Mitlauter haben, so sprechen sie doch viel durch die Gurgel und Nase, welches besonders denenjenigen unter uns, die nichts als Englisch konnten, schwer zu fassen und noch schwerer nachzumachen vorkam. Vielleicht sind sie blos deshalb, weil ihre Wohnungen einzeln und weit von einander entfernt liegen, so wenig an's Sprechen gewöhnt; denn sonst würden sie, dächte ich, für das Vergnügen des gesellschaftlichen Umganges schon mehr Sinn und Geschmack bekommen haben. Da der Boden zum Ackerbau nicht sonderlich taugt, so würde ihre Civilisation vielleicht dadurch am füglichsten befördert werden können, wenn man ihnen leicht zu ernährende, vierfüßige Thiere zuführte, z. E. Schweine, die sie nahe bey ihren Hütten halten, oder auch Ziegen, die sie wild könnten herumlaufen lassen. Letztere möchten, wegen des trocknen Himmelsstrichs, vielleicht am besten gedeihen und ein treflicher Artikel für sie werden.

Die Einfalt, welche wir in ihrem häuslichen Leben wahrnehmen, muß sich wahrscheinlicherweise auch in ihrer politischen Verfassung offenbaren. *Tea-buma* wurde als Befehlshaber des Distrikts angesehen, der unserm Ankerplatze gegenüber lag; allein, bey der Armseligkeit des Landes konnte er wohl auf keine sonderlichen Vorzüge Anspruch machen, und da noch kein Luxus bekannt ist, so lebt er vermuthlich um nichts besser, als seine übrigen Landsleute. Auch die äussern Ehrenbezeugungen, welche ihm bewiesen werden, können nicht viel zu bedeuten haben; der einzige Umstand dieser Art, woraus sich eine gewisse Unterwürfigkeit gegen ihn abnehmen ließ, bestand darinn, daß sie die Geschenke, welche ihnen Herr *Pickersgill* bey der ersten Zusammenkunft überreichte, durchgehends an Ihn ablieferten. Schon der Name, den sie ihm beylegen, mag eine Art von Ehrenbezeugung ausmachen, wenigstens scheint das Wörtgen *Tea* ein Titul zu seyn, welchen sie, ohne Unterschied, dem Namen jedes angesehenen Mannes vorsetzen. Wenn z. E. *Hibai* dem Capitain eine rechte Ehre anthun wollte, nannte er ihn *Tea-Cook.* Die benachbarten Distrikte stehen nicht unter *Tea-buma,* sondern haben vermuthlich ihre eigenen Befehlshaber, oder vielmehr, jede Familie macht ein eignes Reich aus, das, nach patriarchalischer Weise, durch den Ältesten regiert wird, welches in der Kindheit jeder Gesellschaft von Menschen, immer der Fall seyn muß. Von ihrer Religion dürfen, oder können wir vielmehr, gar nichts sagen; innerhalb acht Tagen ließ sich davon wenig in Erfahrung bringen. Wir bemerkten nicht einmal eine Spur von einem religiösen Gebrauch, vielweniger eine förmliche Ceremonie oder andre Äusserung des Aberglaubens. Vermuthlich steht die Einfalt ihrer Begriffe mit der Einfalt ihres ganzen Charakters in gleichem Verhältniß. Doch wer weiß? Die geringen Denkmähler bey ihren Grabstellen deuten vielleicht auf gewisse Leichen-Ceremonien! Der Tod macht wenigstens überall eine sehr merkwürdige

Scene für den Menschen aus; die Nachbleibenden ehren ihn gemeiniglich durch äussere Handlungen und Traurigkeit pflegt gern auszuschweifen! – Was für tödtliche Krankheiten es hier zu Lande geben, und wie groß die Mortalität etwa seyn möge? ist uns unbekannt. Das einzige, was wir über diesen Punkt selbst bemerkt haben, ist die *Elephantiasis,* und diese war sehr gemein. Dennoch habe ich sie bey keinem in so hohen Grade angetroffen, daß das Leben des Patienten darüber in Gefahr gewesen wäre. Viele und mannichfaltige Krankheiten sind gemeiniglich nur Folgen der Ausschweifung und Völlerey; die kann aber, bey so armseligen und rohen Menschen als die hiesigen sind, nicht wohl statt finden. Graue Haare und Runzeln, die gewöhnlichen Begleiter des hohen Alters, waren hier nichts seltenes; aber unmöglich war es, sich über einen so abstrakten Begriff, als das Alter ist, mit ihnen zu erklären, und hätten wir es gekonnt, so ist noch die Frage, ob sie selbst von der Zahl ihrer Lebensjahre hätten Rechenschaft geben können? Waren wir doch nicht einmal im Stande, uns bey den *Tahitiern* nach der Dauer der Lebenszeit zu erkundigen, ohnerachtet wir von der dortigen Sprache ungleich mehr, als von der hiesigen wußten, von welcher wir nur einzelne Wörter aufgeschnappt hatten. – Doch es ist billig, daß ich einlenke, und in der Erzählung unserer Reisebegebenheiten fortfahre.

Wir steuerten nunmehro, zwischen Nord und West, längst den Felsenriefen herunter, womit *Neu-Caledonia* auf diesem Striche umgeben ist. Es war darauf abgesehn, die Lage der Küste zu bestimmen, welche nach vorgedachter Richtung hinzulaufen schien. In der Gegend der Insel *Balabia* zog sich das Rief nach Norden und war, an einigen Stellen, 6 Seemeilen weit von der Küste entfernt. Fregatten-Vögel *(man of war birds)* Tölpel *(boobies)* und tropische Vögel schwärmten jetzt häufig um das Schiff her.

Am 15ten entdeckten wir, daß am West-Ende von *Neu-Caledonia,* nach Norden hin, drey Inseln liegen; da sich aber das Rief weit von selbigen gegen Osten in die See erstreckte, und wir keine Öfnung bemerkten, durch welche man hätte innerhalb herein segeln können; so mußten wir die Gestalt und Größe dieser Inseln unerforscht lassen. Der Schätzung nach mochte die beträchtlichste derselben etwa sieben Seemeilen lang seyn. Am 15ten wurden wir, vier Meilen vom Rief, von einer Windstille überfallen, und die Wellen, welche sehr hoch giengen, trieben uns gerade auf die Felsen hin. Die Gefahr war so dringend, daß, um ihr zu entgehen, unverzüglich zwey Boote ausgesetzt wurden, und die Leute sich's sehr sauer werden lassen mußten, uns an Stricken davon weg zu ziehen. Eine schwache Seeluft, welche gegen Abend eintrat, gab ihnen Gelegenheit, sich etwas zu erhohlen, um Mitternacht aber mußten sie wieder an die Arbeit, und zwar wechselsweise, um desto länger dabey aushalten zu können. Der folgende Morgen war so windstill, daß wir, im kleinen Boot, aufs Vogelschießen ausfuhren, doch hatten wir kein sonderliches Glück. Endlich stellte sich, gegen Abend, ein frischer Wind ein. Da wir nun bisher, hier am Nord-Ende, umsonst nach einer Einfahrt in den Rief gesucht hatten; so ließ der Capitain das Schiff umwenden, in der Absicht, geraden Weges zurück- und um das südöstliche Ende von *Neu-Caledonien* herum zu segeln. Der nördlichste Theil dieses Landes, den *wir* gesehen haben, liegt unterm 19° 37' südlicher Breite und unterm 163° 40' östlicher Länge.

Am folgenden Morgen segelten wir wiederum an dem District *Balladd* vorbey, woselbst unser Schiff vor Anker gelegen hatte. Der öftern Windstillen wegen war die Fahrt herzlich langweilig und verdrießlich. In zween Tagen kamen wir nicht über 20 Seemeilen vorwärts, und da das Land noch ziemlich weit gegen Süden herabzulaufen schien, so fieng uns an bange zu werden, daß wir erst spät nach Neu-Seeland kommen würden, von wo wir, dem Vernehmen nach, aufs neue, jedoch zum letztenmal, gegen den Südpol kreuzen sollten. Indessen war die Sache einmal angefangen, sie mußte folglich auch durchgesetzt werden. Zu dem Ende steuerten wir, so schwach und unterbrochen der Wind auch seyn mochte, immer ostwärts nach Süden herab.

Am 22sten Abends sahen wir eine vorragende stumpfe Landspitze, die zum Andenken des heut eingefallnen Königl. Krönungstages, *Coronation-Cap* (das Krönungs-Cap) genannt ward. Die an der nördlichen Küste dieses Landes befindlichen Felsenriefe erstreckten sich *nicht* bis hieher; dem ohnerachtet mußten wir uns, Sicherheitswegen, immer 4 bis 5 Seemeilen vom Lande halten, und konnten also, von der Beschaffenheit desselben, nichts deutlich unterscheiden. Nur so viel bemerkten wir sehr genau, daß die im Innern des Landes gelegene Reihe von Bergen immer in eben der Höhe fortlief, in welcher wir sie beym Ankerplatze gefunden hatten. Am Morgen entdeckte man, daß von einem Fleck Landes, der nicht weniger, als eine halbe Meile lang seyn konnte, viel Rauch empor stieg. Nahe dabey war die Seeküste mit einer unzählbaren Menge säulenförmig gestalteter und sehr hoher Figuren bedeckt, die man mit Hülfe eines Fernglases sehr deutlich wahrnehmen konnte. Manche standen einzeln und weit von einander; die mehresten aber in großen Haufen dicht beysammen. Wir hielten es für Basaltsäulen, dergleichen in vielen Welttheilen zu finden sind[15]. Diese Vermuthung dünkte uns desto zuläßiger, weil wir in diesem Theil der Südsee, nur ganz kürzlich, verschiedne Volkane, namentlich zu *Tanna* einen gesehen hatten, und die einsichtsvollsten, erfahrensten Mineralogen der Meynung sind, daß der Basalt durch feuerspeyende Berge hervorgebracht werde. Gegen Abend kamen wir jenseit des *Cap Coronation* und sahen eine große Menge solcher Säulen auf einer flachen Landspitze, die weit in die See hervorragte.

Am 24sten früh erblickten wir das Cap, welches das östliche Ende von *Neu-Caledonia* ausmacht. Es war steil, aber nicht sehr hoch, und oberhalb völlig platt. Auf dieser Oberfläche stand eine Menge vorgedachter Säulen, welches der Vermuthung, daß es Basaltsteine seyn könnten, eben nicht sehr günstig war. Dies Vorgebirge, welches Capitain *Cook Queen Charlotte Foreland* nannte, liegt in 22° 15' südlicher Breite, und dem 167° 15' östlicher Länge. Abends gegen 6 Uhr, entdeckte man vom Mastkorbe aus, weit gegen Südosten hin, eine andre Insel, und am folgenden Morgen zeigten sich zwischen dieser und *Neu-Caledonien* mehrere kleine Eylande; die Unbeständigkeit des Windes hinderte uns aber sie genauer in Augenschein zu nehmen. Nur so viel bemerkten wir, daß sie von einem großen Riefe eingeschlossen waren, um dessen willen wir, in Ermangelung einer Einfahrt, nach Osten zu steuern mußten, damit das Schiff nicht in Gefahr seyn möchte an die Küste geworfen zu werden. Diese Fahrt war uns doppelt unangenehm, weil wir das Land so nahe hatten, und es doch nicht untersuchen, frische Lebensmittel daselbst vermuthen, und doch keine habhaft werden konnten. Der noch vorhandene Rest von Yamwurzeln war überaus gering, und kam, als eine Delicatesse, nur auf die Tafeln der Officiere, indeß der gemeine Matrose, seit *Namocka* her, keinen frischen Bissen gekostet hatte. Die Nachbarschaft des Landes machte ihnen das längere Fasten nur noch empfindlicher, und auch uns war's verdrießlich, statt der Entdeckungen, die sich am Lande hätten machen lassen, an den einförmig öden Riefen, in Unthätigkeit hin zu schwimmen! Der Wind kehrte sich indeß an unsre Ungeduld nicht, sondern war und blieb schwach bis zu Abend des 26sten, da er besser, und uns behiflich ward, die größte der vor uns liegenden Inseln zu umsegeln. Sie bestand aus einem Berge, der nicht so hoch war, als jene auf *Neu-Caledonia,* aber sanfter in die Höhe lief, und ringsumher von einer Ebene umgeben war, wo eine unzählige Menge von Säulen standen. Wir mußten hier, etwa zwo Meilen weit vom Ufer, einigemal ab und zu laviren; dieses Manöver brachte uns der Küste so nahe, daß wir, in Absicht der vermeynten Basaltsäulen, endlich aus dem Traume kamen. Es waren nichts anders, als Bäume, die auf einem sehr geraden und langen Stamm, kurze, dünne Zweige hatten, welche sich in der Ferne nicht unterscheiden liessen.

Am 28sten hatten wir, bey Tagesanbruch, die östlichste Spitze dieser Insel und ihrer Riefe umsegelt, und liefen nunmehro an der Südseite derselben weg. Capitain *Cook* nannte dies Eiland die *Fichten-Insel (Isle of pines)* in der Vermuthung, daß die säulenförmigen Bäume zu diesem Geschlecht gehören möchten. Sie scheint ohngefähr 18 Meilen im Umkreise zu haben und das Mittel derselben liegt im 22° 40' südlicher Breite, und dem 167° 40' östlicher Länge. Jetzt hatten wir frischen Südostwind, der die Luft in dieser Breite dermaaßen abkühlte, daß das Thermometer auf 68° herabfiel. Eine so schleunige Veränderung in der Temperatur der Luft dünkte uns, die wir so lange beständige Hitze ausgestanden hatten, gar sehr empfindlich. Am folgenden Tage fanden wir, zwischen verschiednen Riefen, einen Durchgang, und kamen bey einer kleinen Insel vor Anker, die nicht viel über zwo Meilen im Umfange haben mochte, sandig und flach, demohnerachtet aber mit jenen

---

15 Bey *Assuan* oder *Syene* in Ober-Egypten, bey *Bolsena* in Italien; bey *Hadie* in Jemen; bey *Stolpe* in Sachsen; bey *Jauer* und *Schönau* in Schlesien, in den Schottländischen westlichen Inseln, bey *Antrim* in Irrland, und im *Vivarais* in Frankreich.

säulenförmigen Bäumen überwachsen war. Das südliche Ende des Hauptlandes von *Neu-Caledonien* lag von dieser Insel nicht über 6 Meilen weit entfernt, und die südliche Küste desselben schien mit der nördlichen parallel zu laufen, weshalb *Neu-Caledonia* nur ein schmales Land seyn muß. Dies südliche Vorgebirge ward des *Prinzen von Wallis Vorland* genannt. Es liegt im 22° 30' südlicher Breite, und dem 166° 58' östlicher Länge. Die Anker waren nicht sobald gesichert, als wir in einem Boote nach der kleinen Insel hin ruderten, deren nächstes Ufer ohngefähr anderthalb Meilen von uns lag. Sie hatte ein eignes kleines Rief um sich her, in welchem wir eine schmale Einfahrt fanden, und selbige, der darin vorhandnen Klippen ohnerachtet, glücklich paßirten. Die schlanken hohen Bäume zogen, gleich beym Aussteigen aus dem Boote, unsre ganze Aufmerksamkeit an sich, und wir fanden, daß es eine Art von Cypressen waren. Die Stämme hatten einen schönen geraden Wuchs, von wenigstens 90 bis 100 Fuß Höhe. Die Äste sproßten rund um den Stamm, waren aber selten über 10 Fuß lang, und, im Verhältniß zum Stamme, sehr dünn. Zwischen diesen Säulen-Bäumen standen viel und mancherley andre Bäume, nebst niedrigerm Gesträuch, welches diesen kleinen Flecken Landes zum herrlichsten Aufenthalt für eine Menge von Vögeln machte. Wir fanden hier auch etwas Löffelkraut und eine *Tetragonia,* die wir, bey unserm vorigen Aufenthalt zu *Neu-Seeland,* häufig als ein Suppenkraut zu brauchen pflegten. Nachdem wir das Land ein wenig recognoscirt hatten, kehrten wir ans Schiff zurück, um gleich nach dem Essen wieder zu landen, für die Zimmerleute einige Bäume umhauen, und Küchenkräuter einsammlen zu lassen. Bey diesem zweyten Besuch fanden wir eine Menge Pflanzen, über deren Mannigfaltigkeit wir uns, in Betracht des kleinen Raums, auf welchem sie hervorwuchsen, mit Recht verwundern mußten. Am Ufer waren hin und wieder, im Sande, Spuren von Holzfeuer, und bey selbigen die Überbleibsel von Schildkröten zu sehn. Während dem Botanisiren schossen wir auch eine Art Habichte, den gewöhnlichen *falco haliaetos (S. Pennant's Brittish Zoology)* desgleichen einen Fliegenschnepper von ganz neuer Gattung. Ausserdem gab es noch verschiedne Arten schöner und großer Tauben; sie waren aber so scheu, daß keiner von uns eine zu Schusse bekam. Endlich so waren an der Küste auch eine Menge plattschwänziger Wasserschlangen *(anguis platura)* vorhanden. Der Cypressenbaum liefert gutes Zimmerholz; die jungen Stämme waren sehr elastisch, und taugten daher sehr wohl zu Seegelstangen. Nachdem wir uns bis gegen Sonnen-Untergang auf diesem kleinen Eylande verweilt hatten, ruderten wir nach dem Schiffe zurück, lichteten bey Anbruch des folgenden Tages die Anker, und seegelten sehr langsam und vorsichtig, bis wir wieder zum Rief hinaus waren. Capitain *Cook* gab diesem Eilande den Namen *Botany Island,* weil es, seines geringen Umfangs ohnerachtet, eine Flora von fast dreyßig Arten enthielt, worunter verschiedne ganz neu waren. Es liegt ohngefähr unter 22° 28' südlicher Breite, und dem 167° 16' östlicher Länge. Der Strand ist sehr sandig, weiter hinein aber findet man guten fruchtbaren Boden. Indeß wir hier vor Anker lagen, fieng der erste Lieutenant einen Fisch von eben der Art, als womit Capitain *Cook,* mein Vater und ich waren vergiftet worden. Ohnerachtet er nun von dem Unheil, welches der Genuß desselben angerichtet, ein Augenzeuge gewesen war, und seine Tischkameraden ihn überdies noch ernstlich dafür warnten; so bestand er dennoch darauf, sich den Fisch zurichten zu lassen. Er mußte ihm auch würklich aufgetragen werden, und nun sahen seine Freunde kein ander Mittel ihn vom Essen abzuhalten, als daß sie seinen rasenden Vorsatz lächerlich machten; dies hatte endlich einen bessern Erfolg, als alles vernünftige Zureden. Ein junger Hund der unglücklicher Weise von den Eingeweiden dieses Fisches etwas gefressen hatte, mußte dafür etliche Tage hintereinander so unerträgliche Quaal ausstehn, daß, zu Endigung derselben, ein mitleidiger Matrose ihn endlich über Bord warf. Man kann aus diesem Vorfall abnehmen, wie verhungert auf frische Lebensmittel unsre Leute seyn mußten, da man, einer einzigen Mahlzeit wegen, die Gefahr nicht achtete, vergiftet zu werden! Alle unsre Officiere, die zum Theil schon mehr als Einmal die Reise um die Welt mitgemacht, und viel ausgestanden hatten, bezeugten einmüthig, daß die Beschwerlichkeiten und Unannehmlichkeiten der vorigen, gegen diese Reise für nichts zu rechnen, und daß sie der elenden Schifskost nie so satt gewesen wären, als jetzt! Capitain *Cook* hatte einen Vorrath geräucherter Schinken mit auf die Reise genommen; sie waren aber durch die Länge der Zeit sehr schlecht und gänzlich abschmeckend geworden. Das Fett hatte sich in ranziges Öl verwandelt, und das Salz in großen, weinsteinartigen, alkalischen Klumpen angesetzt. So oft gleichwohl ein solcher, halb verwester, Schinken auf des Capitains Tisch getragen ward, (welches wöchentlich nur Einmahl geschahe), sahen alle jüngere Officiers, (die nicht mit uns speisten), diesem Leckerbissen mit sehnsuchtsvollem Appetit nach, und priesen uns, die wir daran Theil hatten, deshalb so glücklich, daß es selbst einem Wilden, geschweige denn ihren lebhafter fühlenden Cameraden, hätte weh thun mögen! Dem Sauerkraut, welches wir am Bord hatten, muß es allein zugeschrieben werden, daß der Scorbut nicht stärker einriß; doch waren unsre Umstände, auch *ohne* dieses Übel, schon kläglich und bedauernswürdig genug. Am Abend überfiel uns eine Windstille, ehe wir noch zwischen den Riefen heraus waren. Dies setzte uns in die größte Gefahr, weil Fluth und Ströhmung das Schif gegen die Klippen trieben, wir aber keinem von beyden Einhalt thun konnten, indem mit 150 Faden nirgends Grund zu finden war! In dieser Verlegenheit erblickten wir, um halb acht Uhr, gegen Norden, eine Feuerkugel, die an Größe und Glanz der Sonne glich, jedoch von etwas blasserm Lichte war. Nach wenig Augenblicken borst sie, und hinterließ viel helle Funken, wovon die größten länglich rund, und, eh wirs uns versahen, unter den Horizont herab gesunken waren. Eine bläuliche Flamme folgte, und bezeichnete den Lauf dieser Feuerkugel, auch wollten einige, während ihres Herabfallens, ein Zischen gehört haben. Indeß wir über die Ursachen und Wirkungen dieses Meteors nachdachten, erscholl bereits unter den Matrosen ein Jauchzen, daß jetzt bald ein frischer Wind entstehen würde, und, es sey nun Zufall oder sonst einige natürliche Verbindung zwischen diesem Phänomen und der Atmosphäre; genug ihre Prophezeihungen giengen noch dieselbe Nacht in Erfüllung. Es erhob sich nemlich ein starker Wind, der am folgenden Morgen südlich wurde, und uns erlaubte, Ost bey Süd und Süd-Süd-ostwärts, von *Neu-Caledonien* weg zu steuern.

Die Insel ist unter allen, zwischen den Wendezirkeln bisher entdeckten Eylanden der Südsee, die größeste. Die Südseite derselben, haben wir gänzlich ununtersucht lassen müssen, und auch von der nördlichen ward, in der kurzen Zeit, die wir an diese Entdeckung wenden konnten, nicht mehr als die Richtung und äußere Gestalt der Küste erforscht. Die Thiere, Pflanzen und Mineralien dieses Landes, sind uns beynahe völlig unbekannt geblieben, und bieten künftigen Naturforschern ein weites Feld von Entdeckungen dar. Cypressen haben wir nur allein am östlichen Ende der Insel wahrgenommen; es schien daher, daß, in *dieser* Gegend, der Boden und die Mineralien ganz anders beschaffen seyn müssen, als in dem District *Ballad,* wo das Schiff acht Tage lang vor Anker lag. Eben so läßt sich auch aus dem, was wir auf der kleinen, sandigen *Botanik-Insel* fanden, mit Recht vermuthen, daß auf dem *südlichen* Theil dieses Landes ganz andre Pflanzen und mehr unbekannte Vögel vorhanden seyn mußten, als in den Wäldern der *nördlichen* Gegenden. – Überhaupt bleiben dem künftigen Seefahrer noch Entdeckungen genug in der Südsee zu machen, übrig, und er wird, bey mehrerer Muße, eine große Menge unbekannter Producte zu untersuchen finden. Trotz allen bisherigen Reisen, sind, in diesem stillen Weltmeere, ganze große Districte noch gar nicht befahren worden: z. B. der Raum zwischen dem 10° und 24° südlicher Breite, den die Mittagslinien von 140° und 160° westlicher Länge einschließen, ist ebenfalls noch nicht untersucht; der Raum zwischen 30° und 20° südlicher Breite, der zwischen dem 140° und 175° westlicher Länge liegt, imgleichen der Raum zwischen den südlichsten *freundschaftlichen* Inseln, und *Neu-Caledonia,* so wie der, zwischen *Neu-Caledonia* und *Neu-Holland* befindliche – alle diese sind noch *nie* durchkreuzt worden. Der Curs, den Herr von *Surville* gehalten, wie ich im *ersten* Theil schon erwähnt, ist der einzige, der zwischen vorgedachten beyden Ländern angestellt worden. Nächstdem verdienen *Neu-Guinea, Neu-Brittannien,* und alle dort herumliegende Länder, ebenfalls nähere Untersuchung, und würden demjenigen, der die Mühe daran wenden wollte, gewiß zu unzähligen neuen und wichtigen Bemerkungen Stoff geben. Wenn alle zuvorbenannte Gegenden des Südmeeres untersucht worden, alsdann bleibt noch der Theil, *jenseits* der Linie, *nach Norden* hin, übrig, und dazu würden wiederum mehrere Reisen erfordert, ehe man mit Erforschung desselben völlig zu Stande käme.

Der Wind, den wir, nach dem Urtheil der Matrosen, der feurigen Kugel zu verdanken gehabt, hatte bald wieder ein Ende; denn am zweyten ward es schon wieder windstill. Wie indessen ein Ding nicht so schlimm ist, das nicht zugleich zu *etwas* gut seyn sollte; so gieng es auch hier. Wir fiengen nemlich bey dieser Gelegenheit einen Hayfisch, deren sich verschiedne, neben dem Schiffe sehen ließen. In einem Augenblick war er unter die ganze Mannschaft vertheilt, und, von so öligtem Geschmack das Fleisch auch seyn mochte, so verzehrten doch wir unsern Antheil mit großem Appetit. Wer hätte auch bey unsern Umständen leckerhaft seyn wollen? Endlich stellte sich, zu jedermanns Vergnügen, ein frischer Westwind ein, mit dessen Hilfe wir, jenseits des Wendezirkels des Capricorns, unsern Lauf nach Süd-Süd-Osten richten konnten.

Am fünften, Nachmittags, bekamen wir, zwischen dem 26. und 27sten° Süder-Breite, zween Albatroße zu Gesicht. Die Officiers machten sich eine Windstille, welche am folgenden Tage einfiel, zu Nutze, um, in einem Boote, auf die Jagd zu gehen. Allein, nachdem sie sich den ganzen Tag über abgemattet, brachten sie doch nicht mehr als zwo Petrells und zween Albatroße davon zurück. Nunmehro befanden wir uns wiederum an den Gränzen des östlichen Passatwindes, der um diese Jahrszeit (d. i. sehr nahe am Solstitio), schon in der Gegend des Wendezirkels veränderlich wird. Am 7ten, Nachmittags, hatten wir guten Wind, und seegelten Südwestwärts. Capitain *Cook* gedachte nemlich unmittelbar nach der Westseite von *Neu-Seeland* hinzusteuern, damit er nicht nöthig hätte, die *Cooks-Straße* zu paßiren, welches uns im vorigen Jahr so viel Zeit und Mühe gekostet. Abends, am 8ten, schwamm eine zahlreiche Heerde Meerschweine bey dem Schiffe vorbey, die sehr munter um uns her gaukelten, und manchmal aus dem Wasser empor sprangen. Eins von diesen Thieren, ward mit dem Harpun geschossen, und schleppte ein langes Ende von dem Tau mit sich fort, ehe wir Zeit gewannen, ihm ein Boot nachzuschicken, von dessen Mannschaft es endlich mit fünf Flintenkugeln erlegt ward. Es gehörte zu der Art, welche die Alten unter dem Namen *Delphin*[16] kannten, und die, gleich dem gewöhnlichen Meerschwein, in allen Meeren anzutreffen ist. Es maaß sechs Fuß, und hatte Milch in den Zitzen, indem es, wie bekannt, zur Classe der Säugthiere *(mammalia)* gehört. Am folgenden Morgen ward es zerlegt, und unter die Mannschaft vertheilt. Das Fleisch sahe fast ganz schwarz, folglich eben nicht sehr reizend aus; allein, wenn das Fett davon abgeschnitten wurde, schmeckte es doch wohl so erträglich, als ein Stück trocknes Rindfleisch. Auch ließen wir uns zu Mittage ganz gut dabey seyn, und waren mit dem Fang gar sehr zufrieden. Früh um 8 Uhr erblickte man vom Mastkorbe aus, Land. Es war eine kleine Insel von mittler Höhe, und, so wie *Botany-Eyland,* überall mit Cypressen bewachsen. Schon in beträchtlicher Entfernung vom Ufer, war die See ziemlich seicht, nemlich abwechselnd, höchstens mit 20 Faden zu ergründen. Nach Verlauf einer Stunde befanden wir uns nahe genug, um die Länge der Insel auf zwo bis drey Meilen schätzen, und wahrnehmen zu können, daß sie sehr steil, fast gänzlich mit Waldung bedeckt, vermuthlich aber nicht bewohnt sey. Die Menge von Wasservögeln, welche an der Küste umher schwärmten, widersprach dieser Vermuthung nicht, und ließ uns zugleich von neuem einer frischen Mahlzeit entgegen sehn. Das Mittagsessen ward zeitiger, als gewöhnlich aufgetragen, und geschwinder als sonst verzehrt, weil wirs kaum erwarten konnten, ans Land zu gehn. Der Capitain hatte mittlerweile zween Boote in Bereitschaft setzen lassen, in denen wir, zwischen großen Klippen- und Felsen-Massen, die von der Insel weit in See reichten, nach einer kleinen Bucht hinruderten, welche, vermittelst jener Klippen, dermaaßen geschützt war, daß die Boote ganz ruhig darinn ankern konnten. Unterhalb am Strande lagen große Steinklumpen, von welchen das Ufer gleich sehr steil, und, an einigen Orten, völlig senkrecht emporstieg. Zwischen zween Hügeln träufelte in einer Kluft ein kleiner Bach herab, an dessen Ufern wir heraufstiegen, und mit der größten Beschwerde in die Wälder drangen, indem ein dichtes Verhack von Winden- und Schlingpflanzen den Zugang versperrte. Sobald wir aber etwas tiefer kamen, ward der Wald ziemlich frey, und der Weg bequemer. Die Felsen dieser Insel bestanden aus dem gewöhnlichen gelblichen, thonartigen Gestein, das wir von *Neu-Seeland* her kannten. Hin und wieder fanden sich kleine Stückgen röthlicher, schwammiger Lava, die schon verwittert waren, und muthmaßen ließen, daß ehemals ein Volkan hier gebrannt habe.

---

16 Δελφις *Aristot. – Delphinus Delphis. Linn.*

Der Boden war so fett, als er seyn konnte, vielleicht Jahrhunderte lang mit verfaulenden Holzspänen und andern Pflanzentheilchen gedüngt. In solchem Erdreich mußte freylich alles gedeyhen! Die mehresten Sorten der Pflanzen waren uns bekannt, nemlich eben dieselbigen, welche wir schon auf *Neu-Seeland* gesehen hatten, nur daß sie hier mit allen den Vorzügen prangten, die ein milderer Himmelsstrich und ein besseres Erdreich zu geben pflegen. So schoß z. E. die *Neu-Seeländische Flachspflanze (Phormium tenax)* zu einer Höhe von neun bis zehn Fuß auf, und hatte auch größere, hellere Blumen, als in *Königin-Charlotten-Sund*. Die Naturalien von *Neu-Seeland* fanden sich hier mit jenen, die auf den *Neuen Hebridischen-Inseln,* imgleichen auf *Neu-Caledonia* angetroffen werden, vereint. Unter andern wuchsen die Cypressen des letzteren, und die Kohlpalmen der ersteren, in größter Vollkommenheit neben einander! Diese zwo Baumarten waren uns in gleicher Maasse willkommen. Die Cypressen dienten nemlich dem Zimmermann zu allerley Geräthe, oder zu kleinen Braamstangen, kleinen Raaen und dergleichen, indeß die Kohlpalmen uns allen ein angenehmes und schmackhaftes Erfrischungsmittel lieferten. Wir ließen eine gute Anzahl davon fällen, und nahmen den mittelsten Schossen, oder das Herz, mit ans Schiff. Dieses giebt eigentlich dem Baume seinen Namen, schmeckt aber mehr wie Mandeln, denn als Kohl. Die Thiere waren hier, so wie die Pflanzen, mehrentheils von *Neu-Seeländischen Gattungen,* nur daß die großen und kleinen Pagageyen ein weit helleres und glänzenderes Gefieder hatten; die Tauben hingegen waren auch nicht einmal in diesem Stück von den Neu-Seeländischen unterschieden. Außerdem fanden wir eine Menge kleiner Vögel, die dieser Insel eigenthümlich, und zum Theil sehr schön von Farbe waren. Am Strande wuchsen allerhand saftreiche Pflanzen z. B. eine Art *Tetragonia,* und ein *Mesembryanthemum,* davon wir einen guten Vorrath zu Suppenkräutern mit ans Schiff nahmen. Der muntere Gesang der Vögel erheiterte diesen einsamen Ort, dem nichts, als Größe fehlt, um für Europäer den besten Pflanzort in der Südsee abzugeben.[17] Erst am späten Abend kehrten wir nach dem Schiffe zurück, und bedauerten nichts mehr, als daß wir nicht daran gedacht, eine Paar Schweine hier auszusetzen. In einer so fruchtbaren Einöde hätten sie sich gewiß ohngestört fortpflanzen, und binnen wenig Jahren diese Insel zu einem treflichen Erfrischungsplatz für künftige Seefahrer machen können. Capitain *Cook* nannte diesen angenehmen Flecken Landes, *Norfolk-Eyland*. Es liegt unterm 59° 2' 30" südlicher Breite und 168° 16' östlicher Länge. Indeß daß wir die Wälder durchsuchten, hatten die Bootsleute sich nach Fischen umgesehen, und glücklicher Weise einen Pful angetroffen, wo die Fische während der Fluth hereinkommen. Der Fang war glücklich genug ausgefallen, und diese Fische, nebst den Vögeln, die wir geschossen, und den Herzen der Kohlpalmen, gaben uns zween Tage lang stattliche und schmackhafte Mahlzeiten. Am folgenden Morgen seegelten wir an der südlichen Spitze dieses Eylands vorüber, und erblickten, nicht weit davon, eine abgesonderte Klippe. Den ganzen Vormittag über warfen wir fleißig das Senkbley, welches, etwa acht bis neun Meilen weit vom Lande, zwischen dreyßig und vierzig Faden Tiefe angab. Tölpel und Sturmvögel flatterten in großer Menge um uns her. Sie schossen einmal nach dem andern, mit gewaltiger Schnellkraft, aus der Luft auf die Oberfläche des Wassers herab, und holten auf solche Art, Stoß für Stoß, einen Fisch weg. Es mußte folglich an dieser Stelle eine fischreiche Sandbank vorhanden seyn. Um ein Uhr Nachmittags hatten wir selbige passirt, denn nun war kein Grund mehr zu erreichen. Wir steuerten daher geradenweges und bey frischem Winde, nach *Neu-Seeland,* wo wir auf einen größern und mannigfaltigen Vorrath von Erfrischungen Rechnung machen durften. Diese waren uns auch, nach einem so langen Aufenthalt in heißen Gegenden, unentbehrlich, zumal da die Mannschaft, durch die üble Beschaffenheit des halb verfaulten Schiffsproviants, seit kurzem gänzlich von Kräften gekommen, wir aber nebst den Officieren, unglücklicher Weise, durch den Genuß der vergifteten Fische sehr zurückgesetzt worden waren.

Von *Pintaden, Sturmvögeln* und *Albatroßen* begleitet, segelten wir, bey so günstigem Winde, fort, daß schon am 17ten früh Morgens die Küste von *Neu-Seeland* vor uns lag. Bereits zwey Nächte zuvor hatten wir starken Abendthau gespürt, welches jederzeit für

17 Um so mehr, da Cap. Cook sagte, daß, Neu-Seeland ausgenommen, in keiner andern, als dieser Insel des Süd-Meeres, Holz zu Mastbäumen vorhanden wäre.

eine sichere Anzeige gehalten wird, daß man nicht mehr weit vom Lande ist. Der Theil von *Neu-Seeland* den wir jetzt im Gesicht hatten, war der Berg *Egmont,* ein erstaunlich hoher Pik, an der nördlichen Seite der Einfahrt in *Cooks-Straße* belegen. Er schien von oben an, bis schier auf die Mitte, mit Eis und Schnee bedeckt zu seyn. Den Gipfel konnte man nur dann und wann erblicken, gemeiniglich aber war er in Wolken verhüllt. Der ganze Berg hat ein majestätisches Ansehen, und andre Berge neben ihm sehen nur als kleine Hügel aus. Er steht auf einer großen Ebene, oder vielmehr, er breitet sich allmählig darinn aus, und der oberste Gipfel endigt sich in eine sehr dünne Spitze. Dem Raume nach zu urtheilen, den der darauf liegende Schnee einnimmt, muß dieser Bergwohl fast so hoch, als der Pik von Teneriffa seyn.

Der Wind, der bisher noch immer gelinde gewesen, verwandelte sich jetzt auf einmal in solchen Sturm, daß wir die Stunde über acht Meilen damit zurücklegten. Zu gleicher Zeit ward die Luft sehr rauh und kalt, indem das Thermometer bis auf 58° fiel. Wie froh waren wir, uns hier an der *westlichen* Küste von *Neu-Seeland* zu befinden, wo dieser Sturm uns günstig war, dahingegen er, an der *Ostseite* dieses Landes, uns äusserst gefährlich würde gewesen seyn, welches wir bey unsrer vorjährigen Anwesenheit allhier, genugsam erfahren hatten. Am folgenden Morgen trieb er uns beym Cap *Stephens,* bey der *Admiralitäts-Bay* und *Point-Jakson* vorüber, und brachte uns sodann in Königin *Charlotten-Sund,* wo die Berge schon einigen Schutz gaben. So langten wir endlich zum drittenmal auf dieser Reise glücklich wieder auf unserm ehemaligen Ankerplatz, in *Schip-Cove,* an. Der Anblick jedes bekannten Gegenstandes, so wild und öde er auch immer seyn mochte, machte auf uns einen angenehmen Eindruck, und die Hofnung, unsre erschöpften Kräfte hier wieder zu sammlen und zu stärken, erregte ungewöhnliche Fröhlichkeit im ganzen Schiff.

Riffreiher, ***F: Ardea jugularis***
Egretta sacra sacra (Queen Charlotte Sound/Neuseeland, 1774)

ACHTES HAUPTSTÜCK.

Dritter und letzter Aufenthalt zu Königin-Charlotten's Sund in Neu-Seeland.

Bey unsrer Ankunft auf der Neu-Seeländischen Küste wurden wir von schweren Regengüssen und heftigen Windstößen empfangen, welches eben kein freundlicher Willkomm zu nennen war. Überhaupt hatte die Jahreszeit, unter dem hiesigen rauhen Himmelsstrich, jetzt noch wenig Anmuth. Die Bäume standen zum Theil noch im traurigen Gewand des abgewichnen Herbstes da, und kaum zeigte sich hin und wieder nur eine entfernte Spur des wiederkehrenden Frühlings! Nachmittags fuhren wir nach derjenigen Gegend des Ufers hin, wo schon an beyden vorigen mahlen die Zelte gestanden hatten. Unsre Hauptabsicht war, daß wir nachsehen wollten, ob die Flasche noch da sey, welche, mit einem Briefe an Capitain *Fourneaux,* unter einem Baume vergraben zurückgelassen worden war. Beym Aussteigen fanden wir ein Häufgen *Seeraben, (Shags)* die auf einem über dem Wasser hangenden Baume genistet hatten. Dies dünkte uns vorläufig kein gutes Merkmahl; wir schlossen nemlich daraus, daß die Bucht seit langer Zeit nicht von Menschen, wenigstens nicht von Europäern, müsse besucht worden seyn. In Absicht der Wilden war dies sehr wohl möglich; denn die halten sich, den Winter über, gemeiniglich an den innersten Ufern der Bayen auf, weil um diese Jahrszeit die Fische, als ihr vorzüglichstes Nahrungsmittel, sich eben dorthin zurück zu ziehn pflegen. Nachdem wir die Seeraben verscheucht und einige ihrer Jungen, die aus Dummheit nicht wegflogen, mit Händen gegriffen hatten, stiegen wir ans Land. Nun änderte sich unsre Vermuthung auf einmal; wir durften nicht zehn Schritt weit gehen, um überall deutlich wahrzunehmen, daß sich, seit unsrer Abreise im vorigen November, ein europäisches Schiff hier müsse aufgehalten haben. Eine Menge von Bäumen, die bey unsrer Abreise noch auf dem Stamme waren, fanden wir jetzt, theils mit Sägen, theils mit andern den Indianern unbekannten Werkzeugen, niedergefällt. Auch die Flasche war fort, und andre untrügliche Merkmahle mehr vorhanden, daß Europäer hier gewesen. Die Gärten, welche wir angelegt, waren fast gänzlich verwildert, die Gewächse theils ausgerottet, theils durch Unkraut erstickt, welches in dem lockern, fruchtbaren Boden unglaublich überhand genommen hatte. Unterdessen, daß wir nach diesen Gegenständen sahen, fischten die Matrosen mit dem großen Zugnetz, jedoch ohne Erfolg. Am Schiffe hingegen war man in dieser Absicht, mit der Angel, glücklicher gewesen und hatte, unter andern, einen schönen See-Brachsen[1] *(Sparus Pagrus),* gefangen, der eilf Pfund wog. Bey Sonnenuntergang ließ der Capitain eine Kanone abfeuren, um dadurch die Einwohner von unserer Ankunft zu benachrichtigen, falls sie nemlich nahe genug wären, den Schuß zu hören. Wir wußten schon aus Erfahrung, wie nöthig uns ihre Gegenwart sey, weil unsre Leute sich nicht halb so gut, als sie, auf den Fischfang verstanden, und, auch ohne diese

1 Dies ist eine von denen Fischarten, die man in allen Theilen des Weltmeers antrift. So fängt man sie z. E. an der Englischen Küste, in der Mittelländischen See, am Vorgebirge der guten Hofnung und im Süd-Meer.

Abhaltung, alle Hände voll am Schiff zu thun hatten.

Bey Tagesanbruch zogen wir das Schiff tiefer in die Bucht, und brachten es um neun Uhr in einer sehr bequemen Lage dicht ans Ufer. Da das Wetter heut etwas gelinder war, so giengen wir ans Land und schlugen die Gezelte, eben da wo sie ehemals gestanden, wiederum auf. Die jungen Vögel vom vorigen Jahr, die unsre betrüglichen Feuergewehre noch nicht kannten, ließen uns unbekümmert so nahe an sich kommen, daß auch der ungeübteste Schütze sie nicht leicht verfehlen konnte. Eine so bequeme Gelegenheit, beydes unsre zoologischen Sammlungen und unsre Küche zu versorgen, ließen wir natürlicherweise nicht ungenutzt. Baumkletten nebst andern kleinen Vögeln, konnten für eben so gute Leckerbissen gelten, als unsre Ortolane, und überhaupt würde fast ein jeder Neu-Seeländischer Landvogel, Habichte allein ausgenommen, der besten europäischen Tafel Ehre gemacht haben.

Nachmittags begleiteten wir Capitain *Cook* nach *Cannibal-Cove,* die nordwärts dicht an unsre Bucht (nemlich *Schip-Cove)* gränzte. Sellerie und Löffelkraut wuchsen dort häufig am Strande, und der Capitain hatte sichs zum unverbrüchlichen Gesetz gemacht, dergleichen heilsame Kräuter für sein Schiffsvolk einzusammlen, wo sie nur zu finden waren. Unterdeß daß die Matrosen sich mit dieser Arbeit beschäftigten, streiften wir im Walde umher, und fanden einen wahren *Kohl-Palmbaum (areca oleracea)* von derselben Art, die wir schon auf *Norfolk-Eyland* angetroffen hatten.

In diesem, verhältnißweise, kalten Lande war uns dies ein unerwarteter Fund und zugleich ein Beweiß, daß der Kohl-Palmbaum weit härtlicher als alle übrigen Palmenarten seyn müsse. Gegen Abend kehrten wir mit einer vollen Bootsladung antiscorbutischer Kräuter zurück, die uns allen sehr dienlich, denen aber, die vergiftet gewesen, besonders willkommen waren. Sie erwarteten nemlich, von dem Gebrauch eines solchen blutreinigenden Mittels, die sicherste Herstellung ihrer Gesundheit und ihrer Kräfte. Bey Sonnenuntergang ward abermals eine Kanone abgefeuert, weil sich noch immer keiner von den Einwohnern hatte sehen lassen.

Am folgenden Tage stürmte es gewaltig, und war um desto kälter, weil der Wind über die hohen, mit Schnee bedeckten, Alpen her kam. Gegen Abend fiel heftiger Regen ein, der abwechselnd, mit dickem Nebel begleitet, volle 24 Stunden anhielt. Nach Verlauf dieser Zeit stellte sich Nordwestwind ein, wodurch das Wetter bald wieder gänzlich heiter ward.

Am 22sten gieng die Sonne, am wolkenfreyen Himmel, in aller ihrer Pracht auf; das gefiederte Chor ließ sich, zum erstenmal nach unsrer Ankunft, auf allen Seiten hören, und verkündigte einen schönen Frühlingstag. Unsre Officiere eilten daher sämtlich auf die Jagd, wir aber giengen, mit Capitain *Cook,* in einem Boote längst der Küste gegen *Point-Jackson,* und stiegen in verschiedenen kleinen Buchten ans Land. Nachmittags machten wir eine Fahrt nach dem *Hippah*-Felsen und zündeten daselbst ein Feuer an, um, durch dieses Signal, die Einwohner herbey zu locken. Von dort aus besuchten wir auch unsern auf *Motu-Aro* ehemals angelegten Küchengarten, fanden aber die Pflanzen alle verblüht und die Saamen größtentheils von den Vögeln gefressen. Gegen Abend kamen die Offiziers, nach einer sehr ergiebigen Jagd, sämmtlich wieder an Bord; die Matrosen waren unterdeß auch nicht müßig gewesen, sondern brachten ansehnliche Vorräthe frischer Kräuter und eine ziemliche Parthey Fische mit sich. Ein so allgemein glücklicher Erfolg gab im ganzen Schiffe Anlaß zu einer Art von Feste, bey welchem der Leichtsinn des Seevolks auf einmal aller vorigen Trübsale vergaß.

Nachdem wir noch einen Tag länger, wiewohl vergebens, auf die Ankunft der Indianer gewartet hatten, nahmen wir uns vor, sie in den südwärts gelegenen Buchten selbst aufzusuchen. Unterdeß daß hiezu, am 24sten bald nach Tagesanbruch, Anstalt gemacht wurde, zeigten sich zwey seegelnde Canots im Eingang von *Shag-cove*. Wir vermutheten, daß sie unserntwegen kämen, allein, so bald sie das Schiff gewahr wurden, nahmen sie die Seegel ein, und ruderten in größter Eil davon. Diese Schüchternheit, die wir sonst gar nicht an ihnen gewohnt waren, machte uns natürlicherweise nur desto begieriger, sie zu sprechen, um die Ursach ihres Mistrauens zu ergründen. In dieser Absicht fuhr Capitain *Cook* mit uns in seinem Boot nach *Shag-cove*. Von Austernsammlern und See-Raben *(Shags),* die sich dort in großer Anzahl aufhalten, schossen wir nicht wenige; von den Indianern aber, die wir anzutreffen hoften, war nirgends eine Spur zu finden. Schon wollten wir wieder umkehren, als vom südlichen Ufer her eine Stimme erscholl, und, bey näherem Umsehen, etliche Leute oben auf den höhern Bergen zum Vorschein kamen. Auf einer kleinen waldigen Anhöhe standen noch drey oder vier andre; nicht weit davon lagen mehrere Hütten zwischen den Bäumen, und unterhalb waren die Canots auf den Strand gezogen. Bey diesen stiegen wir an Land. Die Indianer besannen sich eine Zeitlang, ob sie auf unser Winken herabkommen wollten oder nicht; endlich wagte es einer, und sobald er, nach hiesiger Landessitte, zum Friedenszeichen unsre Nasen mit der seinigen berührt hatte, folgten seine Cameraden, desgleichen die übrigen, welche bisher auf den höheren Bergen geblieben waren. Sie hatten sämtlich alte, abgetragene Stroh-Mäntel an, die Haare hiengen ihnen zottigt um den Kopf, und der Unreinlichkeit wegen konnte man sie schon von ferne wittern. Unter allen diesen Leuten waren uns höchstens drey oder viere bekannt; sobald sie sich aber nahmkundig machten, erinnerten wir uns andrer ehemaligen Bekannten und fragten nach ihrem Befinden. Die Antwort, welche darauf erfolgte, war indessen so verworren, daß wir sie nicht deutlich verstanden; nur so viel brachten wir heraus, daß sie von einer Schlacht sprachen und verschiedne von ihren Landsleuten angaben, die das Leben dabey eingebüßt hatten. Zu gleicher Zeit fragten sie einmal nach dem andern, ob wir ungehalten auf sie wären, und ob unsre Freundschafts-Bezeugungen auch wohl treuherzig gemeynt seyn möchten? Sowohl diese Reden, als ihre sichtbare Verlegenheit, ließen uns nicht ohne Ursach vermuthen, daß sie mit der Mannschaft irgend eines europäischen Schiffs unglücklicher Weise in Streit gerathen seyn müßten, und natürlicher Weise fiel uns dabey unsre ehemalige Begleiterin, die *Adventure,* ein. Doch, weit entfernt, ihnen vor der Hand etwas hievon merken zu lassen, suchten wir vielmehr ihr Zutrauen wieder zu gewinnen, und das gelang uns auch, indem wir die Unterredung auf einen andern Gegenstand lenkten, namentlich, Fische zu kaufen begehrten. Der Gedanke, etwas zu erwerben, machte sie auf einmal guten Muths; sie liefen zu ihren Canots, räumten die darüber gedeckten Matten weg, und brachten eine Menge Fische zum Vorschein, die vermuthlich diesen Morgen erst gefangen waren. Für etwas tahitisches Zeug, einige Nägel, Medaillen und Stückchen rothen Tuchs, überließen sie uns so viel, als unsre ganze Mannschaft zu einer Mahlzeit brauchte. Ein Mann von mittlerm Alter, dem Schein nach der Vornehmste unter den Anwesenden, sagte uns nunmehro, er heiße *Piterré,* und bezeigte sich besonders freundschaftlich. Seine Cameraden thaten es ihm darinn bald nach, und wurden endlich so zutraulich, daß sie versprachen, morgen früh allerseits an Bord zu kommen. Mit dieser Versicherung schieden wir aus einander, nicht ohne den eigenthümlichen Character ihres Muths zu bewundern, der den Gedanken: »sich vor einem Feinde verbergen« für ganz unzuläßig hält, und sie auch jetzt, so wie ehemals in *Dusky-bay,*[2] bewogen hatte, ihrer Besorgniß und unsrer Überlegenheit ohnerachtet, von freyen Stücken hervor zu kommen! Gleichwohl hatten sie, wie aus der Folge dieser Erzählung erhellen wird, nur allzugiltige Ursach unsre Rache zu fürchten.

Piterré und seine Gefährten hielten Wort; sie kamen des andern Morgens, bey Sonnen-Aufgang, in fünf Canots angezogen und verkauften uns eine große Menge schmackhafter Fische, wodurch der Überfluß an unsern Tafeln auf einmal wieder hergestellt ward. Als der Handel mit Fischen geschlossen war, brachten sie allerhand Stücke grünen nephritischen Steins, die theils zu Meißeln, theils zu Zierrathen verarbeitet waren, hervor, um solche gegen tahitisches Zeug, englisch Tuch oder Eisenwerk, zu vertauschen, und als auch von diesen Artikeln niemand mehr etwas begehrte, kehrten sie nach dem Ufer zurück. Ein Theil unsrer Mannschaft war daselbst mit Wasserfüllen, Holzhauen, u. d. g. Arbeiten beschäftigt; auch hatte Herr *Wales* seine Sternwarte dort aufgerichtet; hier boten sie ihre Kostbarkeiten von neuem aus und nahmen, nach einem so wohl angewandten Tage, das Nachtquartier auf dem nächsten Strande. Am folgenden Morgen giengen sie unserntwegen wieder auf den Fischfang und versorgten uns, Tag für Tag, so reichlich, daß wir stets so frischen Vorrath hatten. Die mehreste Zeit über und am liebsten hielten sie sich bey den Arbeitern am Strande auf, weil verschiedene von selbigen, vornemlich ein paar See-Soldaten, Vergnügen daran fanden, Stunden lang mit ihnen zu sprechen, so gut es ihre Kenntniß der hiesigen Sprache erlaubte. Dieser vertraute Umgang machte

2 Siehe im ersten Teil dieser Reisen *pag.* 122 und namentlich *pag.* 137 f.

die Indianer in kurzem so offenherzig, daß sie ihren neuen europäischen Freunden eine Geschichte erzählten, die uns allen sehr auffallend vorkam. Es habe nemlich, sagten sie, vor einiger Zeit ein fremdes Schiff allhier vor Anker gelegen, dessen ganze Mannschaft, in einem Treffen mit den Einwohnern, erschlagen und gefressen worden wäre! Diese Nachricht klang fürchterlich genug, um uns zu erschrecken zumahl da wir befürchten mußten, daß die *Adventure* damit gemeynt sey. Um mehr Licht davon zu bekommen, fragten wir die Wilden nach verschiedenen einzelnen Umständen und entdeckten bald dies, bald jenes, wodurch unsre Vermuthung immer mehr ausser Zweifel gesetzt ward. Endlich merkten sie, daß dieser Gegenstand uns ganz besonders am Herzen liegen müsse, weil wir gar nicht aufhörten, sie darüber auszufragen; sie weigerten sich also auf einmal, ein mehreres davon zu sagen, und stopften sogar einem ihrer Landsleute, durch Drohungen, den Mund, da er eben im Begriff war, uns den ganzen Verlauf nochmals im Zusammenhange zu erzählen. Dies machte Capitain *Cook* immer begieriger, etwas zuverläßiges vom Schicksal der *Adventure* zu wissen; er rief deshalb den *Piterré,* nebst noch einem andern Wilden, in die Kajüte, und versuchte, sich so deutlich, als möglich, gegen sie zu erklären. Allein, beyde läugneten, daß den Europäern das geringste zu Leide geschehen sey. Indessen war noch die Frage, ob sie auch recht verstanden, was wir eigentlich von ihnen zu wissen verlangten, und ob wir ihnen den Innhalt unsrer Frage nicht deutlicher und anschaulicher machen müßten? Diesen Endzweck zu erreichen schnitten wir zwey Stückchen Papier in Gestalt zweyer Schiffe aus, davon das eine die *Resolution,* das andre die *Adventure* vorstellen sollte. Alsdenn zeichneten wir den Plan des Havens auf einem größeren Papier, zogen hierauf die Schiffe so vielmal in und aus dem Haven, als wir wirklich darinn geankert hatten, und wieder abgesegelt waren, bis zu unsrer letzten Abreise im November. Nun hielten wir eine Zeitlang ein; und fiengen sodann an, *unser* Schiff nochmals hereinzuziehn; hier unterbrachen uns aber die Wilden, schoben *unser* Schiff zurück und zogen *das* Papier, welches die *Adventure* vorstellte, in den Haven und wiederum heraus, wobey sie zugleich an den Fingern zählten, seit wie viel Monden dieses Schiff abgesegelt sey. Auf solche Art erfuhren wir, mit zwiefachem Vergnügen, nicht nur, daß unsre ehemalige Reisegefährten *gewiß* von hier abgesegelt wären, sondern auch, daß die Einwohner mit einem Grad von Scharfsinn begabt sind, der bey weiterer Ausbildung alles mögliche erwarten läßt. In Absicht der Geschichte blieb uns nur allein *das* noch räthselhaft, wie sich ihre erste Aussage, von einem Treffen zwischen den Indianern und Europäern, mit der letzten Versicherung reime, daß unsern Landsleuten kein Leid wiederfahren, und die *Adventure* wiederum von hier abgegangen sey? Gleichwie man aber das, was man wünscht, auch zu hoffen pflegt; so suchten wir uns endlich damit zu beruhigen, daß bey dem ersten Theil der Erzählung, unserer Seits, ein Misverständniß obwalten müße. Und wirklich kamen wir über diesen Punkt nicht ehe als bey der Rückkunft nach dem *Cap* ausser Zweifel; dort erzählte man uns, daß die *Adventure,* bey ihrer letzten Anwesenheit in *Neu-Seeland,* ein Boot mit zehen Mann eingebüßt habe. Hoffentlich wird es meinen Lesern nicht zuwider seyn, von diesem traurigen Vorfall etwas bestimmteres zu vernehmen; ich will also das, was ich, bey meiner Rückkunft nach England, von den Leuten der *Adventure* in Erfahrung gebracht, mit demjenigen, was die *Neu-Seeländer* davon erzählt haben, verbinden. Nachdem Capitain *Fourneaux* durch Sturm und Nebel von uns getrennt worden, sahe er sich genöthigt am 9ten November 1773, auf der nördlichen Insel von *Neu-Seeland,* namentlich in der *Bay Tolaga,* vor Anker zu gehen. Von hier segelte er am 16ten wiederum ab, und langte am 30sten, einige wenige Tage nach unsrer Abreise, in *Königin-Charlotten-Sund,* an. *O Maï,* (der Indianer aus der Insel *Raietea,* der sich am Bord der *Adventure* befand), erzählte mir in England, er sey der erste gewesen, der die Innschrift am Baume entdeckt hätte, an dessen Fuß die Flasche mit der Nachricht von unsrer Abreise verscharrt worden war. Er zeigte die Innschrift dem Capitain, der gleich nachgraben ließ, und die Flasche nebst dem darin verschlossenen Briefe fand. Selbigem zufolge machte dieser auch unverzüglich Anstalt die Reise fortzusetzen. Schon war sein Schiff seegelfertig, als er noch ein Boot nach *Gras-Cove* abschickte, um eine Ladung Löffelkraut und Sellerie von dort herzuholen. Das Commando dieses kleinen Detaschements ward einem gewissen Herrn *Rowe* anvertraut. Dieser unglückliche junge Mann hatte, bey einer sonst guten

Schildfisch, ***F: Cyclopterus pinnulatus***
Trachelochismus pinnulatus (Queen Charlotte Sound/Neuseeland, 23. Oktober 1774)

Denkungsart, die Vorurtheile der seemännischen Erziehung noch nicht völlig abgelegt. Er sahe z. E. alle Einwohner der Südsee mit einer Art von Verachtung an, und glaubte eben dasselbe Recht über sie zu haben, welches sich, in barbarischen Jahrhunderten, die Spanier über das Leben der amerikanischen Wilden anmaaßten. Seine Leute landeten in *Gras-Cove,* und fingen an Kräuter abzuschneiden. Vermuthlich hatten sie, um mehrerer Bequemlichkeit willen, bey dieser Arbeit ihre Röcke ausgezogen; wenigstens erzählten uns die Indianer in *Königin Charlotten-Sund,* der Streit sey *daher* entstanden, daß einer von ihren Landsleuten den unsrigen eine Jacke gestohlen hätte. Dieses Diebstahls wegen habe man sogleich Feuer auf sie gegeben, und so lange damit fortgefahren, bis die Matrosen kein Pulver mehr gehabt: Als die Eingebohrnen dies inne geworden, wären sie auf die Europäer zugerannt, und hätten selbige bis auf den letzten Mann erschlagen. Da mir selbst erinnerlich ist, daß Herr *Rowe* immer zu behaupten pflegte, die *Neu-Seeländer* würden das Feuer unserer Musketerie nicht aushalten, wenn es einmal zum Schlagen käme; so kann es ganz wohl seyn, daß er bey dieser Gelegenheit einen Versuch dieser Art habe anstellen wollen. Schon in *Tolaga-Bay* hatte er große Lust bezeugt, auf die Einwohner zu feuern, weil sie ein klein Brandtewein-Fäßgen entwendet; auf das gutherzige und weisere Zurathen des Lieutenant *Burney,* ließ er sich jedoch damals eines bessern bereden. Als Capitain *Fourneaux* sahe, daß das abgefertigte Boot zween volle Tage ausblieb, schickte er vorgedachten Lieutenant *Burney* in einem andern wohl bemannten und stark bewafneten Boote ab, um jenes aufzusuchen. Dieser erblickte am Eingang von *East-Bay* ein großes Canot voll Indianer, die aus allen Kräften fort ruderten, so bald sie das Boot der *Adventure* gewahr wurden. Die Unsrigen ruderten tapfer hinterdrein; allein, aus Besorgniß eingeholt zu werden, sprangen die *Neu-Seeländer* sämtlich ins Wasser, und schwammen nach dem Ufer zu. Herrn *Burney* kam diese ungewöhnliche Furcht der Wilden sehr befremdend vor; doch, als er das ledige Canot erreicht hatte, sahe er leider nur zu deutlich, was vorgefallen war. Er fand nämlich in diesem Fahrzeuge verschiedene zerfezte Gliedmaaßen seiner Schifs-Cameraden, und einige ihrer Kleidungs-Stücke. Nach dieser traurigen Entdeckung ruderten sie noch eine Zeitlang umher, ohne von den Indianern etwas ansichtig zu werden, bis sie um ein Uhr in *Gras-Cove,* als dem eigentlichen Landungsort der verunglückten Mannschaft, ankamen. Hier war eine große Anzahl von Indianern versammlet, die sich, wider ihre Gewohnheit, beym Anblick der Europäer sogleich in wehrhafte Verfaßung setzten. Der seitwärts gelegene Berg wimmelte von Menschen, und an vielen Orten stieg ein Rauch auf, der vermuthen ließ, daß das Fleisch der erschlagnen Europäer schon zu einer festlichen Mahlzeit zubereitet werde! Dieser Gedanke erfüllte selbst die hartherzigsten Matrosen mit Grausen, und machte ihnen das Blut in allen Adern starren; doch, im nächsten Augenblick entbrannte ihre Rachgier, und die Vernunft mußte unter diesem mächtigen Instinct erliegen. Sie feuerten und tödteten viele von den Wilden, trieben sie auch zuletzt, wiewohl nicht ohne Mühe, vom Strande, und schlugen ihre Canots in Trümmern. Nunmehro, da sie sich sicher dünkten, stiegen sie ans Land, und durchsuchten die Hütten. Sie fanden mehrere Bündel Löffelkraut, welche ihre unglücklichen Cameraden schon zusammengebunden haben mußten, und sahen viele Körbe voll zerstückter und zerstümmelter Glieder, unter welchen sie die Hand des armen *Rowe* deutlich erkannten. Die Hunde der Neu-Seeländer fraßen indeß am Strande von den herumliegenden Eingeweiden! Von dem Schifs-Boote waren nur wenige einzelne Stücke zu sehen; Herr *Burney* vermuthete daher, daß die Wilden es zerschlagen haben möchten, um die Nägel herauszuziehn, auch ists nicht unwahrscheinlich, daß die Unglücklichen, die hier ums Leben gekommen, ihr Boot bey ablaufender Ebbe auf dem trocknen Boden sitzen lassen, und folglich sich selbst das letzte Mittel benommen hatten, ihrem traurigen Schicksal durch die Flucht zu entrinnen[3]. Nach einem solchen Verlust, den Capitain *Fourneaux* um desto empfindlicher fühlte, weil Herr *Rowe* sein Anverwandter war, seegelte er am 22sten December aus *Königin-Charlotten-Sund* ab, und paßirte das Cap *Horn,* ohne irgendwo Land zu sehen oder vor Anker zu gehen, bis am 19ten März 1774, da er das Cap der guten Hofnung erreichte. Vom Cap kehrte er nach England zurück, und langte am 15ten Julius, mithin um eben die Zeit, zu *Spithead* an, da wir, auf der andern Hemisphäre, mit Entdeckung der *Neuen Hebridischen* Inseln beschäftigt waren.

Die *Neu-Seeländer* sind von jeher allen Nationen, welche zu ihnen gekommen, gefährliche Feinde gewesen. Der erste Entdecker dieses Landes, *Abel Janssen Tasmann,* ein Holländer, verlor vier von seinen Matrosen an einem Ankerplatze, den er, dieses Vorfalls wegen, die *Mörder-Bay* nannte, und der vermuthlich mit der vom Capitain *Cook* sogenannten *blinden Bay* einerley ist. Die Einwohner nahmen einen der erschlagnen Matrosen mit sich, und wissen also, ohnstreitig schon seit 1642, wie das Fleisch eines Europäers schmeckt. Den Engländern haben sie durch die so eben erzählte Geschichte noch weit ärger, den Franzosen aber schlimmer als allen übrigen mitgespielt, indem sie *Herrn Dufresne Marion* mit acht und zwanzig Mann erschlagen und gefressen haben! *Mr. Crozet, Capitaine de brûlot* in französischen Diensten, der, auf einer Reise nach Ost-Indien, gerade zu der Zeit am Cap der guten Hoffnung vor Anker lag, als *wir,* von unserm Kreislauf, eben daselbst anlangten, erzählte mir das traurige Schicksal, welches *Mr. Dufresne Marion* betroffen hatte. Herr *Crozet* commandirte nemlich das Königliche Schiff, den *Mascarin,* als zweyter Officier, unter besagtem Herrn von *Marion,* und gieng, nebst noch einem Schiffe, welches ihn begleitete, auf dem nördlichen Theil von *Neu-Seeland* in der *Bay der Eylande* vor Anker[4]. Der Verlust, den er durch Sturm an seinen Masten erlitten

3 Capitain *Cook* hat auf seiner letzten Reise in das stille Weltmeer, deren Beschreibung jetzt unter der Presse ist, Ergänzungen und Berichtigungen zu dieser Erzählung gesammlet, und in sein Tagebuch eingetragen, auf welches wir hier verweisen.

4 Man sehe im ersten Teil pag. 109 und 170 wo ich der Entdeckungen des Herrn Marions vor dessen Ankunft in Neu-Seeland erwähnt habe.

hatte, nöthigte ihn, hier in den Wäldern neue zu suchen. Er fand auch wirklich einige Bäume, die dazu taugten, nur schien es fast unmöglich, sie von den Bergen nach dem Wasser herab zu schaffen. Doch Noth kennt kein Gesetz; diesem Grundsatz gemäß mußte auch Herr *Crozet* sich zu der mühsamen Arbeit bequemen, durch die dicksten Wälder, einen drey Meilen langen Weg bis nach dem Ort hin aushauen zu lassen, wo die zu Masten brauchbaren Stämme vorhanden waren. Indeß daß diese langweilige Unternehmung zu Stande kam, schlug ein Theil seiner Leute, auf einem Eyland, einige Zelte auf, um mit mehrerer Bequemlichkeit Trinkwasser zu füllen, und einzelne Partheyen nach Brennholz auszuschicken. Bey so bewandten Umständen hatten sie hier schon 39 Tage zugebracht, und sich das Zutrauen der Einwohner dergestalt erworben, daß ihnen diese, mit der größten Zudringlichkeit, ihre Mädchen anboten. Eines Tages gieng Herr *Marion,* in Begleitung etlicher anderer Personen, ans Land, um nach den verschiedentlich angestellten Arbeitern zu sehen. Die Leute, die mit dem Anfüllen der Wasserfässer zu thun hatten, besuchte er zuerst; von da wollte er zu den Zimmerleuten gehen, die unter Herrn *Crozets* Aufsicht im Walde arbeiteten, vorher aber, wie er gemeiniglich zu thun pflegte, in dem *Hippah* oder Vestung der Indianer, wo ihn der Weg vorbey führte, einsprechen. Hier muß er mit seiner ganzen Begleitung umgekommen seyn, denn man hat nachher nichts weiter von ihm vernommen. Der Lieutenant, auf den in Abwesenheit Herrn *Marions* das Commando des Schiffes gefallen war, wunderte sich zwar, daß jener am Abend nicht wieder an Bord kam, doch beruhigte er sich damit, daß die Umstände ihn genöthigt haben würden, die Nacht über am Lande zu bleiben, wozu auch, in den Zelten, alle Bequemlichkeit vorhanden war. In dieser Meynung schickte er am folgenden Morgen, ganz unbesorgt, eine Parthey Matrosen aufs Holzhauen, und diese giengen, jenseits der, in Capitain *Cooks* Charte angedeuteten Landzunge, ans Ufer[5]. Ein Trupp von Wilden, der, seit dem gestrigen Vorfall im *Hippah,* allhier im Hinterhalt liegen mochte, nahm den Augenblick wahr, da die Holzhauer sämmtlich an der Arbeit waren, überfiel selbige und ermordete sie alle, bis auf einen einzigen Matrosen, der queer über die Landzunge davon rannte, sich in die See stürzte, und, obgleich verschiedentlich von Wurfspießen verwundet, nach den Schiffen hinschwamm. Er war so glücklich, daß man ihn gewahr ward und an Bord half, wo seine Erzählung bald ein allgemeines Schrecken verbreitete. Herr *Crozet* befand sich unterdeß mit den Zimmerleuten noch immer im Walde, folglich in Gefahr von den Wilden abgeschnitten, und nicht besser, als seine unglücklichen Landsleute behandelt zu werden. Um ihn dafür zu warnen, ward unverzüglich ein Corporal mit vier Seesoldaten abgeschickt, und zugleich etliche Boote beordert, bei den Kranken-Zelten auf Herrn *Crozet* zu warten. Der Corporal kam glücklich zu Herrn *Crozet* hin, und dieser hatte es seinen guten Maaßregeln zu verdanken, daß auch er wohlbehalten an dem Ort anlangte, wo die Schiffsboote für ihn bereit lagen. Schon glaubte er, der Aufmerksamkeit der Wilden gänzlich entgangen zu seyn; hier aber, wo er sich einschiffen wollte, war eine große Menge derselben beysammen, die sich aufs beste geputzt[6] und verschiedene Führer an ihrer Spitze hatten. Nun kam alles auf Entschlossenheit an, und daran fehlte es, zum Glück, Herrn *Crozet* nicht. Er befahl denen vier Seesoldaten, beständig in Anschlag zu bleiben, und, auf das erste Zeichen, ihren Mann ja nicht zu verfehlen. Darauf ließ er die Kranken-Zelte abbrechen, und nebst dem Geräthe der Zimmerleute, in die Böte schaffen. Eben dahin mußten sodann auch die Arbeiter allgemach folgen, indeß er selbst mit seinen vier Scharfschützen, auf den vornehmsten Befehlshaber der Wilden zugieng. Dieser erzählte ihm sogleich, daß einer ihrer Anführer, den er nannte, Herrn *Marion* erschlagen habe. Statt aller Antwort ergriff Capitain *Crozet* einen Pfahl, stieß solchen mit Heftigkeit, dicht vor den Füßen des Wilden, in die Erde, und gebot ihm, nicht um ein Haar breit näher zu kommen. Die Kühnheit dieser Handlung setzte sowohl den Anführer, als seinen ganzen Trupp sichtbar in Erstaunen und Herr *Crozet* wußte ihre Bestürzung sehr gut zu nutzen, indem er verlangte, daß alle Anwesende sich niedersetzen sollten, welches auch ohne Widerrede geschah. Nun gieng er so lange vor den Neu-Seeländern auf und ab, bis alle seine Mannschaft ein-

5 S. Hawkesworths zweyte Sammlung der englischen Seereisen, [4°] 2ter Band, S. 352.

6 Das thun sie allemal, wenn sie eine Schlacht liefern wollen.

geschift war; darauf mußten die Scharfschützen folgen, und Er stieg ganz zuletzt in's Boot. Kaum waren sie vom Lande abgefahren, als die *Neu-Seeländer* sämmtlich aufstanden, den Schlachtgesang anstimmten, und mit Steinen nach ihnen warfen; die Matrosen ruderten aber so schnell, daß sie bald ausser dem Wurf waren, und solchergestalt wohlbehalten ans Schiff zurück kamen. Seit diesem Vorfall machten die *Neu-Seeländer* immer mehrere Versuche, die Franzosen, wo möglich ganz und gar aufzureiben. So wagten sie z. E., mitten in der Nacht, einen Anfall gegen die auf der kleinen Insel campirenden Arbeiter, um die es auch gewiß würde geschehen gewesen seyn, wenn sie nicht so sehr auf ihrer Huth gewesen wären. Ein andermal führten sie, in mehr als hundert großen, stark bemannten Canots, einen förmlich combinirten Angriff auf die beyden Schiffe aus; dieser Versuch bekam ihnen aber sehr übel, denn sie wurden von der Artillerie häßlich empfangen und abgewiesen. So anhaltende Feindseligkeiten überzeugten Herrn *Crozet* endlich, daß er seine Schiffe unmöglich ehe mit Masten würde versorgen können, bis die Einwohner aus ihrem großen, wohlbefestigten *Hippah* vertrieben wären. Auf diese Expedition gieng er also eines Morgens mit einem starken Commando aus. Die Einwohner erwarteten ihn wohl vorbereitet; er fand sie in großer Anzahl hinter ihren Pallisaden auf den Streitgerüsten, die Capitain *Cook* in seiner ersten Reisegeschichte beschreibt[7]. Die Franzosen griffen die Besatzung durch ein beständig unterhaltenes Peloton-Feuer an, welches von so kräftiger Wirkung war, daß die Neu-Seeländer bald von ihren Streit-Bühnen herab sprangen und hinter den Pallisaden Schutz suchten. Um sie auch von da aus zu verjagen, mußten die Zimmerleute anrücken und eine Bresche in die Pallisaden machen. In die erste Öfnung, welche entstand, stellte sich sogleich ein Anführer der Indianer und suchte, mit seinem Spieß, den Zimmerleuten Einhalt zu thun. Herr *Crozet* hatte sich aber einige gute Schützen gewählt, durch welche er diesen wehrhaften Indianer augenblicklich niederschießen ließ. Alsbald rückte ein andrer in seine Stelle, trat auf den Leichnam seines Vorgängers und setzte sich zur Wehr. Auch dieser ward ein Opfer seines unerschrocknen Muths, und auf solche Art blieben, auf diesem gefährlichen Ehrenposten, acht Befehlshaber, einer nach dem andern. Da die Indianer ihre Anführer so schnell fallen sahen, ergriffen die übrigen die Flucht, verlohren aber durch das Nachsetzen der Sieger noch viel Leute. Herr *Crozet* both 50 Thaler für einen lebendigen Neu-Seeländer, es war aber den Franzosen nicht möglich, nur eines einzigen habhaft zu werden. Ein Soldat, der die Prämie gern verdienen wollte, bekam einen alten abgelebten Greis zu packen, und suchte ihn zum Capitain zu schleppen. Der Wilde aber, der keine andre Waffen hatte, biß dem Franzosen in die Faust, welches diesen dermaaßen schmerzte, daß er ihn im ersten Jähzorn mit dem Bayonet niederstieß. In dem eroberten *Hippah* fand sich eine große Menge Zeug, Waffen, Werkzeuge und roher Flachs, nebst einem ansehnlichen Vorrath von trocknen Fischen und Wurzeln, die vermuthlich für den bevorstehenden Winter daselbst aufbewahrt wurden. Diese blutige Unternehmung verbreitete ein solches Schrecken unter die Indianer, daß Herr *Crozet* seine Schiffe nun ungestört ausbessern, und, nach einem Aufenthalt von vier und sechszig Tagen, die Bay der Eilande verlassen konnte[8].

Bey dieser Streitigkeit mit den Franzosen würden die *Neu-Seeländer* in keinem vortheilhaften Lichte erscheinen, wenn wir nicht vermuthen könnten, daß vorher etwas vorgefallen seyn müste, wodurch sie sehr beleidigt und in Harnisch gebracht worden. Wenigstens siehet man aus ihrem übrigen Betragen gegen die Europäer, daß sie weder verrätherisch, noch menschenfeindlich sind. Warum sollten wir also nicht annehmen dürfen, daß die Franzosen, ohne es vielleicht selbst zu wissen oder gewahr zu werden, ihnen etwas in den Weg gelegt, wodurch jene sich für berechtigt gehalten haben, ihrer Rachsucht dermaaßen den Zügel schießen zu lassen, als dies von rohen Wilden nur immer erwartet werden kann? Wir hatten um desto mehr Ursach, der Erzählung der Einwohner von *Königin-Charlotten-Sund* Glauben beyzumessen, weil sie ihre eignen Landsleute, unverhohlen, eines

7 S. *Hawkesworths* Sammlung der neuesten engl. See-Reisen, in 4. 2ter Band, S. 393. u. f.

8 Die kleinen Verschiedenheiten, die sich zwischen dieser Erzählung, und der nunmehr gedruckten eignen Relation des Capitain *Crozet* bemerken lassen, muß man keiner andern Ursach, als der Lebhaftigkeit, womit ein Franzos mündlich erzählt, zuschreiben. *(S. Voyage à la mer du Sud. Paris 8. 1783.)*

Diebstahls beschuldigten. Allein sie gaben auch deutlich genug zu erkennen, daß die Übereilung der Unsrigen, diesen Diebstahl sogleich durch Musketenfeuer, und vielleicht ohne Unterschied an dem ganzen Haufen, zu ahnden, ihre Mitbrüder aufgebracht, und sie zur Rache angereizt habe. Wir werden geboren, unsre abgemeßne Zeit auf dem Erdboden zu durchleben; will jemand, vor dem Ablauf dieser Zeit, unserm irrdischen Daseyn ein Ziel setzen, so können wir es als ein Vergehen gegen die Gesetze des Schöpfers ansehen. Dieser verlieh uns die Leidenschaften gleichsam zur Schutzwehr und bestimmte den Trieb der Rache, vorzüglich, zu Abwendung aller gewaltsamen Unterdrückung. Der Wilde fühlt dieses und eignet sich selbst das Recht zu, Beleidigungen zu rächen, dahingegen in der bürgerlichen Gesellschaft gewissen einzelnen Personen, ausschliessenderweise, die Macht anvertraut, und zugleich die Pflicht auferlegt ist, alles Unrecht zu rügen. Indessen ist diese Art, das Recht zu handhaben, auch in den gesitteten Ländern Europens, nicht immer, und nicht auf alle Fälle hinreichend. Wenn z. B. dieser Gewährsmann der öffentlichen Ruhe, dieser allgemeine Rächer des Unrechts, seinen eignen Arm gegen die geheiligten Rechte des gemeinen Wesens aufhebt; müssen alsdenn nicht alle bürgerliche Verbindlichkeiten aufhören, muß nicht ein jeder seine eigenen natürlichen Rechte selbst verfechten, und den Leidenschaften, als den ursprünglich angebornen Mitteln zur Selbsterhaltung, wieder freyen Lauf gestatten? Eben so ereignen sich auch im Privatleben Fälle genug, wo das Gefühl der Rache einige Entschuldigung für sich zu haben scheint. Giebt es nicht eine Menge von Beeinträchtigungen und Beleidigungen oder Beschimpfungen, wogegen kein Gesetz schützt? Oder wie oft geschiehet es nicht, daß die Großen, Macht und Einfluß genug haben, die Gesetze zu verdrehen, und, zum Nachtheil des unglücklichen, freundlosen Armen, zu vereiteln? Dergleichen Fälle würden nun gewiß noch ungleich häufiger vorkommen und bald in den höchsten Grad der Gewaltthätigkeit übergehen, wenn die Furcht nicht wäre, daß der beleidigte Theil das Recht, sich und sein Eigenthum zu schützen, (welches er andern anvertraut hatte) endlich einmal in seine eigne Hände zurücknehmen möchte, sobald er nemlich sehen muß, daß diejenigen, die hierinn seine Stelle vertreten sollen, ihre Pflicht so schändlich unterlassen? Wenn ein Räuber sich an meinem Eigenthum vergreift, so darf ich nicht erst zum Richter laufen, sondern kann, in vielen Fällen, den Bösewicht gleich auf der Stelle dafür züchtigen; auf solche Art haben Stock und Degen manchen Schurken in Furcht und Schranken gehalten, der dem Gesetz Trotz bieten durfte.

Chi fa sua vendetta, oltra che offende
Chi l'offeso ha, da molti si difende.
ARIOST.

Ich lenke nunmehro in die Erzählung wieder ein. Die Aussage und die sehr begreiflichen Zeichen des *Pitteré* hatten uns jetzt, über die glückliche Abreise der *Adventure,* völlig beruhigt. An einem schönen Tage, stellte der Capitain eine Fahrt ins Innerste von West-Bay an, um nachzusehen, ob einige Wahrscheinlichkeit vorhanden wäre, daß die Schweine und Hühner, welche wir im vorigen Jahr an diesem unbewohnten Orte zurück gelassen, sich erhalten, und so weit fortgepflanzt hätten, daß man dereinst zahlreiche Heerden davon erwarten dürfte. Wir landeten an der nehmlichen Stelle, wo wir sie ehemals ausgesetzt; allein, auf dem Strande war nicht nur keine Spur von ihnen zu finden, sondern es schien auch, die Zeit her, keine lebendige Seele in diese Gegend hingekommen zu seyn. Wir konnten also mit Grund annehmen, daß sich diese Thiere weit in den Wald hinein begeben haben müßten, und daß sie sich dort ungestört vermehren würden. Auf dem Rückwege trafen wir, am jenseitigen Ufer der Bay, etliche Familien von Indianern an, die uns eine Menge Fische überließen.

Nach dieser kleinen Ausfahrt blieb das Wetter immer so stürmisch und regnigt, daß wir nicht ehe, als am 2ten November wieder ans Land, und zwar nach *Gras-Cove,* giengen. Ohne das geringste von dem traurigen Vorfall zu wissen, davon diese Bucht der eigentliche Schauplatz gewesen, stiegen wir in allen benachbarten, kleinen Buchten aus, und liefen, einzeln und unbesorgt, weit im Lande umher. In dem Gehölz auf den Bergen durchkreuzten einander Fußsteige die Menge, von Einwohnern aber war nirgends eine Spur zu sehen. Wir schossen auf dieser Streiferey mehr als 30 Stück Vögel, darunter ein Dutzend wilde Tauben waren, die sich hier von den Blättern und Saamen eines schönen großen Baums *(Sophora microphylla)* nährten. Des Abends um acht Uhr gelangten wir wieder an Bord, wo unterdeß, aus einer andern Gegend der Bay, eine große Anzahl Wilde zum Besuch angekommen war. Statt der Fische, dergleichen die Parthey des *Piteré* uns zuzuführen pflegte, hatten diese hier nichts, denn Kleidungsstücke, Waffen und andre Merkwürdigkeiten zum Verkauf mitgebracht. Da aber diese Art des Handels, zum Nachtheil des nützlichern, bereits zu weit eingerissen war; so verbot der Capitain, daß ihnen von diesen Artikeln niemand etwas abnehmen sollte. Am folgenden Tage kamen sie wieder, um ihr Glück von neuem zu versuchen; allein, der Capitain blieb bey seinem vorigen Entschluß, und sie mußten unverrichteter Sache abziehn. Diese Beharrlichkeit war desto nöthiger und löblicher, da weder die gründlichsten Vorstellungen, noch das eigne Beyspiel des Capitains, die starrköpfigen Matrosen überzeugen konnte, daß der Einkauf solcher Spielwerke ihrer Gesundheit nachtheilig sey, insofern nemlich die Indianer augenblicklich aufhörten, Fische zu Markte zu bringen, sobald sie sahen, daß Steine, Waffen, Zierrathen, und dergleichen mehr, besser bezahlt wurden. Die Begier, womit unsre Mannschaft solche Artikel einhandelte, war auch in der That beynahe zu einem Grad von Raserey angewachsen, und sie scheuten sich nicht, dieselbe durch die niederträchtigsten Mittel zu befriedigen. Eine Parthey, die einsmals mit dem Bootsmann ausgeschickt ward, um Besen zu machen, trug kein Bedenken, einen armen Wilden in seiner Hütte zu berauben. Sie nahmen sein vorräthiges Werkzeug mit sich, und nöthigten ihn, etliche Nägel dafür anzunehmen, um der Gewaltthätigkeit wenigstens den Anstrich eines Tauschhandels zu geben. Zum Glück waren die Einheimischen dreist genug, diesen Vorfall dem Capitain zu klagen, der denn die Thäter nach Verdienst bestrafen ließ. So ists, mehr oder minder, auf allen dergleichen Reisen zugegangen, und namentlich hat es die Mannschaft der *Endeavour*[9] in diesem Stück nicht um ein Haar besser gemacht. Zu *Otahiti* bestahlen sie die Gemahlin des *Tuborai Tamaïde,* und auf *Neu-Seeland* behaupteten sie ganz öffentlich, daß alles Eigenthum der Wilden, von Gott und rechtswegen, *ihnen* zukomme[10]. Doch, wie sollte auch der Charakter des Matrosen sich ändern können, da seine Lebensart unverändert Tag für Tag dieselbe ist? Die Seele wird bey ihm gleichsam in eben der Maaße, abgehärtet und unempfindlich, als der Körper, und ihre eignen Befehlshaber klagen durchgehends über den unmenschlichen Hang, den sie von je her haben blicken lassen, die friedfertigen Indianer, bey der geringsten Veranlaßung, umzubringen[11]. –

Da die *Neu-Seeländer* sahen, daß von allen ihren schönen Sachen nichts mehr anzubringen war, so verließen sie uns am vierten November durchgehends, bis auf eine einzige armselige Familie, die, seit den letzten beyden Tagen, des stürmischen Wetters halber, nicht einmal für sich, geschweige denn für uns, hatte Fische fangen können. Wir trafen sie heut, in der sogenannten indianischen Bucht, bey einer Mahlzeit unschmackhafter Farrenkrautwurzeln, womit sie, aus Mangel besserer Nahrung, ihren Hunger zu stillen suchten. In jeder Hütte war ein Feuer angezündet, welches, natürlicher Weise, die ganze Wohnung mit Rauch und Dampf anfüllte. Die Leute mochten die Unbehaglichkeit einer solchen Atmosphäre freylich nicht ganz empfinden, weil sie gemeiniglich platt auf der Erde lagen; *mir* aber kam der Aufenthalt in diesen Hütten ganz unerträglich vor, wenn gleich andere Europäer kein Bedenken trugen, um der Liebkosungen einiger scheuslichen Weibsbilder wegen, hinein zu gehen. Vielleicht wird man glauben, daß nur der rohe Matrose diesem thierischen Instinkt nicht habe wiederstehen können; allein, das tyrannische Element, worauf Officier und Matrose in gleichem Maaße herumgeschleudert werden, scheint in diesem Betracht auch allen Unterschied zwischen beyden aufzuheben, und wenn man es einmal so weit kommen läßt, daß jede aufsteigende, noch so wilde, Begierde freyen Lauf nehmen darf, so wird freylich am Ende ein Sinn auf Kosten aller übrigen befriedigt seyn wollen. Die Nationen, die wir unmittelbar zuvor auf den *Neuen Hebridischen*

9 Der Name des Schiffs, welches Capitain Cook, bey seiner ersten Reise um die Welt, von 1769 bis 1771 commandirte.

10 S. Hawkesworths Geschichte der englischen Seereisen, 4. zweyten Band *pag. 102.* und *pag. 362;* auch kann der dritte Band S. 264 nachgeschlagen werden, wo die Officiere eben dergleichen Gesinnungen äußerten. Im ersten Teil meines Werks, S. 188. kommt ebenfalls etwas ähnliches vor.

11 Siehe Hawkesworth's Samml. etc. 2. Band, S. 361. u. mehrere Stellen.

Inseln und auf *Neu-Caledonien* besucht, hatten sich sehr klüglich für allen unanständigen Vertraulichkeiten gehütet; eben deshalb wandten sich die Herren nun mit desto größerer Zudringlichkeit an die ekelhaften Schönen in den unreinlichen, räuchrigen Hütten auf *Neu-Seeland!*

Am fünften erfolgte endlich wieder ein schöner Tag; der Capitain machte sich selbigen zu Nutze und fuhr mit uns nach dem Ende der Bucht hin, welches zum Besten der Schiffahrt aufgenommen werden sollte. Nachdem wir eine gute Strecke fortgerudert waren, erblickte man in der Ferne etliche Fischer-Canots, deren Mannschaft aber, sobald sie unsrer gewahr wurden, aufhörte zu fischen und eiligst wegruderte. Da wir von diesen Indianern zu vernehmen wünschten, ob es am südlichen Ende des Sundes eine Durchfahrt nach der offenen See hin gäbe? so mußten unsre Matrosen ihre Kräfte anstrengen, sie einzuhohlen. Dies erfolgte auch bald. Wir fanden, daß die Indianer zum Theil, vor wenigen Tagen erst, bey uns an Bord gewesen waren; sie thaten daher ungemein freundlich, und überließen uns eine Menge von den Fischen, welche sie so eben gefangen hatten; wegen der Hauptsache aber, nemlich wegen der Durchfahrt, schienen sie uns nicht zu verstehen, also verließen wir sie bald wieder, um uns selbst darnach umzusehen; zur Linken kamen wir an einen Arm dieses großen Gewässers, zur Rechten aber an verschiedenen Bayen und Buchten vorüber. Endlich begegnete uns ein anderes Canot, welches ebenfalls herangerufen, und wegen der Durchfahrt befragt ward. Die Indianer zeigten auf den Arm, den wir eben vorbey gefahren, und gaben zu verstehen, daß der äußerste südliche Theil desselben sich zuletzt in eine an allen Seiten mit Bergen umgebene Bay endige. Dieser Nachricht zufolge steuerten wir darnach hin, und gelangten wirklich an eine sehr große Bay, deren Ufer, rechter Hand, von Menschen wimmelte. Wir landeten, gerade da, wo sie am zahlreichsten standen, und begrüßten, durch gegenseitige Berührung der Nasen, ihre Anführer, nebst einigen andern Leuten, die gleich aus dem Haufen hervortraten, und sich dadurch als Vornehmere, oder Standespersonen, auszeichneten. Der Chef oder Befehlshaber sagte uns, daß er *Tringho-Buhi* [12] heiße. Er war ein kleiner Mann, schon bey Jahren, aber noch sehr munter, und that gegen uns besonders freundlich. Sein Gesicht war durchgehends in Schneckenlinien punctirt, und in diesem Stück von allen übrigen hier versammleten Indianern ausgezeichnet, als welche von solchen Zierrathen viel weniger aufzuzeigen hatten. Die Weiber und Mädchen saßen vor ihren Hütten, in Reihen, und wir erinnerten uns, einige derselben an Bord gesehen zu haben. Sie schienen weit besser mit allen Nothwendigkeiten versorgt zu seyn, als die wenigen einzelnen Familien, die sich in der Nachbarschaft unsers Schiffs aufhielten; wenigstens waren ihre Kleider neu und rein, und manche dünkten uns so gar von angenehmern Gesichtszügen, als wir sonst bey dieser Nation wahrgenommen hatten. Vielleicht rührte aber dieser Unterschied größtentheils daher, daß sie jetzt von Schminke, Ruß oder anderer Schmiererey, ziemlich rein waren. Die Leute merkten bald, daß es uns sehr um Fische zu thun seyn müsse; da ihnen nun nicht weniger daran gelegen seyn mochte, sie los zu werden, so wuchs die Zahl der Verkäufer mit jedem Augenblick. *Tringho-Buhi* allein schien mit dem Zulauf von Menschen nicht zufrieden zu seyn, weil der Preis der Fische, die *Er* zu verkaufen hatte, in demselben Maaße fiel, in welchem die Menge dieser Waare zunahm. Manche verkauften uns auch ihre Waffen und Kleider, die mehresten aber waren nackt, und hatten nur ein kleines Stück geflochtener Matte um die Lenden gegürtet. Eine leichte Bekleidung konnte heut wohl hinreichend seyn, weil das Wetter sehr milde, auch die Bay gegen alle Winde vollkommen geschützt war. Nachdem wir ohngefähr eine Viertelstunde mochten zugebracht haben, die Zahl der Wilden aber immer mehr anwuchs, die zuletzt ankommenden auch sämmtlich ihre Waffen mitbrachten; so hielten wir es der Klugheit für gemäß, uns wieder einzuschiffen. Und das war in der That um desto rathsamer, weil der ganze Trupp jetzt über 200 Personen stark, mithin weit beträchtlicher zu seyn schien, als die Zahl sämmtlicher Einwohner in allen Buchten von *Königin-Charlottens-Sund* zusammen genommen. Schon hatten wir das Boot vom Ufer abgestoßen, als ein Matrose dem Capitain sagte, er habe eine Parthey Fische von einem Wilden bekommen, dafür diesem noch nichts bezahlt worden. Der

12 *Tringo* scheint bey ihnen eine Art Titel zu seyn, der vielen Namen ihrer Anführer vorgesetzt wird.

Capitain rief also den Neu-Seeländer, und warf ihm den einzigen Nagel, den er noch bey sich hatte, zu, so, daß er ihm dicht vor die Füße fiel. Der Wilde, der sich dadurch für beschimpft, oder vielleicht gar für angegriffen hielt, nahm einen Stein auf, und schmieß ihn mit aller Gewalt ins Boot, doch, glücklicherweise ohne jemand zu beschädigen. Wir riefen ihm noch einmal, und zeigten auf den Nagel, der für ihn bestimmt war. Nun sah er erst, wovon die Rede war, hob ihn auf, und lachte über seine hitzige Aufführung, indem er zugleich große Zufriedenheit über unser Betragen äußerte. Ein wenig mehr Übereilung von Seiten der Matrosen, könnte, bey diesem Vorfall, leicht einen Streit mit den Eingebornen, und dieser, sehr gefährliche Folgen veranlaßt haben. So sehr wir uns auch hätten für berechtigt halten mögen, es übel zu nehmen, daß der Kerl uns einen Stein nachwarf, so würden doch alle Neu-Seeländer ihrem Landsmanne beygetreten seyn, und uns am Ende überwältigt haben, zumal da das Schiff fünf oder sechs Seemeilen *(leagues)* entfernt, folglich keine Hoffnung zur Hilfe vorhanden war. Zum Glück wußten wir damals noch nichts von dem Schicksal des Herrn *Rowe* und seiner Gefährten; sonst würde uns die unerwartete Erscheinung so vieler Einwohner desto mehr erschreckt haben, je wahrscheinlicher es, der Gegend nach, ist, daß sie an jenem grausamen Blutbade persönlich Theil genommen haben. Wenn ich bedenke, wie oft es den *Neu-Seeländern* ein leichtes gewesen wäre, uns umzubringen, z. E. wenn wir uns von den Booten entfernten, einzeln auf den Bergen herum kletterten, in den Wäldern herum streiften, in den volkreichsten Gegenden landeten, und uns unbewaffnet mitten unter sie mischten: so werde ich immer mehr überzeugt, daß man nicht das mindeste von ihnen zu besorgen hat, wenn man nur seiner Seits sie in Ruhe läßt, und sie nicht vorsetzlich bös macht. Eben daher dünkt es mir auch mehr als wahrscheinlich, daß die Matrosen der *Adventure* nicht würden erschlagen worden seyn, wenn sie sich nicht zuerst, und zwar gröblich, an den *Neu-Seeländern* vergangen hätten. Dem sey indessen wie ihm wolle, so können wir uns immer für glücklich schätzen, bey allen unsern kleinen Fahrten oder Gängen, nie eine Familie, ja nicht einmal einen einzelnen Indianer angetroffen zu haben, der nicht geneigt gewesen wäre, ein Friedens- und Freundschaftsbündniß mit uns einzugehen, welches wir auch nie versäumten, ihnen anzutragen. Die Einwohner dieser Bay versicherten uns, gleich jenen, mit welchen wir im Canot gesprochen hatten, daß der Seearm, worauf wir uns jetzt befanden, am Ende ins Meer gienge. Wir setzten also unsere Fahrt weiter fort, und sahen nach einigen Wendungen, daß das Gewässer nordwärts hinter *Gras-Cove* und *Ost-Bay* weg lief. Es gab überall Buchten, von verschiedener Größe, und an den Ufern derselben antiscorbutische Kräuter, frische Wasserquellen, und wildes Geflügel die Menge. Das Wasser war vollkommen ruhig und still, und die Berge mit stattlicher Waldung versehen, so daß es dieser Gegend auch an schönen Aussichten nicht fehlte. Ohngefähr drey See-Meilen *(leagues)* weit von *Tringho-Buhi's* Wohnplatz[13], bekamen wir einige Seeraben, mit doppelten Federbüschen auf dem Kopf, zu Gesicht. Diese Gattung kann überall für ein Merkmahl von der Nachbarschaft der ofnen See gelten, denn sie nistet niemals weit von selbiger, und so war es auch hier. Wir sahen nemlich, unmittelbar nachher, hohe Wellen in der Ferne, die nicht anders, als vom Meere herkommen konnten. Zur Linken, oder hinter *Gras-Cove,* entdeckten wir ein *Hippah* auf einem hohen Felsen, der aus einem schönen ebenen Grunde, wie eine Insel aus dem Meere, hervorragte. Das ganze Festungswerk war mit hohen Pfälen umgeben, und schien in gutem Stande zu seyn; weil aber das Ufer eine Art von Vertiefung machte, so kamen wir nicht nahe genug heran, um es in genaueren Augenschein zu nehmen. Überdem lag uns der Endzweck unserer Fahrt mehr, denn alles andre, am Herzen, und wir sahen nunmehro schon, auf welche Art dieser Seearm mit dem Meere zusammen hieng. Er ergoß sich nemlich in *Cooks* Meerenge. Der Ausfluß desselben ist ziemlich seicht, nicht über 14 Faden tief, auch nur schmal, und ausserhalb vor selbigem, liegen viele hohe und gefährliche Klippen, auf denen sich die Wellen mit großer Heftigkeit zerschlugen, so daß innerhalb eine starke Strömung entstand. Man konnte von hier aus die nördliche Insel von *Neu-Seeland,* als das jenseitige Ufer von *Cook's* Meerenge, sehr deutlich erkennen. Es mochte ohngefähr vier Uhr seyn, als wir mit dieser Entdeckung zu Stande kamen. Hätten

13 Er bestand aus mehreren Hütten oder einem Flecken, den die Einwohner *Ko-Häghi-nui* nannten.

Spitzkopf-Schleimfisch, *F: Blennius fenestratus.*
Notoclinus fenestratus (Neuseeland)

wir jetzt um das Cap *Koamaru* herumsegeln können; so würden wir, in kurzer Zeit und mit geringer Mühe, den Ankerplatz des Schiffes wiederum erreicht haben: allein das gieng, des widrigen Windes halber, nicht an. Eben so wenig durften wir es wagen, die Nacht am Lande zuzubringen, weil die Gegend so volkreich, und die Bewohner derselben uns noch nicht genugsam bekannt waren. Folglich blieb kein ander Mittel übrig, als, auf dieselbe Art, wie wir hergekommen, wieder zurück zu rudern, so lang und beschwerlich dieser Weg auch seyn mochte. Nachdem wir bey dem *Hippah* und bey dem Dorfe *Ko-Häghinui* vorübergefahren, langten wir gegen zehn Uhr Abends, glücklich, aber ganz ermüdet und entkräftet, am Schiffe an. Da keiner von uns sich vorgestellet, daß die Fahrt so lange dauren würde, so hatte auch niemand mehr, als etwas Wein oder Brandtwein, mitgenommen, und folglich war das späte Abendbrod heut unsre erste und einzige Mahlzeit. In der Charte von der Meerenge, welche Capitain *Cook* bey der vorigen Reise gezeichnet hat, ist dieser neue Seearm als eine Bay angedeutet; denn damals wußte man noch nicht, daß er mit besagter Strasse, oder Meerenge, Gemeinschaft habe.

Den folgenden Tag fiel neblichtes schlechtes Wetter ein; der ehrliche *Piteré* ließ sich aber dadurch nicht abhalten, mit seinen Gefährten zu uns zu kommen. Capitain *Cook* glaubte ihm, für die wesentlichen Dienste, welche er uns bisher geleistet hatte, eine öffentliche Erkenntlichkeit schuldig zu seyn. Zu dem Ende rufte er ihn heut in die Cajütte, und kleidete ihn, vom Kopf bis auf die Füße, nach europäischer Weise.

Piteré schien über seinen neuen Anzug hocherfreut, und ließ sich deutlich merken, daß er stolz darauf sey, bey uns in Gunst zu stehen. Er hielt sich aber auch durch dies Geschenk für so vollkommen belohnt, daß er es nicht wagte, noch um irgend etwas zu bitten, welches, hier zu Lande, für einen seltnen Grad von Mäßigung gelten konnte. Wir nahmen ihn, in seinem ungewohnten Staat, mit nach *Long-Island* auf die Jagd, und von da wieder an Bord zum Mittagsessen. Für einen rohen Wilden betrug er sich bey Tische ungemein sittsam und manierlich. Ich glaube auch, daß er die Überlegenheit unserer Kenntnisse, Künste, Manufacturen und Lebensart zum Theil wirklich fühlen mochte; denn er war in unserer Gesellschaft sehr gern, und immer sehr vergnügt. Dem ohnerachtet lies er sich nicht ein einziges mal merken, daß er mit uns ziehen wolle, sondern lehnte es vielmehr ab, wenn wir's ihm antrugen. Freylich kann es seltsam scheinen, daß ihm, auch bey der vollkommensten Vorstellung von unsern Vorzügen, die elende unstäte Lebensart seiner Landsleute habe lieber seyn können, als alle die Vortheile, welche er bey uns, theils wirklich schon genoß, theils in der Folge noch zu gewarten hatte. Ich habe aber schon an einem andern Orte bemerkt, daß die Wilden durchgehends so zu urtheilen pflegen; und ich will jetzt nur noch hinzufügen, daß selbst civilisirte Völker nicht anders denken. Die Macht der Gewohnheit zeigt sich nirgends deutlicher, als in denen Fällen, wo *sie allein* den Bequemlichkeiten des gesitteten Lebens die Waage hält.

Gegen Abend kehrte *Piteré* mit seinen Gefährten ans Land zurück; sein vermeintes Glück hatte ihn aber nicht stoltz gemacht, denn er kam am andern Morgen, nach wie vor, mit frischen Fischen zu uns. Wir hörten ihn und seine Gesellschafter oftmals am Lande singen, und zuweilen pflegten sie uns auch wohl am Bord ein Liedchen zum Besten zu geben. In *Neu-Seeland* ist man in der Musik ungleich weiter gekommen, als auf den *Societäts-* und *freundschaftlichen Inseln,* und nächst den Neu-Seeländern haben, unter allen Nationen der Südsee, meines Erachtens die *Tanneser* die mehreste Anlage zur Tonkunst. Eben derselbe gütige und einsichtsvolle Freund, der mir eine Probe von der Musik in *Tonga-Tabbu,* mittheilte, (I. T. S. 251), hat mir auch von den Gesängen der *Neu-Seeländer* etwas zukommen lassen, woraus man den Geschmak dieses Volks einigermaaßen wird beurtheilen können[14]. In *Tanna* ist er nicht gewesen (denn er befand sich auf des Capitain *Fourneaux* Schiffe, *Adventure),* ich weiß also nicht, in wie fern sein Urtheil von den dortigen Gesängen mit dem meinigen würde übereingestimmt haben. Von den Neu-Seeländischen Melodien versicherte er aber, daß sie einiges Genie verriethen, und sich von dem elenden Gesumme der *Tahitier,* so wie von dem auf vier Noten eingeschränkten Gesang in den *freundschaftlichen Eylanden,* merklich auszeichneten.

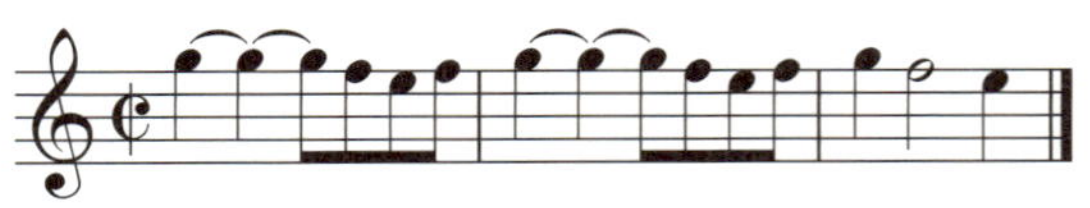

Von dieser Melodie sangen sie die beyden ersten Takte, bis die Worte des Liedes zu Ende waren, und dann folgte das letzte hinter drein. Zuweilen nahmen sie es auch doppelstimmig, mit Terzengesängen, bis auf die zwo letzten Noten, welche im Unisono blieben:

Derselbe Freund, dem ich obige Bemerkungen zu verdanken habe, hörte auch einen Trauer- oder Grabgesang, über das Absterben des *Tupaya.* Die Einwohner um *Tologa-Bay* auf der nördlichen Insel von *Neu-Seeland,* welche besonders viel auf den *Tupaya* hielten, machten dieses Lied aus dem Stegereif, als ihnen die Mannschaft der *Adventure* von dem Tode dieses *Tahitiers* Nachricht ertheilte. Die Worte sind äusserst simpel, doch allem Anschein nach, metrisch, und zwar also geordnet, daß ihr schwerfälliger Gang die Empfindung des Trauernden ausdrückt.

Äghih, matte, ahwäh! Tupaia!
Gegangen, todt! ach weh! Tupaya[15]*!*

Die ersten Ergießungen des Schmerzens sind gewiß nicht wortreich; der einzige Gedanke, den man aussprechen kann, gehet auf die Bezeichnung des erlittenen Verlusts, und wird ohnfehlbar die Form einer Klage annehmen. Ob, und in wie fern die Melodie

14 Dieser Freund ist der nunmehrige Capitain *Burney,* ein Sohn des berühmten Tonkünstlers und Musikkenners dieses Namens.

15 Man könnte es auch so umschreiben: Er verließ uns und starb, der arme *Tupaya!*

mit der kraftvollen Simplicität obigen Textes in Verhältniß stehe, – das mögen bessre Kenner der Tonkunst, als ich bin, entscheiden.

Am Ende fallen sie vom mittlern c zur ersten Octave, wie wenn man den Finger auf dem Griffbrett einer Violine herabgleiten läßt. Ehe ich von diesem Gegenstand zu reden aufhöre, kann ich nicht umhin, anzumerken, daß, da die *Neu-Seeländer* Geschmack für die Musik, und in diesem Betracht vor vielen Völkern der Südsee einen großen Vorzug haben, ihr Herz nothwendigerweise guter und milder Empfindungen fähig seyn muß, was auch die spitzfindige Beredsamkeit des bloßen Stuben-Philosophen dagegen einwenden mag. Ich läugne nicht, daß sie in ihren Leidenschaften sehr heftig sind; allein, wer will oder kann behaupten, daß heftige Leidenschaften immer nur zu schädlichen, oder gar unmenschlichen Ausschweifungen führen?

Seit der letzten Untersuchung bis zum 9ten November stellten wir noch verschiedene kleine Lustfahrten längst dem Ufer an, und besuchten alle innerhalb des Havens liegende Eylande. Dies verschafte uns mehr schätzbare Beyträge zur Kräuter- und Thierkunde dieses Landes, als wir, der frühen Jahrszeit wegen und nach so vielen vorhergegangenen Untersuchungen, erwarten konnten. Wir fanden nemlich zehn bis zwölf Pflanzenarten und vier bis fünf Gattungen Vögel, die uns zuvor nicht bekannt geworden waren. Die Matrosen ergänzten unterdeß den Vorrath von Trinkwasser, schaften eine Menge Brennholz an Bord, besserten das Tauwerk aus, und setzten überhaupt das ganze Schiff in Stand, der ungestümen Witterung des südlichen Himmelsstrichs von neuem Trotz zu bieten. Die Wilden hatten uns, während unsers Hierseyns, so reichlich mit Fischen versorgt, daß wir mehrere Fäßgen voll einsalzen, und auf die Reise nach *Tierra del Fuego* mitnehmen konnten. Auf diese Art zubereitet, hielten sie sich und schmeckten vortreflich. Ausserdem ließ auch der Capitain, kurz vor der Abfahrt, noch eine große Menge Seeraben und anderes dergleichen Geflügel zusammen schießen, damit wir unterwegens desto länger frischen Proviant haben möchten.

Am Nachmittag des 9ten wurden die letzten Anstalten zur Abreise getroffen, und des folgenden Morgens um vier Uhr verließen wir *Neu-Seeland* zum dritten und letztenmale. So oft wir hier vor Anker gegangen, so oft hatten wir uns auch, durch die Menge, Mannigfaltigkeit und Heilsamkeit der frischen Lebensmittel, von allen Beschwerden und Unpäßlichkeiten des Seelebens, vornemlich vom Schaarbock, sehr schnell wieder erholt. Die wohlschmeckenden, antiscorbutischen Kräuter reinigten und versüßten das Blut, und die Fische gaben, als eine leicht zu verdauende Speise, gute Nahrungssäfte. Selbst die Luft, die hier zu Lande, sogar an den schönsten Tagen, ziemlich scharf ist, mochte zu unserer Genesung das ihrige beytragen, in so fern sie den durch langen Aufenthalt in heißen Gegenden erschlafften Fibern, neue Kraft und Spannung mittheilte. Endlich so mußte auch die starke Bewegung, die wir uns machten, dem Körper in mehr denn einer Absicht zuträglich seyn. Bey so viel zusammenwirkenden Ursachen war es kein Wunder, daß, wenn wir bey der Ankunft allhier auch noch so bleich und abgezehrt aussahen, die Veränderung der Lebensart uns doch in kurzer Zeit wieder eine frische gesunde Farbe verschafte. Freylich konnte dies äussere Ansehen bey uns eben so trügen als bey dem Schiffe: Wenn wir mit selbigem, nach vorhergegangener Ausbesserung am Lande, von neuem in See giengen; so schien es zwar in ziemlich gutem Stande zu seyn; gleichwohl mochte ihm auf der langen Fahrt, so mancher harte Stoß, insgeheim empfindlichen Schaden zugefügt haben! – Eben das, was in *Neu-Seeland* uns so wohl bekam: die gesunde Luft, die einfache Lebensordnung, besonders aber der Überfluß an guten, leicht zu verdauenden Nahrungsmitteln, alles das kann auch wohl Ursach seyn, daß die Einwohner von so hoher Statur, wohl gewachsen,[16] und stark gebaut sind. Sie leben vornehmlich vom Fischfang, und der ist an der hiesigen Küste, den größten Theil des Jahres hindurch, so ergiebig, daß sie auch den Winter über daran genug haben; wenigstens hat Herr *Crozet* und auch wir selbst, an mehreren Orten, große Vorräthe von trocknen Fischen aufbewahrt gefunden.

16 Ausgenommen die Beine, welche vom Sitzen krumm, und ungestaltet werden.

Schopfkarakara, *F: Vultur plancus*
Polyborus plancus plancus (Feuerland, 1774)

NEUNTES HAUPTSTÜCK.

Die Fahrt von Neu-Seeland nach Tierra del Fuego; Aufenthalt in Christmeß- oder Weihnachts-Haven.

Barbara praeruptis inclusa est (insula) saxis:
Horrida, desertis undique vasta locis.
Umbrarum nullo ver est laetabile foetu,
Nullaque in infausto nascitur herba solo.
SENECA.

Am zehnten November, Nachmittags, waren wir durch *Cooks Meerenge,* und in selbiger unter andern auch bey der Mündung des neulich entdeckten Arms vorbey, glücklich wieder in die offne See gekommen. Den ganzen folgenden Tag fehlte es an Wind bis gegen Abend, da sich ein Lüftgen erhob. Am 12ten früh Morgens war von der Küste nichts mehr zu sehen und die Fahrt gieng nunmehro, zwischen Süden und Osten, auf *Tierra del Fuego* zu. Diesmal verließen wir *Neu-Seeland* ungleich bessern Muthes, als an beyden vorigenmalen, da die Reise nach dem Südpol gerichtet war. Wir wußten nemlich, daß unsre jetzige Fahrt weder so lange dauern, noch so beschwerlich seyn würde, als die vorhergehenden; nicht nur, weil die ganze Reise sich jetzt ihrem Ende näherte, sondern auch, weil der Westwind, der bey dieser Jahrszeit und in dieser Breite unveränderlich wehet, uns eine günstige, schnelle Fahrt versprach; endlich weil in denen Gegenden, die wir noch durchkreutzen sollten, kein unbekanntes, wenigstens kein großes Land mehr zu gewarten stand, dessen Erforschung unsre Rückkehr nach dem geliebten Europa über die Gebühr hätte verzögern können! Mit einem Wort, die gegründete Hofnung, daß alle Mühseligkeiten und Gefahren unsers großen Kreislaufs nun bald überstanden seyn würden, stärkte und belebte uns gleichsam von neuem. Wir hatten nicht zu viel gehoft! der Erfolg übertraf gewissermaaßen unsre Wünsche, denn auf der Fahrt von *Neu-Seeland* nach *Tierra del Fuego* legten wir, im Durchschnitt gerechnet, täglich einen Weg von 40 englischen Seemeilen zurück. Dies war ungemein viel, weil unser Schiff, seinem Bau, seiner Ladung und übrigen Beschaffenheit nach, sehr langsam segelte.

Am 12ten wurden wir einen Wallfisch, mit länglicht stumpfem Kopf gewahr, daran sich, der Länge nach, zwo Furchen und eben so viel erhabne Reife befanden. Er maaß ohngefähr 12 Fuß, war über den ganzen Leib weiß fleckicht, hatte kleine Augen und zween halbmondförmige Öffnungen, durch welche er das Wasser von sich sprützte. Hinter dem Kopf sahe man zwo Floßfedern, auf dem Rücken aber keine. Diese Gattung scheint bisher noch gänzlich unbekannt gewesen zu seyn.

Am 14ten zeigte sich, daß das Schiff, seit unsrer Abreise aus *Königin-Charlotten-Sund,* ein Leck bekommen hatte, doch machten wir uns darüber keine Unruhe, weil das Wasser innerhalb acht Stunden, nicht mehr als fünf oder sechs Zoll im untersten Raume anlief. Der Westwind blies mit bewundernswürdiger Stärke; er schwellte nemlich, der beträchtlichen Breite ohnerachtet, welche der Ozean in dieser Gegend hat, die Wogen dermaaßen an, daß sie fürchterlich hoch und gegen sechs bis sieben hundert Fuß lang wurden. Dies gab dem Schiffe eine äußerst unangenehme, schwankende Bewegung, besonders, wenn der Wind gerade hinter uns her kam. Man nimmt gemeiniglich an, daß die größte Schiefe, in welcher ein seegelndes Schiff sich gegen die Oberfläche des Wassers herabneigen kann, nie über zwanzig Grade betrage; allein *hier* war die See in solcher Bewegung, daß das unsrige mehr als dreyßig, ja bisweilen um

40 Grad von der Perpendicularlinie zur Seite lag! Herr *Wales* nahm sich die Mühe, es mathematisch auszumessen, und fand, daß der Winkel, unter welchem es sich auf die Seite neigte, 38 Grad betrug, ohnerachtet das Schiff an dem Tage eben nicht aufs äußerste schwankte; ward es hingegen, bey doppelt eingerefften Seegeln, nahe an den Wind gelegt, alsdann betrug der Winkel nur achtzehn Grad[1].

Die ganze Reise über hatten wir, fast täglich, Seevögel von den *Albatros-Petrell-* oder *Pinguin-Arten* um das Schiff her, und, was das sonderbarste war, sie fanden sich am häufigsten auf dem halben Wege zwischen *Amerika* und *Neu-Seeland,* ohnerachtet diese beyden Länder 1500 englische *Seemeilen*[2] (d.i. 725 deutsche Meilen) weit von einander entfernt liegen! Am 27sten wehte der Westwind mit solcher Heftigkeit, daß wir, der Schiffsrechnung nach, binnen 24 Stunden einen Weg von 184 Meilen[3] (d.i. gegen 40 deutsche Meilen) zurücklegten, und das war ungleich mehr, als wir je zuvor gethan.

Am zweyten December erhob sich, nach einer kleinen Windstille, ein frischer Wind, der unabläßig, nur bald schwächer bald stärker, anhielt, bis wir am 18ten, nicht lange nach Mitternacht, Land erblickten. Es war die Gegend um das Cap *Deseado,* welches, an der *Magellanischen Meer-Enge,* auf der westlichen Insel von *Tierra del Fuego* belegen ist. Die Neu-Seeländischen gesalznen Fische hatten bis hieher, folglich von einem Lande bis zum andern, vorgehalten, und uns weit besser geschmeckt, als das eingesalzne Rind- und Schweinefleisch. Letzteres war nun einem jeden dermaaßen zum Ekel geworden, daß selbst Capitain *Cook,* der doch sonst in allem Betracht ein *rechter* Seemann war, befürchtete, er würde in der Folge nie wieder Pöckelfleisch genießen können! Sauerkraut war auch noch vorräthig und von gutem Geschmack, und sowohl dieses, als das frische *Wort* oder *Würze,* diente zum Präservativ gegen den Schaarbock. Nur Schade, daß das Malz größtentheils seine Kraft verloren hatte, weil es in frische, nicht gehörig ausgetrocknete Fässer gepackt worden, und deshalb verdorben war. Ich trank reichlich davon, konnte aber dennoch nicht verhindern, daß mir die Füße von Zeit zu Zeit anschwollen und sehr empfindlich schmerzten.

Derjenige Theil von *Amerika,* den wir jetzt vor uns hatten, sah höchst traurig aus! Gegen drey Uhr, Morgens, liefen wir dicht an die Küste heran, die mehrentheils in dicken Nebel gehüllet war. Was uns am nächsten lag, schienen kleine Eylande zu seyn, die zwar nicht sehr hoch, demohnerachtet aber als gänzlich unfruchtbare, schwarze Felsenmassen aussahen. Jenseits diesen kamen höhere und größere Berggegenden zum Vorschein, vom Gipfel an, fast bis zum Meer herab, mit Schnee bedeckt. In Ermanglung anderer lebenden Geschöpfe, schwärmten Seeraben, Sturmvögel, Skuas, und andre Wasservögel an dieser öden Küste umher, und schienen uns für die Unfruchtbarkeit des Landes wenigstens einen Ersatz zu versprechen, wenn nemlich zur Sichrung des Schiffes nur ein Haven anzutreffen wäre. Wir haben auch in der That, auf der ganzen Reise um die Welt, nur wenig Länder gefunden, wo gar keine frische Lebensmittel, weder aus dem Pflanzen- noch aus dem Thierreiche, vorhanden gewesen wären, vermittelst deren wir uns, wenigstens gegen den höchsten Grad des Schaarbocks, und gegen andre Krankheiten dieser Art, hätten schützen können!

Um eilf Uhr kamen wir an einer weit in See ragenden Landspitze vorüber, die Capitain *Cook, Cap Gloucester,* benannte. Nachmittags seegelten wir bey dem Eylande vorüber, auf welchem, *Freziers* Reisebeschreibung nach, das Cap *Noir* belegen ist. Die bey seinem Werke in Kupfer gestochene Aussicht dieses Vorgebirges, ist ganz richtig gezeichnet, und gen Nordosten schien ein langer Arm von der See ins Land zu gehen, welches ohne Zweifel der sogenannte *Canal von S. Barbara* ist. Schon auf den älteren spanischen Charten findet man diesen Theil von *Tierra del Fuego,* der Wahrheit gemäß, in viele Eylande und dazwischen laufende Kanäle abgetheilt, die alle von den älteren Seefahrern gedachter Nation entdeckt und benannt worden sind. Zu den besten Charten dieser Art gehört diejenige, welche der von Herrn Dr. *Casimir Gomez Ortega* verfertigten spanischen Übersetzung von *Byrons* Reise[4] um die Welt, beygefügt ist. Nach

1 *Cooks Voyage towards the South Pole, & round the World Vol. 2. pag. 171.*

2 *Leagues.*

3 *Miles.*

4 Wohl verstanden, die kleine Beschreibung, die von einem Ungenannten, etliche Jahre früher als die Hawkesworthische Sammlung, herausgegeben ward.

Maaßgabe dieser Charten fanden wir, daß das Land, von dem Orte an, wo wir es zuerst erblickt, bis ans Cap *Noir* hin, aus mehreren Inseln besteht, und vielleicht würden wir noch eine größere Anzahl derselben wahrgenommen haben, wenn das Wetter nicht gar zu neblicht gewesen wäre.

Jenseit des Cap *Noir,* welches unter 54° 30' südlicher Breite und 37° 33' westlicher Länge liegt, schien das Land mehr zusammen zu hangen, und des andern Morgens fanden wir die Küste überall fest und ungetheilt; die Berge wurden schon dicht an der See merklich höher als zuvor, und waren allenthalben mit Schnee bedeckt. Der Wind nahm nach und nach ab, und erstarb gegen Mittag gänzlich, indeß, bey herrlichem Sonnenschein, die Luft ziemlich gelinde blieb. Wasservögel von mancherley Art flatterten ums Schiff, und im Wasser gaukelten Seekälber umher. Nachmittags kam ein Trupp von ohngefähr dreyßig *Nordkaper (Grampusses)* mehrentheils paarweise, angeschwommen, die sich, bey dem schönen Wetter, ebenfalls lustig machten. Gegen Abend entstand Ostwind, der die Nacht hindurch anhielt, am folgenden Tage aber wieder gänzlich nachließ. An diesem stürmischen Vorgebirge, dessen bloßer Name, seit *Ansons* Zeiten, allen Seeleuten zum Schrecken geworden ist, hatten wir die heftigsten Stürme, nicht aber eine so milde Witterung erwartet. Desto mehr freute es uns, vermittelst einer ganz entgegengesetzten Erfahrung, jenem Wahn ein Ende machen zu können; denn die Wissenschaften und das menschliche Geschlecht überhaupt gewinnen unendlich viel, wenn alte eingewurzelte Vorurtheile und Irrthümer ausgerottet werden. Das Thermometer stand heut auf 48 Grad, welches, in der Nachbarschaft so gewaltiger Schneemassen, für eine gelinde Temperatur der Luft gelten konnte. Die ersten Entdecker dieser Küste, nannten sie die Küste der Verwüstung *(Coast of Desolation)* oder die *öde Küste,* und diese Benennung kommt ihr mit vollem Rechte zu. Man sieht überall nichts, als ungeheure Berge, mit schroffen, Schneebedeckten Gipfeln! Kaum die zunächst an der See gelegnen Felsen sind davon entblößt, und auch alsdann noch von todtem, unfruchtbarem Ansehen, ohne Gras oder Gebüsch. Hin und wieder giebt es Buchten oder Haven, innerhalb denen kleine, grün bewachsene Eylande vorhanden sind. In eine dieser Öffnungen oder Buchten, liefen wir, mit Hülfe eines gelinden Ostwindes, heut gegen Abend ein. An der Westseite der Einfahrt stand eine gewaltige senkrechte Felsenmauer, die Capitain *Cook, York-Münster* benannte, weil er zwischen ihr und jenem gothischen Gebäude, eine Ähnlichkeit zu finden glaubte. Sie liegt unter dem 55° 30' südlicher Breite und 70° 28' westlicher Länge. Seitdem wir uns dicht an der Küste befanden, hatte der Capitain beständig das Senkbley auswerfen lassen, und die Tiefe regelmäßig ab- und zunehmend befunden, je nachdem wir, mehr oder minder, vom Ufer entfernt seyn mochten: Nur allein hier, in der Einfahrt des Havens, war mit 150 Faden kein Grund zu erreichen. Ein ähnlicher Vorfall war uns auch ehemals in *Dusky Bay* begegnet (I. T. S. 155); weil wir indessen hier einen sehr geräumigen Haven vor uns sahen, so steuerten wir getrost tiefer hinein, immer zwischen öden Eylanden durch, die zum Theil bis auf den höchsten Gipfel mit Schnee bedeckt waren. Mein Vater machte sich die eingefallne Windstille zu Nutze, und fuhr mit den Lieutenants in einem Boote aus, um Seevögel zu schießen; es lohnte aber kaum der Mühe, denn sie brachten nicht mehr, als einen einzigen an Bord zurück. Um neun Uhr Abends gelangten wir endlich, unter Begünstigung einer schwachen Seeluft, in eine kleine Bucht, die zwar gegen Wind und Wellen nur schlecht gesichert war, uns aber doch die Nacht über so viel Schutz hoffen ließ, als wir im Nothfall bedurften. Hier giengen wir nun, nach einer ein und vierzigtägigen Fahrt, – auf welcher wir von *Neu-Seeland* bis zum *Cap Deseado,* so schnell als glücklich, queer über das ganze Südmeer weggesegelt waren, – zum erstenmale wiederum vor Anker!

Am folgenden Morgen fuhr Capitain *Cook,* von verschiednen Officieren, meinem Vater, Doctor *Sparrmann* und mir begleitet, im Boote ab, um einen sicherern und bequemern Ankerplatz aufzusuchen. Gleich hinter der ersten Landspitze der Insel, an welcher das Schiff einstweilen angelegt hatte, fand sich eine schöne Bucht, die ringsumher von Bergen eingeschlossen, folglich vor allen Winden beschützt, und überdem mit einem kleinen Bach, auch mit etwas Gebüsch versehen war. In diesem ließen sich, zu jedermanns Verwunderung, allerhand Vögel hören, ohne Zweifel angelockt von der Witterung, die in Betracht des hiesigen Himmelsstrichs allerdings milde genannt werden konnte. In etlichen kleinen Klüften oder Erdschluchten trafen wir eine sehr dünne Schicht nasser Erde an, aus welcher verschiedenes Gesträuch kümmerlich aufsproßte, zu beyden Seiten gedeckt durch Felsenwände, die den Wind abhielten, und vermittelst der Brechung der Sonnenstralen den Wachsthum begünstigten. Sonst schien das Eyland durchgehends aus einem Felsen zu bestehen, der aus grobem Granit, aus Feldspath, Quarz und schwarzem Glimmer zusammen gesetzt war. An den mehresten Stellen ist er gänzlich kahl, ohne Erdreich, Laub und Kraut; nur hin und wieder hat der Regen oder geschmolzne Schnee etwas Sand zusammen geschlemmt, und an diesen Stellen findet sich ein Rasen, von ganz kleinen Moosähnlichen Pflanzen, der ohngefähr einen Zoll dick ist, aber leicht unter den Füßen weggleitet, indem er unmöglich fest auf dem Felsen liegen kann. Je mehr dergleichen Stellen vor den zerstörenden Winden geschützt sind, desto mehr andre Pflanzen-Arten kommen unter den Moosähnlichen auf, und dadurch entsteht endlich so viel Erdreich, daß Stauden, nach und nach, zu der Größe eines kleinen Gebüsches aufwachsen. Dahin gehört unter andern diejenige Baum-Art, deren Rinde als ein trefliches Gewürz, durch den Capitain *Winter* zuerst nach Europa gebracht, und ihm zu Ehren, *Winters-Rinde* genannt worden ist. Man pflegt sie oft mit der *canella-alba* zu verwechseln, diese kommt aber aus Jamaica, und rührt von einer ganz andern Pflanze her. Der eigentliche *Winter Rinden-Baum* gelangt, an den Ufern der *Magellanischen Meer-Enge,* desgleichen auf der Ostseite von *Tierra del Fuego,* zu einer ansehnlichen Größe; hingegen an *derjenigen* unwirthbaren Küste dieses Landes, wo *wir* uns jetzt befanden, erreicht er nicht über zehn Fuß Höhe und bleibt, auch dann noch, gemeiniglich ein krummer, unansehnlicher Busch. So unfruchtbar indessen diese Felsen seyn mochten, so war uns doch fast jede ihrer Pflanzen neu, und einige Gattungen sogar mit schönen und wohlriechenden Blumen geziert. Aus denen unmittelbar an der See liegenden Felsenklippen wuchs eine unsägliche Menge Seegras hervor, dessen Blätter sich auf der Oberfläche des Wassers ausbreiteten, und Schaaren von Meer-Elstern, Seeraben und Gänsen belebten den menschenleeren Strand. Gleich nach unsrer Rückkunft begonnen die Matrosen das Schiff in die neue Bucht zu ziehen, und kamen Nachmittags glücklich damit zu Stande. Zwischen dem zuvor erwehnten Seegrase hielten sich kleine Fische von der Kabliauart auf, davon wir zwar einige wenige, allein zu einer förmlichen Mahlzeit bey weitem nicht genug fiengen.

Am folgenden Morgen fuhr Capitain *Cook* in aller Frühe ab, um die Gegend aufzunehmen, und *wir* begleiteten ihn, um unsrer Seits die Producte des Landes zu untersuchen. Der Haven ist sehr geräumig, und, sowohl an der Ost- als an der Nordseite durch mehrere Reihen von Bergen geschützt, die über einander hervorragen, auch mit Schnee und Eis bedeckt sind, welches vermuthlich nie wegschmelzt. In der Bay selbst liegen etliche bergichte Eilande, die aber an Höhe dem größern Lande nicht gleich kommen, und deshalb auch blos auf dem Gipfel beschneit sind. Noch niedriger als diese, und ganz frey von Schnee war das Eiland, an welchem unser Schiff vor Anker lag; es mochte nemlich, dem Augenmaaß nach, nicht mehr als hundert Fuß senkrecht über dem Wasser erhaben seyn. Ausser diesen bergichten Eilanden gab es, im *nordlichen* Theil der Bay, eine Menge anderer, die nur 30 bis 60 Fuß hoch über die Meeresfläche hervorragten, und, von fern her, grün bewachsen zu seyn schienen. Auf die zunächst gelegene dieser flachen Inseln ruderten wir hin; das Moos und Buschwerk war daselbst an manchen Stellen niedergebrannt, und da sahe man, daß der Boden aus einem gelblichten Schieferfelsen bestand, der in wagerechten Schichten lag, und oben auf eine dickere Schicht von Erde hatte, als die übrigen benachbarten Eilande. Es gab hier einige neue Pflanzen, desgleichen eine Art Fliegenstecher, die sich aber von Würmern und Muscheln nährte, und zu dem Ende einen stärkern Schnabel hatte, als andre Vögel dieses Geschlechts. Als wir um ein Ende dieser kleinen Insel herumruderten, zeigte sich auf einer andern Landspitze ein kleines Gebüsch oder eine Art von Wäldchen, unter dessen Schatten etliche unbewohnte Hütten standen. Die Beschreibung und Abbildung eines solchen Dorfs, welche in der gedruckten Nachricht von Capitain *Cooks* erster Reise um die Welt[5] befindlich ist, paßte vollkommen auf diese Aussicht, nur mit dem Unterschied, daß die Hütten hier nicht mit

5 Siehe Hawkesworths Samml. der neuesten englischen Seereisen, in 4. *zweeter* Band, S. 55.

Seehundsfellen bedeckt waren. Vielleicht wird diese Deckung auch nicht allemal gebraucht, oder, je nachdem die Wilden ihren Wohnsitz verlegen, als ein unentbehrlicher Theil der Wohnung, überall mitgenommen. Hier war blos das Gerippe der Hütten vorhanden, und das bestand aus etlichen Zweigen, die größtentheils noch grüne Blätter hatten, mithin nur kürzlich erst zu diesem Behuf mußten angewandt worden seyn. Beym ersten Einlaufen in den Haven, hielten wir es, der öden rauhen Aussicht wegen, für unmöglich, daß diese Gegend bewohnt seyn könne. Wir glaubten vielmehr, daß sich die Wilden blos an der *östlichen* Küste von *Tierra del Fuego,* und an den Ufern der *Magellanischen Meerenge* aufhielten. Allein, nach diesen Hütten zu urtheilen, muß unsre Gattung wohl alle mögliche Witterungsarten ausstehen, und in den brennenden afrikanischen Sandwüsten eben so wohl als an beyden gefrornen Enden der Welt ausdauren können. Wir landeten noch auf einigen andern Inseln, doch war der Prospect des Havens, des vielen Schnees wegen, überall wintermäßig, wild und schauderhaft. In dieser Weltgegend fieng grade jetzt der Sommer an; die wenigen einheimischen Pflanzen standen in Blüthe, und die Vögel nährten ihre junge Brut. Hatte also die Sonne jetzt noch nicht Kraft genug den Schnee zu schmelzen, so kann man sich, ohne mein Zuthun, vorstellen, wie starr und traurig es im Winter aussehen müße! Je tiefer wir in die Bucht hineinruderten, desto mehr Schnee entdeckten wir auf den Bergen. Hie und da stürzten sich, über diese weisse Decke, Quellen und Ströme herab, vornehmlich an solchen Orten, wo die Wirkung der Sonnenstralen durch Felsenwände befördert und verstärkt wurde. Nach ziemlich langem Umherrudern, fanden wir endlich einen ausnehmend schönen Haven, in Form eines zirkelrunden Behälters *(bassin)* wo das Wasser spiegelglatt und vollkommen durchsichtig war. Längst dem Ufer stand, bis an die See herab, eine Menge höherer und ansehnlicher Bäume, als in der ganzen übrigen Gegend. Zwischen denselben rauschten mehrere kleine Bäche schäumend hervor, und boten dem Seefahrer, zu Anfüllung seiner Wasserfässer, alle mögliche Bequemlichkeit dar. Aber mehr als alles dieses überraschte uns das Zwitschern von einer Menge kleiner Vögel, die sich bey dem lieblichen Sonnenschein in dieser schattenreichen Einöde versammelt hatten. Sie waren von verschiedenen Arten, und durchgehends mit Menschen noch so unbekannt, daß sie ganz nahe herbeyhüpften. Hätten wir eine andere als die gröbste Sorte von Schroot bey uns gehabt, so möchte ihnen ihr Zutrauen sehr übel bekommen seyn! Zwischen den Bäumen sproßten allerhand Moos-Arten, Farrenkraut und Schlingpflanzen auf, so daß man kaum dafür gehen konnte, und, zur Freude des Botanikers, fehlte es diesem Walde auch an Blumen nicht. Solchergestalt war wenigstens ein Schattenbild vom Sommer vorhanden; blickte man aber auf die im Hintergrunde befindlichen, mit Wolken bedeckten, Berge hin; so zeigten sich auf allen Seiten nichts als senkrechte Felsenwände mit Schnee und Eis bedeckt, das vor Alter bald blau, bald gelbfarbig war, wie an den Alpen-Gletschern, wo die Jahrszeiten auf eben solche Art mit einander vermischt, und gleichsam in einander verwebt sind. So hoch, als jene, waren zwar die hiesigen Berge nicht, aber darinn glichen sie einander, daß die Gipfel aus mehreren schroffen Zacken bestanden, und daß Schnee die Zwischenräume derselben ausfüllte. Von diesem Haven giengen wir, zu Fuß, nach einem andern hin, den mehrere davor gelegene niedrige Eilande vor allen Windstössen schützten. Es hielten sich daselbst verschiedne Arten wilder Enten auf, darunter eine die Größe einer Gans hatte, und mit bewundernswürdiger Geschwindigkeit auf der Oberfläche des Meeres fortlief, indem sie, mit den Füßen und Flügeln zugleich, das Wasser schlug:

> – – *Fugit illa per undas,*
> *Ocyor et jaculo, et ventos aequante sagitta.*
> *VIRG.*

Diese Art der Bewegung war so unglaublich schnell, daß wir voraussahen, es würde umsonst seyn, zu schießen, wenn man nicht Gelegenheit fände, unbemerkt nach ihnen zu zielen. Diese ereignete sich auch in der Folge, so daß wir verschiedne derselben erlegten. Von andern Enten waren sie, nur in Ansehung der Größe und der besondern Kürze ihrer Flügel, unterschieden. Letztere hatten etliche weisse Schwungfedern, und auf dem Gelenk an der *alula* zween große, nakte Knorpel von gelber Farbe. Schnabel und Füße waren ebenfalls gelb, hingegen das übrige Gefieder grau. Seiner bewundernswürdigen Geschwindigkeit wegen, nennten unsre Matrosen diesen Vogel, das Rennpferd, *(race horse);* auf den *Falklands*-Inseln haben ihn aber die Engländer *loggerhead-duck,* d. i. dikköpfige Ente genannt[6]. Auf einer andern benachbarten Insel fanden wir eine Menge *Skuas* oder große Mewen, die im troknen Grase genistet hatten, und ein drittes Eiland war überall mit Büschen bewachsen, die eine sehr wohlschmeckende Art rother Steinbeeren *(arbutus),* groß als kleine Kirschen, trugen. An eben dieser Insel saßen die Klippen längst dem Ufer voller großen Muscheln *(Mytilus edulis)* deren Fleisch uns schmakhafter vorkam, als die besten Austern. So lieferten uns also diese öden Felsen, die beym ersten Anblick keinem lebendigen Geschöpfe etwas zu versprechen schienen, eine Mahlzeit, die, mit unserm Schifszwieback und einem Stückchen gepöckelten Rindfleisch, in dieser Weltgegend herrlich genannt werden konnte! Auf dem Rückwege entdeckten wir auf einigen andern flachen Inseln, vortrefliche Sellerie, die zwar kleiner als die Neu-Seeländische, aber ungleich kräftiger war, vermuthlich, weil sich in dem felsigten Boden die Säfte besser concentrirt hatten. Wir nahmen eine ganze Bootsladung davon mit nach dem Schiffe, und kamen endlich, von mehrmaligen Regengüssen ganz durchnäßt, an Bord. Bey der Rückkunft empfanden wir, daß die Gegend um unsern Ankerplatz merklich wärmer war, als im nördlichen District der Bay, woselbst die Luft durch die mächtigen Schneegebürge ungleich kälter gemacht wurde. Fast zu eben der Zeit als wir, kam auch einer von den Lieutenants zurück, den Capitain *Cook* abgeschickt hatte, um die Nordwestseite der Bay aufzunehmen.

Den folgenden Tag war das Wetter so schön gelinde, daß verschiedne von unsrer Schiffsgesellschaft auf dem Eilande, woran das Schiff vor Anker lag, eine Vogel-Jagd anstellten, die sehr ergiebig ausfiel. Herr *Hodges* zeichnete unterdeß die ganze Bay von einer Höhe, wo der Gesichtspunkt überaus vortheilhaft war. Auf dem Kupferstich, der nach dieser Zeichnung in England verfertigt worden ist, siehet man im Vorgrunde, einen Vogel, der vermuthlich einen Falken vorstellen soll, dergleichen wir auf *Tierra del Fuego* angetroffen haben. Diese Gattung ist am Halse und an den Schultern grau und braun gestreift, der Kopf aber ganz braun und mit einem schwarzen Federbusch geziert. Dem Kupferstich nach zu urtheilen, würde man ihn von ungeheurer Größe halten, gleichwohl ist er in der Natur um nichts größer als der gewöhnliche Falk *(falco gentilis).*

Anstatt mit den jüngern Offizieren auf die Jagd zu gehen, begleiteten wir den Capitain, der diesen Morgen rund um das Eiland fuhr, woran unser Schiff geankert war, und der Lieutenant *Pickersgill* gieng, einer ähnlichen Untersuchung wegen, nach einer andern Gegend der Bay ab. Wir waren mit unserer Fahrt sehr wohl zufrieden, denn sie brachte uns eine große Menge Seeraben ein, die bey Tausenden in den Schieferklippen genistet hatten. Der Instinkt hatte sie gelehrt, ihre Nester nur an solchen Stellen zu bauen, wo die Felsen entweder vorwärts überhingen, oder doch wenigstens senkrecht standen, ohne Zweifel in der Absicht, daß die Jungen aus dem Neste nirgends anders als ins Wasser fallen möchten, wo sie keinen Schaden nehmen konnten. Der Schieferstein, woraus diese Klippen bestanden, ist zwar nicht sehr hart, demohnerachtet war es zu bewundern, wie die Vögel Löcher darinn einbohren, oder, wenn auch, vielleicht von Natur, schon Höhlungen darinn vorhanden gewesen sind, wie sie diese für ihre Jungen nur erweitern konnten? Kaum hatten wir unsre Gewehre losgeschossen, und von neuem geladen; so saßen die Seeraben wieder auf den Nestern, doch waren sie, ihrer Schwerfälligkeit wegen, auch im Fluge nicht leicht zu verfehlen. Sie nehmen sich in der That vor der augenscheinlichen Gefahr so wenig in Acht, daß die Franzosen, bey ihrem Aufenthalt auf den Falklands-Inseln, wohl nicht Unrecht hatten, sie *nigauds,*[7] d. i. *Tölpel,* zu nennen. Nächst dieser Ausbeute brachten wir auch drey Gänse von der heutigen Fahrt zurück, die uns wegen des an beyden Geschlechtern ganz verschiedenen Gefieders merkwürdig dünkten. Der Gänserich nemlich war, den schwarzen Schnabel und die gelben Füße ausgenommen, ganz weiß, und an Größe etwas geringer, als eine zahme Gans. Die Gans hingegen war schwarz mit kleinen weißen Queer-Strichen gezeichnet, am Kopfe grau und mit etlichen grünen und etlichen weißen Schwungfedern versehen. Vielleicht hat die Natur diesen Unterschied, zur Sicherheit der jungen Brut weislich also geordnet, damit die Gans, ihres dunklern Gefieders wegen, von Falken und andern Raub-Vögeln nicht sobald

6 S. die *Philos. Trans.* der Königl. Societät zu London LXVI. Band, I. Theil.

7 S. Don *Pernetti's* Reise nach den Malouinischen Inseln.

entdeckt werden möge. Doch dies ist nur eine Vermuthung, die nähere Untersuchung und Bestätigung bedarf; der Verstand des Sterblichen ist leider zu kurzsichtig, um in den Werken der Natur überall die eigentlichen Absichten des weisen Schöpfers zu entdecken, besonders wenn noch so wenig Beobachtungen, als in gegenwärtigem Falle, dazu vorhanden sind.

Kaum waren wir wiederum an Bord, als auch Lieutenant *Pickersgill* zurückkam. Er hatte an der Ost-Seite der Bay eine Bucht gefunden, wo sich eine unzählige Menge wilder Gänse aufhielte. Capitain *Cook* wünschte seinen Leuten hier frische Lebensmittel zu verschaffen, damit sie das bevorstehende Weihnachts-Fest desto fröhlicher feyern möchten. Da nun die Entdeckung des Lieutenant *Pickersgill* dieser Absicht sehr günstig zu seyn schien; so ward gleich abgeredet, daß er am folgenden Morgen dort auf die Jagd gehen sollte, indeß wir auf einem andern Wege eben dahin kommen würden. Mein Vater, Doktor *Sparrmann,* ein See-Cadet und ich, fuhren zu dem Ende, in Gesellschaft des Capitains, längst einem Eiland hin, das ostwärts zwischen dem Schiffe und der sogenannten *Gänse-Bucht (Goose Cove)* als dem verabredeten Sammelplatz, belegen war. Wir hatten alle Ursach, mit der Wahl unsres Weges zufrieden zu seyn, denn an der ganzen Süd-Seite dieser Insel, die wenigstens vier Meilen lang ist, hielt sich eine unzählige Menge von Gänsen auf, denen, ihrer Unerfahrenheit wegen, und weil sie eben neue Federn bekommen, sehr leicht beyzukommen war. Die langen Schwungfedern fehlten ihnen noch, so daß sie fast gar nicht fliegen konnten. Hätten wir dies gleich im Anfang wahrgenommen, so würde unsre Beute noch viel beträchtlicher ausgefallen seyn. Demohnerachtet hatten wir bey Sonnen-Untergang nicht weniger als drey und sechszig Stück zusammengebracht, die für alles Volk am Bord zu einem Mittagsmahl vollkommen hinreichten. So ergiebig die Jagd war, so angenehm war sie auch. Als Naturforschern hätte es uns zwar, bey dergleichen Gelegenheiten, mehr um Mannichfaltigkeit als um Menge zu thun seyn sollen; allein wir waren nun einmal noch nicht enthaltsam oder noch nicht gewissenhaft genug, eine frische Mahlzeit zu verschmähen, wenn sie sich so von selbst darbot[8]. In dem Felsen-Ufer gab es große Klüfte oder Höhlen, zum Theil achtzig bis neunzig Fuß hoch und oft 150 Fuß tief. Da die See ziemlich ruhig war, so konnten wir in diese unterirrdische Gewölbe mit dem Bote hineinfahren, und dann kamen wir nie ohne eine gute Anzahl Gänse wieder heraus. Am Eingange hatten gemeiniglich See-Raben genistet, die aber diesmal in guter Ruhe blieben. Ein anderer Umstand, der uns den Gänsefang erleichterte, bestand darinn, daß in den Schiefer-Felsen große Spalten befindlich waren, über welche sie mit ihren noch nicht wieder gewachsenen Flügeln selten wegkommen konnten, sondern gemeiniglich herein, und auf solche Art den Matrosen lebendig in die Hände fielen. Erst am späten Abend kamen wir wieder an Bord, wo Herr *Pickersgill* schon vor uns angelangt war, und von einem kleinen, von lauter Meer-Schwalben bewohnten Eilande, mehr als drey hundert Eyer mitgebracht hatte, die größtentheils eßbar und wohlschmeckend befunden wurden.

Während unsrer Abwesenheit hatten sich einige Einwohner, in vier kleinen Kanots, beym Schiffe gezeigt. Sie wurden uns als elende, arme, aber harmlose Geschöpfe beschrieben, die ihre Speere, Seehunds-Felle u. d. gl. freywillig und umsonst weggegeben. Es that uns leid, daß wir sie nicht gesehn hatten, doch ward dem Schaden bald abgeholfen, denn am folgenden Morgen kamen sie, des Regens ohnerachtet, wieder. Ihre Canots waren aus Baum-Rinde verfertigt, welche, der Größe nach zu urtheilen, wohl schwerlich in diesem Haven gewachsen seyn konnte. Einige kleine Stecken dienten anstatt Rippen, um die Rinde, in der Mitte oder da wo der größte Bauch des Fahrzeuges ist, auszudehnen; den Bord machte, auf jeder Seite, ein langer Stecken aus, über den die Rinde herum gewickelt und fest genähet war. Mitten im Canot lagen etliche Steine nebst einem Haufen Erde, und hierauf unterhielten die Wilden beständig ein Feuer. Dies war auch in so fern nöthig, weil sie, durch allzuschnelles Rudern, sich eben nicht zu erwärmen suchten. Die Ruder waren nur klein und schlecht gearbeitet. In jedem Canot saßen fünf bis acht Personen,

8 Aus einer im III. Bande S. 92 der *Hawkesworthischen* Sammlung [4°] sehr am unrechten Ort angebrachten Bemerkung ersiehet man, daß der Herr Verfasser kein Reisender war, und also nicht gewußt, wie einem Reisenden zu Muth ist, der sich Jahre lang mit verwestem Pökelfleisch und verschimmeltem Schiffs-Zwieback behelfen muß.

Kinder mit eingerechnet; allein, statt daß alle andere Nationen in der Süd-See gemeiniglich unter lautem Jauchzen, oder wenigstens mit einem frohen Zuruf angezogen kamen, gieng bey diesen hier alles in der tiefsten Stille zu, und sogar dicht am Schiffe, wo wir eine Anrede oder Begrüßung erwarteten, gaben sie fast keinen andern Laut von sich, als das Wort *Pesseräh!* Diejenigen, welche Herr von *Bougainville,* in der Magellanischen Straße, nicht weit von unserm jetzigen Haven, gesehen, führten eben dieses Wort fast beständig im Munde, weshalb er auch dieser Nation den Namen *Pecherais* beylegte. Auf vielfältiges Zuwinken kamen etliche von diesen Leuten ins Schiff; doch ließen sie nicht das geringste Zeichen von Freude blicken, schienen auch ganz ohne Neugierde zu seyn. Sie waren von kurzer Statur, keiner über 5 Fuß 6 Zoll (englischen Maaßes) hoch, hatten dicke große Köpfe, breite Gesichter, sehr platte Nasen, und die Backenknochen unter den Augen sehr hervorragend; die Augen selbst waren von brauner Farbe, aber klein und matt, das Haar schwarz, ganz gerade, mit Thran eingeschmiert, und hieng ihnen wild und zottigt um den Kopf. Anstatt des Barts standen einige einzelne Borsten auf dem Kinn, und von der Nase bis in das häßliche, stets offene Maul war ein beständig fließender Canal vorhanden. Diese Züge machten zusammen genommen, das vollständigste und redendste Bild von dem tiefen Elend aus, worinn dies unglückliche Geschlecht von Menschen dahinlebt. Herr *Hodges* hat von zwoen dieser Physiognomien eine sehr richtige, charakteristische Zeichnung verfertigt. Schultern und Brust waren breit und stark gebaut, der Untertheil des Körpers aber so mager und eingeschrumpft, daß man sich kaum vorstellen konnte, er gehöre zum obern. Die Beine waren dünn und krumm, und die Knie viel zu stark. Ihr einziges elendes Kleidungstück bestand in einem alten kleinen Seehunds-Fell, welches vermittelst einer Schnur, um den Hals befestigt war. Übrigens giengen sie ganz nackend, ohne auf das, was Anständigkeit und Ehrbarkeit bey uns fordern würden, die geringste Rücksicht zu nehmen. Ihre Leibesfarbe war Olivenbraun mit einem Kupfer-ähnlichem Glanze, und bey manchen noch durch aufgetragene Streifen von rothem oder weißem Ocker erhöhet. Es scheint folglich, daß die Begriffe von Schmuck und Zierrath älter und tiefgewurzelter bey uns sind, als die von Ehrbarkeit und Schaamhaftigkeit! Die Weiber waren beynahe wie die Männer gestaltet, nur etwas kleiner, den Gesichtszügen nach nicht minder häßlich und widrig, und auch in der Kleidung nicht unterschieden. Einige wenige hatten jedoch, ausser dem Felle, welches die Schultern bedeckte, noch einen kleinen Lappen, kaum einer Hand groß, vorn am Schooße herabhängen, der, vermittelst einer Schnur, um die Hüften befestigt war. Ein ledernes Band mit Muscheln besetzt, zierte den Hals, und auf dem Kopfe trugen sie eine Art Mütze, aus etlichen langen Gänse-Federn zusammengefügt, die gemeiniglich aufrecht in die Höhe standen, und alsdenn gerade so, als die Fontangen des vorigen Jahrhunderts aussahen. Ein einziger Kerl hatte sein See-Hunds-Fell durch ein daran genähtes Stückchen *Guanacoes-Fell*[9] verlängert, und sich dadurch etwas mehr Schutz gegen die Kälte verschafft. Die Kinder hingegen waren völlig nackt, und saßen neben den Müttern um das im Canot befindliche Feuer, zitterten aber demohnerachtet beständig vor Kälte. Sie ließen nicht leicht ein ander Wort von sich hören, als den Ausruf: *Pesseräh,* und dieser ward bisweilen wie eine Liebkosung, gemeiniglich aber in einem jammernden, klagenden Ton ausgesprochen! Von denen am Bord gekommenen Mannspersonen, vernahmen wir noch ein paar andre Wörter, die aus einer Menge von Mitlautern und Guttural-Buchstaben bestanden. Das *chl,* welches in England den Einwohnern des Fürstenthums Wallis eigen ist, kam vorzüglich oft darinn vor, und was ihre Aussprache vollends unverständlich machte, war, daß sie durchgehends sehr stark lispelten. Glas-Corallen und andre Kleinigkeiten nahmen sie mit eben der Gleichgültigkeit und Achtlosigkeit an, mit welcher sie auch ihre Waffen, ja sogar ihre zerlumpten Seehunds-Felle umsonst, oder, gegen das erste beste, das ihnen geboten ward, weggaben. Überhaupt war ihr Charakter die seltsamste Mischung von Dummheit, Gleichgültigkeit und Unthätigkeit! Bogen und Pfeile waren ihre einzigen Waffen. Die Bogen sind sehr klein, unförmlich, und aus einer Art *Berberis-Holz* gemacht, die Pfeile hingegen von an-

9 *Guanacoes* sind bekanntermaßen eine Art Süd-Amerikanischer kleiner Kameele, die in *Chili* zahm gemacht, wie Lastthiere gebraucht, und alsdenn *Llamas* genannt werden.

Felsenscharbe, ***F: Pelecanus magellanicus***
Phalacrocorax magellanicus (Feuerland, 28. Dezember 1774)

derm Holz, zwischen zwey und drey Fuß lang, an einem Ende gefiedert und am andern stumpf. Die Spitzen werden nur alsdenn erst, wenn der Pfeil gebraucht wird, angesetzt, und zu diesem Behuf trägt sie der Schütze in einem kleinen ledernen Beutel bey sich. Sie thaten ziemlich rar damit, und wollten uns nicht mehr, als eine einzige solche Spitze zukommen lassen, die aus einem schlechten dreyeckigten Stückgen Schiefer bestand. Nächst diesen Waffen haben sie auch Speere, die aber blos zum Fischfang dienen. Der Schaft ist zehn Fuß lang, und, oben wie unten, durchaus gleich dick. Am untersten Ende ist ein Spalt befindlich, in welchem, zu seiner Zeit, ein spitzgemachter, etwa zwölf Zoll langer, und nur mit einem Wiederhaken versehener Knochen eingefügt und festgebunden wird. Eben dies Instrument sollen sie auch, Capitain *Cooks* voriger Reisebeschreibung nach, gebrauchen, um unterhalb dem Wasser, die Muscheln von den Felsen loszustoßen.[10] Mit unsrer Zeichensprache, die doch sonst überall gegolten hatte, war bey diesen Leuten hier nichts auszurichten; Geberden, die der niedrigste und einfältigste Bewohner irgend

10 S. *Hawkesworths* Geschichte der neuesten engl. See-Reisen in 4to B. II. S. 56.

einer Insel in der Südsee verstand, begriff hier der Klügste nicht. Eben so wenig fiel es ihnen ein, uns ihre Sprache beyzubringen; da auf dem Schiffe nichts ihre Neugierde oder Verlangen erregte, so war es ihnen auch gleich viel, ob wir sie verstunden, oder nicht. Diejenigen von unsern Reisegefährten, die Capitain *Cooks* erster Reise um die Welt beygewohnt hatten, versicherten einstimmig, daß die Bewohner von *Succeß-Bay,* weit glücklicher und besser daran wären, als diese elenden Verstoßnen.[11] Wer die Beschreibung jener Reise hierüber nachlesen will, wird auch selbst einsehen, daß in Succeß-Bay die *Pesserähs* weit civilisirter zu nennen sind, (wenn dieser Ausdruck überhaupt hier anzubringen ist) als diejenigen, die in *dieser* Gegend wohnten. Jene waren größer; hatten Stiefeln, um die Füße gegen die Kälte zu schützen, schienen den Werth der europäischen Waaren einigermaaßen einzusehen, bewiesen sich geselliger, und hatten sogar schon Begriffe von Cerimonien und Höflichkeiten! die unsrigen hingegen waren noch zu dumm, zu unthätig oder zu sehr von Hülfsmitteln entblößt, um sich der Kälte zu erwähren, so schmerzhaft sie auch die Unannehmlichkeiten derselben empfanden. Sie schienen unsre Überlegenheit und unsre Vorzüge gar nicht zu fühlen, denn sie bezeigten auch nicht ein einzigesmal, nur mit der geringsten Geberde, die Bewundrung, welche das Schiff und alle darinn vorhandene große und merkwürdige Gegenstände bey allen übrigen Wilden zu erregen pflegten! Dem Thiere näher und mithin unglückseliger kann aber wohl kein Mensch seyn, als derjenige, dem es, bey der unangenehmsten körperlichen Empfindung von Kälte und Blöße, gleichwohl so sehr an Verstand und Überlegung fehlt, daß er kein Mittel zu ersinnen weiß, sich dagegen zu schützen? der unfähig ist, Begriffe mit einander zu verbinden, und seine eigne dürftige Lage mit dem glücklichern Zustande andrer zu vergleichen? Was die ärgste Sophisterey auch je zum Vortheil des ursprünglich wilden Lebens, im Gegensatz der bürgerlichen Verfassung, vorbringen mag; so braucht man sich doch nur einzig und allein die hülflose bedauernswürdige Situation dieser *Pesserähs* vorzustellen, um innig überzeugt zu werden, daß *wir* bey unsrer gesitteten Verfassung unendlich glücklicher sind! So lange man nicht beweisen kann, daß ein Mensch, der von der Strenge der Witterung beständig unangenehme Empfindung hat, dennoch *glücklich* sey, so lange werde ich keinem noch so beredten Philosophen beypflichten, der das Gegentheil behauptet, weil er entweder die menschliche Natur nicht unter allen ihren Gestalten beobachtet, oder wenigstens das, was er gesehen, nicht auch *gefühlt* hat[12]. Möchte das Bewustseyn des großen Vorzugs, den uns der Himmel vor so manchen unserer Mitmenschen verliehen, nur immer zu Verbesserung der Sitten, und zur strengern Ausübung unserer moralischen Pflichten angewandt werden! aber leider ist das der Fall nicht, unsre civilisirten Nationen sind vielmehr mit Lastern befleckt, deren sich selbst der Elende, der unmittelbar an das unvernünftige Thier gränzt, nicht schuldig macht. Welche Schande, daß der höhere Grad von Kenntnissen und von Beurtheilungskraft, bey uns nicht bessere Folgen hervorgebracht hat!

Diese unglücklichen Bewohner eines felsigten unfruchtbaren Landes fraßen rohes, halbverfaultes Seehundsfleisch, welches äußerst widrig roch. Das Thranartige ekelhafte Fett genossen sie am liebsten, und boten auch dem Seevolk davon an. Vielleicht ist es Instinct, der ihnen dies ranzige Fett verzehren heißt, denn alle in kalten Erdstrichen wohnende Völker sollen es für Leckerbissen halten, und dadurch in Stand gesetzt werden, die Kälte besser zu ertragen. Die natürliche Folge einer solchen Nahrung war ein unerträglicher fauler Gestank, der aus ihrem ganzen Körper ausdunstete, und sich allem, was sie nur an und um sich führten, mitgetheilt hatte. Dieser Gestank war uns dermaßen zuwider, daß wirs unmöglich lange bey ihnen aushalten konnten. Mit geschloßnen Augen konnte man sie bereits in der Ferne wittern. Wer die Seeleute, und ihre sonst eben nicht

11 Siehe ebendaselbst Seite 54 und folgende.

12 Die Philosophie solcher Herren ist dem *Seneka* abgeborgt. Folgende Stelle paßt sehr gut auf die *Pesserähs,* und der nachstehende Gedanke zeugt gerade von *dem* Mangel an Gefühl, wovon hier die Rede ist. *Perpetua illos hiems, triste coelum premit – imbrem culmo aut fronde defendunt; nulla illis domicilia, nullae sedes sunt, nisi quas lassitudo in diem posuit. – In alimentis feras captant. – vilis, et hic quaerendus manu victus. – Miseri tibi videntur? – Nihil miserum est quod in naturam consuetudo perduxit. – Hoc quod tibi calamitas videtur, tot gentium vita est. DE PROVIDENTIA. Hawkesworth* hat bey einer ähnlichen Veranlassung diese Stelle nur paraphrasirt und modernisirt. Reisen B. II. Seite 59 [4°].

ekle Begierden kennt, wird kaum glauben, was doch wirklich geschah, nemlich, daß es ihnen, dieser unerträglichen Ausdünstung wegen, gar nicht einmal einfiel, mit dem saubern Frauenzimmer genauere Bekanntschaft zu machen. Die Matrosen gaben ihnen Pöckelfleisch und verschimmelten Zwieback; sie machten sich aber nichts daraus, und konnten kaum dahin gebracht werden, es zu kosten. Lehrte sie etwa der Instinct, daß diese Speisen vielleicht *noch* ungesunder wären, als halb verwestes Seehundsfleisch? – Wir bemerkten unter ihnen nicht den mindesten Unterschied des Standes, weder Oberherrschaft noch Abhängigkeit. Ihre ganze Lebensart kam dem thierischen Zustande näher, als bey irgend einem andern Volk. Es dünkt mir daher überaus wahrscheinlich, daß sie keine selbstständige Nation ausmachen, sondern nur als einzelne, von den benachbarten Völkerschaften ausgestoßne Familien anzusehen sind, die durch ihren Aufenthalt im ödesten unfruchtbarsten Theil von *Tierra del Fuego* fast jeden Begrif verlohren haben, der nicht mit den dringendsten Bedürfnissen in unmittelbarer Verbindung steht. Sie irren, der Nahrung nach, aus einer Bucht in die andre, und da dieser Haven vermuthlich mit mehreren zusammenhängt, so wählen sie sich im Winter denjenigen zum Wohnplatz, wo der Aufenthalt am leidlichsten ist. Aus denen auf den benachbarten *Falklands-Inseln,* die unter derselben Polhöhe liegen, angestellten Thermometrischen Beobachtungen läßt sich zwar vermuthen, daß im Winter die Kälte nicht nach Verhältniß der Sommerwitterung zunehme, demohnerachtet muß sie diesen armen hülflosen Geschöpfen doch äußerst hart fallen. Die Holländischen Seefahrer, und besonders *Jacob l'Hermite,* der die Naßauische Flotte im Jahr 1624 ins Süd-Meer führte, behaupten, daß die an den *südlichen* Küsten von *Tierra del Fuego,* wohnenden Indianer, wirkliche Menschenfresser sind, die einander, nicht etwa bloß aus Hunger, sondern auch so oft sie sich eine gute Mahlzeit machen wollten, umbringen.[13] Sollte diese gräßliche Gewohnheit irgendwo aus wirklichem Mangel an Lebensmitteln statt finden, so könnte sie höchstens bey einer kleinen Anzahl unglücklicher Menschen entstanden seyn, die aus ihrer fruchtbaren Heymath in die äußersten wüsten Enden der Erde wären vertrieben worden. Ein solcher Stamm würde aber unmöglich lange bestehen können.

Die armen *Pesserähs* verließen uns gegen Mittag, und ruderten so langsam und stillschweigend fort, wie sie angekommen waren. Das Seevolk, sehr erfreut, daß das Schiff sicher vor Anker lag, hatte schon den vorigen Abend angefangen, das Weihnachtsfest zu feyern, und fuhr fort, zween Tage lang ohne Unterlaß zu schwelgen. Sie machtens so arg, daß Capitain *Cook* endlich den größten Theil in ein Boot laden, und an Land setzen ließ, damit sie in der frischen Luft desto eher wieder nüchtern würden.

Am 27sten des Morgens, bemannte der Capitain ein Boot mit etlichen noch halb-berauschten Matrosen, und fuhr nebst meinem Vater und Dr. *Sparrmann* nach demselben Eiland, wo er am 24sten so gute Jagd gehabt. Er brachte am Abend eine Anzahl Gänse und andres Geflügel zurück, die gebraten, und zu unsrer bevorstehenden Abreise aufbewahret wurden. Die Einwohner kamen unterdessen wieder am Bord, doch hielten sie sich nicht lange auf, weil wir, ihres unleidlichen Gestanks wegen, uns nichts mit ihnen zu schaffen machten. Sie riefen ihr Losungswort *Pesseräh* manchmal mit einer so kläglichen Stimme, und so gedehnt aus, daß wir glaubten, sie wollten damit betteln, wenn wir sie aber darauf ansahen, so war in ihren Mienen nicht die geringste Bestätigung dieser Vermuthung, nichts begehrendes, nichts als das unbedeutende Angaffen der tiefsten Dummheit ausgedrückt.

Nachdem wir neuen Vorrath von frischem Wasser und Brennholz eingeladen, so nahmen wir auch die Zelte an Bord, und segelten am 28sten des Morgens um acht Uhr nach Cap *Horn* ab. Dem Haven, den wir jetzt verließen, ward der Name *Christmeß-Sund (Weihnachts-Haven)* beygelegt. Für Schiffe, die in und aus der Südsee kommen, ist er gleich bequem gelegen; und, wegen der Erfrischungen, die man dort antrift, als ein guter Ankerplatz zu empfehlen. Es giebt viele trefliche Buchten, und wenn gleich kein Zimmerholz, doch einen großen Vorrath von Brennholz darinn. Das Wasser ist rein und wohlschmeckend, und die Luft zwar etwas rauh, aber gesund. Während unsers Aufenthalts hatte ein See-Soldat das Unglück hier zu ertrinken. Als er vermißt wurde, kams

---

13 *Recueil des voyages, qui ont servi à l'établissement de la Compagnie des Indes orientales. Amsterd. 1705. Vol. IV. p. 702.*

heraus, daß er, um seine Nothdurft zu verrichten, in der Trunkenheit über das Geländer vorn am Schiff gestiegen, und von da ins Wasser gefallen sey. Eben dieser Mensch war schon einmal, bey *Irromanga,* in Gefahr gewesen zu ertrinken, und auf der Insel Tanna hatte er einen von den Einwohnern[14] erschossen. Dies war der vierte und letzte Mann, den wir auf der ganzen Reise einbüßten.

Nachmittags seegelten wir bey der Insel S. *Ildefonso* vorüber, welche vermuthlich von Spanischen Seefahrern also benannt worden ist. Jenseit derselben liefen wir, so lange es Tag blieb, ostwärts und kreuzten die Nacht über ab und zu. Des andern Morgens um sechs Uhr paßirten wir das Cap *Horn,* oder die große südliche Felsenspitze des nach seinem Entdecker genannten *Hermiten Eylandes*[15]. Die geographische Lage jenes berühmten Vorgebürges ist bisher immer unrichtig angegeben worden, jetzt aber können wir, den Beobachtungen zufolge, welche Capitain *Cook* auf seinen beyden Reisen um die Welt angestellt hat, mit Gewißheit bestimmen, daß es unter den 55° 58' Südlicher Breite und dem 67° 46' Westlicher Länge belegen ist. Nachdem wir solchergestalt gänzlich aus der Südsee herausgekommen, steuerten wir auf *Le Maire's Straße* zwischen *Tierra del Fuego* und *Staaten Eiland* hin. Gegen Abend kamen wir nahe genug um zu bemerken, daß *Tierra del Fuego* hier ein weit besseres Ansehen hatte, als in der Gegend von *Christmeß-Sund.* Die Berge waren nemlich nicht so steil, sondern dehnten sich, lang und sanft gestreckt, nach der See herab, in welche sie zuletzt mit flachen waldigten Spitzen ausliefen. Schnee war gar nicht, oder doch nur auf den entferntesten westlichen Gebürgen zu sehen. Am folgenden Morgen gelangten wir in die Meer-Enge, wurden aber den ganzen Tag von Windstillen darinn aufgehalten. *Succeß-Bay* lag uns grade gegenüber, und die weitläuftigen Ufer derselben sahen so fruchtbar und anmuthig aus, daß wir gewünscht hätten dort anlanden zu können.

Um zwey Uhr Nachmittags schickte der Capitain, während daß wir bey Tische waren, ein Boot ab, um nachsehen zu lassen, ob die *Adventure* etwa in dieser Bay vor Anker gewesen, oder irgend eine Nachricht allhier zurückgelassen habe? Das Schif lavirte indeß bey sehr schwachem Winde ab und zu, um sich nicht allzuweit von dem Boote zu entfernen. Einige dreyßig große Wallfische, und eine unzählige Menge Seehunde machten sich im Wasser um und neben uns lustig. Die Wallfische schwammen mehrentheils paarweise beysammen, welches anzuzeigen schien, daß dies die Zeit ihres Begattens sey. So oft sie, auf der Seite des Schiffes, wo der Wind herkam, Wasser von sich bliesen, hatten wir jedesmal einen unerträglich faulen und ungesunden Gestank auszustehen, der drey bis vier Minuten anhielt. Bisweilen legten sie sich auf den Rücken, und plätscherten mit ihren langen Brustfloßen auf dem Wasser, welches einen Knall verursachte, als wenn ein halbpfündiges Stück abgefeuert wird. Dieses Spiel hat vermuthlich zu dem Matrosen-Mährchen Anlaß gegeben, daß der Drescher und der Wallfisch manchmal mit einander fechten. Der Drescher wird gemeiniglich als ein langer Fisch vorgestellt, der aus dem Wasser springt, um dem Wallfisch einen derben Schlag beyzubringen. Oft mischen sie auch den Schwertfisch mit hinein, der diese Gelegenheit wahrnehmen soll, um dem armen Wallfisch den Bauch aufzuschlitzen. Der geringen Entfernung wegen, in welcher sich diese Fische von uns befanden, konnten wir, bey der oft wiederholten Bewegung der Floßen deutlich sehen, daß die innre Seite derselben, imgleichen der Bauch weiß, das übrige hingegen schwarz ist. An einem, der sich kaum 200 Fuß weit vom Schiffe herum wälzte, nahmen wir viele in die Länge laufende Falten oder Runzeln auf dem Bauch wahr; diesem Kennzeichen zufolge gehörte er zu der Gattung, welche beym Ritter von Linné *Balæna Boops* heißt. Ihrer Größe ohnerachtet, die der Länge nach nicht weniger als 40 Fuß, und im Durchmesser zehn Fuß betrug; sahe man sie zuweilen ganz und gar aus dem Wasser springen, und dann fielen sie jedesmal mit gewaltigem Getöse zurück, so daß es um sie her schäumte. Die erstaunende Kraft, welche erfordert wird, dergleichen ungeheure Thiere aus dem Wasser zu heben, kann, so wie alles übrige ihres bewundernswürdigen Baues, zu vielen Betrachtungen Stoff geben.

Gegen sechs Uhr Abends kam das nach der *Succeß-Bay* abgefertigte Boot wiederum zurück. Der

14 Siehe in eben diesem Teile S. 483ff.

15 *Recueil des Voyages qui ont servi à l'établissement de la Compagnie des Indes Orientales Vol. IV p. 696.* Die Insel liegt vor dem Naßauschen Meerbusen, den ebengedachter *Jacob l'Hermite* entdeckte.

Lieutenant berichtete, es wären ihm eine unzählige Menge von Seehunde bis in die Bay gefolget, und in selbiger die Wallfische so häufig gewesen, daß das Boot beynah darauf gestossen hätte. An der Stelle, wo Capitain *Cook* bey seiner ersten Reise um die Welt, Wasser eingenommen hatte, fand er nicht das geringste Merkmahl, daß ein Europäisches Schif seit kurzem da gewesen. Beym Aussteigen empfiengen ihn etliche Einwohner, die in Guanacoes-Felle und in lange Mäntel aus Seehunds-Fellen gekleidet waren. Sie sahen ganz freundlich, weit heiterer und zufriedener aus, als die Elenden, welche wir in *Christmeß-Sund* angetroffen. Einige hatten sogar Armbänder von Schilf mit Silberdrath besponnen, und zeigten sehr oft darauf, indem sie das Wort *Pesseräh* aussprachen. Alles was unsre Leute ihnen anboten, sahen sie mit Gleichgültigkeit ohne alle Begierde an. Die Armbänder müssen sie entweder von vorüberschiffenden Spaniern, oder, aus eben dieser Quelle, mittelbarer weise, durch andre nördlich wohnende Völker bekommen haben. Unsre Leute hielten sich nur zwo oder drey Minuten bey ihnen auf, schiften sich alsdenn wieder ein, und eilten an Bord zurück. Nunmehro setzten wir unsern Lauf durch *le Maires* Meer-Enge fort, und seegelten, am folgenden Morgen, längst der Küste von *Staaten Land* hin, welches in dicken Nebel gehüllt war. Gegen Mittag klärte sich das Wetter auf, so daß wir das Land deutlich sehen konnten. Es hatte viel ähnliches mit der westlichen Küste von *Tierra del Fuego;* die Felsen-Gebürge waren wenigstens eben so jähe und unfruchtbar, jedoch nicht völlig so hoch, und deshalb auch mit weniger Schnee bedeckt. Verschiedne Eilande, die etwa 90 Fuß senkrecht aus dem Meere hervorragten, lagen in einiger Entfernung von dieser Küste, und schienen auf den obersten Gipfel mit Gras bewachsen zu seyn. Seehunde hielten sich hier überall in Menge auf, und da ihr Fett statt Thrans gut zu brauchen ist, so entschloß sich Capitain *Cook* einen Ankerplatz aufzusuchen, um Vorrath davon einzunehmen. Pater *Feuillee* hat von diesen Eilanden in seiner Reisebeschreibung eine Charte geliefert, die wir aber sehr unrichtig fanden. Als wir zwischen diesen Inseln und *Staaten-Land* hereinsteuerten, entdeckten wir auf letzterem einen guten Haven; der Capitain wollte es aber nicht wagen einzulaufen, weil er befürchtete, von widrigen Winden daselbst eingesperrt zu werden, sondern hielt es für sicherer, unter dem Winde eines der niedrigen Eilande anzulegen. Da nun, nach Seemännischer Rechnung, der 31ste December um Mittag zu Ende gegangen, so nannte er diese Gruppe von Inseln, die *Neujahrs-Eilande,* und den Haven auf *Staaten-Land, Neujahrs-Haven*.

Königspinguin, *F: Aptenodytes patachonica*
Aptenodytes patagonicus (Südgeorgien, 1775)

ZEHNTES HAUPTSTÜCK.

Aufenthalt an den Neujahrs-Eilanden – Entdeckung neuer Länder gen Süden – Rückkehr nach dem Vorgebürge der guten Hofnung.

Unmittelbar nach eingenommener Mittagsmahlzeit setzten wir die Böte aus, und stachen nach dem Eilande über, welches ohngefähr eine Meile vom Schiffe entfernt lag. Alle Felsen längst dem Ufer waren mit einer unzähligen Menge von Seehunden bedeckt, worunter einige mit langen, zottigten Mähnen, den Namen See-Löwen weit eher verdienten, als jene glatten Thiere, die Lord *Anson,* auf der Insel *Juan Fernandez* so nannte. Die ältern Seefahrer, die jetzt wenig mehr gelesen werden, haben der hiesigen Art auch wirklich jene Benennung beygelegt[1].

Zum Revier, wo auf die Seelöwen Jagd gemacht werden sollte, wählten wir eine durch Felsenklippen gegen den Ungestüm der See gedeckte Bucht. Wir fanden bald, daß diese Thiere grimmiger aussahen als sie wirklich waren, denn sie stürzten sich gemeiniglich bey den ersten Flintenschüssen ins Wasser und suchten zu entfliehen. Nur die größten und unbeholfensten blieben liegen, und ließen sich unter beständigem Brüllen todt schießen. Ein Regenschauer that unserm Eifer eine Zeitlang Einhalt, als sich aber das Wetter wieder aufklärte, gieng das Jagen von neuem an, und wir bekamen eine große Menge der fettesten Seelöwen. Die Matrosen wußten gut mit ihnen fertig zu werden, sie schlugen sie ohne große Umstände mit einer Keule vor den Kopf, schleppten sie in die Böte, und brachten sie an Bord, wo, aus dem Speck, Thranöl gekocht ward. Die alten Löwen waren fast alle erstaunlich fett, und zehn bis zwölf Fuß (englischen Maaßes) lang; die Löwinnen hingegen waren schlanker und ihrer Länge nach zwischen sechs und acht Fuß. Die größten Seelöwen wogen zwölf bis fünfzehn hundert Pfund, und einer von mittler Größe wog ohne Haut, Eingeweide und Speck fünf hundert und funfzig Pfund. Beym Männchen hat der Kopf wirklich eine Ähnlichkeit mit einem Löwenkopf; auch ist die Farbe fast gänzlich dieselbe, nur ein wenig dunkler. Die langen straubigten Haare um den Hals und das Genick des Seelöwen, gleichen vollkommen der Mähne eines rechten Löwen, und sind hart und grobdrätig. Der ganze übrige Körper ist mit kurzen, platt anliegenden Haaren bewachsen, die ein schönes, ebenes, glänzendes Rauchwerk ausmachen. Die Löwinn unterscheidet sich vom Löwen darinn, daß sie über den ganzen Leib glatt ist; hingegen in Ansehung der Füße, oder vielmehr der Floßen, kom-

1 *Francis Pretty* beym *Hackluyt* III. B. sagt von unsern See-Löwen, Seite 805: »Diese Seehunde sind von bewundernswürdiger Größe, ungeheuer und ungestaltet, und in Ansehung des Vordertheils mit keinem Thier besser als dem Löwen zu vergleichen; ihr Kopf, Hals und Brust ist mit rauhen Haaren bewachsen.« Sir *Richard Hawkins* drückt sich fast eben so aus, und setzt noch hinzu, daß sie Borsten haben, die zur Noth als Zahnstocher dienen könnten. S. *Des Brosses Nav. aux Terres Austr. Vol. I. p. 244.* – Sir John *Narborough* bemerkt ebenfalls, daß sie eine auffallende Ähnlichkeit mit den Löwen haben; und *Labbe* in den *Lettres des Missionaires, Tom. XV.* sagt, daß der Seelöwe sich vom Seebären einzig und allein durch die langen Haare um den Hals unterscheidet, und darinn hat er auch vollkommen Recht. S. *Des Brosses Navigation aux Terres Austr. Vol. II. p. 434.*

men beyde Geschlechter wiederum völlig mit einander überein. Die Floßen, die an der Brust sitzen, bestehen aus großen Stücken schwarzen zähen Leders, in deren Mitte, statt der Nägel etliche fast unmerkliche Höcker befindlich sind. Die Afterfloßen haben mehr Ähnlichkeit mit Füßen, und bestehen aus schwarzem Leder, das in fünf lange Zeen getheilt ist, deren jeglicher einen kleinen Nagel hat, und hernach in einem schmalen Riemen ausläuft. Ohnerachtet die Nägel verhältnißweise nur sehr klein sind, so wissen sie sich doch am ganzen Leibe damit zu krazzen, wie wir mehr als einmal gesehen haben. Der Schwanz ist ungemein kurz, und zwischen den dicht zusammen stehenden Afterfloßen versteckt. Der Hintertheil des Körpers, oder die Keulen, sind besonders groß, rund, und mit Fett gleichsam übergossen. Nach Verschiedenheit des Alters und Geschlechts, ließen sie allerhand zum Theil so durchdringende Töne hören, daß uns die Ohren davon gellten. Die alten Männchen schnarchten und brüllten wie Löwen oder wilde Ochsen; die Weibchen blöckten wie Kälber, und die Jungen wie Lämmer. Von den Jungen gab es am Strande fast überall ganze Heerden. Vermuthlich war es die Jahrszeit, in welcher sie warfen; einer Löwinn bekam dies sehr übel, denn sie warf in dem Augenblicke, da ein Matrose ihr mit einer Keule auf den Kopf schlug. Sie leben in zahlreichen Heerden beysammen. Nur die ältesten und fettesten Männchen liegen abgesondert; ein jeder wählt sich einen großen Stein zum Lager, und dem darf kein andrer sich nähern, ohne in blutigen Kampf zu gerathen. Ich habe oftmals gesehn, daß sie einander bey dergleichen Gelegenheiten mit unbeschreiblicher Wuth anpackten, und aufs heftigste zerbissen. Daher kams auch ohne Zweifel, daß viele, auf den Rücken tiefe Narben hatten. Die Jüngern, lebhaften Seelöwen liegen mit allen Weibchen und Jungen einträchtig beysammen. Bey der Jagd pflegten sie mehrentheils den ersten Angriff abzuwarten, sobald aber etliche erlegt waren, nahmen die übrigen in der größten Bestürzung die Flucht. Manche Weibchen trugen ihre Jungen im Maule davon, andre aber, die mehr erschrocken seyn mochten, ließen sie zurück. Wenn sie unbemerkt zu seyn glaubten, liebkoseten sie sich aufs zärtlichste, und ihre Schnauzen begegneten sich oft, als küßten sie einander. Der sel. Prof. *Steller* fand diese Thiere auf *Beerings Eiland,* unweit *Kamtschatka,* wo er Schiffbruch litt; und seine Beschreibungen, die ersten und besten, die man davon hat, stimmen mit den unsrigen vollkommen überein. Don *Pernetty* gedenkt ihrer ebenfalls in seiner Reise nach den *Falklands-Inseln;* allein die in Kupfer gestochne Abbildung, welche er davon liefert, so wie seine übrigen Zeichnungen, und die mehresten der dazu gehörenden Beschreibungen, sind ganz unrichtig. Herr von *Bougainville* hat sie auf seiner Reise um die Welt, auch angetroffen. Sie gehen in diesen unbewohnten Gegenden an Land, um ihre Jungen zu werfen, fressen aber, so lange sie ausser dem Wasser sind, nichts, wenn gleich ihr Aufenthalt am Strande oft etliche Wochen lang dauert; statt aller Nahrung verschlucken sie alsdann eine Anzahl Steine, um den Magen wenigstens anzufüllen, werden aber natürlicherweise ganz abgezehrt. Bey einigen fand man den Magen gänzlich leer, bey andern hingegen mit zehn bis zwölf runden schweren Steinen angefüllt, deren jeder ein paar Fäuste groß war[2].

Nachdem die See-Löwen den Strand gänzlich geräumt hatten, stiegen wir auf die obere Ebene des Eilandes, die, gleich einem Felde voller Maulwurfshügel mit kleinen Höckern wie besäet war. Auf jeder von diesen Erhöhungen sproßte eine Grasart *(dactylis)* in einem großen dicken Busche auf. Die Vertiefungen oder Zwischenräume zwischen den Hügeln waren voller Koth, so daß wir immer von einem Höcker zum andern springen mußten. Es hielt sich hier eine andere Gattung von See-Hunden auf, die ohne Zweifel dadurch, daß sie naß aus der See herauf gekommen, den Boden so kothig gemacht hatten. Eigentlich waren es See-Bären, dergleichen wir schon in *Dusky-Bay,* obgleich weder so häufig noch so groß angetroffen hatten. Was *Steller* von ihnen sagt, stimmt mit der Wahrheit genau überein. Sie sind etwas kleiner als See-Löwen; die Männchen selten über acht oder neun Fuß lang und verhältnißweise dick. Das Haar ist dunkelbraun mit sehr feinem Grau gesprengt, und durchaus weit länger als beym See-Löwen, doch macht es

2 *Beauchesne Gouin,* der französische Seefahrer hat bereits eben diese Bemerkung gemacht, und fügt hinzu, »die Steine hatten den Anschein, als ob sie schon zum Theil verdauet wären. –« Ich zweifle indessen, ob der geneigte Leser dies werde verdauen können? *Des Brosses Navig. aux Terres Aust. Vol. II. pag. 114.*

keine Mähne aus. Sonst ist der ganze Umriß des Körpers, so wie die Gestalt der Flossen, bey beyden Thierarten, völlig einerley. Sie bezeigten sich weit grimmiger als die See-Löwen, vornehmlich vertheidigten die Bärinnen ihre Jungen, und ließen sich eher neben denselben todt schlagen, als daß sie davon gelaufen wären. Auf eben diesem Eilande gab es auch eine große Anzahl *Geyer (vultur aura)* die bey den Matrosen Aas-Krähen hießen, und sich vermuthlich von verreckten oder mit Gewalt entführten jungen See-Bären und See-Löwen nähren mochten. Hiernächst fand sich auch eine Art Habichte, imgleichen Gänse von der Art, die uns in *Christmeß-Sund* so gut geschmeckt. Endlich so waren auch Pinguins von einer uns noch unbekannten Gattung, graue Sturmvögel, so groß als Albatrosse, von den Spaniern *Quebrantahuessos,* (Knochenbrecher) genannt, und See-Raben allhier vorhanden.

Das neue Jahr fieng, bey frischem Winde und kalter Luft, mit einem schönen heitern Tage an. Um den benachbarten Neujahrs-Haven nicht ganz unerforscht zu lassen, ward ein Boot abgeschickt, die Küste aufzunehmen, und den Ankerplatz zu sondiren; wir wären gern mit dahin gegangen, weil aber Lieutenant *Pickersgill,* der dies Boot kommandirte, Befehl erhielt, sich gar nicht am Lande aufzuhalten, so begleiteten wir lieber den Capitain, der abermals nach dem in unserer Nachbarschaft befindlichen Eilande hinfuhr. Die Erd-Schichten bestanden daselbst aus einem gelben thonartigen Steine, und an andern Orten aus grauem Schiefer; beide waren, nach Maaßgabe ihrer verschiednen Lage, von verschiedner Härte. Auf den Klippen hatten sich, der gestrigen Niederlage ohnerachtet, wiederum ganze Heerden von See-Bären und See-Löwen gelagert; wir ließen sie aber diesmal ungestört, weil eine andre Parthey auf die Jagd ausgeschickt worden. Sonderbar war es, daß, so nahe auch diese beyden Thier-Arten mit einander verwandt sind, sie sich dennoch niemals vermischten, sondern überall genau von einander abgesondert hielten. Ihrer starken Ausdünstungen wegen konnte man sie, gleich allen übrigen Seehunds-Arten, bereits von weiten riechen; schon zu *Homers* Zeiten war diese Eigenschaft, so wie auch ihre Unthätigkeit und Schläfrigkeit, während daß sie am Lande sind, bekannt.

– Φωκαι νεποδες –
Ἀδροαι ἒνδουσιν, πολιῆς ἀλος ἐξαναδυσαι
Πικρον ἀποπνειουσαι ἀλος πολυβενδεος ὀδμην.
HOMER.

Auf unsrer Fahrt längst dem Ufer, kamen wir an einen Platz, wo viele tausend See-Raben, auf den zuvor erwähnten, mit Gras bewachsenen, kleinen Erdhügeln genistet hatten. Diese Gelegenheit, der ganzen Mannschaft eine Mahlzeit zu verschaffen, konnten wir ohnmöglich ungenutzt lassen. Die Vögel waren mit Menschen noch so unbekannt, daß die Matrosen in kurzer Zeit etliche Hunderte mit Keulen todt geschlagen hatten. Bey dieser Gelegenheit fanden wir auch einen Vogel von ganz neuem Geschlecht. Er gehörte zur Klasse der watenden Wasser-Vögel; die Zeen waren durch eine Art von Schwimmhaut halb verbunden, und die Augen nebst der Wurzel des Schnabels mit lauter weißen Drüsen oder Warzen umgeben. Wir glaubten einen Leckerbissen daran zu finden, allein das Fleisch hatte einen so unerträglichen Gestank, daß niemand davon kosten wollte, ohnerachtet wir damals gewiß nichts weniger als ekel waren. Capitain *Cook* observirte die Polhöhe auf dem östlichen Ende des Eilands, welches aus einem nackten Felsen bestand, der mit ganzen Schaaren von See-Hunden, Meven, See-Raben u. s. w. bedeckt war. Nachdem wir zu Mittage am Bord gespeiset, giengen wir, um der Jagd willen, wieder an Land. Der Zufall verschaffte uns etliche Gänse, worunter sich auch eine von neuer Art befand, und einer Heerde *Pinguins,* die wir antrafen, ergieng es nicht besser als vor Tische den See-Raben. An Größe kamen sie den Gänsen bey, und waren übrigens von der Art, die in der Gegend von *Magelhaens* Straße häufig ist; auf den *Falklands-Inseln* haben die Engländer ihr den Namen, *jumping jack* gegeben[3]. Sie schlafen so fest, daß einer, über welchen Herr *Sparrmann* stolperte, und ihn etliche Schritte weit aus seiner Lage brachte, sich dieses unsanften Stoßes ohnerachtet doch nicht eher ermunterte, bis er ihn hernach noch lange geschüttelt hatte. Ward ein ganzer Trupp beysammen angegriffen, so setzten sie sich zur Wehr, rannten auf uns loß, und bissen uns in die Beine. Überhaupt haben sie ein

3 *Philos. Transact. Vol. LXVI. Part. I.*

sehr zähes Leben, denn eine große Anzahl, die wir für todt auf dem Platze ließen, stunden, eh man sichs versahe, wieder auf, und watschelten recht gravitätisch davon. Die See-Bären und See-Löwen waren ebenfalls nicht auf den ersten Schlag zu tödten, doch war die Schnauze der empfindlichste Theil, auf welchen sie nicht viel ausstehen konnten. Doktor *Sparrmann* und ich wären bey einem alten See-Bären schier übel weggekommen. Er lag auf einem Felsen und viel hundert andre, hinter ihm, schienen nur auf den Ausgang unsers Streits zu warten. Herr *Sparrmann* hatte nemlich einen Vogel geschossen, den er eben aufnehmen wollte; als der alte Bär, bey welchem er vorbey mußte, anfieng zu brummen, und Miene machte, ihn anzufallen. Sobald ich dies sahe, legte ich mein Gewehr an und schoß das Ungeheuer, indem es eben den Rachen gegen mich aufsperrte, mit einer Kugel todt. Die ganze Heerde sah ihren Vorfechter kaum ins Gras gestreckt, als sie nach der See entfloh. Manche krochen so eilfertig davon, daß sie sich im ersten Schreck 30 bis 40 Fuß tief, auf spitze Klippen herabstürzten, dem Anschein nach ohne Schaden zu nehmen, vermuthlich weil ihr dickes zähes Fell, und das Fett, welches bey dergleichen heftigen Stößen nachzugeben pflegt, sie genugsam schützte.

So wie die Mannschaft ihrer Seits an der Jagd dieser See-Thiere ungemein viel Vergnügen fand; eben so angenehm war es *uns,* als Naturforschern, an diesen geselligen Thierarten manches Sonderbare zu beobachten und zu untersuchen! Sie befanden sich hier in ihrem natürlichen Clima, und fühlten die Strenge der Witterung nicht; denn die See-Bären und Löwen waren durch Fett, die See-Raben und Pinguins hingegen durch das dicke Gefieder vollkommen dagegen ausgerüstet. Der Capitain hatte seinen Entzweck nunmehro erreicht; es war nemlich ein hinlänglicher Vorrath von Speck zusammen gebracht, und in Fässer gepackt worden, der nach und nach zu Öl ausgekocht werden konnte. Für diesen Vortheil mußten wir uns aber auch einen häßlichen faulen Gestank gefallen lassen, der noch etliche Tage nach unsrer Abreise von den *Neujahrs-Eylanden* im ganzen Schiffe zu spüren war. Gegen Abend kamen unsre Leute aus dem, auf *Staaten-Land* belegenen *Neujahrs-Haven* zurück. Sie hatten ihn sehr bequem und sicher gefunden, und brachten etliche Meven, nebst fünf Enten mit kurzen Flügeln, oder sogenannte Rennpferde, mit sich. Letztere wogen das Stück sechszehn Pfund, ihr Fleisch war aber von so ekelhaftem Geruch, daß man es nicht genießen konnte. Der zweyte Januar ward, gleich dem ersten, unter allerhand Nachsuchungen, am Lande hingebracht. Ihres geringen Umfanges ohnerachtet, ist diese Insel so reichlich mit Vögeln versehen, daß wir auch heute noch verschiedne neue Arten, unter andern ein sehr schönes graues Brachhuhn mit gelbem Halse fanden. An Pflanzen hingegen war dies Eiland ungleich ärmer. Die ganze Flora desselben belief sich, mit Inbegriff etlicher kleiner, drey Fuß hoher Büsche, auf mehr nicht als etwa acht Sorten, und unter diesen befand sich nur eine einzige neue. Das buschigte Gras *(dactilis)* hatte fast allein das ganze Eyland überwuchert. Gegen Abend wurden die Boote am Bord genommen, und des andern Morgens um drey Uhr liefen wir um die Nordöstliche Spitze von *Staaten-Land,* die Pater *Feuillee* Cap *St. Johannis* nennt, wiederum in See. Während unsers Aufenthalts an den *Neujahrs-Inseln,* bemerkten wir, daß die Fluth überaus schnell, nemlich, in einer Stunde wohl vier bis fünf englische Meilen weit fortströmt. Dieser Umstand ist indessen nichts außerordentliches, denn in der Magellanischen Meer-Enge, und an den südlichen Küsten von Amerika laufen alle Fluthen überhaupt sehr stark. Die *Neujahrs-Eilande,* von denen wir uns nunmehro entfernten, sind unter 54° 46' südlicher Breite, und 64° 30' westlicher Länge belegen. Das größte, woran *wir* vor Anker lagen, und dasjenige, welches ihm zunächst gegen Westen liegt, sind von gleicher Größe, und können ohngefähr drey bis vier Seemeilen im Umfange haben. Wir können sie den Seefahrern als den besten Erfrischungsplatz empfehlen, der in dieser Weltgegend nur zu finden ist. Pinguins- und Seehunds-Fleisch sind freylich keine Leckerbissen, aber beydes giebt doch unstreitig eine gesundere Nahrung als das gewöhnliche Pöckel-Fleisch. Überdem haben wir auf unsern Excursionen auch etwas Sellerie und Löffelkraut angetroffen, und da der Eilande mehrere sind, so werden, auf einem oder dem andern, diese Kräuter gewiß in genugsamer Menge vorhanden seyn, um der Mannschaft gute blutreinigende Suppen davon zu machen. Geflügel ist so häufig da, daß unsre Matrosen etliche Tage nach einander nichts als junge Pinguins und See-Raben aßen; und sie behaupteten, die See-Raben schmeckten fast so gut als Hühner. Die See-Bären sind auch nicht zu verachten; allzujung ist das Fleisch sehr weichlich, und daher ekelhaft. Von einem völlig erwachsenen schmeckt es besser, und wohl so gut als schlechtes Rindfleisch, die älteren Bären und Löwen hingegen waren, ihres widrigen Geruchs halber, schlechterdings nicht zu genießen.

Solange es Tag blieb, liefen wir an der östlichen und südlichen Küste von *Staaten-Land* hin, und alsdenn Ost-Süd-Ostwärts um, auch während des dritten Sommers, den wir in dieser Hemisphäre zubringen sollten, einen neuen Versuch gegen Süden anzustellen. Der Wind ward bald so heftig, daß er uns eine große Bram-Stange zerbrach, weil er aber unserm Laufe günstig war, so achteten wir des Schadens nicht. Am fünften zeigte sich, um die Sonne, ein Kreis oder Hof, von sehr beträchtlichem Durchmesser. Das innere Feld war dunkel, der Rand hingegen hell, und an der Außenlinie mit einigen Regenbogen-Farben schwach schattirt. Die Matrosen nahmen diese Erscheinung für das Wahrzeichen eines bevorstehenden Sturms, allein das Wetter blieb, noch verschiedene Tage nachher, unverändert gelinde; ein neuer Beweis, daß dergleichen Vorzeichen nicht allemal zu trauen ist.

Die neuesten in England und Frankreich herausgekommenen Charten deuten zwischen 40° und 53° Grad westlicher Länge, und 54° und 58° südlicher Breite, eine große Küste an, die bereits in einer Charte des *Ortelius,* vom Jahr 1586, ja sogar schon in der *Mercatorschen* Charte, vom Jahr 1569, angezeigt worden. Der Namen *Golfo de San Sebastiano,* den man ihr in besagten Charten beylegt, scheint die Entdeckung den Spaniern zuzueignen.[4] Über einen Theil des Districts, wo die westliche Küste dieses Meer-Busens hätte liegen sollen, seegelten wir weg, fanden aber nirgends eine Spur von Land. Auch Capitain *Fourneaux* war im verwichnen Jahr, bey seiner Rückkehr nach dem Vorgebürge der guten Hoffnung, queer über die angebliche Lage des ganzen Meerbusens weggefahren, zuerst in der Breite von 60, hernach von 58 Graden, zwischen dem 60 und 40 Grad westlicher Länge, hatte aber ebenfalls kein Land zu Gesicht bekommen. Dieser Meerbusen muß also entweder gar nicht vorhanden, oder wenigstens auf allen Charten unrichtig angezeigt seyn; letzteres dünkt mir wahrscheinlicher als das erste, denn warum sollte man so etwas geradezu erdichtet haben?

Nachdem wir bis jenseits des 58sten Grades gekommen waren, ohne Eis zu sehen, so änderten wir, am sechsten des Abends um 8 Uhr unsern bisherigen Lauf, und steuerten nordwärts. In Absicht des Eises sind die Jahre einander sehr ungleich, denn *An.* 1700, gerade um eben diese Jahreszeit, fand Doctor *Halley* im 52 Grade sehr viel. – Am achten fiel ein starker Abend-Thau, welches man bisher als das unfehlbarste Vorzeichen angesehn, daß in der Nähe Land seyn müsse, und die Matrosen hielten diese Vermuthung für desto glaubwürdiger, weil sich seit unsrer Abreise von *Staaten-Land* oft Sturmvögel, Albatrosse und Seehunde hatten sehen lassen. Nachdem wir den 54° der Breite erreicht, änderten wir unsern Lauf abermals, und liefen wieder ostwärts, um das Land aufzusuchen, welches Herr *Duclos Guyot* am Bord des spanischen Schiffes, der Löwe *(Leon)* entdeckte, als er auf der Rückkehr von Peru, im Februar des Jahrs 1756, von Callao abgereiset, und mitten im Winter um Cap Horn geseegelt war.[5]

Es ließen sich noch immer viel See-Vögel, bisweilen auch Pinguins und Meergras sehen, als am 14ten der Officier, der des Morgens die Wache hatte, dem Capitain meldete, daß sich in der Ferne eine Eis-Insel zeige. Wir seegelten den ganzen Tag darauf zu, fanden aber am Abend, daß das, was wir für Eis hielten, würkliches Land, und zwar von beträchtlicher Höhe, auch fast durchgehends mit Schnee bedeckt sey. Alle Umstände ließen vermuthen, daß dieses eben die von Herrn *Guyot* sogenannte *Isle de St. Pierre* sey, nach welcher wir suchten und deren südliche Spitze dieser Seefahrer im Junius 1756 entdeckt hatte. Er giebt in seinem Tagebuch die Länge auf 38° 10' westwärts von Greenwich an, dies trifft mit unsern, an der Nordwestlichen Spitze angestellten Beobachtungen genau zu. Das Südostliche Ende ist, unsern Ob-

---

4 Des Herrn *Dalrymples Memoir of a Chart of the Southern Ocean,* und die dazu gehörige Charte selbst, können hiebey zu Rathe gezogen werden. Es sind Proben eines rühmlichen *Enthusiasmus,* womit dieser Gelehrte im geographischen Fach gearbeitet hat.

5 Ein Theil des Original-Tagebuchs ist in französischer Sprache abgedruckt, in Herrn *Dalrymples Collection of Voyages in the Southern Atlantick Ocean, 1775 Quarto.* Das Land, welches *Antonio la Roche* im Jahr 1675 entdeckte, scheint ebendasselbe, und vom Herrn *Guyot* nur genauer erforscht zu seyn.

servationen nach, nur um 30 bis 40 Meilen weiter gegen Westen belegen.[6] Dieser so genauen Übereinstimmung ohnerachtet, wollten es einige unsrer Reisegefährten, doch noch immer nicht für Herrn von *Guyot's* Insel, sondern für eine bloße Eismasse gelten lassen. Den folgenden Tag ward es so neblicht, daß wir nichts von der Insel sehen konnten, dabey war es sehr stürmisch und kalt. Das Thermometer stand auf $34\frac{1}{2}°$ und auf dem Verdeck lag tiefer Schnee. Am 16ten früh Morgens klärte sich das Wetter wiederum auf, und wir erblickten das Land von neuem. Die Berge waren erstaunlich hoch, und bis auf einige wenige schwarze öde Klippen, nebst etlichen hohlen, über die See hangenden Felsen, durchaus, oft bis ans äußerste Ufer, mit Schnee und Eis bedeckt. Ohnweit dem Süd-Ende lagen etliche niedrige Inseln, den *Neujahrs-Eilanden* ähnlich, und dem Ansehen nach grün bewachsen, weshalb wir sie auch die *grünen Eilande* nannten. Da der Hauptendzweck unserer Reise dahin gieng, die See in hohen südlichen Breiten zu untersuchen, so stellte mein Vater dem Capitain vor, dies Land müsse billig den Namen des Monarchen tragen, auf dessen Befehl die Reise, bloß zum Nutzen der Wissenschaften, unternommen worden, damit dieser Name in beyden Halbkugeln mit Ruhm auf die Nachwelt gelange:

> – *Tua sectus orbis*
> *Nomina ducet!*
> *HORATIUS.*

Dieser Grund fand Beyfall; das Land ward *Süd-Georgien* benannt, und was ihm an Fruchtbarkeit und Anmuth fehlt, mag die Ehre ersetzen, die eine solche Benennung mitzutheilen vermag.

Nachmittags erblickten wir, am nördlichen Ende von *Süd-Georgien,* zwey felsigte Eilande, die ohngefähr eine Seemeile von einander entfernt lagen, und durchaus öde und unfruchtbar aussahen. Demohnerachtet steuerten wir auf sie zu, und seegelten um fünf Uhr zwischen beyden durch. Das nördlichste bestand aus einem schroffen, fast senkrechten Felsen, wo viele tausend See-Raben genistet hatten. Es liegt unter dem 54° südlicher Breite und 38° 25' westlicher Länge, und ward *Willis Eiland* von uns genannt. Das südliche war an der Westseite nicht so steil, sondern lief schräg gegen die See herab, auch war es in dieser Gegend mit Gras bewachsen, und ein Sammelplatz unzähliger Vögel verschiedner Art, vom größten Albatrosse bis zum kleinsten Sturm-Finken. Dies brachte ihm den Namen *Bird-Island (Vogel-Insel)* zu Wege. Um das Schiff flatterten große Schaaren von Seeraben, Pinguins, Tauchern und andrem Seegeflügel; sie ließen sich manchmal auf dem Wasser nieder, und schienen überhaupt in diesem kalten Erdstrich recht zu Hause zu seyn. Außerdem gab es auch Meerschweine, und viele Seehunde allhier; letztere besuchen diesen öden Strand, vermuthlich um dort ihre Jungen zu werfen.

So lange es hell blieb, setzten wir unsern Lauf längst der nordöstlichen Küste fort, legten mit Einbruch der Nacht bey und giengen erst des Morgens um drey Uhr wieder unter Seegel. Das Land hatte ein äußerst rauhes und wüstes Ansehen. Die Berge waren so schroff und gähe, als wir sie noch nirgend gefunden, die Gipfel bestanden aus zackigen Felsenspitzen, und alle Zwischenräume waren mit Schnee angefüllt. Nach Verlauf einiger Stunden kamen wir bey einer Bay vorüber, die wegen etlicher darinn vorhandenen kleinen, grün bewachsenen Inseln, die *Bay der Eilande* benannt wurde. Bald nachher kam eine zwote Bay zum Vorschein, auf die wir sogleich hinsteuerten, zumal da zwo bis drey Meilen weit von der Küste überall Grund zu finden war. Gegen neun Uhr ließ der Capitain ein Boot in See setzen, und fuhr nebst einem See-Cadetten, meinem Vater, Dr. *Sparrmann* und mir nach der Bay. In der Mündung dürfen selbst die größten Schiffe nicht besorgen auf den Grund zu gerathen, denn der war mit einer Senkschnur von 34 Faden nicht zu erreichen. Im innersten der Bay fanden wir eine Masse festen dichten Eises, dergleichen man wohl in den Spitzbergischen Häven antrift[7]. Dieser Eisklumpen hatte viel ähnliches mit den herumschwimmenden Eilanden, die in hohen südlichen Breiten in unzählbarer Menge vorhanden sind. Unmittelbar an der See war das Ufer zwar ohne Schnee, aber doch ganz wüst und unfruchtbar, und an vielen Orten senkrecht. Indessen fanden wir eine lange hervorragende Spitze, wo das

6 Man ziehe den Auszug aus *Guyots* Tagebuch in *Dalrymples* ebengenannter Sammlung zu Rath, *p. 5.* und *p. 15.*
7 S. des Capitain *Phipps,* jetzigen Lords *Mulgrave,* Reise gegen den Nordpol. 1775.

Boot ohne Besorgniß vor den Wellen anlegen konnte, und hier stiegen wir aus. Der Strand war sehr steinigt, und voller Seehunde, in deren Mitte ein ungeheuer großes Thier lag, welches wir von weiten für ein Felsenstück hielten. Als wir näher hinzu kamen, zeigte sich, daß es der Ansonsche See-Löwe war, und da er eben schlief, so konnte ihm unser junger See-Cadet mit leichter Mühe eine Kugel durch den Kopf jagen. Ohnweit davon lag noch ein jüngeres Thier von eben derselben Art; es war über den ganzen Leib dunkelgrau mit einer olivenfarbnen Nüance, so wie die Seehunde in der nördlichen Halbkugel; diesen glich es auch darinn, daß die Vorderfüße weniger Floßenartig als die Hinterfüße, und daß äußerlich am Kopfe nicht eine Spur von Ohren zu sehen war. Die Schnauze hieng weit über das Maul, und bestand aus einer runzlichen losen Haut, die das Thier, wenn es böse wird, vielleicht aufbläßt. In dem Falle mag sie eine solche Kamm-ähnliche Gestalt bekommen, als ihr auf der Kupferplatte in Ansons Reisen beygelegt ist. Das Thier, welches uns zu dieser Beobachtung Anlaß gab, war dreyzehn Fuß lang, aber verhältnißmäßig viel schlanker, als der gemähnte See-Löwe auf *Staaten-Land*[8]. Wir fanden auch in dieser Gegend einen Trupp von mehr denn zwanzig Pinguins von ganz ungewöhnlicher Größe. Sie wogen nicht weniger als vierzig Pfund, und waren 39 englische Zoll lang, der Bauch vorzüglich groß, und mit Fett gleichsam überzogen. An jeder Seite des Kopfs hatten sie einen ovalen zitrongelben Fleck mit schwarzem Rande; am ganzen Obertheil des Körpers schwarze, hingegen unten und vorn, selbst unter den Floßen, schneeweiße Federn. Diese Vögel waren so wenig scheu, daß sie anfänglich kaum von uns fort watschelten, ohnerachtet wir einen nach den andern mit Stöcken zu Boden schlugen. Bey unserer Rückkehr am Bord fanden wir, daß diese Gattung von Herrn *Pennant* in den Philosophischen Transactionen unter dem Namen *Patagonischer Pinguins* bereits beschrieben worden, und daß sie, mit jenen, die auf den *Falklands-Inseln* gelbe oder Königs Pinguins genannt werden, vermuthlich von einerley Art sind[9]. Die Seehunde, die sich hier aufhielten, waren viel grimmiger, als die auf den Neujahrs-Eilanden. Anstatt daß jene vor uns flohen, bellten uns hier schon die kleinsten von den Jungen an, und liefen hinter her, uns zu beißen. Es waren lauter sogenannte See-Bären, und nicht ein einziger gemähnter See-Löwe darunter. Um uns etwas weiter umzusehen, stiegen wir auf einen kleinen 24 Fuß hohen Erdhügel, der mit zweyerley Pflanzen bewachsen war, nemlich mit der auf den Neujahrs-Eilanden so häufigen Grasart *(dactylis)* und mit einer Pimpernellen-ähnlichen Pflanze *(Ancistrum)*. Hier ließ Capitain *Cook* die brittische Flagge wehen, und begieng die gewöhnliche Feyerlichkeit, von diesen unfruchtbaren Felsen im Namen Sr. Grosbrittanischen Majestät, deren Erben und Nachfolger Besitz zu nehmen! Zwey oder drey Flintenschüsse bekräftigten die Ceremonie, daß die Felsen wiederhallten, und Seehunde und Pinguins, die Einwohner dieser neuen Staaten, voll Angst und Bestürzung erbebten! So flickt man einen Kiesel in die Krone, an die Stelle des herausgerissenen Edelsteins!

Die Felsen bestanden aus bläulicht grauem Schiefer, der in waagrechten Schichten, am Strande aber in einzelnen Bruchstücken umher lag. So weit wir diese Steinart untersuchen konnten, enthält sie hier keine andre Mineralien; das Land ist also auch von dieser Seite unbrauchbar, und folglich ganz und gar wüst und wild zu nennen. Wir hielten uns nicht lange auf, sondern kehrten mit den Seehunden, Pinguins, und Seeraben, die wir erlegt hatten, ans Schif zurück. Die Bay ward *Possessions-Bay* genannt, und liegt unter 54° 15' südlicher Breite und 37° 15' westlicher Länge. Während unserm Aufenthalt am Lande sahen wir, daß die kleinen Eisschollen aus der Bay seewärts trieben, indeß von den größern Massen, die, im Innersten der Bay, vermuthlich bersten mußten, ein großes Krachen zu hören war. Die zwey folgenden Tage seegelten wir noch immer längst der Küste hin, und entdeckten verschiedne Bayen und Vorgebürge, die in folgender Ordnung benahmt wurden, *Cumberland-Bay, Cap George, Royal-Bay, Cap Charlotte* und *Sandwich-Bay*. Das Land blieb überall von einerley Ansehen, die südwärts gelegenen Berge waren gewaltig hoch, und die Gipfel, in unzählige lange, flammenartig-gestaltete, Felsenspitzen getheilt. Herr *Hodges* hat diese Aussicht ganz meisterlich gezeichnet!

8 Dieser Ansonsche Seelöwe *(phoca leonina Linn.)* scheint dasselbe Thier zu seyn, welches die Engländer auf den *Falklands-Inseln, Clapmatch Seal* zu nennen pflegten. *Phil. Transact. Vol. LXVI. Part. I.*

9 S. *Philos. Transact. Vol. LXVI. Part. I.*

Gelbnasenalbatros, *F: Diomedea chrysostoma*
Thalassarche chlororhynchos (Südgeorgien, 1775)

Am 19ten erreichten wir das südöstliche Ende von Süd-Georgien, und fanden, daß dieses Land eine 50 bis 60 Seemeilen lange Insel ist. Ohnweit dieser Spitze liegt unterm 54° 52' südlicher Breite, und 35° 50' westlicher Länge eine Klippe, die wir *Coopers Eiland* nannten, bald darauf entdeckten wir ohngefähr 14 Seemeilen weit gen Südosten, eine andere Insel, deren Größe sich aber noch nicht bestimmen lies.

Diesem neuen Lande seegelten wir am 20sten, des Morgens entgegen, nachdem wir die südliche Spitze der Insel *Georgien* nun so weit verfolgt hatten, daß uns am 16ten die entdeckten grünen Eilande wieder im Gesicht lagen. Seit vier Tagen war das Wetter sehr klar und zu Entdeckungen günstig, auch der Wind gemäßigt und die Witterung gelinde gewesen. Allein kaum hatten wir diese Küste verlassen, so entstand unter Nebel und Regen ein so heftiger Wind, daß wir unsre Mars-Seegel einziehen mußten. Zum Glück hielt dies stürmische Wetter nicht lange an, denn um Mitternacht ward es schon wieder Windstille. Das neue Land, auf welches wir zu seegelten, war in Nebel gehüllt, daher wir aus Vorsicht drey Tage lang beständig lavirten.

Das trübe Wetter und der frische Wind, hielten am 23sten noch immer an, und also seegelten wir, um desto sicherer zu seyn, gerade seewärts, als Lieutenant *Clerke,* gegen eilf Uhr mit einmal Brandungen entdeckte, die kaum eine halbe Meile vor uns lagen, und zu gleicher Zeit verschiedne Seeraben wahrnahm, die selten weiter als eine halbe Meile vom Lande zu gehen pflegen. Nun merkten wir erst, daß wir während dieses neblichten Wetters, ohne es selbst zu wissen, oder inne zu werden, rund um das neue Land gesegelt, folglich in der äußersten Gefahr gewesen waren, Schifbruch zu leiden. In demselben Augenblick, da wir den besonderen Schutz der Vorsehung erkannten, ward auch das Schif gerade vom Lande abgewendet, zumal da der Nebel noch immer anhielt,

Graukopfalbatros, ***F: Diomedea chrysostoma***
Thalassarche chrysostoma (Südgeorgien, 1775)

und mit Windstillen abwechselte. Abends klärte sich endlich das Wetter auf, und ließ uns beydes, die Insel *Georgien* und das Eiland, welches wir umseegelt, deutlich sehen. Letzteres war von geringem Umfang, aber mit einer Menge einzelner zerstreuten Klippen umgeben. Diese ganze Gruppe gefährlicher Felsen ward nach dem, der sie entdeckt hatte, *Clerkes Rocks* (d.i. Clerkens Felsen) genannt. Sie liegt unterm 55° südlicher Breite und 34° 50' westlicher Länge. Früh am 25sten steuerten wir ostwärts, und hernach etwas südlicher, um zu guter letzt noch einen Lauf gen Süden vorzunehmen, ehe wir nach gelindern Erdstrichen zurück kehrten.

Man hat dafür gehalten, daß alle Gegenden des Erdbodens, selbst die ödesten und wildesten dem Menschen zum Aufenthalt dienen könnten. Ehe wir nach der Insel *Georgien* kamen, hatten wir gegen diese Meynung nichts einzuwenden, weil sogar die eiskalten Küsten von *Tierra del Fuego* von einer Art Menschen bewohnt waren, die wenigstens einigen, wenn gleich noch so geringen Vorzug vor den unvernünftigen Thieren voraus hatten. Allein, in Vergleich mit *Süd-Georgien,* ist das Clima von *Tierra del Fuego* gelinde, denn wir haben wenigstens einen Unterschied von zehn Graden am Thermometer bemerkt. Überdem hat es den Vortheil, so viel Holz und Strauchwerk hervorzubringen, als die Einwohner zur höchsten Noth bedürfen, um sich gegen die rauhe Witterung zu schützen, sich zu erwärmen, und ihre Speisen zu bereiten. In *Neu-Georgien* hingegen fehlt es durchaus an Holz, ja an irgend einer andern brennbaren Materie, und daher ist es meines Erachtens unmöglich, daß Menschen, und zwar nicht etwa dumme, erstarrte *Pesserähs,* sondern selbst die erfahrensten, und mit allen Hülfsmitteln bekannten Europäer, dort würden ausdauren können. Schon der Sommer ist in dieser neuen Insel so entsetzlich kalt, daß das Thermometer während unserer Anwesenheit nicht zehn Grade über den Gefrierpunct stieg; und ob wir gleich mit Recht vermuthen können, daß im Winter die Kälte nicht in eben dem Verhältniß zunimmt, als in unsrer Halbkugel, so muß doch wenigstens ein Unterschied von 20 bis 30 Graden statt finden. Höchstens würde es also ein Mensch den Sommer über allhier ausstehen können, die Winterkälte hingegen würde ihn ohnfehlbar tödten, dafern er nemlich keine andre Mittel hätte, sich ihrer zu erwehren, als die das Land hervorbringt. Außerdem, daß *Süd-Georgien* auf solche Art für Menschen unbewohnbar ist, so hat es allem Anschein nach, auch nicht das geringste Product, um deswillen europäische Schiffe nur zuweilen dorthin gehen sollten. Seebären und Seelöwen, deren Thran-Öl ein Handels-Artikel ist, findet man weit häufiger auf den wüsten Küsten von Süd-Amerika, auf den Falklands- und Neujahrs-Eilanden, und an allen diesen Orten sind sie mit weit minder Gefahr zu bekommen. Sollten die Wallfische des nördlichen Eismeeres vermittelst unsrer jährlichen Fischereyen jemals ganz ausgerottet werden, so würde es Zeit seyn, dergleichen in der andern Halbkugel, wo sie bekanntermaaßen häufig sind, aufzusuchen. Doch auch alsdenn wäre es unnütz desfalls bis nach *Süd-Georgien* zu gehen, so lange man sie nemlich an der Küste von Süd-Amerika, bis zu den Falklands-Inseln herab in so großer Menge antrift! Die Portugiesen, und selbst die Nord-Amerikaner haben seit einigen Jahren in gedachten Gegenden einen beträchtlichen Wallfischfang eingerichtet. Wenn also *Süd-Georgien* dem menschlichen Geschlechte schon in der Folge einmal wichtig werden könnte; so ist dieser Zeitpunkt vorjetzt doch noch sehr weit entfernt, und wohl nicht eher zu gewarten, als bis *Patagonien* und *Tierra del Fuego* so stark bewohnt und gesittet, als es jetzt in ähnlichen Breiten auf der nördlichen Halbkugel, Schottland und Schweden sind.

Am 26sten liefen wir bey frischem Winde, und für das hiesige Clima ziemlich klarem Wetter gen Süden. Die letzten Pinguins, die wir auf *Süd-Georgien* bekommen, waren nunmehr verzehrt, und wir mußten uns wieder an unsre gewöhnliche ekelhafte eingesalzene Kost halten. Doch die Vorstellung, nun bald wieder nach dem Vorgebürge der guten Hofnung zu kommen, machte uns einen großen Theil aller Unannehmlichkeiten erträglich. Am 27sten befanden wir uns um Mittag unterm $59^{1}/_{2}°$ südlicher Breite, und sahen verschiedne Mallemucken *(procellaria glacialis)* die in diesen hohen Breiten gemeiniglich Vorläufer des Eises sind. Wir bekamen auch in der That, zwischen sechs und sieben Uhr verschiedne Eis-Eilande, und eine Menge loses Eis zu Gesicht. Das neblichte, nasse Wetter, welches diesen Tag einfiel, hinderte uns ferner, so gerade als bisher gen Süden herabzusteuern.

Am folgenden Morgen fanden wir uns von einer großen Eismasse umgeben, und am Nachmittage stiessen wir auf etliche feste Eisfelder nebst vielen losen Eisstücken, welches uns zu jedermanns herzlicher Freude umzukehren nöthigte. Die Mannschaft war nun auch in der That dieses strengen Clima's ganz und gar überdrüßig, weil das stete Wachen, die Anstrengung und die Arbeit, welche zu Abwendung der mannigfaltigen und oft zu schnell einbrechenden Gefahren erfordert wurde, sie unglaublich sehr abgemattet und ausgemergelt hatte. Wir waren nun um wenige Meilen jenseit des 60° südlicher Breite gekommen, als wir wieder, je nachdem Wind, Nebel und Eis es zulies, allmählig anfiengen, herauf nach Norden zu steuern. Viele von den Matrosen hatten sich durch beständige Verkältungen rheumatische Schmerzen zugezogen. Andre fielen oft in lange anhaltende Ohnmachten, und wie konnte das anders seyn, da bey so ungesunder saftloser Nahrung der Abgang der Lebensgeister nicht hinlänglich ersetzt wurde. Das Thermometer stand in dieser Gegend auf 35°, ein Grad der Kälte, der nebst anhaltenden Schnee-Schauern, und feuchter neblichter Luft, die Genesung der Patienten ungemein verzögerte. Weil wir aber nunmehro wieder nach Norden giengen, so durften wir uns auch bald ein gelinderes Clima versprechen, wenigstens fiel es niemanden ein, daß unsre Geduld abermals durch neue Verzögerung geprüft werden sollte. Es schien aber nun einmal so bestimmt zu seyn, daß wir uns in unserer Rechnung immer irren mußten. – Anjetzt geriethen wir von neuem an ein andres gefrornes Land

> *– Dark and wild, beat with perpetual storms*
> *Of whirlwind and dire hail; which on firm land*
> *Thaws not, but gathers heap, and ruin seems*
> *Of ancient pile.*
> *MILTON.*

Diese Entdeckung erfolgte am 31sten Januar, um sieben Uhr des Morgens, bey so neblichtem Wetter, daß wir nicht über fünf Meilen in die Runde sehen konnten. Wir liefen ohngefehr eine Stunde lang drauf zu, bis auf eine halbe Meile von den Klippen. – Diese waren schwarz voller Höhlen, dabey senkrecht und erstaunlich hoch; der Obertheil bewohnt von vielen Seeraben, und unterhalb bespült von tobenden Wellen. Dicke Wolken bedeckten die höheren Gebürge, nur ein einziger mächtiger und dick beschneyter Pick ragte weit über das Gewölk hinaus. Jedermann war der Meynung, daß er, dem Augenmaaß nach, wenigstens zwey Meilen senkrechter Höhe haben müsse. Ohnweit dem Lande, zeigte das Senkbley 170 Faden Tiefe, und nun wandten wir das Schiff gen Süden, um die westliche Spitze des neu entdeckten Landes zu umseegeln.

Auf diesem Strich waren wir kaum eine Stund lang fortgesteuert, als wir ohngefähr fünf See-Meilen weit gen Süd-Süd-Osten ein hohes Gebürge erblickten, an dem wir Nachts zuvor dicht vorbey gekommen seyn mußten. Da dies das südlichste Ende dieses Landes war, so nannte es mein Vater das *Südliche Thule* und Capitain *Cook* behielt diese Benennung bey. Es liegt unterm 59°. 30' Südlicher Breite, und 27°. 30' westlicher Länge. Um ein Uhr Nachmittags wandten wir das Schiff abermals, und seegelten nordwärts um die Spitze, die wir zuerst entdeckt hatten. Diese sahe nunmehr deutlich als ein einzelner abgesonderter Felsen, neben einem großen Vorgebürge aus. Ein deutscher Matrose, Friesleben, hatte diesen Felsen zuerst gesehn, und desfalls gab ihm Capitain *Cook* den Namen Frieslands-Haupt. Er liegt unter 58°. 55' südlicher Breite, und 27° westlicher Länge. Das Vorgebürge daneben ward Cap Bristol genannt, und scheint mit dem *Südlichen Thule* verbunden zu seyn, indem wir weit gegen Osten Land erblickten, welches einer sehr geraumigen Bay gleichsahe; auf der Charte nannte sie Capitain *Cook Forsters Bay*. Capitain *Cook* getraute sich nicht, mit genauer Untersuchung dieser Küste Zeit zu verliehren, indem er hier, bey zu besorgendem Westwinde, stets der äußersten Gefahr ausgesetzt war. Er wollte daher lieber die Nordseite dieses Eilands befahren, die dem See-Mann auch in aller Absicht die wichtigste seyn mußte. Wir hielten uns, bey sehr schwachem Winde zwo bis drey See-Meilen vom Lande, das aller Orten steil und unzugänglich war. Die Berge waren erstaunlich hoch, ihre Gipfel immer mit Wolken, der untere Theil hingegen dermaaßen mit Schnee bedeckt, daß es schwer zu entscheiden gewesen wäre, ob wir Eis oder Land vor uns hatten, wenn man letzteres nicht, an einigen schrägen Höhlen erkannt hätte, die sich in überhangenden Felsen dicht an der See befanden.

Am folgenden Morgen kamen wir bey einer andern vorspringenden Landspitze vorüber, die Capt. *Cook* Cap Montague nannte. Zwischen dieser und dem Cap Bristol, ist allem Ansehen nach eine Bay vorhanden, und diese beyden Vorgebürge gehören zu einem und demselben Lande. Weiter gegen Norden entdeckten wir eine andre Spitze, die wir aber bey mehrerer Annäherung bald für eine abgesonderte Insel erkannten, und ihr den Namen Saunders-Eiland beylegten. Sie war nicht niedriger, als die bergigte Küste in Süden, und gleich selbiger, mit Eis und Schnee bedeckt. Sie liegt unterm 57° 48' südlicher Breite und 26° 35' westlicher Länge.

Nachts hatten wir wenig Wind, bey anbrechendem Tage aber steuerten wir ostwärts, um bey Saunders-Eiland herumzukommen. Auf diesem Lauf entdeckten wir nordwärts von uns zwo kleine Inseln, die nach dem Tage der Entdeckung *Candle-mas Isles* (Lichtmeß-Inseln) genannt wurden. Des widrigen Windes wegen konnten wir die nördliche Spitze von Saunders-Eiland nicht umschiffen, sondern mußten laviren. Dies Manövre brachte uns so nahe an die Küste, daß wir auf einer flachen Spitze, die sich weit in See erstreckt, große unförmliche Haufen von zerbrochnen Schiefer-Stücken, und jenseit derselben nichts als scharfe Felsenspitzen und Bergrücken entdeckten. Überhaupt hatte das ganze Land den ödesten, schreckenvollesten Anblick, den man sich nur denken kann. Nicht eine Spur von Grün, ja nicht einmal die unförmlichen Amphibien, die wir auf Neu-Georgien fanden, waren hier zu sehen. Kurz wir konnten nicht umhin, jene Beschreibung des Plinius auf sie anzuwenden, die dahin lautet:

> *Pars mundi damnata a rerum natura, et densa mersa caligine.*
> *Hist. Nat. lib. XV. c. 36.*

Am folgenden Tag verstattete uns der Wind näher an die Lichtmeß-Inseln heran zu kommen, und ihre Lage auf 57° 10' südlicher Breite und 27° 6' westlicher Länge zu bestimmen. Da nunmehro von dem gegen Süden befindlichen Lande, dessen nördliche Spitze wir umseegelt hatten, nichts mehr zu sehen war, so steuerten wir wieder gen Osten. Capitain *Cook* nannte es anfänglich Schneeland, änderte aber diese Benennung in *Sandwich-Land*. Ich sollte fast glauben, daß die alten Seefahrer dies Land schon entdeckt, und unter den Namen *Golfo de S. Sebastiano* und Insel *Cressalina* verstanden haben. Es ist noch ungewiß, ob die verschiednen vorspringenden westlichen Spitzen, *Thule,* Cap *Bristol,* und Cap *Montague,* ein zusammenhangendes Land, oder abgesonderte Eilande ausmachen. Vielleicht bleibt dies auch, auf viele künftige Jahrhunderte unentschieden, indem eine Seefahrt nach dieser wüsten Weltgegend nicht allein gefährlich, sondern auch dem menschlichen Geschlecht zu nichts vortheilhaft seyn würde. Es war der Gegenstand unserer gefährlichen Reise, die südliche Halbkugel bis zum sechzigsten Grad der Breite zu untersuchen, und zu entscheiden, ob dort im gemäßigten Erdstrich ein großes festes Land vorhanden sey, oder nicht. Die verschiedenen Curs-Linien, welche wir zu diesem Entzweck gehalten, haben aber nicht nur deutlich erwiesen, daß in der südlichen gemäßigten Zone kein großes festes Land liegt, sondern da wir innerhalb des gefrornen Erdgürtels bis zum 71sten Grade südlicher Breite vorgedrungen sind, so ist dadurch zugleich höchst wahrscheinlich gemacht worden, daß der jenseit des Antarctischen Polar-Zirkels befindliche Raum bey weitem nicht mit Land ganz angefüllt sey. Die gründlichsten Naturforscher dieses Jahrhunderts haben angenommen, daß um den Südpol her festes Land befindlich seyn müsse. Diese Meynung wird freylich durch unsre Erfahrung gar sehr geschwächt, doch kann ihren Einsichten daraus kein Vorwurf erwachsen, weil sie nur wenige *Facta* vor sich hatten. Ohne zu bestimmen, ob *Sandwich-Land* ein Theil eines größern Continents ist, wird es nicht unrecht seyn zu bemerken, daß eine der Ursachen, die man für die Existenz des Continents angiebt, durch neuere Erfahrungen verworfen worden. Man hat nemlich von je her geglaubt, daß die unermeßlichen Eismassen, die in diesem Meere schwimmen, am Lande von Schnee und frischem Wasser entstehen, es ist aber nunmehro erwiesen, daß das Seewasser ebenfalls gefriert, und daß das Eis, welches auf diese Art formirt wird, keine Salztheilchen enthält, ausgenommen, wo es das Wasser berührt, welches sich in die Zwischenräume zieht[10].

Capt. *Cook* gab nunmehr die fernere Untersuchung dieser Küste auf und ließ ostwärts steuern. Zu diesem Entschluß bewegte ihn vorzüglich der öde unfruchtbare Anblick dieses Landes, die bereits kürzer werdenden Tage, die herannahende härtere Witterung in diesen Breiten, endlich die Vorstellung, daß wir bis zum nächsten Erfrischungsort noch einen langen Weg vor uns, und gleichwohl wenige Lebensmittel mehr übrig hatten. Wir hielten uns also im 58° der Südbreite, wo wir häufige Schnee-Schauer bekamen, und täglich viele Eis-Eilande sahen. – Die nördlichen Winde waren hier, unsren ehemaligen Bemerkungen zuwider, kälter als die südlichen, und das

---

10 Man sehe die Erfahrungen des Herrn *Nairne* im LXVI. Bande der philos. Transactionen, im 1sten Theil. Demohngeachtet ist Capitain *Cook* noch der Meynung, daß Eis-Eilande unmöglich anders als an den Küsten und in den Thälern und Häven des festen Landes formiert werden; weil ers nur auf diese Art für möglich hält, die verschiednen Gestalten dieser Eismassen zu erklären. Die großen Eilande, die ganz eben sind, sollen in den Häven, diejenigen aber, die zugespitzt und schroff aussehen, sollen zwischen Felsen, und in Thälern von gehäuftem und gefrornem Schnee entstehen. Beyde Arten brechen durch ihr eignes Gewicht von der ganzen unermeßlichen Masse ab, und treiben denn bey beständigen nordwärts gehenden Strömungen in gelindere Breiten. Capitain *Cook* ist demnach versichert, daß ein großes Stück Landes um den Süd-Pol liegt, welches freylich nicht viel taugt, weil er glaubt, daß Sandwich Land eine der nördlichsten Spitzen dieses Continents sey, und daß letzteres größtentheils innerhalb der Polar-Cirkel liege. Er hält ferner dafür, daß es sich im südlichen atlantischen und indianischen Ocean, weiter nordwärts als im eigentlichen Südmeere erstreckt, weil wir in jenen das Eis weiter nordwärts als in diesem finden. Denn nehmen wir an, (sagt er), daß kein Land existirt, so müßte die Kälte rund um den Pol bis zum 70sten oder 60sten Grade der Breite, oder so weit als die bekannten Welttheile keinen Einfluß auf die Atmosphäre haben können, aller Orten einerley seyn, und folglich das Eis an einem Orte nicht weiter nordwärts als am andern kommen. Allein die Kälte ist im eigentlichen Süd-Meere ungleich geringer, als im Südlichen Atlantischen und Indianischen. Im erstern fiel das Thermometer nicht eher zum Gefrierpunkt, als bis wir weit über den sechzigsten Grad der Breite gedrungen; hingegen im letzteren erreichte es diesen Standpunkt zu eben der Jahrszeit schon im 54° südlicher Breite. S. *Voyage towards the South Pole & round the World, Vol. II. p. 231. 240.* Ich lasse den Leser für sich urtheilen.

giebt eine starke Vermuthung ab, daß auf letzteren Strich (gen Süden) kein Land vorhanden sey.

Das Sauerkraut, diese trefliche antiscorbutische Speise, davon wir sechszig Tonnen voll aus England mitgenommen hatten, war nunmehr ganz aufgezehrt, und vom Capitain an bis zum geringsten Matrosen bedauerte ein jeder den Mangel eines Gemüses, mit dessen Beyhülfe man das Pöckelfleisch hinunterschlucken konnte, ohne den faulen, halbverwesten Geschmack desselben so ganz gewahr zu werden. Jetzt sehnten wir uns alle nach gesunder Kost, und ein jeder beklagte sich darüber, daß wir immer noch zwischen dem 58° und 57° blieben.

Am 15ten richteten wir unsern Lauf nach Norden, nachdem wir die Mittagslinie von Greenwich paßirt hatten. Am 17ten Mittags, erreichten wir die Breite, worauf Herr *Bouvet* seine Entdeckung, das Cap Circoncision angiebt, und liefen hernach auf derselben Parallele ostwärts, um es ja nicht zu verfehlen. Wir befanden uns dazumal in der Länge von 6°. 33' östlich von Greenwich. Das Wetter war zu unserm Endzweck günstig, wir hatten guten Wind und konnten acht bis zehn große See-Meilen in die Runde sehen. Am 19ten des Morgens paßirten wir über den Fleck, wo Herr *des Loziers Bouvet* dies Vorgebirge in seinem eignen Tagebuch angiebt[11]. Wir fanden aber nicht einmal das geringste Vorzeichen von Land, und sahen den ganzen Tag über nicht mehr als vier bis fünf Eismassen. Bis zum 22sten blieben wir unabläßig auf derselben Parallele, so daß wir, um unsrer Sache gewiß zu seyn, sechs Grade der Länge gegen Westen, und ohngefähr sieben gen Osten von Herrn *Bouvets* vorgeblichem Lande, durchsucht hatten. Capitain *Fourneaux* war ebenfalls bey seiner Rückreise über den ganzen Raum gesegelt, wo die Charten den Meerbusen S. Sebastian angeben, er war zwischen unsern beyden Entdeckungen Georgien und Sandwich Land hindurch gefahren, und endlich in der Breite von 54° südwärts über den Meridian von Cap Circoncision gekommen, ohne Land zu sehen. Es ist also äusserst wahrscheinlich, daß *Mr. des Loziers Bouvet* nichts anders als ein großes Eisfeld, mit darauf liegenden ungeheuren Eismassen gesehn, dergleichen wir nach unserer Abreise vom Vorgebürge der guten Hofnung am 14ten Decemb. 1772 erblickten[12]. Damals waren einige unsrer Offiziere fest der Meynung, daß sie Land gesehn, indem das Eis in der Ferne wirklich viel ähnliches damit hatte, und sie auf dieselbe Art wie den französischen Capitain täuschte. Cap. *Cook* wollte es ausser Zweifel stellen, ob in der Gegend jenes Eises, Land läge oder nicht; und lief daher am 23sten, ohne einige Hinderniß darüber weg, ja sogar ohne ein einziges Eis-Eiland auf dem Fleck zu sehn, woselbst vor zwey Jahren und zween Monaten unermeßliche schwimmende Massen die See bedeckten. Nachdem wir nunmehr gewiß versichert waren, daß kein beträchtliches Land in diesem Theil des Welt-Meeres belegen sey, steuerten wir nordwärts, um so geschwind als möglich das Vorgebürge der guten Hofnung zu Gesicht zu bekommen. Starke Nordwest Winde nöthigten uns, einen großen östlichen Umweg zu nehmen, bis wir am ersten März in gerader Linie unsern Curs auf das Cap richten konnten. Capitain *Cook* war bey diesem Winde schon auf den Gedanken gefallen, die französischen Entdeckungen des Herrn *Kerguelen,* unterm Meridian der Mauritius-Insel zu berichtigen; allein da unser Vorrath von Lebensmitteln jetzt sehr geringe war, und wir in Zeit von zween Monaten, welche wir zu dieser Untersuchung hätten anwenden müssen, sehr leicht bey so vielen Mühseligkeiten hätten kränklich werden können, so hielt ers am rathsamsten, nicht länger die See zu halten. Der Wind veränderte sich bald wieder, und blies von Zeit zu Zeit noch immer aus Nord-West. Diese häufigen Abwechselungen machten das See-Volk unzufrieden und ungeduldig, indem ihre Erwartung eines bessern Schicksals jetzt am höchsten stand. Nie waren die Wolken so genau untersucht worden, um die Vorzeichen eines guten Windes darinnen auszuspähen; und die allgemeine Unruhe ließ sich fast gar nicht beschreiben. Unsre Reise hatte jetzt 27 Monate nach der Abreise vom Cap gedauert; seit welcher Zeit wir in keinem europäischen Haven angelegt, und uns größtentheils von gesalzenem Fleisch genährt hatten. Wenn wir alle die Tage zusammen rechneten, die wir in diesem langen Zeitraum, am Lande zugebracht, konnten wir nicht über 180 oder kaum ein halbes Jahr herausbringen. Dies war unsre einzige Erfrischungszeit gewesen, und auch

11 Dies Tagebuch ist französisch abgedruckt in *Dalrymple Collection of Voyages in the South Atlantick Ocean 1775.*

12 S. den ersten Teil dieses Werks. S. 101f.

während dieser Tage, erhielten wir nicht immer frische Lebensmittel, z. B. während der Zeit, da wir die letzten Entdeckungen im stillen Meere machten. Der Lauf von Neu-Seeland nach dem Cap der guten Hofnung war der längste und schwerste, den wir je unternommen; denn die wenigen Erfrischungen im Christmeß-Haven, und auf den Neujahrs-Eilanden, waren nicht zureichend, der ganzen Mannschaft mehr als vier bis fünf frische Mahlzeiten zu geben. Setzen wir noch hinzu, den Mangel an so einem gesunden Essen als unser Sauerkraut war, und die allmählig zunehmende Fäulniß des Pöckelfleisches, so wird man sich nicht wundern, daß die Unbequemlichkeiten unsrer unnatürlichen Lage, uns gegen das Ende dieser Reise mehr als jemals drückten. Indem wir uns einem Orte näherten, der mit Europa in Verbindung stand, so beunruhigten uns verschiedne Gedanken noch mehr. Wer Verwandte, oder Eltern hinterlassen hatte, befürchtete, daß einige in seiner Abwesenheit gestorben seyn möchten; und es war nur zu wahrscheinlich, daß dieser Zeitraum viele schätzbare Verbindungen aufgelöset, die Zahl unsrer Freunde gemindert, und uns den Trost und die Annehmlichkeiten ihres Umgangs entrissen haben würde.

Des veränderlichen Windes ohnerachtet, gieng die Fahrt so gut von statten, daß wir schon am 15ten unsre warmen Kleider ablegen mußten, indem wir uns damals zwischen dem fünf- und sechs und dreyßigsten Grad der südlichen Breite befanden. Am folgenden Morgen erblickten wir ober dem Winde ein Schiff; und drey Stunden darnach ein zweytes. Jedermann strengte seine Augen an, diese angenehmen Gegenstände anzugaffen; ein sicherer Beweis, daß wir uns alle nach Umgang mit Europäern sehnten, so sehr wir auch unsre Herzenswünsche bisher unterdrückt hatten. Jetzt aber war es nicht länger möglich zu schweigen; jeder brach in die feurigsten Wünsche aus; man verlangte nur einen Laut von den Fremden zu vernehmen, an Bord des andern Schiffs zu gehen, u. s. w. Wir zeigten holländische Flagge, und das fremde Schiff zog gleich dieselbe auf. Hierauf zeigten wir die brittische Flagge, und feuerten ein Stück unterm Winde[13] ab; allein das fremde Schiff ließ noch immer die erste Flagge wehen. Da wir nunmehro in eine bekannte See gekommen waren, wo europäische Schiffe oft gesehen werden, so rief Cap. *Cook* alle Offiziere und Matrosen zusammen, und forderte ihnen im Namen des Admiralitäts-Collegii ihre Tagebücher ab, die alle zusammengepackt und versiegelt wurden. Diejenigen Personen, die nicht unmittelbar zum Militaire gehörten,[14] waren dieser Verordnung auch nicht unterworfen, sondern behielten ihre Papiere, indem sie ersucht wurden, die besondern Lagen unsrer Entdeckungen nicht vor ihrer Ankunft in England bekannt zu machen. Der Eifer der brittischen Regierung, für den Fortgang der Wissenschaften, hat sie jederzeit angetrieben, die Entdeckungen, so auf ihren Befehl gemacht worden, öffentlich bekannt zu machen; und es wäre zu wünschen, daß auch andre Seemächte dies Beyspiel befolgen möchten, anstatt sich gewissermaßen nur ins Süd-Meer zu schleichen, und sich des Geständnisses, daß sie da gewesen, zu schämen.

Das fremde Schiff war vermuthlich ein holländisches, auf der Rückreise von Indien, und hielt einerley Strich mit uns, doch mit dem Unterschied, daß wir allmählig näher kamen. Am 17ten Morgens warfen wir das Bley, und fanden Grund mit fünf und funfzig Faden, indem wir auf die Bank gerathen waren, die sich um die südliche Spitze von Afrika erstreckt. Sogleich wurden Angeln ausgeworfen, und ein sogenannter *Pollack (Gadus pollachius)* gefangen. Abends sahen wir die Küste von Afrika, die in dieser Gegend aus niedrigen Sandhügeln bestand, darauf wir verschiedne Feuer erblickten. Folgenden Morgen setzten wir ein Boot in See, und schicktens an Bord des Holländers, der ohngefähr fünf Meilen entlegen war. Unsre Leute kamen in wenigen Stunden mit der angenehmen Nachricht zurück, daß ganz Europa Frieden hätte. Das Vergnügen, welches wir hiebey empfanden, ward aber durch die Nachricht vom Schicksal einiger unserer Freunde in der *Adventure* sehr vermindert. Der holländische Capitain kam von Bengalen, und war so lange zur See gewesen, daß er uns keine Erfrischungen mittheilen konnte. Nachmittags bey schönem Wetter und frischem Winde sahen wir zwey schwedische, ein dänisches und ein englisches Schiff, die mit allen Segeln, und wehenden Flaggen auf dem Wasser sanft vorbey fuhren, und unsern Augen eins der schönsten Schauspiele dar-

13 Der gewöhnliche Friedens-Gruß.
14 Herr *Wales*, Herr *Hodges*, mein Vater und ich.

boten, das wir seit langer Zeit nicht gesehn. Am folgenden Morgen kam das englische Schiff auf uns zu, und Lieut. *Clerke,* nebst meinem Vater und einem Midschipman, giengen an Boord. Nachmittags stieg ein starker Wind auf, unser Boot kam zurück, und das andre Schiff legte gleich um, in deß wir so lange fortsegelten, bis wir dicht unterm Lande waren. Dies Schiff gehörte der englischen-ostindischen Compagnie. Es hieß *True Briton,* der Capitain, Herr *Broadley,* und kam von China nach Europa zurück. Unsre Herren konnten die Gastfreyheit dieses Schiffs-Kapitains nicht genug rühmen, der sie zu einem *geringen* Mittagsmahl (wie ers nannte) eingeladen hatte. Meine Leser können sich die Gierigkeit vorstellen, womit drey ausgehungerte Welt-Umsegler, die seit sechs Wochen kein frisches Fleisch gekostet hatten, über eine Schüssel fetter chinesischer Wachteln, und eine vortrefliche Gans herfielen, die ihr guter Wirth als sehr schlechte Bewirthung ansahe. Aber, da sie erzählten, wie lange wir von allen europäischen Colonien abwesend gewesen, wie lange wir uns von gesalzenem Fleisch genährt, und wie oft wir Seehunde, Albatroße und Pinguins als Delicatessen genossen, ließen der Capitain und seine Steuermänner die Messer fallen, und alle wollten aus Mitleid mit ihren Gästen, nichts mehr genießen. Beym Weggehen gab ihnen Cap. *Broadley* ein fettes Schwein, und etliche Gänse, womit wir uns die beyden folgenden Tage gütlich thaten. Wir paßirten das Cap *Agulhas* am 20sten, und hätten uns beynahe von einem sehr heftigen Sturme beym Cap der guten Hofnung vorbey treiben lassen, wenn wir nicht zu gutem Glück das Land früh Morgens am 21sten, durch den Nebel gesehn hätten. Wir richteten uns darnach, und wagtens, mehr Segel zu führen, als wir auf der ganzen Reise bey ähnlichem Winde gethan. Am 22sten des Morgens kamen wir glücklich in der Tafel-Bay vor Anker. Daselbst rechnete man aber den 21sten, indem wir einen ganzen Tag durch unsre Reise um die Welt, von Westen nach Osten, gewonnen hatten. Jetzt konnte man mit mehrerm Rechte auf uns anwenden, was *Virgil* vom *Aeneas* und seinen Gefährten singt:

Errabant acti fatis maria omnia circum.
VIRG.

Sekretär oder Schicksalsvogel, *F: Falco serpentarius*
Sagittarius serpentarius (Kap der Guten Hoffnung, 1775)
Hintergrund von William Hodges

EILFTES HAUPTSTÜCK.

Zweeter Aufenthalt am Vorgebürge der guten Hofnung. Lauf von da nach St. Helena und Ascensions-Eiland.

Wir fanden viele Schiffe in der Tafel-Bay, darunter auch ein Englisches India-Schiff, die Ceres, Capt. *Newt,* befindlich war. Sobald wir die Einfahrt der Bay erreicht, und an unserm gebleichten Tauwerk, und veralterten Anblick erkannt wurden, schickte Cap. *Newt* einen seiner Steuermänner, mit einer Ladung von frischen Lebensmitteln, und dem Anerbieten seiner Dienste, falls unsre Mannschaft krank wäre. Da wir so lange zur See gewesen, rührte uns dies edle Betragen, und wir fühlten mit dem größten Vergnügen, daß wir wieder mit Menschen zu thun hätten[1]. Wir giengen bald darauf ans Land, legten beym Gouverneur, und den vornehmsten Bedienten der Compagnie unsern Besuch ab, und kehrten endlich bey Herrn *Brand* ein, woselbst wir mit derjenigen Aufrichtigkeit bewillkommt wurden, bey der man allen National-Charakter vergißt und einsehen lernt, daß wahres Verdienst nicht auf gewisse Erdstriche oder Völker eingeschränkt ist. Das Wetter war so erstaunlich heiß, als wirs auf der ganzen Reise noch nicht empfunden hatten. Demohngeachtet speisten wir nach Holländischer Gewohnheit, gegen ein Uhr, das ist, gerade da die Hitze am unleidlichsten war, und fraßen mit einer Gierigkeit, die unsere lange Fasten und alles ausgestandne Ungemach weit lebhafter malte, als die beste Beschreibung. Jedoch, weil es unsern ausgehungerten schwachen Magen hätte schädlich seyn können, zu viel zu essen, ließen wir's uns gefallen, noch mit guten Appetit von Tische zu gehen. Wir lernten gar bald den Vortheil dieser Vorsicht erkennen, und wurden sichtbarlich gesund, frisch und stark, während unsers Aufenthalts am Cap. Die Officiere nahmen den folgenden Tag ebenfalls ein Quartier in der Stadt; allein weil sie sich nicht in Acht genommen, sondern gleich anfangs unmäßig gefressen hatten, so verdarben sie sich den Magen, und hatten einen Ekel an allen Speisen, der sie recht elend und unglücklich machte. Cap. *Cook* schickte zween oder drey scorbutische Patienten ins Hospital, außer welchen alle unsre Leute ihre Arbeit verrichten konnten. Die übrigen sammelten in kurzer Zeit neue Stärke beym beständigen Gebrauch frischer Lebensmittel, worunter vorzüglich allerley Küchen-Gewächse, und eine Art schwarzes Rocken-Brod, die beste Würkung thaten.

Wer kann das Vergnügen beschreiben, welches wir bey Eröffnung unsrer Briefe von Verwandten und Freunden fühlten? Wer kann sich vorstellen, wie viel der Umgang mit Europäern nach einer langwierigen Reise, dazu beytrug, alle verhaßten Eindrücke des erlittenen Elends zu verwischen, und unsre ganze Lebhaftigkeit wieder herzustellen, die so viele Umstände bisher nieder gedruckt hatten? – Wir brachten unsre Zeit sehr angenehm zu, und sammelten aus alten Zeitungsblättern die Geschichte derer Jahre, da wir so zu sagen aus der Welt verbannt gewesen. Da

1 Man würde sehr unrecht thun, wenn man den Herren Schiffs-Capitains der ostindischen Compagnie, den Charakter andrer Seefahrer beylegen wollte. Ihre Freygebigkeit und Menschenliebe unterscheiden sie mehrentheils von den sogenannten See-Ungeheuern.

die Schiffe aller Nationen im Herbst und Frühling am Cap anlegen, so fanden wir den Ort weit blühender als während unsers ersten Aufenthalts, 1772. Außer der großen jährlichen Flotte Holländischer Indienfahrer, fanden wir verschiedne Französische Schiffe von der *Isle de France,* oder Mauritius-Insel, und eins aus Europa, welches eben der Herr *Crozet* commandirte, der ehemals in Neu-Seeland gewesen. Etliche Dänische und zwey Schwedische Ostindische Schiffe kamen ebenfalls in die Tafel-Bay; ein Portugiesisches Kriegsschiff lag daselbst etliche Tage, und drey Spanische Fregatten, davon eine von Manilla zurück kehrte, die beyden andern aber dorthin bestimmt waren, hielten sich daselbst einige Wochen auf.

Die großen, merkwürdigen Begebenheiten, die sich während unserer Abwesenheit in Europa zugetragen, waren uns ganz unerwartet und neu. Ein junger Held, hatte mit Gustav Wasas Geiste, Schweden vom Joch der Aristocratischen Tyranney befreyt! Die finstre Barbarey, die sich im Osten von Europa und Asien, selbst gegen Peters Herkulische Kräfte zu erhalten gewußt, war entflohn vor einer Fürstin, deren Gegenwart, so wie das Wunder am Nordischen Himmel, mit Lichtstralen die Nacht in Tag verwandelt! Endlich, nach den Greueln des bürgerlichen Krieges, und der Anarchie, hatten die größten Mächte sich in Europa vereinigt, den langerwünschten Frieden in Polen wieder herzustellen; und *Friedrich der Große* ruhte von seinen Siegen, und opferte den Musen, im Schatten seiner Lorbeeren, selbst von seinen ehemaligen Feinden bewundert und geliebt! Dies waren große, unerwartete Aussichten, die uns auf einmal eröffnet wurden, die das Glück der Menschheit versprachen, und einen Zeitpunkt zu verkündigen schienen, wo das menschliche Geschlecht in erhabnerem Lichte als je zuvor erscheinen wird!

Während unsers Aufenthalts am Cap, machten wir eine kleine Spatzierfahrt nach der *Bay-Falso,* wo Herr Brand von der Holländischen Ostindischen Compagnie zum Commendanten ernannt war. Die Sommer-Hitze hatte fast überall das Grün verbleicht, und die unzähligen Sträucher und Pflanzen, die in Afrika wachsen, sahen fast durchgängig verbrannt aus. Demohngeachtet standen noch viele Gattungen in Blüthe, womit wir unsre Kräuter-Sammlung vermehrten. Die Wege am Cap sind herzlich schlecht, gehen vieler Orten in tiefem Sande, und sind unweit False-Bay mit harten Stein-Haufen bedeckt. Hin und wieder sahen wir große Völker Rebhüner von besonderer Art, die die Holländer hier unrecht Fasanen nennen. Sie sind nicht sehr wild, und lassen sich leicht fangen und zahm machen. Die Holländer haben eine Methode ausfindig gemacht, diese Vögel an Stellen zu verpflanzen, wo sie sich sonst nicht aufhielten. Sie nehmen etliche paar zahme Rebhüner, tauchen sie in Wasser, streuen Asche drüber, und setzen sie so mit dem Kopf unterm Flügel ins Gebüsche, von dem sie sich hernach nicht mehr entfernen. Viele Leser werden vielleicht mit mir die Zuverläßigkeit dieses Experiments in Zweifel ziehen; ich muß aber hinzu thun, daß ich es von den glaubwürdigsten Leuten am Cap gehört habe.

Die Gegend um False-Bay ist noch öder als um Tafel-Bay; das ganze Land gleicht einer Wüsteney, wenn man das Wohnhaus des Commendanten, zwey oder drey Privathäuser, nebst etlichen Magazinen und Arbeitshäusern der Compagnie ausnimmt. Die Farbe der Berge ist aber nicht so dunkel oder melancholisch, und die Mannigfaltigkeit der Pflanzen und Vögel sehr beträchtlich. Antilopen halten sich auch häufig in der Gegend auf. Einige bewohnen die unzugänglichsten Klippen, andre hingegen die mit Gras und kleinen Büschen bedeckten Ebenen. Wir brachten einen ganzen Tag damit zu, die Berge zu besteigen, und kehrten von der Hitze sehr ermüdet zurück. Auf den Bergen fanden wir etliche überhangende Felsen, welche kleine Höhlen formiren, woselbst die Holländischen Antilopen-Jäger zuweilen übernachten.

Simons-Bay ist derjenige Theil von False-Bay, wo die Schiffe am besten gegen die Gewalt der im Winter anhaltenden Nordweste gesichert sind. Ein Bollwerk *(pier or mole)* welches neben der Wohnung des Commendanten in See geht, macht es Schifsleuten hier eben so bequem, als in Tafel-Bay, Wasser und allerley Güter zu laden. Fische von guten, schmackhaften Sorten, werden hier häufig gefangen, und allerley Erfrischungen können mit leichter Mühe von den Plantagen auf der Land-Enge, oder von der Cap-Stadt, die nur zwölf Meilen (Engl.) entlegen ist, herbeygeführt werden. Die Ankunft der Schiffe zieht verschiedne Einwohner aus der Stadt nach False-Bay. Sie lassen sich das engste und unbequemste Quartier gefallen, ehe sie dem Vergnügen mit Fremden umzugehn entsagen sollten. Diese besondern Umstände geben Anlaß

Gackeltrappe, ***F: Otis afra***
Afrotis afra (Kap der Guten Hoffnung)

zu vielen nähern Verbindungen, welche die Fremden nicht vernachläßigen, weil es dem hiesigen Frauenzimmer weder an Lebhaftigkeit noch Reizen fehlt.

Nach dreyen Tagen kamen wir wieder zur Stadt, woselbst wir die Thiere im Thiergarten der Compagnie untersuchten, und zu allen Pelzhändlern giengen, um eine Sammlung Antilopen-Felle zu bekommen. Man zeigte uns auch einen lebendigen Orang-Utang, oder Javanischen Affen, dem verschiedene Philosophen die Ehre angethan, ihn für ihren nahen Verwandten zu erklären. Dieses Thier war ohngefähr zwey Fuß sechs Zoll lang, und kroch lieber auf allen Vieren, da es doch auf den Hinterbeinen sitzen und gehen konnte. Die Finger und Zehen waren sehr lang, und die Daumen sehr kurz; der Bauch dick, das Gesicht so häslich, als sich nur immer denken läßt, und die Nase etwas mehr der menschlichen ähnlich, als bey andern Affen-Gattungen. Dasselbe Thier ward, wie ich seitdem gehört, in den Thiergarten des Fürsten von Oranien im Haag geschickt.[2]

Während unsers Aufenthalts wurden wir mit Capitain *Crozet* bekannt, der auf Capitain *Cooks* und unsre Einladung, nebst allen seinen Officieren mit uns speiste, und uns mit den Begebenheiten seiner vorigen Entdeckungs-Reise unterhielt. Wir lernten hernach ebenfalls die spanischen Officiere kennen, worunter geschickte und einsichtsvolle Leute befindlich waren, die ihrem Corps viel Ehre machen. Sie besuchten Herrn *Wales,* unsern Astronomen, und bewunderten die Längen-Uhren, die er in Verwahrung hatte. Sie klagten aber auch zu gleicher Zeit über die Unrichtigkeit aller astronomischen Instrumente, die man ihnen von London schickte. Herr *Wales* überließ ihnen einen vortrefflichen Hadleischen Sextanten, indem die Reise jetzo so gut als zum Ende war. Capitain *Cook* wollte aber keinen Umgang mit ihnen haben, und vermied sie bey aller Gelegenheit, wovon niemand den Grund anzugeben wußte. Ihre Fregatten

2 Es starb im Januar 1779. Der Balg ward schön ausgestopft und im Cabinet des Prinzen von Oranien in einer dem Leben völlig ähnlichen Stellung aufbewahrt. Den Rumpf bekam Herr *Camper,* ein berühmter Zergliederer, zu zerlegen.

hielten unsre Officiere für sehr schöne Schiffe; die nach Spanien gehende hieß die *Juno* und ward von *Don Juan Arraos* commandirt, die andern waren die *Asträa,* Capitain *Don Antonio Albornos,* und die *Venus,* Capitain *Don Gabriel Guerna.* Die Holländer ließen die Spanier vormals nicht am Cap landen, und machtens ihnen so unbequem, als nur immer möglich, daselbst vor Anker zu legen. Man hätte glauben mögen, sie hielten scharf auf die päbstliche Bulle, die die Gränzen der Schiffahrt bestimmte, und die Welt zwischen Portugal und Spanien theilte. Seither denken sie aber besser protestantisch; und vermuthlich werden sie den Widerwillen gegen die Spanier in kurzem ganz vergessen, weil sie sich doch schon jetzt gefallen lassen, ihre überflüßigen Piasters einzustreichen.

Nachdem unser Schifsvolk gut erfrischt, und ganz gesund, das Schiff selbst aber ausgebessert und neubemahlt worden, so nahmen wir Lebensmittel zur Rückreise an Bord, und machten uns fertig, mit dem ersten guten Winde abzugehen. Am 27. April des Morgens, kamen wir ans Schif, nachdem wir von allen unsern Freunden Abschied genommen, besonders aber von D. *Sparmann,* der die Gefahren und das Elend der Reise mit uns ausgestanden, und dessen Herz ihn bey allen, die ihn kannten, beliebt gemacht hatte.[3] Um Mittag gieng der *Dutton,* ein Schif der Englischen Compagnie, von Capitain *Rice* commandirt, unter Seegel, und wir folgten dem Beyspiel, nachdem wir die Vestung begrüßt hatten. Die Spanische Fregatte *Juno* grüßte uns mit neun Canonen, und unsre langsamen Constabel erwiederten diese unerwartete Höflichkeit eine volle Viertelstunde nachher. Ein dänisches Schif, Capitain *Hansen,* grüßte darauf mit eilf Schüßen. Beyde Schiffe gien gen ebenfalls unter Seegel, und ließen uns bald weit zurück.

Wir liefen durch die nördliche Ausfahrt zwischen dem vesten Lande und Robben-Eiland, oder Pinguin-Eiland, wie es die Englischen See-Charten nennen. Dies ist ein unfruchtbarer Sandhügel, woselbst viele Mörder und andre Übelthäter auf Befehl der Holländischen Ostindischen Compagnie bewacht werden. Darunter befinden sich aber auch etliche unglückliche Schlachtopfer dieser grausamen, ehrgeizigen Gewürzkrämer. Wir dürfen nur den König von Madura anführen, der seines Reichs entsetzt, und zur schrecklichsten Verzweiflung getrieben, hier sein Leben als gemeiner Sklave kümmerlich zubringen muß.[4]

– – – escape who can,
When man's great foe assumes the shape of man.
CUMBERLAND.

Am 28sten des Morgens, ward ein Mann im untern Schifsraum versteckt gefunden. Bey der Untersuchung fand man, daß einer der Bootsleute *(Quartermasters)* ihn etliche Tage zuvor dorthin geführt, und seine tägliche Portionen mit ihm getheilt hatte. Seine Gutherzigkeit ward mit einem Dutzend Streichen belohnt, und der arme Fremde kriegte auch ein Dutzend zum Willkommen. Es war ein ehrlicher Hannoveraner, den ein *Ziel-verkooper* gestohlen, und zu holländischen Diensten gezwungen hatte. Er hatte sich am Cap an Capitain *Cook* gewandt, und um seinen Schutz gebeten. Dieser Schutz, der allen englischen Unterthanen mit Recht zukommt, ward ihm aber, als einem Deutschen, rund abgeschlagen, und so mußte er verstohlnerweise an Boord kommen, um einem harten Dienste zu entgehen, wozu man ihn unrechtmäßigerweise gezwungen. Er zeigte sich bald als einen der fleißigsten Leute im ganzen Schif, und machte sich unter der Mannschaft beliebt, die sonst nicht geglaubt, daß ein Hannoveraner so gut ein tüchtiger Kerl als ein andrer seyn könne.

Sobald wir das Land um *Tafel-Bay* zurückgelassen, richteten wir unsern Lauf nach der Insel *St. Helena.* Der *Dutton,* das Englische Schiff, blieb in unsrer Gesellschaft; weil sich dessen Capitain auf die größere Genauigkeit unsrer Rechnungen verließ. Denn es ist sonst gewöhnlich, daß die Schiffe der Compagnie erst in die Breite der Insel zu kommen suchen, und dann gerade nach Westen drauf zu segeln. Frühe am

3 Herr Dr. *Sparrmann* kam im Monat Julius 1776 nach Schweden, indem er beynahe ein Jahr auf einer gefährlichen und mühsamen Reise ins innere von Afrika zugebracht, und selbst weiter gekommen war, als D. *Thunberg.* Man lese dessen eigne Reisebeschreibung, wovon ich 1783 eine deutsche Übersetzung herausgegeben habe.

4 Ich mag die schreckliche Geschichte dieses unglücklichen Monarchen, die seinen unmenschlichen Henkern ewige Schande macht, nicht wiederholen. Man findet sie vollständig und mit Gefühl beschrieben, in einem wenig bekannten Buche, genannt: *A Voyage to the East Indies in 1747. and 1748. containing an account of St. Helena, Java, Batavia, the Dutch Government etc. Amboina! Amboina!*

15ten May entdeckten wir die Insel gerade vor uns, und um Mitternacht legten wir in James-Bay, dem gewöhnlichen Ankerplatze, vor Anker. Das nördliche Ufer, an dem wir fortseegelten, fanden wir ziemlich hoch, und aus senkrechtem, schwammigten, schwarzbraunen Felsen zusammengesetzt, die hin und wieder als vom beständigen Anspülen der Wellen ausgehöhlt schienen.

Früh am folgenden Morgen, begrüßte uns das Fort James, welches die vornehmste Vestung in der Bay ist, und sobald wir es beantwortet, hatten wir noch einen Gruß vom *Dutton* zu erwiedern. Die Stadt vor uns lag in einem engen Thal, mit einem steilen, öden Berge an jeder Seite, der noch beynahe mehr gebrannt und elender als Oster-Eiland aussahe. Über dem Ende des Thals erblickte man doch etliche grüne Berge, und in der Stadt selbst standen ein paar Cocos-Palmen. Nach eingenommenem Frühstück landeten wir an einer neulich erbauten Treppe, die wegen der hohen Brandungen sehr nöthig war. Wir giengen zwischen einem hohen überhangenden Felsen, und einer Parapet Mauer längst der See, nach einem Thor mit einer Zugbrücke, welches verschiedne kleine Batterien vertheidigten. Dies brachte uns an eine beträchtliche Batterie, vor einer Esplanade, und einer schattigten Allee von Banian-Bäumen *(ficus religiosa)*. Der Gouverneur, Herr *Skottowe,* empfieng Capitain *Cook,* mit der größten Distinktion, und ließ ihn bey seinem Eintritt ins Haus mit einem Gruß von dreyzehn Stücken beehren. Bald drauf kamen die Passagiers vom *Dutton,* um ihren Besuch ebenfalls beym Gouverneur abzulegen[5]. Dieser würdige brave Mann, der im Dienste seines Vaterlandes alt und zum Krüppel geworden, versäumte keine Gelegenheit unsern Aufenthalt in der Insel angenehm zu machen, und besonders unsre Untersuchungen als Naturkundige zu erleichtern. Noch denselben Tag wurden wir mit den vornehmsten Officieren der Compagnie bekannt, die uns alle mit der ungezwungensten Höflichkeit, welche Leuten von freyer Denkungs-Art eigen ist, aufnahmen. Die Wohnung des Gouverneurs enthält verschiedne geräumige bequeme Zimmer, die besonders wegen ihrer Höhe in diesem warmen Clima angenehm sind. Von außen aber ist sie ohne Zierrath, so wie alle Gebäude in der ganzen Stadt, die neue Kirche nicht ausgenommen, die seit kurzem von einer Art auf der Insel befindlichen Kalksteinen erbaut worden. Ein kleiner Garten, hinter dem Hause des Gouverneurs, enthält etliche schattigte Gänge, nebst raren Ostindischen Bäumen, unter andern auch die Barringtonia. Die Casernen der Garnison, welche die Ostindische Compagnie hier unterhält, liegen etwas weiter im Thal hinauf. Daselbst siehet man auch das Hospital, mit einem Obst- und Küchen-Garten, wo die Kranken Erlaubniß haben herumzugehen. Verschiedne andre der Compagnie gehörige Gebäude, liegen in eben diesem Thal. Die Hitze ist ohnerachtet des See-Windes, fast unausstehlich, indem sie von einem hohen Berge an jeder Seite eingeschränkt und zurückgeworfen wird, daher der Aufenthalt in der Stadt zuweilen nicht nur finster, sondern auch höchst unangenehm ist. Die vornehmsten Einwohner überlassen den Fremden, die hier in Handels- und andern Schiffen vorbeykommen, während ihres Aufenthalts einige Zimmer. Die Preise sind fast dieselben, die man am Cap hat; allein die geringen Produkte einer kleinen Insel, wie St. Helena, geben nicht zu, daß man dort so gut wie in jener holländischen Colonie lebt, die desfalls in der ganzen Welt bekannt ist. Wir wohnten bey Herrn *Mason,* einem würdigen alten Manne, dem die Insel einige ihrer besten, liebenswürdigsten Einwohner zu danken hat. Nachdem wir mit ihm einig geworden, giengen wir beym Gouverneur zu Tische. Die Munterkeit des Gesprächs ließ uns sehr deutlich merken, daß man hier zu Lande keine Gelegenheit vernachläßigt, nützliche Kenntnisse aus guten Büchern zu sammeln. Des D. *Hawkesworths* Beschreibung des Capitain *Cooks* erster Reise um die Welt, in der Endeavour, war hier schon vor einiger Zeit eingetroffen. Man hatte sie mit großer Neugierde gelesen, und es wurden jetzt verschiedne Punkte, diese Colonie betreffend, mit vieler Laune und witzigen aber angenehmen Scherzen durchgegangen. Die Stelle in jener Reisebeschreibung hielt man für besonders beleidigend, wo den hiesigen Einwohnern Schuld gegeben wird, daß sie ihre Sklaven mishandeln, so wie auch diejenige, wo

5 Dies waren *the hon. Frederick Stuart,* ein jüngerer Sohn des Grafen *Bute; John Graham, Esq.* der im Conseil von Bengalen gewesen; seine Gemahlin; *I. Laurel Esq. – Johnson, Esq.* und seine Gemahlin; Obrist *L. Macleane* und verschiedene andre. Herr *Graham* starb bald nachher in Montpellier.

man bemerkt haben will, es wäre nicht ein Schiebekarren auf der ganzen Insel zu finden[6]. Capitain *Cook* ward aufgefodert sich zu verantworten. Madame *Skottowe,* die Gemahlin des Gouverneurs, und zugleich das lebhafteste Frauenzimmer in St. Helena, ließ ihren Witz bey dieser Gelegenheit sehr vortheilhaft aus, und der Capitain wußte keine andre Ausflucht, als daß dergleichen Bemerkungen nicht aus seinem Tagebuch gezogen wären, sondern sich von seinem damaligen philosophischen Reisegefährten herschrieben.

Früh am folgenden Morgen machten Herr *Stuart,* Capitain *Cook* und ich einen Spatziergang auf die Berge. Wir ritten den Berg hinauf, welcher nach Westen liegt, und der Leiter-Berg genannt wird. Der erst neuerlichst gemachte Weg geht in einem Zickzack bergan und ist sehr bequem. Er ist neun Fuß breit, an der Seite des Thals mit einer drey Fuß hohen Mauer eingeschlossen, welche von denselbigen Steinen aufgeführt worden, aus welchen der ganze Berg besteht. Er besteht aber aus einem Haufen von *Lava,* welche hin und wieder zu einer braunen Erde verwittert ist, an vielen Stellen aber große Massen einer schwarzen, löchrichten Schlacke ausmacht, die zuweilen verglaset zu seyn schien. Dergleichen Felsenstücke hängen an vielen Stellen über den Weg herüber, und stürzen bisweilen zum Schrecken und mit großer Gefahr der Einwohner herunter, welches gemeiniglich durch die am Berge weidenden Ziegen veranlaßt wird. Die Soldaten der Garnison haben daher Befehl alle Ziegen wegzuschiessen, welche sich auf diesen hohen Klippen zeigen, und da ihnen die erlegten Ziegen zufallen, so lassen sie es an Befolgung dieses Befehls nicht mangeln. Wir kamen an der Spitze des Berges ins Land hinein, und kaum hatten wir eine halbe Meile gemacht, so fiel uns mit einem mal der schönste Prospect in die Augen. Er bestand aus verschiednen schönen Hügeln, die mit dem herrlichsten Grün bedeckt, und mit fruchtbaren Thälern durchschnitten waren, in welchen sich Frucht- und Baum-Gärten, wie auch andre Plantagen befanden. Einige Hutungen waren mit einem Gehege von Steinen umgeben, und mit einer zwar kleinen aber schönen Art von Hornvieh und englischen Schafen angefüllt. Jedes Thal hatte einen kleinen Bach, und einige dieser Bäche schienen an den beyden hohen Bergen zu entspringen, die in der Mitte der Insel liegen und oft in Wolken verhüllt sind. Wir paßirten verschiedne Berge und hatten eine Aussicht nach *Sandy-Bay,* welches eine kleine Bucht an der andern Seite der Insel ist, und eine Batterie zur Bedeckung hat. Der Prospect war hier ungemein romantisch, die Berge waren bis an die Spitzen mit wilden Wäldern bedeckt, und einige, besonders *Dianen-Pic,* erhoben sich in den schönsten Formen. Die Felsen und Steine dieser höhern Gegend waren von ganz andrer Art, als in den niedrigern Thälern. Unterwärts gabs unläugbare Spuren alter Volcane; hier oben aber bestand alles aus dunkel grauen thonigten und schichtweis liegenden Steinen, zuweilen auch aus Kalkstein, und an verschiednen Stellen aus einem fetten, weichen Seifensteine[7]. Das Erdreich, welches diese Schichten deckt, besteht an

---

6 *Hawkesworths* Samml. [4°] III. Band, S. 411. Es giebt zu *St. Helena* viele Schiebekarren, und auch etliche große Karren, die von Pferden gezogen werden; etliche derselben schien man alle Tage mit Fleiß vor Capitain *Cooks* Fenster zu bringen. Die Behandlung der Sklaven ist ebenfalls unrecht vorgestellt. Man ist nicht grausam gegen sie, sie haben aber auch nicht den schädlichen Einfluß auf die Erziehung der Kinder, als am Cap, wo sie das Feuer, welches die Hitze des Climas entzündet, noch mehr anfachen.

7 Diese Bemerkungen treffen mit denen in der *Hawkesworthschen* Sammlung nicht überein. Es ist falsch, daß Volkane sich immer in den höchsten Bergen finden sollten; und die Übereinstimmung der Winkel von Bergen, die gegen einander über liegen, ist kritischen Beobachtern eben so wenig deutlich, als die vermeynten Landschaften im Florentinischen Marmor. *Dr. Hawkesworth* ist überhaupt in seinen Bemerkungen über Natur und Naturgeschichte sehr unglücklich; und oft ist er nicht glücklicher in seinen andern philosophischen Digressionen, indem er Herrn *Pauw* und Graf *Büffon* oft verkehrt verstanden, und sie immer ohne Anzeige geplündert hat. Über den wahren Zustand der Volkane verweisen wir unsre Leser am besten auf Herrn *Ferbers* Briefe aus Wälschland, deren englischer Ausgabe (London 1776.) Herr *Raspe* in der Vorrede, den Noten und dem Register ungemein lehrreiche Anmerkungen und Aussichten beygefügt hat. Was er darinn von der Geschichte der vulkanischen Systeme, besonders aber den Volkanen und ihren Würkungen in der See gesagt, ist ganz neu und ihm allein eigen.
Ebengedachten Herrn *Raspe* lateinische Geschichte der Erde. Amsterdam 1763. und *Account of some German Volcanos. London 1776.* gehören gleichfalls dahin; vor allen Dingen aber, jedoch nur der Kupferstiche wegen, Sir *William Hamiltons campi Phlegraei – Napoli 1777.*

Oryxweber, *F: Loxia orix*
Euplectes orix (Kap der Guten Hoffnung)

vielen Orten aus fetten Boden, sechs bis zehn Zoll tief, und bringt eine große Mannigfaltigkeit herrlich wachsender Pflanzen hervor, unter denen ich einige Stauden-Gewächse bemerkte, welche ich noch in keinem andern Theile der Welt angetroffen. Man siehet darunter Kohl-Bäume, Gummi-Bäume und Roth-Holz, wie die Einwohner sie zu nennen pflegten. Erstere stehen in feuchtem nassen Grunde; letztere aber auf den Bergen, wo der Boden ungemein dürre ist. Diese Verschiedenheit von Pflanzen kann wohl nicht in der Verschiedenheit des Clima in den besondern Theilen der Insel ihren Grund haben, wie man in der Hawkesworthischen Sammlung hat vorgeben wollen; denn ich habe alle diese Pflanzen dicht neben einander wachsend gefunden, und überhaupt ist die ganze Insel weder so groß noch so ungeheuer hoch, daß in solcher eine Verschiedenheit des Clima angenommen werden könnte. Der Kohlbaum wächst hier wild und hat ziemlich große Blätter; auch zeigte sich bey näherer Erkundigung, daß man sich desselben blos zum Brennen bediene, und daß sich keine Ursach angeben lasse, warum man ihn eben den Kohlbaum genannt. Er darf keinesweges mit dem Kohlbaum in Amerika, Indien und der Süd-See verwechselt werden, denn der gehört zum Palmen-Geschlecht.

Wir wurden einige mal durch heftige Regengüsse tüchtig durchgenäßt; in wenig Minuten aber hatte uns die Sonne wieder getrocknet. Unterwegens fragten wir jeden Sklaven, der uns vorkam, wie er von seinem Herrn gehalten würde; weil wir auszumachen wünschten, ob den gedruckten Nachrichten von der Grausamkeit der hiesigen Einwohner zu trauen wäre. Im Ganzen genommen, waren die Antworten der Sklaven für ihre Herren günstig genug, und völlig hinreichend, die hiesigen Europäer von dem Vorwurfe der Grausamkeit loszusprechen. Einige wenige klagten freylich darüber, daß sie sehr knap gehalten würden; aber das müssen sich, wie mir glaubwürdig versichert worden, ihre Herren oft selbst gefallen lassen, als welche sich zu gewissen Zeiten mit Pöckelfleisch behelfen müssen. Die Soldaten sind, wie es scheint, am aller übelsten daran, denn sie haben Jahr aus Jahr ein nichts als eingesalzene Speisen, welche die ostindische Compagnie noch dazu sehr kärglich austheilen läßt. Ihr Sold ist auch geringe, und muß erst durch verschiedne Hände gehen, ehe er von England anlangen kann. Daß er dadurch nicht stärker werde, ist leicht zu ermessen. Die arbeitsamsten haben zuweilen Urlaub, für die Einwohner zu arbeiten, und von den Bergen Holz zur Stadt zu bringen. Wir bemerkten einige Greise, welche damit beschäftigt waren, und lustig und guter Dinge zu seyn schienen, bis wir sie offenherzig genug machten, ihr Elend vom Herzen wegzusagen, welches freylich nicht ohne Bewegung abgieng. Doch waren sie insgesammt einstimmig in ihrer Liebe für den Gouverneur, der auf der Insel einer allgemeinen Achtung genießt, und auch ihr Wohl sich ernstlich angelegen seyn läßt.

Wir kehrten am Abhange des Berges an der andern Seite des Thales wieder zur Stadt zurück, und fanden uns durch unsern Ritt erfrischt. Die hiesigen Pferde bringt man hauptsächlich vom Vorgebürge der guten Hoffnung hieher; doch werden jetzt auch einige wenige auf der Insel gezogen; sie sind klein von Gewächs, aber zum Klettern in bergigten Gegenden geschickt.

Am folgenden Tage bat der Gouverneur nach seinem Landhause eine große Gesellschaft, welche aus den Capitains und den Passagieren unsers Schiffes und des *Dutton* bestand. Wir passirten denselbigen Berg, den wir gestern bestiegen hatten, und drey Meilen von der Stadt kamen wir zu dem Landhause. Wir wurden daselbst herrlich bewirthet. Das Haus ist nicht groß, hat aber eine ungemein angenehme Lage in der Mitte eines geräumigen Gartens, in welchem wir verschiedne Europäische, Afrikanische und Amerikanische Pflanzen, vornehmlich aber einen reichen Überfluß von Rosen und Lilien, Myrthen und Lorbeerbäumen antrafen. Verschiedne Alleen von Pfirsich-Bäumen sahe man mit Früchten beladen, die von vorzüglich gutem Geschmack und von den unsrigen verschieden waren. Alle übrigen europäischen Bäume hatten nur ein kümmerliches Ansehen, und sollen, wo ich nicht irre, niemals Früchte tragen. Wein war zu verschiedenen Zeiten angepflanzt, hatte aber des Clima wegen nicht fortkommen wollen. Kohl und andres Gartengewächs gehet sonst vortreflich fort, wird aber mehrentheils von Raupen gefressen. Wir spatzierten auf allen benachbarten Bergen umher, und fanden einige kleine Stellen mit Gerste besäet, die aber ebenfalls, so wie andre hier gesäete Getraide-Arten, mehrentheils von Ratten gefressen wird, die man hier in unendlicher Menge findet, weshalb man das Land nur zu Grasungen nützet, deren herrlich grünes Ansehen in einem Lande zwischen den Wende-Cirkeln zu bewundern ist. Man sagte uns, die Insel könne 3000 Stück Hornvieh erhalten, es fanden sich aber damals nur 2600 Häupter darauf. Nach dem großen Umfange des ungenützten Bodens zu urtheilen, mögte weit mehr gehalten werden können; man versicherte uns aber, das einmal abgeweidete Gras schieße vor Winters nicht wieder aus, man müsse also eine gewisse Anzahl Weiden für den Winter sparen. Das Rindfleisch ist saftig, vortreflich von Geschmack und sehr fett. Da der Abgang desselben beständig und groß ist, so kann es niemals zu alt werden. Die gemeine europäische stachliche Pfriemen-Staude *(ulex Europæus),* welche unsre Landleute mit großer Mühe auszurotten suchen, ist hier gepflanzt worden, und hat nun über alle Weiden fortgewuchert. Indessen hat man Mittel gefunden, dies Stauden-Gewächs hier zu nutzen, das sonst aller Orten für unfruchtbar und schädlich gehalten wird. Der Anblick des Landes ist nicht immer so reizend als jetzo gewesen, indem der Boden vor Zeiten von der entsetzlichen Hitze ganz verbrannt war, und Gras und Kräuter nur kümmerlich fortkommen ließ. Allein die eingeführten Pfriemen-Stauden wucherten der Sonne zum Trotze fort, und erhielten den Boden etwas feucht. In ihren Schatten fieng nun an Gras zu wachsen, und nach und nach ist das ganze Land mit den schönsten Rasen überzogen worden. Anjetzo bedarf man der Pfriemen nicht weiter, sondern man giebt sich große Mühe, sie auszurotten, und bedient sich derselben als Brennholz, welches auf der Insel sehr selten ist, und womit ich nirgends sparsamer habe umgehen sehen, als hier und am Cap. Es ist würklich zu bewundern, wie besonders am Cap eine Menge von Speisen bey einem Feuer bereitet werden, das eine englische Köchin zum bloßen Kochen eines Theekessels gebrauchen würde.

Bey unsrer Rückkehr sahen wir einige Völker Rebhüner, die von der kleinen rothbeinigten Art sind, welche auf der afrikanischen Küste so gemein ist. Auch bemerkten wir einige schöne Ring-Fasanen, welche nebst Perl-Hünern und Caninchen von dem jetzigen Gouverneur eingeführt worden. Vorjetzt ist aufs Schießen eines Fasanen noch eine Strafe von fünf Pfunden gesetzt; sie vermehren sich aber so stark, daß diese Einschränkung der Jagd bald unnöthig seyn wird. Es könnten noch verschiedne andre nützliche Artikel hier eingeführt und gezogen werden. Man könnte Klee und Schneckenklee säen, die dem Hornvieh reicheres Futter geben würden als das gewöhnliche Gras allein, und der Anbau von verschiednen Hülsenfrüchten, als Schmink- und Chinesischen Bohnen *(dolichos Sinensis et phaseolus mungo)*, aus welchen in der Nord-Amerikanischen Colonie Georgien, *Sago* verfertigt wird[8], kann nicht zu sehr empfohlen werden. Geduld und Versuche würden zur Vertilgung der Ratten und Raupen auch sehr dienlich seyn, um so mehr, da sie allein die Aufnahme des hiesigen Ackerbaues hauptsächlich hindern. Von *Senegal* müßten Esel eingeführt werden, weil sie daselbst nach Herrn *Adansons* Berichte von vortreflicher Art seyn sollen. Der Transport schwerer Güter würde dadurch sehr erleichtert werden; und manche Stücken Landes, die so zur Weide des Hornviehes nicht gebraucht werden können, würden dieser Art von Lastthieren immer gut genug seyn, als welche in Betracht des Futters so sehr leicht zu befriedigen sind.

Wir brachten den folgenden Tag auf Herrn *Masons* Landhause, vier bis fünf Meilen von der Stadt, zu. Im Hinreiten nahmen wir einen Umweg, um einen Berg, nahe am Dianen-Pick, zu besteigen, woselbst wir bey sehr regnigtem Wetter einige seltene Pflanzen sammelten. Auch fanden wir auf diesen Spatzierritt eine kleine Art blauer Tauben, die, nebst den rothfüßigen Rebhünern, hier zu Hause sind. Die Reisvögel *(loxiae oryzivorae)* aber sind von Ostindien hergebracht und losgelassen worden. Wir ließen auch einen kleinen Meyerhof ohngefähr eine Viertelmeile von uns liegen, woselbst sich zween Braminen aufhalten müssen, denen man Schuld gab, daß sie der Compagnie in Indien zu schaden gesucht. Ob sie wirklich was verbrochen haben oder nicht, bleibt allemal ungewiß; indessen sieht man doch den Unterschied zwischen der Englischen und Holländischen Behandlung der Gefangenen. Der König von Madure wird auf Robben-Eiland in einen Kerker gesperrt; allein die Braminen in St. Helena, haben Erlaubnis herumzugehen, und besitzen Haus und Gärten, nebst allem nöthigen Vorrath von Lebensmitteln und andern Bequemlichkeiten, worunter verschiedne Sklaven zur Aufwartung mit begriffen sind.

Gegen Abend kamen wir in die Stadt zurück, woselbst Herr *Graham* den Einwohnern einen Ball gab. Beym Eintritt ins Zimmer, hatte ich das Vergnügen, durch den Anblick eines zahlreichen Zirkels von wohlgebildeten und mit Geschmack gekleideten Frauenzimmern sehr angenehm überrascht zu werden. Ich glaubte unversehens in eine der glänzendsten Hauptstädte von Europa versetzt zu seyn; ihre Züge waren regelmäßig, ihre Gestalt reizend, und ihre Farbe blendend schön. Sie hatten dabey ungezwungenes Betragen, Feinheit der Sitten, angenehme Lebhaftigkeit und vielen Scharfsinn, welchen sie im Gespräch sehr vortheilhaft fühlen ließen. Am folgenden Abend erschien dieselbe Gesellschaft wieder auf einem Ball, und wir fanden Ursache, ihre Lebhaftigkeit und Activität um so mehr zu bewundern, weil sie in der kurzen Zwischenzeit wenig Erholung genossen hatten. Die Frauenzimmer übertrafen die Mannspersonen weit an der Zahl, ohngeachtet viele Offiziere und Passagiere von beyden Schiffen zugegen waren. Man erzählte uns bey dieser Gelegenheit, daß auf der Insel, so wie am Vorgebirge der guten Hofnung, ungleich mehr Mädchen als Knaben geboren

8 Dieser *Sago* ist dem ächten Ostindischen an Güte völlig gleich. Letzterer bestehet aus dem Mark eines Farren-Gewächses der östlichen Inseln in Indien. Die nord-amerikanische Art kennt man in England unter dem Namen von *Bowens Sago-Pulver*. Die Königl. Flotte wird damit versehen.

würden. In der That verdiente es mehrere Untersuchung, ob dies nicht jederzeit in warmen Ländern der Fall sey, besonders weil man daraus wichtige Folgerungen in Betracht der Heyrathsgesetze verschiedner Völker ziehen könnte. Das Verhältniß der männlichen und weiblichen Geburten ist selbst in Europa noch nicht allenthalben völlig bestimmt, noch einförmig befunden worden. In Frankreich und England werden mehr Knaben geboren, in Schweden aber mehr Mädchen. Die Zahl der Einwohner in St. Helena übersteigt nicht 2000 Personen, ohngefähr 500 Soldaten und 600 Sklaven mit eingerechnet. Die Insel hat etwa zwanzig Meilen im Umkreise und acht in ihrer größten Länge. Die ostindischen Schiffe, die hier anlegen, und für ihre Mannschaft Erfrischungen an Bord nehmen, versehen die Einwohner mit allerley indianischen Manufakturen. Auch läßt die Compagnie jährlich ein oder zwey Schiffe auf der Hinreise nach Indien zu St. Helena anlegen, um dort den nöthigen Vorrath von europäischen Waaren und Lebensmitteln abzuliefern. Viele Sklaven beschäftigen sich stets mit der Fischerey, die längst den felsigten Ufern der Insel sehr ergiebig ist; und auf diese Art nähren sich die Einwohner das ganze Jahr hindurch. Zur Abwechslung giebt ihnen ihr Hornvieh und Federvieh, desgleichen verschiedne Wurzeln statt des Brods, zuweilen auch englisches Pöckelfleisch hinlänglichen Unterhalt. Und so scheint ihr Leben sehr glücklich in Ruhe und Zufriedenheit dahin zu fließen, frey von den unzähligen Sorgen, die ihre Landsleute in England quälen.

Dieselbe Gesellschaft, die Abends am Ball gewesen, kam früh Morgens in die Kirche. Herr *Carr,* ein verdienstvoller junger Mann, hielt eine gründliche, seinen Kirchkindern angemessene Predigt, die uns eine sehr vortheilhafte Meynung von ihm beybrachte. Wir speisten darauf nochmals beym Gouverneur, und nachdem wir von unsern neuen Bekannten Abschied genommen, deren angenehmer Umgang in der kurzen Zeit unsers Aufenthalts uns große Werthschätzung gegen sie eingeflößt hatte, giengen wir ans Schiff zurück. Capitain *Cooks* Abreise ward wie seine Ankunft mit einer Salve von den Festungswerken beehrt. Gegen Abend lichteten wir die Anker, und segelten nordwärts in Begleitung des Dutton. Die ostindische Compagnie hatte seit kurzen ihren Schiffen einen Befehl nach St. Helena entgegen geschickt, darinn ihnen verboten ward, die Insel Ascension ins künftige zu berühren, woselbst sie vormals Schildkröten zu fangen pflegten. Cap. *Cook,* der diese Insel gerne besuchen wollte, verließ den Dutton am 24sten Abends, nachdem wir alle am Bord dieses Schiffs gespeist, und vom Capitain *Rice* nebst seinen Passagieren viele Höflichkeiten genossen hatten. Früh Morgens am 28sten erblickten wir das Land, und liefen den ganzen Tag bis gegen fünf Uhr Abends, da wir in der Creutz-Bay ankerten. Diese Insel ward zuerst im Jahr 1501 von *Joao da Nova Galego* einem Portugiesen entdeckt, der sie *Ilha da Conceiçao* nannte. Derselbe Admiral entdeckte auf der Rückreise 1502 die Insel St. Helena, welche diesen Namen vom Tage der Entdeckung bekam[9]. Ascension ward 1503 zum zweetenmal von *Alfonso d'Albuquerque* gesehn, der ihr den jetzigen Namen beylegte. Allein schon eben damals war sie in dem erbärmlichen wüsten Zustande, darinn man sie noch jetzt sieht[10]. Wir schickten sogleich einige Partien unsrer Mannschaft an Land, die des Nachts den Schildkröten aufpassen mußten, wenn sie aus dem Wasser kamen, ihre Eyer in den Sand zu legen. Der öde Anblick dieser Insel war so fürchterlich, daß wir Oster-Eiland gar nicht damit vergleichen konnten, und sogar Tierra del Fuego mit seinen Schneebergen vorziehen mußten. Es war ein wilder Felsen-Haufen, der größtentheils, so weit wir vom Schiff absehen konnten, von vulkanischem Feuer verbrannt war. Beynah im Mittelpunkt der ganzen Insel steht ein großer hoher Berg von weißer Farbe, auf welchen wir mit Hülfe unsrer Ferngläser etwas grünes entdeckten, das den Namen des *grünen Berges* einigermaßen zu entschuldigen schien.

Wir landeten des Morgens sehr früh an etlichen Felsen, indem die Brandungen am großen Strande erstaunlich hoch gehn. Dieser Strand ist mit tiefem, trocknem Muschel-Sande bedeckt, der aus ganz klei-

9 Diese Umstände finde ich in einem Portugiesischen MS. angeführt, welches mir Herr *George Perry,* der neulich aus Indien zurückgekommen ist, gütigst mitgetheilt hat. Es heißt: *Conquista da India per huas e outras Armas reaes e Evangelicas.* Der Verfasser scheint ein Jesuit gewesen zu seyn.

10 Man sehe die Reise des *Giovanni da Empoli,* auf eines von *Albuquerques* Schiffen; *Ramusio Raccolta di Viaggi Vol. I. p. 145.* Ausgabe von 1563.

Kaffernralle, *F: Rallus caffer*
Rallus caerulescens (Kap der Guten Hoffnung)

nen größtentheils schneeweißen Theilchen besteht, die bey hellem Sonnenschein die Augen blenden. Wir stiegen zwischen Haufen schwarzer löcherichter Steine hinauf, die den gemeinsten Laven von Vesuvius und Island vollkommen ähnlich waren. Die einzelnen Stücke lagen in ungeheuren Klumpen gethürmt, die das Ansehen hatten, als wären sie mit Menschenhänden gemacht worden. Allein wahrscheinlicher Weise kann eine schleunige Erkältung der Lava-Ströme eben diese Wirkung hervorgebracht haben. Nachdem wir zwölf bis funfzehn Ellen senkrecht über der Oberfläche der See gewonnen hatten, so befanden wir uns in einer großen Ebene, die sechs bis acht Meilen im Umfange, und in verschiednen Ecken einen großen kegelförmigen Hügel von röthlicher Farbe hatte, der ganz frey oder isolirt stand. Ein Theil der Ebene war mit unzähligen Steinhaufen von eben der wild aufgethürmten Lava bedeckt, die wir zunächst am Ufer der See gesehn, und die einen glasartigen Klang von sich gab, wenn zwey Stücke aneinander geschmissen wurden. Zwischen diesen Haufen war der Boden der Ebene fest, und bestand aus schwarzer Erde. Wo die Haufen aber aufhörten, da war das übrige nichts als eine rothe Stauberde, so locker und trocken, daß der Wind ganze Wolken von Staub darauf hin und her bewegte. Die kegelförmigen Hügel bestanden aus einer ganz andern Art Lava, die roth und weich war, daß man sie ohne Mühe zu Erde zerreiben konnte. Einer steht gerade mitten vor der Bay, und hat oben auf dem Gipfel ein hölzernes Kreutz, davon die Bay den Namen bekommen hat. Dieser Hügel ist auf allen Seiten sehr steil; ein Fußpfad aber geht schlängelnd daran herauf, und ist deshalb an drey Viertelmeilen lang. Nachdem wir diese sonderbare Gegend genauer und länger betrachtet hatten, schlossen wir, nicht ohne große Wahrscheinlichkeit, daß die Ebene, worauf wir standen, der Crater oder vormalige Sitz eines Volkans gewesen, von dessen ausgeworfenen Bimssteinen und Asche die kegelförmigen Hügel allmählig entstanden wären; daß die Lava-Ströme, die jetzt das Ansehen einzelner Haufen hatten, vielleicht nach und nach mit Asche bedeckt worden, und daß in der nassen Jahreszeit, die Regenbäche, die von den innersten Bergen herabgestürzt worden, alles vor sich glatt gewaschen und mit der Länge der Zeit den Crater ganz ausgefüllt hätten. Die schwarze Felsen-Lava diente unzähligen Fregatten und Tölpeln[11] zum Aufenthalte. Sie hatten darauf genistet, und ließen uns ganz nahe hinan kommen. Die Fregatten haben mehrentheils einen erstaunlich großen scharlachnen Beutel oder Kropf unterm Schnabel hängen, den sie aufblasen können, bis er einer Faust groß ist. Er hat mit dem Beutel des Pelikans viel Ähnlichkeit, und ist vielleicht von der Natur zu eben dem Endzweck als jener bestimmt. Wir fanden nicht über zehn einzelne halb verdorrte Pflänzchen auf diesem großen Stück felsigten Landes; und darunter waren nur zweyerley Sorten, eine Art Wolfsmilch *(Euphorbia origanoides)* und eine Glockenwinde *(convolvulus pes Caprae)*. Um Mittag kehrten wir ans Schiff zurück und sahen daselbst nur sechs Schildkröten, die über Nacht gefangen worden, indem die Jahrszeit jetzo beynah verflossen war, in welcher sie ihre Eyer legen. Der Offizier, den wir ostwärts geschickt hatten, fand daselbst die Überbleibsel eines gestrandeten Schiffs, welches zum Theil in Brand gewesen, und von der Mannschaft vermuthlich, um sich selbst zu retten, an Land getrieben worden. Die Vorstellung der elenden Umstände dieser Leute, auf einer so öden Insel, ehe ein andres Schiff sie abholen können, erregte sogar das Mitleid unsrer Matrosen. Ihr Unglück aber war nunmehr Vortheil für uns; denn da wir Mangel an Brennholz hatten, so schickte Cap. *Cook* seine Böte hin, das übrige Gerippe dieses Schiffs an Bord zu laden.

Gegen acht Uhr Abends, wie es schon ganz finster war, kam ein kleines Fahrzeug in die Bay, und ankerte zwischen uns und dem Lande. Nach wiederholten Anfragen bekam Capitain *Cook* zur Antwort, es sey eine Schaluppe *(Sloop)* aus Neu-York, die *Lucretia* genannt, die eben von Sierra Leon, an der Afrikanischen Küste käme, um Schildkröten zu laden, und sie in den Antillischen Inseln zu verkaufen. Einer unsrer Lieutenants ward an dies kleine Fahrzeug geschickt, und hörte vom Schiffer, daß er das unsrige für ein Französisches Ost-Indisches Schif gehalten, auch sehr verlangte, mit Englischen Ost-Indiafahrern zu handeln; weshalb ihm aber die neue Verordnung der Compagnie einen Strich durch die Rechnung gemacht hätte. Er speiste mit unsern Officieren den folgenden Tag, seegelte aber am 31sten bey Tagesanbruch ab. Am 30sten früh Morgens landeten wir zum zweetenmal, und kamen, nachdem wir über die Ebene gegangen, an einen fürchterlichen Lava-Strom, darinn viele Canäle sechs bis acht Ellen tief giengen, die den deutlichsten Kennzeichen zufolge, von gewaltigen Regenbächen weggewaschen oder gebähnt worden; jetzt aber, weil die Sonne in der nördlichen Halbkugel stand, ganz ausgetrocknet waren. In diesen Vertiefungen fanden wir eine geringe Quantität Erdreich, das aus einer schwarzen volkanischen Erde, und einer Mischung von weißen sandigten oder harten Theilchen bestand. In diesem troknen Boden wuchs etwas Portulak, und eine Art von Gras *(panicum sanguineum)*. Nachdem wir endlich mit großer Mühe über diesen gewaltigen Lava-Strom geklettert waren, erreichten wir den Fuß des *grünen Berges*, der, wie wir schon vom Schiffe im Haven gesehn, ganz andre Bestandteile, als das übrige Land hatte. Die nächst umliegenden Theile der Lava waren mit einer erstaunlichen Menge Portulak und einigen Stauden eines neuen Farrenkrauts *(lonchitis adscensionis)* bewachsen, davon sich verschiedene Heerden wilder Ziegen nährten. Der große Berg ist unten in verschiedne Wurzeln durch große Klüfte abgetheilt, die aber oben alle zusammen kommen, und eine große Masse von beträchtlicher Höhe bilden. Dieser ganze Berg besteht aus einem sandigten, porösen oder tuffartigen Kalkstein, der vom Volkan nicht angegriffen worden,

11 *Pelecanus Aquilus, etc. Sula.*

und vermuthlich noch vor dem Ausbruche existirt hat. An den Seiten wächst überall sehr häufig ein Gras, das dieser Insel eigen ist, und vom Ritter *von Linné* den Namen *Aristida ascensionis* bekommen hat. Wir sahen auch hier etliche Heerden Ziegen, die aber wild und scheu waren, und mit der größten Schnelligkeit an den schrecklichsten Abgründen fortliefen, wo man ihnen unmöglich folgen konnte. Der Schiffer des Neu-Yorkschen Fahrzeuges versicherte, es sey auf diesem Berge eine frische Quelle befindlich, die sich an einer hohen steilen Felsenwand herabstürze, und hernach im Sande verliere. Ich meines Theils, bin vest überzeugt, daß die Ascensions-Insel mit weniger Mühe bewohnbar gemacht werden könnte. Wenn man, zum Beyspiel, die Europäischen stachlichten Pfriemen-Stauden *(ulex europaeus)* und ähnliche Pflanzen, die gut im trocknen Boden fortkommen, hieher verpflanzte, sollten sie nicht eben die gute Wirkung als auf der Insel St. Helena thun, besonders wenn sie so beschaffen sind, daß Ziegen und Ratten, die einzigen hiesigen vierfüßigen Thiere, sie nicht berühren mögen? Die Nässe, welche von den hohen Bergen im Mittelpunkt der Insel angezogen wird, würde alsdenn nicht mehr von der übermäßigen Sonnenhitze ausdünsten, sondern in kleine Bäche gesammelt werden, und nach und nach die ganze Insel wässern. Man würde bald aller Orten einen schönen Rasen erblicken, davon die Schichte der Pflanzen-Erde alsdenn jährlich zunähme, bis man nützlichere Kräuter darauf ziehen könnte.

Wir kehrten langsam in der größten Mittagshitze über die Ebene nach Kreuz-Bay zurück, und da wir mehr als fünf Meilen Weges vor uns hatten, so wurden wir dermaßen von der Sonne und dem erhitzten Erdreiche mitgenommen, daß wir gegen drey Uhr ganz ermüdet und im Gesicht, Nacken und Füßen verbrannt, das Ufer erreichten. Nachdem wir in einer kleinen Bucht zwischen einigen Felsen gebadet hatten, schickte man auf unsre Signale ein Boot ab, welches uns ans Schif zurückbrachte. Am folgenden Vormittage ward wieder in Begleitung Capt. *Cooks* ein Spatziergang nach dem *grünen Berge* vorgenommen; allein keiner war stark genug ihn zu erreichen. Es wurden auch diesmal keine neue Beobachtungen gemacht, indem die Ufer dieser Insel rings umher unbeschreiblich öde und unfruchtbar sind. Nachmittags hoben wir alle unsre Böte ein, und giengen unter Seegel, nachdem wir vier und zwanzig Schildkröten an Bord genommen, deren jede zwischen drey und vier Centner wog. Sie reichten drey Wochen lang zu unsrer Nahrung hin, indem täglich eine und zuweilen zwo geschlachtet wurden, auch die Mannschaft bekam von diesem gesunden, wohlschmeckenden Fleische so viel, als sie verzehren konnte.

Wanderalbatros oder Kapschaf, ***F: Diomedea exulans***
Diomedea exulans (Atlantik)

ZWÖLFTES HAUPTSTÜCK.

Lauf von der Ascensions-Insel, bey der Insel Fernando da Noronha vorüber, nach den Azorischen Inseln. – Aufenthalt zu Fayal. – Rückkehr nach England.

Nachdem wir die Ascensions-Insel verlassen, so liefen wir so weit nach Westen, daß wir am 9ten Junius, gegen ein Uhr Nachmittags, die Insel Fernando da Noronha, unweit der Brasilianischen Küste, zu Gesicht bekamen. Da die astronomische Länge dieser Insel noch zum Theil ungewiß war, so richtete Capitain *Cook* seinen Lauf dahin, um diesen Punkt genauer zu bestimmen. *Americo Vespucci,* dessen Name dem Welttheil beygelegt worden, davon er einer der ersten Entdecker war, traf während seiner vierten Reise, schon im Jahr 1502[1] auf diese Insel; woher sie aber ihren jetzigen Namen bekommen, ist unbekannt. Im Jahr 1733 legte die Französische Ost-Indische Compagnie daselbst eine kleine Colonie an; allein die Portugiesen machten bald Ansprüche darauf, und nahmen sie im Jahr 1739 in Besitz[2]. Nach Anzeige der Französischen Charten, besteht das Innere der Insel größtentheils aus Ebenen, die von den Hügeln längst der Seeküste eingeschlossen werden[3]. Wir näherten uns ihr von der Ostseite, und liefen um die Ratten-Insel, die an der nordöstlichen Spitze liegt. Hier erblickten wir die *Bahia de Remedios,* die durch fünf Casteele, theils auf *Fernando Noronha* selbst, theils auf einem Felsen an der nordöstlichen Spitze gelegen, beschützet wird. Die Insel war aller Orten mit Waldung bedeckt, und einige Berge hatten das Ansehen, als ob sie volcanisch wären, ohnerachtet sie jetzt mit grün reichlich bekleidet waren, daran wir aber keine Spur von Anbau bemerken konnten. Die fünf Vestungen ließen ihre Flaggen zugleich wehen, und von einer ward eine Kanone abgefeuert. Wir zeigten ebenfalls unsre Flagge, feuerten ein Stück unterm Winde, und legten in demselben Augenblick das Schif nach Norden um.

Am 11ten passirten wir die Linie zum zweytenmal, nachdem wir uns zwey Jahre und neun Monate lang in der südlichen Halbkugel aufgehalten. Die hier gewöhnlichen Windstillen hielten uns nicht eher auf, als bis wir den 4ten Grad nördlicher Breite erreicht hatten. Sie dauerten vom 14ten bis zum 18ten, worauf wir den Nord-Ost-Passatwind bekamen. Die Mannschaft hatte in der Zwischenzeit einige Hayfische und ein Meerschwein gefangen, welche sie mit gutem Appetit speiseten. Beynahe die Hälfte einer zahlreichen Sammlung lebendiger Thiere, die mein Vater am Vorgebürge der guten Hoffnung theuer gekauft hatte, starben, ehe sie soweit gebracht werden konnten. Wollte er die übrigen am Leben erhalten, so mußte er sich jetzt in neue Kosten setzen, um sie

1 *Ramusio Raccolta di Viaggi etc. Tom. I. p. 129.*

2 Don *Anton Ulloas* Reise nach Süd-Amerika kann hiebey zu Rathe gezogen werden. Der zweete Theil enthält eine Nachricht der Portugiesischen Colonie auf dieser Insel.

3 Einen Plan der ganzen Insel findet man in des Herrn *Buachens Carte de la partie de l'Océan vers l'Equateur entre les côtes d'Afrique & d'Amérique 1737.* Diese Charte ward herausgegeben, um zu beweisen, daß gewisse darinn angegebne Sandbänke und Untiefen (deren Nicht-Daseyn erwiesen ist), die Strömungen in dem Theile des Meers verursachen. Die französischen Philosophen haben darauf viele Systeme gebauet, die natürlicherweise nichts weniger als gegründet sind.

gegen die Bosheit der Matrosen zu sichern, die fast alle bisher gestorbenen heimtückischer Weise umgebracht hatten.

Der Passatwind führte uns innerhalb 12 Tagen über dem heißen Erdgürtel hinaus, und hielt hernach noch fünf Tage an; indem die Sonne, von deren Standpunkt in der Eccliptik die Gränzen dieses Windes abhängen, noch in den nördlichen Zeichen stand. Am 4ten Julius bekamen wir kurze Windstöße mit abwechselnden Windstillen, und am folgenden Tage erfolgte eine völlige Windstille, die zween Tage lang unverändert, und noch zween andre, mit leichten Lüftgen vermischt, fortdauerte. Die Breiten, wo diese Windstillen mehrentheils angetroffen werden, nennen die Seeleute, welche den Ocean zwischen Europa und Amerika befahren, die Pferde-Breiten, *(horse latitudes)* indem sie den Pferden und anderm Vieh, das nach Amerika geführt wird, sehr schädlich sind. Es giebt Fälle, wo dergleichen Windstillen einen ganzen Monat angehalten, ohne daß mehr als ein schwaches Lüftgen sie von Zeit zu Zeit unterbrochen hätte.

Am neunten erhielten wir guten Wind, womit wir unsern Lauf nach den Azorischen oder sogenannten westlichen Eilanden *(western islands)* richteten. Am 13ten gegen vier Uhr Nachmittags erblickten wir auch schon die Insel *Fayal*. Früh, am folgenden Morgen, näherten wir uns dem Lande, und sahen die hohe Insel *Pico,* deren Ufer ganz mit Grün bekleidet, und mit Wohnungen besäet zu seyn schienen. Um sieben Uhr gelangten wir in die Rhede oder Bay von *Fayal,* wo die Schiffe gemeiniglich ankern. Der Portugiesische Ober-Pilote kam uns in einem Boote entgegen, um uns einen sichern Platz im Haven anzuweisen, woselbst schon drey Schiffe vor Anker lagen. Er erzählte auf Französisch, daß eines derselben, ein Portugiesisches Fahrzeug, neulich von Para in Brasilien, hier angelangt sey, indem es seinen Bestimmungs-Ort, die Inseln des grünen Vorgebürges, verfehlt hatte. Ein andres kleines Fahrzeug zeigte keine Flagge, und kam von Nord-Amerika. Das dritte war die *Pourvoyeuse,* eine französische Fregatte, deren Capitain *Mr. d'Estelle* mit der größten Höflichkeit einen Lieutenant mit dem Anerbieten seiner Dienste an Capitain *Cook* abschickte. Nachdem wir das Anker hatten fallen lassen, ward ein Officier mit der gewöhnlichen Anfrage wegen der Begrüßung, an den Commendanten der Vestung geschickt; nachdem er aber verschiedene Stunden lang aufgehalten worden, entließ man ihn mit der Antwort: daß das Casteel allemal zwey Kanonen weniger zurückgäbe, als es bekommen hätte, weshalb wir es denn gar nicht begrüßten. Das amerikanische Fahrzeug seegelte Nachmittags ab, indem der Schiffer nichts Gutes von uns erwartete, ohnerachtet wir wirklich mit aller Welt Frieden suchten.

Der Anblick der Stadt gegen die See machte fast eben den Eindruck auf uns, als der von Funchal in *Madera.* Sie liegt längst dem Strande der Bay, an dem sanften Abhange der Hügel, die rund umher eine Art von Amphitheater bilden. Die Kirchen, Klöster, Casteele und Häuser mit platten Dächern, sind größtentheils weiß, und machen eine sehr mahlerische Würkung. Die Hügel über der Stadt gehören zu den ansehnlichsten, welche Natur und Fleiß je verschönert haben. Sie waren jetzt mit reifen Korn-Feldern, Gärten, Lust-Wäldern und allerley Gebäuden bedecket, die eine starke Bevölkerung und Wohlstand verriethen. Zwey Casteele, eins an jedem Ende der Stadt, dienen ihr zur Vertheidigung, und bestreichen zugleich die Rhede. Das südliche ist das beträchtlichste.

Gleich nach Mittage gieng Capitain *Cook,* nebst meinem Vater und mir, unter dem südlichen Casteel ans Ufer. Wir hatten kaum Fuß an Land gesetzt, so entdeckten wir schon, warum die Portugiesen nicht Schuß vor Schuß auf unsre Salve antworten wollten. Die Kanonen lagen auf veralteten Lavetten, und da war es freylich nicht rathsam, sie der gewaltsamen Erschütterung des Abfeuerns auszusetzen. Die mehresten standen auf einem Wall, der viel zu enge war, um von der geringsten Erheblichkeit zu seyn. Überdem versicherte man uns, daß der jetzige ökonomische Minister in Portugal es für überflüßig halte, bey dergleichen Gelegenheiten Schießpulver zu verschwenden. Wir giengen durch einen Theil der Stadt, die *Villa da horta* heißt. Sie ist fünf Viertelmeilen lang, und besteht aus einer Hauptstraße, die von etlichen Queergassen durchschnitten wird. Die Häuser sind gerade so wie in *Madera* gebaut, und haben vorspringende Erker *(balconies),* die oben mit einem Dach, an den Seiten aber mit beweglichen Gegittern statt der Fenster versehen sind. Nachdem wir die Parochial-Kirchen besucht hatten, die alle im Gothischen Geschmack und finster wie in *Madera* gebauet sind, wurden wir zum Englischen Vice-Consul, Herrn *Dent* geführt, der uns sehr höflich empfieng, und den Herren *Wales* und *Hodges* nebst meinem Vater und mir sein Haus während unsers Aufenthalts anbot. Hierauf führte er uns in die verschiednen Klöster. Eines gehört den Franciscanern, und enthält zwanzig Mönche nebst verschiednen Layen, die nach ihrer eignen Aussage der hiesigen Jugend Unterricht in der Beredsamkeit, Philosophie und Theologie geben. Ein andres Kloster liegt auf einer Anhöhe, und hat zwölf Carmeliten nebst ihren Lay-Brüdern. Das dritte gehört zwölf Capuzinern und einigen Layen, und liegt auf einem Hügel über der Stadt. Das vierte steht im besten, ansehnlichsten Theile der Stadt, und war das ehemalige Jesuiter-Kloster; allein es dient jetzt zum Gerichtshofe, einen Flügel ausgenommen, daraus eine öffentliche Schule geworden ist. Daß die Gelehrsamkeit in diesen finstern Zellen blühen sollte, darf man nicht erwarten. Die Mönche haben hier nicht die geringste Gelegenheit etwas zu lernen, sondern sind zufrieden, wenn sie nur angenehm und ruhig leben können, daher sie sich um das Studiren nicht bekümmern. Wir besuchten hiernächst die beyden Nonnen-Klöster. Eines ist dem H. Johannes gewidmet, und wird von 150 Nonnen vom Orden St. Clara und eben so viel Mägden bewohnt. Sie tragen einen langen Rock von dunkelbrauner Serge *(Serge)* über einen andern von weißem Kattun. Im zweyten Kloster wohnen achtzig bis neunzig Nonnen, vom Orden der *Nossa Senhora de Conceiçao,* mit eben so vielen Aufwärterinnen. Sie tragen weiße Kleider, und auf der Brust ein blaues Stück Seidenzeug mit einem Bilde der heiligen Jungfrau auf einer silbernen Platte. Wir wurden an beyden Orten am Gegitter sehr höflich empfangen, allein da keiner des andern Sprache verstand, so mußten wirs dabey bewenden lassen. Ihre Aussprache war sanft, und in einem singenden Ton, den wir anfänglich für geziert hielten, bis wir ihn durchgängig bey dem ganzen Volke bemerkt hatten. Ihre Bildung war zum Theil sehr angenehm, und ihre Farbe nicht so dunkel, als wir erwartet hatten, doch bey den mehresten blaß und leblos. Indessen hatte die Religion ihre Herzen nicht so ganz erfüllt, daß nicht noch Funken eines materiellen Feuers übrig geblieben wären. Ihre schönen Augen blieben der Natur noch getreu, und will man nur den hundertsten Theil desjenigen glauben, was in *Fayal* erzählt wird, so ist nicht zu läugnen, daß der Liebesgott auch in ihren Zellen unumschränkt regiere.

Wir spazierten bis nach Sonnen-Untergang in der Stadt und auf den umherliegenden Hügeln, und kamen endlich nach Herrn *Dents,* des Consuls, Hause zurück. Daselbst machten wir Bekanntschaft mit einem Portugiesischen Priester, der etwas besser Latein, als die Mönche in allen dreyen Klöstern sprach. Er war ein gescheuter Mann, der viele Kenntnisse besaß, und sich vermittelst einer rühmlichen Wißbegierde, über viele gewöhnliche Vorurtheile seiner Landsleute weit hinweg gesetzt hatte. Er zeigte uns ein Spanisches Litterarisch-politisches Journal, welches jetzt durchgängig in ganz Portugal gelesen wird, weil der Premierminister[4] dort alle Arten von Zeitungen oder öffentlichen Nachrichten zu drucken verboten hat. Bey solchen Verordnungen muß freylich die tiefste Unwissenheit in diesem Königreiche allgemein werden, und darinn besteht die größte Sicherheit einer tyrannischen Regierung.

Folgenden Morgen besuchten wir die Officiere der Französischen Fregatte, die im Hause einer Englischen Wittwe, Madame *Milton,* wohnten. Diese gute Frau brach gleich in Thränen aus, so bald sie hörte, daß wir um die Welt geseegelt wären; denn diese Reise erinnerte sie an den Verlust eines Sohnes, der mit Capt. *Forneaux* gefahren, und mit dem unglücklichen *Rowe,* von den Neu-Seeländern den grausamsten Tod erlitten hatte. Die Umstände, womit sein Schicksal verknüpft war, sind nach den Begriffen, die wir Erziehung bekommen, viel schrecklicher als jede andre Todes-Art und mußten daher einen so viel schmerzlichern Eindruck auf die betrübte, unglückliche Mutter machen. Auch war ihre Wehmuth von der ächten Art, der jedes gefühlvolle Herz beystimmen muß, und erinnerte uns, wie viele Mütter beydes in Europa und den Inseln des Süd-Meeres, Ursache gehabt, den frühen Tod ihrer Söhne zu bejammern, und zugleich den Unternehmungs-Geist der Menschen zu verfluchen. Madame *Milton* hatte nach reiflicher Erwägung der vielen Widerwärtigkeiten, die sie in ihrem Leben empfunden, den Entschluß gefaßt, ihrer Tochter Ruhe und Glückseeligkeit zu versichern, und sie in eins der hiesigen Klöster zu

4 Der Marquis von *Pombal* und der Graf *d'Oeyras.* –

schicken, ohne zugleich zu bedenken, daß im vierzehnten Jahre des Lebens die Welt solche Reize und Annehmlichkeiten hat, die freylich im funfzigsten ihre anziehende Kraft verlieren. Ihre Tochter war so wohlgebildet, daß sie den Portugiesischen Damen in *Fayal* den Preis der Schönheit streitig machen konnte. Einer unsrer Officiere nahm sich also ihrer an, und suchte Madame *Milton* von ihrem Vorhaben abzubringen, indem er sie in den plumpsten Ausdrücken eines groben Seefahrers versicherte, daß sie, anstatt ein verdienstliches Werk zu thun, den ewigen Fluch Gottes auf sich ziehen würde. Die Leser mögen entscheiden, ob die Ermahnungen eines Seemannes überhaupt, und in diesem Tone, vielen Eindruck machen konnten; jedoch die Dame nahm sie mit einer gefälligen Miene an, und in der Folge des Gesprächs zeigte sichs, daß sie nicht bloß aus Frömmigkeit, vielmehr aus Privat-Absichten, ihre Tochter zur Nonne zu machen wünschte.

Wir machten hernach einen Spatziergang auf die Hügel über der Stadt. Sie waren stark bebaut, und alle Felder mit Mauern umgeben, deren Steine zuweilen verkittet, zuweilen auch nur in Moos gelegt waren. Die Einwohner bauen größtentheils Waizen, mit bärtigen langen Ähren, und kurzen Halmen. Sie haben auch etwas Gerste, die schon unters Dach gebracht war, und Mays, oder türkisches Korn, das hin und wieder zwischen den Kastanien-Bäumen gesäet wird, die das Land sehr verschönern. Steht es aber in offenen Feldern, so ist es mehrentheils mit Faselbohnen vermengt. Um die Häuser oder Hütten her fanden wir einige Felder mit Gurken, Kürbißen, Melonen und Wassermelonen, so wie auch Safflor, dessen sich die Portugiesen bedienen, um ihren Speisen eine gelbe Farbe mitzutheilen. Ihre Obstgärten enthalten Zitronen, Orangen, Pflaumen, Apricosen, Feigen, Birnen und Äpfelbäume. Sie pflanzen wenig Kohl, und ihre gelben Rüben oder Möhrenarten aus und werden weiß, weshalb sie jährlich frischen Saamen aus Europa kommen lassen. Die Regierung hat den Anbau der Kartoffeln scharf anbefohlen; sie werden auch häufig gepflanzt, aber wohlfeil verkauft, weil das Volk sie nicht gern ißt. Große süße Zwiebeln, und Knoblauch, werden von den Portugiesen als die schmakhaftesten Gewächse in großer Menge gepflanzt, wie auch die sogenannten Liebes-Äpfel *(Solanum lycopersicon Linn.)* die *Tomatos* heissen, imgleichen Erdbeeren. Man findet auch einige Weingärten, allein es wird nur wenig und schlechter Wein davon gemacht. Ihre Ochsen sind klein, haben aber schmakhaftes Fleisch, ohnerachtet sie hier zu Lande nicht allein im Pfluge, sondern auch im Karren ziehen müssen. Die hiesigen Schaafe, deren Fleisch von gutem Geschmack, sind ebenfalls kleiner Gattung; hingegen Schweine und Ziegen sehr langbeinigt. Von Federvieh findet man hier alle Arten. Ihre Pferde sind klein und schlecht; hingegen Esel und Maulthiere schön, zahlreich, und in diesem bergigten Lande brauchbar. Die Wege sind ungleich besser gebahnt als in *Madera,* und alles überhaupt zeigt den größeren Fleiß der Einwohner an. Die Karren aber machen einen unerträglichen Lerm, den man ihrer schlechten Construction zuschreiben muß. Die Räder bestehen aus drey großen, ungeschickten Stücken Holz, mit Eisen beschlagen, und an eine starke Achse befestigt, die sich folglich mit den Rädern zugleich bewegt, und in einem runden Loche herumdreht, welches unter dem Karren in einem daselbst befestigten viereckigten Balken angebracht ist. Die Hütten des gemeinen Volks sind von Thon gebaut, und mit Stroh gedeckt; zwar klein, aber kühle und rein. Im Ganzen genommen, haben die Einwohner eine hellere Farbe, als die zu *Madera.* Ihre Züge sind ebenfalls sanfter, obgleich in beyden eine Ähnlichkeit des National-Charakters hervorleuchtet. Ihre Kleidung ist mehrentheils weit vollkommner, und besteht aus groben linnenen Hemden und Hosen, mit blauen oder braunen Jacken und Stiefeln. Die Weibsleute, die nicht ganz uneben aussehen, tragen einen kurzen Rock und Leibstücke oder Jacke, und das Haar hinten in einen Knoten gebunden. Wenn sie zur Stadt gehen, nehmen sie einen Mantel um, der den Kopf bedeckt, um den Leib gebunden wird, und nur eine kleine Öfnung für die Augen läßt. Die Mannspersonen setzen bey dieser Gelegenheit einen großen umgekrempten Hut auf, und nehmen einen Mantel um. Wir fanden sie allenthalben entweder im Felde oder zu Hause bey der Arbeit, und nicht ein einziger müßiger Bettler war zu sehen, worinn denn der Unterschied zwischen dieser Insel und *Madera* sehr merklich ist. Wir giengen in einige Wäldgen und wilde Gebüsche oben auf den Hügeln, wo wir viele Myrthen wild unter hohen Espen, auch häufige Myricastauden fanden. Letztere werden in der Landessprache *Faya* genannt, und daher soll der

Name der Insel, *Fayal,* entstanden seyn. Der Prospekt von dieser Höhe war äußerst anmuthig. Stadt und Rheede lag unter unsern Füßen, und die Insel Pico in einer Entfernung von zwey bis drey See-Meilen grade gegenüber. Auf allen Seiten ließen sich unzählige Canarien-Vögel, Drosseln, Amseln und andere Sang-Vögel hören, deren Concert uns um so lieblicher war, da es uns an europäische Scenen erinnerte, die wir so lange nicht gesehn hatten. Die ganze Insel war ohnehin reich an allerley Vögeln, darunter wir besonders eine Menge gewöhnlicher Wachteln, einige amerikanische Wald-Schneppen, und eine kleine Art Habichte bemerkten. Von letzteren haben diese Inseln den Namen *Azoren* bekommen, weil auf Portugiesisch ein Habicht *Açor (Astur)* heißt. Die Hitze nöthigte uns gegen Mittag zur Stadt zurückzukehren, um uns in den hohen kühlen Zimmern in des Consuls Hause zu verbergen. Die Gegend war mir indessen zu reizend, als daß ich den ganzen Tag in der Stadt geblieben wäre. Ich versuchte also mit Herrn *Wales, Patton, Hodges* und *Gilbert* noch einen Spatziergang. Wir giengen beym Capuciner-Kloster des heil. Antonii, auf dem Hügel, vorüber, und nahmen ein paar lebhafte kleine Burschen zu Wegweisern an, weil wir einen Bach oder ein Flüßgen zu sehen wünschten, wodurch die Landschaft natürlicher Weise verschönert werden mußte. Nachdem wir einige romantische Hügel und Wälder zurückgelassen, woselbst Herr *Hodges* verschiedne Zeichnungen machte, so sahen wir eine schöne fruchtbare Ebene vor uns liegen, die ganz mit Kornfeldern und Wiesen bedeckt war, und woselbst in einem Wäldchen von Espen und Buchen das Dorf *Nossa Senhora de la Luz* lag. An diesem Orte trennten wir uns, und nur die Herren *Patton* und *Hodges* giengen mit mir an dem so lange gesuchten Bach. Wir wurden anfänglich ziemlich in unsrer Erwartung betrogen, indem wir nur das breite und tiefe Lager eines starken Stroms erblickten, darinn an einer Seite ein kleiner unbeträchtlicher Bach zwischen den Klippen und Kieseln hinabrieselte. Allein auf Zureden unsrer kleinen Wegweiser, giengen wir endlich hinunter, und kamen bald an eine Quelle, woselbst mehrere Mädchen Wasser schöpften. Wir bemerkten eine unter ihnen, deren Kleidung und weißere Haut sie vor den andern als eine Person von höherm Range auszeichnete, dabey ihr auch immer der Titel *Senhora* beygelegt ward. Indessen hatte sie deshalb gar kein Vorrecht, sondern füllte ihre Eimer so gut wie die andern. Wir fanden viel Vergnügen an diesem Überbleibsel von patriarchalischer Einfalt, die um so merkwürdiger in einem gesitteten Lande war, wo Stolz und Faulheit die Unterscheidungszeichen des höheren Standes geworden sind. Wir giengen in dem Lager dieses Regenbachs fort, welches, wie man uns versicherte, im Winter ganz mit Wasser angefüllt ist, indem um die Jahrszeit starke Regengüsse sehr gewöhnlich sind. Die Einwohner erwarteten eben jetzt einen Regen, und hatten daher viele Bündel Flachs in das trockne Lager des Flusses gelegt, um sie da einweichen zu lassen. Dieser Flachs war lang, und allem Anschein nach von vorzüglicher Güte, und wird auf der Insel selbst zu grober Leinwand gemacht. Wir kamen sehr ermüdet in die Stadt zurück, da es schon anfieng finster zu werden. Unterweges hielten wir bey der Hütte eines Bauren an, wo wir den gemeinen Landwein schmeckten, der zwar etwas herb, aber übrigens gesund und gut war. Der Regen, den die Leute erwartet hatten, fiel wirklich gleich nach unsrer Rückkunft ein; und man sagte, er wäre zu dieser Jahreszeit beynahe unschätzbar, weil er die Trauben anfüllte, die sonst nicht größer als Johannisbeeren bleiben. In meiner Abwesenheit hatte sich mein Vater mit einigen Portugiesen, und besonders dem oben erwähnten Geistlichen unterhalten, die ihm verschiedne Particularien, die Azorischen Inseln und ihren gegenwärtigen Zustand betreffend, mittheilten. Ich sehe mich dadurch im Stand gesetzt, folgende Nachricht davon den Lesern mitzutheilen:

Einige Flämische Schiffe entdeckten zuerst die Azorischen Inseln im Jahr 1439.[5] Verschiedne Familien dieser Nation ließen sich zu gleicher Zeit auf *Fayal* nieder, woselbst noch jetzt ein Kirchspiel *Flamingos* heißt. Aus eben dem Grunde haben einige alte Geographen die Azoren die Flämischen Inseln genannt. Im Jahr 1447 entdeckten die Portugiesen die Insel *Santa Maria,* oder die östlichste in dieser Gruppe, hernach *St. Miguiel* (Michael) und darauf *Terceira*

5 *Gonzalo Velho Cabral* entdeckte schon 1432 die Insel Santa Maria. Erst im Jahr 1466 schickte die Herzogin von Burgund eine flämische Colonie nach den Azoren, die daher auch den Namen der Flandrischen Inseln erhielten. S. *Sprengels* Gesch. der wichtigsten geographischen Entdeckungen. Halle 1783. S. 92.

(die dritte). Don *Gonzalo Velho Cabral,* Commandeur von Almuros, ließ sich 1449 auf *Terceira* nieder, und legte die Stadt Angra an. Die Inseln *St. George, Graciosa, Pico* und *Fayal* wurden nach einander entdeckt und in Besitz genommen. Endlich erblickte man auch die beyden westlichen Inseln dieser Gruppe, und nannte sie *Flores* und *Corvo,* die eine wegen der daselbst häufigen Blumen, die andre wegen der Menge von Krähen, die dort gefunden worden.

Diese Inseln, die insgesammt fruchtbar, und von sehr arbeitsamen Leuten bewohnt sind, stehen unter einem General-Gouverneur, der sich zu *Angra* in *Terceira* aufhält. Der jetzige hieß Don *Anton de Almada,* und ward durchgängig als ein leutseeliger Mann gerühmt, der jede Art von Unterdrückung verabscheute. Anstatt in diesem einträglichen Posten Schätze zusammen zu scharren, hatte er vielmehr von dem Seinigen zugesetzt, um durch seinen Staat und Aufwand die Inseln in Flor zu bringen, weshalb man ihn sechs Jahre, oder noch einmal so lange als sonst gewöhnlich in diesem Gouvernement beybehalten hatte. Sein Nachfolger, Don *Luis de Tal Pilatus,* ward jetzo stündlich aus Lissabon, nebst einem neuen Bischofe von Angra erwartet. Die Diocese dieses Prälaten erstreckt sich über alle Azoren, und es gehören zwölf Canonici zu seinem Capitel. Seine Einkünfte werden in Weizen entrichtet, und belaufen sich auf 300 Muys, jedes zu 24 Scheffeln (Englisch). Jedes Muy ist wenigstens vier Pfund Sterling werth, so daß er an 1200 Pf. Sterling jährlich einnimmt. Jede Insel steht unter einem Capitan-Mor, oder Commendanten, der die Aufsicht über das Polizeywesen, die Miliz und die Einkünfte hat. Ein *Juiz* oder Richter steht den Civil-Gesetzen auf jeder Insel vor; man appellirt von ihm an ein höheres Gericht in Terceira, und von diesem wiederum nach Lissabon, an das oberste Gericht. Die Einwohner sollen sehr streitsüchtig seyn, und daher den Advocaten viel zu thun geben.

Die Insel *Corvo,* die kleinste der Azoren, enthält kaum sechshundert Einwohner, die größtentheils Weizen bauen, und Schweine mästen, davon sie jährlich eine geringe Quantität Speck ausführen.

Die Insel *Flores* ist etwas größer, fruchtbarer und volkreicher, und führt ohngefähr 600 Muys Weizen und etwas Speck aus. Allein da auf diesen beyden Inseln kein Wein gebauet wird, so müssen sie sich damit von Fayal aus versehen. Vor vielen Jahren scheiterte ein großes reichbeladnes Spanisches Kriegsschiff an der Küste von Flores. Doch ward die Mannschaft und die Ladung gerettet. Diese Spanier brachten die venerische Krankheit auf die Insel, woselbst man sie zuvor gar nicht gekannt hatte; und weil das Frauenzimmer ihren reichen Geschenken nicht widerstehen konnte, so waren in kurzer Zeit alle Einwohner ohne Ausnahme angesteckt. Um für dies Verbrechen gewissermaßen zu büßen, bauten sie mit großen Kosten eine Kirche, welche jetzt für das schönste Gebäude in den Azoren gehalten wird. Die Seuche hat sich indessen, so wie in Peru, und hie und da in Siberien, also auch auf dieser Insel dermaßen fortgepflanzt, daß niemand davon frey ist.

Fayal ist eine der größern Azoren, indem sie von Ost nach Westen neun große Seemeilen *(leagues)* lang, und viere breit ist. Der jetzige Commendant oder Capitan-Mor, hieß *Senhor Thomas Francisko Brum de Silveyra.* Man hielt ihn für geizig und geldgierig, und versicherte uns, daß er aus keiner andern Ursache beständig auf dem Lande wohne, als um dadurch den Umgang mit Fremden und Einwohnern zu vermeiden. Der Richter von Fayal ward mit dem neuen General-Gouverneur aus Portugal erwartet. Das Haupt der Geistlichkeit wird auf dieser Insel nur *Oviedor (auditor)* genannt, und war Pfarrer an der Hauptkirche in der Stadt.

Was die Gelehrsamkeit betrift, so steht sie zu *Fayal* in keiner Achtung, welches in allen Azoren und in Portugall selbst der Fall ist. Herrn von *Fleurieu* und dem Französischen Sternkundigen, Herrn *Pingre,* die vor einiger Zeit die Längen-Uhren des Herrn *le Roy* auf die Probe nahmen, verbot man zu Terceira ihre Instrumente ans Land zu bringen, weil man abergläubisch besorgte, es möchte der Insel Unheil verursachen[6]. Seit mehr als zwey Jahren ward eine Auflage von zwey *Reys*[7] auf jeden *Canari* von Wein gelegt, der in Fayal und Pico gebaut wird. Diese Auf-

6 Unser Astronom erhielt auf Capitain *Cooks* Ansuchen ohne Schwierigkeit die Erlaubniß, hier Beobachtungen anstellen zu dürfen, welches auch in des Consuls Garten geschah.

7 Ein Rey ist ohngefähr der zwölfte Theil eines englischen Pence, welches nach unsrer Münze kaum einen Pfennig ausmacht; und ein Canari ist etwas größer als ein Maaß von vier Quartieren oder Flaschen.

lage, die für jedes Faß ohngefähr einen Schilling Sterling beträgt, und jährlich an 1000 Pf. Sterling einbringt, wollte man zu den Gehalten dreyer Professoren anwenden, die in Lissabon geprüft und nach Fayal geschickt werden sollten. Allein zum Unglück für die Wissenschaft, und für die Einwohner dieser Insel überhaupt, hatte man das Geld nicht so bald zusammen gebracht, so ward es ganz anders angelegt, und dient jetzt zur Besoldung und zum Unterhalt der Garnison, welche, wie man vorgiebt, aus hundert Mann, wirklich aber nur aus vierzig besteht, die weder Zucht und Ordnung kennen, noch mit hinlänglichem Gewehr versehen sind. Die Folge dieses Mißbrauchs ist der gänzliche Mangel öffentlicher Erziehungs-Anstalten. Daher nur diejenigen Einwohner, die es bezahlen können, im Stande sind, ihren Kindern etwas beybringen zu lassen. Zwar ist hier ein Professor befindlich, der die erforderliche Prüfung überstanden hat; allein weil das Gehalt ausblieb, so muß er sein Brod kümmerlich durch Unterricht im Lateinischen verdienen. Die Auflage auf den Wein ist nicht die einzige, wovon man einen so schlechten Gebrauch macht. Eine andre von weit größerm Belang, die in zwey Procent von allen Ausfuhren besteht, war bestimmt, die Vestungswerke zu unterhalten. Allein die Wälle sind verfallen, die Batterien gehen zu Grunde, und das Geld wird nach Terceira geschickt, und dort nicht vortheilhafter genutzt. Der Zehente aller Produkte der Azoren fällt dem Könige zu; der einzige Artikel Tobak, ist ein Monopolium der Krone, und bringt große Summen ein. Der Besitz dieser Inseln, so klein sie sind, kann also dem Portugiesischen Hofe nie gleichgültig werden.

Weizen und Mais, oder türkisches Korn, sind die vorzüglichsten Produkte von *Fayal,* und von ersterem werden verschiedene Schifsladungen in guten Jahren nach Lissabon geschickt. Man bauet auch etwas Flachs. Aber der Wein, der unter dem Namen von Fayal verkauft wird, wird blos auf der Insel Pico gebaut, die gerade gegen über liegt und keinen Haven hat. Die Einwohner von Fayal sollen sich auf 15000 belaufen, und sind in zwölf Kirchspiele vertheilt. Der dritte Theil wohnt in der Stadt *Villa de Horta,* welche drey Kirchspiele enthält. Die Rade oder Bay wird im Sommer für ziemlich sicher gehalten, liegt aber im Winter den Süd- und Süd-Ost-Winden ausgesetzt, welche, wie man mich versichert, zu dieser Jahrszeit sehr heftig sind. Jedoch, da der Grund sehr gut und sandigt ist, so liegen die Amerikanischen Handelsschiffe daselbst an drey bis vier Ankern, während des schlimmsten Wetters. Der Pico-Wein wird größtentheils von Fayal nach Nord-Amerika und Brasilien verführt.

Die Insel *Pico* hat diesen Namen von dem darauf belegenen hohen Pick, oder spitzen Berge erhalten, der oft in Wolken gehüllt ist, und den Einwohnern von Fayal statt eines Barometers dient. Pico ist nicht nur die größeste, sondern auch die volkreichste aller Azoren, und enthält 30000 Einwohner. Es sind daselbst keine Kornfelder, indem alles mit den schönsten Weingärten bedeckt ist, die einen entzückenden Anblick auf den sanften Anhöhen am Fuße des Picks geben. Korn und andre Lebensmittel werden den Einwohnern aus Fayal zugeführt; und die besten Familien dieser letzteren Insel haben große Besitzungen auf der gegenüber liegenden westlichen Seite von Pico. Die Zeit der Weinlese ist ein beständiges Freudenfest. Der vierte, auch wohl der dritte Theil aller Einwohner von Fayal kommt alsdenn mit ihren sämmtlichen Familien bis auf Hunde und Katzen nach Pico herüber. Eine Menge Trauben, davon man 3000 Faß Wein machen könnte, werden bey der Gelegenheit verzehrt, weil jeder sich mit dieser köstlichen Frucht gütlich thut, obgleich die Portugiesen sonst Muster von Mäßigkeit sind. Vor Zeiten wurden jährlich 30000 auch in guten Jahren 37000 Fässer Wein gemacht; allein vor etlichen Jahren grif eine Art von Krankheit die Weinstöcke an, und verursachte, daß die Blätter gerade zu der Zeit abfielen, da die Trauben am mehresten gegen die Sonne gedeckt werden sollten[8]. Sie haben sich nur erst kürzlich wieder erholt, und geben an 18000 bis 20000 Fässer. Der beste Wein wird am westlichen Ufer in denen Weingärten gebauet, die den Einwohnern von Fayal gehören. Der ostwärts wachsende Wein wird zu Brandtwein gemacht, da denn jedesmal vier Maaß Wein auf ein Maaß Brandtwein gehen. Der beste Wein ist scharf, aber sehr angenehm und stark, und wird immer besser, je länger man ihn aufbewahrt. Eine Pipe (zwey Oxhoft) wird zur Stelle mit 4 bis 5

8 Dies wird vermuthlich von einer Art Insekten verursacht.

Pfund Sterling bezahlt. Eine kleine Quantität süßen Weins, wird noch auf Pico gebaut, und *Passada* genannt, davon die Pipe acht bis zehn Pfund Sterling kostet.

San George ist eine kleine schmale Insel, sehr steil und ziemlich hoch. Sie hat 5000 Einwohner, welche vielen Weizen aber wenig oder gar keinen Wein bauen.

Graciosa ist nicht so steil als die vorige Insel; aber ebenfalls klein und trägt größtentheils Weizen, welchen 3000 Einwohner bauen. Ein schlechter Wein wird in geringer Quantität gemacht, und sogleich in Brandtwein verwandelt, davon ein Faß den Geist von sechs Fässern Wein enthält. Graciosa und San George haben auch viel Hütungen und die Einwohner machen Käse und Butter zur Ausfuhr.

Terceira ist nach *Pico* die größte Insel unter den Azoren. Sie ist stark mit Weizen angebauet, und hat auch einen schlechten Landwein. Als Residenz des General-Gouverneurs, des Ober-Justitz-Gerichts und des Bischofs betrachtet, ist sie einigermaßen von größerer Wichtigkeit, als die übrigen. Die Einwohner belaufen sich auf 20000, und führen Weizen nach Lissabon.

San Miguiel ist ebenfalls von beträchtlichem Umfange, sehr fruchtbar und volkreich, so daß sich die Volksmenge auf 25000 Personen beläuft. Hier wird kein Wein, wohl aber Weizen und Flachs in Menge gebaut. Von letzterem verarbeiten die Einwohner so viele grobe Leinewand, daß jährlich drey Schiffsladungen nach Brasilien geschickt werden können. Diese Leinewand ist ohngefähr eine Elle breit, und die schlechteste Sorte wird zu anderthalb englischen Schillingen oder etwa zehn Groschen die *Vara*[9] verkauft, welches allem Anschein nach erstaunlich theuer ist. Der vornehmste Ort in dieser Insel ist eine Stadt, die *Ponte del Gada* genannt wird.

Santa Maria ist die süd-östlichste aller Azoren, und trägt vielen Weizen. Der Einwohner sind an 5000, worunter einige sich mit Verfertigung einer Art irdener Waare beschäftigen, die in allen diesen Inseln abgesetzt wird. Sie haben auch neulich zwey kleine Schiffe, von dem auf der Insel gewachsenen Holze erbaut.

Ich schmeichle mir, daß obige Nachrichten, die zwar keine vollständige Beschreibung der Azoren enthalten, dennoch den Lesern angenehm seyn werden, indem diese, uns so nah gelegne Inseln, wenig bekannt sind, und selten von Europäern besucht werden.

Wir besahen den Sonntag über verschiedne Kirchen, und begleiteten unsern Capitain Nachmittags in die Klöster. Jedes hat eine eigne Kirche, wo wir gemeiniglich zwo einander gegenüber stehende Kanzeln gewahr wurden. Es ist hier zu gewissen Zeiten gewöhnlich, daß man dem Teufel die Erlaubniß sich zu vertheidigen gestattet. Er besteigt also die eine Kanzel, indem er von der andern verklagt und zugleich verdammt wird. Denn das kann man sich wohl vorstellen, daß wenn sein Gegner auch der dümmste Mönch ist, den je ein Kloster gemästet hat, der arme Teufel dennoch den kürzern ziehen muß. Die Altäre sind mehrentheils aus Cedernholz gemacht, und verbreiten einen angenehmen Geruch in der ganzen Kirche. Abends sahen wir eine große Proceßion, wo alle Priester aus der ganzen Stadt, und die vornehmsten Einwohner in schwarzen Mänteln zugegen waren. Der Verfolgungsgeist, den man der römischen Kirche zuweilen in andern Ländern vorwirft, scheint hier bey dem beständigen Umgange und Handel mit Nord-Amerika sehr abgenommen zu haben. Wenn die Hostie vorübergeht, wird niemand beleidigt, der sie nicht anbetet; und Fremde insbesondere können sich in diesem Betracht einer bescheidenen Behandlung rühmen, die man in der höflichen, aber sklavischen Hauptstadt Frankreichs vergeblich erwartet.

Am folgenden Morgen spatzierten wir auf die nordwärts von der Stadt liegenden Berge, die reich an schönen Prospeckten sind. Die Wege waren an beyden Seiten mit hohen schattigten Bäumen besetzt, und mit Kornfeldern, Obst- und Küchengärten umgeben. Wir konnten die ganze Ebene, mit dem Dorf *Nossa Senhora de la Luz,* und jenseits desselben, eine Reihe von Bergen übersehen, die den höchsten Theil der Insel ausmachen. Daselbst ist ein tiefes zirkelförmiges Thal nach Aussage der Einwohner oben auf einem Berge befindlich, ohngefähr neun Englische Meilen von der Stadt. Diese Höhlung hat über zwo große Seemeilen im Umkreise, und an allen Seiten einen sanften Abhang, der mit schönem Grase bekleidet ist. Die Einwohner lassen daselbst große Heerden Schaafe weiden, die fast ganz wild geworden

9 Portugiesische Elle.

sind. Kaninchen und Wachteln sind dort auch häufig. In der Mitte steht ein See von frischem Wasser, worauf sich unzählige wilde Enten aufhalten. Das Wasser ist nirgends über vier bis fünf Fuß tief. Diese Höhlung, die wegen ihrer Figur, *la Caldeira,* der Kessel, genannt wird, scheint der Crater eines ehmaligen Volkans zu seyn, welches um so mehr wahrscheinlich ist, weil in den Azorischen Inseln bekanntermaaßen verschiedne Volkane existirt haben. Der sonderbare Berg, der sich 1638 unweit der Insel *San Miguiel* aus der See empor hob, und eine neue Insel formirte, ward unstreitig durch die Würkung eines sehr mächtigen Volkans zum Vorschein gebracht; und ob er gleich bald nachher wieder verschwand, so ist doch seine kurze Erscheinung hinlänglich, den Satz umzustoßen, daß nur die höchsten Picks innerliche Feuer haben können. Die Insel, die 1720 im November zwischen Terceira und St. Miguiel gefunden ward, war von eben der Art, und bestätigte den vorigen Umstand.[10] Von der hohen Spitze von Pico steigt ein beständiger Rauch empor, wie uns Herr *Xaviers,* ein Portugiesischer Hauptmann versicherte, der mit vieler Mühe hinauf geklettert war. Bey schönem hellen Wetter kann man diesen Rauch, des Morgens ganz frühe, in Fayal sehen. Erdbeben sind sehr gewöhnlich in allen Azorischen Inseln, und man hatte nur drey Wochen vor unsrer Ankunft verschiedne Stöße zu Fayal empfunden. Fast alle Inseln des Atlantischen Oceans haben also, so wie die Inseln im Südmeer, Überbleibsel voriger Volkane, oder enthalten noch jetzo feuerspeyende Berge.

Wir kamen in die Stadt zurück, nachdem wir das Landhaus und die Gärten eines der vornehmsten Einwohner besucht, und darinn mehr Geschmack, als wir hier zu Lande erwartet, gefunden hatten. Obgleich wir nur eben den heißen Erdgürtel verlassen hatten, so war uns doch die Hitze sehr beschwerlich. Das Clima soll aber auf den Azoren mehrentheils sehr glücklich, gesund und gemäßigt seyn. Die Rauhigkeit des Winters wird dort nie gespürt; zwar sind die Winde zu der Jahrszeit heftiger, und die Regengüsse häufiger als sonst; allein Frost und Schnee bleiben auf dem obersten Gipfel des Picks. Der Frühling und Herbst, so wie der größte Theil des Sommers sollen höchst anmuthig seyn; weil ein schöner frischer Seewind die Luft gemeiniglich so abkühlt, daß die Sonnenhitze nicht lästig fällt.

Nachmittags holte mich der französische Consul, Herr *Estries* ab, und führte mich ins Kloster St. *Clara.* Seine ganze Familie besuchte daselbst seine Schwestern, ein paar Nonnen. Nicht einmal die Frauenzimmer wurden innerhalb des Gegitters eingelassen, welches doch sonst in andern Ländern geschieht. Die Nonnen pflegen ihren Gästen gemeiniglich einige Näschereyen vorzusetzen, diesmal aber schickten sie ein ganzes Gastmahl heraus, welches in verschiedenen süßen und fetten Gerichten bestand. Unwahrscheinlich ist es freylich, daß der Geist ruhig und zu geistlichen Betrachtungen und Gebeten aufgelegt seyn kann, so lange der Leib durch Fasten und Wachen geschwächt und abgezehrt wird. Allein ob gerade eine entgegengesetzte Lebensart, wo alle Niedlichkeiten der wollüstigsten Tafel im Überflusse genossen werden, dieser Hauptabsicht des Klosterlebens mehr gemäß sey, ist sicherlich gegründeten Zweifeln unterworfen.

Den folgenden Tag nahmen wir von allen unsern Bekannten Abschied, und fuhren zu Mittage mit dem Consul und verschiednen portugiesischen Herren ans Schif. Der Nachmittag strich angenehm vorbey, indem unsre Gäste im Umgange ungezwungen und aufgeräumt waren, und sich in dem Stücke sehr von dem portugiesischen Adel in *Madera* unterschieden, dessen Charakter unwissender Hochmuth ist. Abends giengen sie an Land zurück, und um vier Uhr am folgenden Morgen lichteten wir die Anker, und seegelten mit günstigem Winde ab.

Wir fuhren bey San George und Graciosa vorüber, und erblickten Terceira gegen Mittag. Um drey Uhr Nachmittags liefen wir an der nördlichen Küste hin, woselbst wir die reichsten Kornfelder und verschiedne Dörfer mit Bäumen umgeben sahen. Gegen Abend entfernten wir uns, und richteten unsern Lauf nach dem englischen Canal. Am 29sten um 4 Uhr Nachmittags entdeckten wir *Start-Point* und den Leuchtthurm auf *Eddistone,* dieselben Gegenden der englischen Küste, die wir im Anfange der Reise zuletzt gesehen hatten. Am folgenden Morgen liefen wir bey den Nadel-Klippen *(needles)* vorbey, zwischen

---

10 Man findet eine Nachricht jenes (ersten) sonderbaren Volkans in den *Mém. de l'Acad. de Paris 1721. p. 26. ib. 1722, p. 12. – Phil. Transact. abridged. Vol. VI. p. 154.* und *Raspe Spec. Hist. nat. Globi terraquei. Amst. 1763. p. 115.*

der Insel Wight und den fruchtbaren Ufern von Hampshire, bis wir noch etwas vor Mittage zu Spithead die Anker fallen liessen.

So vollendeten wir, nachdem wir unzählige Gefahren und Mühseligkeiten überstanden, eine Reise, die drey Jahre und achtzehn Tage gedauert hatte. Wir hatten in diesem Zeitraum eine größere Anzahl Meilen zurückgelegt, als je ein andres Schif vor uns gethan; indem alle unsre Curs-Linien zusammen gerechnet, mehr als dreymal den Umkreis der Erdkugel ausmachen. Auch waren wir ebenfalls glücklich genug gewesen, nicht mehr als vier Mann zu verlieren, davon drey zufälliger Weise ums Leben gekommen, und der vierte an einer Krankheit gestorben war, die ihn vermuthlich, wäre er in England geblieben, weit eher ins Grab gebracht hätte[11].

Der Hauptendzweck unsrer Reise war erfüllt; wir hatten nemlich entschieden, daß kein vestes Land in der südlichen Halbkugel, innerhalb des gemäßigten Erdgürtels liege. Wir hatten sogar das Eis-Meer jenseits des Antarctischen Zirkels durchsucht, ohne so beträchtliche Länder anzutreffen, als man daselbst vermuthet hatte. Zu gleicher Zeit hatten wir die für die Wissenschaft wichtige Entdeckung gemacht, daß die Natur mitten im großen Welt-Meere, Eisschollen bildet, die keine Salztheilchen enthalten, sondern alle Eigenschaften des reinen und gesunden Wassers haben. In andern Jahrszeiten hatten wir das Stille-Meer innerhalb der Wende-Zirkel befahren; und daselbst den Erdbeschreibern neue Inseln, den Naturkundigern neue Pflanzen und Vögel, und den Menschenfreunden insbesondere, verschiedene noch unbekannte Abänderungen der menschlichen Natur aufgesucht. In einem Winkel der Erde hatten wir, nicht ohne Mitleid, die armseligen Wilden von *Tierra del Fuego* gesehn; halb verhungert, betäubt und gedankenlos, unfähig sich gegen die Rauhigkeit der Witterung zu schützen, und zur niedrigsten Stufe der menschlichen Natur bis an die Gränzen der unvernünftigen Thiere herabgewürdigt. In einer andern Gegend hatten wir die glücklichern Völkerschaften der Societäts-Inseln bemerkt; schön von Gestalt und in einem vortreflichen Clima lebend, welches alle ihre Wünsche und Bedürfnisse befriedigt. Ihnen waren schon die Vortheile des geselligen Lebens bekannt; bey ihnen fanden wir Menschenliebe und Freundschaft; ihnen war es aber auch zur Gewohnheit geworden, der Sinnlichkeit bis zur Ausschweifung Raum zu geben. Durch die Betrachtung dieser verschiedenen Völker, müssen jedem Unpartheyischen die Vortheile und Wohlthaten, welche Sittlichkeit und Religion über unsern Welttheil verbreitet haben, immer deutlicher und einleuchtender werden. Mit dankbarem Herzen wird er jene unbegreifliche Güte erkennen, welche ihm ohne sein Verdienst einen wesentlichen Vorzug über so viele andre Menschen gegeben, die ihren Trieben und Sinnen blindlings folgen, denen die Tugend nicht einmal dem Namen nach bekannt, und für deren Fähigkeiten der Begrif von einer allgemeinen Harmonie des Weltgebäudes noch viel zu hoch ist, als daß sie daraus den Schöpfer gehörig erkennen sollten. Übrigens ist wohl nichts augenscheinlicher und gewisser, als daß die Zusätze, die auf dieser Reise zum Ganzen der menschlichen Kenntnisse gemacht worden, obschon nicht ganz unbeträchtlich, dennoch von geringem Werth sind, sobald wir sie mit dem, was uns noch verborgen bleibt, in Vergleichung stellen. Unzählig sind die unbekannten Gegenstände, welche wir, aller unsrer Einschränkung ohngeachtet, noch immer erreichen können. Jahrhunderte hindurch werden sich noch neue, unbeschränkte Aussichten eröfnen, wobey wir unsere Geisteskräfte in ihrer eigenthümlichen Größe anzuwenden, und in dem herrlichsten Glanze zu offenbaren Gelegenheit finden werden.

– Vedi insieme l' uno e l' altro polo,
Le Stelle vaghe, e lor viaggio torto;
E vedi, 'l veder nostro quanto è corto!
PETRARCA.

11 Zufolge den europäischen Verzeichnissen der Todesfälle, ist ausgemacht, daß unter hundert Männern wenigsten drey jährlich sterben. Es kann sich daher ganz wohl zutragen, daß bey der größten Behutsamkeit und Vorsicht, künftig kein anderes Schiff so leicht wieder mit einem so geringen Verlust abkommen wird; und man würde zu viel behaupten, wenn man sagen wollte, daß prophylactische Lebensmittel, und antiscorbutische Arzeneyen, immer eben dieselbe gute Würkung haben müßten.

ANMERKUNGEN

VORREDE

39 *ihres jetzigen Königs:* Georg III., seit 1760 König von Großbritannien und Kurfürst von Hannover.
Ferdinand und Isabellen: Das spanische Herrscherpaar schloß mit Kolumbus 1492 einen Vertrag, der sowohl der spanischen Monarchie als auch Kolumbus bei Entdeckungen von neuen Ländern und Gebieten im Ozean politische und finanzielle Vorteile sicherte.

40 *Zween Ungenannte haben schon etwas von unsrer Reise geschrieben:* 1. *Journal of the Resolution's Voyage, on discovery to the Southern Hemisphere in 1772, 1773, 1774, and 1775 ... Also a Journal of the Adventure's Voyage.* London 1775. 2. *A Second Voyage round the World, in the years MDCCLXXII, LXXIII, LXXIV, LXXV.* By James Cook, Esq., commander of His Majesty's Bark the Resolution. Drawn up from Authentic Papers. London und Cambridge 1776. – Die beiden Forsters schreiben am 4. Oktober 1776 an Spener, der eine Verfasser sei ein Matrose, der »aller Orten die Menschen von unsrer Schiffsgesellschaft ohne Gnade niederschießen läßt«, der andere sei »ein Studierender der Universität Cambridge«, der nur geschrieben habe, »um Gelegenheit zu haben, das englische Ministerium zu verkleinern und herunterzumachen«.

41 *unserm Palinurus zum Trotz:* Der Steuermann in Vergils *Aeneis;* nach ihm ist das Instrument zur Bestimmung des Schiffskurses benannt.
Hawkesworths Sammlung: Der englische Schriftsteller John Hawkesworth (1719–1773) gab eine Gesamtbearbeitung der Südseereisen von Byron, Carteret, Cook, Dixon, Maurella, Philips, Postlock, White und Ibarra y Ortega heraus: *An Account of thc Voyages undertaken by the order of bis present Majesty for making Discoveries in the Southern Hemisphere* ... 3 Bde. London 1773. Davon erschienen vor der Entstehung der *Reise um die Welt* zwei deutsche Übersetzungen von Schillers Neffen Johann Friedrich Schiller: Eine Folioausgabe: John Hawkesworth: *Geschichte der See-Reisen und Entdeckungen im Süd-Meer.* 3 Bde. Berlin 1774 und eine Quartausgabe: John Hawkesworth: *Ausführliche und glaubwürdige Geschichte der neuesten Reisen um die Welt.* 4 Bde. Berlin 1775. Forster zitiert mit wenigen Ausnahmen bis Seite 290 Fußnote 9 nach jener, von da an nach dieser. 1789 gab er bei Spener in Berlin eine neue Übersetzung heraus.

42 *Who haunt Parnassus ...:* Alexander Pope, *Essay on Criticism,* Vers 341: Sie besuchen nur den Parnaß, um ihr Ohr zu vergnügen.

43 *Tupaia:* Wird von Forster S. 154, auch in der Fußnote, erläutert; siehe auch die Anmerkung zu S. 154.

EINLEITUNG

45 *der Spanier Vasco Nunnez:* Vasco Nuñez de Balboa nannte das südwärts vom Isthmus von Panama erblickte Meer »Mar del Sur« (Südsee).

46 *Mendanna:* Mendaña de Neyra, spanischer Entdecker, starb 1595 auf der Insel Santa Cruz, die er, wie zahlreiche andere Inseln, entdeckt hatte.
Salomons-Inseln: Die Salomonen werden heute neben den beiden anderen Inseln als gesonderte Inselgruppe angesehen.
Neu-Holland: So hatte der niederländische Seefahrer Abel Janszoon Tasman Australien genannt, an dessen Westküste er 1642 entlangfuhr, 125 Jahre lang wurde seiner Entdeckung kaum Beachtung geschenkt.
Batavia: Djakarta.
im südlichen atlantischen Ocean eine Insel: Südgeorgien.

47 *Wilhelm Dampier:* Der Engländer William Dampier hat die Welt von 1689 bis 1691 als Seeabenteurer und Kaperkapitän umschifft und 1699 bis 1701 eine mit Schiffbruch endende Entdeckungsreise nach Australien unternommen. Nach weiteren Fahrten galt er von 1711 an als verschollen.
glaubte er Land ... gesehn zu haben: Die erst 1898/99 durch die deutsche Tiefsee-Expedition genau festgestellte Bouvetinsel.
Boscawen- und Keppels-Eylande: Die Inselgruppe Niua, die zu den Tongainseln gerechnet wird. Die Boscawen-Insel wird später von Forster Cocos-Eiland (heute Tafahi) genannt, die Keppel-Insel (heute Niuatobutabu) Verräter-Insel, nach Lemaine und Schouten, deren Mannschaft 1616 hier überfallen wurde.
denen er neue Namen gab: Siehe S. 46.

48 *eine Insel im südlichen indianischen Ocean:* Die Kerguelen-Insel.
50 *Scharbock:* Skorbut.

ERSTER THEIL

57 *Sallust: Die Verschwörung des Catilina* (Coniuratio Catilinae), Absatz 4 und 3: Sobald mein Gemüt nach vielerlei Elend und Gefahren zur Ruhe kam, habe ich beschlossen, die Ereignisse zu schildern; gleichwohl schien mir dies besonders schwierig, weil die meisten den über Vergehen ausgesprochenen Tadel als Schadenfreude und Gehässigkeit ansehen, wo aber großes Verdienst und der Ruhm der Guten erwähnt werden, jeder nur das mit Gleichmut entgegennimmt, was er selbst glaubt, leicht vollbringen zu können; was darüber hinausgeht, hält er für erdichtet, für falsch.
A. d. V.: Anmerkung des Verlegers Johann Karl Philipp Spener zu Berlin.
59 *Horaz: Oden,* I. Buch 3,21–24: Furchtbar spaltete Land von Land / Ein vorsorgender Gott durch des Ozeanus / Scheidung, wenn den verbot'nen Sprung / Doch das frevelnde Schiff über das Meer sich wagt (J. H. Voß).
61 *aus der Barbarey:* Berberei; damals auch Name für ganz Nordafrika.
Hespen: Haspen = Bandhaken und Angel.
63 *Pipen, Muys, Buschel:* 1 Pipe = 476,95 Liter; 1 Muys (portug. Hohlmaß) = ca. 840 Liter; 1 bushel = 35,24 Liter.
65 *Ocher-Erden:* Ockererde.
66 *Candia:* Italienischer Name von Kreta.
Gallons: Damals 3,79 Liter.
69 *Sein Enkel aber trat alles Anrecht ... ab:* Sein Neffe Maciot de Béthencourt tat dies 1424.
wie Kalm ... zu glauben scheint: Peter Kalm: *Beschreibung der Reise, die er nach dem nördlichen Amerika unternommen hat.* (Übers. aus dem Schwedischen) 2 Bde. Göttingen 1757.
70 *flüchtigen Alcali:* Kohlensaures Ammoniak.
Ellis: Henry Ellis: *A Voyage to Hudson's Bay, the Dobbs Galley and California in 1746–47* ... London 1748.
71 *empyrevmatischen Geschmack:* Empyreumatisch: brenzlig, angebrannt.
siebenzehn Stunden: »11 Stunden« würde der Länge von S. Jago (São Thiago) eher entsprechen, da 1 *league* 4,8 km beträgt.
74 *Das Journal von der Reise:* Charles Pierre Claret de Fleurieu: *Voyage fait par ordre du Roi en 1768 et 1769 à differentes parties du monde pour éprouver en mer les horloges marines inventées par M. Ferdinand Berthoud.* 2 Bde. Paris 1773.
75 *alforjes:* Spanisch alforja = Reisesack.
76 *caustisch:* Ätzend, scharf.
Collation: Zwischenmahlzeit.
78 *Falconer:* William Falconer: *Der Schiffbruch* (*The Shipwreck,* 1762), 2. Gesang 97 f.: Doch Beschreibung umwölkt die unvergleichlichen Reize, / Schildern die Macht der Natur nicht können gekünstelte Worte (W. H. Salzmann).
75 1/2 Grad: Nach Fahrenheit = 24,17° C.
79 *Ulloa's Reisen:* Antonio de Ulloa y de la Torre: *Relación histórica del viaje a la América Meridional.* 5 Bde. Madrid 1748.
80 *entdeckten wir das äußerste Ende von Africa:* das Kap der guten Hoffnung.
81 *Turrigeros elephantorum miramus ...:* Wir bewundern die Schultern der Elefanten, die Türme tragen, die gewaltigen Nacken der Ochsen, mit welchen sie, was vor sie kommt, in die Höhe schleudern; die Raubgier der Tiger, die Mähnen der Löwen: Und doch zeigt sich die Natur der Dinge nirgends so vollkommen wie im Kleinen. Daher bitte ich, daß unsere Leser, da sie ja vieles von diesen verächtlich betrachten, nicht auch meine Darlegung mit Widerwillen von sich weisen; denn bei der Betrachtung der Natur kann nichts als überflüssig angesehen werden.
Als wir tiefer in die Bay kamen, entdeckten wir die Stadt: Kapstadt.
83 *Juvenal: Satiren,* 3. Buch 18 ff.: ... wie wär uns holder des Wassers / Göttliche Macht, wenn Rasen die Flut mit grünendem Rande / Einschlöß' und den natürlichen Tuff mit Marmor entstellte! (A. Berg).
84 *Ziel-verkoopers:* (niederländisch) Seelenverkäufer.
85 *Bougainville's Reise:* Louis Antoine de Bougainville: *Voyage autour du Monde par la frégate du Roi La Boudeuse et la flûte L'Etoile.* Paris 1771. Siehe auch S. 177, 227, 390.
86 *so berühmte Constantia:* Südlich von Kapstadt, berühmt durch den Constantiawein.
88 *Schlözers Handlungs Geschichte:* August Ludwig Schlözer: *Versuch einer allgemeinen Geschichte der Handlung und Seefahrt in den ältesten Zeiten.* Stockholm 1758, dt. Rostock 1761.
Strabo, im zweyten Buche: Der *Geographica* des griechischen Geographen Strabon, erste griechische Ausgabe Venedig 1516, erste lateinische Übers. Rom um 1469.
Hist. nat. II. 67.: Et Hanno ...: Auch Hanno schiffte, als Carthagos Macht noch blühte, von Gades bis zur arabischen Küste und gab darüber eine Schrift heraus.
Periplus: Griech. »Umschiffung«, Titel der griechischen Übersetzung (Basel 1534) des punischen Werkes des karthagischen Suffeten Hanno (6. Jahrhundert v. Chr.) von seiner Reise, die er an der westlichen Küste Afrikas entlang zur Gründung karthagischer Kolonien unternahm.
Legger: Holländisches Hohlmaß, ca. 575 Liter.
90 *Boschmans:* Buschmänner; Altbevölkerung Südafrikas,

die als Steppenjäger unwirtliche, regenarme Gebiete bewohnten.

92 *Peter Kolbe: Caput Bonae Spei hodiernum, das ist vollständige Beschreibung des Africanischen Vorgebürges der guten Hoffnung.* 3 Bde. Nürnberg 1719. Englische Ausgabe: 2 Bde. London 1731.
Der Abt la Caille: Nicolaus Ludwig de la Caille: *Journal historique du voyage fait au Cap de Bonne-Espérance.* Paris 1763.
Boileau: Das Zitat stammt von Molière: *Die gelehrten Frauen* (*Les Femmes savantes,* 1672) III 2,924: Niemand wird Geist haben als wir und unsere Freunde!

95 *Jerbua's:* Djerboas, eigentlich Wüstenspringmäuse; wahrscheinlich die verwandten Springhasen.

98 *Virgil:* Vergil, *Aeneis* I. Gesang, 89 und 91: Und es lagert sich finstere Nacht auf dem Meere. / Alles kündet den Männern die jähe Nähe des Todes (alle Vergil-Zitate nach Th. v. Scheffer).
Shakespear: Die Komödie der Irrungen (Comedy of Errors) I 1,67 ff. Denn, was von trübem Licht der Himmel gönnte, / Bot unsern furchterfüllten Seelen nur / Allzu gewisse Bürgschaft nahen Todes (alle Shakespeare-Zitate nach Schlegel/Tieck).

100 *Herr Adanson:* Der französische Naturforscher Michael Adanson erforschte 1748 bis 1753 die Natur und Völker Senegals. Seine klassische Schrift: *Histoire naturelle du Sénégal.* Paris 1757.

108 *Beschreibung von Spitzbergen: Friedrich Martens vom Hamburg Spitzbergische oder Groenlandische Reise Beschreibung, gethan im Jahr 1671.* Hamburg 1765.
im Januar 1772. Land entdeckt: Die Kergueleninseln, siehe auch S. 108 f., S. 147. und S. 573

112 *Othemholen:* Othem, Odem als Nebenform zu Atem vormals gebräuchlich.

113 *wandelbar:* Veränderlich, baufällig.
Horatius: Satiren, 2. Buch 2,16 f.: Dunkel wogt zum Schutze der Fische das Meer.

115 *unter der Spitze einer Insel:* Die Anker-Insel (Anchor Isle) siehe auch S. 127 f.

118 *zwei oder drey englische Meilen weit vom Schiffe in eine Bucht:* die Cascade-Bucht, siehe auch die Abbildung S. 15 und S. 126 und 138 f.

121 *in einer schönen Bucht*: Goose Cove (Gänse-Bucht), Neuseeland, siehe auch S. 128 und 139

122 *Ocher:* Ocker.

124 *Mantel von rothen Boy:* Leichtes wollenes flanellähnliches Gewebe.

125 *stobten:* Stoven, stowen: dünsten, dämpfen.
Shakespear: Hamlet I, 2: Als stieg das Wachstum ihrer Lust mit dem, / Was ihre Kost war.
Schaalfische: Muscheln oder Krebse.

128 *Professor Steller:* Georg Wilhelm Steller: *De bestiis marini.* St. Petersburg 1751. Dt. Übers.: *Ausführliche Beschreibung von sonderbaren Meerthieren.* Halle 1753. Ferner: *Beschreibung von dem Lande Kamtschatka,* hrsg. von J. B. Scherer, Frankfurt und Leipzig 1774. Die Schriften wurden posthum veröffentlicht, denn Steller, deutscher Arzt, erfror 1745 auf der Rückreise von Kamtschatka.
Syn. Quadr. 271: Thomas Pennant: *Synopsis of Quadrupeds.* Chester 1771. Nr. 271.

134 *der letzten Insel gegenüber:* Coopers-Island.

135 *einen ziemlichen Fleck flaches Land:* Supper Cove.
so liefen wir mit einander den Fluß hinauf: Seaforth River.

140 *Virgil: Aeneis,* I. Gesang 430 f.: So wie unter der Sonne ihr emsiges Schaffen die Bienen / Treiben durch blühende Fluren im jungen Sommer …
Kendals Längen-Uhr: Die von dem Engländer John Harrison erstmals konstruierte sehr genaue, tragbare Unruh-Uhr zur Bestimmung der geographischen Länge, die auf Byrons Reise um die Welt 1764 bis 1766 erprobt worden war, hatten die englischen Mechaniker Larcum Kendall und John Arnold verbessert.

142 *in einer kleinen Bucht an der Nordseite von Long-Eyland*: Detention Cove.
in den Durchgang zur See: Acheron Passage.
an der äußersten Land-Ecke: Occasional-Cove.

144 *Tassone:* Alessandro Tassoni: *Der geraubte Eimer* (*La Secchia rapita,* 1622), 10. Gesang 20, 4: Es mischen ordnungslos sich Wasser, Flur und Himmel. / Und alle Element im gräßlichen Gewimmel. / Entsetzlich brüllt der Donner, und es mehrt / Sich stets der Winde Wut und rasendes Getümmel. / Gelb wird das Meer, und kräuset sich und schäumt, / indem's gen Himmel sich, der es bedrohet, bäumt (Friedrich Schmit).
ein einziger See-Arm: Breaksea Sound.

148 *eine Art von Meer-Enge oder eine sogenannte See-Straße:* Admiralitäts-Bay, siehe auch S. 285 und 529.

149 *bis gegen Van Diemens Land:* Es war damals noch nicht klar, daß es sich um eine Insel (Tasmanien) an der Südostspitze Australiens handelt; siehe auch S. 150.

150 *Feuer-Bay:* George-Bay.

153 *Pattu-Pattuhs:* Kurze Handwaffe, um rasche Schläge auszuführen.

154 *O-Taheitti:* O-Tahiti, Tahiti. Zu diesen Schreibweisen siehe S. 179. O wird heute nicht für einen Artikel, sondern für einen das folgende Wort hervorhebenden Partikel angesehen.

159 *Juvenal: Satiren,* 2. Buch 127 f.: Woher hat diese Brennessel, Gradivus [Beiname des Mars], deine Enkel berührt?
genung: Als Nebenform zu genug vormals gebräuchlich.

160 *e-Tighi:* Tiki, ein Fruchtbarkeitssymbol, das einen menschlichen Embryo darstellt.

163 *Thira-Whittie:* Hier das Cap oder die Nordinsel von Neuseeland (The Ika a Maui) gemeint.

164 *Tritons-Horn:* Das Muschelhorn des griechischen Meeresgottes Triton, aus dem Gehäuse einer Seeschnecke verfertigt.

169 *Bashee-Inseln:* Gemeint sind die Batáninseln, eine kleine Inselgruppe im Norden der Philippinen.
Port Surville: In der angegebenen Position gibt es kein Land, gemeint ist wohl eine der von Surville 1769 entdeckten südwestlichen Salomon-Inseln.

173 *eine zirkelrunde Insel:* Fourneaux-Eiland

175 *Virgil: Aeneis,* 4. Gesang 527f.: In die schweigende Nacht und die Decke des Schlafes gebettet / (Ledig von Sorge und Leid und aller Mühen vergessend).

177 *Virgil: Aeneis,* 6. Gesang 638f.: Kamen sie zu den Gefilden der Wonne und lieblichen Auen, / Wo die Sitze der Frommen und glückbeseligte Haine / Reicher nun kleide der Äther mit purpurnem Licht die Gefilde.
begonn: Damals neben begonnte und begann üblich (siehe auch Schillers Räuber V, 1).
Scherfe: Schärpe, hier ein Schurz aus Rindenstoff.

179 *Manahunä's:* Hörige, von Forster fälschlich als Vasallen oder Freie bezeichnet. Sie stellten die Hauptmasse der Bevölkerung, hatten keinen eigenen Landbesitz und waren den oberen Schichten dienstpflichtig.
Teiarrabu: Taiarapu, bisher von Forster als die kleinere Halbinsel von Tahiti bezeichnet.

187 *ein Arm des nahgelegnen Flusses:* Vaitepiha River, Tahiti-iti.

189 *Needham und des Guignes:* Beide hatten Hypothesen über die Verwandtschaft der Völker aufgestellt: Der englische Gelehrte John Turberville Needham (1713–1781) schrieb: *Recherches physiques et metaphysiques sur la nature et la religion,* Paris 1769; der französische Orientalist Joseph de Guignes (1721–1800) hatte eine Auffassung vertreten, mit der sich Forster später auseinandersetzt (siehe Anmerkung zu S. 375).

193 *Tupapau:* Leichnam.
Eatua: Atua, Bezeichnung für die hohen Götter. Siehe auch S. 197

194 *Sir John Mandeville:* Jehan de Mandeville, dessen 1356 französisch verfaßte, in alle europäischen Sprachen übersetzte Beschreibung einer Reise in Europa, Afrika und Asien wohl nur zu einem kleinen Teil auf eigenen Erlebnissen beruht.

195 *Ebentheuer:* Als Nebenform zu Abenteuer vormals gebräuchlich.

197 *Pahie no Peppe:* Das Schiff des Pepe (Bezeichnung für spanische Seeleute).

202 *Cronstedts Mineralogie:* Axel Frederic Cronstedt: *Försök til Mineralogie, eller Mineral-Rickets upstellning.* Stockholm 1758.

205 *Angriff ... auf den Dolphin:* Die Tahitier hatten die Besatzung des Delphin angegriffen, der unter dem englischen Seefahrer Samuel Wallis ihre Insel besuchte.
Virgil: Aeneis, 6. Gesang 460: Ungern, Königin, habe ich deine Gestade verlassen.

208 *Tassone:* Siehe Anmerkung zu S. 144 - 2. Gesang 39,4ff.: Der gröbste päpstliche Trabant / Aus dem berühmten Schweizerland, / Und hat er noch so lang beim vollen Glas getischt, / Schlägt, ob es gleich auch da schon manchen Arm und Bein / Gekostet, nicht so grob am Jubelfeste drein (Friedrich Schmit).

216 *Ulietea:* Auch Raietea, Raiatea genannt, nach Tahiti die zweitgrößte der Gesellschaftsinseln.

219 *Osbeck:* Pehr Osbeck: *A Voyage to China and the East-Indies. Together with a Voyage to Suratte by O. Toreen.* 2 Bde. London 1771. Übers. von Johann Reinhold Forster.
Martial: Marcus Valerius Martialis: *Epigramme,* 3. Buch 82: Ein kunsterfahrnes Weib manipuliert rüstig / Mit leichten Händen ihn an allen Gliedmaßen (K. W. Ramler).

220 *die Europäer ... ihre Gewalt:* Siehe S. 205.

224 *drey Classen:* Zu den Erihs, eigentl. Arii, auch Arighi (siehe S. 267), der Adelsschicht, den Manahauna's (S. 179 Manahunä's genannt) der breiten Unterschicht, die als Pächter zu Abgaben und Diensten an den Adel verpflichtet waren, und den Tautaus, der besitz- und rechtlosen Klasse (siehe S. 225), gehörte noch die Schicht der Raatira, dem Adel nahestehende Vasallen.

227 *Yaws:* Frambösie. Syphilisähnliche ansteckende Tropenkrankheit.

231 *für der Menge:* für hier wie oft statt vor; siehe auch S. 232 »für den Dieben«.

236 *Maurua:* Maupiti.

237 *Mopiha:* Identisch mit Lord Howe's Eiland, Mopélia.

238 *Adiha:* Die im folgenden genannten Inseln sind (außer Tabuai = Tubu-Ai) nicht zu identifizieren.

242 *des Soffes:* Soff, als Nebenform zu Suff vormals gebräuchlich.

245 *Hunden in der Fabel:* Bei Phaedrus (IV 19) verrichten Hunde in ihrer Furcht vor Jupiter ihre Notdurft in dessen Palast.
Juvenal: Satiren, 15. Buch 131ff.: Die weichesten Herzen / Gibt, wie sie selber bekennet, die Natur dem Menschengeschlechte, / Welche die Tränen ihm gab; des Gefühls kostbarester Teil ist's (A. Berg).

247 *Eimeo:* Morea (Moorea).

248 *Middelburgh:* Eua; Forster nennt die Insel im folgenden auch Ea-Uwhe.
Amsterdam: Tongatabu, die größte Tonga-Insel.

252 *Horat.: Satiren,* 2. Buch 2,26. Und [der Pfau] entfaltet des Schweifs schauprangenden Spiegel (J. H. Voß).

253 *Moxa:* Kleiner, aus brennbarem Stoff geformter Zylinder, der auf der Haut verbrannt wird, um durch den Hitzereiz eine heilende Wirkung auszuüben.

258 *woselbst gegen Osten hin einige kleine Inseln lagen:* Atata, Hakau Mamao und Niu Aunafo.

261 *rothen Federn:* Die Federn der roten Papageien, die es auf Tahiti nicht gab, wurden außer zum Schmuck auch als Zaubermittel verwandt.

265 *Curcuma:* Auch Gelbwurz oder gelber Ingwer, enthält einen harzigen gelben Farbstoff (Curcumin) in Schuppen, die zu Pulver zerrieben wurden.
ne irrufet ...: Wollten sie sich nur nicht die Haare rot färben und für sich damit die Feuer der Hölle vorwegnehmen!
Ofen unter der Erde: Nahrungsmittel werden in einer Erdgrube zwischen glühenden Steinen unter Luftabschluß gedünstet.

268 *Anamocka:* Später auch Namocka genannt; Nomuka.

277 *Fluch des Ernulphus:* Laurence Sterne: *Tristram Shandy* (1759/67); im 3. Buch, II. Kapitel befindet sich der Fluchformel-Katalog des Bischofs Ernulphus.

279 *in eine Bay einzulaufen:* Port Nicholsen.

289 *Matogroßo:* Matto Grosso.

290 *Horat.: Epoden,* 7,11 f. Nie kannten Wölfe solchen Brauch und Löwen nie, / Die fremder Art nur feindlich sind (J. H. Voß).

291 *Zwischen dem Cap ... entdeckten wir eine Bay:* Die Palliser-Bay im Süden der Nordinsel an der Cookstraße.

293 *Der Abt Chappe ... bemerkt:* Die in den Fußnoten angegebenen Seiten beziehen sich auf: Jean Chappe d'Auteroche: *Voyage en Californie pour l'observation du passage de Vénus sur le disque du soleil, le 3 Juin 1769 ...* Rédigé et publié par M. de Cassini fils. Paris 1772

298 *Thompson:* James Thompson: *Die Jahreszeiten* (*The Seasons,* 1726/30), Frühling 303 ff.: Zuletzt wird jedes sittliche Gefühl / Erstickt, bis grimmige und freudenleere / Unmenschlichkeit das ganze Herz versteinert (D. W. Soltau).

299 *kein großes festes Land:* Man fand zwar nicht das große Südland, das viele Seefahrer in bewohnbaren Breiten vermuteten, ahnte aber andererseits auch nicht, daß man nicht weit von einem Festland entfernt umkehrte, nämlich von der Antarktika, die erst 1820 durch die Forscher der russischen Südpolarexpedition gesichtet wurde.

300 *Shakespeare: Heinrich IV.,* 2. Teil III, 1, 21–24 (*which took* statt *who take*): Und in der Winde Andrang, die beim Gipfel / Die tollen Wogen packen, krausen ihnen / Das ungeheure Haupt und hängen sie / Mit tobendem Geschrei ins glatte Tauwerk.
Juvenal: Satiren, 3. Buch 84: Um des Lebens willen die Grundlagen des Lebens aufzugeben.

301 *Horat.: Oden,* 2. Buch 9,5 f. Es behauptet sich das träge Eis / Durch alle Monate hindurch.

304 *Tasso:* Torquato Tasso: *Das befreite Jerusalem* (*Gerusalemme liberata,* 1579) 3. Gesang 4,7 f. Und einer zeigt's dem andern, und vergessen / Sind Müh' und Not des Wegs, den sie durchmessen (J. D. Gries).

308 *im Jahr 1728. zu Dort gedruckt: Tweejaarige Reyze rondom de Wereld,* anonym in Dordrecht erschienen.
An dem Ufer sahe man eine Menge schwarzer Säulen: Die *Moais,* Steinfiguren aus schwarzem Tuff, deren Herkunft und Bedeutung bis heute zu Spekulationen Anlaß gibt (siehe S. 311, 313 f.).

312 *die Einwohner wollten uns aber nie hineinlassen:* Auch späteren Reisenden wurde der Zugang zu diesen Höhlen, in denen sich Kultgegenstände befanden, verwehrt.

314 *daß die Vermuthung der Holländer ... unbegründet gewesen:* Der niederländische Seefahrer Jakob Roggeveen (von Forster auf den folgenden Seiten Roggewein genannt) unternahm 1721 eine Weltreise zur Erforschung des vermeintlichen Südlandes und entdeckte am Ostersonntag 1722 die Osterinsel.

317 *worinn der spanische Besuch:* 1770 nahm der Spanier Felipe González y Haedo die Insel unter dem Namen San Carlos Terzeros für Spanien in Besitz.

ZWEITER TEIL

329 *Waitahu:* Später von Forster S. Christina genannt, heute Tauata.

330 *Nachrichten von Mendanna's Reisen:* Mendaña (siehe Anmerkung zu S. 46) entdeckte 1569 die Salomon- und Marshallinseln, 1595 die Marquesas-Inseln.
Frezier: Der französische Ingenieur und Reisende Amédée François Frézier schrieb *Relation du Voyage de la Mer du Sud aux Côtes du Chily et du Perou.* Paris 1716.

331 *welche von den Spaniern ... genennet worden:* Die Namen, mit denen Forster hier und im folgenden die Marquesas-Inseln bezeichnet, beruhen meist auf der Benennung durch Mendaña (siehe Anmerkung zu S. 330). Dominica: heute Hiwaoa; S. Pedro: heute Motane; Hoods-Eyland: später Fetuga (Fetuhugu), heute Uahuka.
Hoods-Eyland, dem jungen Seemanne zum Andenken: Diese Form der Namensgebung, ein schönes Zeugnis der Verbundenheit Cooks mit seiner Mannschaft, hat dem Kapitän viel Kritik eingetragen. Johann Reinhold Forster war gewiß nicht erfreut darüber, daß nach ihm gegen Ende der Reise nur eine nicht genauer untersuchte Bucht benannt wurde (siehe S. 571).
Pfefferwurzeln: Wurzelstock des kokainartig wirkenden Kawa-Pfeffers.

334 *Horat.: Oden,* 3. Buch 20,15 f. Schön wie Nireus [nach Achilles der schönste Grieche vor Troja] und der vom sprudelreichen / Ida geraubt ward [d. i. Ganymed].

336 *Nova Genera Plantarum:* Hier ist die von Johann Reinhold und Georg Forster 1776 zu London herausgegebene Schrift *Characteres generum plantarum ...* gemeint.

339 *Auch die Bewohner dieser Inseln:* Die Bewohner aller polynesischen Inseln haben starke Gemeinsamkeiten

in anthropologischer, gesellschaftlicher, kultureller und sprachlicher Beziehung. Die Marquesas-Inseln zumal sind von Tahiti aus besiedelt worden, wie auch die Tuamotu-Inseln (siehe S. 344).

341 *Magdalena:* Eigentlich Santa Magdalena, heute Fatu Hiva.

342 *Horat.:* Horaz, *Oden*, 3. Buch 24,62 ff.: Siehe zum Übermaß / Wächst der Reichtum empor, doch fehlt / Aller ärmlichen Hab' immer ich weiß nicht was.

344 *flachen Inseln:* Auch niedrige oder gefährliche Inseln, Tuamotu- oder Paumotu-Inseln; ein Archipel zahlreicher Gruppen niedriger Koralleninseln, die größte derartige Ansammlung der Erde.

345 *Te-aukea:* Heute Takaroa.

348 *Um 8 Uhr des folgenden Morgens, entdeckten wir:* Die erwähnten Inseln heißen heute: wiederum eine Insel – Apataki; eine andere – Kaukura; eine dritte neue – Arutua; Pallisers-Eylande – Kaukura-Inseln.

351 *Horat.: Oden*, 2. Buch 6, 13 f.: O wie mich vor allem Bezirk des Erdreichs / jener Ort anlacht.

352 *Covent-Garden, Drurylane ... Strande:* Die belebten Gegenden um die beiden im Westen Londons gelegenen großen Bühnen und das Strandtheater.
Bonniten: Der atlantische Bonit oder Bonetfisch gehört zur Gattung der Thunfische und zur Familie der Makrelen.

357 *ein hundert und zwanzig tausend Menschen:* Die Bevölkerungszahl wird von den einzelnen Seefahrern unterschiedlich angegeben. Cook nannte eine noch höhere Zahl als Forster. Am wahrscheinlichsten ist die von dem englischen Schiffskapitän Henry Wilson 1797 vorgenommene Schätzung von etwa 16000 Menschen. Später nahm die Einwohnerzahl nicht zuletzt durch europäische Einflüsse stark ab.

374 *die mille carinae:* Die Flotte der Griechen im Trojanischen Krieg, die nach Homer aus mehr als tausend Schiffen bestanden haben soll.

375 *Egypter und Chinesen:* De Guignes (siehe Anmerkung zu S. 189) vertrat die Auffassung, daß China durch eine ägyptische Kolonie bevölkert worden sei: *Memoire dans lequel on prouve que les Chinois sont une colonie égyptienne*. Paris 1759.

377 *Kleist:* In Ewald Christian von Kleists Werken nicht auffindbar.
Pope: Alexander Pope: *Versuch über den Menschen* (*Essay on Man*, 1733/34), 4. Brief 15: An keinen Ort ist wahres Glück gebunden, / Wird nirgends oder überall gefunden (D. Lessmann).

379 *Pfefferwurzeln:* Siehe Anmerkung zu S. 331.

386 *Errioys:* Tahitisch Arioi, nicht zu verwechseln mit den Arii.

388 *Shakespeare: Hamlet*, 3. Aufzug 4 (statt *evil: devil*): Der Teufel Angewöhnung, der des Bösen / Gefühl verschlingt.

389 *so drell herumlief:* Drell als Nebenform zu drall, hier im Sinne von: schnell, heftig.

397 *Mannua:* Nicht feststellbar.

401 *Shakespeare: Wie es euch gefällt*, 2. Aufzug 3 (dort statt *Who: Nor did not):* Noch ging ich je mit unverschämter Stirn / Den Mitteln nach zu Schwäch' und Unvermögen.

402 *kam uns am 20sten ... eine etwas bergigte Insel zu Gesicht:* Savage Island, Niue.

405 *in Südwesten lag Namocka-nue:* Muß heißen: Nordwesten.

410 *E-Ghao:* Heute Kao, Oghao.
dreyzehn flache Eylande: Die Kotu-Gruppe.

414 *freundschaftlichen Inseln:* In dem von Forster angegebenen Bereich liegen nicht nur die Tonga-, sondern auch die Samoainseln.
gegen 200000: Viel zu hoch gegriffen, die Zahl der Einwohner der Tonga-Inseln lag wohl nicht über 25000.

416 *Turtle-Eyland:* Eine Insel ist an der angegebenen Stelle nicht zu finden.

417 *Pfingst- und die Aurora-Insel:* Heute Aragh oder Pentecost und Aurora oder Maevo, gehören zu den Neuen Hebriden.

419 *Isle des Lepreux:* Heute Aoba, westlich von Aurora.

420 *Die Insel ... südwärts von Pfingst-Eyland:* Ambrym.
eine Durchfahrt, ohngefähr sechs Meilen breit: Selwyn-Straße.
brennenden Berge: Mit dem *brennenden* oder *feuerspeyenden Berge*, der auch auf den Seiten 428, 429 und 434 Erwähnung findet, ist der auf Ambrym liegende Mt. Marum gemeint.
die südwestlichste, derer vom Herrn Bougainville allhier aufgefundenen Inseln: Mallicolo.

421 *kamen gegen Süd-Osten wiederum zwo andre Inseln zum Vorschein:* Die zweite Insel ist Apih.
eine andre Insel mit drey hohen Bergen: Three-hills-island, siehe auch S. 435 f.
einen engen Haven: Port Sandwich auf Mallicolo.

422 *Rousseau:* Polemiken gegen Rousseau findet sich ohne Namensnennung an weiteren Stellen des Buches, zum Beispiel S. 469 und S. 556.

427 *Ankerwächter:* Die Ankerboje, die – mit einem Tau an der Ankerkette befestigt – die Lage des Ankers angibt.

428 *Tierra del Espiritu Santo:* Heute Merena.
Mangle-Bäumen: Mangobaum. Siehe auch S. 502

433 *Carteret's Equipage:* Der britische Weltreisende Philip Carteret entdeckte 1767 den Santa-Cruz-Archipel.

434 *Dampiers Reisen*: *New voyage round the world*. London, 4 Bde. 1697/1705.
Pa-uhm: Muß heißen: Lopevi. Pa-uhm (heute Paama) ist das »ziemlich flache Land« des nächsten Satzes (siehe auch S. 491).

435 *einen großen Rief und verschiedne einzelne Klippen:* Pula Iwa.

436 *steuerten wir Südwärts, auf das in dortiger Gegend ... entdeckte große Land zu:* Die Sandwich-Insel.
Die östlichste, mochte kaum acht oder neun Meilen im Umfange haben: Die Insel Montague.

437 *eine weit ins Land hinauf reichende Bay:* Undine Bay.
Cook nannte ... Sandwich: Nach dem ersten Lord der britischen Admiralität John Montague Graf von Sandwich, mit dem die beiden Forsters nach der Rückkehr von der Weltreise Auseinandersetzungen hatten (siehe S. 40f.). Späterer Name der Insel: Efate.
von einem der vor uns liegenden neuen Eylande: Gemeint ist die Insel Erromango (Irromanga).

438 *in der Ferne, gegen Süd-Osten, abermals eine Insel:* Vermutlich Tanna, siehe auch S. 443.
einen einzelnen Felsen, der etliche Seemeilen weit vom Land lag: Goat Islet auf Irromanga, siehe auch S. 440.

439 *eine offene Bay:* Elizabeth Bay auf Irromanga.

440 *ein Berg ..., dessen Gipfel aus zwo Spitzen bestand:* Traitors-head auf Irromanga, siehe auch S. 442.
an der Westseite des sattelförmigen Piks, nach einer Bay zu: Polonia Bay auf Irromanga, siehe auch S. 441f.

442 *lag eine Bay vor uns, die weit ins Land hinaufzureichen ... schien:* die Cook Bay auf Irromanga.

443 *mit Cocos-Palmen bewachsenem Eylande:* Immèr (Aniwa, Niua).
eine neue, ziemlich bergigte Insel: Futuna (Eronan, Irronan).
am Süd-Ost-Ende der Insel, ein Volcan: Der auch nachfolgend mehrfach erwähnte und heute noch tätige Vulkan Jassowa.
in den Haven, der eine enge Einfahrt hatte: Port Resolution, der nachfolgend mehrfach erwähnte Hafen von Tanna.

451 *Shakespeare: Hamlet,* I 5,20: (Und sträubte jedes einzle Haar empor) Wie Nadeln an dem zorn'gen Stacheltier.

456 *Anattom:* Aneityum.
Gebratene oder gekochte Yams: Yamswurzel (Dioscorea L.), eine Schlingpflanze mit einer mehlreichen eßbaren Wurzelknolle.
à la porc-epic: Nach Art des Stachelschweines.

467 *Itonga:* Wohl (I)tonga tabu.
irgend sonst ein Eiland eben dieses Namens: Vermutlich sind die damals zwar schon entdeckten, aber im einzelnen noch unbekannten Fidschi-Inseln gemeint.

486 *Archipelago:* Hier das Ägäische Meer mit seinen Inseln.
20 000 Seelen: Die nach der Entdeckung durch die Europäer stark dezimierte Bevölkerung Tannas war wohl höher, als Forster schätzt.

491 *das große Eyland, welches Herr von Bougainville ... entdeckt hatte:* Espiritu Santo (Merena).
vier kleinen und niedrigen, aber doch mit schattigen Bäumen bewachsenen Inseln: Erakor, Eratapu, Fila, Mele Bay.
eine geräumige Bay, mit einem schönen Strande und zwey kleinen Inseln: South-west Bay auf Mallicolo.

492 *den nördlichsten Eylanden gegenüber:* Sakau, Tierra del Espiritu Santo.

493 *Eben daselbst war auch ein schöner Fluß vorhanden:* Eora, Tierra del Espiritu Santo.

494 *die Durchfahrt zwischen Mallicollo und Tierra del Espiritu Santo:* Bougainville Strait, siehe auch S. 491.

495 *seine Briefe an den Baron von Born: Herrn Johann Jakob Ferbers Briefe aus Wälschland über natürliche Merkwürdigkeiten dieses Landes an den Herausgeber derselben Ignatz Edlen von Born.* Prag 1773, engl. von Raspe, London 1776.

497 *des Herrn von Bougainville's Reisen:* Louis Antoine de Bougainville: *Description d'un voyage autour du monde.* Paris 1771, englisch von Georg Forster, London 1771.

498 *Im Haven lag ein kleines Eyland:* Pusue (Poudioué), siehe S. 506 und S. 512.

511 *Balabia:* Balabio, Balabea.

523 *Am 15ten entdeckten wir ... drey Inseln:* Bélep-Inseln.

524 *Abends gegen 6 Uhr, entdeckte man ... eine andre Insel:* Isle of Pines, »Fichteninsel«, Pinieninsel, heute Kounie (Kunie).

527 *Capricorns:* Sternbild des Steinbocks.

536 *letzten Reise ... Beschreibung:* James Cook and James King: *A Voyage to the Pacific Ocean ... for making Discoveries in the Nothern Hemisphere.* 3 Bde. London 1784. Von Forster deutsch: *Des Capitain Jacob Cook's dritte Entdeckungs-Reise ...* 2 Bde. Berlin 1787–88.

539 *Ariost: Cinque Canti* (5 Gesänge), I. Gesang XVII, 7f. (aber: *ma fa sua* und *offeso l'ha*): Aber wer seine Rache nimmt, außer daß er den beleidigt, / Der ihn beleidigt hat, schützt sich vor vielen.

541 *einen Arm dieses großen Gewässers:* Tory Channel.

545 *Tierra del Fuego:* Feuerland, von Fernão Magalhães 1520 so genannt wegen der zahlreichen sich an der Küste aneinanderreihenden Feuer (siehe S. 553).

547 *Seneca:* Stelle nicht feststellbar. – Ungastlich, in Felsentrümmer gebannt, ist die Insel: / Schrecklich, überallhin in Einöden verloren. / Durch keinen Sproß eines Schattenspenders ist der Frühling erfreulich / Und kein Kraut entsprießt dem unglücklichen Erdreich.

548 *Cap Deseado:* Heute Cap Pillar, auf der Isla Desolación.
spanischen Übersetzung von Byrons Reise: Die spanische Ausgabe erschien Madrid 1769. Das englische Original: *Voyage round the world in the Dolphin ...* London 1767 (dt. 1769).

549 *seit Ansons Zeiten:* Der englische Admiral George Anson hatte 1740 bis 1744 eine Kaperfahrt gegen Spanien unternommen, dabei das Kap Hoorn mit einer Flotte von acht meist kleinen Kriegsschiffen allen Gefahren trotzend umsegelt.
in der Einfahrt des Havens: Christmeß-Haven, Tierra del Fuego.
der Insel, an welcher das Schiff einstweilen angelegt hatte: Shag-Island.

eine schöne Bucht, die ringsumher von Bergen eingeschlossen: Adventure Cove, Tierra del Fuego.

551 *Virg.:* Vergil, *Aeneis,* 10. Gesang 247 f.: Nun fliegt es über die Wellen / Schneller dahin als ein Speer oder windüberholende Pfeile.
einen ausnehmend schönen Haven, in Form eines zirkelrunden Behälters (bassin): Devil's Bason.

553 *längst einem Eiland hin:* Goose Island.

554 *Fontangen:* Hoher, reich geschmückter haubenartiger Kopfschmuck.

556 *Perpetua illos hiems, ...: De Providentia (Über die Vorsehung)* Kapitel 4. Ein ewiger Winter, ein trüber Himmel lastet auf ihnen – gegen den Regen wehren sie sich durch den Unterschlupf unter Stroh und Laub; sie haben keine Heimstätten, keine Wohnsitze außer denen, die sie ihre Erschöpfung Tag für Tag errichten läßt. – Zur Nahrung fangen sie das Wild. – Elende und nur mit Anstrengung zu erwerbende Nahrung. – Hältst du sie für beklagenswert? – Nichts ist beklagenswert, was Gewohnheit zur Natur gemacht. – Was dir als Unglück erscheint, ist die Lebensweise so vieler Völker.

557 *Jakob l'Hermite:* Führte die im Auftrag des nassau-oranischen Erbstatthalters gegen Spanien eingesetzte Flotte und kam als erster Europäer zu den Feuerländern.

559 *Pater Feuillee:* Der französische Mathematiker Louis Feuillet beschrieb seine Südseereise von 1707 in: *Journaldes observations physiques, mathématiques et botaniques* ... 3 Bde. Paris 1714–1725.

562 *Der sel. Prof. Steller ... und seine Beschreibungen:* Georg Wilhelm Steller: *Ausführliche Beschreibung von sonderbaren Meerthieren.* Halle 1753.
Don Pernetty: Antoine Joseph Pernetty, Benediktinermönch, begleitete 1763 Bougainville auf dessen Weltreise, unter anderem nach den Falklandinseln oder Malouinen. *Histoire d'un voyage aux iles Malouïnes fait en 1763 et 1764.* Paris 1764.

563 *Homer: Odyssee,* 4. Gesang 404 f.: Floßfüßige Robben ... / Ruhn in Scharen umher, den graulichen Fluten entstiegen, / Herbe Gerüch' aushauchend des unergründlichen Meeres.

566 *Horatius: Oden,* 3. Buch 27,75 f.: Von dir wird ein Erdteil den Namen führen.

567 *an die Stelle des herausgerissenen Edelsteins:* Anspielung auf die Unabhängigkeitserklärung von 1776, mit der sich die große Kolonie von Nordamerika von der britischen Krone löste.

570 *ein andres gefrornes Land:* Sandwich-Land, siehe S. 572.
Milton: John Milton: *Das verlorene Paradies* (*Paradise Lost,* 1667) 2. Gesang 588 ff.: In Nacht und Wildnis, stets gepeitscht vom Sturm. / Von Wirbelwind und Hagel, der am Lande / Nie schmilzt, vielmehr sich häuft und Trümmern gleicht / Verfallnen Baus (K. Eitner).

571 *Hist. Nat. lib. XV. c. 36:* Findet sich nicht an dieser Stelle der Naturgeschichte des Plinius, sondern in Buch IV, 88: Ein Teil der Welt ist von der Natur verflucht und in dichte Finsternis gehüllt.

573 *Cap Circoncision:* Bouvetinsel, 1739 entdeckt, erst 1927 wieder aufgefunden.

575 *Virg.:* Vergil, *Aeneis,* I. Gesang 32: Sie irrten, vom Schicksal verfolgt, umher durch alle Meere.

578 *Ein junger Held hatte ... Schweden vom Joch der Aristocratischen Tyranney befreyt:* Gustav III. von Schweden hatte 1772 durch einen Staatsstreich den vom Adel beherrschten Reichstag gezwungen, Maßnahmen zur Stärkung des Königtums zu beschließen, und im Sinne des aufgeklärten Absolutismus Reformen durchgeführt.
Die finstre Barbarey ... war entflohn vor einer Fürstin: In den Reformen Katharinas II. sieht Forster eine Förderung der bürgerlichen Entwicklung in Rußland. Hier meint er wohl den erfolgreich beendeten Krieg gegen die Türkei 1768–1774.
den langerwünschten Frieden in Polen: Nach den Bauernaufständen und den heftigen Kämpfen der einzelnen Schichten des Adels, wobei sich der Hochadel mit dem Zarismus verbündet hatte, war es 1772 zur Ersten Teilung Polens gekommen. Für Polen also ein verhängnisvoller »Frieden«.

580 *Man lese dessen eigne Reisebeschreibung:* Anders Sparrman: *Resa till Goda Hopps-Udden ... 1772–1776.* 2 Bde. Stockholm 1783–1818. Die von Georg Forster herausgegebene Übersetzung des 1. Bandes: *Reise nach dem Vorgebirge der guten Hoffnung* erschien Berlin 1784.
Cumberland: ... Entrinne wer kann, / Wenn des Menschen großer Feind Menschengestalt annimmt.
Ziel-verkooper: Seelenverkäufer.

581 *Die Stadt vor uns lag in einem engen Thal:* Jamestown.

582 *Hutungen:* Nebenform zu Hütungen: Viehweiden.

585 *Adansons Berichte:* Michel Adanson: *Histoire naturelle du Sénegal.* Paris 1757.

591 *die Linie:* Der Äquator.

594 *Safflor:* Wilder Safran.

598 *Portugiesische Elle:* Etwa 85 cm.

600 *Petrarca: Canzoniere,* Sonett »Auf den Tod Sennuccios del Bene« 5–7: Nun siehst du diesen Pol und jenen: beide / Die Wandelstern' und ihre krummen Bahnen, / Und siehst, wie wenig unsre Blicke ahnen ... (Gabor/Dreyer).

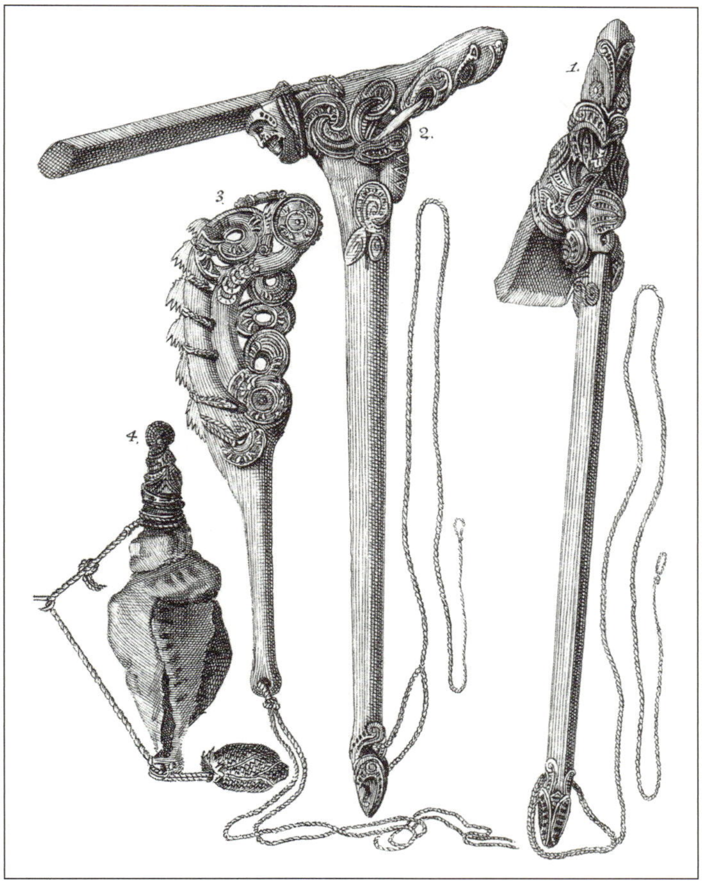

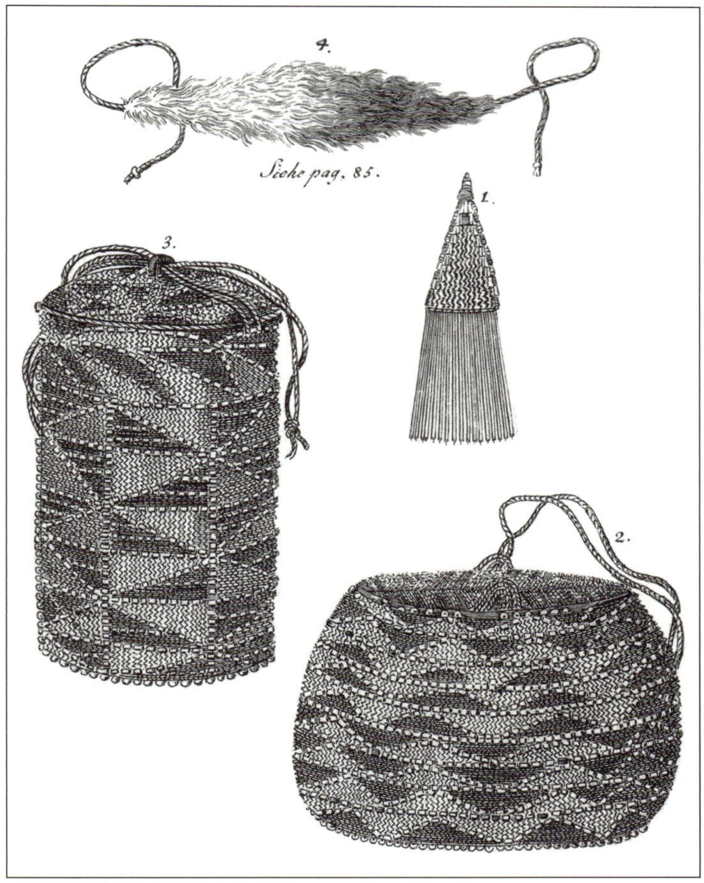

Tafel I

Proben Neu-Seeländischer Arbeit.
No. 1. eine Axt; der Künstlich geschnizte Stiel ist von Holtz und 12. Zoll lang, statt der Klinge ist ein scharffgemachtes Stück grünen Talcksteins daran fest gebunden. No. 2. ebendieselbe von der Seite abgebildet. No. 3. Das Tranchier-Meßer mit welchem die Neu Seeländer die Gliedmaassen der todten Körper absägen, welche sie verzehren wollen. Es ist von Holz, ausgeschnitzt und gantz roth angemahlt. Hayfischzähne, die am Rande eingekerbt sind, machen die Säge aus.
No. 4. Kriegstrompete aus einer Muschel gemacht, mit einem höltzernen Mundstück und einem Stöpsel von Matten versehn, damit kein Staub hinein falle.

Tafel II

Proben von der Handarbeit der Einwohner auf den Freundschafftlichen Inseln.

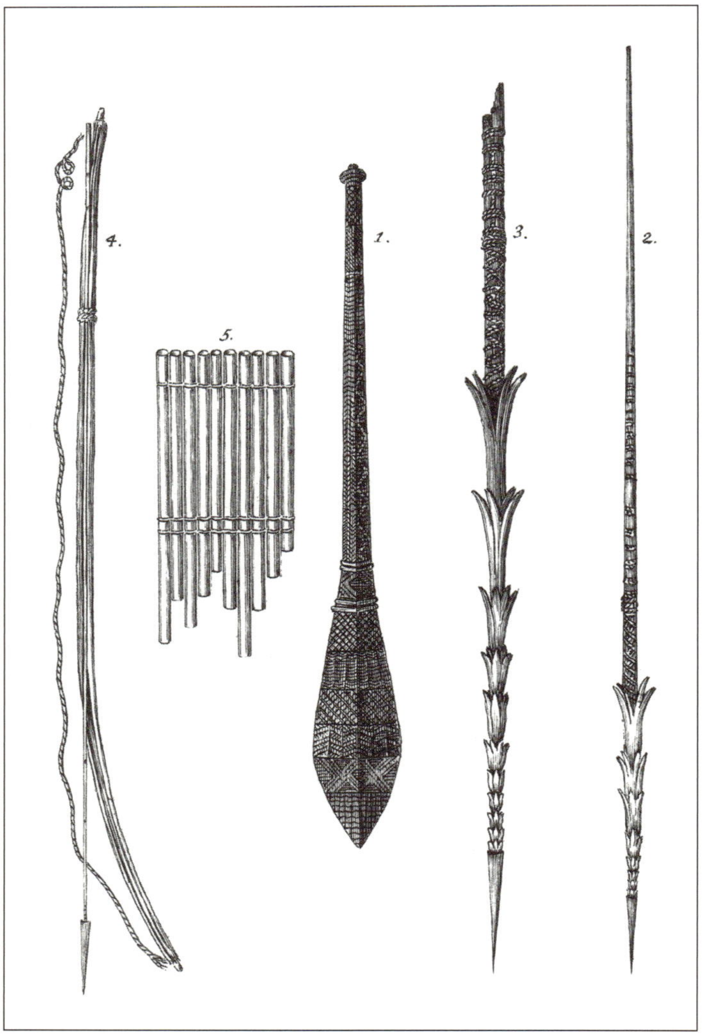

Tafel III

Waffen etc. aus den Freundschafftlichen Inseln.
No 1. ein Streitkolben, 4. bis 6. Fuß lang. No. 2. ein Speer in Natur mehr als 20. Fuß lang. No. 3. die Zackige Spitze des Speeres, vergrössert. No. 4. ein Bogen, 6. Fuß lang mit darin paßendem Pfeil. No. 5. Eine Rohr-Flöte von der Insel *Tongatabu*. Siehe S. 262.

Tafel IV

Handarbeit der Einwohner auf den Marquesas-Inseln.
No. 1. und 2. stellen zweyerley Arten Kopfputz vor, siehe pag. 334. No. 3 ein Ringkragen, pag. 334.
No. 4. eine Streitkolbe von Casuarina Holtz, pag. 335.
No. 5 ein Fächer aus Gras geflochten, pag. 337.

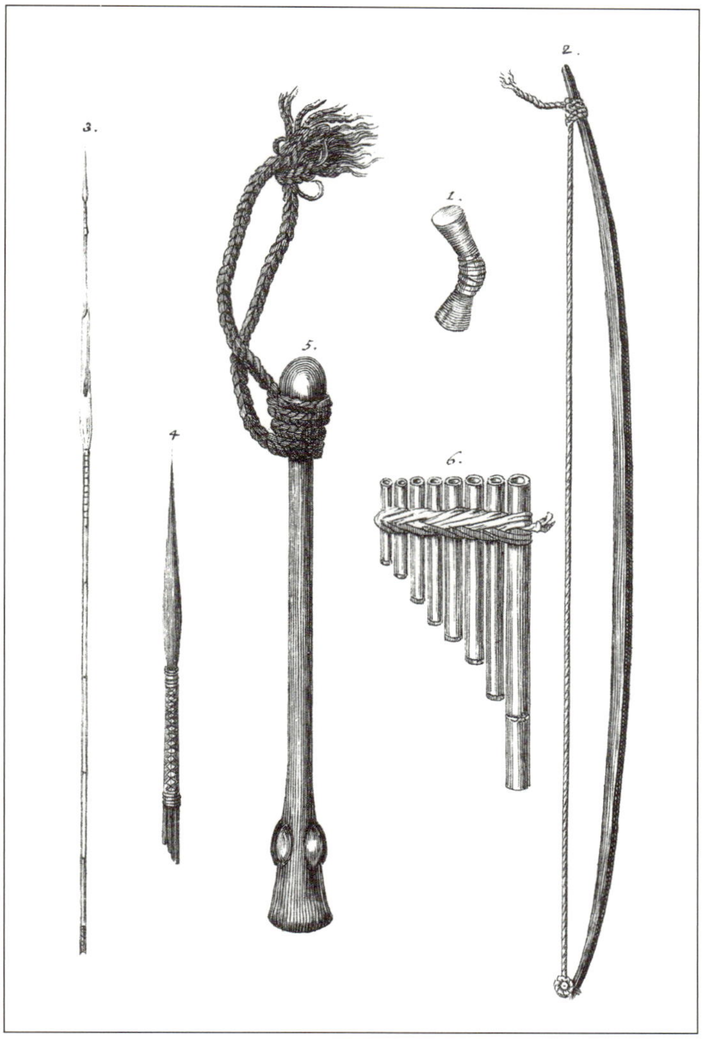

Tafel V

Handarbeit der Einwohner auf den Neuen Hebridischen Inseln.
No 1. ein Zierrath aus Stein der durch den Nasenknorpel gesteckt wird; pag. 423. No. 2. ein Bogen nebst dem, No. 3. dazu gehörigen Pfeil; No. 4. die Spitze dieses letztern vergrößert; No. 5. eine Streitkolbe; alles aus Mallicolo pag. 424f.; No. 6. Rohrflöte aus Tanna.

Tafel VI

Kopfputz und Waffen aus Neu-Caledonien.
No. 1. eine Mütze, um welche eine Schleuder gewickelt, imgleichen ein Federbusch befestigt ist. – 6. ein so genanter Wurf-Riemen, vermittelst dessen die Spiesse geworfen werden.

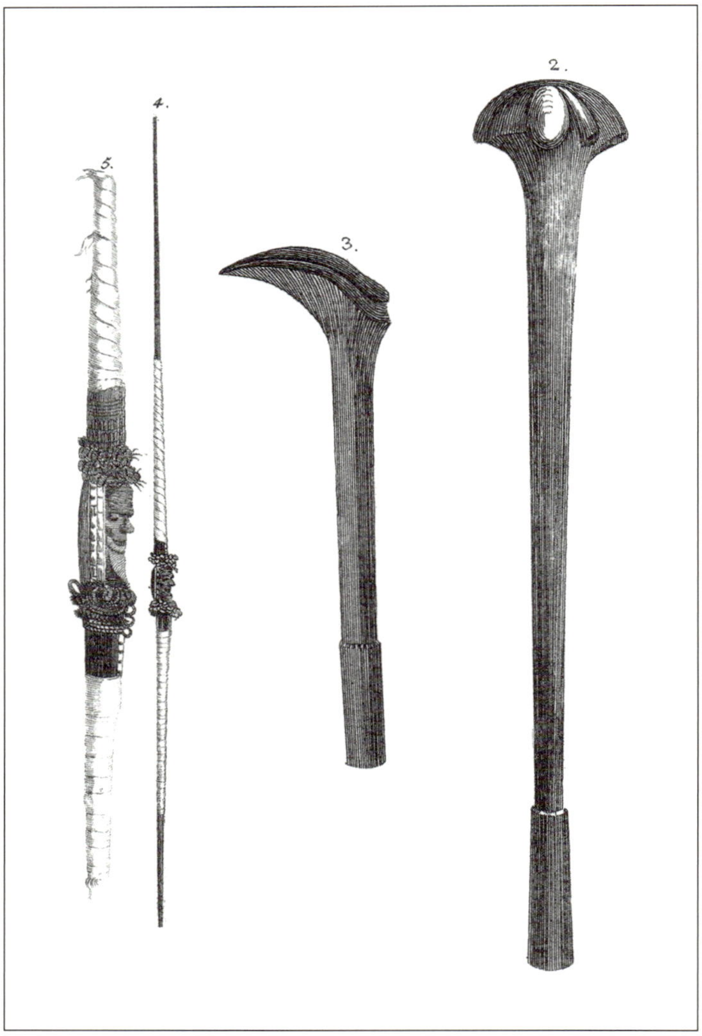

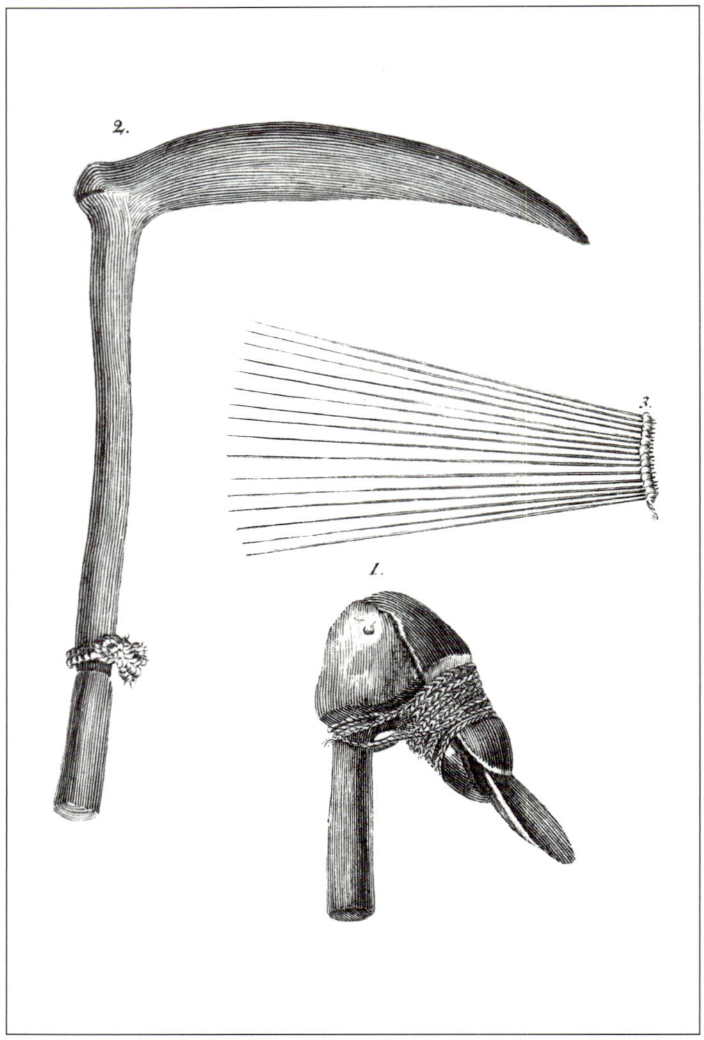

Tafel VII

Kopfputz und Waffen aus Neu-Caledonien.
No. 2. und 3. Keulen und Streitkolben. – 4. ein Spiess, – 5. der mitlere Theil desselben, zu deutlicher Betrachtung des daran befindlichen Schnitzwercks, vergrößert.

Tafel VIII

Gerätschafften von Neu-Caledonien.
1. ein Beil, welches zum Zimmern und beym Ackerbau gebraucht wird. (Seite 513.) – 2. Ein Instrument, welches als eine Streit-Axt, imgleichen als eine Erd-Hacke dient. Seite 518. – 3. Ein Kamm, der auch zum Kratzen dient; er besteht aus mehreren kleinen Stäben von hartem Holz, die so dick als eine Strick Nadel 7. bis 10. Zoll lang und oben mit einem Faden rother Wolle von der indianischen Fledermaus (Seite 501.) dergestalt zusammen gebunden sind, daß sie sich unterhalb in Form eines Fächers auseinander breiten lassen.

CHRONOLOGISCHE ÜBERSICHT

TEIL 1

1772

13. Juli	Abreise der *Resolution* und *Adventure* aus Plymouth
28. Juli/1. Aug.	Aufenthalt auf Madeira
14./16. Aug.	Aufenthalt auf S. Jago/São Thiago (Kapverdische Inseln)
9. Sept.	Äquator passiert
29. Okt./22. Nov.	Aufenthalt in der Tafel-Bay (Kapland)

1773

17. Jan.	Südlicher Polarkreis passiert
8. Febr.	Trennung der beiden Schiffe. Die *Adventure* besucht Tasmanien und trifft am 7. April in Charlotten-Sund (Neuseeland) ein
24. Febr.	Umkehr der *Resolution* nach Norden
26. März/11. Mai	Aufenthalt in Dusky Bay (Neuseeland)
18. Mai/6. Juni	Aufenthalt in Charlotten-Sund, Wiedervereinigung mit der *Adventure*
7./8. Juni	Passage der Cook-Straße
16. Aug.	Ankunft zu Tahiti (Gesellschafts-Inseln) Ankern im Hafen Whai-Urua
17./24. Aug.	Aufenthalt im Hafen Aitepieha
25./31. Aug.	Aufenthalt in Matavai Bay
1. Sept.	Abreise von Tahiti
3./7. Sept.	Aufenthalt auf Huaheine
8./17. Sept.	Aufenthalt auf Raiatea
16. Sept.	Bootsfahrt nach Taha
23. Sept.	Hervey-Insel passiert
2./3. Okt.	Aufenthalt auf Ea-Uwhe/Middleburg (Tonga-Inseln)
3./7. Okt.	Aufenthalt auf Tongatabu
22. Okt.	Kap Kidnappers (Neuseeland) passiert
23./31. Okt.	Neuntägiger Sturm vor der Cook-Straße
29. Okt.	Endgültige Trennung beider Schiffe, Rückkehr der *Adventure* über Kap Horn und Tafel-Bay nach England am 15. Juli 1774
1. Nov.	Einfahrt in die Cook-Straße
3. Nov.	Ankern in Charlotten-Sund
3./25. Nov.	Aufenthalt zu Ship-Cove
Dez.	Zweite antarktische Fahrt

1774

Jan.	Fortsetzung der antarktischen Fahrt
30. Jan.	71° 10' südlicher Breite erreicht, Umkehr nach Norden
14./16. März	Aufenthalt auf der Osterinsel

TEIL 2

16. März	Abreise von der Osterinsel
7./10. April	Aufenthalt auf St. Christina/Waitahu (Marquesas-Inseln)
18. April	Aufenthalt auf Te-aukea (König-Georg-Inseln/Tuamotu)
19./20. April	Palliser-Inseln passiert
22. April/14. Mai	Zweiter Aufenthalt in Matavai Bay (Tahiti)
15./23. Mai	Zweiter Aufenthalt auf Huaheine
24. Mai/4. Juni	Zweiter Aufenthalt auf Raiatea
5. Juni	Maurua/Maupiti passiert
6. Juni	Lord-Howe-Insel/Mopeha passiert
15. Juni	Palmerston-Insel umfahren
21./22. Juni	Aufenthalt auf Savage-Island (Niue)
24. Juni/1. Juli	Durchfahrt durch die nördlichen Freundschafts-(Tonga-)Inseln
26./29. Juni	Aufenthalt auf Namocka/Nomuka
30. Juni/1. Juli	Tofua passiert
3. Juli	Landungsversuch auf Turtle-Island/Vatoa (Fidschi-Inseln)

17. Juli/31. Aug.	Kreuzfahrt in den Neuen Hebriden
17./19. Juli	Aurora umfahren
18./19. Juli	Durchfahrt zwischen Aurora und Isle des Lepreux/Aoba
20./21. Juli	Pfingst-Insel/Aragh passiert
21./23. Juli	Aufenthalt auf Mallicollo
24. Juli	Apih passiert
25. Juli	Shepherds-Islands passiert
26. Juli	Durchfahrt zwischen Sandwich- und Montagu-Inseln
4. Aug.	Landungsversuch auf Irromanga
5./20. Aug.	Aufenthalt auf Tanna
22. Aug.	Westküste von Irromanga passiert
23. Aug.	Westküste von Mallicollo passiert
24./31. Aug.	Tierra del Espiritu Santo umfahren
4. Sept.	Entdeckung von Neukaledonien
5./13. Sept.	Aufenthalt im Distrikt Baladd
11./12. Sept.	Bootsfahrt nach Balabia
13./25. Sept.	Fahrt entlang der Ostküste Neukaledoniens
26./28. Sept.	Isle of pines passiert
29./30. Sept.	Aufenthalt auf Botany-Island
10. Okt.	Aufenthalt auf der Norfolk-Insel
18. Okt./10. Nov.	Dritter Aufenthalt zu Ship-Cove (Charlotten-Sund)
10. Nov./18. Dez.	Fahrt über den südlichen Pazifik ohne Aufenthalt
19. Dez.	Küste Südamerikas bei Kap Deseado in Sicht
20./28. Dez.	Aufenthalt in Christmas-Sund (Tierra del Fuego)
29. Dez.	Kap Hoorn passiert
31. Dez.	Landung auf den Neujahrs-Inseln bei der Staaten-Insel

1775

3. Jan.	Abreise von den Neujahrs-Inseln
14. Jan.	Südgeorgien entdeckt
17. Jan.	Landung in Possession Bay
31. Jan./3. Febr.	Sandwich-Inseln entdeckt
21. März/27. April	Zweiter Aufenthalt in der Tafel-Bay
16./21. Mai	Aufenthalt auf St. Helena
28./31. Mai	Aufenthalt auf Ascension
9. Juni	Insel Fernando Noronha passiert
11. Juni	Äquator passiert
14./19. Juli	Aufenthalt auf Fayal (Azorische Inseln)
30. Juli	Ankunft zu Spithead

Die Unermeßlichkeit des Meeres und »die armseligen 24 Zeichen«

Georg Forsters Reise um die Welt in Text und Bild

von Frank Vorpahl

Georg Forsters *Reise um die Welt* verbindet in der vorliegenden Ausgabe zwei Ebenen, die unterschiedlicher kaum sein könnten: einen berühmten Text, der vor zwei Jahrhunderten die moderne Reiseliteratur begründete – und Zeichnungen, die seit zweihundert Jahren nahezu unberührt im Museumsarchiv ruhten; eine Schilderung, die die zweite Cooksche Weltreise als großes Panorama entwirft – und Abbildungen, die einzelne Tiere und Pflanzen in den Fokus nehmen; einen umfassend reflektierenden Kopf – und das handwerkliche Vermögen des Zeichners. Der Autor, der in Text und Bild eine bis dahin unbekannte, neue Welt festhielt, verkörperte zugleich den Geist einer Zeit, die humanistisches Denken und naturwissenschaftliche Erkenntnis als zwei Seiten einer Medaille begriff.

Text und Bild hängen aber auch ihrer Entstehung nach aufs engste zusammen: Georg Forsters *Reise um die Welt* wäre vermutlich nie erschienen, hätte man sich nicht auf sein zeichnerisches Kapital stützen können. Umgekehrt besiegelte das Buch das Schicksal der Zeichnungen. Auf so verwirrende und tragische Weise, daß ein genauerer Blick lohnt.

Als Forsters *Reise um die Welt* 1778 im Berliner Verlag Haude & Spener erstmals in deutscher Sprache erschien, war dies ein literarisches Ereignis ersten Ranges. Die großen Geister der Zeit waren beeindruckt: Georg Forster – ein junger Bursche aus Nassenhuben bei Danzig in polnisch Preußen – hatte gemeinsam mit seinem väterlichen Lehrmeister und Reisegefährten Johann Reinhold Forster mehr von der Welt gesehen als irgendein Deutscher zuvor. Und was mußte der beim Auslaufen der *Resolution* im Juli 1772 erst Siebzehnjährige während der dreijährigen Reise nicht alles am Kapitänstisch von James Cook gelernt haben, dem großen Entdecker, der mit seinen drei Expeditionen zwischen 1768 und 1779 den Schleier über dem letzten unerforschten Drittel des Erdballs lüftete.

Georg Forster verstand es – als zweiundzwanzigjähriger Debütant – nicht nur, von seinem Südsee-Abenteuer, von fremden Wesen und unbekannten Welten zu erzählen, sondern auch, dabei das Arsenal aufklärerischer Ideen seiner Zeit auszuloten. Dieses Genie wollte man dringend kennenlernen. Georg Christoph Lichtenberg – wahrlich kein schwärmerischer oder unkritischer Bewunderer anderer Köpfe – reiste nach London. Benjamin Franklin, als Anwalt der amerikanischen Sache in Paris, und der Comte de Buffon, Frankreichs einflußreichster Naturforscher und Verfasser der berühmten *Naturgeschichte* – jeder wollte den jungen Forster empfangen, als er nach Fertigstellung seines Buches erstmals wieder den Kontinent betrat. Selbst Johann Wolfgang von Goethe machte sich wiederholt zu Forster nach Kassel und nach Mainz auf.

Im Berliner Schloß Tegel verschlang der junge Alexander von Humboldt Forsters frisch gedruckte Reiseschilderung wieder und wieder. Forster sei der »hellste Stern seiner Jugend« gewesen, er habe »eine neue Ära wissenschaftlicher Reisen eingeleitet«, notierte Humboldt im *Kosmos,* seinem Hauptwerk. 1790 dann, als zwanzigjähriger Student, durfte Humboldt den mittlerweile fünfunddreißigjährigen, in ganz

Europa bekannten Georg Forster für vier Monate auf einer Rundreise begleiten: von Mainz den Niederrhein entlang nach Flandern, Brabant und Holland, dann weiter nach England und ins revolutionäre Paris.

Von Georg Forster, hält Humboldt am Ende seines Lebens fest, habe er jenen ersten starken Impuls empfangen, der aus ihm schließlich selbst einen Forschungsreisenden werden ließ.

Humboldts Credo, man müsse die Welt erst angeschaut haben, bevor man sie beschreibe, klingt wie ein Echo auf die folgenreiche Begegnung mit Forster. »Mehr hat man doch nicht, als was einem durch diese zwei Oeffnungen der Pupille fällt und die Schwingungen des Gehirns erregt«, notierte Georg Forster kurz vor seiner Reise mit Humboldt. »Anders als so nehmen wir die Welt und ihr Wesen nicht auf. Die armseligen vier und zwanzig Zeichen reichen nicht aus«.

Mittels dieser »armseligen Zeichen« allerdings sorgte Georg Forster als Publizist und Schriftsteller im Laufe seiner vierzig Lebensjahre immer wieder für Furore. Was seinen Zeitgenossen imponierte, war die Haltung: ein an humanistischen Idealen ausgerichteter Horizont gepaart mit aufklärerischer Wißbegier. Daß Forster diese Ideale von der *Resolution* zur Revolution, bis zur Mainzer Republik führen würden, wo er zum ersten Mal in deutschen Landen die Pressefreiheit verkündete; und weiter nach Paris, in die französische Nationalversammlung, wo er 1793 den Anschluß der ersten deutschen Republik an das revolutionäre Frankreich beantragte – dies läßt sich aus der *Reise um die Welt* allenfalls erahnen.

Was Forsters Leser schon bei seinem Debüt als modern erkannten, waren prononcierte Fokuswechsel: zwischen Tatsachenerhebung und philosophischer Betrachtung, rationaler Wahrnehmung und subjektiver Empfindung. »Vergleichen, Ähnlichkeiten und Unterschiede bemerken ist das Geschäft des Verstandes, schaffen kann nur die Einbildungskraft«, faßte Forster die Dialektik seiner Arbeit am Schreibpult zusammen. Mittels der Imagination aber traf er – der Rationalist – selbst poetische Tonlagen. Man meint Goethe zu hören, wenn Forster im Jahre 1791, den Jugendjahren auf hoher See nachsinnend, schreibt:

Die Unermeßlichkeit des Meeres ergreift
den Schauenden finstrer und tiefer als die des
gestirnten Himmels.
Dort an der stillen unbeweglichen Bühne
funkeln ewig unauslöschliche Lichter.

Die angelsächsische Umgebung, die prägenden Jugendjahre in London und an Bord der *Resolution* trugen gewiß dazu bei, daß Forsters Sprache frei blieb vom bräsigen deutschen Gelehrtenstil. Die Genauigkeit seiner Darstellung offenbart den Zeichner, dessen Auge sich an Bord von Cooks Schiff drei Jahre lang darin geübt hatte, die Umgebung in all ihren Nuancen zu erfassen. Nicht zuletzt waren die zahlreichen Übersetzungen wissenschaftlicher und literarischer Publikationen, die dem Heranwachsenden in London von seinem Vater immer wieder zugemutet wurden, eine Schule der Gedanken und des Ausdrucks. Erst die Kombination dieser Umstände und Fähigkeiten machte aus Georg Forster den Begründer der wissenschaftlichen Reisebeschreibung.

Verblüffende Rochade: Vom Zeichner zum Verfasser

Georg Forsters Bonmot von den armseligen 24 Zeichen – bei der Drucklegung seiner *Reise um die Welt* löste es sich auf aberwitzige Weise ein. Die Schilderung mußte fast ohne Illustrationen, vor allem ohne die Kupferstiche von William Hodges, dem Landschaftsmaler der zweiten Cookschen Weltumseglung, auskommen. Noch paradoxer: Georg Forster, der als Zeichner an Bord ging, mußte zusehen, wie das Gros seiner zoologischen und botanischen Abbildungen unveröffentlicht im Dunkel der Archive versank, aus denen sie über zweihundert Jahre lang nicht mehr auftauchten.

Erst die hier vorliegende Ausgabe fügt der *Reise um die Welt* mit der Erstveröffentlichung vieler Zeichnungen Georg Forsters etwas von der visuellen Dimension hinzu, die beiden Weltreisenden, Johann Reinhold und Georg Forster – vermutlich in weit umfangreicherem Maße – einmal vorgeschwebt hatte. Und für die sich Georg Forster in den 1111 Tagen an Bord von Captain Cooks Schiff – bei stürmischer See am Kap Hoorn, trotz steifgefrorener Finger im Südpolarmeer oder angesichts verheißungsvoller Südsee-Atolle – mit Bleistift, Feder und Pinsel abgemüht hatte.

Berühmt wurde Georg Forster nicht mit seinen Zeichnungen, sondern durch seinen Text. Den aber hätte eigentlich Johann Reinhold Forster verfassen sollen, dem als führendem Naturwissenschaftler an Bord die Beschreibung der Reise naturgemäß zufiel: Er war der offizielle Historiograph der Expedition, der sich allerdings – als eine recht unverträgliche Persönlichkeit – immer wieder mit den zuständigen Autoritäten überwarf. Daß anstelle des Vaters schließlich Georg Forster als Autor auftrat, hatte für die Auswertung der zweiten Cookschen Weltumseglung weitreichende Konsequenzen und wirft bis heute Fragen auf. Unter anderem die nach dem Anteil Johann Reinhold Forsters am Zustandekommen der berühmten Reisebeschreibung seines Sohnes.

Fest steht, daß Georg Forster ohne seinen naturkundlich beschlagenen Vater nie auf ein Expeditionsschiff Captain Cooks gelangt wäre. Forster senior war der Motor des ganzen Unternehmens, der junge Forster einer seiner beiden Assistenten – neben dem schwedischen Linné-Schüler Anders Sparrman, den Johann Reinhold während des ersten Zwischenstopps der *Resolution* in Kapstadt anheuerte. Daß sein Stern einmal heller leuchten würde als der seines Vaters, wäre Georg Forster bis zur Heimkehr der *Resolution* kaum in den Sinn gekommen. Und so gingen auch alle Aktivitäten für die Beschreibung der Reise um die Welt von Johann Reinhold Forster aus.

Die Konditionen für die Auswertung der Reise – ihre publizistische Aufbereitung und finanzielle Ausbeutung – hatte Johann Reinhold Forster wohlweislich geregelt, bevor die *Resolution* am 13. Juli 1772 in Plymouth auslief. Daines Barrington persönlich, der Vizepräsident der Royal Society, hatte Forster die Beschreibung der Reise ohne jede Einschränkung zugesichert.

Tatsächlich aber enthielt schon die Nominierung der beiden Forsters für eine der ambitioniertesten britischen Entdeckungsreisen den Sprengstoff, der spätere publizistische Anstrengungen Johann Reinhold Forsters torpedieren sollte und die turbulente Entstehungsgeschichte des Forsterschen Reiseberichts bestimmte.

Daß die beiden Deutschen im Juni 1772 kurzfristig für Sir Joseph Banks und dessen schwedischen Assistenten und Zeichner Daniel Solander – Cooks Reisebegleiter auf der ersten Weltumseglung – einspringen sollten, war für die Forsters eine glückliche Fügung. Joseph Banks – dessen Ruhm als Weltreisender den seines Kapitäns damals noch übertraf – machte eine weitere Reise mit Cook von einem radikalen Umbau des Schiffes nach seinen naturwissenschaftlichen und persönlichen Bedürfnissen abhängig. Der erfahrene Kapitän allerdings warnte davor, die Navigationsfähigkeit der *Resolution* durch zusätzliche Aufbauten zu beeinträchtigen. Doch sah er sich von seinen Vorgesetzten in der Admiralität allein gelassen, die sich den Wünschen Banks' – der als enger Vertrauter des Königs galt – eilfertig fügten. Erst als die völlig überfrachtete *Resolution* auf ihrer Jungfernfahrt vom Dock in Greenwich zur Küste mehrfach zu kentern drohte, wendete sich das Blatt.

Dem Debakel auf der Themse folgte ein innenpolitisches Tauziehen: Joseph Banks spekulierte darauf, daß man ihm nunmehr ein neues, größeres Schiff, womöglich unter einem anderen Kapitän, anbieten werde. Sonst würde er ganz von der Expedition lassen, verkündete er. Doch angesichts der Tatsache, daß Captain Cook mit seinen Warnungen so demonstrativ recht behalten hatte, konnte der Chef der Admiralität seinem Schützling Banks nicht erneut beispringen. Also ordnete Lord Sandwich an, die *Resolution* wieder in ihren ursprünglichen Zustand zu versetzen – und ließ damit Banks als Cooks Begleiter auf der zweiten Weltreise fallen. Doch die Admiralität geriet nunmehr bei der Auswahl des naturwissenschaftlichen Ersatzpersonals unter enormen Zeitdruck, bis zum geplanten Auslaufen blieben weniger als zwei Wochen.

Wunderkind und »good designer«

Mit den Forsters hatte das Gerangel um Cooks zweite große Reise ursprünglich wenig zu tun, bis Barrington die beiden Deutschen ins Spiel brachte. Forster und Sohn würden sich an Bord der *Resolution* – im Gegensatz zu Banks – auch mit kleinstem Raum zufriedengeben. »Mit einem Würfel von sechs Fuß«, wie Georg später notierte, »wo ein Bett, ein Kasten und ein Schreibtisch nur eben noch Platz für einen Feldstuhl« übrigließen.

Die Eignung der Forsters, die zuletzt den jüngsten, viel Aufsehen erregenden Bericht über die Südsee-Reise des französischen Kapitäns Louis-Antoine de Bougainville (1766–1769) ins Englische übersetzt hatten, konnte niemand ernsthaft bezweifeln. In den fünf Jahren seit seiner Ankunft in England hatte Johann Reinhold Forster als Fellow der Royal Society Einlaß in den exklusivsten Club britischer Gelehrsamkeit erhalten. Kritiker seines gelegentlich unbeholfenen englischen Sprachgebrauchs verstummten allmählich und zollten ihm schließlich Respekt für diverse Publikationen zur Mineralogie und Botanik.

Selbst der große Carl von Linné (1707–1778), für dessen neues System zur Ordnung der Pflanzenwelt Johann Reinhold Forster unablässig warb und dessen Methodik er auf seiner Wolga-Expedition (1765) in den Steppen Südrußlands erfolgreich erprobt hatte, bescheinigte seinem deutschen Kollegen, die Wahl eines naturwissenschaftlichen Begleiters auf Cooks zweiter Reise hätte auf keinen außerordentlicheren Mann fallen können. Vor allem aber legte sich Barrington mit der ganzen Autorität der Royal Society für die beiden Forsters ins Zeug – nicht zuletzt, weil Johann Reinhold Forster dem eher bescheidenen Naturwissenschaftler Barrington verschiedentlich bei Publikationen ausgeholfen hatte.

Was die Kompetenz des Sohnes als Naturzeichner der Expedition anging, teilte Lord Sandwich seinem König lapidar mit, Georg sei »a good designer«. Mehr mußte er nicht erklären, galt Georg Forster in London doch längst als gelehrtes Wunderkind. Als Dreizehnjähriger hatte er Lomonossows Abriß der Geschichte des Zarenreiches aus dem Russischen in makelloses Englisch übersetzt. *A Chronological Abridgement of The Russian History* (1768) machte den sprachbegabten jungen Forster mit einem Schlag berühmt.

Da Georg sein zeichnerisches Talent zudem mit einigen zoologischen Studien nachgewiesen hatte, folgte König Georg III. dem überraschenden, aber einleuchtenden Vorschlag seiner Admiralität und unterzeichnete am 12. Juni 1772 die offizielle Ernennung – wodurch sich mit einem Federstrich auch die letzte Hoffnung des berühmten Sir Joseph Banks auf eine zweite Reise an der Seite von Captain Cook zerschlug. Im Gerangel widerstreitender Parteien waren Johann Reinhold und Georg Forster schließlich beides: Gewinner einer Reise in unbekannte Welten, wie sie heute allenfalls mit den Erkundungsfahrten ins All vergleichbar ist. Aber auch Schachfiguren im Spiel mächtiger Männer.

Wie sehr sich die Konstellation innerhalb von drei Jahren geändert hatte, wurde schon bald nach dem Wiedereinlaufen der *Resolution* im heimatlichen Spithead am 30. Juli 1775 spürbar. Jetzt verlangte derselbe Lord Sandwich, der die Forsters erst so vehement an Bord befördert hatte, in schulmeisterlichem Ton nicht nur Stichproben von Johann Reinholds Reisebeschreibung; er wies die Arbeit auch umgehend zurück – aufgrund sprachlicher Mängel.

Auch James Cook ging mehr und mehr auf Distanz zu Johann Reinhold Forster und wollte von einer gemeinsamen Darstellung der Reise nichts mehr wissen. Zeitungsnotizen über erhebliche Differenzen zwischen dem Kapitän und seinem Naturwissenschaftler machten die Runde. Den Mitgliedern der Besatzung erging es nicht anders: Ob Maat oder Astronom – offenbar war fast jeder in drei Jahren auf engstem Raum mit dem als schwierig und leicht aufbrausend geltenden Deutschen aneinandergeraten.

Die Frage der Urheberschaft der Reisebeschreibung endete schließlich nach monatelangem Hin und Her mit einem Vergleich vor Gericht: Dort wurde entschieden, daß James Cook das seemännische Fazit, Johann Reinhold Forster aber die naturkundliche Bilanz der Reise ziehen sollte. Ein nun folgender neuer Entwurf des Deutschen fand vor der Admiralität wiederum keine Gnade, weil der seinen philosophischen Kopf durchsetzen und sich nicht mit einer systematischen Aufzählung der Reiseresultate begnügen wollte.

Johann Reinhold Forster saß in der Klemme: Die Freiheit einer inhaltlich unbeschränkten, über bloße Tatsachen hinausgehenden Darstellung wurde ihm verwehrt; doch zum Buchhalter der Reise wollte er sich nicht degradieren lassen. Ebensowenig wollte er den Rechtsanspruch auf eine – auch finanzielle – Beteiligung an der offiziellen Reiseauswertung aufgeben. Ihm blieb nur ein Ausweg: sein Sohn und Reisegefährte.

Der väterliche Lehrmeister als Herr über die Bordnotizen

Johann Reinhold Forster's Reise um die Welt – Beschrieben und Herausgegeben von dessen Sohn und Reisegefährten George Forster – so lautet der ursprüngliche Titel des vorliegenden Buches. Als es im März 1777 – vor seiner Übersetzung ins Deutsche – in England erschien, konnte das als cleverer Handstreich von Johann Reinhold Forster gelten. Sein Sohn war an keinerlei Abmachungen mit den Briten gebunden. Und das Buch löste die weitgesteckten Ambitionen ein, um die Johann Reinhold zuvor vergeblich mit der Admiralität gerungen hatte.

Allerdings zu einem hohen Preis: Als Autor konnte Johann Reinhold Forster nun selbst nicht in Erscheinung treten – der Ruhm für die Gesamtdarstellung der Reise kam Georg zu. Tatsächlich ist der Vater aus dem Schatten des Filius – dies gilt bis heute – nie wieder herausgetreten. Der Verdacht, Johann Reinhold segle unter fremder Flagge, indem er seinen Sohn als literarischen Strohmann benutze, wurde in London schon bald nach Erscheinen des Buches erhoben.

Der Astronom der drei Cookschen Weltreisen, William Wales, dem Forsters Reisebericht unterstellte, während der Reise sei unter Aufsicht jenes Experten ein Chronometer blockiert worden, ging bei der Verteidigung seiner Berufsehre zum Gegenangriff über. Georg – immerhin der Verfasser des Buches und somit auch der ehrenrührigen Passage – spielte in Wales' mehrfach publizierten Streitschriften nur eine Nebenrolle. Vielmehr knöpfte Wales sich Johann Reinhold Forster vor, den er in einem durch seine Häufung von Schimpfwörtern berühmt gewordenen Pamphlet ein »tückisches, ignorantes, böswilliges, hinterlistiges, übellauniges, erbärmliches, arrogantes, verleumderisches, lügnerisches, gieriges, schuftiges und scheußliches Großmaul« nannte, das sich feige hinter seinem armen Sohn verstecke. Diese Tiraden parierte Johann Reinhold Forster selbst – in Schreiben, in denen er Georg als Absender vorschob. Angesichts dessen stellt sich die Frage nach dem Verfasser der *Reise um die Welt* um so dringender.

Sowohl das englische Manuskript als auch das der deutschen Übersetzung – bei der in London der hessische Exilant Rudolf Erich Raspe (1737–1794) mitwirkte, der später als Autor des *Münchhausen* bekannt werden sollte – gelten als verschollen. Eigene Reiseaufzeichnungen Georg Forsters sind rar. Vermutlich hat er nur zu Beginn der Expedition ein Tagebuch mit naturwissenschaftlichen Beobachtungen geführt. Allerdings gab er diese *Observationes Historiam Naturalem Spectantes* wieder auf, bevor James Cook von Kapstadt aus erstmals in unbekannte antarktische Gewässer navigierte. Das schmale Büchlein, das sich heute im Pariser Muséum National d'Histoire Naturelle befindet, endete nach sechs Reisemonaten am 1. Januar 1773 mit einem Hinweis Georgs auf »snow & sleet & sharp cold Air« – einem ersten Vorgeschmack auf Cooks antarktischen Kurs. Als Gerüst für die *Reise um die Welt* – zur detailreichen Schilderung gar – taugte das Heft nicht.

Sicher ist indes, daß Georg Forster die sechs Folianten des Reise-Journals seines Vaters, deren handgeschriebene Originale sich heute in der Staatsbibliothek der Stiftung Preußischer Kulturbesitz in Berlin befinden, als wichtigste Quelle für das umfangreiche Werk benutzt hat. Georg selbst machte im Bordtagebuch der dreijährigen Expedition nur einmal Meldung: Er bezeugt einen Vorfall beim Botanisieren auf der Insel Raiatea am 13. September 1773, bei dem sein Vater mit der Schrotflinte einen Dieb verletzte, um seinen Sohn vor einem vermeintlichen Angriff zu schützen. Da dieses tragische Ereignis zu einer lautstarken Auseinandersetzung zwischen Johann Reinhold Forster und Captain Cook führte – mit noch unabsehbaren Folgen –, sollte im Journal wohl der genaue Tathergang festgehalten werden.

Ansonsten aber blieb Johann Reinhold Forster der Herr über die Aufzeichnungen an Bord, wenngleich Georg an den Schreibübungen seines Vaters assistierend teilgenommen haben muß; denn alle Eintragungen im *Journal of a Voyage on Board his Majesties Ship Resolution* hat Johann Reinhold Forster in einem Englisch vorgenommen, das ihm so glatt und fehlerfrei nicht gegeben war.

Die stilistische Brillanz der *Voyage round the World*, der englischen Urschrift der *Reise um die Welt*, verrät das polyglotte Wunderkind, das Georg Forster schon als Halbwüchsiger war. Der erste Buchentwurf seines Vaters dagegen – die von Lord Sandwich zurückgewiesenen 64 Seiten – gilt als nahezu unlesbar. Johann Reinhold Forster – obgleich unter Cooks naturwissenschaftlichen Reisebegleitern zweifelsfrei der kompetenteste und kreativste – er scheiterte nicht nur an der Sprachbarriere, sondern offenbar auch an manch widerborstigem Charakterzug.

Georg Forster konnte schließlich Gedanken zu Papier bringen, die er mit seinem Vater wieder und wieder ausgetauscht hatte – bei der Lektüre der letzten botanischen, zoologischen und völkerkundlichen Publikationen in der umfangreichen Forsterschen Bordbibliothek, in Gesprächen in der engen Schiffskabine während monotoner Antarktisfahrten, auf Landgängen an neu entdeckten Küsten, bei ersten Begegnungen mit den Menschen der Südsee und auf der gemeinsamen Jagd nach neuen Spezies der Tier- und Pflanzenwelt. Dabei war aus dem siebzehnjährigen, noch kindlich wirkenden Georg im Laufe der dreijährigen Weltumseglung ein eigenständiger scharfer Beobachter geworden, der alles Gesehene und Gehörte nicht nur mühelos reproduzieren, sondern mit wacher Intelligenz kombinieren konnte – ein Mann, der einer gültigen Schilderung der Reise um die Welt gewachsen war.

Im Wettlauf mit dem großen Seefahrer

Der Entschluß Johann Reinhold Forsters, die Schilderung der Reise um die Welt in die Hände seines Sohnes zu legen, war in der Kontroverse mit der englischen Admiralität eine überraschende Offensive, aber auch ein risikoreicher Coup. Mit Wohlwollen war in London nun nicht mehr zu rechnen, die finanzielle Lage der Forsters aber prekär. Georgs Buch sollte den erlösenden Befreiungsschlag bringen. Es mußte nur zuerst – vor dem Reisebericht des Kapitäns – auf den englischen Buchmarkt gelangen. »Jetzt kommen alle andern damit zu spät«, jubilierte schon Anders Sparrman, Johann Reinholds zweiter Reisegehilfe. »Selbst Captain Cook mit seinem Segel- und Schiffskram.«

Tatsächlich gelang es Georg Forster in wenigen Monaten, in einer körperlich auszehrenden Tour de force – und während er gleichzeitig an der Übersetzung für die deutsche Ausgabe arbeitete – die *Reise um die Welt* niederzuschreiben. Doch als das Buch im März 1777 in London herauskam, war Cooks offizieller Reisebericht schon avisiert. Die Darstellung des berühmten britischen Navigators erschien schließlich nur einen Monat nach Georg Forsters Buch und verfügte bei einem ähnlichen Verkaufspreis über einen marktentscheidenden Vorteil: 63 Kupferplatten, die die von Cook entdeckten Landschaften und ihre Bewohner in Szene setzten – mit größter Sorgfalt gestochen nach den Skizzen des Landschaftsmalers William Hodges; kostspielige Illustrationen, die die Admiralität finanziert und zur Hälfte Johann Reinhold Forster für seine Reisechronik zugesagt hatte; auf die ein dritter, konkurrierender Autor – Georg Forster – jedoch keinerlei Anrecht hatte.

Der bunt kolorierten Südsee-Exotik der Cookschen Ausgabe zeigte sich Georg Forsters anspruchsvolle Schilderung im Verkauf nicht gewachsen. Ein Jahr nach der Veröffentlichung der englischen Ausgabe lagen die meisten Exemplare von Georg Forsters *Reise um die Welt* noch immer bleischwer im Regal. Das finanzielle Desaster hatte zudem eine andere, schwerwiegendere Folge: Um den Druck der ersten tausend englischen Exemplare finanzieren zu können, mußte Johann Reinhold Forster alle Reserven mobilisieren: Sofort greifbar aber waren nur die Zeichnungen und Skizzen, die sein Sohn an Bord der *Resolution* angefertigt hatte. 400 Pfund zahlte Sir Joseph Banks schließlich – ebenjener Mann, für den die beiden Deutschen als Ersatzmänner bei der zweiten Cookschen Weltumseglung eingesprungen waren.

»Er kaufte meinem Vater alle Zeichnungen von Thieren und Pflanzen die ich gemacht hatte, ab, um sicherer zu seyn, daß sie nie in das publicum kämen, weil er monopolium mit Südseekenntniß treiben wollte. Er schoß ihm Geld vor, um ihn ganz in seine Gewalt zu bekommen«, klagte Georg Forster noch ein Jahrzehnt später in einem Brief an seinen Freund Soemmerring. Tatsächlich hatte Joseph Banks zeit seines Lebens eine Abneigung gegen jede Form der Veröffentlichung und behandelte nicht nur die eigenen Südsee-Blätter, sondern auch die Forsterschen Arbeiten als Objekte seiner exklusiven Sammelleidenschaft.

Alexander von Humboldt berichtet, daß Georg Forster 1790 – bei der gemeinsamen Reise nach England – die Idee einer Veröffentlichung seiner Zeichnungen nicht losließ, die in Banks' berühmter Collection – nur ein paar Schritte von seiner Londoner Pension entfernt – aufbewahrt wurden. Der Reisegefährte Anders Sparrman überliefert in seiner Chronik der Cookschen Weltumseglung, daß der junge Forster auch in Deutschland nach einem Verleger für seine Zeichnungen suchte. Gleichgültig war ihm das Schicksal seiner Abbildungen jedenfalls nicht.

Der Südkurs des Kapitäns: Nichts als Pinguine und Sturmvögel

Angesichts der Vielzahl von Zeichnungen – die weder von der ersten noch von der dritten Cookschen Expedition übertroffen werden konnte – scheint es, als habe Georg Forster an Bord der *Resolution* tagtäglich gezeichnet oder für das umfangreiche Herbarium an der Pflanzenpresse gestanden. Dies erweist sich allerdings angesichts des tatsächlichen Reiseverlaufes als Trugschluß. Nach achtzehn Monaten auf hoher See hatte das Forschungsteam um Johann Reinhold Forster noch keine einzige neue Spezies entdeckt. Ende 1773 hätte wohl keiner der verzweifelten Naturkundler die Prognose gewagt, daß die Reise schließlich 271 zoologische und 301 botanische Abbildungen zahlreicher neuer Arten erbringen würde. Seine enorme zeichnerische Produktivität konnte Georg Forster erst im zweiten Teil der Reise beweisen – von der Darstellung vieler schon bekannter Tierarten bei Besuchen in der Menagerie des Gouverneurs von Kapstadt 1772 abgesehen.

Daß die Reise aus Sicht der Naturforscher so lange ohne greifbare Ergebnisse blieb, ist letztlich auf einen Geheimbefehl der britischen Admiralität zurückzuführen. Darin wurde Captain Cook angewiesen, endgültig die Existenz der »Terra Australis« zu klären – eines vermeintlich fruchtbaren Kontinents in der Nähe des Südpols, der England für den voraussehbaren Abfall der amerikanischen Kolonien entschädigen sollte. Der Kapitän steuerte diesem Auftrag gemäß einen extrem südlichen Kurs und stieß mehrfach in Richtung Antarktis vor, bis ihm immer dichter werdendes Packeis jede weitere Navigation unmöglich machte.

Die *Resolution* blieb dabei 1773 auf der Fahrt vom Kap der Guten Hoffnung nach Neuseeland vier Monate lang ohne jede Landberührung – ein Alptraum für die Naturwissenschaftler, die zwischen turmhohen Eisbergen kaum mit neuen Tier- und Pflanzenarten rechnen durften, von unbekannten Zivilisationen ganz zu schweigen. Wenig später – in den drei Monaten nach Weihnachten 1773 – machte sich die Expedition von Neuseeland aus erneut in südpolare Gewässer auf. Über hundert Tage lang ging der Mannschaft kein einziger Fisch ins Netz. Wieder mangelte es dem Zeichner an Vorlagen, es gab nichts anderes als Pinguine und Sturmvögel. Am Ende der Reise waren es nicht mehr als 290 Tage Landgang, die Captain Cook seiner Crew gestattete – zwecks Aufnahme von Trinkwasser und Verpflegung, zur Ausbesserung des Schiffs und um der allgemeinen Auszehrung der Mannschaft durch die langen Antarktisfahrten entgegenzuwirken. Naturkundliche Untersuchungen waren zwar ein wesentlicher Bestandteil der Cookschen Expedition, doch Englands bester Kartograph hatte zunächst wichtigeren, geopolitischen Interessen des aufstrebenden Empires zu folgen.

Die Naturforscher der Expedition waren so doppelt gefordert: Sie brauchten zum einen Geduld und Gottvertrauen für die langen, äußerst risikoreichen Fahrten durch südpolare Eisregionen; zum anderen aber mußten sie sehr schnell und effektiv handeln, sobald in fruchtbareren Gefilden Land in Sicht kam. Die Zeichnungen Georg Forsters reflektieren das in mehrfacher Weise.

Von den über fünfhundert Tier- und Pflanzenzeichnungen Georg Forsters wurden 155 Bilder – also etwa ein Viertel – endgültig an Bord fertiggestellt; 36 Blätter wurden zum Teil koloriert, die meisten Abbildungen aber liegen als Bleistiftskizzen vor. Sowohl die Anzahl der Darstellungen als auch deren Detailgenauigkeit korrespondieren mit den Zeitspannen, in denen die *Resolution* vor Anker lag. So sorgten längere Aufenthalte in Neuseeland – wo James Cook in Dusky Bay und im Queen Charlotte Sound Basislager für seine Antarktisfahrten einrichtete – nicht nur für reichlich Fisch und Wasservögel in der Kombüse, sondern verschafften Georg Forster auch Gelegenheit, neu entdeckte oder bislang nicht abgebildete Spezies mit aller Sorgfalt zu zeichnen. Entsprechend finden sich unter den von Forster fertiggestellten Zeichnungen zahlreiche Fische und Vögel der neuseeländischen Küstenregionen.

Captain Furneaux – der Befehlshaber der *Adventure*, des Begleitschiffs der *Resolution* – brachte zudem zoologischen Nachschub aus Tasmanien mit, das James Cook auf seiner zweiten Weltumseglung nicht angelaufen hatte. Am gemeinsamen Ankerplatz der Schwesternschiffe im neuseeländischen Queen Charlotte Sound fand Georg Forster die Zeit, auch die Vogelarten aus Tasmanien zu zeichnen, deren getrocknetes Federkleid Furneaux dem Illustrator überließ.

Das Zeichnen der Terra incognita

Neuseeland bot zwar gute Bedingungen zum Forschen und Zeichnen, andererseits war hier nicht allzuviel Neues zu entdecken, nachdem Banks und Solander auf Cooks erster Weltumseglung das Terrain vor allem botanisch erkundet hatten. Zur langersehnten Herausforderung für die Naturforscher wurde erst die Terra incognita, die Captain Cook ab 1774 ausmachte. Einem kleineren Kreis, den die *Resolution* 1773 über die Atolle der Tuamotus, Tahiti und seine Nachbarinseln sowie den Tonga-Archipel gezogen hatte, folgten zwei weitere Vorstöße in Richtung Südpol, durch die ein fruchtbarer Kontinent in der Antarktis endgültig ausgeschlossen werden konnte. Danach navigierte der Kapitän schließlich von Neuseeland aus in einem großen Zirkel durch den Südpazifik.

Nach Aufenthalten auf der Osterinsel, den Marquesas sowie den Gesellschafts- und Freundschaftsinseln gelangen Cook schließlich die großen geographischen Entdeckungen seiner zweiten Weltreise. Auf europäischen Landkarten erschienen nunmehr unbekannte Inseln der Neuen Hebriden (Vanuatu), die unbesiedelte, aber botanisch sehr ergiebige Norfolk-Insel nördlich von Neuseeland, vor allem aber die zweitgrößte Insel der Südsee, der James Cook den Namen Neukaledonien gab.

Wie sich herausstellte, war die langgezogene, von einer riesigen Lagune umgebene Insel nicht nur von Menschen bewohnt, die sich deutlich von den polynesischen Bewohnern der bislang besuchten Küsten unterschieden; auch Fauna und Flora erwiesen sich durch die isolierte Lage jenseits von Australien und Neuseeland als eigenständig genug, um den Naturforschern Neues zu bieten.

Unter den Novitäten fand eine Pinienart die besondere Aufmerksamkeit der Schiffsmannschaft. Der Kapitän machte die *Araucaria columnaris* – die in England noch heute als »Cook's pine tree« bezeichnet wird – gleich mehrfach berühmt: zum einen, weil er aus den besonders gerade und hochgewachsenen Stämmen sofort neue Schiffsmasten fertigen ließ. Zum anderen, weil Cook es in seinem Reisebericht Johann Reinhold Forster gegenüber nicht an Spott fehlen ließ, da »der Philosoph an Bord« die Bäume aus einiger Entfernung für Basaltsäulen gehalten und darauf mehrere Flaschen Wein verwettet hatte. Georg Forsters Darstellung einer solchen *Araukarie* (vgl. S. 496) gelangte auf verschlungenen Wegen nach Sydney, in die Bestände der State Library of New South Wales – als einzige botanische Zeichnung Forsters auf dem australischen Kontinent.

Neukaledonien, das den Naturforschern nun endlich viele neue Arten bescherte, hielt jedoch zunächst eine böse Überraschung bereit – die von Georg Forster geschilderte Fischvergiftung (vgl. S. 510 ff.), die der medizinisch beschlagene Anders Sparrman in seiner Reise-Chronik genauer beschreibt: Bewegungsstarre und Apathie nennt er als Symptome, die die beiden Forsters nach der Entdeckung der Insel lahmlegten. Halbwegs genesen, fertigte Georg Forster eine Zeichnung des giftigen Urhebers der seltsamen Erkrankung an, den Johann Reinhold Forster als *Linnäus Tetrodon* klassifizierte.

Dem gesundheitlichen Malheur folgte kurz darauf eine heftige Auseinandersetzung zwischen den Naturkundlern und der Schiffsbesatzung. Der Gehilfe des Schiffsarztes – William Anderson – ging auf eigene Faust auf Exkursion und weigerte sich, den Forschern an Bord die unbekannten Muscheln, Vögel und Pflanzen zur Verfügung zu stellen, auf die er bei seinem Landgang gestoßen war. Im fernen Melanesien stellte sich plötzlich die Frage nach den Exklusivrechten an der Auswertung der Expedition. Daß Johann Reinhold Forster diese Frage vor Ort resolut zu seinen Gunsten entschied, mag später zu den zahlreichen Angriffen auf seine Person beigetragen haben.

Die Crew der *Resolution* jedenfalls solidarisierte sich mit dem vierundzwanzigjährigen Arztgehilfen aus Schottland, der vielen Seeleuten nach folgenschweren Südsee-Romanzen bei der Linderung ihrer Leiden half. Anderson besaß aber nicht nur viele

Sympathien an Bord, sondern auch ein offenkundiges naturwissenschaftliches Interesse. So blickte er Georg Forster häufig beim Zeichnen über die Schulter und fertigte zahlreiche detailgenaue Kopien von Georgs Pflanzen- und Tierzeichnungen an. Ob im Forsterschen Auftrag, mit stillschweigender Billigung oder ohne dessen Zustimmung, ist heute nicht mehr zu ermitteln. William Anderson kam auf Cooks dritter Weltumseglung ums Leben, ohne einen eigenen Bericht verfaßt zu haben. Er hinterließ indes Dutzende Kopien – unter anderem in Archiven in Wien, Edinburgh und Sydney –, die lange als Originale von Georg Forster galten.

Daß sich die zeitraubenden Zwischenfälle ausgerechnet dort ereigneten, wo die meisten neuen Entdeckungen zu machen waren, setzte die Forscher erheblich unter Druck. Bis Captain Cook wieder Segel setzen ließ, um Neukaledonien zu kartographieren, mußte mit größter Energie gesammelt und verglichen, geordnet und klassifiziert werden. Die Ausbeute der Exkursionen war enorm: Allein am 29. September 1774 wurden auf der Botany Island genannten kleinen Insel vor der Südküste Neukaledoniens dreißig bislang unbekannte Pflanzenarten erfaßt.

Das Provisorium als Prinzip

Verlangte die bloße Quantität dem Zeichner schon ein gehöriges Arbeitstempo ab, mußte er zudem jede neue Spezies mit äußerster Sorgfalt – quasi photographisch – abbilden. Doch die gesammelten Pflanzen welkten in der tropischen Hitze rasch und büßten ihre natürliche Form ein, die exotischen Fische verloren nach dem Fang sehr bald an Farbintensität. So blieb Georg Forster nach besonders erfolgreichen Landgängen häufig nur, das Provisorium zum Prinzip zu erheben und auf eine vollendete Darstellung vor Ort zu verzichten. Oft mußte er sich damit begnügen, Konturen zu fixieren. Nicht selten vermerkte er auf der Zeichnung nur noch rasch, mit welcher Farbe die Schwanzflosse dieses Fisches oder das Staubblatt jener Blüte zu einem späteren Zeitpunkt auszumalen waren, bevor er sich dem nächsten Sujet zuwendete. Viele Zeichnungen entstanden so in einem intuitiven Balanceakt zwischen Genauigkeit und knapper Zeit: Die neue Spezies wurde in ihren entscheidenden Details erfaßt, alles weitere aber – die Farbgestaltung etwa oder der Hintergrund – einer späteren Nachbearbeitung überlassen.

In dieser Form – als Skizze oder halbfertiges Aquarell – liegen die meisten von Georg Forsters Zeichnungen noch heute vor, denn die endgültige Fertigstellung war aufgrund des Verkaufs der Bilder durch Johann Reinhold Forster an Sir Joseph Banks nicht mehr möglich. Alle späteren Unternehmungen der Forsters, die Naturzeichnungen der zweiten Cookschen Weltumseglung ans Licht der Öffentlichkeit zu bringen, verliefen letztlich im Sande. Als der erst neununddreißigjährige Georg Forster – keine zwanzig Jahre nach der Reise um die Welt – im Januar 1794 in Paris an einer Lungenentzündung starb, gerieten schließlich auch seine Zeichnungen in Vergessenheit.

Johann Reinhold Forster war es lediglich unmittelbar nach der Rückkehr nach England gelungen, seine *Characteres generum plantarum,* eine erste Beschreibung der auf der Reise neuentdeckten Pflanzen, herauszugeben – mit 75 Kupfertafeln nach botanischen Darstellungen Georg Forsters. Von den 94 nach Linnéscher Vorschrift benannten Arten konnten sich immerhin 43 Forstersche Pflanzennamen, am bekanntesten darunter die *Schefflera,* endgültig durchsetzen. Andere Namensgebungen Forsters, die später ersetzt wurden – die Bezeichnung *Barringtonia* etwa –, werden noch heute synonym gebraucht.

Dennoch fand das erstaunliche Pflanzenwerk, dessen Drucklegung die Forsters noch auf der Schiffsreise vorbereitet hatten, wegen seines ungenügenden Abgleichs mit der Pflanzensammlung von Banks und Solander nicht die verdiente Anerkennung. Da Johann Reinhold Forster vor Beginn seiner Weltreise keinen Zugang zu den von Banks und Solander auf der ersten Cookschen Expedition gesammelten Pflanzen hatte, schilderte er in dem noch auf See verfaßten Buch einige Pflanzen als Neuentdeckungen, die seine berühmten Vorgänger bereits in Neuseeland gesammelt und inzwischen beschrieben hatten. Bei all jenen, die auch auf Cooks zweiter Fahrt lieber Banks und Solander statt der beiden Deutschen an Bord gesehen hätten, machte fortan der überzogene Vorwurf der »Forsterschen Pflanzenpiraterie« die Runde.

Wie verhängnisvoll sich der Verkauf der Zeichnungen Georg Forsters zur Finanzierung der Reisebeschreibung schließlich auf die naturwissenschaftliche Auswertung der Expedition auswirkte, wurde erst in den Jahren nach der Weltreise in vollem Umfang sichtbar. Denn nun galt es – nach einem genau durchdachten Plan der Forsters zur systematischen Darstellung aller Reiseergebnisse –, das Gesammelte zu präsentieren. Nach der Publikation der fragmentarischen *Characteres* waren immerhin noch über zweihundert botanische Blätter Georg Forsters unveröffentlicht. Was den zoologischen Ertrag der Expedition betrifft, stellte Georg Forster fest, die Tiersammlung aus der Südsee »beläuft sich ohngefähr auf zweyhundert und siebenzig verschiedene Arten, wovon ein Drittel zuvor bekannt waren«. Zu den fast zweihundert Neuentdeckungen zählte er allein 38 neue Vogelarten aus Neuseeland, 48 von den pazifischen Inseln und weitere 28, die auf offenem Meer, auf südamerikanischen Felsen und in der Antarktisregion entdeckt wurden. Jede einzelne davon hatte Georg Forster gezeichnet.

Die Auswertung ihrer Forschungsergebnisse im wissenschaftlichen Diskurs hatten die Forsters durch Klassifizierung der Arten nach Linnéscher Vorschrift genau vorbereitet – jede neue Spezies wurde binär mit einem lateinischen Substantiv für die Gattung und einem lateinischen Adjektiv für die Art versehen. Johann Reinhold Forster hatte eine ausführliche Beschreibung jeder Art vorgenommen, sein Sohn die korrespondierende Abbildung angefertigt. Das Naturforscherteam folgte so nicht nur dem aufklärerischen Ideal, zum Wachstum nützlichen Wissens beizutragen, sondern zeigte sich auch in idealer Weise den Anforderungen einer zunehmenden wissenschaftlichen Vernetzung im ausgehenden achtzehnten Jahrhundert gewachsen.

Das unveröffentlichte Manuskript seiner *Descriptiones Animalium* – seiner Tierbeschreibungen – nahm Johann Reinhold Forster schließlich nach Deutschland mit, als er London im November 1779 endlich schuldenfrei verlassen durfte und in Halle eine Professur annahm; während die für jede weitere wissenschaftliche Arbeit essentiellen bildlichen Darstellungen – die Zeichnungen Georg Forsters – in Banks' Collection zurückblieben. Erst 1844 – fast ein halbes Jahrhundert nach Johann Reinhold Forsters Tod im Jahre 1798 – publizierte Heinrich Lichtenstein, der Direktor des Berliner Zoologischen Museums, Forsters Beschreibung der auf der zweiten Cookschen Weltumseglung entdeckten Tierarten. Zur Herausgabe von Forsters *Descriptiones Animalium* entschloß sich Lichtenstein unter anderem – wie er schreibt – »wegen der Begeisterung, in die sich Zoologen angesichts der Londoner Bilder versetzt sahen«. Die Zeichnungen Georg Forsters allerdings konnte auch er dem Text nicht beifügen.

Durch Lichtensteins Veröffentlichung wurde indes offenbar, daß die Forsters – schon aufgrund der Zahl der von ihnen gefundenen neuen Arten – zu den weltweit bedeutendsten zoologischen Entdeckern gezählt werden müssen. Allerdings waren in den sechzig Jahren, die zwischen der Weltreise und der Publikation ihrer zoologischen Ergebnisse durch Lichtenstein verstrichen waren, längst andere Expeditionen in der Südsee unterwegs und hatten die von den Forsters zuerst entdeckten Arten ebenfalls aufgespürt. Weil viele Jahrzehnte lang nichts von den neuentdeckten Tierarten der Forsters publiziert wurde, fiel anderen – wie dem emsigen Göttinger Naturwissenschaftler Johann Friedrich Gmelin – die Chance zu, die Autorenschaft für sich zu reklamieren. So entging den Forsters nicht nur der verdiente Ruhm; vielmehr wurden auch die binären Namen, die Johann Reinhold und Georg Forster vielen Tieren gegeben hatten, erst bekannt, nachdem sich andere wissenschaftliche Bezeichnungen längst eingebürgert hatten.

»Präzision und Wahrheit« – Goethe als Vermittler

Der Forstersche Gesamtplan zur systematischen Auswertung der zweiten Cookschen Weltumseglung scheiterte letztlich an den dramatisch zunehmenden Differenzen zwischen den Naturforschern und der britischen Admiralität. Zu den demütigenden Momenten dieses Konflikts gehört zweifellos die Zurückweisung von dreißig aufwendigen Deckfarbengemälden, die 1776 nach Naturzeichnungen Georg Forsters für König Georg III. angefertigt worden waren. Sie stürzten die Forsters zudem in weitere Schulden. Dabei hatte der Monarch noch im August 1775 bei einer

Audienz von den Forsters eine Taube von der Insel Tanna angenommen, die Johann Reinhold Forster als »Muskatnußesserin« präsentierte. Ein Jahr darauf allerdings wollte der König von den beiden Naturforschern, die er selbst für Cooks zweite Weltreise ernannt hatte, nichts mehr wissen.

Damit war allen Beteiligten klar, daß an die übliche Belohnung durch die Krone – einen Posten etwa, der den Unterhalt der Naturforscher während der langwierigen Auswertung der Reise gesichert hätte – nicht zu denken war. Im Gegensatz zu Sir Joseph Banks, der auf der ersten Cookschen Expedition die Reisekosten für sich und seine Begleiter aus der Portokasse bestreiten konnte und anschließend enorme Summen in seine »splendid collection« investierte; anders auch als Alexander von Humboldt, dessen Aufbruch nach Südamerika durch ein glänzendes Erbe finanziert wurde, das er schließlich in der dreißigjährigen Auswertung seiner Reise aufbrauchte, waren die Forsters mittellos. Johann Reinhold Forster, der sein Brot vor dem Aufbruch nach Rußland und England als Dorfpfarrer in Nassenhuben verdient hatte und mittlerweile eine achtköpfige Familie ernähren mußte, saß ein Jahr nach dem Ende seiner Weltreise auf einem Schuldenberg. Die persönliche Erfahrung, daß Stand und Vermögen die Wissenschaft in entscheidender Weise befördern oder auch behindern konnten, mag eines der Motive für die spätere politische Radikalisierung Georg Forsters gewesen sein.

Was die zurückgewiesenen kostspieligen Farbtafeln angeht, insgesamt 32 Blätter mit 26 zoologischen und 6 botanischen Darstellungen, war es schließlich Johann Wolfgang von Goethe, der den Forsters aus der finanziellen Misere heraushalf – und damit erstmals zoologische Darstellungen Georg Forsters in eine breitere Öffentlichkeit beförderte. Goethe vermittelte die Forsterschen Blätter 1780 an Herzog Ernst II. von Sachsen-Gotha und Altenburg und lobte in einem Brief an den neuen Besitzer »die äußerste Präzision und Wahrheit« der Arbeiten, um die man den Fürsten gewiß beneiden werde.

Für Georg Forster stellten diese 32 Blätter ursprünglich nur »Erstlinge« dar, denen viele weitere sorgsam ausgemalte Abbildungen auf Pergament folgen sollten. Doch es blieb bei dieser einen Serie, die sich heute – mit Ausnahme einer 1936 verkauften Farbtafel – vollständig in der Forschungsbibliothek Gotha befindet. Neben diesem *Codex Gothanus Membranatius* konnte man in Gotha 1797 nach dem Tod Georg Forsters von der Witwe Therese einige weitere Pflanzenzeichnungen – Forsters *Herbarium Australe* – erwerben.

23 Vogelzeichnungen Georg Forsters, zumeist aus Gotha, wurden schließlich 1971 in der DDR – fast zweihundert Jahre nach Forsters Reise um die Welt – in einem Bändchen mit dem Titel *Vögel der Südsee* veröffentlicht. Der Herausgeber Gerhard Steiner – der sich neben Klaus-Georg Popp in jahrzehntelanger Arbeit um die Gesamtausgabe von Georg Forsters Werken im Berliner Akademie-Verlag verdient gemacht hat – konnte allerdings nur auf Zeichnungen zurückgreifen, die damals in DDR-Archiven aufgespürt werden konnten. Im geteilten Europa des zwanzigsten Jahrhunderts erwies sich der englische Kanal als unüberbrückbar – so blieben die meisten Abbildungen Georg Forsters in London weiterhin unveröffentlicht.

London – Berlin: Eine Auswahl aus dem Fundus sämtlicher Zeichnungen

Der erzwungene Verkauf sämtlicher Zeichnungen an Sir Joseph Banks im Jahre 1777 sorgte immerhin dafür, daß Forsters Bilder nicht auseinandergerissen wurden. Nach Banks' Tod wurden die 301 botanischen und 271 zoologischen Abbildungen 1827 vom British Museum übernommen und ebenso vollständig an das Natural History Museum übergeben, das 1881 in London eingerichtet wurde. Aus diesem Fundus sämtlicher Zeichnungen Georg Forsters konnte jetzt eine Auswahl für die vorliegende Ausgabe getroffen werden.

Da im Natural History Museum bislang kein Gesamtkatalog der Forsterschen Blätter vorliegt, war für einen Überblick über die botanischen Blätter Forsters in London die 2004 publizierte Arbeit *The Forsters and the Botany of the Second Cook Expedition (1772–1775)* der Amerikaner Dan H. Nicholson und F. Raymund Fosberg hilfreich. Was die Auswahl der zoologischen Zeichnungen betrifft, erleichterten zwei Einzelabhandlungen des Natural History Museum die Auswahl: Averyl Lysaghts beschreibende Auflistung der 140 Vogelzeichnungen Georg Forsters aus dem Jahre 1959 und eine von Peter Whitehead 1978 unternommene Erfassung der von Forster abgebildeten 81 Fische, 33 Säugetiere, vierzehn Wirbellosen und drei Reptilien.

Georg Forster hat auf der Rückseite seiner Zeichnungen häufig Vermerke über sein Sujet sowie Zeit- und Ortsangaben des Fangs oder Fundes hinterlassen – leider nicht durchgängig. Auch Johann Reinhold Forsters *Descriptiones Animalium* sind örtlich und zeitlich nicht immer genau. Erst die Kombination der Daten aus Johann Reinhold Forsters *Descriptiones* mit den Listen von Lysaght, Whitehead und Nicholson und ein Abgleich mit den über fünfhundert Originalzeichnungen in London – den die Kuratorin Judith Magee im Natural History Museum dankenswerterweise arrangierte – ermöglichten schließlich die namentliche und visuelle Erfassung sämtlicher von Georg Forster abgebildeten Tiere und Pflanzen. Danach konnten die Zeichnungen chronologisch einzelnen Hauptstücken in Forsters *Reise um die Welt* zugeordnet werden. Diese reisebegleitende Illustration erschien auch zur Plazierung der Zeichnungen innerhalb des Buches am sinnvollsten.

Eine Zuordnung einzelner Abbildungen an bestimmte Textpassagen war jedoch nicht möglich, wie sich beispielhaft an der Forsterschen Zeichnung eines neuseeländischen Priestervogels (vgl. S. 166) veranschaulichen läßt: Der Vogel wurde von der Schiffscrew auf der Fahrt von Neuseeland nach Tahiti monatelang mit Zuckerwasser gefüttert – und von Georg Forster nach lebender Vorlage gezeichnet. Forster selbst gibt auf dem Blatt an, den Priestervogel im neuseeländischen Queen Charlotte Sound gefangen zu haben – und zwar 1773. Diesen Orts- und Zeitangaben folgend konnte der Tui dem sechsten Hauptstück zugeordnet werden – seiner neuseeländischen Herkunft entsprechend, auch wenn die tatsächliche Zeichnung später erfolgte.

Auswählen heißt nicht zuletzt weglassen. Dies war leichter bei einigen Zeichnungen, die kaum noch die Kontur erahnen lassen. Weit schwieriger aber bei der Fülle von Abbildungen, die etwa im neuentdeckten Neukaledonien entstanden sind. Die Auswahl gab der Neuheit einer Spezies und der Artenvielfalt den Vorzug vor rein ästhetischen Kriterien. Besonders berücksichtigt wurden Tiere und Pflanzen, von denen Georg Forster vor ihrem Aussterben Zeugnis geben konnte – wie die Ulieta-Drossel (vgl. S. 257) auf Raiatea, der neuseeländische Waldschlüpfer (vgl. S. 123) oder der Tahiti-Laufsittich (vgl. S. 206). Nicht zuletzt sollten Skizzen, halbkolorierte und komplette Blätter die Arbeitsweise des Zeichners im Verlauf der Reise aufzeigen.

Die Neugier der Forsters wurde selbst durch unscheinbare Flechten und Mollusken geweckt. Ihr leidenschaftliches Interesse aber galt den Menschen. Deren zeichnerische Abbildung oblag jedoch dem Landschaftsmaler William Hodges, während Georg Forster sich auf Flora und Fauna beschränken mußte. Nur einmal durchbrachen die beiden Zeichner diese eherne Regel und entwarfen ein gemeinsames Bild: Da schuf Hodges den Hintergrund – das Plateau um die Tafelbay –, auf den Georg anschließend einen Sekretär (vgl. S. 576) zeichnete. Anders als Hodges aber, der den Menschen der Südsee – der Mode seiner Zeit gehorchend – gern die Posen griechischer Skulpturen verlieh, ging es Georg Forster um die Wahrhaftigkeit der Darstellung. Ob als Zeichner oder Schriftsteller – Forster spürte sie im Konkreten auf, in sehr genauen, authentischen Reiseeindrücken von der Landschaft und ihren Menschen, Tieren und Pflanzen. Das macht seine *Reise um die Welt* nicht nur zu einem Gründungsdokument der modernen Völkerkunde, sondern zur herausragendsten unter den zahlreichen Schilderungen der Cookschen Weltreisen.

REGISTER

Personenregister

Registereinträge, die auf Anmerkungen Forsters verweisen, sind mit A. gekennzeichnet.

Register der Tiernamen

Haustiere sind nur in Auswahl verzeichnet.

Register der Pflanzennamen

Das Register verweist auf Textstellen, die Aufschluß über das Vorhandensein der jeweiligen Pflanze, über ihre botanischen Besonderheiten oder deren Verarbeitung und Verwendung geben. Nutzpflanzen sind nur in Auswahl verzeichnet.

Geographisches Register

Die Orte stehen unter denjenigen Namensformen, die Forster in der Regel gebraucht.
Davon abweichende Bezeichnungen folgen nach dem Komma. Die moderne Schreibung ist in Klammern gesetzt.

EDITORISCHE NOTIZ

Der Text der vorliegenden Ausgabe folgt der von Gerhard Steiner verantworteten Edition, die erstmals im Jahre 1965 und 1966 als Band 2 und 3 der historisch-kritischen Ausgabe der Werke Georg Forsters, herausgegeben von der Deutschen Akademie der Wissenschaften zu Berlin, erschien. Diese kritische Edition wiederum beruht auf der von Georg Forster überarbeiteten zweiten Auflage der *Reise um die Welt,* die – vier Jahre nach dem Abschluß der Erstausgabe – 1784 in drei Oktavbänden im Verlag Haude und Spener, Berlin, unter dem Titel erschien: *Dr. Johann Reinhold Forster's ... Reise um die Welt, während den Jahren 1772 bis 1775. in dem von Sr. itztregierenden grosbrittanischen Majestät auf Entdeckungen ausgeschickten und durch den Capitain Cook geführten Schiffe the Resolution unternommen. Beschrieben und herausgegeben von dessen Sohn und Reisegefährten George Forster ... Vom Verfasser selbst aus dem Englischen übersetzt, mit dem Wesentlichsten aus des Capitain Cooks Tagebüchern und andern Zusätzen für den deutschen Leser vermehrt und durch Kupfer erläutert.* Ein Faksimile des Titels ist auf Seite 26 wiedergegeben.

Um ein möglichst unverfälschtes Bild des Originals zu geben, das in einer Zeit entstand, als Rechtschreibung und Interpunktion noch nicht normiert waren, wurden die Forsterschen Eigenarten der Schreibungen in vollem Umfang beibehalten. Lediglich offensichtliche Satzfehler (Fehldrucke, umgedrehte und nicht ausgedruckte Buchstaben, vergessene Abtrennungsstriche, fehlende Satzzeichen am Satzende etc.) sind korrigiert worden. Ae, Oe, Ue wurden durch Ä, Ö und Ü ersetzt. Hervorhebungen im Originaltext (größerer Schriftgrad, Sperr- und Fettdruck, Antiqua, Kursivsetzung) sind einheitlich kursiv wiedergegeben.

Wechselnde Anführungszeichen wurden vereinheitlicht. Die im Original als Anmerkungszeichen verwendeten Sternchen und Kreuze sind als innerhalb der einzelnen Hauptstücke fortlaufende arabische Ziffern wiedergegeben. Das Inhaltsverzeichnis auf den Seiten 5 bis 6 wurde aus den Inhaltsverzeichnissen der drei Oktavbände zusammengefaßt. Die Jahres- und Monatsangaben der Kolumnentitel folgen den Marginalien der Erstausgabe von 1778 bis 1780.

Von den dem Original beigegebenen zwölf Kupfertafeln sind in dieser Ausgabe lediglich die acht ethnographischen Tafeln wiedergegeben, auf die Georg Forster eigens im Text verweist. Sie sind im Anhang auf den Seiten 609 bis 612 zusammengefaßt.

Georg Forsters Reise um die Welt – **illustriert von eigener Hand** ist im Oktober 2007 als Sonderband der ANDEREN BIBLIOTHEK im Eichborn Verlag, Frankfurt am Main, erschienen. Die Erstausgabe von Georg Forsters Beschreibung seiner Weltreise mit Captain Cook in den Jahren 1772 bis 1775 wurde 1778/1780 bei Haude und Spener in Berlin veröffentlicht. Der vorliegende Text folgt der von Gerhard Steiner verantworteten Edition, die erstmals 1965 und 1966 als Band 2 und 3 der historisch-kritischen Ausgabe der Werke Georg Forsters, herausgegeben von der Deutschen Akademie der Wissenschaften zu Berlin, erschien. Über die Textfassung gibt die Editorische Notiz auf S. 645 Auskunft.

Die Anmerkungen auf den Seiten 601 bis 608 basieren auf dem von Gerhard Steiner erarbeiteten Kommentar, der erstmals 1967 im Rahmen der vierbändigen Werkausgabe Georg Forsters im Insel Verlag erschien (Georg Forster: Reise um die Welt. Hrsg. u. mit einem Nachwort von Gerhard Steiner. Frankfurt am Main: Insel Verlag 1967. it 757. S. 998–1014). Sie wurden für diese Ausgabe durchgesehen und ergänzt, die Nutzung erfolgt mit freundlicher Genehmigung des Insel Verlags, Frankfurt am Main.

Von den 301 botanischen und 271 zoologischen Zeichnungen, die Georg Forster während der Reise um die Welt eigenhändig anfertigte, hat Frank Vorpahl für diese Ausgabe eine repräsentative Auswahl getroffen. Die meisten von ihnen werden hier zum ersten Mal publiziert, sie sind den Hauptstücken von Forsters *Reise um die Welt* chronologisch zugeordnet. Über die Entstehung der Zeichnungen und ihr Verhältnis zum Text gibt das Nachwort von Frank Vorpahl auf den Seiten 615 bis 626 Auskunft.

Das Register der Personen-, geographischen, Pflanzen- und Tiernamen wurde von Petra Müller erstellt. Ihm zugrunde liegen die von Ursula Groth, Horst Fiedler und Klaus-Georg Popp erstellten Verzeichnisse, die in Band 4 der historisch-kritischen Werkausgabe der Deutschen Akademie der Wissenschaften zu Berlin 1972 erschienen (Georg Forsters Werke. Sämtliche Schriften, Tagebücher, Briefe. Vierter Band. Streitschriften und Fragmente zur Weltreise. Berlin: Akademie Verlag 1972. S. 470–513). Die Nutzung erfolgt mit freundlicher Genehmigung des Akademie Verlags, Berlin.

Klaus Harpprecht hat für die vorliegende Ausgabe einen biographischen Essay verfaßt.

Die Redaktion lag in den Händen von Rainer Wieland.

Für Unterstützung und wertvolle Hinweise danken Verlag und Herausgeber Dr. Klaus-Georg Popp und Dr. Helmut Laußmann.

Nachweis der Abbildungen:
Cover (Schlaufe): Forschungsbibliothek Gotha, Memb. I 131, Bl. 17r.
Seiten 1, 23: Archiv für Kunst und Geschichte Berlin © akg-images.
Seiten 16, 19: © National Maritime Museum, London.
Seite 26: Titelfaksimile der *Reise um die Welt,* 2. Auflage, Berlin 1784, © Staatsbibliothek zu Berlin – Preußischer Kulturbesitz, Abteilung Historische Drucke
Seite 37: Georg Forster, Schattenriß (um 1782).
Ausklapptafel nach Seite 48, Seite 496: Mitchell Library, State Library of New South Wales, Sydney.
Kupfertafeln S. 609–612: *Reise um die Welt,* 2. Auflage, Berlin 1784, © Staatsbibliothek zu Berlin – Preußischer Kulturbesitz, Abteilung Historische Drucke
Alle anderen Abbildungen: © The Natural History Museum, London.

Dieses Buch wurde in der Baskerville Book gesetzt und von der Fuldaer Verlagsanstalt auf 90 g/m² holz- & säurefreies mattgeglättetes LuxoCream-Bücherpapier von Schneidersöhne, Kelkheim/Taunus, gedruckt. Die Reproduktionen stammen von Möller Medienproduktion, Leipzig. Den Einband fertigte die Buchbinderei G. Lachenmaier, Reutlingen. Ausstattung und Typographie: Christian Ide und Lisa Neuhalfen

ISBN 978-3-8218-6203-3

Franfurt am Main, 2007